Alfred Kubin / Reinhard Piper

Briefwechsel

Die Österreichische Nationalbibliothek
dankt Frau Professor Agnes Essl
für die großzügige Unterstützung,
ohne die der Ankauf des umfangreichen
und reich illustrierten Briefwechsels
zwischen Alfred Kubin und Reinhard Piper
nicht möglich gewesen wäre.

Alfred Kubin / Reinhard Piper

Briefwechsel

1907–1953

Herausgegeben im Auftrag des
Literaturarchivs der Österreichischen Nationalbibliothek
und Frau Professor Agnes Essl als Stifterin
von Marcel Illetschko und Michaela Hirsch

Mit 123 Zeichnungen von Alfred Kubin
und einer Zeichnung von Reinhard Piper

Piper München Zürich

Gedruckt mit Unterstützung der
Österreichischen Nationalbibliothek, Wien

In memoriam
Wendelin Schmidt-Dengler

ISBN 978-3-492-05403-4

Gesamtherstellung: Kösel, Krugzell
Printed in Germany

Mehr über unsere Autoren und Bücher:
www.piper.de

Inhalt

Vorwort

Die Beziehung zwischen Künstler und Verleger ist vordergründig durch geschäftliche Belange bestimmt. Unter dieser Oberfläche liegt jedoch oftmals ein künstlerischer und menschlicher Konsens, von dem aus sich die Beziehung weiter vertiefen und schließlich auch jene Sphären berühren kann, die den Künstler zum Schaffen und den Verleger zur Verbreitung des Werkes bewegen. Ein beredtes Beispiel einer solchen Vertiefung bietet dieser Band.

Die vorliegende Korrespondenz mit Reinhard Piper bildet dank ihrer 534 Briefe und Postkarten den mit Abstand ausführlichsten bis dato publizierten Briefwechsel Alfred Kubins und erstreckt sich mit nur einer nennenswerten Unterbrechung in den frühen Jahren von 1907 bis kurz vor den Tod des Verlegers im Herbst 1953. Bisherige Veröffentlichungen haben vielfach späte Phasen im Leben des Künstlers abgedeckt, meist einsetzend um das Jahr 1930 (Hesse, Fronius, Bauböck, Jünger, Steinhart, Haesele), manchmal erst um 1940 (Holesovsky, Kindlimann, Bilger, Gironcoli, Rosenberger). Wichtige Ausnahmen hierbei sind die Korrespondenzen mit Fritz von Herzmanovsky-Orlando, Salomo Friedländer, Reinhold und Hanne Koeppel sowie Ludwig Klages. Oft wurden auch Kurzzeit-Briefwechsel mit eingeschränktem Informationsgehalt publiziert (Fraenger, Fischer, Mandelsloh, Illig).

Abgesehen von ihrem biographischen Quellenwert und ihrer Bedeutung als Zeugnis des kulturellen Lebens in der ersten Hälfte des zwanzigsten Jahrhunderts sind die Kubinschen Schreiben an Piper faszinierender Beleg der literarischen Imaginationsfähigkeit des Künstlers. Über Jahrzehnte hinweg bahnen sich feine Rinnsale aus dem »dunklen Tintensee«[1] des Zwickledter Eremiten ihren Weg in die Stadt an der Isar. Eindrucksvoller als die späte Kurzprosa geben sie Einblicke in das, was Kubin neben »Die andere Seite« literarisch hätte schaffen können, wenn ihm »das Schreiben selbst« nicht so »eine unsympathische Tätigkeit«[2] gewesen wäre. Typisch ist die plastische Metaphorik, die – ganz im Stile seines einzigen Romans – die Wirklichkeit als Summe visueller Eindrücke darstellt. Kubins Bildmächtigkeit erstreckt sich auch auf das sprachliche Bild. Der Briefwechsel ist voller Beispiele: Kunstschriftsteller hätten, so Kubin, die Angewohnheit, »Quallencharakter anzunehmen wenn Sie sich auch wie Krustazier geben«[3]; über ein gemeinsames

Illustrationsprojekt mit Piper könne er »nur rein Approximatives aussagen – und will die Haut eines so entfernt laufenden Bären nicht schon taxieren«[4]; um Antworten auf die entscheidenden Fragen des Lebens zu bekommen müsse man mit »z. Teil ja illusionären Freuden [...] die Tafel seiner Lebensrechnung beschreiben wenn man schon ein gerechtes Fazit herausklügeln will«[5], denn »gegenüber im irgendwo hockt das Knochengespenst und klopft unerbittlich die Stunden ab«[6].

Anlässlich des 65. Geburtstags von Alfred Kubin erinnert sich Reinhard Piper am 15. April 1942 an die Anfänge der Bekanntschaft: »Ich habe an Jhrem Geburtstag zu Hause sehr viel an Sie gedacht und mich mit meinem Kubinarchiv umgeben. Das früheste Stück dieses Archivs ist Ihr erster Brief an mich. Er datiert vom 3. 12. 1907. [...] Selbstverständlich habe ich alle Ihre Briefe aufgehoben. In einer Mappe für sich befinden sich die vielen Briefe mit Randzeichnungen, mit denen Sie mich so viele Jahre hindurch erfreut und beschenkt haben.«[7]

Die frühen Jahre

Alfred Leopold Isidor Kubin wird am 10. April 1877 in der nordböhmischen Stadt Leitmeritz als Sohn des Offiziers und Obergeometers Friedrich Franz Kubin und der Pianistin Johanna Kletzl, Tochter des k. u. k. Stabsarztes Isidor Kletzl, geboren. Er wächst in Salzburg und Zell am See auf; 1887 stirbt die Mutter.

Nach dem Abbruch des Salzburger Gymnasiums, das er von 1888 bis 1890 besucht hat, folgt eine missglückte Lehre an der Staatsgewerbeschule in Salzburg. Der Vater schickt den jungen Alfred deshalb nach Klagenfurt, wo er im Haus seines Onkels Alois Beer eine Fotografenlehre antritt – eine Beschäftigung, der er anfangs zwar gerne nachkommt, die ihm aber schließlich ebenfalls nicht genügen will (1892 bis 1896). Nach dem Zerwürfnis mit dem enttäuschten Onkel bewirkt Ende 1896 die Begegnung mit einem reisenden Hypnotiseur, dem sich Kubin als Medium zur Verfügung stellt, eine schwere seelische Krise, die in einem Selbstmordversuch am Grab seiner Mutter endet: »Die Mündung an der rechten Schläfe, wo ich mir nach einem anatomischen Bild mit einer Nadel einen Ritz machte, um das Gehirn nicht zu verfehlen, drückte ich los. Doch die eingerostete alte Waffe versagte und zum zweiten Abdrücken fehlte mir die seelische Kraft; – es wurde mir jämmerlich übel. – Nachdem ich in einem Gasthausbett ein paar Stunden gelegen, ging ich in mein elterliches Haus und wurde von meinem Vater – übrigens ohne weitere Vorwürfe – umgehend nach Klagenfurt zurückgesandt.«[8] Der Onkel lehnt eine weitere Anstellung ab und entlässt Kubin mit bescheidenem Zeugnis.

Reinhard Piper, am 31. Oktober 1879 in Penzlin (Mecklenburg) als Sohn des Bürgermeisters und späteren Burgenforschers Dr. jur. Otto Piper in großbürgerliche Familienverhältnisse hineingeboren, begann sich schon während seiner Jugendzeit für Literatur, Musik und Kunst zu begeistern. Während seiner Schullaufbahn in Konstanz am Bodensee und München reifte in ihm die Überzeugung, Buchhändler werden zu wollen. 1895 trat er als Lehrling in die Palmsche Hofbuchhandlung ein.

Als junger Buchhändlerlehrling rezipierte Reinhard Piper das Werk Schopenhauers und richtete aus eigenem Betreiben erste Briefe an zeitgenössische Dichter wie Gustav Falke, Detlev von Liliencron, Richard Dehmel und Arno Holz, deren Antwortschreiben den Grundstock seiner umfangreichen Autographen- und Graphiksammlung bilden sollten. Reinhard Piper beschäftigte sich in der Folge verstärkt mit zeitgenössischen Kunstzeitschriften und lernte den japanischen Farbholzschnitt sowie Lithographien von Toulouse-Lautrec, Beardsley, Vallotton und anderen kennen; auf Ausflügen nach Schleißheim besichtigte er die damals noch gänzlich unbekannten Gemälde von Hans von Marées. 1898 kam es zu einem erneuten Umzug: Reinhard Piper wechselte in die Berliner Buchhandlung W. Weber. Die Mittagspausen nutzte er zu Museums- und Galeriebesuchen. Mit Arno Holz, Stolzenberg, Martens und Reß gründete Piper die Gruppe »Corona«, unter dem Pseudonym Ludwig Reinhard veröffentlichte er den Gedichtband »Meine Jugend«.

Im September 1899 trat Georg Müller als Gehilfe bei W. Weber ein – wohlhabender Sohn eines Ledergroßhändlers und etwa drei Jahre älter als Piper. Man freundete sich an und traf sich zu regelmäßigen Musikabenden. Durch Vermittlung Hans Heises kam es um die Jahrhundertwende zur folgenschweren Bekanntschaft mit dem damals dreißigjährigen Ernst Barlach. Bis etwa 1899 hatte Reinhard Piper die Absicht gehabt, Sortimenter zu werden, mit seiner Hinwendung zur zeitgenössischen Kunst begann er sich allerdings immer mehr für Fragen der kommerziellen Verbreitbarkeit und für die verlegerische Seite des Buchhandels zu interessieren, wobei es ihm nicht an Idealismus fehlte: »Der wahre Verleger muss sich für seine Autoren opfern können«[9], zitiert er sein jugendliches Ich in seiner Autobiographie.

Nach der wenig erfolgreichen Fotografenlehre strebt Kubin 1897 eine Karriere als Soldat an. Diese endet allerdings bereits nach wenigen Monaten in einer Nervenkrise, ausgelöst durch die Beerdigung eines hohen Offiziers. Ein langer Krankenhausaufenthalt und eine Zeit der Untätigkeit zurück im elterlichen Haus sind die Folge. Auf den Rat eines Freundes der Familie wird Kubin 1898 von seinem Vater nach München geschickt, um ihm eine künstlerische Ausbildung zu ermöglichen. Dort besucht er zunächst die Privatschule des Malers Ludwig Schmid-Reutte und arbeitet ab 1899 in der Zeichenklasse von Nikolaus Gysis an der Münchener Akademie.

In München wandelt sich Kubins Geschick zum Positiven. Die Gemäldesammlung der Alten Pinakothek sowie das Werk Max Klingers, Francisco de Goyas, Odilon Redons, Félicien Rops', James Ensors und Edvard Munchs machen großen Eindruck auf ihn. Auch neue Freundschaften werden geschlossen. Über seine Schwabinger Studentenkollegen Émile Cardinaux und Clemens Fränkel findet Kubin noch vor der Jahrhundertwende Anschluss an den fortschrittlichen Künstlerkreis »Sturmfackel«, durch dessen Mitglieder Emil Mantels, Ernst Stern und Alexander Salzmann wiederum der Kontakt zur Kabarettbühne der »Elf Scharfrichter« und der Zeitschrift »Simplicissimus«, dann zu Albert Langen und der »Insel« hergestellt wird. Wichtiger als alle anderen frühen Verlegerfreundschaften soll für Kubin aber Hans von Weber werden, den er als 24-jähriger Kunststudent an einem Herbstabend 1901 im Münchener Künstler-Café »Stefanie« kennen lernt.

Im selben Jahr beendete Reinhard Piper das Zwischenspiel in Berlin und wechselte zu Callwey nach München. Dort schloss er sich erneut dem Kreis um Ernst Neumann an, wo er Hermann Esswein kennen lernte und in Kontakt mit der Kabarettgruppe »Die elf Scharfrichter« kam. Die Stellung als Buchhändler wurde für Piper immer unbefriedigender und so war auch die Position bei Callwey nur von kurzer Dauer. Im Herbst 1902 kündigte er und unternahm mit Georg Müller, durch dessen Vermittlung er im Dezember desselben Jahres eine Stelle als Sortimenter bei Alexander Köhler in Dresden antrat, eine mehrmonatige Reise nach Paris. Gemeinsam mit den Brüdern Benndorf, die Reinhard Piper auch bei der eigenen Verlagsgründung finanziell unterstützen sollten, ging man im Jahr 1903 an die Finanzierung des Holzschen »Dafnis«-Projektes; der Wunsch, Verleger zu werden, war inzwischen zum Entschluss gereift. Piper kündigte auch die Stellung bei Köhler und trat Mitte Oktober 1903 – wieder zurück in München – als Gehilfe in den kurz zuvor von Georg Müller übernommenen Heinrich Meyer Verlag ein. Ziel: die baldige Gründung eines eigenen Verlags.

»Obwohl ich von der Pike auf gedient habe und mit noch nicht ganz

16 Jahren Lehrling wurde, waren meine praktischen Erfahrungen, als ich mit 25 Jahren meinen Verlag gründete, sehr gering. Ich hatte noch nie in der Herstellung gearbeitet. Ich war einfach ein junger Mann mit geistigen Interessen, etwas Erfindungsgabe und sehr wenig Geld. Aber ich hatte einen unabweisbaren Drang, das woran ich glaubte, anderen mitzuteilen.«[10]

Am 19. Mai 1904 ließ der 24-jährige Reinhard Piper den Verlag R. Piper & Co. ins Münchener Handelsregister eintragen. Georg Müller fungierte als gleichberechtigter Partner, Arno Holz' »Dafnis« eröffnete das Programm – der erste große kommerzielle Erfolg des Autors verhalf Piper zu einem unerwartet gelungenen Start.

Noch vor der Piperschen Verlagsgründung schafft Alfred Kubin den Durchbruch als Künstler. Hans von Weber, der es auf rätselhafte Art verstehe »das Glück in jeglicher Form, sei es als Gesundheit, Liebesglück oder als Börsengewinn«[11] an sich zu knüpfen, finanziert trotz mangelnder Vorkenntnisse in Kunst- und Verlagsbuchhandel voll Enthusiasmus das erste Mappenwerk Kubins. Finanziell hält sich der Erfolg zwar in Grenzen, doch die Öffentlichkeit erkennt (wenn auch anfangs mit teils ironischen Untertönen): Hier wächst etwas Eigentümliches, Besonderes. Nicht nur Kubins Weg als Künstler, auch der Hans von Webers als Verleger ist mit diesem überraschenden Erfolg geebnet. Weitere Zusammenarbeiten blieben sporadisch und beschränken sich oft auf Freundschaftsdienste Kubins für Almanache des Weberschen Unternehmens. Andere Verleger treten an Webers Stelle. Ein weiterer Meilenstein in der frühen Kubin-Rezeption ist die erste Einzelausstellung in der Berliner Galerie Bruno Cassirer 1902.

Am 1. Dezember 1903 stirbt völlig unerwartet Kubins Braut Emmy Bayer, was ihn – kurzfristig – in eine neue Krise treibt. Die Bekanntschaft mit dem Bohèmien Oscar A. H. Schmitz und dessen verwitweter, nicht unvermögender Schwester Hedwig Gründler im Frühjahr des folgenden Jahres führt Kubins Leben schließlich in geordnete Bahnen. Im September 1904 findet die Hochzeit statt. Sie »rettete mich, sie brachte die Wendung zum Objektiven«, erzählt Kubin rückblickend seinem Verlegerfreund Reinhard Piper anlässlich einer Zusammenkunft in Zwickledt, »die Dinge um mich kamen endlich in Ordnung«[12].

1906 verlassen Kubins die Großstadt München und übersiedeln ins oberösterreichische Wernstein am Inn, wo sie sich auf Empfehlung von Kubins alterndem Vater das Schlösschen Zwickledt kaufen, eigentlich nur das Wohnhaus eines Landgutes, welches das Volk als Schloss bezeichnete, da es sich von den Bauernhäusern der Umgebung unterschied. Bis zu seinem Lebensende 1959 wird es die Heimstätte des Künstlers bleiben.

Reinhard Piper konzentrierte sich in der vielfältigen deutschen Verlagslandschaft um 1900 anfangs vorrangig auf das Marktsegment Kunst. Weitere Programmschwerpunkte lagen in den Bereichen Dichtung und Philosophie. In seiner Funktion als Partner der Künstler, als eigenständige Größe im kulturellen Leben mit eigenem Interessensprofil und einem daraus resultierenden Verlagsprogramm entsprach Piper jenem neuen Verlegertypus, der als Freund und Gleichgesinnter mit seinen Autoren kommunizierte, sie finanzierte, anregte, förderte, ihre Bewegung organisierte, ihre Öffentlichkeit steuerte: »ein Akteur im Literaturgeschehen, der als produktives Element an den Äußerungen, Beziehungen und Entwicklungen seiner Autoren teilhat, d. h. ein integraler Faktor ihrer Literaturgeschichte wird«[13]. Neben Wilhelm Friedrich, Samuel Fischer, Eugen Diederichs, Albert Langen und Kurt Wolff wurde Reinhard Piper zum Initiator eines der langlebigsten deutschen Verlage. Anlässlich des zwanzigjährigen Bestehens seines Verlags schreibt er am 21. Mai 1924 an Alfred Kubin: »Auch soll der Verlag ja ein Diener sein und nicht Selbstzweck«[14], und charakterisiert damit in wenigen Worten die Auffassung jener Generation von »Kulturverlegern«, die in den Dezinnen um die letzte Jahrhundertwende die Verlagslandschaft und das kulturelle Leben ihrer Zeit entscheidend veränderten. Der Generation moderner Verleger um die Jahrhundertwende ging es in erster Linie um Breiten-, ja Massenwirkung für anspruchsvolle Literatur. Entgegen den Bedürfnissen der durch verschiedene Entwicklungen immer größer werdenden Leserschaft wollten sie das Kulturbuch zum Massenbuch werden lassen. Das Verlagsprogramm war in der Regel eng an die Wertvorstellungen der Verlegerpersönlichkeit geknüpft.

Reinhard Piper setzte in den Anfangsjahren vor allem auf Buchreihen und auf mehrere Jahre angelegte Projekte: »Moderne Illustratoren« (in Zusammenarbeit mit Hermann Esswein), die Taschenbibliothek »Die Fruchtschale« mit Aphorismen und Tagebüchern; später auch auf eine eigene »Vertriebsstelle für Graphik« namens »Ganymed«. Zentrale Bedeutung erlangten die Herausgabe sämtlicher Werke des bis dahin in Deutschland nahezu unbekannten Fjodor M. Dostojewski und die historisch-kritische Schopenhauer-Ausgabe. Nach dem Angebot eines Gedichtbands im Jahre 1910 wurde Piper außerdem zu einem der Hauptverlage Christian Morgensterns, eine Biographie über Gustav Mahler bildete den Anfang für das Programmsegment Musik.

Dank des engen Kontakts von Reinhard Pipers zweiter Frau, der Malerin Gertrud Engling, die er 1910 heiratete, zu der Künstlergruppe »Der Blaue Reiter« um Franz Marc und Wassily Kandinsky erschien deren gleichnamiger Almanach 1912 bei Piper und etablierte das Haus als einen der wichtigsten Verlage der deutschen Avantgarde.

Die ersten Zwickledter Jahre der Familie Kubin sind geprägt durch den Tod von Alfred Kubins Vater im Jahr 1907, durch zahlreiche Reisen, die Beschäftigung mit dem Werk Pieter Brueghels und den französischen Impressionisten. Neben verschiedenen Ausstellungen bleibt es mit Ausnahme einiger Umschlagzeichnungen für mehrere Verlage, Beiträgen für Kunstzeitschriften sowie einer Poe-Illustration ruhig um den aufstrebenden Künstler. Stilistisch ist es eine Zeit der Umorientierung. Die flächige Spritztechnik des Frühwerks wird aufgegeben, Kubin experimentiert angeregt von Koloman Moser mit Kleister- und Temperafarben. Auch einige Blätter im Stile Gauguins sind erhalten.

Eine durch eine Italienreise mit seinem Freund Fritz von Herzmanovsky-Orlando ausgelöste Schaffenskrise treibt Kubin schließlich dazu, andere darstellerische Mittel zu ergreifen als die Zeichenfeder. Innerhalb weniger Wochen entsteht im Jahre 1908 sein einziger Roman »Die andere Seite«. Kubin erkennt seine ureigensten Talente als Federzeichner und Illustrator; nach Ende der Krise kommt es zu einer Flut von Buchillustrationen zu Nerval, Poe, Bierbaum, E.T.A. Hoffmann, Hauff und anderen, die wie »Die andere Seite« selbst in oft bibliophiler Ausstattung bei Georg Müller in München erschienen.

Trotz seines zurückgezogenen Lebens nimmt Kubin Beziehungen zur Münchener Avantgarde auf, wird 1909 Mitglied der »Neuen Künstlervereinigung München« und verlässt diese 1912 gemeinsam mit Franz Marc und Wassily Kandinsky, um dem »Blauen Reiter« beizutreten. Kubins Illustrationskunst kann Reinhard Piper nicht verborgen bleiben.

Anfänge der Bekanntschaft: 1907–1920

Über die genauen Umstände des Beginns der Beziehung schweigt die Korrespondenz, und auch andere Quellen lassen nur Vermutungen zu. Der erste erhaltene Brief bezieht sich auf eine Auftragsarbeit Kubins zur »Stadelmann'schen Studie« des jungen Piper-Verlags, in die schließlich drei Reproduktionen Kubinscher Werke aufgenommen werden. Der Brief ist rein geschäftlich gehalten, gerichtet an einen »Sehr geehrten Herren«, »hochachtungsvollst« verfasst von Alfred Kubin. Aus welchen Gründen sich Piper im Jahr 1907 an Kubin wandte, ob man einander schon aus frühen Münchener Tagen kannte und ob diese Bekanntschaft möglicherweise persönlicher Natur war, kann nicht nachvollzogen werden. Wahrscheinlicher ist, dass ein solches Treffen nicht stattgefunden hat. Reinhard Piper, der in späten Jahren wiederholt über die Anfänge der Freundschaft schreibt, hätte es sonst sicherlich im Briefwechsel angesprochen. Die Kubinsche »Weber-Mappe« hatte der Verleger bereits kurz nach der Veröffentlichung zufällig in einem Münchener Schaufenster gesehen und war wenig angetan gewesen.[15]

Im Konvolut folgt eine Pause von etwa fünf Jahren. Über das Jahr 1912 schreibt der Verleger im ersten Teil seiner Autobiographie: »Die Dostojewski-Ausgabe befruchtete auch die deutsche Illustrationskunst. Für den ›Doppelgänger‹, diese Geschichte von ungeheuerlicher Phantastik, schien mir Alfred Kubin der richtige Mann. Ich wandte mich an ihn, der – damals wie heute – einsam in seinem Schlösschen Zwickledt über dem Inn auf der österreichischen Seite lebte. Damit begann eine jahrzehntelange freundschaftliche Verbindung.«[16] Im Vorwort zu Kubins Band »Abendrot« (1952) schildert Piper den Hergang ein wenig anders: »Im Jahre 1907 hatte ich seinen ersten Brief erhalten. Diese Anknüpfung entwickelte sich bald zu einer Freundschaft, die nun seit fünfundvierzig Jahren in ununterbrochener Herzlichkeit andauert.«[17]

Nach der erfolgreichen »Doppelgänger«-Ausgabe kommt es zu einigen kleineren Zusammenarbeiten, etwa einer Kubinschen Beteiligung an der von Julius Meier-Graefe zusammengestellten Mappe »Shakespeare-Visionen«.

Schon bald tritt Reinhard Piper auch als Kubin-Sammler und -Käufer in Aktion. Eine Veröffentlichung von Kubins »Daniel« im Rahmen eines Bibel-Illustrationsprojekts des »Blauen Reiters« wird angedacht. Doch Franz Marc stirbt vor Verdun – und mit ihm die treibende Kraft hinter dem Vorhaben. Die bereits fertiggestellten Daniel-Blätter erscheinen schließlich bei Georg Müller. Neben Diskussionen über technische Fragen der graphischen Kunst, Kubinsche Gesundheitsprobleme, Bücherwünsche und Briefillustrationen ist die frühe Korrespondenz geprägt von der begeisterten Planung zukünftiger Projekte, von denen nur wenige verwirklicht werden.

In den Jahren nach 1910 sind Kubins Verlagsbeziehungen recht einseitig. Kleinere Arbeiten tauchen zwar verstreut an unterschiedlichen Orten auf, alle größeren illustrativen Arbeiten und Kubins zweites großes Mappenwerk »Sansara« (1911) erscheinen aber bei Georg Müller. In einem Brief vom 15. Mai 1914 an Reinhard Piper erinnert sich Kubin an die beiden wohl wichtigsten Verleger seiner frühen Jahre: »Als ich H.v.W. vor 14 Jahren kennen lernte war er ein sehr wohlhabender Sammler und Mäcen für mich der von mir für circa 6000 MK in den ersten 3 Jahren Frühharbeiten kaufte und außerdem die Mappe machen liess bei der er von den verschiedenen Anstalten recht geschröpft wurde denn als ›Amateur Verleger‹ verstand er es damals – wie auch ich, nichts vom Calculieren etc. Einige Jahre später trafen ihn dann ganz kolossale Börsenverluste die ihn zwangen nun ein richtiger Verleger zu werden was ja auch seinen Neigungen entsprach. [...] Bei G.M. liegt die Sache anders, seit sieben Jahren habe ich dauernde Abmachungen, die für mich 1. Existenzbedingungen bedeuten und 2. so individuell günstig liegen (ich kann vorschlagen und illustrieren was ich will und auch wie viel ich machen will – habe niemals Termine und erhielt zweimal in sehr nobler Weise eine Honorarerhöhung) – So bin ich nie gebunden und kann andererseits auch arbeiten wie und was ich will; dazu kommt das Müller das Essweinbuch (Monographie) und die Sansaramappe – für mich grosse Erfüllung – für ihn aber zunächst grosse Ausgaben. [...] Ich habe G.M. freundschaftlich lieb«.[18]

Als Georg Müller 1917 unerwartet stirbt, erlischt das Exklusivitätsrecht. Laufende Projekte werden noch beendet, danach lockert sich die Verbindung – obwohl Kubin auch weiter für den Verlag tätig ist, bis dieser 1931 mit Langen fusioniert und sein Interessensgebiet verlagert. Ab den 1920er Jahren entwickelt Kubin eine Vielzahl von Geschäftsbeziehungen, sodass nahezu alle bedeutsamen (aber auch kleinere) deutsche Verlage der ersten Jahrhunderthälfte in den Geschmack Kubinscher Illustrationen kommen. Er arbeitet neben Georg Müller, Piper und dem Weberschen Hyperion Verlag etwa für S. Fischer, Ullstein, Insel, Zsolnay, Kurt Wolff, Rowohlt, Gurlitt, Cassirer, Heyder, Merlin, den Propyläen Verlag und andere. In seinem Aufsatz »Wie ich illustriere« sinniert Kubin über seine Kooperationen: »Als Illustrator hat man es viel mit Autoren, immer mit Verlegern zu tun. Welche Möglichkeit zu Freud und Leid! Der Idealfall, der absolut herrliche Verleger, kommt wohl auf Erden nicht vor. Der Leser schmunzelt bei diesem Verdacht. Doch habe ich großzügige, geschmackvolle, tüchtige und liebenswürdige Verleger kennengelernt – auch deren Gegenteil! Meist gibt es eine Plus- und eine Minusseite im gleichen Herzen.«[19]

Reinhard Piper nimmt unter den verschiedenen Geschäftspartnern des Künstlers bald eine Sonderstellung ein. Dem Graphikfreund geht es nämlich in erster Linie nicht darum, die illustratorischen Fähigkeiten Kubins für sich nutzbar zu machen, sondern vor allem um »Kubinblätter ohne Combination mit anderen Geistern«[20]. Von den sieben großen gemeinsamen Werken sind nur drei illustrativ, vier sind rein Kubinscher Kunst gewidmet. Neben Kubin haben im Leben Pipers viele andere Künstler eine wichtige Rolle gespielt, allen voran Max Beckmann, Ernst Barlach und Olaf Gulbransson, deren Werk er ambitioniert in seinem Verlag darzustellen trachtet und derer er auch in seiner Autobiographie in großen Kapiteln gedenkt. Oft werden diese Bekanntschaften mit Kubin diskutiert: »Ich habe immer gern Gespräche mit Künstlern geführt. Das sind ursprüngliche Menschen mit einer ursprünglichen Weltansicht, und nur mit solchen lohnt im Grunde das Sprechen.«[21]

Die Liebe zu Literatur und graphischer Kunst, kurz: Pipers leidenschaftliches »Doppelinteresse« entspricht genau Kubins literarischem und zeichnerischem Doppeltalent. In ihrer gemeinsamen Begeisterung für das künstlerische Schaffen treffen einander die Persönlichkeiten zweier sonst sehr unterschiedlicher Naturen: der ordnungsliebende deutsche Verleger, Familienmensch und erfolgreiche Unternehmer mit dem kleingewachsenen kahlen Österreicher böhmischer Abstammung, der sich zurückzieht von »dieser ewig unbegriffenen Welt«[22], der beiseite steht, beobachtet und in vergangenen Zeiten und Visionen versinkt.

Bereits nach wenigen Jahren werden die Grenzen eines rein seriösgeschäftlichen Briefverkehrs durchbrochen. Am 12. Mai 1916 schreibt Kubin an Reinhard Piper: »Wie Sie sehen lebe ich noch immer, doch herrscht entschieden ›das Astrale‹ vor. Im März kam ein bösartiger Nervenzusammenbruch – doch gelang es mir den Dämonen wiederum zu entrinnen. Nun hänge, schwebe, balanciere ich wieder irgendwie, irgendwo. [...] Leben Sie wohl und bringen sie sich nicht um ehe dass Sie das vorher mit mir verabreden. Immer Ihr Kubinäis tenebrionides«.[23]

Reinhard Piper, seinerseits in den Briefen nur wenig Persönliches preisgebend, ist in der Wunderwelt des Künstlers angekommen – und verschweigt nicht die ideelle Bedeutung, die er der gemeinsamen Korrespondenz beimisst. So schreibt er etwa am 26. November 1923: »Sie haben uns eine sehr grosse herzliche Freude gemacht mit Ihrer wunderhübschen Zeichnung zur Geburt unseres Töchterleins Ulrike. Wenn Ulrike einmal etwas grösser ist, werden wir sie ihr zeigen und später, wenn sie noch grösser ist, wird sie mit Stolz erzählen, dass ihre Geburt Zeichenfeder und Pinsel des weisen Magiers Kubin von Zwickledt in Bewegung gesetzt hat. Haben Sie allerschönsten Dank für diese reizende Gabe.«[24]

Besonders in der Korrespondenz mit Piper wird die von der jüngeren Forschung oft angesprochene Neigung Kubins zur Selbstinszenierung erkennbar. Er ist nicht nur Kunstschaffender, sondern auch passionierter Rezipient: ein Liebhaber der Sphäre alles Künstlerischen, der die eigene Person früh in den kunsthistorischen Kontext platziert und um seine Bedeutung weiß. Wegen finanzieller Nöte ist er zwar gezwungen, für den Erhalt seines Eremitentums mehr beziehungsweise anderes zu zeichnen, als ihm lieb ist, kann aber durch den gewonnenen Ruhm noch zu Lebzeiten sehr unabhängig agieren. Einmal in der Abgeschiedenheit Fuß gefasst, erweckt die »Kunst in Person«[25] in der Korrespondenz niemals den Eindruck, als wäre eine Rückkehr in gesellschaftlich belebtere Sphären erwünscht, sondern erscheint äußerst zufrieden in der Außenseiterrolle. Wie aber jede Rolle ein Publikum braucht, so genügt sich Kubin in seiner Weltabgewandtheit nicht selbst, sondern sucht mit zeitraubender Regelmäßigkeit, um nicht zu sagen Besessenheit, den Kontakt zu Freunden und Bekannten, kurz: zur Öffentlichkeit. Ein zentrales Medium dafür ist der Brief. Auch seine inventarische Autobiographie, ausgehend von der Einleitung zur Mappe »Sansara«, trägt zur (Selbst)-Mystifizierung bei. Im Zuge ihrer Rezeption kommt es, wie Annegret Hoberg eindrücklich belegt, zu einer Veränderung des Kubin-Bildes in Opposition zur Sichtweise seiner Zeitgenossen, die sein Frühwerk noch »mit deutlicher Ironie zu den scheinbar recht offensichtlichen sexuellen Nöten seiner Person in Beziehung gesetzt und mit gutmütigem Spott bedacht«[26] hatten. Der Schriftsteller und Insel-Herausgeber Franz Blei zum Beispiel schildert den jungen Kubin mit den Worten: »[Er] konnte sich in kritischen Momenten, wo er einiger lächelnder Skepsis begegnete, rasch in einen ihm höchst natürlichen Humor begeben, dem die bizarren Elemente nicht fehlten, für die er aber einen drastisch-realen, gut österreichischen Ausdruck fand. Er verstand es voll Anschaulichkeit Erlebtes zu erzählen. Die Gewohnheit, solchem Erlebten einen tieferen Sinn in okkulten Zusammenhängen zu geben, nahm er erst später an, als er mit größerer Bekanntheit auch repräsentieren musste. [...] Aber er war mit einem kindlich-fröhlichen Lachen immer bereit, das alles von der Tafel zu wischen, wenn der Partner nicht Publikum war. [...] Es steckte sehr viel von dem in Kubin, was die Franzosen Fumisterie nennen, die sehr gut zu seinem persönlichen Charme passte.«[27]

Franz Kafka charakterisiert Alfred Kubin nach einem persönlichen Treffen ganz ähnlich: »Den ganzen Abend sprach er oft und meiner Meinung nach ganz ernsthaft von meiner und seiner Verstopfung. Gegen Mitternacht sah er aber, als ich meine Hand vom Tischrand hängen ließ, ein Stück meines Armes und rief ›Aber Sie sind ja wirklich krank!‹«[28]

In der Korrespondenz mit Piper bleibt die zarte Trennwand zwischen Sein und Schein weitgehend unangetastet, obwohl so manche Aussage

Kubins nicht dem Nimbus des geheimnisvollen, melancholischen Grüblers entsprechen will. So schreibt er etwa in einem Brief vom 23.11.1917: »es lebe die Euphorie!!«[29], und am 19. Februar 1924: »aber ich will nicht gegen eine Welt wettern die ich vielleicht im Grunde so wünsche und liebe wie sie ist«[30]. Der Verleger bleibt über lange Zeit – neben all seinen anderen Funktionen und in heutigen Begriffen – ein »Fan«, der genau das sehen will, was Kubin darstellen möchte. Vergleicht man Kubins Briefe an Fritz von Herzmanovsky-Orlando oder Max Unold mit jenen an Reinhard Piper, so scheint der sonst reichlich sprühende Humor, die Leichtigkeit und Selbstironie einer Schwernis gewichen, die nur in Ausnahmen durchbrochen wird und erst in späteren Jahren einer gewissen Vertrautheit Platz macht. Anlässlich der Schilderung seiner Künstlerfreundschaften im zweiten Teil der Autobiographie gesteht Piper nicht ohne Selbstironie, dass er seinerseits mit dem Ruhm seiner zahlreichen Korrespondenzpartner kokettiert: »Ich bin mir durchaus klar, dass ich mich damit diesen großen Herren sozusagen an die Rockschöße hänge, damit sie mich mit in die Unsterblichkeit hinüberschleppen.«[31]

In Reinhard Pipers unverhohlener Bewunderung alles Künstlerischen werden besonders die Aufsätze, die er über seinen Freund Kubin verfasst, zu Dokumenten der Stilisierung. Dem Verleger selbst fehlten zum Künstlertum, wie Wolfgang Tarnowski es in seinem Vorwort zur Korrespondenz Piper-Barlach beschreibt, »nicht nur Imagination und Besessenheit, sondern auch die Egozentrik, die Radikalität und die tragische Ambivalenz, mit der seine Künstlerfreunde Kubin, Beckmann und Barlach so ersichtlich ausgestattet waren«[32]. Trotzdem habe der viel beschäftigte Piper den Traum von einer beschaulichen künstlerischen Existenz am Rande des Berufslebens bis ins reife Mannesalter geträumt und bei seinen Versuchen, diesem Ziel näher zu kommen, als Metier vorzugsweise die Sprache gewählt. So seien über die Jahre zahlreiche Gedichte verfasst, ein Hörspiel für den Rundfunk geschrieben, sowie in Essays und Reisetagebüchern über unterschiedlichste Themen reflektiert worden. Auch habe es gelegentliche Ausflüge in die bildende Kunst, etwa in der Technik des Holzschnittes, gegeben. Bezüglich Erfolg und Gültigkeit seiner Versuche, so Tarnowski, hat sich der Verleger aber kaum falsche Vorstellungen gemacht.[33]

In den frühen Tagen des eigenen Unternehmens trat Piper auch als Kunstbuchautor im eigenen Haus hervor und veröffentlichte Abhandlungen über »Das Tier ...« (1910), »Das Liebespaar ...« (1916) und »Die schöne Frau in der Kunst« (1922).

Die Zwischenkriegszeit: 1920–1930

Nach einer Unterbrechung der Korrespondenz im Jahr 1919 entwickeln sich aus der über Jahre hinweg diskutierten Idee eines »Vignettenwerks« die Kubinschen Arbeiten zu Jean Pauls »Neujahrsnacht«. Etwa zeitgleich entsteht in rasantem Tempo die Mappe »Am Rande des Lebens«. Eigentlich hätte Kubin in ein von Julius Meier-Graefe geplantes Mappenprojekt aufgenommen werden sollen, stattdessen entscheidet man sich nun erstmals für eine Sammlung von Kubin-Blättern ohne illustrativen Charakter. Am 14. Juni 1920 ist der Künstler voll des Lobes: »Im Ganzen trifft die Gesamtauswahl, so man den Standpunkt einer gewissen die Wucht machtvoll unterstützenden Einheitlichkeit festlegt wohl das Reifste und Beste das ich gemacht habe: – Sie hatten einen Adlerblick.«[34]

Reinhard Piper tritt hier zum ersten Mal als Kubin-Herausgeber auf, der es versteht, aus hunderten Einzelblättern einheitliche Gesamtwerke zusammenzustellen. Alfred Kubin anerkennt diese Qualitäten seines Verlegers, die auch in der Zukunft das Bild weiterer Zusammenstellungen prägen werden. Nach dem Besuch Pipers im Februar 1920 steht auch die Arbeit an der »Neujahrsnacht« kurz vor dem Abschluss; die Atmosphäre scheint fast euphorisch: »Möchten Sie nun auch das neueingefügte Bild zum Jean Paul als Zeichen meiner Freundschaft annehmen?! […] Ihren Zwickledter folgenschweren Besuch fanden wir hier sehr gelungen in kaum 24 St. hatten Sie ja auch einen Überblick über die Gegenden der äusseren wie inneren Kubinwelt gewonnen – Hoffentlich sah dieses Haus Sie nicht zum letzten mal.«[35]

Obwohl der erste Besuch Pipers in Zwickledt also deutliche Spuren hinterlässt, bleiben persönliche Treffen selten und der Brief das eigentliche Medium der Freundschaft. Die genaue Anzahl von Zusammenkünften, insbesondere von Besuchen Alfred Kubins in Reinhard Pipers Wohnung oder im Verlag, ist anhand des Briefwechsels (wegen fehlender Korrespondenzstücke etc.) nicht zweifelsfrei nachzuweisen.

Nicht nur inhaltlich, auch an Äußerem zeigen sich die Unterschiede im Wesen der beiden Korrespondenten. Die Schreiben Pipers sind optisch sehr nüchtern gestaltet und vorwiegend mit Schreibmaschine auf Briefpapier des Verlages verfasst. Handschriftliche Dokumente sind seltene Ausnahmen. Wesentlich anders präsentieren sich die Briefe Kubins. Schon allein die Vielfalt der Beschreibstoffe führt dem Betrachter die Atmosphäre in Zwickledt vor Augen. Meist an seinem Zeichentisch sitzend, greift Kubin für seine Korrespondenzen oft zu Blättern in

Reichweite und schreibt so immer wieder auf Skizzenblätter. Er favorisiert, wie von frühesten Tagen an oft erwähnt, alte gelbliche Katasterbögen aus dem Nachlass des Vaters.

Für den Graphikfreund Piper sind die Kubinschen Schreiben ein Genuss: »Herzlichen Dank für Ihre reizende Karte. Solche, von der Kunst in Person ausstaffierten Zuschriften sind wahre Lichtblicke in der Oede der Geschäftskorrespondenz«[36], schreibt er kurz vor Weihnachten 1916. Und kaum ein Jahr später: »Sie sind wirklich ein edler Mensch, dass Sie Ihre Briefe immer mit solchen Kostbarkeiten auszieren. Dadurch machen Sie Ihre Briefe immer zu einem besonderen Vergnügen für den Empfänger und dieses erhebende Bewusstsein wirkt vielleicht auch auf den Schreiber etwas zurück.«[37]

Kubin zeigt sich gönnerhaft: »Wenn ich Briefen gelegentlich Pröbchen eigner Fingerfertigkeit beilege so errieten Sie den Grund mein verehrter Herr Piper – ich tu es um anderen Freude zu machen was mir selbst wieder Freude macht – So auch dies mal!«[38] Und: »Die Briefzeichnungen die ich Ihnen verehre bekommen Sie weil mich Ihre Leidenschaft und Treue für die zeichnenden Künste lebhaft berührt, ich gerne wirkliche Freude bereite, aus Sympathie und, nicht zuletzt auch aus Marotte.«[39]

Interessanterweise kommt es gerade in der Phase nach dem Tod Georg Müllers, in der sich Kubin am meisten über das Illustrieren echauffiert, zu den meisten Briefillustrationen. Wort und Bild widersprechen einander gewissermaßen; der Alltag des Künstlers fließt ungebremst in die Korrespondenz ein.

Neben Illustrationen, Skizzen und den vielfältigen Beschreibmaterialien ist nicht zuletzt Kubins Schrift eine aussagekräftige Ingredienz seiner Korrespondenz. Die Rhythmik der Orthographie entspricht der Beweglich- und Sprunghaftigkeit im Denken des Künstlers. Er mischt Latein mit Kurrent, benützt leidenschaftlich Geminations- und Bindestriche und hebt wichtige Worte mit teils oftmaligen Unterstreichungen hervor. In einer von Hedwig Kubin initiierten graphologischen Studie ist von »Zerrissenheit« die Rede, von »Phantasie« und »Ideenreichtum« und »großen Stimmungsschwankungen«.[40] Mitunter kommt es vor, dass Reinhard Piper seine Schwierigkeiten mit dem Kubinschen Schriftduktus thematisiert – so etwa, als er den Künstler bittet, an einen gemeinsamen Bekannten »nur ja recht deutlich, nicht so malerisch wie an mich« zu schreiben, »der ich Ihre Buchstabenarabesken seit dreissig Jahren gewohnt bin«[41]. Auch andere Korrespondenzpartner klagen, so etwa Th. Th. Heine am 19. Dezember 1939 aus Oslo: »Deine Handschrift wird immer individueller, dekorativ und ornamental sehr schön, aber furchtbar schwer zu lesen, so ist die Beantwortung immer als ob ich mich mit jemandem in einer Sprache unterhalte, die ich nicht recht verstehe, und immer fragen muss: Wie, bitte?«[42]

In den Jahren um 1920 wird der quantitative Höhepunkt der Zusammenarbeit erreicht. Im Herbst hilft Reinhard Piper seinem Künstlerfreund, in der »Affäre Oser«, einer unliebsamen Erfahrung mit einem selbsternannten Kunsthändler, dem Kubin entgegen sonstiger Gewohnheit einige Blätter in Provision gibt. Monatelang muss er auf die Veräußerung beziehungsweise Rückgabe warten; die unkontrollierte Nachkriegsinflation macht jeden Tag zu einem Verlustgeschäft.

1922 drängt Piper auf eine zweite Auflage des »Doppelgängers«; wenig später ist in der Korrespondenz zum ersten Mal die Rede von neuerlichen Bibel-Illustrationen. Gemeinsam erwägt man die Möglichkeiten einer Publikation, und Reinhard Piper rät Kubin, statt der ursprünglich geplanten zwölf, doch zwanzig Bilder anzufertigen und das Neue Testament mit einzubeziehen. Nur so könne man die Arbeiten in Buchform – und folglich mit größerer Zielgruppe als bei einer Graphikmappe – veröffentlichen. Ende 1923 ist das Werk abgeschlossen. Der erhoffte Erfolg bleibt aber aus, der Verkauf läuft schlecht. Im Jahr 1936 wird die Verbreitung der »20 Bilder zur Bibel« von den Nationalsozialisten untersagt, 1939, nach Wiederaufnahme Kubins in die »Reichskammer der Bildenden Künste« infolge des »Anschlusses«, wird das Verbot jedoch wieder aufgehoben. Der lakonische Kommentar Pipers in einem Schreiben an die Reichsschrifttumskammer am 29. Juli 1936: »Wir bemerken noch, dass seit dem Jahr 1930 /– also seit 6 Jahren – nur/ 19 Exemplare des Werkes abgesetzt wurden. Von einer Verbreitung dieses Buches konnte also schon seit langem nicht mehr die Rede sein.«[43]

Nach den Bibel-Bildern kommt es in der Korrespondenz der nächsten acht Jahre immer wieder zu Pausen von mehreren Monaten. Erst in den Dreißigern nämlich wird das nächste Kubinsche Werk bei Piper erscheinen. Trotz der geschäftlichen Untätigkeit reißt der Kontakt aber keineswegs ab, und etwa 85 Briefe verkehren in den Jahren 1924 bis 1933 zwischen München und Zwickledt. Es ist vermutlich genau diese Zeit, über die der Verleger in seinen Memoiren meint: »Zwischen mir und Kubin gingen unzählige Briefe hin und her, meist ganz ohne praktischen Anlass«[44].

Die Inflationszeit Anfang der Zwanziger bringt Kubin nicht nur die erste Gesamtausstellung seiner Kunst in der Münchener Galerie Hans Goltz, sondern allgemein verstärktes Interesse an seinen Einzelblättern. Kunst gilt als relativ wertbeständig und wird deshalb gerne gekauft.

Auch an der Vielzahl an Aufsätzen über Kubin lässt sich sein wachsender Ruhm ablesen. »Vom Umgang zu Umgang wird gewisser, was doch schon vorher, seit Jahren, von Mappe zu Mappe, von Buch zu Buch gewiß genug gewesen ist: hier wächst unablässig in Breiten, Höhen, Tiefen vom Schicksal verhängter Bestimmung ein Mensch und Künstler, der in früheren Jahrhunderten Bosch, Bruegel, Callot, Hogarth, Goya geheißen hat«[45], charakterisiert ihn später sein erster Biograph Paul Raabe. Kubin selbst erwähnt die veränderte Rezeption seiner Kunst auch im Briefwechsel mit Piper des Öfteren: »Vor Kurzem (etwa 20 Jahren) galt ich doch noch für das wilde Biest! nun also aber klassisch«[46]. Immer ausgedehnter wird der Bekanntenkreis des Künstlers; Anerkennungsschreiben von Thomas Mann, Franz Werfel, Stefan Zweig und anderen finden ihren Weg nach Zwickledt.

Für den Piper-Verlag sind die Folgen der Geldentwertung weniger positiv. Bis Mitte der Zwanziger stagniert der Buchmarkt, von 1925 bis 1932 sinkt die Titelzahl um zwei Drittel. In den Firmenstatistiken der Weimarer Republik bietet sich ein hektisches Bild von Verlagsneugründungen und -auflösungen. Die einzelnen Unternehmen reagieren sehr unterschiedlich auf die schwierigen Bedingungen im Verlagswesen, das Fehlen einer einheitlichen neuen Kunstströmung und auf die wirtschaftliche Not des Publikums. Entgegen den Ausführungen im Jubiläumsalmanach von 1924, der das ausgewogene Verhältnis von Kunst, Philosophie und Literatur im Verlag betont, besinnt sich Piper auf seine Anfänge und konzentriert sich in den Zwischenkriegsjahren vor allem auf den Bereich Kunst. So startet er etwa 1923 die Piperdrucke, die das Angebot der Marées-Gesellschaft um die Reproduktion von Ölgemälden bereichern soll. Die Umsätze sind im ersten Jahr noch verhältnismäßig hoch, bereits 1924, im zwanzigsten Jahr des Verlags, gehen sie jedoch wieder stark zurück. Als 1926 der langgediente Kompagnon Adolf Hammelmann aus dem Piper-Verlag ausscheidet, tritt über Vermittlung Ernst Reinholds der Wiener Robert Freund die Teilhaberschaft an und sichert das Überleben des Unternehmens. Er gewinnt zahlreiche neue Autoren, insbesondere aus dem englischen und französischen Sprachraum, wie etwa die deutschen Rechte am Gesamtwerk Marcel Prousts (von dem aber nur ein Roman bei Piper erscheint).

Ausschlaggebend für den Fortbestand des Briefverkehrs in den 1920er Jahren sind neben einem Piperschen Jubiläumsaufsatz über seinen Künstlerfreund vielfach private Angelegenheiten wie etwa die Kubinsche Begeisterung für den Böhmerwald, Bücherempfehlungen und Diskussionen über aktuelle Werke. Eine nicht unbedeutende Einnahmequelle für Kubin wird seine auch in Reinhard Pipers literarischer

Korrespondenz vertriebene Kurzprosa, die Ulrich Riemerschmidt Ende der 1970er in den bekannten Sammelbänden »Aus meinem Leben« und »Aus meiner Werkstatt« zusammenführt.

Jahre des Terrors: 1930–1945

Anfang der 1930er klagt Kubin vermehrt über die schlechte Auftragslage und schreibt an seinen Verleger, dass er einige illustrative Werke im Schranke liegen habe, ohne zu wissen, ob diese jemals Gestalt annehmen würden. Kubin scheint sich besser mit Kubin-Blättern in »Combination mit anderen Geistern«[47] arrangiert zu haben, da er schon im Voraus und freiwillig illustriert, was sicherlich auch mit dem wachsenden Interesse an seinen selbstständigen Werken ab den 1920ern zusammenhängt – er agiert immer unabhängiger, es kommen kaum noch Klagen.

Piper versucht Abhilfe zu schaffen, muss sich schließlich aber gegen die Projekte entscheiden. Die Ereignisse des Jahres 1933 werfen ihre dunklen Schatten voraus. »Der Verlag ist natürlich in Zeiten wie den jetzigen nicht auf Rosen gebettet. Die politischen Ereignisse und Veranstaltungen absorbieren das ganze Interesse. Wer hat da Zeit und Lust, sich auf ein Buch zurückzuziehen? Ich fürchte, diese Menschen sterben ganz aus.«[48] Im Dezember desselben Jahres schreibt Piper: »Das normale Buch ist übel dran. Es ist zweifellos das schlechteste Jahr in den dreissig Jahren des Verlagsbestehens.«[49] Das einzige, was er Kubin anbieten kann, sind Illustrationsarbeiten zu Jaroslav Durychs »Die Kartause von Walditz«.

Nach der Machtergreifung Hitlers im Januar 1933 lässt die massive Einflussnahme der Nationalsozialisten auf die Kultur- und Verlagsszene nicht lange auf sich warten. Pipers jüdischer Teilhaber Robert Freund ist gezwungen, aus dem Verlag auszuscheiden. Um ihn abfinden zu können, verkauft Piper das verlagseigene Gebäude in der Römerstraße und zieht 1938 in die Georgenstraße 4 – noch heute das Stammhaus des Verlags. Zahlreiche Werke von Künstlern aus dem Piperschen Freundeskreis kommen als »entartet« auf den Index. Der Verlag setzt vor allem auf unverfängliche »nordische« Autoren und bodengebundene idyllische Dichter wie Kristmann Gudmundsson, Josef Martin Bauer und Erich Brautlacht. Einen Sonderfall stellt der im nationalsozialistischen Deutschland sehr erfolgreiche Bruno Brehm dar. Noch Ingeborg Bachmann wird dem Verlag diese Zusammenarbeit verübeln.

Alfred Kubins eigenes Verhältnis zum Nationalsozialismus ist zwiespältig. Dass er die ideologischen Grundsätze der »Bewegung« nicht teilt, ist offensichtlich, dass er sich aber etwa gedrängt fühlt, aktiv eine Gegenposition einzunehmen, kann ebenso wenig behauptet werden. So ist der Begriff »innere Emigration« für Kubin durchaus treffend, allerdings auf einer ganz grundsätzlichen, gewollt unpolitischen Ebene, einer eskapistisch-egozentrischen. Alles, was seinem Werk und seiner zurückgezogenen Existenz in Zwickledt dient, wird positiv bewertet. Dass auch das eine politische Haltung ist, hätte Kubin wohl kaum gelten lassen.

Ein wichtiges Zeugnis für den Kunstverstand, den Wagemut und das Feingefühl, mit dem Reinhard Piper versucht, seinen Künstlerfreund Kubin zu unterstützen, sind die Arbeiten an den »Abenteuern einer Zeichenfeder«. Sie sind auch in der Autobiographie des Verlegers ausführlich dargestellt, erst in der Korrespondenz gewinnt man aber tieferen Einblick in den Zusammenhang mit anderen Werken Kubins, ein Gefühl für die Intentionen des Verlegers sowie genauere Einblicke in den Entstehungsprozess. Die Idee für das sechste Kubin Werk im Piper Verlag kommt Reinhard Piper im Jahre 1934, ausgehend von Gulbranssons autobiographischem »Es war einmal« – doch erst nach acht Jahren und schier endlosen Kämpfen gegen die nationalsozialistische Kulturpolitik kann das Buch schließlich im März 1942 in einer Erstauflage von 12000 Exemplaren erscheinen. Kubin zeigt sich beeindruckt: »Ich bin der Ansicht gewesen, dass eine Auswahl von 64 Blättern, welche stofflich nicht ausgesprochen der Nachtseite des Lebens entnommene Arbeiten wenigstens enthält, mein gesamtes Wesen als Künstler nicht zeigen würde. Aber siehe, es ging doch, denn der Charakter meiner Zeichenweise lässt unausgesprochen alles unheimliche gefühlsmäßig für Empfindliche auch bemerkbar werden, sodass ein Rundes sich darstellt – nur um das geht es. [...] Bitte strömen Sie magisches Fluid auf unsere Folianten damit seine späteren Besitzer durch seinen Inhalt zaubermächtig werden – sofern Sie die Eignung hiefür besitzen.«[50]

Piper antwortet am 15. April nicht ganz ohne Stolz: »Ich meinerseits bin glücklich in dem Gedanken, dass es mir als Verleger gegönnt war, gerade zu Ihrem 65. Geburtstag als Mittler Ihre Kunst unter die Menschen zu bringen und mich zu ihr zu bekennen.«[51] Am 19. März 1943 schreibt er: »Alle, die das Buch bisher sahen, empfinden es überhaupt als ein Wunder, dass ein solches Buch, so schön gedruckt und auf so blendendem Papier, in dieser Zeit hergestellt werden konnte.«[52] Trotz weiterer Schwierigkeiten mit den Behörden wird das Buch nicht beanstandet und kann weiter vertrieben werden.

Der Verlagsgründer zieht sich allmählich aus dem Geschäftsleben zurück. Bereits seit 1932 ist sein Sohn Klaus im Unternehmen tätig, der schließlich auch dessen Leitung übernimmt. Reinhard Piper entwirft aber noch das Konzept der »Piper-Bücherei«, einer preisgünstigen Reihe aktueller Titel, das nach dem Krieg in die Tat umgesetzt wird. Wie aus einem Traum erwachend stellen Kubin und Piper nach den Beschwernissen des NS-Regimes fest: Man ist alt geworden. Gemeinsam.

Oft scheint Kubin einigermaßen verwundert, dass sich sein Lebensabend wesentlich angenehmer anlässt, als er sich das in jüngeren Jahren ausgemalt hat. Am 22. Juni 1944 schreibt er: »Es ist schon richtig: jede Zeit hat die Künstler, welche sie braucht und verdient. – Ich selber wurde halt das alte Männlein und in der Gelöstheit meiner Stimmungen habe ich manchmal glückliche Dämmerstunden. [...] Dem Hause Piper meinen Segen!«[53]

In früheren Jahrzehnten tönt es noch ganz anders aus seiner Klause oberhalb des Inns: »Ich fürchte nicht so sehr völlige Verarmung – Verlust des Hauses, meiner Sammlung – denn die Krise wird bestimmt vorübergehn. – ich habe mehr zu leiden unter der gestaltlosen Angst vor Krankheiten, Altersverfall u. s. w.«[54], »ich ermüde leicht! [...] – sicher ich werde nicht alt, möchte es auch gar nicht werden, – wohl aber noch brav einige Jahre schaffen«[55], »die Müdigkeit legt sich wie ein grausamer Reif so bald leider immer auch aufs Schöne und so kann ich mir fürwahr heute schon das höhere, ja höchste Alter vorstellen. – Erleben aber möchte ich's nicht – ich bin ja mit Sinnen Kraft eher mehr rückwärts wie vorwärts gewandt.«[56]

Nicht nur in Worten, auch in Bildern gibt sich Kubin oft Gedanken verfrühter Alterung hin und zeichnet sich etwa kurz vor seinem 50. Geburtstag als gebrechlicher und gebeugt sitzender Sechziger mit der Bildunterschrift: »Der 60. Geburtstag 10. April 1937 Wenn er je erreicht wird, was ich nicht glaube«[57].

Als wären es kostbare Gewürze, veredelt der bekennende Hypochonder Kubin die Mehrheit seiner Schreiben nicht nur mit Reflexionen über das Altern, auch Gedanken über Verarmungsangst und Krankheit sind bestimmende Themen. Neben »Darmkatarrhen«[58] und »nervöser Erschöpftheit mit Herzbeklemmungen«[59] beklagt er auch Ungewöhnliches wie »Furunkel [...] am Hinterbacken«[60], »Kinderwürmer die mich inwendig auslutschen wollten«[61] und »Altersparalyse«[62]. »Nur die verdammte Hypochondrie sie sollte es halt nicht geben, das verdirbt mir die Stimmung immer wieder, ja ich erfinde geradezu noch Krankheiten die meine armselige Körperschaft bedrohen: könnten!«[63], schreibt er im Dezember 1932 an seinen Verleger. Anlässlich eines Besuches Reinhard Pipers in Zwickledt meint Kubin: »›Da kommen die

Psychoanalytiker und wollen mir meine Angst nehmen. Aber‹ – Kubin lächelte mit gelinder Selbstironie – ›die Angst ist ja mein Kapital! Ich gäbe sie nicht her, selbst wenn ich es könnte. Harmonie ist eine schöne Sache, aber ich möchte sie nicht haben.‹«[64]

Auf den Glückwunsch des Verlegers zu seinem 70. Geburtstag am 10. April 1947 antwortet Kubin geläutert: »Wir beiden sind uns über die meisten Ansichten doch klar, und so schreibt es sich angenehm in unserer Kajüte, wenn auch die Wogen tüchtig gehen, und das Schiff schlingert und rollt und der Steuermann gar nicht mehr auf sicheren Beinen stehen will, – leider nicht etwa wegen der Flasche, sondern eben infolge des Alters – das mir sonst gar nicht übel bekommt. – [...] Ich sparte nie mit meinen Erregungen und die Götter leihen kein Pfand!«[65]

Die Nachkriegszeit: 1945–1953

Dank seines couragierten Einsatzes für die moderne Kunst während der nationalsozialistischen Herrschaft und trotz der Verlagsbeziehungen zu Bruno Brehm wird dem Hause Piper nach Kriegsende die politisch-ideologische Unbelastetheit des Programms attestiert, sodass im Januar 1946 die offizielle Verlagslizenz ausgestellt werden kann. Das Verlagshaus in der Georgenstraße 4 ist beschädigt, die Privatwohnung Reinhard Pipers völlig zerstört. Die Verlegerfamilie verbringt das Kriegsende deshalb in Burgrain bei Verwandten. Reinhard Piper nutzt die erzwungene Muße zur Niederschrift seiner Lebenserinnerungen.

Nach 1945 gewinnt der Verlag zahlreiche neue Autoren, unter anderem Richard Friedenthal und Oda Schaefer, dazu die Rechte an den Werken von Ludwig Thoma und Karl Valentin. Das Verlagsprogramm wird unter der alleinigen Verantwortung von Klaus Piper nun um zeitgenössische Belletristik deutscher und ausländischer Autoren, moderne Sachbücher (Biographie, Geschichte, Politik) und populärwissenschaftliche Werke erweitert. Bereits Ende 1946 kommen die ersten Bände der »Piper-Bücherei« in kartonierter und farbiger Ausstattung auf den Markt. In der Reihe erscheinen unter anderem Texte von F. M. Dostojewski, Gustave Flaubert, Herman Melville, Karl Vossler und Arthur Hübscher. Die künstlerische Gestaltung übernimmt Emil Preetorius, der das äußere Gesicht des Verlags in der frühen Nachkriegszeit entscheidend prägt. Im gleichen Jahr kann Klaus Piper den Existenzphilosophen Karl Jaspers als Autor für den Verlag gewinnen, dessen Schriften in der Folge fast alle bei Piper erscheinen. Die beiden populären Autoren Heinrich und Alexander Spoerl sind in den folgenden Jahren im Verlagsprogramm ebenso vertreten wie Georg von der Vring, Christian Morgenstern und nach wie vor F. M. Dostojewski, dessen Gesamtwerk in vollständiger Überarbeitung neu aufgelegt wird.

Nach Vollendung der »Abenteuer« dauert es beinahe zehn weitere Jahre bis zum siebten und letzten Kubinschen Werk bei Piper. Von 1942 bis zur Aufnahme der Korrespondenz bezüglich des Bandes »Abendrot« Ende 1951 sind im Konvolut etwa vierzig Briefe Kubins und zwanzig Briefe Pipers enthalten, die sich durch ihren warmen, freundschaftlichen Ton von der übrigen Korrespondenz abheben. Am 4. November 1949 schreibt der Verleger: »Möchte die Verbindung zwischen Ihnen, mir und meinem Sohn noch immer fester und intimer werden!«[66] Offensichtlich wird die wachsende Vertrautheit auch in den veränderten Grußformeln. Dominierten bisher die unverbindliche Anrede »Lieber Herr...«, bzw. die Abschiedsworte »herzlichst«, »Ihr ergebener«, »mit den besten Grüßen und Wünschen«, so lassen sich besonders ab den späten Vierzigern auch Formulierungen wie »Lieber, verehrter alter Freund«, »Lieber Freund Piper«, »Lieber alter Freund Kubin« und »Immer Ihr Ihnen herzlich anhangender alter Kubin« sowie »Mit herzlichen Grüssen und Wünschen in alter Freundschaft Ihr Reinhard Piper« finden. Man wird ruhiger, netter, die Korrespondenz plätschert routiniert. Typisch für die späten Jahre sind neben immer länger werdenden Briefen auch ausgedehnte Unterbrechungen, die meist erst auf Grund von Jubiläen, Auszeichnungen und Todesfällen beendet werden. Freudig berührt meldet Piper am 31. März 1947: »Seit Georg Müllers Tod darf ich mich ja als der Kubin-Verleger fühlen. Dies bewies mir auch der Besuch von Bruno E. Werner, der mich als die zuständige Stelle kürzlich aufsuchte, um Material für seinen Geburtstagsaufsatz von mir zu holen.«[67] In Anbetracht der Lage, dass es seit dem Ableben Georg Müllers keinen exklusiven Kubin-Verleger mehr gab, muss diese Aussage sicherlich ein wenig relativiert werden, sie gibt jedoch Aufschluss über das Denken und Streben Reinhard Pipers. Verlags- und Verlegerleben sind längst nicht mehr zu trennen.

Der leidenschaftliche Sammler Piper macht sich nun an die Arbeit, die losen Fäden seines Wirkens zusammenzuführen, vollendet den ersten Teil seiner Memoiren und erbittet von Kubin die Briefe der Korrespondenz, die er von Anfang an, auch im Hinblick auf »die späteren Herausgeber unseres Briefwechsels«[68], akribisch genau archivierte. »Ich sammelte die Briefschaften 1 nach ›Persönlichkeiten‹, 2 nach sachlich mich interresierenden Inhalten – bei Ihnen trifft 1 <u>und</u> 2 jedesmal zu – vollständig ists natürlich nicht denn flüchtige Mitteilungen habe ich <u>nicht</u> aufgehoben«[69], antwortet der Künstler am 11. September 1944.

Ein einschneidendes Ereignis in den späten Tagen Kubins ist der Tod seiner Frau Hedwig am 15. August 1948, dieser »feenhafteste[n] aller Witwen«[70], die ihn in zweiter Ehe seit 1904 begleitete. »Nun nach 44jähriger Ehe mit dieser ungewöhnlichen und gebildeten Frau und treuesten Helferin – an der ich auch noch wie an einer Mutter hing – gestaltet sich mein Alterssein recht fraglich«[71].

In seinem Kondolenzschreiben vom 12. Oktober 1948 erinnert sich Reinhard Piper: »Wie gut versteh ich, dass Sie an Ihrer Frau wie an einer Mutter hingen! Wie müssen Sie sich jetzt vereinsamt fühlen! [...] Das Bild Ihrer Frau steht mir ausserordentlich lebendig vor Augen. Ich habe eine gute Aufnahme von ihr auf dem Wege im Zwickledter Garten, einem Gast entgegengehend. Wenn Sie allein, ohne Sie, nach München zu Besuch kam, sagte sie mir fast immer: ›Ich mein immer, ich müsste als Entschuldigung dazu sagen: bin ich's nur!‹«[72]

Binnen Kurzem ist auch der zweite Teil von Reinhard Pipers Autobiographie abgeschlossen: »Außer Ihnen haben im ›Nachmittag‹ noch Beckmann, Barlach, Gulbransson und Weinheber so ausführliche Kapitel. Ich denke, daß das Buch dadurch einen gewissen Quellenwert bekommt.«[73]

Anlässlich des 75. Geburtstags von Alfred Kubin ist es Reinhard Pipers Wunsch, noch ein weiteres Buch mit Zeichnungen des Künstlers zusammenzustellen – obwohl sich der Verleger ansonsten schon gänzlich aus dem Geschäft zurückgezogen und die Leitung seinem Sohn Klaus überlassen hat. Bei der Auswahl zu »Abenteuer einer Zeichenfeder« galt es ja, sich an den ästhetischen Vorstellungen des nationalsozialistischen Regimes zu orientieren, diesmal sind die Möglichkeiten unbegrenzt. Aus gesundheitlichen Gründen kann der 73-jährige Piper allerdings nicht persönlich nach Zwickledt kommen und bittet Kubin deshalb am 13. November 1951 um Übersendung von etwa einhundert Blättern, um daraus auszuwählen. Der Verleger drängt auf zügige Arbeit, da er den Band rechtzeitig im März 1952 in den Läden wissen will.

Schließlich sind Kubin und Piper gleichermaßen erfreut über die Früchte der gemeinsamen Arbeit. Kubin gesteht am 10.3.1952: »hier bloß meine wahrhafte Begeisterung dafür wie famos Sie Bücher zusammenstellen können. – Denn auch textlich ist es interessant und originell!«[74]

Piper antwortet am 14. März 1952: »Ich habe an dem Buche mit ganz besonderem Vergnügen gearbeitet, zumal es sich um eine so intensive Gemeinschaftsarbeit mit Ihnen handelte. Ich bin in das fertige Buch ganz verliebt und habe es dauernd vor mir liegen. Ich werde es in Zukunft an um die Kunst besonders verdiente Persönlichkeiten wie eine

Art Orden verteilen.«[75] So gut die Arbeit an dem Band »Abendrot« auch vonstatten gegangen ist, wird es doch das letzte gemeinsame Werk von Alfred Kubin und Reinhard Piper sein.

Am 14. April 1953 trifft ein Schreiben von Ulrike Piper in Zwickledt ein, in dem sie den besorgniserregenden Zustand ihres Vaters beschreibt: »Was Sie hier wohl schon ahnen, ist wahr: Er ist sehr krank. Vor über sieben Monaten hat er eine Gehirnblutung gehabt. Nach Weihnachten trat eine leichte Besserung ein, aber wir wissen heute noch nicht – und kein Arzt kann uns das sagen – ob und wie weit er sich erholen kann. Er ist liebenswürdiger denn je und erträgt alles mit grosser Geduld [...]. Aber ich brauche Ihnen als seinem alten Freund nicht zu sagen, dass unser ganzes Leben verändert ist seither. [...] Er kann Bilder ansehn, es wird ihm auch manchmal vorgelesen, wenn er sich besser fühlt, und meine Brüder spielen ihm auf dem Klavier vor, wenn sie ihn besuchen. Ich glaube, er lässt Sie grüssen, herzlich wie immer. Wir dürfen die Hoffnung nicht aufgeben.«

Kubin antwortet am 17. April: »Liebes gnädiges Fräulein – Was müssen Sie mitteilen von Ihrem wunderbaren allerbesten Vater? [...] Ihres großen Vaters Wesen und sein Werk – fließt für mich zu einer Einheit zusammen – ich weiß wie er unter Barlachs und Beckmanns Entschwinden berührt war – weiß um Glück und Schweres bei ihm – kurz es presst mir das Herz zusammen und ich reiche Ihrer verehrten Mutter, Ihnen und den Brüdern, tief besorgt und liebevoll die Hand – Ihr alter Alfred Kubin«.[76]

Reinhard Piper erholt sich von den Folgen des im August 1952 erlittenen Schlaganfalls nicht mehr und verstirbt am 21. Oktober 1953, wenige Tage vor seinem 74. Geburtstag. Alfred Kubin überlebt ihn um mehr als sechs Jahre, bevor auch er am 20. August 1959 nach langer Krankheit seinem in so vielen Bildern dargestellten Begleiter entgegentritt.

Salzburg, im April 2010 Marcel Illetschko

Vor Lektüre der Korrespondenz empfiehlt es sich, die editorische Notiz (S. 871–876) zu konsultieren. Die Briefe sind originalgetreu und ohne Eingriffe in Orthographie und Interpunktion wiedergegeben.

Alfred Kubin/Reinhard Piper

Briefwechsel

1907–1953

1 Alfred Kubin[1]

Wernstein a/Inn[2] Ober Österreich

3/12.07.

Sehr geehrter Herr,
In Beantwortung Ihrer Anfrage vom 11.d.M.[3] teile ich Ihnen ergebenst mit dass ich erst heute dazu kam eine erbetene Auswahl von 3. Zeichnungen für die H. Stadelmann'sche Studie[4] zu senden. – Ich war bisher verreist. –

Anbei folgen:
»die Leiche des Gefolterten[5]. –
»die Zähmung«
»Seele eines zu Tode gequälten Pferdes« .

Ich bitte nach erfolgter Klischierung[6] die übersandte Auswahl wieder zurück. Zusendung eines Musterabzuges und eines Freiexemplares wird mich sehr erfreuen. –
Hochachtungsvollst,
Alfred Kubin

2 Reinhard Piper[1]

München, den 10. Oktober 1912

Herrn Alfred K u b i n ,
W e r n s t e i n .

Sehr geehrter Herr Kubin!
Sie haben sich zu meiner Freude bereit erklärt, auf den Vorschlag des Herrn Hammelmann[2], für uns den Doppelgänger[3] des Dostojewski zu illustrieren, einzugehen. Ich glaube, daß Sie gerade für diese spukhafte und mysteriöse Erzählung der geeignete Zeichner sind. Ich las diese Erzählung zum erstenmal auf der Rückkehr von meinen Ferien in der Eisenbahn zwischen Königsberg und Berlin und hatte das Gefühl, daß der Stoff geradezu nach Zeichnungen von Ihnen verlangt. Mit Ihrem Preis von *M* 1200.-- für ca. 40 Zeichnungen (Vollbilder, Streubilder, halbseitige Bilder, Schlußstücke) sind wir einverstanden und nehmen an, daß sich dieses Honorar für alle Auflagen versteht und daß auch die Originalzeichnungen unser Eigentum werden, die wir natürlich nicht verkaufen, sondern unserer kleinen Kunstsammlung einverleiben wür-

den. Mit dem Buchformat von 19/24 cm sind wir ganz einverstanden. Das würde dann einen Satzspiegel von etwa 12/16 cm ergeben. Die Zeichnungen selbst erwarten wir möglichst bis zum 1. Juni 1913, damit wir das Buch recht sorgfältig für den Herbst vorbereiten können. Die Sache soll allen Beteiligten Ehre machen.

Mit besten Grüssen

Ihr ergebener
Reinhard Piper

3 Alfred Kubin – Postkarte

30. 10. 1912 München[1] *[Poststempel]*

z Z. Pension Toussaint
Briennerstr 8.

Lieber Herr Piper, Für den Fall dass Sie mir das verheissene »Zar und Revolution«[2] noch nicht zusandten, ist's dann auch besser diese Drucksache nach Wernstein zu schicken da ich Samstag wieder heimreise.

Viel Glück und schönsten
Gruß von Ihrem
erg. Alfred Kubin

4 R. Piper & Co. Verlag – Adolf Hammelmann

München, den 23. Mai 1913

Herrn Alfred K u b i n ,

W e r n s t e i n

Sehr geehrter Herr Kubin!
Wir bestätigen mit Dank den Empfang der Illustrationen zum Doppelgänger. Die Zeichnungen gefallen uns ausserordentlich gut und scheinen uns sicher eine Ihrer besten Leistungen vorzustellen. Wir sehen

jetzt mit großem Vertrauen dem Lebensgang des Buches entgegen. Wegen der von Ihnen vorgeschlagenen Formate werden wir uns mit Herrn Renner[1], der die Drucklegung überwacht, besprechen und Ihnen nach Möglichkeit entgegenkommen.

Daß Sie statt der verabredeten 40 Zeichnungen 60 angefertigt haben, erkennen wir mit besonderer Dankbarkeit an und liefern Ihnen mit Vergnügen eine Reihe unserer Verlagswerke, die Sie noch nicht besitzen. Geben Sie uns also an, was Sie zu haben wünschen.

Sobald Fahnenkorrektur und Klischees hergestellt sind, erhalten Sie das gesamte Material zum Umbruch.

Unter Wiederholung unserer Freude über das schöne Resultat der Arbeit grüßen wir Sie als

Ihre ergebenen[2]
Hammelmann
[Firmenstempel]

/Ihnen und Hedwig[3] hrzl. Grüße
AH./

5 R. Piper & Co. Verlag – Adolf Hammelmann

München, den 7. Juni 1913

Herrn Alfred Kubin,

Wernstein

Lieber Herr Kubin!
Da Herr Piper heute für einige Wochen in die Sommerfrische gegangen ist, gab es viel Aktuelles und die Büchersendung an Sie blieb liegen. Damit Sie nun aber nicht zu lange warten brauchen, lasse ich Ihnen heute einen Teil der Werke als Postpaket zugehen, während der Rest als Frachtsendung auch heute oder Montag unterwegs sein wird.

A conto Ihres Honorars überweise ich Ihnen am Montag 500 *M*. Der Rest wird schnell folgen. Wir haben zu Anfang dieses Monats große Verpflichtungen gehabt, sodaß mir eine kleine Verteilung lieber ist, gegen die Sie wohl nichts einzuwenden haben. Ich werde Sie nicht lange auf den Restbetrag warten lassen.

Meine Familie ist schon seit bald 14 Tagen in Pöcking am Starnberger See, wo ich für den Sommer ein kleines Haus gemietet habe. Ich fahre vorerst morgens in die Stadt und abends hinaus. Werde dann aber, wenn Herr Piper zurück ist, auch für längere Wochen ganz draussen sein. Wir haben alles, was wir wünschen; Garten, Wald, Wiesen und die Kinder sind schon morgens um 6 Uhr im Freien. Wenn man nicht auf dem Land ständig leben muß, ist so ein Aufenthalt ganz wundervoll. Sie werden wohl manchmal den Zwang, der Sie auf dem Lande festhält, quälend empfinden und so nehme ich an, daß Sie bald wieder einmal hinausfliehen, um sich neue Kraft und neue Eindrücke zu holen. Falls Sie nach München kommen, machen Sie sich bitte einen Tag für uns da draußen frei. Sie werden es gewiß nicht bereuen. Seien Sie mit der lieben Hedwig vielmals gegrüßt und erfreuen Sie sich recht an den Büchern, in denen wirklich, das darf man ohne Eigenlob sagen, ein hübsches Stück kultureller Arbeit auch vom Verlag geleistet worden ist.

Freundschaftlich
Ihr
Hammelmann

6 Alfred Kubin – Postkarte

21. VII 1913 Wernstein *[Poststempel]*

Lieber Herr Piper Soeben nach hause kommend finde ich die versprochenen Japaniea[1] vor, allerherzlichst Dank!! Sowie ich mich hier eingewöhnt habe und die letzten Münchner Bakterien wieder abgetötet habe, wird mein erstes Tun die Wiederholung der gewissen Doppelgänger blatter sein; so das kein Verzug entsteht, – Ich denke gerne an den gemütlichen Abend[2] zurück den ich in Ihrem Heim verbringen durfte und bitte mich Ihrer lieben Frau[3] zu empfehlen..

Mit bestem Gruss Ihr sehr erg.
Alf Kubin

7 Reinhard Piper

München, den 26. Juli 1913

Herrn Alfred K u b i n ,

W e r n s t e i n

Sehr geehrter Herr Kubin!
In Anlage erhalten Sie die bisher abgesetzten Fahnen von Dostojewski. Von dieser großen Type hat die Druckerei nicht viel Material, sodaß leider nicht das Ganze aufeinmal gesetzt werden kann. Sie müssen also

auch die Zusammenstellung von Text und Bildern nach und nach vornehmen, was allerdings die Uebersicht etwas erschwert. Die Abzüge der bisher angefertigten Klischees haben Sie ja in Händen. Bitte senden Sie mir recht schnell noch die beiden Vignetten (das Madonnenbild[1] und das Doppelporträt[2] mit dem Orientalen). Die übrigen zuerst zurückgebliebenen Vignetten-Klischees sind in Arbeit. Korrektur des Textes wird hier genau gelesen.

Ich war inzwischen in Genf und habe mit Hodler abgeschlossen[3].

Meine Frau und ich erinnern uns mit großem Vergnügen Ihres Besuches, bei dem wir uns Ihres famosen Erzähler-Talents so sehr erfreuen durften.

Mit besten Grüßen
Ihr
Reinhard Piper

8 Alfred Kubin[1]

Zwickledt, Wernstein
22.8.1913

Lieber Herr Piper
Anbei ein paar Worte zum Dostojewski, – einen Prospectton[2] haben Sie ja wohl nicht erwartet. auch so fiel es mir sehr schwer diese Seite zu schreiben, und wenn das vielleicht dabei /ein wenig/ zum Ausdruck kommt so kann ich nichts dafür. Aber Sie sehen dass ich tatsächlich alles Interesse an Ihrer illustr. Dostojewski Ausgabe nehme deshalb kam ich Ihnen auch so entgegen, denn <für> Zukunft würde ich's wohl nicht mehr tun. – Die Fahnen 8, 9., 10, habe ich heute von Ihnen (zum ersten mal bekommen) und sogleicht erledigt, eine frühere Sendung scheint demnach verloren gegangen zu sein.

Beste Grüße für Sie und Herrn Hammelmann,

Ihr sehr ergebener
Alfred Kubin

[Anlage:]

Als ich mit Begeisterung im Doppelgänger die meines Wissens erste Illustration eines Dostojewski-Werkes übernahm, versuchte ich mich möglichst intim mit dem von mir so gerne gelesenen grossen Autor auseinanderzusetzen.

Ob und wieweit mir dies gelungen, bleibt natürlich dem Urteil jedes einzelnen Lesers überlassen. Mein Bestreben war, dem Flusse der Erzählung zeichnerisch zu folgen. Dabei wollte ich nach Kräften der zwingenden allmählichen Steigerung in den Vorgängen gerecht werden. Dies war nur durch eine grosse Anzahl von Zeichnungen möglich. Auch der Mischung von menschlich-innigem Mitleid mit transzendentem Humor, welche die furchtbare Intensität des Werkes verklärt, versuchte ich, soweit es meine Mittel zulassen, wenigstens einigermaassen nahe zu kommen. Den bedauernswerten Helden in möglichst vielen Situationen zu zeigen war mein Hauptziel. es sollte die <geformte> Hülle für den Geist des Buches werden. Mit Misstrauen und Zweifel sehe ich meine fertige Arbeit an; diese Gefühle verstärkten sich, als mich der Verleger bat einige Zeilen über meine Auffassung zu schreiben –

Hiermit gebe ich sie. –

9 Alfred Kubin – Postkarte an Gertrud Piper[1]

8. IX 13 Wernstein *[Poststempel]*

Alles Glück dem jüngsten Piper
wünscht Onkel Kubin

9* Reinhard Piper

München, den 22. Sept. 1913

Herrn Alfred Kubin,

Zwickledt

Lieber Herr Kubin!
Sie werden in einiger Zeit von Hesse & Becker, Buchdruckerei in Leipzig die 50 Exemplare des Titelbogens der Luxusausgabe bekommen. Wir bitten Sie, diese Exemplare bei dem entsprechenden Vermerk /mit/ 1–50 zu nummerieren und unterhalb der Nummerierung zu signieren. Dann bitten wir Sie, die Exemplare nicht wieder an Hesse & Becker, Buchdruckerei in Leipzig zurückzusenden, sondern an A. Köllner, Großbuchbinderei Leipzig. Natürlich ist auf sorgfältige Verpackung zu achten, damit nicht die Bogen Schaden leiden.

Mit besten Grüßen
Ihre ergebenen
Reinhard Piper

/Etwaige überzählige <...> bitten wir, auch an Köllner zu senden/

10 Alfred Kubin

Wernstein Zwickledt
24/XI, 1913.

Lieber Herr Piper
Gestern bekam ich die Freiexemplare des Doppelgängers, tausend Dank! – es ist gelungen und ich bin sehr froh dass dies Buch in dieser schönen Gestalt nun vorliegt und es ist dadurch eben ein Lieblingswunsch von mir realisiert worden. – Hoffentlich ergibt sich nun auch für den Verlag Piper die Freude eines guten und dauernden Absatzes.

Anbei sende ich verabredeter maassen fünf Briefe die ich gerne mit Recensionsexemplaren an die betreffenden Adressen gesandt wüsste.

– Ich nehme lieber nur solche Namen die schon öfters über mich in guten Blättern schrieben und es wohl sicher über den Doppelgänger ebenfalls tun werden. – Ich nehme keine anderen Namen da das Buch zu teuer ist um einfach ohne vorherige Anfrage a fond perdu abgegeben zu werden. – Aber ich glaube wenn Sie vom Verlag aus andern Leuten »Hausenstein«[1] <z Bsch> das Werk geben so wird er es sicher nicht vergessen. An »Kunst u. Künstler«[2] etc müssen Sie es vom Verlag aus senden. – Ich hoffe auch dass Prospecte jetzt an die von mir angegebenen 50 Privatadressen[3] abgegeben sind. – – Nun alles Gute und beste Grüße für Sie und die beiden anderen Herren[4] – Ihr

ergebener
AKubin

P.S. bei Poppenberg[5] bitte sehen Sie vielleicht noch im Kürschner[6] nach ob er noch Kantstr. 153 wohnt. –

11 Alfred Kubin

Zwickledt, Wernstein
10/XII 1913

Lieber Herr Piper
Zugleich mit diesem Brief geht auch eine Sendung an Sie ab; ich erlaube mir in Erinnerung der Ausgabe des ernsten Doppelgängers noch einen – wie wohl auch tragischen – doch immerhin mehr heiteren Doppelgänger[1] nachfolgen zu lassen. – Vielleicht geht Ihnen seine kaum nicht zu verstehende Not nahe. –

Mit besten Grüße Ihnen und den beiden anderen Herren bin ich mit allen guten Weihnachtswünschen Ihr

ergebener
Alfred Kubin

P.S. Hoffentlich sind nun auch Prospecte an die 50 Privatadressen die ich Ihnen zusandte abgegangen – die 5 Briefe an Recensenten die mit Recensionsexemplaren des D. abgeschickt werden haben Sie wohl auch in Ihren Händen. –

12 Reinhard Piper

München, den 15. Dez. 1913

Herrn Alfred K u b i n ,

W e r n s t e i n

Lieber Herr Kubin!
Mit Ihrem Bilderbogen[1] haben Sie mir riesige Freude gemacht. Er wird hoch in Ehren gehalten werden und sich auf Enkel und Urenkel vererben; ein reizender Beitrag zum Kapitel »Künstler und Verlag«. Kurz-

weiliger als alles in dem Müller'schen gleichnamigen Almanach[2]. Ich bin aufrichtig genug, um auf einen wirklich guten Müller'schen Almanach ehrlich neidisch zu sein. Ich finde aber diesen aeusserlich und innerlich gleich langweilig. Alle diese zahllosen Verlegenheitsantworten der von ihm befragten Autoren hätte man tatsächlich nicht drucken sollen. Auch der Bilderteil hätte mit dem Müller'schen Material viel anregender gemacht werden können. Mit einem Bayros[3] darf man heutzutage doch wirklich nicht mehr einen künstlerisch anständigen Katalog eröffnen!

Doch zu Ihrem Bilderbogen zurück! Dabei haben Sie sich ganz unnötig Mühe gemacht, denn die von Ihnen gewünschten Bücher waren Ihnen ohnehin zugedacht. Doch habe ich nun von Ihrem Zweifel an unserer Liberalität den Profit! Der Poussin[4] kommt erst im Frühjahr. Statt dessen habe ich dem heutigen Postpaket den Band der norddeutschen schönen Stadt[5] beigefügt, den Sie vielleicht auch ganz gern einmal durchblättern. Der Poussin wird nach Wernstein wandern, so bald er überhaupt seinen Weg antreten kann.

Mit besten Grüßen, auch von Herrn Hammelmann und Eisenlohr[6]

Ihr ergebener
Reinhard Piper

13 Alfred Kubin – Postkarte

16. II 14 Wernstein *[Poststempel]*

Lieber Herr Piper, ich kam vor 3 Tagen aus Paris wieder daheim[1] an und musste mich aber sogleich mit Fieber zu Bett legen. /vermutlich Erkältung durch Klimawechsel/ Ich möchte Ihnen ganz gerne die Umschlagszeichnung[2] machen – Kann aber heute noch nichts sagen, da ich nicht weis wie sich diese eklige Krankheit entwickeln wird. In den allernächsten Tagen schreibe ich Ihnen aber wieder, wenn es besser wird bekommen Sie die Zeichnung noch Ende d. M. denn ich kann auch im Liegestuhl arbeiten.

Wird es aber schlimmer oder kann ich mich aus Schwäche nicht so rasch erholen so würde Sie meine Frau von meiner Arbeitsunfähigkeit sehr bald benachrichtigen – Grüsse Kubin

14 ALFRED KUBIN

Zwickledt, Wernstein a. I.
24 II 1914

Lieber Herr Piper,
Zugleich mit diesem lasse ich Ihnen die Titelzeichnung zugehen (Lisa sich schämend auf dem Bettrand sitzend S. 147.) Hoffentlich passt Ihnen die Schrift auch, meine Schriften haben ja immer weniger Typographischen als improvisierten Charakter. –

Als Honorar erbitte ich a. 50 MK und b) um ungefähr denselben Betrag möchte ich mir dann wieder Werke Ihrem Verlag entnehmen,

– Ich würde beim Umschlag dann der inneren eigentlichen Zeichnung einen einheitlich warmen gelblichen Ton aufdrucken lassen um das Ganze zu beleben. –

– Ich bin noch immer nicht ganz auf dem Damm aber es geht mir schon viel besser. Danke für Ihre Wünsche mit bestem Gruß für Sie und die beiden andern Herren

Ihr ergebener AlfKubin

/Die Firmenschrift unten bitte erlassen Sie mir ich mache so ungern kleine Schriften, man kann sie ja aufdrucken und hineinpassen. –/

15 REINHARD PIPER

München, den 25. Febr. 1914

Herrn Alfred K u b i n ,

W e r n s t e i n

Lieber Herr Kubin!
Ich erhielt heute die Umschlagzeichnung zu Dostojewski, Bei nassem Schnee, die ich sehr schön finde. Nur hätten wir vielleicht nicht gerade das Motiv mit dem Akt uns gewünscht, da dies viele, durch unangenehme Erfahrungen ängstlich gewordene Buchhandlungen verhindern wird, das Buch ins Fenster zu legen und wir uns auch die Bahnhofsbuchhandlungen damit verschliessen werden. Doch lässt sich dem vielleicht durch eine Schleife abhelfen, wodurch allerdings wieder die Zeichnung um ihre Wirkung gebracht wird. Gerade, weil so vielerlei In-

teressen und Motive bei einem Umschlag durcheinander spielen, hatte ich Sie gebeten, uns doch erst das von Ihnen gewählte Motiv mitzuteilen, ehe Sie an die definitive Ausführung gingen. Doch werden die Leute hoffentlich einsehen, daß Ihre Zeichnung durch den starken Ausdruck und ihren großen Stil etwas ganz anderes ist als das sonst übliche. Durch den aufzudruckenden gelben Ton wird ja die Zeichnung auch noch mehr zusammengehalten und intimer gemacht. Es kann dann auch ein Böswilliger kaum mehr sagen, daß sie herausfordernd sei. Wir wollen uns also weiter nicht den Kopf zerbrechen. Die Schrift gefällt mir sehr gut. Solche freie Schriften sind mir immer lieber, als die üblichen Schriften der »Buchkünstler«, die immer etwas lebloses und kalligraphisches haben.

Die *M* 50.-- gehen Ihnen gleichzeitig per Postanweisung zu, für weitere 50 *M* wollen Sie bitte gelegentlich Verlagswerke entnehmen.

Mit besten Grüßen
Ihr ergebener
Reinhard Piper

Soeben erhielten wir eine sehr günstige Besprechung[1] Ihres Doppelgängers, über die wir Ihnen Abschrift erteilen.

D.O.

16 Alfred Kubin

Zwickledt, Wernstein a. Inn Ob Österr
2/3.14.

Lieber Herr Piper, Besten Dank für Brief und die überwiesenen MK 50.- Hoffentlich nimmt kein Buchhändler an dem Umschlag Anstoß, – Ich wollte Sie gerade überraschen, und von den 3 Entwürfen (die ich Ihnen hier beilege damit Sie sehen dass ich über die Sache nachdachte) wählte ich den mir am versprechendsten für den künftigen Käufer des 1 MK bändchens erscheinenden. –

– da ich nicht recht gesund war, die Sache aber sehr eilte nützte ich die Kraft und Stimmung denn beim Hin- und Herschreiben hätte ich beim schlechter werden meines Zustandes mit der Arbeit nicht mehr fertig werden können. – Ich glaube wirklich Sie, und jetzt auch ich, sehen in dem Punkt zu schwarz. – Dezentere Anschauung des Nackten gibt es nicht, ich habe ja den tragischen Akzent (nicht den sinnlichen) herausgehoben. –

– Leben Sie wohl und beste Grüße Ihres

erg. Kubin

Danke für Kritik

Auch in der Wiener Neuen freien Presse[1] las ich sehr gutes Besprechen von Fr. Servaes[2]

17 R. Piper & Co. Verlag – Adolf Hammelmann

München, den 1. Mai 1914

Herrn Alfred Kubin,

Wernstein

Sehr geehrter Herr Kubin!

Die Firma Reuss & Pollack in Berlin teilt uns mit, dass sie Anfang nächster Woche eine Kubin-Ausstellung[1] eröffnet und stellt uns anheim, diese mit Originalen /aus dem Besitz/ unseres Verlags zu beschicken. Wir haben nun eine grössere Anzahl der schönsten Original-Blätter zum Doppelgänger unter unsere drei Teilhaber geteilt, die übrigen beabsichtigen wir jedoch bei Gelegenheit abzugeben, weil es für uns keinen Sinn hat, die sämtlichen Blätter aufzuheben und weil der Ertrag dem in der Herstellung so teueren und doch recht langsam gehenden Werke wohl zustatten käme. Nun möchten wir aber nicht Ihrer Ausstellung bei Reuss und Pollack Konkurrenz machen, indem wir dort gleichzeitig eine Reihe von Blättern zum Verkauf ausstellen. Wir würden dies nur tun, wenn Sie nichts dagegen einzuwenden haben. Da die Sache eilt, bitten wir nach Eintreffen dieses Briefes um telegraphischen Bescheid, wie Sie sich zu der Sache stellen.

Mit besten Grüßen,

Ihre ergebenen

Hammelmann

[Firmenstempel]

18 Reinhard Piper

München, den 5, Mai 1914

Herrn Alfred K u b i n ,

W e r n s t e i n

Lieber Herr Kubin!
Besten Dank für Ihren Brief vom 3.5[1], den mir Herr Hammelmann übergeben hat, da Sie sich darin auf Abmachungen zwischen Ihnen und mir[2] beziehen. Es tut mir sehr leid, wenn ich Ihnen Ungelegenheiten verursacht habe, dadurch, daß mir die Abmachungen nicht mehr gegenwärtig waren. Jedenfalls geschieht alles, um die Sache in Ihrem Sinne zu behandeln. Es war überhaupt gar nicht an eine Verzettelung etwa aller Bilder durch den Kunsthandel gedacht. Herr Hammelmann, Herr Eisenlohr und ich hatten sich die schönsten Bilder ausgesucht, um sie zu Hause aufzuhängen, denn daß die Blätter als ungeteiltes Eigentum des Verlags in einer Schublade lagern, machte uns auf die Dauer wenig Freude. Ein Verkauf der von uns persönlich ausgesuchten Blätter kommt natürlich nicht in Frage. Wir hatten auch verschiedentliche Anfragen, ob die Blätter verkäuflich seien, mit Nein beantwortet und dadurch schon eine Ausstellung bei Goltz[3] vereitelt, welcher sagte, daß er für unverkäufliche Sachen in seinem Lokal keinen Platz habe. Bei Schüler[4] haben wir aber dann doch einen Teil der Blätter trotz ihrer Unverkäuflichkeit ausgestellt. Ein Bekannter des Prokuristen, Sammler, nicht Kunsthändler, ließ uns wiederholt bestürmen ihm doch einzelne Blätter abzutreten. Wir haben auch die ganz kleinen Vignetten mit 40 *M* angesetzt, halbseitige Bilder mit 80 –100 *M*, die zwei nicht /unter uns/ aufgeteilten Vollbilder mit 150 *M*, sodaß jedenfalls nicht der Fall eintreten kann, daß einzelne Stücke zu billigen Preisen, welche Ihre eigenen Preise beeinträchtigen, in den Handel kommen. Wir wissen noch gar nicht, wieviel und welche Blätter dieser Sammler aussucht; anderweitig sind die Blätter gar nicht angeboten worden und wir werden nun auch auf den Weiterverkauf des Restes verzichten. Sobald sich der Interessent entschieden hat, teilen wir Ihnen mit, welche Blätter er gewählt hat. Wir haben uns ausserdem von dem Prokuristen ausdrücklich bestätigen lassen, daß der Herr die Blätter als seriöser Sammler für sich selbst kauft. Die kleine Nachhilfe zur Kostendeckung wird das Buch ja wahrscheinlich gut brauchen können, trotzdem wir es an Propaganda nicht fehlen lassen und das Buch selbst so ausserordentlich hoch schätzen. Wenn man aber /die/ Sortimenter reden hört, so möchte man das Verlegen ein für allemal aufgeben.

In der Hoffnung, daß diese Zeilen Sie beruhigen und daß Sie uns nicht böse sind mit besten Grüßen

Ihre ergebenen
Reinhard Piper
[Firmenstempel]

19 Alfred Kubin[1]

Zwickledt, Wernstein am Inn
08.V.1914

Lieber Herr Piper, Vielen Dank dass sie so rasch mir schrieben; ich bin nun ganz und gar wieder beruhigt, – – denn wenn diese Blätter bei Ihnen oder in den Händen eines grösseren Sammlers bleiben, – so ist dies natürlich etwas ganz anderes als wenn so kleinere Arbeiten bei Buchhändlern und Antiquaren, und auf Auktionen immer wieder auftauchen; – hätte ich gerade in dieser Sache nicht schon ein paar male so bittere Erfahrungen gemacht so hätte ich mich gar nicht beunruhigt. – Ich glaube ja auch bestimmt das der Doppelgänger nach und nach, sowie das Werk einmal bekannter sein wird, auch abgesetzt werden wird. – Alle Verlegerei hat natürlich ihre Schattenseiten, – dennoch ist unsere Zeit sicher besser als je eine war; – kommt kein Weltunglück so müssen ja die Interessentenkreise von Jahr zu Jahr sich rapid vergrössern. – – Neulich las ich in den M. N. N.[2] dass bei Ihnen der lange erwartete Band über »Poussin«[3] erschienen sei – – Sie versprachen mir denselben seinerzeit noch für den lustigen Weihnachtsbrief; – Ich hätte recht Freude wenn sie ihn mir schicken liessen; oder aber mir irgend ein remittentes Ex. reservierten, da ich mir im Herbst wenn das billigere Hodlerwerk[4] zu haben sein wird, für die zu meinen Gunsten vom (billigen Dostojewskibuch)[5] noch restierenden MK. 50[6] ohnehin dieses wahrscheinlich aus suchen würde. –

Hier ists jetzt wunderschön, wenn sie mal in die Nähe kommen, bitte vergessen Sie nicht auf einen Kubin besuch. – Die Rehgeis[7] ist auch wiederum trächtig.

Pfingstgrüsse Ihres erg.
Alfred Kubin

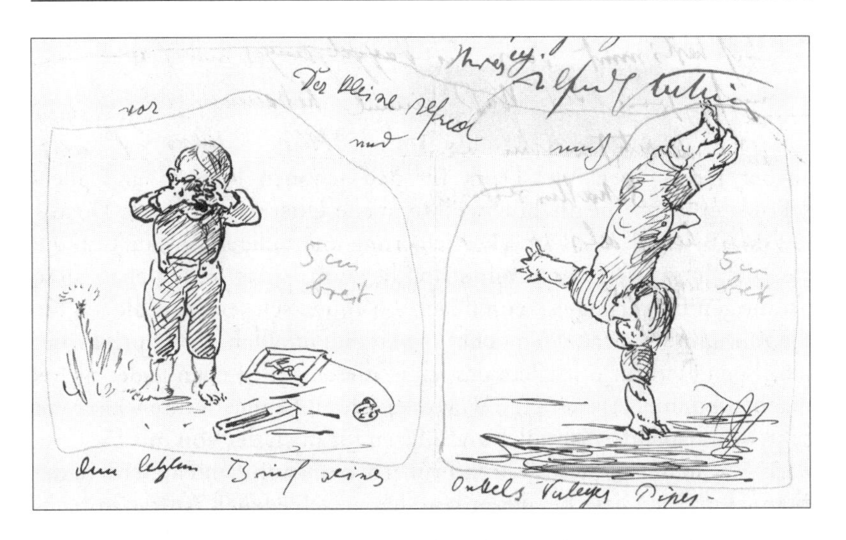

Der kleine Alfred vor und nach dem letzten Brief seines Onkels Verleger Piper.

20 Reinhard Piper

München, denn 11. Mai 1914

Herrn Alfred Kubin,

Zwickledt bei Wernstein

Lieber Herr Kubin !
Ich freue mich, daß mein Brief Sie beruhigt hat. Vielleicht interessiert es Sie, zu hören, daß am 15. und 16. Mai bei Goltz[1] 40 Zeichnungen von Ihnen zu Hoffmann, Nachtstücke[2] und 11 Illustrationen zu Hauff, Phantasien im Bremer Ratskeller[3] versteigert werden. Das dürfte doch auch nicht ganz in Ihrem Sinne sein. Auch hörten wir, daß Hans von Weber[4] wunderschöne Frühblätter sehr billig losgeschlagen hat. Jedenfalls wollen wir uns weiter das Lob von Ihnen verdienen, es nicht so zu machen. Beinah wäre ich diesen Sommer mit Frau und Kind in den Bayrischen Wald gezogen und hätte mir dann selbstverständlich Ihre Rehgeiß angesehen, nun geht's aber doch nach Aschau, südlich vom Chiemsee. Vielleicht ein andermal.

Der Poussin[5] geht Ihnen mit gleicher Post zu.

Mit besten Grüßen

Ihr ergebener
Reinhard Piper

21 Alfred Kubin

15.V.19.14

Lieber Herr Piper. Viel Dank für den schönen Poussin und allerschönsten Dank für die hochwillkommene Überraschung von Dostojewski's Briefen[1]. Die Fälle (Versteigerung und billiger Verkauf) auf die sie mich hinweisen waren mir schon bekannt, – das sind ja eben diese »traurigen Erfahrungen« von denen ich Ihnen schrieb, und die ich für die Zukunft beschränken möchte soweit dies möglich – ganz privat will ich Ihnen hier nur mitteilen, das ich in diesen Fällen eben leider nichts machen konnte. Als ich H. v. W. vor 14 Jahren kennen lernte war er ein sehr wohlhabender Sammler und Mäcen für mich der von mir für circa 6000 MK in den ersten 3 Jahren Früharbeiten kaufte und außerdem die Mappe[2] machen liess bei der er von den verschiedenen Anstalten recht geschröpft wurde denn als »Amateur Verleger« verstand er es damals – wie auch ich, nichts vom Calculieren etc. Einige Jahre später trafen ihn dann ganz kolossale Börsenverluste die ihn zwangen nun ein richtiger Verleger zu werden was ja auch seinen Neigungen entsprach. –

Um diese Zeit verkaufte er alles von seinen Sammlungen (bis auf die geschenkten Sachen) Klinger[3], Rops[4] Goya[5] und natürlich auch meine Sachen teils bei schönen Stücken sehr gut teils in Convoluten unter dem Preis – er teilte mir damals seine ernste Lage mit und da musste ich ja ihm bedauerlicherweise recht geben!!!? –

Bei G. M.[6] liegt die Sache anders, seit sieben Jahren habe ich dauernde Abmachungen, die für mich 1. Existenzbedingungen bedeuten und 2. so individuell günstig liegen (ich kann vorschlagen und illustrieren was ich will und auch wie viel ich machen will – habe niemals Termine und erhielt zweimal in sehr nobler Weise eine Honorarerhöhung) – So bin ich nie gebunden und kann andererseits doch arbeiten wie und was ich will; dazu kommt das Müller das Essweinbuch[7] (Monographie) und die Sansaramappe[8] – für mich grosse Erfüllung – für ihn aber zunächst grosse Ausgaben. – Nach unseren Abmachungen bekommt GM. ungefähr ein Drittel der Originale die ich aussuche und wie es leider heißt ihm zur »freien Verfügung« gehören. –

Ich beachtete das damals allerdings nicht das ich mir damit gewissermaaßen selbst Concurrenz machen würde, nun kann ich vorläufig nichts tun als bei Erneuerung der Abmachungen diesen Punkt – wenns möglich ist anders zu stipulieren.. –

Ich habe G. M. freundschaftlich lieb stehe aber doch auch wieder nicht so intim mit ihm dass ich hier fordern dürfte, wo ich andererseits

1 Tag alt
† 15. V. 14. Zwickledt 13 Mai 14 Kubin

noch immer ihm selbst noch Dankesschuld habe. – Ich hielt mich verpflichtet Ihnen dies hier privat zu sagen damit sie meinen Standpunkt verstehen und sich von mir nicht »anders« wie die anderen Herrn etwa behandelt glauben. – Vorgestern gab es Geburt von 2 allerliebsten Rehkälbchen[9] wovon 1 heute morgen an Entkräftung einging – das ist sehr traurig auf der Welt, Ich glaube ob Zeichner, Verleger oder Tierzüchter oder was anderes es ist <...> alles zusammen ziemlich beschissen. Vive l'Sopenauer![10] – Ihr Kubin

22 R. Piper & Co. Verlag – Adolf Hammelmann

München, den 17. Juli 1914

Herrn Alfred K u b i n ,

W e r n s t e i n

Lieber Herr Kubin!
Herr Marc[1] war vor einigen Tagen bei mir und sprach von dem Projekt einer Bibel-Illustrierung durch ihn und eine Reihe anderer Herren[2]. Er erwähnte dabei, daß Sie Ihre Zeichnungen[3] bereits fertig haben[4] und gern den Anfang machen möchten. Nun ist das Projekt vorläufig noch so wenig in seinen verlegerischen Teilen durchgedacht, daß wir nicht einmal prinzipiell dazu Stellung nehmen können. Eine solche Publikation müsste erst durch die beteiligten Künstler auf eine gemeinsame Basis gebracht werden, denn es ist ganz ausgeschlossen, an das Unternehmen heranzugehen, ohne eine Grundlage für die Kosten zu haben. Diese werden aber bei den einzelnen Autoren ganz verschieden sein, zumal es sich teilweise um Holzschnitte, andernteils um Autotypien handelt. Die Künstler müssen sich also auf eine gemeinsame Forderung einigen und dann unter sich den prozentualen Anteil ausmachen. Einzelheiten, über die ich auch mit Herrn Marc gesprochen habe, kann ich hier nicht ausführen. Ich nehme an, dass er Ihnen und den übrigen Herren Vorschläge machen wird.

Es wird auch das Interesse für die einzelnen Bände ganz verschieden sein, verlegerisch müssen sie ineinander gerechnet werden können. Das alles ist also sehr unklar und bedarf einer genauen Präcision durch die beteiligten Künstler. Der Grund meines Schreibens ist auch ein anderer, denn ich weiß heute noch nicht einmal, ob wir überhaupt in der Lage sind, dem Projekt näher zu treten. Höchstens vielleicht, wenn es sich um eine Subskriptionssache[5] handeln würde. Wogegen ich aber von vornherein sprechen möchte, das ist der Vorschlag, die Serie mit Ihren

Zeichnungen zu beginnen. Unter allen Umständen wäre der geeignetste dafür Marc. Sie wissen, daß dies nichts mit persönlicher Bewertung Ihrer künstlerischen Leistung zu tun hat, aber der Erfolg einer solchen Publikation hängt zum guten Teil an dem des ersten Bandes. Nun sind Sie als Illustrator schon so bekannt, daß der Neuheitsreiz von vornherein wegfällt, der aber bei Marc gerade jetzt sehr wesentlich mitspielen würde, da von ihm keine Buchillustrationen bekannt sind. Marc selbst, dem ich dies auseinandersetzte, wollte nicht in diesem Sinne an Sie schreiben, weil er fürchtete, daß der Eindruck entstehen könne, er wolle sich vordrängen. Ich wiederhole also ausdrücklich, daß der Gedanke nicht von ihm aus geht, sondern von mir. Gewiß wird es nach verschiedenen Richtungen ein Opfer für Sie bedeuten, die schon fertig gestellten Zeichnungen noch liegen zu lassen, aber der Sache käme es gewiss zugute und eine gute Einführung des ganzen Unternehmens würde Ihnen dann später nutzen. Sie könnten sich vorbehalten, an zweiter Stelle zu folgen.

Dies nur als Rat und auf Wunsch von Marc, der meine Ansicht teilt. Mit Kandinsky[6] oder Klee[7] darf man nicht anfangen, Kirchner[8] wird weniger stark wirken als Marc und Kokoschka[9] scheint mir nicht als erster vorteilhaft zu sein.

Bitte sehen Sie meine Ausführungen nicht nur als die kühle Verleger-Erwägung an. Die Uebernahme durch uns, ist durchaus fraglich und mich trieb nur der Wunsch, der Sache, die ich nicht für aussichtslos halte, zu dienen. Ich würde mich freuen, ein paar Worte von Ihnen zu hören, ob Sie meine Ausführungen überzeugt haben. Die Folgerung überlasse ich jedoch Ihnen und bitte Sie, sich ev. selbst mit Marc in Verbindung zu setzen.

Wann sieht man Sie einmal wieder hier? Wir sind dauernd in Pöcking. Gegen Mitte August werde ich ganz hinaus gehen. Bis dahin kommt Herr Piper, der bei Aschau sommerfrischelt, zurück. Melden Sie, daß es Ihnen und Hedwig gut geht und schicken Sie mir bitte gelegentlich einmal das Tower Buch[10] zurück, das Sie sich vor längerer Zeit bei mir mitnahmen. Ich möchte nicht gern, dass es unabsichtlich in Vergessenheit geräte.

Mit einem herzlichen Gruß für Sie beide

Ihr

Hammelmann

23 Alfred Kubin – Postkarte

1915 *[hs Datierung RPs]*

Lieber Herr Piper wie geht's wurden sie nun auch gemustert[1] oder ist's Ihnen vergönnt den heimatlichen Verlag zu hüten?? Mir geht's äusserst mittel.. (Herzbeklemmungen, Atemnot, Darmlähmung, Nervenschwäche, Hypochondrie, Strikturen[2], Rückenschmerzen, Erschöpfungen) sind für meinen Kadaver im Sommer 1915 charakteristisch. Unsere Alte erfreute uns mit einem entzückenden Rehkälbchen, welches mich auf kurze Minuten die schlimmen Zeiten vergessen lässt. – (bei Marc gabs sogar Rehzwillinge wie Frau Marc[3] kürzlich schrieb; schade dass Franz Marc im Feld[4] und dies Ereignis nicht miterleben konnte!) –

Leben Sie wohl und wenn ich wieder nach München komme machen wir gleich Anfangs ein Rendezvous aus, ehe ich so müd bin dass ich kaum mehr stehen kann. – Das Wetter dieses Früh- und Sommerjahres ist großartig. Herzlich

grüsst Sie Ihr

Kubin

24 Reinhard Piper

München, den 28. Sept. 1915

Herrn Alfred Kubin,

Wernstein

Lieber Herr Kubin!

Ich bestätige mit bestem Dank den Empfang der 11 Arbeiten. Ich habe sie an den Verfasser Dr. Hildebrandt[1] weitergegeben und werde morgen oder übermorgen Ihnen seine Entscheidung mitteilen können. Bitte teilen Sie mir doch die Preise der Blätter mit. Ich habe vielleicht Gelegenheit, das eine oder andere Blatt an eine Münchner Dame[2] zu verkaufen, die sich für die Arbeiten interessiert. Ich würde mich freuen, Ihnen den Verkauf vermitteln zu können. Natürlich werde ich auf schnelle Entscheidung dringen. Ich bitte Sie, auf dem anliegenden Blatt die Preise zu den Titeln dazu zu notieren und mir das Blatt zurückzusenden.

Bei Ihrem nächsten Besuch in München machen Sie mir wohl die Freude, einen Abend für mich zu reservieren.

Mit besten Grüßen
Ihr Reinhard Piper

25 Alfred Kubin

Wernstein 10/10 1915

Lieber Herr Piper
Ihr Schreiben (es hat 13 Tage gebraucht bis ich's, bei der augenblicklichen verschärften Zensur, erhielt) hat mich recht sehr erfreut, – An der Liste sehen Sie dass meine Nettopreise im Gegensatz zu allen anderen Preisen jetzt, die alten geblieben sind.

– Es wird mich gewiss freuen wenn die Dame etwas erwirbt, aber schon das Interesse tut mir wohl, wenn auch nichts gekauft wird, – so bescheiden wird der Künstler in Kriegsnöten!

– Ein Abend in München[1] bleibt Ihnen mit Freuden reserviert! – Wahrscheinlich komme ich sehr bald nach dem 18. d.M. Zuvor allerdings ist noch die Barriere der »neuerlichen Musterung der gänzlich Untauglichen«[2] – (welche Ironie!) zu überspringen.. – Aber zu etwas sind, wie man sieht – kranke Nerven auch gut; – und ich habe 20 Jahre Immer darauf geschimpft. – –

Mit den besten Grüßen
Ihr sehr ergebener
Alfred Kubin

P.S. Mit diesem Brief fahre ich morgen ins nachbarliche Passau so erhalten Sie ihn umgehend. –

26 Alfred Kubin

Wernstein am Inn 24/II 1916
Ob Österr

Lieber Herr Piper –
Hierorts wird die Hoffnung gehegt dass Ihnen die angenehme <Casca>[1] – die zugleich per Rolle an Sie abgeht – Freude machen wird. – Im Stillen schmeichle ich mir dass Sie nun die längst versprochene Gauguin-Mappe[2], den Toyokuni zweiten Band[3] (Sie verpflichten mich ja geradezu ihn zu übernehmen) mir senden werden. – Vielleicht legen Sie in grosser Laune auch das bei Ihnen eben neu erschienene Buddha-Buch[4] von Grimm bei über welches ich letzthin so Angenehmes in den M. N. N.[5] las. – für alles im voraus Dank!

– Ein vorgehabter München Besuch verschiebt sich von Woche zu Woche! Die Grenz-Überschreitungsschwierigkeiten werden immer ausgedehnter (ich wußte nie welche Comparative hier möglich sind) aber als Österreicher ist man a priori spionageverdächtig so scheints! – Überhaupt hab' ich mehr Angst wie Vorfreude auf München diesmal, da ich im Oktober anstatt des grösstenteiles meiner alten Bekannten[6] einen neuen – nämlich einen Rheumatismus dorten fand. – Auch sonst; ich scheue nichts mehr als die vom Krieg gesättigte Atmosphäre (Kreisen unsere heimlichen Gedanken doch auch so immer um ihn!)

– Nein ich kann mir in dieser Beziehung nicht mehr allzu viel zumuten. – Wie es mit uns modernen deutschen Künstlern hinfüro werden soll – speciell mit mir – ist mir dunkel – beunruhigt mich ja weiter allerdings nicht allzu sehr – da ich von jeher immer schon gerne »mein Sach auf Nichts«[7] gestellt hatte. –

Ich bin seit 4 Monaten nahezu andauernd in bester und unerwartet grossartiger höherer Seelenverfassung – (bei schwachem kränkelndem Leib) fand Zugang zu einer mir bisher ja nur angeblicherweise bekannten überirdischen Ruhe – und schreibe diesen Drang zu innerer Lösung und Verklärung ebenfalls dem Druck des deutschen Krieges zu; eine »Entschädigung« eigener nicht zu verachtender Art. –

Dass dabei auch am Werk zielbewußte Arbeiten entstanden erwähne ich hier nur nebenbei – vielleicht plaudere ich wenn wir uns wiedersehen einmal davon. –

Was hört man von den Herrn Hammelmann und Eisenlohr? Von Hausenstein erhielt ich gestern ein Schreiben gar aus Brüssel[8]. –

Leben Sie wohl, empfehlen Sie mich Ihrer lieben
Frau und bleiben Sie gut Ihrem
ergebenen Alfred Kubin

P. S. Ist nun das Werk über »Krieg und Kunst«[9] von Hildebrandt schon da??

Falls kein »Toyokuni« mehr da ist erfreut mich auch unser alter »Habermann«[10]

27 Alfred Kubin

[loses Blatt, undatiert, wahrscheinlich als Anlage zu einem Brief – hs Anmerkung RPs: »II 1916«]

Dem wohledlen
und angesehenen Herrn
Reinhardus Piper
zu Muenchen
übersendet Dieses
der demuetige Suender
Laienbruder Alofredis
Anachoret[1] und Briefmaler
in der Clausen Zwickeloed[2]
bei der Pfarr St. Georgen am Wernstein
am Influs
naechst Passawen
im Jar des Unheils 1916 im Hornung[3]

[siehe Abbildung auf Seite 56] ▸

II 16

Dem wohledlen
und angesehenen Herrn
Reinhardus Piper
zu Muenchen
uebersendet dieses,
der demuetige Suender
Laienbruder Alofredus
Anachoret und Briefmaler
in der Clausen Zwickeloed
bei der Pfarr St. Georgen am Wernstein
am Innflus
naechst Passawen

im Jar des Unheils 1916 im Hornung

28 ALFRED KUBIN – POSTKARTE

4. III 16 Wernstein *[Poststempel]*

Lieber Herr Piper, Sehr glücklich im Besitz der Bücher – <...> und die Zeichnung! Das ist ja ein Unicum. – Die Möglichkeiten <Casca'scher> Leuchterposen sind zahlreich – vielleicht werde ich Ihnen nach Friedensschluss für Sie dies Thema einmal abwandeln. Das Preussen-[1] wie das Ostpreussenbuch[2] passen sehr in unsere Tage – in höherer Lage und nochmals der wundervolle Buddha-Grimm[3] an dem ich mich nächtens erquicke. Und am Ende schwinge ich mich doch noch in die Eisenbahn nach München, es ist dies, trotz der Hindernisse <...> nicht aufgegeben. – Wie beneide ich Ihre liebe Frau um den Anblick einer so großen Reife von Cezannes[4]!!

– – Nun hoffen wir! Ganz einrosten wird uns das Geschick doch noch nicht lassen –

– Herzlichst Ihr alter
Kubin

29 ALFRED KUBIN – POSTKARTE

12. V 16 Wernstein *[Poststempel]*

L.H.P. Wie Sie sehen lebe ich noch immer, doch herrscht entschieden »das Astrale« vor. Im März kam ein bösartiger Nervenzusammenbruch[1] – doch gelang es mir den Dämonen wiederum zu entrinnen. Nun hänge, schwebe balanziere ich wieder irgendwie, irgendwo. – Schicken Sie, o Gerechter, doch Krieg u. Kunst[2] (Hildebrand) oder ists auch ein Schwindel u. es gibt weder Krieg noch Kunst noch Hildebrand? An der Grenze gibt man mich auf! Münchenfahrt unmöglich – Passtücken – also später.

Meine Blattserie (der Totentanz)[3] geht wie ein alter Tripper tropfenweise weiter. – Manches ist delikat dabei – Le-

Kubin Wernstein OÖ

im 21. Kriegsmond[4]

ben Sie wohl und bringen sie sich nicht um ehe dass Sie das vorher mit mir verabreden. Immer Ihr

Kubinäis tenebrionides[5]

30 Alfred Kubin

Wernstein 11/6 1916

Lieber Herr Piper

Ich schicke Ihnen gerne ein Pärchen für das Kapitel »Psychologie der Liebe«[1] und lasse Ihnen gleichzeitig eingeschrieben das Blatt »der verliebte Tod« zugehen wobei ich nur bitte mir diese Arbeit welche ich schon verkauft habe bis Ende Juni wieder zu übermitteln. Ich werde die Zeichnung nämlich dann persönlich nach Wien[2] mit nehmen weil eine Reise nach München noch immer unmöglich erscheint. – Sonst geht es mir – bei grösstem objektiven Drunter und Drüber im inneren Wesen gut; vergisst man nur nicht darauf das alles Leben sich persönlich denkt und darstellt und hat grundsätzlich den mutigen Entschluss auch zu den gesammten eigenen negativen Seiten gefasst, so hat man einen Standpunkt in diesem Illokal der nicht leicht zu übertreffen sein dürfte. – Das Leben rythmisiert sich dabei ganz mirakelhaft leichter so dass man sich eben doch der verdammten Schopenhaueriade noch komplett entziehen kann. –

Ich erfahre dass man unseren armen Georg Müller nun doch noch eingezogen[3] hat. –

Hildebrandts »Krieg und Kunst«[4] überraschte mich tatsächlich durch seine Dickleibigkeit. – auch den deutschen Gelehrten macht uns keiner nach. – aber nach ein paar Jahren kann der Verfasser sicher noch einen voluminosen »Nachtrag« herausbringen. Leben Sie wohl mit Herzlichen Grüßen und gute Sommererholung wünschend

Ihr alter
Kubin

a la Klee

31 Reinhard Piper – Postkarte

München, den 9. Dez. 1916

Herrn Alfred Kubin,

Wernstein

Lieber Herr Kubin!
Herzlichen Dank für Ihre reizende Karte[1]. Solche, von der Kunst in Person ausstaffierten Zuschriften sind wahre Lichtblicke in der Oede der Geschäftskorrespondenz.

Das Liebespaar[2] wird sich bei Ihnen in der nicht in den Handel kommenden Vorzugsausgabe auf besonders schönem Kunstdruckpapier unter den Tannenbaum legen. Bitte gedulden Sie sich noch so lange.

Mit besten Grüßen und Wünschen

Ihr
Reinhard Piper

32 Alfred Kubin – Postkarte[1]

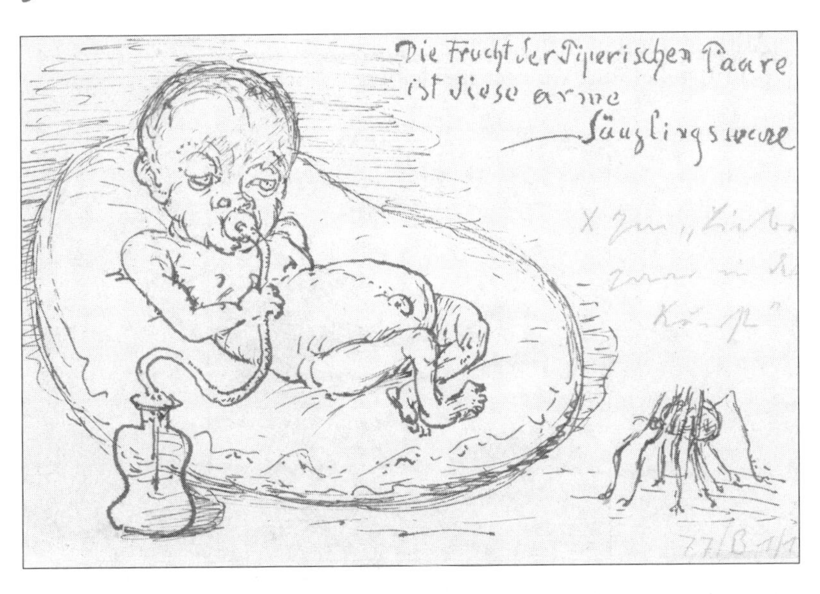

Die Frucht der Piperschen Paare ist diese arme Säuglingsware.

16. XII Wernstein *[Poststempel]*

L. H. P. heute trifft das L. i. d. b. K.[2] mit dem mich hoch erfreuenden Holzschnitt[3] ein, worauf ich umstehend repliziere. – einige mir noch unbekannte »Paare« haben mich sehr interessiert. – Nun aber Frieden! – Ihr

Kubin

33 Alfred Kubin – Postkarte

8. IV 17 Wernstein *[Poststempel]*

Lieber Herr Piper, der Kunstschriftsteller Dr. Hermann Meister[1], schreibt mir soeben einen begeisterten Brief über den Doppelgänger und möchte eine grössere Essayistische Arbeit darüber in einer grossen süddeutschen Kunstzeitschrift bringen, außerdem einen Artikel von 6–8 S. in seiner Zeitschrift »Saturn« – Wenn Sie damit einverstanden sind, so bittet er um Übersendung eines Recensionsexempl.

Adresse: Dr. Hermann Meister
Schriftsteller und Verleger Heidelberg.

von mir dies Osterei und Gruss
Ihres erg. AKubin

34 Alfred Kubin – Postkarte[1]

1917 Wernstein *[Poststempel]*

Lieber Herr Piper
Wählen Sie selbst!
Ich schicke Ihnen unter <…> 6 Originale
– noch keines reproduziert. –
1. Ausflug der Vogelscheuchen[2]
2. der Soldat welcher Christi Seite durchstach[3]
3. der Hauskobold[4]
4. das Turmgespenst[5]
5. Aasgeiermenschen[6]
6. der Hofnarr[7]
Bitte um baldmögliche Rücksendung! –
Bestens grüßt Sie
Alfred Kubin

35 Alfred Kubin[1]

11.5.1917 –
Wernstein a Inn Ob Öst –

Lieber Herr Piper
Das kann ich Ihnen schon sagen, warum ich den Beitrag[2] zurückverlangte. – Das Gesandte war nämlich der Entwurf nach dem ich eben meine lithographische Zeichnung[3] zu machen hatte! – Ich sandte diesen an Herrn Meier-Graefe[4] um ihm zu zeigen, was ich vorhatte zu liefern. –

Heute geht Ihnen nun der echte Beitrag zu –

Möglichste Vorsicht mit der empfindlichen Zeichnung! – Ein paar Abzüge meiner Lithographie werde ich doch erhalten?!

– Ich überlegte viel – doch bei Shakespeare war mir das Derb-Groteske oft das Eindringlichste daher die Wahl! Der Caliban[5], ein zur Dämonie gesteigertes Animal. Ich hätte wohl auch eine »Interpretation« zu Hamlet, Macbeth, Richard III, Kaufmann v. V. geben können, wo anfangen wo aufhören?? Drum blieb ich bei meinem Scheusal den ich in unzähligen Skizzen immer noch lebendiger zu machen strebte. –

Die Gesellschaft worin er erscheint[6] ist gewiss eine feine! (Ich danke Ihnen für die Mitteilung! Schade dass Slevogt[7] nicht dabei ist.) – Leben Sie wohl! nach München ist für mich einstweilen keine Aussicht – (auch das Verlangen besteht nicht mehr im Augenblick. – es ist dort zuviel anders jetzt! Hier bin ich glücklich!

Mit den besten Grüßen Ihr

alter Kubin

wie finden Sie meinen Liebling?

/Da meine Augen durch langes Schwarz weiss arbeiten /(10 Jahre)/ sehr schwach sind, arbeite ich seit 8 Wochen wieder farbig – koloriere ältere Blätter. Das tut den Augen sehr wohl./

36 Reinhard Piper

München, den 14. Mai 1917

Herrn Alfred K u b i n ,

W e r n s t e i n a/Inn
Ober-Oesterreich

Lieber Herr Kubin!
Schönen Dank für Ihren Brief vom 11. cr.[1] Der endgiltige Caliban gefällt mir sehr gut. Er ist dem Entwurf gegenüber unendlich bedeutender und reicher geworden.

Auch ich bedaure sehr, dass Slevogt bei den Shakespeare-Visionen nicht mitmacht. Ich glaube, er fühlt sich als Maler von Meier-Graefe in der Entwicklungs-Geschichte[2] nicht gut genug behandelt. Als Illustrator wird er dort sehr gerühmt, als Maler ziemlich stark abgelehnt[3]. Dass Sie den Caliban nochmals auf die Briefe skizziert haben, hat mich sehr gefreut. Solche Dinge werden bei mir mit grösster Pietät aufbewahrt!

Auch meine Frau freut sich sehr über Ihre Randzeichnungen.

Ich kann dieses Jahr wieder nur wenige Tage von München fort, da ich den Verlag nicht länger sich selbst überlassen kann. Wir haben die Absicht, uns bei dieser Gelegenheit Passau anzusehen. Nach Wernstein am Inn werden wir wohl wegen der Pass-Schwierigkeiten nicht kommen können. Sonst würden wir gerne bei Ihnen auf eine Stunde vorsprechen. Es wäre aber sehr hübsch, wenn wir uns in Passau treffen könnten, da wir gerne einmal wieder mit Ihnen ein paar Stunden beisammen wären. Vielleicht machen wir bei dieser Gelegenheit auch die Bekanntschaft Ihrer Gattin. Vielleicht geben Sie mir darüber einmal Bescheid.

Mit besten Grüßen
Ihr ergebener
Reinhard Piper

37 Alfred Kubin – Postkarte

26. V 17 Wernstein *[Poststempel]*

Lieber Herr Piper
Ich komme gewiss sehr gerne (mit Frau) nach Passau wenn Sie dort sein werden – empfehle Ihnen Hotel »Passauer Wolf«. Hoffentlich bin ich nicht grade selbst verreist[1] – einmal duerfte das auch diesen Sommer stattfinden – Nebenstehenden Bundesbruder[2] verehre ich Ihrer Gattin.

Es freut mich dass Ihnen »Caliban« nun gefällt. Das Endgültige ist natürlich – und bei mir besonders – vertieft gegen den Entwurf. –

Wenn Sie reisen müssen Sie mir depeschieren sonst trifft mich die Nachricht zu spät

beste Grüsse

AKubin

Ich arbeite jetzt wegen meinen Augen viel farbig.

38 Alfred Kubin – Postkarte

VI 17 Wernstein *[Poststempel]*

Lieber Herr Piper heute erhielt ich die beiden andern lithogr. Abzüge[1] das stärkst gedruckte (III) wirkt nun in der Tat schon besser und nicht so mager als das zuerst geschickte – Es steht nun bei Ihnen. – Wenn Sie mir den Stein zusenden lassen so will ich's versuchen, ohne freilich zu ahnen wie solche Correktur wird. – Sonst lassen Sie eben die III. drucken. –

Auf jedenfall bin ich ganz Ihrer Meinung im Punkt der Schrift – lassen Sie dieselbe fortschleifen. –

Mit bestem Gruß

ergeben

Alfred Kubin

39 Alfred Kubin

Wernstein 19/6 1917
Ob. Österr.

Lieber Herr Piper

Ich erhielt Brief, Photo und lithgr. Abzug und muss auch erkennen, dass zuviel ausbleibt von der Originalfassung. – Also lassen Sie den Stein an mich abgehen vielleicht kann Consée[1] auch einen Schaber oder eine Kratznadel beilegen. Ich habe allerdings noch nie eine solche nachträgliche Correktur gemacht –

– ich hoffe aber das es nicht schlechter wird. (vielleicht sogar, es ist interessant!, besser?). Sollte es nichts Richtiges werden was ich auf neuem Abzug ja ersehen kann – so müsste mir Consée eben einen klargeschliffenen Stein später noch/mals/ schicken und ich würde eben wohl oder übel die ganze Arbeit in Kreide, oder Tusch nocheinmal direkt auf den Stein machen. – Da ich in der Publikation[2] gut vertreten sein will. –

– Also bitte <...> anfügen, dass ich dann den Abzug vom »<nachgeholfenen>« auch hierher bekäme. Wenn alles in Ordnung, sende ich Ihnen dann auch die Photografien . –

Mir gehts sonst gut, ich befasse mich in diesen Tagen mit der Weiterführung meiner autobiographischen Studie, die damals 1909 der »Sansara Mappe«[3] beigelegt wurde und nun 8 Jahre später, um das erweitert, – dem Neudruck der »anderen Seite«[4] vorangesetzt werden soll. –

das Wetter, andauernd durch 6 Wochen trocken ist nicht günstig für unsere Gegend, mir passt es aber gut –. Sonst gibts die bekannten kriegsmäßigen Beschränkungen. Leider hat man meinen kurgastlichen Besuch[5] in einem Hochgebirgsort infolge der Knappheit auch für dies Jahr abgelehnt. Ich weis nun nicht was ich noch machen werde im Sommer, vielleicht bleibe ich durchwegs hier. Aber für Sie ist die Chance gestiegen dass ich bei Ihrer Passauerfahrt[6] mich /dortselbst/ einstellen werde –

Mit besten Grüssen Ihr
ergebener Kubin

Die Gigersche Radierung[7] hat mir Spass gemacht! <Sie Rembrandtsbruder> werden ja jetzt gefährlich!!!

40 Alfred Kubin[1]

Wernstein a/Inn, 21.7.1917

Lieber Herr Piper

Der lithographische Stein[2] kam nun an und ich habe ihn entsprechend überarbeitet. Es war so, bei aller Umständlichkeit doch die beste Lösung. Die Arbeit dürfte sicher gewonnen haben, obgleich natürlich ein wenig von der Frische (le premier coup) verloren geht. – Der Stein geht Montag wieder fort – die Photographie werde ich Ihnen ebenfalls demnächst zugehen lassen. – Für Fracht und Zollspesen von Consic[3] an mich hatte ich 9 MK zu erlegen – und bitte ich dieselben meinem Honorar beizuschreiben. (Den Frachtbrief mit dieser Kostenaufstellung habe ich hier; für den Fall, daß Sie ihn zur Verrechnung mit der Marées-Gesellschaft[4] brauchen, können Sie ihn haben.

Ich bedaure außerordentlich, daß Sie nun doch nicht nach Passau kommen werden! ich hatte mich schon recht sehr gefreut – übrigens herrschen seit einigen Wochen daselbst die Pocken und wir dürfen auch mit unserem Grenzschein nicht hinüber. Das dürfte sich aber bald ändern. – Sonst geht's mir recht gut, – subjektiv, innerlich – der objektive Tatbestand ist wie immer ein Gemengsel von hellen und dunklen Vorfällen. Ein Luftwechsel – Ausspannung wäre für mich sehr dringend nötig.

O wie müd ist öfters

Ihr

alter Kubin

41 Alfred Kubin – Postkarte[1]

31 VII 17 Wernstein *[Poststempel]*

L. H. P. Brief und Spesen v. JMG[2] erhielt ich! Hoffentlich wird der Abzug gut! – Auf d. Stein der einen so schönen warmen Ton hat wirkt die Zeichnung[3] ja immer brillant. – Ich bin nun wieder so herunter mit Teufelsnerven, dass ich nicht um alles in der Welt eine zusammenhängende grössere Arbeit von 2,3 Blättern machen könnte. – Doch fand ich durch Protektion einen Fleck in Steiermark[4] wohin ich nun für ein paar Wochen recht sehr erholungsreif abdampfe!

Alles Gute und schönste Grüsse

Ihres alten

Kubin

42 Alfred Kubin – Postkarte

20.8.17

Kubin dezt. Murau[1] i. Steiermark

Lieber Herr Piper Ihre Karte erhielt ich an dem unten bezeichneten Orte, der mir im Ganzen genommen bisher Alles gebracht hat was sich heute noch von einem Erholungsaufenthalt erwarten lässt. Die fettarme Kost trifft man zwar auch hier an doch ausspannende Ruhe, immer wieder neue landschaftliche Überraschungen und ein sehr netter musikalischer Gesellschaftsverkehr wiegen die »Pferdefüsse« reichlich auf.. Was Sie mir über die Lithographie[2] schrieben höre ich gerne. Ich werde Anfang Sept. wieder heimkehren dortselbst dann die beiden Abzüge vorfinden und Ihnen den einen mit Vermerk sogleich zugehen lassen – – Gewiss hätte sich das Arbeiten auf dem Stein nächst neumöglicher Vertiefung schon auch in materieller Beziehung vielleicht weit günstiger als so für mich angelassen, aber Da hat man dann eben auch den Stein am Bein hängen wie der Gefangene die Kugel und darf nicht auf einem Berg in voller Isoliertheit leben! Was nicht ist kann werden doch ich glaube bei der Lithogr. nicht über Gelegenheitsarbeiten hinaus zu kommen – herzlichen Gruß Ihres

Alfred Kubin

/Ich habe ein wirkungsvolles Buddhabild[3] (infolge Erlebnis und Lektüre des H. Grimmwerkes[4] gezeichnet! –/

43 Reinhard Piper

München, den 23. August 1917

Herrn A l f r e d K u b i n

M u r a u
Steiermark

Lieber Herr Kubin!
Schönen Dank für Ihre Karte. Es freut mich, dass Sie es mit Murau so gut getroffen haben und dass in Murau der Buddha von Grimm so intensiv gelesen wird. So viel ich weiss, wird auch Herr Oskar A.H. Schmitz[1] darüber schreiben. Es würde mich natürlich sehr interessieren, Ihr Buddha-Bild[2], das durch die Lektüre angeregt wurde, kennen zu lernen. Vielleicht schicken Sie es mir gelegentlich auf ein paar Tage zu.

Sie erhalten es sofort zurück. Die beiden Andrucke[3] der Lithographie schicke ich Ihnen nach Wernstein. Heute lasse ich Ihnen ein kleines Buch[4] zugehen, in dem neben vielem Bekannten wohl auch einiges für Sie Unbekannte enthalten ist.

Mit besten Grüßen
Jhr
Reinhard Piper

44 Alfred Kubin – Postkarte

28. VIII 17 Murau *[Poststempel]*

L. H. P. Mit Interesse blättere ich in der schönen Frau, mir zuweilen die Urbilder herbei wünschend. Die Vorrede las ich schon; – Konzentriert, ausgezeichnet. – Im Schatz der Illustrationen zu diesem ewigen Thema fand ich wieder einiges mir Überraschende, Neue.

– nochmals herzlichen Dank für die Zusendung!

Die letzten Tage in Murau.

– Am 3/9. <verlasse>[1] ich diesen schönen Ort der mir reichlich hielt was er versprach – Auch meinen »Totentanz« sandte mir nun B. Cassirer[2] in einer <...> hierher, eine unermessliche Ergänzung zur schönen Frau! –

45 ALFRED KUBIN – POSTKARTE

Wernstein 5/9 17

Lieber Herr Piper Wieder daheim[1]! Die Lithographien[2] sind noch nicht hier! Wenn Sie dieselben schicken werden so signiere ich Ihnen dann einen Abzug sende ihn wieder zurück, lege auch den alten (1905) wie den neuen (1916) Buddha[3] und sonst Einiges zur Ansicht auf Ihren Wunsch bei und bitte nur um umgehende Retournierung dieser Arbeiten. Ich habe mich ziemlich erholt; meine Frau hat aber so sehr abgenommen (gegen 40 Pfund) dass ich ganz erschrocken bin. Es sind wohl mehr die Sorgen um das Hauswesen als wie die eingeschränkte Kost, in welcher wir noch immer besser dran sind wie das mittlere Stadtvolk. Die Tage sind irrsinnig phantastisch.

– Wie? wann? wo? werde ich Sie wiedersehen? Drei neckische Fragezeichen auf die es keine Antwort giebt

Herzlichst Ihr AlfKubin

46 REINHARD PIPER

München, den 14. Septemb. 1917

Herrn Alfred Kubin,

Wernstein a.J.
Oberösterreich

Lieber Herr Kubin!
In den Almanach Münchner Verleger[1] wollen wir diesmal auch Zeichnungen aufnehmen. Ich habe Sie vorgeschlagen und mich dafür verbürgt, dass Sie uns in acht bis zehn Tagen etwas Hübsches senden würden. Nun strafen Sie mich nicht Lügen. Das Satzspiegel-Format ist 10 cm breit und 15 cm hoch. Bitte schicken Sie entweder etwas, was Sie auf Lager haben, (es darf aber, da Weihnachts-Katalog, nichts grausiges sein,) oder machen Sie eigens etwas für diesen Zweck. Das Letztere

wäre natürlich viel hübscher. Vielleicht können Sie irgendeine Phantasie über Lesen und Bücher zeichnen. Sie haben ja selbst ein so inniges und persönliches Verhältnis zum Buch, dass Ihnen gewiss etwas einfällt. Es kann aber auch ein ganz freies Thema sein. Es sind uns auch einige Leisten im Format von 10 cm Breite und 4/5 cm Höhe sehr erwünscht. Natürlich kann das Original wesentlich grösser sein, es muss nur diese Verhältnisse haben.

Da der Almanach in einer Auflage von 60.000 Exemplaren erscheint, und nur ganz wenige Zeichnungen aufgenommen werden, wäre das immerhin für Sie eine sehr schöne Propaganda-Gelegenheit. Auch Herr von Weber[2] lässt Sie sehr bitten, meinen Wünschen zu willfahren.

Mit besten Grüßen
Jhr ergebener
Reinhard Piper

/Auf Wunsch honorieren wir das Reproduktionsrecht im Almanach. Die Originale bleiben Ihr Eigentum./

47 Alfred Kubin – Postkarte

14. IX 1917 Wernstein *[Poststempel]*

Lieber Herr Piper Der »Caliban« wirkt nun wirklich wie ich ihn mir dachte! Ich sende Ihnen den einen signierten Abdruck postwendend wieder zu, zugleich das Probeexemplar meines »Totentanz« dem ich 1.) die überarbeitete und erweiterte autobiographische Studie[1], 2.) den alten (1905 und den neuen (1916 Buddha[2] beilege! Bitte schicken Sie mir diese Sachen möglichst rasch wieder zu! Ich glaube dass der »Totentanz« noch mein volkstümlichstes Werk werden könnte? Was meinen Sie?? – Mir gehts wie immer subjektiv sehr gut, äusserlich – besonders leiblich mäßig – (ein Furunkel plagt mich seit Wochen am Hinterbacken – –

Verlangen Sie sich dies nicht, rate ich Ihnen –
Herzlichst AlfKubin

bitte gleich die alte Emballage zu verwenden.

/Schmitz[3] machte ich auf den Grimm[4] aufmerksam/

48 Reinhard Piper

München, den 18. Septemb. 1917

Herrn A l f r e d K u b i n ,

W e r n s t e i n a/Inn
Oberösterreich

Lieber Herr Kubin!
Ich danke Ihnen herzlich für Uebersendung des signierten Andruckes. Es freut mich sehr, dass der Caliban nun so wirkt, wie er Ihnen vorschwebte. Den »Totentanz« finde ich sehr schön. Auch ich glaube, dass er einmal volkstümlich werden könnte. Ich bedaure nur, dass der Name Bruno Cassirer darauf steht. /Man ist nun mal neidisch!/

Ich habe mir den »Totentanz« gleich bestellt und hoffe, dass er bald erscheint. /Die Zeit ist jetzt gewiss aufnahmefähig dafür./

Am besten gefallen mir die Blätter: An den Mond, der Stromer, die Fischer, der Verfolger und die Schluss-Vignette. Die Fischer gefallen mir am allerbesten.

Die beiden Buddha-Bilder[1] haben mich viel beschäftigt.

Haben Sie für das Buch Daniel[2] mit Müller[3] schon fest abgeschlossen. Sonst wäre es vielleicht etwas für unsere Marées-Gesellschaft? Oder haben Sie etwas anderes dafür vorzuschlagen?

Grossmann macht Lithographien zur »Dummen Geschichte« von Dostojewski[4]. Unold[5] Holzschnitte zur Legende des heiligen Julian von Flaubert.

Klossowski[6] Lithographien zu Apulejus »Psyche und Cupido«. Vielleicht haben Sie auch etwas vorzuschlagen.

Der Schluss Ihrer Selbst-Biographie[7] hat mich ausserordentlich interessiert, besonders Ihre buddhistischen Experimente[8]. Leider kann ich Ihnen nicht so ausführlich darüber schreiben, wie ich möchte. Die ganze Sendung geht heute wieder eingeschrieben an Sie zurück.

Zwei kleine Fehler erlaubte ich mir in Ihrer Autobiographie zu korrigieren[9]: Weisgerber[10] schreibt sich mit einem s und der Vorname des Verfassers unseres Buddha-Buches[11] ist Georg nicht Hermann.

Aufgefallen ist mir, dass es bei der Lektüre Nietzsche auf Seite 55 heisst: »Von da an hatte ich, was ich wollte, nämlich eine für alle erdenklichen Fälle meines Lebens sich bewährende Anschauung«, während doch auf Seiten 57 diese Anschauung wieder der buddhistischen vom Daseins-Wahn Platz macht. /Man vermisst hier eine Rückbeziehung zu der eben noch als so endgültig hingestellten Wirkung[12] der Nietzsche-Lektüre./

Mit besten Grüssen
Jhr ergebener
Reinhard Piper

49 Alfred Kubin

Wernstein – Zwickledt 22./9.17.

Lieber Herr Piper
Nach Empfang Ihrer Aufforderung ließ ich alles übrige liegen und machte mich sogleich an die Ausführung zweier meiner Lieblingsentwürfe die sich sicher für den Almanach[1] sehr gut eignen werden. Es gingen demnach heute an Sie ab: 1. »die Raufer« und 2. »der Bücherzwerg«[2] und bitte mir das Reproduktionshonorar hierher zu senden. Ich würde gerne diese Originale auch im Umtausch gegen Verlagswerke – pro Arbeit für 100 MK Bücher, abgeben, und nehme an dass, Sie mir diesen Tausch wohl vermitteln können – vielleicht möchte Weber[3] eine der Zeichnungen haben, vielleicht Sie selbst, es ist ja ein ganzes Rudel Verleger, der sich in diesem Almanach ein Rendezvous giebt. – Die übersandten Blätter zeigen auch den markig-monumentalen Stil, der seit drei Jahren immer deutlicher zu tage tritt und von mir gesucht wird, in guten Beispielen. Auch mein »Totentanz« der »Buddha« etc. ist auf diese Hochkultur der Feder gänzlich aufgebaut. Ich setze alle Kraft auf diese Technik und ihre Ausbildung, wunderbare Möglichkeiten, deren Grenzen ich kaum ahne.

Mit bestem Gruss ergebenst Ihr
Alfred Kubin

50 Reinhard Piper

München, den 25. Septbr. 1917

Herrn Alfred Kubin,

Wernstein
Oberösterreich

Lieber Herr Kubin!
Besten Dank für die Uebersendung der beiden Zeichnungen, die beide in den Almanach kommen. Die Zeichnungen gefallen mir ausserordentlich und sie haben Recht, dass sie gute Beispiele des markig-monumentalen Stils sind, der in Ihren letzten Arbeiten immer mehr zu Tage tritt. Sie haben sich nicht nur die Monumentalität, sondern andererseits auch einen ausserordentlich malerischen Stil errungen, wie in manchen Blättern des Totentanzes. Schade ist es nur, dass diese Zeichnungen immer durch Strichätzung[1] reproduziert werden müssen, wodurch sie in der

Widergabe gröber wirken als im Original. Schon die Dostojewski-Zeichnungen[2] haben durch die Reproduktion in Strichätzung sehr verloren, beim Totentanz fiel mir dies wieder auf. Diesem Uebelstand würden Sie abhelfen, wenn Sie sich mehr mit Lithographie befreunden könnten.

Wie steht es überhaupt mit dem Propheten Daniel? Bei Müller bleibt die Sache unter Umständen noch lange liegen. Auch zwei Sachen von Grossmann schiebt er auf die lange Bank aus Papiernot[3], worüber Grossmann nicht gerade glücklich ist, während wir unter Umständen die Sachen sofort bringen könnten. Doch bitte ich Sie, Müller nicht in dem Sinn zu schreiben, als wollten wir ihm ein Verlagswerk abjagen.

Ich möchte die beiden Blätter sehr gerne für mich eintauschen. Sie haben wohl den Verlags-Almanach. Auch könnte ich Ihnen Bücher von Georg Müller dafür liefern, mit dem ich meinerseits wieder in Tauschverbindung stehe.

Mit besten Grüssen
Jhr ergebener
Reinhard Piper

Die Vereinigung Münchener Verleger zahlt Ihnen ein Reproduktionshonorar von M 100.- für die beiden Blätter zusammen. Der Betrag wird Ihnen seinerzeit von unserem Kassier Herrn Ernst Reinhardt[4] übermittelt werden, wenn die Honorare für den Almanach bezahlt werden.

Mit besten Grüssen
D.O.

51 Alfred Kubin[1]

Wernstein – Zwickledt 3/10 17.

Lieber Herr Piper
Ihre Frage nach meinem »Profet Daniel« kommt zu spät; Müller hat durch Obernetter[2] bereits Lichtdrucke[3] anfertigen lassen und ich habe schon seit 14 Tagen Proben in den Händen – (im Format leider etwas kleiner als ich's gewünscht hätte) die 12 Initialen für die Kapitelanfänge des Werkes sah ich noch nicht. –. Nun wird das Ganze wohl wieder ewig liegen bleiben!!!! Sie hätten früher den Daniel ja haben können[4] da Sie ihn /seinerzeit/ – unter anderen Voraussetzungen – ja von F. Marc[5] zur Einsicht einmal bekamen /und ihn daher kannten/. – Müller erfuhr erst im Juli aus dem autobiogr. Manuscript[6] dass ich den »Daniel« noch

hatte und stürzte sich gleich darauf – Ich würde gewiss mit Vergnügen für die Maréesgesellschaft ein Grafisches Werk einmal machen und mich deshalb mit Ihnen noch mündlich besprechen. Ich könnte dann eventuell hier /zuhause/ die betreffenden Entwürfe vollkommen fertig machen und dann bei einem Münchner Aufenthalt mir lithogr. Steine in mein dortiges Absteigequartier oder ein Freundesatelier schaffen lassen um die Vormittage der Übertragung auf den Stein zu widmen! Aber wie Sie sehen ist dies Zukunftsmusik denn in jetziger Zeit bin ich nicht im Stande einen Auftrag von einer in innerem Zusammenhang stehenden Serie Komposition zu bewältigen! Meine Gesundheit ist durch allerhand Verhältnisse so derangiert, dass ich bei meinen Einzelblättern, von denen ich immer mehrere in Arbeit habe, wie jonglierend einmal diesen, anderen Tags einen anderen Einfall hernehme wie's die manchmal unheimlich wechselnde Stimmung erwünscht macht – und oft kann ich gar nichts tun wegen der Augen oder Nerven!

– Werden die Zeiten anders so hoffe ich Erholung und Ruhe für größere /zusammenhängende/ Werke zu finden. – Schon allein dass wir hier kein genügendes Beleuchtungsmaterial haben ist eine neckische Kriegsnebenwirkung von, für mich, teuflischem Gewicht! – Dass Sie den Fortschritt in meinem Ausdruck bemerkten hat mich sehr erfreut, und gewiss können die beiden Blätter des Almanachs in den Piperschen Sammlungsschrank wandern! Erwünschtes und Erhofftes aus Ihrem Verlag notiere ich auf dem Zettel der beiliegt. Gewiss »vergröbert« die Zinkätzung[7], aber ich bin mit Joseph Pennel /dem ausgezeichneten amerikanischen Graphiker/ in seinem prächtigen Buch[8] über Illustrationen hier doch der/selben/ Meinung, dass es für uns Zeichner eine ungemein segensreiche Erfindung ist und recht günstige Resultate erzielt werden können! Weit bessere als wie früher die Durchschnittsxylografen[9] leistung /es/ war! Und dass man eine gute Handzeichnung (: für mich das Schönste was es an Kunstgattung giebt :), nicht fälschend /mechanisch/ nachmachen kann, ist mir ein Trost in unserer Epoche der Surrogate.

/Von Grossmann[10] erhielt ich aus Passau Nachricht natürlich zu spät (siehe Weltkrieg!) um sich zu treffen. Mit besten Grüßen Ihr ergebener Kubin/

[Anlage[11]:]

Gerne hätte ich <...>: 1. Ein Hodlerwerk, 2. den Cheramykatalog 3 Dom's Grotesken, 4. Zerweck Mein Gehölz, 5. (Esswein Illustr:

Heine, Kirchner, Neumann, Baluschek, Oberländer) 6 Fruchtschale: (Chin. Lyrik, Platen, Stifter, griech Liebesged. Jörg Wickram) 7 – Mereschkowski, ewige Gefährten. 8 Meier-Gräfe: die großen Engländer, 9 Wasielewsky: Artur Volkmann 10. Hörhammer: Tragikkomödien d. Ich. – 11 de Gourmont »ein jungfr. Herz« 12. Steinitzer »Alpinismus«.

52 Reinhard Piper

München, den 10. Oktober 1917

Herrn Alfred Kubin,

Wernstein
Oberösterreich

Lieber Herr Kubin!
Besten Dank für Ihren Brief vom 3. ds. Wenn Müller schon mit dem Prophet Daniel angefangen hat, so ist die Sache ja erledigt. Die Hauptsache ist ja, dass ein solches Werk überhaupt erscheint. Für die Drucke der Marées-Gesellschaft kämen von lebenden Künstlern ohnehin nur original-graphische Publikationen in Frage, nicht Reproduktionen.

Ich sah übrigens Ihren »Daniel« seinerzeit nicht, da ich in jener glücklichen Zeit vor dem Kriege in Aschau acht Wochen Ferien verbrachte. Nur Herr Hammelmann[1] hat die Blätter gesehen, sonst hätten sie sich mir stärker eingeprägt und ich mich vielleicht früher gemeldet.

Sollten Sie einmal die Jdee für eine grössere Serie oder ein zu illustrierendes Werk fassen, so denken Sie also bitte an die Marées-Drucke. Eine Möglichkeit zur Uebertragung auf den Stein wird sich dann wohl finden.

In Ihren letzten Zeichnungen haben Sie /nun noch/ einen monumentalen Stil /errungen/, nachdem Sie in den Zeichnungen zum »Doppelgänger«[2] sich /schon/ einen prachtvoll malerischen Stil errungen hatten.
Von den in Tausch gewünschten Werken[3] gehen Ihnen zu:

Doms, Grotesken
Zerweck, Mein Gehölz
Moderne Illustratoren: Heine,
Kirchner,
Neumann,
Baluschek,
Oberländer,
Fruchtschale: Platen,
Stifter,
Wickram,
Griechische Liebesgedichte,
Mereschkowski, Ewige Gefährten,
Meier-Graefe, Engländer, (diese leider nur noch broschiert vorhanden;)
Wasielewski, Volkmann,
Hörhammer, Tragikomödien,
Steinitzer, Alpinismus.

Das Hodler-Werk haben wir glücklich an einen Schweizer-Verlag verkauft. Die Sammlung Cheramy mussten wir leider verramschen. Viel leicht finden Sie dafür noch einiges andere. Die Schweine-Zeichnung ist ganz köstlich und wurde auch von meiner Frau bewundert.

Mit besten Grüssen
Jhr
Reinhard Piper

53 Alfred Kubin

Zwickledt, Wernstein a. Inn
19/X 17.

Lieber Herr Piper, Die Büchersendung[1] traf ein und froh bestätige ich den Empfang bestens dankend;
Griechische Liebesgedichte und Wasielewski's: Volkmann fehlen allerdings! – – Am meisten freuen mich Steinitzers Alpinismus, der

Mereschkowski, und Zerweck, Gehölz – in weitem Abstand freuen mich auch die übrigen. – Dass Sie den Hodler losgeworden sind tut mir in meinem Fall leid, dem Verlag muss man jedoch Glückwünschen – diese Sache hatte ja ein recht riskantes Aussehen. Nur dem Cheramy-Katalog trauere ich am meisten nach; – ich vermutete sehr gute Reproduktionen weniger bekannter[2] <...> darin – – Auf jeden Fall bitte ich Sie mir einen Bücherrest gutzuschreiben – bei Gelegenheit und künftig wird sich sicher immer was finden. /z. Bsp. für einen reservierten illustr. Doppelgänger habe ich stets Verwendung./ Ich schicke Ihnen hier meinen Zwerg[3]; er ist so klein dass er in jeden Verlagsschrank kann, vielleicht findet er noch einmal etwas für mich – womit ich scherzend grüße

als Ihr ergeb.

AKubin

54 Reinhard Piper

München, den 23. Oktober 1917

Herrn A l f r e d K u b i n,

W e r n s t e i n
Oberösterreich

Lieber Herr Kubin!

Besten Dank für Ihren Brief vom 19. Oktober mit der reizenden Zeichnung, die mich ganz besonders erfreut hat. Sie sind wirklich ein edler Mensch, dass Sie Ihre Briefe immer mit solchen Kostbarkeiten auszieren. Dadurch machen Sie Ihre Briefe immer zu einem besonderen Vergnügen für den Empfänger und dieses erhebende Bewusstsein wirkt vielleicht auch auf den Schreiber etwas zurück.

Ich sage immer: Das wirklich Gute hat viele Seiten.

Wasielewski, Volkmann[1] haben wir mit Stumpf und Stil verramscht. Sie verlieren nicht viel daran. Volkmann ist ein recht langweiliger Akademiker. Marées sagte von ihm, er folge ihm treu wie sein Schatten, doch sei ihm ein lichtspendender Gegenstand in seiner Nähe lieber.

Die »Griechischen Liebesgedichte« gibt es nur noch in wenigen broschierten und etwas verschossenen Exemplaren. Ich muss Ihnen leider ein solches senden.

Von der Sammlung Cheramy haben wir ausser unserem Archiv-Exemplar noch ein einziges, in dessen erste Seiten einmal von einem Packer ein Nagel geschlagen wurde. Ich lasse diese Seiten aber jetzt für Sie ausbessern und freue mich, Ihnen doch noch ein Exemplar senden zu können.

Von der Hodler-Mappe haben wir noch einige Andrucke, die ich für Sie zusammenstellen und Ihnen zugehen lasse, sodass Sie schliesslich doch noch Ihre Liste ziemlich vollständig zusammenbekommen.

Auch einen gebundenen »Doppelgänger« füge ich noch bei.

Mit besten Grüssen
Jhr ergebener
Reinhard Piper

55 Alfred Kubin[1]

Wernstein a. Inn, 25. 10. 17

Lieber Herr Piper

Besonders überrascht wurde ich gestern beim Lesen des Dialoges »ER« in Artur Hörhammer's[2] »Psychologischen Tragikomödien«. Das ist eine hervorragende Autoanalyse! Die übrigen Stücke des Büchleins finde ich nicht so erstklassig. – Ich habe kein modernes Literaturnachschlagewerk hier, Sie können mir bitte vielleicht bei Gelegenheit auf einer Karte Mittelung machen, ob von Hörhammer noch Andres erschienen ist! Vielleicht kennen Sie ihn ja noch selbst.

In Ihrem Verlagsalmanach, den ich eifrigst nochmals durchsah, fand ich von der Fruchtschalenserie noch die 1) »Irischen Elfenmärchen«[3], 2) Vauvenargues[4] und 3) Chamfort[5] – die ich recht gerne hätte!! –

Sonst sind bittere und schwankende Tage[6] bei mir und mancherlei Gründe gewesen und ich musste alle Seelenstrategie aufbieten, um meine Balanze halten zu können; es gelang.

Bestens grüßt
Ihr
Alfred Kubin

56 Reinhard Piper

München, den 30. Oktober 1917

Herrn Alfred Kubin,

Wernstein
Oberösterreich

Lieber Herr Kubin!
Von Hörhammer ist noch bei Albert Langen[1] ein Band phantastischer Erzählungen[2] erschienen, den ich Ihnen von dort zugehen lasse. Der Verfasser selbst ist leider zu Anfang des Krieges gefallen. In seinem Nachlass, den wir vielleicht noch einmal herausgeben können, befindet sich vor allem ein autobiographischer Roman, der vor allen Dingen die Kadettenzeit schildert.

Es freut mich, dass Sie sich für seine Sachen interessieren. Leider sind sie nicht viel beachtet worden. Das zweite bei uns erschienene Buch »Die verlorene Naivität«[3] kennen Sie wohl, da es im Almanach steht. Die drei Bände »Fruchtschale«[4] lasse ich Ihnen mit gleicher Post zugehen. Die »Irischen Elfenmärchen«[5] sind inzwischen ausserhalb der Fruchtschale erschienen mit Silhouetten einer Königsberger – Künstlerin, die auch leider während des Krieges gestorben ist.

Für den Löwenkopf[6] allerschönsten Dank. Es ist ein echt Kubin'scher Löwe!

Mit besten Grüßen
Jhr ergebener
Reinhard Piper

57 Alfred Kubin[1]

Wernstein 31/X 17
Zwickledt

Lieber Herr Piper
Dass sie mir nun noch nachträglich einen so wesentlichen Teil prächtiger Hodlerheliogravuren[2] senden und sogar auch einen Cheramy[3] schicken und in Aussicht stellen hat mich überrascht und gerührt! Ich zählte ja schon nicht mehr darauf. –

Ich bin hier immer noch in der schwarzen Serie[4] in die ich unversehens hineinglitt: Culissen und Hintergrund: Walpurgisnacht! So taste ich mich weiter und finde sogar geheime Wollust an den eigenen Darmkatarrhen. Und so ist's; möge von mir aus lieber Kubin – dieses Großmaul der Unendlichkeit draufgehen – als die Unendlichkeit selbst, – die ist gesichert, das ist mein Spass. –

Wenn ich Briefen gelegentlich Pröbchen eigner Fingerfertigkeit beigebe so errieten Sie den Grund mein verehrter Herr Piper – ich tu es um anderen Freude zu machen was mir selbst wieder Freude macht – So auch diesmal! Und empfehlen Sie mich bitte Frau Piper der stillen Beschützerin meiner Briefzeichnungen! –

Mit besten Grüssen
Ihr
Alfred Kubin

58 Alfred Kubin[1]

Wernstein am Inn 23/XI 17

Lieber Herr Piper
Bestens dankend bestätige ich den Empfang Ihres Briefes und der 200 MK[2] der Marées-Gesellschaft. Die Drucke sind noch nicht da, ich werde aber sogleich nach Empfang /diese/ signieren und nach Ihrem Geheiß verfahren.

Den Cheramy-Katalog bewundere ich und finde es schon recht sonderbar ein solches Werk verramscht[3] zu wissen. Ich fand unter den Bildern in gutem Lichtdruck Manches mir neue und sehr Wertvolle –

– Ebenso war mir Hörhammers »Nessukareni« hochinteressant! Das rundet mir das Bild dieses problematisch tiefsinnigen Dichters; seine »verlorene Naivetät[4] kenne ich wohl nicht, aber soviel sehe ich doch dass H. auf dem besten Weg ist in den eigenen Labyrinthen sich zurechtzufinden, und nicht so stecken zu bleiben wie z. Bsp. ein anderer Problematiker der mir hohe Teilnahme seinerzeit entlockte,: – Doms[5]. – Ich hörte vor einigen Jahren, dass er nur schwer weiterkommt etc.

Diese und ähnliche Naturen beobachte ich immer wieder mit größter Spannung weil's mir selbst so sauer wurde der eigenen Teufelei die Stirn zu bieten.

Die irischen Elfenmärchen finde ich auch in dieser /mir gesandten/ Ausstaltung mit den schönsten lebendigsten originellsten Schattenrissen[6] unserer Zeit, die ich kenne höchst gelungen! Eigentlich erhoffte ich ja die Ausgabe der Fruchtschale um die Vignetten zu sehen denn – nun komme ich zu einer sachlichen Frage – ich möchte gerne ein geeignetes Büchlein[7] so etwa im Format der »Fruchtschale«[8], nur mit Vignetten einmal, aber in recht großer Anzahl etwa 100 ausschmücken – nur fragt sich nach was für einem Stoff!? Kurze Erzählungen álá Hebels Schatzkästlein[9] oder eine Märchensammlung – oder eine Geschichte mit sehr vielen kurzen Kapiteln. Mir fallt einstweilen nichts passendes ein, – vielleicht müsste man eine Sammlung erst zusammenstellen. Ich stelle mir so ein kleines Büchlein eben sehr entzückend vor. /Es könnte selbst noch kleiner im Format sein/ Ich habe noch nie so etwas gemacht. Möglicherweise interessiert sie ein solcher Plan? Teuer würde das Ganze ja nicht werden – im Druck, so stelle ich mir vor, das keine der Vignetten so über 4x4 cm hinausgehen würde (manche etwas länger und schmäler etc). Ich meine nur, dass ich am Ende mit so einer launigen Arbeit, nette Einfälle entwickeln würde; es könnte ja auch etwas Humoristisches, eine Dichtung (so wie Blumauers Äneide[10] sein). – Der Vorschlag hat

Zeit und wenn Sie einen Text wüßten bitte mich gelegentlich zu benachrichtigen. –

An Adressen für die Marées-Gesellschaft gebe ich Ihnen hier nur zwei wo es wohl möglich wäre, dass man sich für diese Luxuspublikation amende auch materiell begeisterte. /Sie sollten die Maréespublikationen auch ausstellen! Das würde der Sache gewiss neue Freunde werben! – Der Verleger Almanach[11] erscheint wohl bald? Bin neugierig!/

1. Frau Alois M. Grasmayr[12], Salzburg, Mönchsberg
2. Herrn Felix Grafe[13] Wien XIX Himmelstr 41.

– Andere wissen Sie so gut wie ich z.Bsp W.Weigand[14], Rudolf Br. v. Simolin[15], Dr. Hugo Stinnes[16]. –

Über mir thront noch immer der Unstern – zu den höllischen Erfindungen der Zeit und den übrigen Kubinischen Spezialübeln hat sich nun als Trumpf der traurige Umstand gesellt, dass meine liebe arme Frau infolge eines Leidens das ihr sehr viel zu schaffen macht (Nerven- und Zirkulationsstörungen) für längere Zeit ein Sanatorium aufsuchen muss – Auch für mich, der ich dann allein hier hocke ist das keine Kleinigkeit – hätte mir das je irgendeiner prophezeit wie ernstlich ich mich z. Bsp noch einmal um Holz zum Heizen bekümmern würde? Trotzdem war ich nie so guten Mutes – es lebe die Euphorie!!

Mit besten Grüßen Ihr ergebener

Alfred Kubin

welcher wahrscheinlich auch noch einmal durchbrennen wird.

59 Reinhard Piper

München, den 27. Novemb. 1917

Herrn Alfred Kubin,

Wernstein a.J.
Oberösterreich

Lieber Herr Kubin!
Ich danke Ihnen schön für Ihren langen Brief in Folioformat[1] vom 23. November. Es freut mich sehr, dass Sie sich so für Hörhammer interessieren. Ich schrieb Ihnen doch, dass er im Kriege gefallen ist und zwar in den ersten Monaten.

Die »Verlorene Naivität«[2] schicke ich Ihnen heute als Kreuzband; ausserdem sende ich Ihnen einen Fruchtschale-Band mit den Irischen Elfenmärchen[3], woraus Sie die Vignetten ersehen. Es sind allerdings nur wenige. Von dieser Fruchtschale-Ausgabe des Werkes haben wir nur noch einige unansehnliche Exemplare.

Ihr Plan[4], einen Sammelband in kleinem Format nur mit Vignetten im Format 4 : 4 auszustatten, ist mir ausserordentlich sympathisch und ich bitte, ihn auf jeden Fall für den Verlag zu reservieren. Ich hoffe sicher, dass wir zu einem Ziel kommen. Ich denke schon nach, was ich Ihnen vorschlagen kann. Ich lasse gerade ein Bütten-Papier machen, von dem ich eine Probe hier beifüge. Dies wäre wohl gerade ein Format, wie es Ihnen vorschwebt. Wie wäre es mit einem ganz frei zusammengestellten Lesebuch, das eben durch Sie als Illustrator zu einer höheren Einheit zusammengehalten würde? Man könnte da sehr viel Schönes bringen, z.B. einzelne selbstständige Stücke aus Jean Paul[5]. Kennen Sie seinen »Traum von einem Schlachtfeld«[6]? Dann könnte man Indianersagen (es gibt wundervolle, ganz phantastische) Anekdoten, Schwänke, z.B. aus Aurbacher's Volksbüchlein[7] bringen. Der Mann war Anfang des 19. Jahrhunderts Lehrer am Münchner Kadetten-Korps. Das ganze könnte den Titel haben: »Aus aller Welt. (Seltsames) Lese- und Bilder-Buch« oder irgend einen ähnlichen Titel, der das Sammlungsartige ausdrückt. Dies ist aber nur ein Einfall von heute. Vielleicht fällt mir noch besseres ein und Ihnen auch. Ich schicke Ihnen heute einmal den Band Jean Paul's »Träume« zu. Es lohnt sich auf jeden Fall, dass Sie ihn lesen und Aurbacher's Volksbüchlein. Ich möchte Ihnen nur zunächst sagen, wie sehr mich Ihre Idee freut, und dass ich hoffe, dass etwas sehr Schönes daraus wird.

Die Sammlung Cheramy[8] haben wir vor dem Kriege verramscht und natürlich nicht gern. Es waren aber die letzten Jahre kaum noch fünf Bestellungen jährlich gekommen. Wer konnte damals die heutige

Konjunktur voraussehen! Da die Sammlung selbst nicht mehr existiert, (sie wurde ohne unser Wissen sofort nach Erscheinen des Werkes verauktioniert) so war auch das Interesse für die Publikation sehr gering.

Besonders freut mich Ihr Lob der Silhouetten in den Irischen Elfenmärchen. Die Künstlerin ist auch während des Krieges gestorben. (Man ist allmählich versucht zu fragen: Wer nicht?) Die Silhouetten[9] haben sehr wenig Freunde gefunden. Die Sortimenter wollten in Märchenbüchern bunte Bilder!

Die Marées-Drucke später auszustellen, ist auch unsere Idee. Wir haben schon Verhandlungen angeknüpft.

Dass Ihre liebe Frau ein Sanatorium[10] aufsuchen musste, tut mir aufrichtig leid. Hoffentlich findet sie dort bald Erholung und Besserung. Vielleicht bestellen Sie ihr meine besten Wünsche.

Schliesslich danke ich Ihnen noch für den prachtvollen Reiter auf Ihrem letzten Briefe, der diesen wieder einmal zu einem Wertpapier macht. Ihre Briefe sind mir immer besonders lieb, auch ohne solchen besonderen Zugaben. Sie sind eine Oase in dem Wust der Geschäfts-Korrespondenz.

Mit besten Grüßen
Jhr ergebener
R Piper

PS. Aus den beiden Bändchen »Volksbüchlein« von Aurbacher müssten die amüsantesten Stücke ausgesucht werden. Manches ist im altmodischen Sinn »erbaulich«. Vieles ist aber sehr schön und in der Art von Hebel's »Schatzkästlein«[11], wie Ihnen ein solches Buch ja vorschwebte.

60 Alfred Kubin

Zwickledt, Wernstein a I.
6/XII 17. OÖ

Lieber Herr Piper
Herzlichst Dank für Ihre ausführlichen Nachrichten. Wohl wußte ich, dass Ihnen ein kleiner aparter Sammelband mit zahlreichen Vignetten, als Idee sehr zusagen würde; Ihre weiteren Vorschläge finden großen Beifall bei mir; Aus dem mir bisher unbekannten Auerbach's Volkbüchern will ich bei Durchsicht die mich am stärksten beschäftigenden

Stücke anstreichen. Jean Paul's Schlachtfeldtraum ist ganz grandios, /danke für Übersendung/, mir in einer andern Separatausgabe aber auch schon bekannt!! Vielleicht finden Sie aus dieser Jean Paulfundgrube noch ein andres weniger bekanntes Stück /Kennen Sie das ganz herrliche u. erstaunliche: Die wunderbare Gesellschaft in der Neujahrsnacht?[1]/, wir müssten ihn unbedingt vertreten haben. – Für Indianersagen, auch Abenteuer schwärme auch ich kenne jedoch /heute/ nicht mehr Vieles. Da würde ich auch auf Ihre Kenntnisse bauen – /die wundervollste Indianergeschichte war mir Ferrys Waldläufer[2]/ Aber von Achim v. Arnim gibt's eine kleine Geschichte von 33. Druckseiten »die Majoratsherren«[3], von äußerst seltsamem Reiz. /fast unbekannt!/ – – Wollen Sie auch einige Gedichte? Balladen? – – Auf jeden Fall werden wir schon Stoff finden. Nur sollten es eben kürzere Sachen sein! /sonst könnte man Lukians »wahre Geschichte«[4] das wahre Urbild jeder Münchhausiade oder Wellsiade[5]! aufnehmen –/ Seltsames Lese und Bilderbuch ist ein sehr guter Titel – – /Auch Miscellen[6] aus alten Zeitschriften – oder den seltenen alten Lesebüchern z.Bsp dem »Bremer Lesebuch«[7] .../

– Die Calibane[8] gingen vor mehreren Tagen als Wertpaquet an Hanfstängl[9].. – Ich schwimme nach wie vor im dunklen Tintensee – Übermorgen reist meine Frau fort[10]; sie ist schon ganz herunter /wahrscheinlich auch sehr zuckerleidend/ nun diese Reise! Schlecht geheizt usw. bis Hessen. Ich muss /täglich/ auf die Jagd um Nahrungs- und Leucht- u Heizmittel zu erhaschen – Zuerst muss man bei den Bauern direkt Betteln, Schmeicheln, um dann, im besten Fall bewuchert zu werden durch irrsinnige k.k. Schlamperei und völlige Desorganisation giebts (außer bei den Bauern aber für den eignen Bedarf) kein Stück <...> Brennholz mehr. – in unserem ganzen Landstrich!!

Kohle wird seit 2 Jahren nur für Eisenbahn/angestellte/ hergebracht. – es ist »ein Saustall« wie Georg Müller sagen würde – Müller möchte mich für alle meine illustrativen Arbeiten, für alle Zeit, für sich verpflichten, das kann ich aber nicht eingehen so gerne ich ihn habe, denn er ist ein prächtiger Mensch – Weiß man denn ob mich diese Verhältnisse jetzt nicht noch tatsächlich umbringen oder irgendwie ruinieren..? Zwar hätte mich ein steinreicher Freund in Wien[11] eingeladen meine karge winterliche Strohwitwerschaft bei ihm zu verbringen – dann würden mich die beiden Mägde aber auch verlassen u. das Haus muss geschützt werden. –

Drum finde ich keine Haltung für eine längere Arbeit bis ich nicht in andern Verhältnissen frische Kraft, Anregung, Ruhe wieder gefunden habe –

– Trotzdem bin ich ganz für mich wohlauf und möchte den sehen der mir dies nachmacht! – Heute giebts keine Briefzeichnung! – Ein Andermal! Mit bestem Gruße

Ihr ergebener

AlfKubin

Für Hörhammers »Naivität«[12] 1000 Dank!

Ich freue mich aufs Lesen – Nun ist H. also tot! schön: freuen auch wir uns, dass uns ein derartiges Abenteuer wie »der Tod« noch bevorsteht, es bedeutet und ist sicher etwas ganz andres als was es – scheint! –

61 Reinhard Piper[1]

München, den 11. Dezemb. 1917

Herrn Alfred Kubin,

Wernstein
Oberösterreich

Lieber Herr Kubin!
Besten Dank für Ihren ausführlichen Brief vom 6. Dezember, der mir viel Freude machte. Ich sende Ihnen heute zwei eingeschriebene Drucksachen und zwar einen Band Jean Paul, in dem ich Ihnen vor allem Seite 452 die herrliche Groteske »Meine lebendige Begrabung«[2] empfehle. Was ich darin eingeklammert und durchgestrichen habe, sollte in einer Vorlesung des Stückes wegbleiben. Sie werden auch sonst in dem Bande noch allerlei finden. Vielleicht können Sie auch zu einzelnen, ganz kurzen Prosa-Gedichten eine Vignette zeichnen, die ja keine Illustration im buchstäblichen Sinn zu sein braucht. Ausserdem schicke ich Ihnen einen längst aus dem Buchhandel verschwundenen Band »Märchen und Sagen der nordamerikanischen Amerikaner«[3]. Was ich im Inhaltsverzeichnis einmal vor Jahren doppelt angestrichen habe, gefiel mir besonders. Vielleicht würde mir heute anderes besser gefallen. Vielleicht lesen Sie zunächst »Boschkwädosch«[4], um einen Begriff zu bekommen. Man könnte mit den Texten wahrscheinlich ziemlich frei umgehen.

Die »Majoratsherren« von Arnim habe ich etwa vor Jahresfrist meiner Frau vorgelesen und es freut mich, dass auch Sie diese ausserordentlich bedeutende Sache schätzen. Ich würde sie gerne aufnehmen. Auch einzelne Gedichte und Balladen können natürlich aufgenommen werden, ebenso kleinere Miscellen.

Ich freue mich über diesen Buchplan ganz besonders, ja, es ist derjenige, der mir jetzt am allermeisten Freude macht. Ich werde mir erlauben, Ihnen noch weiteren Stoff vorzuschlagen und auch weiterhin auf die Suche gehen,

Vielleicht interessiert es Sie, dass mein 76jähriger Vater kürzlich ein Buch über den Spuk[5] vollendet hat, das nächstens erscheinen wird, aus einer Reihe von Gründen jedoch nicht bei mir. Ich werde es Ihnen schicken. Es enthält meist nur kurze Referate, aber viele Literatur-Angaben, an Hand derer man auf den ursprünglichen, ausführlichen Bericht zurückgreifen kann. Die betreffenden Bücher könnte ich Ihnen von der Staatsbibliothek besorgen, falls Ihnen der eine oder andere Bericht besonders gefällt.

Den übrigen Inhalt Ihres Briefes habe ich mit Liebe und Teilnahme aufgenommen, wenn ich auch im einzelnen heute nicht darauf eingehen kann.

Mit besten Grüßen,
Ihr ergebener
Reinhard Piper

62 Alfred Kubin

Wernstein Z. 28. XII. 1917

Lieber Herr Piper Viel Dank für Ihre Schreiben vom 11. d. M, auch die beiden Bücher kamen an! – Die Jean Paul'sche »Begrabung« finde ich natürlich ausgezeichnet, besonders, wie so oft bei J. P. , ist auch dies Stück derart großartig vollgespickt mit originellsten Einfällen, dass man aus dem Staunen kaum herauskommt. Großartiger fand ich den »Traum auf dem Schlachtfeld«[1]. Aber am schönsten – auch in der Hinsicht auf den Zusammenhang – eines einheitlichen Flusses – gefällt mir »die wunderbare Gesellschaft in der Neujahrsnacht«[2] – das müssen sie sich einmal heraus suchen. Es ist der 2. Teil des »heimlichen Klagelied der jetzigen Männer«[3] Also einfach zu finden, das Stück ist auch kurz und daher schon auch sehr geeignet für unser Lesebuch. – Schreiben Sie mir einmal bei Gelegenheit darüber wie's Ihnen gefiel! – Den Jean Paul Band von Ihnen behalte ich noch hier; – Meine Ausgabe ist 2 spaltig und so eng gedruckt, dass ich kaum mehr darin lesen kann. – Ganz entzückt hat mich das Indianersagenbuch!! Diesem vergessenen Buche entströmt ein unglaublicher Duft. Hiervon müssen wir natürlich Einiges aufnehmen. Gewiss auch das herrliche »Boschkwädosch« da Sie zur Zeit dies Buch ja nicht brauchen kann ichs einstweilen wohl hier behalten um's langsam durchzulesen. – Wie wärs mit dem kurzen Stück »die Cholera in Paris 1832« von Heinrich Heine[4] (im Artikel VI der Pariser Zustände) – nur wenige sehr starke Seiten! –

– Stoff wird sich genug finden! – »Illustriert« aber wird man nicht von dem Büchlein sagen können! Vignetten nur auf Vignetten kommts mir hierbei an – Aber viele! Ich sah vor Jahren ein <…> Buch zu dem Toulouse-Loutrec am Ende jedes Abschnittes winzige Vignetten[5], – Eine Maske /oder/ einen Hund, eine Wurst, eine Tabakspfeife, Teller mit Spargel, /eine Flasche/ u. s. w. gemacht hatte, das war prachtvoll in diesem scheinbar ganz Wenigem war die Essenz des Künstlers zu erkennen. –

Mich erfreut es sehr, dass Sie solches Vergnügen an der Zusammenstellung des Buches haben. – Bei mir ist das durch den Umstand etwas gemäßigt, dass ich bei besten Willen absolut gar nicht heute weis unter welchen Umständen, wie und wann ich an diese Arbeit schaffend herangehen werde. –

Ich habe bei sonstigem Wohlbefinden und allerlei Experimenten vorläufig große körperliche und geistige Schaffenshemmungen. – Sie hängen sicher auch mit dem allzulange währenden Druck der Zeit, mit

meinen häuslichen Verhältnissen (von m. Frau übrigens bestmögliche Nachrichten, doch muss Sie unausgesetzt zu Bett bleiben) vor allen Dingen aber mit meinen Nerven, speziell die der Augen zusammen – das Buch wird gemacht! ja – aber wann? wann?

– Da ist ihr Vater ein Andrer! Er scheint jetzt grad besonders zu können – bewundernswert!!

Ich finde eine Art Kompendium über »Spuk« hat gefehlt – Es gibt ein »Dictionnaire Infernal«[6], approbiert von einem Erzbischof anno 1862, mit vielen Bildern. Dies sonderbare Ding hat Ihr Vater sicher schon in den Händen gehabt!

– Bitte schicken Sie mir ja das Werk Ihres alten Herrn sobald es erschien. – Es grüsst Sie bestens wie immer Ihr

alter Kubin

63 Alfred Kubin

Zwickledt Wernstein 2.1.18

Lieber Herr Piper

Vorgestern schon Sonntag um 3 Uhr Nachmittag aus der M.N.N.[1] traf mich die tief erschütternde Botschaft! Ich stehe fortgesetzt unter Ihrem Eindruck. Das Nichtabschätzbare das die Allgemeinheit hier verliert wird um ein Furchtbares noch übertroffen das diese Einzelnen verlieren, die ihm näher stehen durften. Mir war dieses Glück durch zehn Jahre hindurch zu teil und die Wunde die ich jetzt in mir fühle sagt mir, dass ich dafür zahle. – Die echte Herzlichkeit die unter dem im ersten Augenblick vielleicht einfach nur spröd wirkenden menschlichen Wesen /ganz/ wunderbar hervorkam muss uns ja eine dauernd liebliche Er-

innerung bleiben! Wie wird sich Frau Deutsch[2], ein so leidenschaftlich rassiges Geschöpf hineinfinden!?! Von seiner Tätigkeit als Verleger will ich hier gar nicht /viel/ reden – Mein Schmerz gilt ja nicht dem verwaisten Verlag! Nur von »Dankbarkeit« dürfen Sie nicht sprechen. Wer arbeitet von und um Dankbarkeit?! Und gewaltige Menschen waren und wird es doch immer wieder geben. Das Denkmal[3] das sich Müller schuf ist ja quasi unvergänglich! Wie bei Ihnen wie bei jedem richtigen Verleger! In seinem Fall /ein/ so modern riesenhaftes das schon an's Ungefüge grenzt. Diesen Menschen traf ein Sterben wie einen Heros; gerade weil ihm der Keim dazu von seinem liebsten Schatz[4] anflog so schliesst sich mir in meinem Nachsinnen etwas wie eine geheimnisvolle Kette. – Ein reich beglücktes Leben hat uns hier verlassen nur dem kurzen Blick wird es als Torso erscheinen!! (Vergessen wir doch nicht, dass das Rätsel subjektiv ist) – Aber wie gerne hätte ich seine selten schönen Züge nochmals geschaut! Dieser Kopf war von klassisch-antikem Reiz – die ganze Erscheinung unverbraucht, ein Kraftspeicher!

Vier bis fünf mal des Jahres kam ich nach München; ein Abend bei diesen kurzen Tagen war jedesmal diesem verehrten Freunde geweiht; und immer machte er mir ein Fest daraus!! Dass Sie aus allem Getriebe heraus sogleich an mich dachten und mir schrieben, danke ich Ihnen sehr! Sie begriffen wohl welcher Pfeil mich hier trifft! Am 12/XII erhielt ich noch ein /vier S. langes/ Schreiben des Abgeschiedenen /die letzte Nachricht eine Karte über den Daniel kam am 19/12. Am 28. meldete man mir seine schwere Erkrankung./ das durch seinen fast unmüllerischen warmen und gar nicht, wie gewöhnlich trockenen Ton mir auffiel – Er dankte mir freudigst dafür dass ich seinen Wunsch der alleinige Verleger[5] Kubinscher Illustrationswerke der Zukunft unter einer Bedingung, sowie exclusive einer mit Ihnen abgemachten »gewissen Sache«[6] durch Versprechen nachkam. – Er konnte mich benachrichtigen dass alle meine Sachen[7] auch die vergessenen älteren sehr guten Absatz finden zum großenteil sogar ganz oder beinahe vergriffen sind – darunter auch die Monographie von Esswein[8]. Leider bin ich ja nur an 2 Sachen finanziell interessiert! Wie aber die in Arbeit befindlichen schönen noch nicht erschienenen Werke ausgestattet und propagiert werden, kann ich mir /jetzt nun gar nicht vorstellen! Trotzdem mögen Sie nun auch wissen dass auch dieser neue Schlag welcher die <...>[9] aller meiner Verhältnisse noch vermehrt meine innere Frohmut <...>[10] Kubin/

64 Alfred Kubin – 2 nummerierte Postkarten

9. I. 18 Wernstein *[Poststempel]*

1. Lieber Herr Piper Viel Dank für das Spukbuch[1]. Sie haben alle Ursache ihren Vater ob seiner Frische und geistigen Unermüdlichkeit zu bewundern. Das Buch enthält eine Menge mich sehr Interessierendes! Allgäuer Sagen als »Material« auch erhalten[2] – sehr geeigneter Stoff

bei G. M. Tod mache ichs nun wie Goethe wenn ihm ein Liebes starb. er quälte sich nicht allzu lange sondern schaute umher was ihm noch bleibt! – hier bleibt auch ein dauerndes Andenken. Ich hause jetzt seit 4 Wochen sonderbar im kleinsten Gemach. die anderen sind Eisgruben. In der Magdkammer wird auf einem winzigen Öfchen gekocht.

Teufel! da geht's zu! Suppen- und Waschschüssel – Kochtopf, Nachttopf in engster Nachbarschaft. In einem mühevollen langen und breiten Schreiben an G. M. Verlag werde ich auch in Ihrem Sinn die Danielangelegenheit unterbreiten da leider seit 2, 3, 4, 5. Jahren noch einige andre Sachen längst abgeliefert sind z. Bsp. noch 2 Poebände[3] etc.

2. Als hätt' ich nichts andres zu tun wie zu illustrieren! 1917 machte ich nur 7 Vollblätter für ein Buch. Und seit ein paar Wochen schläft jede künstler. Produktionskraft. Kein Wunder wenn Hirn und Herz nur ausgeben und nie mehr einnehmen. Fuer Lese- und Bilderbuch[4] hätten wir ja nun genug einstweilen. Lassen wir es nun etwas rasten. Da durch die Veränderung bei G. M. Vg. das Lesebuch mit an die erste Stelle in der Reihe rückt besteht nun Hoffnung dass es gemacht wird wenn ich am Leben bleibe mich in die neuen Verhältnisse schicke und den alten Schaffenstrieb mitnehme. – Oft meine ich aber die Höhe meiner Kunst fällt mit dem Nullpunkt meines Schaffens zusammen; so müd, auch zum anschauen oder Lesen, bin ich zeitweilig; so zersetzend bietet sich mir das Weltbild, hinter welchem ich wieder neue Linien erkenne die aber ins unausdrückbare führen. –

Leben Sie wohl. Sobald die Nachricht wegen Daniel – (der fertig-

gedruckt /13 Tafeln Lichtdruck, Obernetter/ (die 12 Initialen in Rot)
Männike u. Jahn[5] ist, lasse ich drüber hören

beste Grüsse Ihr

AKubin

/Honorar fordre ich zur Zeit!/

1. Lieber Herr Piper Viel Dank für das
Spukbuch. Sie haben alle Ursache
ihren Vater ob seiner Frische und
geistigen Unermüdlichkeit zu bewundern. Das Buch enthält
eine Menge mich sehr Interessierendes! Allgäuer Sagen als „Material"
auch erhalten. sehr geeigneter Stoff
bei g. M. Tod mache ichs nun wie Goethe
wenn ihm ein Liebes starb. ergvälte
sich nicht allzulange sondern schaute
umher was ihm noch bleibt! — hier
bleibt auch ein dauerndes Andenken. Ich hause
jetzt seit 4 Wochen sonderbar im Kleinsten gemach.
die andern sind Eisgruben. In der Magdkammer
wird auf einem winzigen Öfchen gekocht.

2. Als hätt' ich nichts andres zu tun wie zu illustrieren!
1917 machte ich nur 7. Vollblätter für ein Buch. Und seit
ein paar Wochen schläft jede Künstler. Produktions
kraft. Kein Wunder wenn Hirn und Herz nur ausgeben
und nie mehr einnehmen. Für Lese- und Bilderbuch
hätten wir ja nun genug einstweilen. lassen wir es
nun etwas rasten. Da durch die Veränderung bei G.M.
Vg. das Lesebuch mit an die erste Stelle in der Reihe rück
besteht nun Hoffnung dass es gemacht wird wenn
ich am Leben bleibe mich in die neuen Verhältnisse
schicke und den alten Schaffenstrieb mitnehme. —
oft mein ich aber die Höhe meiner Kunst fällt mit dem
Nullpunkt meines Schaffens zusammen; so müd auch zum
anschauen oder Lesen, bin ich zeitweilig; so zersetzend
bietet sich mir das Weltbild, hinter welchem

Honorar fordre ich zur Zeit.

65 Alfred Kubin

Wernstein – Zwickledt 26/2 18

Lieber Herr Piper
Der inliegende Betrag von 20.60 ist bestimmt zur Ausgleichung der Schuld für Hausensteins, »Weisgerber«[1]. – Bei mir geht es – seit meinem letzten Brief an Sie, noch im selben Stile weiter, – (fast ein Glück es könnt ja viel, viel übler alles sein, ich fühle mich aber klar und wohl! Nur hinfällig und so zart schwingend wie ein Seismograph – Meine Frau, zehn Wochen ist sie schon fort[2] – hat das Schlimmste nun hinter sich, der Dr. behält sie jedoch noch 6–8 weitere Wochen zur nachhaltigsten Stählung! Ich bin inzwischen schon ganz Junggeselle geworden und ich weis nicht ob »man« recht zufrieden sein wird bei der Rückkunft, denn allerhand Ateliergewohnheiten aus der lieben Akademikerzeit blühten wieder auf. – – An's Lese- und Vignettenbuch ist noch gar nicht ernster zu denken – – – – nun dann wann??? denkt R. Piper? – – Nun etwa – erst die Kriegsentschädigung verteilen, Erholen, Vergessen, Freuden finden! – Der literarische Stoff ist ja nun beisammen – da so viele Sagen (alemannische[3] und auerbachische[4]) dominieren so fände ich, dass man ein realeres Abenteuer ebenfalls hineingeben muss, ich fand etwas von Sealsfield[5]. – <...> sollte /wenigstens/ eine moderne wunderbare Nr auch hinein – ich denke an eine kleine Extravaganz von Scheerbart (deren Abdruck auch bei G. Müller[6] ja kaum viel kosten dürfte). –

Darwinist Kommt vom Fest nach hause!

– Meine alte Köchin füttert mich wie ein Mastschwein! Vielleicht denkt sie, dass ich als Unterhändler nach dem Westen noch einmal geschickt werde und dann nebenher als lebende Reklame für unsere Lebensmittellage funktioniere.

– Hingegen hungert meine Frau und Schwester[7]. –

– Sonst verlottert das Haus und seine Wirtschaft sanft aber entschieden – alles wackelt, alles ist zerfetzt. –

Bombenillustrationsanträge, ware Schatzminen des Geistes und der Brieftasche musste ich ausschlagen! –

Ich glaube ich werde überhaupt nicht mehr viel illustrieren! Das Lesebuch und noch Einiges was ich dem toten Müller versprach mache ich sicher noch – doch dann?

– Ich bin bald 41 und habe genug illustriert, dass ich dabei kein Kapital wie andre aufstapeln konnte liegt zum wenigsten an mir. –

Nun leben Sie recht wohl und sein Sie herzlich gegrüßt von

Alfred Kubin

Gruß an Ihre verehrte Frau

66 Reinhard Piper

München, den 2. März 1918

Herrn Alfred Kubin,

Wernstein
am Inn

Lieber Herr Kubin!

Besten Dank für Ihren Brief vom 26. Februar, dem ich den Betrag für den Weisgerber[1] entnommen habe. Besonders danke ich für die reizende Briefzeichnung, die mir eine sehr große Freude gemacht hat. Als kleine Gegenleistung schickte ich Ihnen gestern den Band »Rembrandt-Zeichnungen« von Carl Neumann[2] (ein Gegenstück zu den »Dürer-Zeichnungen« von Wölfflin[3]) der Ihnen hoffentlich /auch/ Freude macht. Es war mir besonders lieb, diesen Friedensplan auch im Kriege ausführen zu können und zwar auf sehr schönem Papier. Gestern sandte ich an Meier-Graefe in einem Wertpacket ausser zehn Blättern von Beckmann auch sechs Doppelgänger-Originale[4] von Ihnen, damit er einmal einen vollen Begriff von Ihrer Zeichenkunst bekommt, denn leider wirken ja die Strichätzungen immer vergröbernd.

Dass Sie das Lese- und Vignetten-Buch[5] in Ruhe sich bilden lassen wollen, kann ich sehr wohl verstehen und will Sie auch in keiner Weise drängen. Die Sagen sollen natürlich nicht überwiegen und ich bin deshalb ganz damit einverstanden, wenn Sie auch noch etwas von Sealsfield und Scheerbart[6] aufnehmen wollen. Ich möchte Ihnen auch die Geschichte von Dostojewski »Bobock« ans Herz legen. Sie ist in unserer Ausgabe allerdings dreissig Seiten lang, meine aber, dass sie Ihnen ganz besonders liegen müsste. Sie lässt sich mit Vignetten geradezu überschütten. Unter Umständen könnte man sie sogar einzeln bringen. Sie steht in dem Band: »Aus dem Dunkel der Großstadt«[7]. Da Sie für eine Novelle dieses Bandes »Bei nassem Schnee« einen Umschlag[8] zeichneten, nehme ich an, dass Sie diesen Band haben. Ich schicke Ihnen denselben sonst sofort zu.

Dass Sie nicht mehr illustrieren wollen, ist hoffentlich nicht allzu ernst gemeint; jedenfalls bitte ich Sie, diese Drohung nicht wahr zu machen.

Dass Sie bei Ihren Illustrations-Arbeiten kein Kapital aufstapeln konnten, tut mir leid. Da ich aber nur eines von Ihren zirka fünfzehn illustrierten Büchern[9] gebracht habe, kann ich mir auch höchstens ein Fünfzehntel der Schuld daran zumessen und vielleicht kann ich dieses Fünfzehntel bei dem Lese- und Vignettenbuch noch wieder gut machen.

Im Verlag Georg Müller sucht man, nach allem, was ich höre, den Toten[10] so schnell wie möglich zu vergessen, trotzdem der jetzige Machthaber[11] ihn in seiner Todesanzeige noch schnell seinen »besten Freund« nannte. Im Leben hatte er wohl zur Bestätigung dieser Freundschaft keine Zeit gefunden.

Mit besten Grüßen
Jhr ergebener
Reinhard Piper

67 Alfred Kubin

Zwickledt 27/3 18

Lieber Herr Piper
Mit größtem Vergnügen empfing ich Ihre Rembrandtzeichnungen – Ja hätte ich davon gewusst! ich könnte mir die Bärte und das Haar ausraufen! –

Jenes von mir, hier in Zwickledt, in einem alten Folianten entdeckte »herrliche Rembrandtblatt«[1] ist nicht in Ihrem Werk vertreten! – Kein Wunder selbst Hofstede Groot[2] kennt es nicht – eine noch unbeschriebene Cimelie meiner Sammlung! Doch ich fühle mich nicht /mehr/ wert, eine solche Kostbarkeit weiterhin noch zu besitzen. /siehe Einlage/ Ich stelle diesen kostbaren Schatz von nun ab weiterhin unter Ihren Schutz – zweifellos machen Sie in Ihrem Testament nun noch eine Klausel um nach Ihrem Ableben die Zeichnung in eine staatliche Sammlung gelangen zu lassen. –

Mir geht's eine Spur besser seit mir der Arzt gestern beruhigende Erklärungen über mein Herz gemacht hat – Leben Sie wohl, es grüsst
herzlichst
Alfred Kubin

68 Alfred Kubin – Postkarte

15 IV. 18 Wernstein *[Poststempel]*

Lieber Herr Piper, haben Sie meinen »Rembrandt Scherz«[1] erhalten?? Ich erkämpfte mir nun einen Pass und werde am 17. meine wieder (nach 4 Monaten!) hergestellte Frau bei Darmstadt abholen[2] – leider ist die mir bewilligte Reisedauer zu beschränkt um etwa mein ersehntes München heimreisend zu besuchen –. Ich lebe »ganz im Geiste« sehe es trotzdem aber nicht ungern wie eine unerwartete Hausse in Kubin-Blättern dem langsam Kahlen und Angegrauten die unmittelbare Sorge um des Lebens Notdurft erleichtert. – Herzlichst
grüsst Sie am 14 April
Ihr alter
Kubin

69 Reinhard Piper

München, den 19. April 1918

Herrn Alfred Kubin,

Wernstein
am Inn

Lieber Herr Kubin!
Sie haben mir mit Ihrem kostbaren Rembrandt-Original[1] eine große Freude gemacht. Niemand hat mir für Zusendung des Rembrandt-Bandes[2] auf eine so feine Art gedankt wie Sie. Dass Sie besondere Be-

ziehungen zu Rembrandt[3] haben, war mir nie unklar. Ich sandte kürzlich Meier-Graefe, der von Ihren frühesten Arbeiten her noch immer ein gewisses Vorurteil gegen Sie hatte, einige Originale der Doppelgänger-Illustrationen[4] zur Ansicht, um diese Vorurteile endlich zu beseitigen, worauf er schrieb, die Blätter seien ihm eine höchst erfreuliche Enttäuschung gewesen. In den graphischen Techniken verlöre Ihre Handschrift leider ungemein. Sie würden zu der von der Marées-Gesellschaft geplanten Rembrandt-Mappe[5] ein ausgezeichnetes Blatt machen können. Diese Rembrandt-Mappe soll »Erinnerungen an Rembrandt« heissen und diejenigen Künstler sammeln, die innere Beziehungen zu Rembrandt haben. Meier-Graefe verfolgt damit die Absicht, die Künstler in ganz zwangloser Art wieder auf die großen Traditionen zu verweisen. Natürlich sollen keine Rembrandt-Epigonen gezüchtet werden; im Gegenteil, je freier und produktiver die Beziehung zu Rembrandt ist, desto besser. Die Vorarbeit für diese Mappe, die natürlich sehr lange vorbereitet werden muss, hat aber noch nicht begonnen.

Hoffentlich haben Sie Ihre Gattin frisch und munter, und zu neuen landwirtschaftlichen Taten gerüstet, in Darmstadt in Empfang nehmen können. Bitte empfehlen Sie mich ihr bestens. Ich beglückwünsche Sie zur Rückkehr nach Zwickledt, das ich mir nach dem Krieg einmal ganz gewiss ansehe.

Von der graphischen Ausstellung der Neuen Sezession haben mir Ihre beiden Blätter »Die Viehherde« und »Der Reiter«[6] den weitaus stärksten Eindruck gemacht. Die »Viehherde« hätte ich ganz entschieden gekauft, wenn ich nicht zu spät gekommen wäre. Können Sie nicht dasselbe Thema mit derselben Intensität und demselben Reichtum für mich nochmals zeichnen[7]? Natürlich nicht in Tausch, sondern gegen bar? Es ist überhaupt schade, dass ich nie Gelegenheit gehabt habe, einmal Ihre Mappen durchzustöbern.

Mit besten Grüssen
Jhr ergebener
Reinhard Piper

70 Alfred Kubin[1]

Wernstein 7/V 1918

Lieber Herr Piper Seit wenigen Tagen wieder daheim fand ich unter einer Woge höchst gemischter Post stücke auch Ihre angenehmen Zeilen – Dank! –

– Besonders Meier-Graefes günstiger gewordene Meinung über mein Geschaffenes war mir angenehm zu hören. – Er kannte ja so wenig Originalarbeiten aus den letzten 10 Jahren, fast keine! – sonst hätte er vielleicht schon früher einmal seine Ansicht revidiert – ich kenne ihn leider nicht persönlich finde in ihm aber tatsächlich einen der feinsten Kenner wennschon er der neuen Ausdruckskunst mehr <krytisch> gegenüber steht – – Abwarten tue ich hier /bei dieser Kunst/ auch. – wissen wir auch überhaupt noch gar nicht was aus diesem so allseitig sich regenden und zur Parteinahme fast zwingenden Kräften entstehen wird. –

– Denkend fühle ich mich entschieden weit radikaler wie schaffend! –

Der »Rembrandt Plan« der Maréesgesellschaft interessiert mich entschieden obschon ich mir noch nichts Rechtes unter den Mitteilungen die Sie mir da machen vorstellen kann – – Rembrandt ist doch gewiss ins Allgemeine künstlerische Bewusstsein aufgegangen und wirkt so immer wieder indirekt manchmal mehr aufspürbar wie bei Israels[2], Slevogt[3], oder Kokoschka – meist nicht klar zu merken –

Für mich ist diese Erscheinung die höchste die es in der Malerei und Graphik giebt aber direkt lernen konnte ich von diesem ganz vollkommenen Werk unmittelbar glaube ich nichts. – Nun das hat ja noch lange Zeit

Meine Frau ist nun endlich hergestellt[4], zwar besteht leider große Müdigkeit infolge einer hartnäckigen Schlaflosigkeit aber wir sind recht glücklich über den guten Erfolg – dem im Herbste noch eine 3wöchige Nachkur folgen – soll. – – Von der »Viehherde« habe ich eine sehr ähnliche Replik für mich seinerzeit gemacht – – das Motiv, eng mit Jugendeindrücken verwachsen, – (bin ich doch im Zell am See unter vielen Kühen und Stieren, auch tierischen, großgeworden). – Das in der M. Neuen Secession[5] ausgestellte hat Rudolf Sick[6] erworben – Ich sende Ihnen das meinige was ich Ihnen, da Sie direkt von mir kaufen wollen billiger nämlich um 160 Mark ablassen kann. Wenn Ihnen die Arbeit aber nicht ganz gefällt <können> Sie <selbe> ruhig gleich zurück schicken, ich kann sie jederzeit loswerden.

Mit herzlichem Gruss Ihr alter

Kubin

71 Reinhard Piper

München, den 15. Mai 1918

Herrn Alfred Kubin,

Wernstein
Oberösterreich

Lieber Herr Kubin!

Besten Dank für Ihren Brief vom 7. Mai. Es freut mich, dass unter dem Pack höchst gemischter Post, das Sie bei Ihrer Rückkehr vorgefunden haben, mein Brief wenigstens nicht der gleichgiltigste war.

Über den Rembrandt-Plan der Marées-Gesellschaft werden Sie ja »offiziös« noch das Nötige hören, wenn es soweit ist.

Jedenfalls rechnen Meier-Graefe und ich sehr auf Ihre Mitwirkung. In Ihren malerischen Zeichnungen zum »Doppelgänger«[1] finde ich viel Rembrandthaftes. Ein weiterer Plan der Marées-Gesellschaft ist auch noch eine Sammlung deutscher Gedichte[2] mit Illustrationen von zeitgenössischen Künstlern. Jeder Künstler darf Lieblingsgedichte vorschlagen, die er gerne illustrieren möchte. Alle Illustrationen in graphischen Techniken. Solche illustrierten Gedicht-Sammlungen sind seit der Romantik immer wieder gemacht worden und die Unsere soll die zeitgenössische Künstler-Generation zu einer solchen Aufgabe zusammenfassen.

Sie können sich also inzwischen schon Lieblingsgedichte überlegen. Bitte aber den Plan einstweilen als »diskret« zu behandeln.

Wie steht es mit unserem seltsamen Lese- und Bilder-Buch[3]? Doch ich will Sie damit nicht plagen und nehme an, dass es schon eines Tages da sein wird, wenn seine Zeit gekommen ist.

Eben kam auch Ihre »Viehherde«, über die ich eine ganz ausserordentliche Freude habe. Ich schicke Ihnen den Betrag von M 160.- mit gleicher Post. Das Blatt wird eines der allerersten wenigen Lieblingsblätter meiner Sammlung sein. Es ist ein ausserordentlich reiches Blatt, an dem man sich nicht satt sehen kann. Wenn ich einmal dazu komme, eine Neu-Auflage meines Tier-Buches[4] zu machen, soll es, wenn Ihnen das recht ist, einen Ehrenplatz darin bekommen.

Die Marées-Drucke werden auch eine »Deutsche Skizzen-Mappe«[5] bringen, eine Jahrhundert-Ausstellung /der Zeichnung/ mit achtzig Faksimile-Zeichnungen deutscher Meister des 19. Jahrhunderts. Das 19. Jahrhundert ist aber sehr weit genommen und reicht von Chodowiecki[6] bis Beckmann[7]. Da müssen Sie unbedingt hinein und zwar in die Gruppe Busch[8], Oberländer[9], Wilke[10]. Ich empfinde natürlich Oberländer und Wilke als grosse, reine Künstler, durchaus nicht als blose Humoristen oder sonstige Spezialitäten. Gerade Ihre »Viehherde« steht manchen Stücken Oberländer's sehr nahe, da sie /mit der <...> Erscheinung zugleich/ auch das unheimlich Metaphysische des Tieres gibt. Ich werde jedenfalls das Blatt Meier-Graefe schicken.

Mit besten Grüssen

Jhr ergebener

Reinhard Piper

72 Alfred Kubin

Wernstein 27/V 1918

Lieber Herr Piper Zunächst bestätige ich Ihnen dankend den richtigen Empfang der MK 160 für die »Viehherde«. Mit Vergnügen gedenke ich unseres vereinten Beisammenseins in Passau[1]; – Mit dem Wetter hatten Sie ja ausserordentliches Glück, hoffentlich kam es auch mit dem Forschen nach einem Erholungsort zu günstigen Ergebnissen? –

– Mir hat ein als Erzähler sehr begabter Stabsarzt Dr. J. W. Zahn[2] gegenwärtig in Erlangen den ich vor 15 Jahren als Mediziner kennen lernte (er gab damals mit dem kürzlich gestorbenen Arzt und Maler Leopold Durm[3] eine kl. Zeitschrift heraus, ein höchst spannendes etwa 130 S. enthaltendes /Schreibmaschinen/ Manuscript »das Wallmüller Haus« – zur Einsichtnahme und Beurteilung geschickt, welches Werkchen als sehr starke Talentprobe ich Ihrem Verlage vor anderen Verlagen /<vorläufig>/ recht sehr empfehlen kann. – Hoffentlich schickt der Mann seine gedigen geschriebene Abenteuergeschichte an welcher ein Hoffmann[4] gewiss seine helle Freude gehabt hätte, an Sie wie ich ihm riet. –

– Durchlesen sollten sie die saubere Maschinenschrift auf alle Fälle, – ich bezweifle ja, dass diese Erzählung allein zu einem Bande ausreichen würde, aber vielleicht gehts doch. – Es grüßt Sie freundlichst mitsammt

Frau Piper von Haus zu Haus[5] Ihr alter
Kubin
meine Frau grüßt auch

Bitte vergessen Sie die versprochenen Probedrucke (M. G.)[6] und den Morgenstern[7] nicht!!

Der Hermaphrodit

73 Alfred Kubin

Zwickledt bei Wernstein a/Inn Ob Öst-
6/VI. 1918.

Lieber Herr Piper
Anbei übersende ich Ihnen für Herrn Meier-Graefe 10 Originalblätter. Die Hauptsache ist mir dass ich die Sachen recht bald wieder geschickt erhalte denn ich will eben diese Collection ausstellen[1] fünf Stück

(: 1 vernachlässigte Wirtschaft[2], 2 Interieur[3], 3 Schweinestall[4], 4 alter Fischer[5], 5 Krieger[6] :) sind aus Privatbesitz

– von den andern (: 6 der Besuch[7], 7 Politiker[8], 8 der Metzger[9], 9 hessische Häuser[10], 10 Morgiane[11] :) könnten Sie eventuell etwas haben, wenn Sie das wünschen. /freilich wäre ich froh wenn ich auf alle Fälle (also auch wenn Sie etwas für sich behalten) dieses für einige Tage auch hierher zurückbekommen könnte weil ich dannach etwas Ähnliches machen möchte, (die mir gehörigen stammen, ausgenommen »Morgiane« alle 4 aus diesem Jahr.) – um die Collection zu vervollständigen –/

– Ich würde ja, an Meier-Gräefes Stelle bei der »Viehherde« für die Skizzenmappe bleiben! –

– Also bitte sorgen Sie dass ich die nicht gewählten Blätter möglichst bald und sorgfältig behandelt auch wieder bekomme. – Mit besten Grüßen Ihr

Kubin

Freue mich schon sehr auf die versprochenen »Proben« und den Morgenstern!

/P.S. Es würde mich natürlich freuen Ihre Ansicht über die Collection, die ich nach mehr malerischen Gesichtspunkten zusammenstellte so dass Sie Herrn Meier-Gräfe wohl zusagen dürfte, auch zu hören. –/

74 Reinhard Piper

München, den 10. Juni 1918

Herrn A l f r e d K u b i n,

W e r n s t e i n a.J.

Lieber Herr Kubin!

Heute kamen die 10 Original-Blätter, die ich an Meier-Graefe weitergebe. Auch ich finde die Viehherde für den Zweck am besten. Leider ist Meier-Graefe in manchen Dingen oft wie mit Blindheit geschlagen. Ihm gefiel die Viehherde nicht besonders. Für die Shakespeare-Mappe[1] war ihm Barlach[2] z.B. überhaupt zu schlecht, während er dann Leute sechsten Ranges aufnahm. In der deutschen Skizzenmappe will er Rethel[3] überhaupt nicht haben, während Ludwig Richter[4] hinein soll. So hat eben jeder seine Schwächen.

Von den neuen Blättern gefiel mir der Metzger am besten, den ich wahrscheinlich für mich aussuchen werde, als zweites Der Besuch, auch die hessischen Häuser sind sehr schön. Ich bedaure nur wieder, daß ich nicht bei Ihnen einmal alles durchstöbern kann.

Sie bekommen auf jedenfall alle Blätter noch einmal zurück. Die Variante des alten Fischers werde ich Caspar[5] zeigen, der ja die erste Fassung auf der Ausstellung[6] für sich kaufte.

Mit besten Grüßen
Ihr
Reinhard Piper

75 Alfred Kubin[1]

Zwickledt b.
Wernstein am Inn
Ober Österreich 15/6 1918

Lieber Herr Piper Ihre Bemerkung, wie verschieden auch erklärte Kunstkenner urteilen trifft sehr das Richtige aber Sonderbare! – z. Bsp. bei meinem Totentanz ergab es sich, dass die 24 Blätter in Zeitungen und Briefen an mich so erwähnt wurden dass immer wieder jeweils von anderen Menschen andere Blätter als die schönsten genannt wurden und schließlich in diesem Reigen auch tatsächlich jedes Stück dadurch allmählich erwähnt ward. – Bei Meier-Gräfe wunderts mich nun noch weniger; er ist temperamentvoll, wechselnd und hat sich natürlich bei den Unmassen von Dingen der Kunst die er kennt wohl auch schon etwas übersehen. –

Zudem bevorzugt er jeweils gewisse Typen künstlerischer Einstellung. – Ja ich selbst bin meinen eigenen Sachen gegenüber immer wieder anders erfasst und halte zeitweise dem entsprechend einmal diese andermal wieder gerade davon ganz verschieden gearbeitete Sachen als meine wertvollsten.

– Es ist kein übler Wunsch wenn Sie äussern einmal alles was ich hier in meinen Mappen habe sehen zu wollen. Und wenn sich diese <Zeitläufte> ins Bessere gewendet haben (?) so müssen Sie dann zur Auswahl für den projektierten Kubin-Atlas[2] auf 2 Tage einmal hierher kommen – wo Sie das alles sehen sollen – also zumindest Hauptstücke aus jeder Periode – aber auch sonstig noch Interessantes

– das Morgenstern'sche Buch reizte mich auch in meinem denkenden Wesen, sehr auf! – Ich hielt M. seit ich von ihm weis für einen der vertieftesten Geister unserer Zeit – Obgleich ich ja mir das Einmünden in ausgesprochene theosophische Lehren versage so bin ich in vielen meiner Ansichten Cr. M. sehr benachbart /letzten Endes fühle ich mich aber entschieden als Schaffender und nicht Spekulierender obgleich ich größtes Interesse dafür habe/ – Merkwürdig, dass die so ungemein subtile Art seiner Grotesken in den Tagebüchern die uns hier vorliegen gar keine Rolle spielte – hier scheint vielleicht die Frau etwas hemmend eingegriffen[3] zu haben?

– Auf jeden Fall war es ein ganz königliches Buch das ich hiermit wieder kennen lernte. – Dass Barlachs enge aber so charaktervolle Art im Shakespeare fehlt ist wohl betrübend – – Aber, dass unser ganz einzig deutscher Künstler der herrlich zeichnende Rethel nicht in die Skizzenmappe kommt finde auch ich unbegreiflich! – für mich ist Rethel einer der größten Zeichner die gelebt haben! Der Metzger eine meiner allerletzten Arbeiten wirkt allerdings recht schlagend ungeschminkt – und brutal – aber so ists nun <einmal> all dies in der Welt der Gegensätze. – Jean Paulband[4] geht zugleich an sie ab – ich benötige das Buch nicht mehr da ich selbst eine vollständige (leider winzig klein gedruckte Ausgabe) habe. Nebenstehende Salome möge Sie erquicken!

bestens grüßt Ihr ergebener

Kubin

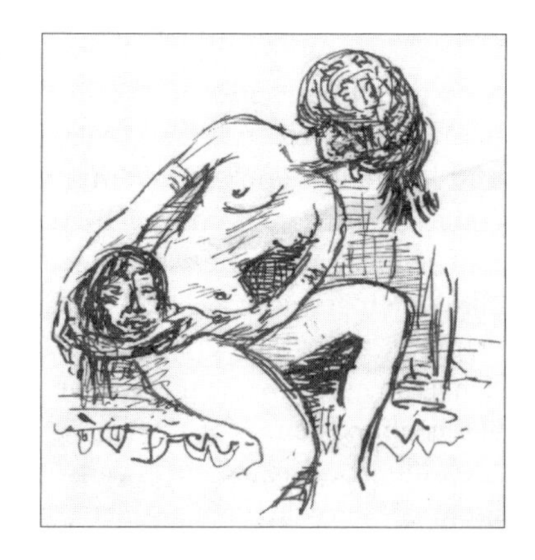

76 Reinhard Piper

Ebersberg, den 15. Juli 1918

Herrn A l f r e d K u b i n,

W e r n s t e i n
am Jnn

Lieber Herr Kubin!
Von den mir am 6. Juni gesandten Zeichnungen, die ich vorgestern von Herrn Meier-Graefe zurückerhielt, sandte ich Ihnen die Blätter:

Alter Fischer
Politiker
Hessische Häuser
Morgiane
Krieger

zurück.

Die beiden Blätter »Der Besuch« und »Der Metzger« möchte ich noch für meine Kubin-Sammlung erwerben. Bitte nennen Sie mir den Preis und machen Sie mir ihn gnädig.

Die Blätter:
»Vernachlässigte Wirtschaft«,
»Jnterieur«,
»Schweinestall«

folgen später. Ich habe sie zuhause aufgehoben und als ich am Samstag im Begriff war, nach Ebersberg, einem kleinen oberbayrischen Markt, zu fahren, (wo ich auch diesen Brief diktiere), so konnte ich sie nicht mehr heraussuchen. Es war ohnehin ein Kunststück, sich aus den tausend Verschlingungen für ein paar Tage herauszuwickeln.

Meier-Graefe hat über die Blätter und über Ihre Mappe »Sansara« geschrieben. Ich zitiere Ihnen die Briefstellen nach meiner Rückkehr. Die Deutsche Skizzen-Mappe, in die eine Zeichnung von Ihnen soll, erscheint nicht vor 1919. Bis dahin hoffe ich, doch einmal nach Wernstein zu kommen, um Ihre Kubin-Sammlung durchwühlen zu können.

Kürzlich war ich wieder einmal bei meinem alten Freund Oberländer und kaufte ihm zehn Zeichnungen ab. Er hat einen Einheitspreis von M 120.-, (auch für grosse, sehr ausführliche Blätter, die eigentlich zehn Zeichnungen enthalten) und freut sich immer, wenn sich von Zeit zu Zeit jemand seiner erinnert. Er wohnt immer noch, wie seit vierzig Jahren, bei seinem Verleger[1] zur Miete. Das sind noch patriarchalische Zustände.

Ich lasse eben den Jsenheimer-Altar[2] von Grünewald in vierzig großen Einzel-Aufnahmen von 30 : 40 cm photographieren und mache eine

Mappe daraus. Das wird auch ein Werk nach Ihrem Herzen. Diese Details, z.B. die ausgestreckte Hand des Johannes für sich allein, wirken so mächtig, dass man fast zurücktaumelt.

Mit besten Grüssen, auch an Ihre Frau,

Jhr

Reinhard Piper

77 Alfred Kubin[1]

Wernstein 20/7 18

Lieber Herr Piper

mit Dank bestätige ich Ihren Brief sowie die zurückgeschickten 5 Blätter – Für den »Metzger« und »der Besuch« würde ich zusammen 300 MR rechnen – Sie haben einen wahren Habichtsblick für meine stärksten Sachen und ich nenne Ihnen hier schon einen Anstandsfreundespreis. – Gerne möchte ich von dem geschätzten Altmeister Oberländer auch eine Zeichnung wenn Sie mir eine charakteristische für 120MR verschaffen könnten. Ich würde mich für die Wahl wie gesagt ganz Ihrem »Habichtsblick« überlassen. Sie könnten dann das Blatt gleich mit meinen /andern/ 3 Arbeiten zusammen an mich senden und den Betrag meinem Kaufpreis abziehen.

Meier-Graefes Beurteilungen über meine Blätter interessieren mich natürlich sehr. Schade, dass er den Totentanz /obwohl dieser weniger originell ist/ nicht kennt. Ich halte sehr viel von seiner leidenschaftlichen tiefen und doch graziösen Darstellungsart! –

– Und dann Ihre »Grünewald Altarausgabe«!! Das wird ja etwas wunderbares!! Da kann man dann /daheim/ das Detail studieren wie im Museum selbst!!

– Meine arme Frau[2] ist nun wieder so überanstrengt im Hause /und Garten/ denn unser früheres Dienstmädchen wurde fies vom Zuge zermalmt[3] infolge falschen Aufspringens und die bei uns noch dienende Schwester verließ infolge des Unglücks plötzlich den Platz. Mir fällt es natürlich schwer in der Erntezeit eine geeignete Kraft für uns zu bekommen! – Ich arbeite an einigen Raubtieren[4] (Löwen, Tiger,) siehe die Probe am Kopf des Briefes – bin in meinen eigentlichen Wesenbezirken glücklich – trotzdem ich einen fast immer müden oder maladen Körper durch die seltsame Zeit voll Bestialität und Wahnsinn hindurch kutschiere.

Die schönsten Grüße von Haus zu Haus, besonders auch für Frau Piper!

Wie immer Ihr

AKubin

/Vielleicht machen Sie es wirklich und kommen im Herbst oder Winter einmal hierher! – das wäre sehr nett!! – und schöne <...>!/

78 Alfred Kubin[1]

Zwickledt
2.8.1918

Lieber Herr Piper

mit Sehnsucht warte ich auf meine 3 Blätter die in privatem Besitz sind und noch bei Ihnen lagern und bin in Erwartung ob Sie mir einen Oberländer besorgt haben – und besonders wie sich Meier-Graefe äusserte –

ob er ein Organ für meine graphische Kunst hat oder nicht – mein Temperament müsst' ihm liegen könnte man annehmen –

– Sein Delacroix[2] und sein Marées und die Entwicklungsgeschichte sind rasend lebendige Werke und seine Vorzüge überwiegen weitaus die paar Schwächen;!. Ist sein Buch über das erlebte russische Abenteuer[3] schon zu haben?? – Sie sprachen mir davon? – Aber der Hauptzweck dieses Schreibens ist, Ihnen – für eventuelle Zahlung – inliegende Karte zu schicken, ich errichtete mir nämlich bei Simson in Passau[4] ein Depot, denn unser österr. k.k. Geld hat ja in Deutschland fast gar keinen Wert mehr[5], dazu darf man keine Noten mehr herüber schicken. – »Saustall« hätte der selige Georg Müller gesagt! – Wer ist Herr Neuhöfer[6]? – Bitte, bitte vergessen Sie nicht auf ein paar Cezanne Probedrucke[7]!!

– Mir geht's sommerlich – es saust die Zeit wohin wird man noch gelangen – Leben Sie

wohl mit bestem Gruß von Haus

zu Haus Ihr alter

AKubin

79 Reinhard Piper

München, den 7. Aug. 1918.

Lieber Herr Kubin!

Ich schickte Ihnen gestern als eingeschriebene Drucksache die letzten drei Blätter zurück. Zu Oberländer kann ich erst nächste Woche gehen. Ich war vorige Woche in Dresden. Dadurch haben sich solche Arbeitsrückstände ergeben, dass ich mich zunächst auf das Allernötigste beschränken muss. Wenn ich den Oberländer habe, zahle ich Ihnen die Differenz für die zwei Zeichnungen.

Heute sende ich Ihnen als Drucksache vier Cezanne-Andrucke die ich mit dem Vermerk »Fehldruck« versehen musste. Meier-Graefe hat mir eigentlich einen Eid abgenommen, dass ich keine solchen Drucke aus der Hand gebe.

In seinem Brief schrieb er damals: »Ich habe mir die Mappe[1] und die Zeichnungen wiederholt angesehen. Es sind sehr gute Dinge unter den Reproduktionen, nämlich Blatt 3,7,8,10, 12, 13, 14, 16, 17, 18, 21, 25, 35, nur liegt das Hauptgewicht bei diesen Dingen mehr auf dem dichterischen Einfall und die Beziehung zu Breughel ist mehr literarischer, als künstlerischer Art. Es bleibt trotzdem ein starker Eindruck, auch für empfindliche Sinne. Mir scheint übrigens, seine letzten Versuche sind Fortschritte noch über diese Dinge hinaus.«

Das ist natürlich nur eine flüchtige Notiz für mich. An Sie selbst hätte er eingehender und durchdachter geschrieben.

Mit besten Grüssen und Wünschen
Ihr Reinhard Piper

80 Alfred Kubin

Preislied an Piper
Thannhäuser[1] *am Zwickledter Berg.*

Zwickledt 3/9 18

Lieber Herr Piper
Preis und Dank dem edlen Cezanne und seinem Spender!
Sehr eindrucksvoll und wunderbar reproduzierte Blätter –
Meinen herzlichen Dank! –

Ich habe wieder schwere häusliche Sorgen, (m. Frau wieder leidend[2]) sonst schwimme, quetsche, schwinge und balanziere ich mich mit Gelingen und Freude durch. – herzlichen Gruss Ihres
alten Kubin

81 Alfred Kubin

11/10 1918 Wernstein a Inn
Ob Öst

Lieber Herr Piper Heute schreibe ich sehr eilig und in wichtiger Sache. Da nun endlich der Kriegsdruck einem anderen Geschick weichen dürfte so erhoffe ich von dieser Wendung ein starkes Aufflammen meines solange niedergedrückten Illustrations-triebes. –

Nun lese ich grade die wunderbaren Indianersagen[1] die sie mir sandten und da ich mich zu dem großen Vignettenwerk[2] doch noch nicht entschließen kann, meine Kraft aber jetzt mit einem Werk bei Ihnen zeigen möchte, so fuhr mir der Plan durch den Kopf zu den schönsten verschiedenartigsten und reichsten der Indianersagen Bilder zu machen, sodass wir ein feines Illustrationswerk mit größeren, mittleren und kleinen Sachen bei Ihnen oder /wenn Sie wollen/ in der Maréesgesellschaft herausbringen könnten!?! Schreiben Sie mir umgehend, sogleich, per Eilbrief bitte ob Ihnen mein Vorschlag einleuchtet gefällt und auch Freude macht – Großmann mit dem ich mich in Passau[3] traf meinte dass Sie gewiss froh sein werden wenn ich mit einem hübschen Vorschlag zu Ihnen komme und da Amerika jetzt doch obenauf kommt so fällt es auf jeden Fall gut in die Zeit wenn wir die ehrwürdig-tollen edlen Geister seiner Ureinwohner beschwören! –

– Schade dass Sie mir das Oberländer Blatt noch nicht schicken konnten!!!

vermutlich hatten Sie keine Zeit den alten Herrn wieder zu sprechen und ihm mein Anliegen vorzutragen. Ich bin wieder Stroh-Schlossherr die arme Frau im Sanatorium. – Ich drehe mir aber alle Dinge so zurecht, dass Sie mir passen das ist sehr notwendig im Dasein. – Nun gehaben Sie sich wohl und schreiben Sie und
sein Sie gegrüßt von Ihrem
Alfred Kubin

Wie heisst Max Beckmanns Adresse?
Materiell bin ich überzeugt dass wir uns gut auseinandersetzen werden!

/Mein »Daniel« hat trotz des unglaublich hohen Preises (55MK) starken Erfolg!/

[Zahlreiche Illustrationen mit Bildunterschriften:] Abschied vom Popanz/Der Verleger lauscht dem Gesang/Der entfliehende Mars./Der Krieg ist aus!

82 Reinhard Piper

München, den 14. Oktbr. 1918

Herrn Alfred Kubin,

Wernstein
am Inn

Lieber Herr Kubin!
Schönen Dank für Ihren Brief vom 11. Oktober mit den reizenden Randzeichnungen. Sie können den Briefkopf mit Ihrem Schloss jedes Mal den Zeitumständen entsprechend auf eine neue Art ergänzen und ausbauen.

Was nun Ihren Plan, die Jndianersagen zu illustrieren, anbelangt, so ist es sehr schade, dass Sie erst jetzt sich dazu entschliessen. Im Buchhandel wird wohl in nächster Zeit ein Rückschlag kommen. Jedenfalls haben meine beiden im Felde stehenden Teilhaber[1] geraten, die weitere Produktion, soweit die Verhältnisse noch so unübersehbar sind, möglichst einzuschränken.

Ich habe sogar mit bereits in Arbeit befindlichen Werken gebremst.

Dass Ihr »Daniel« jetzt gut geht, ist kein Wunder. Das Buch ist eben schon heraus und einstweilen werden Bücher natürlich noch gut gekauft. Bis Ihre Indianer-Sagen fertig werden, kann es aber nächsten Herbst werden und wer weiss, wie dann die Situation ist.

Am ehesten käme für Ihr Buch in Betracht, dass es innerhalb der Marées-Drucke erscheinen würde. Da müssten Sie sich aber entschliessen, die Sache in Original-Graphik zu machen, unter Umständen auf Umdruck-Papier. Vielleicht kommen Sie aber doch einmal nach München und können direkt auf den Stein zeichnen. Es schadet entschieden Ihrer Position als Graphiker, dass Ihre Zeichnungen immer nur in den vergröbernden Strichätzungen unter die Leute kommen. Es wäre also auch für Sie sehr gut, wenn Sie sich mit einer Original-graphischen Technik befreundeten. Ich hoffe, dass wir die Marées-Drucke fortsetzen können, denn die kleine Subskribentenzahl, die wir dafür brauchen, wird uns wohl treu bleiben. Ende des Jahres werden drei Bücher und drei Mappen fertig. Das Prospekt geht diese Woche hinaus. Wir werden dann schnell sehen, wie sich die Leute zu dieser zweiten Reihe[2] stellen. (Dostojewski von Grossmann, Flaubert von Unold, Daumier-Aquarelle, Marées-Zeichnungen und Grossmann-Radierungen, sowie ein Ovid mit Vignetten, Text und Bild ganz in Kupferdruck). Bitte warten Sie also noch ein paar Tage. Ich möchte ohnehin alles, was wir an illustrierten Büchern bringen, in den Marées-Drucken konzentrieren.

Ihren »Daniel« werde ich mir übrigens sofort kommen lassen.
Mit besten Grüssen
Jhr ergebener
Reinhard Piper

83 Reinhard Piper

München, den 14. Oktbr. 1918

Herrn Alfred Kubin,

Wernstein
am Inn

Lieber Herr Kubin!
Nachschrift! Ihre Randzeichnungen zu dem Briefe sind ganz reizend und haben mir viel Freude gemacht, aber mit Ihrer Hindenburg[1] Vignette bin ich ganz und gar nicht einverstanden. Schon in Passau[2] sprachen wir darüber, dass wohl niemand behaupten wird, dass der Mann, der als verabschiedeter Offizier ruhig in Hannover sass, ein Kriegstreiber war. Auch, wenn der Krieg jetzt nicht so ausgeht, wie wir alle gehofft haben, wird unsere Dankesschuld nicht geringer und ich glaube auch, Sie als Österreicher hätten Grund genug, dankbar zu sein, wenn Sie auch in Passau weit vom Schuss sassen, als Hindenburg Österreich von dem Druck der Russen befreite. Dass Sie da das Wort Popanz[3] auch nur im entferntesten Zusammenhang aussprechen mögen, tut mir etwas leid. Ich bin überzeugt, der deutsche Militarismus ist nicht grösser und nicht schlimmer, als der Französische, Englische oder Amerikanische. Schon in Passau glaubten Sie, es an Hindenburg tadeln zu können, dass er sich nur für militärische Dinge interessiere und nicht wie Moltke[4] auch für Musik oder bildende Kunst. Als ob wir nicht viel zu viel Kunstschwätzer hätten, die das, was Hindenburg angeblich fehlt, reichlich wieder wett machen, und als ob es dem Werte der Hindenburg'schen Leistung irgend etwas hinzufügen könnte, wenn er in seinen Nebenstunden noch Klavier spielen würde, oder Bücher von Meier-Graefe läse. Bitte verübeln Sie diese abweichende Meinung nicht
Jhrem alten Freund
Reinhard Piper

/Gerade Ihnen, als psychologisch Tiefblickenden, dürften doch die menschlichen Qualitäten eines Hindenburg nicht unsichtbar bleiben, obgleich er immer nur der Sache diente und seine menschliche Persönlichkeit nie zur Schau stellte./

84 Alfred Kubin

Zwickledt
19.10.1918

Lieber Herr Piper Danke für Ihr Schreiben.
Ich bin erschrocken dass Sie einen Rückschlag im Buchgewerbe und Handel befürchten /Kommt so etwas dann kaufe ich selbstverständlich auch kein schönes Oberländerblatt[1] sondern halte mein Geld bis zur Klärung zusammen!!/; vor noch wenigen Wochen hatte mich Ihr diesbezüglicher Optimismus sehr beruhigt!! Ich dachte dass Sie anders zufassen würden wenn ich Ihnen solchen Antrag mache!! Aber man hat die ganze öffentliche Meinung eben an der Nase herumgeführt, sonst könnten so schauerlich-bedrohliche Tage nicht so jäh hereinbrechen!! – Meine Lust zu illustrieren hat sich schon wieder ganz verkrochen!. Warum ich mich nicht früher zu dieser Sache entschloss?? Ganz einfach, hab's Ihnen ja genug gesagt und geschrieben – Weil ich bei den tollen Zuständen welche diese Marsianer über uns brachten mich zu zusammenhängenden (eine durchgehende Stimmung erfordernden) /grösseren/ Werken unfähig halte und mich am liebsten in die eigene Vorhaut einwickeln und abschliessen möchte. Daher grolle ich weder den Kriegsstiftern noch sonst jemanden; auch Ihrem sicher nicht glücklichen und von gewisser Tragik umwehten Feldmarschall nicht! Ich spiele ihn gewiss nicht gegen Moltke ernsthaft aus – Keine dieser fleischgewordenen Rachemaschinen des Todes ziehe ich der anderen vor sondern weide mich am ganzen Unheimlichen dieser Erscheinungen. Es wäre unrichtig zu sagen dass ich abträglich beurteilend gegenüberstehe einem General Hindenburg dessen Spezialistengenie ich in der Tannenbergschlacht reichlich anerkannte –! In der Vignette die Sie so widerstrebend berührt meine ich auch den »alten juten Onkel« gewiss nicht menschlich, sondern als Symbol des abgetakelten Militarismus (des

Popanz!) – damit meine ich auch die ganze Rüstungswirtschaft auch bei den andren den Preussen mehr oder weniger nacheifernden Staaten von heute. Innerlich ist mir freilich dies alles egal! ich betrachte das Dasein /schliesslich/ philosophisch-neutral und lache mir einen Ast! Fand auch an den sogenannten »schönen Zeiten« vor dem Metzgern und Rauben anderes schön als was <damals> gelobt wurde! – Ich kann bei Anerkennung aller starken geistgen und ethischen Eigenschaften an einem alten Mann nicht allzu verehrungswürdiges bemerken wenngleich er mich vor einem Unheil schützte das er selbst durch seine Kaste mitgeholfen hat heraufzuzaubern!

– Ausserdem kostet jedem Beschützten dieser Schutz 9/10 Lebensfreude – na prost – und herzlichen Gruss

Ihres alten Kubin

/An Großmann dessen augenblickliche Adresse ich nicht weiß sende ich Brief und eing. Drucksache[2] durch Ihren Verlag. –/

85 Alfred Kubin

20. X 18 *[hs Datierung RPs]*

Leider kennt man mich als Graphiker wirklich nur wenn man viele Originale gesehen hat. – Wenn ich sehe was andere oft verdienen die nicht 1/5 so fleissig arbeiten wie ich – so <verdrisst> mich das. – Nun vielleicht kommt noch später Gutes nach. – Wäre ich heute tot, würde man sich überall wo man Kunst liebt um jeden Fetzen von mir reißen. – Z. Bsp. die Scherze die ich Ihnen in munterer Laune so oft in die Briefe gezeichnet, würden rasende Liebhaber finden. Als Lebender mit meinen Methoden werde ich stets eine Art Outsider bleiben, – der ich auch bin.

Herzlich AK.

Wird nun nichts von den vielen Beckmann'schen Plänen[1] gemacht?

Wie ist seine Adresse.

P. S. Ihren schon öfters gegebenen Hinweis mich einer graphischen Vervielfältigungstechnik zu bedienen sehe ich ja ein – Ich habe mir da besonders materiell selbst sehr im Weg gestanden! – Schon vor 18 Jahren wollten F. Blei[2], W. Weygand[3] und T. Stadler[4], mir eine Presse für Kupferdruck kaufen. – Ich lehnte aus damals sehr gültigen Gründen ab. – – Vor 4 Jahren machte ich für's Zeit-Echo[5] und für Verleger Neumann[6] einige Serien auf Umdruckpapier. es lässt sich wenn das Papier gut ist, und ich Federn u Tuschen gebrauche sehr gutes Resultat erzielen – Bei Kreide ists weniger sicher das verschmiert oft oder lässt dann später aus. – Ich würde also falls ichs für die Marées Gesellschaft mache dies Umdruckpapier verwenden! – Auf den Stein ists mir als Eremit von Zwickledt nicht möglich. Die Hin- od Herschickerei der Kästen, die Correkturen das verdirbt jeden Spass.

86 Reinhard Piper

München, den 22. Oktbr. 1918

Herrn Alfred Kubin,

Wernstein
am Jnn, Oberösterreich

Lieber Herr Kubin!
Ich danke Ihnen bestens für Ihren Brief vom 19. Oktober. Diesmal haben Sie Ihren Briefkopf in eine schauerliche Nachtlandschaft verwandelt. Sie sind ein Zauberkünstler!

Ob ein Rückschlag im Buchgewerbe kommen wird, müssen wir natürlich abwarten.

Ich selbst bin ganz besonders daran interessiert, denn soeben ist der neue Prospekt der Marées-Gesellschaft hinausgegangen. Ich lasse Ihnen auch ein Exemplar von Leipzig aus zugehen. Es ist diesmal ein grosses Buch daraus geworden, das die Empfänger schon allein deshalb nicht in den Papierkorb werfen können, weil es nicht hineingeht. Die ersten Bestellungen laufen ganz gut ein. Es fragt sich aber, wie die Sache weiter geht. So lange wir nicht wissen, wie diese Serie aufgenommen wird, wollen wir natürlich neue Verpflichtungen noch nicht eingehen. Das muss sich aber in den nächsten Wochen entscheiden. /Dann schreibe ich Ihnen wieder./ Es kann auch sein, dass diese Serie noch recht gut aufgenommen wird und dass ein Rückschlag erst bei der dritten Serie[1], die wohl nicht vor Herbst 1919 erscheint, sich bemerkbar macht.

Inzwischen erhielt ich Ihren »Daniel« und sehe daraus wieder, wie nötig es für Sie wäre, sich mit original-graphischen Techniken einzulassen. Da die Strichätzungen zu grob werden, hat man es diesmal wieder mit Lichtdruck versucht und die Lichtdruck-Reproduktionen eingeklebt. Das gibt aber als Ganzes ein sehr unerfreuliches Buch, auch wenn die Zeichnungen an sich noch so schön sind. Da sind sogar die in den Text gedruckten Strichätzungen, wie bei unserem »Doppelgänger« noch besser.

Also machen Sie Original-Graphik!

Dass ich die Scherze, und oft sind es viel mehr als Scherze!, die Sie mir in die Briefe zeichnen, sehr hoch schätze, wissen Sie. Da brauchen Sie gar nicht erst zu warten, bis diese Sachen »rasende Liebhaber« finden. Ich selbst bin ja schon dieser rasende Liebhaber!! /Anbei als »Gegenleistung« 3 Abzüge aus dem neuen Grünewaldbuch[2]! Das verlege ich ja extra für Sie und freue mich schon heut, es Ihnen zu schicken./

Was die Beckmann'schen Pläne anbelangt, so werden sie natürlich durchgeführt. Wie Sie aus dem Prospekt ersehen, kommen in den Marées-Drucken zwei Mappen[3] mit Radierungen von ihm. Besonders die zweite Mappe »Das Welttheater« wird sehr bedeutend. Hoffentlich kann ich sie, /d.h. die Andrucke!/, Ihnen bald einmal zeigen. Ausserdem illustriert Beckmann die Gedichte[4] einer Frankfurter Dame mit Lithographien.

Mit herzlichen Grüßen
Jhr
Reinhard Piper

/Sie sind einer der wenigen Menschen, die mir menschlich persönliche Briefe schreiben! Wie wohl tut das! Ich bringe Ihre Briefe stets nach Hause meiner Frau u. stets sind Sie dann unter uns!/

87 Alfred Kubin – Postkarte

Wernstein O.Ö. 11.11.18

Lieber Herr Piper Ich begrüsse und beglückwünsche Sie als neugebackenen Republikaner[1] und bitte Sie mir das bei Ihnen noch stehende Guthaben von 300 M.[2] bei Bankgeschäft Simson Passau auf meinen Namen einzuzahlen denn der Arzt[3] schrieb mir, dass ich meine nun wieder die – hoffentlich dauernd! – hergestellte Frau aus dem Sanatorium (in der Nähe von Darmstadt gelegen) abholen soll. – Deshalb sammle ich mein deutsches Geld da mir beim Umwechsel des österr. zuviel verloren geht. Ich würde mich auf diese Fahrt sehr freuen, wäre ich nicht doch etwas zaghaft den heutigen Reisestrapazen gegenüber. – Bei den

Überfüllungen! wie leicht kann man zerquetscht werden – und die Feldlaus und der Grippebazillus lauert da sekündlich auf uns.

Sonst geht es mir gut und ich bin ganz froh die gegenwärtigen Quantitätserlebnisse durch räumliche Distanz gemildert mitzumachen. Hoffentlich haben Sie an Großmann meine eingeschriebene Drucksache[4] weitergegeben – Herzlichen Gruß auch

für Ihre Frau Ihres ergebenen

Alfred Kubin

88 Reinhard Piper – Postkarte

München, den 13. Novbr. 1918

Herrn

Alfred Kubin,

Wernstein

Oberösterreich

Lieber Herr Kubin!

Den Betrag von dreihundert Mark habe ich heute an das Bankgeschäft Simson in Passau auf Ihren Namen durch Postscheck einbezahlt.

Die Fahrt nach Darmstadt wird allerdings unter den gegenwärtigen Verhältnissen kein Genuss sein.

Hoffentlich können Sie Ihre Frau wenigstens dafür mit endgiltig hergestellter Gesundheit zurückholen.

An Grossmann habe ich die eingeschriebene Drucksache[1] weitergegeben.

Die Revolution[2] wird sich in Wernstein wohl in etwas ruhigerer Weise abgespielt haben, wie in München; aber auch hier ging es verhältnismässig schmerzlos ab.

Mit besten Grüssen, auch an Ihre Frau,

Ihr Reinhard Piper

/In der historischen Nacht vom 7. auf den 8. war Hörschelmann[3] bei mir, u. während das Landtagsgebäude besetzt wurde, besahen wir begeistert Ihre Briefzeichnungen!/

89 Alfred Kubin

Zwickledt 23. XI 1918 im Innkreis

Lieber Herr Piper

Der Bolschewik und Jakobiner Kubin plündert bei sich selbst.!!

Für die überwiesenen Moneten danke ich graziös!

Die Wiedervereinigung mit meiner Gattin ist um 2 Wochen verschoben: die westliche De=mobilisierung macht sich nämlich beim Zivilreiseverkehr peinlichst bemerkbar! – Ausserdem fällt der Ort wo das Sanatorium (bei Darmstadt) liegt schon möglich noch in den Mainzer Brückenkopf, so dass ich bei meinen Fahrten wahrscheinlich noch an den Feind geraten werde! – Mein Freund Th. Th. Heine schreibt dass in Muenchen seit dem neuen Regime Lebensmittel in Fülle auftauchen – (eine Chance mehr, dass ich bald erscheine). – Um den solange erhofften „Oberländer" trauere ich gewiss. Doch vielleicht kann ich mir später einmal ein Blättchen leisten. – obzwar man weniger wie früher noch weiß was kommt und Grippe oder Meuchelei stündlich den Exitus herbeizaubern könnte. – Mit Handkuss der vorzüglichen Gattin, Mutter, Künstlerin und Hausfrau Frau Piper – bleibe ich auch dero verehrtem Gemahl

stets freundlich gesinnter

AKubin

77/B 1/53

Zwickledt 23. XI 1918 im Innkreis

Lieber Herr Piper
Der Bolschewik[1] und Jakobiner[2] Kubin plündert bei sich selbst.!! Für die überwiesenen Moneten[3] danke ich graziös! Die Wiedervereinigung mit meiner Gattin ist um 2 Wochen verschoben: die westliche Demobilisierung macht sich nämlich beim Zivilreiseverkehr peinlichst bemerkbar! Ausserdem fällt der Ort wo das Sanatorium (bei Darmstadt) liegt sehr möglich noch in den Mainzer Brückenkopf[4], sodass ich bei meinen Fahrten wahrscheinlich noch an den Feind geraten werde.! – Mein Freund Th. Th. Heine[5] schreibt dass in Muenchen seit dem neuen Regime[6] Lebensmittel in Fülle auftauchen – (eine Chance mehr, dass ich bald erscheine). – Um den solange erhofften »Oberländer«[7] trauere ich gewiss. Doch vielleicht kann ich mir später einmal ein Blättchen leisten – obzwar man weniger wie früher noch weiß was kommt und Grippe oder Meuchelei stündlich den Exitus herbeizaubern könnte. – Mit Handkuss der vorzüglichen Gattin, Mutter, Künstlerin und Hausfrau G. Piper –

bleibe ich auch dero verehrtem Gemahl
stets Freundlich gesinnter
AlfKubin

90 Alfred Kubin

Jan 1920 *[hs Datierung RPs]*

Lieber Herr Piper!
Nicht an mir allein lag es wenn Sie von mir nichts hörten und sahen!!! Hier tragen Sie die Schuld, Verehrter!

Es ist in der Tat nur der Umstand gewesen, dass ich nicht wusste wie gerne Sie mich sprechen und sehen wollten, sonst hätte ich mich zu einem Besuche bei Ihnen ja wohl noch frei gemacht; So aber liessen Sie ja über ein Jahr ja gar nichts mehr von sich hören und ich nahm daher wirklich an Ihnen läge nichts so besonderes an meinem Auftauchen bei Ihnen – Wenn ich das nächste mal nach München[1] kommen werde – was wohl im Frühjahr und nicht erst wieder nach so langer Zeit wie das letzte mal geschehen soll, so werde ich das Versäumnis gewiss nachholen – Auf Ihren Wunsch sandte ich Ihnen heute gleich umgehend – (ich hatte Gelegenheit einen Boten nach Passau zu finden) 12 Arbeiten. Leider habe ich gegenwärtig nicht allzu viel hier – vier Collektionen sind auswärts; das graphische Kabinett in München hat eine große Serie

und wird ziemlich viel kaufen. – Ein alter Mäcen[2] und Freund meiner Kunst erbat sich ferner eine ganze Reihe neuer Sachen zu Complettierung seiner Kubiniana – und in Wien liegt viel und in der Schweiz –

– Ich habe genommen was ich hatte und Ihnen geschickt

– mit dem h. Cristof[3] hatten Sie aber Glück denn es gab hier noch eine Fassung bei mir – vielleicht nicht so üppig reich wie die Casparsche[4] dafür aber straffer.

– Ich möchte Sie nur bitten sogleich nach der Wahl durch Meier-Gräfe[5] mir die Sachen wieder zurück zu schicken – Ich brauche jetzt alle meine Truppen! –

ich habe so viel verkauft dass die Summe besonders in österr. Geld einen Haufen ausmacht und trotzdem nichts ausgiebt! Auch ich würde gerne von Baldung Grien[6] etwas erwerben, vielleicht können Sie mir bei Ihren Beziehungen dazu verhelfen – ich lasse Ihnen freie Hand hiebei /ein paar Blätter hab ich schon, doch die Pferde aus Ihrem Buch d. T. i. d. K.[7] den Rossknecht[8] oder die Bettler[9], oder Todsünden[10] etc. hätte ich gerne/ – K. Schefflers Essay[11]! er ist vermutlich wohlmeinend aber natürlich erfasst er das volle Gewicht meines Gesamtschaffens (er kennt ja kaum 1/20 des halben) nicht – er ist eine Art von präzeptor germaniae[12] der nichts von seinem eigenen Geheimnis weiß – ich weiß aber um das meinige und habe diese Gründlichkeit vor der seinigen voraus! –

Sonst geht es mir gut – die Innigkeit des täglichen Lebens in <halber> Verborgenheit beglückt mich – Süsse Aufregungen beschert mir die Arbeit – manchmal packt mich ein ganz rabiater Rhytmus – Wenn sich Scheffler nicht so hartleibig darauf caprizieren würde in mir einen schwermütigen Bitterpilz zu vermuten, so müssten ihm – ich wette! – die Ohren von meinem Lachen klingen. –

Empfehlen Sie mich der hochverehrten Gattin und seien Sie herzlichst gegrüsst von

Kubin

Wenn Sie etwas von mir kaufen bitte zahlen Sie den Betrag auf meinen Namen bei Bankgeschäft Wilhelm Simson, Passau, ein

Einen Gruß an Hammelmann

Jean Pauls »Neujahrnachtsgesellschaft«[13] schätze auch ich über alles. Mein großes Werk »Wilde Tiere«[14] 30 Tafeln kommt bei Curt Wolff Vg. dort auch 18 Blättchen zu einer philosophischen Novelle S. Friedländers[15]

– Meine Verbildlichung von Friedrich Huchs[16] nachgelassenen »neuen Träumen« kommt bei Georg Müller.

91 Alfred Kubin[1]

Zwickledt. – Wernstein 29/II 1920

Lieber Herr Piper

Viel Dank für Ihre lieben Zeilen! Setzen Sie mir auf Ihr Programm: 1. Jean Paul[2], 2. Indianersagen[3] – Über die wunderbare Neujahrsgesellschaft habe ich mir den Plan gemacht mit 10 Vollseiten und 20 Vignettenartigen Sachen – das Format wie das Papier – prachtvoll! – Als Preis setze ich ohne Besitz der Blätter 2000 M. mit Besitz 5000.- abgesehen von einigen wuchtigeren Blättern in mehr malerischer Auffassung, werde ich einen mehr krausen mehr arabeskenhaften grafische Ausdrucksweise wählen /um die vielen Anspielungen gedämpfter und unvordringlich unter zu bringen – –/ – den Termin hoffe ich wenigstens auch noch einhalten zu können obwohl man die Zukunft ja nie kennt – (und heute noch weniger!) Ich kann statt kränklich (wie ich immer bin) krank werden – ich habe eine Reise vor, und ich arbeite zur Zeit und schon seit vielen Monaten an einem sehr großen lithographischen Werk[4] für F. Gurlitt[5] – Träume seit 1908. – Große Kompositionen die mich noch mondenlange beschäftigen werden – dann werde ich sicher müd sein – aber auch meinen freien Experimenten möchte ich Zeit verschaffen – und nicht nur im Auftrage arbeiten! – Gerne hätte ich wenn Sie mir Ihr Bändchen von J. P. worin die Geschichte steht senden würden, denn ich habe – da die andere Ausgabe die hier war von meinem Stiefsohn[6] reklamiert wurde – nur die »Pariser Gesamtausgabe[7] in 4 Bänden, 2 spaltig in winziger Type kaum leserlich so anstrengend. – –

Über die Indianersagen – könnte ich nur rein Approximatives aussagen – und will die Haut eines so entfernt laufenden Bären nicht schon taxieren.

– wir werden uns schon nicht hereinlegen sondern dies Werk zusammen machen – das Format wie J. P. – ob man kleinere lithographische Stücke in den Text einsetzen kann?? Ich fürchte das kompliziert es zu sehr. – Es wird mich jederzeit freuen Sie auf einer Reise in flagranti zu erwischen – und vielleicht gelingt Ihnen sogar ein Durchbruch bis Zwickledt sonst stehe ich im Grenzland stets zur Verfügung. –

Herzliche Grüße von Haus zu Haus – und ein Gruß von meiner grippekranken Frau –

und Grüße an Ihre Herren Compagnons

immer Ihr ergebener

Kubin

dass die »Viehherde« in die deutsche moderne Skizzenmappe kommt befriedigt mich sehr – –

92 Alfred Kubin[1]

1. III. 20 *[hs Datierung RPs]*

Lieber Herr Piper

Dass Sie mich gerne haben wusste ich wohl und ich erfreue mich von Herzen auch der neuerlichen Versicherung – der nächste Münchner Besuch wird dann einen Besuch bei Ihnen einschliessen – das letzte mal wäre es auch bei bestem Willen unmöglich gewesen in der gegebenen Frist, die mir unerwartete Abhaltungen geschäftlicher Art zudem noch

brachte, alle meine Freunde zu sehen. Als Rosine für diesen ja nicht schlimm gemeinten »Ausfall« erhalten Sie obige Groteske aus dem Leben unserer Vettern. – Die Pipersche Gesamt Kompagnie hat sich reichlich bei der letzten Ansichts-Sendung /als Erwerbende[2]/ beteiligt! mir ist es immer lieb die Sachen in so guten Händen zu wissen!! – Ihre beiden Aufträge will ich aber nun ganz und gar für die Zukunft festhalten und die wunderbare Neujahrsgesellschaft« meiner Verbildlichung unterwerfen! Ich liebe dieses Stück des einzigen Jean Paul über alle Maaßen. –

Bleibe ich gesund so könnte ich es im Sommer vielleicht noch beginnen und im frühen Herbst wenn ich mich kräftig fühle wohl /auch/ noch beenden. Vorher geht dies wohl auf keinen Fall – denn Ich habe als Hauptarbeit seit <...> Jahr mich endlich auf diese Serie der elementaren Traumvisionen herangearbeitet die schon im Jahre 1908 größtenteils erlebt wurden und von denen ich in meiner Autobiographie auch spreche – Es wird ein merkwürdiges Werk mit 24 sehr detailierten Lithographien.

– Auch die Indianersagen (das Buch liegt selbstverständlich noch bei mir!) sind mir eine ganz starke Lockung!! Ich würde Ihnen eine /vornehme/ Ausgabe mit schönen Lithos vorschlagen!! Im nächsten Winter könnte ich mich damit befassen. – Ich will mich zeitlich eben nicht allzu stark mit Aufträgen belasten! Eine tolle Zeit! Ich bin froh nicht jünger zu sein, ich hätte mich sehr leicht verlieren können denn solchem Verlangen nach meinen Arbeiten[3] (täglich fast seit monaten) von Sammlern, Einzelkäufern, staatlichen Kabinetten und Verlagen hätte ich kaum ruhig begegnen können –

– Das meiner /Ansicht/ nach törichte, hysterische und gelähmte /Wesen/ unserer Tage liegt aber daran dass wahllos so viel gemacht wird. Das ist äusserst interessant muss aber irgendwie zu einem traurigen

Erwachen: bei den Besitzern qualitätsloser Stücke führen – und für die armen Begabungen die der billigen Suggestion unterlagen wirds auch noch manches nachzuholen geben. Empfehlen Sie mich bitte Ihrer Frau und bleiben Sie herzlich gegrüsst von Ihrem alten
AlfKubin

/Bringt Meier-Graefe bei der Skizzenmappe »die Viehherde« oder den ebenso vertieften »der Metzger« so ist mir das gewiss weit lieber als die wohl sinnlich unmittelbarere Doppelgängerscene/

Ihre Wahl bei der Collektion begreife ich – Einen dem Caspar'schen ähnlichen Cristof[4] aus privatem Besitz werde ich bei der »Mappe«[5] wohl ausstellen! –

93 Alfred Kubin

Zwickledt Wernstein 3.4.20

Lieber Herr Piper, anbei folgt Ihr Vertragsexemplar – Für den Brief danke ich bestens – der betreffende Jean-Paul Bd. kam noch nicht an – Sie schrieben am 16 März – und zugleich dass die Post auch streikt – so dass wir hier glauben – die Post hat vielleicht an dem Tag diese Sendung gar nicht angenommen, drum verzögert sich dessen Eintreffen. – Sie bekommen den Band gewiss sogleich zurück wie ich ihn nicht mehr benötige – Ich freue mich sehr auf diese Arbeit und möchte bald beginnen – sonst fühle ich mich wohl, Frau ist wieder frisch – die Zeit toller, durchdringend leuchtender als je, ganz mein Element – der Tisch einfach doch nicht verfälscht zu Börsianerpreisen – und dann die Frühlingssonne welche die ganze Corruption freundlich bescheint – Im Spiegel bemerke ich dass ich bald ein kahlköpfig alt Männlein sein werde. – Es grüßt Sie!
Kubin mit der großen Brieftasche

Februar 1921 soll dann bei Golz die erste Kubingesammtausstellung[1] (alle Perioden!) statt finden

Ich werde vielleicht auch Sie um 1 oder 2 Blätter dann als Leihgabe bitten! – Allmähliche Devastierung von Haus und

Hof Bett, Kleid, Schuh – Aber wir halten uns dies Jahr 2 Schweinchen (die das 7fache gegen 1919 kosten! Heil Österreich)

Schaffen Sie sich bei G. Müller Vg ja bestimmt Friedrich Huch[2] »neue Träume mit meinen 20 Bildern an die in Bälde fertig sein dürften

eben beim Binden

94 Alfred Kubin – Postkarte

19/4 1920

Lieber Herr Piper, Jean Paul Bd ist nun eingetroffen und ich warte nun die günstigen Stunden ab –

– der Druck ist wohl noch in Ihrem Ex. klein, aber das Buch weit handlicher als meines. –

– Wie freuts mich dass Sie ein Werkchen über die alten deutschen Holzschneider[1] zusammenstellen –

– diese stolze Reihe, auch der unbekannten Kerle:

– Mir geht's ganz gut – aber in Zwickledt ist eine Mauer gestützt und ein Gerüst gebaut! Ich habe Mauerer im Haus. wegen einer Senkung. Ich hätte gerne zum Verlagspreise das große Degaswerk[2]! geht das?

Gruß

Kub.

95 Alfred Kubin

Wernstein 30. V. 1920
a. Inn

Lieber Herr Piper

Heil! Heute habe ich den Jean Paul endlich beendigt und gebe morgen das Paquet mit den 30 Arbeiten in Passau auf! Das /betreffende/ Buch das Sie mir für diese Arbeit schickten gebe ich ebenfalls morgen aber wohl von hier aus auf die Post! –

– Ich konnte die Arbeiten zum größten Teil noch meinem Schwager

O. Schmitz, dann meinem Freund H. Carossa[1] auch noch zeigen und ersah an der Wirkung, dass ich mich kaum getäuscht habe in der Annahme hier eine gute Illustrierung geschaffen zu haben – hoffentlich sind Sie auch dieser Ansicht – so dass wir uns alle freuen können und das Ganze ein behaglich-mysteriöses deutsches Buch ergiebt – kann es bis zur Weihnacht fertig vorliegen???? Im nächsten Winter gehe ich dann die Indianersagen für welche ich im Illustrationsteil einige sehr starke Ideen von besonderer Originalität habe

– Den sehr schönen aber leider auch noch um 316 M ach so teuren Degas, bitte ziehen Sie von meinem Honorare ab – und bitte lassen Sie mir auch Wolynski[2] »das Reich der Karamasoffs (brosch.) zugehen, dies und die Morgensternepigramme[3] bitte ebenfalls abzuschicken und den ganzen Rest der Summe an mein Guthaben bei Bankgeschäft Wilhelm Simson, Passau zu überweisen. –

Und nun leben Sie wohl und es würde mich freuen bald einmal zu hören wie Ihnen, – Ihrer lieben Frau – und den beiden Herrn Comp.[4] mein neues Werk gefiel. –

Die Einteilung der Vignetten und kleinen Bilder zwischen den Text erfordert natürlich größten Geschmack und rechne ich hierbei auf Ihre persönliche Erfahrung.

Ich selbst werde außer den künftigen »Indianersagen« aber kaum noch wesentliches illustrieren, es strengt meine Augen ungewöhnlich an und ich habe mir nun auch koloristische Probleme gestellt die mich derart übermüden

Immer Ihr ergeb. Sie
herzlichst grüssender Kubin

P.S. Die Zahlen links unten correspondieren mit den Stellen die ich im Bande angezeigt habe –
rechts oben ist die fortlaufende Zahl der Reihenfolge.

96 Alfred Kubin

Wernstein Montag 14.6.20
Abends 6 $^{1}/_{2}$.

Lieber Herr Piper Ich werde versuchen diesen Brief durch private Gelegenheit von Passau aus an sie gelangen zu lassen. – Das Telegramm geht von hier aus morgen an Sie ab und kommt wahrscheinlich erst nach dem Brief. Wie konnten Sie auch nur so optimistisch sein zu glauben auf einen Brief in München am 10. geschrieben noch rechtzeitige Drahtantwort zu erhalten,? –

Ihr Besuch hätte heute Montag /21. d.M./ allerdings sehr gepasst! Am nächsten Montag passt es jedoch uns hier ebenfalls! Depeschieren Sie mir also umgehend ob Sie da kommen werden! – Sie gehen am besten gleich von der Bahn weg in den »Passauer Wolff« zum Essen. – ich hole Sie von dort dann ab, mein Zug kommt in der Regel $^1/_2$ – $^3/_4$ nach Ihrer Ankunft /in P./ an. – Um 3.56 (Sommerzeit in Österr.) fahren wir dann nach Wernstein. Sie brauchen aber unbedingt Grenzübertritterlaubnis – lassen Sie sich also vom Deutschösterr. Konsulat eine kurzfristige Erlaubnis zu einmaligem Grenzübertritt bei Passau ausstellen – Geben Sie persönlich dass Sie die dringendste Geschäftsangelegenheit (Aussprache und gemeinsame Besichtigung des Werkes) zu dieser Fahrt veranlasst. –

Wegen Neufassung der einen oder anderen Jean-Paul Zeichnung lassen Sie sich bitte ja

zunächst keine grauen Haare wachsen.

– Vielleicht überzeugen Sie mich!! Hoffentlich! unser Wunsch dass das Werk glanzvollst erstehe ist ja von gleicher Leidenschaftlichkeit. – Für Degas, etc und andere Freundlichkeiten herzlichen Dank!

Alle Guten Grüße von Haus zu Haus

Ihr

Kubin

Bitte nur umgehend um Depesche weil die nächste Zukunft von anderweitigen Besuchen ebenfalls geschwängert ist –

97 Alfred Kubin

Wernstein a. Inn 2.7.1920

Lieber Herr Piper –, Was die Mappe[1] der Bilder betrifft so bin ich mit Allem, Honorar, Auflagenhöhe, Reproduktion und Ausstattung völlig und erfreut einverstanden –

Als ich den Druck nach der »Viehherde« sah war ich im ersten Augenblick allerdings ganz perplex – das ist ja eine reine Fälscherkunst! – das Original leuchtet etwas mehr, sonst ist alles einfach zum verwechseln – und es trifft sich gut dass ich kein kniffliches Papier von irgendwelcher altersgrauen Herkunft /hier/ verwende – – so besteht der innere Wert dieser neuen Ausgabe denn tatsächlich /darin/ das erstemal völlig mit dem Urbild übereinstimmende Blätter zu geben: /Passepartouts geben gewiss erst die hebende abschliessende und wert betonende Folie – Kleider machen ja Leute bekanntlich/

– dies Paquet das ich also heute von Bayern an Sie schicke enthält außer den 20 »Auserwählten« noch den »Baummörder«[2] als Extrastück für die Vorzugsausgabe –

(: mir persönlich wäre der noch nie reproduzierte »Franz«[3] oder »Hexentanz«[4] beide in Ihrem Besitz eigentlich grade so lieb :) Im Ganzen trifft die Gesamtauswahl, so man den Standpunkt einer gewissen die Wucht machtvoll unterstützenden Einheitlichkeit festlegt wohl das Reifste und Beste das ich gemacht habe: – Sie hatten einen Adlerblick.

– Die 500 EX kriegt man ja sicher los, die graphischen Kabinette interessieren sich ja nun »auch schon«, – ob weitere?

– die Neuarbeit am Jean Paul habe ich nun beendet und bin heute froh Ihre Vorstellungen hierbei mir zu eigen gemacht zu haben /so muss es aber jetzt bleiben!/ – die 4 Neufassungen gefallen hoffentlich auch Ihnen, sie kitten das Ganze noch besser zusammen – das anstelle des ausgeschiedenen mehr verstandesmäßigen »Handkuss« hineingenommene Blatt mit den Erdschichten auf den Säulen, finde ich eigentlich jetzt nun an graphischer Delikatesse das hervorragendste /der ganzen Reihe von 29 Stücken/

– An dieser Illustration hätte Meister Jean Paul vielleicht selbst seinen Spass gehabt. Lassen Sie das Werk aber mir um alles in der Welt mustergültig ausstatten denn ich fühle dass es mit meiner illustrierenden Tätigkeit recht bald aus sein wird. Zeichnen freilich möchte und werde ich solange Auge und Hand korrespondierenden Dienst noch leisten. – Eine neue Hochblüte deutscher Zeichenkunst einzuleiten dies wäre mein heimlichstes Ideal. Einem nach aussen verarmten, seelisch reifen Volk würde eine derartig im Blut ja wurzelnde Kunst wohl anstehen die mit den einfachsten Mitteln nur durch Versenkung und Schulung etwas schafft das mit dem größten Prunk leicht wetteifern könnte! – Über Ihre avisierte Sendung freue ich mich nun schon im Voraus!

– Sie haben auch wieder so schöne Bücher in Arbeit und haben Sie mir soweit sie mich interressieren auch versprochen sobald sie fertig sind!! –

Möchten Sie nun auch das neueingefügte Bild zum Jean Paul als Zeichen meiner Freundschaft annehmen?! es gehört organisch nun doch zu den übrigen! – An Ihre Compagnos[5] meine schönsten Grüße, Ihrer Gattin Empfehlungen

Ihren Zwickledter folgenschweren Besuch[6] fanden wir hier sehr gelungen in kaum 24 St. hatten Sie ja auch einen Überblick über die Gegenden der äusseren wie inneren Kubinwelt gewonnen – Hoffentlich sah dieses Haus Sie nicht zum letzten mal

Grüße meiner Frau – Wie immer Ihr

alter Kubin

Jean Paul Honorar können Sie bei Wilh. Simson, Passau für mich anweisen lassen.

/Im Sept. werde ich Beckmann in Frkft a/M wahrscheinlichst aufsuchen[7] –

Meine Affäre mit Herrn Oser[8] Zürich werde ich nächster Tage noch aufschreiben und zur Empfehlung für einen Geschäftskollegen Ihnen dann senden./

98 Alfred Kubin[1]

Zwickledt 14.7.1920
Wernstein

Lieber Herr Piper Dank für Ihren Brief v. 8.d.M und Bestätigung für das richtig bei Simson Passau eingelangte Jean Paul Honorar MK 5000.-, Betreffs §4 unseres Vertrages[2] aber muss ich bemerken dass ich wohl verstehe wenn der Verlag sich bei dieser Faksimile Mappe völlig vor Conkurrenz schützen wird; der zweite Satz in §4 ist jedoch dann so allgemein gehalten dass ich ihn nach reiflichem Überlegen nicht gut akzeptieren kann und wieder Ihnen die Vertragsentwürfe mit der Bitte zuschicke hier eine Correctur in meinem Sinn vorzunehmen; dann würde ich in aller Beruhigung unterzeichnen können, während ich anders das Gefühl immer hätte völlig festgelegt zu sein und den Ihnen bekannten Schatz meiner Arbeit vielleicht niemals puplizieren zu können –

die Verhältnisse können sich aber materiell noch ganz anders wieder gestalten, ich könnte ferner z.Bsp. schaffensunfähig werden u dgl. –

Wenn Sie wieder einmal hierher kommen so freuen wir uns und herzlich wenn dies mit Gattin dann geschieht!

Gestern ging der »Hexensabbath« den ich besitze an Sie eingeschrieben ab – vergleichen Sie Ihn mit Ihrem Blatt und nehmen Sie die Ihnen schöner erscheinende Fassung – »Baumfrevler« legen Sie bitte der Blättersendung die ich mit heisser Sehnsucht erwarte bei!!!!!!!!

über den Titel werde ich nachdenken und schon nächster Tage Ihnen meinen Wunsch und Vorschlag Ihnen mitteilen. –

Auf Beckmanns »Piper«[3] freu ich mich wie auf alles was ich von diesem Künstler sehe. – wie mag er Sie wohl aufgefasst haben – Ebenso bin ich auf Ihr Vorwort[4] zur Mappe der Kubinfaksimile neugierig – Sie können zugleich diese Publikationen als die einzige bezeichnen welche den Originaleindruck tatsächlich wiedergiebt –

mit den besten Grüßen
bin ich Ihr
Kubin

99 Reinhard Piper

München, den 17. Juli 1920

Lieber Herr Kubin!
Schönen Dank für Ihren Brief vom 14, den Sie wieder mit einer reizenden Vignette ausgestattet haben. Hoffentlich wird die Vignette nicht, wenn ich tot bin, von Böswilligen gegen mich ausgespielt und ich dann öffentlich als Ihr Erdrosseler hingestellt.

Den Satz[1] des Vertrages habe ich genau nach Ihren Wünschen geändert. Ich füge beide Abzüge hier wieder bei und bitte Sie, nun den Vertrag an beiden Stellen zu unterschreiben, also auch die Aenderung.

Natürlich soll die Einschränkung dieses Paragraphen »in Mappenform« nicht bedeuten, daß Sie nun etwa einfach Faksimile-Reproduktionen in ein Buch zu binden brauchen (statt sie lose in eine Mappe zu legen), um an anderer Stellen Faksimile-Reproduktionen zu veröffentlichen. Die Hauptsache für Sie ist ja, daß nun auch bei dieser Abmachung die Zeit auf fünf Jahre beschränkt ist. Ich denke aber, Sie werden mit uns keine schlechten Erfahrungen machen und auch nach Ablauf der 5 Jahre aus freien Stücken gern weitere Faksimile-Veröffentlichungen Ihrer Zeichnungen uns zunächst anbieten.

Uebrigens wären Sie auch durch die erste Fassung des Satzes durchaus nicht für immer völlig festgelegt, da Sie ja, sobald wir erklärt hätten, daß wir eine von Ihnen vorgeschlagene Mappe nicht bringen wollen, diese wo anders hätten veröffentlichen können.

Der »Hexensabbat« ist also unterwegs. Ich habe mich aber inzwischen schon entschlossen, wie ich Ihnen schrieb, die »Viehherde« in die allgemeine Ausgabe der Mappe mit hereinzunehmen. Als einundzwanzigstes Blatt für die Vorzugsausgabe nahm ich den »Revolutionskampf«[2].

Mit besten Grüßen
Ihr ergebener
Reinhard Piper

P.S. Da ich Montag verreise, bitte ich, nicht an mich persönlich zu adressieren, sondern an Herrn Hammelmann, der meine Arbeiten inzwischen übernimmt.

100 Alfred Kubin

Zwickledt Wernstein 14.8.1920

Lieber Herr Piper
Herzlichen Gruss zuvor und nochmals Dank für Ihr Eingreifen in der Oser Geschichte[1] – Wie Sie an den Briefen u.s w. Unterlagen ersehen hat O. reagiert und ich hoffe nun doch wenigstens die 12 Entwürfe die es noch zugegebener maaßen »in der Kiste«[2] hat zu bekommen – da würde ich selbst wenn er mir den Betrag für die übrigen 5 den er schuldet nie mehr zahlt immerhin noch mit einem erträglichen Verlust und Erweiterung an Menschenkenntnis davon gekommen sein – Aus seinem Schreiben ersehen Sie dass O. nicht der raffinierte Gauner mit Betrugsabsicht ist sondern eben der gänzlich halt- und verantwortungslose Schwächling. Sie sollen in Ihrer hoffentlich recht angenehmen Sommererholung nun natürlich keineswegs von mir geplagt werden doch wäre

ich Ihnen ausserst verbunden wenn Sie an K.O. ganz kurz etwa einfach schreiben würden:

S.g.H. mit Bezug auf Ihr Schreiben rate ich Ihnen dringend an Herrn Kubin die Arbeiten welche Sie von ihm noch verwahren möglichst umgehend zu schicken. – Sobald Sie ihm auch den ihm noch zustehenden Restbetrag für die verkauften angewiesen haben bin ich überzeugt dass er diese schlimme Angelegenheit als beigelegt versöhnlich betrachtet.

R.P. –

Sie werden voll begreifen dass ich persönlich jetzt nicht an O. schreiben kann bis ich im Besitz meiner Sachen bin, denn es besteht die große Gefahr dass er das Ganze – wie so oft schon – hinauszieht und zurückweist mit Hinweis »nicht an die Kiste zu können« oder irgendwie sonst. Meine hier beigelegte Bestätigung über erhaltene 600 Kr.[3] legen Sie dem Briefe bitte bei. –

Sonst geht's mir hier glimpflich! in 2 Wochen trete ich meine Erholungsreise nach dem Sanatorium in Hessen[4] an und bereite mich jetzt schon vor durch Ruhe die gänzliche Nervenerschöpfung die mir droht zu vermeiden. ich fühle mich wohl intakt doch sehr sehr überarbeitet und erfrischungsbedürftig dazu muss ich aber einige Wochen von hier fortgehen –

Für Oktober hat Herr Hammelmann vor, uns hier zu besuchen. – In nächsten Tagen schicke ich ihm die Adressen (48) mir bekannter Kubinfreunde für den Mappenprospekt – ebenso wird Sie der alte Totentanz in München erwarten. Mit dem ein wenig preziösen aber interessierend und voll umfassenden und sehr treffenden Titel für die Mappe sind Sie wohl sonst zufrieden!! Ein nach jeder Richtung hin besser passender hätte sich kaum finden lassen!. /Ich las jetzt mich grösster Begeisterung de Costers einzigartigen Ulenspiegel[5]!/

Zum Abschluss herzliche Grüße an Sie alle, insbesondere auch die Gattin

von mir <und> Frau. –

Wie immer Ihr alter

Kubin

P.S. Oser's Brief bitte heben Sie mir vielleicht bis zur Beilegung auf, da wenn er wieder <versinken> sollte, ich daraufhin noch mal persönlich an die Eltern schreiben würde. Nochmals Dank

101 Alfred Kubin

Zwickledt 11.10.20

Lieber Herr Piper
Eben kamen die Paquete von Knorr. H.[1] und heut und auch morgen wird dann signiert und nummeriert um die Bogen umgehend an Spamer[2] gelangen zu lassen –

– In München zeigte mir Herr Hammelmann eine Collektion kleiner Radierungen zum Reineke Fuchs[3] – wohl ein neues Werk der Marées Ges. Wäre es möglich 1 Ex. des Werkes zu erwerben, – der superbe Stil – feinst elektrisch und doch auch wieder naiv und unmittelbar ist »moderne Zeit« im allerbesten Sinn, und deshalb möcht' ich's auch, wenn's nicht über meinen Beutel geht, – kaufen!

Im Übrigen fand ich im Sanatorium in Obhut des Arztes und Freundes die notwendige Klarheit meines Schädels wieder – und will mir diese Frische solang als nur möglich bewahren. –

– Dem tollen Ansturm, der alles mögliche bei mir suchenden Korrespondenz, ganz gelassen zu begegnen ist mir als Hauptpflicht gemacht worden, wenn ich gesund bleiben soll. –

Es tat mir sehr leid dass Sie /Anf. Sept./ noch an der Nordsee waren aber Ende Januar hoffe ich Sie in M.[4] dann zu sehen – Im Februar findet meine große Ausstellung[5] statt und da komme ich für ein paar Tage gewiss hinaus! –

Für unsere Mappe wäre es natürlich <...> sehr vorteilhaft wenn Sie bis dahin fertig hergestellt wäre, so dass ein Stück bei dieser Ausstellung aufgelegt werden könnte!

Und nun leben Sie herzlichst wohl! – M Beckmann – er schrieb mir vor einigen Tagen, – traf ich leider nicht an als ich ihn in Fkft. aufsuchen wollte. –

Der verehrten Gattin lasse ich mich empfehlen und beste Grüße an die Herren Compagnons[6]

Ihr AKubin
/mit der grüßenden Frau Kubin/

Die große Expressionistenschau in Darmstadt[7] gab mir das gewohnte Bild: die bekannten starken Führer und Gründer und ein nivelliertes ziemlich tristes Heer von Mit- und Nachtrabern.

– Einen besonders starken und geheimnisvollen Eindruck hatte ich aber in Heidelberg[8] woselbst ich auf der psychiatrischen Klinik vom Chef derselben die systematisch gesammelten künstlerischen Arbeiten der Irren sah!, hierüber gelegentlich einmal mündlich! –

Ganz fabelhaft waren die Reproduktionen nach den Düreraquarellen[9] der Mar. G. die ich sah –
– aber auch das La Tour Werk[10] war wunderschön!

2.
Denken Sie nur, ein gewisser »Argonauten/kreis/ Verlag« (Heidelberg /bei Weißbach[11]/) giebt dieser Tage ebenfalls Jean Pauls Neujahrsgesellschaft – mit 38 Lithos eines Herrn W. Beckers[12] heraus – nach den Proben des Prospektes der mir heute zuflog ist's die gleiche /armselig ungekonnte/ oberflächlich, lieb- und ganz ehrfurchtslose Illustriererei die man seit neuer Zeit zum Überdruss sehen kann. (es ist eine auf 225 Ex. limiterte Luxusausgabe zu 275 und 150 MK.-) Ich habe Spass die beiden Jean Paul Bücher mir im Laden neben einander vorzustellen –
– Ihr Katalog stempelt Sie ja nun fast zum Großverleger, und schade dass die Mareesgesellschaft keine Aktien hergiebt, das wären die richtigen Anlage papiere – auf die versprochenen Abzüge von Beckmanns neuen Lithographien[13] freue ich mich dankbarst – vergessen Sie's nur nicht! – Ich liege seit 4 Wochen wieder völlig gebannt bei meinem Strindbergwerk[14] – d. i. 18 Tafeln zu »nach Damaskus« (das ist etwa der Strindberg »Faust«[15].) – A. St. ist mir freilich nun sehr unerquicklich – diese tolle Quälerei ganz aus Mangel an Balanze, aber er giebt mir Anlass eine wahrhaft ausgiebige Menschenhölle mir vorzuzaubern – Leider ist das Werk für G. Müller A. G.[16] bestimmt die geschäftlich mich wohl sehr befriedigen doch durch diese ewige Direktionslosigkeit – verzögern, etc, u. s. w wird man dort ganz überdrüssig (private Bemerkung!!) –
– Ich werde Ihnen meinen Besuch im Jänner[17] /sicher/ sicher rechtzeitig anzeigen, falls ich hier dafür nicht erfroren bin, wir leben nämlich jetzt hier schon wieder mit Sturm und 8° minus ganz nach dem Zwickledter Winterfahrplan und nun bitte schöne Grüße von Haus zu Haus insbesonders auch der Gattin vom

alten, jungen, grauen, kahlen
und selig heitern Jammerling
Kubin

/P. S. da m. Frau in Kurzem für 4 Wochen verreist, bin ich wieder gänzlich oberösterreichisch-sibirischer Fährtensucher und Exstatiker./

Bitte beachten Sie und lassen Sie umgehend effektuieren folgende kleine Bestellung[18] aus dem Katalog –

Mereschkowski: 1 Auf dem Weg nach Emmaus
2 Krieg und Revolution
3 La Tour, Pastellmaler etc –

diese 3 Bücher erbitte ich als quasi Verlagsgeier zu Verlagspreis.

Mit Bedauern sehe ich dass Sie Ihr Holzschnittbuch[19] nicht anzeigten! – Falls das Senden der Bücher arge Schwierigkeiten (Auslandszuschlag!) macht so bitte sie an die Adresse meines Freundes Justizrat Dr. Heberle Passau Gewerbehalle (für Kubin) zu schicken! – die Rechnung begleiche ich nach Übermittlung! –

102 Alfred Kubin

AKubin
in memoriam
Karl Oser[1]

7/11 1920

Lieber Herr Piper Herzlichsten Dank für Ihr Schreiben, insbesondere für Ihre gute Mithilfe bei dem +++ sauberen Oser, ich verehre Ihnen hier oben sein Conterfei; – ursprünglich war er ja sicher kein Lump sondern nur ein recht leichtsinniger Faute[2], er scheint sich aber nun leider eines Schlechteren besonnen zu haben, vielleicht rückt er jetzt auf Ihre Vorhaltungen nun doch noch mit den Dingen die er vorenthält endlich heraus; freilich macht's den Eindruck als wollte er noch weiter hinhalten und dabei sich immer noch das Gesicht wahren – Immerhin da er überhaupt ja reagierte wenn auch – mit so konfusem Brief ist für uns ein Erfolg! –

103 Alfred Kubin

Zwickledt Freitag 12. XI 1920

Lieber Herr Piper

Ich brauche Ihnen wohl kaum zu sagen wie entsetzlich mich Ihre Karte mit dem Ersuchen nochmals die Mappenoriginale beizubringen, getroffen hat! – Ich habe sie 20 x gelesen bevor es in meinen armen Schädel hinein wollte dass Hanfstaengl[1] gleichsam nur zum Spass und um grade das Quantum grässlicher Scherereien noch zu vermehren, die Collektion herausgegeben hat, obwohl er diese noch benötigt hätte!?!? – Meine Frau wird Ihnen das Sachliche bei dieser Geschichte wohl schon erklärt haben. – Item, ich musste also gestern an den Kunstsalon Wolfsberg in Zürich, woselbst mir ein College[2] eine Ausstellung arrangiert einen Express und Brandbrief schreiben! Dass er meinem Wunsch nachkommt und aus der Ausstellungsserie jene 16 St. heraus sucht und sie an Verlag R. P. schickt ist ja kaum zu bezweifeln /die Ausstellung ist in diesem Fall erst später woselbst diese 16 St. wieder von München bei Wolfsberg, den ich nicht kenne, – wieder eingetroffen sind./ – Für den Fall dass die Ausstellung aber bereits eingeleitet ist, legte ich die nachträgliche Bedingung auf dass im Falle auch etwas von diesen fraglichen 16 St etwa verkauft würde, der Besitzer die Arbeit erst etwa 2–3 Wochen nach Schluss der Ausstellung erhält, – (womit Hanfstängl dann eben rechnen muss und in dieser Sache dann nicht wieder bummelt. – Hierüber zu wachen, eventuell ordentlich anzukurbeln, möchte ich sie als Freund bitten! – Von den weiteren 4 Blättern werde ich Ihnen 3 (Buddha[3], K. K Kürassiere[4], abgesessene Kavallerie[5]) /von hier aus/ senden. – Die ersten Beiden sind bei der Goltz ausstellung[6] schon gemeldet, – das dritte erhält jemand anders. Das 20. Blatt, junger Hengst und Schlange[7], sende ich nicht mit da ich es völlig verändert und farbig umgearbeitet habe; für den Fall dass Hanfstaengl dies Blatt noch gar nicht clichiert hat lege ich also meine Fassung des Hexensabbath bei, als ev.

Neuersatz – zugleich habe ich mit Hülfe des Faksimiles das Sie mir gaben eine neue Fassung der »Vieherde« für einen speziellen Zweck gemacht, die in der nicht so an den Rand gedrückten Partie rechts starke Vorzüge gegenüber der 2., der Ihrigen[8] aufweist – Ich möchte gerne, dass wir diese dann in die Auflage aufnehmen – und glaube fast sicher dass Sie mir recht geben! –

– Also diese 5 St. riskiere ich übermorgen als eingeschriebene Drucksache zu schicken so geht's schneller von hier aus. – H.[9] soll /sich/ aber sputen ich brauche später diese Sachen um sie in die Ausstellungspassepartout zu geben!! – So, mehr konnte ich bei diesen äusserst peinlichen, störenden Teufelspossen nicht machen. –

– Die erwünschten Bücher sind richtig angekommen und ich lege hier MK 70.40 als Ausgleich bei – Sie machen mir Freude. – Mehr noch haben mich die Proben Beckmann'scher Zeichenkunst überrascht. – Höchst anregend und erfrischend!

– Man mag über unsere modernen wirklichen Künstler denken wie man will, aber zugeben muss man dass sie die Bezirke des Schönen um ungeheure Parzellen erweitert haben – und in diesem neuartigen Reichtum (z.Bsp. Exotik, Kinderkunst, /Neu/Primitive, Formabbau etc) liegt wohl kurz gesagt der Hauptwert der neuen Kunst meine ich. – –

Hoffentlich prangt nun balde der Jean Paul[10] überall auf den Tischen – Ich bin höchst begierig ihn zu sehen –

– W. Hausenstein wird über ihn und das (Kurt Wolff'sche) »wilde Tiere-werk in der Frankfurter[11] schreiben, er hat es mir vor einigen Tagen angekündigt, bitte lassen Sie ihn in meinem Namen dazu ein Jean Paulex. zugehen. – –

Ich bin endlich wieder in Arbeitsverfassung woselbst mich auch solch dämonische Eingriffe wie die Hanfstaengl affäre nicht heraus reißen sollen, dürfen und können – – Ich arbeite an den Lithographien zu meinem Strindberg (»nach Damaskus«[12]) Es ist die letzte und endgültige Abrechnung mit der Menschenhülle – dann überlasse ich dies Gebiet anderen, (gerne!) Ich will hier bis an den Rand dessen gehen was ich noch beherrsche, wegen <…> knapp an die Problematik – Man lebt ja nur einmal – (vielleicht dafür aber immer! im tiefen Verstande) –

– das Werk ist leider für G.M. Nachfgr.[13] wo in der Herstellung und Drucküberwachung gräßliche Zustände herrschen, die mich verbittern. –

Sie haben mir meinen Baumfreveler[14] (der nicht in die Mappe kam) nicht zurückgesandt, Herr Adolf Hammelmann bei dem ich die Zeichnung reklamierte fand sie nicht, und Sie waren an der See also bitte senden sie diese und legen Sie die 4 neuen Beckmannlithos[15] zur Anregung bei –

Herzlichst bedauerte ich, nicht mit meiner lieben Frau im Hause Piper[16] gewesen zu sein aber ich habe an Sie alle gedacht

wie immer Ihr alter

Kubin er schläft schlecht, ist wahrscheinlich mit Strikturen[17], Exzessen und <Hämmorhoida> behaftet, oder ist's etwan Hypochondrie oder ist's schon die knöcherne Hand die vorläufig erst zart und manierlich anklopft?

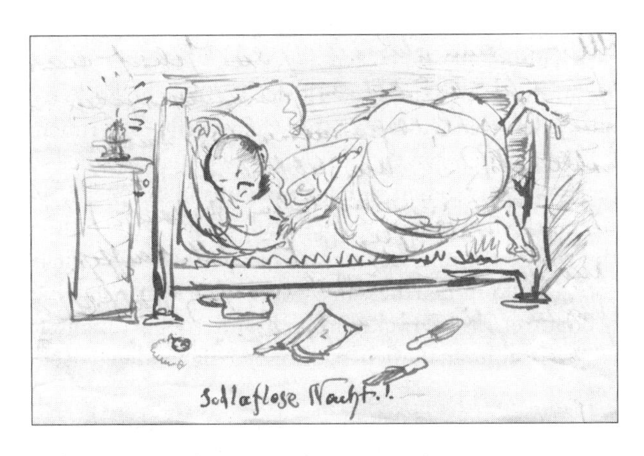

Schlaflose Nacht

104 Alfred Kubin

Zwickledt 19. XI 20

Lieber Herr Piper

Mit der neuen Viehherde kann ich Ihnen leider nicht dienen; dies und der Hexensabbath gehören seit Kurzem einer ebenso schönen wie reichen Baronin[1].

– Mein Schlaf ist seit Ihrem Schreiben wieder besser, ich schlummere menschlicher seit ich diese Mappenangelegenheit etwas geregelter weiß; es ist sehr gut – was Sie an Wolfsberg schrieben!

– Was Sie mir über zugedachte Weihnachtsüberraschungen schreiben ist mir eine herzliche Freude (die wenigste Schererei machen Sendungen immer an die Passauer Adresse – Justizrat Heberle!! /für Kubin/

– Und als Gegenstück[2] zur letzten übersandten, kriegen Sie hier noch eine andere auch schlaflose Nacht – eine Sorte übrigens, die ich allenfalls gelten lasse. Nun aber Schluss

und es grüsst aus seiner Koje wie immer der brave
AKubin

105 Reinhard Piper

15. Dezbr. 20

Lieber Herr Kubin!
Heute ging an Ihren Justizrat Heberle das Weihnachtspacket ab, das Sie aber erst unter dem Tannenbaum aufmachen dürfen. Bei Ihnen draussen muss sich Weihnachten ganz anders feiern, wo man die dick verschneiten Wälder ums Haus stehen weiss, als bei uns in der Stadt.

Zu den einzelnen Büchern brauche ich Ihnen nichts zu schreiben. Umsomehr würde ich mich freuen, wenn Sie Ihrerseits mir über jedes ein paar Sätze zukommen liessen. Wenn man sich ein Jahr lang mit Papierfabriken, Setzern, Druckern, Buchbindern, Sortimentern herumgeschlagen hat, sehnt man sich nach einem lebendigen Reflex seiner Produkte.

Von den »Deutschen Zeichnern«[1] kommt Weihnachten 1922 der zweite Band heraus und ich freue mich schon jetzt, in ihm ein paar schöne Kubin's zu bringen. In diesem ersten Band dominicrt Wolf Huber[2], der ja vor vierhundert Jahren durch die Zwickledter Gegend mit seinem Skizzenbuch zog. – Das Deutsche Lesebuch[3] möge Ihnen und Ihrer Frau ein wirkliches Lesebuch, nicht nur ein Durchblätterbuch werden. Ein Karlsruher Buchhändler protestierte übrigens ausdrücklich gegen das Buch, weil es eine »Schmiererei« von Ihnen enthält. Solche Reflexe gibt es auch!

Mit besten Grüßen und Wünschen
Jhr
[Durchschlag]

106 Alfred Kubin

[undatiert, Ende Dezember 1920]

Lieber Herr Piper
Ihre Fanfare: »Sieg auf der ganzen Linie!« ist insoweit verfrüht als unseres Mitbruders Oser Sendung weder in Form der Entwürfe, noch in der einer Anweisung auf Geld bisher verwirklicht wurde. –

– Doch die Verzögerungen sind ja jetzt so an der Tagesordnung dass ich Osern nicht auf's neue beschimpfen will –, er wird es wohl noch schicken. –

– – Den Jean-Paul band finde ich wunderschon aussehend – eine eingehend ausgezeichnete Kritik von Herrmann Esswein[1] liegt mir heute vor.

– Ein nobles Buch – aber 96 Mark im Laden trübt wohl manchem-Gerne-Käufer die Laune. –

– Die liebenswürdig angesagten Weihnachtsüberraschungen lassen mir das Herz schon Heute höher schlagen! – – Dank, heißen im Voraus. –

Ich bin seit ein paar Tagen etwas herunter –, habe meinen Strindberg[2] im Entwurf völlig beendet – ich rang wie Jakob mit dem Engel um diese 19 Tafeln – er hat mich aber gesegnet[3] und nun fühle ich mich etwa wie eine Wöchnerin am Tage nach dem Gebären – die 19 Conzeptionsskizzen in Bleistift habe ich übrigens für Sie zurückgelegt da ich weiß dass Sie diese Dinge sammeln – und Freude damit haben werden besonders wenn Sie es am fertigen Werk vergleichen können. –

Wolfsberg hat also seine Zusage gehalten und die Collektion geschickt, nun halten Sie, o verehrtester, tüchtigster aller Verleger, gewiss auch die Ihrige und senden die 16 Originale ja rechtzeitig gleich an den

Züricher[4] der im Januar noch die Ausstellung machen wird von deren Erfolg das Reise- und Erholungsglück des nächsten Sommers abhängt – Ja ich suggeriere und hypnotisiere Sie wie Sie sehen, dass Sie den Hanfstaengl antreiben seine Fälscherkünste tunlichst zu beschleunigen –

– – (die übrigen 6 – dabei die fremde Viehherde und der verworfene Baumfrevler anhierher.

– Zu Briefzeichnungen von mir kommen Sie wohl sicher eher wie ich zu solcher Schlaflosigkeit wie es mein letztes Bildchen zeigt – ja früher!!!..... – aber nun suche ich die Wollust mehr auf dem Papier wie im Bett –

– die Schlussnummer des »Wieland«[5] kam als Kubin Nr sehen Sie sich diese gelegentlich an sie ist spasshaft – Mit Vergnügen las ich jetzt ein charaktervoll geschriebenes Buch von Ernst Wurttenberger[6] »Zeichnung – Holzschnitt – Illustration, – das gut in Ihren Verlag gepasst hätte, Ich willige in meiner Anschauung ja nicht in alle diese Grenzen die sich der Autor (dessen eigne Bilder bemerkenswert blutarm geraten) ein – ich bin unbescheidener.

– Herzlichste Weihnachtsgrüße Ihres Kub.

/Eben schildert mir meine Frau wie gemütlich und nett es bei Ihnen war und wie Sie Sie und Ihre Lieben hier auch grüßen lässt.!/

107 Reinhard Piper

21. Dezbr. 20

Lieber Herr K u b i n !
Schönen Dank für Ihren reizenden Brief. Die Entwürfe von O s e r sind bereits hier auf dem Zollamt. Die Einfuhrerlaubnis ist jedoch etwas zeitraubend. Deshalb sind Sie noch nicht im Besitz der Sendung. Mit der Geldsendung ist das etwas anderes. Ich schreibe heute noch einmal an Oser, dass das Geld noch nicht eingetroffen ist.

Auch die Sendung von Wolfsberg konnten wir wegen der gleichen Schwierigkeiten noch nicht bekommen.

Die Jean Paul-Würdigung durch Esswein hat mich sehr gefreut.

Noch mehr aber, dass Sie die neunzehn Konzeptionsskizzen zu Strindberg für mich zurückgelegt haben. Bitte bringen Sie sie mir doch im Januar mit, wenn Sie mir dieselben nicht schon vorher schicken wollen. Zu einer Gegenleistung wird sich wohl für mich eine Möglichkeit finden.

Natürlich hätte ich auch ohne Ihre Hypnose hinter der Firma Hanfstaengl ein Riesenfeuer angemacht, dass er sich nun mit der Anfertigung der Reproduktionen aufs äusserste beeilt.

Die Kubin-Nummer des Wieland habe ich mir sofort in zwei Exemplaren bestellt und bin sehr neugierig darauf; ebenso das Buch von Württemberger. Soeben ist ja auch ein Holzschnitt-Buch von Westheim[1] erschienen und ich bin froh, mit meinem Holzschnittbuch[2] noch gewartet zu haben, da ich mir nun Wiederholungen sparen kann, und weiss, wie die anderen Leute die Sache ansehen.

Nehmen Sie mit diesem mageren Brief vorlieb. Ich sollte schon längst auf dem Exerzierplatz Oberwiesenfeld sein, wo ich von meinen rodelnden Söhnen photographische Aufnahmen für meine Frau zu Weihnachten machen lassen will.

Ihr Weihnachtspacket werden Sie wohl inzwischen in Passau abgeholt haben.

Mit besten Grüsse und Wünschen
Jhr
[Durchschlag]

108 Alfred Kubin

Zwickledt 20.1.1921
O.Ö.

Lieber Herr Piper Nur einen Gruss und herzlichen Dank für die Zusendung der Buchbesprechung in den M.N.N.[1] die mir eine sehr freudige Genugtuung war. Und die Bücher! Wie verschönte Ihre Sendung unser Weihnachten, der Courbet[2], die deutschen Zeichner, das Erbe – dieses letzte eine große Culturtat des Verlages, ein Buch in dem ich immer mit Stolz lesen werde das ich empfehlen kann und auf das man im Ausland mit Neid blicken wird – den Seghers[3] bringe ich mit und tausche ihn um – ich habe das Glück die 3 Bände des H. Seghers der graphischen Gesellschaft zu besitzen. Dies von Jaro Springer eingeleitete Werk ist noch kompletter aber eben /in/ ganz kleiner Auflage limitiert – Ich bin am 1/II in München, am 7. wird die Ausstellung[4] eröffnet – Ich bin wahnwitzig von Sammlern, Instituten etc z.Z. attaquiert, erschöpft vom Strindbergwerk[5] – belegt von Ausstellungsvorbereitungen[6]. ausserdem mache ich eine phantastisch tolle Seelenkrise durch und (als Satyrspiel) eine Darmkur gegen Kinderwürmer die mich inwendig auslutschen wollten, dies alles macht wohl begreiflich warum ich meine Bemerkungen über die Bücher des weiteren auf's Wiedersehen verschiebe – (Ich wohne wieder bei Walter Harburger[7], Werneckstr. 1) und könnte an einem der ersten Februartage /schon/ einen Piperabend reservieren – den noch bin ich was Besetzung meiner Abende anbetrifft völlig Jungfrau – In den ersten Februarabenden könnt' ich die Strindbergtafeln Ihnen zeigen die auch ausgestellt werden – und Ihnen die Conzeptionen /dabei/ feierlichst überreichen. Also bitte eine Karte, vielleicht nach Werneckstr. 1 /oder umgehend hierher/ welcher Abend Ihnen und der verehrten Gattin die wir beide von hier aus grüßen, passt!!! Ich antworte dann telefonisch oder mündlich beim Verlag.

– Ich habe hier natürlich auf Salon Wolfsberg auf die Faksimili und die verd. Oserei ein lachendes und ein weinendes Auge; – diese drei Grazien sind ebenso fällig wie unspürbar. –

– Nun aber Schluss und auf Wiedersehen!

am 31. Nachts treffe ich – vermutlich halbtot – in M. ein – Seien Sie gegrüßt verehrter Verleger und Freund

Lassen Sie mir ja gewiss einen Reineke Fuchs[8] zurücklegen – ungeachtet der Beckmannschen Stadtnächte[9] Sie Meineidiger! –

Herzlichst Ihr AK.

P.S. Soeben trifft Ihr Schreiben ein und ich bin über die Faksimile, den Oser – und leider auch Wolfsberg der meine Schweizer Sache nun etwas verschiebt wieder orientiert.

– Aber senden Sie ihm ja dann die bestimmten 16 Stück Originale –

– An Goltz schreibe ich nach diesem in Ihrem Sinne – – und nun nochmals auf ein gesundes Wiedersehen

Ich erhalte Clystiere[10] von Koblauchabsud welche ich Ihnen wenn Sie Würmer einmal beherbergen auch empfehle – (Leichenwürmer gelten natürlich nicht – da hielft dann kein Clystier! – AK.

109 Alfred Kubin – Postkarte

Jan. 21 Passau *[Poststempel]*

Lieber Herr Piper, Eben erhalte ich eine Karte Herrn Hammelmanns der mir mitteilt dass Ihnen jeder Abend recht sei. Ich bitte also um den bs Donnerstag[1] 3. Februar wo ich gegen 7 Uhr in Ihre Wohnung kommen werde und hoffe dass wir uns alle in gesunder Verfassung wiedersehen. – Sollte von Ihr Seite doch noch etwas dazwischenkommen, was ich nicht erwarte, so wissen Sie ja wo ich abgestiegen bin –: Werneckstr. Nr. 1 bei H. Walter Harburger.) – Ich bin sehr belegt – es grüsst Sie bestens bis aufs Wiedersehen

Ihr getr. Kubin

110 Alfred Kubin[1]

[undatiert, Februar 1921]

Lieber Herr Piper
der Strom der Verpflichtungen schwillt an und alles schiebt sich noch gedrängter zusammen

– In der Luft hängt ein starker Erfolg –

Es wird mir aber nicht mehr möglich sein mit Herrn Hammelmann nochmals zusammen zu speisen – auch kaum mehr am Verlag vorbei zu kommen – bitte dann Oser- wie meine Blätter an mich hierher oder Passau (Heberle) oder Wernstein zu senden

Immer Ihr alter
Schinderkarrengaul

Und die 16 Züricher an Wolfsberg!!!

111 Alfred Kubin

Z. 18/II 1921.

Lieber Herr Piper
Ich habe meine Krankenpflege unterbrochen (meine Frau hing mit einer im ungeheizten Bahnwagen sich zugezogenen glücklicherweise wie es scheint noch gekappten Lungenentzündung auch »am Rande des Lebens«) – und schonungslos mit Dampf <Nachts> meinen Einfall für Umschlag unserer Mappe soeben beendet und fahre morgen damit nach

Passau damit alles noch seinen Anschluss an die Messen etc. findet – (die Liste bezeichnet meine Bl.)

Wolfsberg bekommt dann die restlichen 16 Stück –

– Mir würden Sie für meine Zeichnung[1] mit Mareesproben von Dürer[2] und Rembrandt[3] Freude machen die Dürerlandschaften[4] machten mich <...> staunen und neiderfüllt auf die Tories[5] die sich das leisten können. – Ich erhalte viele Glückwünsche und ehrende Anerkennungen von wegen meiner Übersicht bei Goltz.

In Erinnerung des schönen Abends[6] bei Ihnen Beiden folgt mein herzlicher Gruss dem sich die hustende Patientin anschließt

Ihr alter Kubin

112 Alfred Kubin

Z. 25 II 1921

Lieber Herr Piper

Nun ist es doch so plötzlich eingetroffen, dass Ihr alter Vater wie ich eben erfahre gestorben[1] ist – ich (wie auch meine Frau) sprechen Ihnen hier unsere Teilnahme aus – ich kann mir wohl Ihren Schmerz vorstellen denn auch ich hing unglaublich stark an meinem alten Herrn[2] und verspüre heute nach 14 Jahren noch etwas von dem Kummer der Trennungstage wenn ich an sie zurückdenke –

– – es verrutscht eben ins Unfassliche immer ein ganzer Teil unseres eigensten frühen Erlebens beim Tode eines der Eltern und dies glaube ich macht unseren Schmerz besonders stark. – Friede der Asche. –

– Für Ihr Schreiben[3] viel Dank. – Ich nahm wohl an, dass Sie an der Umschlagzeichnung der Kubinmappe Gefallen finden werden – – Wenn Sie mir nur einige Dürer-Drucke senden würden so erfreuts mich natürlich – denn ob ich so ganz rasch mir die Mappe kaufen werde für <...> weiß ich noch nicht recht – – (ich habe ja keine Kinder und Enkel, – aber irgendwelche solche werden natürlich an der Mappe Freude haben ob ich sie nun kaufe oder nicht –) Also in nächster Woche hole ich mir von Passau meine Originale und nehme an dass gleichzeitig der Wolfsberg Teil (16 St) nach Zürich gingen. – Und dann kommt wohl bald die glückhafte Stunde da ich die Mappe in Händen halten werde. –

Für den Ganymed[4] werde ich im Frühjahr noch einen Zwickledter Brief »mein Tag«[5] verfassen – nun nochmals alle Teilnahme von uns hier – wie immer Ihr alter

Kubin

Für den Verlag Hugo Schmidt wird möglicherweise eine kleine Werbeschrift über meine Kunst von dem Prof. E.W. Bredt[6] als »Kubin Brevier«[7] verfasst werden – es werden eine Anzahl sehr klein reproduzierter Arbeiten in dem auf weite Kreise bestimmten billigen Büchlein sein. Ich dachte mir nun ob aus der Mappe nicht etwa der Buddha[8] im Format von etwa 9x8 cm gebracht werden könnte mit Hinweis auf das große Werk das könnte zunächst moralisch dem Werke nützen – – Falls es also dazu kommt das diese Werbeschrift gemacht wird würde ich Prof. E.W. Bredt mitteilen er solle sich wegen Autorisation des Buddha an den Piper Vg. wenden. –

113 Alfred Kubin

23.3.1921

Lieber Herr Piper Obgleich ich wie Sie wissen im Allgemeinen Umschläge nur ungern mache (Sie sollen ja nicht »intim« sein so wie ich es liebe!) so will ich Ihnen und dem Andenken Ihres Vaters zu liebe den Spukumschlag[1] doch machen, so gut ich's kann – Ich lege Ihnen einige 5 Entwurfsskizzen hier bei, bin selbst aber zu Nr. 1 den auflebenden Gehängten (S. 120) weitaus am meisten entschlossen. Die Fläche ist am besten aufgeteilt, die Schrift fügt sich recht gut ein /eventuell käme das derbere Nr. 5 auch in Betracht, Nr. 1 ist jedoch origineller. – Das Wort »Der Spuk« mit einem Farbton füllen (rot!) Umschlag vielleicht auch gelblich grau oder grünlich Zeichnung braun oder schwarz (vielleicht Offsettverfahren? wie mein Balzacband[2]./ – Ich hoffe dass Sie nicht lange nörgeln werden und bitte mir gleich die Skizzen wieder zu retournieren damit ich den Umschlag machen kann – dem Honorar 500 M. bin ich einverstanden – An Dr. Hausenstein sandte ich mein Manuskript[3] in Briefform und machte sechs kleinere Vignettenartige Zeichnungen /für welche ich gerne MK 300 hätte; – für das Manuskript das übliche wie bei andern. –/ dazu – Ich hoffe das wird ein ganz netter, Ganymedbeitrag. –

– Doch ganz konsterniert bin ich weil ich gestern in Passau noch immer nicht meine Originale zur Mappe, Oserblätter, Baummörder Viehherde 2 etc. vorfand! ich weiß nun gar nicht ob der Wolfsbergische meine Zürcherausstellung eröffnet hat und auch die mir zuzusendenden Blätter gehen mir leider recht sehr ab – Nun hoffe ich aber wirklich, dass diese Sachen kommen!

Haben Sie ein wenig Umschau nach Rembrandt und Dürermaréesdrucken für mich gehalten??

– Es geht mir mäßig – Ich bin etwas leidend

– ich erfuhr noch verschiedene schöne Anerkennungen /So hat mich die Akademie der Künste in Berlin durch Liebermann[4] persönlich zur Ausstellung – jurifrei – eingeladen – was mich sehr freut – denn es liegt darin eine leichte Betonung des Klassischen, die Wertung welche ich nun im Grunde anstrebe./ – – Wenn ich auch der »Meister des Grauenhaften« jetzt auch von Ihnen genannt werde, so bin ich doch nicht der Meister der Buchumschläge, trotzdem glaube ich wird unserer gut, – das Buch ist ja sehr sympathisch zusammengestellt <…> und von Ihrem Vater angenehm objektiv gehalten

Grüsst Sie Ihr Kubin

Bei G. Müller kam nun nach über 2 ½ Jahren endlich das Buch mit den eigenartigen Traumaufzeichnungen von Friedrich Huch[5] »Neue Träume« – 20 Tafeln und Textbilder von mir –

Aber recht hübsch ausgestattet nachdem der Ganze erste Versuch, die ganze Auflage infolge schlimmer Schwärze im Vorjahr eingestampft werden musste.

114 Alfred Kubin – Postkarte

2. Apr. 21. Passau *[Poststempel]*

Lieber Herr Piper, ich bin wirklich entsetzt, ich bin nun heute 2. April wieder in Passau um die Sendung bei Heberle abzuholen – noch nichts da!

– Es ist wohl beim Verlage liegen geblieben? – Und wahrscheinlich auch die Sendung an Wolfsberg! – Ich will am Dienstag wieder kommen um endlich diese Sachen zu holen – – Mit Ostergruß, Ihr

frühlingsmatter
Kubin

Hara Kiri

115 Alfred Kubin[1]

Z. 4.4.1921

Lieber Herr Piper Ich habe also Aussentitel und die zweite Zeichnung für Innen des Spukbuches fertig und wills Ihnen morgen von Passau aus zusenden und hoffe meine Originale und Revanche für den am Rande d. L. Umschlag in Gestalt von Maréesproben dann bei Heberle vorzufinden. –

Ich war ja etwas beklommen darüber dass Sie der zweiten Zeichnung nur 300 zubilligten – (die erste 500) – warum kommt »der Gehenkte« in diese Esaurolle[2]?? Ihr Vater dem das Ganze zu Ehren geschieht würde seltsam lächeln und vielleicht sagen: da kenne ich meinen Reinhard wieder!«

– Nun die Zeichnungen wurden schauerlich genug und werden dem Absatz zugute kommen!

– und da in den letzten Jahren sich kaum einer rühmen kann zwei Originale im Auftrag – (: noch dazu mit der mir peinvollen Schrift :) um 800 M. erhalten zu haben so hoffe ich dass Sie das nächste mal bei Sendung tief in die Maréesdrucke greifen werden. – Die Weihnachts-Stadtnacht-Max Beckmanns, allängst heilig versprochen kam ohnehin noch nicht hier an. (und Sie wissen wie ich B. schätze!? –

So ist die Welt! Wie immer o teurer Verleger! (denn daß der Entwurf II »schon da ist« ist doch ein Sophismus[3] nicht? ich hing Zeit, Kraft Ehre und Arbeit an ihn <...> und seine Ausführung) Nun verbleibe ich Ihr altergebener Sie

herzlich grüßender Kubin

die Verlagszeile[4] aussen konnte ich mich nicht entschliessen anzubringen ich fand dafür keinen Platz, aber Sie können das ja wenn Sie glauben von einem anderen dazu machen lassen –

beim Innenblatt machte ich überhaupt nicht die ganze Schrift Ich machte Satzspiegelformat damit es als Frontispice[5]« wirken soll – Wenn das Buch im neuen Gewand fertig erbitte ich ein Belegex. Das Wort »der Spuk« denke ich mir in Rot – beide Zeichnungen sind um ein Geringes größer gezeichnet.

Die 800 lassen Sie bitte für mich bei Wilh. Simson Passau anweisen –

Spamers Correktur der Mappentitel sind sehr hübsch in der Satzanordnung!

Das Telegramm erhielt ich und schicke heute meine Sie grüßende Frau um die Sachen nach Passau, hoffentlich haben Sie mir ein paar Maréesproben! des schönen Dürer und Rembrandt schon beigelegt. –

Kommen die Reineke Fuchs Blätter bald bei Marées Gesch?

[Anlage:]

der Uhu am Tage

116 Alfred Kubin

Zwickledt – Wernstein a Inn 5.6 21
1921

Lieber Herr Piper
Anbei schicke ich Ihnen die Umschlag-abzüge wieder zu von denen ich 3 Stück in von Ihnen und Renner[1] gewünschter Weise zurichtete. Auch den Rückentext lege ich bei und hoffe nun für diesmal ausgespukt zu haben –

– In Passau fand ich den 30. Maréesdruck »Goethes Reineke Fuchs« mit Schuberts[2] Kaltnadelblättern die mir teilweise noch immer hervorragend gefielen (leider fehlten im Buch einige Radierungen welche seinerzeit als Proben mich besonders auch reizten z. Bsp. wie der Fuchs die Fische vom Karren wirft, – wie er sich tot stellt, etc. –

– Bitte was kostet dieser Druck, es lag keine Rechnung bei – Von Ihren Neuerscheinungen höre ich /stets/ mit starker Teilnahme, ich selbst befinde mich zur Zeit etwas unter minus –

– die »Erholung«[3] wird mich heuer in die Salzburger Alpen recht hoch hinauf führen. Hoffentlich erlerne ich aber noch früher das Lachen und Frohsein wieder. – Wie immer grüßt Sie von Haus zu

Haus Ihr alter
Kubin

/Die Leipziger Illustrierte Ztg. steht in Unterhandlung wegen eines großen ill. Aufsatzes[4] über meine Kunst; ich werde einige Blätter unserer Mappe unter Bedingung der Nennung des Verlages und des Werkes auch hingeben./

117 Alfred Kubin[1]

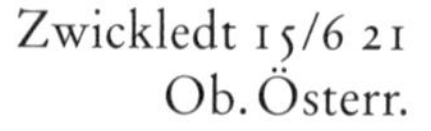

Zwickledt 15/6 21
Ob. Österr.

Lieber Herr Piper
Mit Dank bestätige ich Ihren Brief und sende Ihnen für das Marées Gesellschaftswerk per Check <911> M. – Dass das Spukbuch nun in Ordnung kommt hat mich wahrhaft erlösend gestimmt –

– Für Ihren Bekannten[2] weiß ich leider kein nettes Plätzchen /Wie oft musst ich hier nächsten Verwandten schon absagen!/ – In meinem Hause gings aus zwanzig verschiedenen Gründen nicht –

– leider ists außerdem im Sommer gar nicht so ruhig bei uns z. Bsp. eben war meine hungerleidende Schwester[3] mit Kind da, vorher meine Schwägerin[4], bald kommt dann Schmitz[5] u. sw. us. f. im Spätherbst und Winter ist's dann dafür wirklich totenstill und das behagt mir sehr. – Meine Hochalpenerholung dürfte mich ja nur wenig mehr als 14 Tage von hier fortsehen – hoffentlich hält dieser kurze Erholungsaufenthalt dann ziemlich vor – vergangenen Herbst war ich 4 Wochen in einem Sanatorium[6] und das tat mir sehr wohl. Wie fein, dass Sie schon wieder eine Neuauflage Ihres Tierbuchs[7] herausbringen! /Ihr Holzschnittbüchlein[8] vergessen Sie dabei doch hoffentlich nicht ganz!/ Nun alles Gute von Haus zu Haus

Immer Ihr alter Kubin

118 Alfred Kubin – Postkarte

17/6 21

Lieber Herr Piper, Nun grade hoch erfreut war ich über Ihr letztes Schreiben[1] nicht doch würdige ich Ihre Vorbringungen und nehme zum Anlass eine ganz objektiv sehr starke Arbeit an welcher ich eben bin (der Stier auf der Alm[2]) für Ganymed zu lithographieren! – Ich sende es Ihnen so wie es fertig ist. Verständigen Sie Dr. Hausenstein[3] – Von meinem alten Tempel[4] lassen bitte für mich auf meine Rechnung 20 Abzüge machen, ich kann diese sehr brauchen –

Dann aber nun hoffe ich von Autor, Herausgeber, Verleger, Ganymed und seinem Adler[5], vom toten Marées und dem Obergott M-G[6] in dieser Angelegenheit von neuen Versuchen völlig vernachlässigt zu werden –

Ich gehe schon Juli ins Hochgebirge
gestern entschied es sich! –
Wie immer Ihr Kubin

119 Alfred Kubin – Postkarte

28/6 1921

Lieber Herr Piper, Es befriedigt mich nun dass Ihnen mein »Stier« für seinen Zweck gefällt (lassen Sie bitte für mich auch ein paar Drucke davon ziehen) – Ich reise am Montag d. 4 Juli und bin wohl über 4 Wochen dann wieder hier –

– Sie können die zur Signierung kommenden Blätter etc. an Justizrat Heberle, Passau für mich senden, das ist wohl einfacher!! –

Nun alles Erfreuliche, und mir wünsche ich eine gute Erholung! Immer Ihr
alter Kubin

120 Alfred Kubin – Postkarte[1]

1. X 21 Wernstein *[Poststempel]*

Lieber Herr Piper, der Bekannte Romancier Dr. Otto Stoessl[2], Wien schreibt mir soeben dass er gerne ein größeres Essay[3] über die Mappe »am Rande d. Lebens« in einer erstklassigen Zeitung (entweder im »Tag« oder in »Münchner Neusten Nachrichten« oder in deutscher allgem. Ztg) bringen möchte wenn Ihnen daran liegt und er ein Ex. zur ausführlichen Besprechung erhält. Stössl schreibt dichterisch vorzüglich und da er nicht Berufskritiker ist – tief und so originell dass ich Ihnen gerne sein Ansuchen unterbreite und empfehle zumal ich weiß dass Sie einige Ex. zur Besprechung haben. Im Falle Sie ihm eine Mappe zu diesem Zwecke zu senden wollen ist seine Adresse: Dr. Otto Stoessl, Wien XIII, Matrasgasse 20.

– macht die Sendung Umstände könnten Sie's auch an Heberle Justizrat Passau Gewerbehalle (für Kubin) gehen lassen ich expedierte Sie dann weiter. Also wie Sie wollen, ich nehme an dass Sie vielleicht ohnehin schon etwas von hervorragenden kritischen Arbeiten Stoessls gelesen haben. – auf jeden Falle bitte ich um Verständigung

mir geht's – mit sammt der Frau, so ziemlich – ich muss im nächsten Mond nach Berlin[4] und habe fast Angst auf den Rummel. Es grüßt herzlichst der Millionär wider Willen mit der zeitgemäßen österreichischen Riesenbrieftasche

P.S. Ist Mereschkowski[5] »der 14. Dezember« bei Ihnen erschienen??

121 Alfred Kubin[1]

Zwickledt 7. 10.<...>

Lieber Herr Piper

Ihre Liste zeigt mir lauter gedigene Adressen welche im weitesten Maasse Würdigung der Mappe nach sich ziehen werden. – An Hausenstein gab ich von hier aus keines meiner Ex. ich habe andere Verpflichtungen und möchte mir etwas auch für die Zukunft zurückbehalten von dem Werke welches mich bisher am vollkommensten zeigt. – – – Ich schlage hier noch Einiges vor. –

1 Leipziger illustrierte Zeitung[2] die sich an mich um Material und Portätphotos für einen
großen Artikel vor kurzem wandte.

2. Redaktion der Prager Presse – für Herrn Otto Pick[3] Prag III Nerudova 5
Pick schrieb seit Jahren ausführlich und kann bei den Böhmen gewiss manches tun.

3. Redakteur und Schriftsteller Will Scheller[4] Kassel Königsplatz 1.
der zu ungesehenen Blättern Beziehung hat und oft (Doppelgänger!)
gut schrieb.

4. Dr. Richard Schaukal[5], Wien XIX Cobenzlgasse 42
mit mir in Freundschaft verfasste den ersten Essay vor 20 Jahren schon
über meine Kunst und trat sehr oft ein. – –

5. Prof. Dr. E.W. Bredt München Jutastr. 29
unbedingt! Verfasst zur Zeit für Verlag Schmidt das Kubin-Brevier[6]
welches eine sehr große Verbreitung erreichen wird es ist sehr günstig
für uns wenn er die Mappe besonders darin erwähnen würde

6. Sollte man nicht auch an Willi Wolfradt[7] 1 Ex geben
ich weiß seine Adresse in München nicht aber er recensierte
in Fachzeitschriften öfter eingehend und wirksam. –

bei 2,3,4,5,6., wäre /x und <Beilage>!!/ es besonders gut wenn Sie einen Zettel »ubersandt im Namen des Künstlers – beilegen würden. eventuell Zusatz: und des Verlags??

– Sonst weiß ich von wichtigen Namen die heute noch in Betracht kämen niemand –

– Harden zählt nicht mehr[8], /ob/ Prof. Dr. Oscar Bie noch Herausgeber der Neuen Rundschau (S. Fischer) ist weiß ich leider nicht – er hatte stets Interesse und selbst oder durch andere meine Hauptwerke besprechen lassen[9]. –

Andere kommen bei dem Wert der Mappe zunächst nicht in Betracht. Leider verlor ich die Adresse eines Herrn Visser der in einer großen holländischen Zeitung vor 3 Jahren <...> wirksame Artikel[10] mit Portrait und Bildern brachte. –

Mir gehts sonst nach Wunsch – Im nachsten Monat fahre ich nach Berlin, wo ich als Gast des Verlegers Gurlitt[11] den ich aber nicht persönlich kenne etwa 2 Wochen bleiben werde ich habe etwas Angst vor Berlin das ich seit 1913 nicht mehr[12] sah – /zurück über Frankfurt wo ich Beckmann[13] dann endlich mal kennen lernen will. – sein alter Freund Prof. Hans Meid[14] besuchte mich im August hier und erzählte tolle Geschichten wie B. eben ist und lebt! –/ – das Schaffen macht mir Freude; durch glückliche Fügung bekam ich noch einen Posten meines alten 100 jähr. Papiers[15] aus ehem. K.K. Archiven. mit diesem kostbaren Schatz kehrte zugleich eine rätselhafte Lust sich in den Problemen meiner Jugendzeit, die mich um die Jahrhundertwende beschäftigen, aufs neue, diesmal aber bewusster träumend auseinanderzusetzen – sowirken die augenblicklich bearbeiteten Sachen primitiv (etwa gegen die Mappe a. Rande d. L.) eine sehr merkwürdige Periode – eine Art Spiralenlaufbahn! – Alles Gute für Sie, Ihre liebe Frau und die Compagnons[16]; immer Ihr Kubin

/Ich finde Ihre Liste mit großem Verständnis ausgesucht – auf F. Avenarius Kunstwart Dresden halten Sie wohl wenig als Reclame? Er schrieb 2 mal: »Traumkunst«[17] ist von ihm geprägt./

/Wir waren vor Kurzem mit Heberle[18] in der hochinteressanten Englburg[19] bayr. Wald die Ihr Vater[20] auch als merkwürdig erwähnt./

122 Alfred Kubin[1]

Zwickledt 25/XII 1921

Lieber Herr Piper
Bei allen Göttern, aber Sie verstehen es zu überraschen! Ich wusste ja wohl, dass Sie meiner ländlichen Einsamkeit gedenken werden, doch der Bilderstrom aus Ihrem Verlag floss diesmal so überreichlich, dass ich mich kaum beruhigen mag vor lauter Schauen, – Schauen! – Und nun als Dankender sei vor allen Dingen Ihr wunderprächtiges Tierbuch[2], nein Tier-Werk – muss man hier sagen erwahnt. Wie haben Sie das nun ausgebaut. – und wie freue ich mich auf den umgearbeiteten und so vermehrten Text es ist ein herrliches Ding geworden; dann war aber das schöne Tier-Messekbuch[3] mein allerliebster Piperianum! – Warum kann man jetzt nicht mehr solche schönen und reifen Illustrationen sehen?? ein deutscher nachdenklicher Künstler – ernst, tief, von verhaltener Dämonie und so herbe dass man ihn nicht gleich /beim I. Anblick/ erschöpfen kann –

– Von den beiden Atlanten[4] sprach mir Dr. Hausenstein schon einmal – ich dachte sie mir nicht so üppig – wie sie nun ausgefallen sind von den Etruskischen Stücken war mir manches aus dem Augenschein in Italien noch in Erinnerung – von den gotischen Werken, sehr vieles unbekannt – die beiden Bände sind mir wertvollstes Material und Trost im noch langen Winter –

– Ja schon wieder Weihnacht, wie verfließt doch unsere Lebenszeit! – Ich war wie Sie wissen vor wenigen Tagen in Berlin! Teufel, ein Tempo hat diese Stadt seit neuestem angenommen mit dem meine <Nerven> kaum mehr zurecht kommen. – So seit dem Kriege! (ich war 1913 das letztemal da.) – Gesehen habe ich soviel dass ich mir eine Aufzählung ersparen muss. – Unter anderem auch die Beckmannausstellung bei /I. B./ Neumann[5] – . – Stärkster Eindruck! Das Konsequenteste was ich kenne in der neuen Kunst ist diese Entwicklung!!! die Sachen sehen gefährlich, fascinierend aus!! Leider aber fuhr ich direkt nachhause und nicht wie ursprünglich mein Plan war über Frankfurt, so dass wir uns wieder nicht persönlich kennen lernen konnten – das wird, so fühle ich – aber sicher einmal zur gewiss rechten Stunde kommen. – Ich bin noch in Jubelstimmung über all die Weihnachtsfreuden die mir dies Jahr wurden! /z. Bsp. der kleine Hörschelmann schenkte mir eine Spitzwegzeichnung!/ Hinein in die Freude spielt die triste und doch wieder gute Kubinsche Schicksalstatsache, dass ich einen bekannten Namen und Ruf habe – – die Poststücke! täglich Angebote, Bitten, 100 Überflüssigkeiten, Anerkennungsschreiben u. s. w. – Um nur einmal das ärgste zu erwähnen, ein Curiosum: Ein Schriftsteller droht mit Selbstmord[6] wenn ich mich nicht entschliesse sein Buch zu illustrieren! Nun habe ich mit dem Illustrieren überhaupt Schluss gemacht /es giebt jetzt genug Werke dieser Art von mir meine ich. –/, soweit ich absehe will ich ganz allmählich, /in den nächsten Jahren/ nach und nach nur /zu/ den wenigen Sachen /(2)/ noch Illustrationen machen wo ich es schon vor langer Zeit versprochen[7] habe – aber meine Zukunft möchte ich wieder an das Bauen an den ureigensten Problemen an die Kubinblätter ohne Combination mit anderen Geistern geben. Also nochmals Dank! wie freuen mich Ihre Bücher!, Allem was Piper macht sieht man die durchdachte Freude, und echte Überzeugung an So kann man wirken und es ist schön obgleich die Jahre wie spurlos verfluten Frau Hedwig dankt und grüßt Sie und die Ihren

Ich bin wie immer Sie herzlichst begrüßend Ihr alter

Kubin

123 Reinhard Piper

München, den 31.12.21.

Lieber Herr Kubin!

Haben Sie allerherzlichsten Dank für Ihren schönen Weihnachtsbrief mit der ganz köstlichen Zeichnung. Sie ist eine grosse Bereicherung der Kubin-Schätze. Ich werde nächstens ein paar Leute einladen, meine graphische Sammlung zu besichtigen, und werde dann nicht verfehlen, auch Ihre herrlichen Briefzeichnungen zu zeigen. Ich werde damit gewiss den Neid aller Betrachter erregen.

Dass Ihnen die neuen Verlagswerke Vergnügen gemacht haben, ist auch mir eine grosse Freude. Besonders freute es mich, dass Sie so schöne Worte über die Meseck-Zeichnungen[1] gefunden haben. Dieses Buch ist nämlich das Stiefkind unserer diesjährigen Veröffentlichungen. Die Leute wollen es nicht einmal zur Besprechung haben und auch Hausenstein hat die Nase darüber gerümpft. Es ist eben nichts seltener in der Welt, als dass einer den anderen gelten lässt. Darum hat mich Ihre Aeusserung besonders gefreut.

Dafür rümpfen wieder die Fachgelehrten die Nase über die Bücher von Hausenstein, weil sie ihnen nicht »wissenschaftlich« genug sind und so geht das Naserümpfen immer weiter.

Von Beckmann bringen wir im Frühjahr eine neue Mappe mit Radierungen »Der Jahrmarkt«[2]. Vielleicht kann ich Ihnen davon den einen oder anderen Probedruck zusenden. Im Laufe der Zeit werden Sie ja gewiss einmal mit Beckmann zusammentreffen[3]. Schade, dass ich dann nicht unsichtbar die Begegnung der beiden Majestäten belauschen kann. Sie beide sind nämlich ungemein verschiedene Temperamente.

Ich gebe Ihnen ganz recht, dass Sie nur noch die Illustrationen machen wollen, die Sie seit langer Zeit versprochen haben. Dazu gehören ja auch die Indianer-Sagen[4], mit denen ich Sie aber zunächst noch nicht quälen will. Sie werden schon einmal selber Lust dazu bekommen.

Aber gerade, weil Sie nicht mehr illustrieren wollen, darf nicht eines Ihrer Hauptwerke der Illustrations-Kunst völlig von der Bildfläche verschwinden. Ich meine den Doppelgänger[5]. Ich sagte Ihnen schon bei meinem letzten Besuch, dass wir dieses Buch nochmal drucken möchten. Die 800 Exemplare der 1. Auflage sind völlig unsichtbar geworden, viele Leute haben von dem Buch gehört, aber kaum einer hat es gesehen. Die »einmalige Auflage«, auf die im Druckvermerk hingewiesen ist, bezieht sich eben auf »dieses Buch«, das.h. auf das Buch in der damaligen Ausstattung und Ausführung. Wir wollen es jetzt in einer Fraktur-Schrift drucken lassen, auf anderem Papier und in etwas anderem Format, sodass das Buch ein ganz verändertes Gesicht bekommt. Dieses neue Gesicht wird natürlich zu den Zeichnungen ebenso gut stehen, wie das alte. Wir haben die neue Ausstattung mit Prof. Ehmcke[6] aufs Sorgfältigste erwogen. Auch Sie können ja kein Interesse daran haben, dass eines Ihrer Hauptwerke vergraben bleibt. Für die Käufer der 1. Ausgabe behält ja diese gerade, weil es die 1.Ausgabe ist, nach wie vor ihren besonderen Wert

Ausserdem haben die Leute damals das Buch für den lächerlichen Preis von M. 24.- bekommen, was doch auch Vorteil genug ist.

Wir möchten Ihnen für den Nachdruck ein Nachhonorar von M. 5000.-- zahlen, ausserdem erhalten Sie 10 geb. Freiexemplare. Ich denke, Sie sind mit diesem Vorschlag einverstanden. Mit besten Grüssen und Wünschen

Ihr
Reinhard Piper

124 Alfred Kubin – Postkarte[1]

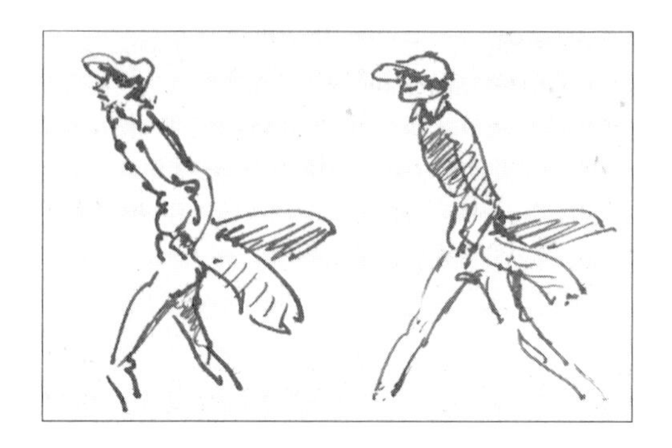

3/I 1922

Lieber Herr Piper Ihr lieber Brief erfreute mich – Die Briefzeichnungen die ich Ihnen verehre bekommen Sie weil mich Ihre Leidenschaft und Treue für die zeichnenden Künste lebhaft berührt, ich gerne wirkliche Freude bereite, aus Sympathie und, nicht zuletzt auch aus Marotte. – Wir wollen also unser Wort brechen, den armen Doppelgänger aus seiner noblen Verborgenheit hervorholen, – – und ich sehe wenn sie nicht Verleger geworden wären hätten Sie Advokat werden können. Düsterblickend halte ich die Hand hin und ersuche dann seinerzeit um das Nachhonorar – bin mit den 10 Freiexemplaren auch befriedigt – die bisherigen Besitzer unserer ersten Doppelgängers werden mit dem Doppelgänger in Fraktur ja nur geringes Vergnügen haben – – na Schwamm drüber. Auf Beckmannsche Radierungen freut sich niemand mehr wie ich: Mit den Indianern dürfen Sie in keiner Weise drängen. Ehrenpunkt: einmal wird das noch gemacht. – Nun leben Sie wohl und alles Gute wünschend immer

Ihr alter Kubin

125 Alfred Kubin – Postkarte[1]

17 I 22 Passau *[Poststempel]*

Lieber Herr Piper
Mit Dank bestätige ich Ihre Mitteilungen wie die Nachricht von der Überweisung des Nachhonorares an S. in P.[2] die Fraktur finden ich u. m. Frau macht sich eigentlich noch besser wie Antiqua – Freilich den

vorsichtigen Käufern der I. Ausgabe wird dieser Zwilling seines eigenen Doppelgängers weniger zusagen, und überhaupt dem Prestige zuliebe höre ich gerne davon dass in einem Vor oder Nachwort[3] die Gründe herzhaft erwähnt werden die zur Zweitausgabe führten –

– das Ganymedjahrbuch beglückte mich heute – so hat der ill. Brief[4] sich schön gelohnt – es wirkt sehr intim – Wie ich mich auf die Beckmannblätter freue!! Gestern erhielt ich Mitteilung dass mir die österr. große goldene Staatsmedaille[5] »verliehen« würde was wollen Sie mehr, es grüßt Sie herzlich ihr alter preisgekrönter Kubin

1922
Preisgekrönt

/meine Frau hütet leider seit 14 Tagen krank das Bett./

126 Alfred Kubin – Postkarte[1]

1922 Schärding *[Poststempel]*

Lieber Herr Piper Wie nett dass wir uns also sehen werden – aber noch etwas! hätten Sie nicht Lust erst am Montag das Schiff zu nehmen und den Sonntag hier in Zwickledt[2] bei uns zu verbringen? Meine Frau und ich hätten große Freude darüber – und wenn Sie solches Tun wollen so wärs gut gleich mit Karte zu antworten, da erhalte ich die Botschaft noch hier – <wenns> dies nicht der Fall macht es aber auch nicht zu viel aus. Wenn Sie Samstag nach P. kommen (12.30) essen Sie am besten im »Wolf« und kommen nachher ins Cafe »Stadt Wien« wo ich zwischen 2-1/2 3 dann hinkommen kann, da unser Zug nicht früher geht.

Nun auf gutes Wiedersehen und näheres mündlich – herzlichst

Ihr Kubin

127 Alfred Kubin

Zwickledt 3. XII 22

Mein liebster Herr Piper ich bin meinem Vorhaben dem Teuffl = Illustration« nicht mehr Blut und Leben zu opfern nicht untreu geworden – 1. lange schon fest zugesagte Werke, 2. dann Werke mit »besonderen Umständen« und 3. kleinere Arbeiten d. i. 2-8 Bilder werden immer wieder wohl gemacht solange das Herz schlägt – »Candid«[1] versprach ich dem jungen Steegemann der glaubte ich wäre nur an die großen Verlage gekettet –. allerdings Paul Stgm. dieser verdammte Steegemann[2] (allem anschein nach ein Potator[3] /hat/ mich dann in soweit doch »hereingelegt« als er meine vor 2 1/2 Jahren schon abgeschlossenen Candidbilder erst jetzt herausbringt – bei Gurlitt kommt eine Vorzugsausgabe (leider nur in 500 Ex) »von verschiedenen Ebenen«[4] mit zahlreichen Bildern die in meinen Mappen zum Teil seit 15 Jahren als »Einfälle« lagen. Keine einzige Zeichnung wurde für dies Werk /extra/ gemacht aber ich verfasste den Text (und sie wissen wie grenzenlos unsympathisch mir die öde Schreiberei ist) – Gurlitt schmeichelte mir /durch Geschenke/ aber den Text ab – und heute freut mich dies intime Buch. – Zur Zeit stehe ich abermals vor der Frage ob ich meine Illustrationsabstinenz weiter einhalten werde, ich meine nicht, denn ein guter Verlag will meine Zeichnungen von namhaften Xylographen schneiden lassen[5] und was bei Slevogt und Liebermann billig war, warum soll das bei mir nicht recht /(wenn auch leider nicht mehr »billig«)/ sein, wenn mich die Umsetzung durch einen guten Holzschneider rasend interessiert! – Das Gesamtwerk bei einem Verlag hätte manches Schöne und Vereinfachende /gehabt/ und meine Nerven wären in den vielen Jahren vielleicht weniger strapaziert worden. Aber das Insgesamte wird in einem Kubin Katalog[6] der in Hamburg vorbereitet wird von einem Monomanen[7] der seit Jahren meinen graphischen Spuren nachgeht, gewiss zu Tage treten. Der wiedergeborene Doppelgänger erweist sich in Allem, auch, wo er nicht der Doppelgänger des ersten ist, /von/ einem großen Reiz! – das Buch ist sehr gelungen 10000 Dank Ihnen und Ehmke <I> und Ihrer Kompagnie – – O hätte der /Leipziger/ Commissionär die 10 Autorstücke (worauf er ja leicht die Ausfuhrmarke erhalten hätte!) /lieber/ hierher statt nach Passau geschickt so würde ich mich nicht herkulisch wund schleppen haben müssen – Meine Frau grüßt Sie herzlich es tat ihr auch gewiss leid aber ein späteres Zusammentreffen wird der Himmel vielleicht noch bescheren – So hoffe ich – nun /auch/ endlich den Collegen /M./ Beckmann zu treffen[8] der sich schon hier ansagte für einmal im Dezember – Immer Ihr alter

Kubin

P.S. Richtig: Seit 10 Jahren habe ich meinem alten Horst Stobbe[9] ein illustriertes Werk[10] versprochen nun machte ich 1922 es, St. behauptete er habe /jetzt/ zu wenig Geld nun erscheint es 1923 im Musarion Vg – Ist das meine Schuld dies Brechen eines Gelübdes?? Verhältnisse! Krieg, Umsturz also ein sogenannter »besonderer Fall!« –

128 Reinhard Piper[1]

München, den 19.Dez.22

Lieber Herr Kubin,
in zwei Kreuzbändern geht heute ein Weihnachtsgruss des Verlags für Sie an Justizrat Heberle ab. Eigentlich sollte es mehr sein. Aber es kommt noch etwas nach Weihnachten nach und zwar das Buch über

René Beeh[2] und über Bosch[3]. Beide Bücher sind sehr schön, sie haben nur den Fehler, dass sie nicht rechtzeitig zu Weihnachten fertig geworden sind.

Für Jhren Brief mit der wunderschönen Zeichnung[4] herzlichsten Dank. Jhr Buch bei Gurlitt habe ich mir von meiner Frau zu Weihnachten gewünscht. Jch bin sehr gespannt darauf. Wenn Sie wieder einmal Freiexemplare des Verlags zu bekommen haben, so werden wir diese Ihnen gewiss direkt nach Zwickledt schicken, damit Sie nicht wieder darunter zusammenbrechen brauchen. Aber die Hauptsache ist, dass Sie uns nun auch bald wieder Gelegenheit geben zu Freiexemplaren!!! Es hat uns alle natürlich doch sehr geschmerzt, dass Sie das Buch, das Horst Stobbe nicht mehr brauchen konnte, nicht uns angeboten haben, sondern damit zum Musarion-Verlag gegangen sind. Stobbe kann doch nicht geradezu zur Bedingung gemacht haben, dass Sie das Buch dem Musarion-Verlag geben und was in aller Welt hatten Sie denn bei diesem Verlag verloren? Da hätten wir Jhnen doch näherstehen dürfen.

Na, nun ist nichts mehr zu machen. Umsomehr freuen wir uns auf die Jndianersagen. Die Beckmannblätter[5] erhalten Sie auch Anfang des nächsten Jahres. Die letzten Auflagen werden gerade noch gedruckt und müssen dann noch von Beckmann signiert werden. Auch bekomme ich die Versendungsrollen erst im Januar. Jch freue mich schon selber darauf, Jhnen eine schöne Rolle schicken zu können.

Mit besten Grüssen, auch an Jhre Gattin,

Jhr

Reinhard Piper

129 Alfred Kubin

Zwickledt 23. XII 22

Lieber Herr Piper
Wie Sie mich wieder verwöhnen! Diese Herrlichkeiten die Sie mir da so nobel avisieren – peitschen alle Revanchegelüste in mir auf und ich sende Ihnen zugleich eine Zeitsatire[1] welche Sie mit Ihrer verehrten Gattin belächeln mögen! – Nun aber weise ich den Vorwurf mit dem Musarion weit zurück und gebe hier kurz den Hergang gewissermaßen »zur Geschichte eines Buches«. – Stobben den ich liebe und der mir viel Freundliches schon erwies sagte ich vor 8 oder 9 Jahren schon zu »einmal« (ihn reizte es von mir, mit mir ein hübsches Buch zu machen und

zu verlegen) meine Arbeit da einzusetzen. Etwa /im/ Spätsommer 1920 kam ich über München und speiste mit H. St.[2] bei DAlbelli. Am nebentisch saßen mehrere Herrn darunter Schriftseller Dr. Willy Seidel[3] <dr> St. hat mir vorgestellt zu werden – zum Kaffee setzte er sich dann an unseren Tisch – und wir sprachen über phantastische Dichtungen – Seidel kannte viel, besonders auch englische Sachen und hatte ein ganz vorzügliches differenziertes und feines Urteil. Nun sagte er wie sehr es seine Sehnsucht seit je war zu eigner Dichtung Bilder von mir zu erhalten – er besaß auch meine sämmtlichen Bücher, Mappen, – – und ist ein netter Mensch – ich las seinerzeit seinen besten Roman, der Sang der Sakja[4], – in ägypten spielend und interessant. Kurzum Seidel sagte, wenn ichs illustrieren wollte so würde er eine ganz feine wirklich merkwurdige und stimmungsvolle Geschichte schreiben – Stobbe ermunterte mich und erinnerte an mein Versprechen und wir trennten uns nach flüchtiger Vereinbarung. – Es verging dann ein Jahr bis Seidel seine Geschichte fertig stellte – endlich erhielt ich das Manuskript – sie erwies sich in meinen Augen als ein schrecklicher Seidel – Stobbe fand die Geschichte aber sehr gut. Die Hauptidee »des ältesten Dinges der Welt« (so heißt es) ist entschieden ein glänzender Einfall die Durchführung ist aber plump und benutzt die seit Meyrink[5] und Ewers[6] im Schwange stehenden Requisiten – die Geschichte ist aber auch an wesentlichen Punkten unklar – und die Anfangsspannung kann nicht eingehalten werden gegen das Ende wird es immer Schablonenhafter. Gerade deshalb legte ich mich besonders ins Zeug – Seidel kappte auf meinen Wunsch auch den tendenziösen Schwanz – der ganz überflüssig daran hing – Ich hoffe etwas Gutes zustande gebracht zu haben. /Stobbe wie Seidel <...> die Originale (die ich inzwischen gut verkaufte) <...> <waren> begeistert! –/ Zwischen Seidel der auf einmal sehr hohe Forderungen an Stobbe als Autor stellte /und mir/ ergab sich ein Briefwechsel wo er mich auf seine Seite bringen wollte ich hielt aber an dem eigentlichen Plan das Buch soll Stobbe fein herausbringen fest – Seidel hat dann auf eigne Faust mit Musarion angebandelt (ich war längst von Stobbe gut honoriert) und dann kam die angeschwollene Teuerung[7]. Stobbe hatte einfach nicht das Geld um da noch das Buch (er wollte die Blätter von Bangemann[8] xylographieren lassen) so wie es ihm würdig schien herauszubringen. –

Seidel schrieb mir er erhält beim Musarion bedeutend mehr wie bei Stobbe, – als Musarion Vg. mir schrieb dass Stobbe das Werk mit allen Verpflichtungen ihm übergeben würde /durch die Seidelsche Praktik nachträglich immer die Forderungen zu steigern, dann zu drängen etc. ist ihm wohl selbst die Lust vergangen – er will aber Druck und Herstellung bei Musarion in unserem Falle überwachen –/ wenn (als letzter nun auch ich mich damit einverstanden erklärte) so sagte ich ja und amen damit die Sache doch endlich in Schwung käme – Es wurden nun doch Zinkklischees hergestellt, – aber genügend gutes Papier war nicht mehr rechtzeitig zu erhalten so dass das Buch nun doch erst 1923 fertig gestellt sein wird. ?!?.

Ich konnte Ihnen, da ich von hier aus nicht wusste wie weit die ohne mein Zutun angesponnenen Verhandlungen mit Musarion gediehen waren, dies Buch – das Ihnen textlich sicher nicht völlig gefallen würde – <...>.

– Diese Mitteilungen sind aber nur für Sie aufklarend und freundschaftlich bestimmt –.

Wie Sie wissen bin ich im Grunde nicht für das Holzschneideverfahren wo uns die Technik die Zwischeninstanz einer fremden Hand erspart. – Immerhin gibt es hochbegabte Holzschneider und ich unterstütze im Einzelfall diese Bestrebung – (kommt doch das einfache Klischee heute kaum noch wesentlich billiger. So entschloss ich mich zu der Arbeit welche ich im letzten Brief an Sie erwähnte – ich bin gespannt wie man meine Zeichnungen schneiden[9] wird – – Bleibe ich nachher gesund und fähig so will ich an die Indianersagen gehen.

– – Ich finde nun allerdings, dass die Qualität in meinen besten Sachen noch gewonnen hat aber das Tempo der Herstellung ist bei mir so sehr langsam geworden, dass mich oft Grauen vor der Zukunft erfasst – dabei erhalte ich seit Jahren Angebot über Angebot und in den letzten Zeiten will man wieder viel schlechtes Geld gegen Kubiniana – na – Schwamm drüber –

Alles Gute von Haus zu
Haus Ihr alter
gebrechlicher Kubin

und Dank für alles was geschickt wird. –

/Wenn Ihnen das Kristkind mein Malerbuch[10] erschienen bei Gurlitt, beschert wäre ich wohl sehr um Ihre Ansicht gespannt! – bei Gelegenheit natürlich! –/

130 Reinhard Piper

München, den 9.1.23

Lieber Herr Kubin,
ich bereite jetzt den Verlagsalmanach 1904 bis 1924 vor der im Herbst erscheinen soll. Der Verlag wird ja nun glücklich bald 20 Jahre alt. Ich habe schon mehrere Zeichnungen von Jhnen für den Almanach in Aussicht genommen, hätte aber auch gern einen kleinen Textbeitrag[1] von Jhnen.

Der Almanach soll möglichst nur unveröffentlichte Texte bringen. Damit Sie nicht lange nachdenken brauchen, schlage ich Jhnen auch gleich ein Thema vor, nämlich ich bitte Sie, unter dem Titel: Meine Freunde, etwas über Bosch, Bruegel[2], Dostojewski, Jean Paul, zu schreiben, auch über Baldung Grien, Beckmann, van Gogh[3], Grünewald, Segers, d.h. möglichst über Leute, die mit dem Verlag zusammenhängen. Wir teilen ja so manche Vorliebe miteinander und daher kommt es, dass so viele Jhrer Freunde auch im Verlag vertreten sind. Bitte schreiben Sie das in einem netten kleinen Brief, es brauchen nicht mehr als 4 Druckseiten im Dostojewski-Format zu sein. Sie bekommen dafür 10 wunderbare Beckmann Blätter, die Sie noch nicht haben, und auch noch ein paar schöne Bücher. Ich denke, das reizt Sie mehr, als ein Haufen Papiermark, besonders jetzt, wo wir von der österreichischen Krone fast schon mit der Andacht sprechen wie vom Schweizer Franken[4]. Die Hauptsache ist aber, dass ich Jhren Beitrag bis zum 1. April habe. Bei einer so unangenehmen Sache hilft man sich am besten, wenn man sich gleich hinsetzt und sie sich vom Halse schafft.

Auch möchte ich schon eine Zeichnung aus Ihren Bibelbildern[5] bringen. Haben Sie die Ergänzungsblätter dazu schon in Angriff genommen? Sonst lassen wir das bis zum nächstenmal. – Mit besten Grüssen,
Jhr R Piper

131 Reinhard Piper

München, den 26.II.23

Lieber Herr Kubin,
Sie haben uns eine sehr grosse herzliche Freude gemacht mit Jhrer wunderhübschen Zeichnung zur Geburt unseres Töchterleins Ulrike[1]! Wenn Ulrike einmal etwas grösser ist, werden wir sie ihr zeigen und später, wenn sie noch grösser ist, wird sie mit Stolz erzählen, dass ihre

Geburt Zeichenfeder und Pinsel des weisen Magiers Kubin von Zwickledt in Bewegung gesetzt hat.

Haben Sie allerschönsten Dank für diese reizende Gabe[2]. Wir würden uns natürlich sehr freuen, wenn Ihr Wunsch in Erfüllung gehen würde und das kleine Ulrikchen später wirklich einmal den Zeichenstift mit Erfolg schwingen könnte. Es werden auch sonst schon grosse künstlerische Erwartungen an sie geknüpft. Jch z. B. wünsche mir von ihr eine Singstimme und ihr Bruder Martin möchte, dass sie Violine lernt, damit er ihr auf dem Klavier begleiten kann.

Einstweilen beschränkt sie sich vernünftigerweise auf das Trinken bei der Mutter und dies besorgt sie höchst talentvoll. Es ging vom ersten Moment an vorzüglich, während die störrischen Brüder seinerzeit Schwierigkeiten gemacht hatten.

Von Ihren Bildern zur Bibel erzählte mir schon Ihre Gattin. Jch bin sehr begierig darauf und freue mich sehr, dass ich die Blätter noch in dieser oder in nächster Woche erwarten darf. Dass Sie da etwas Grossartiges geschaffen haben, davon bin ich im vornhinien überzeugt. Hoffentlich hat der Verlag auch das Geld dazu. Durch den Marktsturz sind die Betriebsmittel sehr in Anspruch genommen. Man braucht ja über Nacht das Dreifache von dem, womit man gerechnet hatte. Aber ein Kubinwerk lassen wir uns so leicht nicht entgehen! Also: wir sind voll Erwartung.

Von den drei B geht heute eine Rolle mit 9 Originalgraphiken von Beckmann an die Passauer Adresse. Wollten wir direkt nach Zwickledt adressieren, so hätten wir noch 14 Tage mit den Ausfuhrformalitäten verloren.

Ich schicke Ihnen:

das radierte Selbstbildnis
das Selbstbildnis in Holzschnitt
mein Bildnis in Radierung und in Lithographie[3]
Kinder am Fenster,
Umarmung
Fastnacht
Der Zeichner in Gesellschaft (finden Sie Bekannte darauf?)
Die Lithographie Eislauf.

Das Buch über Beeh wartet nur noch auf das über Bosch, das jeden Tag eintreffen muss. Dann werden beide sofort auf den Weg gebracht. Dass wir an einem grossen Beckmannbuche arbeiten, wird Ihnen B. selbst erzählt haben[4]. Auch das wird Ihnen nicht entgehen. Es wird aber wohl Frühherbst werden. Es war mir ein Vergnügen, Jhre Frau im Verlag[5] zu begrüssen. Wegen unseres Familienereignisses konnten wir sie leider nicht nach Hause bitten. Der Anlass ihres Münchner Besuchs war ja im Grunde nicht erfreulich, aber hoffentlich nimmt sie doch den Eindruck einer erfreulichen Abwechslung mit nach Hause.

Der Bosch wird sehr schön, darum dauert er auch solange.

Mit vielen herzlichen Grüssen und Wünschen

Ihr

Reinhard Piper

132 Alfred Kubin

Zwickledt 20/III 23

Lieber Herr Piper meine Frau kam erst gestern wieder vom Krankenhaus[1] heim (es geht ihr entschieden besser) ich wollte die Bibelblätter nicht aus der Hand geben um sie ihr hier noch in fertigem Zustande zu zeigen – nun (morgen) gehen diese also an Sie ab –, möge mein Werk nun für sich selbst sprechen – ich kann nur aufatmend sagen dass ich selig bin nach langen Mühen diesen Block mir vom Herzen gewälzt zu haben – – Während der Arbeit hatte ich oft an Sie gedacht –, nachträglich fiel mir sogar ein ich hatte Ihren markanten deutschen Knecht[2] in Kapuze unter die Gesellschaft bei Hamans Galgen[3] mischen können – na ein andermal verwerte ich ihn.

Die Beckmannblätter fand ich sehr wichtig für mich – Ihre <Potents> einfach unerhört – (der ernste ist mir vielleicht noch lieber) obschon der andre auch vorzüglich ist – der Holzschnitt und die erotische Scene <brutal> und hochinteressant – Fastnacht, die beiden Jungens so echt Beckmann wie nur je – es waren hübsche Tage für uns ich sehe an dieser wahrhaft rücksichtslos <vorstossenden> Künstlernatur manches mir Gegensätzliche, Bms' Kunst hat alles »Unbewusste« fast bis zum Rest vertilgt, ich hingegen taste bin Zag so oft lasse ich mich vom Element in mir führen – daher bin ich weniger »modern« in einem speziellen Sinn. Nun freue ich mich auf die beiden anderen B. – Bosch und Beckmann[4],

Wie fanden Sie denn mein Malerbuch »von verschiedenen Ebenen«? Sie bekommen es doch zu Weihnachten von Frau Gertrud?

– Bitte kalkulieren Sie die Bibel und machen mir dann auch den materiellen Vorschlag – ich möchte bevor ich weiß wie Ihnen das Werk gefällt nichts zu sagen.

– Leben Sie wohl herzlichst Ihr

alter

Kubin

133 Reinhard Piper

München, den 11.IV.23.

Lieber Herr Kubin,
Ihre Bibelblätter haben uns in den letzten Wochen wiederholt beschäftigt. Es handelt sich da um eine sehr grossartige Leistung. Jhr Stil ist jetzt ungemein wuchtig geworden. Er erinnert in der Grosszügigkeit an Rethel und ist doch wieder ganz modern.

Wir würden sehr gern das Werk bringen, doch sehen wir keine rechte äussere Form dafür. Ein Mappenwerk hat immer etwas Umständliches. Das Publikum wird der vielen Mappen ein wenig müde und auch mit der Mappe »Am Rande des Lebens« haben wir eigentlich bisher keinen besonderen Erfolg gehabt. Dabei ist doch diese Mappe sehr viel reicher.

Für ein Buch sind es zu wenig Blätter und wir müssten die Zeichnungen auch ziemlich verkleinern, um auf ein einigermaßen handliches Buch zu kommen.

Wir sind da in einer unangenehmen Zwickmühle. Einerseits möchten wir ein Werk von Ihnen nicht gern auslassen, andererseits können wir uns aber von einem Werk, das nur aus 12 Reproduktionen besteht, keinen rechten Erfolg beim Publikum versprechen.

Ein Buch mit 20 Zeichnungen in Quartformat, in der Art Jhres Totentanzes[1] wäre aber möglich und es fragt sich, ob Sie sich entschliessen könnten, das Thema noch entsprechend auszubauen, wobei das Neue Testament entsprechend Berücksichtigung finden müsste.

Es scheint dieses Jahr wieder eine ganze Reihe neuer Kubinarbeiten zu geben. Langen hat die 50 Zeichnungen[2] gemacht, Georg Müller zeigt jetzt auch ein Werk an[3], das sogar in unserer Anstalt Ganymed hergestellt wird. Was ist denn sonst in nächster Zeit zu erwarten? Wir möchten da doch nicht ganz im Dunkeln tappen, sondern müssen ein wenig orientiert sein, was die anderen an Kubin – Werken machen. Sonst stehen sich, wenn soviele Werke auf einmal kommen, die einzelnen Veröffentlichungen gegenseitig im Wege.

An Herrn Justizrat Heberle geht nun heute das Bosch-Werk für Sie ab und ich bin sicher, dass es Ihnen viel Vergnügen machen wird. Schade, dass ich es nicht mit Ihnen zusammen ansehen kann. Bosch ist unerschöpflich an Einfällen, die Bilder haben etwas geradezu Bannendes. Es standen uns nicht für alle Reproduktionen gute Photographien zur Verfügung. Ich glaube aber, das merkt man dem Buche nicht sehr an.

Es würde mich freuen, wenn sich für Bibel – Bilderbuch eine Lösung fände; ich glaube die Lösung liegt tatsächlich in der Richtung, die ich mit dem Worte Bibel – Bilderbuch angedeutet habe.

Ihr Maler-Buch »Von verschiedenen Ebenen« hat mir natürlich sehr viel Vergnügen gemacht. Es sind prachtvolle Sachen darin. Besonders hat mich auch der Schriftsteller Kubin interessiert, der mir sehr imponiert hat. Die Lithographien darin haben mir wieder einmal gezeigt, dass es keinen Zweck hat, Sie auf Originalgraphik hetzen zu wollen; die Lithographien sehen genau so aus wie die Strichätzungen, und ob die Zeichnungen nun durch einen Abklatsch oder durch Klischieren vervielfältigt werden, bleibt sich ja im Grunde gleich. Ein sorgfältiges Klischee ist unter Umständen sogar besser wie der Abklatsch.

Mit besten Grüssen

Jhr

Reinhard Piper

134 Alfred Kubin – Postkarte

20. Apr. 23 Passau *[Poststempel]*

Lieber Herr Piper Soeben kam ich in den Besitz Ihres Briefes; Ich war im Herbst schon einmal schon einmal soweit statt 12–20 Tafeln zu machen – Ich erlahmte dann durch die Anstrengung. Nun kommen Sie mit diesem Vorschlage – Ich glaube Sie haben Recht! Aber ich möchte das Leben und Leiden Christi nicht in diesem Werke haben. – Aber /vielleicht/ noch altes Testament oder /etwas/ von den herrlichen Gleichnissen – !!!

Ich bin sehr erholungsbedürftig reise in 3-4 Tagen nach Baden-Baden[1] und auf der Rückfahrt in München (etwa 25 d.M. komme ich dann in den Verlag zur Besprechung – und hole das Bibelwerk. Ausser dem Langen Album und der Mappe bei Müller (diese ein Luxusdruck von nur 100 Ex Auflage) sind nur 3 kleine Luxusdrucke[2] mit Auflagen 100-200 in langsamster Vorbereitung – (je eine Novelle von Wedekind[3], Albrecht Schäffer[4], W. Seidel[5]) einer davon Privatdruck – nur Nebenarbeiten[6] als Brotverdienst mir mühig und kein Vergleich mit so monumentaler Gewalt meiner Bibel! – Nachdem ich mich ausgeruht und gründlich erholt habe hoffe ich nochmal in die große Bibelstimmung zu kommen um dann das Thema zu erweitern. – –

Der Lapidarstil ist durchaus nicht für alle <...> geeignet und ich will die malerische Zeichenweise später, nach der Bibel wieder pflegen. Was

das lithographieren bei mir betrifft, sprechen Sie mir aus der Seele – ich finds scheusslich es giebt aber immer Verleger die ohne vertieften Geschmack mir dazu raten. Auf Wiedersehn
demnächst Ihr alter Kubin

135 Alfred Kubin – Postkarte

13.7 23

Lieber Herr Piper
Obschon mich Ihr freundlicher Brief[1] unglücklich gemacht hat – können Sie auf mich zählen. Zwar über Dostojewskij und Jean Paul werde ich mich nicht äußern (diesen Kelch müssen Sie schon gnädig vorüberziehen lassen!) aber über eine Reihe von Künstlern bzw. ihren bei Ihnen erschienenen Werken werde ich mich in einem Brief[2] an Sie in angegebener Länge /(4 Druckseiten)/ aussprechen. Revanche in von Ihnen vorgeschlagener Form ist mir natürlich eben auch viel lieber wie ein Papiermarkhaufen. Mir war der Marktsturz Anfang April von einem Eingeweihten schon vorausgesagt (bei meinem Aufenthalt in M. habe ich es Ihnen und H. Hammelmann[3] ja auch schon mitgeteilt. Es war für mich und unsere Wirtschaft natürlich eine Krise und ist noch eine schwere Probe denn in Österreich ist die Teuerung noch immer viel größer wie im Reich. Daher musst ich dem Himmel danken in schlimmster Zeit Auslands-Sammler gefunden zu haben – – Alles Gute! und ich tauche immer wieder in meiner Bibel unter die 8 Tafeln gehen so langsam vorwärts. Ich würde ungern jetzt schon eine Tafel für den Almanach entheben – brauche sie alle um mich /um daran weiter zu schaffen – Es soll das Ganze wie ein <…> grafisches Denkmal werden! – davon später
»der Brief« kommt zu rechten Zeit
alles Gute immer Ihr alter Kubin/

136 Reinhard Piper[1]

München, den 6. Aug. 1923

Lieber Herr Kubin,
schönen Dank für die Übersendung des Beitrages zum Almanach, der mir sehr viel Vergnügen gemacht hat und der sich im Almanach sehr gut ausnehmen wird. Sie haben sich mit der Sache sehr viel Mühe gege-

ben. Hoffentlich kann ich Ihnen bald eine ausreichende Gegenleistung schicken.

In einer Beziehung hatte ich allerdings Ihren Beitrag ein wenig anders gewünscht. Als Thema hatte ich angegeben »Meine Freunde« und ich hatte mir gedacht, dass Sie über Ihre geistigen Freunde ganz zwanglos plaudern würden, während Sie jetzt Ihren Beitrag in etwas zu engem Zusammenhang mit den Verlagswerken gebracht haben, sodass er fast wie eine Besprechung »Kunstbücher des Verlages R. Piper & Co.« wirkt. Dadurch wird das Ganze etwas unpersönlich, weniger kubinisch und sieht auch ein wenig nach einer vom Verlag zu Propagandazwecken »bestellten« Arbeit aus. Herr Hammelmann, den ich den Beitrag ganz unvoreingenommen lesen liess, hatte sofort denselben Eindruck. Wäre es Ihnen nicht möglich, diesen Eindruck ein wenig zu verwischen? Es braucht sich ja gar nicht nur um Künstler des Verlages zu handeln. Es soll vor allem ein echter Kubinbrief sein. Auch auf das Jubiläum braucht gar nicht Bezug genommen zu werden. Fangen Sie doch einfach mit Ihrer romantischen Einsamkeit an, in der Sie die grossen Meister germanischer Kunst um sich versammeln, zur Gesellschaft. Sehr schön ist der Schluss mit der Zuckerfabrik[2]. Derartig Persönliches müsste noch mehr in dem Briefe stehen. Darf ich die Abschrift Ihrer lieben Frau, der wir für Ihre Mühe herzlich danken, hier nocheinmal beilegen? Es korrigiert sich in eine so saubere Abschrift leichter hinein. Seien Sie nicht böse über den Quälgeist Piper. Dafür bringen wir auch Ihr Bibel-Bilderbuch in besonders schöner äusserer Form. Mit ein paar Retuschen lässt sich der Sache leicht ein anderes Gesicht geben. Auch über Beeh[3] finden Sie vielleicht ein paar persönlichere Worte.

Damit Sie unseren guten Willen sehen, sende ich Ihnen heute gleich die Passion von Urs Graf[4], die Ihnen Vergnügen machen wird. In derselben Reihe wird auch Dürers Apokalypse mit Text von Worringer erscheinen, natürlich in Originalgrösse. Darauf können Sie schon anspielen. Von Baldung bringen wir das Skizzenbuch der Karlsruher Kunsthalle in Faksimile /in den Maréesdrucken/, ausserdem einen Band Zeichnungen im Umfange der Dürer- und Rembrandt-Zeichnungen. Über Bruegel[5] erscheint ein dreibändiges Werk, Band I: Gemälde (mit vielen Ausschnitten,) Band II: Zeichnungen, Band III: Stiche.

Bis Ihr Bibel-Bilderbuch erscheint, hat sich das Verhältnis von Mark zu Krone vielleicht schon wesentlich gebessert. Jedenfalls werden wir uns bemühen, dass Sie nicht zu kurz kommen.

Mit besten Grüssen und Wünschen

Ihr

Reinhard Piper

(Adressieren Sie bitte an den Verlag /d.h. an Herrn Hammelmann/; ich bin heute nur ausnahmsweise in München).

/Allerherzlichsten Dank für den prachtvollen Don Quixote[6]!

137 Alfred Kubin

Zwickledt 11/8 1923

Lieber Herr Piper
Mit Misstrauen betrachtete ich Ihren dicken Brief aber erst nachdem ich ihn angstvoll öffnete sah ich was da für eine Bescherung wieder ankam. Sie haben ja mit allem recht was Sie gegen den Jubiläumsbrief einwenden doch Sie verlangen etwas das außer meiner macht liegt zu erfüllen. Es widerspricht meinem Wesen ganz und gar so auf Anhieb da allerhand Sums[1] zusammenzuschreiben. Jeder der mich kennt muss ja lachen bei dem Gedanken, ich würde Ihnen /gegenüber/ da ganz spontan ein Langes und Breites über die alten Meister schriftlich von mir geben! Das muss ja künstlich /und/, wie Sie richtig bemerken »bestellt« wirken.

– Was könnt ich denn über Dürer, Grünewald, Baldung und Holbein[2] überhaupt verlauten lassen als dass es feine Kerle waren und es vortrefflich gekonnt haben; – alles andre wäre erpresst, erlogen. Sie aber wollen mich nun in diesen Hundstagen da ich schon matt bin und mich auf die bald kommende Erholung freue noch /mal/ aufs Streckbett spannen! verlangen vom Weinstock dass er Birnen trägt! Dazu erfinden Sie noch eine ganz raffinierte »Folter der Hoffnung« indem Sie mit herrlichen Büchern winken. Ihr diabolisches Gemüt mag sich nicht schlecht gefreut haben als Sie diese Verschärfung der Tortur sich ersannen! – Sie wissen genau, dass ich aus nicht fernliegenden Gründen mir diese Werke nie (nie!!) kaufen werde. –

– Doch nun zu meinem Fall: Es ist mir schon meist furchtbar, kunsthistorische Abhandlungen zu lesen – das ist mir meist leeres <Stroh> und ich habe mehr von dem Betrachten der Bilder. – Ja wenn außer den langweiligen Vergleichen oder den Begeisterungsäußerungen der Schreiber, die Lebensumstände des Meisters, Eigenheiten, Anekdoten u. s. w. daständen so könnte ich mir seine Existenz hübsch und anregend ausmalen; diese Dinge interessieren die Gelehrten wie es scheint gar nicht, oder sind auch /zu/ schwer auszuforschen. Mir würde es rießig viel geben etwa zu erfahren ob sich der alte Bosch gut oder herzlich schlecht mit dem Großinquisitor gestanden hat oder nicht! –

In einem langen Buch über Bruegel fand ich als fast einzige Rosine[3] die (von Carel van Mander[4] glücklicherweise abgeschriebene) Mitteilung, dass Bruegel seine Schüler gelegentlich durch das Rasseln von Ketten und Ähnliches zu erschrecken versuchte um sie auf das Unheimliche der Welt aufmerksam /zu/ machen; – wie tief bezeichnend!! sonst auf dieser Welt ängstigen eher die Schüler den Lehrer!

Nein ich kann nicht über diese Maler mich äussern!

– Was sollte ich beispielsweise über van Gogh sagen? Es ist genug über ihn geschrieben worden, jede Postkarte längst schon veröffentlicht – seine Erdentage liegen klar vor uns!

– und Beeh? der war kritisch und empfindlich und würde mich im Jenseits schlimm empfangen wenn ich mir Bemerkungen erlauben

würde die er nicht akzeptierte! Vielleicht hat er es erreicht und liegt / nun/ unter Himmelspalmen zwischen 2 Aschantifrauen[5]! Also erlassen Sie mir die unsympathische Schreiberei –

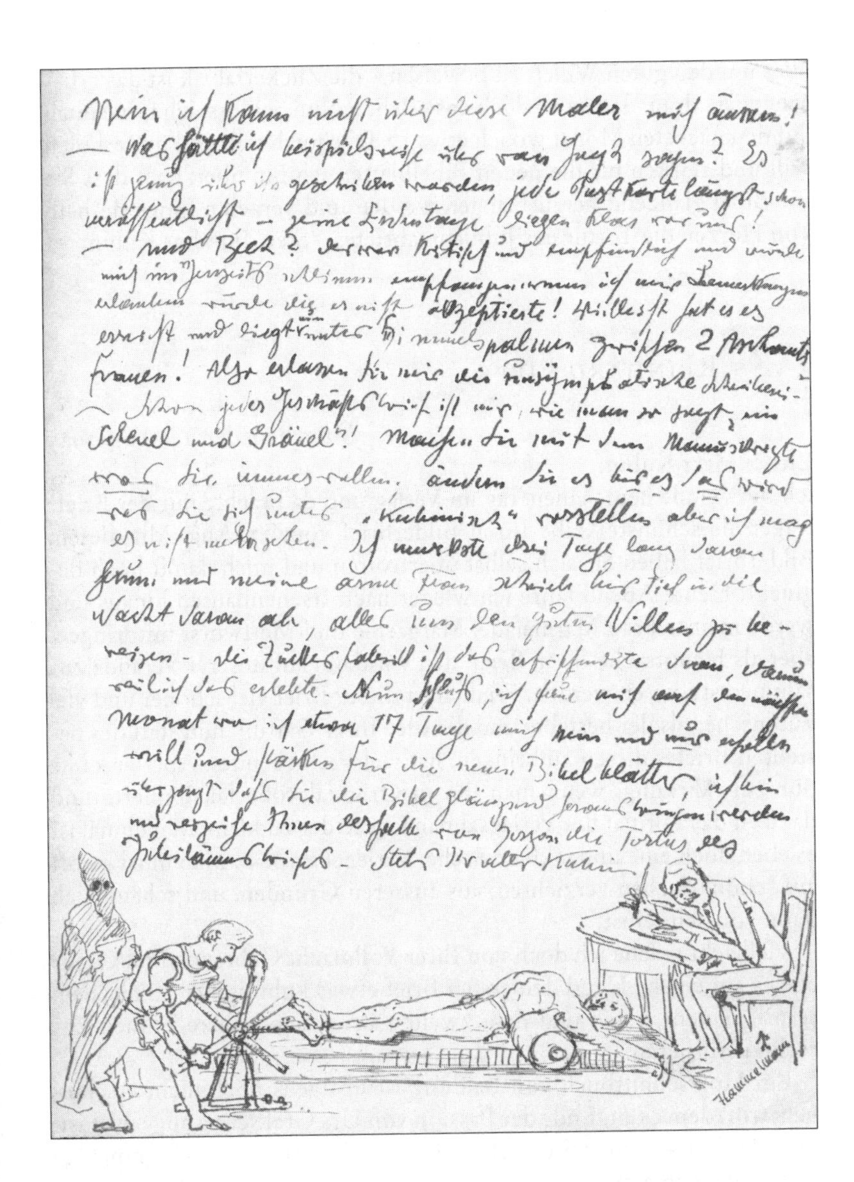

– Schon jeder Geschäftsbrief ist mir, wie man so sagt, »ein Scheuel und Gräuel«! Machen Sie mit dem Manuskripte was Sie immer wollen; ändern Sie es bis es das wird was Sie sich unter »kubinisch« vorstellen aber ich mag es nicht mehr sehen. Ich murkste drei Tage lang daran herum und meine arme Frau schrieb bis tief in die Nacht daran ab, alles um den guten Willen zu beweisen – die Zuckerfabrik ist das erfrischendste dran, darum weil ich das erlebte. Nun Schluss, ich freue mich auf den nächsten Monat wo ich etwa 17 Tage mich rein und nur erholen will und stärken für die neuen Bibelblätter, ich bin überzeugt dass Sie die Bibel glänzend herausbringen werden und verzeihe Ihnen deshalb von Herzen die Tortur des Jubiläumsbriefes – Stets Ihr alter Kubin

138 Reinhard Piper

München, den 14. Aug. 1923

Lieber Herr Kubin,
ich bin gerade heute einen Tag im Verlag und da brachte mir der Briefträger als schönste Gabe Ihren Bilderbrief vom 11. Aug. Mit diesem Bilderbrief haben Sie sich selbst übertroffen und mich damit hoch beglückt. Heute Abend fahre ich wieder nach Irschenhausen hinaus und werde meiner Frau Marmelade, Margarine und Mettwurst mitbringen, aber als Hauptsache Ihren Brief, den wir dann auf unserer Veranda zusammen studieren werden. Freilich ist dieser Brief viel schöner und viel kubinscher als der bestellte und die Idee Ihrer Gattin[1], nun statt des bestellten Briefes diesen zu bringen, hat viel Verlockendes. Aber er käme nur zur Wirkung, wenn man ihn in Originalgröße faksimilierte und dazu ist das Format des Verlagsalmanachs leider zu klein. Manchmal ist es eben doch eine undankbare Sache, Verleger zu sein. Man muss so oft auf schöne Sachen verzichten, aus äusseren Gründen, und schämt sich dann vor sich selbst.

Vielleicht mache ich doch von Ihrer Vollmacht Gebrauch und versuche es auf eigene Hand den ersten Brief etwas kubinischer zu machen, resp. aus dem ersten und dem zweiten Brief eine höhere Einheit zurechtzustilisieren.

Ein Holzschnittbuch von Baldung ist übrigens noch nicht erschienen, trotzdem es am Ende der Passion von Urs Graf schon angezeigt ist. Das Baldung-Buch[2] wird erst nächstes Jahr fertig. Sie bekommen es dann natürlich sofort.

Nehmen Sie bitte mit diesem mageren Schreibmaschinendank vorlieb. Ich muss die ganze Zeit schon auf die Uhr sehen, um rechtzeitig meinen Zug zu erwischen. Bis dahin gibt es noch mancherlei zu besorgen.

Soeben kamen die ersten Drucke einer Goya-Mappe[3], die in den Marées-Drucken nächstes Jahr erscheint. Das ist auch etwas, wobei Ihnen das Wasser im Munde zusammenlaufen wird.

Nächstes Jahr kann ich mich vielleicht auch einmal wieder in Zwickledt sehen lassen und auch meine Frau mitbringen, die sich das schon lange gewünscht hat. Doch werden wir Ihnen so wenig wie möglich zur Last fallen.

Mit besten Grüssen und Wünschen
Ihr
Reinhard Piper

139 Alfred Kubin – Postkarte

3/9 23 Henndorf *[Poststempel]*

Kubin z.Zt Henndorf bei Salzburg[1] – sendet seinem lieben Verleger herzlichsten Glückwunsch und den letzten vorgefundenen altösterr. Doppeladler[2], zur Würde der Ehrenmitgliedschaft Universität Rostock[3]!

– Ich erhole mich und fühle neue Bibelfrische!
Immer Ihr
alter
Kubin

140 Alfred Kubin – Postkarte

Henndorf b. Salzburg
9.9.23

Lieber Herr Piper
– Diskret und ausgezeichnet haben Sie das gemacht – auch m. Frau findet das – der Brief kann so bleiben – Ich werde mit Neugierde in Passau das Paquet entgegennehmen herzlichen Dank ich schreibe dann ausführlicher – Vorerst bin ich noch 10 Tage hier zur Erholung. – in Henndorf b. Salzburg. Mein Herz meldete sich – wollte renitent werden – vorläufig geht es mir besser – habe aber wilde, verängstigte Nächte hinter mir – Nach wie vor fanden meine Blätter edelvalutarisches Interesse so dass mein Privatkrach dem ich schon entgegenzusehen glaubte ins Unbestimmte wieder verschoben ist. Trotzdem! Die Lage erfordert Nerven und Philosophie man wird älter und ich denke öfter Ihres Vaters der uns ein Alter vorgelebt hat und sich darin als Meister bewährte –. Ich las hier viel Jean Paul – In diesen zahllosen barocken Einfällen des Dichters sieht man wie reich der Teppich des Alltagserleben gewebt ist – Herzlichste Grüße für Sie und die Ihren
Ihr alter Kubin
Erwähnung der Wanderung am Inn[1] gefällt mir besonders!

/1924 müssen Sie mit Frau Gertrud Piper nach Zwickledt aber kommen./

141 Alfred Kubin

Zwickledt 2./ Okt. 1923

Lieber Herr Piper Seit 14 Tagen habe ich nun die durch den Erholungsaufenthalt in Henndorf gewonnenen frischen Kräfte der Bibel gegeben – Ich habe die Jesusgestalt endlich conzipiert. – Es werden noch folgende 8 Tafeln[1] gemacht: 1 Kindermord zu Bethlehem, 2 Jesus Taufe durch Johannes, 3. J. Einzug in Jerusalem, 4 Magdalena salbt dem Herrn die Füsse, 5. Jesus wandelt auf dem Meer, 6. Auferweckung des Lazarus, 7 Petrus verleugnet den Herrn, 8, Der linke Schächer (Golgatha) – Ich bin sehr glücklich bei diesem Schaffen –

– um Urteile über meine Bibel zu horen habe ich die Erstfassungen der fertigen XII Tafeln (um Farbwerte zu studieren habe ich sie koloriert) der neuen Secession zur Ausstellung bei Thannhauser[2] geschickt – dort wurde gestern eröffnet vielleicht gehen Sie einmal vorbei und sehen sich diese Erstfassungen an – ich denke mir dass es für Sie interessant sein müsste diese Kompositionen auch bunt zu sehen! (ich

Jesus von Nazareth
der große Stifter und Magier

ziehe die II. Fassungen vor) durch die Farbe kommt etwas Kompaktes in die Bilder und die geistige Wirkung, das stark Willenhafte verliert zu Gunsten des Sinnlichen.

– Natürlich stelle ich dieses unvollendete Werk als unverkäuflich aus um später vielleicht das Ganze en bloc an irgendeine Sammlung oder Museum los zu werden. –

– Sonst geht es mir, ich glaube gut, ich bin nämlich wenn ich stark im Zuge bin derart von meiner Aufgabe gefesselt, dass alles übrige zur Nebensache nicht deutlich bemerkbar, wird – Eine Ausstellung in Wien[3] brachte vielen moralischen und finanziellen Erfolg. Der letztere war auch nötig denn größere Reparaturen am Hause u. s. w. sind vonnöten und Auslagen giebts ohne Ende – Holland[4] und Prag[5] sollen im Winter mit Ausstellungen folgen. –

Sie können mir das in Aussicht gestellte Bücherpaquet nun einfach sicher nach Wernstein senden lassen weil nun alle Ausfuhrschwierigkeiten aufgehoben sind, Gottlob dass diese Schikanen aufhörten. – Aber Deutschland!?[6] was wird da werden?! Meine Frau kommt vielleicht schon Ende dieses Monats nach München –

– wann ich wieder hinüber komme ist unsicher!

Nun grüße ich Sie und die Ihrigen herzlichst – und bin Ihr

alter
Kubin

142 Alfred Kubin

Zwickledt 24/ X 23.

Lieber Herr Piper

Anbei eine gewünschte Liste[1] von erprobten Erwerbern meiner Buch- und Verlagswerke. – Ich werde meiner Ansicht nach am Sonntag 28. d. M. die letzte hand an die Bibel legen. – Diese Arbeiten haben schließlich die ganzen letzten Wochen eine Alleinherrschaft über mich ausgeübt – Sie werden, und hoffentlich viele nach Ihnen, Freude an den Bildern haben.

– Die Idee einen Teil der Auflage ähnlich wie die farbige Fassung, kolorieren zu lassen, befremdet, ängstigt mich fast – Sie wissen ja wie ich in meinem Werk zur »Farbe« stehe Sie ist mir <…>, Schmuck, Erholung des Auges – zerstört aber die souveräne <…> der Zeichnung – das sinnliche Element triumphiert in einem billigen Siege über das geistige

– bei der bunten Bibelfassung wirkt das alte Papier wo man alle Töne gut ineinanderwaschen kann mit, und diese Eigenschaft fände kein Kolorierer – so dass um viel Geld doch ein andrer Eindruck schließlich erreicht würde. – /Sonst habe ich die Gewissheit dass diese Bibelbilder von Ihnen recht repräsentativ – bitte nicht verkleinern – ausgestattet werden – Ich dachte nicht an Mappenform eher Buchform etwa wie mein Totentanz./

Wie schade dass ich nicht mit Beckmann und Ihnen in München zusammen sein konnte –

– Am Abend bin ich jeden Tag ganz ausgehöhlt von meinen Cristusblättern – Eine Frage! Soll ich Ihnen nun die Collection in der nächsten Woche schicken?? Wir kommen grade wie es scheint in den äusseren Zerfall des deutschen – Reiches und auch in meinen biblischen Blättern zittern alle diese Spannungen etwas mit –

Wie froh bin ich nun über Ihre Anregung das Ganze nochmals vorgenommen zu haben, so sehr ich vor dem neuen Testament auch anfangs zaghaft stand die Cristusgestalt (verbraucht durch 1000 Künstler) mir erst wie ein Rätsel aufging. – Nun bin ich aber körperlich angegriffen und froh den Berg von mir gewälzt zu haben – Schreiben Sie gleich: also soll ich's schicken!!

Ich warte auch auf das Verlagspaquet, so oft schon in Aussicht gestellt, von Breughel habe ich die beiden Bastelaer Werke[2] und die bunten Lieferungen der Wiener Bilder[3] – –Aber die Mittelalterliche Plastik[4] die eben bei Ihnen herauskam muss herrlich sein, und enthält wohl viele mir noch unbekannte Schätze???????

Wenn Sie einmal etwas schicken so geht das jetzt ruhig sicher nach Wernstein, wir haben diese öden Ausfuhrschikanen ja nun nicht mehr nötig – Alles Gute für Sie Ihre liebe Frau Ihre Compagnons[5] vom

alten

Kubin

2 farbige Blätter[6] (Frühstück am Strand, Warenhaus) sind als Vielfarbenlichtdrucke erschienen bei Rikola. Hätten Sie Freude wenn ich sie Ihnen verehrte? Kennen Sie mein Malerbuch bei Gurlitt »von verschiedenen Ebenen«? Ich habe noch 1 Ex wünschen Sie es?

/Ich finde die Braunbehrens Gedichte[7] eigentlich sehr schön!/

143 Reinhard Piper

München, den 26. Okt. 23.

Lieber Herr Kubin,
schönen Dank für die sorgfältige Liste von erprobten Käufern Jhrer Bücher und noch viel schöneren Dank für die prächtige Zeichnung des Krüppels mit den Hunden[1]. Sie ist eine sehr wertvolle Bereicherung meiner ohnehin schon so reichen Sammlung Jhrer Spenden. Zu Jhrem 50ten oder 60ten Geburtstag oder gar zu Jhrem 100. Todestag wird ja sicher einmal eine Sammlung von Jhren illustrierten Briefen erscheinen. Der 100. Todestag, so fern wir ihn auch noch wünschen, wäre der schönste Anlass, denn das wäre ein Beweis, dass Sie auch noch 100 Jahre nach Jhrem Tode leben und wirken.

Auf Jhre Bibelzeichnungen[2] sind wir alle sehr gespannt. Bitte schicken Sie uns also nächste Woche die ganze Sammlung. Natürlich können wir die Herstellung nicht sofort in Angriff nehmen. Das Erscheinen denken wir uns im nächsten Herbst. Das Frühjahr ist dazu zu ungünstig. Der Mensch hofft ja immer auf Verbesserung und so glaubt man unwillkürlich, dass es im nächsten Herbst im Deutschen Reich nicht mehr ganz so schwarz aussehen könne, wie heutzutage. Bis dahin gibt es ja sicher wertbeständiges Geld und der Mensch kann wieder anfangen, solide hauszuhalten. Ueber die Art der Herstellung schreiben wir Jhnen dann noch. Augenblicklich denke ich an Lichtdrucke wie bei Jhrer Mappe am Rande des Lebens, aber nicht in Mappenform sondern in Buchform und an eine beschränkte Auflage von vielleicht 500 Stück[3]. Wir haben dann immer noch die Möglichkeit, später ein populäres Buch in unbeschränkter Auflage zu machen. Mit der ersten Ausgabe wenden wir uns an den engeren Kreis von Kennern und Liebhabern. Dieser Kreis ist zunächst ein sichererer Käufer als das breitere Publikum, an das wir uns mit einer unbeschränkten Auflage wenden müssten.

Das Verlagspaket geht nun auch ab und wir schrecken sogar nicht davor zurück, unser kostbares Hauptwerk, das zweibändige Plastikwerk von Lübbecke Jhnen zu dedizieren. Das hat überhaupt bisher noch niemand geschenkt bekommen. Sie werden Freude daran haben. Jch füge noch die Schongauer-Zeichnungen[4] bei und aus den Holzschnittwerken die Lübecker[5] und die Kölner Bibel[6].

Einiges Weitere wird sich noch zu Weihnachten einfinden.

Ihr Malerbuch von verschiedenen Ebenen habe ich mir gekauft. Vielleicht dedizieren Sie das verfügbare Exemplar Herrn Hammelmann. Mit den beiden Farbenlichtdrucken würden Sie mir eine grosse Freude machen, und ich danke Jhnen im voraus bestens dafür.

Das grosse Beckmann-Buch[7] wird Ende November fertig. Es wird auch unter dem Zwickledter Weihnachtsbaum liegen.

Mit besten Grüßen und Wünschen

Jhr

R Piper

144 Alfred Kubin[1]

Zwickledt 27 XI 23

Lieber Herr Piper So Eine herzliche Freude hatte ich durch Ihre freundliche Sendung!!!! Herzlichen Dank!! – es ist eine Wohltat die Lübecker und Kölner Bibel (die letztere war mir ganz neu noch nun daheim im winterlichen warmen guten Zimmer studieren zu können!

– Über das herrliche Plastik Werk komme ich nicht mehr aus dem Erstaunen, was haben diese Gotiker da geleistet. – – Am Intimsten hat mich aber diesmal das Mitgebrachte von meiner Frau mir triumphierend überreichte berührt: die Beckmann Drucke[2]! Heissen Dank hiefür – von den heutigen Künstlern macht mir keiner den Kopf mehr so heiss wie M.B.[3] Kokoschka kommt als Graphiker wohl nicht mehr so schwer in betracht, P. Klee gab wohl auch schon sein Bestes, Großmann verliert wenn man ihn zu oft ansieht (das Los aller an der Oberfläche hängenden Kunst) – Barlach ist enge bei aller Empfindung – bleibt die starke Art Beckmanns, d.h. ein Beispiel von Selbständigkeit, Mut, und größter Unbefangenheit. – Nur dem stillen Schinnerer[4] danke ich feinen Genuss im Graphischen –

– Nun schickte ich Ihnen aber gleich die beiden Farbenlichtdrucke wie ein paar längst schon vergriffene kleine Lithos mit Grüßen zu! – Sie haben sie ja sicher schon –

Also meine Bibel haben Sie – Ich bin mit allem, was Sie meiner Frau über die Ausgabe mitteilten nun nach Überlegung ziemlich einverstanden /schliesslich auch mit der entsprechenden Verkleinerung – am liebsten wären mir allerdings Faksimileholzschnitte gewesen die kaum wesentlich teurer kommen als mechanische Reproduktion heisst es!?/ – Lassen Sie Versuchsdrucke machen und senden sie!! eventuell können wir ja auch eine Anzahl handkolorieren

ich würde da allerdings eine Serie als Modellexemplar colorieren müssen eine große Mühe! /ursprünglich colorierte ich an jedem Stück einen Tag, an den letzten sogar 2 Tage!/ Meine Frau sagte Sie sah gutwirkende handcolorierte Kleeblätter[5] da möchte ich dann eines davon sehen um mich von der Leistungsfähigkeit der Colorieranstalt zu überzeugen. –

– Ich bin gänzlich geistig ausgelaugt seit Beendigung der Bibel – und lechze wie ein Weib nach neuer Conzeption. müde müde Die Zeit Verhältnisse sind ja /geradezu/ infam! Sie sehen hier wie ich mich *[Pfeil zu aufgeklebtem Zeitungsartikel über Kubins Kollektivausstellung in Prag]* durchbalanziere, – bisher gelang es – und ich möchte gar nicht klagen wäre nur die alte stete Schaffenskraft da – Aber ich ermüde leicht! Es wird vielleicht jetzt, wo ich am Stilekel leide eine Periode mehr malerischer Arbeit kommen – Aber ich weiß noch gar nichts – sicher ich werde nicht alt, möchte es auch gar nicht werden, – wohl aber noch brav einige Jahre schaffen –

Alles Gute auch von m. Frau
Immer Ihr Kubin
in Treue fest

145 Alfred Kubin – Postkarte

4. I 24 Wernstein *[Poststempel]*

Lieber Herr Piper, Wir waren tagelange völlig eingeschneit, Schneestürme wie sie seit 30 Jahren nicht mehr hier vorkamen waren Ursache von riesigen Verwehungen; gleich vor der Haustür liegt der Schnee bis 3 m hoch –

Eine zauberhafte – wie hochnordisch erscheinende Landschaft – Alles Hässliche ist einfach verdeckt. –

– 1000 Dank für das Trumm-Piper-bildniss[1] – So waren Sie im Bilde bei uns unter dem Baume zu Gast – und wir sprachen von Ihnen. –

– das Bücherpacket ist allerdings bis heute 3. I. noch nicht angekommen – aber wir hatten vor Weihnachten einen Poststreik – und überhaupt dauert so eine Paquetsendung auch im neuen Österreich[2] oft sehr lange – so wie ich es sehe werde ich Ihnen über diese herrliche Sache schreiben – Einstweilen Dank! – Herr Dr. W. Fränger[3] aus Heidelberg wollt auch vor Weihnachten hier durchkommen und bei uns Besuch machen – Aber, Unstern, er versäumte den Zug – und sein Vortrag in Wien war dann in München, wahrscheinlich <auch> in Ihrem Verlage –

Wir sind bei diesem tollen Wetter (heute wieder unter 0° nicht ganz gesund) – Nerven u. s. w. revoltiert. Ein prachtvolles Buch »Tiere, Menschen, Götter« von Dr. Ferd. Ossendowsky[4], Frankfurter Societätsdruckerei lese ich eben – und empfehle es Ihnen. – Alle Guten Wünsche von

Haus zu Haus Ihr getreuer Kubin

146 Reinhard Piper

München, den 17. I. 24.

Lieber Herr Kubin,
ich schicke Jhnen mit gleicher Post von zwei Bibel-Bildern je zwei provisorische Abzüge, einen auf weisslichem und einen auf gelblichem Papier. Der Papierton stimmt noch nicht. Auch das Papier selbst ist zu glatt. Wir müssen noch ein möglichst suggestives Papier ausfindig machen. Die Kunstanstalt hat zunächst einmal ein Papier genommen, was sie gerade auf Lager hatten. Jch glaube, die Zeichnungen kommen in Lichtdruck sehr schön zur Geltung, jedenfalls weit besser wie in den

Strichätzungen. Auf dem gelblichen Papier stehen die Zeichnungen besser wie auf dem weissen. Jch denke mir eine nummerierte Auflage von 550 Exemplaren, davon vielleicht 100 handkoloriert, das ganze dann als Buch gebunden, jedes Blatt auf Falz gelegt, sodass es leicht umgeschlagen werden kann. Jch lasse jetzt die Kosten kalkulieren und mache Ihnen dann /einen/ Honorar-Vorschlag. Sie könnten diese Probeseiten ja auch schon zu Kolorier-Proben benutzen. Jedenfalls glaube ich, dass das Buch einen recht guten Eindruck machen wird und dass die verhältnismässig geringe Verkleinerung der Wirkung keinen Abbruch tut.

Schönen Dank für Jhren Brief vom 11ten[1] mit der ganz prächtigen Zeichnung. Jch habe Jhre Briefe mit Zeichnungen jetzt immer in einer Mappe im Schreibtisch und habe sie oft verständnisvollen Besuchern gezeigt, die mich dann jedes Mal ungeheuer beneidet haben.

Jch kann mir denken, dass der Text von Esswein im deutschen Bild des 16. Jahrhunderts[2] Jhnen gefallen wird. Dem grossen Publikum und besonders den Kunsthistorikern wird er wohl zu subjektiv sein.

Dass Meier-Graefe für Jhre Kunst so wenig Verständnis hat, kränkt mich heute nicht mehr. Früher habe ich mich darüber geärgert und aufgeregt. Aber Meier-Graefe ist eben in mancher Richtung mit Blindheit geschlagen, es fehlt ihm da jedes Organ. Er macht sich ja eigentlich auch nichts aus der deutschen Kunst des 15. und 16. Jahrhunderts und hat auf diesem Gebiet auch erstaunlich wenig Qualitätsgefühl. Wie könnte er sonst Grünewald einen »Barbaren« nennen und ihn zu den »Primitiven« zählen.

Hoffentlich kann sich Jhre liebe Frau recht bald wieder erholen. Das wünsche ich von Herzen. Ende nächster Woche fahre ich nach Wien[3], wo der Verlag jetzt sehr viele Beziehungen angeknüpft hat, leider muss die Reise sehr schnell gehen. Sie führt mich also leider nicht über Passau und Zwickledt. Das Buch von Ossendowsky werde ich mir ansehen.

Anbei einen Brief über eine kleine Verlagszeitschrift[4], wie er in diesen Tagen an uns befreundete Autoren hinausgeht. Vielleicht steuern Sie auch etwas dazu bei. Fällt Jhnen nicht ein guter Titel ein? Wenn das Bibelbuch da ist, machen wir natürlich eine grosse Illustrationsprobe davon in dieser Zeitschrift und bringen gleichzeitig einen Kubinartikel, der auch die übrigen Veröffentlichungen mitbehandelt. Für das Bibel-Buch haben Sie schon ein Titelblatt geschrieben. Wir möchten in dem Buche garkeinen Typendruck, der sehr nüchtern wirken würde, sondern nur Jhre Handschrift. Es ist also noch das Jnhaltsverzeichnis zu schreiben und der Druckvermerk. Text zum Jnhaltsverzeichnis schicke ich Ihnen hier gleich mit. Bitte beissen Sie recht bald in den sauren Apfel! Natürlich schreiben Sie die Sache auch mit Tusche auf ein Blatt gleichen Formats. Den Text zum Druckvermerk schicke ich Jhnen, sobald alle Angaben feststehen.

Mit besten Grüssen, Jhr
Reinhard Piper

147 Reinhard Piper

München, den 17. Januar 1924

Lieber Herr Kubin!

Wir beabsichtigen, in Form einer kleinen Zeitschrift fortlaufend Mitteilungen über unsere Tätigkeit an das Publikum gelangen zu lassen.

Etwa viermal im Jahr, im März, Mai, September und November, solle ein Heft erscheinen im Umfang von ein bis zwei Bogen Text und acht Bildseiten, Format etwa 16 zu 24 cm. Diese Zeitschrift soll nicht vom Publikum aboniert werden, sondern wir liefern sie gegen einen geringen Kostenbeitrag an die Sortimenter, welche dann ihrerseits die Zeitschrift kostenlos an ihre Kunden abgeben. Ausserdem versenden wir die Zeitschrift an die Presse und direkt an Privatadressen. Wir nehmen an, dass einzelne grössere Sortimente hundert und mehr Stück beziehen, sodass mit einer Gesamtauflage von 10000 Exemplaren gerechnet werden kann.

Diese kleine Zeitschrift soll nicht nur Mitteilungen und Ankündigungen des Verlags enthalten, sondern auch interessante Originalbeiträge. Wir möchten Sie hiemit um solche Beiträge bitten. Natürlich kann es sich dabei nicht um umfangreiche Aufsätze handeln, sondern um kürzere Beiträge etwa im Umfang von 4 bis 6 Seiten unseres Almanaches. Ganz kurze Beiträge, Notizen, Aphoristisches sind uns besonders willkommen. Natürlich müssen diese Beiträge irgendwie in Verbindung stehen mit den künstlerischen, literarischen und philosophischen Tendenzen des Verlags, die ja vielseitig genug sind. Die Publizität der Beiträge wird durch den Abdruck bei uns eine ziemlich grosse sein, vielleicht grösser als in mancher normal zu abonnierenden Zeitschrift.

Bevor Sie Beiträge abfassen, bitten wir kurz um Angabe des Themas und des voraussichtlichen Umfanges. Die Beiträge werden von uns honoriert und zwar mit mindestens zwanzig Goldpfennigen für die Zeile. Für kurze Beiträge, die ja oft mehr Arbeit und Zeitaufwand verursachen wie längere, wird das Honorar entsprechend erhöht. Natürlich wird für Ihre Mitarbeit weniger das Honorar massgebend sein, das wir hauptsächlich deshalb zahlen, um Ihre Mühe nicht umsonst für uns zu beanspruchen. Entscheidend wird vielmehr sein Ihre freundliche Bereitwilligkeit, uns in unseren Bestrebungen zu unterstützen, womit Sie indirekt zugleich auch Ihre Bücher unterstützen. Wichtig ist auch die Titelfrage, und auch hiefür möchten wir Ihre freundliche Mitarbeit erbitten. Ein einprägsamer, nicht zu allgemeiner Titel trägt viel zum Erfolg bei. Der Jnselverlag hat im Anschluss an sein bekanntes Signet seine Zeitschrift »Das Jnselschiff« genannt. Auch wir würden gerne schon im Titel den Verlagsnamen anbringen (z.B. Pipers Büchertisch, Pipers Kleiner Kurier), damit man sofort sieht, woher die Zeitschrift kommt und dass sie die geistigen Tendenzen eines bestimmten Verlages vertritt. Doch kann auch auf den Verlagsnamen im Titel verzichtet werden. Für den besten vorgeschlagenen Titel zahlen wir 100 MK., für vier weitere gute Titel je 50 MK., sodass im ganzen also jedenfalls 300 MK. zur Auszahlung gelangen. Zu jedem Preis kommen ausserdem noch Verlagswerke im gleichen Betrage nach Wahl des Preisträgers. Da die Zeit drängt, erbitten wir uns Vorschläge bis spätestens 1. Februar.

Auch über vorzuschlagende Beiträge erbitten wir uns recht schnell Bescheid.

Wir hoffen, dass auch Sie an der kleinen Verlagszeitschrift Vergnügen haben werden und dass sie auch Ihnen Nutzen bringt. Da sie nicht von Abonnenten abhängt, hat sie vielleicht ein verhältnismässig langes Leben.

Mit besten Grüssen
R. Piper

148 Alfred Kubin

Zwickledt
19 II/I 24

Lieber Herr Piper
Nun kamen vorgestern auch die 3 herrlichen Bücher welche der Verlag mir zugedachte – Unsere Post und Zahlbehörden pflegen ein leichtsinnig Spiel mit unsern Geduldnerven zu treiben aber, siehe, es kam doch noch an. –

– Das deutsche Bild des XVI. macht mir auch größte Begeisterung – so wie ich in der richtigen Stimmung bin will ich Essweins Text lesen und Ihnen meinen I. Eindruck drüber schreiben; mit dem III. Bd, der Entwicklungsgeschichte[1] haben Sie mir einen ganz besonders lieben

Supplement zu meiner I. Auflage gestiftet – die ich als sie vor vielen Jahren erschien – stürmisch las – (dabei gewiss zustimmender und liberaler als J. M.-Graefe, der mir unter all den Lebenden Künstlern (die von Liebermann bis Klee mein Werk schätzen) nicht ein Plätzchen gab was mich freilich mehr wundert wie kränkte.

– Ich lebe seit fast 2 Jahrzehnten in meiner Isoliertheit sicher – wohl angefochten, aber unbeirrt das Recht einseitigster Eigenheit gegen jede Schule, Kunstart, Meinung – vertretend – unsere Kunstkultur könnte heute nur von der Vielgestalt der Persönlichkeiten kommen nicht von einem Stilprogramm – drum bleibe ich Aussenseiter, und mir getreu, und weiß den Ausgangspunkt (nämlich das was mir auffällt und mir gefällt, aber nicht wohin mich dieses Schaffen führt. –

– Ich bin nach wie vor bei Versuchen die mich oft ahnend beglücken – denn sie bieten Blicke in den Reichtum der Welt. in eine Anzahl ungehobener Schätze –

– Das Beckmannwerk[2] darf dieser rauhe Reiter wohl als einen großen Erfolg buchen der ganze Beckmann ist drin – besonders stark packte mich die Fotographie – dieser wilde, böse fürwitzig neugierige Junge der sich mit Feuerwerkskörpern spielt – Radau macht und brüllt – in so vielem gegensätzlich zu mir der ich still bin, mich gerne verstecke, verschwommenen, unscharf dämmrigen Phantasien nachjage, und sie belausche –

– auch hier bin ich gespannt auf die 4 Texte –

– Bei uns hier ist sonst leider nicht alles wie es sein soll – meine Frau leidet wieder mit Darm und Magen – – na ich will nichts über all das sagen jeder trägt seinen Packen, aber ich will nicht gegen eine Welt wettern die ich vielleicht im Grunde so wünsche und liebe wie sie ist –, die nicht anders sein kann als sie uns eben erscheint –

Ein wundervolles Abenteuerbuch las ich eben zu Ende; »Tiere, Menschen, Götter« von Ferd. Ossendowsky[3], Frankfurter Societätsdruckerei. – Fabelhaftes von einem Manne nüchtern erzählt der sich in der Mongolei und Tibet auf der Flucht vor den Bolschewiki herumtrieb – –

Alles Gute für Sie und die Ihrigen –

immer Ihr alter

Kubin –

149 Alfred Kubin

Zwickledt im Innviertel
22 I 1924

Motto:
Die Frau ist krank
der Geldbeutel leer
auf dem Kopf keine Haar
Was will man da mehr!?!

Wie Sie sehen holt mich gerade der Teufel lieber Herr Piper – sonst geht es mir aber ganz leidlich und ich danke bestens für Ihren Brief – Das Inhaltsverzeichnis zur Bibel habe ich /schon/ geschrieben und es geht Ihnen ebenfalls zu –

die 2 Probedrucke finde ich als solche vorzüglich – (: bis auf das Papier :) welches ich mir mehr bedeckt, tonig nicht zu glatt vorstelle und wünschen möchte –

– aber die etwa ¼ linear hetragonale Verkleinerung nimmt in der Tat den Tafeln nichts Wesentliches /von/ der unmittelbaren Wirkung – 550 num. /Ex/ davon 100 handkoloriert leuchtet mir auch sehr ein – nur dachte ich 100 /farbige/ wäre viel zu viel – ich meinte 20 oder 50 – – es ist doch eine große, große Arbeit /nicht zu verwechseln mit dem üblichen »handkolorieren« d.h. beklexen mit 3-4 Farbflecken./ und ich

Zurückdatiert im vierzehnten 22 I 24

Motto: Die Frau ist krank,
der Geldbeutel leer
auf dem Kopf keine Haar
Was will man da mehr!?!

Wie Sie sehen holt mich gerade der Teufel lieber Herr Piper – sonst geht es mir aber ganz leidlich und ich danke bestens für Ihren Brief. Das Inhaltsverzeichnis habe ich schon geschrieben und es geht Ihnen ebenfalls zu –

die Probedrucke finde ich als solche vorzüglich – (bis auf der Tafel [illegible]) welche ich mir mehr bedeckt, tonig nicht so glatt vorstelle und wünschen möchte – aber die etwa 1/4 linear betragende Verkleinerung nimmt in der Tat den Tafeln nichts Wesentliches von der unmittelbaren Wirkung – 550 numm. Ex. davon 100 handkoloriert leuchtet mir auch sehr ein – nur dachte ich 100 farbige wäre viel zu viel – ich meinte 20 oder 50 – es ist doch eine große, große Arbeit und ich kann mir kein Bild von der Leistungsfähigkeit dieser Colorier-

× nicht zu verwechseln mit dem üblichen „Handkolorieren“ d. h. Anlegen mit 3–4 Tonflächen.

77/B 1/97

kann mir kein Bild von der Leistungsfähigkeit dieser Colorieranstalt machen – können Sie mir nicht irgend ein charakteristisches Probeblatt schicken – meine Frau sagt sie hätte bei Ihnen ein dort handkoloriertes Blatt von Klee gesehen??? Ich weis dann was man da zutrauen darf – Ich habe die colorierten Entwürfe zur Zeit im Parlamentsgebäude in Prag[1] (böhm. Kunstverein) ausgestellt; natürlich mit hohem Abschreckungspreis, denn ich will sie ja vorderhand gar nicht verkaufen.

– Wenn diese Serie wieder hier ist, möchte ich am liebsten alle oder gleich mehrere davon colorieren – ich bin selbst begierig wie sich das macht! – mir geht's sonst /eben/ leidlich – m. Fr. ist ans Bett oder Liegestuhl geschmiedet. – mir /dadurch/ Hausvatersorgen aufladend. für dies Jahr habe ich eine Anzahl Einzelblätter nach meiner ganz freien Wahl in Auftrag /erhalten/ das ist das Erfreulichste.

– Ich lausche auf bei der Ankündigung dieser kleinen Zeitschrift /übrigens die schönste und beste Propaganda die man sich denken kann! den Kubinartikel[2] könnte wahrhaftig Esswein schreiben der mir immer wieder versichert dass er so etwas vorhat –/

Ich würde sie »Marginalien des Piper Verlages« nennen. /das ist/ ein einprägsames schönes spätlateinisches Wort. – ob ich einmal einen Beitrag dafür haben werde?? /vielleicht einmal etwas launiges gezeichnetes?/ ich weiß nicht denn ich leide immer mehr an dem heimlichen Hass und Verdacht dem der bildende Künstler gegenüber dem schreibenden hegt. –

Stets und immer der Ihrige
Kubin

herzliche Grüße von m. Frau

150 Reinhard Piper

München, den 25.I.24.

Lieber Herr Kubin,
schönen Dank für Jhren Brief und für das sehr schön geschriebene Jnhaltsverzeichnis, das dem Werke zur Zierde gereichen wird.

Hoffentlich hat Sie der böse Teufel, der Sie so unfreundlich von Ihrem Arbeitsstuhl emporgezogen hat, inzwischen schon wieder sanft niedergesetzt und Sie nicht weiter in der Schöpferlaune gestört.

Das Papier der Bibelbilder wird auf jeden Fall besser und dem Originalpapier entsprechend.

Statt hundert kolorierte Exemplare können wir ja auch etwas weniger machen. Jch schicke Jhnen heute den von der Kolorieranstalt kolorierten Klee. Die Kolorierung ist so intim, dass man das Blatt ruhig für ein Original ausgeben könnte. Es kommt gar nicht darauf an, ob eine grössere oder eine kleinere Auflage koloriert wird. Die Qualität bleibt dieselbe. Wahrscheinlich werden sich viele Leute auf die kolorierte Ausgabe stürzen und wenn diese vergriffen ist, schon aus Aerger die einfarbige auch ablehnen. Deshalb sollte man die kolorierte Ausgabe nicht zu klein machen.

Die Kalkulation über die Herstellungskosten ist unterwegs. Jch mache Jhnen dann Vorschläge über Ladenpreis und Honorar.

Morgen fahre ich nach Wien und bin nächsten Freitag wieder da.

Jm Septemberheft der Verlagszeitschrift wollen wir über Jhre Sachen einen Aufsatz[1] bringen. Dazu hätten wir dann gern einen kleinen Originalbeitrag[2] von Jhnen. Bis dahin ist ja noch lange Zeit.

Hoffentlich kann sich Jhre liebe Frau bald wieder erholen.

Mit besten Grüssen

Jhr

R. Piper

151 Reinhard Piper

München, den 4. II. 24.

Lieber Herr Kubin,
ich bin eben von meiner Wiener Reise zurückgekehrt, von der ich grossen erfreulichen Arbeitsstoff mitgebracht habe. Die verlegerische Eroberung Oesterreichs ist jetzt so ziemlich vollzogen, aber sagen Sie es keinem österreichischen Verleger, die sind auf uns schon sehr eifersüchtig und ärgern sich, dass wir ihnen so viel wegholen. Dass ist die Strafe dafür, dass sie so lange geschlafen haben.

Auch Sie werden von den Ergebnissen der Wiener Reise im Laufe der Zeit Manches zu sehen bekommen.

Heute möchte ich Jhnen wegen des Bibelbuches schreiben. Wir können jetzt die Kosten übersehen. Die Allgemeine Ausgabe wird, schön gebunden und mit grösster Sorgfalt reproduziert, voraussichtlich 30 M kosten, die kolorierte Vorzugsausgabe in 80 numerierten Exemplaren, in Halbleder gebunden, 50 M. Wir bieten Jhnen nun zehn Prozent von unseren Bruttoeinnahmen also vom gesamten Umsatz. Diese 10 % werden voraussichtlich bei Verkauf der Auflage 1200 Goldmark betragen, es kann auch mehr werden, wenn es uns gelingt möglichst viele Exemplare direkt an private Kubin-Freunde zu verkaufen, wobei Sie uns ja ein wenig unterstützen können. Wir drucken natürlich einen schönen Prospekt.

Von diesen voraussichtlichen 1200 Mark zahlen wir Jhnen 600 Mark bei Erscheinen der Mappen. Im übrigen erfolgt 1/2jährliche Abrechnung.

Die allgemeine Ausgabe nummerieren wir nicht, denn wir sparen dadurch die 15 % Luxussteuer, können also entsprechend billiger sein und haben freie Hand für Neuauflagen, wenn die erste Auflage vergriffen ist, was hoffentlich in absehbarer Zeit der Fall sein wird.

Sie erhalten zehn Freiexemplare und zwar sieben von der allgemeinen und drei von der Vorzugsausgabe. Die Originalzeichnungen bleiben natürlich in Jhrem Besitz. Zu welchem Preis würden Sie diese an mich persönlich verkaufen? Jch würde mich verpflichten, die Zeichnungen geschlossen beisammen zu lassen. Bisher habe ich noch nie ein Blatt von Jhnen verkauft und gedenke dieses auch in Zukunft nicht zu tun. Doch machen Sie mir bitte keinen Freundschaftspreis, ich möchte Sie natürlich nicht schädigen, und wenn die Serie mir zu teuer ist, sage ich es ungeniert.

Bitte schreiben Sie uns, ob Ihnen obige Vertragsvorschläge passen. Wir schicken dann gleich auch alle übrigen Blätter an den Ganymed[1] und die Reproduktion könnte dann sofort beginnen.

Mit besten Grüssen
Jhr
Reinhard Piper

152 Alfred Kubin

Zwickledt 10. II 1924

Weihgeschrieen lieber Verleger
Ich hoffte immer das mir das Verlegen der Bibel etwa gegen 2000 MK bringen würde und nun schrumpft es auf 1200 zusammen – –

Aber im Ernst: Wenn ich die 20 Tafeln eingehend und überlegt und nicht mit den bekannten 3 Großmann'schen Klexen als Vorlagen kolorieren soll so macht das viele Arbeit (auch wenn ich es gegen die Originale etwas vereinfache und da können Sie mir schon im Durchschnitt 10M pro Bild id est 200M geben – !!!?!!??!. Sonst finde ich Ihre Vorschläge sehr einleuchtend es sei denn der Preis der Vorzugsausgabe – Jede Tafel schön handkoloriert und noch Halbleder dazu, da ist 50 M. (gegen 30 ordinär) doch fast zu billig – nicht?? Könnte man das nicht etwas hinaufsetzen??? Dies meine Bedenken; sonst bin ich mit allem einverstanden und Sie können mir gelegentlich den Vertrag schicken – und unter /Hoch/Druck reproduzieren lassen – bei Erhöhung der Vorzugsausgabe würde sich ja mein Honorar etwas erhöhen –

Schmaler Beutel Kubins
Alfred
Reinhard mit der Verlagsbrieftasche

Ihre sonstigen Nachrichten haben mich sehr erfreut, besonders dass die Wiener Reise gutes Resultat brachte –

hingegen geht es uns hier noch immer ziemlich maßig – insbesondere mit den Nerven welche ich täglich 100x verwünsche; die Nachwehen der Bibel habe ich nun endlich überwunden, – suche Schatten- und Lichtwirkungen zu/un/gunsten der Linie die ich in der Bibel so betonte, wieder zu pflegen – es geht damit leidlich. –

Also auch Sie interessieren sich für die Bibelfolge im Original zum Zweck eventueller Erwerbung! – Zwei Kubinsammler[1] (darunter der Besitzer einer rießigen Collection meiner Arbeiten seit 25 Jahren möchten diese Folge /ebenfalls/ erwerben und ich hier wiederum möchte mir mit dem Aus-der-Hand-geben eigentlich Zeit lassen. Es ist das Werk woran ich am längsten und überlegtesten schaffte – Ich machte den Preis von 4000MK und finde ihn für mich gewiss nicht zu hoch – Falls Sie besonderen Wert darauf legen um diesen Preis die Folge zu erwerben würde ich sie Ihnen überlassen indem ich sage, dass die käufliche Überlassung eben in die Vertragsabmachung einbezogen wurde – – Schreiben Sie mir bitte darüber. –

Meine Frau ist noch immer kränklich und den halben Tag zu Bett; trotzdem glauben wir dass es aufwärts nun geht und der Tag nimmt ja mit der Sonnenkraft erfreulich zu /und muss Krankheiten vertreiben/. – Ich lese mit Spannung den letzten Band von Meyer-Gräfes /Entwicklungsgeschichte[2]/. In vielen Dingen hat M. G.[3] seine Meinungen /erheblich/ geändert, – ist definitiver geworden und /doch/ ein glänzender, bezaubernder Stilist /geblieben/ – eine Persönlichkeit groß in den Vorzügen wie in den Mängeln.

– Esswein sandte den neuen Merkur mit dem Beckmannartikel[4] wie schade dass dieser nicht im Beckmannwerke drin ist. –

Alles Gute und Grüße von uns beiden
stets Ihr Kubin

153 REINHARD PIPER

München, den 12. II. 24.

Lieber Herr Kubin,
schönen Dank für Jhren Brief mit der reizenden Zeichnung. Wenn unsere Verlagsbrieftasche nur so riesig wäre und Anlass gäbe, sie mit zwei grossen Schlössern zu verschliessen! Jm Verlag läuft das Geld immer nur durch und eigentlich arbeiten wir nur für die Drucker, Buchbinder, Papierfabrikanten, Sortimenter, Autoren und Rezensenten.

Fur das Kolorieren wollen wir Jhnen pro Blatt also noch 10 Mark extra zahlen, im ganzen also 200 Mark. Die Vorzugsausgabe können wir vielleicht auf 60 Mark ansetzen, noch höher gehen können wir kaum. Die einfache Ausgabe ist mit 30 Mark schon verhältnismässig teuer. Preisabbau ist die grosse Losung! Jmmerhin können Sie im Laufe der Zeit sehr wohl auf die 2000 Mark, die Jhnen vorschweben, kommen, denn wir haben uns ja entschlossen, die einfache Ausgaben nicht zu limitieren, sodass wir also später noch eine Neuauflage drucken können.

Jch schicke Ihnen nun in Anlage den Vertrag und erbitte ein Exemplar unterschrieben zurück.

Die 4000 Mark für die Originale kann ich leider nicht aufbringen, und muss also den Besitz den anderen Kubin-Verehrern überlassen die Kubin nur zu sammeln, nicht auch zu verlegen haben.

Es tut mir sehr leid, dass Jhre Frau noch immer kränklich ist. Jetzt kommt ja der Frühling mit Macht näher und das wird hoffentlich auch Jhrer Frau helfen.

Der Beckmann-Aufsatz von Esswein hat auch mir sehr gut gefallen.

Die übrigen Bibelblätter habe ich inzwischen schon an den Ganymed geschickt. Das Papier wird eigens dafür angefertigt und zwar genau in dem Ton Jhres Zeichenpapieres.

Mit besten Grüssen und Wünschen
Jhr
Reinhard Piper

154 Reinhard Piper

München, den 24. III. 24.

Lieber Herr Kubin,
ich muss Sie leider noch mal plagen. Wir brauchen nun doch noch eine Schriftzeichnung für den Einband. Bitte machen Sie diese Zeichnung wie anliegendes Blatt. Die Zeichnung für den Jnnentitel können wir leider für den Einband nicht verwenden. Wir brauchen dafür diese konzentriertere Form. Mit gleicher Post schicke ich Jhnen einen Druck von Petriverleugnung[1]. Doch ist das noch nicht ganz das Auflagepapier. Dies wird eben von Zanders[2] eigens angefertigt. Sie sehen aber, dass sich die Blätter ausgezeichnet machen werden.

Mit besten Grüssen,
Jhr
R. Piper

155 Reinhard Piper

München, den 11.4.24.

Lieber Herr Kubin,
als Rolle schicke ich Jhnen eine ganze Reihe von Farbenzusammenstellungen für den Einband Jhres Bibelbuches. Ehe wir uns entscheiden möchten wir auch Jhre Meinung hören. Bitte senden Sie uns alle Proben wieder zu und geben Sie uns mehrere zur Auswahl an, die Jhnen gefallen.

Vielleicht machen Sie auf die, die Jhnen besonders gut gefallen, 3 Kreuze, auf andere 2 Kreuze und auf eine dritte Wahl 1 Kreuz. Nicht alle Papiere haben auch Rückenleinen. Sie können die verschiedenen Papiere mit den Rückenleinen auf verschiedene Art kombinieren. Jch glaube, wir können bei dem Einband ziemlich kräftige Farben wählen. Die Zeichnungen sind ja auch sehr kräftig. Für die kolorierte Ausgabe müsste natürlich eine besondere Farbenzusammenstellung gewählt werden. Vielleicht kann diese erst bestimmt werden, wenn die Kolorierung feststeht, da die Farbe des Einbandes doch etwas auf das Gesamtkolorit der Bilder Rücksicht nehmen muss. Wenn Jhnen diese aber schon vorschwebt, können Sie schon jetzt für die kolorierte Ausgabe eine besondere Farbenzusammenstellung angeben.

Mit besten Grüssen,

Jhr

R Piper

156 Alfred Kubin – Postkarte

Zwickledt
Wernstein
Ob. Öst.
22.4.24

Lieber Herr Piper seit 12 Tagen wieder daheim und mit einer Menge kleiner wenig angenehmer und interessanter Arbeit beschäftigt fallen mir immer wieder diese ganz unvergleichlich reproduzierten herrlichen

Breugelzeichnungen ein und dieser Ostergruss ist eigentlich auch nebenbei so ein Erinnerungszeichen daran, dass Sie nicht vergessen mögen mir wie Sie versprachen noch etwas zu verschaffen – Ich zeigte Bibelproben und Bibelblatter wieder hier einigen Leuten darunter meinem Schwager O. AH. Schmitz der eben hier weilt und erstaunte selbst über die starke Wirkung dieser Blätter, hoffentlich ist das ein Gutes Omen für uns – – Mit meiner Frau[1] gehts langsam langsam aber bis Sie auf Englburg[2] sind (wird das nun sicher??) wird Sie wohl längst mobil sein

stets Ihr alter
Kubin

157 Alfred Kubin

19. V 1924 Englburg *[hs Datierung RPs]*

Lieber Herr Piper Sie haben's geschafft und nun noch mal dem Jubilar freudige Glückwünsche! Ich werde übermorgen am 19 Mai[1] ein Glas auf Sie und Ihren Verlag trinken – Zugleich erfreute mich die Zusendung einiger Pieter Breughelzeichnungen die Sie veranlassten. Ich sehe, daß Sie mir Freude machen wollen wo Sie es können; herzlichst Dank! Ich studiere jetzt abends zur späten Stunde den H. Bosch[2] – ein Kerl zum verrücktwerden – mir in seiner mystisch spekulativen Weise vielleicht noch näher dem eigenen Blute als wie der kräftige drallige Bauernbreughel[3]. –

– Bosch ist wohl das Tollste was man sich vorstellen kann.

– das Schreiben ist mir beschwerlich nehmen Sie es also rein als Sache der Freundschaft wenn ich nach Ihrem Wunsch für den Herbstboten Pipers einen Beitrag[4] mir abpresse /bis wann spätestens müssten Sie es haben??/ – Ich habe einen hübschen Gedanken: Konstruktion und Rhythmus in der Zeichnung« welchen ich begrifflich darzulegen versuchen werde – – Sonst geht es nicht schlecht, aber viel Dämonie spukt um mich herum! Meine Frau lernt nur langsam, langsam wieder das gebrochene Bein gebrauchen – Eine lungenkranke, mittellose Schwester will als Wittwe mit 2 kl. Kindern nach Californien[5] auswandern. Ein junger Kunstkäufer[6] dem ich anvertraute scheint in ziemlicher Zahlungsschwierigkeit, mein Haus, Garten, Wirtschaft verwahrlosen weil die Hausfrau immer krank. So gehts in diesem Jahr! Aber schließlich muss man Müh' Plag' und Sorge bejahen solange man den Aufschwung und überhaupt das ganze Leben bejaht, und das tue ich! noch unentwegt.

Haben Sie Sicherheit über Englburg?? Ich komme dann wenn Sie da gelandet sind sicher einmal für 1 Tag hin! – das Schaffen; Endlich fühle ich mich wieder etwas freier weil hier eine Arbeit nach vielen Wochen beendet wurde – Ich machte kleine Umdrucklithos für ein nachgelassenes Novellenfragment von Heinrich Lautensack[7], dem mir persönlich bekannten niederbayrischen Dichter – der vor 5 Jahren traurig als Paralytiker in einer Irrenanstalt zugrunde ging – das Fragment behandelt etwa die Liebesempfindungen eines argen Biertrinkers, und zeigt teilweise schon Spuren von L.K's Irrsinn – Ein Büchlein /in der Reihe/ »Neue Kunst« wird bei Biermann /im/ Herbst über mich kommen Text v. F. P. Schmidt[8].

– Sonst nichts Neues – Behalten Sie mich in guter Gesinnung auch in Hinkunft

Stets Ihr alter
Kubin

H. v. Webers Tod tat mir sehr wehe, ich schrieb für die Prager Presse als Nachruf[9] gewisse Erinnerungen aus der Zeit um 1900 da er noch nicht Verleger war. –

Kurz ist ein Menschenleben.

158 Reinhard Piper

München, den 21. Mai 24

Lieber Herr Kubin,
haben Sie herzlichen Dank für Jhren lieben Gratulationsbrief und für den wunderhübschen Beitrag zu dem Widmungsbuche[1]. Dieses Widmungsbuch hat unser Hersteller[2], Herr Schimmelwitz[3], auf eigene Faust arrangiert. Es ist fast ein wenig zu viel und ich fühl mich beschämt. Hätte ich etwas davon geahnt, so hätte ich abgeraten, denn der Verlag steht ja doch erst am Anfang. Jedenfalls hoffe ich sehr, dass er dies noch tut und seine wichtigste Entfaltung noch vor sich hat. Da ist es für Jubiläen fast zu früh. Jch fühle mich durchaus noch nicht als Jubelgreis. Auch soll der Verlag ja ein Diener sein und nicht Selbstzweck.

Nach Engelburg kommen wir nicht. Es ist das mit unserem kleinen Töchterchen doch ein wenig zu umständlich. Wir haben für uns allein in Dürnhausen zwischen /den/ Osterseen und Kochelsee ein hübsches Haus gemietet, wo wir ganz unter uns sind. In Engelburg hätten wir doch mit den anderen Pensionären wohl in allzu nahe Berührung kommen müssen und manche Leute sind nun einmal nicht sehr kinderlieb. Natürlich hätte es uns sehr gefreut, dort mit Jhnen zusammenzutreffen.

Dass Sie für den Herbst – Piper-Boten, in welchem wir ja unsere 4 Kubin – Werke[4] anzeigen wollen, einen eigenen Textbeitrag beisteuern wollen, ist sehr lieb von Jhnen. Wir wissen dies Opfer sehr zu schätzen. Es wird sicher sehr interessieren, von Jhnen etwas über Konstruktion und Rhythmus in der Zeichnung zu hören. Jch nehme an, dass wir etwa 3 Druckseiten des Piper-Boten dazu brauchen werden. Wir brauchen natürlich noch ziemlich viel Platz für Reproduktionen aus Jhren Büchern und müssen den Stoff für den Piper-Boten immer sehr zusammendrängen. Nächstes Jahr werden wir 6 Hefte[5] machen müssen. Bitte schreiben Sie aber zunächst einmal rüstig von der Feder weg, ohne an die 3 Seiten zu denken. Wir brauchen den Beitrag bis spätestens 1. August. Am besten wäre es, Sie schrieben ihn gleich.

Heinrich Lautensack habe ich auch noch gekannt, in seinen frühesten Jahren, bei den Elf Scharfrichtern[6]. Ich war damals noch Gehilfe im Kunstwartverlag[7]. Lautensack war damals etwa 19 Jahre und ich verehrte ihn sehr. Schade, dass er so enden musste. Seine niederbayerischen Bilderbogen, zu denen Unold[8] einige allerdings ziemlich leere Holzschnitte gemacht hat, habe ich auch mit Vergnügen gelesen.

Besten Dank auch für die Zusendung Jhres Nachrufes an Hans von Weber. Mir war Hans von Weber nicht so ganz sympathisch. Sie werden das gewiss verstehen. Wir beide sind zu verschiedene Naturen. Seine

Art »Lebensgenuß« lag mir nicht, zumal er sich gleichzeitig als Sozialdemokrat, später beinah als Kommunist aufspielte. Dabei war er doch der absolute Typus des Antikommunisten, d. h. der Typus des ungenierten rücksichtslosen Geniessers. Auch gefiel mir nicht, dass der Zwiebelfisch[9] bei Kriegsausbruch plötzlich so schwarz – weiss – rot[10] anlief (obgleich er mit eiserner Stirn auch die geringste Schwenkung leugnete), während Hans von Weber sofort beim Zusammenbruch zu einem Eisner – Schwärmer[11] wurde und an dieser Schwärmerei, wie ich höre, auch bis zuletzt festgehalten hat, seinen besseren Wissen zum trotz. Denn er war doch ein viel zu kluger Mensch, um den Eisner – Rummel nicht zu durchschauen. So waren wir innerlich immer im gewissen Sinne Gegner, trotzdem wir uns äusserlich gut vertragen haben. Natürlich gefiel mir sehr, dass Weber als Verleger so ganz nach eigenem Stil arbeitete. Unsere Münchner Verlegervereinigung wurde sofort tötlich langweilig, als er den Vorsitz niedergelegt hatte, und der unpersönliche Hugo Bruckmann[12] an seine Stelle trat.

Mit besten Grüssen, Jhr

R Piper

159 Reinhard Piper

ca Juni 24 *[hs Datierung RPs]*

Alfred Kubin,

Wernstein
a. Inn

Lieber Herr Kubin!

Ich bin bereits mit dem »Piper-Boten« beschäftigt, der im September erscheinen soll, da ich das Heft zusammenstellen möchte, bevor ich in die Sommerferien gehe. Ich darf doch auf Ihren Aufsatz ganz bestimmt rechnen? Er sollte nicht viel mehr als vier Druckseiten des »Piper-Boten« einnehmen. Im selben Heft möchte ich über die vier Werke, die wir von ihnen verlegt haben, einen kleinen interessanten Artikel bringen. Wer könnte Ihrer Ansicht nach den am besten schreiben? Es müsste jemand sein, der sich nicht erst seitenlang in Abstraktionen bewegt, sondern der kurz, knapp und anschaulich über die Sache selbst zu schreiben versteht. Bitte geben Sie mir recht bald Bescheid.

Mit besten Grüssen

Ihr ergebener

R Piper

160 ALFRED KUBIN

16 VI 24 *[hs Datierung RPs]*

Lieber Herr Piper nur etwa 2 Seiten dürfte mein »Aufsatz« im PiB. einnehmen und doch hat es mich schwitzen gemacht den Gedanken so kurz, komprimiert zu fassen. – für den kleinen Artikel möchte ich einen Herrn empfehlen der G. A. E. Bogeng zeichnet und von welchem ich knappe interessante Besprechungen illustrierter Werke in der Zeitschrift Die Bücherstube[1] vor kurzem las – – In zweiter Linie W. Fraenger[2]! Trist im Ganzen genommen!

Es neigen da /viele/ Herren dazu Quallencharakter anzunehmen wenn Sie sich auch wie Krustazier[3] geben in manchen Fällen – Es ist ja auch eine verzweifelte Sache diese Art von Schriftstellerei

– – Ein großer Buchhändler sagte mir, ganz sakrilegisch: es sei schon fast ganz gleich wer den Text schreibt sein Publikum liest doch das nicht und sieht sich nur die Bilder an –

hoffentlich kommen in nicht allzu ferner Zeit die Bibeldrucke welche ich colorieren soll als Vorlage – sonst kommen wir, da doch viel Arbeit hier dran hängt furchtbar tief ins Jahr. –

Skizze zu einem Blatt
»Der ausgespieene Jonas«[4]
das mich seit Wochen beschäftigt

– Ein famoses Andenken bildet dieses schöne vornehme Buch mit wertvollen Graphiken und Texten welches Ihnen und dem Verlag zum 20. verehrt wurde –

– Sagen Sie bitte Herrn Schimmelwitz meine Anerkennung und herzlichen Dank – Beckmanns Autobiographie[5] hat mir besonderen Spass gemacht weil sie Tiefe Blicke ins Innere dieses Farben- und Lebenskünstler ermöglicht. –

Stets Ihr A. Kubin

161 Reinhard Piper

München, den 18.6.24.

Lieber Herr Kubin,
schönen Dank für Jhren Aufsatz Rhythmus und Konstruktion, der sich im Piper-Boten ganz ausgezeichnet machen wird und als Bekenntnis eines bedeutenden Künstlers über seine Arbeitsweise stets von Jnteresse sein wird. Besonders dankbar bin ich Jhnen, dass Sie sich so kurz gefasst haben. Das war gewiss nicht leicht. Aber der Piper-Bote darf nun einmal nicht zu umfangreich werden, denn wir geben ihn ja in der grossen Auflage von 35'000 Ex. unter unsern Selbstkosten ab und bei grossem Umfang setzen wir eben entsprechend mehr zu. Dieses Zusetzen muss aber natürlich in bestimmten Grenzen bleiben

Was den kleinen Artikel über Jhre Arbeiten betrifft, so passt uns Fraenger besser als Bogeng. Letzterer hat etwas allzuviel Bücher schon besprochen und dadurch seine Empfehlung etwas entwertet. Was Fraenger schreibt, hat doch ein persönlicheres Gepräge. Jch kenne ihn recht gut. Er bearbeitet ja den deutschen Humor für uns. Er kommt nächstens nach München und da werde ich die Sache mit ihm besprechen. Auch die alten Besprechungen werde ich durchgehen. Vielleicht finde ich da einen Fingerzeig.

Die Bibeldrucke habe ich soeben beim Ganymed[1] reklamiert. Sie werden Jhnen demnächst zugehen. Ich bin sehr gespannt auf Jhre Kolorierproben.

Dass die Texte zu den Kunstbüchern nicht mehr gelesen werden, sondern das Publikum sich nur die Bilder ansieht, ist eigentlich ein trauriges Zeichen der Verödung der Kunstschriftstellerei. Mir tun auch oft die armen Bilder leid, die fortwährend eine neue Wortsauce über sich giessen lassen müssen. Jch nehme es dem Publikum gar nicht übel, wenn es die nicht liest, sondern sich nur die Bilder anschaut. Wenn es sich nur die Bilder auch wirklich anschauen würde! Aber die Verödung beim Publikum ist genau so gross wie bei den Kunstschriftstellern, meist begnügt es sich mit einem halb gelangweilten Durchblättern. Das Sehen haben die meisten verlernt, oder haben es nie gekonnt. Die meisten Leute laufen ja auch in einer Stunde durch alle 40 Säle der Pinakothek und tragen dann nicht mehr nach Hause als das Gefühl, dass dort viele Bilder hängen.

Hoffentlich gelingt Jhnen der ausgespieene Jonas. Die Komposition ist sehr schön.

Jhrer Frau geht es doch schon wieder ganz gut? Jedenfalls wünsche ich ihr das Beste.

Mit besten Grüssen
Jhr ergebener
R Piper

/Kommt dies Jahr noch ein Kubin Werk[2] heraus, außer der Bibel?/

162 Reinhard Piper

München, den 2. 9. 24.

Lieber Herr Kubin,
Sie werden vom Ganymed die drei Exemplare der ausgedruckten Bibelbilder erhalten haben. Jch finde, die Lichtdrucke machen sich ausgezeichnet. Auch hat die Verkleinerung die Wirkung der Zeichnungen durchaus nicht vermindert. Die Zeichnungen wirken jetzt noch sehr gross. Ein Buch soll man ja in der Hand halten und da ist der Abstand des Betrachters jetzt gerade richtig. Wären die Zeichnungen noch grösser, so würden sie einem zu sehr ins Gesicht springen. Bitte machen Sie jetzt recht bald die Kolorierangaben. Jch nehme an, dass Sie manchmal mehrere Dinge kolorieren und die Kolorierung an den verschiedenen Drucken ausprobieren. Jst es zu unbescheiden, wenn ich Sie bitte, mir die Kolorierungen, die nicht zur Ausführung kommen sollen auch mitzuschicken und zu dedizieren? Jch würde Sie gern meiner Kubinsammlung als besondere Bereicherung einverleiben und es ist ja jedenfalls sehr interessant und aufschlussreich zu sehen, in welchen verschiedenen Farbstimmungen Jhnen die Blätter vorgeschwebt haben. Bitte schreiben Sie mir recht bald, bis wann wir die Kolorierangaben für die Kolorieranstalt erwarten dürfen. Wir möchten die Fertigstellung des Buches jetzt recht nachdrücklich betreiben, damit, wenn jetzt eine Belebung

des Büchermarktes eintritt, – die wir dringend brauchen – Jhr Buch gleich davon profitieren kann. Es sollte möglichst in der zweiten Hälfte des Oktober auf dem Markt sein.

Mit besten Grüssen, Jhr

R Piper

163 Reinhard Piper

München, den 4.9.24.

Lieber Herr Kubin,

Jhre Karte[1] hat sich mit meinem Brief gekreuzt. Es tut mir sehr leid, dass Sie gegenwärtig mit einer anderen Arbeit[2] beschäftigt sind, aber ich kann Jhnen gar nicht anderes schreiben als: Sie müssen diese andere Arbeit unterbrechen und zunächst die Bibelbilder kolorieren. Jm Piper-Boten, der jetzt im Druck ist, ist der Zentral- und Kernpunkt ein Aufsatz über Sie, Jhr eigener Aufsatz, und die Ankündigung der Bibelbilder. Es hat gar keinen Zweck, dieses Heft vom Stapel zu lassen, wenn die Bibelbilder dann nicht auch schon zu haben sind. Die Wirkung verpufft vollständig. Der Piper-Bote ist auch ein sehr teures Vergnügen, jedes einzelne Heft erfordert bei der grossen Auflage von 35'000 Ex. von dem Verlag einen Zuschuss von 6000 M. Da können wir nicht in dem Heft Sachen ankündigen, die wir noch gar nicht zu verkaufen haben. Die einzelne Seite kostet uns 200 Mark, Jhnen widmen wir 5 Seiten, also 1000 Mark. Wir können aber auch nicht die unkolorierte Ausgabe versenden und mit der kolorierten Ausgabe wochenlang hinterher kommen. Bis aber die Auflage koloriert ist, wird ohnehin noch viel Zeit verloren. Auch möchte ich ein Blatt koloriert auf den Bildtafeln abbilden, also in Autotypie[3] mit den Tuschtönen, nicht in Strichätzung im Text.

Jch bitte Sie also dringend, die Arbeit nicht aufzuschieben, sondern sich möglichst unverweilt daran zu machen und mich darüber zu beruhigen.

Mit besten Grüssen

R Piper

164 Reinhard Piper

München, den 17. Sept. 1924

Lieber Herr Kubin,
ich danke Ihnen herzlich, dass Sie meinen Wunsch so schnell erfüllt haben. Als ich gestern die kolorierten Bibelblätter nebeneinander auf den Tisch legte, hatte ich eine reine Freude, wie selten in meinem Verlegerdasein. Die Kolorierung ist Ihnen ganz grossartig gelungen. Sie ist eine ganz wesentliche Steigerung der Wirkung. Man kann sich die Blätter nun ohne Farbe kaum mehr denken. Die Schwarzdrucke wirken daneben unvollständig. Ich glaube fast, man wird sich vor allem auf die kolorierte Ausgabe[1] stürzen (soweit sich das Publikum nicht das »Stürzen« überhaupt abgewöhnt hat) und die schwarze Ausgabe wird daneben einen schweren Stand haben. Desshalb werde ich wahrscheinlich die kolorierte Ausgabe von 80 Exemplaren auf 150 erhöhen. Die schwarze Ausgabe ist ja unbegrenzt.

Dass nun keine Kolorierversuche für mich abgefallen sind, kann ich verschmerzen, dafür bitte ich Sie aber später die 20 Blätter mit dem Vermerk »Eigenhändig koloriert«[2] zu versehen.

Mit besten Grüssen
Ihr
R. Piper

165 Alfred Kubin

Zwickledt 25/ X 1924

Lieber Herr Piper ich begrüße den hereinstürmenden Piperboten sehr herzlich – – Er bringt lauter gute Botschaften für mich so vor allem die mich sehr überraschende Nachricht dass bei Ihnen ein großes schönes Tintoretto-Werk[1] herauskommen wird – und dann Michelangelozeichnungen[2]; – solche sieht man doch immer nur ganz verstreut reproduziert; das ist sicher eine gute Nummer des Verlages. – Ich freute mich sehr des letzten Botens aber auch nicht zuletzt wegen der ehrenvollen Stelle welche mein eigenes Lebensprodukt darin einnehmen darf – – Mögen uns die Bibelbilder erfreuliches noch bieten –

Mich in meiner seelisch herumgetriebenen Menschlichkeit hat das Große tragische Pathos seit Beendigung der Bibel verlassen, Kleinkram und Einblicke in die armseligkeit des Irdischen. (ein lieber Nachbar[3] dem wir in den Kriegsnöten und nachnöten oftmals Hilfe dankten starb einen schweren Tod nach langem Krankenbett) – dies Ereignis wirbelte alle Hypochondrie deren ich – schon erblich Belasteter – <...> fähig bin auf und meine Einbildungskraft versenkt sich mit teuflischem Zwang in all diese Korpergefühle ich wittere formlich die Beginnzustände von Krebs der Blase, des Janus der Zunge u s.f. 1000 Varianten – aber im Ernste wachte ich eines Nachts auf mit wildem Schüttelfrost, hohem Fieber und der andern Tages zugezogene Arzt nannte, die übrigens schmerzhafte, Krankheit eine Grippe ich ward matt, matter als je – und verbrachte 10 Tage im Bette – Und da geschah's dass mir ein humoristisch-gespenstisches friesartiges Bild an 5 Meter lang aber nur 2 Spannen hoch einfiel – ich führe dieses Fieberding /Ich nenne es »die Rauhnacht«[4] (Spuknacht) den Namen entnahm ich der germanischen Mythologie. –/ nun bei Ruhe und klarer Überlegung aus – Es werden 13 Zeichnungen die aneinandergefügt gehören (ich stelle es mir etwa wie ein Leporelloalbum vor) »der Volksverband der Bücherfreunde« in Berlin wandte sich schon lange an mich um eine Arbeit; ihm gab ichs – (nicht ganz ohne Bedenken weil dieser lithogr. Umdruck bezahlt und haben will und ich fürchte eine größere Auflage wird vom Drucker uninteressiert und langweilig abgezogen) –

– Dies also über mein Tun – und das Geschäftsgeheimnis erzählen Sie bitte nicht weiter lieber Editorius!

Zum heurigen Weihnachtsfeste wünsche ich mir aber bestimmt des alten Rembrandt Selbstbildnis[5] – Ich kann das merkwürdige blöd-pfiffige Lachen diese welken Gesichtes nicht vergessen, ich möchte das Bild solange anstarren bis mir dieser Alp weicht – Zum Schluss begrüße ich sie herzlichst und meine Frau schließt sich an –

Stets Ihr erg.
Kubin

166 Reinhard Piper

München, den 28.10.24

Lieber Herr Kubin,
besten Dank für Jhren schönen reizend illustrierten Brief, der mir grosse Freude gemacht hat.

Es freut mich, dass Jhnen der Herbst-Piper-Bote gefällt. Zu einem eigenen Aufsatz über Jhre Arbeiten war leider in dem Hefte kein Platz mehr. Ich habe aber in dem Bericht »Aus der Werkstatt des Verlags« ja mit grössten Nachdruck auf Jhre Kunst hingewiesen. Jn einem späteren Heft hoffe ich dann einen eigenen Aufsatz über Sie bringen zu können. Jedenfalls werden wir immer wieder an die 4 schönen Werke, die wir von Ihnen haben, erinnern.

Der Moses im Zorn wird sicher bald eines Jhrer bekanntesten Blätter sein. Auch in unserem Anteil an dem bekannten Katalog »Das Buch des Jahres«[1] ist er als Repräsentant Jhrer Kunst vertreten (siehe Anlage). Erst nachträglich wurde mir klar, dass es nun so aussieht, als ob der dicke Mann, der auf der linken Seite seinen Bauch auf einer Schubkarre fährt, zu dem ehrwürdigen Moses auf der gegenüberliegenden Seite hinüberzuspucken versucht und als ob Moses ihn dafür mit den Gesetzestafeln bombardieren wolle. Jm Buchhändler-Börsenblatt figuriert der Moses auf einer ganzen Seite. Jch sehe schon, wie sich die 5000 Sortimenter darüber entrüsten werden. Einen Abzug der Anzeige werde ich Jhnen zusenden.

Die Originalzeichnungen zur Bibel gehen Jhnen gleichzeitig in eingeschriebener Rolle zu. Jch trenne mich sehr schwer von diesen Blättern. Jch hatte immer noch gehofft, ich würde sie mir kaufen können. Aber das ist ja leider nicht möglich. Hoffentlich finden Sie nicht so bald anderweitig einen Käufer, sodass ich vielleicht in ein paar Jahren noch darauf zurückkommen kann. Leider ist im Verlag jetzt gar keine Gelegenheit, Geld anzusammeln.

Den Tintoretto und den Michelangelo erhalten Sie zu Weihnachten. Den Rembrandt aus den Piper-Drucken sende ich Jhnen aber schon jetzt, allerdings aus egoistischen Gründen. Jch drucke nämlich gerade jetzt ein neues Verzeichnis der Piper-Drucke[2] und will bei dieser Gelegenheit dem Publikum auch wieder einige neue »Zeugnisse« vorsetzen in der Art, wie Sie sie in dem anliegenden Prospektheft finden. Bitte schreiben auch Sie mir recht schnell dafür ein Zeugnis[3]. Es brauchen nur zwei bis drei Sätze auf einer Postkarte zu sein. Sie bekommen dann zur Belohnung auch noch die Herbstlandschaft[4] von Bruegel, die in etwa 3 Wochen fertig wird und die Jhnen sicher ganz besonders Vergnügen machen wird. Also seine Sie so nett und schreiben Sie mir schnell diese drei Sätze. Sie /be/finden sich ja damit in bester Gesellschaft.

Dass Sie aus der Nacht mit Schüttelfrost als Resultat einen 5meterlangen Fries mit humoristisch gespenstischen Szenen herausdestilliert haben, ist grossartig und bewundernswert. Den Fries werde ich mir natürlich gleich kaufen. Bitte geben Sie mir noch die Adresse des Volksverbandes für Bücherfreunde an. Auf diesen Fries hin will ich mir die Statuten kommen lassen. Der Verband /ver/kauft nämlich nichts an Buchhändler, sondern nur direkt an Mitglieder.

Wir freuen uns natürlich sehr, Jhre Gattin in München[5] wiederzusehen. Hoffentlich bessert sich der böse Fuss nun immer rascher.

Soebensendet die Frankfurter Zeitung[6] einen Doppelbrief zur Weiterbeförderung an Sie mit der Bitte an uns, ihren Wunsch zu befürworten. Natürlich tun wir dies nachdrücklichst, denn auch wir haben ein Jnteresse daran, dass Sie immer populärer werden und wodurch ist das schneller zu erreichen als durch die Zeitung. Also, tun Sie den Leuten den Gefallen, und verlangen Sie recht viel Honorar. Mit besten Grüssen, Ihr

Reinhard Piper

167 Alfred Kubin

Mit dieser ans Wunderbare grenzenden Wiedergabe von Rembrandts lachendem Selbstbildnis haben wir nun die Möglichkeit uns zu hause und ungestört all den Schauern hingeben zu können welche dieses erschütternde Werk auslöst.

Aus einem farbigen Schein von Gold und Purpur blickt ein seltsam zwiespältig lachender Greis und erregt uns in merkwürdiger Weise je länger wir darauf schauen. – Die Magie letzter Meisterschaft, um in zeitlich Lebendiges die Stille der Ewigkeit zu legen, habe ich bei keinem Werke der Malerei – so empfunden wie vor diesem Bild –

Alfred Kubin

–

1/XI 24

Lieber Herr Piper, anbei »das Zeugnis« Ich danke für den schönen Piperdruck und die freundschaftlichen Geschenkszusicherungen welche Sie mir in Ihren lieben Briefen da machen. – Moses wird schon gut wirken, gewiss auch bei mancher Seele befremden auch Anstand vielleicht erregen – Aber allerhand Pfaffen wie auch Profane welche bei uns hier die Bibelkollektion sahen konnten sich dem Eindruck nicht entziehen. Ein Brief[1], der grade eben jetzt kam lege ich Ihnen bei; die Zeilen eines – wie ich vermute Schülers, – und ich bin sicher die Jugend haben wir für uns –

Schade dass diese das Portemonnaiie nicht hat. –

der »Volksverband der Bücherfreunde« Direktor Dr. Weiglein[2], Wegweiser Verlag Berlin W. 50 Rankestr. 34 – ist die Adresse. – Das was bisher dort erschienen macht keinen besonderen Eindruck – das Unternehmen ist augenscheinlich noch jung – aber recht verbreitet – Ich hoffe nur dass die Herstellung meiner friesartigen »Rauhnacht« wirklich gediegen erfolgt – mir wurde der Verlag von sehr ernster Seite empfohlen, das Honorar war entsprechend wirklich recht befriedigend – Mit schönem Gruss

Ihr
Kubin

168 Reinhard Piper

München, den 5.11.24.

Lieber Herr Kubin,
schönen Dank für Jhr Zeugnis, und für die böse Katze mit der dummen Maus! Das Zeugnis wird gute Dienste tun. Den Brief des Herrn Blokesch[1] füge ich hier wieder bei. Es hat mich gefreut, ein so unmittelbares Zeichen von der Wirksamkeit des Piper-Boten zu sehen. Wir sind ja die Leute, die den Piper-Boten von vorn bis hinten auskosten, die Bilder zur Bibel sich aber doch nicht kaufen können, lieber als die, welche die Bilder zur Bibel kaufen, sie aber nicht ansehen, sondern sie nur kaufen, wie so vieles andere auch.

An den Volksverband der Bücherfreunde habe ich sofort geschrieben. Anbei schicke ich Jhnen Korrekturabzüge der beiden Börsenblattinserate, die Jhnen vielleicht Spass machen.

Mit besten Grüssen, Ihr
Reinhard Piper

169 Alfred Kubin – Postkarte

14/XII 1924

Lieber Herr Piper, Wenn meine Autorex. der Bibel noch nicht abgegangen, so bitte ich Sie herzlich mir einige solche nach Passau (Gewerbehalle Justizrat Dr Heberle für K.) senden zu lassen die ich /dort/ für dringende Weihnachtsgaben benötige – – Ich komme nächstens übrigens nach Passau zu einem Rendezvous mit Beckmann[1] der durchreist. – <Sonst> gehts gut nur ziemlich stark übermüdet – mit weihnachtlichen Grüßen stets Ihr

AKubin

2 Ex brauche ich nämlich in Passau

170 Reinhard Piper

München, den 16.12.24.

Lieber Herr Kubin,
Jhre 10 Autorexemplare wurden am 8.12. in Leipzig zur Beorderung in Auftrag gegeben und sind inzwischen sicher von dort an Sie abgegangen. Hoffentlich gibt es keinen Aufenthalt auf dem Zoll. Die Buchbindereien sind natürlich jetzt sehr überlastet. Auch wir haben erst eine Teillieferung des Buches hierher erhalten. Gerade rechtzeitig zu Weihnachten erschien heute der anliegende schöne Aufsatz von Konrad Weiss in den M.N.N.[1] und ich freue mich, Jhnen ihn als erster zu übersenden.

Jhr Weihnachtspaket wird in diesen Tagen zusammengestellt

Mit besten Grüssen und Wünschen
Ihr
Reinhard Piper

171 Reinhard Piper

München, den 20.12.24.

Lieber Herr Kubin,
in diesen Tagen werden einige Drucksachen bei Jhnen ankommen, die Jhnen hoffentlich zu Weihnachten etwas Vergnügen machen.

Der Ulmer Aesop von 1476[1]

Der Deutsche Humor von Wilhelm Fraenger, in dem Alfred Kubin auch gut vertreten[2] ist.

Das neue Ganymed-Jahrbuch[3].

Die Michel-Angelo-Zeichnungen[4] und der Tintoretto[5] folgen am Montag. Der Herbst[6] von Bruegel ist zwar schon in einigen Probedrucken von Wien gekommen und diese Probedrucke würde ich einem weniger feinnervigen und künstlerischen Empfänger wie Jhnen ohne Weiteres schicken. Es ist aber ein roter Ton noch etwas zu stark gekommen und deshalb muss ich Sie leider bitten, noch ein wenig zu warten, bis die Auflagedrucke fertig sind. Sie sollen dieses Bild in möglichst vollkommener Ausführung erhalten und nicht jedesmal wenn Sie es betrachten, es mit einem »wenn« und einem »aber« betrachten. Vielleicht kommt der Bruegel zu Sylvester, vielleicht zum Dreikönigstag. Freude machen wird er Jhnen ja immer. Jhre Gattin hat sich ja persönlich davon überzeugt, wie sorgfältig der Wunsch hier notiert wurde.

Heute Samstag Nachmittag war ich mit meiner Frau in der Stadt zu Weihnachtseinkäufen. Sie kennen doch gewiss die alte Burgstrasse, welche von dem Hof der alten Burg nach dem Marienplatz führt. Rechter Hand ist das Haus, in dem Mozart den Idomeneo komponiert hat[7]. Gegenüber ist ein kleiner Antiquar und in seinem Fenster stand unter Zinntellern, alten Krügen und so weiter auch eine alte bemalte Krippenfigur[8], der König Balthasar zu Pferd. Auf so etwas sind meine Frau und ich sehr scharf und wir liessen uns die 15 Mark nicht reuen. Danach gingen wir durch den alten Rathausturm. Gegenüber der Heiligengeistkirche ist in einem alten Gewölbe ein Laden von Kleider- und Schürzenstoffen. Hier kaufte meine Frau nette appetitliche Schürzen für die Dienstmädchen ein. So etwas geht bei Frauen nie sehr schnell. Jch nahm auf einem Stuhle Platz und um mir die Zeit zu vertreiben, wickelte ich den Heiligen-Drei-König aus. Als ich ihn genug betrachtet hatte, war meine Frau immer noch nicht fertig. So fing ich an, das Zeitungspapier zu studieren, in dem er eingewickelt war. Da stiess ich /es war eine Nummer M.N.N./ auf den Abdruck[9] Ihres Aufsatzes Rhytmus und Konstruktion für den Piper-Boten und ich hatte noch genügend Zeit, diesen Aufsatz mit Muße zu lesen. Ja ich habe ihn mit mehr Muße gelesen als seinerzeit das Manuskript. So war ich Jhnen also sehr nahe gerückt, dank der Gründlichkeit, mit der meine Frau die Schürzenstoffe wählte.

Hoffentlich haben Sie die Bibelbilder bekommen. Die kolorierte Ausgabe hat sich leider verspätet. Wir erwarten sie Montag. Aber das Buch ist ja nicht auf den Weihnachtsmarkt angewiesen. Die eigentliche Propaganda wird erst nach Weihnachten einsetzen. Jch habe das Buch auch Barlach geschickt, der sich sicher in seiner Güstrower Einsamkeit aufmerksam darein vertiefen wird. Es ist ja der Beruf des Verlegers, Verbindungen herzustellen.

Vor ein paar Tagen hatten wir im Verlag einen hübschen Weihnachtsvorabend, dessen Programm ich Jhnen hier befüge. Jn vier Zimmern hatten sich etwa 150 Personen versammelt, darunter /die 40 Angestellten und/ auch mancher gute Freund von Jhnen

Nun feiern Sie ein frohes Fest und schreiten Sie mit Zuversicht ins Neue Jahr hinein. Es hilft ja doch nichts, wenn man sich dagegen sträubt, älter zu werden.

Mit vielen herzlichen Grüssen, an Sie und Jhre Gattin, auch von meiner Frau, Jhr

Reinhard Piper

172 Alfred Kubin

on Ihnen
immer so schö
ausgewählt.
dafür! Der

Dec 24 *[hs Datierung RPs]*

Von Ihnen, liebster Herr Piper
kommen zur Weihnacht immer <u>so</u> schöne Sachen und persönlich und liebevoll ausgewählt. – Haben Sie 10 000 x 1000 Dank dafür! – Der Äsopus kam doppelt, dafür vom Tintoretto nur der Textband, irgendwie ist

eine Verwechslung da untergekommen und ich sende den Äsop II wieder zurück in der Erwartung dass er als Tintorettobilderband dann anhero eintrifft wieder! –

Meine mit Ihrem Bosch so sehr beglückte Frau wird selbst einen Dank beifügen. – Das schöne Bild lassen wir unter Glas und Rahmen setzen es kommt über unsere Ehebetten[1]. – Auf den Breugheldruck[2] bin ich nun sehr gespannt, Sie wie meine Frau[3] haben mich darauf scharf gemacht das Fälschungswunder heiß zu erwarten – Von Nah und Ferne dachte man meiner und es war etwas Tolles in dieser Flut von Geschenken in welcher Kunst, Chokolade und Literatur Dominierten. An den beiden Bänden deutscher Humor werde ich allein Jahrelange wohl lesen – da das unerbittliche Älterwerden die echte, saftige Aufnahmskraft immer mehr beschneidet, – und so ist's eine Hauptfrage ob man all das noch machen wird können wozu die Keime im tiefen rumoren – – Ganymed der neue Band ein stolzes Luxusbuch wie nur je eines mit Ihrem Baldung[4] gut und reich dem Oberländerbesuch köstlich beschwert – und so viel

der sehr »Tiefschürfende« (so sagt man doch?) Artikel von Conrad Weiß wurde durch eine kleine Weihnachtsüberraschung meinerseits belohnt welche ich durch den Piper Verlag adressierte.

Hoffentlich wurde das dort besorgt.

Prosit 1925 Ihnen Frau Gertrud und den 3 Nachwüchsen[5].

Mich Interessierendes ist da in holder Mischung noch vorhanden – vor allem dieses Bild eines russischen Offiziers von Marées[6] – das ist mir schon das allerhöchste an vertiefter Malerei, hier in der einfarbigen Reproduktion, als Auffassung bemerkbar – das geht wohl – für mich – über Cezanne noch hinaus!

– über Michelangelo will ich keinen Gemeinplatz schreiben

– Mir selbst bekommt dieser eisige Winter bisher gut – Mein Weiblein hinkt und hüpft im kalten Haus das nur einige mollig überheizte Stuben zählt – meist vergnügt herum – Meine Arbeiten für Gerhart Hauptmanns Studie[7] sind beendet; ich höre Gutes von Berlin – darüber – Allerdings der Dichter selbst hat sie noch nicht gesehen, da »auf Reisen in Italien)«

– »Rauhnacht« dieses tolle Ergebnis der Fiebernacht macht mir leichten Kummer die Bücherfreunde, obschon zu Anfang hell begeistert und mit dem anständigsten Vertrag aufwartend, haben nun – hintnach der Begeisterung – durch Einfluss eines muckerischen »Beirates« aufeinmal »Bedenken, ob des sittlichen wie religiösen Anstosses welches eine Anzahl von Einzelheiten erregen könnte, nun sind diese Arbeiten längst auf den Stein übertragen, von mir corrigiert, alles Papier vom Verband gekauft, in der Anstalt alles abgeschlossen – bin begierig – ob meine massive Epistel den gehörigen Eindruck erzielen wird. – 3 buntfarbige Bibeln lieber Verleger stehen mir zu – hoffentlich lässt sich eine wenigstens bald sehen – ich kann mir gar nicht denken wie Sie ausfiel. – Nochwas, nicht nur Geschenke brachte diese Zeit – auch Rechnungen. Die Hülle und Fülle – nun strebe ich Mitte Januar nach München[8] – und da die Reisekasse z.Zt. nur mit altem /Inflationsgeld und außer Curs gesetzten Briefmarken gefüllt ist, so bäte ich meinen Weihnachtsengel Reinhardus um eine Bibelzahlung bis dahin! – – Sie werden mich so wenig vergessen l. H. P. wie die andren welche ihre Schriftlein Ihnen anvertraut. Stets

Ihr getreuester Kubin/

/Die Art wie Sie intime Kenntnis meines P.B. Aufsatzes gewannen hat mich herzlichst amüsiert leider brachten die M.N.N. den Aufsatz recht gekürzt/

173 Alfred Kubin

1924 *[hs Datierung RPs]*

z.Zt. Türkenstr.[1] 104 Pension <Cassler>

Lieber Herr Piper,
Eisenlohr hat bisher versagt, da ich nun aber gestern etc. noch von Seiten angepumpt wurde wo ich nicht gut abschlagen konnte, so besteht eine gewisse Gefahr dass mein Rückzug nach Zwickledt finanziell ganz ungedeckt bleibt zumal ich noch ein paar wirtschaftliche Kleinigkeiten hier einkaufen muss – – Herr Eisenlohr möge also doch wenn er kann mir wenigstens 100 bis 200 MK durch Boten oder Brief baldig hierherschicken – – es abschreibend von dem ohnehin nun doch schon fälligen a conto Betrag beim Erscheinen der Bibel, 600, plus 200 (für das Colorieren der Vorlagen pro Tafel 10 MK[2].) –

– dann bin ich fürs nächste aus dieser »Abgebranntenstimmung heraus – »Notquellen« hätte ich ja hier wohl immer die ich aber doch erst dann in Anspruch nehme wenn keine legale Forderung mehr zu stellen wäre –

Sonst gehts gut ich bin angeregt obschon physisch angegriffen – Meseck[3], Becker[4] und der merkwürdige <Holz>[5] hinterließen nachhal-

tigst Eindrücke – Gestern aß ich bei v. Nemes[6] ein sonderbares fast bedrückendes Milieu – aber diese Kunstschätze! –
Ich schließe diesen Dostojewskiartigen Brief,
und bin wie immer Ihr alter Sie herzlich
grüßender Kubin

174 Alfred Kubin

Zwickledt 8.4.25 Ob. Öst

Lieber Herr Piper
Es verfloss geraume Zeit dass ich nichts von mir hören ließ; ich wartete eigentlich immer darauf dass mir die 3 kolorierten Bibelexemplare in's Haus flogen die ich zu erhalten habe nach unseren Abmachungen – kann man davon nun etwas haben? – Vor allen Dingen aber danke ich hier nochmals für die rasche Art wie ich bei meinem Münchenbesuch die 200 MK erhielt die Sie mir für das Colorieren der Vorlagen zusagten. – Ich komme aber heute schon wieder ums Geld und bitte mir a conto der Bibel einen Betrag zu überweisen (Passau, Wilh. Simson!) – Die Lage des Zeichners ist noch immer flau! wohl habe ich Aufträge auf ein paar Jahre hinaus doch ist das so eigentlich die einzig Einnahmsquelle von der wir – wo uns auch das Inflatieren jegliches Vermögen und Erspartes nahm – nun leben müssen – Der Verkauf von Originalen ist seit der Stabilisierung[1] sehr, sehr zurückgegangen
– Lithographien die ich für 15-25 M. gebe bringe ich leichter an den Mann – nur erweisen sich einige Nr als bes. »gängig« und um andere wird nie gefragt. –
– – Verlage und Sammler zahlen jetzt in Raten die sich öfters langer hinziehen als man annimmt – Ich habe um Arbeiten einem zähen Publikum schmackhafter zu machen sogar – höchst widerwillig – Texte für ein kleines Büchlein[2] geschrieben – »Erklärungen« /d.h. ich deute meine Zeichnungen in kurzen Geschichten aus – – Bis zu 20 MK geben die Käufer gerne – die billigsten Publikationen von mir kl. Monographen etc. sollen sehr stark gekauft werden!/ zu 8 Tafeln die ich gemacht
– davon erhoffe ich materiellen Erfolg denn es wird eine billige Publikation eines Wiener Verlages – der sonst recht anständig sich verhielt. – So lebe ich und hoffe mit allen Collegen dass sich die Zeit bald bessert – und das muss kommen – und wenns nicht zu spät kommt will ich recht froh sein – Wann wird den Schinnerers Aktwerk[3] losgelassen? – Von Meseck erhielt ich einen sehr netten Brief aus Weimar[4] – – nun um

eine Lehrstelle neide ich niemanden – das wäre das letzte was ich machen könnte – Wie steht es mit Ihrem Sommerplan wollen Sie die Englburg überfallen? dann würde ich raten sich doch einmal an Herrn v. Niedermayer[5] dem Besitzer zu wenden damit Sie in der fraglichen Zeit dann gut und behaglich dort untergebracht werden können.

– Ich habe noch gar keinen Plan; ich bin gar oft so ermüdet, und schreibe diese leichte Erschöpfbarkeit dem Älterwerden (übermorgen 48!!) – wie auch dem Raubbau an allen Kräften in der Jugend zu. –

Nun lieber Herr Piper reden Sie auf Herrn Eisenlohr nur recht kräftig ein damit er einen anständigen Griff für mich in das Verlagskapital tut denn Endlich! – Endlich! ist ja doch das Frühjahr gekommen zwar mit Winden überreichlich versehen aber es belebt sich jeder Winkel /da lasst sich jeder leicht überreden, auch H. Eisenlohr/ – Meine Frau ist nochmals gezwungen nach Salzburg zum Orthopäden wegen des gebrochenen Beins zu reisen – die Gehfähigkeit kehrt nur langsam und auch so langsam wie die Raten der Künstlerhonorare in dieser Zeit wieder –

Wir grüßen Sie beide herzlichst –

stets Ihr alter
Kubin

Erzählte ich Ihnen dass mir ein Kunsthändler mitteilte er habe eine Serie meiner Aquarelle nach Japan[6] verkauft – leider gehörte mir kein Stück mehr – Im Gegenteil manche »Anlage«käufer der Inflationszeit schmeißen Ihre Sachen nun auf Auktionen und schaden dem Preise! –

– Neulich entdeckte ich ein deutsches Lesebuch welches ein Urwaldbild[7] von mir abbildet – das ist wirklich eine Art in der man gerne populär würde –

/Wenn Sie wieder einmal schreiben bitte teilen Sie mir mit ob Sie die Geschäftslage schwarz sehen – Schriftstellern gehts gut, mein Schwager OA. H. Schmitz hat sehr gute Einkünfte, eben bereitet er eine Reise nach Ostasien, China etc. vor. –/

175 Reinhard Piper

München, den 28. IV. 1925

Lieber Herr Kubin,
besten Dank für Ihren Brief, den ich leider eine zeitlang unbeantwortet lassen musste, da ich mir einen ordentlichen Hexenschuss zugezogen hatte, der nur durch Bettwärme auszukurieren war. Heute bin ich zum erstenmal wieder im Verlag und schreibe Ihnen sogleich.

Die drei kolorierten Bibel-Exemplare sind wohl bei Ihnen eingetroffen und haben hoffentlich Ihren Erwartungen entsprochen.

Es ist sehr lieb von Ihnen, dass Sie mit uns armen Verlegern Geduld haben. Von den Mk. 600.- überweisenwir Ihnen Anfang Mai spätestens bis zum 10. Mai /300 M./; Den Rest von Mk. 300.- erhalten Sie ein Monat später. Die Zahlungen erfolgen an Ihr Bankhaus Wilhelm Simson, Passau.

Ich kann mir wohl denken, dass auch für den Zeichner jetzt flaue Zeiten sind. Von meinen Beckmann-Blättern[1] habe ich seit Monaten kein Exemplar mehr verkauft. Das Akt-Werk von Schinnerer werden wir erst im Herbst drucken. Einstweilen fehlt noch das Betriebskapital dazu. Von den beiden Mappen der Marées-Gesellschaft[2] »Claude Lorrain« und »Von Schongauer bis Holbein« haben wir durch die Subskriptionen gerade nur ein Drittel der Herstellungskosten gedeckt. Wann und ob die übrigen zwei Drittel noch hereinkommen, weiss der Himmel.

Dass die Not der Zeit Sie veranlasst hat, zu Ihren Zeichnungen Erklärungen abzufassen, bedaure ich aber nicht, denn auf diese Erklärungen freue ich mich sehr. Bitte geben Sie mir noch den Wiener Verlag an, damit ich mir die Sachen bestellen kann.

Zum Jean Paul – Jubiläum[3] im nächsten Herbst hoffen wir die »Neujahrsnacht« etwas in Fluss bringen zu können. Bisher verkauften wir von der Auflage von 1500 Exemplaren, welche im September 1920 gedruckt wurde, 846 Stück. Der grösste Teil ging während der Inflationszeit weg. Seitdem hat sich der Absatz wesentlich verlangsamt. Deshalb haben auch die Bibel-Bilder einen viel schwereren Stand. Seit Erscheinen haben wir bis 1. April nur 59 Exemplare verkauft.

Bitte schreiben Sie mir doch auch Titel und Verlag des deutschen Lesebuches, in dem ein Urwaldbild von Ihnen figuriert. Das muss ja ein ganz modernes Lesebuch sein. Überhaupt geht es in den Schulen heutzutage doch viel lebendiger zu, als zu unserer Zeit. Ich sehe das täglich an meinen beiden Gymnasiasten.

Hoffentlich gelingt es Ihrer lieben Frau in Salzburg wieder die ungeschmälerte Gehfähigkeit zu erlangen. Ich selbst bin darin auch seit einiger Zeit etwas gehindert durch eine sogenannte Senkung. Meine liebe Frau massiert mich aber so brav, dassdie Sache sich hoffentlich wieder einrenkt.

Für die Engelburg haben wir uns doch nicht recht entscheiden können. Es ist doch recht umständlich, von dort kleinere Touren zu machen. Man kann nicht einmal an die Donau in einem Tag hin und zurück und ich sitze ungern 8 Wochen fest wie ein Pilz, sondern möchte die Zeit gerne benutzen, nach allen möglichen Seiten Vorstösse in die nähere und weitere Umgebung zu machen. Darum werden wir wohl einen Ort wählen, von wo aus man leichter sich nach verschiedenen Seiten umtun kann.

In diesen Tagen wird Ihnen der neue Piper-Bote zugegangen sein, der Ihnen hoffentlich etwas Vergnügen macht. Die Kinder-Zeichnungen von Feuerbach[4] sind doch sehr lustig, nicht wahr?

Mit besten Grüssen und Wünschen
Ihr
Reinhard Piper

176 Alfred Kubin

Zwickledt 12.5.1925 Ober. Öst

Lieber Herr Piper Herzlichen Dank für Ihre Mitteilungen Es ist ja selbstverständlich dass ich den Förderern meiner Kunst in kritischen Zeiten ebenfalls keine Qual durch Ungeduld bereiten will –

– Im Gegenteil wir gehören in dieser Zeitlichkeit doch nun einmal zusammen und ich bin nie undankbar – Um Sie heiter zu stimmen lege ich Ihrer Sammlung von Kubiniana hier ein kleines Erotikum[1] bei – außerdem allerdings auch leider eins von den vielen Schreiben, woraus Sie ersehen wie arg es eben auch bei mir bestellt ist –

– Aber einmal muss auch diese schandbare Periode zu Ende gehen – Sie sahen diese ja wohl /schon/ voraus[2] als wir einmal, in den wüsten Zeiten der Inflation darüber sprachen – damals wurde ich noch bestürmt um meine Arbeiten, Telegramme – Galerieleiter, Kunsthändler, kamen – nun ist's allerdings still. /Zugleich bestätige ich mit Dank die eintreffenden M. 300. die »Anlagekäufe[3] von meinen Originalen wurden teuflischerweise öfters jetzt auf den Markt gebracht und drücken meine ohnehin nicht besonderen, Preise! – / All das bekümmert mich nicht mehr als es eben so nebenbei sein muss – weit peinlicher empfinde ich die nicht hinwegleugbare nervöse Erschöpftheit mit Herzbeklemmungen, Hypochondrien etc, die mich plagt

– die überspannten Nerven diktieren mir einfach kategorisch eine längere Schaffenspause –

– das deutsche Lesebuch ist nicht so hervorragend mit meinem Beitrag, dem Urwaldbild gewesen, es ist eine alte Zeichnung welche im Kalender »Kunst und Leben«[4] schon einmal stand /Sie hätten nicht viel davon!/ – das Büchlein mit den »Erklärungen« ich nenne es »der Guckkasten« wird im Wiener Verlag Otto Nirenstein[5] herauskommen – in einer breiteren Auflage von 1000 Ex. mit dem 8 Klischeedrucken nach den Zeichnungen und in einer winzigen Luxusausgabe (mit den 8 /Umdruck/ Lithographien in größerem Format) nur in 33 Ex. – für die »Dreiunddreißig« – ich finde es ja schon einen Unfug beinahe /mit/ solchen Winzigkeiten, Raritäten zu schaffen –

(Beckmann hat übrigens für dieselbe Gesellschaft ein »Drama«[6] mit Blättern gemacht. –

Ich werde mir erlauben Ihnen wenn ich von der erweiterten Ausgabe Ex. erhalten Ihnen eins zu überreichen und ich dediziere Ihnen wenn Sie's freut gerne ein Ex.! sowie ich welche habe – das ist gleichsam ein Tausch denn ich hoffe von Ihren neuen Publikationen auch allerhand z.Bsp. Beckkers Dostojewskibuch[7], Schinnerers Aktwerk etc.

– Meine Frau liest eben das Buch der Wittwe Dostojewski und ist höchlichst gespannt von dieser Lekture, ich nehme es dann vor. – – der junge Feuerbach muss ein herrlich beschwingtes Geschöpf gewesen sein – ich finde die Zeichnungen im Piperboten brillant!! – Sie sollen sich beim Orthopäden Prof. Hohmann[8] gegen die Senkung einfache Schuheinlagen (ein Metallplättchen mit Leder) machen lassen dann ist alles wieder gut – manche Leute sind von »Pneumette«[9] entzückt aber richtige Einlagen sind wohl besser. – Sehr betrübt hat es mich dass Sie nun nicht die Englburg wählten – – von Tittling wären wohl die prachtvollsten bayr. Waldtouren zu machen – Englburg ist allerdings abgelegener das muss ich Ihnen zugeben, aber die Umgebung ist fantastisch urwüchsig noch, ich bin wie berauscht vom bayr. Wald – es ist noch so richtig »Wald« tiefer drinnen dann teilweise Urwald. –

– Ich hoffe dass mir unsere Bibel nach und nach doch noch Ehre und Merkantilien[10] bringen wird, ich habe soviel Kraft dafür hingegeben – die 3 kolorierten Ex. befriedigen mich sehr – Soeben erscheint im Volksverband der Bücherfreunde auch meine »Rauhnacht« die Ihnen /so gefiel als ich sie Ihnen zeigte – Otto Stössl schrieb eine Einführung jedes

Mitglied von den 270.000 kann sich 10 Stück beschaffen also können Sie sicher auf irgendeine Weise eines erhalten.

Nun alles Gute von Haus zu Haus Stets Ihr treuer Kubin/

177 Reinhard Piper

München, den 19. Mai 1925

Lieber Herr Kubin,
schönen Dank für Ihren Brief vom 12. und für die beigelegte kolorierte Zeichnung, mit der Sie Ihre Absicht, mich heiter zu stimmen, durchaus erreicht haben. Wenn Sie mir ein Exemplar der einfachen Ausgabe des Guckkastens mit handschriftlicher Widmung dedizieren wollen, wird mich dies natürlich ausserordentlich freuen. Dafür habe ich für Sie vorgemerkt: den von Becker illustrierten Dostojewski und das Aktbuch von Schinnerer. Es ist aber fraglich, ob diese beiden Bücher dieses Jahr noch das Licht der Welt erblicken werden. Die Ebbe in der Verlagskasse ist fürchterlich, ist ja doch auch die allgemeine Weltkasse offenbar leer.

Mein Senkfuss hat inzwischen mit sich reden lassen und ist wieder vernünftig geworden. Infolgedessen konnte ich auf der Rückkehr von einem Besuche bei meiner Mutter im Taunus mit meiner Frau verschiedene hübsche alte Städtchen durchwandern, Ansbach, Dinkelsbühl und Nördlingen und zuletzt noch auf den Ipf steigen, den Frau Caspar[1] so fleissig malt.

Ueber die Bibel wird demnächst Hausenstein in der Frankfurter Zeitung[2] schreiben. Hoffentlich kommt das Buch im Laufe der Zeit noch etwas in Schwung. Aber wenn man in einen Buchladen tritt, findet man leider überall Kirchhofsstille.

Mit vielen herzlichen Grüssen, auch von meiner Frau an Sie beide

Ihr

Reinhard Piper

178 Reinhard Piper

München, den 3. Juni 1925

Lieber Herr Kubin,
wir haben uns nun doch noch zu Engelburg entschlossen und werden in den ersten Tagen der Schulferien, also etwa gegen den 20. Juli dort einziehen und bis Ende August bleiben. Ausnahmsweise haben wir schriftlich gemietet, ohne uns an Ort und Stelle zu begeben. Ihr Hinweis und eine Ansichtskarte waren uns Bürge genug. . Ich bin auch deshalb nicht hingefahren, um nicht alle Ueberraschungen und neuen Eindrücke vorweg zu nehmen. Es ist ja bei den Sommerfrischen das Netteste, dass man in eine ganz unbekannte Gegend kommt. Deshalb machen wir uns auch die grosse Mühe, jedes Jahr etwas Neues zu suchen, während andere Leute 20 Sommer hindurch an denselben Ort gehen. Sollte Sie der Weg vorher noch nach Engelburg führen, so wäre es sehr nett, wenn Sie sich einmal die Zimmer ansehen könnten, die Herr Niedermayer für uns bestimmt hat. Wenn man 6 Wochen bleibt, möchte man natürlich auch gerne schöne, grosse, ruhige, kühle und aussichtsreiche Zimmer haben. Auch lässt meine Frau Sie bitten, ihr doch mit ein paar Sätzen noch die nähere Umgebung von Engelburg zu beschreiben, resp. ihr folgende Fragen zu beantworten:

Wie hoch muss man von der Bahnstation steigen? Kann man in unmittelbarer Umgebung der Engelburg mit unserem zweieinvierteljährigem Töchterchen spazieren gehen, resp. sie in ihrem Kinderwagen fahren oder muss man jedes Mal erst einen beträchtlichen Abhang herunter? Hat der Wald um Engelburg schon wirklichen Bayerischen Wald-Charakter? Ist der Herr Niedermayer ein netter, umgänglicher Mann? Seine Briefe waren geradezu von lakonischer Kürze.

Also entwerfen Sie mal ein kleines Landschaftsbild.

Natürlich wird es uns ein grosses Vergnügen sein, bei dieser Gelegenheit auch einmal Zwickledt einen Besuch abzustatten. Ausserdem wollen wir Vorstösse machen über die böhmische Grenze und auch nach Schärding und anderen Städten und Städtchen. Jedenfalls freuen wir uns sehr auf den Sommer und auf ein paar Plauderstündchen mit Ihnen /und Ihrer Gattin/.

Mit besten Grüssen an Sie beide von uns beiden
Ihr ergebener
Reinhard Piper

179 Alfred Kubin

Zwickledt 9/6 25.

Lieber Herr Piper – Ich glaube Ihre Gattin und Sie können in jeder Beziehung den Englburger Wochen ruhig entgegensehen – – Von der kleinen Bahnhaltestelle ist's etwa schwach 20 Minuten in sanfter Steigerung und Windung zu erreichen was sehr schön ist weil man auf der Englburg um welche sich einige kleine nette Häuschen gleichsam anlehnen, den Eindruck hat völlig für sich abgeschlossen zu sein – Mein Freund Heberle der Justizrat sagt dass es für Kinder und Liebespaare ein geradezu ideal passender und ungestörter Ort ist –

Herr von Niedermayer Besitzer und Wirt ist von der bekannten trockenen niederbayrischen Art wie man sie hierzulande bei Männern zwischen 50 und 60 häufig sieht – (gutmütig aber trocken) das große alte Gebäude einigermaaßen in Stand zu halten dürfte ihm, dem späten Erben einstigen Wohlstandes gewiss oft Sorgen machen – So sah ich traurig vor 2 Jahren wie er einen mächtigen Wald an dem einen Abhang wohl um Geld herein zu kriegen hat schlagen lassen – – Von den höher gelegenen Zimmern der Hauptburg aus finde ich die Aussicht machtig mit den Wellen über Wellen hügeliger Waldgelände – der sogenannte »Vorwald« der allerdings einen weniger düsteren Charakter hat als wie der eigentlich hintere bayrische Wald der auf mich wenigstens finster und schauerlich /weil da vorwiegend Nadelwald/ großartig wirkt und teilweise, der böhmischen Grenze zu urwaldähnliche ganz wunderbar märchenhafte Bestände an kollosalen wie verkrüppelten (durch Wind und Wetter) groteskem Baumwuchs hat. –

Also die 3 Waldschlösser Englburg, Saldenburg, Fürstenstein liegen im milderen und etwas lieblicheren Teil des bayr. Waldes obschon die Riesenmassen der Bäume (zum großen Teil da noch Laubwald) auch noch eben mächtig wirken.

Lieber Herr Piper auch das Essen ist immer gut gewesen, ein kleiner See /bot damals gute Fische/ in ¾ stündiger Entfernung war Herrn Niedermayers Fischzucht und als ich vor einigen Jahren des Collegen Rudolf Großmanns Gast[1] für einige Tage da war (er lebte mehrere Wochen mit der Sängerin Gussy Holl[2] einer amerik. Brettldiva dort) fand ichs entzückend. Mehrere Teiche mit Wasserrosen, und alten verfallenen Mühlen stehn mir besonders im Gedächtnis – auch ein Spaziergang nach Fürstenstein ist sehr lohnend die Klosterkirche und ein eigenartiger Park mit seltsamen Felsformationen. Dass wir Sie beide im Hochsommer auch hier bei uns begrüßen dürfen[3] giebt mir heute schon eine Vorfreude, nach Schärding komme ich gerne mit. –

Sonst geht es mir im Wesentlichen ganz nach Wunsch also auf ein fröhliches Wiedersehen – /und Grüße auch von meiner Frau für Sie beide/

Stets Ihr alter
Kubin

Wichtiger als Niedermayer scheint mir dessen Schwester und seine Frau[4] (eine ehemalige noch ziemlich junge hübsche Kellnerin) für die Gäste und deren Wünsche zu sein. Wenn Sie Großmann oder Unold /neue Secession/ anrufen so können Ihnen diese auch eingehendes sagen weil sie beide Wochen oder Monate lange dort waren – Es schien mir dass dort eine Art Stammsommergäste hinkommen im Gegensatz zu den »einmaligen« wie Sie!

/Vielleicht kommen wir auch einmal für 1 Tag nach Englburg wenn Sie dort sind./

180 Alfred Kubin – Postkarte

26/7 1925

Lieber Herr Piper Wir danken Ihnen recht herzlich für Ihre Einladung – Das Wetter war ja derartig unzuverlässig dass man keinen Ausflug unternehmen konnte – Zudem war und ist eine Reihe von Abhaltungen Besorgungen durchkommende Gäste[1] etc welche uns hinderten auf die Englburg zu kommen – Vielleicht lässt sich in der nächsten Woche etwas unternehmen –

– ich würde Sie dann verständigen. – Denn es wäre doch wirklich schön wenn man sich sähe und wieder einmal ruhig plaudern könnte – Gehts nicht anders so hoffen wir dass Sie hierher einmal kommen – Auf jeden Fall wäre es gut Sie benachrichtigen uns wie lange Ihr Sommeraufenthalt währt – denn möglicherweise komme ich einmal auch allein Nachmittag 3 Uhr und andern Tages um 10 Uhr wieder abziehend. –

Ich höre gerne dass Ihnen und der Gattin die Englburg so gefällt – es ist auch schön da wenn nur die Witterung keine Streiche spielt –

Herzliche Grüße von Schloss zu Burg – Stets Ihr alter

Kubin

181 Alfred Kubin – Postkarte

Zwickledt 11.8.25

Lieber Herr Piper Wie schade dass Sie gestern nicht kommen konnten wir hatten schon so Freude und uns vorbereitet, jedoch sehen wir alles ein und bedauern auch den armen Klaus[1] dem das Geschick diese schönen Ferien so verkürzt –

Nun hoffentlich finden Sie noch einen Tag zum beabsichtigten Besuch. nach dem 23 bin ich allerdings nicht mehr hier – das wäre der aller- aber auch allerletzte Termin – Sonst können wir nun mit der Witterung recht zufrieden sein meine ich –

Grüßen Sie mir Barlach[2] wieder dessen Unterschrift ich gerne auf der Karte las, – Ihm gefiel es wohl sehr auf der Englburg. –

nun auf eventuelles Wiedersehen und zwar wie ich hoffe recht bald. Nochmals Dank!

Für heute alles Gute von uns beiden an Sie und Frau Gertrud,

immer

Ihr alter

Kubin

Ach wie sehr rumort der Rübezahl in mir!
Vielleicht depeschieren Sie bevor Sie kommen!

182 Reinhard Piper

München[1], den 18. Aug. 1925

Lieber Herr Kubin,
so sehr ich mich gegen diese Einsicht gesträubt habe, so muss ich mir jetzt doch eingestehen, dass es diesmal mit dem Besuch bei Ihnen nichts mehr werden wird. Ich möchte nicht gerne ohne meine Frau kommen

und diese kann Klaus einstweilen nicht allein lassen, da er eine richtige Lungenentzündung durchgemacht hat und noch sehr der Pflege und der Aufsicht bedarf. Das ist sehr schade, aber vielleicht werden Sie nicht unglücklich sein dass Sie dieses Jahr einen Besuch weniger auszuhalten haben. Mit Barlach und seinem Sohn Klaus war es sehr nett, er blieb 14 Tage, so gut gefiel es ihm auf der Englburg. Auch ich selbst bliebe gern noch ein paar Wochen dort. Mit Ihrer Rauhnacht[2] haben Sie uns allen eine sehr grosse Freude gemacht. Wir haben die Mappe wiederholt sehr eingehend betrachtet u. uns an dem reichen Spiel Ihrer Phantasie ergötzt. Diese Zeichnungen gehören zu Ihren echtesten, stärksten Blättern. Besonderen Dank für die reizende Widmungszeichnung!

Mit besten Grüssen und Wünschen für Sie und Ihre Gattin

Ihr R. Piper

183 Reinhard Piper

München, den 28. Jan. 1926
/infolge Überfülle von Besuchen liegen geblieben/

Lieber Herr Kubin,
Ihre Gattin wird inzwischen wieder wohlbehalten in das gelbe Schlösschen zu Zwickledt zurückgekehrt sein und Ihnen schon berichtet haben, dass die Weihnachtsbücher für Sie nur durch ein mir unbegreifliches Versäumnis in der Expedition nicht zur Absendung gekommen sind. Selbstverständlich hätten, wie jedes Jahr, so auch diesmal einige neue Verlagswerke, von denen ich annehmen darf, dass Sie sich dafür interessieren, unter Ihrem Weihnachtsbaum liegen sollen. Sie werden sich schon gewundert haben, dass diesmal vom Verlag gar nichts kam. Aber an diesem nun schon alteingeführten Brauch wollen wir auch in den schlechtesten Zeiten festhalten, so lange wir überhaupt noch Bücher machen.

Heute gehen nun die Bruegel-Zeichnungen von Tolnai[1] an Sie ab und ich male mir mit Vergnügen aus, wie Sie sich manchen Abend bei der Lampe in diese Blätter Ihres Ahnherrn vertiefen. Das Buch ist für Sie so sehr wie für wenige bestimmt. Sie werden es ganz besonders zu schätzen wissen. Gerne hörte ich, ob nicht auch nach Ihrer Meinung der sonst ausserordentlich verdienstvolle Verfasser den Sinn mancher Darstellung vergewaltigt hat, z.B. Blatt 37 durch die Deutung auf der Textseite 19. Ich finde da, dass Bruegel unzweifelhaft ausdrücken wollte, dass die Verdammten <u>in</u> den Höllenrachen <u>hineingekippt</u> werden. Die

Tolnai'sche Auffassung[2] lag ihm sicher ganz fern. Ebenso wurde auf Blatt 40 a sicher die wirkliche Charitas dargestellt, nicht nur eine geheuchelte und falsch angewandte, wie Tolnai auf Seite 64 seines Textes glauben machen möchte. Andere Blätter sind im gleichen Stil missgedeutet.

Auch Schinnerers Aktzeichnungen werden Ihnen Vergnügen machen. Man merkt dem Text an, dass er nicht von einem Berufskunstschreiber stammt, dem die Worte viel zu lose sitzen, sondern dass der Text der Niederschlag einer langen, künstlerischen Erfahrung ist.

Einen weiteren Verlagsgruss[3] wird Ihnen Ihre Frau noch mitgebracht haben.

Ihren 50. Geburtstag im nächsten Jahr haben wir uns schon dick im Kalender notiert. Wir werden schon bis Ende dieses Jahres einen schönen Kubin-Prospekt machen, damit die Leute dann langsam anfangen, wieder Kubin zu kaufen, was sie sich seit einiger Zeit fast ganz abgewöhnt haben. Das ist doch die einzige Verehrung, auf deren Solidarität man sich verlassen kann, wenn sie bis zum Griff in den Geldbeutel geht!

Mit besten Grüssen und Wünschen

Ihr

Reinhard Piper

184 Alfred Kubin

Zwickledt 10/II 1926

Lieber Herr Piper – – Zuvor meinen allerherzlichsten Dank für die beiden schönen Bücher! Ich fürchtete schon »Verlagsstiefkind« geworden zu sein – Tolnai's Breugelbuch[1] ist das schönste und geistvollste das ich kenne – – Ja ich glaube seine Auffassung wird durchdringen man kann, hat man das Buch gelesen kaum anders als wie im Sinne des Autor über P. Br. denken – und wie er die gewaltige Landschaftskunst, die Sprichwörter[2], Laster- und Tugendfolge und die »nach dem Leben[3] Zeichnungen – unter eine entwicklungsfaehige Weltauffassung im Sinne eines Kunstlers bringt ist bewundernswert – Tolnai löst uns das Rätsel des alten Breughel soweit es für unseren Sinn lösbar ist – freilich mir war P. Br. der allerstärkste Eindruck und ist es auch heute noch – witterte ich nicht in H. Bosch – eine geistig mir noch interessantere Persönlichkeit – (was ich Originale sah (Wien Akademie[4]) ist leider zu stark eingedunkelt) Von den starken Einflüssen schreibt T. nicht viel – (Einiges allerdings und zwar auch sehr geistreich!) Breugels stärkere Realistik war mir die Brücke zu Bosch – wie wundervoll müsste Tolnai über Bosch den er ja auch gut studierte schreiben können gegen den wenig sagenden Schürmayer[5] z.Bsp. – ! Der über reiche Bilderteil bringt soviel seltene mir ganz unbekannte Abbilder dass ich täglich in diesem Schatze wühle – Ein großer Abstand zu Schinnerers Buch[6] – obschon mir auch da viele der Studien wertvoll unbekannt waren z. Bsp. diese 2 farbigen Dürerfederzeichnungen.

Anher die Art Schinnerer'scher Deduktion ist mir gar zu entgegengesetzt akademisch. – Es heißt einfach Scheuklappen zu haben wenn man die Neufindungen der Fläche in der modernen Kunst abträglich betrachtet. Sch. trägt nicht umsonst einen langen roten Bart, ein Zopf wäre noch mehr bei ihm am Platze. Ich weiß er hält, obwohl er z.Bsp. Beckmann und mich von Hause auch als Talente schatzt nicht viel von unserem weiterstreben – (Er schrieb mir oft sehr schöne Briefe voll Empfindung – usw. die Bibel schätzt er aber nicht, bitte suchen Sie doch einen der in der Zeitwende geeigneter als Besprecher[7] fungierte, namhaft zu machen, von hier aus kann ich das so schwer – Otto Gründler[8] mein Stiefsohn möchte aber keinen professionellen Kunstschreiber. – Ich kanns nicht verschweigen, ich bin etwas enttäuscht dass mein so durchgearbeitetes Bibelwerk mir keinen wesentlichen Erfolg brachte – meine Frau meint es käme da noch alles –. Sie brachte mir die neuen biographischen Nachrichten über Beckmann – na wohl bekomms! er scheint mir robust genug um eine neue Ehe zu ertragen – hoffentlich geht es ihm wieder materiell besser[9]. – Wissen Sie etwas darüber?? Mir gefällt er /könnte eine Zeit eine typischere Erscheinung ausbrüten wie M.B.? es scheint eben zu recht zu bestehen das jede Zeit ihre Künstler hat. Schinnerer dürfte das kaum anerkennen. –/ – ich finde er gehört zu den stärksten wenn gleich natürlich nicht angenehmsten Talenten der Zeit – mir imponiert er – ich bin ja viel schwächer das weiß ich aber 10 mal schweigsamer als B. – Nach glücklicher Beendigung der Rübezahlblätter (33 Illustrationen die, kommt das Buch mit den alten Texten[10] einmal heraus Ihnen gewiss gefallen würden) experimentiere ich wieder und werde das solange betreiben bis es mich wieder hinreißt. Ich will der synthetischen Linie die ich mir unter schweren Mühen eroberte die weitere Spanne welche mir etwa noch vergönnt ist weihen –

Aber wie es uns ergehen wird ob man heil aus der so ernsten wirtschaftlichen Lähmung hervorgehen wird, wer könnte das heute wissen? dennoch irgendwie wird und muss es kommen – Ich erhalte zahlreiche Briefe voll Anerkennungen und weiß dass unsere Kunst ein Bedürfnis für viele geworden ist die alle derzeit leider am Geldbeutelschwund gleich mir selbst leiden – Wie recht haben Sie dass Sie Neuerscheinungen stoppen, wie gut dass Ihre Nerven ruhig geblieben! Ruhiger wie die meinen jedenfalls –

Nächst dem Schaffen ist meine größte Erholung das Lesen und man sollte meinen gerade jetzt kommt ein gutes Buch zu Geltung als wertvollstes Vergnügen. Ich lese eben die Erinnerungen von Dostojewskis 2. Frau[11] – das ist ja einzig wie dieser Riesenkerl nun plastisch vor mir steht – als hätte man ihn gekannt – und so slawisch, russisch

– Ich finde diese prachtvolle Frau ist wirklich das gute Schicksal des Dichters!

Eine kleine scherzhafte Zeichnung[12] lege ich Ihnen bei – Wie schade dass Ihr Holzschnittbuch[13] dessen Abbildungen ich in Englburg schon so bewundernd bei Ihnen sah nun noch weiter lagern muss! – Na so kommts eben später –

Und später muss nun auch Beckers Dostojewski illustration[14] kommen – Leben Sie 1000 mal wohl und Grüße vom Inn zur Isar und an die Frau Gertrud Ulrike und die beiden jungen Herren

– ich höre mit großer Befriedigung dass Klaus wieder ganz wohl. –

Herzlichst dankt Ihr alter
AKubin

185 Alfred Kubin

Zwickledt am Innkreis 24. II. 26.
Ob. Öst.

Lieber Herr Piper unsere Briefe kreuzten sich infolge des Umstandes dass der Ihrige liegenblieb. –

– Nun wissen sie ja von meiner dankbaren Freude inzwischen! – Was Sie über Tolnais Einzelblättererklärungen rügend erwähnen – ist ja selbst verständlich auch meine Ansicht – das ist ganz falsch ausgedeutet (die bekannten Luxaugen für die eigene Hypothese welche Scheuklappen vor der Wirklichkeit sind). Aber im Ganzen ist Tolnai ein aus Liebe an seinem Thema hängender Gelehrter – und man mag auch die Großartigkeit der Breugelschen Stellung in Weltanschaulicher Hinsicht gerne zugeben (ob es nun noch so problematisch ist, oder nicht) – Schriftsteller missdeuten gerne –! /auch die sonst famosen frischen »Naer het leven«[1] Zeichnungen deutet er allzu inhaltsreich /»weltanschaulich«/ das geht meiner Ansicht einfach auf ein neues Augenerleben des alterwerdenden P. B. zurück – der erste Hauptproduktionsschub war vorbei

und es wäre eine neue Phase immer mehr sichtbar geworden./ Ich machte Hausenstein vor vielen Jahren schon z. Bsp. auf den Lapsus aufmerksam dass er in seinem Bauernbreughel (1910, Piper) S. 54 unten, wo er die »magere Küche« beschreibt den Lederklopfer erwähnt der tatsächlich aber ein Mann ist welcher getrocknete Stockfische klopft

Die letzte unvergängliche Grandiosität Breughels ist ja nicht schriftlich zu umgrenzen – Es fiel Tolnai's gutem Blick wohl auf dass Christus etwas langweilig[2] geraten ist – – Ich fand dass bei gewissen <gewissen> sog. dämonischen Künstlertypen harmonische Schönheit und Gleichgewicht leicht in Mattheit und Leere verfällt – mir ist auch alles ins Loth gebrachte langweilig – und unlebendig. –

– – Aber der Breughel ist gleich Bosch ein Lebensspender – – ich bin glücklich mit dem hübschen Buche – überhaupt was Reisen d.h. den Anblick fremder Gegenden anlangt war mein Schicksal knauserig – aber Bücher und Blätter bekam ich was ich im Stillen wünschte – oft auf unbegreifliche Weise förmlich »zugewiesen« – sonst gehts – finanziell einfach miserabel – in sonstigem wünschenswert – Ich fürchte nicht so sehr völlige Verarmung – Verlust des Hauses, meiner Sammlung – denn die Krise wird bestimmt vorüber gehen

– ich habe mehr zu leiden unter der gestaltlosen Angst vor Krankheiten, Altersverfall u. s. w.

Immer wieder zieht mich das Traumartige an. – die besonderen Bedeutungen in Traumerlebnissen möchte ich in einer Folge kleiner Arbeiten[3] darstellen – dann sollen sich weitere Traumstücken (Gestalten etc) anschließen.

– – Also trommeln Sie durch Prospekte im Herbst oder Winter Kubinfreunde heran. – die Bibel ist mir noch allerhand »schuldig!« – – Schinnerer finde ich etwas (und immer mehr werdend) akademisch

es muss aber solche Akademische geben sonst könnten nicht wir so nett »wild« sein – haben Sie wegen Bibelblätter inder »Zeitwende« Verfügung getroffen?

– Anna Grigorjewna's Erinnerungen[4] habe ich fertig – eine wunderbare Frau! und ich lernte Dostojewski nun auch »daheim« kennen. – Leben Sie wohl Gruße an Ihre liebe Gattin und Ihre Compagnie –

AKubin

P. S.
Vor einigen Wochen bekam ich ein Schreiben dass mir in Graz bei einer Ausstellung der »österreichische Staatspreis«[5] zuerkannt wurde. Zugleich Gratulationen dabei auch des Vorstands des Kunstvereins in dem ich Mitglied bin. er wünschte »im Namen der Vereinigung Glück und sagte dieser fühle sich als Ganzes sehr geehrt. Ich hatte schon einmal vor 15 Jahren einen böhm. Staatspreis[6] (2000 Friedens Kronen) bekommen u. nun traf der Staatspreis ein – es waren 50 Schillinge id est 30 MK. ist das nicht grotesk?

186 ALFRED KUBIN

Zwickledt, 13. XII 1926

Lieber Herr Piper
Trotzdem für Verleger wie Künstler die gegenwärtigen Zeiten leider ja sehr peinlich sind, so wollen wir aber doch von dem alten guten freundschaftlichen Brauch uns zum Weihnachtsfest gegenseitig Kunde zu geben auch dies Jahr nicht abweichen – Bitte lassen Sie wieder einmal wenn auch nur Kurz von sich hören – Ich zeichne mich so gut es eben

Zwickledt, 13.XII.1926

Lieber Herr Piper

Trotzdem für Verleger wie Künstler die gegenwärtigen Zeiten bei-[illegible] sehr peinlich sind, so wollen wir aber doch von dem alten guten freundschaftlichen Brauch uns zum Weihnachtsfest gegenseitig Kunde zu geben auch dies Jahr nicht abweichen – Bitte lassen Sie wieder einmal wenn auch nur kurz von sich hören – Ich zi[illegible] [illegible] so gut es eben geht durchs Leben bisher freilich immer noch von den fördernden Lebensmächten beschützt – aber leider kommen über mich immer öfters wie es scheint, jene merkwürdigen nachdenklichen und schwermütigen Stunden da man der Begrenzung der eigenen Kräfte schmerzlich inne wird.

geht durchs Leben bisher freilich immer noch von den fördernden Lebensmächten beschützt – aber leider kommen über mich immer öfters wie es scheint, jene merkwürdigen nachdenklichen und schwermütigen Stunden da man der Begrenzung der eignen Kräfte schmerzlich inne wird.

Man weiß nur allzu gut wohin all das führt: im besten Falle in ein illusionsloses Alter – Ich gestehe ich habe öfters Angst davor; nicht so sehr um des natürlichen Prozesses wegen – (ich hänge nicht am Leben) aber wegen der Unfreiheit die alles Nachlassen der Kraft mit sich bringen muss –

– die größere Ruhe, aus der Erholung kommend ist eine angenehme Zugabe, vielleicht die einzige. –

Alles Gute zum Fest und ein schönes neues Jahr wünscht Ihnen mit sammt seiner Frau Ihr Sie herzlichst grüßender

Alfred Kubin

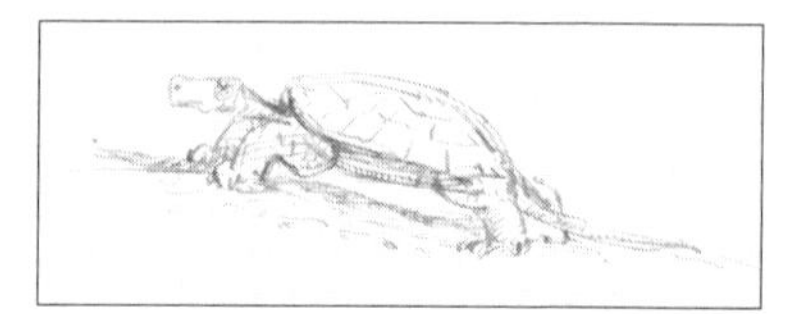

187 Alfred Kubin

Zwickledt
29. XII
1926

Lieber Herr Piper,

Der Weihnachtsmann hat seine Schuldigkeit getan

es gab genug Anreize für Kopf und Magen (wodurch auch verdorbene Mägen und Köpfe wiederum entstanden) – Jedoch mir das Überraschendste und allersymphatischste war der Dostojewskyband mit Bekkers Illustrationen[1] – – B. ist sehr viel weiter gekommen und zeichnet interessant lebendig – aus einem nicht sehr umfassenden Vorstellungs Komplex heraus, gewinnt er durch kluge und sehr geschmackvolle Sparsamkeit überraschende Wirkungen –. Eine lobenswerte Klextechnik bezeichnet die bisher gesehenen Arbeiten des starken expressionistischen Illustratoren /ala Beckmann und Kokoschka/

Lieber und verehrter Herr Piper nehmen Sie mit diesem herzlichen Gruss und Dank diesmal fürlieb!

Meine Frau und ich wünschen Ihnen und Ihrer Familie alles Gute für 1927.

Alfred Kubin
Prosit Neujahr

/Fallscheer[2] ist glänzend/

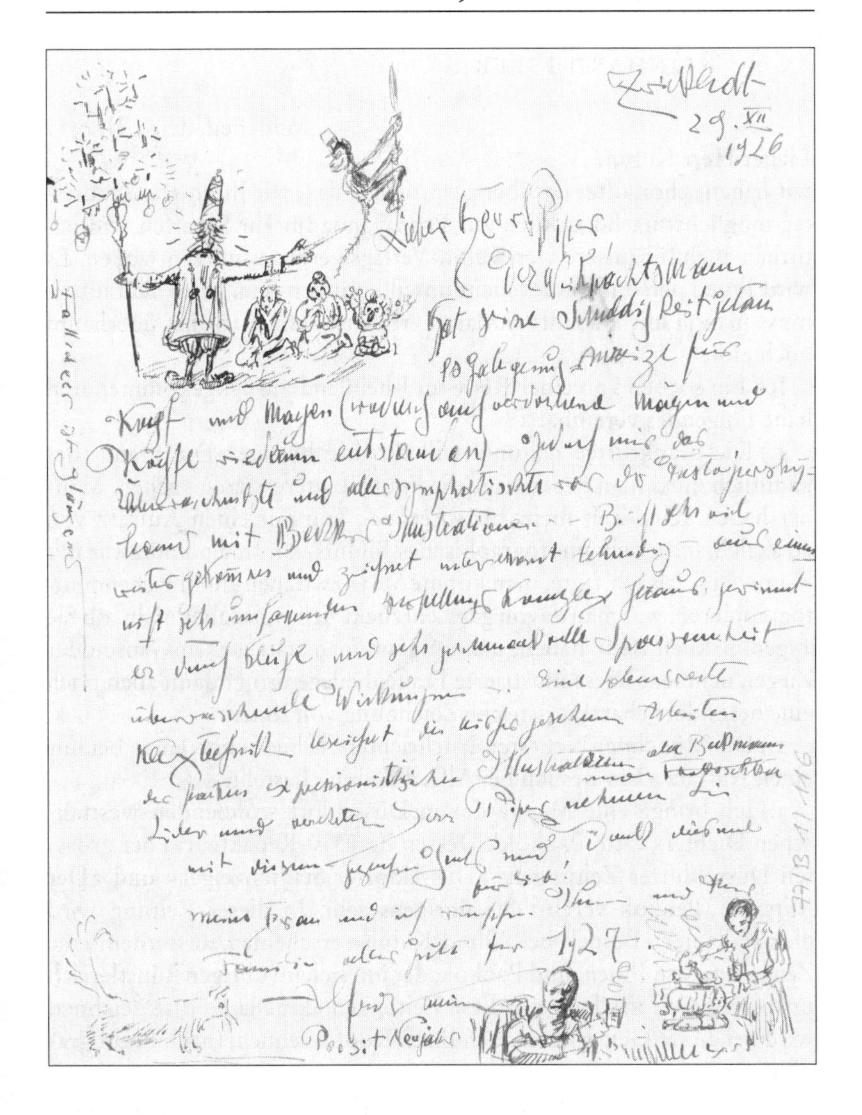

Zwickledt 29. XII 1926

Lieber Herr Piper

Der Weihnachtsmann hat seine Schuldigkeit getan

Prosit Neujahr

188 Reinhard Piper

München, den 4. II. 1927

Lieber Herr Kubin,
wir haben schon öfter darüber gesprochen, dass wir Ihren 50. Geburtstag möglichst nachdrücklich zur Propaganda für Ihr Schaffen und natürlich auch für unsere vier Kubin-Verlagswerke ausnützen wollen. Es wird Ihnen persönlich dies nicht unwillkommen sein, denn heutzutage muss man ja mit Nachdruck daran erinnern, dass es Kunst überhaupt noch gibt.

Ich bin soeben von einer Reise im Rheinland zurückgekommen und habe Folgendes vereinbart:

1.) Die Frankfurter Zeitung[1] will für ihre Beilage »Die Frau« (bekanntlich muss man heutzutage die Frau zu interessieren suchen, Männer haben keine Zeit mehr für so etwas), von mir einen Aufsatz von 80 Zeilen, ferner ein photographisches Bildnis von Ihnen und zwar mit »Umwelt«. Als ich sagte, man könnte Sie ja zwischen Ihren Rehen photographieren, war man davon ganz entzückt. Ich weiss aber nicht, ob Sie augenblicklich Rehe haben, dann müsste man statt dessen Gänse oder Ziegen nehmen. Diese illustrierte Frauenbeilage bringt dann auch noch eine besonders charakteristische Zeichnung von Ihnen.

2.) Die Münchner Neuesten Nachrichten[2] haben schon lange bei mir einen Aufsatz »Ein Besuch bei Alfred Kubin« bestellt.

3.) Ich bringe eine Mappe des in Düsseldorf wohnenden westfälischen Dichters Otto Pankok[3]. Dessen Frau[4] ist Redakteurin der grössten Düsseldorfer Zeitungen: »Düsseldorfer Stadtanzeiger« und »Der Mittag«[5]. Pankok verehrt Sie übrigens sehr. In dieser Zeitung wird gleichfalls der »Besuch bei Alfred Kubin« erscheinen, ausserdem eine Zeichnung von Ihnen, und Pankok, der um sich im übrigen künstlerisch unabhängig zu machen, für diese Zeitungen aktuelle Köpfte zeichnet, wird bei dieser Gelegenheit auch Ihren Kopf zeichnen, (nach Photographie).

Nun habe ich Sie zwar schon einmal in Zwickledt besucht, muss aber unbedingt meine Eindrücke etwas auffrischen. Am liebsten hätte ich Ihnen gar nichts von diesen Aufsätzen geschrieben, aber deswegen werden wir uns doch genauso unbefangen unterhalten, wie auch der Englburg oder sonst wo.

Ich muss Ihnen also leider mit einem Besuch lästig fallen und zwar noch in diesem Monat, möglichst Mitte des Monats. Bitte schreiben Sie mir, wann es Ihnen passt. Da ich selbst nicht genügend erfahren im knipsen bin, müsste ich wohl einen Passauer Photographen mitnehmen.

Sehr nett wäre es, wenn Sie mich wieder in Passauabholen könnten, sodass wir dann schon gleich im Wandern etwas plaudern könnten.

Ich hoffe, dass ich in Wernstein in einem Gasthaus unterkommen kann und Ihnen also nicht zur Last zu fallen brauche. Dies möchte ich unbedingt vermeiden. Also tragen Sie das /übrige/ Unvermeidliche mit Würde!

In Düsseldorf besuchte ich übrigens den Buchhändler Brüning von der Firma Baedeker[6], der Sie auch einmal besucht hat. Er erzählte mir von dem Heidelberger Verlag Schmidt, bei dem ja ein von Ihnen illustriertes Buch[7] erschienen ist, das ich mir sofort bestellt habe.

Mit dem Bücherverkaufen sieht es immer noch sehr flau aus. Aber was bleibt einem anderes übrig, als auf seinem Posten auszuharren?

Mit besten Grüssen und Wünschen auch an Ihre liebe Frau
Ihr ergebener
Reinhard Piper

189 Alfred Kubin

Zwickledt 6/II 1927

Lieber Herr Piper herzlichen Dank für Ihren Brief auf welchen ich hier kurz erwidere – 1. dass Sie uns gewiss willkommen sind zu einem Besuche am 16 oder 17 d.M. Ich hole Sie dann in Passau ab und Sie schlafen und essen bei uns – (der Februar hat sich dies Jahr zu einem »Besuchsmonat« ausgewachsen weshalb wir bitten uns baldigst vom Tage Ihres Kommens /und auch den Zug welchen Sie benutzen. –/ zu verständigen damit wir andere Besuche etc. rangieren können – Ich komme um 12.18 in P. an /ist das Wetter günstig gehen wir sonst müssen wir fahren/ – Sie essen wohl wieder im »Passauer Wolf« /wo wir uns auch treffen könnten./

2. Ich glaube den Passauer Fotographen /mit höchst ungewissem Erfolg/ ersparen Sie sich am besten denn wenn schon es zur Zeit keine Rehe (sondern nur eine Krähe) bei uns gibt so hat doch der Fotograph Philipp Kester[1] aus München vor 1 ½ Jahren hier herumfotografiert und eine gute Aufnahme von mir mit der sehr schönen Angorakatze[2] die wir haben im Arme gemacht vor dem Haustore stehend. außerdem hat er das alte Landhaus selbst auch aufgenommen und überdies im letztvergangenem Juni da ich in München war eine vorzügliche Porträtaufnahme in seinem Atelier gemacht welche ich gerne als das »offizielle«

Bild als 50ger bezeichne – diese Aufnahmen stehen Ihnen zur Verfügung zu den angegebenen Zwecken auch glaube ich dass man Ph. Kesters Autorisation dafür braucht und auch das übliche Honorare /ihm/ bezahlen wird müssen –

3. Pankok kann aber doch wohl ohne weiteres nach dieser Aufnahme seine Zeichnung[3] machen.

– Wir beide hier freuen uns wenn Sie kommen lieber Herr Piper um über allerhand zu plaudern, in dem soeben erschienenen Februarheft der »Zeitwende« ist neben dem interessanten durch psychologische Fragestellung recht merkwürdigem Artikel Dr. G. Hartlaub's auch die kleine Ansprache wiedergegeben die ich im vergangenen November bei der Eröffnung meiner Hamburger ausstellung[4] vor den Geladenen hielt – Auch 4 bisher unbekannte Arbeiten[5] sind gut reproduziert – In Hartlaubs Artikel wird eingehend auch auf meine veröffentlichungen bei Ihnen hingewiesen. –

– Bis auf Winterkatarrhe geht es uns ganz gut natürlich ist's um diese Jahreszeit in Zwickledt nicht so schön wie im Sommer bestellt – wir sind alle etwas eingeengt zwischen den wenigen geheizten Räumen liegen die Eishüllen – – Ich bereite /gerade/ die Münchner Kubinausstellung[6] der graph. Sammlung, und eine böhmische Verkaufsausstellung[7] vor – und so kann ich Ihnen wenn Sie da sind immerhin Einiges zeigen.

Meine Frau ist nach sehr langer Kur[8] doch mit gewünschtem Erfolg wiedergekommen – – Ich hinwieder bilde mir ein ein alter Mann zu sein was meine liebe Hälfte bestreitet doch höre ich ja gewiss nichts lieber als wenn mir ewige Jugend zugestanden wird – – oder sterben – nur kein verkrüppelter Kalkofen möcht' ich sein –

der H. Bosch macht mir dauernd immer wieder Freude! wie abgrundtief und toll!!!

Wir beide grüßen Sie und Ihre liebe Familie herzlichst und also auf ein frohes Wiedersehen

stets Ihr Kubin

190 Reinhard Piper

München, den 12. II. 1927

Lieber Herr Kubin,

schönen Dank für Ihren Brief vom 6. Entschuldigen Sie, dass ich nicht früher geantwortet habe. Da der Februar mit Besuchen bei Ihnen schon besetzt ist, hatte ich ein paar Tage daran gedacht, erst um den 5. März herum zu kommen. Nun halte ich es aber doch für besser, den Besuch nicht länger aufzuschieben. Wer weiss, was später noch alles dazwischenkommt. Heutzutage übersieht man immer nur eine kurze Strecke Zukunft. Ich komme also am Mittwoch den 16. Februar mit dem Zug um 12 Uhr 11 Min. in Passau an. Ich gehe dann gleich in den Passauer Wolf hinüber. Da Sie selbst um 12 Uhr 18 Min. ankommen, erwarte ich Sie also im Passauer Wolf. Wenn das Wetter so bleibt, können wir hübsch zusammen zu Fuss nach Zwickledt gehen.

Darauf freue ich mich sehr.

Die Photographien von Kester bekomme ich am Montag. Ich werde dann sehen, ob wir nichts weiter mehr brauchen.

Den Aufsatz in der »Zeitwende« habe ich gelesen und fand ihn recht gut.

Da wir uns nun so bald sprechen werden, schreibe ich heute nur diesen kurzen Brief.

Auf frohes Wiedersehen und mit herzlichen Grüssen auch an Ihre liebe Frau

Ihr ergebener
R. Piper

191 Reinhard Piper

München, den 7. III. 1927

Lieber Herr Kubin,
Herr Kester ist nach Spanien gefahren und kann also keine Aufnahmen mehr machen. Bitte setzen Sie sich nun doch mit einem Passauer Photographen in Verbindung, der Sie am Zeichentisch sitzend photographiert, dann mit Thekla[1] vor dem Hause stehend, mit der Katze auf dem Arm[2] und dergleichen. Es existiert ja sonst als verfügbar nur das Brustbild, das Kester in seinem Atelier aufgenommen hat. Die Zeitungen wollen aber sogenannte »intime« Aufnahmen. Die Frankfurter Zeitung braucht das Material bis 15. März. Es ist also keine Zeit zu verlieren.

Entschuldigen Sie, dass ich Ihnen nicht schon früher geschrieben und für die reizenden beiden Tage[3] auf Zwickledt gedankt habe. Ich habe schon viele Seiten über den Besuch vollgeschrieben, die Hauptarbeit ist, die Sache für den offiziellen Zweck zurechtzustutzen.

Sie bekommen auch nächstens die versprochenen Ausschussdrucke[4].

Mit besten Grüssen
Ihr
R. Piper

192 Alfred Kubin – Postkarte

10. III 27 Wernstein *[Poststempel]*

Lieber Herr Piper Ich bin gestern auch nach Passau gefahren reqirierte den besten, der schwachen Passauer Fotographen und dieser machte einige Aufnahmen bei uns, welche Ihnen übermorgen zugehen sollen. Herzlichst Ihr

AKubin

/Auf dem Bilde mit dem Haus ist die Thekla am Wege ich hoffe Sie wird gut, erwähnen Sie es in dem Artikel./

193 Reinhard Piper[1]

München, den 26. III. 1927

Lieber Herr Kubin,
damit Sie an Ihrem Geburtstag nicht allzu sehr erschrecken, schicke ich Ihnen hier meinen Aufsatz, den ich gestern glücklich der Redaktion der Münchner Neuesten Nachrichten brachte. Die Sache wäre für mich viel angenehmer und leichter gewesen, wenn ich einfach ein Tagebuchblatt für mich selber zu schreiben gehabt hätte. So musste ich immer daran denken, ob die Sache auch der Redaktion und den Zeitungslesern gefallen würde. Ich hoffe aber, mich mit Anstand aus der Affäre gezogen zu haben. Jedenfalls ist es mir eine grosse Freude, einmal öffentlich Zeugnis abzulegen für Ihre Kunst und für die grosse, lebenslängliche Bereicherung, die ich Ihnen verdanke. Nehmen Sie also meinen Aufsatz in erster Linie als Zeichen meiner Dankbarkeit und freundschaftlichen Verehrung.

Der Aufsatz erscheint noch in einer Düsseldorfer Zeitung[2]. Ausserdem werde ich versuchen, ihn noch in Wien und Prag[3] anzubringen. Sollten Sie irgendetwas geändert haben wollen, so erbitte ich ein Telegramm oder telephonischen Anruf.

Nun hat auch noch das Buchhändler-Börsenblatt einen Kubin-Artikel[4] bestellt und zwar in Zusammenhang mit einer möglichst vollständigen Kubin-Bi/bli/ographie, d.h. eine Aufführung aller Ihrer Bücher und Mappen. Ich hätte diesen Auftrag nicht annehmen können, wenn ich nicht von Herrn Stobbe, der gerade einen Katalog druckt, die anliegende Zusammenstellung[5] hätte bekommen können. Ich bitte Sie nun dringend, diese Liste nun sofort genau zu ergänzen, sodass Ihre sämtlichen Bücher und Mappen verzeichnet sind. Wie Sie sehen, hat Stobbe die Verleger weggelassen. Diese müssen unbedingt hinzugefügt werden. Ich bitte Sie also, sie an den Rand zu schreiben. Ferner bitte ich nachzusehen, ob überall die Erscheinungsjahre stimmen und dabei stehen. Ich will nämlich die Bibliographie chronologisch ordnen. Eine chronologische Anordnung ist natürlich die interessanteste. Wie ich sehe, fehlt die

Rauhnacht,
Panizza[6], Liebeskonzil,
Gespensterkrieg[7],
Lautensack.

Die Abteilung Buchumschläge[8] ist sehr unvollständig. Ich denke, diese lassen wir weg. Viel interessanter wäre eine Zusammenstellung der Aufsätze[9], soweit sie noch nicht in Buchform erschienen sind. Aber ich glaube, das sind nicht viel.

Es tut mir sehr leid, Ihnen diese Arbeit zu machen. Es geschieht ja aber zu Ihrem Ruhme und es ist auch sehr wichtig, gerade die Buchhändler durch eine solche Bibliographie zu interessieren. Das Buchhändler-Börsenblatt hat immerhin 7.000 Auflage und kommt jedem Buchhändler in Mitteleuropa in die Hand.

Die Hauptsache ist, dass das Ganze grosse Eile hat. Bitte setzen Sie sich also sogleich mit Ihrer Gattin an die Arbeit. Bitte, schreiben Sie jedes Buch auf einen eigenen Zettel mit freier Rückseite und schicken Sie mir natürlich auch den anliegenden Katalog-Teil wieder mit zurück, das ganze als eingeschriebenen Eilbrief. Ich fahre ja Anfang April nach Italien[10] und muss vorher alles noch in Ordnung bringen. In den letzten Tagen wird mir ohnehin Unzähliges auf den Nägeln brennen.

Die Auswahl von Ueberschuss-Drucken ist nicht vergessen. Ich hatte nur noch keine Zeit, sie herauszusuchen.

Mit vielen herzlichen Grüssen, auch an Ihre liebe Gattin,

Ihr ergebener
Reinhard Piper

Anlagen.

P. S. Übrigens habe ich meinen Aufsatz Schinnerer und dem Maler Ernst Haider (Sohn von Karl Haider)[11] und ihren Frauen vorgelesen. Man fand allgemein besonders Ihre Aussprüche sehr schön.

194 Alfred Kubin

Zwickledt 28/3 1927

Lieber Herr Piper – von mir nur einige Zeilen, weil meine Frau diesmal die Hauptsache übernahm und wie ich hoffe zu Ihrer Zufriedenheit. Ich finde Ihre Besuchsschilderung /Falls noch Zeit zur Änderung ist: dieser Landesteil hier heißt Der Sauspitz (oder Sauzipf), nicht Sauviertel weil die Grenze so spitz zwischen Donau und Inn ins bayr. Gebiet vorspringt wie der Zipf d. i. das Geschlechtsteil einer Sau –/ wieder so ungemein persönlich und anregend – und kann nur bewundern wie diese zwei Tage wieder in Ihrer Schrift aufs neue, und dauernd hier erstehen – Zwischen den Zeilen funkelt Ihr ganzes leidenschaftliches Aufgehen in

Der 60. Geburtstag 10. April 1937
Wenn er je erreicht
wird, was ich
nicht glaube –

künstlerischen Dingen – und die Anerkennung welche Sie mir spenden ist mir – – Sie wissen es ja längst – eine der wichtigsten die mir je ward. Mit einer kleinen »Revanche« pariere ich allerdings erst nach jenem 50 Wiederkehrjahrestage da ich in diese ewig unbegriffene Welt kam. Also vorher sage ich darüber noch nichts. Unbedingt aber glaube ich dass Ihr »Besuch« der weitaus fesselndste Aufsatz sein wird der im nächsten Monat erscheint.

Sie wollten mir das Karl Haiderwerk[1] zum Verlagspreise verschaffen – bitte vergessen Sie es nicht und erlassen Sie vielleicht Anweisung dass es mir zugeht – ich begleiche dann sofort – Für Ihre Fahrt nach Welschland alles Gute – was werden Sie da wieder alles erschauen bei Ihrem proteusartigem Wesen – als Verleger, Schriftsteller, Sammler und Reporter

Alles Gute für Sie die liebe und
verehrte Frau Gertrud und den
gesammten Nachwuchs –
stets Ihr
alter
Kubin

195 Reinhard Piper[1]

München, den 30. III. 1927

Lieber Herr Kubin,
herzlichen Dank für Ihren Brief vom 28. mit der ganz entzückenden Zeichnung. Nun, ich garantiere Ihnen, dass Sie an Ihrem 60. Geburtstag nicht so zusammengesunken im Lehnstuhl sitzen, sondern sehr munter herumspazieren.

Es freut mich natürlich sehr, dass mein »Besuch bei Kubin« Ihnen und Ihrer Gattin Vergnügen gemacht hat. Damit hat er schon seinen Hauptzweck erfüllt. Hoffentlich führt er Ihnen aber auch neue Verehrer zu.

Das Karl Haider-Werk habe ich bestellt. Es wird Ihnen in einigen Tagen zugehen.

Ihrer Gattin herzlichen Dank für die prompte Erfüllung meines Wunsches. Ich kann nun morgen auch den Aufsatz ans Buchhändlerbörsenblatt abgehen lassen. /Sie hat die Arbeit musterhaft gemacht. Alle Kubin-Freunde unter den Buchhändlern werden ihr dafür dankbar sein./

Die Abmachungen mit der Frankfurter Zeitung[2] sind bestehen geblieben. Sie werden jedenfalls in der illustrierten Beilage »Für die Frau« den illustrierten Aufsatz mit den Photos und der Osterlandschaft[3] finden, nur ist der Aufsatz wesentlich kürzer. Von dem Abdruck in den Münchner Neuesten Nachrichten[4] werde ich Ihnen 10 Exemplare zugehen lassen. Wahrscheinlich werde ich dann schon unterwegs nach Italien sein. Es wird aber auch in meiner Abwesenheit bestens besorgt werden. Ich selbst verschicke den Aufsatz an Beckmann, Barlach, Max J. Friedländer[5], Fraenger, Grossmann, Glaser[6], Oskar Hagen[7], Harich[8], Meseck, Meier-Graefe, J. B. Neumann, Seewald[9], P. F. Schmidt[10], Scheffler[11], Worringer[12] als Gruss von mir. Der Aufsatz wird an den verschiedenen Stellen ganz verschiedene Wirkung tun.

Nun eine Frage! Wir machen zu Meier-Graefes 60. Geburtstag ein Geburtstagsbuch[13] mit Beiträgen von Künstlern, Dichtern, Museumsleitern, Kunstschriftstellern. Es ist da eine sehr gute Gesellschaft beisammen. Nur noch wenige Beiträge stehen aus. Für eine nummerierte Vorzugs-Ausgabe haben Beckmann, Grossmann, Hofer[14] und die Witwe Corinths[15] eine Radierung beigesteuert. Da ist mir eingefallen, dass es doch sehr nett wäre, wenn Sie über Meier-Graefe eine Seite schreiben würden und zwar ganz persönlich über das, was Sie von seiner Lebensleistung gehabt haben. Sie könnten ruhig sagen,: »obwohl Meier-Graefe mich in seiner Entwicklungsgeschichte der modernen Kunst nicht erwähnt, möchte ich doch meinerseits die Gelegenheit benützen, ihm zu sagen.....« Sie würden damit ungemein generös dastehen und Meier-Graefe sicher eine grosse Freude machen. Sie halten ja sehr viel von seiner Lebensleistung und der Dank käme Ihnen sicher von Herzen. Im Grunde gibt es nämlich wenig Menschen, die Meier-Graefes Absichten wirklich verstehen.

Meier-Graefe hat es auch wenig verstanden, sich »Freunde« zu machen, um so mehr Feinde hat er. Sie stehen ihm ganz unbefangen gegenüber und gerade weil Sie ihm praktisch gar nichts zu danken haben, wäre diese unbefangene Aeusserung um so wertvoller. Von Künstlern haben geschrieben: Ahlers-Hestermann[16], Leo von König[17], Carl Moll[18], Troendle[19]. Allerdings müssten wir die Aeusserung, sie braucht ja nur eine oder zwei Seiten Romanformat umfassen, recht bald, spätestens bis Ende nächster Woche, haben. Bitte schreiben Sie mir auf einer Karte, ob ich damit rechnen kann.

Nun werde ich Sie aber so bald nicht wieder plagen.

Mit besten Grüssen und Wünschen

Ihr

Reinhard Piper

P.S. Wenn Ihnen die Meier-Graefe-Sache sehr sauer fällt, so sagen Sie bitte ab. Denken Sie ja nicht, weil ich über Sie geschrieben habe, müssen Sie jetzt über Meier-Graefe schreiben. Nur schreiben Sie mir bitte auf jeden Fall eine Karte.

Damit Sie sehen, wie fleissig ich für Ihren Ruhm sorge, schicke ich Ihnen hier eine von mir verfasste Notiz, die an 100 Zeitungen zum Abdruck versandt wird, – ferner das ganzseitige Börsenblattinserat. Macht sich die Sonne über Ihrem Namen da nicht schön? Ferner sende ich Ihnen Korrekturabzug eines Prospektes[20], den wir in 12.000 Exemplaren drucken. Sie bekommen noch einige gute Exemplare davon.

196 Reinhard Piper[1]

11.IV.27

Lieber Herr Kubin,
zunächst spreche ich Ihnen nochmal ganz ausdrücklich meine herzlichsten Glückwünsche zu Ihrem 50. Geburtstag aus. Zur Feier des Tages war ich gestern mit meiner Frau und meinen beiden Söhnen in der Ausstellung der hiesigen Graphischen Sammlung. Ich brauche Ihnen nicht zu sagen, dass wir alle einen sehr starken Eindruck von der Ausstellung gehabt haben. Der Andrang war sehr gross, wir werden noch öfter hingehen. Ich hatte aus meiner Sammlung auf Wunsch von Herrn Direktor Weigmann[2] einige Blätter beigesteuert.

Mein Geburtstagsaufsatz erscheint in den Münchner Neuesten Nachrichten erst am Mittwoch, da es in den M.N.N. streng verboten ist, einen Artikel zum 50. Geburtstag irgend eines Menschen zu bringen. Die Jubiläums-Artikel beginnen erst vom 60. Geburtstag an.

Ich sende Ihnenhier den Abdruck aus dem Buchhändler-Börsenblatt. Ich habe den Aufsatz dort an zwei Stellen etwas buchhändlerischer gemacht, da ich Hans von Weber, Georg Müller[3] und auch die Buchhandlung Waldbauer[4] genannt habe. Ihrer Gattin ist besonders gedankt. Ohne mein Zutun wurde dieser Aufsatz bereits von der Rheinisch-westfälischen Zeitung[5] abgedruckt. Ferner erschien der Aufsatz auch (etwas gekürzt) in der Bohemia[6]. Ich lege auch diesen Abzug bei.

Inzwischen werden Sie die traurige Nachricht vom Tod meiner lieben Mutter[7] erhalten haben. Das Verhältnis zwischen meiner Mutter und mir war ein ganz besonders inniges und so ist der Abschied ein sehr schwerer, trotzdem ich bei dem hohen Alter meiner Mutter schon lange mich an den Abschiedsgedanken zu gewöhnen versuchte. Ich bin nur froh, dass ich sie noch im Januar für drei Wochen besucht hatte. Die Lungenentzündung vom November hatte sie damals völlig überwunden. Im März konnte sie sogar nocheinmal ausgehen und auf ihrem Klappstuhl in der Sonne sitzen.

Meine Mutter interessierte sich in rührender Weise für alles, was mit ihren Kindern zusammenhing. Da sie geistig durchaus frisch und ausserordentlich lebhaft interessiert war, konnte ich ihr alles mitteilen. Seit sie von München fortzog, also seit dem Frühjahr 1921, erhielt sie zu jedem Sonntag einen langen Brief von mir. So schickte ihr auch meinen Aufsatz zu Ihrem 50. Geburtstag in einem Schreibmaschinendurchschlag und sie hat ihn noch in der letzten Woche vor ihrem Tode mit grossem Interesse gelesen und mir darüber geschrieben. So bitte ich auch Sie um stille Teilnahme.

Inzwischen erhielt ich Ihre schöne Geburtstags-Lithographie[8] Möge Ihnen der Tod noch lange sein Lied blasen, aber ganz im Hintergrund

Ich danke Ihnen auch herzlich für den Beitrag im Meier-Graefe-Buch[9], der dem Buch eine schöne und wichtige Nuance hinzufügt. Der Beitrag wird sicher auch Meier-Graefe sehr freuen und überraschen. Nur der letzte Satz scheint mir nicht recht klar formuliert. Sie schreiben da: »Den hohen Beispielen, auf die er unermüdlich seit vielen Jahren hinweist, schliesse ich mich mit Ehrfrucht und Begeisterung im Stillen an, sei es auch in der Form des berühmtgewordenen Künstlerausspruches: »Anch' io sono pittore!«

Sie »schliessen sich also den hohen Beispielen an«. Dies klingt aber so, als ob Sie selbst sich jenen hohen Beispielen, auf die Meier-Graefe hinweist, anreihen wollen. Dazu haben Sie natürlich volles Recht. Ich glaube aber, Sie würden vom Leser missverstanden, und Sie meinen es auch nicht so. Sie wollen, glaube ich, sagen, dass Sie ebenso wie Meier-Graefe auf diese hohen Beispiele hinweisen wollen. Meier-Graefe tut dies als Künstler, Sie tun dies als pittore. Ich muss Sie also leider bitten, diesen letzten Satz nocheinmal anders zu formulieren und mir schnell auf einer Postkarte die endgültige Formulierung mitzuteilen. Inzwischen geht Ihr Aufsatz bereits ab in die Druckerei, ich ändere dann in der Korrektur.

Ich schicke Ihnen heute das Buch über Karl Haider als Geburtstagsgruss. Eine weitere, wenn auch bescheidene Geburtstagsendung folgt in einigen Tagen. Ich muss nur erst etwas zu Atem kommen, da ich nach meiner Rückkehr von Solingen hier sehr viel vorgefunden habe.

Ich wünsche mir zu Ihrem Geburtstag, wir möchten noch eine recht lange Strecke unseres Lebensweges gemeinsam zurücklegen.

Mit besten Grüssen und Wünschen, auch von meiner Frau, Herrn Eisenlohr und Herrn Dr. Freund[10]

Ihr

[Durchschlag]

197 Reinhard Piper

München, den 21. VI. 1927

Lieber Herr Kubin,
ich war mit meiner Frau 6 Wochen in Italien, zum erstenmal in meinem Leben, und fange jetzt langsam an, mich wieder einzugewöhnen. Ich fange gar nicht erst an, Ihnen von Italien[1] zu erzählen, das Thema ist ja uferlos. Wir haben natürlich sehr viel Schönes heimgebracht /d.h. im Kopf/ und unser Horizont hat sich gewaltig erweitert. Aber ein reiner Genuss war es doch nicht. Ich hätte nicht gedacht, dass Italien in dieser Weise Modereiseland wäre. Eigentlich hätte ich es mir ja schon vorher sagen müssen, aber die Wirklichkeit übertraf doch in dieser Beziehung weit meine Vorahnung. Dabei waren wir noch nicht einmal zur Hauptreisezeit in Italien.Merkwürdigerweise bestanden fünf Sechstel aller Reisenden aus Engländerinnen über 50 Jahre.

Dann fielen uns auch die modernen Italiener etwas auf die Nerven, die einen fürchterlichen Radau vollführen. In jedem Schaufenster rollte ausserdem Mussolini seine Augen oder schoss auf den Vorübergehenden durchbohrende Blitze. Schliesslich kommt noch hinzu, dass auf die Dauer italienische Kunst etwas sehr Museumshaftes bekommt. Jedenfalls schlägt einem bei einem van Gogh das Herz höher als bei der ganzen italienischen Renaissance[2]. In ganz Italien gibt es aber kein gutes modernes Bild. Und wie die italienische Kunst seit Jahrhunderten aufgehört hat, hat auch der moderne Italiener offenbar gar kein Verhältnis mehr zu ihr und kümmert sich gar nicht um sie. Am besten hat es uns in den kleinen Städten gefallen, z. B. in Arezzo (die wunderbaren Fresken des Piero della Francesca[3]) und Orvieto. Da sah man kaum einen Fremden und hatte die Dinge ganz für sich allein. Wenn wir wieder einmal nach Italien fahren sollten, werden wir uns an die kleinen Städte halten.

Doch das wissen Sie ja alles besser als ich!

Als nachträglichen Gruss zu Ihrem Geburtstag sende ich Ihnen heute eine Drucksache in einer Rolle mit Einzeldrucken aus den Marées-Mappen und hoffe, Sie damit etwas zu erfreuen. Ich habe mir Mühe gegeben Ihnen möglichst Blätter zu schicken, die Sie nach meiner Erinnerung noch nicht haben. Wenn Sie das eine oder andere Blatt doppelt erhielten, so haben Sie gewiss Gelegenheit, mit dem Duplikat Ihrerseits einen Besucher zu erfreuen, der solche Dinge zu schätzen weiss. Die Künstlernamen habe ich nicht notiert, sie werden Ihnen ohnehin ohne weiteres klar sein. Wenn nicht, so schadet es ja nicht, wenn Sie ein wenig herumraten.

Ich danke Ihnen noch sehr für den Kartengruss. Hoffentlich waren die Besucher, denen ich Mut gemacht hatte, Ihnen nicht allzu unwillkommen. Jedenfalls hat der Besuch für sie sehr viel bedeutet.

Wann sehe ich Sie oder Ihre Gattin einmal wieder in München?

Mit vielen herzlichen Grüssen und Wünschen
Ihr
R. Piper

198 Alfred Kubin

27. VI 27 *[hs Datierung RPs]*

Verehrter Freund und Verleger – Zuvor meinen herzlichen Gruss dass Sie wieder aus Welschland[1] eingetroffen sind und ganz besonderen Dank für diese herrlichen Mareesmappen-Drucke welche mich heute und die nächsten Tage erfreuen. Es ist ja immer wieder stupende was die Reproduktionstechnik nun alles schon kann! Ich erlaube mir Ihnen ein Uhuheft[2] zu schicken mit einem kleinem Beitrag zur freundlichen Belächlung – – Über den knappgefassten Gesammteindruck Ihrer italienischen Reise war ich begeistert – – denn gerade so empfand auch ich dieses Land das ich zweimal besuchte[3] ich bekam auf einmal eine solche tolle Sehnsucht nach Wäldern und da ich zugleich museums- und Kirchenüberdrüssig ward, so glich die Rückreise damals einer Flucht. erst in Tirol ermannte ich mich wieder. – schön und schön ist verschieden, wir sind ganz anders geworden – suchen forschen und zerstören wenns mal darauf ankommt. Aber wir sind echt und das Schicksal mit seinem Verwöhnungen und auch wieder Quälereien verfeinert uns die Freude an der Welt in einem Maaße dass Sie sich wenn wir noch älter werden sollten wohl verflüchtigen dürfte – Warum das sein muss ahnt man manchmal leise, im Tiefschlaf oder sonst zu gesegneter Sekunde – aber wir wissen es nicht. –

Nun nehmen die Tage wieder ab im Jahre 927 und ich nahm leider noch nicht so zu und ein wie ich's hoffte nächst einiger symphatischer Illustrationsarbeit, beschäftigt mich schon seit geraumer Zeit eine mehr Experimentierende Arbeit – eine Reihe von Blättern[4] in welchen ich den Dingen die mich jetzt am meisten interessieren nachgehe – – aber was hierbei herauskommt sehe ich z.Zt. selbst noch nicht ein.

Der Besuch meiner Geburtsstadt Leitmeritz[5] – nach 41 Jahren war ein sehr eindringliches Erlebnis – ich merkte mit Schauern wie tief ich in frühesten Kindheitseindrücken noch verwickelt bin – wohin nun – wohin gleitet diese Zeit und nimmt uns alle mit – Mein Freund Justizrat Heberle[6] aus Passau, den hat sie schon mitgenommen er starb in Karlsbad wo ich ihn 8 Tage vor dem Ende noch besuchte – Ich traure sehr um ihn. – Nun aber leben Sie wohl und alle guten Grüße von Haus zu Haus – nochmals Dank –

Ihres alten
Kubin

Beischrift – dem Frankfurter Bücherstübler[7] habe ich zustimmend geschrieben ich werde eine kleine Colection, Originale und Lithographien parat halten –

– In Prag[8] stelle ich auch aus – im Allgemeinen kauft man jetzt nur wenig – es liegt darin ein Fluch auf der ganzen Künstlerschaft unserer Zeit – man zieht fast nur noch Freudeartige Gefühle aus dem Arbeiten – ich weiß heute schon dass mir das neue Werk – ein Bilderatlas für metaphysisches Zeichnen[9], – schwer unterzubringen sein wird, ich aber seit der Verarmung von so kleinen Beitragen, etc – leben muss – Doch ich schaffe – es ist nicht mehr der Fanatismus darin – meiner fruhen Jahre – jetzt ists schon eine wahre Verzweiflung mit der ich die Stifte führe – Eben fällt mir ein: ich bräuchte die Adresse von Wilhelm Fraenger (Heidelberg – ??? ich habe sie verlegt, verloren, verludert – Bitte teilen Sie mir doch auf einer Karte die Adresse – – –

Herzlichst

AKubin

199 Reinhard Piper

München, den 28. VI. 1927

Lieber Herr Kubin,
herzlichen Dank für ihren Lieben Brief mit der schönen Schlussvignette, die mich sehr erfreut hat. Ich beeile mich Ihnen die gewünschte Adresse von Wilhelm Fraenger anzugeben. Sie lautet: Heidelberg, Hauptstrasse 187. Fraenger wurde übrigens vor kurzen zum Direktor der Mannheimer Schloss-Bibliothek ernannt. Er wird sich sehr gefreut haben, endlich ein solches materielles Rückgrat einverleibt bekommen zu haben und nicht seinen ganzen Unterhalt erschreiben zu müssen.

Dass Ihr Freund, Justizrat Heberle gestorben ist, stimmt mich sehr traurig. Für Sie muss der Verlust sehr schmerzlich sein. War er doch einer der wenigen Menschen in Ihrer Gegend, mit dem Sie sich gut verstanden.

Auch in unserem engsten Kreise ist ein Todesfall zu beklagen. Mein Schwiegervater[1] ist am Sonntag ganz plötzlich gestorben. Wenige Stunden später musste sich meine arme Frau zu der 22stündigen Fahrt nach Königsberg aufmachen. Wir werden nun wohl meine leider schon recht gebrechliche Schwiegermutter dauernd zu uns nehmen.

Der Verlag hat vor einiger Zeit eine Literarische Korrespondenz eingerichtet. Wir vertreiben Aufsätze uns sympatischer Autoren zum Erst- und Zweit-Druck an Zeitungen und Zeitschriften, und haben dafür schon ausgezeichnetes Material beisammen. Da fällt mir ein, dass doch auch Sie uns Aufsätze zum Vertrieb übergeben könnten. Ich denke zum

Beispiel an die reizende Novelle »Die Geliebte eines Kindes«[2], die Sie mir vorlasen. Wahrscheinlich haben Sie auch noch anderes. Die Sachen können ja schon irgendwo gedruckt sein. Wir schicken immer ganze Kollektionen von Material an die Zeitungen, auf diese Weise bleibt immer etwas hängen. Sie sind der Mühe des Herumschickens, des Abschreibens und des Briefeschreibens enthoben und es kann sich doch im Laufe der Zeit eine kleine Nebeneinnahme ergeben. Bitte schicken Sie uns also was Sie haben. Sie bekommen von den Eingängen 60%, wir 40%. Von Erstdrucken bekommen Sie 75% und wir 25%. Schicken Sie uns also auch Sachen, die Sie neu schreiben. Die Behandlung aesthetischer Fragen kommtdabei weniger in Betracht als Erzählendes, Skizzen von Land und Leuten, Autobiographisches und dergleichen. Es wird ja immer etwas Kubinisches.

Für heute mit besten Grüssen
Ihr
R. Piper

200 Alfred Kubin

Zwickledt – 16/7.27
Ob. Öst.

Lieber Herr Piper Zuerst Dank für Fränger Adresse, und unser Beileid zum Tode Ihres Schwiegervaters – wodurch nun in Ihr Hauswesen durch Vermehrung mit einer alten Frau zugleich auch eine neue Last[1] auftritt. – Was Ihre Einladung wegen der literarischen Korrespondenz anbetrifft – so ist ja nun der »Optikaster« den ich Ihnen mit dem Juni »Uhu« als »Überraschung« zuschickte eine etwa in die Sparte der II. Drucke fallende Nr – und heute übermittle ich Ihnen des »Perserprinzen Muzaffer-Eddins Besuch in Olching« – diese Geschichte stand vor Jahren im Buche unserer längst eingeschlafenen Künstlervereinigung »die Mappe«[2] in ganz beschränkter Auflage und ist daher sozusagen unbekannt geblieben – Beide Stücke denen ich noch »die Geliebte eines Kindes« beifüge waren alle mit Bildern von mir versehen – – Aber ich bin ja heute um jede Mark froh welche eingeht – – da ist ja das ewige Elend mit dem Gelde! und der schlimmen Zeit für uns –

Ich bin nach sehr anstrengenden Monaten nun mit meiner großen Folge – sie soll 25 Tafeln – erhalten soweit gekommen dass ich Überblick und Ende langsam heraufkommen sehe – Ich habe mich nun für dieses Hauptwerk zum Titel »orbis pictus« entschlossen und den Titel »Kehraus« den ich zuerst ins Auge fasste fallengelassen – es wird auch eine einführende Abhandlung noch geschrieben und könnte überhaupt eine feine Sachen werden – wenn ein Verlag von dem ich aber auch entsprechend honoriert werde, sich fände – das Werk ist »allen Liebhabern der Zeichenkunst« gewidmet – jedoch so kinderleicht es mir fallen würde für Geschichten aus meiner Erinnerung und ähnlichem Kram wenn er nur publikumsmäßig geschrieben ist – gute Honorare und Druckgelegenheit zu finden, so schwer ists mit so einem Monstrum an dem nun aber unser Herzblut hängt. – Illustrationsaufträge hatte ich 4 oder 5 – symphatische Dinge alles – in Aussicht – doch in keinem Fall habe ich abschliessen können. – Dabei dürfte es wenige Künstler geben welche einen derartigen Heisshunger nach malerischer <Dichtung> haben wie ich! – als Endspross von Beamten Offizier und Bauerngenerationen bin ich hier erblich belastet –

– So verdiene ich mir mit allerhand kleinen Pöstchen (wie exlibris[3] anfertigen, Lithographienverkauf u. sw.) das Fressen und die Notdurft für mich und die meinen /am billigsten kommt die Haselmaus »Fenimore« mit 3 Kirschen pro Tag und hin und wieder eine Nuss! –/, hoffe nicht auf bessere Zeiten – Spüre wie ein Barometer mit Selbstbewusstsein den Druck der Jahre mit ihrer ewig minutenhaft wechselnden Stimmung –
– Leben Sie wohl und bitte kondulieren Sie in meinem Namen Ihrer lieben Gattin –

von uns herzliche Grüße Ihres

alten AKubin

Mein Rübezahl[4] ist nun bei Stauda in Augsburg[5] herausgekommen und macht mir Vergnügen. –

201 Reinhard Piper

München, den 20. Juli 1927

Lieber Herr Kubin,
besten Dank für Ihren Brief und für die Manuskripte. Wir werden diese drei Novellen durch unsere Literarische Korrespondenz sehr gerne vertreiben und hoffen, Ihnen bald Honorarraten dafür übersenden zu können. Wie ich Ihnen wohl schon geschrieben habe, erhalten Sie die Hälfte des Erlöses, es handelt sich ja um Zweitdrucke. Bei Erstdrucken erhalten Sie 65 % und wir 35 %. Dieser Satz kommt also in Betracht, wenn

Sie uns bisher unveröffentlichtes einsenden. Wir haben durch die Vervielfältigung, Versendung, und Buchung natürlich große Spesen, und manches müssen wir zwanzigmal verschicken, bis es irgendwo hängen bleibt.

Bitte senden Sie mir doch auch die Bilder zu der Geschichte des »Perserprinzen«. Wenn nicht die Originale, dann den Druck. Diese Geschichte können wir vielleicht bei der Süddeutschen Sonntagspost anbringen, die ja auch Illustrationen brauchen kann. Auch eine andere illustrierte Zeitschrift könnte es unter Umständen nehmen. Also bitte Illustrationen!

Bitte adressieren Sie Briefe in dieser Sache an den Verlag, nicht an mich persönlich, da ich morgen mit meiner Familie aufs Land gehe /nach Mayrhofen (Zillertal)/ und erst Mitte August wieder im Verlag bin.

Was Sie mir über den »orbis pictus« schreiben, hat mich natürlich sehr interessiert. Ich finde diesen Titel ausgezeichnet, viel besser als »Kehraus«. Wenn es nur von meiner eigenen Liebe zur Sache abhinge, würde ich ihn sofort verlegen. Aber leider ist gar nicht daran zu denken. Unser Verlagsprogramm ist für dieses und auch für das nächste Jahr schon zu sehr überlastet. Das ist keine faule Ausrede. Schon aus den Unternehmungen, die wir regelmäßig fortführen müssen, wie dem Dostojewski-Nachlass, Buddhos-Reden, Dvorak[1], Schopenhauer, Morgenstern-Nachlass, Piper-Drucken ergibt sich ein ansehnliches Programm. Eben schickt Worringer ein grosses Manuskript[2] und fünf neue Meier-Graefe-Bücher[3] müssen neu aufgelegt werden, obwohl sie sich sicher nur sehr langsam verkaufen. Für solche Dinge, wie den »orbis pictus« müsste es einen Mäzen geben. Aber die gibt es eben leider nicht.

Vielleicht können Sie die Einleitung zum »orbis pictus« so abfassen, dass sie auch von unserer Korrespondenz vertrieben werden kann, sobald Sie mit dem Manuskript fertig sind, also unabhängig von dem Erscheinen des Orbis pictus. Oder Sie könnten, wenn nötig, das, was Sie in der Einleitung sagen, für den Abdruck in Zeitungen und Zeitschriften etwas anders formulieren.

Ich danke Ihnen besonders für die Reiterin[4], die Sie Ihrem Briefe beigelegt haben, und die mir grosse Freude gemacht hat.

Mit besten Grüßen in der Hoffnung auf bessere Zeiten

Ihr

R. Piper

202 Alfred Kubin[1]

Zwickledt 29/7 27

Lieber Herr Piper
Freilich, das leuchtet mir auch ein, mit Illustrationen sind diese mehr belletristischen Erinnerungsskizzen leichter loszubringen an entsprechende Blätter – Ich schicke heute die 9[2] Blätter zum Perserprinzen und die 7 zur Geliebten eines Kindes. – die Zeichnungen zum »Optikaster« hat Ullstein seinerzeit erworben diese müsste falls überhaupt nötig halt aus dem Juniheft des »Uhu« ausgeschnitten werden. – Ich höre gerne dass Sie ins schöne Zillertal zur Erholung zogen – hoffentlich ist alles wohlauf bei Ihnen – ich bin seit 8 Tagen Strohwittwer, meine Frau ist zu ihrer Schwester nach Frankfurt verreist, was ihr sehr wohl zu gönnen denn sie war ungemein tätig die letzten Monate. –

Was Sie mir als Anregung für meinen »Orbis pictus« da mitteilen nämlich ich möchte die Einführung so auch für die Korrespondenz vertreibbar anfertigen – so trifft dies leider nicht zu – sie ist ganz kurz – etwa 2 ½ Druckseiten und enthalt nicht mal Bildbeschreibungen sondern nur Angaben wie diese Folge entstand – Ja wenn sich's finden sollte und durch Mäcen oder Verlag mein neues Werk gedruckt würde, so kann man die Einleitung dann als Ankündigung[3] schon geben – Leider Sie wissen's ja sind die Aussichten so schlecht dafür –

26 Tafeln ist viel und kostet viel herzustellen – und ich muss doch ein gutes Honorar erhalten ich denke 2500 M. – aber man sah es ja bei unserer Bibel wie träge das Publikum ist – – Es ist einfach scheußlich – und lähmend – nur mit solchen literarischen Skizzen den Leuten oberflachlichen Spass zu machen das würde immer ausgezeichnet honoriert – aber ich will und könnte auch gar nicht so fort schreiben. – – Eben bin ich – da ich noch unter dem Druck der letzten scharfen Arbeitswochen stehe, recht matt und wohl auch verstimmt – das dürfte aber bald besser werden –

für Sie und die verehrte Frau
Gertrud herzliche Grüße stets Ihr
alter Kubin

203 Alfred Kubin

Wernstein Zwickledt
14.X 1927
Ob. Österreich

Lieber Herr Piper die gewünschten Streichungen und Veränderungen der Plauderei »mein Tag«[1] /Manuskript folgt morgen/ habe ich gemacht und bin froh, dass Sie die Arbeit also gut unterbringen werden. /Wenn Sie mir (Wilhelm Simson, Passau, Bankgeschäft), dann einmal das Geld überweisen lassen konnten Sie mir vielleicht auch den kleinen Betrag den ich für verkaufte Bibelblätter vom Verlag gut habe (8 m 20 Pf) laut letzter Abrechnung beifügen. –/ – Ich bin erst seit wenigen Tagen wieder hier – und stehe noch ganz unter dem »Erholungskater« welcher mich jedes Mal nach den Ferien befällt – ich glaube aber schon, dass mir die Auffrischung meiner Kräfte gelungen ist. –

Ich war im Schwarzwald auf größeren Touren und dann in Baden-Baden, Heidelberg und Stuttgart (dortselbst bei meinem alten Freund Alex v. Bernus[2])

– Für meine Zeichenschule »orbis pictus« habe ich nun einen Mäcen und Verleger gefunden – das Werk soll im Herbste 1928 in guter Ausstattung vorliegen.

– die ganzen letzten Monate beschäftigte mich dann etwas Neues – sogenannte Wahrsage- oder Aufschlage Karten[3] – wie man diese in der Zeit unserer Kindheit oft sehen konnte – Es sind dies 32. Kartenbilder welche die geläufigen Symbole wie »Treue« Falschheit, Kind, Haus, Unglück, Rätsel, Irrtum, Großer Herr, Geliebte, Krankheit, Tod, u. s. w. darstellen und ich dachte mir ursprünglich das ganze als Spiel hergestellt in einigen bunten Farben bei reiflicher Überlegung kam ich aber davon ab – ich sagte mir: entweder eine Kunstpublikation oder eine Spielerei und fand dass die kleine Folge als Büchlein ähnlich einem Totentanz in schwarz-weiß-Strichätzungen auf gutem Papier – und mit einem Titel: Schicksalskarten v. A. Kubin. am weitaus besten sich macht – nun möchte ich Sie fragen welche Verlage würden Sie für ein solches Werkchen (also 32 Blatt in Spielkartengröße mit entsprechendem Rand als Büchlein) für geeignet halten??

Sonst geht es uns ganz gut Ich bin in Unterhandlung für eine Novelle F. Werfels[4] im künftigen Winter Illustrationen zu machen – weit mehr liegen mir aber einige Einzelblätter die mir vorschweben, am Herzen – Mit großer Freude und intensiver Spannung vernehme ich, dass sich Weihnachtssendungs objekte ansammeln – In Heidelberg besuchte ich auch den Dichter Alfred Mombert[5] der mir in seinem eigenartigen Milieu so starken Eindruck wie ein Zauberer machte – Viele Grüße von Haus zu Haus –

stets Ihr alter
Kubin

In Stuttgart erzählte mir der Galerieleiter Fischer[6], dass ihm ein ausführlicher Kubinartikel bei einer Redaktion in Verlust geriet. Schade. –

204 Reinhard Piper

München, den 18. X. 1927

Lieber Herr Kubin,
herzlichen Dank für Ihren Brief vom 14. Es freut mich sehr, dass Sie meiner Anregung gefolgt sind und den »Tag« aus dem Ganymed-Jahrbuch zeitgemäss überarbeitet[1] haben. Ich lasse ihn jetzt sogleich vervielfältigen und durch die Literarische Korrespondenz mit den Zeichnungen vertreiben.

Es freut mich sehr, dass Ihnen eine Auffrischung Ihrer Kräfte gelungen ist und dass Sie bei dieser Gelegenheit nun für Ihr »Orbis pictus« auch einen Mäzen und Verleger gefunden haben. Gut, dass diese Art Leute noch nicht ganz ausgestorben ist.

Was Ihre Wahrsagekarten anbelangt, so ist dies gewiss ein echt kubinischer Einfall und auch die Ausführung wird gewiss kubinisch sein. Wir selbst können die Sache leider nicht übernehmen, wir müssen noch etwas warten, bis wir unsere Kubin-Abteilung weiter ausbauen können. Aber einst wird hoffentlich kommen der Tag!

Welche Verlage nun dafür in Betracht kommen? Doch eigentlich wohl nur solche, die bisher schon Kubin verlegt haben. Von anderen Verlagen kann man ja nicht wissen, ob sie für Ihre so ganz persönliche und einzigartige Kunst etwas übrig haben. Da wird es ohne eine kleine Rundfrage nicht abgehen.

Dass Sie auch Mombert kennen gelernt haben, war gewiss für Sie ein starkes Erlebnis. Ich habe Mombert in meinen jungen Jahren ungeheuer verehrt, doch ist er mir jetzt nicht mehr gerade sehr nahe.

Die Tantieme aus der Literarischen Korrespondenz geht Ihnen pünktlich zu. Da es sich um sehr viele Einzelposten handelt, die einheitlich durchgearbeitet werden müssen, wird immer in den ersten Tagen des Monats über die Eingänge des /vor/vorhergegangenen Monats abgerechnet. Bei dieser Gelegenheit wird Ihnen dann auch das kleine Guthaben aus dem »Zwanzig Bildern zur Bibel« überwiesen, woran ich die Buchhaltung erinnert habe.

Mit vielen herzlichen Grüssen
Ihr
R Piper

205 Alfred Kubin

Zwickledt 27. XI 27.

Lieber Herr Piper – Eine nicht unbeträchtliche Erkältung erlaubt, mit knapper Not gerade noch das Briefeschreiben.

– Anbei die Besprechung von Georg Lill[1], meiner Bibelblätter – Immerhin – er nimmt wenigstens entschiedene Stellung –

– und mit der Bibel zu sprechen, gerade »die Lauen werden ausgespieen!«[2] – Ich wollte nie blasphemisch wirken, die Bibel ist mir ein urehrwürdiges Buch – – Christ im üblichen Sinn, oder gar dogmatischer Katholik bin ich natürlich nicht – das lag an den »Verhältnissen – übrigens wäre ich mit meinen Bibelblättern von Kritik und Publikum ermuntert worden – so wäre die allerletzte Phase meines Schaffens wahrscheinlich wieder anders ausgefallen als es so kam. Ich bins auch so zufrieden – mit jedem Jahr wird der Fatalismus absoluter –

– Oft kommt man sich allerdings wie ein Narr vor – etwas überflüssig – da man – jedoch naturgewollt – gar nicht anders sein kann als man eben ist – so passiert eine derartige triste Stimmung wieder bald vorüber – – und es zeigen sich auch immer wieder Geister welchen manches beschert zu haben uns im Grunde doch freut. –

So höre ich dass mein Rübezahlbuch bei Stauda recht viel Freude macht – In der Herbstausstellung[3] der Akademie in Berlin hat man mir eine Wand überlassen, eine Collektion mit 23 Arbeiten hängt da und brachte mir bisher einen nennenswerten moralischen Erfolg hoffentlich kommt's auch zu einigen Verkäufen

– (man teilte mir mit dass der alte Liebermann Freude an meinen Sachen hatte und sich äusserte: Det is'n talentierter Kerl, der Kubin!. – und mich freut diese Anteilnahme bei einem so rätselhaft frisch gebliebenen Sinn und Auge auch. – – Hier wintern wir uns nun ein – heute nacht 4° Kälte – und die Öfen im alten Hause werden nun wieder umlagert – wie Altäre – ja man hängt so von der Wärme ab – und versteht die Sonnenanbeter. Meine Frau erzählte mir von dem Abend bei Ihnen, wann selbst ich wieder einmal nach München komme steht noch dahin – Von 9 sehr symphatischen Illustrationsaufträgen[4] sind 7 auf die lange Bank geschoben – 2 werden mich beschäftigen –

Leben Sie wohl alles Gute von Haus
zu Haus – Stets Ihr alter
Kubin

206 Alfred Kubin – Postkarte

10/XII 1927

Lieber Herr Piper – Ich werde also versuchen die Originale zum Optikaster[1] mir für eine Zeit zu verschaffen – Schunemann Magazin[2] <…> ist noch nicht da – Ich selbst vereise heute Nacht für 3 Tage nach Leipzig wohin mich die Bibliophilen dort zu ihrem Stiftungsfest als Ehrengast nobel eingeladen haben. Leider quält mich rheumatischer Schmerz in Schulter und Arm – meine Frau sagt auch Sie kennen diesen Schlag der Natur.

1000 Grüße Ihres alten
AKubin

207 Alfred Kubin

Zwickledt 25/XII 27

Lieber Herr Piper
Herzlichen Dank für das schöne Weihnachtsgeschenk – der van Gogh-Piperdruck entzückte mich schon in Nürnberg wo ich die Cypressen[1] zum ersten male in einem Schaufenster sah – dann – endlich! – das Baldungbuch[2]

– Sie sind ja ein richtiger »Kenner« Baldungs für mich sind eine Anzahl der abgebildeten Schnitte neu!

– Über Morgensterns letzte Nachlaßveröffentlichung[3] – bin ich glücklich – wie selten, ein Menschen mit dem Todeskeim frühst erkennbar in sich – und zum silberklaren Humor gelangend – der ist irgendwie Größe so empfinde ich – mehr als wie Gebete im Confesionellen oder R. Steiner'schen Sinn[4]. – Bei allem meinem – im Laufe der vergangenen Jahre immer absoluter werdenden Fatalismus – finde ich im Humor[5] –

gleich dem Denker Julius Bahnsen[6] – die einzige Versöhnung der Widersprüche – – –

Ich schließe hier einen Brief des Verlages Lauser[7] bei – über dessen Folgen ich mir heut noch nicht ganz klar bin – – <Lauser> – dem ich das Stück die Geliebte e. K. nachdem ich ihn seinerzeit verständigt hatte dass es in einer bibliophilen Zeitschrift im kleinen Kreis durch Druck bekannt wurde /der inzwischen eingegangenen »Bücherstube« Stobbes[8]. –/ – gab mir ein Honorar von 200 MK – welches er allerdings in sehr langsam laufender Ratenzahlung beglich – nach $^{3}/_{4}$ Jahren nach 4-5maligen Mahnungen hatte ich das Geld. – Ich weiß nun nicht mehr ob ich spezielle Abmachungen bei Übernahme von L. unterzeichnete und wie diese etwa waren – das tut aber auch wohl nicht viel zur Sache da er sich auf ein Gesetz über das Verlagsrecht §42 beruft – – habe ich den Verlag durch einen Fehler geschädigt würde ich /ihm/ durch Überlassung eines Zweitdruckes (etwa der »Mimi«[9] aus meinem »Malerbuch« – bei Gurlitt) Entschädigung anbieten /auf so eine Art von Entschädigung scheint es dieser Verlag mit seiner geringen Pressung ja abgesehen zu haben. – / – vorher – meine Frau meinte so – soll ich Ihnen diesen Brief des Verlages L einschicken – auch – damit man später nicht noch mit anderen Verlegern – etwa Ullstein ins Ärgerliche kommt – bitte mir recht bald – Ihre Ansicht zu schreiben – vielleicht den Brief wieder mitsenden –

– – Herzlichste Grüße von uns Beiden für Sie und die Ihrigen
immer Ihr getreuer
AKubin

P.S. Ich war als Ehrengast beim Leipziger Bibliophilenabend[10] sehr nobel eingeladen – und 10. 11. 12 dort anwesend –

– wirtschaftlich balanziere ich mich ganz leidlich durch. Hoffentlich wirds noch einmal in dieser Beziehung wirklich erheblich besser. –

208 Alfred Kubin – Postkarte

[undatiert, Sommer 1928, Wernstein]

L. H. Piper – Sie waren (oder sind?) in Paris und wir danken für Ihren lieben Gruss. – Ich habe heute eine sehr dringende Anfrage – Ich habe für Verlag Langen ein Werk Buchillustrationen[1] übernommen und wir wollen auch eine Anzahl Vorzugsexemplare mit handkolorierten Blättern (ähnlich wie bei unseren Bibelbildern) machen. Ich mache Vorlagen aber wo haben Sie damals Kolorieren lassen oder konnen Sie mir eine oder mehrere Adressen nennen die das entsprechend besorgen könnten? ich würde mich dann hin wenden!!! –

– das wäre die Hauptsache – aber es eilt. – uns gehts sonst ganz gut bei dem nun endlich schön gewordenen Wetter ich lebte 10 Tage der völligen Entspannung im bayr. Wald[2] – suchte auch den »Urwald« am Kubany in Böhmen auf – ein niederdrückendes Erlebnis – ganz wider meine Erwartung; – infolge der zahllosen Baumleichen, der tiefen Stille, des Moderduftes u.s.w! – Nun alles Gute empfehlung Ihrer l. Gattin und einen schönen Gruss Ihren Compagnons[3]. –

Stets Ihr
AlfKubin

209 Reinhard Piper – Postkarte

München, den 5. VII. 1928

Lieber Herr Kubin,
ich bin gerade von Paris und Strassburg zurückgekehrt, wo meine Frau und ich natürlich ausserordentlich reiche Eindrücke gehabt haben. Es freut mich sehr, dass der Verlag Langen ein Buch von Ihnen bringen will. Die Kolorieranstalt, welche die Bibel kolorierte, heisst Richard Müller, Arcisstrasse 51. Dass Sie im Urwald am Kubany künstlerisch ein sehr starkes Erlebnis hatten, kann ich mir denken. Man sieht dort einmal, wie der Wald aussehen würde, wenn der Mensch ihn nicht dauernd »aufräumte«.

Viele herzliche Grüsse und nochmals schönsten Dank für den prachtvollen Stammbucheintrag der mir eine ganz grosse Freude war.

Ihr
R Piper

210 Reinhard Piper

München, den 6. Okt. 1928

Lieber Herr Kubin,
ich weiss nicht, ob Sie regelmässiger Leser der »Kuhhaut«[1] sind, um in Ihrer Abgeschiedenheit noch mit der Kultur in Zusammenhang zu bleiben. Jedenfalls möchte ich Ihnen anbei meinen kleinen Aufsatz über

Georg Müller[2] schicken, dem Sie ja auch nahe standen. Vielleicht macht Ihnen die Lektüre ein wenig Vergnügen.

Was arbeiten Sie jetzt? Erscheint zu Weihnachten etwas Neues von Ihnen? Wenn ich auch selbst mit der schönen Tätigkeit, Kubin zu verlegen, noch ein wenig pausieren muss, so möchte ich mir doch wenigstens alles anschaffen, was von Ihnen erscheint. Was macht der Orbis pictus? Lassen Sie einmal etwas von sich hören! Zu Weihnachten wird sich wieder eine schöne lange und runde Rolle bei Ihnen einstellen mit neuen Piper-Drucken und auch einige viereckige Drucksachen mit lesenswerten Büchern.

Ich rüste mich gerade zu einem schönen Herbstspaziergang mit meiner Frau. Wir wollen über den Peissenberg nach Schongau, wo man noch in der »Sonne« oder im »Goldenen Stern« übernachten kann /<...> <...> geht's nur noch im »Metropol«!/, und morgen wollen wir dann über Steingaden nach der Wieskirche des Dominikus Zimmermann[3]. Waren Sie einmal in dieser Gegend? Es lohnt sich! Bei der Wieskirche hat mich nebenbei immer gefreut, dass der Dominikus seine Kirche auch so stolz »signiert« hat. Auf der /Brüstung der/ Orgelempore steht nämlich in grossen Buchstaben »Dominikus Zimmermann, Baumeister von Landsperg«. Dass Gemälde und Zeichnungen signiert werden, ist man ja gewohnt, aber gleich ganze Kirchen – das kann sich nicht jeder leisten!

Mit besten Grüssen an Sie und die verehrte Gattin

Ihr

R Piper

211 Alfred Kubin

Zwickledt 12. X 1928

Lieber Herr Piper Ihr kurzer schöner Brief mit der Kuhhauteinlage machte mir bei meiner Heimkunft von einer fast 3wöchigen Erholungsreise herzlichst Freude – (Ich lese die M.N.N. jetzt ja wie überhaupt Zeitungen sehr sehr selten. Der mich innig berührende Artikel wäre uns demnach sicher entgangen – er zauberte mir wieder den unvergesslichen Mann vor's Seelenauge. – G.M. war ja auch 2 mal hier in Zwickledt einmal mit Esswein einmal mit Frau Deutsch[1] und deren Freundin. Ich fand immer dass Müllers allerletzte Jahre dem unvoreingenommenen wie ein Sturz in den Untergang erscheinen mussten – und zwar hätte ihn der Verlag so toll es auch und überstürzt chaotisch da schon zuging nicht vermocht diese urgesunde Natur zu verschlingen die dämonischen Kräfte die sich aus anderer Seite dazugesellten, die auf Mullers lebendige Substanz etwa wirkten wie eine fremde Säure auf ein Alkal, dies alles untergrub hier so dass eine naheliegende Gelegenheitursache von aussen vielleicht nur vollendete was zu innerst zwiespältig verschüttet war – Jedenfalls kann ich mir – wie die Dinge schon damals lagen nicht gut denken dass der starke Steuermann seines Verlages diesen zu seiner eigenen Freude in dem Stile hätte weiterführen können. – Ein wenig früher oder später verlässt uns ja alle die Lebenswelle und wir sinken in die Amorphheit zurück. – Ich fand Erholung bei Kreuz und Querfahrten zu welchen mich ein Freund in seinem Auto geladen hatte – es ging durch die verschiedenen Schweizer Cantone[2] – besonders der Tessin mit angrenzendem Oberitalien, aber auch die West- und Ostschweiz – mit gewaltigen Passübergängen gab es zu sehen – und physische Nachwirkung wie geistige Anregungen für etliche Blätter hoffe ich in den nächsten Monden noch feststellen zu können. –

Von Neuerscheinungen erwarte ich in diesem und nächstem Monat als Wichtigen: Larven v. Willy Seidel bei A Langen und »der Tod des Kleinbürgers von Franz Werfel« – bei P. Zsolnay –

– ein schönes Büchlein, eine Novelle von Thomas Hardy »der angekündigte Gast«[3] gab Kippenberg[4] in seiner Insel/bücherei/ heraus, freilich die Verzugsausgabe auf gutes Bütten mit Pergamentband (Ladenpreis MK 12) ist hier das eigentlich symphatische Buch. –

Der Orbis pictus meine ganz große Kanone wird wie wir hoffen im Februar vorliegen – der Verlag erwartet sich zunächst natürlich keinen finanziellen Erfolg nicht mal entfernt das hereinkommen der großen Kosten da war es vielleicht die Suggestion meiner Arbeit, welche zu verbreiten der persönlich meiner Sache ergebene Verleger – eben auch ein großes Opfer bringt – Für 1929 bereite ich etliche Verlagswerke vor – d.h. ich soll diese erst ausführen – unter anderem Bilder zur sehr fein geschriebenen Geschichte – Jean Paul in Heidelberg[5] von Walter Harich. Einige Lithos für eine/n/ eng begrenzte Luxusdruck (Lyrik eines Dichters Roden[6], Wien) dann im Frühjahr zu H Watzliks des böhmischen Dichters 50. Geburtstag herauszukommende kleine Mappe – Lithos: Stilzel[7] der Kobold des Böhmerwaldes – 6 Tafeln habe ich schon entworfen zu 4 weiteren hoffe ich den Verlag noch zu bewegen – dies wäre einstweilen festgesetzt ob's auch wird hierüber entscheidet die Zukunft – mir erscheint sie manchmal flau manchmal recht lebenswert. – Ich meine Kubins – Zukunft nicht so sehr die der Welt – welche mich weniger interessiert – weit weniger als meine Vergangenheit – die wie in einem Gedankenspiel mich immer lebhafter beschäftigt –

– Nun leben Sie recht von Herzem wohl
wir beide grüßen Sie, Frau Gertrude und die Pipersche Hausjugend – – auf die Weihnachtsüberraschungen – ob auch Ihr Holzschnittbuch[8] dabei sein wird? – freut sich niemand mehr wie
Ihr altergebener
Alfred Kubin

[Anlage:]

212 Alfred Kubin – Postkarte[1]

[1928 Wernstein; Poststempel]

Lieber Herr Piper ich habe an »das Leben«[2] also 3 /2 dürfen die Redakteure sich davon aussuchen – die Sendung war schon abgegangen als Ihre letzte Kartenbotschaft eintraf –/ unveröffentlichte Zeichnungen als

Abdruck geschickt um auch diese zu entschädigen – hoffentlich haben wir nun Ruhe.

– mir gehts noch immer mäßig die neuralgischen Schmerzen in meiner linken Schulter und Arm quälen mich immer noch – wenn ich auch lindernde Mittel habe um etliche Stunden Ruhe zu finden. die Arbeit ist recht behindert – herzliche Grüße Ihres Lazarus

AKubin

P. S. Bitte ja die mir von Vg. Ullstein (Uhu) zur einmaligen Verwendung überlassenen Optikaster Klischés mir wieder zu schicken damit wir dort nicht auch noch Anstände haben. –

213 Alfred Kubin – Postkarte[1]

22/XII 28

Lieber Herr Piper, dass es P. Drucke einen P. Kalender[2] (für den ich übrigens herzlich danke) gibt wusste ich – aber nun was lese ich da in unserem Provinzblättchen!? –

Sonst gehts mir (bis aufs Merkantile leider) wohl –

Ich arbeite an einer Folge: Ali der Schimmelhengst[3], Geschichte eines Tatarenpferdes –

12 Blatter v. A. K. hoffentlich ist hiefür ein Verleger schon geboren. Mit Weihnachts-gruss stets Ihr alter

AKubin

214 Alfred Kubin – Postkarte

24. 1. 29 Wernstein *[Poststempel]*

Lieber Herr Piper – Dank für Ihre freundlichen Zeilen. Ich habe in den M.N.N. (Einkehr v. 13. Januar) eine kleine Geschichte, ein Donauer-Geschenk[1] welche Sie vielleicht zu Gesicht bekommen haben. Ich bin zu wenig orientiert, ob man /mit/ Beiträgen aus Zeitungen auch 1 Jahr warten muss – oder ob man solche gleich zur weiteren Verwertung der Korrespondenz geben kann. Sie werden das besser wissen, im Falle II, konnen Sie die Geschichte natürlich gleich verwenden. Ich schrieb eben wieder eine (unheimliche) Geschichte[2] und gab sie Ullsteins »Uhu« – – Es ist tragisch wenn Sie sagen dass ein solcher Verlag wie der Ihre meinen Ali, der Schimmelhengst Schicksale eines Tatarenpferdes, 12 Tafeln u. Vignette nicht bringen kann zur Zeit – und ein Glück dass Sie die starke Folge nicht sehen, denn es würde Ihnen sonst noch weher tun. Gewiss Sie haben Recht – wenn Dr. Otte eine derartige Herausgabe subventionieren würde ware mir und der Sache mehr geholfen als wie bei dem Katalog der solange ich schaffe doch Fragment bleiben muss. Otte sieht hier eben sein Werk. Sonst gehts leidlich –

voll von Chancen Aussichten, Anwartschaften, – (wo bleiben die Verwirklichungen) – den »lachenden Gott«[3] lese ich eben – aber langsam da nur der Abend – mit ermüdeten Augen in Betracht kommt – Ich schreibe schon noch über dies Buch an Sie

herzlichst Ihr Kubin

215 Alfred Kubin

Zwickledt 29 I 29
Ob. Öst.
Wernstein a/I.

Lieber Herr Piper
Besten Dank für die Benachrichtigung und Abrechnung – (: Überweisung der M. 75, nach Passau W. Simson :) – Schade, dass die »Mimi« nicht geht – Ich bin ja wenig orientiert über den Modus bei Tagesblät-

tern, aber – meine Geschichte »Ein Donauergeschenk« in der Einkehr[1] (13.I.29) wird Ihnen kaum entgangen sein. mit Illustration und dem Erlebnis nach erzählt –

– »Besuch in Leitmeritz«[2] aus dem Sudetendeutschen Jahrbuch – wird wohl erst im nächsten Jahr frei – vielleicht gestattet der Herausgeber Architekt Otto Kletzl[3] Prag <Dejwitz Haus Palkov> 893. den Nachdruck aber gleich??

– Sonst habe ich nur noch eine etwas unheimliche Geschichte[4] mit 5 Bildern bei Dr. W. Behrend[5] M.N.N. (der mich drum bat) liegen die kommt aber erst zu Ostern daselbst –

aber »Donauergeschenk« und Besuch in Leitmeritz« wäre vielleicht doch zur Verfügung zu bekommen? –

– Persönlich geht es ganz gut, mit Ach und Krach, Subskription und staatl. Subvention wird nun die (kleine) lith. Mappe: Stilzel der Kobold des Böhmerwaldes, bei Stauda im nächsten Herbst herausgebracht 10 Lithos – da mein Ausdruck erheblich breiter wurde muss ich die 6 schon seit Mai fertigen Entwürfe den 4 neuen[6] woran ich eben schaffe umarbeitend angleichen –

noblesse oblige! es wird dann aber auch fein, aber umsonst die neuarbeit! die Frau des Schmiedes von Zwickledt starb vorgestern an Krebsleiden im Gesichte – Sie war früher einmal 6 Jahre bei uns Köchin – und mich entsetzt wie so ein Kadaver aussieht. Es ist immer wieder schauerlich – Gerade dieses prächtige Weib war so ein sauberes Ding und nach dem Sterben fiel die ganze Gesichtshälfte in sich morsch zusammen –

Herzlichst Ihr
alter Freund
AKubin

216 Alfred Kubin – Postkarte

Zwickledt
3 Marz 29

Lieber Herr Piper für die im Jänner eingetroffene Abrechnung über das 4 Quartal der 1. Korrespondenz für mich, mit M. 75 danke ich bestens, – mache hier allerdings aufmerksam dass diese bisher bei Wilhelm Simson, Passau nicht überwiesen wurden.

– uns gehts halt wirklich eingeeist noch immer und ich lechze nach echteren Märztagen – – Ich bin z.Zt. mit einem Vignettenwerk für eine kleine Geschichte[1] beschäftigt

Herzlichen Gruss
Ihres
Kubin

217 Reinhard Piper

München, den 8. Juli 29

Lieber Herr Kubin,
um meinen Rheumatismus los zu werden, lasse ich mich hier seit einiger Zeit[1] a la Gallspach[2] bestrahlen und kam dabei mit einer Assistentin ins Gespräch, die sich als Dichterin entpuppte. Sie heisst Paula Schlier[3] und ein Buch mit dem merkwürdigen Titel »Chorònoz[4], Ein Buch der Wirklichkeit in Träumen« ist bei Kurt Wolff[5] erschienen. Ich hatte nun bei der Lektüre sofort das Gefühl, dies sei ein Buch, das auch Sie ganz besonders interessieren müsse, und ich möchte es Ihnen gerne schicken. Da Sie nun ja aber auch mit dem Verlag Kurt Wolff zu tun haben, frage ich erst an, ob Sie es nicht vielleicht seinerzeit schon durch Kurt Wolff erhalten haben. Wenn nicht, so schreiben Sie mir eine Karte. Ich bin überzeugt, dass Sie mir diesen Hinweis danken werden, und ich möchte sehr gerne von Ihnen hören, was Sie von dem Buche halten. Die Verfasserin ist wirklich ein sehr starkes und eigenartiges Talent. Das Buch besteht aus kurzen einzelnen Prosastücken, Sie brauchen also nicht das Ganze zu lesen, wenn Sie nicht wollen. Ich habe selten etwas gelesen,

dessen Phantastik zugleich so natürlich gewachsen ist und etwas soe Ueberzeugendes hat, bei ganz einfachen, ungesuchten sprachlichen Mitteln. Es würde mich sehr interessieren, dann von Ihnen zu hören, was Sie von dem Buche halten.

Im übrigen haben ich und meine Frau (meine Frau macht diese Bestrahlungskur auch mit) bei dieser Kur Eindrücke, die auch für Sie als Künstler sehr anregend wären. Der dunkle Raum wird von allen möglichen Strahlen durchzischt und im dem Halbdunkel brodeln halbnackte Menschenleiber herum, dass man sich in einem Inferno glaubt. Die groteskesten Bäuche und Buckel, Krümmungen und Höhlungen des menschlichen Leibes werden dabei enthüllt, sodass man froh ist, zu den ganz leichten Fällen zu gehören.

Ihr »Ali, der Schimmelhengst« ist ja, wie Sie schrieben, nun glücklich bei einem Verleger untergebracht. Wann erscheint er? Selbstverständlich werde ich stets mich als Käufer auf jede neue Kubin-Veröffentlichung stürzen, wenn ich es auch als Verleger nicht mehr so wie früher kann. Uebrigens interessiert sich auch Fräulein Schlier ausserordentlich für Ihre Zeichnungen, für die sie ein sehr ursprüngliches Verständnis hat.

Mit nächster Woche werden wir zu unserer diesjährigen Sommerfrische nach Obsteig im Oberinntal aufbrechen. Das kleine Dörfchen liegt auf dem Mieminger Plateau, nicht weit vom Fernpass, und an Klöstern, Burgruinen, Schluchten, Felszacken, Lärchen, Almwiesen und alten Gasthäusern fehlt es da nicht. Auch Sie werden ja wohl Zwickledt für einige Zeit verlassen, um einen Kulissenwechsel zu vollziehen. Habe ich Ihnen schon erzählt, dass wir den bisher so gut wie unbekannten »Sommer«[6] von Bruegel in einem amerikanischen Museum für die Piper-Drucke aufnehmen liessen? Das wird wieder ein Bild für Sie! Auch sonst kommt allerlei Schönes, unter anderem die Ruhe auf der Flucht von Baldung aus der Wiener Akademie und ein Männerbildnis[7] von ihm aus London, auch eine neuentdeckte, phantastisch-romantische Landschaft von Seghers aus London. Hoffentlich ist es Ihnen und Ihrer Gattin erträglich gegangen, hoffentlich sogar mehr als erträglich.

Mit besten Grüssen an Sie beide, auch von meiner Frau

Ihr

R Piper

218 Alfred Kubin

Zwickledt Wernstein
8/7 29

Lieber Herr Piper –
meine besten Wünsche zur Bestrahlungs-Kur für Sie und Ihre liebe Frau – – man hört ja so viel über den Zauberer Zeileis[1] – das Buch Chorónoz sah ich bei Dr. Laudenheimer liegen der es vom Verleger C. Wolff einmal erhielt – Wenn Sie es mir bei Gelegenheit ein mal schicken, werde ich gerne darinnen lesen und Ihnen meine Ansicht mitteilen.

– Zur Zeit bin ich allerdings am Abend mit der Lektüre Strindberg'scher Werke beschäftigt – ich habe – auf Empfehlung nämlich dessen kleinen Roman »Tschandala«[2] eben gelesen der mir einen großartigen Eindruck machte. Wie fabelhaft wären dazu z. Bsp. Illustrationen zu machen. Aber diese Dinge welche einem so nahestehen erhält man eben nur in den allerseltensten Fällen zur Bearbeitung – und gar in einer Zeit wie heute da man um jeden einigermaaßen passenden Illustrationsauftrag noch froh sein muss.

– Mit Ali, dem Schimmelhengst, steht es leider doch nicht so günstig – Gurlitt wollte das Werk verlegen aber mich erst aus den Einnahmen daraus honorieren – – Er hat allerhand Verlagsschwierigkeiten und so wird es wohl nichts werden damit – und Ali muss warten bis eine bessere Gelegenheit sich bietet –

Ich kann mir wohl denken, dass Frl. Schlier von meinen Arbeiten sich angesprochen fühlt. Sie scheinen ja einen sehr schönen Ort als Sommerfrische gefunden zu haben, hoffentlich bringen sie das Rheuma aber auch ganz los – mein Arm hat sich dies Jahr ziemlich heraus-gehalten aber meine arme Frau hat mit Rheumatismus seit April rechte Qualen gehabt zur Zeit macht sie eine Ruhe-Luft- und Sonnenkur[3] in Madonna di Campiglio[4] – wenn sie das Leiden doch loswürde – Was Sie von Piperdrucken mitteilen ist ja direkt aufregend!!! Bruegels »Sommer« und eine Landschaft von Seghers das macht gespannt –

– Mein Schaffen geht gelassen weiter – dass Sie den Ali bis zum Herbst nicht sich kaufen können tut mir noch weher als Ihnen – aber er kommt doch. Stilzel der Kobold des Böhmerwaldes 11 Lithos – und im Sept. wird Verleger Stauda einen Prosepekt versenden wozu ich ihm auch Ihre Adresse geben werde – das ist auch etwas für Sie lieber Freund und das Werk wird in Subskription sehr billig zunächst –

Nun leben Sie wohl und alle guten Grüße
von Haus zu Haus Immer Ihr
getreuer AKubin

und hoffentlich bleiben Sie jetzt nicht nur Freund Anerkenner und Käufer sondern /werden/ auch wieder einmal Verleger – . – Ich lege Ihnen eine Besprechung von E. v. S. (vermutlich Eckart von Sydow[5]) bei die ein gutes Urteil über die Bibelblätter enthält – und eine kl. Zeichnung[6]. –

219 Reinhard Piper

München, den 12. Juli 29

Lieber Herr Kubin,
Ich freue mich immer ganz besonders, wenn ich auf der Adresse eines Briefes Ihre Handschrift sehe.

Auf den Kobold des Böhmerwaldes bin ich sehr begierig und werde das Werk natürlich sofort subskribieren. Natürlich werde ich mich auch sehr freuen, auch einmal wieder Ihr Verleger zu sein, aber einstweilen scheitert aller guter Wille an der absoluten Unlust des Buchhändlers und des Publikums.

Die Ausstellung der Bibel-Blätter in Berlin[1] brachte z. B. nicht eine einzige Bestellung oder auch nur Anfrage.

Als Drucksache schicke ich Ihnen das Buch von Fräulein Schlier und würde mich sehr freuen, wenn Sie sich etwas damit beschäftigen könnten. Da das Buch in viele einzelne Abschnitte zerfällt, die selbständig sind, brauchen Sie durchaus nicht das Ganze zu lesen. Man könnte ohnehin nicht viel hintereinander lesen, sondern muss das Einzelne auf sich wirken lassen.

Es wäre nun sehr nett von Ihnen, wenn Sie mir dann später einmal über das Buch ein paar Zeilen schreiben würden. Wenn Ihre Aeusserung nicht geradezu ablehnend ausfällt, was ich aber für ausgeschlossen halte, würde ich Ihre Aeusserung dann der Künstlerin mitteilen, der sie sicher eine grosse Ermunterung wäre.

Mit Strindberg habe ich mich schon lange nicht mehr befasst. In früheren Zeiten war ich allerdings ein ungeheuer begeisterter Leser Strindbergs. Schon als Buchhandlungsgehilfe wollte ich nach Stockholm fahren und sei es auch nur, um Strindberg einmal irgendwo auf der Strasse oder in einem Kaffee zu sehen. Eine meiner allerersten Verlagswerke war ja eine Strindbergstudie[2] von Esswein.

Dass Ihre Gattin so sehr von Rheumatismus geplagt ist, tut mir herzlich leid. Mir hat ein sogenanntes A B C – Pflaster, oder Brauns Kapsinap, auf die Stelle gelegt, sehr gute Dienste getan. Diese Pflaster gibt es sicher auch in Passauer Apotheken. Sehr gut ist auch eine Einreibung mit der Salbe Rheumasan und dann eine ganz dicke Lage /<Szital>/ Watte darauf gebunden. Natürlich sind das alles Dinge, die die Neigung zum Rheumatismus nicht endgültig aus dem Leib herausbringen, aber sie sind ausserordentlich lindernd.

Sie haben Ihrem Briefe wieder eine reizende Zeichnung[3] beigelegt, die mir eine sehr grosse Freude gemacht hat und für die ich Ihnen schönstens danke. Ganz besonders freuen mich aber kleine Zeichnungen auf dem Briefbogen selbst. Diese sind ja noch intimer mit der Korrespondenz verbunden als beigelegte Blätter. Es soll dies nur ein keiner Wink sein, beileibe Sie nicht in irgend einer Form belasten.

Heute schicke ich Ihnen in einer Rolle den Bauer von van Gogh[4], der Ihnen in seiner monumentalen Frontansicht gewiss einen starken Eindruck machen wird.

Für heute mit besten Grüssen und Wünschen Ihr

R Piper

220 Alfred Kubin[1]

2. August
1929 –

Lieber Herr Piper das waren schwüle Tage und nun da eine nasse Periode bei uns einzusetzen scheint ist die hochsommerliche Zeit wohl bald herum, und auf ein mal entdeckt man die erste Herbszeitlose – – so flüchtig ist alles hinieden und dieser gegenwartige Sommer scheint mir wie vollig substanzlos –

Für den schönen van Gogh'schen Bauern im Piperdruck danke ich von Herzem – danke aber auch für die Vermittlung des Buches Choronoz – von Frl. Schlier – Ein merkwürdiges Buch durch und durch erfüllt – von einem traumhaft-dichterischem Chaos – hinter welchem man als ordnende Hand den Persönlichkeitsgrund der Dichterin dunkel fühlt – dennoch überwiegt das Irrationale für mich. Ja schön wäre es wenn man noch die älteren Zeiten hätte und es nicht so außichtslos wäre eine ähnliche – freilich engste Zusammenstellung mit Kubinschen Zeichnungen zu machen – bei manchen Stücken juckte es mir in den zeichnerischen Fingern wie sie sich denken können. – Literarisch liebe ich solche Dinge die tief eingefühlt – und glänzend zu Worten gebracht immer – freilich <u>noch</u> muss <man> sich derartige Funde aus dem submarinen Continent unseres Bewusstseins – einem größeren nachprüfbaren Dichtenden System unterwerfen. –

Uns persönlich gehts leidlich – – durchschnittlich – Ich bin teils mit kleineren Aufträgen dann mit Versuchen immer beschäftigt und bis in 4 Wochen hoffe ich dann auch eine Erholungsspanne einzuschalten –

– Ich habe nun eine Chanze jenen grandiosen – (auch in die Sphäre des Traumhaften spielenden) kurzen Roman Tschandala[2] von A. Strindberg mit einer Anzahl Bilder für einen Verlag zu bearbeiten – das wäre ein gutes Geschick denn ich möchte ja gerne con amore wieder einmal mich recht »austoben« können mit meiner Feder – – Ich habe durch allerhand Versuche da wieder manches gelernt – nun will ich's anwenden – Freilich Kunstwerte sind ja meist fiktive – aber gerade <u>deshalb</u>, so leidenschaftlich vertreten. So leben wir also dahin – und gegenüber im irgendwo hockt das Knochengespenst und klopft unerbittlich die Stunden ab. –

<u>Dennoch</u> – ist's weit, weit mir lieber als der Schlendrian des dahinlebens in der dunstigen Jugendatmosphäre – Nun grüße ich

Sie und Frau Gertrud von Herzen –

Stets Ihr alter

AKubin

PS. Josef Schanderl[3] schrieb dass er nächstens für einige Tage nach Wernstein kommt – auch ein kl. Auftrag für ein paar Zeichnungen für sein neues Buch lägen in seinem Sinn – es soll bei Ihnen erscheinen –

221 Alfred Kubin[1]

Zwickledt Ob Öst 13/X 1929

Lieber Herr Piper
Schönste Grüße Ihres Kubin zuvor den Sie hier nebenan zwischen Nietzsche und Schopenhauer sehen – vermutlich in argen Skrupeln! – und der sich für den 25 jahrigen Jubiläumsalmanach[2] bedankt!! – – Nein im Ernst ein hübsches Jubeljahrbuch und reichhaltig, und was die schöne Literatur betrifft sehe ich beim Durchblättern gerade dass Sie den Dichter Maurois vertreten haben wobei ich jetzt und hier schon bitte mich zu Weihnacht mit dem einen oder anderen dieser Romane zu bedenken. Ich las von Maurois nämlich eine sehr anregende Lebensgeschichte Shelleys[3] und fürchte nur, dass das Anregende vielleicht mehr an den interessanten Umstanden des Lords am ende lag – und dass das Verdienst des Franzosen doch nicht so ganz groß ist –

Ich arbeite seit meinem Urlaub den ich in einem Taunusort[4] (Menschenmassen, weiche Luft gute Fernbilder die Nähe verkünstelt) zubrachte an einem ganz tollen Werk: ein mir bislang unbekannter kleiner Roman Strindbergs »Tschandala« ist derart mir auf den Leib geschrieben was das Milieu, die Gestalten und die nervöse Belastung betrifft, dass ich das mir von einem Maler empfohlene Buch – Flörke[5] darauf hin anzusehen bat – er – obschon gewöhnlich zur Zeit nicht aufnahmefreudig gestimmt, es übernehmen wird mit meinen Bildern – also auch wieder einmal ein Werk con amore zu schaffen – und nicht, weil man Brot und Schmalz braucht – übrigens bei dieser Gelegenheit und phonetisch komme ich von Tschandala auf Schanderl der hier 4 Tage – d.h. Abende bei uns war – und – dieser echte Hidalgo ist ein uralter Freund vom Jahre 1898 noch – von mir wir sehen uns durchschnittlich alle 10 Jahre einmal – Josef Schanderl sagte dass Sie und Herr Freund Wert darauf legen Ein Groteskenbuch seiner Feder mit Bildern von mir zu bringen.

Wenn dies stimmt o'. R.P. erbitte ich die Bestellung bald und auf lange Zeit damit ich nicht gehetzt mich zu fühlen brauche – –

Geradezu aufregend ist die Federminiatur[6] nach S. 96 – und ungewöhnlich fesselnd was Worringer dazu schreibt – die ausgehende Antike scheint doch die vollkommenste Epoche der historischen Menschheit was die Kunst anbetrifft gewesen zu sein – nicht nur aus dieser vereinzelten Anregung – sondern an den wundervollen Resten der Malereien erkennt man das – damals gab's auch noch die echten Maecene (heute weiß niemand mehr was das ist –

Ich ärgre mich also so wenig als es eben noch möglich ist über meine Epoche und stecke den Kopf nicht in den Sand wie der Strauß sondern in meine Tschandalazeichnungen welchen ich das Gegenwartsglück meiner Tage jetzt verdanke – es geht (leider oder zum Glück?) immer esoterischer mit meinem Produzieren dabei zu – Ein echtes Bolschewikenkind – aus Moskau eben importiert das ich vor etlichen Tagen traf /9 Jahre alt/ – weit reifer als ich ein pikantes Mädchen, dafür habe ich keine Bauchtuberkulose wie es. – die Kleine sagte zu ihrem Onkel – man sehe es mir an ich sei nur ein Burschui[7] während sie eine Proletarierin ist – außerdem wäre ich nackt auf dem Kopf – – und ich konnte nichts erwidern als dass Väterchen Lenin auch »nackt auf dem Kopf« war – nun aber Schluss für heute –

alles Gute von Haus zu Haus
stets Ihr alter
Kubin –

Meine Bibeloriginale will ich jetzt öfters austellen[8] – Museen interessieren sich dafür, aber anbeißen wird wohl keines fürchte ich –

Bitt schön! reservieren Sie mir doch einen Band: unbekannter Dostojewski[9] –

222 Alfred Kubin[1]

Der Ameisengott.

Lieber Herr Piper

21/X 1929
Zwickledt

Besprechungen vom Verlage habe ich nicht mehr erhalten – ausgenommen 1 (in Maschinenschrift) aus der christlichen Kunst[2] welche aber meine Auffassung eher zu knapp und tadelnswert dadurch empfand – – für den unbekannten Dostojewski Danke ich von Herzen der Band traf heute ein

– Auch – seinerzeit! – einen Band über Byron von Maurois[3] zu lesen wird mich sehr spannen – sicherlich! aber »das Schweigen des Oberst Bramble[4] und die Gespräche des Dr O'Grady[5] bitte lieber Freund verehren Sie mir nicht – aus einem rein äußerlichen Grunde: ich mag aus der ganzen »Weltkriegsphäre« nichts lesen – weder Ernstes noch Heiteres, weder Hervorragendes noch Kitsch – Ich merze die Erinnerung an diese Jahre soweit es mir möglich, fast systematisch aus –

– so ein hysterisches altes Weib bin ich geworden.

– über – Schanderls Optimismus in Bezug auf seine Grotesken ihren Druck war ich selbst etwas skeptisch und muss nun nachträglich lächeln – Ich bin zur Zeit gänzlich meinen Tschandala bildern verfallen – – und nachher möchte ich größere Einzelblätter machen – mir schwebt Einiges vor – fast lästig sich aufdrängende Gesichte – die Epoche aber ist unter allem Hund – in alter Zeit hätte man noch Klosterbruder werden können – nun ist uns auch dies verwehrt – – Wenn Sie mir anstelle der Maurois – W Huecks Philosophie[6] Polarität und Rhythmus – geben – der Leitgedanke den Sie mir einmal mitteilten ist sicher nachdenkenswert, wäre ich dankbar – Stets Ihr

alter Kubin –

Meine Bibeloriginale, die kolorierten zeigt jetzt das Folkwangmuseum in seiner Ausstellung[7]: der neue evangelische Kirchenbau –

223 Alfred Kubin[1]

Zwickledt 5.I 1930
Ob. Öst

Lieber Herr Piper, Sie dachten zur Weihnacht wieder meiner und ich danke Ihnen von Herzen – Ja was kann man sich fürs 30.ger Jahr wünschen – ich bin ganz unterminiert vom Bewusstsein dieser abgrundtiefen und doch grundlosen Schwebewelt erfüllt als, dass mir jede Phrase nicht widerlich wäre – man tut mit streckt sich, dehnt sich, häutet sich und weiß nicht mal wanns anfing wanns aus ist –

Ich habe wieder etwas, eine Kleinigkeit von erlebten Knabenstreichen, etliche heiter geschrieben und schick's morgen an Dr. Behrend vom Feuilleton der M.N.N. – wo man mich lange schon drum bat, ich machte wieder etliche Zeichnungen dazu z.Bsp. siehe hier nebenan zu meinem ersten Rausch[2], na Sie werden es ja lesen zumal ich es doch auch in Ihr Korrespondenzburreau geben will – dessen nächste Abrechnung mich erfreuen soll –

Ich war bisher auch mit Aufträgen beschäftigt – illustrierte ein paar – leider etwas pseudodämonische Dichtwerke[3] wo ich doch durch die echten Dämonen etwas verwöhnt bin darf man sagen. item das <gehört> in diese schöne Epoche – Aber auch etwas angenehmeres traf mich – einen Band Edgar Allan Poe zu illustrieren – denken Sie nur denselben Stoff bearbeitete ich vor 20 und 12 Jahren[4] schon einmal – die

Grundvisionen von damals so stark dass ich Sie auch jetzt noch beibehalten musste – nur die Zeichenweise ist anders – der traumhafte Ausdruck wich inzwischen einer nach<schürend> <...> Vertiefung – Tusche Werkzeug Papier, einstens klar Mittel zum Zweck sind mir – seit Jahren fast kultlich heilige Objekte – Doch wie ein Fluch lasten diese öden Widerstände des Materiell-finanziellen auf mir

– Mein Ali, der Schimmelhengst und meine Zigeunerkarten[5] harren noch des Verlegerstalles –

Ich mag nicht querulieren und mich ärgern und schließe in alter Herzlichkeit mit allen guten Wünschen von Zwickledt zu Ihnen

AKubin

224 Reinhard Piper

München, den 21. III. 30.

Lieber Herr Kubin,

Sie haben sich ja für das Schaffen Barlachs immer sehr interessiert und auch für meine eigenen schriftstellerischen Versuche haben Sie immer wohlwollende Teilnahme bezeugt. Ich nehme also an, dass Sie es nicht als Belästigung empfinden, wenn ich Ihnen hier meinen »Besuch bei Barlach«[1] schicke. Ich habe ihn nur für mich geschrieben, an eine Veröffentlichung denke ich nicht. Dies wäre auch gar nicht im Sinne Barlachs. Aber ich habe mir gedacht, dass ich vielleicht später einmal meine Lebenserinnerungen[2] schreibe und mich dann vielleicht vergeblich bemühe, über die mit Barlach gemeinsam verbrachten Tage noch etwas aus meinem Gedächtnis heraufzubeschwören. Deshalb habe ich aus flüchtigen Notizen dieses Zusammensein jetzt rekonstruiert.

So ist eine Art Gegenstück zu dem »Besuch bei Kubin« entstanden.

Allerdings muss ich Sie freundlichst bitten, mir das Manuskript nach Lektüre wieder zuzusenden. Aber ich erleichtere Ihnen das dadurch, dass ich hier gleich ein passendes Kuvert beifüge.

Wie geht es Ihnen immer? Ihre Ausstellung in Köln[3] hat ja, wie ich höre, grossen Eindruck gemacht.

Mit meiner Frau plane ich auch für diesen Sommer wieder einmal eine gemeinsame Fahrt nach Wien. Aber meine Frau hält eine Fahrt nach Baden bei Zürich, wo wir unseren Rheumatismus los werden könnten, für sehr viel nützlicher. Also wird vielleicht das Nützliche siegen.

Mein Aeltester, Klaus, ist nun glücklich mit dem Abitur durch und ich habe das Gefühl: es ist erst acht Tage her, dass ich ihn in der ersten

Klasse der Volksschule anmeldete, wo er naiverweise das ganze erste Jahr hindurch seine Lehrerin duzte. /Er wird Verleger./

Nun ist Ulrikchen im ersten Schuljahr. Wir gehen immer morgens zusammen bis zum Elisabethplatz, wo sich unsere Wege trennen und unterwegs vertraut sie mir alle ihre Phantasien und ihre Ansichten von Welt und Leben an.

Im Verlag gibts neue Piper-Drucke, darunter den Sommer von Bruegel[4]. Mein Gedächtnis ist hundsmiserabel, deshalb weiss ich im Augenblick nicht, ob ich Ihnen nicht etwa schon einen Probedruck davon geschickt habe. Wenn nicht, so bekommen Sie jetzt einen Auflagendruck.

Für wen hätte denn wohl auch Bruegel vor vierhundert Jahren seine Bilder gemalt, wenn nicht für Meister Kubin in der Zwickl-Oed[5]!

Für heute mit vielen herzlichen Grüssen auch an die verehrte Gattin

Ihr

Reinhard Piper

225 Alfred Kubin[1]

Zwickledt O Ö

24.3.30

Lieber Herr Piper Wir haben hier beide mit großem Wohlgefallen Ihren Barlachbesuch gelesen. Haben Sie herzlichst Dank für dessen Zusendung und ich retourniere anbei! –

– Mir geht es gemischt aber im Ganzen nicht schlecht, nur muss ich mich eben in die Tatsache hineinfinden dass meine Schaffensspannkräfte nicht mehr so dauerhaft sind wie ehedem – nach etlichen Stunden senkt sich unweigerlich eine sanfte aber unabweisbare Müdigkeit über den Organismus und erst nach langerer Pause kommt nochmals eine Portion Elastizität. Ich habe eben in alten Jahren meine Nerven nie geschont nun muss ich mich hineinfinden wie diese langsam ihre Rechte einfordern – Ich habe dennoch die größte Freude an den nun gemessener entstehenden Werken. Gerade weil man weiß, dass es aufhört einmal und den Gefühlsbeweis davon in den Knochen sitzen hat geht man mit den Tagen wie mit größten Kostbarkeiten um – dennoch aber schwinden diese dahin gleich Butter an der Sonne. Beruflich fand ich den nötigen Erfolg um hier fürs erste wieder ruhiger sitzen zu können – und für meine Scheu ist dieses buen retiro relativ ja Existenznotwendigkeit –

Ich bin der Ahasver!
auch verlorene Kriege – alles schon dagewesen –

In Köln war die große Kubinschau gewiss von mich selbst überraschendem Erfolg – (auch finanziell) begleitet – Ich brauchte es ja – und <...> deshalb doppelt weil ich auf andere Weise insoweit wieder zu kurz kam als ich einen prachtvollen Strindbergroman »Tschandala« mit 33 Bildern illustrierte und – Flörke[2] konnte nicht absolut zusagen sondern nur versprechen dass er es bei der Produktionskommission im G. Müller Vg. soweit er es eben kann, vertreten würde, was er auch tat. Nur kam es in der Calkulation doch zu teuer – nun sitz ich da mit den Zeichnungen aber Emil Schering[3] der Übersetzer roch von irgendwoher von meiner Arbeit und dieser bemüht sich jetzt den illustrierten Band sonstirgendwo unterzubringen. Jedenfalls ist's ein Hauptoeuvre von mir. Ja die Zeit ist nicht nur nett – Zwar geizt Sie weniger mit Ehren als mit Geld. So traf mich die Ernennung zum Mitglied der preuss. Akademie[4] dann zum correspondierenden der Gesellschaft für Kunst u. Wissenschaft der Tschechoslowakischen Republik[5], und der österr. Staatspreis[6] (an welchen ein kleiner Betrag angehängt ist) symphatisch, zeigt mir aber verbindlichst auch wieweit der Zeiger meiner Lebensuhr schon vorgerückt, denn vor Kurzem (etwa 20 Jahren) galt ich doch noch für das wilde Biest! nun also aber klassisch. Ich erinnere Sie an die Zusage mir den Breughel »Sommer« und dann noch einen H. Segherpiperdruck, ich glaube nach einem Bilde in Amerika, gelegentlich zu stiften – Ich war vor kurzem 24 St. lange in München um in kleinstem Kreis den 60. jahr Geburtstag unseres Äskulapen und lieben Freundes Dr. Laudenheimer zu feiern – andren Tag's Vormittag war zu einem kleinen Stadtbummel gerade noch Zeit, fand ich bei Stobbe – neben dem schonen Delacroix, Cezanne, Ganymed, Beckmannbände auch leider unseren Doppelgänger und Jean Paulband zu so elenden Ramschpreisen dass mir das Herz bis in den Hosenboden fiel. Falls Herr Freund vielleicht darüber nachdenkend Sie einmal fragen sollte ob und wie er das kleine Aquarell das ich ihm auf seinen Wunsch gleich hinter Ihrem Eintrag in sein Stammbuch malte, entgelten könnte so flüstern Sie ihm vielleicht ein dass ich für ein paar von diesen herabgesetzten Kubinbüchern schon empfänglich wäre. –

Na – vielleicht kommen auch wieder einmal leidliche Zeiten – bevor wir <Sonnenstäubchen> wurden – und Sie können wieder richtig verlegen, wie sich's gehört – dann sollten Sie das ganz kleine Heftchen mit den 32 Kartenzeichnungen »Zirkus des Lebens«[7] sich nicht entgehen lassen. Es ist übersichtlich nett und billigst herzustellen und beim arbeiten daran habe ich so oft an Sie gedacht –

nun aber schließe ich und schließe dabei auch die ganze Familie R. Piper in unseren herzlichsten Gruß (meine Frau tut mit) ein.

– besonders grüßt Sie den Erhalter
Vater und Gatten und Verleger
aber besonders sein
alter
Kubin

Falls Sie wirklich anstatt Baden bei Zürich den Zeileis (im Original soll er besser zaubern) in Gallspach aufsuchten so bitte zählen wir auf eine Fahrtunterbrechung in Zwickledt – nach Anmeldung –

226 Reinhard Piper

München, den 27. III. 30.

Lieber Herr Kubin,
schönen Dank für Ihren lieben, vignettenverzierten Brief. Es freut mich, dass mein Barlach-Bericht Ihnen und Ihrer Frau etwas Unterhaltung gewährt hat.

Ich lasse Ihnen heute gern je drei Exemplare des Doppelgängers und der Neujahrsnacht zugehen. Ebenso den Sommer von Bruegel.

Sie haben ganz recht, es ist traurig, dass diese schönen Bücher jetzt so billig abgegeben werden müssen. Man muss sich damit trösten, dass die Bücher wenigstens auf diese Weise überhaupt unter die Leute kommen und dass viele Menschen, die sich den Doppelgänger nicht für 15.- Mk. kaufen können, sich ihn vielleicht für 5 Mk.- zulegen. Und die Leute, die nicht viel Geld haben, sind ja oft diejenigen, die ein Buch geistig am intensivsten aufnehmen. Der Idealfall, dass ein Buch bis zum letzten Exemplar zu Ladenpreis ausverkauft wird, kann eben nicht immer eintreten.

Allerdings schwimmen jetzt gar zu grosse Vorräte herabgesetzter illustrierter Werke auf dem Büchermarkt herum und an eine Neuproduktion in nennenswertem Umfang kann man eben doch erst wieder herangehen, wenn diese Massen einigermassen aufgesogen und vom Markt verschwunden sind. Das ist für Künstler und Verleger gleich schmerzlich.

Uebrigens habe ich kürzlich einmal alle Ihre Briefe an mich geordnet, wie vorher die 100 Barlach-Briefe[1], und mich der vielen reizenden Vignetten erfreut. Der älteste Brief stammt von 1906[2] und damals erbat ich mir von Ihnen einige Zeichnungen zur Reproduktion in der Broschüre von Stadelmann über Psychopathologie in der Kunst. Ich habe meine Korrespondenz gesiebt, damit das wirklich Wertvolle erhalten bleibt und nicht einmal ein Erbe hergeht, der alles zusammen unbesehen in den Ofen steckt. So kommt man, ehe man es versieht, zu Rückblicken, nachdem man so lange vorausgeblickt hat. Sie haben recht, man muss jeden Tag als Kostbarkeit behandeln. Aber uns armen Verlegern werden die Tage /durch 100 Nichtigkeiten/ entwunden und eine Woche ist herum, man weiss nicht wie.

Wenn Sie das nächstemal nach München kommen, so müssen Sie sich aber endlich einmal wieder einen Abend für uns frei halten. In dieser Beziehung haben Sie uns seit Jahren recht stiefmütterlich behandelt. Im Verlag hat man zu einem ergiebigen Gedankenaustausch doch keine rechte Ruhe. Machen Sie uns also dies Geschenk.

Für heute mit besten Grüssen

Ihr

R. Piper

227 Alfred Kubin[1]

Zwickledt 5.4.30

Lieber Herr Piper –
Es war ein sehr feierlicher Augenblick als ich die Rolle mit dem herrlichsten Breugelbild erhielt – Ja das ist wirklich heisser »Sommer« und man kann in diesem wunderbaren Land, welches mich so üppig anmutet wie das Märchenkönigreich darin der gestiefelte Kater lebt – mit den Augen genug spazieren gehen. Und was da die behagliche Rast der Arbeitenden alles für uns auslöst ist gar nicht zu beschreiben! –

Haben Sie herzlichst und vielmals Dank für diesen neuen Piperdruck – und wenn ich wieder einmal nach München komme reserviere ich mir ganz sicher einen Abend[2] bei Ihnen /Es ist bei meiner Scheu vor dem sichtbarwerden nur nicht gesagt wann die Münchenfahrt kommt –/ – Bei mir hat sich nicht viel geändert – der Garten gewinnt langsam an Wichtigkeit für den Tag – Ich bin mitten in Versuchen – und bemühe mich Neues sichtbar zu machen was noch niemand gesehen hat – Im Nov. will ich dann bei Franke Graf. Kabinett[3] <...> das zeigen – von dem ich heute noch nicht weiß was es taugt manchmal ist meine Stimmung neuerlich recht verstiegen und ich kann mich dann selbst ziemlich schwer nur geistig orientieren. –

Für Strindberg-Kubin Illustrationsband – Tschandala bestehen aber neue Hoffnungen – E. Schering ist von meiner Arbeit sehr enthusiasmiert und bemüht sich! –

Seitdem in meinem nahen Bekannten- und Freundeskreis nun hintereinander durch den Tod drei unersetzliche Lücken[4] gerissen wurden mache ich mir, auch über die eigne Zukunft keinerlei Illusionen. Ein perspektivischer Weltscherz ist's! Solange man das Opium der freien Tätigkeit hat, mag es ja angehen.

– Klaus Piper wird mit seinen Verlagsplänen[5] ja sicher wieder in bessere zeiten kommen. Mir tat es sehr leid dass ich im Januar in Frkfurt Beckmann, den ich aufsuchen wollte nicht antraf[6] – er war in Paris –. Haben Sie je einmal von dem Dichter Eduard Reinacher[7] gehört? Ich lernte eben eine Art Totentanz: die Hochzeit des Todes (Deutsche Verlagsanstalt Stuttgart) von ihm kennen – sein Schwager[8], Beide sind mit dem Kunsthändler Schaller in Stuttgart durch Schwiegersohnschaft verwandt, kennen – Reinacher ist Elsässer und ein, mich sehr durch die Bildkraft seiner Dichtungen, voll unmäßigen Reichtums sehr anregender Dichter. Es gibt ja sowenige die wirklich etwas auszusagen haben – – /auch Ihnen müsste E.R. recht liegen/

Alles Gute von Haus zu Haus – stets
bleibe ich Ihr getreuer Kubin

für die Dostojewskibände und wunderbaren Neujahrsnächte[9] meinen schönsten Dank! –

228 Alfred Kubin

April 1930 *[hs Datierung RPs]*

Lieber Herr Piper – hier anbei sende ich Ihnen den Text und die 5 Illustrationen im Original zu der kurzen Geschichte: mein erster Rausch[1] – die Geschichte erschien in der Osterbeilage der M.N.N. erstmals. – Ich bitte nur dass die 5 Zeichnungen nicht verloren gehen denn spaterhin einmal möchte ich doch alle meine kleinen biographischen etc. Erzählungen und Aufsätze in einem Bande vereinigen, mitsamt den Zeichnungen

– /Bei uns/ Sonst verströmte der April und nun schon beinahe der ganze Mai vorwiegend und ziemlich nasskalt – ich fand beruflich leider manche Enttäuschung – (Verzögerungen im Erscheinen von Werken und bei Aufträgen sind noch die mildesten davon) – Nur mit den Jahren – die sich als leichte Abspannung bemerkbar machen – trage ich diese Ärgerlichkeiten fast leichter wie früher. Freilich die ganze Epoche geht mir wider den Strich –

Dabei im Einzelnen, besonders moralisch – Erfolge – vor etlichen Tagen war ein Brasilianer[2] bei uns – den ich meinen einzigen »legitimen« Schüler nennen möchte – durch einige Arbeiten von mir die er in Rio de Janeiro sah war er der Suggestion meines Werkes ziemlich unterworfen – stofflich aber bringt er in seine Arbeiten die Tropen, die Abenteuer der großen Hafenstadt erstaunlich und etwas gespenstisch zur Geltung – gerne gab ich ihm die erbetenen Empfehlungen nach Berlin, denn er ist ja kein Marchenbrasilianer der für Geld und Brillanten echte Kubins eintauschen kann – Ich ward vor kurzem von unserem Hausvogt[3] auf eine Jagdhütte in den Salzburgerbergen mitgenommen – Zwar stand ich nicht wie die Jäger um 1/2 2 Uhr schon auf sondern trieb mich skizzierend den Tag über in den Revieren herum und fand für einige Blätter gute Vorwürfe – so hoffe ich im November in München eine nette Ausstellung zusammen zu bringen

Meinen Freund den Dichter Carossa[4] werde ich bitten diese mit einigen Worten dann zu eröffnen. –

Hoffentlich geht es Ihnen und den Ihrigen wünschenswert –

– was werden Sie im Urlaub dies Jahr wohl unternehmen – denken Sie noch manchmal an Peking

– Ich ziehe meinen Radius immer kürzer – vor 4 Wochen sah ich mir aber Gallspach mit dem Zeileisinstitut an – eine Mischung zwischen Lourdes und Klondyke und ich wurde zu einem Blatt[5] mit Kranken angeregt – fühlten Sie Besserung nach den Bestrahlungen? Meine Frau muss diesmal auch <…> <…> Zustände sich erholen, vielleicht <beenden>, wir wissen noch nichts sichers, was geschehen wird

Nun seien Sie herzlichst gegrüsst und bitte schreiben Sie mir noch einmal!

Immer Ihr

alter Kubin

Ich verlor durch Tod einige liebe Freunde darunter den sehr begabten osterr Maler Pf. Anton Faistauer[6] – bin sehr betrubt deshalb

229 Reinhard Piper

München, den 30. V. 30.

Lieber Herr Kubin,
schönen Dank für Uebersendung Ihrer Geschichte »Mein erster Rausch«, mit den dazugehörigen Originalzeichnungen. Beides wird von unserer Literarischen Korrespondenz mit Vergnügen ausgewertet werden. Hoffentlich erzielen wir recht zahlreiche Abdrucke.

Sie fragen nach unserem Ergehen. Wir stehen vor dem grossen Entschluss (»wir« – das sind in diesem Falle nicht ich und meine Compagnons[1], sondern ich und meine Frau), endlich einmal, und zum erstenmal in unserem Leben, in ein Bad zu gehen. Es ist wirklich höchste Zeit, dass wir unseren Rheumatismus los werden. Wir haben lange zwischen Pystian[2] und Gastein[3] und Baden bei Zürich[4] geschwankt, das letztere hat glücklich den Sieg davongetragen. Nun soll es Ende nächster Woche losgehen.

Also mit Peking[5] wird es zunächst noch nichts werden.

Vorher schicke ich Ihnen aber noch ein unterhaltendes Buch und zwar diesmal sogar etwas Politisches, nämlich die Bücher des rumänischen Dichters Panait Istrati[6] über Sowjet-Russland.

Sie haben sich sicher in Ihrer Phantasie wohl schon manchmal vorgestellt, wie es dort eigentlich zugehen mag. Nun können Sie es schwarz auf weiss lesen.

Ich war eben acht Tage zu Hause wegen gründlicher Verschleimung meines gesamten Innenlebens und bin heute zum erstenmal wieder im Verlag. Infolge dieser Verschleimung war es nicht einmal besonders nett, einmal eine Woche zu hause bleiben zu »dürfen«. Ich habe aber doch einiges zu Papier gebracht, besonders Kindheitserinnerungen, und da Sie für solche Dinge etwas übrig haben, werde ich sie Ihnen schicken, sobald sie sauber in die Maschine diktiert sind.

Der Tod Faistauers hat auch mich bewegt. Allmählich wird die Zahl derjenigen immer grösser, die links und rechts für immer vom Wege abbiegen.

Während meiner Krankheit besuchte mich Herr Kokolsky, der ja auch bei Ihnen war[7] und sich wirklich mit grosser Hingebung für Ihre Kunst interessiert, und wie ich glaube, auch manches darüber zu sagen hat. Eigentlich müssten Sie es gemerkt haben, wie intensiv wir beide uns mit Ihnen zwei Stunden beschäftigt haben.

Auf Ihre nächste Münchner Ausstellung freue ich mich. Das wird einmal wieder ein Festtag. Augenblicklich sind hier in der Graphischen Sammlung die altdeutschen Zeichnungen der Erlanger Universitäts-

Sammlung ausgestellt, ungefähr 300 Blätter und fast alle so gut wie unbekannt. Rührend war es, was der Erlanger Ordinarius[8] für Kunstgeschichte in seinem Vortrag erzählte: als er vor 30 Jahren als Professor nach Erlangen gekommen sei, habe ihm jeder Kunsthistoriker gratuliert, dass er da Gelegenheit habe, die wunderbare, noch ganz unerschlossene, mit kunsthistorischen Problemen gedrängt volle Handzeichnungs-Sammlung zu bearbeiten.

Zugleich aber gab er ganz offen zu, dass er in den 30 Jahren mit der Handzeichnungs-Sammlung nicht das mindeste angefangen hatte und dass vor kurzem /erst/ ein Berliner Professor kommen musste, um in kürzester Zeit einen wissenschaftlichen Katalog[9] der Sammlung zu bearbeiten. Der Mann ist nebenher Altdeutscher und am Schluss kam ein begeisterter Appell an alle Versammelten, sich doch vor allem unserer grossen hehren deutschen Kunst anzunehmen und sich nicht um die verfluchte französische zu kümmern! Und diesen begeisterten Appell stiess ahnungslos derselbe Mann aus, der 30 Jahre lang auf den schönsten altdeutschen Zeichnungen geschlafen hatte.

Es gibt wirklich sonderbare Käuze. Auch Sie hätten Ihre stille Freude an dem Mann gehabt.

Für heute mit den besten Grüssen und Wünschen

Ihr

R. Piper

230 Alfred Kubin[1]

Oberösterreich – 1930
18. Juni.

Lieber Herr Piper

Vielen herzlichen Dank für die 3 Bücher des hochinteressanten Werkes über das Sowjetsystem – von Istrati – dieses fällt nun aber wirklich als aktuell in unsere Tage und wird sicher ein respektabler Verlagserfolg – Ich hoffe dass es Ihnen und den Ihrigen recht gut geht – bei uns geht es wünschenswert – Ich fand, – eine Seltenheit schon fast – wieder einen Illustrationsauftrag der mir Freude macht: Tristan und Isolde[2], (6 Lithographien) leider nicht mehr – und das ist ja triste dieses Knausern – aber noch trister ist's wenn man zu einem Stoffe Arbeiten macht den man – an gute, echte Dichterkost gewöhnt – erbärmlich »pseudodämonisch«, etwa oder »conjunktural« empfindet – Ich lese zur Zeit wenig meine Frau viel – Ich bin mit meinen Spannkräften eben immer bald er-

schöpft. aber manchmal finde ich dann etwas so konzentriertes und erschütternd anregendes – so z. Bsp. eine Sammlung brahmanischer Weisheitssprüche[3] »Anbetung mir« (ein Heftchen bei Vg. Oldenburg Mnchn) die der Indologe und Sanskritist an der Heidelberger Universität Prof. Heinr. Zimmer der mich voriges Jahr besuchte[4], mir mitbrachte – – da grüble ich so über einen Spruch – und halbdämmernd geht darüber der Tag zu Ende. H. Zimmer, der Schwiegersohn Hofmannsthals ist ein fabelhafter Kenner seines Gebietes – für welches ich seit je erregende Teilnahme besass – So hoffe ich auch meinem künstlerischen Ausdruck zu konzentrieren – Essenz zu geben – es scheint mir das wenigstens ein Weg die Jahre innerlich zu ertragen.

Man kommt selten mehr weiter fort – eine kurze Böhmenfahrt im Auto von Freunden[5] – ist schon fast eine Ausnahme

– Gerade eben ist meiner Frau beste Freundin aus Brasilien hier auf Besuch und erzählt uns von der Natur dortselbst Wunderdinge – (sie hat da drüben einen Gutsverwalter einen Baron Freyberg[6] zum Mann – Sie ist übrigens eine Nichte Hindenburgs[7] von dem sie eben kam) und die alte Sehnsucht nach den Tropen erwachte – in platonischem Feuer erstrahlend noch ein mal in mir – aber da mir manche schon sagten wenn sie meine Urwaldlandschaften[8] früherer Jahre sich ansahen – es ist als wäre ich schon da gewesen so lasse ich die Sehnsucht nach solchen Gegenden gerne dahinflattern – Ich und meine Frau wünschen alles Gute zum Kurerfolg!

Stets Ihr ergebener
AKubin

231 Alfred Kubin[1]

Zwickledt
1. Dez. 1930

Vision vom Alter!

Lieber Herr Piper –
Von mir giebt es nicht gar zu viel Besonderes noch zu erzählen, denn Ich habe bei Günther Franke soeben, im Nov. eine recht umfassende Ausstellung gehabt – und da spielt sich eigentlich bei unsereinem mehr das eigentlich Interessante ab – das rein private Erleben ist weniger merk-

würdig – Ich war aber nicht in München – ich bin zu reisescheu, als dass ich meinen Bau verlassen möchte es sei denn – es muss einfach sein – Zudem ist's in der Stadt gar nicht so besonders lockend für mich – Ich hoffe, dass Sie doch von meiner Ausstellung hörten und eine freie Stunde benützten diese sich anzusehen –

Zwickledt steht auf dem alten Fleck – aber vielleicht auch dies nur provisorisch! der Wirbelsturm gestern vor 8 Tagen /am 23/XI um 1/2 8 Uhr morgens bei greller eigentümlich apokalyptischer Beleuchtung –/, der von unserem Dache die Ziegeln in Maassen einfach fegte, große Bäume im Garten hinlegte, in der ganzen Gegend mancherlei Schaden stiftete ist eine leise Erinnerung dass die kosmischen Kräfte falls es so passen würde auch einmal die ganze Gegend so verändern könnten, dass von unserem Behausungen überhaupt nur kümmerliche Reste mehr blieben – Seien wir froh wenn es glimpflich noch abging – ich habe schon Erdbeben miterlebt die weit stärker hausten[2]. – Sonst geht es dem Geleise nach

– ich bin als Hypochonder von Visionen des Alterns mit all seinen unerquicklichen Zuständen recht oft geplagt – Wirtschaftlich fand ich immer noch Leute die erklärten meine Originale seien für sie – Lebensnotwendigkeit. – und so kauften Sie auch – und davon existiere ich dann. – Im Merlin-Verlag Baden-Baden ist eine Mappe Orbis piktus[3] von mir der Ladenpreis 30 MK. (dem Verleger kostet sie aber auch 30 MK – erschienen – Ich kann nichts dafür wenn da viel Geld flöten geht – die Mappe (25 Tafeln) sind wenigstens da. – das Illustrieren freut mich nun halt gar nicht mehr – deshalb bin ich auch froh keine derartigen Aufträge zu haben. Mich wirklich interessierende Texte würden es ja doch nie /mehr/ sein und anderes ist eine Qual. – Wird mir der Weihnachtsmann wohl das Byronbuch[4] aus Ihrem Verlage bringen???? Ich hoffe es und verrate Ihnen diesen Wunsch – Im Herbst verbrachte ich 3 kurze Erholungswochen[5] in Neuern in Böhmen aber die tiefe Lage /(460 m)/ des sonst netten Städtchens am Abhange des Böhmerwaldes hat mein Befinden /nicht wesentlich restauriert – na und so sehen wir halt möglichst gelassen dem Kommenden – es war ja immer Dunkel – entgegen.

Herzlichen Gruß von Haus zu Haus immer Ihr alter

Kubin/

/Ich habe für die M.N.N. (: Einkehr) wieder etwas geschrieben: »die Wanzen der Erde«[6] mit 5 Zeichnungen. Nach Weihnachten erhalten Sie es!/

232 Reinhard Piper

München, den 9.12.30.

Lieber Herr Kubin,
schönen Dank für Ihren reizend illustrierten Brief. Es freut mich immer ganz besonders, unter den vielen notwendigen Geschäftsbriefen von Zeit zu Zeit auch einen überflüssigen Brief zu erhalten. Eigentlich ist das Ueberflüssige zum Leben ja viel notwendiger wie das Notwendige[1]!

Ihre Ausstellung bei Günther Franke haben meine Frau und ich, jeder für sich, mit grosser Vertiefung genossen. Es waren da ganz wunderschöne Blätter zu sehen und es tatmir leid genug, dass ich nicht wie früher noch selber in den Geldbeutel greifen konnte, um meine Kubin-Sammlung zu vergrössern. Wenn man doch drauflos reproduzieren könnte! Sehr schön, dass sich der Kunstwart Ihrer Kunst wieder angenommen hat. Die Ansprache von Carossa[2] sagt prachtvolle tiefaufklärende Sachen über Sie. Schade, dass Sie selbst nicht herkamen. Wir hätten Sie so gern wieder einmal bei uns gesehen.

In der Kunst für Alle soll ein Aufsatz über Bilderbriefe von Ernst Heimeran[3] erscheinen. Die Redaktion hatte von meinen illustrierten Kubin-Briefen gehört und ich habe ihr auf ihren Wunsch die köstlichsten Sachen zur Auswahl geschickt und ihr geraten, doch die Serie von Briefköpfen zu bringen, zuerst den gedruckten Briefkopf mit Haus Zwickledt und dann drei verschiedene Ueberzeichnungen, wodurch das alte beharrende Zwickledt jedes Mal ein ganz neues Gesicht bekommt. Ich hoffe, Sie sind damit einverstanden, und hoffe auch, dass für Sie dann etwas Reproduktionshonorar sich ergibt. Natürlich bekommen Sie den Byron von Maurois zu Weihnachten und auch einige neue Piper-Drucke. Gulbransson hat zu dem Buch von Bruno Brehm[4] »Wir alle wollen zur Opernredoute« einen Umschlag und ein paar Illustrationen gezeichnet. Sie werden sie zu Weihnachten auch sehen. Er kam bei dieser Gelegenheit öfter in den Verlag und ich zeigte ihm mancherlei aus meiner graphischen Sammlung, darunter auch die Originale zum Doppelgänger. die er mit leichtem Vor-sich-hin-Summen und Hin- und herwiegen seines schweren Körpers sehr lange und intensiv betrachtete. Er meinte, etwas Russischeres könne man sich gar nicht denken und Sie hätten das Russische nur so überzeugend getroffen, weil Sie nie dort gewesen seien.

Ich schicke Ihnen hier einen kleinen Aufsatz von mir, Betrachtungen über die Steine[5], die mir immer wieder durch den Kopf gegangen sind. Ich weiss nicht, ob Sie mir diese Betrachtungen nachfühlen können. Ich meine beinahe, wir müssten uns auf diesem Gebiet ganz gut verstehen. Vielleicht schreiben Sie mir ein paar Sätze darüber, wenn Sie mir das Manuskript wiederschicken. Zu Ihrer Bequemlichkeit lege ich gleich ein Rückkuvert bei. Ich habe auch gerade zufällig eine österreichische Marke. – Meine Frau hat mir ihre Eindrücke auf der Kubin-Ausstellung sehr schön erzählt. Schade, dass Sie das nicht gehört haben, Aber leider entschliesst sich meine Frau nie zum Schreiben.

Für heute mit besten Grüssen an Sie und Ihre verehrte Gattin

Ihr

R. Piper

233 Alfred Kubin[1]

Steine am
Waldrand bei
Schardenberg.[2]

13/XII 1930
Zwickledt

Lieber Herr Piper
Ihre wunderschönen Betrachtungen über die Steine las ich mit inniger Freude – das hatte ich ja schon gewusst dass Sie auch ein Steinfreund sind – in gewissem Sinne bin ich es ja auch – besonders sind es bemooste, abgeschliffene vom Unwetter, verwitterte Meilensteine, Wegemarken, – nicht mehr beachtete Grab- und Gedenksteine – aus Römerzeiten oder wann immer – und – was ich Ihnen hier oben aufzeichnete sind gewachsener Granit – drei <…> von denen die Sage geht der Teu-

fel hätte sich darauf gesetzt und geruht – daher das Marterl links am Baum oben – die »armen Seelen«

Ich bin selbstverständlich ganz einverstanden wenn Einiges meiner Briefzeichnungen zu Heimerans Aufsatz in der K.f.A.[3] reproduziert wird – ein kleines Honorar nimmt man ja auch stets gerne –

Nun sind wir wieder eingeschneit und das alte Landhaus raunt fast vernehmlich von den 400 Jahren da es schon steht – Es ist ja seltsam in unseren Menschenleben wie wir trotz allem äußerlichen Lärmens im Grunde still, einsam hindurch geführt werden – wir verwundern uns oft und auf einmal sachte heißt es, nun sind deine Tage schon kürzer, der Herbst deines Lebens – du stehst mitten darinnen – dabei ist alles noch so unbegreiflich wie am ersten Tag da es einem auffiel dass man überhaupt »lebt« – die lautlose Welt der Steine, oder das Element des Wassers O' all dieses Fremde – nur oft mit Schauer erfüllende – denn – wie widersprüchig – kennen Sie das Zitat: »und wer durch alle Elemente, Luft, Wasser, Feuer, Erde rennte – der wird zuletzt sich überzeugen, – er sei kein Wesen ihresgleichen[4]! –

– auf die schönen Dinge die Sie mir in Aussicht stellen, so liebenswürdig – freue ich mich schon – – Olaf Gulbransson[5] hatte seit je ein feines Empfinden für meine Kunst! der ist ein wahrer Prachtkerl! nicht? Viele Grüße von

Haus zu Haus stets Ihr alter
AKubin

234 Alfred Kubin

Zwickledt – 27.XII 1930

Lieber Herr Piper alle guten Neujahrswünsche und viel viel Dank für die Prachtdinge die Sie uns schickten – diesen Baldung[1] und Brouwer[2] und den Beyron[3] habe ich schon angefangen ganz nach meinem Wunsch – hoffen wir dass 1931 die Prophezeihung der Astrologen wahrmacht als »Jupiterjahr« bringt es üppigen Segen (das letzte Jupiterjahr brachte die Stabilisierung, erzählt mir ein Astrolog – nur leider – ich glaube nicht an diese dunkle Wissenschaft – die Weihnachtsnummer der M.N.N. brachte nun meine kurze Geschichte Insekten – Insekten[4]! vielleicht lasen Sie's schon – ich habe 5 Zeichnungen dazu gemacht – nun weiß ich allerdings nicht wann man diese Geschichte schon verwerten darf weiterhin. –

Ich könnte Ihnen sonst diese Geschichte und die 5 Illustrationen jederzeit schicken – Herzliche Grüße von Haus zu Haus –

Ihr alter

Kubin

Neujahrsbläser 1931-?

235 Alfred Kubin

Zwickledt – Wernstein O.Ö –
25.II 1931.

Lieber Herr Piper – Anbei also diese letzte Geschichte »die Wanzen der Erde« und 5. Illustrationen dazu –

Sonst geht es in den Wesentlichsten Dingen gut – Ich schaffe und arbeite meine Folge von 32 kleinen Zigeunerkarten bilder »Zirkus des Lebens«[1] um die ich von 3 ½ Jahren in einer I. Fassung schon fertig hatte – Gerade bei solchem neuaufgreifen eines vermeintlich schon abgeschlossenen Themas sieht man – mit wunderbaren Empfindungen wie sich der innere Prozess des <seelischen> Lebens wendet – man ist gleichsam Forscher und Arbeiter am eignen abgründigen Bergwerk – Ich kann mich diesen Arbeiten ruhig hingeben weil es ja fast ausgeschlossen ist, dass Illustrationsaufträge jetzt diese Tatigkeit stören werden – damit hat es seit einiger Zeit aufgehört. leider denn das Wirtschaftliche ist unter aller Kanone für uns im Augenblick – Lithografien verkaufe ich noch und finde stets auch ein immer zunehmendes Interesse – aber es bleibt – Pekuniär platonisch. Dabei stelle ich mit Vergnügen fest, dass im Vergleich zur Zeit vor 20-25 Jahren etwa die Kritik in Zeitschriften etc ganz unglaubliche Fortschritte[2] machte – Unsere Arbeit hat also entwicklerisch geholfen! – Wie einfältig reagierte man einst auf meine Gebilde und wie schmiegsam-raffiniert beinahe versteht man es jetzt sich dem erweckten Schauen hinzugeben – Ich bemerke in allen neuen Zeichnungen bei mir einen verstärkten Zug zu weicher Gelöstheit der Formen, Schatten und Linien – und bins zufrieden damit. Nur wie es uns allen miteinander hinfüro ergehen wird vermag ich mir nicht auszumalen – weit mehr Vergangenheitserinnerungen unterworfen als wie durch Künftiges interessiert –

– kommt Krieg oder Bolschewismus? irgendwie wird man schon die Wellen teilend hindurchschwimmen. – Leben Sie wohl – und bleiben Sie mit den Ihrigen frisch-gesund – unser Winter – bis auf die üblichen Erkältungen, Rheumaüberfälle – war leidlich bisher und bald kommen ja die Stare – stets herzlich ergeben

bin ich Ihr alter

AKubin

P.S. Fand letzthin unter meinen Büchern einen kl. Band Michael Kusmin die Taten des großen Alexander[3] – nur 150 kleine Seiten, H.v. Weber schenkte es mir 1910 einmal –

– Bei allen Göttern das wäre bunt, tief, abenteuerlich, reizvoll, erregend zum Bebildern – aber diese Ungunst der Zeiten! –

236 Alfred Kubin – Postkarte

28/II 31

Lieber Herr Piper die Geschichte mit den Wanzen ist natürlich ein Zweitdruck, es ist ja eben der Erstdruck in der Weihnachtsbeilage der M.N.N. erschienen!! Sonst geht es leidlich – es dürfte aber schon einmal wieder anderes werden wenn man nicht verängstigt werden soll. – Herzlichen Gruß Ihres

alten

Kubin

[siehe Abbildung auf Seite 298] ▶

Melancholia senilis

237 Alfred Kubin

Zwickledt 1 Juni. 31

Lieber Herr Piper
Diese herrlichen Wochen rauschen so unheimlich rasch vorüber und müssen durch einen viel zu langen Winter von uns bezahlt werden, dass man sich kaum so ganz rein daran erfreuen kann – irgendwo steckt da ein Trug bei aller Süsse!

– Gestern las ich mit größter Spannung B. Brehms Apis u Este«[1] zu Ende – dieser Dichter wird immer meisterlicher

– man liest schließlich so wie in einem unheimlichen Märchen, und begreift nie die üblen Dinge der Welt, Verrat, Gewalt<haberei>, Mord-wirkende unpersönliche Mächte werden, das Gesetz des »Aug um Aug« erweist sich – immer aufs neue – Aber der Dichtung märchenhafter Schimmer macht diese schreckliche Lectüre genussvoll – diesem Roman gelingt es diese peinlichen Verhältnisse unserer jüngsten Weltgeschichte wie in einem Zaubertigel aufzulösen – gerade durch die erstaunliche Echtheit des gesammten Milieus – aller Situationen wie der auftretenden Charaktere.

Mir geht es zur Zeit in soweit seelisch gut weil ich in starkem Schaffen bin, ich habe aber auch lange genug auf die produktive Stimmung warten müssen, (es geht damit ja immer schwieriger und zur konzentriertesten Leistung taugen nur ein paar Stunden im Tag – seit die Jahre

sich etwas geltend machen – Aber ich habe von den Münchener Kammerspielen die Aufgabe gestellt bekommen das Drama Rauhnacht zu illustrieren – Es ist mysterios, eine Vermummung und alte Bräuche aus heidnischer Zeit setzen ein, und schließlich gipfelt es in einem »kultischen« Lustmord,

– Ich kenne den Boden genau wo so etwas bei unserer Landbevölkerung erwachsen kann. – Direktor Falkenberg[2] erhofft sich aus meinen Blättern Anregung für die Bühnenausstattung, wie er dies meint ist mir etwas dunkel da ich ja der Bühne völlig ferne stehe; Aber der Stoff interessiert mich – und ich werde gut honoriert und hoffe falls (im Okt. soll die Premiere sein) R. Billinger[3] einen wirklichen Erfolg damit hat – der Inselverlag vielleicht eine Ausgabe des Textes mit meinen Bildern macht – – Vor etlichen Wochen war ich beim Abt eines Trappistenklosters[4] an der Donau eingeladen, nach einem wahrhaft lukullischen Mahle durfte ich die »Klausur« betreten unter Führung eines Paters und sah einige der ihr leben lange völlig schweigenden Mönche – diese erheben sich jede Nacht um 2 Uhr von ihrem Lager (einer sargähnlichen Truhe) arbeiten innerhalb der Klostermauern, und ergeben sich sonsten neben einem düsteren Ceremoniell der reinen Beschaulichkeit – Ich sah völlig verklärte mittelalterliche Asketengestalten die von Gemüse und Wasser leben (während ich beim Abt, der <...> und aristokratischer Weltmann ist ein Menü von 8 Gängen mit Weinen, Kaffe Likören erhielt –

/Meine Frau durfte die Klausur natürlich nicht betreten. Nun leben Sie wohl verehrter Freund und lassen Sie auch einmal etwas von sich hören

wir grüßen Sie und die Ihrigen.

Stets getreu Ihr alter Kubin/

238 Alfred Kubin

Ein Kriegsverletzter
der Kramer Xandl
eine Figur aus
Billingers Drama
»Rauhnacht«
Uraufführung im
Oktober d.J.

6. VIII 1931 Wernstein *[Poststempel]*

Lieber Herr Piper
Ich lasse Ihnen gleichzeitig die Erinnerung »die Fürstin«[1] mit 5 kl. Zeichnungen zum Weitervertrieb zugehen – Sie war zu Pfingsten in den M.N.N. – Mit den Bühnenbildern zur Rauhnacht bin ich nun bald fertig – das Bändchen: Huxley[2] das Lächeln der Gioconda hat mich in unterhaltendster Weise gespannt – ganz famose kleine Geschichten
– Bitte, bitte schicken Sie mir Wilde[3] »gefallene Engel« auch – zum Mitnehmen in meine Erholungszeit – – herzliche
Grüße stets Ihres
alten
Kubin

239 Alfred Kubin

15 II 32 *[hs Datierung RPs]*

Zwickledt – Wernstein
Ob. Öst –

Lieber Herr Piper – Hier inliegend sende ich Ihnen jene kurze Abhandlung, die ich unter dem Titel »Fragment eines Weltbildes«[1] in dem Kubinheft des Kunstblatt November Nr hatte und Ihnen seinerzeit auch verehrte.

Ich glaube dass Ihr Korrespondenzbureau sicher einmal auch etwas »Weltanschauliches« bei geeigneten Blättern anbieten könnte und auch anbrächte. –

Wie geht es Ihnen sonst? – Hier bei uns ist noch immer ein Wehen von Trauerluft zu spüren

– das Ableben von Oscar A.H. Schmitz[2] erschütterte mich – aber ganz besonders meine Frau die an diesem Bruder stark hing – Jenun Hinscheiden ist der Lauf der Welt wie des Einzelgeschöpfes in ihr –

– Sonsten schaffe ich weiter: /Das illustrierte Buch hat ja aufgehort, Beitragshonorare der besseren Blätter sind reduziert Ausstellungen bringen nur Zufallsverkaufe – an Lithographien habe ich aber ziemlich verkauft – z. Zt schaffe ich an einer bestellten Arbeit 1 Blatt zu Faust[3] ich wählte eine Stelle aus der Walpurgisnacht: Lilith, Adams erste Frau./ freilich nicht mehr mit jener schönen fast nie versiegenden Kraft meiner früheren Jahre, aber dafür kommt eine Vertiefung der Zeichnerischen

Probleme ein Ausreifen manchmal zu Tage, und dann erfüllt mich das alte Zeichnerglück wieder wie /e/ und je – und zerstreut alle Hypochondrien die so quälend ja lebensverleidend werden können – Wirtschaftlich fand ich bisher gleich Fortunatus immer noch das was ich brauchte in meinem Säckel vor – und konnte nach meiner Fasson dahinleben – allerdings mit 100 fachen Enttäuschungen an Dingen und Verhältnissen alle aus dem Druck der Zeit entspringend – was ich mir früher nie hätte träumen lassen – Nur wenn man es Diesem gegenüber wie der Vogel Strauß macht

dann lässt es sich noch immer atmen – dabei erlebe ich auch stets wieder die Freude zu erfahren wie die Werke meiner Hand weithin gewirkt haben – ganze Stapel von Zustimmungsbeweisen – z. teil aus den entferntesten Ländern sammelten sich bei mir im Laufe der Jahre und sollen einmal dem Kubinarchiv in Hamburg überwiesen werden – Auch mit solchem – z. Teil ja illusionären Freuden muss man die Tafel seiner Lebensrechnung beschreiben wenn man schon ein gerechtes Fazit herausklügeln will. Nun aber schließe ich – Bleibt es beim Münchnerbesuch im April[4] wie alle Jahre so komme ich sicher auch wieder zu Ihnen lieber alter Verleger und Freund – Ich sende die schönsten Grüße von Haus zu Haus – stets ergeben Ihr

AlfKubin

P.S. Ein Vergnügen würden Sie mir machen mit einer gelegentlichen Stiftung von Maurois[5]: Wandlungen der Liebe ich kenne diesen Roman des begabten Dichters noch nicht –

– Wie schade dass die Wallensteindichtung[6] des Tschechen von der Sie mir im letzten April schrieben noch nicht kam –

/des Interesse halber lege ich Ihnen einen Prospekt uber meinen Cyclus Ali[7] hier bei – soll nächstens erscheinen auf Halbpart[8] mit dem Verleger[9] wir fanden ziemlich gut <Liebhaber> dafür aber der Preis ist so klein dass es mich nicht besonders freut/

240 REINHARD PIPER

München, den 16.II.32

Lieber Herr Kubin,
vielen herzlichen Dank für Ihren Brief und für die freundliche Uebersendung des Kubin-Heftes des Kunstblatts. Ich habe das Heft mit viel Vergnügen studiert und mich in Ihren gedankenreichen Aufsatz vertieft. Es hat mir nur leid getan, dass nicht ich die Illustrationen für das Heft aussuchen[1] durfte. Ich glaube, ich hätte eine weit imposantere, geradezu erschütternde Auswahl aus Ihren ungeheuren Beständen zusammenstellen können. Natürlich ist mir an sich jede Abbildung wertvoll, aber es tut einem doch immer leid, wenn eine solche Gelegenheit nicht dazu benützt wird, nur ganz starke Blätter unter die Leute zu bringen.

Sehr gerne vertreibe ich Ihren Aufsatz »Fragment eines Weltbildes« durch die Literarische Korrespondenz. Hoffentlich können wir einige Abdrucke erzielen.

Der Tod Ihres Schwagers hat auch mich sehr bewegt. Sie und Ihre liebe Frau werden es mir nicht verdenken, wenn ich damals nichts schrieb. Ich habe viel an Sie beide gedacht. Zum erstenmal sah ich Ihren Schwager vor wohl genau 25 Jahren, als er in München in einem literarischen Kreise[2] die Novelle »Weh den Armen!« vorlas, die dann in einem meiner ersten Verlagswerke, dem »Münchner Almanach«[3], erschien. Ihr Schwager gehörte zu den wenigen Menschen, die wirklich etwas zu sagen hatten und immer an ihrer Entwicklung arbeiteten.

Auch ich befinde mich seit dem letzten Herbst in resignierter Stimmung. Es hängt das auch damit zusammen, dass man im Verlag gar keine rechte Wirkung mehr[4] sieht, man hat das Gefühl, der Boden würde einem unter den Füssen weggezogen. Die ganze Lebensarbeit wird in Frage gestellt. Dabei ist man eigentlich in dem Alter, wo man etwas Sicheres in die Scheune bringen möchte. Mein Sohn Klaus ist mit der Buchhändlerlehre im Mai fertig, aber ich werde zutun haben, für ihn überhaupt nur eine Stelle zu finden, von wo aus er sich weiter umschaun kann. Martin macht jetzt sein Abitur und weiss absolut nicht, was er anfangen soll, denn alles ist ja gleich aussichtslos, und alle Berufe gleich überfüllt.

Mit Vergnügen sende ich Ihnen die »Wandlungen der Liebe« von Maurois und füge ein neueres kleines Buch »Die Seelenwaage«[5] bei, deren Phantastik gerade Ihnen gefallen dürfte. Zu Weihnachten sandte ich Ihnen die »Nothafften«[6] von Josef Martin Bauer. Ich halte sehr viel von diesem neuen jungen Talent und würde mich freuen, wenn Sie mir ein paar Sätze darüber schrieben, die ich dem Autor als Ermunterung mitteilen könnte.

Ich freue mich sehr, dass Sie im April wieder einmal nach München kommen und ich bitte Sie dringend, auch im Namen meiner Frau, dann ein paar Stunden für uns zu Hause zu reservieren, sei es nachmittags oder abends. Meine Frau schätzt ja Ihre Kunst ganz besonders hoch und würde sich über Ihren Besuch sehr freuen. Es sind jetzt viele Jahre vergangen, dass Sie nicht mehr bei uns waren. Ein kurzes Hineinspitzen in den Verlag ist da denn doch zu wenig. Im Verlag ist auch nicht die rechte Ruhe für ein wirkliches Gespräch. Also, nicht wahr, Sie machen uns die Freude!

Für heute mit vielen herzlichen Grüssen und Wünschen für Sie und Ihre Frau

Ihr ergebener

R. Piper

241 Alfred Kubin

Zwickledt – 20/II 1932

Lieber Herr Piper herzlichen und heiligen Dank Sie ewig Freudespendender – selbst in schlimmen Zeiten noch! – der Maurois ist ja wirklich ein ganz brillanter Dichter ich habe schon angebissen bei den Verwandlungen d. L. /»die Seelenwaage« hebe ich mir als piéce de resistance für füllungsbedürftige Ödstunden auf – solche kommen ja bei rascher Ermüdung jetzt öfters wieder –/ Über Ihre Sorgen konnten Sie mich – leider – nicht überraschen – Aber schließlich: dem Fond an innerem Interessen für alle »Wunder des Lebens«, (nicht zuletzt auch das des allmählichen Altwerdens mit seinen Fernsichten) muss man halt vertrauen und die beiden jungen Herren werden ja sicher – unvermutete »Glückszufälle« antreffen – war es nicht immer so?? Wir kommen ja alle aus dem gleichen Schooß. –

Ich wage kaum über die nächsten 48 St. bestimmte Pläne zu machen; (erst gestern Nachmittag rutsche ich arg auf vereistem Boden aus und verstauchte mir 2 Finger der rechten Hand – es hätte 100x ärger werden können – immerhin

[Pfeil zur Illustration] der Finger sah so aus ich konnte das oberste Glied so drehen dass es wieder /einschnellend/ in sein Gelenk kam – heute ist aber arg verschwollen)

Komme ich aber im April nach München[1] so ist es mir die größte Freude einen Abend bei Ihnen Beiden zu verplaudern, ich verehre doch Ihre liebe Frau seit langem und wir zwei haben uns sicher auch vieles zu sagen. –

Nur eines heute schon: ich will nur kommen zu einem kalten Aufschnitt oder einem warmen Abendgang – ohne Wirtschaftsstörung ganz sans facón und nicht wie sonst zu so einem richtigen Pipersouper – zu einem Fläschchen Bier sage ich gerne ja – Vorher melde ich mich zum Abmachen. rechtzeitig

– Sonst glaube ich nicht recht daran, dass meine oder Ihre Lebensarbeit umsonst wäre – Interesse ist da – bei uns ebenso wie weit herum. Voriges Jahr kam ein Maler sogar von Brasilien[2] um mich zu besuchen – vor 2 Jahren »suchte« mich ein Südafrikaner[3], und gestern sah ich in der eben aufliegenden Nr der »Woche« »China« dass man meinen bekannten Krieg dort als weitverbreitetes Antijapanplakat[4] hat – das ist Weitwirkung genug – vielleicht sehen Sie einmal dieses – schreckliche – Kriegsheft, sehr merkwürdig –

– J.M. Bauer Buch ist ein fabelhaft echtes Erzeugnis – wohl Ereignisse der eignen Familiengeschichte verarbeitet – dabei ein Dichter von Begnadung – von dem man noch viel erwarten darf –

– Insoweit hat der Verlag Glück mit neuen Namen – Brehm erschien ja auch bei Ihnen zuerst! – – Nun schließe ich mit nochmaligem Dank – ich muss nach Schardenberg zum Gemeindearzt weil diese 2 Finger immer noch mehr anschwellen –

Meine Frau (immer etwas laborierend) grüßt Sie Beide herzlichst – Ich sende einen Handkuss an Madame und freue mich aufs Wiedersehen – Stets Ihr alter Kubin

242 ALFRED KUBIN

Zwickledt 21./6/1932
Wernstein O. Öst

Lieber Herr Piper – Ich will Ihnen schreiben
Es drückt mich ein Brief an Sie um Ihnen vor allen Dingen mitzuteilen, dass ich im Frühjahr diesmal – trotz meines Vornehmens nicht nach München zum Besuch kam – Daher auch nicht bei Ihnen erscheinen konnte – Es gab wieder einmal eine recht arge Nervendepression die mir eine so panische Reisescheu brachte – Ich war dann 1 Woche bei einem Freunde, in der Nähe Salzburgs[1] wo dieser einen kleinen Besitz hat, eingeladen –

– Nun fühle ich mich wohler im Allgemeinen

– Ja jene gewissen »Grenzen der eignen Kraft« die man halt nach diesem in einem Arbeitssaus- und braus verbrachten Dasein, mitunter recht vernehmlich spürt – drücken mich nicht mehr so sehr – ich hoffe mindestens noch eine gewichtige gute »Nachlese« zu schaffen – trotz der mistigen Zeiten die leider alles eher als ermunternd für uns sind – sondern wo ich nur beinahe mittelst eines ganz raffinierten Systems von »Kopf-inden-Sand-stecken« und andern Scheuklappen, noch symphatisch existieren kann /die Geheimnisse der Gestaltung berauschen den 55jährigen so wie den 25jährigen – immer aufs Neue –/ – Verdienen tut man so holprig wie nur zu denken – und dass ich auf einmal ganz erkleckliche Aussenstände habe ist nur eine geringe Beruhigung solange alles so schleppend wirtschaftlich steht – Die letzten Wochen beschäftigte mich recht intensiv die Illustrierung für den Nachlassband meines † Schwagers O.A. Schmitz – der 3 sogenannte »Märchen aus dem Unbewussten«[2] (dies ist der Titel) enthält – Es stellt sich mir heraus, dass O Schmitz hier eine seltsame Wandlung noch erlebt hat – Vielleicht ist diese mit seiner Hinneigung zur Psycho-Analyse[3] nur teilweise zu erklären, ich glaube er war wirklich in seinem 59 Jahre »satt des Lebens« – die beiden ersten »Märchen« (?) haben einen neuen ganz einfachen Klang – /ratselhaft anmutenden Klang –/ fast allzu einfach /für Schmitz/ – und sein Freund Prof. C.G. Jung der bekannte Psychologe erklärt in einer Einführung – diese sonderbaren Vorgänge –

– Das letzte Stück ist aber wohl nicht »aus dem Unbewussten geschöpft sondern /<nur>/ allegorisch zu verstehen – dies kleine Bändchen – etwa 160 S – mit 12 Tafeln von mir gibt der Münchner Verleger Dr Hanser heraus – Wie ergeht es Ihnen? wo werden Sie Ihre Erholungswochen verbringen? Sehr befriedigt war ich im Vorjahre mit Tusset[4] im Böhmerwalde, was Landschaft (ein endlos fstl.[5] Schwarzenberg'sches Waldgebiet,) Essen und Preis anbetrifft, Unterkunft und Bedienung primitiv /Publikum fast nur Tschechen, nun ist auch ein neuer Wirt hergekommen, Tusset liegt an der oberen kalten Moldau –/ – Bitte lassen Sie einmal etwas hören, die Zeit stiehlt uns ja den Sommer – schon nimmt mit morgen der Tag wieder leise ab – wir hatten letzte Nacht Aufregung 10 Minuten von hier brannte der größte Teil eines Bauernhofes ab – der den Eltern unserer Köchin gehört – so ist auch hier immer etwas los – und jene besondre Melancholie wie sie Künstler, die das Leben doch lieben, zeitweise überfällt – plagt auch Ihren alternden Kubin – manchmal!

alles Gute von Haus zu Haus stets Ihnen getreu!

/Grüße meiner Frau/

243 Reinhard Piper

München, den 23. Juni 32.

Lieber Herr Kubin,
vielen herzlichen Dank für Ihren Brief und besonders für die prachtvolle Zeichnung[1] des böhmischen Bauernpaares! Sie haben mir damit eine grosse Freude gemacht. Als kleine Gegengabe schicke ich Ihnen das neueste Produkt des Verlags, nämlich den Band »Berlinerisch«[2] aus unserer neuen Serie »Was nicht im Wörterbuch steht«. Das Buch ist nicht gerade sehr »literarisch« und auch nicht sehr feinfühlig, aber dafür amüsant und ich bin überzeugt, dass Sie bei manchen dieser urberlinerischen Anekdoten herzhaft lachen müssen. Und das ist heutzutage schon etwas wert. Nächstens soll »Bayerisch«[3] von Joseph Maria Lutz erscheinen, das Ihnen dann auch zugehen wird.

Wenn Sie nach München gekommen wären, ohne mich zu besuchen, so wäre mir das sehr schmerzlich gewesen und es hätte mich tief gekränkt. Da Sie aber überhaupt nicht in München gewesen sind, so muss ich mich damit abfinden. Aber ich habe gerade in letzter Zeit wiederholt daran gedacht, ob Sie sich nun wohl bald anmelden würden. Schade!

Den Brief von Grossmann[4] an Sie in den M.N.N. habe ich natürlich mit grossem Vergnügen gelesen, habe ich mich doch selbst einmal an einem Charakterbild[5] von Ihnen versucht. Als störend fiel mir bei Grossmann nur auf, dass er, nachdem er Sie die ganze Zeit direkt mit Du anredet, plötzlich aus der Rolle fällt und nur noch von »Kubin« spricht.

Bei der Eröffnung der diesjährigen Kunstausstellung im Bibliotheksbau des Deutschen Museums[6] gefielen mir unter den Tausenden von Quadratmetern gemalter Leinwand am besten Ihre bescheidenen Schwarz-Weiss-Blätter, in denen so viel konzentriertes Lebensgefühl und so viel persönlicher Geist steckt. Ich betrachtete sie zusammen mit dem kleinen Hörschelmann /, der immer guter Laune ist/.

Kürzlich sahen wir hier eine ganz ausgezeichnete Aufführung der »Wildente«[7] im Schauspielhaus, die Ihnen sicher auch gefallen hätte. Ich könnte mir denken, dass die Wildente ein Lieblingsstück von Ihnen ist. Der Speicher mit den vertrockneten Tannenbäumen, auf dem der alte Ekdal statt der früher gewohnten Bären /nur noch/ Kaninchen schiesst, ist ja wie von Ihnen erfunden. Der alte Ekdal wurde von Kurt Horwitz, mit dem wir befreundet sind, ganz prachtvoll gespielt. Seine Frau ist Wienerin und versteht /von da/ ungemein anschaulich zu erzählen, sie ist für uns die Verkörperung des alten gemütlichen Oesterreichs.

Es freut mich, dass bei dem Dr. Hanser[8] die Märchen von Schmitz von Ihnen illustriert herauskommen werden. Den Dr. Hanser kenne ich, er kam einmal vorübergehend in Betracht als Ablösung für Herrn Hammelmann, doch entsank ihm dann der Mut und ich bin ganz froh, dass nichts daraus geworden ist, denn ich hatte nicht den Eindruck von einem produktiven Menschen. /Aber da er dies Buch bringt: Respect!/

Meine /»freien«/ Samstag-Nachmittage[9] verbringe ich meist mit Herumstreifen an der Isar in der Gegend von Oberföhring und dem Aumeister, oft mit einem Partner wie Schinnerer oder Penzoldt[10] oder Konrad Weiss[11] oder Adolf Jutz[12], oft aber auch allein mit einem Buch und so las ich kürzlich wieder einmal in einer Gastwirtschaft in St. Emeran Schopenhauers Willen in der Natur[13]. Dem Mann ist doch allerlei eingefallen! Im übrigen freue ich mich immer wieder, dass meine Tochter erst neun Jahre alt ist und sich mir, wenn ich nach Hause komme, vertrauensvoll auf den Schoss setzt. Dadurch ist man gegen Vieles gewappnet.

Mit besten Grüssen und Wünschen, auch an Ihre verehrte Gattin

Ihr

Reinhard Piper

244 Reinhard Piper

München, den 20. 12. 32.

Lieber Herr Kubin,
mit Ihrer schönen, stimmungsvollen und eigentümlich bannenden Zeichnung des Heiligen Nepomuk[1] haben Sie mir eine sehr grosse Freude gemacht und ich danke Ihnen sehr herzlich dafür. Ich werde das schöne Blatt mir auf den Weihnachtstisch legen.

Selbstverständlich habe ich auch für Sie ein paar kleine Weihnachtspäkchen in Vorbereitung. Es sind drei neue Bücher:

Brehm, Das war das Ende[2]
Bauer, Die Salzstrasse[3]
Ramuz, Farinet oder Das falsche Geld[4]

dazu der alljährlich vom Stapel laufende »Pipers Kunstkalender«[5]. Ich hoffe, dass Ihnen die Bücher ein wenig Vergnügen machen. Ich muss immer noch daran denken, wie Sie mir vor Ihrem 50. Geburtstag sagten und dazu melancholisch den Kopf senkten: »Da werde ich wieder von allen Seiten Bücher bekommen, die Leute sollten doch einmal so vernünftig sein und sich klar machen, dass ich z. B. einen Staubsauger viel nötiger bräuchte.« Aber jetzt haben leider /auch/ die Verleger selber keine Staubsauger. (Ich wenigstens habe nie einen besessen) und so muss man halt doch wieder mit Büchern Vorlieb nehmen. Ich hoffe aber, dass Sie wenigstens bei diesen drei Büchern nicht allzu viel seufzen, sondern sich gut mit ihnen unterhalten.

Vom neuen Jahre wünsche ich mir vor allem endlich einmal auch ein Wiedersehen mit Ihnen, und zwar nicht nur auf ein Viertelstündchen im Verlag, wo man sich auf einen freundschaftlichen Gedankenaustausch nicht recht konzentrieren kann, sondern an einem möglichst endlosen Abend.

Soeben bekam ich einen langen Brief von Barlach, der mit seinem Atelierhaus an waldigem Seeufer bei Güstrow[6] auch gerade zu einer Zeit fertig geworden ist, da alle Aufträge versiegten und verkümmelten.

Aber da fällt mir eben ein, dass unter den für Sie bestimmten Büchern sich ja noch nicht »Konstanze und Sophie«[7] von Arnold Bennett befindet. Das muss ich unbedingt noch hinzutun, denn bei diesem Buche werden Sie nicht nur nicht seufzen, sondern wiederholt behaglich Lächeln und Ihre verehrte Gattin ebenso. Trotzdem der Roman etwa 800 Seiten hat, bedauert man am Schluss, dass er schon aus ist, wenigstens mir ging es so.

Stecken Sie auch in einem so dicken Nebel wie wir hier in München? Von den elektrischen Bogenlampen sieht man nur die allernächste als kleinen glimmenden Funken. Man sieht kaum die hellbeleuchtete Trambahn vorüberfahren.

Anden Abenden habe ich jetzt immer mit Hutten und Sickingen auf der Ebernburg[8] gelebt, denn ganz überraschend bekam ich vom Frankfurter Sender den Auftrag, eine »Hörfolge« über eine deutsche Burg[9] zu schreiben. Das war eine harte Nuss, ich habe viele alte Quellenschriften durchstöbert und /schließlich/ aus Landsknechtsliedern, zeitgenössischen Chroniken, Kindergeschrei (Sickingen hatte sechs Kinder) und dem Krachen von Belagerungsgeschützen etwas zusammengebraut, was hoffentlich den Beifall der Hörer findet.

Mit vielen herzlichen Grüssen und Wünschen /an Sie beide/

Ihr Reinhard Piper

245 Alfred Kubin[1]

21.12.1932 *[hs Datierung RPs]*

Verehrter Freund und Verleger – Wie intim wirken Ihre Briefe, es war wie vor Jahren als wir noch zusammen arbeiteten – Heil und Dank für die prachtige Büchersendung, welche Sie mir zugedachten und zugleich das heilige Versprechen im Spätwinter – oder Vorfrühling langstens nach München zu kommen und den langst geplanten Piper- abendbesuch zu machen. Ach wenn Sie doch die Zugvögel Arlens[2] beigefügt hätten, Ich bin oft so müde am Abend und lese noch 1 Stundchen im Bette und fand an den Arlenbüchern die allerschönste Unterhaltung die nicht beschwert stets geistvoll ist – – Was soll ich von mir schreiben: Ich fand im Böhmerwald am berühmten Kubany eine Erfrischung[3], die da sie schon so überaschend kam – ich war doch von Angst wie zerfetzt an den Nerven hingekommen – umso inbrünstiger nochmals an's Leben glauben ließ. Dahcim – es gibt doch kaum mehr größere Aufträge – kam ich in ein Experimentieren welches mich höchst merkwürdigerweise ganz in die Nähe meiner Frühproduktion brachte – nur wohlverstanden naturlich eine große Spiralwindung höher.

– Und dies Gute hätte sich bei langwierigen Illustrationsaufträgen kaum eingestellt, weil die fremden Stoffe alle Kräfte an sich ziehen – Es sind tief getönte Blätter[4] sehr durchgearbeitet;. Nun, die Bruckmannsche Zeitschrift »die Kunst«[5] wird im Winter eine Kubin Nr machen und (von diesen neuen Arbeiten lasse ich wohl nichts reproduzieren außer ein paar Lithos, aber ich schrieb einen Aufsatz: »Dämmerungswelten«[6] dazu, welchen ich spater Ihrer Korrespondenz auch gerne zu führen möchte –

Schauerlich berührt mich das vielseitige Aufräumen von Freund Hein unter meinen Bekannten. Vor 3 Tagen war der 1. O. Schmitz <...>-Jahrestag[7] – nun sind Meyrink[8], G. Habich[9], Slevogt[10] ebenfalls in der Versenkung verschwunden – und hier, von den ländlichen Freunden eine ganze Anzahl. Dadurch wird ein Lotto aus dem Leben, und ein Fragezeichen hinter all dem Plus und Minus. So fand ich es ein Angenehmes dass der trüben Stimmung zum Trotz doch wenigstens 1 kleiner Illustrationsauftrag (des sog. Darmstädter Verlages) an mich kam für Bebilderung von humoristischen Gedichten Hans Schiebelhuths[11] – Ich machte 22 kleine Zeichnungen die koloriert in 2 Farben das Buch zieren sollen, hoffentlich, (die Vorlagen lieferte ich schon längst, kommt es auch bald heraus.

In der längsten Dichtung handelt es sich um einen ominösen Schlafdieb und ich wusste tagelange nicht wie ich diese Creatur bilden soll bis mir einmal eine merkwürdige Physiognomie auf der Landstrasse auffiel eines der spukhaftesten *[Pfeil zur Illustration]* Wesen – die mir je unterkamen – das Buch heißt »Schalmei vom Schelmenried« –

der arme Barlach mit seinem Atelier wie peinlich denn gerade Bildhauer führen doch ein schwereres Gepäck als wir Zeichner –

Man muss alles mitnehmen, jeden Groschen um über Wasser zu bleiben heute und bisher. wahrscheinlich infolge innerer Magie gelang es auch bei mir – Ich konnte noch nach der eignen Facon leben – nein diese Epoche was bei uns täglich an berufs- wie unberufsmäßigen Bettlern vorspricht! – arme Teufel – wenn man nur absehen könnte wohin dies ganze Trostlose geht – Ich glaube schon dass es besser wird – Viele Briefe erhalte ich von Leuten denen Kunst und Kultur einfach Tagesbedürfnis sind! Nur die verdammte Hypochondrie sie sollte es halt nicht geben, das verdirbt mir die Stimmung immer wieder, ja ich erfinde geradezu noch Krankheiten die meine armselige Körperschaft bedrohen: könnten! –

Wie sind Sie Eiserner da zu beneiden! Nun aber Schluss – das Nachlassbüchlein von Oscar A. H. habe ich mit 12 Blättchen geziert – es findet Anklang, trotzdem natürlich nicht etwa »ein Erfolg« – die Größte Freude jedoch machte mir ein Brief des Schweizer Psychologen C. G. Jung[12] der mir allerschönste Dinge über meine Produkte insbesondere auch meiner »anderen Seite« schrieb –

– Auch interessant war ein Schreiben eines (ehemals leider!) reichen alten Chinesen[13] der meinen Krieg zu /größten/ antijapanplakat plagiatorisch verwandte – und dem der Japaner deshalb das ganze Etablissement vernichtete, kaum das Leben des alten Herren schonte – das Plakat ist in grellen blutrünstigen Farben, vom Kubinarchiv bekam ichs zur Einsichtnahme zugesandt –

Nun alles Gute von Haus zu Haus und ein schones Fest – seit meiner <…> Liebe für meine Heimat Böhmen nimmt der Heil Johannes v. Nepomuk einen I. Rang unter meinen Heiligen ein – mich freuts wenn es Ihnen gefallt – – Immer Ihr alter Kubin

246 Reinhard Piper – Postkarte

27.12.32

Lieber Herr Kubin,
ich habe mich sehr über Ihren langen Weihnachtsbrief gefreut, den ich unterm Tannenbaum so recht con amore gelesen habe. Ihr krausen Schriftzüge, die mit der Zeit noch immer krauser werden, zwingen ja ohnehin zu geduldigem Verweilen. Damit es die späteren Herausgeber unseres Briefwechsels nicht allzu schwer haben, habe ich einige Worte, nachdem ich sie mit Mühe entziffert hatte, deutlich dazwischen geschrieben. Nur etwas habe ich absolut nicht herausbekommen, von was Ihre Nerven »wie zerfetzt« waren als Sie in den Böhmerwald kamen. Diesen dunklen Punkt müssen Sie unbedingt noch aufklären. Ich schicke Ihnen dafür auch morgen (denn heute wird es zu spät dazu) die Zugvögel von Arlen und freue mich, dass Sie diesen Autor so schätzen. Die Zugvögel werden nach Neujahr im zweiten Fünftausend gedruckt. Mein Sohn Klaus, der jetzt auch schon im Verlag hilft, sieht diesen Autor etwas von oben herab an. Aber, dass Sie ihn so schätzen, hat ihn nun doch bedenklich gemacht. Das Christkind brachte mir als Hauptsache das neue wunderschöne Werk über Bruegel[1] mit farbiger Wiedergabe aller seiner Gemälde. Ich konnte es mir glücklicherweise vom Verlag Anton Schroll in Wien gegen eigene Verlagswerke eintauschen. Es kostet RM.65.-. Vielleicht tauscht Schroll auch mit Ihnen? Probieren Sie's mal! Es ist ein Buch, ganz wie für Sie geschaffen. Mit dem schönsten Wünschen für das Neue Jahr, das uns ein behagliches Wiedersehen bringen soll

Ihr
R Piper

247 Alfred Kubin[1]

Zwickledt
4.I 33

Lieber Herr Piper
Hier soll nur ein kurzer ganz vehementer Dank dafür kommen, dass Sie mir die Zugvögel Arlens so bald noch als Draufgabe zur Weihnachtssendung gaben – Inzwischen habe ich an Brehm's »d.w.d. Ende«[2] angebissen das mich glücklichst spannt – (: ich lese es wie irgend eine erfundene Geschichte weil ich vom Krieg, seinem Anfang, sein Sein, und das

Ende /»wie es wirklich war«/ nichts mehr wissen will grade weil wir ja täglich so viel von diesem üblen Ding noch erfahren – und so eigentlich äußerlich dran zugrundegehn.

– aber was meine Nerven »zerfetzte« bevor es nach dem Böhmerwald ging kann doch wohl nur das cooperieren materieller Schwierigkeiten, beruflicher Enttäuschungen, Trauer um das schon compagnieweise abscheiden von den vertrauten Weggenossen (Faistauer, Schmitz, Slevogt, Stinnes[3], etc etc) und, nicht zuletzt die großgemästete eigne Hypochondrie sein – die fortwährend über gräuliche Krankheitssymptome am angeborenen Leibe grübelt –

– Ich wüsste nicht was sonsten die Nerven so zerfetzen hätte können – Meyrink tat z. Bsp. immer so als wäre ihm die Schwelle zum Jenseits so geläufig zu wandern wie uns der tägliche Weg aufs Closett – /seine Frau[4] sagte mir einmal händereibend: »der Gustl hat mir versprochen dass er und ich nicht zu sterben brauchen.«/

Ein merkwürdiger Mensch, Wolfskehl hat seinen Charme in den M.N.N.[5] neulich besonders unterstrichen – sicher der famoseste Plauderer den ich kennen gelernt (/schon/ vor 27 Jahren!) aber doch eigentlich gar nichts von einem Dichter!

Nun lieber Freund ich habe mit ein paar Tuschpinselblättern das neue Jahr in meinem Stil nicht schlecht angefangen doch es hängt voller Dunkelheiten für mich – Mir winkt ein Franz Kafkabändchen[6] zu illustrieren, für welchen Autor ich eine brennende Vorliebe habe – hoffen wir im März auf ein gutes Wiedersehen

Alles Liebe für Sie, Gattin, Kinder stets Ihr

ergebener Kubin

Monatsbild »Januar«

248 Alfred Kubin[1]

Zwickledt 15/III 33

Lieber verehrter Freund und Verleger
Sie sind wirklich und wahrhaft ein Prachtmensch, dass Sie meiner bei dem herrlichen Morgensternbuch[2] gedachten – wie freue ich mich nun in das Leben dieser so verinnerlichten Dichtererscheinung versenken zu können.

– Sie haben sicher meinen Besuch[3] schon erwartet, – er musste auf Mai (Mitte etwa) verschoben werden –

– Eine teuflische Nierenkolik hat mich vor 6 Wochen, mitten in der Nacht gepackt – nun bin ich noch etwas Reconvaleszent – schmerzlos, aber oft noch matt wie eine überwinterte Stubenfliege – Scharfes, Gewürztes, Alkoholika sind verboten – Inzwischen konnte eine ganze Revolution[4] ins Land ziehen – in so einer Krankheit ganz auf sich selbst (das erste mal!) zurückgeschleudert da ist einem schon echt »morgensternisch« zu mute – und man schaut mehr von Ferne, etwas unbeteiligt auf die Dinge dieser Welt – Und wie gesagt seit ein paar winzige Steinchen mit dem Harn abgingen ist ja alles schon wieder im Gleichgewicht und ich erhoffe sogar noch etwas Erfrischung für eine mir vielleicht noch gnädig gegönnte Lebensperiode! Allerdings so viel sehe ich schon: man ist an einer gewissen Majorsecke des irdischen Daseins allmählich angekommen und es kann einmal recht überraschend kommen dass keine Kleider, Bücher, kein Essen und keine wesentlichen <...>ansprüche mehr von nöten sind, so vereinfacht hat sich die Lage –

– Inzwischen: wie sehen Sie das Getümmel der Zeit an? Vielleicht kommt dabei doch auch etwas Besseres hoch? Einstweilen – und für mich privat, verlor ich an hübschen Aufträgen und Verkaufchancen von Arbeiten noch das winzige was mir winkte – Doch hoffe ich dass meine Kunst auch gegenwartig nicht auf den Index[5] kommt <...> <...> <...> wirklich <...> <...> wie mich ein großes eindringliches Echo so oft traf –

Auch was Sie lieber Herr Piper schufen ist im edelsten Sinn deutsch und weltbürgerlich – Ich bin unglaublich gespannt wie sich die Kultur fragen – (für mich hauptsächlich die Künstlerischen entwickeln werden. Welche Künstler sind mit dem Interdikt belegt? ich horte dass man über Nolde[6], auch Beckmann[7], ja sogar Barlach[8] summarische und abträgliche Urteile fallte – bei Klee[9] wundert es mich nicht. Jedenfalls bin ich froh auf dem Lande zu leben wo ich das Politische nicht so schmerzhaft unmittelbar empfinde – die letzten 2–3 Jahre ging es so bergab mit den <Moglichkeiten> beruflicher Existenz dass das Wrack unseres Schiffchens nun noch auf etliche Planken zusammenkrachte und man halt den Kopf hoch halten muss, dann wird die Sturzsee auch wieder verebben –
– Ich habe 5 illustrative Werke im Schranke liegen ob ich es noch erlebe dass diese in der Gestalt wie sie gedacht sind sich präsentieren ahne ich nicht –

Ich habe Arbeiten zu Strindbergs merkwürdigen kleinen Roman »Tschandala« zu Goldsmith's Vicar von Wakefield[10], zu R. Billingers Drama »Rauhnacht« und zu Fz. Kafkas »Landarzt« da – und eine Serie von 32 Zigeuneraufschlagekarten – Wenn ich aber nach München komme so bringe ich nur Einzelblätter für sie zum Ansehen und beplaudern mit, eine nicht große dafür gewählte Anzahl.

Wissen Sie noch Sie erhofften einmal noch auf der chinesischen Mauer spazieren zu gehen, – ob sich dieser Wunsch erfüllen wird – Einstweilen hat mein so bekanntes Blatt »der Krieg« einem reichen Chinesen sein Ganzes ausgedehntes Kaufmannsetablissement gekostet, und fast das Leben noch dazu. – weil er dies Bild als Antijapanplakat verwertete. – kleine Ursachen mit großen Wirkungen –

das Morgensternbuch ist mit den vielen Bildern sehr schön ausgestattet – Carossa, der besuchte mich kürzlich, erzählte dass ihm die Wittwe M. auch den Antrag gestellt, nach Bauer, es weiter zu bearbeiten[11] –
– Carossas Wesen ist ja anderswo ver<...> –
– Leben Sie wohl verehrter Freund und erhoffen wir ein wiedersehen, ich war Ihnen allezeit treu und ergeben und werde es auch bleiben –
Schönste Ostergrüße von Haus zu Haus
Ihr alter
AKubin

P. S. Wenn Sie mich je wieder einmal mit einem Buch erfreuen wollen so machte mich Maurois: Engländer[12] gewiss seelig –

249 Reinhard Piper

München, den 25. IV. 33.

Lieber Herr Kubin,
schönen Dank für Ihren Brief mit der prachtvollen Zeichnung, die mir grosses Vergnügen gemacht hat. Es freut mich, dass das Morgenstern-Buch Ihnen etwas Vergnügen bereitet. Ich lasse Ihnen heute noch die Engländer von Maurois zugehen., ein Buch, das sich wirklich angenehm liest.

Besonders freue ich mich, dass nun für etwa Mitte Mai Ihr Besuch[1] in München sicher in Aussicht genommen ist. Bitte reservieren Sie dann doch einen langen Abend für mich. Wir müssen uns wirklich einmal wieder aussprechen. Bitte bringen Sie auch möglichst viele Zeichnungen mit.

Der Verlag ist natürlich in Zeiten wie den jetzigen nicht auf Rosen gebettet. Die politischen Ereignisse und Veranstaltungen absorbieren das ganze Interesse. Wer hat da Zeit und Lust, sich auf ein Buch zurückzuziehen? Ich fürchte, diese Menschen sterben ganz aus.

Wenn ich auch nicht mit Ihnen zusammen auf der grossen chinesischen Mauer spazieren gehen kann, so wollen wir dies doch wenigstens in München tun. Seien Sie nicht böse, wenn ich heute nicht ausführlicher schreibe. Es drängt sich in diesen Tagen viel zusammen. Nun, wir sprechen uns ja bald.

Mit besten Grüssen, auch an Ihre verehrte Gattin,
Ihr
R Piper

250 Alfred Kubin[1]

29
4
33
Zwickledt
O.Ö.

Verehrter Freund und Verleger
Wir sehen und sprechen uns also in ganz wenig Wochen, so wir hoffen dass nicht höhere Gewalt uns hindert! –

Dank für die freundlichen Zeilen wie für die heute hier anmarschierten »Englander« – Ich freue mich wahrhaft innigst aufs Wiedersehen und werde Sie dann anrufen zum Zwecke einer Abendverabredung – bringe auch genügend Arbeiten mit.

– Herzlichst stets Ihr
alter Kubin

28.4.33 Zwickledt OÖ.

251 Alfred Kubin

Zwickledt – 19/V 33

Lieber Herr Piper,
Hannibal ist schon ante Portas – diesmal hoffe ich keine Einsprüche der Schicksalsmächte mehr – am 27. will ich reisen und bei Dr Laudenheimer, absteigen – mein Gastgeber hat nämlich nochmals meinen Reisetermin verzögert – er war in Kleinasien und da hat sich für ihn zuviel Arbeit aufgesammelt die er erst abwickeln wollte bis mein Besuch kommt. mir ist's sehr recht gewesen stehe ich doch noch in der Erinnerung des Durchgemachten und kann meine Gesundheit weiter befestigen, – Trinken darf ich hauptsächlich: Zitronenlimonade Thee, Wildungerwasser – Ich entbehre den Alkohol leicht – wenn die Kolikschmerzen damit abgeschafft sind – von München rufe ich Sie dann an wegen unseres Abends – und bringe gerne die Mappe mit neuer Arbeit mit –

Hier lege ich für den Correspondvertrieb einen Aufsatz bei,: die Malerei des Unsichtbaren[1] (Im berl. Lokalanzeiger u. hannoverschen Anzeiger wo ich die Leute kenne ist er schon erschienen –

– Alles Gute und hoffentlich ein frohes Wiedersehen bei Ihnen und den Ihrigen

Stets Ihr alter
Kubin

252 Alfred Kubin

22. XI 33 Zwickledt Wernstein O. Ö –

Bei allen Göttern verehrter Freund und lieber Verleger
seien Sie mir nur nicht böse, dass ich soooolange nichts von mir hören ließ! – Es gab nichts außer intimes Erleben und damit füllt man nicht Briefe wenn man bei Jahren ist – Aber nun es geht und steht nicht schlecht mit mir, nur fragen Sie nicht nach dem Finanziellen. Da ist Tristitia an der Tagesordnung – Ich erholte mich im Monat August im Salzburgischen[1] kam dann in einen leichten Trab mit meiner Arbeit die sich immer besser anließ – und endlich eine Anzahl mich befriedigender Blätter erbrachte! Und, wie sonderbar, im vergangnen Frühjahr seit eine Nierenkolik zugleich den Höhepunkt und Abgang einer Alterskrise zu bedeuten schien fühle ich mich im Allgemeinen auch frischer, wohler – Ich dachte noch vor /einem/ 1/2 Jahre wie sich, was meine Kunst betrifft,

noch etwa neue Triebe ausnehmen würden und nichts fiel mir ein, und nun elementarer geladen stellt sich das neue im Gewande meiner alten Dinge nur vertiefter wieder vor – also doch ein ganz organisches Wachstum –

»die Angstmühle«[2], Schnabeldrachen[3], Tatzelwürmer[4], alles leere Titel aber Sie sollen Ihnen einen Hinweis geben dass man »kein andrer wird.« – diese Angst dass meine Physis gänzlichem Ruin entgegengeht hat mir ein sehr guter Arzt[5] ausgeredet, – dass ein materieller Untergang mir itzo bestimmt sei, mag ich nun auch nicht mehr glauben seit erneuert so viele Anzeichen dafür sprechen welche heimliche /Rolle/ in vielen Geisten besonders der begabten Jugend die in die eigne Tiefe blickt, meine Werke spielen. Nein ich habe keine Angst mehr – nur, dass so sehr viele /jüngere wie/ ältere Weggefährten den Weg des Todes schon gingen –

Kameraden die sich durch nichts ersetzen lassen, sowie, dass es vielen anderen schlimm ergeht, das sind freilich nicht wegzuleugnende Belastungen – – Wenn ich mir denke wie alt Ihr Vater und andere Väter wurden so findet man sich schon etwas leichter /in die Jahre/. Gelesen habe ich meist nur meine alten Sachen – Ein Buch über »Mohammed« von Essad Bey[6] schloss große Lücken über den Islam im /Wissen/ Es ist zu eigenartig wie da ein Kaufmann einfach eine Weltreligion etabliert, mit allen Risikos, Gewinnen etc: – Noch etwas mich Interessierendes war die Vorfahrenforschung[7] welche Dr Otte in Hamburg von seinem Kubin-Archiv aus betreibt – ein ziemlich teuren Spass – aber mütterlicherseits ist man schon bis zu meinen Ururgroßeltern[8] vorgedrungen, mehr neugierig würde mich die sprödere Vaterseite machen wo der Großvater[9] durch eine Liebesheirat mit seinen Eltern früh überworfen ein schweigsamer Sonderling war; aber die sichere Tradition vertrat dass der <...> Reiterführer Fr. W. v. Seydlitz[10] zum Vorfahr gehörte; ob und wie weit nun die böhmischen (speziell das Schwarzenbergarchiv) da ergiebig sein werden weiß ich nicht ich hielte es für sehr möglich dass bei S. der ja lange in Böhmen stand und ein großer Draufgänger war es sich um vielleicht eine illegale Beziehung handelt –

Im Schranke häufen sich die Folgen, Strindberg's Tschandala, Goldsmits Vicar von Wakefield, R. Billingers Rauhnacht, Zigeunerkarten, Figurenalphabeth[11] und eine Reihe Blätter zu einem – kleinen Buch des merkwürdigen † Dichter Fz. Kafka aus Prag – liegen da und warten auf die Zukunft, während –, (reduzierte meist!!) Honorare von Zeitschriften, und hie und da etliche verkaufte Lithos einen Haushalt bestreiten sollen aber nicht mehr bestreiten können – verrückte Welt! – ! –

dazu dass das III Reich mich gewähren lässt[12] jegliche Ausstellung zu machen – doch offiziell sich den Dreck schert – /drum/ entgegen den frühern Zeiten. Andrerseits muss ich wieder vorsichtig sein bei Angeboten der sogenannten Emigrantenpresse, um nicht für das Linsengericht[13] von einigen 100 Mark dann später in Deutschland unmöglich zu sein – alles schwierig.

– Von Ihrem Verlage höre ich dass der Wallensteinroman[14] nun doch kommt und auf Eduard VII u. s Zeit aus der Feder Maurois[15] warte ich ja schon lange. Wenn Sie diese dem Weihnachtsmann mitgeben würden – wäre es herrlich – aber ich erfuhr auch von einer Monographie über »die Masken«[16] – und das würde dann bebildert mein Kindgreishaftes Herz noch hoch erfreuen!! – Nun aber die Münchenfahrt: ich hätte sie gerne längst schon eingeschoben – doch passte manches nicht – bisher trotz Sehnsucht, da hatte ich Angst vor Klagen der alten Bekannten oder anderer, wenn es aber dann wird – Donnerwetter das soll ein schöner Abend bei Ihnen werden voll Gedenken an früher und alle metatphysischen Bindungen – Meine Frau ist leidlich gesund. Sie grüßt Sie und die Ihrigen

– Ich bin wie immer Ihr getreuer

Kubin

253 Reinhard Piper

München, den 23. Nov.33.

Lieber Herr Kubin,

vielen herzlichen Dank für Ihren Brief. Es freut mich immer, wenn unter der Geschäftspost auch ein so echter Künstlerbrief sich einfindet. Es freut mich auch, dass Sie über dieneuen Verlagswerke schon so gut orientiert sind. Selbstverständlich habe ich sie für den Weihnachtsmann, der auch in Zwickledt einkehrt, vorgemerkt. Damit Sie aber nicht so lange /zu/ warten brauchen, schicke ich Ihnen heute Durychs Friedland vorweg. Es ist das ohnehin ein Buch, zu dessen Lektüre man sich mehr Zeit nehmen muss wie zu anderen Büchern. Ich glaube, dass das Buch gerade Ihnen ganz besonders gefallen wird. Es ist wie für Sie geschrieben. Man könnte sagen, dass Durych die Geschichte aus einer Bruegel-Perspektive sieht und in der Bruegel-Perspektive ist ja auch ein Stück Kubin-Perspektive mit enthalten. Ich wäre Ihnen sehr dankbar, wenn Sie mir nach Lektüre ein paar Sätze über dieses Buch zur Verfügung stellen könnten, die ich dann im Frühjahr im Piperboten abdrucken würde. Man darf sich von dem Buche nicht einen glatt herunterzulesenden Wallenstein-Roman erwarten. Leider tun dies die Zeitungskritiker, wie die bisherigen Besprechungen zeigen. Ich sende Ihnen hier eine kurze autobiographische Notiz[1] von Durych.

Die anderen Bücher von Maurois und Brehm werden zu Weihnachten folgen. Mit dem Buche über die Maske haben wir leider grossen Aerger. Die Verfasserin hat die Arbeiten so lange hingeschleppt, dass wir zu Weihnachten mit dem Druck nicht mehr fertig werden. Zum Trost lege ich Ihnen hier zwei Prosaabbildungen bei.

Im nächsten Jahr bringen wir ein reizendes Buch von Gulbransson[2]. Er erzählt sein eigenes Leben in über 100 Zeichnungen mit selbstgeschriebenem Text. Ich schicke Ihnen hier die ersten drei Seiten.

Es tut mir leid, dass sich bei Ihnen die Illustrationsfolgen im Schranke häufen. Wir haben uns überlegt, ob wir da nicht Abhilfe schaffen könnten und bitten Sie, uns doch das kleine Buch von Kafka mit Ihren Illustrationen zu senden. Vielleicht lässt sich hier, da doch Kafka einen bestimmten Freundeskreis hatte, durch Subskription und durch Veranstaltung einer Vorzugsausgabe neben der allgemeinen Ausgabe eine gewisse Garantie für die Kostendeckung schaffen. Jedenfalls wollen wir uns gerne in dieser Hinsicht bemühen und bitten Sie deshalb um Uebersendung, auch des Textes. Da Sie nun zu diesem Zwecke ohnehin ein Paket machen müssen, legen Sie vielleicht auch noch die Zeichnungen zu Billingers Rauhnacht bei. Hier wird die Sache ja etwas schwieriger sein, weil wir erst auch noch das Abdrucksrecht für den Text erwerben müssen. Bitte lassen Sie uns diese Sachen zugehen.

In den letzten Tagen las ich mit grösstem Vergnügen »Führung und Geleit« von Carossa. Ihnen ist darin ja auch ein schönes Kapitel gewidmet[3]. Auch die übrigen Menschen, die darin vorkommen, habe ich fast alle persönlich gekannt oder kenne sie noch, und so ist es für mich sehr ergiebig, diese Menschen nun von Carossa aus zu sehen. Merkwürdig ist mir, wie er die Episode bei Rilke[4] schildert, wo das Dienstmädchen das ganze Teegeschirr fallen lässt und Rilke ohne mit der Wimper zu zucken seine Gedichte mit feierlichem Tonfall weiterliest und auch die Zuhörer tun /so/, als hätten sie nichts gemerkt. Ich hätte diesen Einbruch der Wirklichkeit in eine künstliche Welt unbedingt als grotesk empfunden, aber diese Herrschaften sind zu feierlich, da hat man keinen Sinn für Humor.

Ich freue mich ungemein auf Ihren Besuch in München. Hoffentlich können Sie diesen im Laufe des Winters verwirklichen!! Er musste ja /schon/ oft genug aufgeschoben werden. Sie können sicher sein, dass ich Ihnen nichts vorklagen werde.

Ich konnte mich mit meiner Frau diesen Sommer glücklicherweise etwas in der Welt umsehen. Ich hatte in der Serie »Was nicht im Baedeker steht« zwei Bände über die Schweiz[5] herausgebracht und also etwas für die Schweiz getan. Da dachte ich mir, nun könne doch auch die Schweiz etwas für mich tun, und bekam /auf meine Eingabe/ von den Schweizer Bundesbahnen für mich und meine Frau freie Fahrt zweiter Klasse über /Rorschach/ Zürich, Basel, Bern, Genf, Lausanne, Zermatt, Lauterbrunnen, Luzern, Einsiedeln, Rapperswil, Chur, Rorschach. Auch für die Bergbahnen bekamen wir Freikarten und waren also auch auf dem Gornergrat, unmittelbar vor dem Matterhorn, auf dem Jungfraujoch und auf dem Brienzer Rothorn. Ja sogar über den Genfer See und den Vierwaldstättersee konnten wir gratis fahren. Ich besuchte den Schweizer Dichter C.F. Ramuz, der bei Lausanne inmitten von Weinbergen haust. Habe ich Ihnen nicht seinerzeit seinen »Farinet« geschickt?

Jetzt in München sehe ich sehr darauf, jeden Sonntag wenigstens einen fünfstündigen Spaziergang zu machen. Entweder mit meiner Frau oder mit einem meiner Söhne. Man hockt die übrige Zeit ohnehin zu viel im Verlag.

Kürzlich traf ich in einer Apotheke am Elisabethplatz Ihren Stiefsohn[6]. Wir hatten aber beide nicht etwa schwere Leiden zu kurieren. Er erzählte mir von Ihrer Nervenkolik. Es freut mich sehr, dass diese so gut abgelaufen ist und Sie sich jetzt wieder frisch fühlen. Gern sähe ich Ihre neuesten Zeichnungen.

Ein Erbauungsbuch, das ich sehr oft aufschlage, ist für mich Ihre »Heimliche Welt«[7]. Das ist ein Buch, in dem man so recht mit der Phantasie spazieren gehen kann.

Viele herzliche Grüsse und Wünsche Ihnen und Ihrer Gattin.

In der Hoffnung, recht bald wieder von Ihnen zu hören

in alter Verbundenheit

Ihr

Reinhard Piper

254 Alfred Kubin

Zwickledt 24/ XI 33

Verehrter! Ihre <...> Nachrichten haben mich durchwegs hocherfreut – Sie sind lebfrisch sehe ich (5 Stundenmärsche alle Achtung!!) und schaffensfroh wie nur je ich werde mich sicher an den schönen Din-

gen die Sie da verheißen laben – auch Ihnen Einiges über Durych's Wallensteinbuch seinerzeit zukommen lassen Morgen gehen dann die kleine Serie der Kafka-»Landarzt«, die große der Billinger Rauhnacht an Sie zur Vorlage ab dem ich, da es schon in einem Packet dahingeht noch das Figurenalphabet zur Ansicht beifüge – Interessieren dürften Sie diese 3 Folgen schon ob Sie verlegerisch etwas Davon verwenden ist wieder eine andere Sache – Kafka kannte ich persönlich noch – Einer der ungewöhnlichsten Menschen, meiner Ansicht nach gewiss kein Genie aber wie unter einer riesenhaften Tragik stehend die er bei aller Krankheit dabei noch (es scheint sich um Tuberkulose[1] gehandelt zu haben) wie ein großer Sieger überwand und sein so reizvolles Schrifttum in dem er diese seine Welt, wie unter einer kein Licht durchlassenden Wolkendecke, beschreibt erklärt diesen seltsamen Menschen einwenig – Ich lasse separat das Buch mit senden worin der »Landarzt« abgedruckt ist[2] – die Geschichte hat nur 27 Druckseiten /da genügen die sechs Vollseitenbilder/ 30 /Blätter/ zu Billingers Rauhnacht[3] machte ich in der Hoffnung dass dieser echte elementare Dichter rasch eine »große Kanone« würde – und dies Werk einem Raum entsprossen den ich mit ihm ja teile, /das Innviertel/ dann sehr leicht publiziert würde – die z. T. formatlich großeren alle aber in einem bestimmten Verhältnis gearbeiteten Blätter halten leicht eine – auch starke Verkleinerung, aus wie ich an den

4 Klischeés welche die Pressburger Kunstzeitschrift »das Forum«[4] machen ließ, (: in dem Ausstellungs heftchen das ich Ihnen bei meinem letzten Briefe beilegte ließ ich sie abdrucken :) feststellen kann –

– Kippenberg[5] wie Billinger selbst, denke ich dass da sehr gerne Abdruckerlaubnis des Textes geben würden wenn von mir da Zeichnungen »aufscheinen« (dies Wort entnehme ich dem österreichischen Behördenstil, ist's nicht nett!) –

das Alphabet ist nur ein Ding zum Anschauen für Sie, eigentlich »der »Neamd« (Niemand) auf der Welt« wie es in einem Operettenliede[6] heißt; seitdem es kaum noch bibliophile Gesellschaften giebt, die zuweilen solche Sachen als Jahresgaben für Ihre Mitglieder gaben –

– Ja wenn ich nach München komme bringe ich meine Einzelblätter in bester Auswahl mit, darüber dann von Ihnen zu hören wird mir eine Freude sein. – Gewiss; im vorigen März erwachte ich eines Nachts mit Schmerzen und infamem Harndrang – der Landarzt riet auf Grippe aber es gingen kleine Steinchen ab – Eine Art vorweggenommenes Sterben – seither geht es mir gut man häutet sich auch inwendig scheint es. –

Ich will das Rennen noch ein wenig halten und nicht mitten im Endspurt – abbrechen –
also nun
Ernste Zeiten!
und einen schönen Gruß von Haus zu Haus – von
Ihrem stets getreuen alten
Kubin

Vielleicht interessiert sich Herr Freund für seinen Landsmann Fz Kafka?

/P.S. Es freut mich an Durych's biografischen Notizen /es/ einmal wieder mit einem »Erzkatholiken«[7] zutun zu haben./

255 Reinhard Piper

München, den 7. Dez. 33

Lieber Herr Kubin,
vielen herzlichen Dank für die Uebersendung Ihrer Zeichnungen. Es war mir eine grosse Freude, einmal wieder eine solche Fülle von Originalen von Ihnen zu sehen. Auch mein Teilhaber und meine Familie haben die Blätter mit grossem Interesse betrachtet.

Den Text von Kafka kannten wir vorher nicht. Nun erweist sich das Werk aber doch leider als zu klein für eine Einzelveröffentlichung. Das Publikum kauft nicht gerne Bücher, die es in einer Viertelstunde auslesen kann.

Zu der Rauhnacht können, resp. dürfen wir uns jetzt zunächst auch noch nicht entschliessen, so schön Ihre Zeichnungen sind und so sehr wir auch die Dichtung persönlich lieben. Es wird das doch eine ziemlich teure Sache und unter den gegenwärtigen Umständen können wir uns selbst bei grösstem Optimismus eine Kostendeckung in absehbarer Zeit nicht vorstellen. Sie können sich gar nicht denken, wie der Buchabsatz darniederliegt. Von irgend einer Weihnachtsbelebung ist bis heute noch gar nichts zu spüren. Es gehen ein paar Bücher, die besonderes Aufsehen gemacht haben, wie der neue Spengler[1]. Das normale gute Buch ist übel dran. Es ist zweifellos das schlechteste Jahr[2] in den dreissig Jahren des Verlagsbestehens.

Ich kann Ihnen und mir aber einen kleinen Hoffnungsschimmer machen mit Folgendem: Wir planen für nächstes Jahr eine Piper-Bücherei[3], ähnlich der Insel-Bücherei, denn man muss heutzutage Bücher machen, die vom Publikum keine grosse Ausgabe verlangen. Wir möchten nun diese Serie, entsprechend der Traditionen unseres Verlags, international halten und da wollen wir von dem Autor des »Friedland«, Durych, eine kleine Novellen-Trilogie bringen, die im dreissigjährigen Krieg spielt. Wir denken daran, diese von Ihnen illustrieren zu lassen, vorausgesetzt, dass Ihnen der Stoff zusagt. Sie werden ja den Friedland inzwischen erhalten haben. Der Charakter ist ganz ähnlich.

Wir sollen demnächst die Uebersetzung dieser Trilogie erhalten.

Hoffentlich machen Sie diesen Winter den vielbesprochenen Besuch in München wirklich wahr. Das wäre uns allen eine grosse Freude.

Mit bestennGrüssen und Wünschen für Sie und Ihre Gattin

Ihr

R. Piper

256 Alfred Kubin

Zwickledt Wernstein
18 XII 1933

Lieber Herr Piper – mir ist das XVII Jahrhundert (und darin wieder Raum und Zeit des 30jähr Krieges) immer eine geradezu traumhaft anziehende Epoche gewesen – Als Illustrator konnte ich mich aber nie richtig /ausgedehnter/ damit bei allem Wunsch hiezu auseinandersetzen /nur im Tschandala A Strindbergs gelang es bisher mit 30 Zeichnungen –/. Einmal wäre es fast dazu gekommen – für den Frankfurter Kunstverein sollte ich den Jäger zu Saest (d.h etliche Kapitel aus Grimmelshausen Simplizius) – bebildern, da raffte der Tod Herrn Direktor Marcus[1] /den Auftraggeber/ hinweg – und alles unterblieb – Aber nun Durychs Novellen wären mir schon recht leider leider ist ein kleines Format wohl zu befürchten? – Jedenfalls wenn Sie die Übersetzungen haben wäre es gut für das Buch wenn ich sie /dann bald/ kennen lernen würde; eine möglichst lange Vorbereitungszeit ist das Wichtigste zum Gelingen –

Aber – – heute gut gelaunt möchte ich Ihnen – (als Künstler giebt man leichter) – eine kl. Freude machen und stifte Ihrer Sammlung den Entwurf /das Blatt ist nicht fixiert/ meines letzten Blattes[2]: Till Eulenspiegel verlässt sein Grab!« zu den letzten beiden Abschnitten 8, 9. des grandiosen Buchs Tyll Ulenspiegel von De Coster – mir war das immer noch eine gewaltige Steigerung und Erschütterung bei dieser fabelhaften Dichtung – (Ich las sie in der Übertragung[3] O. Bronikowskys, die mir lieber als die spätere Wolfkehlsche ist, die ich auch habe.) – So sehen Sie immerhin, bevor ich nach München komme etwas Neues von mir – –

Wenn Durychs Friedland sich so /bis zum Schluss/ hält wie die ersten Teile seines Werkes so ist's schon ein Enormes, eine Periode so gewaltig im Großen wie in den merkwürdigen Einzelheiten – damaliger Sitte zu erleben und zu gestalten

Wie ein dunkler Rausch macht es sich da /beim Lesen/ in unserem Blute bemerkbar – irgendwie – in den /eignen/ Vorfahren waren »WIR« ja /doch/ auch damals mit dabei –

– Ein zauberisches Fluid rinnt ganz fein und unsagbar zwischen all den geheimnisvollen Akteuren dieser /für mich/ absolut finsteren Zeit – wo nur ein Schicksalhaftes eigentlich zu regieren scheint – das die Mächtigsten in seinen Bann schlug.

welche Geschehnisse!! – Dass es also /weder/ mit dem Kafka, noch mit Billinger verlegerisch etwas werden kann ist freilich bedauerlich – ich sehe es ein übrigens –

– Aber, das Rassenproblem ist ja wieder einmal en vogue – konnten Sie und Herr Freund /dieser ist ja wohl noch Ihr Compagnon??/ sich nicht zu einer Ausgabe des Tschandala[4] entschließen?? der böse /sein Teil/ fordernde Emil Schering müsste ja jetzt doch durch die Verhältnisse weichgekocht sein – denn besser es erscheint /überhaupt/ etwas, und der Übersetzer kanns dann ja schimpfen, als es erscheint überhaupt gar nichts – der Roman hat 135 Druckseiten, ich habe 30 Arbeiten (10 Vollseiten der Rest halb und vignettenartiges etc.) dazugemacht, im Sturm der packenden erstaunlichen Visionen. – (des mir sonst als genialischer Weiberhasser wahrhaft nicht in seiner Zerrissenheit symphatischen Autors) wie gefesselt war ich aber hier! – und – vorausgesetzt /dass/ eine kleine Möglichkeit des Erscheinens bestünde sende ich diese gerne zur Ansicht!

– die 3 Folgen mit dem Kafkabuch dieses ist freilich gegenüber seinen 3 Romanfragmenten[5] ein /kleines Stück/ <…> mit kurzem Athem! – lassen Sie mir bald wieder bitte zugehn – (über das Figurenalphabeth sagten Sie mir nicht Ihre Meinung? –) – Nun aber ein gesegnetes Fest und an alle Ihre Lieben Grüße – (inclusive der Herrn Compagnons[6] –)
Stets Ihr Prosit
1934 rufender ergebener Kubin

257 Reinhard Piper

München, den 3. Januar 34

Lieber Herr Kubin,
durch Ihr wunderschönes Blatt »Eulenspiegel steigt aus dem Grabe« haben Sie mir eine ganz besonders grosse Freude gemacht, und ich danke Ihnen herzlich dafür. Ich hätte Ihnen schon eher geschrieben, bin aber durch einen schauderhaften Schnupfen geistig fast gelähmt und hüte seit einer Woche das Zimmer, auch diesen Brief diktiere ich zu Hause. Gestern war Karl Arnold[1] bei mir, der das Blatt nach Gebühr bewunderte. Mit ihm betrachtete ich auch meine übrigen Kubinschätze. Ich werde dies Blatt wie die anderen Originalzeichnungen unter einen schönen Passeparout legen lassen.

Herr Dr. Freund ist noch auf Reisen, kommt aber im Laufe dieser Woche zurück. Dann werden wir uns endgültig über die Novellen von Durych schlüssig werden. Die Entscheidung hierüber hängt eben auch mit anderen Entscheidungen zusammen.

Bitte geben Sie Ihrer Gattin doch auch die Tschandala-Zeichnungen mit. Dann haben Sie nicht die Umständlichkeiten des Postversandes. Mein Sohn Martin ist ein eifriger Strindbergleser. Er hat meiner Frau als Weihnachtsarbeit einen Strindberg-Aufsatz geschrieben, durch den veranlasst auch ich mich wieder mehr mit Strindberg befasst habe, vor allem mit seinen historischen Dramen.

Das Figurenalphabet ist in unserem Hause wiederholt mit Vergnügen betrachtet worden. Besonders gelungen finde ich die Buchstaben C, E, H, I, K, O, QU, S, T, U, X, Y, Z da hier Buchstabenform und Bildidee sich vollständig decken, während z.B. im B der Buchstabe nicht recht deutlich ist und Buchstaben wie P und R etwas willkürlich Zusammengesetztes haben. Besonders schön finde ich die Buchstaben K und X, weil hier der Bildeinfall und der Buchstabe sich ganz besonders glücklich decken. Bei diesen Buchstaben muss man lachen wie bei einem sehr guten Witz.

Dass die Büchersendung zu Weihnachten ausgeblieben ist, tut mir wirklich leid. Es liegt hier ein unbegreifliches Versehen vor. Ich habe jetzt in der Liste der Weihnachtssendungen nachgesehen und zwischen Krüger (einer siebzigjährigen Tante von mir) und Lutz (dem Verfasser des »Zwischenfalls« und des Buches »Bayrisch«[2]) fehlt tatsächlich der Name Kubin. Sie hätten wenigstens den Kalender[3] und das neue Buch von Brehm[4] bekommen müssen, den Durych hatte ich Ihnen ja schon vorausgeschickt. Beides geht nun heute ab. Die Ihnen gleichfalls zugedachten Bücher »Eduard VII.« und das Masken-Buch folgen, sobald sie »greifbar« sind, wie der Verleger so schön sagt.

Meine Frau musste leider über Neujahr in der Klinik liegen, ist aber jetzt glücklich wieder zu Hause /leider noch sehr deprimiert u. von der Narkose mitgenommen/. Meine Söhne waren über Neujahr Skifahren, die kleine Tochter geht natürlich schon um neun Uhr herum ins Bett, weshalb sollte ich da mutterseelenallein das neue Jahr heranwachen? Mein Schnupfen hemmte ja ohnehin jeden höheren Gedankenflug. So habe ich also zum erstenmal seit Jahrzehnten den Anbruch des neuen Jahres schlafend erlebt, oder vielmehr nicht erlebt.

Hoffentlich können wir Ihre Gattin bald bei uns sehen[5].

Mit besten Grüssen und Wünschen Ihr R Piper

258 Alfred Kubin

Zwickledt – 5.I.34

Lieber Herr Piper Ihre Briefe[1] haben uns Beide hier erfreut – (ich fürchtete /schon/ Sie säßen unschuldig in einem K. Lager, – meine Frau vermutete, richtiger, eine Erkältung) – Ich freute mich aber besonders über Ihr Urteil betreffend des Figurenalphabetes und ganz besonders, dass Sie, via Martin, an den Strindberg wieder gekommen sind – aus diesem Grunde – (bis m. Frau in M. auftaucht dauert es ja noch länger) lasse ich die Tschandalaarbeiten heute postalisch abgehen bisher gesehen hat sie beinahe niemand –

Frau v. Vegesack[2] (Clara Nordström) sah sie bei uns und behauptete diese Blätter »riechen« nach Schweden (ich war aber noch nie dort) – /Bitte/ lesen Sie diesen kurzen historischen Roman und sie werden etliche Wunderstunden erleben –

Nichts von Strindberg'schem komplexiösem Weiberhass – aber ein gewaltiges Heldentum!

Ja – das ist nordisch /was ließe sich da für ein großartiger Waschzettel dazu schreiben./ und lebt in uns /auch/. – Falls sich »Silberstreifchen« zeigen und das Buch verlegerisch betrachtet würde, mache ich aufmerksam – dass E. Schering bislang bösartig war – d.h. nicht auf mich, denn nachdem er, von sich aus schrieb, er hörte ich habe Tsch. illustriert und »was es damit Wahres auf sich habe – schickte ich ihm diese Blätter und da war er hingerissen und meinte Strindberg selbst wäre davon gewiss begeistert gewesen. – dennoch gelang es ihm nicht dies Buch unterzubringen; vermutlich weil er eben »bös« ist – Vielleicht können Sie mit solchen Geschöpfen aber gut umgehen??, und die Zeit hat sich ja auch geändert!

– das Piper-Weihnachten verschiebt sich; so /für mich/ halt /und/ kann ich's dann später feiern –

Mir geht es so gut als es einem alten k.k. österr. Hypochonder gehen kann – Ist man verflucht einmal sein ganzes Leben Schemen zu zeichnen, so gewöhnt man sich daran – endlich auch. Hauptsache ist dabei dass der Körper des Zeichners diese 3 Eigenschaften reichlich besitzt:

1. ein Falkenauge
2. die Hand eines Chirurgen
3. den Arsch eines Schusters

des Zeichners Seele hingegen ist komplizierter – Seien Sie froh wenn Sie Ihre liebe Frau wieder nun /bei/ guter Gesundheit wieder wissen – ich wünsche

Ihr alles Glück dazu –

Wie immer Ihr
Sie herzlich grüßender alter Kubin

259 Reinhard Piper[1]

München, den 18. Januar 34

Lieber Herr Kubin,
Ihre prachtvollen Illustrationen zu Tschandala von Strindberg haben sowohl Herrn Dr. Freund als auch mich ausserordentlich entzückt. Sie zählen zu Ihren allerschönsten Arbeiten. Selten haben Sie einen so ungemein nuancenreichen Strich zu Gebote gehabt. Die zeichnerischen Einfälle sind Ihnen in Fülle zugeströmt. Wir kannten beide den Text von Strindberg nicht und überlegten uns trotz der Ungunst der Zeiten sehr ernsthaft, wie eine Buchausgabe zu ermöglichen sei. Aus Ihren Zeichnungen schlossen wir auf einen reich bewegten, phantasievollen Text, auf eine Novelle, die zu lesen Freude machen müsste.

Ich las dann das Werk von Strindberg – und war schmerzlich enttäuscht. Die Geschichte ist nicht nur quälend und unerfreulich, sie ist auch geradezu langweilig, sodass es selbst mich, der ich mich doch sehr viel mit Strindberg befasst habe, eine Ueberwindung kostete, die Geschichte zu Ende zu lesen. Wenn der Magister in das Schloss zieht erwartet man, dass nun etwas /dichterisch/ Schönes und Phantasieanregendes sich entwickeln werde. Statt dessen aber beginnt eine Kette von kleinlichen Quälereien, von unklaren Geschichten, bei denen man nie recht weiss, worauf das alles hinaus soll. So geht es 140 Seiten fort und erst zu allerletzt kommt eine dramatische Wendung und Lösung. Bis dahin ist aber der Leser längst erlahmt. Man kann sich auch für die Persönlichkeit des Magisters nicht recht interessieren und infolgedessen interessiert es einen auch nicht, was aus ihm wird.

Man kann vom Publikum nicht verlangen, dass es diese quälende, unerfreuliche Geschichte liest, bei der sich die Nerven geschunden fühlen und schliesslich nichts als eine kleinliche Schinderei herauskommt. Da hat doch der Doppelgänger von Dostojewski einen ganz anderen Zug von dämonischem Humor!

Auch das angedeutete Rasseproblem[2] kann an diesem negativen Eindruck nichts ändern. Strindberg hat ein Stück von seinem Verfolgungswahn in das 17. Jahrhundert zurückverlegt, denn natürlich ist er selbst der geistig überragende Magister, der seinem brutalen Feind nur Gutes tut und dafür von ihm gequält und ausgebeutet wird, bis er sich zuletzt durch seinen überragenden Geist von ihm befreit.

Ich kann auch verstehen, was Sie als Zeichner an dem Buche gereizt hat. Die Novelle hat Ihnen ja auch Stoff zu wirklich prachtvollen Zeichnungen gegeben. Aber schliesslich sind die Zeichnungen nicht ohne den Text zu denken und auch der Text müsste für das Publikum einen Reiz haben, besonders in der heutigen Zeit, wo es ohnedies so ungeheuer schwer ist, das Publikum zum Kauf eines illustrierten Buches zu veranlassen. Bücher werden ja hauptsächlich dadurch gekauft, dass ein Leser es dem anderen empfiehlt. Eine solche Empfehlung ist aber bei diesem Text ganz ausgeschlossen. Ich selbst möchte von keinem meiner Bekannten verlangen, sich mit dem Text abzuquälen.

260 Reinhard Piper

München, den 6. II. 34.

Lieber Herr Kubin,
das erste Blatt dieses Briefes lag fertig da, dann wollte ich aber abwarten, bis Ihre Gattin käme und dies Ereignis ist ja nun vor ein paar Tagen eingetreten. Ich habe mich sehr gefreut, Ihre Gattin gesund und munter wiederzusehen und von Ihrem Ergehen zu hören.

Ihre Gattin schien gar nicht sehr überrascht von meiner Stellung zu dem Tschandala-Text. Sie meinte, sie habe ihn selbst nicht auslesen können.

Mit der Rauhnacht von Billinger und mit dem Alphabet sieht es leider verlegerisch auch nicht günstiger aus. Ich zeigte die Zeichnungen zur Rauhnacht dem Dr. Ernst Heimeran, dem Schwager von Ernst Penzoldt, der als altes Vorstandsmitglied der Argonauten[1] das künstlerische und literarische München kennt. Natürlich gefielen ihm die Zeichnungen sehr, aber als ich ihn fragte, ob er unter seinen vielen Bekannten irgend jemanden wisse, von dem man wohl annehmen könne, dass er diese illustrierte Rauhnacht kaufe, sagte er: nein. Das Alphabet ist auch /für sich/ nicht gut möglich. Den Leuten fehlt dazu die Beschaulichkeit.

So bleibt also als Projekt nur die Illustrierung der drei Wallenstein-Novellen von Durych. Doch können wir uns leider darüber auch erst etwas später schlüssig werden. Das kleine Buch könnte erst zum Herbst erscheinen, denn zunächst müssen wir erst noch den dicken »Friedland« verkaufen, dem wir nicht allzuschnell eine Konkurrenz an die Seite setzen dürfen.

Es tut mir wirklich leid, Ihnen nichts Positiveres und schneller in die Tat sich Umsetzendes schreiben zu können. Aber heutzutage muss der Verleger wirklich sehr vorsichtig sein. Unser Umsatz ist im Jahre 1933 hinter dem des Jahres 1932 noch wieder zurückgeblieben. Es ist ein Wunder, dass wir dementsprechend immer auch noch die allgemeinen

Betriebskosten und Unkosten senken konnten, aber es kommt ja mal ein Punkt, wo es nicht mehr geht und diesen müssen wir unter allen Umständen vermeiden.

Die grosse Mappe mit allen Ihren Zeichnungen sende ich nun versichert an Sie zurück. Hoffen wir, dass es im Herbst zu dem Durych-Bande kommt. Ich werde Ihnen etwa im Mai darüber schreiben, Sie haben dann bis zum Herbst gut Zeit. Es würde sich um 12 Zeichnungen und um ein Titelblatt handeln.

Mit besten Grüssen und Wünschen

Ihr

R. Piper

/Nächstens kommt die nun fertig werdende »Welt der Masken« nach Zwickledt/

261 ALFRED KUBIN

Zwickledt 17. II 34

Lieber Herr Piper –

Gewiss ich war natürlich recht traurig dass von den vier fertigabgeschlossenen Serien nichts in den Piper'schen Verlag kommen kann, der so manches Werk meines besten Schaffens aufnahm – aber – schließlich – die wirtschaftliche Frage ist hier ausschlaggebend – am ehesten hoffte ich noch auf eine kleine Publikation des F. Kafka »Landarzt« – nur muss ich Ihnen auch da recht geben –: dies Büchlein wäre mehr eine bibliophile Curiosität und ich meinte dass es so /von Ihnen/ gedacht war. /in Prag u. Wien ist F.K. sehr geschätzt u. bekannt/ – Ich hatte nämlich von Prag aus – (Willy Haas, »literarische Welt«) eine Beziehung und schon beinahe abgeschlossen darüber – wurde dann aber gewarnt bei der sogenannten Emigrantenpresse[1] mich nicht »fest zu legen«

– so trüben die Verhältnisse, die mir Fantasten der in allen Epochen meist »lebt« nur in der gegenwärtigen /am/ wenigsten, immer wieder meine Pläne

– auf Billingers merkwürdige /elementare/ Gabe zählte ich auch, hoffte dass dieses einfach durchschlagende Bühnenerfolge erreicht und mühte mich um eine schöne illustrierte Rauhnachtausgabe – – – und der Tschandala hat bei aller Anerkennung eine unglückliche Geschichte hinter sich – als hätten die Zigeuner aller Länder ihn verflucht – – So schwach wie Sie finde ich den Text, der mir /bis 1929/ unbekannt war und auf welchen ich durch den Maler Louis Hofbauer[2] († 1932) /als für mein bildhaftes Schauen geeignet/ aufmerksam gemacht wurde. – diese Atmosphäre der Verkommenheit, das ganze Milieu, so gestaltenreich, und seltsam eigensinnig-strindbergisch beschäftigte mich mehrere Monate – – Strindberg gehört natürlich zu den »pathologischen Genie's« der Magister ist er /selbst/ gewiss, aber doch auch der augenblicklich so beliebte faustische, nordische Mensch – – hier sind wirklich zwei Rassen – Nun habe ich nur noch die 32 Aufschlagschicksalskarten kleine Blättchen und 1 Titel – und 40 Illustrationen zum »Landprediger von Wakefield« von »Oliver Goldsmith« hier – in dem ich eine echte starke Satire entdecke – die sich prachtvoll bebildern ließ. Auch diese Dinge sind wohl kaum für Sie in Betracht kommend?? wenigstens unter den jetzigen üblen Umständen kaum. – O. Goldsmith wäre in der guten alten Übersetzung ja längst frei und kostenlos zu drucken. – Was ich für Rowohlt machte – eine Legende »der Main« 23 Arbeiten ist von dem Dichter Wolfg. Weyrauch[3] düster ja fast komplexiös-patholisch, so dass Tschandala dagegen als reines Frühlingsmärchen wirkt – – Ich höre /also/ von dem Durychbändchen dass es erst für Herbst bestimmt ist – hoffen wir zu den Hintergrundsmächten also dass diese mich mit Kraft und Schaffensantrieb segnen – denn – die Nachmittags- wenn auch noch nicht Abendstimmung – macht sich in meiner Seele allmählich breiter – – und so gerne ich meinem großen Werk – eine sinnvolle Reife und noch Alterstiefe geben möchte – Wer kann's wissen ob's dazu kommt bei den verbitternden Zeiten – Übrigens postalisch ist alles wie immer /ich erhalte jedes Paquet/ Ich wundere mich dass Sie mir meine 4 Collektionen noch nicht zurücksandten Sie erwähnten es ja schon

ich möchte einiges noch zirkulieren lassen. Vergessen Sie nicht Welt d. Masken bitte und Eduard VII v. Maurois – (Eben lese ich über Heinrich VIII – ein schönes Werk[4] das mir Rowohlt[5] schickte – /nach/ dem alten England möchte ich im Eduard VII – neue Verhältnisse kennen lernen – und auch mein Landarztbuch vergessen Sie nicht, da hoffe ich immer noch dass ich's unterbringe – weil es das ist was am geringsten Kosten verursacht – (nur 6 Autotypien) Es heißt Kreuzspinnen bringen Glück nehmen Sie bitte also diese da bitte – und seien Sie stets herzlichst begrüßt von Ihrem

alten Kubin

P.S. m. Frau ist wieder da und lässt herzlichst grüßen – alles Gute Ihrer Gattin mit Bedauern höre ich dass sie auch nochmal kränkelt.

– Danke für die Bücher v. Brehm etc.

262 Alfred Kubin – Postkarte

21.2.34 *[hs Datierung RPs]*

L.H.P. Das war ein froher Tag gestern – Es kam das wirklich grandiose Maskenwerk – mit Onkel Eduard[1] nicht minder interessierendem Wesen. Dann kam auch mein Artikel im großen Herder[2] und dann die Nachricht dass die Nationalgalerie drei Originalarbeiten erwarb. – Nach der bangen vergangenen Woche hier bei uns in Österreich[3] und überhaupt dem Druck – freut man sich doppelt über alles – und heute Nacht heulte ein Frühlingssturm und trotz des Schnees ist er mir willkommen – (wissen Sie, dass bei den Chinesen der Frühling in den Dez-Januar fällt!? Das aller Saft noch in den Knospen, Knoten Zweiglein und im Boden noch beisammen steckt) – Willkommen wäre mir auch Herr Dr Freund der vom Böhmerwald aus mir schrieb – und mit dem ich vielleicht in Passau ein Zusammentreffen haben werde –

Ihnen stets getreu verbunden

der österreichische Hokusai[4]

263 REINHARD PIPER

München, den 22.II.34.

Lieber Herr Kubin,
ich schicke Ihnen nun heute die vier Zyklen wieder zu: die Zeichnungen zur Rauhnacht, zu Tschandala, Kafka und das Figurenalphabeth, ferner das Buch von Kafka. Ich habe mit der Absendung noch etwas gewartet, weil Ihre Zeichnungen gerade in den letzten Tagen im Verlag noch von verschiedenen Künstlern besichtigt wurden, nämlich von Schinnerer, von Gulbransson und von dem Bildhauer Hermann Geibel[1]. So kamen doch die Zeichnungen zu einer lebendigen Auswirkung. Sie hätten dabei sein sollen und die begeisterten Ausrufe hören, wie da mit besonderem Verständnis alle Einzelheiten genossen wurden, wie Sie in der Fläche bleiben und doch das Räumliche geben wie die Kongruenz zwischen Strich und Idee, zwischen äusserer Erscheinungswelt und psychischer Bedeutung gerühmt wurde. Und wie allgemein bedauert wurde, dass die Zeiten so schlecht sind. Nun wollen wir hoffen, dass wir im Herbst wenigstens den Durych illustrieren lassen können.

Soeben kam Ihre Karte, aus der ich ersehe, dass die Welt der Maske Ihnen Freude gemacht hat. Das ist ein richtiges Künstlerbuch, auch von Barlach hörte ich viel Gutes[2] darüber.

Es würde mich sehr freuen, wenn aus Ihrem Zusammentreffen mit Herrn Freund etwas würde. Sie müssen dann unbedingt mit ihm auf die Festung Oberhaus, wo man die Lage von Passau so schön überblickt. Dass Sie sich mit der Emigrantenpresse in keiner Weise einlassen, halte ich für sehr richtig, wenn man auch die Zeitschrift von Willi Haas nicht zur Emigrantenpresse im engeren Sinne rechnen kann. Aber man ist in Deutschland in dieser Beziehung besonders empfindlich. Sie könnten sich da sehr schaden. Und nun hat ja auch die Nationalgalerie zu meiner Freude wieder etwas von Ihnen gekauft.

Ich möchte übrigens bemerken, dass ich Tschandala durchaus nicht »schwach« finde. Das Werk ist nur so unerfreulich und quälend, dass es sicher heute keine Freunde finden würde.

Was ist denn das für ein Artikel von Ihnen im ....?

Ich kann das nicht lesen. Ach so, es heisst wohl »im grossen Herder«, dem Konversationslexikon. Es ist ja schön, dass Sie darin aufgenommen sind. Ich dachte zuerst, es handle sich um einen von Ihnen verfassten Artikel. Wissen Sie was im grossen Brockhaus von 1931 über Sie steht?

»Kubin ist ein Künstler, der das Traumhafte und Gespenstische eines Erlebnisses und die dunklen Seiten des Lebens mit eigentümlicher Schärfe darstellt. Seine scheinbar ganz einfache!! Zeichenkunst erinnert oftmals an die von Zeichnern des 16. Jahrhunderts, manchmal an französische Zeichner wie Daumier[3], gelegentlich an Rops und Ensor[4] /<Na> was Sie alles <nennen>! der Mann hätte ja auch noch Rembrandt, Goya, Bruegel, Hogarth[5], Callot[6] usw. usw. usw. aufzählen können!/. Auch dichterisch geformte Stoffe gruseliger Art hat Kubin wirkungsvoll illustriert.« Dann werden aufgezählt: Hoffmanns Nachtstücke, Hauff, Phantasien im Bremer Ratskeller und Märchen, der Doppelgänger, Poe und Strindberg, Damaskus, Sansara und Totentanz. Rauhnacht und Heimliche Welt. Zum Schluss heisst es: »Er schrieb auch den phantastischen Roman »Die andere Seite« (1909; 15. Auflage 1928).

Für heute mit besten Grüssen für Sie und Ihre Gattin

Ihr ergebener

R Piper

264 Alfred Kubin

OÖ Zwickledt
Wernstein 18.4.34

Lieber Herr Piper Seit 7 Wochen treibe ich mein Studium des 30jähr. Krieges – und bin aufs Neue – und immer wieder fasziniert über dieses Chaos von Visionen! – Ich habe »als Material« eine Menge Bilder und Literatur hier, fand auch in meiner Sammlung so manches –

Jedenfalls: Durych ist ein ganz Starker! Der embarras de richesse peitscht diesen Dichter ja förmlich – alles ist prachtig dicht und <begeisternd> und geheimnisvoll –

– Nun aber – In den ersten Tagen des Mai möchte ich dann die nähere Frage wegen der Illustration der 3 Novellen doch geklärt haben!!! die Dinge brauchen mit den Jahren /eher/ mehr als weniger Zeit – bis sie ausgeformt und ausgetragen sind, und da ich mich in das Zeitmilieu nun <vergraben> habe so hoffe ich nur dass Sie nicht mit dem Format Schlimmes mir bescheren

– es soll ein billiges Buch werden –

– etwa 10 Vollseiten müssten es aber unbedingt werden!!

Ist das Publikum nicht ganz verlassen so liebt es den Friedlandroman –

– eine solche Gelöstheit der Vorstellungen bei solcher Kraft – habe ich lange nicht mehr erlebt

– Schreiben Sie mir also bitte bald – Es ist vielleicht am besten Sie geben mir an welchen Betrag Sie mir für das Illustrative zu wenden können und das Format – Ich schreibe Ihnen dann! Denn – ist das ein Wortbruch – ich kann nun einfach nicht nach München – so sehr geht es mir gegen das Herz! Ich bin Scheu wie eine Tageule in der Sonne – und lebe eben mehr in andern Epochen – Meine Frau ist verreist[1] – Ich kämpfe gegen Hypochondrien die von beiden Elternseiten ererbt und durch eine wüste Einbildung in die kubinische Dimension gehoben ist – Fatal! – dann spenden die Hintergrundsmächte aber wieder Augenblicke so klar harmonisch, die ich um den Rest des Lebens nicht hergäbe – Wo alles öde oft aussieht blitzen am ehesten die Überraschungen auf – Wissen Sie autentisches über Beckmann?? und geht es Ihrer lieben Gattin wieder gesundheitlich gut? bei uns hören die Leiden nimmer auf – es ist wie die Perlen eines Rosenkranzes – dazu manchmal noch dämonische Combinationen –

– herzlichst stets Ihr Kubin

/Esswein schrieb mir; er ist recht krank mit Erkaltung!/

265 Reinhard Piper

München, den 20. IV. 34

Lieber Herr Kubin,
schönen Dank für Ihren Brief und für die reizende Entwurf-Zeichnung[1] der alten Frau mit ihrer Katze. Sie haben mir damit eine grosse Freude gemacht. Ich wollte Ihnen ohnehin in diesen Tagen wegen der Illustrierung der kleinen Novellentrilogie von Durych schreiben. Es freut mich, dass Sie sich in letzter Zeit so viel mit dem dreissigjährigen Krieg befasst haben. Vielleicht besitzen Sie das kulturhistorische Bilderbuch von Georg Hirth[2]. Dies bietet sehr viel Bildmaterial an zeitgenössischen Stichen, Schlachtbildern, Porträts. Für das Verschicken ist es allerdings etwas gross. Andere Bilderwerke tun es auch.

Was nun das Buch selbst anbelangt, so brauche ich Ihnen nicht zu sagen, dass uns hier in erster Linie ideelle Interessen leiten. Ein Geschäft werden wir mit dem Buche nicht machen. Unser Reisevertreter, der die Buchhandlungen besucht und das Buch an das Sortiment verkaufen soll, hat uns sogar abgeraten. Wir schätzen aber einerseits sehr diese ausserordentlich eindringlichen Prosastücke und dann möchten wir auch gern nach so langer Zeit wieder einmal einen Kubin unter die Leute bringen. Das Buch soll auch möglichst billig werden. Für uns ist die

Aufgabe, eine Form zu finden, bei der wir nicht geradezu Geld verlieren. Mehr wie 250 Mk. können wir für die Illustrierung nicht ausgeben. Das ist gewiss wenig und doch hat das Ganze nur Zweck, wenn Sie trotz dieses sehr bescheidenen Honorars vollwertige Illustrationen liefern, die Ihren alten Verehrern Freude machen. Dichter, Zeichner und Verleger können da nur Bundesgenossen sein. Wir dachten uns 10 Vollbilder, worunter auch ein Titelblatt wäre (für Einband resp. Umschlag) 3 Initialen zu Beginn jeder Novelle und 3 Schlussvignetten. Diese Schlussvignetten könnten erst gezeichnet werden, wenn man nach umbrochener Korrektur sieht, wie der Text für die einzelnen Geschichten aussieht, wie viel Platz also für eine Vignette bleibt.

Wollen Sie für das Honorar mehr Zeichnungen machen, um dem Publikum etwas recht Schönes zu bieten, so sind wir selbstverständlich gern bereit, entsprechend mehr Klischees zu machen. Zweifellos macht das Buch den Leuten mehr Freude, je mehr Bilder drin sind. Uebrigens bleiben die Originale Ihr Eigentum. Der Betrag versteht sich nur als Reproduktionsrecht, sie können also schliesslich doch noch weiteren Ertrag aus den Arbeiten ziehen. Im übrigen interessiert sich auch der Verlag Melantrich in Prag[3] für die Illustrationen und würde Ihnen also vielleicht auch noch etwas zahlen. Natürlich will er sie zuerst sehen.

Den Satzspiegel denke ich mir laut Anlage. Grösser können wir nicht gut werden. Es ist dies der Satzspiegel von Christiansen »Zwei Lebende und ein Toter«[4]. Natürlich müssten die Zeichnungen reine Federzeichnungen sein für Strichätzung. Die Originale können natürlich proportional grösser sein. Den Stil denke ich mir malerisch, ähnlich wie die Tschandala-Zeichnungen, nicht wie die etwas stilisierteren Rübezahl-Zeichnungen. Ueber die Umschlagzeichnung müssen wir uns noch auf Grund von Skizzen verständigen, bevor Sie die endgültige Zeichnung machen. Im Original hat die Trilogie eigentlich den Titel Requiem. Das klingt aber etwas gar zu resigniert. Heutzutage, in der Zeit des Wiederaufbaues, will man von Requiem nichts wissen. Ich denke, der beste Titel ist »Die Kartause von Walditz«[5]. Das klingt phantasieanregend.

Dann möchte ich Sie bitten, doch die Illustrationen im Einklang mit dem Text zu halten, also nicht etwas direkt anders darzustellen als der Dichter. In der »Neujahrsnacht«[6] stört es doch ein wenig, dass im Text von dem Zurechtrücken des Anzuges gesprochen wird, während auf dem Bilde der Knabe nackt ist. Der Leser wird dann zwischen zwei verschiedenen Vorstellungen hin und hergeworfen.

Mit gleicher Post schicke ich Ihnen ein neues Buch »Eros' Begräbnis« von Hjalmar Bergman[7], einem jüngst verstorbenen Schweden, dessen arabeskenreiche Fabulierkunst Ihnen gewiss Vergnügen machen wird.

Mit besten Grüssen
Ihr
R Piper

266 Alfred Kubin

Zwickledt 28 IV. 34
O.Ö
Vorerst bei Kartause v. Walditz

Lieber Herr und Verleger Vorerst 1000 Dank für Ihr ausführliches Schreiben ich bin da in Allem vollkommen eines Sinns und Herzens mit Ihnen und akzeptiere

– Dennoch – bei aller Würdigung Ihres Vorgebrachten – und besonders auch um der seelischen Rückwirkung – erbäte ich eine Abrundung des Honorars um 50 RMK – also 300 statt 250 – – das Gefühl nicht allerrotestes Blut auf den Altar zukünftiger Bewertung zu legen nur beinahe um pur Idealismus zu bezeugen – wäre als ein Mit-agens zu diesem Werk schon vonnöten – So ists doch alter Kamerad? nicht etwa? – also berufen Sie notfalls den großen Verlagsrat ein und beschließen Sie günstig!!!!!!! –

Ich selbst, mittlerweile und seit Monden nähre die Aura des 30jährigen Schreckens (und seelischer Lust und Fülle!) –

– die Hirt'sche Bildersammlung auf die Sie hinweisen besitze ich leider nicht aber sonst die Menge – Material – das aber verdaut und synthätisiert werden muss –

Ihre übrigen Bemerkungen samt und sonders erfasste ich völlig – ja schätze diese und brauche sie als mitarbeitende Ingredienzien

– Nun – immer mehr und ausschließlicher versenke ich mich – gibt es Gesundheit – möchte ich nach Beendigung um wohltätigen Ausklang wie neue Kraft zu finden diesjahr im Böhmerwald mich wieder einmal einsam Verstecken –

– wo /noch/ <genügsam> Schwedensporen ausgegraben werden und Wallenstein'sche Geister (siehe Bucquoi[1] im Schloss Rosenberg etc. etc.) noch umgehen –

auf Melantrich dann für später rechne ich natürlich etwas – (in Böhmen ist mein Name ja bekannt bin Ehrenmitglied der Prager Secession[2] etc. – und bitte Sie mir Herrn Durychs Adresse zu übermitteln – tolle Spannungen liegen in diesem genialen Kopf eines Landsmanns beieinander –

der Satzspiegel genügt mir grade noch – Ich arbeite die Originale proportional größer was nicht schadet, reicher macht, nützt!

– Für Eros Begräbnis verbindlichsten Dank, das kriegt Frau Kubin /z. Zt. auf reisen/ zuerst zum Lesen – ich behalte es mir für den Spätsommerlichen Erholungsurlaub[3] vor.

Mit besten Grüßen stets Ihr
Kubin

Ich höre heute dass vor einigen Wochen Grete Gulbransson[4] verstarb – ich kannte sie seit 1902 mit Dr Freund[5] sprach ich ja noch kürzlich über sie – nun ade –

/– – Sehr merkwürdig ist ein Vergleich vom heißen Durychgenus mit der kalt-grandiosen Art des Döblinschen Wallenstein wo ein vorausetzungslos heller semitischer Geist[6] dichtet! – Kennen Sie den Doppelband?/

267 Reinhard Piper

München, den 2. V. 34.

Lieber Herr Kubin,
schönen Dank für Ihren Brief vom 28., aber seien Sie mir bitte nicht böse, wenn wir vorerst über die 250.- Mk. nicht hinausgehen können. Das Buch ist sehr knapp kalkuliert und wir müssen ja auch noch Autoren- und Uebersetzerhonorar bezahlen. Wir sind aber bereit festzusetzen, dass wir Ihnen nach Absatz von 2.000 Exemplaren noch 50.- Mk. nachzahlen. An dem Buche wird uns ohnehin, wenn überhaupt, nur ein Nutzen von Pfenningen bleiben.

Der Verlag Melantrich interessiert sich sehr lebhaft für die Illustrationen und wird Ihnen also hoffentlich auch noch ein Honorar zahlen.

Unser Reisevertreter schreibt uns heute aus Hamburg: »Mir graut direkt vor der weiteren Tour, denn sie wird und kann nur katastrophal ausfallen. Ich habe nur den einen Wunsch, dass Sie mich einmal beim Besuch der Sortimenter begleiten könnten. Das Sortiment hat Angst vor jeder Bestellung und gegen das, was ich zu hören bekommen, täglich immer wieder anzukämpfen, dazu gehören Gäulsnerven.«

Die gewünschte Adresse von Durych istä Dr. Jaroslav Durych Olmütz, C.S.R. Letna. Aber schreiben Sie ihm bitte nur ja recht deutlich, nicht so malerisch wie an mich, der ich Ihre Buchstabenarabesken seit dreissig Jahren gewohnt bin.

Den Wallenstein von Döblin habe ich zum Teil gelesen. Er ist sicher sehr viel wirklicher und historischer wie der Durych. Er ist sehr scharf gesehen, aber lange nicht so dichterisch.

Für heute mit besten Grüssen

Ihr

R. Piper

/Und nun viel Glück zur Arbeit!/

268 Alfred Kubin – Postkarte

26/V 34

Lieber Herr Piper
Seit 4 Wochen stecke ich mit allen Kräften in der Arbeit zu den 3 Novellen um Wallenstein – und das Einleben in die Periode durch die Lektüre des großen Romanes im März und April, wo ich schon Studien machen konnte gab mir den besten Unterbau – Im Juni sende ich dann meine Blätter –

Es mussten <Befangenheiten> gelöst werden um eine wirkliche Entstofflichung in einer Künstlerischen Form zu finden

Ich glaube mein Ziel gelingt mir aber zu erreichen. Herr Dr Durych schrieb mir sehr liebenswürdig[1]

Leben Sie wohl und halten Sie mir die Daumen –

herzlichst

Kubin

269 Reinhard Piper

München, den 28. Mai 34.

Lieber Herr Kubin,
schönen Dank für Ihre Karte. Es freut mich sehr, dass Sie so eifrig bei der Arbeit sind. Ich halte Ihnen Tag und Nacht den Daumen. Es muss wirklich etwas Schönes werden.

Heute kann ich Ihnen etwas Erfreuliches mitteilen. Herr Peter Suhrkamp, der jetzige Schriftleiter der Neuen Rundschau (S. Fischer)[1] hat bei mir ein Kubin-Bildnis[2] bestellt im Umfang von bis zu 15 Schreibmaschinenseiten. Da hat man also Platz, sich auszubreiten und etwas weiter auszuholen. Die Neue Rundschau will jetzt nämlich eine Reihe von solchen geschriebenen Bildnissen bringen und stellte mir Beckmann und Kubin zur Wahl. Da habe ich erklärt, dass ich lieber über Sie schreibe. Bei Beckmann würde das doch eine Art Seiltänzerei, in der Hauptsache Kopfarbeit, während Ihnen gegenüber Herz und Gemüt mitspricht.

Ich werde Anfang Juni zunächst nach Berlin fahren und könnte Mitte Juni dann Sie besuchen, was Ihnen hoffentlich nicht unwillkommen ist. Ich muss mir doch unbedingt aus der Wirklichkeit und aus Gesprächen mit Ihnen frischen Stoff holen. Sonst würde die Sache ein zweiter Aufguss dessen, was ich früher geschrieben habe[3]. Ich hoffe sehr, dass ich zu Ihnen nach Zwickledt kommen kann, da dies ja eine geschäftliche und berufliche Sache ist, wofür im allgemeinen ja die Einreise erlaubt wird. Wenn es gar nicht geht, müssten wir uns in Passau treffen, was ich bedauern würde – Ihrer verehrten Gattin würde es allerdings Umstände, die ja immer mit einem Besuch verknüpft sind, ersparen – aber ich brauche eigentlich nochmal die Luft in Ihrem Arbeitszimmer. /Und Anderes!/

Die Aufgabe ist ohnehin schwer und heikel, denn ich muss ja nun sozusagen mit Carossa konkurrieren[4], der die Sache wunderschön gemacht hat.

Natürlich kann ich dann gleich auch etwas über Ihre zeichnerische Auseinandersetzung mit dem dreissigjährigen Krieg schreiben.

Die Verbindung mit Suhrkamp hat übrigens mein Freund Ernst Penzoldt hergestellt, der ihn auf meine Tagebuchblätter über Barlach etc.[5] aufmerksam machte. Ich war Samstag-Sonntag mit Frau Penzoldt[6] und seinem Schwager Heimeran im Auto des Vaters Heimeran[7] in Stuttgart zur Erstaufführung von Penzoldts »So war Herr Brummel«[8], ein reizend ironisches bilder- und einfallreiches Stück aus Alt-England. Es gab genug Hervorrufe, die Aufführung war ausgezeichnet, aber man weiss natürlich noch nicht, wie lange sich das Stück halten wird. Es ist etwas »Kaviar fürs Volk«. In der Galerie besah ich mir vor allem den grossen Altar (acht Flügelbilder) von Jörg Ratgeb[9], von 1519, eine Art Grünewald, nur bilderbogenhafter, vollgepfropft von burlesken Szenen, ganz hell in den Farben. Etwas ganz Einzigartiges. Kennen Sie das? Es lohnt eine Reise nach Stuttgart. Der arme Maler wurde im Bauernkrieg gevierteilt. Das meint man seiner Kunst schon anzusehen. Auf der Hinfahrt machten wir in dem reizenden Günzburg an der Donau Mittagspause und besahen uns die schöne Frauenkirche von Dominicus Zimmermann[10], feinstes Rokoko. Auf der Rückfahrt machten wir kurz in Esslingen und in Ulm Station. Das war eine hübsche Auffrischung in dem sonst nicht gerade rosigen Verlegerdasein.

Mit besten Grüssen und Wünschen Ihr
Reinhard Piper

270 Alfred Kubin

29. V 34

Lieber Herr Piper, Ja natürlich sind Sie dann Gast bei uns schreiben Sie nur rechtzeitig Im vorjahre gab man zwar dem Dr Otte der das Kubin Archiv in Hamburg gründete keine Ausreise /nach hier/ dieser ist aber ja auch eigentlich Apotheker – und konnte keinen Geschäftsgrund anführen – Ich freue mich sehr über dies unser Treffen Sie sind ja auch nicht nur »Experte« sondern leidenschaftlicher Teilnehmer und <hoher> »Mitarbeiter« – und so vieles giebts zum zeigen (z. Bsp den Stammbaum[1] den der »Archivar« Dr Kurt Otte ausgeforscht hat – und allerhand sonsten – u. s. w.

– der Ratgebaltar gehört zu meinen größten Erlebnissen – so ungeheuerlich als hätte der Mann sein schreckliches Ende vorausgeahnt welches ich erst durch Sie erfuhr –

Das XVII Saeculum ist übrigens in Martyrien nicht viel besser als das XVI. – ich stehe immer noch unter der Faszination meiner Arbeit –

– Erträglich wird das alles überhaupt wenn uns die groben Vorstellungen wieder verschwinden und uns im Schaffen ein Reich von imaginärer Irrationalität hinnimmt –

– anders kann ich – eigentlich unsagbares nicht ausdrücken – Penzoldt kenne ich leider nicht persönlich – er hat ja sehr schöne Erfolge – –

für Umschlag[2] oder Einband möchte ich, immer wieder schwebt es mir vor: nachst der Schrift die Rüstung Wallensteins (die ich nach einer

Fotoaufnahme kenne) – mit geschlossenem Visier – möglich auch mit Wappen – nehmen und derb – mit einem von mir zugeschnittenen Holzstäbchen zeichnen – das würde im Schaufenster gewiss auch als »Blickfang« malerisch und günstig wirken. Jedenfalls bekommen – Sie vor Ausführung den Entwurf (mit dem /sonstigen/ Fertigen) mitgeschickt den Sie mir dann mitbringen können, oder wenns mit der Zeit nicht besser ist Sie schicken ihn früher damit ich das große Eisen schmieden kann, stets Ihr

alter AKubin

meine Frau ist für eine Woche vom »Kubinarchiv« nach dem ihr noch unbekannten Hamburg[3] eingeladen.

gestern ist Sie abgereist

271 Alfred Kubin

Zwickledt
Wernstein O.Ö. 12/VI 34

Lieber Herr Piper
Hiermit schicke ich den Text zu den 3 Novellen – an den Originalen habe ich bisher immer noch ein wenig zu tun – so gut wie fertig sind sie aber – Ich musste einfach die 3 Vignetten auch gleich machen /kann es einfach organisch nicht, mich »später« wenn der ganze hervorgerufene Fluss der Vision dahin ist mich wieder frisch hinein denken – wo es jetzt in einem Schwang geht./ sollte die eine oder andre nicht dem Satz angepasst werden so müsste ich sie halt umzeichnen (was sehr schade wäre denn sie ersehen ja selbst /dann/ dass sie mit Kraft und Schwung gemacht sind, und diese müssen eben immer abgewartet werden um hinzureißen –

Überlegung allein ist gar nichts – den Umschlag Titel habe ich 2 mal – und bezeichnete den II (mit »Titel I.«) ich halte ihn für wirksamer doch wählen Sie selbst!

da würde ich denn dann ersuchen mir einige Klischeedrucke zu übermitteln lassen wenn Sie ein oder zwei Farbtöne als angabe etwa für Schablonen oder Platten haben wollen –

Vielleicht schon gestern oder heute wird meine Frau in den Verlag zu Ihnen kommen – auf der Rückfahrt von der schönen Hamburg-Helgolandreise wozu sie der Stifter und Erhalter des Kubin-Archives eingeladen hat – da erfahre ich von ihr onehin wann Sie anhero nach Zwickledt kommen – so dass ichs weiß ob ich die Originale nun gleich allernächster Tage abschicke oder hier auf Sie warten lassen soll – den Text sende ich nur für den Fall Sie gleich setzen lassen oder ihn wegen der Bilder nochmals durchlesen wollen – er ist großartig immer wieder –

– Nun habe ich dies Werk hinter mir (und wenn Sie können werden Sie auch sehen welche Vorarbeiten es erforderte bis ich die »richtigen« Fassungen endlich hatte – dieser Stoff liegt mir nun noch so arg in allen Gliedern und ich hoffe nur dass diese autosuggestionen jetzt baldigst abschwellen (es hat ein wenig Ähnlichkeit mit einer Psychose) Aber Sie – und alle verstehenden werden mit der Arbeit an diesen 18 Blättern zufrieden sein – Herzlich freue ich mich aufs Treffen hier machen Sie es nur so richtig dass Sie glatt kommen können – zum Ansehen etc. giebt es genug – Immer Ihr

alter AKubin

/P.S. Ein bißchen Angst habe ich halt doch ob bei der Verkleinerung nicht Feinheiten auf die es mir besonders ankommt verloren gehen !!!! Soeben erschien Wolfg. Weihrauchs »der Main« bei Rowohlt mit 27 Sachen von mir/

272 Reinhard Piper

München, den 13. Juni 34.

Lieber Herr Kubin,
besten Dank für Ihren Brief und für Uebersendung des Durych-Manuskriptes. Ihre Gattin war heute im Verlag. Bitte schicken Sie die Zeichnungen noch nicht, ich werde ja wohl in absehbarer Zeit nach Zwickledt

kommen können. Dann können wir alles durchsprechen. Ich gab Ihrer Gattin etwas für Sie mit.

Ich bin sehr gespannt auf Ihre Zeichnungen und freue mich sehr, dass Sie sich so rückhaltlos in die Arbeit hineingestürzt haben. Es wird sicher etwas Starkes, Schönes und Dauerndes dabei herauskommen. Selbstverständlich wird es mein Hauptaugenmerk sein, dass in den Klischees alle Feinheiten, soweit nur irgend möglich, zur Geltung kommen.

Für heute mit besten Grüssen
Ihr
R Piper

273 Alfred Kubin

Zwickledt – Wernstein
15.7 1934

Lieber Herr Piper –
Nun wie hübsch dass wir uns also demnächst hier sehen werden, je eher desto besser – und Sie nehmen die Wallenstein blätter dann gleich mit, gewiss für den P. Kunstkalender[1] gehört eines – um der Wirkung und Verbreitung – <...> August hoffe ich mich zu erholen es ist höchste Zeit denn ich bin gänzlich enerviert

– Für den nächsten Herbst hätte ich eine interessante Arbeit zu einer neuen Schrift von Gerhart Hauptmann[2] noch vielleicht zu machen, eine Folge von 1 ½ Dutzend Blättern

– eine fast unillustrierbare Erzählung in die ich mich da hineingrübeln muss – höchst begierig bin ich wenn Sie mir über Barlach Einiges erzählen werden – Nun ist es wirklich ganz fantastisch geworden überhaupt zu »leben« – Ich lese als entzückende Unterhaltung »Eros Begräbnis«[3] aber im Grunde stöhne ich förmlich nach dem Säuseln der Böhmerwaldtannen –

– in welch dunkles Land ich verschwinden möchte – – der Brief muss noch nach Wernstein zur Post – ich schließe – wenns möglich wäre mir für meinen Durych »es«[4] sicher mitzubringen – ich wäre sehr froh und bedürftig – auf ein frohes Treffen und Gläserklingen!

Herzlichst – Ihr Kubin

Meine Frau dankt für Brief[5] und grußt herzlichst –
schreiben Sie nur rechtzeitig Ihre Ankunft –

274 Alfred Kubin[1]

[undatiert, Mitte Juli 1934]

Zwickledt, Post Wernstein a/Inn, Oberösterreich.

Lieber Herr Piper,
es freut mich sehr, dass Sie über mich für die Neue Rundschau einen so grossen Aufsatz schreiben sollen. Ich sehe daraus, dass in Deutschland das Interesse für künstlerische Dinge sich wieder stark belebt. Sie müssen aber auf jeden Fall herkommen, das ist ganz unerlässlich, denn zu dem Bild meines Schaffens gehört auch mein ganzes Milieu, meine Arbeitsweise, meine ganze ländliche Existenz. Auch müssen Sie zu einer solchen Arbeit über mich unbedingt Einblick in mein gesamtes Schaffen nehmen, was eben nur hier an Ort und Stelle möglich ist. Für mich als echt deutschen Künstler ist auch die Landschaft wichtig, in der ich hause. Nicht umsonst hat man von mir gesagt, dass in meiner künstlerischen Art vieles von den altdeutschen Meistern Albrecht Altdorfer[2] und Wolf Huber fortlebt.

Zugleich müssen wir dann über die Illustrationen zu dem Wallensteinbuch reden, an deren Entwürfen ich jetzt fleissig arbeite. Ich möchte sie mit Ihnen durchsprechen, ehe ich sie ins Reine zeichne. Gerade diese Periode der deutschen Geschichte ist für mich immer besonders anziehend gewesen, und ich vertiefe mich mit Leib und Seele in diese Arbeit. Besonders freut es mich, dass unsere alten künstlerischen und geschäftlichen Beziehungen, aus denen im Laufe der Jahre ja schon vier Illustrationswerke[3] hervorgegangen sind, nun in diesem fünften Werk ihre Fortsetzung finden.

Für heute mit herzlichen Grüssen und in der Hoffnung Sie bald bei mir zu sehen

Ihr

Alfred Kubin

275 Reinhard Piper – Postkarte

18. Juli 34.

Lieber Herr Kubin,
ich habe heute die Einreisegenehmigung bekommen und möchte Samstag früh 7 Uhr hier abfahren. Ich bin dann 10 Uhr 41 in Passau. Ich würde mich sehr freuen, wenn Sie selbst dann auch in Passau sein könn-

ten. Ich würde dann für unsere Unterhaltungen mehrere Schauplätze haben und das wäre mir sehr erwünscht, da ja der Aufsatz 15 Schreibmaschinenseiten lang werden soll. Ich könnte dann auch etwas über Passau sagen und über die Art, wie Sie auf Passau reagieren. Ich hoffe, dass Sie schon um diese Zeit an der Bahnsperre sein können. Falls dies nicht geht, telegraphieren Sie mir noch schnell hierher einen anderen Treffpunkt, evt. auch einen späteren. Vielleicht können wir dann am Samstagnachmittag zu Fuss mach Zwickledt gehen. Ich werde nur einen Rucksack mitnehmen. – Das Honorar für den Durych kann ich Ihnen leider noch nicht mitbringen, denn dies bedarf einer besonderen Genehmigung der Devisenstelle, die so schnell nicht zu haben ist. Ich las soeben in der Frankfurter Zeitung den reizenden Aufsatz von Unold »Besuch bei Kubin«[1]. Ich bin froh, dass er Sie fast gar nicht als Redenden eingeführt hat. Das werde ich nachholen. Ich freue mich sehr auf das Zusammensein.

Mit besten Grüssen, auch an Ihre verehrte Gattin,

Ihr

R. Piper

276 Reinhard Piper – Postkarte

19. Juli 34.

Lieber Herr Kubin,

nun habe ich Sie etwas zu früh alarmiert. Heute hat mich ein frischer Rheumaanfall, wie ich ihn seit langem nicht erlebt habe, ganz krumm gezogen. Ich werde am Samstag noch nicht fahren können, denn es wird sicher Sonntag, bis ich wieder mobil bin. Ich werde also erst am Montag zu angegebener Zeit in Passau sein. Verübeln Sie mir bitte die Verschiebung nicht. Es lässt sich leider nicht anders machen. Ich habe meine Hüfte schon mit einem grossen Pflaster beklebt und verschiedene starke Pulver eingenommen, aber die natürliche Entwicklung der Sache lässt sich nur bis zu einem gewissen Grade beschleunigen. Ich habe mir die Sache wohl geholt, als ich vorgestern Abend unter den Kastanien des Nordparks einen Schoppen Weiswein trank. Und da hat mir doch der berühmte Geheimrat Professor Dr. Friedrich von Müller[1] eigens gesagt, dass Wein unter allen Umständen Gift für mich sei. Und nun war auch noch der Boden von einem vorhergehenden Gewitter durchfeuchtet. / Und von 9 - 11 Uhr abends wurde es kühl/ – Ich stelle gerade den Jubiläumsalmanach des Verlags zusammen, in den natürlich auch eine Zeichnung von Ihnen[2] kommen muss.

Mit besten Grüssen
und Wünschen
Ihr
R Piper

277 Reinhard Piper

München, den 1. Aug. 34.

Lieber Herr Kubin,
ich bin glücklich wieder in München angekommen. Entschuldigen Sie, dass ich nicht früher ein Lebenszeichen von mir gab. Die bei Ihnen und Ihrer Gattin verbrachten Stunden[1] waren für mich ausserordentlich genussreich und anregend. Ich danke Ihnen nochmal herzlich dafür. Die Zwickledter Eindrücke werden noch lange in mir nachklingen. Die Mappe mit den schönen Zeichnungen wurde am Zollamt gar nicht geöffnet. Ich sagte, was drin sei und der Zollbeamte erwiderte: »Der Herr Kunstmaler Kubin ist mir ja persönlich bekannt« und liess mich passieren. Hier in München haben die Zeichnungen bei Herrn Freund und in meiner Familie sehr grossen Eindruck gemacht. Wir denken intensiv an weitere Kubin-Bücher, vor allem an die Lebensgeschichte in Episodenform[2]. Das Buch soll durchaus nicht der Stimmung nach ein Pendant zu Gulbransson werden, sondern ein echter Kubin und also auch von speziell Kubin'scher Stimmung. Nur in der äusseren Form würden wir es an Gulbransson anschließen.

Was ich mir in Zwickledt notiert, diktiere ich jetzt in die Maschine und will es dann schon in meiner Sommerfrische, die ich morgen aufsuche, mehr und mehr ausarbeiten. Meine Adresse ist also: Bayrisch-Gmain in Reichenhall, bei Frau Stumpfegger. Es erreicht mich aber auch alles unter der Verlagsadresse.

Haben Sie sich schon von S. Fischer[3] den kleinen Erdenwurm von Penzoldt[4] ausgebeten? Wenn nicht, dann tun Sie dies doch jetzt. Es ist ein Buch, das Ihnen ganz gewiss in vielem wahlverwandt erscheinen wird, und Ihnen auch sonst viel Vergnügen machen wird. Ich hatte eigentlich die Absicht, Ihnen das Buch vor meinem Besuch zu schicken, und mich dann mit Ihnen etwas über das Buch zu unterhalten. Das würde nicht nur S. Fischer sehr freuen, sondern auch meinem Freund Penzoldt würde dies Freude machen, ich hatte ihm von dieser Absicht schon gesagt. Nun würde ich Sie dann bitten, mir über den kleinen Erdenwurm einiges zu schreiben, ganz zwanglos, es soll für Sie keine Arbeit sein. /dass ich es im Aufsatz im Gespräch unterbringen kann/

In Passau hatte ich noch einen schönen Tag und habe mir noch mancherlei notiert. Das nächstemal müssen Sie das Museum auf Oberhaus besichtigen. Es sind da einige sehr schöne altdeutsche Bilder und Plastiken, die Ihnen Vergnügen machen werden. Man muss sich etwas Zeit lassen, um die schönen Sachen herauszufinden, so z.B. das Bild mit Christus in Gethsemane[5], mit Sonnenuntergang hinter den Bäumen und mit Fackelbeleuchtung, von einem Vorläufer der eigentlichen Donaumeister. Auch die Räume sind bei aller Einfachheit sehr schön. Ich habe viel übrig für so alte Raumstimmungen.

Für heute mit besten Grüssen und Wünschen an Sie und Ihre verehrte Gattin

Ihr

R Piper

/Vielleicht fällt Ihnen noch allerlei Aphoristisches über Kunst u. Leben ein. Dann notieren Sie es doch bitte für mich zur Bereicherung des Aufsatzes. Solche Sätze wie: »Weshalb soll ich mir als Künstler vor der Natur in die Hosen machen[6], Sie bedrückt mich ja sowieso!« könnte ich noch mehr brauchen./

278 Alfred Kubin

Zwickledt, 4.9.34 O.Öst.

Lieber Herr Piper,

nun kam ich vor drei Tagen wieder aus dem Böhmerwald und, wie ich hoffe nachhaltig doch erholt – ich fand Ihren lieben Brief und denke auch gerne an die schönen belebten Tage die Sie bei uns in Zwickledt verbrachten. Es hat sich hier ein ganz gewichtiger Haufen von Post angesammelt, den ich nun abbaue, solange der »Erholungskater« eine Erscheinung welche Sie vielleicht auch kennen, darin bestehend, dass die ersten Tage nach der Heimkehr meist von Unlust erfüllt sind – – andauert. – Ich habe nun bei S. Fischer mir Penzolds »Kleinen Erdenwurm« erbeten und bin schon neugierig auf dieses Buch – »Episoden«, gezeichnete wie /auch/ lapidar kurz im Text gehaltene, mag die Muse schon einmal uns bescheren. – Ohne dass mir schon etwa ein Plan ja nicht mal etwas Vages /davon/ vor den alten Augen flimmert, ahne ich doch so etwas da wird schon noch einmal /Greifbares/ entstehen – die Sammlung auf der Veste Oberhaus in Passau werde ich mir bei Gelegenheit auch noch ansehen besonders da Sie mir Winke gaben über Merkwürdiges das Sie da entdeckten –

– die Stille der böhmischen Waldungen das ähnliche im Vielerlei dieser Baum- und Pflanzenwelt in allen Stadien des Werdens und Vergehens waren mir erfrischende Erlebnisse aller Sinne – und gewiss nicht zu teuer erkauft mit der primitiven, lärmenden Unterkunft, ja selbst den relativ elenden Nächten die nur zu oft mit Schlafmittel bekämpft wurden. – Eine Kreuzotter erschlug ich auch, es gab viele dieses Jahr von diesen Reptilien dort noch mehr aber gab es Steinpilze für die recht arme Bevölkerung ein begehrenswerter Handelsartikel –

– na also hoffen auch wir – soll man doch vor sein eigenes noch zukunftsverhülltes Schicksal solange als möglich in der Haltung eines Wünschenden treten aber diese Wünsche ja nicht zu sehr präzisieren sondern mehr das Erwartungsgefühl steigern. Es ist eigentlich doch eher Abwicklung als Entwicklung was uns da als »Welt« vor den Augen flimmert – finden Sie – der Sie gleich mir, auch ein Freund des Alten sind das nicht auch? Es ist schon etwas wunderliches um dies Gefühl der Fülle nach allen Seiten[1]? warum wundern sich die meisten Menschen nicht noch ein wenig mehr über sich und ihre Umgebung? Mir ist meine Zeichenkunst der Convexspiegel der Welt, er zieht /erheblich das Bild/ zusammen, für manche mags dann aussehen wie eine verzerrung und ist doch so weit wie Musik so unerschöpflich an Melodie – Ja wer nicht die stumme Bewegung um sich bemerkt die perspektivische Verschiebungen in /der/ nächsten Umgebung wie könnte ein solcher Mensch etwas von dem Riesenzauber ahnen welcher eine Zeichnerseele erfüllen kann – nun aber genug Verehrter und Glück auf zu Ihrem Aufsatz /und Glück auf auch mir wenn Sie mir meine Collektion[2] wieder senden werden – alles Gute für Sie und die Ihren von hier aus –

wie immer stets Ihr alter Kubin

279 Alfred Kubin – Postkarte

16. IX 34 Wernstein *[Poststempel]*

Lieber Herr Piper – Eine Zwischenfrage bevor ich ein wildes systematisches Suchen in der Bibliothek beginne:

– Ist bei den Sachen welche ich Ihnen mitgab auch die Reproduktion jener Breugel Zeichnung[1] (wir beide glaubten nicht an den P. Breugel als Urheber – auf grauem Carton aufgeklebt.) ???? – Ich fand diese hier in dem Wust zunächst nicht – und bräuchte sie – –

– ansonsten lese ich mit sehr starkem Vergnügen den »Kleinen Erdenwurm« – durchaus originell überraschend jede Seite, – ein jeder von uns ist doch ein solcher Erdenwurm –

– heute fahre ich nach Ried wo in einem Archiv für mich altes Papier liegt – hoffentlich ergiebt die Durchmusterung größere Stücke – unbeschädigt durch die Zeit – (Aktenformat ist nämlich leicht zu finden aber größere ungebrochene Bogen sind, bei guter Qualität schon recht selten) – Ich bin da Experte für altes Papier[2] – es macht die Seele mir jubeln wie ein Glas ganz guten duftenden Weines – ja eigentlich – mehr noch!

Herzlichst Ihr Kubin

280 Reinhard Piper

München, den 17. Sept. 34

Lieber Herr Kubin,
schönen Dank für Ihren letzten Brief und für die heutige Karte. Das Blatt aus der Bruegel-Schule mit dem Blinden habe ich wirklich mitgenommen und zwar mit Ihrem ausdrücklichen Einverständnis. Ich werde es Ihnen kürzestens zurückschicken, nachdem ich mir einige Sätze darüber notiert habe. Der Stoff zu dem Aufsatz über Sie ist auf 15 Seiten Aktenformat mit Schreibmaschine niedergelegt. Ich warte nun noch eine günstige Stimmung ab zur Ausarbeitung.

Auch die mir mitgegebenen 64 Zeichnungen wollen Sie mir bitte noch einige Zeit lassen. Ich brauche sie ja noch zur endgültigen Abfassung des Aufsatzes. Ich war am Samstag mit den Zeichnungen bei Ernst Penzoldt. Wir besahen sie mit Andacht auf der kleinen Terrasse oberhalb seines Gärtchens. Die Sonne lag warm auf der von rotem Wein berankten Mauer. Wir tauschten dabei unsere Empfindungen über die Blätter aus. Ich erzählte auch Penzoldt, dass Sie mir noch einige Sätze über den »Kleinen Erdenwurm« schicken würden, die ich dann mit in das Gespräch einbeziehen würde. Um diese paar Sätze bitte ich Sie nun noch, denn Ihre Karte sagt ja nur, dass Sie das Buch inzwischen gelesen haben. Das ist aber etwas zu wenig. Auch S. Fischer wird es lieb sein, wenn in dem Aufsatz, der ja in seiner Zeitschrift erscheint, ein wenig mehr über das Buch gesagt wird. Das kann Ihnen ja nicht viel Kopfzerbrechen machen. Penzoldt erzählte mir übrigens, dass er gerade an einer Novelle arbeite, die sich ausgezeichnet dazu eigne, von Kubin illustriert zu werden.

Ihr letzter Brief hat mir viel Freude gemacht. Das war so ein Brief, wie ihn die Post öfter bringen sollte! Ich werde daraus noch manchen Gedanken in den Aufsatz herübernehmen. Falls Ihnen gerade in diesen Tagen noch /irgend/ eine /kleine/ Selbstbetrachtung durch den Kopf geht – so eine Art stiller Monolog – schreiben Sie sie mir doch. Je mehr Material ich habe umso besser. /Wenn auch noch so fragmentarisch!/

Der Durych wird jetzt gerade mit den Klischees umbrochen. Ich schicke Ihnen dann die Bogenkorrektur zur Ansicht. Die drei Schlussvignetten können erst klischiert werden, wenn durch den Umbruch festgestellt ist, wie der Text der Novellen auf der Seite ausläuft.

Hoffentlich haben Sie in Ried so viel schönes altes Bütten entdeckt, dass es bis zu Ihrem 90. Geburtstag ausreicht.

Mit besten Grüssen und Wünschen auch an die verehrte Gattin
Ihr
R Piper

281 Alfred Kubin

Zwickledt 18.9.34 O.Ö.

Lieber Herr Piper – Danke für Ihren so rasch eintreffenden Brief – mit der Bestätigung der vorhandenen Breugelzeichnungreproduktion –, ich dachte mir ja! – nur dass in der Bibliothek während meiner Abwesenheit in den böhmischen Wäldern[1] ein sogenanntes »Reinemachen« stattfand (wobei sich dämonischer Weise koboldartige »Umstellungen« (für die niemand verantwortlich zeichnen will –) einstellten – <machte>, dass ich es mir auch anders hätte vorstellen können – Ja Penzolds ausgezeichnetes Buch findet in den letzten Abschnitten – die <...> Erlebnisse noch eine enorme Steigerung – die im allerletzten, (der Verwechslung der Persönlichkeiten) – einem tief nachdenklichen »Ende« zutreibt. –

– Ergriffen legt man das Buch aus der Hand –

– und wie bei den seltenen Büchern in welchen man sich etwas in seinem Selbst bestätigt findet – stellt man wieder einmal fest: nur durch die Macht aller Träume vermag man's dem Pessimismus in jeglicher Gestalt auszuweichen – Gerade weil der Held »Erdenwurm« dieser äußerlich schwache subjektiv aber nicht umzubringende Unendlichkeitswanderer auch auf den ihm scheinbar fremdesten Geleise »fahren«, d.h. leben kann verrät uns das Geheimnis der »anonymen« »Person« die wir – im letzten schrieb ich das ja schon – /im Grunde/ alle sind –

Unsere Papierreise verlief über Erwarten ergebnisreich – ich erhielt den ganzen Fund und habe für den Lebensrest nun genug des alten pergamentartigen k.k. Katasterbüttens[2], derselben Qualität – das ist das Wunderbare dran, – die mir mein Vater 1898 verschaffen konnte und worauf ich 17 Jahre lange zeichnete, eine ganz ungewöhnliche Strapazierfähigkeit (man kann es zum Waschen, zum aquarellieren, zum Schaben etc. benützen) vereint sich hier mit einem edlen durch das Alter von 100-120 Jahren elfenbeinartig gewordenen Ton – – hätte ich nur die eruptiven Spannungen der jungen Jahre noch! doch das wandelte sich meistens in eine stille Schwebkraft – und von seltenen Stössen aus den stets lockenden, ja verführerisch uns betäuben wollenden Abgründen der Großen Mutter – oder wie Sie diese Dame benennen wollen denn es ist schon so etwas wie eine unübersichtliche Frauenzimmernatur vorwiegend dabei. –

Nur wenige leuchtende Augenblicke gab's für mich wo ich wie ahnend da noch schauen konnte!! meist rackere /ich mich/ und kämpfe ich mich mit den nächstliegenden vertrackten Widerständen ab – welche der Leib und seine Umgebung uns bieten – da hilft mir das Schaffen! wie magisch stellt sich /zum Trotz/ aller Hypochondrien und melancholischen Wut eine Leichtheit ein –

– bis auch dabei der Katzenjammer kommt; –

Hernach fängt der ganze Zirkel von frischem wieder an – na lassen wir's und ich freue mich auf die Bogen zum Durych!!! – also ein Gutes wünschend für Sie, die Ihrigen und auch von m. Frau wie immer Ihr alter Kubin

/Grüßen Sie mir bei Gelegenheit Pentzold der sich mit dem Erdenwurm so vieles von der Seele schrieb und sicher wieder aufs neue schürft – wie fein wäre es wenn wir da auch einmal kombiniert erschienen[3]!!!!!/

282 Reinhard Piper

München, den 3. Dez. 34.

Lieber Herr Kubin,
hier schicke ich Ihnen nun den Aufsatz, von dem ich hoffen möchte, dass Sie mit ihm zufrieden sind. Jedenfalls habe ich mir redliche Mühe gegeben. Ich wollte möglichst viel Tatsächliches und Anschauliches bieten und möglichst wenig aesthetisierende Betrachtung. Ich glaube, dafür werden mir die Leser dankbar sein. Bitte schreiben Sie mir, wie Ihnen die Sache gefällt. Gleichzeitig geht ein Durchschlag auch an die Neue Rundschau. Ich nehme an, dass Herr Suhrkamp einiges streichen wird, denn dazu sind die Redakteure ja da.

Bei Abfassung des Aufsatzes habe ich die schönen Stunden in Zwickledt nocheinmal voll nachgenossen und ich wünsche mir, es möchten nicht die letzten gewesen sein. Nun bekommen Sie auch in den nächsten Tagen, entsprechend versichert, ihr Paket mit den Zeichnungen wieder. Es sind nur noch einige fanatische Kubinianer da, die sie vorher noch sehen möchten.

Mit besten Grüssen für Sie und Ihre werte Gattin
Ihr
R Piper

283 Alfred Kubin

Ob.Öst. 4/XII 34 Zwickledt

Lieber Herr Piper Da Sie sich zum Allermeisten auf das unmittelbar dabei erlebte stützten, so ist Ihr schöner K. Aufsatz auch ausserordentlich originell ausgefallen – das findet nicht nur ich, das fand auch meine Frau welche ihn ebenfalls mit größtem Vergnügen las –

– Auszusetzen hätte ich an der ganzen Schrift überhaupt nichts, nur der Passus (S. 17 oben) »mein sonderbarer Archivar – bis – Totenmaske – soll unbedingt fortbleiben – Dr Otte[1] ist gewiss mit seinem K. Archiv ein Maniak wie wir beide es mit unseren leidenschaftlich betriebenen Dingen sind, und Bonaparte es in Bezug auf Schlachten auch war. – Wir alle bezahlen unsere Manien auch zum Schluss mit unserem Wertvollsten – dem Leben! – Otte ist natürlich empfindlich in diesem Punkt, ein Scherz den er, mündlich gesprochen belachen würde –, gedruckt würde er ihn verstimmen /während er sonst an dem Aufsatz seine helle Freude haben wird und warum ihm diese – der so große Opfer erst eben in Ahnenforschung sachen brachte etc. durch ein paar Worte vermindern –/ auch den Ausdruck »<...> Mann« würde ich etwa in merkwürdiger oder ähnlich ändern – – das ist alles –

Höchstens /an Stelle/ des Wortes »mondene« vielleicht »mondhafte« oder mondische setzen – um nicht gar bei primitiveren Lesern Erinnerung an das (in meinem Fall gar nicht zutreffende – »mondäne« wachzurufen – –

Also ich wünsche Ihnen Glück zur fruchtbaren Beendigung dieser – für viele sehr aufschlussreichen Mitteilungen in so persönlich interessanter Form – Einige Andenken aus »K. Archiv« in Hamburg lege ich Ihnen hier bei –

– Ich sehe nun dem Paquet mit den Originalen etc. sehnend entgegen – ich habe was die Produktion betrifft ein paar gute Wochen hinter mir – und glaube einigen Geheimnissen meiner »schwarzen Kunst« nochmals auf der Spur zu sein – die größte Freude aber empfand ich durch den beifolgenden Brief Dr. J. Durychs[2] –

Sie wissen wie ich diesen Dichter der wie aus der Vision heraus schreibt – hochschätze – ich erbitte den Brief zurück – kann ich die Originale der Illustrationen auch nun wieder erhalten? – Und dann, nach Ihrer Verheißung erbäte ich baldige Zusendung von noch Freiexemplaren des Buches – ich habe etliche Weihnachtsverpflichtungen damit zu erledigen – diese letzten Wochen vor dem Fest vergehen erfahrungsgemäß noch rapider als sonst und man will in kein zu enges Gedränge geraten. Meine Devisenangelegenheit wird nun – auf meinen sehr herzlich und hülfsbereit beantworteten Brief /den ich/ deshalb an den Direktor der Nationalgalerie[3] /schrieb/ ans Kultusministerium in Berlin geleitet – es ist schon wahrhaft hohe Zeit, dass diese Sorge behoben wird. Ich bin nun auch aufgefordert dem Reichsverband der Pressezeichner[4] beizutreten, grotesk es ist aber so. – Gestern hörte ich, dass die »Kartause« in Wiener Blättern günstig besprochen[5] wurde – Und so erwarten wir das Jahr 1935 – und wenn's uns manchmal durch Herzbeklemmungen oder sonstige Hypochondrien schwummelig im Schädel wird – denkt man als echter Österreicher am besten: »da kann man halt nix machen!« – Solange man schaffen kann ist auch alles, alles, alles – andre Nebensache – Sie lassen diesen holden Umstand ja auch ein paarmale durch Ihre Zeilen im Aufsatz schimmern –

– Könnte uns Herr Peter Suhrkamp nicht eine Anzahl Sonderabzüge des Aufsatzes seinerzeit schicken? – Sie spürten da wie ein Inquisitor so trefflich allerhand Einzelheiten in der »Künstlerseele« auf – und vermitteln auf Ihre Weise das so persönlich z. Bsp. auch in den drastischschlagenden Bildbeschreibungen – dass der Gedanke nahe liegt – man möchte nun auch <…> Ex – davon dann erhalten –

Von mir und meiner Frau /welche Ihnen den Empfang des Buschalbums[6] hier dankend bestätigen lässt/ für Sie und die Ihrigen viele schöne Grüße, auch

bitte an Herrn Dr Freund –

Stets Ihr ergebener

Kubin

Ich hoffe dass der nächste Mond endlich meine Münchenfahrt[7] bringt dann machen wir 1 Piperabend aus! – dann aber…

284 Reinhard Piper

München, den 8. Dez. 34.

Lieber Herr Kubin,

schönen Dank für Ihren Brief. Es freut mich sehr, dass mein Aufsatz Ihren Beifall gefunden hat. Ich glaube, es ist darin wirklich etwas von Ihnen ausgesagt. Ich habe an die Neue Rundschau geschrieben und die kleine Aenderung, die sich auf Ihren Archivar bezieht, angegeben, trotzdem ich auf den »nassen Gips« sehr ungern verzichtete. Ich habe nun Ihr fünfeckiges Geburtszimmer an jener Stelle untergebracht, um doch noch etwas Anschauung zu geben. Den Brief von Dr. Durych lege ich hier wieder bei. Es wird mich sehr freuen, wenn Ihre schönen Illustrationen später auch noch in der tschechischen Ausgabe erscheinen.

In einem gleichzeitigen Wertpacket erhalten Sie nun endlich die ersehnten 64 Zeichnungen wieder zurück, ferner auch die 17 Illustrationen zur »Kartause von Walditz«. Gestern Abend war Herr Schinnerer bei mir und wir haben uns beide an den Zeichnungen nochmal besonders erbaut. Der Abschied von ihnen wurde mir schwer.

In dem Packet finden Sie auch 8 gebundene Freiexemplare der »Kartause«. Ich finde in unseren Briefen über die Freiexemplare nichts ausgemacht und hoffe, dass Sie damit reichen, nicht, weil ich Ihnen nicht gerne noch einige Exemplare mehr senden würde, sondern weil ich mir sage, dass gerade dieses billige Buch von den Kubin-Freunden auch gekauft werden könnte. Heutzutage muss man wirklich die Kaufmöglichkeiten zusammenhalten, damit der Absatz nicht ganz aufhört. Und gerade der Durych wird im Buchhandel keinen allzu günstigen Stand haben, weil er eben etwas für Feinschmecker ist.

Das Honorar bekommen Sie von Wien aus unbedingt noch reichlich vor Weihnachten. Die Genehmigung der Devisenstelle ist jetzt da, sie wurde bereits an die Reichsbank, die auch noch ihre Genehmigung erteilen muss, weitergeleitet, aber das wird jetzt schnell gehen, da wir ja keine Devisen anfordern, sondern in Wien eigene Schilling haben.

Herr Suhrkamp von der Deutschen Rundschau[1] hat sich zu meinem Aufsatz noch nicht geäussert. Penzoldt, der die Arbeit las, glaubte, Suhrkamp werde wohl noch mancherlei streichen wollen. Ich warte nun erst noch seine Aeusserung ab. Dann werde ich unbedingt auf Sonderabzüge dringen, d.h. ich werde diese Sonderabzüge auf eigene Kosten herstellen lassen und nur bitten, dass ich dazu den Satz der Druckerei benutzen darf. Selbstverständlich schicke ich Ihnen dann ein Dutzend Abzüge. Ich selbst will auch Abzüge an meine Freunde schicken.

Gulbranssons »Es war einmal« findet vielen Beifall beim Publikum. Knut Hamsun[2] schrieb darüber: »Ein herzhaft amüsantes Buch in diesen dunklen Tagen!« Ich musste daraus machen /d.h. ich tat dies aus eigenem Antrieb/: »dunklen Wintertagen«, damit es nicht etwa politisch missdeutet wird. Gerhard Hauptmann schrieb: »Eine unerschöpfliche Quelle der Heiterkeit, ein Zauberbuch!« Die zehntausend Stück der Erstauflage werden wohl bis ins Neujahr weggehen. In der Zeitschrift »Deutsches Volkstum« stand: »Dies ist das Buch, das man zu Weihnachten haben muss«. Macht Ihnen das nicht Lust?[3] Wenn ein Buch von Ihnen auch nicht diesen schnellen Publikumserfolg haben würde – denn dazu ist Ihre Art /für das große bürgerliche Publikum/ nicht durchsichtig und gefällig genug – so glaube ich doch, dass ihm ein sehr schöner und zufriedenstellender Erfolg beschieden wäre und eine viel grössere Auflage als die sonstigen Kubin-Bücher die bisher erreichten. Den Gulbransson versteht jedes Kind, d.h. er macht jedem Kinde Spass, auch wenn es ihn nicht versteht. Ihre Art ist komplizierter, nicht so handgreiflich und deutlich. Aber wie gesagt; auch von Ihrem Buche müsste man eine wirklich schöne Auflage verkaufen können und es würde dann auch wirklich etwas Erkleckliches für Sie dabei herausspringen. Fangen Sie doch einmal an, Notizen dafür zu machen, d.h. mit Stichworten die Geschichten aufzuschreiben, die darin vorkommen würden. Material steht Ihnen ja sicher in Hülle und Fülle zu Gebote. Es würde mich wirklich sehr freuen, als Verleger an einem so durchgreifenden populären Erfolg für Sie mitzuwirken.

Mit besonderer Freude begrüsse ich Ihre Verheissung, dass der nächste Mond wirklich Ihre Münchner Fahrt bringen soll. Dann müssen wir einen gemütlichen Kubin-Piper-Abend ansetzen und können ja auch dann das Buch nach den verschiedensten Seiten hin durchsprechen.

Für heute mit besten Grüssen und Wünschen
/für Sie beide/
Ihr
R. Piper

Das Heft des »Widerstandes« mit dem Aufsatz über Sie von Jünger[4] habe ich nie bekommen. Es stand allerdings in irgend einem Briefe von Ihnen, dass Sie mir das Heft schicken wollten, oder nur den betreffenden Aufsatz. Ich habe es aber nicht erhalten. Bitte geben Sie mir doch an, in welcher Zeit der Aufsatz erschienen ist, also etwa Herbst 1933 oder Frühjahr 1931. Ich werde dann sofort an den Verlag des »Widerstand« schreiben, und das Heft in zwei Exemplaren bestellen, eines für Sie und eines für mich.

R.P.

285 Alfred Kubin

Ob. Öst. Zwickledt 13.XII 34

Lieber Herr Piper heute kann ich Ihnen das richtige Eintreffen des Paquetes mit den Blättern und Büchern bestätigen. Ich finde auch, dass die echten Freunde meiner Kunst ein Buch was so gering im Preis ist leichtlich sich kaufen können –; und hoffen wir, dass Ihr K. Artikel der so aufschlussreich für viele Leser sein wird nicht an wesentlichen Stellen von Herrn Suhrkamp kastriert wird – auf das Dutzend Sonderabzüge rechne ich freilich bestimmt!, wenn wie Sie meinten »die neue Rundschau«, ein Heft mit Beckmann – Barlach – Kubin (Maler – Bildhauer – Gaphiker) bringt so wäre das schon eine ziemlich sensationelle, besonders auch die Kunstkreise anziehende Publikation meine ich.

– Um Ihrer starken Teilnahme an meinem Werk ein kleines Echo zu geben stifte ich Ihrer Sammlung eine meiner neueren Lithographien »die Braut von Corinth«[1] /die Goethe'sche Ballade ergreift mich immer wieder durch den gewaltigen Rhythmus wie das tragisch-unsägliche des Inhalts!/ die ich für gelungen halte – Sie wird nächstens als Weihnachtsrolle postalisch anfliegen, nehmen Sie sie freundlich auf!! – Der Almanach ist höchst symphatisch geworden, meine Frau /der er auch <recht> gefällt/ las die sie interessierenden Stellen schon und ich finde auch immer wieder neue Rosinen darin z. Bsp. Wie gerne hätte ich Herrn K. E. Neumann den überzeugten Buddhisten persönlich gekannt.

– dass Martin Piper als Zeichner[2] auftritt hat uns auch erfreut – und – schon der letzte Piperbote avisiert /<…> <…> Glück/ einen neuen Maurois[3], dieses ausgezeichneten so hoch kultivierten Geist. Also alles Gute zum <Erfolg> des nächsten Jahres inklusive des eben stattfindenden Weihnachtens – der Plan einer Münchenfahrt im nächsten Januar – Er ist ja noch ziemlich vage wie unsere ganze Zukunft nur vage von mir empfunden wird – kommt es dazu, dann stellt sich der Piperabend aber sicher ein, wollen wir's hoffen! – –

Nur – hier muss ich leider Ihre Hoffnungen in Bezug auf das Kubin-Bilderbuch recht verdünnen – über die Dinge die ich vielleicht noch machen kann – weiß ich ja gar nichts z.Zt.; schon in Böhmen im August, und später /noch/ einige Male dachte ich da wohl über irgend so eine Veröffentlichung /in/ mehr intimer persönlicher Art nach – aber – viele Gegenstrebungen sind da – – vergessen Sie nicht – dass seit mehr wie 1 1/2 Jahren /vielleicht/ äußerlich nicht so viel, doch innerhalb dessen, was ich meinen seelischen und körperlichen Organismus (und vielleicht ist das ein und dasselbe) /nenne/, enorme Veränderungen vor sich gingen – Eine mich selbst manchmal überraschende neue Ruhe, geht parallell einer neuen zur größten Ökonomie zwingenden Begrenzung des Kraftgefühles (Augen, Nerven, Gehirn, Hand, Allgemeingefühl!)

– Einer neuen Gelassenheit, antwortet ein neuer Trübsinn, neue Formen von Hypochondrien und sonstigen Unlustempfindungen – Um diese Hypochondrie gar selbst als Thema persiflierender zeichnerischen Betrachtung zu nehmen – geht sie mir zu nah –

andre Strebungen in mir drängen zum Schaffen formaler künstlerischer Ergründungen gewisser Fragen, im Einzelblatt – kurz ich schaue Grenzen von denen ich kaum sagen /kann ob ich diese so erreichen und ausfüllen werde wie ichs mir – immer noch drängend – erwünsche – Wir grüßen Sie und die Ihren – ich bin immer

Ihr getreuer Kubin/

/Bei Gelegenheit bitte Retournierung des Widerstand Heftchens!/

286 Reinhard Piper

München, den 10. I. 35

Lieber Herr Kubin,
schönen Dank für Ihren Brief vom 7. Januar und besonders für die prachtvolle Bleistiftzeichnung mit dem Greif[1]. Auch mit der Balladen-Lithographie[2] haben Sie mir eine grosse Freude gemacht. Weitere graphische Weihnachtsgrüsse erhielt ich von Caspar, Schinnerer, Adolf Jutz, aber der Ihrige ist mir der liebste.

Gern sende ich Ihnen den »Instinkt für das Glück«. Praktische Anweisungen werden Sie allerdings daraus kaum ziehen können, ich glaube auch, dass Sie das gar nicht so besonders nötig haben, da dieser Instinkt bei Ihnen trotz allem ziemlich gut ausgebildet ist. Allerdings ist das Kubin'sche Glück kein Allerweltsglück.

Dass Sie nun doch nicht nach München kommen wollen, ist für mich sehr schmerzlich. Ich hätte mich so gern mit Ihnen über das autobiographische Buch unterhalten. Sie sollten sich wirklich mit diesem Thema nun ernstlich beschäftigen. Es könnte auch ein sehr erfreulicher materieller Erfolg für Sie dabei herausspringen, ein besserer jedenfalls als bei den meisten anderen Ihrer Bücher. Von Gulbransson haben wir inzwischen schon das 11. bis 15. Tausend drucken müssen. (Nach vier Monaten.) Warum sollte man da von Ihrem Buch nicht mindestens 5.000 verkaufen können!! Also würde sich das Nachdenken schon lohnen. Zugleich würden Sie sich selbst damit ein ganz konzentriertes Denkmal setzen. Also denken Sie bitte darüber nach und tragen Sie zunächst einmal die Geschichten zusammen, die darin vorkommen sollen. Es müssten natürlich möglichst lauter kurze Geschichten sein. Machen Sie bitte einmal eine Disposition, tragen Sie den Stoff zusammen und bringen Sie ihn in die richtige Reihenfolge, Ernst und Scherz entsprechend gemischt. Es könnte ein altösterreichisches Buch werden, ähnlich wie Gulbranssons Buch ein nordisches Buch ist. Sie brauchen ja nicht in allen Geschichten selbst eine Rolle zu spielen, wie dies bei Gulbransson ja auch nicht der Fall ist.

Vielleicht entschliessen Sie sich doch noch zur Reise nach München. Wenn Sie nämlich von München den festen Entschluss zu diesem Buche und dazu einen günstigen Verlagsvertrag, an dem es nicht fehlen wird, mitnehmen, dann würde sich die Reise sicher gelohnt haben.

Mein Kubin-Aufsatz soll im Februar-Heft[3] erscheinen, also müsste ich eigentlich in diesen Tagen Korrektur erhalten.

Willy Seidel habe ich begraben helfen[4], ein trauriger letzter Tag des Jahres. Besonders leid tat mit die alte Mutter[5], die auf ihre beiden Töchter gestützt am Grabe stand. Als Geistlicher fungierte Willy Seidels Vetter, der Gatte Ina Seidels, Heinrich Wolfgang Seidel[6]. Er sprach sehr schön und gar nicht theologisch.

Für heute mit besten Grüssen und Wünschen

Ihr

R Piper

287 Alfred Kubin – Postkarte

19.I 35.

Lieber Herr Piper – Grossen Dank für das schöne Maurois Buch – kann ich schon nichts unmittelbar daraus lernen so giebt es mir angenehme Stunden denn ich bin gar oft schwankend in meiner Stimmung – Zwar in den elementaren Fragen gewiss im Reinen so sinds die Imponderabilien welche immer neuartig zwicken und zwacken.

– Kennen Sie »das Reich der Träumer«[1] eine Culturgeschichte Österreichs vom Urzustand bis zur Republik – von Hans Sassmann – das würde Ihnen als subjektivistische Leistung sehr gefallen – herzlichst

Kubin

288 Reinhard Piper

München, den 19.I.35

Lieber Herr Kubin,
ich freue mich Ihnen in Anlage den Kubin-Aufsatz aus dem »Widerstand« übersenden zu können, leider nur den Ausschnitt, aber der Aufsatz selbst ist ja die Hauptsache. Das Heft, das Ihre Frau mir übersandte, ist leider hier nicht eingetroffen. Ich habe mir den Ausschnitt vom Verlag der Zeitschrift besorgt.

Hoffentlich denken Sie recht häufig an das autobiographische Buch im Sinne meines letzten Briefes, sodass wir in absehbarer Zeit Näheres darüber von Ihnen hören können.

Für heute mit besten Grüssen und Wünschen
Ihr
R Piper

289 Alfred Kubin – Postkarte[1]

9.II.35 *[Poststempel]*

L.H.P. Nun ist das Prachtstück ja erschienen und ich erhielt Sonderdrucke und schickte an H.P Suhrkamp auch eine so bezeichnete Karte –
Mit geht's winterlich kühl zuweilen Winde
Herzlichst
Kubin

Der Kubinmond geht unter
Der Pipermond geht auf –

290 Reinhard Piper

München, den 9. Okt. 35

I

Lieber Herr Kubin,
ich schicke Ihnen gleichzeitig als Probe der Weihnachtsbücher einige Bogen aus dem gegenwärtig in Druck befindlichen Buch mit Barlach-Zeichnungen[1]. Hoffentlich machen Ihnen diese etwas Vergnügen. Es würde mich freuen, wenn Sie einiges darüber verlauten lassen würden.

Und wie steht es mit Ihrem eigenen Buch? Ich habe Ihnen ja schon öfter darüber geschrieben. Bitte denken Sie nun doch ernstlich daran, Sie werden doch nicht versäumen Ihr persönlichstes, erfolgreichstes und einträglichstes Buch zu machen? Fangen Sie doch einmal an und machen Sie sich einen Plan.

Hoffentlich können wir Sie doch einmal im Laufe des Winters in München sehen.

Mit besten Grüßen, auch an die Gattin
Ihr
R Piper

P. S. Die Bogen, die Sie erhalten, sind Andrucke, die Auflage selbst wird kräftiger gedruckt.

D. O.

291 Reinhard Piper

München, den 9. Okt. 35

II

Lieber Herr Kubin,
in demselben Augenblick, in dem ich daran dachte, Ihnen den anliegenden Brief zu schreiben, müssen Sie sich zu Ihrem Brief[1] niedergesetzt haben. Es freut mich sehr, nach so langer Zeit wieder von Ihnen zu hören. Besonders interessiert mich natürlich das neue Werk »Phantasien im Böhmerwalde«[2], von dem Sie schreiben. Aber nach allem, was Sie darüber sagen, muss ich annehmen, dass dies doch noch nicht das umfassende Lebensbuch ist, was wir uns von Ihnen wünschen und über das ich Ihnen schon so ausführlich geschrieben habe. Selbstverständlich

werde ich mir die Blätter mit grösstem Interesse anschauen. Aber ich muss fast annehmen, dass es sich da um ein Kubin-Album handelt in der Art, wie es schon mehrere gibt. Gewiss in seiner Art wieder etwas Neues und Wunderschönes, aber nicht das durchschlagende Werk mit grossem Käuferkreis, wie ich mir das Lebensbuch (bestehend aus Einzelepisoden der verschiedenen Lebensalter) denke.

Das Böhmerwald-Album wird sich eben doch wahrscheinlich wieder hauptsächlich an Graphik-Freunde wenden und diese sind eben leider heute dünn gesät, während das autobiographische Lebensbuch weit darüber hinausgreifen würde.

Unpraktisch ist bei dem Böhmerwald-Buch das Querformat und wenn ich vorher gewusst hätte, hätte ich Ihnen ganz dringend abgeraten, denn dadurch wird das Ganze von vorneherein schon zu einem »Album« gestempelt. Es wirkt dann nicht mehr als »Buch«. Das Album hat schon von vornherein einen viel kleineren Kreis als das Buch.

Der Titel »Phantasien aus dem Böhmerwald« scheint mir auch nicht sehr praktisch. Es legt die Sache von vornherein zu sehr lokal fest, wenigstens in den Augen des Publikums und des Sortimenters. Der Buchhändler in Hamburg oder in Königsberg wird von vornherein der Ansicht sein, dass sich sein Publikum für den Böhmerwald nicht interessiert. Auch politische Gesichtspunkte würden noch dazu kommen. Das Ganze würde durch den Titel zu etwas Tschechischem gestempelt werden. Es tut mir wirklich sehr leid, dass Sie nicht statt dessen andas vorgeschlagene Buch herangegangen sind, für das Sie doch in Ihren bisherigen autobiographischen Skizzen und Erzählungen schon so gut vorgearbeitet haben.

Trotz dieser Bedenken will ich mir aber selbstverständlich die Blätter sehr gerne und ohne jedes Vorurteil ansehen.

Ueber das grössere autobiographische Buch müssten wir uns einmal unterhalten, damit wir uns darüber ganz klar werden. Auch das so ausserordentlich geglückte Buch von Gulbransson entstand in engster Fühlungnahme mit dem Verlag. Das autobiographische Werk soll ja nicht immer nur von Ihnen selbst handeln. Es können darin auch Geschichten vorkommen, in denen Sie selbst gar nicht auftreten.

So wäre es eigentlich nötig, dass statt Ihrer Frau Sie selbst nach München kämen. Liesse sich das nicht machen? Es handelt sich hier ja um eine Sache von grösster Wichtigkeit. Auch für Sie wäre es doch schön, einmal wieder ein Buch zu machen, mit dem Sie über den blossen Amateurkreis hinausdringen. Das bringt ja auch viel mehr ein, ideell und materiell.

Sehr zur rechten Zeit erinnern Sie mich an Ihren 60. Geburtstag, im

April 37. Dann müsste eben dieses umfassende Buch Weihnachten 36 auf dem Markt sein und da ist es dann jetzt gerade die richtige Zeit, sich darüber zu verständigen, und die Sache ernsthaft in Angriff zu nehmen. Das Buch müsste doch im Herbst 36 dann fertig sein und das fertige Manuskript mit den Zeichnungen spätestens am 1. Juli vorliegen.

Sie haben also noch ein Dreivierteljahr, genug Zeit, um die Sache schön ausreifen zu lassen, aber andererseits keine überflüssige Zeit, um jetzt mit dem ernsthaften Anfang noch lange zögern zu können.

Selbstverständlich schreibe ich Ihnen gern auch den gewünschten Brief für Ihre Frau[3], aber der Besuch Ihrer Frau könnte selbstverständlich eine genaue Besprechung mit Ihnen, wie dies notwendig ist, nicht ersetzen.

Mit besten Grüssen
Ihr
R. Piper

292 Reinhard Piper

München, den 21. Okt. 35.

Lieber Herr Kubin,
schönen Dank für Ihren Brief und Ihre Postkarte[1]. Es freut mich, dass Ihnen die Barlach-Andrucke so starken Eindruck gemacht haben.

Dass Sie das autobiographische Buch in der vorgeschlagenen Weise nicht machen können, ist ja sehr schade. Aber da muss man halt dann verzichten. Auf jeden Fall wollen wir uns Ihre Phantasien aus dem Böhmerwald gerne genau ansehen und bitten also Ihre sehr verehrte Gattin, uns die Blätter mitzubringen. Wir würden uns sehr freuen, wenn sich die Möglichkeit ergäbe, ein weiteres Kubin-Werk herauszubringen. Carossa hat sicher mit seiner Meinung[2] nicht unrecht. Sie finden in Anlage den gewünschten Brief.

Gerne überlegen wir uns auch eine Sammlung der verstreuten autobiographischen Geschichten[3], wie wir sie schon durch unsere Korrespondenz vertrieben haben. Wichtig wäre, wenn Sie noch zwei oder drei neue Sachen dazuschrieben, die das Ganze möglichst abrunden, damit der Band doch auch Sachen enthält, die noch nicht an anderer Stelle erschienen sind. Wir haben hier nur: Die Fürstin / Mimi und Die Wanzen der Erde. Bitte schicken Sie uns also die übrigen Texte dazu. Vielleicht käme auch noch das Donauer Geschenk in Frage. Und auch das Fragment meines Weltbildes.

Ein guter Buchtitel wäre da besonders wichtig. Man müsste aus dem Titel ersehen, dass das nicht einfach eine Geschichtensammlung ist, sondern dass Sie da Geschichten aus Ihrem Leben erzählen, dass also die Sache sich zu einem Ganzen zusammenschliesst.

Mit besten Grüssen,

Ihr

R Piper

293 Reinhard Piper

München, den 29. Jan. 36.

Lieber Herr Kubin,
ich habe viel über die »Phantasien im Böhmerwald« nachgedacht. Ich persönlich schätze sie sehr, auch Künstler, die sie bei mir sahen, sprachen ihre Bewunderung aus. Aber Künstler können ja leider nichts kaufen.

Wie ich Ihnen schon früher schrieb, ist das Querformat ausserordentlich hemmend. Schade, dass wir uns vorher nicht darüber unterhalten konnten. Ich hätte Ihnen ganz dringend abgeraten. Durch dieses Album-Format wird der Käuferkreis geradezu dezimiert und der Buchhändler verhält sich von vorneherein ablehnend. Von allen unverkäuflichen Kunstpublikationen sind solche im Album-Format die unverkäuflichsten. Hinzu kommt auch noch, dass das Werk für das Publikum so viel Abschreckendes enthält, einen Gehängten, den Tod auf dem Dach, Vampyre, Pferdeleichen, – der Böhmerwald erscheint darin wie eine Anhäufung aller Schrecken. Also abgesehen von dem ungeschickten Format ist auch noch das Thema für ein grösseres Publikum zu abschreckend. Auch ist das Werk etwas zu wenig umfangreich. Die Leute blättern es durch und sagen: »Nun habe ich es ja gesehen, weshalb soll ich es mir jetzt auch noch kaufen«.

All das berührt natürlich nicht die sehr hohe künstlerische Qualität. Aber der kleine Kreis von Bibliophilen und Graphikfreunden, die früher ein solches Werk in Albumformat gekauft hätten, ist ja heute nicht mehr vorhanden.

Ich möchte Ihnen etwas anderes vorschlagen. Für viel aussichtsreicher und ertragreicher halte ich einen Band mit Ihren stärksten Federzeichnungen in der Art des Zeichnungsbandes von Barlach, den ich Ihnen ja geschickt habe[1]. Dieser würde in viel weitere Kreise dringen und Ihnen auch etwas einbringen. Hinzu kommt noch, dass auch die künstlerische Wirkung stärker wäre. Da könnte man richtig aus dem Vollen schöpfen und durch die Zusammenstellung der Blätter die ganze Kubinwelt zeigen. Der Umfang würde derselbe sein wie beidem Barlach-Band. Vielleicht würde Carossa erlauben, dass man als Einführung seinen schönen Aufsatz[2] über Sie abdruckt. Oder käme etwa mein Aufsatz[3] dafür in Frage? Der Name Carossa würde zweifellos bei Publikum und Buchhandel wirkungsvoller sein. Der Verlag würde ihm für die Abdruckerlaubnis ein Honorar zahlen.

Ihnen selbst würden wir für das verkaufte Exemplar 50 Pfg. zahlen und hierauf ein Fixum von Mk. 500.-, zahlbar bei Erscheinen des Buches im nächsten Herbst. Wir würden 3.000 Exemplare drucken[4], sodass Sie nach Verkauf der Auflage Mk. 1.500.- erhielten.

Sie würden ein schönes Titelblatt zeichnen und dann weiter mit der Sache keine Arbeit haben als die Zeichnungen auszuwählen. Dazu würde ich nach Zwickledt kommen. Selbstverständlich würde in das Buch nur hineinkommen, was Sie selbst wünschen. In Anbetracht der Reproduktionsart kämen nur Federzeichnungen in Betracht, keine farbigen Blätter. Diese Federzeichnungen würden aber ausgezeichnet zur Geltung kommen.

Es wäre doch schön, wenn auf diese Weise ein Kubinband als Gegenstück zu dem Barlach-Band erscheinen würde.

Die Phantasien im Böhmerwald sollen ja nicht für immer beiseite gelegt werden. Es werden ja für solche Publikationen einmal wieder etwas günstigere Zeiten kommen, jetzt aber sind sie noch zu ungünstig.

In der Hoffnung bald von Ihnen zu hören und mit Grüssen und Wünschen

Ihr

R. Piper

294 Reinhard Piper

München, den 6. Februar 36

Lieber Herr Kubin,

besten Dank für Ihren Brief vom 1.II[1]. Es freut mich, dass Sie auf meinen Vorschlag eingehen. Stellen wir also die »Phantasien im Böhmerwald« für günstigere Zeiten zurück und bringen wir zunächst den Band mit freigewählten Federzeichnungen als Gegenstück zu dem Barlach-Band. Die »Phantasien« gehen gleichzeitig unter Beifügung des betreffenden Zettels an Sie zurück.

Voraussetzung für das Zeichenbuch müsste allerdings sein, dass in diesem und im folgenden Jahr kein weiteres illustriertes Werk von Ihnen erscheint. Sie dürften also die »Phantasien im Böhmerwald« /1936 u. 37/ auch nicht anderswo erscheinen lassen, sonst kommt zu viel Kubin auf einmal auf den Markt und das eine Werk steht dem anderen im Weg. Das Interesse muss auf dieses eine Werk konzentriert bleiben, sowohl beim Buchhandel wie in der Presse und beim Publikum.

Was den Text anbelangt, so senden Sie mir doch jetzt schon die vier bis fünf Aufsätze, die Sie dafür im Auge haben, zu, damit ich sie in Ruhe lesen kann. Ich habe allerdings meine Bedenken. Im allgemeinen wirkt ein einziger Text gewichtiger, als eine Sammlung verschiedener Aufsätze. Evt. könnte man den Carossa an den Anfang stellen und meinen Aufsatz, etwas weniger feierlich, an den Schluss des Bandes. Ich würde dann einige Zeichnungen, die in dem Buch vorkommen, in meinen Text mit einbeziehen und dafür andere, die nicht vorkommen, aus dem Aufsatz weglassen.

Für die Auswahl kommen nur in Betracht Feder- und Pinsel-Zeichnungen in absoluter gleichmässiger Schwärze; Wischtöne und dergleichen kommen nicht gut heraus. Die Auswahl ist ja aber gross genug.

Ich werde dann voraussichtlich wohl im April nach Zwickledt kommen. Wir werden dann immer noch leicht bis zum Frühherbst fertig. Ich warte gerne etwas wärmeres Wetter ab. Augenblicklich habe ich wieder einmal mit Rheuma und Erkältung zu tun. Ich diktiere auch diesen Brief zu Hause. Im Frühling hat man auch vom Landschaftlichen der Fahrt einen schöneren Eindruck, und ich bin ja nun einmal, wie Sie wissen, ein Genussmensch.

Mit besten Grüssen
Ihr
R. Piper

295 Alfred Kubin[1]

Zwickledt 08.II 36

Lieber Herr Piper
Viel Dank für Ihr eingeschriebenes Schreiben v. 6. d.M. . Ich hoffe bestimmt dass uns diese Publikation glückt – aber nothwendig ist es dass ich ganz genau im Klaren bin welche Art von Werk ich als unserem geplanten konkurrierend in den beiden Jahren 1936 u. 1937 nicht in anderen Verlagen erscheinen lassen darf? Wenn auch nichts viel aussicht hat

zu erscheinen, (im vorigen Jahr beispielsweise nicht eine einzige Publikation leider) so bin ich doch andererseits ganz angewiesen auf das Einkommen durch meine Arbeit!!! »Verlagsfreudig« sind heute ja überhaupt keine Verleger mehr, wenn man so sagen darf, immerhin bei dem sehr weit verbreiteten Ruf meines Namens kamen und kommen kleine – öfters eilige Angebote auf etliche Illustrationen, Vignetten, etc – für billige Ausgaben in irgendwelchen »Bücherreihen« – Ich vermag mir nicht recht vorzustellen dass Sie auch solche Bändchen für welche – als Einzelnes doch kaum je eine richtige Propaganda gemacht wird – unserem eigenartigen und auch einzigartigen »Jubiläumswerk« damit schadend meinen??? Ihr Standpunkt /nicht seine Auslegung/ in dieser Sache ist mir völlig klar – Ich lege Ihnen hier z. Bsp. eine Prospektseite eines kleineren Verlags[2] bei der sich gerade eben für ein derartiges Bandchen an mich wendet und das doch einfach ein Schmarren gegen eine so pfundige Sache ist wie unsere.??

aus den kleinen Einnahmen setzen sich aber meine Existenzmöglichkeiten zusammen bei denen ich hoffe, dass Sie auch hinfüro noch es tun werden. Schreiben Sie mir also darüber Ihre Ansicht. Im augenblick ist nichts im Werden, ausser bei beim Wiener Verlag Ralph Höger ein Bändchen[3] von 73 Seiten eines jungen Dichters – ein »ländliches Jahr« darstellend – Ganz unsicher (leider!) aus verschiedenen Gründen, ist wohl das seit 10 Jahren immer neu geplante herauskommen meines graphischen Kataloges[4], der längst vom Kubin Archiv in Hamburg von Dr. Otte, Fischmarkt 3 vorbereitet ist – Otte bemüht sich – bislang wie ich höre erfolglos <...>, da es keinen Verlag dafür giebt seit der Euphorion derartige Kataloge nicht mehr macht, ob ihn eine bibliophile Gesellschaft /etwa/ herausgeben oder die Mittel geben würde. –

– also bitte schreiben Sie mir bald, denn ich bin natürlich solange dieser Punkt nicht ganz eindeutig feststeht etwas beunruhigt dass nicht das ganze Vorhaben in letzter Stunde zu Nichts wird – Ihrem Aprilbesuch /sehe ich bald und mit Freude entgegen – die paar Artikel die mir so gefielen sende ich dann nächstens – sonst mit allem einverstanden grüßt Sie Ihr ergb. Kubin/

296 Reinhard Piper

München, den 26. II. 36

Lieber Herr Kubin,
besten Dank für Ihren Brief vom 25. und besonders für die reizende kleine Bildnis-Photographie[1]. Für solche Lebensdokumente habe ich immer sehr viel übrig.

Was den Verfasser der Einführung anbelangt, so müssen wir da doch in erster Linie an einen Autor denken, der dem Buch beim Buchhandel und im Publikum gute Vorspanndienste tut, wie der Text von Fechter bei dem Barlach-Buch[2]. Dr. Kletzl[3] ist aber dem deutschen Publikum so gut wie unbekannt, selbst ich verbinde mit ihm keine Vorstellung. Ein so unbekannter Name würde dem Buche eher den Weg erschweren. Damit ist natürlich nicht gesagt, dass Dr. Kletzl nicht einen guten Text schreiben könnte.

Dass Carossa schon wiederholt abgedruckt wurde, würde nichts ausmachen. Niemand hat z.B. heute das Kunstwart-Heft[4] heute noch zur Hand, auch wenn er den Carossa-Text seinerzeit im Kunstwart gelesen hat. Der Text ist nur zu sehr als Vortrag abgefasst. Der Name Carossa würde natürlich dem Buch sehr helfen. Zum Kubin-Publikum käme noch das Carossa-Publikum hinzu. Vielleicht wäre es doch möglich, Carossa zu veranlassen, den Text ein wenig zu erweitern und ihm mehr die Form einer Bucheinleitung zu geben. Wir müssen uns noch darüber unterhalten, in welcher Weise wir am besten an Carossa in dieser Sache herantreten.

Wenn ich nach Zwickledt komme, möchte ich dort natürlich nicht gerade mit Maurern und Anstreichern zusammenstossen. Das lässt sich aber sicher vermeiden.

Dass Sie in den nächsten beiden Jahren kleine Illustrationsaufträge ausführen, würde natürlich dem Zeichnungsbuch in keiner Weise Abbruch tun. Es darf nur nicht ein ausgesprochenes »Kubin-Buch« in dieser Zeit erscheinen, also auch kein Buch, bei dem Ihre Illustrationen die Hauptsache sind und auch kein reines Kubin-Buch, damit das Interesse in dieser Zeit möglichst auf das Jubiläums-Zeichnungs-Buch konzentriert bleibt.

Mit besten Grüssen
Ihr
R Piper

297 Reinhard Piper

München, den 9. III. 36.

Lieber Herr Kubin,
Da Sie gegen den Wiederabdruck des Textes von Carossa sind, werde ich Ihnen damit sicher nicht den Spass an dem Buch verderben. Wir werden schon die richtige Lösung finden und können die Frage einstweilen vertagen, bis wir uns mündlich darüber unterhalten können. Die vier Aufsätze[1] lege ich hier gleich wieder bei, denn mit einer Einführung dieser Autoren würden wir dem Buche keinen wesentlichen Anreiz geben.

Vielleicht wäre es doch das beste, wenn Sie selbst ein Präludium schreiben würden. Es braucht ja nicht lang zu sein. In diesem Falle ist die Aufgabe ja nicht die, wie bei dem Barlach-Buch, da Ihnen gegenüber ja keine prinzipiellen Widerstände und Missverständnisse zu beseitigen sind.

Mit besten Grüssen
Ihr
R Piper

Für den Abdruck des prächtigen Ex Libris[2] herzlichen Dank. Das Blatt gefällt mir ausserordentlich.

298 Alfred Kubin

Zwickledt 25/4 36

Lieber Herr Piper was Sie mitteilen ist gelinde gesagt neuerdings eine veritable Überraschung! für mich – in meinem Falle, das Jubelzeichenbuch betreffend, bemerken Sie mit Fug und Recht, dass noch immer genügend Material an Arbeiten auch in reiner Federtechnik vorhanden wäre um ein unangreifbares Werk[1] zusammen zustellen – Mir sicherten Sie ja auch s. Zeit zu, meinen Wünschen nach zu reproduzierenden Arbeiten nach zu kommen – was sich auch nach gewissen Einschränkungen in der Wahl des Stofflichen noch leicht machen lässt! – Vieles, darunter neutralere Sachen wie Köpfe[2] und Landschaftliches findet sich sehr wohl unter meinen neueren Sachen vor /Es ist ja mehr das allgemeine Geheimnisreiche einer jeden Darstellung – das meine Kunst ausmacht/ – allerdings müsste schon bei letzteren etc. manche Querblätter quer in das Buch auch gestellt werden –

– das ist mir gleich! das längsformat hat ja seinen gegebenen Reiz

Wir hätten aus den sich technisch eignenden Blättern eine gute, reiche Zahl von zirka 170 Stücken – außerdem aus früheren Jahren noch etwa 100.. /nicht bislang veröffentlichte, – denn nur auf schon veröffentlichtes will ich unbedingt verzichten!!/ ferner für 8 Tafeln habe ich einen besonderen Wunsch über den sich dann reden lässt –

– Dennoch bitte sich für die ersten Tage im Mai einmal anzusagen damit wir hier ohne die Collision anderer Vorhaben es richten können –

– also auf Wiedersehen – und gute Grüße von Haus zu Haus auch für Ihren Compagnon[3].

Herzlichst Ihr

AKubin –

Bitte nach Möglichkeit bringen Sie mir auch ein paar Proben von der ins Auge gefassten Reproduktionsart mit –

299 Reinhard Piper

München, den 27. IV. 36.

Lieber Herr Kubin,

besten Dank für Ihren Brief. Ich werde mich also bemühen, Anfang Mai zu Ihnen zu kommen. Augenblicklich weiss ich noch nicht, ob hierfür die hiesige Industrie- und Handelskammer entscheidend ist (wegen der Einreisegenehmigung) oder ob die Sache an die Reichsschrifttumskammer in Berlin gehen muss, die leider sehr langsam arbeitet. Auf jeden Fall muss ich irgend einen Beleg vorweisen. Ich kann aber den Beamten nicht zumuten, Ihren letzten handschriftlichen Brief zu lesen. Ich habe ja selbst Mühe, manche Worte zu entziffern. Bitte schreiben Sie mir also mit Schreibmaschine, aber von Ihnen handschriftlich unterzeichnet, einen Brief etwa wie Anlage und zwar in zwei Exemplaren, da ich nicht weiss, ob ich mich an mehrere Stellen wenden muss (kein Durchschlag).

Ich werde also vielleicht erst in der Woche vom 10.–16. kommen können.

Mit besten Grüssen

Ihr

R Piper

300 Reinhard Piper

München, den 15. Mai 36

Lieber Herr Kubin,
es tut mir ausgesprochen leid, dass ich auch zu diesem Sonntag, wie ich doch gedacht hatte, noch nicht kommen kann. Ich weiss, dass eine solche Hinzieherei lästig ist. Aber leider hat sich meine Fussgeschichte verschlechtert. Ich habe in den Zehen eine Gelenkentzündung, sodass mir schon der kurze Weg von zu Hause in den Verlag in den letzten Tagen sehr schmerzhaft war. Ich musste mich nun entschliessen, von heute an eine Zeitlang einmal ganz zu Hause zu bleiben und Umschläge zu machen. Mein Orthopäde meint, die Sache könne in acht Tagen behoben sein, ich glaube das aber nicht recht. Nun will ich mit Herrn Freund, der augenblicklich noch in Wien ist, in der zweiten Hälfte Mai nach Berlin fahren, um unsere Auseinandersetzung, die schon seit Monaten hin und her geht, zu beschleunigen. (Herr Freund muss als Gesellschafter ausscheiden, und will in Wien etwas Neues[1] anfangen. Die Frage ist die, wie man das am praktischsten macht.)

Ich werde nun also wahrscheinlich erst nach der Berliner Reise zu Ihnen kommen können. Dies wäre dann voraussichtlich Anfang Juni. Es wäre aber auch möglich, dass sich die Sache mit dem Fuss sehr schnell bessert und dass ich noch vor der Berliner Reise kommen könnte. Dies kann ich Ihnen erst nächste Woche sagen. Da die Reproduktion der Zeichnungen in dem Verfahren verhältnismässig schnell geht (man braucht keine Klischees), so würden wir auch noch gut zurecht kommen, wenn ich erst Anfang Juni mit Ihnen zusammen die Auswahl treffe.

Damit wir auf keinen Fall dieselbe Erfahrung machen wie mit den Barlach-Zeichnungen, möchte ich Ihre Zeichnungen, bevor wir mit der Herstellung beginnen, auf jeden Fall erst der zuständigen Stelle vorlegen. Nachdem es bei der Barlach-Beschlagnahme /als Begründung/ zunächst geheissen hat, dass das Buch geeignet sei, die öffentliche Sicherheit und Ordnung zu gefährden, haben wir auf unseren Einspruch jetzt den Bescheid bekommen, dass /das Buch beschlagnahmt wurde, weil/ der Inhalt mit dem nationalsozialistischen Kunstempfinden nicht in Einklang zu bringen sei. Wir müssen uns also vorher vergewissern, ob Ihre Zeichnungen mit dem nationalsozialistischen Kunstempfinden in Einklang zu bringen sind.

Die Einreisegenehmigung habe ich bereits und Sie dürfen mir glauben, dass es mir selbst sehr unangenehm ist, nun nicht sofort losfahren zu können.

Mit besten Grüssen
Ihr
R Piper

301 Reinhard Piper

München, den 22. Mai 36

Lieber Herr Kubin,
meine Gelenkentzündung an der grossen Zehe ist immer noch schmerzhaft und der Arzt verlangt unbedingte Schonung. Die Reise nach Berlin ist leider ganz unvermeidlich, trotzdem der Arzt sie nur sehr ungern erlaubt. Nun kann ich nicht vorher noch nach Zwickledt kommen, so gerne ich mir selbst diese kleine Auffrischung und das Zusammensein mit Ihnen gegönnt hätte.

Eigentlich müsste Ihnen für ein solches wichtiges Kubin-Werk eine Reise nach München nicht schwer fallen, zumal München für Sie doch ebenso interessant sein sollte wie für mich Passau.

Sonst bleibt noch die Möglichkeit, dass Sie ein Paket mit 150 Zeichnungen herschicken, denn wir müssen ja eine grössere Auswahl haben, um daraus 56 Zeichnungen – so viel sind in dem Barlach-Buch – zusammenzustellen, und schön zu gruppieren. Sie wissen ja, welche Art Zeichnungen in Betracht kommt. Was das Technische anbelangt, so brauchen wir möglichst offene Federzeichnungen ohne Tuschflecken. Zeichnungen wie die in der Mappe »Am Rande des Lebens« kommen, was Technik anbelangt, sämtlich in Betracht.

Stofflich kommen in Betracht Blätter wie folgende Nummern aus der Mappe: 1,2,3,4,6,8,10[1], also nicht Grausiges, »Krankhaftes« /, kein »Verfall«/ und dergleichen, sondern Landschaftliches, Märchenhaftes, Dorfszenen, Tiere und dergleichen. Schicken Sie also eine möglichst grosse Auswahl /ganz vollgültiger Blätter/ und legen Sie bitte einen Brief bei, worin steht, dass Sie die Blätter zur Auswahl für das Buch senden und nach erfolgter Reproduktion des Buches sämtliche Blätter zurückerhalten /wollen/. Daraus sieht dann das Zollamt, dass es sich hier nicht um einen zollpflichtigen Import handelt, sondern dass die Blätter zurückgehen. Es genügt auch, wenn Sie 100 Blätter senden. Wenn Sie die Sache recht schnell erledigen, könnte ich die Blätter noch mit auf die Berliner Reise nehmen und dort persönlich vorlegen. Wenn man dies schriftlich machen wollte, würde dies wahrscheinlich viel länger dauern, wodurch dann kostbare Zeit für die Herstellung verloren ginge.

Uebrigens höre ich aus guter Quelle, dass das Buch des Rembrandt-Verlages »Die letzten dreissig Jahre der deutschen Kunst«[2] nach Text und Bildmaterial in Berlin vollständig zur Genehmigung vorgelegen habe und dann doch beschlagnahmt worden sei. Ich muss da also absolut sicher gehen.

Für heute mit besten Grüssen
Ihr
R Piper

302 Reinhard Piper[1]

München, den 26. Mai 36

Lieber Herr Kubin,
schönen Dank für Ihren Brief, dem mittags das Paket auf dem Fuss folgte. Herr Dr. Freund und ich haben uns sogleich eingehend damit befasst. Es war uns eine grosse Freude, einmal wieder so viele Blätter von Ihnen beisammen zu sehen. Ich verglich den Inhalt mit Ihrer Aufstellung und stellte sogleich fest, dass Blatt 47 »Durchgeher«[2] in der Sendung nicht enthalten war.

Wir reichen aber mit dem Material noch nicht ganz aus. Viele Blätter scheiden aus, weil sie im Motiv nicht bedeutend genug sind, oder weil sie im Format und in der Technik sich nicht gut eignen. Bei einem solchen Jubiläumsbuch müssten alle Zeichnungen ein möglichst einheitliches Niveau haben. Wir haben für den Band vorgesehen die Blätter: 1, 8, 9, bis 14, 16, 20 bis 22, 24 bis 26, 28–30, 35–37, 39, 42, 44, 45, 51, 53, 55, 57, 58, 61, 63, 64, 70, 71, 73, 78, 81, 82, 84, 86, 89, 97, 98, 100. Den Elementargeist[3] habe ich nur weggelassen, weil der vielleicht doch Anstoss erregen könnte. Es fehlen also noch mindestens zehn Blätter. Auch die ausgewählten Blätter bieten manche Schwierigkeiten; so sind manche Zeichnungen ebenso hoch wie breit. Wenn man sie nun 15 cm breit bringt, so werden sie auch nur noch 15 cm hoch und das sieht auf der Seite nicht gerade ideal aus. Bitte senden Sie mir doch schnell noch ca. 20 Blätter. Sie haben sicher noch Material das geeignet ist. Allein von meinem letzten Besuch entsinne ich mich an die Zeichnungen:

Feindliche Brüder[4]
Dorfmädchen versohlen einen Knecht[5]
Froschkonzert[6] (sehr wichtig!)

Schlange erschreckt junge Vögel[7]
Windige Gesellen[8]
Vogelscheuchen machen einen Ausflug[9]
Zauberer kehrt zu seinem alten Drachen zurück[10]
Dorfbild mit Truthahn und Frau mit Kind[11]

Bitte senden Sie auch noch einige Blätter, von denen Sie annehmen, dass sie vielleicht nicht akzeptiert werden könnten, die aber künstlerisch wichtig sind. Man weiss ja nicht, wie die Herren denken, oft erlebt man Ueberraschungen. Es tut mir leid, dass Sie nun nochmal nach Passau müssen, aber solche Bücher erscheinen ja nicht allzu oft und die Mühe lohnt sich dann für die nächsten Jahrzehnte. Wir werden uns im Verlag ja wohl auch wochenlang um das Buch bemühen.

Ich fahre jetzt doch erst Mittwoch nach Berlin, da man in den Pfingstfeiertagen dort nichts machen kann. Ich will auch die /bisher gesandten/ Zeichnungen am Donnerstag mit Schinnerer durchgehen, der ein sehr feines Gefühl für Qualität hat, gerade auch bei Ihren Arbeiten, obwohl er selbst ganz anders arbeitet. Das Buch soll in der Auswahl so schlagend werden, dass die Leute aus der Verwunderung gar nicht herauskommen.

Gleich nach Pfingsten sende ich Ihnen alles Entbehrliche, also mindestens 50 Zeichnungen wieder zurück.

Mit besten Grüssen
Ihr
R. Piper

303 Alfred Kubin[1]

Mittwoch 27 V 36.
Ob. Öst.

Lieber Herr Piper
Morgen werde ich von Passau aus die auf der beiliegenden Liste angegebenen 31 Originale an Sie zur Complettierung nachsenden – nach Ihrer Rückkehr von Berlin erbitte ich die unverwendbaren zurück, bitte bestimmt!!!

den »Durchgeher« hoffe ich dann hier noch zu finden, falls er nicht bei der Sendung war, möglich, dass er in einer meiner Mappen hier an die falsche Stelle sich verkrochen hat – auf alle Fälle hier beigelegt, eine Kritzelskizze wie er aussieht: Ein altes Reitpferd mit Sattel und Steigbügeln! –

Der Durchgeher

hier also von 101 bis 120[2] herausgesucht –
ferner auf Ihren Wunsch 121 bis 126 –
(»Schlangenangst«[3] ist getönt wie Sie sehen – fürs Froschkonzert das in dem diesjährigen 1936. Kalender »Kunst und Leben« enthalten ist gab mir Verleger Fritz Heyder 75 RM. fürs Rep. Recht; /da/wird es auch nichts. – Verbummelter Zauberer kehrt wieder heim zu seinem alten Drachen war im Simplizissimus – die anderen drei Stück waren in einer etwas veränderten Fassung im Simpl, da ließe sich schon etwas davon nehmen wenn Sie Wert darauf legen.
– N 127 bis 131. sind meiner Ansicht nach wichtig werden aber wohl kaum akzeptiert, ich lege diese bei auch auf Ihren Wunsch, damit Sie auch meine Ansicht erkennen.
Jetzt kann man aber wohl eine schöne Sache zusammenzustellen, das vertraue ich Ihnen vollkommen –
Einen schönen Gruß auch für Herrn Dr Freund!, stets der Ihrige
Alfred Kubin

dass Sie Schinnerer die Arbeiten zeigten halte ich für sehr richtig –
– er hat ein schönes Qualitätsgefühl

P.S. Im Dezember wird im Landesmuseum in Linz eine »Jubiläumsausstellung«[4] von meinen Arbeiten gemacht, dazu giebt der Linzer Kunstverein »März«[5] sein Jahrgedenkbüchel mit Aufzählung der Bücher, /die ich illustrierte/ bitte, wie ist denn der Titel unseres /neuen/ Buches, es soll auch hinein!?

304 Reinhard Piper[1]

München, den 28. Mai 36

Lieber Herr Kubin,
ich habe die Zeichnungen gestern mit Herrn Schinnerer durchgesehen, der in manchen Fällen etwas anders für die Reproduktion auswählte, als ich, in neun Zehnteln aller Fälle waren wir aber derselben Meinung. Das Endergebnis war aber, dass wir von den gesandten Blättern jetzt nur noch 37 ins Buch tun möchten, statt, wie ich zuerst gedacht hatte, 45. Es ist also durchaus nicht überflüssig, dass Sie noch eine zweite Sendung machen. Hoffentlich ist diese schon unterwegs. /Eben Ihre Karte. Den Elementargeist[2] nehme ich hinein./ Da Sie so unendlich viel gezeichnet haben, wäre es nicht richtig, in ein solches Buch künstlerisch oder stofflich weniger bedeutende Blätter hineinzunehmen. Aus meiner Sammlung könnten noch hinzukommen, die Blätter »Metzger«[3], »Der Besuch«[4] (eine Dame sitzt wartend in einem Zimmer), »Der Franzl«[5] (ein Mann hockt in einem ländlichen Zimmer mit sehr vielen Einzelheiten an den Wänden), und »Der Sturm« (reproduziert in Tim Kleins »Erbe«[6]). Dies letztere nur, wenn wir sonst nicht ausreichen. Es wäre natürlich besser, wenn man sagen könnte, dass alle Blätter bisher unreproduziert seien. Falls die zweite Sendung noch nicht unterwegs ist, senden Sie sie bitte doch unbedingt ab. Ich fahre am Mittwoch nach Berlin und muss unbedingt das ganze Material auf einmal vorlegen. Es ist auch noch damit zu rechnen, dass einzelne Blätter aus den von mir gewählten in Berlin abgelehnt werden, sodass wir also dann doch noch einen Mehrvorrat brauchen. Es ist sehr erfreulich, dass Sie selbst über Ihre Zeichenkunst schreiben wollen. Dadurch wird die Einführungsfrage am besten gelöst.

Mit herzlichen Grüssen
Ihr
R Piper

305 Reinhard Piper

München, den 29. Mai 36

Lieber Herr Kubin,
soeben kam Ihr Brief und das Paket. Ich bin sehr froh darüber. Es sind unter dieser zweiten Sendung ganz prachtvolle Zeichnungen. Wir werden 15 davon in das Buch aufnehmen können. Es wundert mich fast ein wenig, dass Sie diese Zeichnungen nicht gleich das erstemal mitgeschickt haben und statt dessen so viele wenig wichtige Blätter, die die Wirkung des Buches abgeschwächt hätten.

Wir müssen noch einen guten Titel für das Buch finden. Ich möchte nicht einfach sagen »Zeichnungen«, da dies zu farblos ist. Ich dachte an »Aus meiner Welt«, aber das klingt mir wieder zu persönlich und privat. Bitte denken Sie doch nach. Von einem guten Titel hängt viel ab.

Schade, dass das Froschkonzert schon an den Kalender vergeben ist. Dieses schöne Blatt wäre so besonders günstig gewesen für die Reproduktion, da man es in Originalgrösse hätte drucken können. Mk. 75.- für das Reproduktionsrecht im Kalender finde ich übrigens ein sehr anständiges Honorar. Ich hätte nicht geglaubt, dass Heyder so viel zahlt. Der »Durchgeher« war in der Sendung nicht enthalten. Die zweite Sendung enthält aber richtig 31 Blätter.

Gibt es nicht in München Leute, die Kubin-Blätter besitzen? Ich würde gerne dort noch Umschau halten, falls einzelne Blätter in Berlin abgelehnt werden. Wir kommen ja auch jetzt nur knapp auf 56 Blätter. Von der Staatlichen Graphischen Sammlung kann man leider nichts be nutzen, da eine Versendung nach auswärts nicht gestattet wird.

Mit besten Grüssen
Ihr
R Piper

306 Reinhard Piper

München, den 2. Juni 36

Lieber Herr Kubin,
das Manuskript zur Einführung müssten wir bis 1. Juli haben. Ich gehe nämlich bald darnach in die Ferien und möchte vorher wegen der Drucklegung alles ins Reine bringen.

»Intimes Gespräch«[1] haben Schinnerer und ich sofort ausgewählt, beim »Verbotenen Weg«[2] hatte Schinnerer etwas Hemmungen. Er hielt das Blatt für nicht ganz klar. Was haben die Furien mit dem verbotenen

Weg zu tun? Treiben sie den Wanderer auf den verbotenen Weg? Jedenfalls warnen sie ihn nicht. Vielleicht könnte man durch einen günstigeren Titel dem Blatt das Zwiespältige nehmen. »Morgenlicht«[3], »Zauberer«[4] und »Krötenkonzert«[5] möchte ich nicht gerne hineinnehmen, weil ich sagen möchte, dass sämtliche Blätter bisher unveröffentlicht seien. Wenn man nämlich nur sagt »zum grossen Teil unveröffentlicht«, dann ist die Sache schon sehr abgeschwächt. Mein Sohn Martin hätte gerne ein paar besonders schöne Blätter aus Büchern und Mappen darin, aber ich habe auch ihm gesagt, dass bei der ungeheuren Fülle Ihres Schaffens man doch nicht nötig hätte, schon Veröffentlichtes zusammenzukratzen. Gerade die fanatischsten Kubinfreunde werden sehr froh sein, wenn sie nur Dinge erhalten, die sie noch nicht kennen.

Die Titel »Aus Tag und Traum« und »Abenteuer mit der Zeichenfeder«[6] sind beide sehr schön. Ich möchte mir noch die Wahl etwas überlegen.

In Anlage erhalten Sie das neueste Aktenstück[7] über den Fall Barlach, das Sie interessieren wird.

Mit besten Grüssen
R Piper

307 Reinhard Piper

München, den 4. Juli 36

Lieber Herr Kubin,
Ihre Frau wird Ihnen von den Berliner Besprechungen[1] berichtet haben[2]. Als ich von Berlin abreiste, war mir gesagt worden, die Sache werde in zwei Tagen erledigt. Seitdem sind nun schon fast drei Wochen vergangen. Auf meine Anfrage höre ich soeben von unserem Berliner Vertreter, dass der massgebende Herr bis zum 15. Juli verreist sei, doch soll seine Sekretärin demnächst nach München kommen. Diese wird dann die Blätter mitbringen und die nichterwünschten Blätter sollen entsprechend bezeichnet worden sein. Man muss nun abwarten, ob dies tatsächlich der Fall sein wird. An Geduld ist man ja gewöhnt. Natürlich gebe ich Ihnen dann gleich Bescheid.

Inzwischen war Bruno Brehm hier, dem ich die Zeichnungen zeigte, die ich nicht nach Berlin mitgenommen hatte. Er fiel aus einem »wundervoll!« ins andere, besonders der Oesterreicher[3], aber auch der Dragoner[4], die Schlange mit dem Vogelnest[5], die Drud[6], das Froschkonzert[7], die Nebengasse[8], das Krötenknäuel[9], der neue Robinson[10], der Nebenbuhler[11] und vieles andere gefiel ihm. Ich konnte schliesslich nicht umhin, zu ihm zu sagen: »Bitte, suchen Sie sich ein Blatt aus. Wenn Sie solche Freude daran haben, möchte ich Ihnen eines dedizieren.«

Schliesslich fiel seine Wahl auf die »Tatzelwürmer«[12], da er sich davon eine besonders gute Wirkung an der Wand versprach.

Nun ist im Verlag Bargeld rar und es wäre sehr lieb von Ihnen, wenn Ihnen ein Ausgleich in der Weise recht wäre, dass ich Ihnen meinerseits etwas dediziere, was Ihnen Freude macht. Bücher haben Sie genug, aber wie wäre es mit ein paar schönen Meister-Faksimiles[13]. Ich schicke Ihnen mit gleicher Post das Verzeichnis. In der Liste steht auch noch vieles, was nicht abgebildet ist. Die Blätter werden einmal kostbar, da die Platten nicht mehr vorhanden sind, und also Nachdrucke nicht erfolgen. Vielfach sind die Bestände nur noch sehr klein.

Für heute mit besten Grüssen und Wünschen

Ihr

R Piper

308 Reinhard Piper

München, den 7. Juli 36

Lieber Herr Kubin,

es freut mich, dass Sie mit der Weitergabe der Zeichnung »Tatzelwürmer« an Bruno Brehm einverstanden sind. Ich lasse Ihnen heute von den Meister-Faksimiles zugehen:

Guys[1], Das Pensionat
Guys, Damenbad
van Gogh, Felsen und Bäume
Urs Graf[2], Bannerträger und Mädchen
St. Aubin[3], Dame und Friseur
» » Kupferstichversteigerung
Rousseau, drei Zeichnungen[4]
Baldung, Frau und Tod

Munch[5], Frauenakt auf Teppich ist leider vergriffen, ebenso van Gogh, Hinter den Häusern. Alles übrige schicke ich heute an Herrn Kaufmann Mayerhofer[6] und schreibe ihm dazu, dass Sie die Blätter dort gelegentlich abholen werden. Sie können ja warten, bis die für das Buch nicht in Betracht kommenden Zeichnungen auch nach Passau abgegangen sind.

Statt der Zeichnung von Guys, Am Bodensee, die Sie wahrscheinlich enttäuscht hätte, sende ich Ihnen ein viel wichtigeres Blatt: »Zwei Damen in einer Kutsche von Reitern begleitet«. Vom Bodensee ist nämlich auf dem genannten Blatt gar nichts zu sehen. Es sind einfach ein paar Figuren auf einem Dampfer, aber lange nicht so schön wie das Blatt, das ich statt dessen für Sie aussuchte.

Für heute
mit besten Grüssen
Ihr R Piper

309 Reinhard Piper

München, den 17. Juli 36

Lieber Herr Kubin,
von meinem Berliner Vertreter[1] erhalte ich heute eine Karte folgenden Wortlautes:

»Soeben wurde mir vom Büro des Herrn Schweitzer[2] mitgeteilt, dass die Zeichnungen aus künstlerischen und weltanschaulichen Gründen abgelehnt sind. Die Zeichnungen und der Brief mit der Erklärung geht Ihnen direkt zu.«

Ich brauche Ihnen nicht zu sagen, was ich gegenüber dieser Mitteilung empfinde.

Wir müssen nun abwarten, wie der Wortlaut der Erklärung ist. Auf diesen kommt es natürlich an, bei allem, was wir weiterhin tun. Natürlich müssen dann vor allem auch Sie selbst entsprechende Schritte tun. Sie hören von mir, sobald ich selbst die Erklärung erhalten habe.

Mit besten Grüssen
Ihr
R Piper

310 Reinhard Piper

München, den 18. Juli 36

Lieber Herr Kubin,
ich habe mich doch gleich gestern noch hingesetzt und laut Durchschlag[1] an die Abteilung für künstlerische Formgebung bei der Reichskammer der bildenden Künste geschrieben. Ich wollte vor allen Dingen

verhindern, dass sämtliche Zeichnungen in Bausch und Bogen als abgelehnt bezeichnet werden und das Ganze an den Verlag zurückgeschickt wird. Dadurch wird die Sache etwas allzu sehr vereinfacht. Man kann unmöglich sämtliche Zeichnungen ohne Unterschied ablehnen.

Mit besten Grüssen

Ihr

R Piper

1 Anlage.

311 Alfred Kubin

Zwickledt Wernstein
Ob. Öst. 19/7 36

Lieber Herr Piper

Beide Briefnachrichten trafen heute hier ein – und wir finden Ihre Eingabe daraufhin – inhaltlich ausgezeichnet /und »weltanschaulich« werden wir uns vielleicht verständigen können / –

– Nun wird sichs dann erweisen ob ich »auf der Seite Barlachs« also stehen werde mit meinem Werk in diesem Falle! – (manche fürchten ja auch so einen etwas zahnlos mümmelnden Kubinband – aber so ist's ja nicht – eine Auswahl bringt qualitativ genau so Gutes – und muss ja in jedem Falle immer eine Auswahl bleiben bei einem Zeichner – So warte ich recht gespannt, was man weiter hören wird – in unserer Angelegenheit – Inzwischen lagert mein Faksimilepaquet also beim Mayerhofer in Passau –

– und vielleicht noch einige Wochen da ich am 1./8. unter allen Umständen in den Böhmerwald[1] muss – und kommt die Rücksendung nicht vorher, so hole ich die Passauersendungen dann eben nach den Ferien – – hier erlebte ich immer wieder noch nachträgliche Überraschungen peinlicher Art /Devisenangelegenheiten u. s. w –/ durch die staatlichen Verhältnisse bedingt – auch kommen zwischendurch erfreulichen Briefe /Immer wieder erbitten Museumsleitungen bei Ihren Ausstellungen[2] mein Mittun – es ist zu komisch – dies Durcheinander der Meinungen. –/ die aber leider nicht symptomatisch sind – sondern »Einzelfälle« –

Mit besten Grüßen von uns Beiden –

stets Ihr

AKubin

312 Reinhard Piper

München, den 20. Juli 36

Lieber Herr Kubin,
soeben erhalte ich Ihre Zeichnungen von Berlin zurück mit folgendem Brief des Reichsbeauftragten[1] für künstlerische Formgebung beim Reichsministerium für Volksaufklärung und Propaganda, Berlin W 35 / Blumeshof 5.

> »Betr. Ihr Schreiben vom 17. 6. 36 und 18. 6. 36.
> In Beantwortung der vorgenannten Schreiben teile ich Ihnen mit, dass ich eine Publikation der mir vorgelegten Kubinschen Zeichnungen nach nochmaliger Prüfung aus künstlerischen und weltanschaulichen Gründen für bedenklich halte. Ich stelle anheim, von der Herausgabe des Buches abzusehen. Heil Hitler!
> gez. Schweitzer«

Wenn der Reichsbeauftragte die Sache bedenklich findet, so sagt das nur, dass er nicht das Odium auf sich nehmen will, das Buch glatt zu verbieten. Jedenfalls, wenn wir die Zeichnungen trotzdem bringen sollten, könnten wir gegen die zu erwartende Beschlagnahme überhaupt nichts mehr einwenden.

Die Sendung war leider schon unterwegs, sodass nun eine Bezeichnung einzelner unerwünschter Blätter doch nicht erfolgt ist. Es ist ja auch für den Herrn Reichsbeauftragten viel einfacher, die Zeichnungen in Bausch und Bogen für bedenklich zu erklären, als die einzelnen Blätter genau anzusehen und zu ihnen einzeln Stellung zu nehmen. Denn es sind ja doch viele Zeichnungen dabei, wo es geradezu unverständlich ist, dass man sie bedenklich findet.

Bitte schreiben Sie mir, was Sie zu tun gedenken. Meines Erachtens müssen Sie sich nun selbst an den Reichsbeauftragten wenden. Bitte entwerfen Sie einen solchen Brief und schicken Sie ihn mir mit Schreibmaschine geschrieben zu, damit ich mich dazu äussern kann.

Bitte nur nicht allzu leisetreterisch! Gerade Herr Goebbels selbst hat ja wiederholt aufgefordert, Zivilcourage zu zeigen. Jedenfalls werden sich die Verhandlungen noch ziemlich lange hinziehen und es ist wohl kaum Aussicht, dass wir das Buch noch vor Weihnachten herausbringen. Es müsste ja jetzt sofort mit der Reproduktion begonnen werden.

Mit besten Grüssen
Ihr
R Piper

Entschuldigen Sie, dass ich oben den Namen Goebbels durchgestrichen[2] habe. Es ist doch besser, Sie wenden sich direkt an Goebbels, der ja dem Reichsbeauftragten übergeordnet ist. Fragen Sie Herrn Goebbels, ob er es wirklich für richtig hält, dass Ihre Kunst in Bausch und Bogen als »bedenklich« erklärt wird und dass auf diese Weise eine Publikation zu Ihrem 60. Geburtstag unmöglich gemacht wird. Er möchte doch dem Reichsbeauftragten, Herrn Schweitzer, den Auftrag geben, diejenigen Blätter einzeln zu bezeichnen, die aus irgendeinem Grunde aus der Publikation wegbleiben sollen. Es könne unmöglich eine Winterlandschaft[3], eine Illustration zu Hamlet[4], ein Schiff im Sturm[5], die Jagd auf einen Puma[6], eine alte Stampfmühle[7], ein Fischmarkt[8], der Kampf eines römischen Kriegers mit einem Adler[9], ein Reiterangriff Seydlitz's[10], ein Jäger, der ein erfrorenes Reh trägt[11], Tannen an einem Waldrand[12], etc. künstlerisches oder weltanschauliches Bedenken erregen. Es sei allerdings einfacher, die dem Herrn Reichsbeauftragten vorgelegten Zeichnungen en bloc abzulehnen, statt die einzelnen Zeichnungen durchzugehen und die unerwünschten einzeln zu bezeichnen. Weisen Sie darauf hin, dass Sie Mitglied der Preussischen Akademie der bildenden Künste seien und /dass diese/ soeben noch in Ihrer Jubiläums-Ausstellung[13] Zeichnungen von Ihnen ausgestellt habe von durchaus gleicher Art wie für das Buch vorgesehen. Schreiben Sie, dass Sie sich bei einer Unterdrückung Ihrer Kunst unmöglich beruhigen könnten. Man könne aus den Zeichnungen wählen und es sei /doch nur/ loyal von Ihnen und Ihrem Verleger, dass dem Reichsbeauftragten die Zeichnungen /vor Erscheinen des Buches/ zur Auswahl vorgelegt würden. Bitten Sie ihn um die Erlaubnis[14], ihm die Zeichnungen direkt vorlegen zu dürfen.

Mit besten Grüssen
D. N.

313 Reinhard Piper

München, den 23. Juli 36

Lieber Herr Kubin,
soeben erhalte ich anliegende Zuschrift[1]. Eine Beschwerde dagegen wird kaum irgendwelche praktische Wirkung haben. Ein Hinweis darauf, dass die altdeutschen Künstler, z.B. Jörg Ratgeb, die biblischen Geschichten nicht weniger grotesk dargestellt haben, wird wohl kaum gebührend berücksichtigt werden.

Es tut mir nur leid, dass ich das Werk im Kunstkalender, wo ich alles anzeigen wollte, was wir bisher von Ihnen gebracht haben, nun nicht mehr aufführen kann. Jedenfalls wird der »Fall Kubin« dadurch verschärft, dass man nicht nur in Zukunft, sondern auch in die Vergangenheit rückwärts Ihre Publikationen beseitigen will.

Mit besten Grüssen
R Piper

1 Anlage

314 Alfred Kubin

25./7.36. Zwickledt
Wernstein O. Öst.

Lieber Herr Piper – als Österreicher möchte man jetzt zu Ihrer heute eingetroffenen Hiobsbotschaft sagen »Da lässt sich halt nix machen«[1] – Ich bedaure es tief und verstehe gar nichts über das »Warum« – die letzten Tage wurden hier die Schreiben an H. und G.[2] konzipiert – auf den ersteren halte ich in diesem Fall leider gar nicht viel – und bei G. wenn wir nach dem Versuch mit H. und nach Ihrer Antwort uns entschließen es abzusenden – wird wohl der Effekt davon sein, dass man im besten Fall an eine spezielle andre Instanz verwiesen wird – von wo dann der »abschlägige« Bescheid eintrifft –

Die dann zurückzusendenden Arbeiten kann ich also wohl erst nach Heimkunft von den Erholungsferien von P. abholen –.– auf diese zähle ab I/VIII ich nun sehr! – ich bin ganz reif zur Erholung das kann ich versichern! – Wie sonderbar – Zeitschriften etc. – machen mir immer noch größte Elogen!?

es ist solch Doppelklang burlesqu.

Viele Grüße Kubin
unmoderner Zeichner und rückständiges Fossil

P.S. Bitte lassen Sie mir 1 Ex. Durych: Kartause v. Walditz zugehen und belasten mein Konto mit dem Betrag – über die Bibelblätter die eine einzigartige Periode meines Schaffens darstellen kann ich nur sagen wer von dem Faktum ausgeht dass die Spannung einer Zeit sich auch im Künstlerischen entladen muss den Schlüssel zu diesem Werk findet – Ratgeb, der frühe Bosch, die Bibel des Urs Graf, etc – geben immerhin vergleichsmaaßstabe – und viele andre. – –

Ich bin nicht orthodox bibelglaubig[3] – doch im Schatten des Katholischen aufgezogen und mehr wie die alten Meister sind es die furchtbaren bäuerlichen Kreuzwegstationen die mein Gemüt beeindruckten im frühesten Alter – in Christus sah ich spater den Magier wich der Gestalt künstlerisch meist aus – durch Ihre Anregung (weil 12 Blatter zu wenig seien, machte ich die restlichen Blatter nach – Nachdem 1 von 80 Werken Buch und Mappen verboten ist, würde es ja nicht so viel schaden, würde ich nicht spüren dass auch gegen den Verlag eine Spitze sich richtet??

315 Reinhard Piper

München, den 28.9.36

Herrn
Alfred K u b i n ,
Zwickledt b. Wernstein, O.Ö.

Lieber Herr Kubin,
ich feiere heute einen etwas schmerzlichen Abschied von Ihren Zeichnungen und sende das Paket gleichzeitig als Wertpaket nach Passau an Frl. Anni Mayerhofer und schreibe ihr, dass die Sendung für Sie bestimmt ist.

Auch tut es mir sehr leid, dass aus dem geplanten Jubiläumsband zunächst nichts werden kann, doch wird man Ihre schönen Zeichnungen wieder einmal mit anderen Augen ansehen. Sie erhalten im Ganzen 129 Zeichnungen zurück. Dies stimmt genau mit der von Ihnen bei den beiden Sendungen gemachten Aufstellungen überein. Zuerst sandten Sie 100 Zeichnungen, später noch 31. Sie bekommen 129 zurück. Eine Zeichnung (Nr. 47) fehlte, wie ich Ihnen damals sogleich schrieb. Eine weitere Zeichnung tauschten wir bei Ihnen ein, um sie Herrn Bruno Brehm zu überlassen. So erhalten Sie also 2 Zeichnungen weniger zurück, als Sie uns geschickt haben. Zur Zurücksendung verwenden wir Ihre schwarze Mappe.

An einem der letzten Abende hatte ich ein paar nette Leute bei mir zu Hause, Dichter, Maler, Schauspieler, und bei dieser Gelegenheit wurden Ihre Zeichnungen nochmals andächtig betrachtet.

Ich weiss nicht, ob Sie am 23. September, als Ihre Frau den Brief schrieb, schon die Eingabe des Herrn Dr. Kletzl[1] mit meinen Bemerkungen erhalten hatten. Ich darf aber wohl annehmen, dass Sie über die Sache ebenso denken wie ich.

Augenblicklich bin ich sehr mit der Fertigstellung des Bandes Oberländer-Zeichnungen[2] beschäftigt und ich hoffe sehr, dass dieses Buch, wenn es sich bei Ihnen eingefunden hat, Ihnen etwas Vergnügen machen wird.

Wenn Ihre Gattin im Spätherbst wieder nach München[3] kommt, werde ich mich sehr freuen, sie wieder zu sehen.

Mit herzlichen Grüßen
Ihr
R Piper

316 Alfred Kubin

Zwickledt 30/9 36.
O. Öst.

Lieber Herr Piper

Ihren eingehenden Brief an Dr Kletzl sowie dessen (von Ihnen durchkorrigierte »Eingabe« habe ich erhalten – besten Dank; ich bin da fast gänzlich Ihrer Meinung, eine solche Eingabe nützte mir gar nichts – auch über die Striche[1]! – Ihr Verlag dürfte /ja/ überhaupt nicht genannt werden, auch sonsten fand ich noch einige kleine Unrichtigkeiten – Kurz ich riet Kletzl ab Unterschriften zu sammeln und das Schriftstück abzusenden – – Es ist ja traurig genug wie die Lage in dieser Beziehung nun sich gestaltet hat – vielleicht bessert sie sich – unerwartet! – das Verhalten der Stelle gegenüber dem »Jubiläumsband« verletzt mich tief – auch Zeit ist viel verloren jetzt –

– wie schon von meiner Frau mitgeteilt benötige /zu Ausstellungszwecken etc etc –/ ich nun meine große Collektion

Vorgestern war sie noch nicht bei Mayerhofer Passau in den nächsten Tagen will ich dann wieder nach P. fahren die Sachen abzuholen – ich nehme an, dass diese schon abgeschickt von Ihnen nun sind – Im Böhmerwald habe ich mich ganz gut erholt wie es scheint – freilich meine Jahre merke ich auf dem Körper liegen – so wie noch vor wenigen Jahren ist's nicht mehr – aber man wird auch in recht vielen gleichgültiger /am 15. d.M. starb in Wien der ausgezeichnete Dichter und Essayist Otto Stössl[2], er war mir ein lieber Freund! –/ – die Arbeit geht gemessenen Gang ich bin nicht unzufrieden –

Nun grüße ich Sie für heute und bin wie
stets Ihr sehr ergebener
Kubin

P. S. Wenn man, und das wäre zweifelsohne ja bald der Fall merken würde dass Dr Kl. außer seinem <…> noch ein leiblicher Vetter von mir ist – könnte er in seiner Stelle ja noch selbst Unannehmlichkeiten haben –

dies alles schreibe ich ihm, möge er bedenken – – von österr. Reg. Seite wird der Oeuvre Katalog[3] des Herrn Dr Otte durch eine Abnahme von 20 Ex seinerzeit und etwas Zuschuss als Subvention gefördert – dies bitte privat!!

317 Reinhard Piper

München, den 29. 10. 36

Herrn
Alfred K u b i n
Zwickledt b. Wernstein, Oberösterr

Lieber Herr Kubin,
es wird Sie interessieren, zu hören, dass das Buch über Franz Marc[1] im Rembrandt-Verlag, das schon in mehreren Tausend Exemplaren verkauft ist, nun nachträglich verboten und beschlagnahmt wurde. Der Verleger bemerkt in einem Briefe an mich dazu: »Die Unsicherheit in Fragen der modernen Kunst ist bei den amtlichen Stellen so groß, dass wir Verleger bald nicht mehr wissen, was nach Ansicht des Staates als Kunst zu gelten hat und was nicht«.

Vielleicht ist Ihnen auch bekannt geworden, dass die Ausstellung des Deutschen Künstlerbundes in Hamburg[2] geschlossen wurde. Der Bund wurde aufgelöst. Die beiden Vorsitzenden, Georg Kolbe[3] und Leo v. König[4], haben Herrn Reichsminister Göbbels gebeten, die Angelegenheit mündlich klären zu dürfen, erhielten jedoch auf dieses Gesuch keine Antwort.

Sie werden demnächst Pipers Kunstkalender von 1937[5] erhalten und darin sehen, dass ich an Ihrem Geburtstag Ihrer gedacht habe. Die ca. 4000 Käufer des Kalenders werden es dann auch ihrerseits tun, wenn sie an dieses Blatt kommen.

Mit besten Grüßen
Ihr
R Piper

318 Reinhard Piper

München, den 10. Nov. 1936

Herrn
Alfred K u b i n
Zwickledt b. Wernstein, Oberösterr

Lieber Herr Kubin,
es hat mich sehr gefreut, gestern Ihre Gattin bei uns zu sehen. Leider konnte der Besuch nur kurz sein, da mich Ihre Gattin erst am Vormittag anrief und wir uns für den Mittag schon einen Ausflug zurechtgelegt hatten. Es war mir sehr lieb, wieder einmal etwas Näheres von Ihrem Ergehen zu hören.

Mit gleicher Post sende ich Ihnen einen Kalender. Bitte schlagen Sie in ihm den 10. April auf. Zuerst wolle ich den Spruch von Goethe[1] darunter setzen:

»Sie sagen, das mutet mich nicht an
und meinen, sie hätten's abgetan«.

Ich finde aber auch den Satz von Hans Thoma[2] sehr passend.

Die Beschreibung über die Ausstellung der Pressezeichner[3] hat mich sehr interessiert. Ich lege sie Ihnen hier wieder bei.

Im »Neuen Oberländer-Buch« habe ich die 3 von Ihnen illustrierten Bücher[4] angezeigt. Ihre Frau war aber erfreulicherweise so altmodisch, dass sie das Buch erst zu Weihnachten sehen wollte. Ich finde das sehr hübsch von ihr. Nur müssen Sie sich jetzt noch ein wenig gedulden.

Wir waren gestern Nachmittag zum ersten Mal an dem großen Stausee, der im Ismanninger Moos im Anschluss an den Kanalbau entstanden ist. Der See reicht fast bis an den Horizont. Es schwimmen auf ihm und fliegen über ihm Tausende von Wildenten, Möven und anderem Gevögel. Der Horizont wurde begrenzt von einer prachtvollen Bergansicht, die von den Salzburger bis zu den Allgäuer Alpen reichte. Dazu ein farbiger Himmel. Im übrigen ist Ismanning bekannt durch seine ungeheuren Kraut-Äcker. Überall im Dorf lagen wahre Berge grüner und blauer Krautköpfe angehäuft.

Für heute mit herzlichen Grüßen und Wünschen
Ihr
R Piper

Anlage.

319 Alfred Kubin

Zwickledt 31.XI 36 Ob.Öst.

Lieber Herr Piper Schönsten Dank für Ihre freundlichen Mitteilungen, dass man das F. Marcbuch bei dem Herrn C. Lemmer[1] beschlagnahmte wusste ich schon, es wurde diesem auch das Buch »die letzten 30 Jahre in der deutschen Kunst[2] untersagt /als Mitglied des d. Künstlerbundes wurde ich von Herrn Zieglers[3] Eingriff und dem sich anschliessendem offiziell auch verständigt/ Ich erhole mich allmählich von all diesen netten Schrecken – die 60 Jahre wie das Verschwinden alter Freunde und Weggenossen macht mich nach andrer Hinsicht nachdenklich

– Nun starb am 15 d.M.. Otto Stössl der Wiener Dichter Essayist, Kritiker, – ein moderner Epikur dessen lieben Briefen ich unweiser Mensch viel dankte – u.sw. auf Ihren neuen Kalender freue ich mich! – Ich hoffe Ihnen binnen kurzem das Jahrbuch des oberösterr – Kunstvereins »März« schicken zu können es ist meiner Wenigkeit gewidmet und durch alte Klischeebeigaben etc ermöglicht enthält es ein paar Artikel über mein Schaffen die – weil sie grade nicht von »Augenmenschen«[4] geschrieben sind einige interessante Betrachtungen enthalten –

– zum Spass lege ich Ihnen hier eine eben erschienene Zeitungsbesprechung[5] bei – welche unseren Antagonisten lieblich-harmlos mit mir vereinigt – Dr. Kletzl haben wir nun mit seiner Eingabe bekehrt er unterlässt sie – denn er sieht wohl auch ein dass sich vorerst einmal wie ein Bekannter mir zum Trost schrieb »die Oberlehrer austoben müssen« – – Kletzl hätte sich in seiner akademischen Laufbahn[6] nur selber schaden können –

Ich erhalte genug Briefe aus <stillen> Ecken die mir manches erklären – Vielleicht sucht Sie meine Frau in Bälde einmal auf Sie kommt über München. /Vielleicht geben Sie ihr dann die beigelegte Kritik wieder für mich/ –

Hofknix und Reverenz
Ihres Kubin

320 Reinhard Piper

München, den 20. Januar 1937

Lieber Herr Kubin,
herzlichen Dank für Ihren langen Brief vom 30. Dezember[1]. Es freut mich sehr, dass meine Weihnachtssendungen Ihnen etwas Freude gemacht haben. Ich dachte mir schon, dass die »Masken der Erde«[2] gerade Ihnen viel zu sagen haben.

Ich danke Ihnen herzlich für die schöne Zeichnung mit »Don Qixote und Sanscho Pansa«[3]. Zu Weihnachten finden sich immer ein paar Künstler mit Gaben auf meinem Weihnachtstisch ein. Ihr Blatt war aber bei weitem das bedeutendste und ich habe es mit Vergnügen meiner, durch Ihre Gebefreudigkeit schon sehr reichen Kubin-Mappe einverleibt.

Soeben sandte mir Bruno Brehm einen Durchschlag seines sehr umfangreichen Kubin-Aufsatzes[4] für den »Ackermann in Böhmen« zu Ihrem sechzigsten Geburtstag. Natürlich darf ich Ihnen den Aufsatz nicht etwa schon vorweg zur Lektüre senden, aber Sie werden sich sicher sehr darüber freuen. Es ist wirklich eine eindringliche Arbeit. Häufig zitiert Brehm Ihre eigenen Äusserungen, auch die aus meinem Aufsatz. Ich möchte diese Arbeit von Brehm, wenn sie erschienen ist, dem Reichsbeauftragten[5] für künstlerische Formgebung nach Berlin senden, der mich ja verhindert, einen Band Zeichnungen von Ihnen herauszubringen. Er sieht dann einmal, wie hoch Bruno Brehm Sie schätzt. Brehm ist nämlich bei den Berliner offiziellen Stellen sehr gut angeschrieben. Er hat im vorigen Jahr vor den Spitzen von Staat und Partei eine Rede gehalten und ist auch jetzt wieder von der N.S. Kulturgemeinde Berlin eingeladen worden, innerhalb der Berliner Dichterwoche[6] zu lesen.

Hoffentlich kommt es bei Ihrem Böhmerwald-Zyklus doch noch zu einer Reproduktion. Darüber würde ich mich ausserordentlich freuen.

Eine Abschrift Ihres letzten Briefes, in dem Sie ja auch etwas von dem neuen Buch von Bruno Brehm schrieben, möchte ich Herrn Brehm schicken, da er sich jetzt so eingehend mit Ihrem Schaffen befasst hat. Ich kann mir nicht denken, dass dies Ihnen irgendwie unangenehm sein könnte. Brehm wird sich sicher für den Brief interessieren.

Mit besten Grüßen und Wünschen
Ihr ergebener
R Piper

321 Alfred Kubin

Zwickledt O.Ö.
28/II 37.

Lieber Herr Piper Freundlichsten Gruss –! Ich freue mich Ihnen heute melden zu können, dass mir die Albertina[1] in Wien /mit/ einer Übersichtsausstellung die am 30. April offiz. eröffnet wird das voll erreichte 60 Jahr mir ehren will – Vorbereitungen hiezu machen schon jetzt manche Arbeit erforderlich – /mir ist diese altehrwürdige graphische Sammlung aber eben doch für diese Gelegenheit (einmalig, bis heut hat noch kein Lebender da ausgestellt) im grossen der ideale Boden, weit mehr als die Wr. Secession[2]/ Sanft verging der Winter, trotz leiser Erkältungserscheinungen etc, leidlich, hoffentlich kommt nicht noch an Rückfällen manches nach – ich fühle jedes Jahr dies hyperbareische Klima unguter in den Nerven – Eine Ausstellung der »Phantasien im Böhmerwalde« in Berlin brachte sehr günstige Besprechungen[3] – nun interessieren sich 2 Verlage[4] für Herausgabe dieses Cyklus; – möglich, dass ich günstig abschließe und beruhigt darüber sein kann – Auch Verkäufe wurden »getätigt« freilich aus Deutschland Nr. 3 kriegt man die Beträge nur mit größter Schwierigkeit herüber, und Gesuche laufen hin und her. So drängen diese Wochen zum Geburtstag – ich schaffe bei etwas kürzerem Arbeitstag /kürzer/ wie noch im vergangenen Jahre es ist da manches nachzuholen, und hauptsächlich an immer wieder hartnäckig angestellten Versuchen – in einigen Fällen überraschen dann fertige Resultate – – Zum Haus d. deutschen Kunst meldete ich meine Folge »die 9 Planeten«[5] hoffentlich nimmt diese nicht zu viel Raum, denn im letzten Augenblick hat die Leitung auch die Sudetendeutschen und österreichischen Künstlerverbände (soweit »deutschen Blutes«) eingeladen zur Beteiligung, dennoch fürchtet man ein /mäßiges/ Durcheinander.

– – Vom Präsidenten der Reichskulturkammer erhielt ich nun eine Genehmigung[6] »in Deutschland ungehindert meinem Beruf nachgehen zu können.« – Lektüre: Ein (ziemlich <verlogenes>!) Buch »Sturm und Drang in München« von /Georg Fuchs/ dem Schwiegervater meines † Schwagers O A. H. Schmitz[7] las ich, na ich erlebte doch diese Periode auch – sehe sie aber doch ganz anders; nicht nur als Vorbereitung auf die dann erreichte Glorie – Somit wäre das meiste erwähnt – halt, nein! – Ein Dr. Georg Kurt Schauer[8] – 8 Jahre bei Rütten u. Loening[9] 5 bei S. Fischer – 1 1/2 bei einem Leipziger Vg /(mit dem er sich nicht verstehen konnte)/ Soldmann, schwärmt für Sie und Ihren Verlag – fragt bei mir an ob es einen Zweck hätte Sie um Eintritt in Ihren Verlag anzugehen und ob ich ihn, den <kultivierten>, ideenreichen (natürlich »arischen) Verlagsbuchhändler bei Ihnen empfehlen könnte, was hiermit geschieht, obschon ich gar nicht glaube, dass ein Bedürfnis z. Zt bei Ihnen vorliegt – von uns viele Grüße von Haus zu Haus – stets Ihr alter, herzlichst

gestimmter Kubin

[Anlage:]

322 Reinhard Piper

München, den 3. März 1937

Lieber Herr Kubin,
herzlichen Dank für Ihren Brief vom letzten Februar, vor allem für die reizende Zeichnung, mit der Sie mir eine große Freude gemacht haben. Ich habe sie sogleich einigen Besuchern gezeigt, die mich darum beneideten.

Es freut mich sehr, dass die schöne Ausstellung in der Albertina zustande kommt. Vielleicht habe ich sogar Gelegenheit, sie zu sehen, denn ich hoffe, im Mai nach Wien zu kommen, wo ich seit vielen Jahren nicht mehr war.

Erfreulich ist es auch, dass sich zwei Berliner Verlage[1] für die »Phantasien im Böhmerwald« interessieren. Diese Verlage haben wohl noch nicht die Erfahrungen gemacht wie ich.

Meinen Artikel aus der »Neuen Rundschau«[2] werde ich, etwas gekürzt, zu Ihrem Geburtstag an einige Zeitungen versenden und hoffe dadurch auch etwas zur Geburtstagsstimmung beizutragen.

Das Buch von Georg Fuchs über »Sturm und Drang in München« gefällt auch mir nur wenig. Der Mann macht viel zu viel Worte. Es ist alles mit einer Wortsoße übergossen, aus der man die paar Tatschen mit Mühe herausfischen muss.

Dass Herr Schauer für meinen Verlag schwärmt, rührt mich. Aber ich habe leider doch keine Möglichkeit, ihn zu beschäftigen. Die besseren Posten sind bei mir seit Langem in festen Händen.

Mit gleicher Post schicke ich Ihnen das neueste Kind des Verlags: Eugen Ortner[3], »Balthasar Neumann«. Ich glaube, Sie werden das Buch ganz gerne lesen. Es gibt sehr anschaulich ein großes Stück Barockgeschichte.

Für heute mit besten Grüßen und Wünschen
Ihr
R Piper

323 Reinhard Piper *[hs]*

München, 9. April 1937

Lieber Herr Kubin,
ich liege mit Grippe im Bett, umso herzlicher gedenke ich Ihres morgigen 60. Geburtstags, denn nichts lenkt mich davon ab, keine Verlags<besucher>, kein Telefon.

Also: Alles Gute zum neuen Lebensjahrzehnt, – zwar mit etwas zittriger Schrift aber mit <umso> festerer Gesinnung!

Dass ich mich mit Ihnen vor nun schon 30 Jahren zusammengefunden habe, zähle ich zu meinen bedeutungsvollsten und fruchtbarsten Erlebnissen! Und so muss ich heute auch von neuem schmerzlich bedauern, dass es mir nicht vergönnt war, den Menschen zu diesem Tage einen schönen billigen Band mit 60 der schönsten Kubin-Zeichnungen darzubieten und so Ihre Kunst von neuem in viele Häuser zu tragen.

Ich habe meinen Aufsatz aus der Neuen Rundschau gekürzt an viele Zeitungen verschickt, besonders auch an österreichische und so hoffe ich, dass er an manchen Stellen abgedruckt wird und von Ihnen ein lebendigeres Bild gibt als die magere Notiz, die heute in den M. N. N.[1] steht. Eine Geburtstagsgabe möchte ich Ihnen noch nachdrücklich senden, vom Bett aus geht das schlecht.

Feiern Sie mit Ihrer lieben Gattin den Geburtstag in Ihrer Zwickledter Stille in dem schönen Bewusstsein, vielen viel gegeben zu haben und in Zukunft noch zu geben und in dem Gedenken, dass Ihre Kunst fortwirken wird wie die Ihrer Ahnen Bruegel, Wolf Huber, Goya.

Stoßen wir an auf den »schönen gelösten Altersstil« (vom 70. an) u. auf ein gutes Wiedersehen noch im Jahr 1937!

In alter Treue
Ihr Reinhard Piper

Es gratulieren ebenfalls sehr herzlich Gertrud Piper[2] und Martin Piper, Ulrike Piper, Klaus Piper

324 Alfred Kubin – Postkarte[1]

AETATIS SUAE
ANNO LX

AKubin dankt R. Piper und Familie

Zwickledt
10.4.37.

325 Alfred Kubin

Zwickledt 23.6 37

Lieber Herr Piper Nun hoffe ich dass Ihre Grippe ohne weitere Nachwirkungen vorüber ging – und reklamiere das mir zum 60 Geburtstag versprochene Buch – /Meine Sendung des Katalogs der großen K.Schau in der Albertina[1] erhielten Sie sowohl wie die Gedenklithographie[2]!? Ich konnte und dies war sehr nötig eine größere Auswahl von Blättern verkaufen –/ auch ich hatte eine Angina die sich anders, ernster wie sonst anließ – dies und die Rekonvaleszenz danach unterbrach im Ganzen angenehme Wochen welche durch die zahlreichen Zuschriften aus nah und Ferne (zum Teil sehr merkwürdige!) von stillen Anhängern und Verehrern wie auch längst schon im katholischen Himmel versammelt geglaubter früherer Weggenossen recht bunt besetzt war

– Mit dem Schaffen geht es in ziemlich steiler Curve quantitativ abwärts die Spannung weicht bald größter Müdigkeit – aber es freut mich trotzdem – mit dem Böhmerwaldzyklus zieht es sich abermals hin doch immer steigen da neue Hoffnungswimpel auf, so dass ich nicht unzufrieden bin. Zumal das mir noch mehr am Herzen liegende Werk Tschandala von A Strindberg – wo dieser dem <Rassen>haften eine Tiefere und edlere Bedeutung giebt als es heute mode ist, in einer zwar winzig kleinen und unglaublich teuren Luxusausgabe[3] mit <...> lithographischen Wiedergaben meiner Illustrationen hergestellt werden soll – aber dass auch wieder ein Schmerzenskind versorgt ist – dies bitte /nur Ihnen/ privat mitgeteilt. Recht eigentümlich trübe berührten mich allerhand Erfahrungen die ich über die Nichtbeachtung ja Herabsetzung meines Werkes im neudeutschen Reiche noch immer machen musste /so wurde in einem pamphletartigen Buch »Säuberung im Kunsttempel« v. Willrich[4] meiner Arbeit nur als Krankhaft und daher so eindrucksvoll gedacht – /allerdings erhalte ich meinen /illustrierten/ Artikel in einem neuen Sammelwerk »Münchener Köpfe«[5] /von Dr. Breuer/ unter offiz. Ägide und Einleitung durch den Gauleiter Wagner[6] – man sieht: nicht schließt eins das andere aus – –/ – was als weiterer (auch moralischer) Schaden dem durch die Devisenordnung[7] ohnehin schon entstandenen materiellen sich angliedert. – Aber die erreichten 60 – sind auch da – ein etwas mildernder Schein in welchem ich diese Dinge nun, retrospektiv schaue – Bin ich leidlich wohl so möchte ich im August schon wieder in dem geliebten Böhmerwald[8] die Ferien verbringen – das Haus d. d. Kunst[9] habe ich nicht nun beschickt – hingegen die /Jahres/ Ausstellung in der Pinakothek – wo ich an die Münchner neue Secession[10] meine Serie der 9 Planeten[11] sandte – Vielleicht sehen sie diese gelegentlich

– Für den deutschen Pavillon in Paris[12] zur Beschickung erhielt ich eine offizielle Einladung /und/ gab ich 1 Zeichnung. – alles Gute von Haus zu Haus, stets herzlichst Ihr

alter Kubin

326 Reinhard Piper

München, den 7. Juli 1937

Lieber Herr Kubin,

es freut mich, dass Sie mich an das zum 60. Geburtstag versprochene Buch erinnern. Ich sehe doch daraus, dass Sie über die betreffende Stelle in meinem Gratulationsbrief nicht hinweggelesen haben und sich aus dem Buche etwas machen. Sie werden das Buch nun vielleicht etwas genauer anschauen, als wenn es schon rechtzeitig auf dem Geburtstagstisch mit in dem kleinen Bücherladen sich befunden hätte, den Ihre Frau Ihnen aufgebaut hat.

Nun ist leider dieses Jahr noch nicht viel erschienen, was Ihnen etwas Besonderes bieten würde, doch lasse ich Ihnen einmal den »Balthasar Neumann« von Eugen Ortner[1] und das »Vergnügliche Handbuch der deutschen Sprache«[2] von Hans Reimann zugehen. Es ist jetzt aber manches im Werden, was Ihnen auch noch später, nach dem Geburtstag, Freude machen wird.

Ich habe wieder eine vierzehntägige Grippe hinter mir und bin noch gar nicht recht aufgelegt, einen längeren Plauderbrief zu diktieren.

Ihr Brief war mir aber gerade beim Imbettliegen /nun/ sehr angenehme Unterhaltung. Ich habe ihn bis zum letzten Wort entziffert, und damit spätere Geschlechter nicht nochmal dieselbe Mühe der Entzifferung haben, habe ich die am schwersten lesbaren Worte deutlich in Bleistift darüber geschrieben.

An Bilderbüchern erscheint diesen Herbst nur ein Tanzbuch[3] /mit 80 <...> schönen Aufnahmen/ und wenn Sie auch ebenso wenig wie ich ein Tänzer sind, werden Sie seinerzeit doch vor Vergnügen ein wenig im Zimmer herumhüpfen.

Mit besten Grüßen, auch an Ihre werte Gattin

Ihr

R Piper

/immer noch im Bett/

327 Alfred Kubin

Zwickledt 28/XII 37
Ob. Österr.

Lieber Herr Piper – Ihre liebenswürdigen Gaben machten mir – vorübergehend – eine so freudige Stimmung als wie »in alter Zeit« – Haben Sie innigsten Dank dafür!! Wir machen ja alle miteinander schon allerhand jetzt durch, doch das Sinnen im Vergangenen, das Vergleichen ebenso – gibt mancher lebendig beschaulicher Stunde ihren Inhalt. – Ich staune über die Fortschritte in der Fotographie da im Buch über den Tanz wieder besonders – Sie versprachen wahrhaftig nicht zu viel!! Das Ratgebbuch[1] ist mir einstweilen noch »mit sieben Siegeln verschlossen« es wird zur späteren Lektüre dienen, denn wie rasch vergleitet so eine armselige Woche jetzt, die Müdigkeit legt sich wie ein grauer Reif /so bald leider immer auch/ aufs Schöne und so kann ich mir fürwahr heute schon das höhere, ja höchste Alter vorstellen. – Erleben aber möchte ich's nicht – ich bin ja mit Sinnen Kraft eher mehr rückwärts wie vorwärts gewandt – am persönlichsten bringt mir der P. Kunst Kalender[2] den Freund Piper nahe – welche feine mühsame – monatelange, wägende Auswahl, besonders auch der Literaturstellen – hier belegt der Kalendermann sein Wesen so unvergleichlich /und unverkennbar/, dass man des öfteren schmunzelt!

dies rundend dazu <Hubers> interessantes Litho – ein Natureindruck – gelangt da zu hintergründigen Enträtselungen; von Beckmanns Eigenwilligkeit und dem Teutschtum Trumms – /wie weit/ entfernt sich dieser <Huber> auf interessante Weise! – Mir war der Weihnachtsabend durch eine erstaunliche Leistung moderner Technik besonders eindrucksvoll – Es fanden sich bei Verwandten 2 uralte Daguerrotypien[3] – /und es war/ überhaupt nichts in dem Metallrähmchen zu erkennen – Dr. Kurt Otte hat für's Kubinarchiv /zur Information siehe der gesandte Sonderdruck[4]!!!/ diese Dinge unter infraroter, und Röntgenstrahlung dann mit unglaublichen chemischen Künsten behandeln lassen und es traten – wundervoll scharf – ein Urgroßelternpärchen[5] hervor – – man sollte es kaum für möglich halten. Ich illustrierte in dem zu Ende gehenden Jahr eine Art pazifistischen Hymnus[6]: der nur in 43 Ex. erschien. Und auch meine ausstattung des Strindbergschen »Tschandala« (10 Lithogr-Volltafeln, 23 Streubilder) kam, nachdem diese Serie 7 Jahre im großen Schranke brach da lag und zu meinem nur halb geborenen Schmerzenskindern zählte – in allerbester Form heraus – aber: nur in 90 Ex zu 90 Schillingen pro Ex. So leider scheinen z. Zt. itzo schöne Buchwerke nur noch kalkuliert werden können –

– Ich weiß nicht ob Ihnen meine Frau erzählte, dass man hier bei uns einen Film[7], einen Besuch /bei A. K. in Zw./ vorstellend, aufnahm – im Auftrag Dr. Ottes. – als ich den entwickelten Streifen dann sah, war es ein fast unheimliches Erlebnis – meinen Doppelgänger auf der Fläche bald laufend, /oder/ ernst wandernd, lachend plaudernd dann auch zeichnend, Fratzen schneidend <...> vor Zwickledter Landschaft oder dem alten Hause sah. –

Nun Verehrter leben Sie so wohl es eben angehen kann – Ich begrüße Sie und Ihre Lieben – in einem Röllchen lasse ich für Ihre Sammlung noch ein paar neue Entwurfskizzen abgehen – meine Frau grüßt herzlichst – Ich bin wie stets Ihr getreuer

Kubin

328 Alfred Kubin[1]

Zwickledt 26. II 1938

Lieber Herr Piper, Meinen schönsten Dank für das Schopenhauerbüchlein[2] – – die Sätze des Philosophen, der so starken Einfluss auf meine Jugendjahre genommen hat, sind mir immer wieder wertvoll – nun auch wo ich eindringlichst merke wie weit die eigne Lebensuhr schon ihre Zeiger vorrücken ließ.

– Sonst aber darf ich nicht – zuviel – klagen – es war kein guter Winter aber auch keiner von den schlimmen – nur ist man halt nicht mehr so blind ins Künftige vertrauend – und jeder der verschiedenen »Hiobsposten« stand schließlich auch ein Gewichtlein für die weiße Schale des Geschicks zur Seite – so dass sich eine nicht uninteressante Balance – alles in allem gerechnet, ergab. –

Die letzten Hemmungen stehen mit politischen Augenblickserscheinungen in Verbindung – ich hatte – endlich!! – mein Hauptwerk der letzten zwanzig Jahre die Phantasien im Böhmerwald, bei einem /Wiener/ Verlag[3] und alles war schön abgemacht da stoppt nun dieser /ein nicht »arischer«/ noch in letzter Minute – Es soll abgewartet werden wie sich »die Dinge« entwickeln.

– Na ja, wie Siegfried habe ich nicht mehr viel empfindliche Stellen nach dieser Richtung –

– Übrigens brachte der Verleger Dr. O. Kallir-Nirenstein, neue Galerie Wien, meine Bearbeitung des »Tschandala« v. Strindberg aus 1930, wo ich es machte, heraus, ganz herrlich! aber nur leider in 90 Exemplaren, sodass man gewiss nicht von »Veröffentlichung sprechen kann da – für ein anderes /Werk/, einen pazifistischen Sang[4] – machte ich sieben Lithos. Der erschien gar nur in 43 Exemplaren /beim gleichen Verlag/ – aber nur so, scheint es kann gegenwärtig Luxusreproduktionen gemacht werden – Anknüpfend an Schopenhauer: Ich arbeite /seit 2 ½ Monde/ langsam aber stetig – und angeregt durch einige Balladen von Reinacher u.sw. an einem neuen Totentanzwerk[5] /(also wieder nichts fürs 3. Reich wo der Tod abgeschafft wurde!!/

Mein erstes[6], vor 20 Jahren im Krieg 1917 /für B. Cassirer/ gemacht, sieht dagegen herb und wie mit heimlicher Gotik versetzt aus – das neue, es dürfte noch eine geraume Zeit dauern bis ich die letzte Hand anlege – ist malerisch gelöst dagegen. – –

– Sonst – wie beim ersten, sind es 24 Blätter

– Finanziell ists infam – Kapitalist wider Willen, weil mein Erspartes für diese Jahre sinnlos bei der bayr. Staatsbank anschwillt, – bräuchte ich hier Geld, kam in Schulden, Steuern über 3000 Sch. dazu verlottert das alte Haus, die Möbel, die Kleider – und das »Gut im Mond«, d.h. jenseits der Grenze hilft mir nichts bis nicht »der Anschluss« kommt den ich nach anderer Hinsicht wieder gerne möglichst hinausgeschoben mir vorstelle – Ich lese eben mit neuem Vergnügen die alten Mereschkowskischen /Bücher aus Ihrem Verlage. Herzlichen Gruss von Haus zu Haus, m. Frau ist für acht Tage verreist – stets Ihr alter Kubin/

/Zum »Professor«[7] will man jetzt auch noch die Ehrenbürgerwürde von Wernstein[8] geben mit Musik und Feier im Gasthaus Zwickledt – was man doch alles erleben kann, wenn man zu Jahren kommt/

/Wissen Sie nichts von Barlach[9] und Schinnerer[10]?/

[Anlage:]

[siehe Abbildung auf Seite 404] ▸

Fuer Ihr freundliches Interesse und die schöne Bereicherung des Archivs dankt mit dem verbindlichsten Gruss
Kubin Archiv in Hamburg

329 Alfred Kubin[1]

Zwickledt 23.4.38.

Lieber Herr Piper – Ich danke herzlich, dass Sie sich mit zwei so amusanten Büchern an meinem 61. Geburtstagstisch beteiligten – sonst war diese Feier mit leicht elegischen Gedanken durchflochten, – hat man beim 62ger angebissen, so schaut man wie durch ein umgekehrtes Fernrohr auf die Dinge »dieser« Welt – so gering erscheinen diese von solcher Ebene – die wir uns so gut es geht dekorieren wollen – hauptsächlich in Ermangelung anderer halt mit eigenen Arbeiten –. Diese entstehen

zur Zeit recht langsam – nach einer 1/2 Stunde intensiven Zeichnens legt sich meist schon ein undefinierbarer Schleier über Auge, Hand und Hirn und eine kleine Pause erst schmeichelt der Inkarnation neue Schaffensfreude ab – da geht es wieder flotter – ja man verbeisst sich wohl auch gänzlich ins »Problem« bis die wohlbekannte leichte Erschöpfung wieder auftaucht und man am liebsten auf alles .... *[Pfeil in Richtung der Illustration]*

In Lecithin, Kaffee, Kola oder winzigen Quanten Cognac *[Pfeil in Richtung der Illustration (Gläschen)]* habe ich dann doch wieder einige Zaubermittel die mehr halten als man glaubt.

– So ist mir das älter-werden eine Frage der Kräfteökonomie geworden. –

– Zu erzählen gäbe es mancherlei zu weitläufig um /nur/ angedeutet zu werden – mich freut es, dass meine Frau – sie ist es ja, seit ich so /ein/ reisescheuer Sonderling geworden – die Stadt besucht – Sie im großen ganzen wohlauf angetroffen hat –

wie es dies Jahr mit dem schon gewohnten Ferienaufenthalt[2] im Böhmerwald werden soll – ahne ich noch nicht – – Mit der Verbrüderung[3] sind wir auch bei der geringen Devisenzuweisung Brüder geworden – mir ist es auch ziemlich gleichgültig ob es ein anderer Ort wird der mir einige Erfrischungen bieten soll – etwa wieder ein Dorf in den Alpen odgl. – – Ich grüße Sie herzlich und bin wie

stets Ihr anhänglicher alter

Kubin

330 Reinhard Piper[1]

München, den 22. August 1938

Herrn
Alfred Kubin,
Wernstein a. Inn b. Passau

Lieber Herr Kubin !
Auf Ihre Veranlassung sandten wir im Mai 1937 für eine Sonderausstellung an die Innviertler Galerie in Ried Ihre Bücher und Mappen. Leider ist trotz mehrmaligen Schreibens von dort keinerlei Antwort zu erhalten. Unsere Briefe kommen aber auch nicht als unbestellbar zurück, sodass also die Galerie noch existieren muss. Wenn ich mich recht erinnere, hat Sie seinerzeit ein Künstler[2] um Zusendung der Werke an diese

Adresse gebeten. Könnten Sie mir nicht diesen Künstler nennen, damit ich mich an ihn persönlich wenden kann?

Entschuldigen Sie bitte, wenn ich heute nicht mehr schreibe. Es drängt sich gegenwärtig sehr viel Arbeit zusammen. /in den <nächsten> Sept-Tagen soll's nach Sizilien[3] gehen. Außerdem hat mein Ältester, der Verleger-Prokurist, Hochzeit[4]./

Selbstverständlich habe ich mich über Ihre schöne Ausstellung bei Günther Francke[5] ausserordentlich gefreut. Ich war zur Eröffnung dort und wollte Ihnen schon einen Bericht darüber schreiben, bin aber dann nicht dazu gekommen. Doch bald hören Sie mehr von mir.

Mit besten Grüßen R Piper

331 Alfred Kubin

Wernstein/Inn O Öst Zwickledt 27/8 38

Lieber Herr Piper Gestern kam ich hierher wieder weil ich infolge der Wetterunbilden in den Salzburger Alpen[1], die ich heuer aufsuchte /abreisen musste/ denn geliebte Böhmerwaldferien waren ja diesmal unmöglich. Ich finde Ihr Schreiben vor.

Der Leiter der »Innviertler Galerie« ist ein Professor Max Bauböck. Unter uns gesagt behält er die Objekte für die Gallerie gerne solange es nur möglich ist – wenn Sie ihm ein wenig dringlich schreiben wird diese Leihgabe wohl zurückkommen –

– Zur Hochzeit im Hause Piper gratuliere ich – an solchen Ereignissen merkt man wie man alt wird; ich merke das auch leider an Anderem bei mir – – die Münchner Ausstellung brachte mir in jeder Beziehung guten Erfolg! – für die beiden Folgen »Ph i. Bhmwld« und »ein neuer Totentanz« hatte ich schon /im März/ den Verlagsvertrag von Dr. O. Nierenstein »neue Galerie Wein« in der Tasche; am Anschluss zerschmolz das aber weil der Verleger nichtarisch war.

– die /bei Francke gezeigte/ Collektion wird nun geteilt – und in Stuttgart und Köln noch gezeigt –

Ich freue mich auch über Ihre Reisefreudigkeit

Ich bin leider immer mehr ein sonderlingshafter Incrustatus[2] – Vage Arbeitspläne zittern durch 100 Hypochondrien und Misstimmungen hier durch – und – hoffentlich verwirklichen sie sich – die neuen Verhältnisse[3] brachten mir aber die Wiederverfügung über mein Passauerkonto, so dass nach der Geldseite wenigstens alles in Ordnung z. Zt. ist – aber wie wenig bedeutet das? Ich freue mich bald mehr von Ihnen zu hören und wünsche eine gute Sizilienfahrt.

Stets der Ihre
AKubin

auch Wünsche meiner Frau zur Hochzeit!

Kennen Sie den verdammten Erholungskater der uns die ersten Tage nach dem Urlaub zu Hause überfällt! –

332 Alfred Kubin

Zwickledt 6/ XI 38.

Lieber Herr Piper ein Herr Jörg Lampe der im Nov. Heft der »Kunst«[1] einen etwas abstrakten aber doch sehr tief rührenden Aufsatz über »die Bedeutung A K's« hat, schrieb mir heute und erwähnte nebenbei dass er vor einigen Tagen über Barlach anlässlich seines Todes[2] auch schrieb – So erfahre ich vom Hingang eines der besten Künstler unserer Epoche – und bin tief betroffen diesen nicht mehr mit mir zur gleichen Zeit atmen zu wissen. – Sie werden ähnlich fühlen – wir haben beide vom Schaffen B.'s sehr viel Erregungen gehabt – Einen Nachruf haben sich die M. N. N. die ich täglich durchsehe geschenkt – Wissen Sie Näheres über das Ende des nicht ganz 69. Gewordenen?? war er denn kränklich? – Freilich ging ihm vieles sehr nahe wie ich erfuhr – – Ich bin B. für so reiche Eindrücke dankbar, – leider hatte ich ihn nie persönlich kennen gelernt – damals als B. Sie auf der Englburg[3] besuchte da hätte ich nochmals dahin kommen sollen! – wie viele verpasste Gelegenheiten bringt das Leben!

Ihren Karten Gruss aus Sizilien[4] erhielt ich mit Freude und ein bischen Neid, denn mir ists nicht mehr gegeben zu reisen – die Überempfindlichkeit jedem Eindruck gegenüber hat diesen Sonderling aus mir gemacht – Ich bekomme aber jetzt öfters Besuche, oft von weit her, die vorgeben bei meiner Arbeit Entscheidendes erlebt zu haben, <na> junge Anfänger /das/ gehört wohl zum Altwerden – Meine Frau ist z. Zt. in München[5], sie versprach mir mit Ihnen Kontakt zu suchen damit ich wieder erfahre wie es bei Ihnen geht –

– Für meine Böhmerwaldfolge – mein Schmerzenskind Nr. 1 interessiert sich nun ein Berliner verlag ernstlich; vielleicht erlebe ich Herausgabe, in diesem Spezialfall wäre die Zeit nicht schlecht /diese Gegend ist in aller Munde!/. – Ich sehe auf der Rückseite des Umschlages der Barlachzeichnungen das Buch Ewiges Theater Salzburg u. s. Festspiele[6] – das kenn ich ja gar nicht, wenn der Weihnachtsmann das brächte würde ich ihn liebevoll streicheln und /ihm/ den Bart auskämmen

– alles Gute für Sie und
Grüße von Haus zu Haus
stets Ihr
Kubin

333 Alfred Kubin[1]

Zwickledt
21/XI 38

Lieber Herr Piper Bei Ihnen habe ich ein solches Gefühl, dass Sie außerhalb jeder Zeit stehen, dass ich ganz erstaunt war wie meine Frau bei der Heimkunft uns erzählte Sie hätten den 60 Geburtstag gefeiert aber ich freue mich ja Ihrer irdischen Verflochtenheit sowie auch, dass Sie nun die Schwelle zur höheren Altersweihe überschritten haben die mir über 1 1/2 Jahre schon zu tun giebt – Nehmen Sie bitte meinen nachträglichen herzlichen Glückwunsch entgegen wenn auch etwas verspätet! – Ich höre, dass Sie sonst wohl aussehen und neben der Arbeitskraft auch den Humor noch in sich haben –

– Beifolgend erlaube ich mir Ihnen die Zeichnung einer Wirtsstube[2] zuzusenden – der Mann rechts mit der künstlichen Hand ist ein wohl erhaltener 87ger, er ist der früheren Besitzer eben des Wirtshauses, der sich dort noch herumtreiben darf – – Meiner Wenigkeit ergeht es, na sagen wir – leidlich – – Ich vergesse Vieles bei der Arbeit an einer Collektion (Kleinst-/17x20/formatiger) Köpfe[3] gewiss ein Nebenwerk jedoch es macht mir Spass in dieser Topographie des Menschengesichtes zu wühlen mit Stift und Feder – –

Vielleicht hat Ihnen meine Frau erzählt wie oft jetzt Briefe oder Besuche von jungen Leuten kommen die sich irgend einen Zugang zu meinem Werk errungen haben und Dankbarkeit bezeugen – Dass solches geschieht ist gewiss nicht nur ein Nebenprodukt unserer Zeit sondern wohl ebensogut ein echtes Symbol einer wirklich erreichten Altersstufe –

Leben Sie wohl und alles Gute –

stets Ihr ergb.

AKubin

[Anlage:]

334 Reinhard Piper

München 26. November 1938

Lieber Herr Kubin!
So entstehen Gerüchte! Nein, meinen 60. Geburtstag habe ich noch nicht gefeiert, sondern dies steht mir erst zum 31.Oktober des nächsten Jahres bevor. Einstweilen sonne ich mich noch in dem Gefühl, ein Fünfziger zu sein, wenn auch ein Neunundfünfziger. Aber ich bin diesem Gerücht durchaus nicht gram, hat es mir doch die wunderschöne Zeichnung von Ihnen eingetragen, mit der Sie mir eine sehr große Freude gemacht haben. Das ist ein echter, reicher, bis in die letzten Winkel mit Form erfüllter Kubin. Die Augen gehen mit Vergnügen auf dem Blatt spazieren. Meine Kubin-Sammlung wird damit um ein wahres Kleinod bereichert. Selbstverständlich werde ich es nun als Vorausgabe für den 60. Geburtstag betrachten, sodass Sie dann jeder weiteren Bemühung und Selbstberaubung enthoben sind. So hat die Sache auch für Sie ihre gute Seite.

Inzwischen haben schon zwei, auch Ihnen bekannte Künstler die Zeichnung bei mir bewundert: Der kleine Hörschelmann, der mit seinem graumelierten Vollbart jetzt sehr männlich-stattlich aussieht trotz des immer noch kleinen Gesamtformats. Ferner der Bildhauer Diercks, der auch einmal bei Ihnen[1] war und mich vor ein paar Tagen aufsuchte, um mir Näheres über Barlachs letzte Zeit zu erzählen.

Damit komme ich zum zweiten Thema meines Briefes. Der Tod Barlachs ist mir, wie Sie sich denken können, sehr nahe gegangen. Er kam mir völlig unerwartet, da ich von einer vorherigen Erkrankung nichts wusste und er mir noch Ende August einen längeren Brief geschrieben hatte. Er hatte aber in der letzten Zeit mit der Lunge zu tun und ist auch hieran im Rostocker Krankenhaus gestorben. Er war schon immer eine tragisch eingestellte Natur und die letzten Jahre waren nicht dazu angetan, seine Stimmung aufzuheitern. Er wollte zuletzt von Güstrow fort, wie er mir schrieb, und schon dies kam mir wie eine unmögliche Flucht vor. In eine Großstadt wäre er nicht gegangen und in einer kleineren Stadt hätte doch nach schon acht Tagen jeder gewusst das ist Barlach, der zu den entarteten Künstlern gehört und dessen Kriegsmahnmale überall beseitigt[2] worden sind.

In Görings Kreis wollte man ihm helfen. Die Schwägerin Görings[3] interessierte sich sehr für ihn, aber dazu ist es nicht mehr gekommen. Im Kultusministerium war ihm Ministerialdirektor Staa[4] gewogen. Dieser hat ihm als Mitglied der Dichterakademie[5] auch noch einen Geldpreis zugewiesen, gerade nachdem Plastiken von ihm aus der Jubiläumsausstellung der Berliner Kunstakademie ausgeschlossen[6] worden waren.

Barlach hat in der letzten Zeit nichts mehr essen mögen, sondern eigentlich von Kaffee und Zigaretten gelebt. Immer wieder hat er gesagt, er werde sich nun nächstens aufhängen.

In den Münchner Neuesten Nachrichten ist übrigens doch ein Nachruf[7] erschienen und zwar in einer recht anständigen Form. Glücklicherweise gibt es ja das Wort »umstritten«. Und wenn man einen Künstler umstritten nennt und sich selbst der Meinung enthält, so hat man damit auf die einfachste Weise beiden Teilen recht gegeben.

Ich hoffe, von Barlach einen Prosaband[8] bringen zu können. Er hat sehr schöne Prosabetrachtungen und kleine Prosageschichten geschrieben. –

Wie Ihnen wohl schon Ihre Gattin erzählt hat, hat es mich besonders gefreut, dass in der »Kunst« der illustrierte Aufsatz über Sie[9] erscheinen konnte. Ich sehe das als günstiges Zeichen für die Zukunft an und denke an die Möglichkeit, nun doch noch einen Zeichnungen-Band in der Art, wie er schon zu Ihrem 60.Geburtstag geplant war, herauszubringen. Ich werde in der nächsten Zeit herumhorchen, denn geradezu fragen, ob der Band erlaubt sei, wäre nicht praktisch, eher wird er stillschweigend geduldet. Ihre Frau wollte sich an Carossa wegen eines Einleitungstextes wenden. Dieser braucht ja nicht lang zu sein, vielleicht nur 4–8 Druckseiten. Der Name Carossa wäre jedenfalls für das Buch ein starker Schutz. Er hätte aber auch eine große Werbekraft für den Absatz des Buches im Buchhandel. Ich erinnere also hiermit Ihre Gattin daran und bitte sie, die Fühlungnahme mit Carossa nicht allzu lange aufzuschieben.

Wer käme sonst etwa in Frage? Es müsste ein durchaus angesehener Name sein, der dem Buche wirklich hilft.

Das Buch über die Salzburger Festspiele[10] ist leider nicht mehr im Verlag. Bei der Auseinandersetzung mit Herrn Freund hat dieser es mitgenommen. Es ist kein einziges Exemplar mehr da. Aber Sie verlieren nicht allzu viel. Herr Freund ist jetzt in Paris[11] und will dort, wie er mir kürzlich schrieb, einige schöne Verlagspläne ausarbeiten, natürlich ohne jede Verbindung mit dem Verlag Piper.

Zu Weihnachten wird sich selbstverständlich wieder ein Paket bei Ihnen einfinden, das Ihnen hoffentlich etwas Vergnügen machen wird.

Das Weihnachtsprogramm des Verlags ist diesmal recht reichhaltig. Es hat auch dementsprechend sehr viel Arbeit und Kopfzerbrechen gemacht, und erst jetzt glätten sich langsam die Arbeitswogen. Deshalb konnte ich Ihnen auch /erst jetzt/ diesen Brief schreiben, ohne nach jedem Satz unterbrochen zu werden.

Für heute mit herzlichen Grüßen und Wünschen in alter Verbundenheit

Ihr

R. Piper

335 Alfred Kubin

Zwickledt 25 XII 38

Lieber Herr Piper, Als Weihnachtsmann frisiert haben Sie sich so herrlich eingestellt, dass zuerst mein Dank Ihnen gilt – Vor allem (obschon die Sachen von Brehm[1], Wiechert's großes Buch[2] seiner Heimat und die Anekdoten[3] der Bühnenkünstler wie der in ein neues Jahr tretende Piper Kunstkalender[4] hoch gewürdigt wurden) – ist es Ulrich Cristoffels neuer Viel mir versprechender Band[5]. Ich habe gestern, als ich mit meiner Frau unten in der sonst nicht geheizten /großen/ vertäfelten Stube neben dem Christbaum saß all die Gaben musterte, gleich nach diesem Werk über die /großen/ Maler gegriffen und (meiner schlechten Eigenschaft /nachgebend/, etwas genascht daraus!) Ich besitze von Cristoffel ein paar gewichtige Bücher, kenne den Autor leider nicht persönlich – aber auch sein neues Werk baut sich auf einer leidenschaftlich vorgetragenen These auf; ich las nur Vorwort und den I. Aufsatz über seinen Grundgedanken!! Wie schön dass Sie wieder ein so echtes Künstlerbuch herausbringen können – Das und die mich mehr privat erfreuende Tatsache dass »die Partei« d.h. die Gauleitung Oberdonau – von mir 3 Sachen erwarb[6] und gestern, recht anständig bezahlte – scheint mir ein besserer Aspekt für 1939 zu sein – Ich bin mit den Studienköpfen[7] im Format 17x20 cm auch vorwärts gekommen

– Für die Meisten dürfte diese Folge von 101 Stück (soweit will ich sie in etwa 3 Wochen haben mehr eine l'art pour l'art arbeit sein mir ist sie mehr. Ein Beschauer welcher etwa 2/3 der Folge gesehen meinte: du hältst hier die Epoche deiner Kindheit, Jugend, und der unmittelbar vorhergegangenen Generation Physiognomisch fest. In der Tat ich wollte so eine imaginäre Galerie /damit/ schaffen /d.h. es drängte mich seit langer Zeit wie unbewusst hiezu ausserdem lernte ich an dieser Arbeit enorm an Feinheiten./

– Auch sonsten steht es nicht schlecht z.Zt. meine Frau (/denn/ ich hätte mich einfach nicht getraut dazu!) hat, als wir vor einigen Wochen bei Carossa für ein paar Stunden eingeladen[8] waren /zu einem Thee/ – diesen wegen eines Vorwortes gefragt – Freilich (alles bitte unter uns!!) war es ihm zuerst gar nicht angenehm, er schützte Überhäufung mit Anderem vor und /sagte/ dass er gänzlich ungeeignet sich fühle hiefür – aber rundum abgelehnt hat er doch nicht – – da es gar nicht eilt besteht demnach Hoffnung – und ich stiftete ihm zu seinem 60 Geburtstag am 15/XII d. J. /schon/ meine Tyll Eulenspiegel zeichnung[9].

– – Übrigens – Kennen Sie den kaum bekannten norwegischen Maler und Zeichner Theodor Kittelsen, 1847–1914??? – In frühen Jahrgängen des Simplizissimus[10] und in der Sammlung nordischer Märchen bei Verlag A. Langen taucht er mit Illustrationen auf von derart unvergesslich /nordisch/ elementarer Prägung dass Sie – wenn Sie solches gesehen haben gleich sich erinnern – aber er hat auch ein Werk an Gemälden einzigartige Schöpfungen /hinterlassen/ – da sollten Sie mal ein Buch machen und es den Heutigen vermitteln Olaf Gulbransson der ihn kannte würde sicher wertvolle Winke wo man Fotos /etc/ erlangen könnte geben – Er erzahlte mir öfters von diesem Menschen, welcher lange einsam auf einem Leuchtturm hauste –

– Nun Schluss: für heute nochmals herzlichen Dank – und alle guten 1939-Wünsche von Haus zu Haus

Immer Ihr alter

Kubin

PS. An Barlach denke ich immer intensive besonders als ich beim Aussuchen alter Briefbestände ein Schreiben von ihm an mich[11] fand, recht eigentümlichen Inhaltes – das sich leider /in <...>/ in ganz anderer Weise verwirklichte als B. damals wohl sich dachte – gemeinsam war uns dass wir vorwiegend visionär erlebten im Grunde das Symbolische, oder Gedankliche kommt weit erst nachher wie ein Überzug gleichsam in den Schaffens-prozess hinein. Lasen Sie die schöne Festrede nach seinem Tod[12] wo die Freunde in seinem Atelier seinen Wein trinken und seiner als »guten Gesellen« gedenken?

– was macht wohl der jüngere Barlach, der Sohn?

336 Reinhard Piper

München 28. Dezember 1938

Lieber Herr Kubin!
Ich freute mich sehr über Ihren Weihnachtsbrief. Dass Ihre Schrift fast unlesbar ist, hat man Ihnen oft bezeugt. Aber so unleserlich schreiben Sie denn doch nicht, dass die Anrede Ihres Briefes »Lieber Herr Piper« hätte heißen können, und so kam ich denn auch nach und nach dahinter, dass dieser Brief nicht für mich bestimmt sei und Sie die Kuverts verwechselt haben mussten. Ich schicke Ihnen deshalb den Brief hier wieder zu und hoffe, dass der ehrliche Empfänger des für mich bestimmten mir diesen seinerseits freundlichst zuleitet.

Mit Ihrer Zeichnung des »Schlechten Gewissens«[1] haben Sie mir eine große Freude gemacht. Ich hoffe, dass meine Büchersendung Ihr Wohlgefallen erweckt hat. In den »Berühmten Schauspielern« sind nicht alle einzelnen Anekdoten gleich viel wert. Es ist eines jener Bücher, deren Manuskript der Verleger nicht auf einmal bekommt, sondern an dem monatelang herumgedoktert wird, sodass der Verlager nie das Ganze auf einmal im Zusammenhang überblicken kann. Hätte ich das Buch jetzt noch mal zu drucken, so würde ich dreissig schwache Seiten herauslassen, wodurch das Ganze sehr gewinnen würde.

Es würde mich freuen, wenn Sie zu den übrigen Büchern nach Kenntnisnahme mir ein paar Bemerkungen schreiben würden. Von den meisten Empfängern erhalte ich nämlich für gewöhnlich nur in allgemeinen Ausdrücken gehaltene Empfangsbestätigungen, während der Verleger doch ein etwas spezialisierteres Echo vernehmen möchte.

Im übrigen habe ich mir fest vorgenommen, Sie in der ersten Hälfte des nächsten Jahres zu besuchen, ob Sie mich nun haben wollen oder nicht.

Für heute mit den besten Grüßen und Wünschen
Ihr
R. Piper

337 Alfred Kubin[1]

3.I.1939

Postscript[2]
L.H.P. das Ihnen zugedachte Schreiben folgt – nach einem Umweg über Hamburg – anbei. Sie sehen, es war das I., das ich nach dem Hl. Abend abließ. Und ich bin in glücklicher Lekture noch des Cristoffel-

bandes – der sich immer schöner rundet und diesmal Ihre anderen auch feinen Buchgaben überstrahlt, denn ich benötigte einfach zur /seelischen/ Ankurbelung in nicht übermäßig erfreulicher Zeit eine derartige /Geistes/Luft, die Betrachtung eines leidenschaftlichen Beschauers der aus seiner Rezeption ein so wunderbares an Gedanken reiches Buch machen kann wie dieser Gelehrte – Es ist mir persönlich dabei immer um das Befruchtende der großen Malerpersönlichkeiten zu tun – das ich /dann/ als Aussaat zu neuer Ernte nur empfinden kann –

– Wenn ich bei den andern Ihrer mich hoch erfreuenden schönen Geschenke Sensationen haben werde, gewiss will ich sie Ihnen mitteilen – Ihre lieben Wünsche erwidern wir 2 Hier aus vollem Herzen! – Mit einem leidlichen Fond von Gesundheit können wir /Sie und ich/ den altersjahren gerne entgegensehen – unbekümmert um die Runzeln – Seit ich unzweideutig merke – wie äussere körperliche Behinderung, zum Bsp. Müdigkeiten u. sw. nicht das Weitermachen des Geistes hindern – ist mir das Altwerden keine üble Geschichte mehr.

– Es ist ja selbstverständlich, dass Ihr hierherkommen[3] uns ein freundschaftliches Fest bedeutet – und wenn Sie mir ein wenig Anstarren erlauben so wird auch ein Kubin'scher Piper[4] auf dem Papier entstehen

/alles Liebe von Haus zu Haus – Ihr Kubin/

338 Reinhard Piper

München 9. Januar 1939

Lieber Herr Kubin!

Vielen herzlichen Dank für Ihren ausführlichen Brief von vor und nach Neujahr. Es freut mich sehr, dass der Christoffel Ihnen so gut gefällt. Ich habe Ihre Äusserung über das Buch dem Autor mitgeteilt. Sie hätten sehen sollen, wie sein Gesicht daraufhin strahlte.

Dass Sie jetzt von verschiedenen amtlichen und halbamtlichen Parteistellen so verständnisvoll gewürdigt werden, freut mich ausserordentlich. Die Möglichkeit, einen Zeichnungsband von Ihnen zu machen, wird dadurch wesentlich größer. Vor allem brauchen wir aber einen guten unantastbaren »Einführer«. Es wäre sehr schönwenn Carossa sich endgültig bestimmen ließe. Ich werde versuchen, ihn auch durch seinen Sohn[1] etwas zu bearbeiten, der mit meinem Musiker-Sohn befreundet ist. Auf jeden Fall bitte ich Sie aber, auch über andere Möglichkeiten nachzudenken. Hoffentlich hat sich diese Frage schon endgültig entschieden, bis ich meinen Besuch im Frühjahr, auf den ich mich schon sehr freue, bewerkstelligen kann. Dann können wir schon gleich an die Auswahl gehen.

Von Kittelsen hat Gulbransson auch mir erzählt und mir sein Werk in Reproduktionen gezeigt. Sie sind wirklich sehr eindrucksvoll. Aber ein Buch werde ich doch nicht über ihn machen können, da ist mir ein anderer K. unvergleichlich wichtiger.

Die Festrede nach Barlachs Tod, von der Sie schreiben, habe ich nicht gelesen. Ich wäre Ihnen sehr zu Dank verbunden, wenn Sie mir diese schicken könnten.

Der Sohn Barlachs[2] ist jetzt auf der Insel Rügen beim Luftfahrtdienst beschäftigt, nachdem die Frage seines Fortkommens den Vater jahrzehntelang große Sorgen gemacht hat. Der Sohnschreibt mir: »In den letzten Monaten brauchte sich mein Vater um mein Fortkommen keine Sorge mehr machen, aber das war nicht gut für ihn, denn diese Sorgen waren für ihn ein Lebensimpuls.« Ich finde diese Auffassung etwas verblüffend.

Sollten Sie den Brief Barlachs, von dem Sie schreiben, noch zur Hand haben, so würde auch ich ihn gerne kennenlernen. Die Rücksendung erfolgt sofort.

Für heute mit besten Grüßen und Wünschen
Ihr
R Piper

339 Alfred Kubin

Zwickledt – Wernstein/ Inn Ob. Öst.
17. I 1939

Lieber Herr Piper Schönsten Dank für Ihre Mitteilungen. Beiliegend der betreffende Brief von E. B.[1] sowie 2 Zeitungsausschnitte[2], eben die erwähnte Rede auch – diese 3 Sachen die ich vom »K. Archiv« aus Hamburg besorgte erbitte ich aber zuverlässig umgehend nach Einsichtnahme hierher zurück. –

Carossa wird uns wohl im Winter hier besuchen noch; da er – wie ich Ihnen mitteilte auf Anhieb meiner Frau wohl etwas »sauer« reagierte aber nicht durchweg die »Einleitung« ablehnte – so dürfen wir hoffen, – und eine Aussprache darüber dann, wenn er kommt klärt das weiter wohl!

– C ist immer ganz beschäftigt, der 60. wird ihm ähnliche Mühen gebracht haben wie s.zt. mir. Es ist soviel <abgetaucht> oder garnichtmehr da, andererseits wie Sie sehen habe ich mich stark zurückgezogen gegen früher dass mir H.C. auch als – weitaus geeignetste Persönlichkeit erscheinte – nachkommend käme Herbert Günther, (Herausgeber der 2 schönen Bücher »Doppelbegabungen« (Heimeran) und Franken[3] (Atlantis) – mein Vetter Dr. Otto Kletzl /Dozent[4]/ Kunstinstitut Marburg a.d – der seit Eroberung des Sudetenlandes[5] sehr gut steht?? – dann eventuell Sigfried v. Vegesack[6], Turm Weissenstein oder – glauben Sie? Konrad Weiss?? der lässt nur gar nichts mehr privat hören seit er /ziemlich klein/ bei den M.N.N.[7] wieder ist – dann: Jörg Lampe[8], Wilh. Fraenger[9], /von diesen hat aber keiner solchen Namen wie Carossa z.Zeit – vielleicht fällt Ihnen noch wer ein, falls C. versagt –/

Brehm hat sich schon in der Zeitschrift »Ackermann in Böhmen«[10] einmal ausgesprochen – – Ich mochte es irgendwie doch »prominent« für meine alten Jahre haben

Brehms neues Buch ist als Problem so richtig erfasst – diese Vor- in- und Nachkriegsdinge von österr.-deutscher Seite durch zu leben und zu fühlen gehört zu Brehms innerster <...> –

Also leben Sie wohl – für heute
wie stets – Ihr
Kubin

die I. Kunststelle Staatssekretär Dr. Mühlmann[11] Wien hat ein paar Sachen zwecks Ankauf sich von mir erbeten

Heine[12] schrieb vor Kurzem aus Oslo sehr interessant, es geht dem 72. gut

– die Besprechung in der Kölner Zt. der vorjährigen Schau <im> H.I.I.K.[13] ist schon merkwürdig – sie musste extra nachgedruckt werden so <stark> scheint die Nachfrage –

340 Reinhard Piper

München 20. Januar 1939

Lieber Herr Kubin!

Schönen Dank für Übersendung des Barlach-Briefes und der beiden Zeitungs-Ausschnitte. Ich füge alles hier wieder bei.

Die beiden Zeitungsausschnitte konnte ich nur mit etwas grimmigen Lächeln lesen. Friedrich Schult dreht sich in seiner wortreichen Abschiedsrede[1] eitel um sich selbst. Wie viel fruchtbarer wäre es gewesen, /wenn er/ statt dessen ein paar charakteristische Erlebnisse mit Ernst Barlach erzählt hätte. Von Barlach selbst ist in der ganzen Sache überhaupt nicht die Rede. Und dann der Dr. Ernst Sander mit seinem Nachruf[2]! Er bildet sich sicher etwas auf seine genaue Kenntnis Barlachs ein und doch behauptet er, Barlach habe Bruchteile unserer eigenen Art herausgelöst und vergröbert. Wie feinfühlig müssen diese Herren sein, wenn sie die Kunst Barlachs als ihre Vergröberung empfinden. Am Schluss heißt es: »Die Gegenwart in ihrer von allen Zugeständnissen freien Folgerichtigkeit kann nicht anders, als Barlach ablehnen«. Auf welcher Seite ist wohl die größere Folgerichtigkeit, bei »dieser« Gegenwart oder bei Ernst Barlach? Jedenfalls hat Barlach die Gegenwart, die Herr Sander vertritt, genau so folgerichtig abgelehnt.

Es freut mich, zu hören, dass Carossa Sie voraussichtlich im Winter besuchen wird. Hoffentlich gelingt es Ihnen dann, ihm eine Zusage für die Einleitung abzuringen. Die von Ihnen sonst genannten Leute kommen nicht in Betracht. Sie haben nicht das nötige Gewicht. Ehe ich einen Mann wie Herbert Günther die Einführung schreiben lasse, würde ich das lieber selbst tun und es sicher zehnmal besser machen, aber leider geht das in diesem Falle nicht.

Brehm kommt leider auch nicht in Betracht. Er ist mit einem neuen großen Werk beschäftigt, das noch zum Herbst fertig-werden soll. Er würde daneben nichts anderes übernehmen können, selbst wenn er sich darauf einlassen möchte.

Also seien Sie und Ihre Frau recht nett zu Carossa. Bringen Sie ihn dazu, sich Zeichnungen von Ihnen anzusehen. Er wird dann wohl einige schöne, persönliche Bemerkungen dazu machen und dann sagen Sie ihm: »Sehen Sie, lieber Carossa, Sie brauchen diese Gedanken nur ein wenig weiter auszuführen, dann ist die Einführung fertig.« Die Einführung braucht ja in Wirklichkeit auch gar nicht lang sein, 8 Druckseiten genügen völlig. Carossa müsste einfach davon ausgehen, was die Blätter ihm persönlich sagen und bedeuten.

Mit besten Grüßen
Ihr
R Piper

Anlage 1 Brief von Barlach
2 Ztg.-Ausschnitte

341 Reinhard Piper

München 10. Mai 1939

Lieber Herr Kubin!
Ich traf kürzlich Herrn von Hörschelmann und wir sprachen natürlich auch von Ihnen. Er erzählte mir sehr hübsch von seinem letzten Besuch[1] bei Ihnen

Ich möchte nun einmal anfragen, wie es mit Carossa steht. Ist es zu dem Besuch von Carossa[2] bei Ihnen gekommen und hat er sich zu der Frage des Einführungstextes inzwischen nochmals geäussert? Oder ist etwas derartiges demnächst zu erwarten?

Auch würde es mich interessieren, ob inzwischen weitere Anzeichen dafür sich eingestellt haben, dass Sie nunmehr von Parteistellen oder sonst in maßgebenden Kreisen als Künstler positiv gewertet werden? Ich würde gerne mit Ihnen den geplanten Zeichnungsband durchführen und einmal wieder ein richtiges Künstlerbuch machen. Doch muss ich sichergehen, dass das Buch nicht als unerwünscht abgelehnt wird. Wurden die Ausstellungen in München und Köln[3] auch von Parteiblättern[4] positiv gewürdigt? Fanden Ausstellungen auch noch in anderen Städten[5] statt? Bitte lassen Sie bald einmal etwas darüber hören, da ich mit der Möglichkeit rechne noch im Mai nach Griechenland[6] zu fahren und vorher gerne orientiert wäre.

Mit herzlichen Grüßen an Sie und Ihre verehrte Gattin
Ihr ergebener
R Piper

342 Reinhard Piper *[hs]*

[Hotel Tegetthoff, Wien]

Melk, 7 VII 39 in Eile

Lieber Herr Kubin,
Mein Sohn hat Ihrer Frau wegen der neuen Möglichkeit eines Zeichnungsbuches mit Text von Brehm erzählt u. dieser wird Ihnen wohl schon geschrieben haben; nun sind aber leider! doch im Anschluss an den Artikel in den N.S. Monatsheften[1] von dem ich bisher nur einen ganz kurzen Auszug kannte, neuerdings <...> Bedenken aufgetreten. Ich schreibe Ihnen darüber von München aus. Ich kann auf der <...>reise <leider> nicht in Passau Station machen, da mich Samstag

ein Autor[2] in München erwartet, der <...> von Karlsruhe dorthin fährt, um mit mir ein Buch zu besprechen. Brehm sollte Sie Ende Juli besuchen. Würden Sie dann zu Hause sein? Falls er auch ohne Buchmöglichkeit kommen würde? Bitte <...>schrift nach München.

Alles Gute
Ihr R Piper

343 Alfred Kubin

Zwickledt 8/7 39

Lieber Herr Piper Ich danke für Ihre allerdings alles andere nur nicht gerade »ermutigenden« Botschaften. Mit Brehms Einführung für die Auswahl der Zeichnungen des alten A. K. wäre ich gewiss einverstanden gewesen[1] – doch ist mir sein Besuch[2] selbst ohne jenen Anlass gewiss auch Kameradschaftlich willkommen und bis /gegen/ Ende d. M. bin ich auch hier, in den letzten Tagen des Juli /aber/ mochte ich dann allerdings nach dem geliebten Böhmerwald[3] auf Ferien gehen, /dann wäre es zu spät/ – Jedenfalls moge sich B. ein paar Tage vor seinem Durchkommen ansagen damit nichts kollidiert mit eventuellem anderen Besuch der ja »in der Saison« bei uns auch immer ins Haus steht, – /z Bsp. kommt nachstens der N. S. Landesleiter[4] für die Kunst zu mir n. Zw./

Auf Ihren Brief den Sie ansagen bin ich gespannt, /denn/ eigentlich hätte ich ja gedacht, der Artikel, – der ihn mir mit dem N. S. Monatsheft sandte, und zugleich anfrug, ob er mich gelegentlich seines Durchkommens in der Nähe auch besuchen dürfte, /– ist der Verfasser Meinhard Sild[5] selbst/ – nimmt man schon unsere heutige Lage wie sie ist /so verworren, doch ist er/ weit eher empfehlend als anderswie aufzufassen /meine ich/ – Will man schon in mir eine Art künstlerischen Totengräber des alten K. K. hineinsehen – – niemandem bleibt das unbenommen dem das Schöne mit seinen vielfältigen Reizen in der Zeichnung eben nicht genügt. – /Ernst Jünger schrieb zuerst diese Auffassung in seinem Aufsatz »Staubdämonen«[6] er besuchte mich auch hier[7]/

– Sonst fühle ich mich – oszillierend wie heuer im Sommer die blaue Nadel am Barometer – Ich merke 100x dass ich nicht mehr jung bin doch verschiedenste Pubertäten in seelischer Beziehung hausen noch in dem Abbruchmaterial »Leib« zubenannt – zum Schluss lasse ich die Wochen verrauschen und es entstand ja auch Einiges obschon nicht grade in großen Mengen –

Die »Partei« erwarb[8] für 800 RM. einige Blätter und sonsten tröpfelt es auch immer wieder durch <…> – wie ausländische Sammler meiner Dinge <…>. Meine Frau seit gestern wieder hier grüßt Sie herzlich zusammen mit mir – – Stets Ihr ergb –

Kubin

344 Reinhard Piper[1]

München 15.7.1939

Herrn
Alfred Kubin,
Zwickledt b/ Wernstein
a. Inn

Lieber Herr Kubin!
Bruno Brehm war gestern auf einen Sprung im Verlag, sodass ich mit ihm die fragliche Angelegenheit, die mich ja ebenso lebhaft interessiert wie Sie, nochmal durchsprechen konnte. Auch Brehm hielt es nicht für rätlich jetzt ein KUBIN-BUCH zu machen, auch er sieht den Aufsatz in den Monatsheften so wie ich. Er ist über den Verfasser ziemlich entrüstet und sagt: »Der Mann habe Sie unter der Maske eines Bewunderers geradezu denunziert.« Wir finden es etwas naiv von dem Autor, dass er Sie auch noch besuchen will. Jedenfalls müssen Sie ihn mit grösster Reserve aufnehmen. Aus allem, was Sie geschrieben haben, zitiert er ausgerechnet die Stelle, dass auch »das üppige Laster und ekelerregende Fäulnis« Ihr »Herz von jeher beschäftigt« haben.

Sie sagen, dass für Sie auch das Gleichgültigste etc. Geheimnisse enthüllte. Dies verdreht er dahin, dass Sie das Gemeine als ausserordentlich betrachten.

Sollte Sie der Herr wirklich besuchen, so können Sie ihm ja sagen, dass der Verlag Piper eine Auswahl Ihrer schönsten Zeichnungen plane, mit einer Einführung von Bruno Brehm und dass Bruno Brehm, der schon im Ackermann aus Böhmen so schön über Sie geschrieben habe, sich gerne bereit erklärt habe, die Einführung zu schreiben. Bitte beachten Sie dann das Gesicht, das der Herr dazu macht. Oder was er da antwortet. Daraus könnte man mancherlei Schlüsse ziehen.

Für heute mit besten Grüssen und Wünschen
Ihr
R Piper

345 Alfred Kubin

Zwickledt 18/VII 1939

Lieber Herr Piper, Ich finde (meine Frau tat dies schon länger) nun doch auch dass der fragliche Artikel eher ungünstig wirkt zu einem Zeitpunkt wie der heutig-gegebene /und eher hindert/ meine Arbeit objektiver zu sehen –

anfangs, so dachte ich – ohne Rücksicht auf den Inhalt des Artikels, /einfach/ da dieser in jener »zentralen politisch-kulturellen Zeitschrift« erschien – dass dies eine Abschirmung gegen etwaige Unverständige oder Böswillige in jedem Fall bedeuten würde – (auch Baron E. A v. Mandelsloh[1] der N. S. Landesleiter von Oberdonau für Kunstbelange war dieser Ansicht /als er vor 3 Tagen bei mir zu Besuch war/ – aber ich merke jetzt, dass eben doch in keiner Weise der Artikel mir irgendwie helfen soll, obgleich er vielleicht solche die nur politisch alles sich erklären neugierig macht /auf diese Kunst/ – Er fußt auf einem – weit nennenswerteren und auch interessant geschriebenen von Ernst Jünger[2] der mich vor 2 Jahren besuchte, ein schon gereifter Man von einigen 40 – /der große Anhängerschaft junger Kreise besitzt/

Es ist ja traurig derartige Erfahrungen noch machen zu müssen – Ob der Autor wirklich hier auftauchen wird wie er schrieb – weiß ich nicht – ich schrieb ihm dass ich – ganz im Gegenteil zu seiner Ansicht – meine Kunst für gänzlich unpolitisch – und aus völlig anderen Quellen gespeist erachte –

Sonst geht es mir leidlich, d. h. mein physisches Behagen im vorgeschrittenen Sommer liegt wie auf einer Briefwaage –: ein einziger unkontrollierter Bissen oder Schluck – und der Druck im Unterleib und Bangigkeit um die Herzgegend sind da –

Deshalb will ich 26. od. 27. d.M /für etwa 5 Wochen/ von hier nach Kuschwarda im Böhmerwald (Hotel <Panlik>) fahren, ich besah mir diese Gelegenheit schon die mir etwas bessere Verpflegung zu bieten scheint als sonst der mich so tief berührende Böhmerwald – meist hat – Arbeitend, finde ich Freude auf einsamen Schaffenspfaden die mich an manche Geheimnisse heranführen – freilich muss Ökonomie der /Kräfte besonders geübt werden –

wie stets herzlich Ihr Kubin/

/Ein Zirkusclown[3] erwarb von mir heuer eine größere Anzahl Blätter; wieder ein Bewies für die nachdenkliche Seele, wenn nicht Melancholie schon, der Berufshumoristen./

346 Alfred Kubin – Postkarte

30.7.39 *[hs Datierung RPs]*

L. H. P. Nun bin ich zur Erholung wieder in diesem mich tief berührenden Gebiet – möge sein Zauber Blasen aus der Natur des »alten« AK. treiben. Die Affäre Sild bedrückt mich immer noch – S. erschien aber nicht in Zw. Unser Pfarrer hat mir sehr interessant hiezu geschrieben als ich ihm den Artikel zu Lesen gab /und den Fall erzählte/ – Vielleicht schicke ich Ihnen einmal eine Abschrift[1] davon – und so hoffe ich aus der Ruhe hier Erfrischung zu holen.

Herzlichst Ihr

AKubin

347 Alfred Kubin

Zwickledt 31.X 1939

Lieber Herr Piper Ihren heute eingetroffenen hübschen Almanach 1940[1] für den ich danke nehme ich als Anlass um mich durch diesen Brief »als noch-Lebender« zu legitimieren –

Zwar staune ich jeden morgen auf's neue, dass wir wieder Krieg[2] haben – aber aufhängen will ich mich deshalb auch nicht gerade.

– Ich war im Sommer doch wieder im so heißgeliebten Böhmerwald, ließ Ihnen ja von dort einen Kartengruss zugehen – es war abenteuerlich /einmal gab es auch nachtlichen Brand durch Blitzschlag, Rembrandt-Szenen u dgl./, dann nach zwei Wochen musste ich mit den wenigen Sommergästen den Gasthof plötzlich räumen, wenn ich nicht mit verbarrikadiert werden wollte, denn es trat /dort/ im Stall 1 Fall von Maul und Klauenseuche auf – Dadurch verlor ich mein anheimelnd ruhiges Zimmer mit dem Blick in Sehnsucht erweckende blaue Fernen und kam im 2. Gasthof[3] des Ortes unter der sich aus vielen Gründen (Autobus Halteplatz und /tägliche/ Spiele einer ungezogenen Horde Halbwüchsiger – als eine Lärmhölle erwies – schon war Gefahr, dass ich die so notwendige Erholung nicht mehr finde – da stellte sich heraus wie ungewöhnlich gut und leicht die Kost dort war – ich passte mich an – wie es der weise Laotze empfiehlt – Schließlich fand ich das alte Gebäude mit seinen, auch bei Sonne Dämmerigen Gängen, an deren Wänden viele verstaubte und fleckige Lithographien aus k. k. Zeit hingen staunenswert. Ich entdeckte einen Farbendruck /aus den 80ger Jahren/ – eine »Haremsschönheit« den ich mit 12 Jahren als Gymnasiast in Salzburg s. Zt. mühsam kopierte, vor ½ Jahrhundert! – dabei wie sich's für schwarmerische Knabenart gehört mich in die üppige Brünette voller Geldmünzen auf schneeigem Busen – verliebte –

Ja das gab es einmal!! – Am 1. Sept kam ich nach Zw. wieder. /ich konnte mich den Zeitverhältnissen nicht langer mehr wie ein Vogel Strauss verhalten!!/ – Da mein Stiefsohn trotz seiner 45 Jahre und 1917 erlittener Schwerverwundung eingezogen war – hatte meine Frau Sorgen

– Ich selber habe drei Neffen[4] auf poln. Seite, und so drängt sich diese Schauerperiode peinlich auf – Dennoch könnte ich diese 2 Monate schöpferisch loben ich vergass den ganzen Kram bei meinen Arbeiten[5] – die Partei tut mir auch schön, eine Erlaubnis wird bei mir von der Reichsleitung München erbeten mein Foto für »Schulungsbriefe«[6] zur verfügung zu stellen, weil ich »im Ausland Großes für Deutschland geleistet habe«.

– was will man mehr und da Dr. Otte heute eine Abschrift schickt von /einem Schreiben/ der Kunstverwaltung der »Hansestadt Hamburg« welche sich anträgt das »wertvolle Kubin-Archiv« zu schützen[7] (Dr. Otte lehnte ab weil es nicht nötig sei – so sehe ich, dass ich schon, wenn nicht persona gratissima, so doch auch da angesehn sein musse? –

Diesmal kommt nun doch die Sammlung meiner Kurzgeschichten unter dem Titel »Vom Schreibtisch eines Zeichners« zustande, ich nahm das Angebot eines Verlegers (Ulrich Riemerschmidt[8], Berlin) – an und werde Ihnen in ein Weihnachtsex eine Widmung hineinmalen da der Inhalt Ihnen ja nichts Neues bieten kann. –

Aber das bitte unter uns – Herrn W. Gurlitt der die Böhmerwald Folge übernehmen möchte werde ich morgen ablehnend[9] schreiben – ich habe meine Gründe. All So baue ich an meinem Kartenhaus und wenn Sie zur Weihnacht an mich mit der Piper'schen Gabenhand denken wollten, wäre Gregor's »Spanisches Welttheater«[10], oder Benz, Kunst der Romantik[11] – köstliche Überraschungen –.

Zum Lesen (bei Ihrem sehr schönen Essay[12] im Almanach 1940 läuft einem ja das Wasser im Mund zusammen) könnte mich das Einzige was ich von dem brillanten Michael Arlen noch nicht besitze »Mayfair«[13] glücklich machen – auch »Wienerisches«[14] von Sassmann – ist vielversprechend im Titel!!

– beruflich ist leider Manches gestoppt, 1 Collektion Blätter habe ich in U.S.A.[15] /eben/ brach liegen u.s.w! Interesse ist da das zeigt mir die Anzahl kaufender Freunde meiner Arbeit. – Das würde mich alles weit mehr auch noch freuen, wenn nicht das Alter eben ganz von innen – so anklopfen würde. Halten Sie mir bitte die Daumen, dass ich nicht Flüchtlinge aufnehmen[16] muss, die Gefahr ist recht nahe liegend!

Treulichst Ihr

Kubin

/Einen Gruss meiner Frau soll ich ausrichten./

348 Reinhard Piper

München 10. November 1939

Lieber Herr Kubin!

Herzlichen Dank für Ihren inhaltreichen Brief, für das Buch mit Ihren Kurzgeschichten, in das Sie so schön hineingemalt haben, und für die kolorierte Zeichnung mit der unheimlichen Vorstadtszene[1].

Den Brief haben Sie übrigens gerade an meinem 60. Geburtstag geschrieben. Sie haben mich überreich beschenkt und mich dadurch sehr glücklich gemacht. Es freut mich, dass Sie mir einige Bücherwünsche angegeben haben. Da warte ich lieber gar nicht erst bis Weihnachten, sondern schicke Ihnen schon heute das »Spanische Welttheater« von Joseph Gregor und »Wienerisch« von Sassmann. Es wird dann zu Weihnachten noch einiges nachfolgen, was jetzt noch nicht fertig ist, darunter auch die »Romantische Kunst« von Benz, das Hauptwerk dieses Verlagsjahres.

Arlen, Mayfair, nahm Herr Dr. Freund in den von ihm gegründeten, aber inzwischen schon wieder liquidierten Wiener Bastei-Verlag[2] mit, sodass ich Ihnen dies Buch leider nicht mehr schicken kann.

Ihr Geschichtenbuch habe ich gleich auf einen Zug nochmal gelesen. Es ist ganz konzentrierte Kubin'sche Stimmung darin und Sie haben die Geschichten freigebig mit köstlichen Zeichnungen überschüttet. Durch die hineingemalte gleichfalls echt Kubin'sche Eidechse ist das Buch ein besonderer Schatz geworden. Es sieht übrigens sehr gut aus. Der junge Berliner Verleger versteht etwas vom Büchermachen. Er hat auch ein kleines Buch mit frühen Prosastücken von Barlach[3] herausgebracht, das er Ihnen wohl geschickt hat.

Was Sie mir über die Stellung der Partei zu Ihrem Schaffen schreiben, ist ja ausserordentlich erfreulich. Da können wir nun wohl wirklich zum nächsten Herbst den Band Kubin-Zeichnungen mit Bruno Brehm zusammen machen. Bitte schicken Sie mir doch den Originalbrief der

Parteistelle, worin Ihre Foto für Schulungsbriefe erbeten wird und worin Ihnen bezeugt wird, dass Sie »im Ausland Großes für Deutschland geleistet haben«. Sie bekommen den Brief sofort wieder zurück. Ich möchte ihn mir fotographieren lassen, als unwiderlegliches Dokument. Das Münchner Abendblatt brachte kürzlich eine Plauderei über meinen Geburtstag[4] und wollte dabei ursprünglich auch die Zeichnungen von Ihnen aus dem Almanach reproduzieren, bekam aber dann doch wieder Bedenken, ob Sie »erwünscht« seien. Solche Bedenken kann ich bei Vorhaltung des genannten Briefes in Zukunft schlagend widerlegen. Auch für die Reisevertreter, die also unter Umständen im nächsten Jahr die Kubin-Zeichnungen anbieten, ist das eine ausserordentlich wichtige Legitimation den Sortimentern gegenüber. Bitte vergessen Sie also die Zusendung des Briefes nicht. Ich arbeite gerne auf lange Sicht im voraus.

Mir selber hat bei Gelegenheit meines Geburtstages der Oberbürgermeister der Hauptstadt der Bewegung[5] einen Brief geschrieben, worin es heißt: »Durch Ihre bisherige reiche Lebensarbeit haben Sie für München Werte geschaffen, die ausschlaggebend für den Ruf unserer Kunststadt und ihrer Kultur sind. Die Stadt München ist mit Recht stolz darauf, einen Verlag von diesem hohen Rang in ihren Mauern zu wissen«.

So können wir uns also beide offizieller Anerkennung erfreuen!

Mit vielen herzlichen Grüßen an Sie Beide und nochmaligem Dank für Ihre reichen Gaben

Ihr
Reinhard Piper

349 Alfred Kubin

15/XI 39 Zwickledt

Lieber Herr Piper – Wie gerne höre ich, dass Sie Ihren Jubeltag wohl verbracht haben – Ich dachte lebhaft an Sie Ihr Wesen und Ihr Leben – – heute kamen auch die 2 Bücher, nach der Freude des Empfangs erwies es sich allerdings bei der Auskernung dieser Postfrucht – dass Gregors Perikles[1], anstelle des spanischen Welttheaters neben dem Wienerischen lag – aber auch das ist ja ein Prunkstück und mir ganz neu noch – das Sp. W. thr. lieh ich mir im vorigen Jahre von einem Freunde und merkte: das ist ja ein Buch was man immer wieder zur Hand nehmen wird – Ich lebe ja selber zur Hälfte in der Vision und daher auch in der spanischen – ich war ja nie in diesem Lande – Gregor ist da so ein gewaltiger Wiedererwecker, ein wahrer Polyhistor – da ich am und im eignen Leib katholische Mystik in meiner Jugend erfuhr so können Sie sich vorstellen wie großartig mich die Gregor'schen Darlegungen packten – fürwahr! – ein Land darf zur Sandwüste werden wenn so herrliche Visionen da selbst verwirklicht werden –

Und so ähnlich stehe ich auch zum österreichischen Habsburgerbuch, und merkwürdig ist es ausgerechnet Hans Sassmann[2] der mit höherer Ironie in seinem Bande, »das Reich der Träumer« so liebevoll wie amüsant historisch abwandelt – deshalb verspreche ich mir auch mancherlei Witz aus seinem Buch mit dem lustigen gelben Umschlag[3] – Inliegend das fragliche Schreiben der N.S.d.AP – und, das der Hamburgerstelle das ich nur in Abschrift hier beifüge weil das Original Dr. K. Otte dortselbst besitzt – (er lehnte übrigens dankend ab, denn in seinem Sprengel, er ist Luftschutzwart – fällt die Hamburger Staatsbibliothek[4], wo er wenn es ganz gefährlich würde das K.A. in einem Kellerraum unterbringen würde – – Ja wenn Sie im nächsten Jahr mit Brehm hierher kommen lassen Sie es uns bitte rechtzeitig wissen – Sie steigen bei uns im Gastzimmer ab – Brehm wird zum Schlafen bei einem Nachbarn untergebracht –

– Das Arbeiten hilft mir über Vieles und wir konnen den Heutigen wie denen die nach uns kommen erweisen, dass diese Epoche auch künstlerische Eruptionen hatte – Fiehler hat mit seinem Glückwunsch – manche Scharte ausgewetzt – die nur aus Wirrnis Ihrem Verlage angetan war – – In Erwiderung Ihrer Grüße von Haus zu Haus – Ihr

AKubin –

Nochmals
Vielen Dank für die so erfreuliche Sendung!

350 Reinhard Piper

München 22. November 1939

Lieber Herr Kubin!
Soeben kommt Ihr Brief vom 20. mit Ihrer Mitteilung, dass sich der Rembrandt-Verlag[1] an Sie gewandt hat und Ihnen eine Publikation Ihrer noch unbekannten Arbeiten vorgeschlagen hat.

Ich brauche Ihnen nur zu wiederholen, was ich Ihnen bereits in anliegendem Brief geschrieben habe, dass ich nämlich entschlossen bin, zum Herbst 1940 einen Band mit Ihren Zeichnungen zu machen. Diese würden in dem Format des Buches von Olaf Gulbransson »Es war einmal« und in derselben Technik reproduziert werden. Als Verfasser der Einleitung hoffe ich Bruno Brehm endgültig zu gewinnen, der sich ja schon zu einer solchen bereit erklärt hatte. Eventuell müssten wir eine andere möglichst ebenso imponierende Persönlichkeit suchen. Dies ist sehr wichtig.

Bei der Auswahl der Blätter darf natürlich von mir nicht verlangt werden, dass Blätter gebracht werden, die meiner Meinung nach Bedenken erregen könnten. Es wird auch dann ohne weiteres möglich sein, einen echten Kubin-Band zusammenzustellen. Selbstverständlich sollen nur künstlerisch starke Blätter aufgenommen werden. Als Umfang denke ich mir 56 Blätter mit freien Rückseiten (diesen Umfang hat auch das Barlach-Buch). Evtl. kann man auch auf 64 gehen. Als Honorar für Sie kämen 10% des Umsatzes in Frage. á Conto dieser laufenden Abrechnungen könnte ich Ihnen 500 M Fixum zahlen. Als erste Auflage würde ich voraussichtlich 4-5000 Stück drucken.

Herrn Brehm habe ich seinerzeit für die Einleitung 500 M angeboten (Fechter erhielt für die Einleitung zum Barlach-Buch seinerzeit 300M., aber Brehm weiß natürlich, dass er ein viel zugkräftigerer Name ist.) Wir können uns über diese /Einzelheiten/ ja noch unterhalten.

Jedenfalls bitte ich Sie, dem Rembrandt-Verlag nun abzuschreiben. Es müsste natürlich im nächsten Herbst nur dies eine Kubin-Buch erscheinen. Ich habe schon daran gedacht, den »Doppelgänger« von Dostojewski neu zu bringen und werde das nun zurückstellen.

Es würde mich persönlich sehr interessieren, gelegentlich zu hören, welche Erfahrungen Riemerschmidt mit dem Absatz[2] der Kurzgeschichten gemacht hat.

Mit herzlichen Grüssen

Ihr

R Piper

351 Alfred Kubin – 3 Postkarten[1]

22/XI 39

I

Lieber Herr Piper

Zu meiner Freude kam wirklich dies herrliche Spanienbuch Gregor's! – mich hat es im Vorjahre zu einem Karl V.[2] angeregt /trotz Titian[3] als Porträt der Kaiser im Pelz mit d. goldenen Vlies/ – an Philipp II[4] getraute ich mich allerdings noch nicht heran – – Wie kann man bei diesem Werk schwelgen! – Hier wird ein Spanien aufgebaut weit realer wie das vorliegende uns handgreifliche – Und wie sich alles Alltägliche in diese eigenartige Kultur einfügt! – Ich fand in den letzten Jahren noch zufällig je über Philipp II und Don Carlos[5] ein Werk welche das sp. Welttheater mir

II
noch etwas ausbauten in meiner Vorstellung –
– und dann dies Barock! wie wunderbar und doch auch wieder natürlich fließt dieser Stil, sich immer üppiger entwickelnd dahin. Mit den großen Dichtern, Künstlern, Königen, und all den Statisten jeder – an seinem Platz! So verglüht dies ganze zu einer höheren Welt – aber für alle Zeit – immer neu befruchtender,

III
dass ich dem grandiosen Ausklang welchen Gregor seinem Buch giebt – »hier war der Geist« – aus ganzem Herzen zustimme – und mir noch oft Anregung – wie leider auch schon Tröstung daraus erhoffen will – das letztere ist schon wegen der tieferstehenden Sonne des eignen Lebens von nöten – von der äusseren Welt gar nicht zu reden! –
Nochmals Dank
Ihres alten
AKubin

– P.S. die beigegebenen Bilder stehen wie Tragebalken für die Vorstellung prachtig in dem Werk – 1000 Dank!!

352 Alfred Kubin

Zwickledt
13. XII 39

Lieber Herr Piper
Im Falle nach dem 15. d M. von mir eine Sendung nach Ihrer Privatwohnung[1] kommen sollte so ist diese für den hl. Abend; den 24. bestimmt –

– Ihre Frage wegen des Absatzes des kl. Schriftenbandes bei Riemerschmidt kann ich heute recht positiv beantworten. Herr Ul. R.[2] hat an den Dr. Otte, (Kubin Archiv Hamburg) mitgeteilt dass er mit dem Verkauf außerordentlich befriedigt ist bisher, und dass dies Buch, unter seinen Verlagswerken dies Jahr weitaus führend ist – in der Beliebtheit / auch die Hamburger Sortimenter sollen günstig es absetzen/ –

Von seinem Prospekt[3] lege ich Ihnen hier den das Buch betreffenden Teil bei –

Unser geplanter Zeichnungsband für 1940 beschäftigt mich oft in Gedanken, so dass ich wenigstens eine Art von Vorfreude habe – denn die ums Herz manchmal bang auftretenden Empfindungen – d.h. dass man spürt im deutlichen Besitz eines Herzmuskels zu sein – lassen mich den letzten Akt bei meinem Welttheater durchaus in Nähe gerückt erscheinen –

– Ich wünsche angenehme Festtage – herzlichst

Ihr Kubin

353 Alfred Kubin

Zwickledt 4/1/40

Lieber Herr Piper, da ich gegen 100 Zusendungen, Briefe, Karten zum Fest empfing so kann ich nur kurz mich bei den guten Spendern bedanken! – und so tue ich es von Herzen für die herrliche Kunstgeschichte über die deutsche »Romantische Malerei«[1] von welcher ich /endlich/ einmal nun ein zusammenfassendes Bild /hier/ mir erhoffe – – der stets unverkennbare Geist hinter diesen Schöpfungen hat mich ja oft genug berührt – und wie reich ist das /mir ganz unbekannte/ Material das uns dies neue Werk vermittelt! – die beiden andern Bücher[2] als abrundende Zusage behaupten sich aber voll! – Ich stehe seit Jahren mit Dr. Rauhut[3] dem Dozenten für rom. Philologie in brieflicher Verbindung er hat mich auch einmal hier besucht und sehr ausdrucksvolle Übertragungen neuerer südamerikanischer Dichter seinen Zuschriften /stets mir/ beigelegt, die mich stets fesselten, aber das Buch Vosslers[4] gibt den älteren Unterbau – mir zu diesen Dichtungen anderer Völker – –

und der antike Humor erst!! möge er doch die Leser die ohne solche Bücher nicht mehr viel Humor heute erleben, wenigstens im großen »Einst« schwelgen lassen! –

Ich kann diese Epoche immer noch nicht fassen so zerrissen erscheint mir all das was ich erlebe – – dazu ist Zwickledt, das alte Gebäude grade diesen Winter eine Kältehölle – denn die Verkehrsnot macht, dass wir zu wenig Heizmaterial erhalten /um wie sonst in dieser Jahreszeit auch das ausgedehnte Vorhaus zu beheizen!/ –

was nur eine Seite dieser tristen Umstände aber ist – Sehr überrascht hat mich auch ein Band mit Kokoschkazeichnungen der in einem – nun – Emigrantenverlag[5] – 1935 erschien – Auch ein Freundesbrief von Th. Th. Heine[6] aus Oslo traf ein mit einigen satirischen Blättern /aus norwegischen Zeitungen/ in seiner bekannten Manier – z.Bsp ein riesiger Bär zerfleischt ein kleines Kind. Text: »Siehst du, du hättest mich nicht bedrohen sollen!« oder Soldatengräber auf Kreuzen<hacken> mit Stahlhelm u.sw. luftige Gespenster, es ist Nacht – darunter steht: die ganze Erde wollten wir erobern, nun müssen wir uns mit ein paar Schaufeln voll begnügen – – – Ich selber versuche mit Arbeit allerhand Tristes in mir zu verdrängen, und seltsame Ornamentik kommt dabei heraus – – vielleicht sind das nun meine »Senilia«? – lieber verehrter Herr Piper lassen wir nicht die Hoffnung für dies Jahr versanden –
immer mit Dank und in Anhänglichkeit

Ihr alter
Kubin

354 Reinhard Piper

München 25. Januar 1940

Lieber Herr Professor!
(Einmal muss ich mir doch diese Anrede-Möglichkeit zunutze machen!) Schönen Dank für Ihren Brief vom 4. Januar und besonders für den schönen Weihnachtsgruß in Gestalt der prachtvollen Zeichnung »Polnischer Petschaft«[1]. Es ist dies ein hochorigineller, echt kubinischer Petschaft, dazu von allen künstlerischen Weihnachtsgrüßen, die ich erhielt, der weitaus bedeutendste. Er wurde von vielen Besuchern mit Kennermiene betrachtet und ich wurde deswegen beneidet.

Ich werde alles tun, um meiner Ehrenpflicht zu genügen und dieses Jahr das triumphale Kubin-Zeichnungs-Buch herauszubringen. Demnächst werde ich sehr nachdrücklich an Bruno Brehm schreiben. Ich habe dies bisher noch nicht wieder getan, weil er gegenwärtig mit einer größeren Arbeit beschäftigt ist. Eine Fahrt nach Zwickledt käme ja in nächster Zeit ohnehin noch nicht in Frage.

Wie kalt es jetzt dort ist, kann ich mir lebhaft vorstellen. Können doch sogar wir Münchner uns nicht wegen zu geringer Kälte beklagen. Das viele Holz, das Sie im Gegensatz zu uns Städtern so nahe beim Haus haben, wird Ihnen auch nicht viel nützen.

Kürzlich war ich in der Münchner Städtischen Galerie, angebaut an das Lenbachhaus, die bisher wegen Fliegergefahr wie alle anderen Galerien geschlossen war und als erste wieder aufgemacht wurde. Auch zwei schöne kolorierte Zeichnungen von Ihnen sind dort wieder aufgehängt (»Verrufener Ort«[2] und »Die Erstarrte«[3], eine erfrorene am Wege liegende Frau mit einem vorüberfahrenden Fuhrwerk). Allerdings hingen sie in einem recht dämmrigen Winkel, wohl um die Kühnheit etwas abzuschwächen. Dabei sind die beiden Zeichnungen ungefähr das Beste von der ganzen Galerie.

Dr. Owlglass macht jetzt für den Verlag ein nettes Brevier[4] vom »Älterwerden und Altsein« mit Stellen aus Plutarch, Montaigne, Goethe, Jean Paul, Fontane, Raabe, Wilhelm Busch, Burckhardt u.a. Auch von älteren Leuten unserer Zeit würden wir gerne etwas Ungedrucktes bringen. Können Sie nicht ein paar Aphorismen über das Altern des Künstlers zu Papier bringen, über die Gelassenheit, Resignation, Tapferkeit, Behaglichkeit oder den Humor des Alters? Das wäre sehr schön und würde sicher alle Leser freuen.

Mit besten Grüßen und Wünschen
Ihr
R Piper

355 ALFRED KUBIN

Zwickledt 30/I 40

Lieber Herr Piper, Danke für Ihr Schreiben aber – bitte – den »Professor« lassen wir ein für allemale fort aus unseren Briefen –

– Hier lege ich Ihnen mit beiliegendem Blatt einen Beitrag für Dr. Owlglass Alters-Brevier bei – »Reflexionen« aber mit Absicht schrieb ich keinen Titel darüber weil ich nicht weiß wie der ins Ensemble passte –

– Besonders dank ich für die wirklich einen charakteristischen Piperaugenblick festhaltende Fotographie[1] – wir finden Sie beide vorzüglich und ein schönes Andenken! –

Auch, dass Sie Herrn Herm. Reemtsma mit seinem Barlach-privatdruck[2] auf mich aufmerksam machten danke ich Ihnen sehr – R. zeigt die Absendung an, sowie, dass ihm mein neues ill. autobiographisches Buch Freude bereitet hat –

Weniger Dankbar bin ich B. Brehm für seine Empfehlung an die

»Deutsche Informationsstelle«[3] von wo man mich einladt, unter dieser Berufung gegen Frankreich u. England gerichtete Propagandakarrikaturen zu machen – als wenn ich das könnte! – B. sollte mir eher solche vom Leibe halten dächte ich.

Sonst geht es sooo lala –
etwas erkältet oder ist's gar ein neuralgisches Teufelchen! –
wie stets Ihr alter
Kubin

356 Reinhard Piper

München 13
27. Februar 1940 P/St.

Lieber Herr Kubin !
Ich schicke Ihnen hier den Durchschlag meines Briefes[1] an Bruno Brehm und hoffe auf zusagenden Bescheid von ihm. Er wäre jedenfalls die geeignetste und angesehenste Persönlichkeit, die wir finden könnten.

Beste Grüße
Ihr R Piper

357 Reinhard Piper

München 4. März 1940

Lieber Herr Kubin!
Brehm schreibt mir soeben. »Wie das mit dem Kubin-Buch sein wird, kann ich heute noch nicht sagen, da ich vielleicht ein hohes Amt[1] antreten muss und dann im Sommer keine Zeit für diese Arbeit haben werde. Ich kann deshalb noch nichts Näheres darüber sagen.«

Hiemit müssen wir uns wohl zunächst zufrieden geben. Brehm als Herausgeber wäre ein so wichtiger Mann, dass wir uns nicht eher an einen anderen wenden sollten, als bis er uns wirklich absagt und dies hoffe ich zu vermeiden.

Mit besten Grüßen und Wünschen
Ihr
R Piper

358 Reinhard Piper

München 5. April 1940

Herrn
Professor
Alfred Kubin
Zwickledt b.Wernstein/Ob.Don.

Lieber Herr Kubin!
Ich werde in diesem Jahr wieder einen Verlagsalmanach herausbringen und möchte diesem als besondere Zierde Handschrift-Faksimiles[1] der wichtigsten Autoren des Verlages beigeben. Diese müssten so geschrieben sein, dass sie möglichst wenig verkleinert auf einer Almanachseite reproduziert werden können. Das Seitenformat des Almanachs ist 19 : 11,5. Ich lege 5 solche Blätter im richtigen Format geschnitten bei und bitte Sie, diese hoch oder quer zu beschreiben mit etwas Ungedrucktem über Kunst, das sich für den Zweck eines Almanachs eignet, darunter Ihren Namenszug. Eine Datierung bitte weglassen.

Bitte schicken Sie mir mehrere beschriebene Blätter, damit ich etwas aussuchen kann. Der Text braucht nicht »aktuell« zu sein. Er soll nur gehaltvoll sein und in Kürze dem Leser etwas sagen.

Für baldige Einsendung wäre ich Ihnen besonders dankbar, da bei den technischen Erschwerungen der Kriegszeit alle Arbeiten so früh wie möglich begonnen werden müssen.

Bitte warten Sie nicht erst ab, bis ich an die Einsendung erinnere, sondern erleichtern Sie mir die Arbeit durch freundliche schnelle Erledigung.

Mit bestem Dank im voraus,
Ihr
R Piper

359 Alfred Kubin

Zwickledt
9.4.40

Lieber Herr Piper – nur um Ihrem Wunsche nachzukommen erfolgen hier also 3. Autographen[1] zur gef. Almanach-Auswahl – ach wie schwer mir das fällt – dafür finde ich keine Worte eben – höchstens Gestalten noch –

– Fühlet sich Kubin doch schon seit langem – langsam eher wie ein lebender Leichnam – eine Art galvanisierter Filmfigur als wie ein echter zweibeiniger Erdenbummler sich –

– Sonsten blicke ich meinem neuen – dem 64 Existenzjahr das morgen beginnt /und ein Redakteur und »Bildberichterstatter« der Donauzeitung[2] sagte sich auch noch an –/ – mit mancher Bangnis entgegen – mit

den besten Grüßen Ihres
alten Kubin

360 Reinhard Piper

München 30. April 1940

Lieber Herr Kubin!
Ich habe eben an Brehm einen Brief geschrieben, den ich aber erst am Donnerstag abschicke, weil ich möchte, dass Sie gleichzeitig in gleichem Sinn an Dr. Bruno Brehm, Wien 117, Stefan Esdersplatz 3 schreiben, damit unsere Briefe möglichst zusammen in seine Hände gelangen. Bitte schreiben Sie ihm[1] also sofort. In meinem Briefe an Brehm steht u. a.:

»Sie werden jetzt übersehen können, ob Sie nach Abschluss des Romans für ein paar Tage sich freimachen und zu Kubin fahren können, um sich dort für den Einleitungstext zu seinem Band mit Zeichnungen zu inspirieren. Es ist das doch eine sehr schöne Aufgabe, die Ihnen auch persönlich gut liegen wird. – Kubin sowohl wie ich möchten gerne wissen, ob Sie uns die Freude machen wollen, den Text zu übernehmen. –

Mit der Zusammenstellung der Zeichnungen müsste in Kürze begonnen werden, da die Herstellung ja unter den gegenwärtigen technischen Erschwerungen viel längere Zeit in Anspruch nimmt als sonst. – Sie würden ja den Text nicht jetzt schon zu schreiben haben. Dies hätte Zeit bis Juli. Inzwischen könnten wir dann mit der Herstellung des Bilderteils beginnen. – Wir wären Ihnen sehr dankbar für eine zustimmende Antwort...«

Hoffentlich bekommen wir von Brehm eine zustimmende Antwort. Er ist wirklich die denkbar geeignetste Persönlichkeit für diese Aufgabe. Bitte schreiben Sie ihm recht dringend (und einigermaßen leserlich). Illustrieren Sie den Brief mit ein paar Vignetten!

Mit besten Grüßen und Wünschen
Jhr
R Piper

361 Reinhard Piper

München 22. Mai 1940

Lieber Herr Kubin!
Ich weiß nicht, ob Sie meiner Anregung gefolgt sind und direkt an Bruno Brehm geschrieben haben. Wenn ja, so wird er Ihnen wohl auch, ebenso wie mir, direkt geschrieben haben, dass er den Text nicht abfassen kann. So schmerzlich mir dies ist, so begreife ich doch in Anbetracht der ungeheuerlichen historischen Ereignisse und der Stellung, die Brehm als durch den Nationalpreis[1] ausgezeichneter Autor einnimmt. Es würde tatsächlich in weiten Kreisen Kopfschütteln erregen, wenn er in einer solchen Zeit mit der Einleitung zu einem Kubin-Buch hervorträte, so, als ob ihn der Krieg nichts anginge und er sich seinen persönlichen Liebhabereien hingäbe. Man erwartet zu sehr etwas anderes von ihm.

Ich will damit keinesfalls auf einen Zeichnungsband von Ihnen verzichten, sondern werde Ihrer Kunst nach wie vor die Treue halten. Aber inzwischen haben sich auch die technischen Schwierigkeiten in der Papierbeschaffung, in den Druckereien und Buchbindereien derartig katastrophal entwickelt, dass das Buch, selbst wenn wir die Zeichnungen heute schon zum Reproduzieren geben könnten in diesem Jahre unmöglich mehr fertig werden kann. Wir würden einfach den Auftrag bei den Druckereien und Bindereien nicht mehr unterbringen. Es sind in allen Betrieben so viele Leute einberufen, auch fehlt es so sehr an Material, dass die Lieferanten nicht mehr durchkommen können. Dafür nur ein Beispiel: Die Brehm-Trilogie erscheint in einer großen Neuauflage und bereits im März hatten wir mit der Großbuchbinderei Oldenbourg ein Abkommen getroffen, dass sie davon 15.000 Bände bindet. Nun teilt mir die Buchbinderei mit, dass sie den Auftrag nicht ausführen könne, da sie keine Leute und auch keine Pappen für die Einbände hat. Ich habe mir einen Brief vom Propagandaministerium besorgt, worin das Ministerium bestätigt, dass dieses Werk von den Buchbindereien bevorzugt werden muss. Aber auch dies ist wirkungslos, da die Buchbindereien auf diesen Brief hin weder Pappen bekommen noch die Leute, die eingezogen sind, freibekommen.

Auch kann man ein Buch wie das Jhre nicht auf das jetzt allein erreichbare holzhaltige Papier schlechtester Qualität drucken. Für Romane ist ein solches Papier gerade noch möglich, da diese ja später wieder auf holzfreiem Papier neu aufgelegt werden können. Und wenn sie ganz verschwinden, so ist das meist auch nicht schlimm. Ein Buch mit Zeichnungen von Ihnen soll aber nicht in den Sammlungen, Bibliotheken und bei den privaten Kunstliebhabern schon in ein paar Jahren zerbröckeln.

Ich hatte mich sehr darauf gefreut, Sie in Kürze zu besuchen und einen überwältigend schönen Band zusammenzustellen. Wir müssen das nun leider vertagen. Auch sonst musste ich von meinem diesjährigen Verlagsprogramm aus den gleichen Gründen 5 Werke absetzen. Glücklicherweise ist ja die Kriegslage so, dass wir auf eine baldige Beendigung hoffen dürfen. Es ist nicht ausgeschlossen, dass auf den Blitzkrieg auch ein Blitzfrieden folgt. Dann wollen wir das Kubin-Buch umso schöner machen.

Mit besten Grüßen
Ihr
R Piper

362 Alfred Kubin

Zwickledt – 2/7 40

Lieber Herr Piper – Schönen Dank für das Nestroybüchlein[1] – es freut mich, dass wieder ein Opus Ihrem Verlage entkroch – Noch bin ich, zum Teil wenigstens, immer noch traurig dass unser Zeichnungsband also abermals – zum 4. male verschoben wurde – Was für mich leider auch bei den Jahren bedeutet, dass er immer irrealer wird. –

Mir selbst geht es leidlich – Ich machte etwas Neues –: Blätter zu Gedichten Peter Scher's – Wir haben einen »Wehrmacht« Verlag – dessen Chef[2] behauptet noch schönes Papier hiefür zu haben – –

Ich habe nun doch vor August wieder im alten Böhmerwald[3] zu verbringen – ohne Ferien ginge es auf keinen Fall – so hoffen wir denn. –

Beeinträchtigungen und Fremdheiten verspüre ich neben manchem Positiven, Hoffnungsvollem – – von der Kunst die die Natur verklärt kommt immer also noch Gutes – herzlichst Ihr

Kubin

363 Alfred Kubin

Tusset. i. Böhmerwald 7/8 40

Lieber Herr Piper, der alte Böhmerwald hat mich wieder gezogen und ich flüchtete mich in seine sagenvolle Dunkelheit –

– Ob er mir aber auch – wie so oft – die Erfrischung die nachhaltige die ich brauche bringt wird naturgemäß eine immer dringlichere Frage. – Die ersten Tage waren nass (und kalt!) aber mit den Nebeln auch schön – nur konnte ich nicht quer durch den sumpfigen Waldboden mit den triefenden Gräsern und Unterholz streifen sondern musste mich an die Waldstrassen halten; nun ist's besser, nur dass ein riesiger Windbruch manchen Steig, kreuz und quer mit den mächtigen entwurzelten Bäumen verstellt.

Den Mächten zu Dank ist bislang auch keine ärgerliche Post eingetroffen – ein langerer Artikel über meine Arbeiten aus dem Dänischen offiz. allgem Konvers. Lexikon[1] ist mir leider unlesbar mit Ausnahmen der Namen – da ich die Sprache Andersens nicht verstehe –

Hoffentlich geht es auch Ihnen nach Wunsch – und so wollen wir langsam Edelpatina ansetzen bis der große Vorhang herabrollt –

Herzlich Ihr alter Kubin

364 Reinhard Piper[1] – Postkarte *[hs]*

13. 8. 1940 Gastein *[Poststempel]*

Lieber Herr Kubin, vielen herzlichen Dank für Ihren Gruß! Ich habe hier <gebrockt>, Beeren gesammelt, <…> gepflückt, Forellen gegessen, Ruinen besucht, Wasserfällen gelauscht, Rotwein getrunken, Kurgäste beobachtet, erträglich geschlafen u. wenig an den Verlag gedacht. Nächste Woche geht's über <…> u. <…> <…> heim! Alles Gute/Ihr R. Piper/

365 Reinhard Piper

München 13. November 1940

Lieber Herr Kubin !
Gestern erfreute mich Jhre Gattin durch ihren Besuch und wir haben

uns bei dieser Gelegenheit vor allem über das geplante Buch mit Zeichnungen von Jhnen unterhalten. Es ist nach wie vor mein dringender Wunsch, ein solches Buch zu machen. Bisher kamen wir damit nur deshalb nicht weiter, weil uns ein geeigneter Autor fehlte, der die Einführung schreiben könnte. Auf Bruno Brehm müssen wir wohl endgültig verzichten. in seiner heutigen repräsentativen und exponierten Stellung kann er den Text, wie ich einsehe, kaum schreiben. Im Gespräch kamen wir aber auf Richard Billinger[1] und dieser scheint mir nun tatsächlich sehr geeignet. Er hat sicherlich Beziehung zu der Welt Jhrer Zeichnungen. Ausserdem erfreut er sich auch der Förderung der offiziellen Stellen. Wie mir Ihre Frau sagte, will er Sie demnächst mit dem Kulturwart des Gaues Oberdonau, Dr. Fellner[2], besuchen. Das trifft sich ja sehr gut.

Ich wäre bereit, ihm 500 M für eine Einleitung zu zahlen, die ja nicht einmal sehr umfangreich (vielleicht 12 Druckseiten) zu sein bräuchte. Bitte schreiben Sie mir, wie Sie darüber denken. Ich autorisiere Sie hiermit, bei dem Besuch Billingers im Auftrag des Verlags Definitives mit ihm abzumachen. Das Honorar würde sofort bei Ablieferung des Manuskriptes /diese möglichst bis 1. April, lieber 1. Februar,/ gezahlt.

Es gibt eben nur ganz wenige Leute, die ernsthaft in Betracht kommen, deshalb können wir nicht warten, bis sich der absolute Idealfall einstellt.

Ich hatte auch noch an Max Unold gedacht, doch hat dieser als Autor zu wenig Gewicht trotz seiner Aufsätze in der Frankfurter Zeitung und seines hübschen Buches[3].

Jhre Frau erzählte mir auch noch, unter dem Siegel der Verschwiegenheit, von der Absicht des Herrn Degenhardt, der sich mehr mit dem Plan einer Kubin-Künstlermonographie[4] beschäftigt. Ich wäre auch für eine solche Monographie zu haben. Diese stelle ich mir mehr biographisch angeordnet und mit Abbildungen im Text vor, nicht im Sinn einer Sammlung von Zeichnungen in möglichst schöner Reproduktion.

Die Hauptsache ist, dass bis zum nächsten Herbst überhaupt ein Kubin-Buch erscheint. Von beiden Möglichkeiten scheint mir aber die bisher angestrebte (eine ideale Sammlung von Zeichnungen in schöner Reproduktion mit kurzem Einführungstext eines bedeutsamen Autors) die wichtigere. Für diesen Einführungstext käme ein Autor wie Degenhardt weniger in Betracht, da er noch gar keinen »Namen« hat und mehr kunsthistorisch, weniger dichterisch an die Aufgabe herangehen würde.

In der Hoffnung, bald Erfreuliches von Jhnen zu hören und mit besten Grüßen und Wünschen

Jhr R Piper

366 Alfred Kubin

Zwickledt 18 XI 40

Lieber Herr Piper – Ihrem Brief entnahm ich dass Sie immer noch an unserem einst geplanten neuen Sammelband von Zeichnungen interessiert sind – nachdem wir diesen 4 x verschoben, glaubte ich nicht mehr daran – Noch Brehm schrieb mir im vergangenen Frühjahr – ich fände einen traurigen Gast an ihm denn sein Sinn stünde gänzlich an den gewaltigen militärisch-politischen Dingen die da /draussen/ geschähen – und vorher hat uns gar so ein junger nichts bedeutender Bursche wie Herr Sild mit seinem ungeschickten aber gewiss nicht angreiferisch gemeinten Geschreibsel Zurückhaltung aufgezwungen. Vielleicht war es auch nach höherem Gesichtspunkt gut dass der Band noch nicht erschien. – wie ich es heute, durch meine Jahre um jede Ungeduld entlastet, gelegentlich ansehe –

– auf Brehm, wenn er auch gewiss seine Sache hier würdig gemacht hätte verzichte ich – aber Billingers genialisch-impressionistische verschwärmte Natur – ist mir völlig unzuverlässig und auch ungeeignet – und langjahrig gute Bekannte von ihm sind derselben Meinung /aus dem Besuch wurde übrigens nichts/ – Gewiss ich schätze seine frühe Produktion, /und/ zum 50. und 60. Jahr schickte er mir je ein schönes seiner elementaren Gedichte auf mich – und ich machte Zeichnungen zu seiner Rauhnacht[1] – /doch/ ich habe genug Anhaltspunkte – ihn für unsere Sache einzuspannen wäre mir eine Quelle neuen Ärgers –

– Ich bin mit meinen Arbeiten doch nicht missachtet – der Landesleiter für Kunst in Ob. Don – Baron Mandelsloh[2] ist mir befreundet von offiz. Stellen werde ich sehr geschätzt – Staatssekretär Dr. Mühlmann[3] kaufte für die Wiener Galerie – auch offiz. Einladungen und Aufforderungen (die ich allerdings öfters ablehnen muss) treten an mich heran. N.S.DAP Blätter, wie der weitest verbreitete beigelegte Artikel[4] etc – kommen auch.

Sie nennen Unold noch und zu diesem Fall sagte ich Ja – schon vor einem Jahr wollte der Rembrandt-Verlag einen Band über neue Arbeiten von mir mit einem Unold-Text[5] bringen. – Das lehnte ich damals weil Brehm und unser Plan noch bestand ab – – Ich wüsste sonst keinen geeigneten so hoch kultivierten mir zudem in langjahriger Kameradschaft verbundenen Künstler der das Glück hat sich prachtvoll wie vertieft interessant wie amusant in seinen Schriften auszudrücken – überlegen Sie es sich – und vielleicht? kann man eines der beiden wirklich schönen Billinger »Kubingedichte« beigeben – das wäre einfach, falls Ihnen an so etwas läge.

Sonst wüsste ich niemanden – ich dachte noch an Max Mell[6] an Albrecht Schäffer[7] ja sogar – flüchtig – an Gerhart Hauptmann für den ich bei S. Fischer 2 Bücher[8] illustrierte, der aber auch für den Fall, dass Sie da Beziehungen hätten und ihm schreiben würden 1 höchstens 2 Seiten geben würde vielleicht! – Immer wieder kommt mir Unold in den Sinn. Er wurde auch bekannt.

Eine ganz andere Sache ist die mit Dr. Bernhard Degenhart von der Albertina – (der eben beim »Reichskommissar fur d. besetzten niederländischen Gebiete Dienst[9] macht). – Er hat bislang eine Pisanellomonographie[10] und eine reich illustr. Schrift »Zur Graphologie der Handzeichnungen der italien. Kunstkreise«[11] – verfasst und er bezeichnet es als seinen Jugendtraum über mein Werk eine Monographie die / rein/ »wissenschaftlich« gehalten sein soll zu schreiben – was mich freut da ich kritische aber positive Art schätze – ich werde ihn mit Material / auch etwas/ unterstützen – ob und wann seine Arbeit gemacht ist – oder gar erscheinen wird weiß ich natürlich nicht – da haben Sie recht! Für die so schöne Ausgabe mustergültiger Reproduktionen wie die von Ihnen geplante käme Dr. D. nicht in Betracht, er steht erst in den 30ger Jahren. –

Somit wäre die Hauptsache von mir aus gesagt; – und ganz offen gestanden ich bin müde geworden seit zwei Jahren und nur – sagen wir – indirekt mehr interessiert jetzt bei diesen mich äußerlich nicht befriedigenden Zeiten – und das nimmt immer mehr noch zu – obwohl ich andererseits – wenn auch bedächtig und langsam noch so einen Appendix /schaffend/ meinen Hauptjahren anhänge, wenigstens dies erstrebe – mit

herzlichem Gruss Ihr

AKubin

367 Reinhard Piper

München 2. Dezember 1940

Lieber Herr Kubin!

Besten Dank für Jhren Brief vom 18. November. Ich habe inzwischen die Angelegenheit mit Unold genau durchgesprochen. Er findet die Aufgabe schwierig aber sehr ehrenvoll und ist bereit, sie zu übernehmen. Er ist ja nicht in dem Sinne ein weithin anerkannter Name wie

Carossa oder Brehm, aber von diesem Kaliber werden wir eben niemanden bekommen und Unold wird die Sache auf jeden Fall sehr verständnis- und liebevoll machen. Er versteht viel von Kunst und speziell von Graphik und steht Jhrem Schaffen innerlich sehr nahe. Ich habe ihm ein Honorar von 400 Mark vorgeschlagen, womit er einverstanden ist. Er wird den Text bis 1.April schreiben. Das Schreiben geht bei ihm, wie er sagt, sehr langsam.

Innerhalb des Textes würde er Brehm, Carossa und Billinger zitieren[1], sodass dadurch der Umkreis des Textes erweitert wird.

Wir müssten ihm die Texte zur Verfügung stellen. Jhre Gattin ist wohl so gut, die beiden Billinger-Gedichte mir in Abschrift zu senden. – Sollte Max Mell schon etwas über Sie geschrieben haben, so bitte ich mir diesen Text ebenfalls zu senden.

Von Gerhart Hauptmann könnte man vielleicht auch ein paar Sätze bekommen. Ich bringe einen Roman seines langjährigen Adlatus, Hans von Hülsen[2], der Hauptmann sehr nahesteht und durch den ich wohl eine Äusserung erhalten kann.

Nun bitten Unold und ich Sie, uns doch an die Verlagsadresse möglichst etwa 100 ausgesucht schöne Blätter als Wertpaket recht bald zu senden, damit Unold sich mit der Materie intensiv befassen kann.

Nach Neujahr kommen wir dann einmal zu Jhnen und halten noch eine ergänzende Razzia ab. Vielleicht entsinnen Sie sich noch, welche Blätter seinerzeit, als der erste Plan dieses Buches auftauchte, von Jhnen und mir ausgesucht wurden. Dies war eine sehr schöne Auswahl in Richtung auf die Themen der Zeichnung als auch auf ihre künstlerische Bedeutung.

Alles, was als »krankhaft« oder »entartet« von böswilliger Seite denunziert werden könnte, muss natürlich wegbleiben. Es wird trotzdem der echte Kubin herauskommen.

Es freut mich sehr, dass diese Sache nunmehr endgültig zustande kommt. Es soll ein schönes Werk werden, an dem alle Freunde Jhres Schaffens Freude haben werden. Nur müssen wir mit der Herstellung möglichst bald beginnen. Ich werde schon jetzt das Papier beantragen. Es muss nämlich das Papier für jedes Werk bei der Wirtschaftsstelle eigens beantragt werden und dabei muss man das beabsichtigte Werk entsprechend charakterisieren.

Gerne bringe ich etwa zwei Jahre später die »wissenschaftliche« Monographie von Dr. Bernhard Degenhart. Bis dahin wird der Krieg ja wohl aus sein und wir können uns dann mit Degenhart zu Dritt über die Sache unterhalten.

Bitte teilen Sie mir doch mit, wo seine Schrift »Zur Graphologie der Handzeichnungen der italienischen Kunstkreise« erschienen ist. Oder ist die Arbeit noch Manuskript? Auch für die Adresse von Degenhart wäre ich sehr dankbar. Ich möchte mich gerne schriftlich mit ihm in Verbindung setzen.

Da haben wir nun also eine schöne lohnende Aufgabe vor uns. In der Hoffnung, bald von Jhnen zu hören und mit herzlichen Grüßen und Wünschen, auch an Jhre verehrte Gattin,

Jhr

R Piper

368 Alfred Kubin

Zwickledt, 7. Dez 40.

Lieber Herr Piper!

Ihr Brief v. 2. d. M. erfreute mich – und nun hoffe ich doch den fertigen Band nun noch zu erleben – Gerade ein so gebildeter und so originell wie Unold empfindender College der mich durch gelegentliches Treffen auch persönlich kennt – wird hier einen Ton finden der eigenartig und sympathisch wirkt, – besser wohl als je ein Professioneller, /ein »Mann der Feder«/ – – Ich werde in den allernächsten Tagen das Material Ihnen zusenden so wie Sie es wünschen und wenn die Herrn nach Neujahr dann noch zur ev. Ährenlese kommen ist das sehr schön! – Hier inliegend die beiden Billinger-Gedichte und das von Carossa Das 1. Billingersche v. 1925 ist besonders elementar und nähert sich meinem erlebenden Wesen – doch ist's nicht etwa /schon/ wieder zu frei für die »Schrifttumskammer«? ich überlasse die Antwort Ihnen! – Ich – jedenfalls dem überhaupt niemals das kleinste Gedicht je gelang, staune über solche Urwüchsigkeit. – Ja wenn Hauptmann uns /doch/ nur ein paar Zeilen auch /zum auch Geleite/ geben würde das würde mich besonders erfreuen und /durch/ Herrn von Hülsen liesse sich dieses wohl bewerkstelligen – nur ich will ihm – da ich ihn, obwohl er wie er mir schrieb sich sehr gefreut hätte, nicht persönlich traf –, – nicht darum bitten, einfach aus unüberwindlich ehrfürchtiger Scheu vor solch altem Kämpen des Geistes – er zechte voriges Jahr /auf Hiddensee/ mit einem jungen Anhänger von mir[1], einem Dichter, noch tüchtig und man stritt sich um Probleme <der Künste> dabei und ich bewundere solche Vitalität sehr – /denn/ so ein zartes Gewächs wie ich könnte da nicht mit, ich vertrage überhaupt keinen Wein mehr, jede Debaucherie macht mich 3 Tage krank. – ach ja, es ist die unerhörte Kraft der alten Meister durch die Zivilisation für immer dahin aber dafür tauschten wir in manchen Fallen eine eindringende Feinheit der Nerven wie sie die die alten nicht hatten – /das ist unsere Stärke/ –

Hoffentlich bekommen sie /ein/ gutes holzfreies Papier zugewiesen!!! Und die gewünschte Adresse ist: Dr. Bernhard Degenhart

z.Zt. Sonderbeauftragter für die Sicherung der Kunstschätze. Berlin W8

Unter den Linden 27

das erwahnte Werk ist ein Sonderheft aus dem Kunstgeschichtlichen Jahrbuch der Bibliotheca Hertziana[2] »B. D. Zur Graphologie der Handzeichnung – die Strichbildung als stetige Erscheinung innerhalb der italienischen Kunstkreise. –

es hat 117 S. /u./ eine große Menge Bildbeigaben (Rasterdruck) von aufregender Interessantheit. Die andere eben erschienene Veröffentlichung: Pisanello, Monographie bei Schroll u C.. Wien, (mit Material in Lichtdruck (natürlich verkleinert) –

Dr. Owlglass schreibt, dass Sie mir wohl das Büchlein vom Alter wo ich den Beitrag gab geschickt haben

bitte tun Sie's noch vor dem Fest – bei meinen immer wieder einsinkenden Stimmungen würde es mich erfreuen – Falls der Pipersche Weihnachtsmann auf den Tisch ein Stück von der ägyptischen Kunst[3] v. Worringer (mir bislang unbekannt) zaubern kann würde das mich sehr erfreuen – meine Frau dankt für den Gruss

ich bin wie stets Ihr Kubin

369 Alfred Kubin[1]

Zwickledt 9. XII 40

Lieber Herr Piper!
Morgen werden die auf beiliegender Liste aufgeführten 100 Originale abgeschickt.

– Es waren von der damals /1936/ gewählten Collektion noch eine ganze Anzahl – (an der Nummerierung links zu erkennen, ich nummerierte in unserem Falle rechts unten. – Ich ließ alles fort was irgend als »entartet« angesehen werden könnte auch Blutrünstiges, oder allzu Entsetzen erregende Stücke stellte ich zurück – Mir ists /bei aller Neugierde/ egal was nun gewählt wird – hier habe ich wohl farbig getönte sehr starke Blätter noch, /im Falle Sie der Reihe geistig beschwingter Blätter ein paar Proben sinnlich mehr wirkender Farbtafeln beifügen wollen, müssten Sie <…> hier dann später auswählen –/ auch einiges Lavierte – Doch mein Schwergewicht liegt in der Federzeichnung, die allerdings wie Willhelm Leibl[2] einmal sagt die schwierigste aller Techniken ist – Sie wirkt leicht mager, dünn, trocken, oder allzu schmissig – peinlich routiniert – der Band wird also da er nur bislang Unveröffentlichtes bringt – darauf auch hinweisen können. – mehr wie meine Arbeiten kümmert /es/ mich wie es mit dem Papier ergehen wird. Ich hielt mich bei der Wahl /im Format/ an das Barlach-Buch – und sah wieder dass das noch wirklich gutes Papier hat /hart u glatt – weiß ergibt den schonsten Druck, solange eine Verkleinerung den Duktus der Hand nicht zerstört./ – Das Format erlaubt für vieles die natürliche Größe – andere werden wenigstens nicht so verkleinert dass dieses fatale »Niedliche« die Wirkung verdreht

diese 100 Sachen sind z.T. Privatbesitz – jedenfalls jetzt noch unverkäuflich – für kurze Empfangsbestätigung wäre dankbar Ihr alter

AK

370 Reinhard Piper

München 17. Dezember 1940

Lieber Herr Kubin!

Besten Dank für Jhre letzten beiden Briefe, die ich auch Unold mitgeteilt habe. Soeben trifft nun auch Jhre Sendung mit 100 Zeichnungen ein. Jch habe sie sofort mit Genuss durchgesehen und werde dies nächstens auch mit Unold tun. Die Sendung enthält sehr viel Schönes. Im Ganzen werden etwa 30 Zeichnungen für die ganzseitige Abbildung im Buche in Frage kommen. Manches scheidet wegen des Themas aus, manches wegen des Formats und manches, weil es doch nicht bedeutend und gewichtig genug für ein solches Buch ist. Es soll ja das klassische Kubinwerk werden! Bitte senden Sie uns also noch recht schnell Nachschub von etwa weiteren 100 Blättern. Wir wollen im Ganzen auf 64 ganzseitige Bilder[1] kommen.

Einiges kleinere, vignettenhafte[2] werden wir ausserdem noch in Text bringen.

Wir müssen die Sache recht schnell fördern. Die Verhältnisse in den graphischen Betrieben werden im nächsten Jahr ganz katastrophal. Senden Sie also noch im Laufe dieser Woche die zweite Serie ab. Alles

Nichtverwendete von beiden Sendungen bekommen Sie dann schnell zurück.

Mit besten Grüßen
Jhr
R Piper

371 Alfred Kubin

1940 Zw. 19/XII

Lieber Herr Piper, dass Sie mir den Aegypten-Wunsch so rasch erfüllen konnten finde ich besonders schön – 10000 Dank!

– Inzwischen schrieb mir auch Owlglass und es kam der Band »Gegen Abend«[1] so ernst und <...> – wie beschwingt gewichtlos! – dieses wunderbare Buch wird seinen großen Weg machen – diese Zusammenstellung könnte gar nicht besser sein finde ich – –

– die Züge haben z.Zt. fürchterliche Verspätungen – ich hatte Dienstag in Passau bei dem Druck von Lithographien zu tun – und musste bei der Hinfahrt schon 1 ½ St – bei der Rückfahrt nochmals 1 ½ St am Bahnhof warten –

ich denke dies hängt hauptsächlich nur mit der augenblicklichen Kälte plus Weihnachtsrummel zusammen – und wenn Sie im nächsten Mond kommen ist alles wieder in Ordnung – hier oben finden Sie Ihr Zimmer dann für jeden Rheumagrad geheizt –

Alles Gute
zum Fest Ihr alter
Kubin

Die Hausfrau ist heute schon zu nachtschlafender Zeit nach Schärding gefahren.

372 Alfred Kubin[1]

Zwickledt 20/XII. 40

Lieber Herr Piper – nun habe ich gestern noch die halbe nacht alles durchgeklaubt und kann tatsächlich nochmals 100 Arbeiten hier heute an Sie senden – Freilich: bes. was das Format, also bez. der leidigen Verkleinerung anbetrifft konnte ich nichts anderes mehr tun, – – ein paar Stücke von der damaligen Wahl (mit Ihren Nummern links) sind auch noch dabei – – Von der prinzipiellen Reproduktionsverschiedenheit der getönten, farbig oder laviert, brauchen wir – das wird dem Band den klassischen Charakter bes. auch reproduktive geben – nicht abzugehen – es sind alles Blätter in verschiedenen Federtechniken, ohne Pinselarbeit. – – Nun halte ich mich noch an Ihr Wort das nicht verwendete beider Sendungen schnell zurückzugeben; ich habe außer »Krankhaftes« oder zu Frühes (»am Rande der Lebens« periode[2], etc) nichts mehr Erreichbares hier. – Besonders jetzt begierig bin ich zu erfahren welche Wahl Sie treffen mit oder ohne Unold und was in die Folge kommt, mir ists gleich. Die Schwierigkeiten der Herstellung heutezutage sehe ich ein – Sie werden eine gute Hand dabei haben – – des bin ich sicher.

– Die Liste der II. Sendung liegt wieder hier bei – mit besten Grüßen Ihr

AKubin

P. S Ich sehe auch ein dass bei der Auswahl Sie objektiver dabei in technischer Hinsicht mindestens ebenso erfahren sind /und/ Verkleinerung wie Druckmöglichkeiten erkennend entsprechend wählen –

Ich habe noch niemals so viele Zeichnungen außer Haus gehabt nicht mal bei der großen Ehrenschau April 937 in der Albertina[3] die /etwas über/ 300 Stücke enthielt aber fast vollig aus staatl. und Wiener privatbesitz bestritten wurde. – und vom K. Archiv – deshalb halten Sie sich bitte auch an Ihre Zusage wegen Rücksendung!

373 Alfred Kubin

[undatiert, Dezember 1940]

Lieber Herr Piper – Dr. Degenhart[1] schreibt in einem Brief den ich soeben erhalte: – »Es freut mich, dass die Publikation bei Piper so nachdrücklich betrieben wird und dass er sich ausserdem für eine Zusammenarbeit auch mit mir interessiert. Eine Bindung Schroll /dem bekannten Wiener Verlag/ gegenüber habe ich noch nicht eingegangen, so dass ein Verlagswechsel immer noch möglich ist – Recht wäre es mir allerdings, wenn ich bis Anfang Januar von Piper nach Wien Bescheid und genauere Vorschläge erhielte, so dass ich mit Schroll abschließend

reden kann, wenn ich sowieso dort bin; könnten Sie das veranlassen?
nach den Weihnachtsfeiertagen bin ich in Wien also und bis zum 10. I
Wien I. Albertina – Augustinerbastei 6, brieflich erreichbar

Soviel für heute! beste Grüße!
Ihr Kubin

374 Reinhard Piper

München 30. Dezember 1940

Lieber Herr Kubin!
Auch das zweite Hundert von Zeichnungen ist richtig in meine Hände gelangt, ebenso die Rolle mit den letzten fünf Blättern.

Die zweite Sendung enthält so viel Schönes und Bedeutendes, dass ich fast nicht verstehe, weshalb Sie diese Blätter nicht schon mit der ersten Sendung, die doch manches Nebensächlichere enthält, mitgeschickt haben. Das künstlerische Niveau ist im allgemeinen noch höher wie das der ersten.

Ich werde nun am Donnerstag mit Unold alle Blätter durchsehen und Jhnen dann unsere vorläufige Auswahl mitteilen. Alles nicht in Betracht kommende schicke ich Jhnen dann sofort zurück und lege ein Verzeichnis dieser Blätter bei.

Es ist mir ein großer Genuss, einmal so viele Kubins um mich versammelt zu sehen. Ich lasse auch eine Reihe von kunstsinnigen Freunden an diesem Genuss teilnehmen.

An Degenhart habe ich heute laut anliegendem Durchschlag[1] geschrieben.

Einstweilen herzlichen Dank für Jhre und Jhrer Gattin Bemühungen; sie sollen uns allen zugute kommen.

Mit besten Grüßen und Wünschen
Jhr
R Piper

375 Alfred Kubin

Zw. I/I 41

Lieber Herr Piper Ihre Empfangsbestätigung über die Arbeiten quittiere ich dankend – Warum ich nicht aus der II Sendung manches schon in die I. übernahm findet seine merkwürdige Erklärung lediglich in dem seltsamen Umstand, dass der Schaffende seinen Erzeugnissen eine Zeit wie blind gegenübersteht – manchmal eine Stille Wut oder eine Affenliebe für einzelne hat – u.sw. da wird Zufallsmühe beim Schaffen oder besondre Glücksumstände oft so eingeschätzt, dass Unbegreiflichkeiten dann schon herauskommen können! –

Sonst finde ich Ihre Zeilen an Dr. Degenhart Wort für Wort so dass es kaum besser sein könnte und dem jungen Gelehrten dem Lob und Vertrauen von einem großen erfahrenen Verleger hier zuteil wird, dies eigentlich zur Freude gereichen muss –

Für heute nur beste Grüße –

ich bin begierig auf die Wahl – und erwarte dann auch die Rücksendung der restlichen Blätter

wie stets Ihr alter

AKubin

376 Reinhard Piper

München 14. Januar 1941

Lieber Herr Kubin!

Heute kann ich Jhnen schreiben, was Unold und ich aus den beiden Sendungen bisher für das Buch ausgewählt haben. Auch mit Schinnerer habe ich mich über die Zusammenstellung unterhalten.

Aus der ersten Sendung sind es die Nummern: 6, 7, 22, 28, 31, 36, 41, 49, 52, 56, 67, 68, 69, 73, 75, 77, 78, 80, 82, 85, 88, 91, 98,

aus der zweiten Sendung: 24, 26, 27, 29, 31, 32, 35, 36, 41, 42, 43, 44, 47, 57, 58, 65, 66, 73, 83, 84, 87, 91, 92, 93, 96, 97, 98, 99, 100.

Ausserdem aus der Extrarolle die Bätter: Die Raufer[1]

Die Geierjäger[2]

Antike Trümmer[3]

Sumpf mit Pelikanen[4].

Heute gehen Jhnen in einem Wertpaket alle übrigen Blätter zu, insgesamt 146 Zeichnungen. Bitte wollen Sie mir den Empfang bestätigen.

Zurückbehalten habe ich nur noch Nr. 47 Tumult[5] (die Kinder mit dem Hund an der Leine, das eine Kind schwenkt eine Kerze) und Nr. 57 Hagel[6]. Diese beiden Blätter gefallen mir persönlich sehr und ich möchte sie gerne für meine Kubin-Sammlung erwerben, wenn sie für mich erschwinglich sind. Bitte schreiben Sie mir doch, was die beiden Blätter kosten. Für das Buch kommen beide Blätter leider nicht in Frage.

Sehr gerne möchte ich in das Buch noch einige Blätter aus öffentlichen Sammlungen hineinnehmen. Vielleicht können Sie sich erinnern, was dort an Geeignetem vorhanden ist. Es wäre sicher günstig, wenn man bei einigen Blättern im Inhaltsverzeichnis öffentliche Sammlungen als Besitzer anführen könnte. Bitte denken Sie einmal nach, was da in Betracht käme.

Gegen Ende ds. Mts. werde ich mit Unold bei Ihnen anrücken zur letzten »Ährenlese«. Den genauen Tag kann ich heute noch nicht angeben. Das neue Jahr hat gleich mit einem enormen Arbeitsansturm eingesetzt, da heute schon etwa 20 Verlagsprojekte[7] auf dem Programm stehen. Diese werden sich aber nicht alle verwirklichen lassen. Oft muss der Verleger fast ebenso viel Arbeit in ein Buch stecken, aus dem dann nichts wird, wie in ein Buch, das tatsächlich zustande kommt.

Deshalb muss ich mich heute auch kurz fassen und möchte nur noch einmal betonen, dass es mich persönlich ausserordentlich freut, dies Zeichnungsbuch zu verwirklichen.

Einstweilen mit besten Grüßen und Wünschen

Jhr

R. Piper

377 Reinhard Piper

München 17. Januar 1941

Lieber Herr Kubin!

Ich sende Jhnen hier der Ordnung halber den Vertrag über den Band mit Zeichnungen in 2 Exemplaren. Die Bedingungen sind so, wie ich Sie Jhnen schon in meinem Brief vom 22.11.39 angeben habe. Bitte senden Sie mir das eine Exemplar mit Jhrer Unterschrift versehen wieder zu.

Ich möchte das Buch nicht einfach »Zeichnungen« nennen, sondern ihm einen möglichst suggestiven Titel geben. Ich bitte Sie und Jhre Gattin, hierüber recht intensiv nachzudenken und eine Auswahl von Titeln aufzuschreiben bis wir kommen. Auf einen solchen Titel kommt sehr viel an. Die Titel »Am Rande des Lebens« und »Sansara« waren an sich sehr gut, doch können wir diesmal nichts vom »Rande des Lebens« brauchen, sondern müssen etwas positiv klingendes wählen. /Das Phantasievolle müßte im Titel anklingen, damit die Leute nicht sagen: So ist das Leben in Wirklichkeit ja gar nicht! So soll das Leben nicht sein!/

Zur Ergänzung des Bildermaterials brauchen wir auch noch ein paar starke Blätter ohne Vergänglichkeitsstimmung udgl. So erinnere ich mich an einen antiken Helden, der mit einem Adler kämpft[1]. Bitte sehen Sie Jhren Bilderschrank auch in dieser Beziehung noch durch. Es ist dies ausserordentlich wichtig.

Mit besten Grüßen
Jhr
[Durchschlag]

378 Alfred Kubin

Zw. 20 I 41

Lieber Herr Piper
das von Ihnen erwähnte /»heroische«/ Blatt »Fürchte Nichts« glaube ich auch noch beibringen zu können – bis Sie kommen

– anbei ein Ex des Vertrages – unterschrieben zurück besten Dank –

Titel hoffe ich einen guten zu finden – Melden Sie sich rechtzeitig bitte an! – Für den Fall Sie aber den Abendzug von Muchn 19.37 nachts in Passau 11.29 ankommend, aber schon wählen /so/ ginge ein Autobus vom Bahnpostamt – um etwa 7 früh schon ab wo Sie um 8. Uhr schon in Zwickledt sein können (für diesen Fall melden Sie sich mit Unold Gasthof z. Eisenbahn Passau aber auch an!! –

Nur um sich das Heraufsteigen von Wernstein Bahnhof zu ersparen! – am übernächsten Tag finden Sie jeden falls gute Verbindung nach M. /½5 Nmittg Autobus bis Passau!!!/ – Ich erwarte Sie sonst aber zu jedem Zug den Sie angeben in Wernstein, Bahnhof –

für heute sonst nichts –

Ich muss eben für das eilige Führers Geburtstagsfest[1] von Oberdonau, eine Arbeit von mir suchen! ich wurde aufgefordert –

beste Grüße Ihr
Kubin

379 Alfred Kubin

Zwickledt 20 I 41

Lieber Herr Piper hiermit die Einlaufsbestätigung der Rücksendung der Originale in gutem Zustande. – Für Ihr Schreiben v. 14. d M schönsten Dank, nun vermag ich mir einigermaaßen auch den Band vorzustellen und gestehe dass dieser einen runden Begriff meiner Kunst der Feder ergeben wird – auch ohne heute gefährdete Bildbeigaben – Solche werden Sie in dem hier auf Ihren Wunsch zurückgehaltenen Rest allerdings finden – Da ist manch schneidender Hohn, zeitgemäße Schauerlichkeit und Empörtes Gefühl alá Goya mit unter gelaufen. –

Ihr Gedanke wegen einiger Blätter aus öffentlichen Sammlungen ist wahrscheinlich nicht schlecht – Leider verläßt mich mein Gedächtnis! was z.Bsp. die Albertina welche eine Anzahl im Jahre 1937 und früher erwarb hat – es waren überwiegend auch farbig getönte – dabei – auch in Prag war eine Anzahl dieser oder aus früherer Zeit; zumeist Originale meiner Sansarafolge, größere Figuren reiche Arbeiten die 1911 bei Georg Müller erschienen

– die Münchner staatliche Sammlung besitzt etwa 12 - 15 Stück – die meisten Federzeichnungen davon – die leicht zu eruieren wären – leider bei aller guten Qualität sind die meisten durch Prof. E.W. Bredt 1922 in dem Bändchen »Kubin – das Kunstbreviere bei Hugo Schmidt Vg, reproduziert – so dass, wenn man solche nochmals für unseren Band nun nähme, – die propagandistisch so wichtige Tatsache – bislang unveröffentliches hier zu bieten durchbrochen wäre

– – Dr. E. Hanfstaengl[1] hat für die städt. Galerie, München – etwa 2 angekauft und 1 habe ich damals geschenkt – dann erwarb Dr. Hanfstaengl nach dem N.S. Umsturz für die Berliner Galerie 4 Stück – (Dr. Elfried Bock[2] im berl. Kupferstichkabinett, hat meiner Erinnerung nach nur Lithographien aus meiner Hand –

Sie sehen das ist lückenhaft weil ohne mein Wissen in vielen Fällen das eine oder andre Stück in öffentlichen Besitz kam – am Einfachsten wäre die Graph. Sammlung München[3] u. stadt – Galerie dortselbst zu erreichen – im ersteren Falle aber würde wahrscheinlich das Prinzip der Erstveröffentlichung – was sehr wertvoll für den künftigen Käufer (und speziell »Kubinfreund« der andere Publikationen schon hat) eben ist – Ich überlasse Entscheid Ihnen

– Hier lege ich Ihnen die Abschrift eines Schreibens Dr. Gerh. Hauptmanns[4] bei

– Wenn über Herrn v. Hülsen von G.H. die Bitte um 1 oder 2 Zeilen zum Geleite getan werden konnte ich hätte große Freude hierüber – aber ich bin zu scheu /sein »das Abenteuer meiner Jugend« und »Buch der Leidenschaft«[5] gaben mir in den Böhmerwaldferien 39 u. 40 Einzigartiges./ um es selbst zu erbitten – von Billinger wird ja wohl das Gedicht[6] »Wer sich je wie du verbarg – und nicht jenes mit den: »Düngerlachen fangen dich« genommen – dazu das sehr schöne Poem Carossas[7] z. 50. – Ich dachte dass 3 solche Cheruben als äußeren Schutz wohl genügen. – Bitte rechtzeitig die Besuchsanmeldung /bringen Sie Hausschuhe mit!!!/ mit Unold – es wird das Gastzimmer für Sie warm sein Unold schläft parterre in der Stube – – Hoffentlich ist das Wetter gnädig – heute z.Bsp. ist totale Schneeverwehung

alles Gute

Ihr Kubin

P.S. »Tumult« u. »Hagel« würde ich Ihnen pro Stück für 150 MK überlassen –

380 Reinhard Piper

München 25. Januar 1941

Lieber Herr Kubin!
Ich fahre mit Herrn Unold am Dienstag Nachmittag hier ab und wir werden im Gasthof zur Eisenbahn in Passau übernachten. Am Mittwoch früh werden wir dann mit dem von Jhnen empfohlenen Autobus nach Zwickledt kommen, sodass wir etwa um 8 Uhr bei Jhnen eintreffen. Am Donnerstag fahren wir dann zu der von Jhnen angegebenen Zeit wieder heim.

Ich freue mich sehr auf das Zusammentreffen und auf gute Gespräche. Gestern sah ich mir die Kubin-Zeichnungen in der Graphischen Sammlung und in der Städtischen Galerie an und habe mir aus beiden Sammlungen im Ganzen 5 Zeichnungen vorgemerkt. Mein Sohn fährt Ende nächster Woche nach Wien und wird sich dort in der Albertina nach geeigneten Blättern umsehen.

Das Paket mit den von uns bisher ausgewählten Zeichnungen bringe ich mit.

Mit besten Grüßen und Wünschen

Jhr

R Piper

381 Reinhard Piper

München 5. Februar 1941

Lieber Herr Kubin!
Nachdem ich Freitag in Passau und Samstag in Regensburg Station gemacht hatte, wo ich noch ein paar schöne Eindrücke einheimste, bin ich wohlbehalten in den Verlag zurückgekehrt[1], und denke mit Vergnügen an die schönen Stunden in Zwickledt zurück. Jhnen und besonders Jhrer verehrten Gattin danke ich nochmals herzlich für alle geistigen und leiblichen Genüsse, mit denen Sie mich überschüttet haben. Es war mir eine große Auffrischung, einmal ein paar Tage aus dem Verlagsbetrieb herauszukommen.

Nun soll aber auch das Kubin-Buch allen Beteiligten ungetrübte Freude machen. Jedenfalls werde ich mein Bestes dazu tun.

Mit Jhrem Brief kam die Karte von Herrn v. Mandelsloh[2] gerade zur rechten Zeit. Die Frage an die Wirtschaftsstelle wegen des Papiers geht heute noch ab.

Ferner danke ich Jhnen bestens für das »Waisenhaus« von Weinheber[3], von dem ich gestern noch die erste Hälfte gelesen habe. Es interessiert mich sehr, Weinheber auch von dieser Seite kennenzulernen. Offenbar ist in dem Buche vieles aus eigenem Jugenderleben erhalten.

Das Buch werden Sie in Kürze eingeschrieben wieder zurückerhalten.

Heute war Dr. Richard Benz[4] aus Heidelberg bei mir, dem ich das Material für das Kubin-Buch zeigte. Er war davon sehr angetan und hat das Buch als sehr reich und lebensvoll empfunden.

Mit herzlichen Grüßen und Wünschen

Jhr

R Piper

382 Reinhard Piper

München 7. Februar 1941

Lieber Herr Kubin!
Wir brauchen für die »Abendteuer einer Zeichenfeder« auch noch eine Umschlagzeichnung. Ich möchte den Titel nicht einfach als Schrift auf den Umschlag drucken, da dies etwas kahl aussieht. Ich denke mir den Umschlag ähnlich wie Jhre Zeichnung »Quodlibet«[1], also einen Rahmen der verschiedensten Gestalten und in dem mittleren freien Raum

den Titel. Unten am Fuß des Blattes sitzen Sie vielleicht am Zeichentisch und werden von diesen Gestalten umwogt. Das Format des Bandes ist 20 cm breit und 27 cm hoch. Vielleicht senden Sie mir zunächst einmal ein paar flüchtige Bleistiftskizzen, über die ich Jhnen dann vor der endgültigen Ausführung schreiben könnte. Auf eine einleuchtende und ansprechende Umschlagzeichnung kommt für den Erfolg viel an. Bitte lassen Sie sich die Mühe nicht verdrießen, etwas recht Schönes zu machen.

Mit gleicher Post sende ich Jhnen 300 Mark für die von mir erworbenen Blätter »Hagel« und »Tumult«.

Unold sitzt tief gebeugt über seinem Text, umgeben von Jhren Zeichnungen. Diejenigen, die er für die Arbeit an seinem Text braucht, werden in kleinerem Format fotografiert, sodass die Blätter dann möglichst bald in die Druckerei kommen.

Mit herzlichen Grüßen und Wünschen
Jhr
R Piper

383 Reinhard Piper

München 13. Februar 1941

Lieber Herr Kubin!
Besten Dank für die Übersendung der beiden Skizzen. Ich bitte Sie, diejenige Skizze auszuführen, bei der Sie n i c h t zeichnend in der Ecke sitzen, die andere scheint mir reicher.

Bitte bringen Sie unten in der Mitte oder rechts in der Ecke noch den Verlag an, aber nur mit dem Namen »Piper«. Wir halten dies mit allen unseren Büchern so.

Ich sende Jhnen beide Zeichnungen mit gleicher Post wieder zu und hoffe, dass Sie mir die gewählte Skizze freundlich für das Verlagsarchiv dedizieren. Die Reinzeichnung kann ich wohl bis Ende nächster Woche in München erwarten? Da ich dann zwei Wochen in die Winterfrische gehe und die Sache noch vorher an die Kunstanstalt weitergeben möchte.

Mit besten Grüße
Jhr
R Piper

384 Alfred Kubin

Zwickledt 17/II 1941

Lieber Her Piper, Nun hoffe ich mit dem Umschlag Ihnen Vergnügen zu machen – er ist gelungen – und s. Zt. mit den andern Blättern senden Sie das Original zurück /Wenn ich ein paar Umschlage zu Sammelzwecke (K.Archiv!) dann bekommen konnte wäre ich dankbar!/ die Skizze dediziere ich Ihnen gerne – Haben Sie aus der Albertina noch 2 Arbeiten erlangt?

– Sonst könnte man in einem Fall wenigstens unter dem Titel etwa – der unerwünschte Hund oder (Ein lastiger Hund) das Blatt welches bei mir früher »Tumult« hieß und Sie erworben haben – einfügen? unter solchem Titel würde die Instanz Unold wohl schwerlich irgendeinen Einwand haben –

– Vor kurzem erschien in Prag Samstagsbeilage vom »der neue Tag« ein wirklich interessanter Artikel[1] (von den vielen Hunderten sind ja nur kaum 10–12 die Selbstandiges besagen) erschienen – ich erlaube mir Ihnen ein Stück hier zu geben – auch an Unold schickte ich eines –

– Für die Winterfrische besten Erholungswunsch – ich bin zum Zittergreis degradiert! – – mit herzlichem Gruss
Ihr Kubin

P.S. Und das Weinheberbüchlein bitte nicht zu vergessen – es ist verblüffend echt im Milieu –

385 Reinhard Piper

München 19. Februar 1941

Lieber Herr Kubin!
Besten Dank für die Übersendung der endgültigen Umschlagzeichnung. Sie ist Jhnen wirklich sehr gut gelungen und wird dem Buche sehr von Nutzen sein. Das Buch wird dadurch von vorneherein als ein märchenhaftes und fantasievolles charakterisiert, das keine Wirklichkeitsdarstellung sein soll und deshalb auch mit »Verfall« oder »Zeitkritik« nicht das Mindeste zu tun hat. Ich lasse sie sofort klischieren und sende Ihnen dann 3 Abzüge.

Auf ein Blatt der Albertina haben wir doch verzichtet. Die Blätter sind alle in Luftschutzräumen und die Herausgabe wäre sehr umständlich. Ausserdem würde der erwartete Zweck damit doch nicht erreicht.

Das Blatt »Tumult« möchte ich doch weglassen. Auch der geänderte Titel »Der unerwünschte Hund« würde an dem Charakter des Blattes nichts ändern. Auch sieht man ja deutlich, dass der Hund von den Kindern gequält wird und nicht etwa der Hund den Kindern lästig ist.

Dagegen würde ich sehr gerne die Landschaftszeichnung[1] bringen, die in dem Artikel im »Neuen Tag« abgebildet ist. Diese ist sehr schön und zeigt Ihre Verbindung mit den Donaumeistern besonders deutlich. Ist diese Zeichnung nicht irgendwie aufzutreiben? Der »Neue Tag« muss sie doch zum reproduzieren gehabt haben.

Das Original der Umschlagzeichnung möchte ich gerne für das Verlagsarchiv behalten und bin bereit, Jhnen 100.- M dafür zu zahlen. Da ich Sie hiermit einverstanden hoffe, lasse ich Jhnen den Betrag gleichzeitig zugehen.

Den Weinheber-Roman habe ich mit großem Vergnügen schon fast ausgelesen. Sie erhalten ihn in den nächsten Tagen zurück.

Ob ich mich für die Winterfrische vom Verlag losmachen kann, ist leider noch ziemlich zweifelhaft, da jeder Tag neue komplizierte Aufgaben bringt.

Mit besten Grüßen und Wünschen
Jhr
R Piper

386 Alfred Kubin

Zwickledt
23. II 1941

Lieber Herr Piper die von Ihnen /angefragte/ im Prager neuen Tag abgebildete Zeichnung – sie betitelt sich »aus dem Pinzgau« (u. stellt einen Blick auf das Kitzsteinhorn, einen der Hauptberge der »hohen Tauern« dar) und ist mit den andern dem /ebenfalls abgebildeten/ »Christophorus« in dem weit verbreiteten Büchlein, dem Bändchen – Kubinbrevier[1], (Serie d. Kunstbreviere bei Hugo Schmidt Vg. München 1922 abgedruckt, es ist um ein Geringes verkleinert, der Christophorus – wesentlich vergrössert, dem Bändchen entnommen – doch diese 2 Originale habe ich längst nicht mehr – wo diese Landschaft ist, ahne ich nicht, den Christof /eine II klarere Fassung enthält »am Rande des Lebens« Piper-

Mappe in Faksimile/ erwarb s.Zt – College Karl Caspar von mir – – Geht es nicht anders und werden noch 1 - 2 Blätter gebraucht so könnte ich notfalls von bereits im »Simpl.« oder »Jugend« 1x abgebildeten in Rolle Ihnen schicken – aber damit ist das Versprechen dass nur (abgesehen von staatl. Besitz) Unveröffentlichtes der Band bietet – durchbrochen – ich habe mir gerade davon erhöhtes Interesse versprochen –

Das Original des Umschlags überlasse ich Ihnen gerne für 100 MK! –

Heute hier ist eine verstärkte Winterlandschaft mit neuen Schneefällen – Schönste Grüße

Ihres Kubin

387 Reinhard Piper

München 26. Februar 1941

Lieber Herr Kubin!

Es ist sehr schade, dass die Zeichnung »Aus dem Pinzgau« nicht mehr erreichbar ist. Eine Zeichnung dieser Art fehlt geradezu in dem Buche und ich wäre Jhnen ausserordentlich dankbar, wenn Sie dasselbe Thema nochmal zeichnen würden. Sie haben ja auch sonst Blätter frei wiederholt, z.B. den Hexentanz[1], die Osterlandschaft mit der Elster[2], etc. Gerade in dieser Zeichnung kommt Ihre Verbindung mit den Donaumeistern besonders schön heraus.

Durch Zufall traf ich in der Alten Pinakothek bei einer Besprechung mit Herrn v. d. Bercken[3] /den/ Herrn Dr. Degenhart, sodass wir uns über das für später geplante Kubin-Werk wenigstens flüchtig unterhalten konnten. Es war mir sehr lieb, auf diese Weise in eine erste persönliche Verbindung mit Herrn Dr. Degenhart zu treten. Vielleicht kann ich diesem später auch die Neubearbeitung der Brueghel-Zeichnungen[4], die schon lange vergriffen sind, übertragen.

Auch wir haben hier »verstärkte Winterlandschaft«[5], was sich leider auch in einem verstärkten Rheuma äussert.

Mit besten Grüßen

Ihr

R Piper

388 Alfred Kubin – Postkarte

I/III/41

L.H.P. – mit flatternder Linken und ruhiger Rechten und Zuhilfenahme der Nacht – packte ich die Zweitfassung von – »aus dem Pinzgau« – – Sie haben 100x recht – das Blatt passt sehr gut in diesen Band und ich bin auch froh es als Erinnerung früher Tage zu haben – in solch hohen Regionen trieb sich der Jüngling oft herum, nun reicht es, wenns gut geht, grad noch zum Böhmerwald –

– möge der einsetzende Regen das Rheuma nicht neuerdings provozieren! die Zeichnung folgt gleichzeitg in Rolle –

– bestens grüßt Sie

Kubin

P.S. wie sonderbar dass Sie Dr. Degenhart in d. P. trafen – Ich kenne ihn pers. gar nicht

weiß nur dass er jung ist – Ihre Breughel Zeichnungen sind von Tolnai doch erstklassig – beschrieben! ich fand den Text so gut gegen etwa Schürmaier's[1] tauben Bosch.

389 Alfred Kubin

Zw. 13/III 41

Lieber Herr Piper Gestern kamen die Rm 100 die ich Ihnen gleich dankend bestätigen will

– Ich überzählte an Hand der Liste nun 3x schon die Tafeln für den Band und mit »aus d. Pinzgau« sind es immer wieder nur 61 – statt 64 – das konsterniert! Nun dachte ich: Sie sahen ja die beiden – freien – Kopien I. nach H. Bosch, aus dem »Garten der Lüste« ein Detail (/aus/ Schürmeyer Taf. 17[1]) II A. Böcklin »Mörder v. Furien verfolgt«[2] ein Detail – hier – ob man nicht diese nehmen könnte

das interessiert sicher auch und das etwas wohl drückende bei dem Böcklin käme eben auch auf dessen conto nicht auf meines – dem neudeutschen Reichsbürger. –

– Ich machte die letztere Copie s.Zt. weil ich bewunderte wie bei vielen deutschen Malern der 60, 70-90ger Jahre in den größten theatralischen Schinken oft ein wunderbarer grafisch-illustrativer Kern wie verborgen ist – so bei Wilh. v. Kaulbach[3] Gabr. Max[4], Böcklin, u.s.w.

– Sonst müsste man doch noch ein paar von mir – aber schon irgendwo, Simpel, Jugend etc, einmal veröffentlichte Stücke nehmen – d.h. ich müsste noch einige solche zur Auswahl schicken??? besten Gruss Ihr

Kubin

P.S. Bitte Weinhebers Waisenhaus nicht vergessen!

390 Reinhard Piper

München 27. März 1941

Lieber Herr Kubin!
Es wäre wirklich sehr interessant, die von Jhnen genannten beiden freien Kopien nach Böcklin und Bosch in dem Buch zu bringen. Bitte lassen Sie mir diese doch zugehen. Aus dem Simpl und der Jugend möchte ich nicht gerne etwas übernehmen.

Inzwischen hat die Wirtschaftsstelle das Papier bewilligt, wobei vielleicht der Hinweis auf Herrn v.Mandelsloh nicht unnütz war, wenn ich auch kaum glaube, dass die Wirtschaftsstelle diesen Herrn mit einer Bitte um nähere Auskunft bemüht hat.

Bei einigen anderen Büchern wurde uns die Papierbewilligung zwar nicht abgelehnt, sondern uns geschrieben, wir sollen in 4 Monaten den Antrag erneuern, vielleicht könne ihm /dann/ stattgegeben werden. Dies bedeutet natürlich, dass die Bücher in diesem Jahr nicht mehr fertig werden können. Seien wir also froh, dass es bei Jhnen noch geklappt hat.

Das »Waisenhaus« von Weinheber schicke ich Ihnen gleichzeitig mit bestem Dank wieder zu. Es war mir sehr wertvoll, dieses frühe Buch des Autors kennen zu lernen. /(folgt morgen)/

Mit besten Grüße und Wünschen

Ihr

R Piper

391 Alfred Kubin

Zwickledt 9. April 1941

Lieber Herr Piper Für dieses schöne und mir für morgen meinen 64. Geburtstag vielversprechende Lektüre verheißende Michelangelobüchlein[1] hier 1000 Dank

– Zugleich erwidere ich die Ostergrüße – diese werden etwas gedämpft durch die gewaltigen Schneepolster welche sich heute vor dem alten Hause türmen infolge anhaltenden Schneefalles – sowie auch durch die neue Kriegserweiterung mit einem Volk das ich bei meinen drei Balkanreisen 1903, 1907, 19 0[2] – kennen und lieben gelernt habe, auch infolge von Erzählungen meines Vaters der als junger Geometer 2 Jahre[3] in Dalmatien verbrachte – /es ist/ ein schlichtes kindliches Volk

»Sonst« fühle ich mich abgesehen davon dass ich ein Wackelgreis bin, entsprechend wohl und fatalistisch!

Gerne erfuhr ich von Ihnen, dass das Papier für unseren Band bewilligt wurde, hoffentlich fällt es auch gut aus /die beiden freien Kopien schickte ich Ihnen Damals umgehend zu – nun sind's 64/ –

– Aber wo bleibt Weinhebers – »Waisenhaus«? es kam noch nicht nach Ihrer Meldung! Bitte urgieren Sie im Verlag!!!! Alles Gute von Haus zu Haus

Ihr alter Kubin

/erhielt/ heute einen etwas misanthrophischen Brief Schinnerers[4]. –

392 Reinhard Piper

München 17. April 1941

Herrn
Professor
Alfred K u b i n
W e r n s t e i n a/Inn

Lieber Herr Kubin!

Die beiden Zeichnungen nach Böcklin und Bosch sind richtig angekommen. Für das Buch würde nur der Böcklin möglich sein. Der Bosch würde doch Bedenken erregen.

Das »Waisenhaus« habe ich noch zurückbehalten, weil ich immer noch hoffe dazuzukommen, auch die zweite Hälfte zu lesen. Ich sende es Ihnen, sobald ich damit fertig bin, eingeschrieben zu. Es kann also nicht verloren gehen.

Mit besten Grüßen

Ihr

R Piper

393 Reinhard Piper

München 21. April 1941

Lieber Herr Kubin!

In der Anlage sende ich Ihnen den Probedruck der Zeichnung »Tiger an der Tränke«[1]. Ich habe absichtlich ein so schwieriges Blatt ausgewählt, um festzustellen, ob die Technik für diese Blätter ausreicht. Ich finde das Resultat sehr befriedigend und hoffe, daß auch Ihnen diese Probe gefällt. Die Abbildung ist lediglich etwas zu klein ausgefallen. Wir wollen mit den Bildern möglichst nahe an den Rand des Papiers gehen. Das Format wird dasselbe wie bei den Barlach-Zeichnungen und bei dem Oberländer-Buch. Die Probe brauche ich nicht zurück.

Mit besten Grüßen und Wünschen

Ihr

R Piper

Anlage:
Probedruck

/Soeben kommt noch eine 2. Probe von einer anderen Firma. Welche scheint Ihnen besser? <…> nicht <…> und <gültige>./

394 Alfred Kubin

Zwickledt
22.4.41

Lieber Herr Piper Besten Dank für die beiden Proben – beide sind gut, der Tiger gefällt mir als Reproduktion noch etwas besser /selbstverständlich: je mehr man an den Rand geht, d.h. je geringer dadurch die Verkleinerung wird desto besser die Wirkung der Reproduktionen./ –

– auf das endgültige Papier bin ich gespannt wie auch auf Unolds Einführung welche wohl bald so weit sein wird, dass ich auch Kenntnis nehmen kann –

Dass die Boschkopie nicht in Betracht kommt muss ich halt hin nehmen wenn nur etwas anderes dann die 64. Blatt voll machen wird – hier habe ich in den letzten Wochen zwar noch 2 Sachen[1] auch in reiner klarer Federtechnik gemacht – schicken würde ich diese nur wenn Sie selbe verlangten zur Ergänzung – Ich hoffe unser Band wird gut begrüßt werden – nach dieser Richtung offiz. habe ich kein bedenken – unser Gauleiter u. Reichstatthalter[2] hat mir zum 64. Geburtstag auch einen Glückwunsch[3] geschickt

– Sonst fühle ich mich besonders bei solchem schwankenen Wetter recht nervenverstimmt und beunruhigt im Herzen –

Mit den besten Grüßen Ihr

AKubin

395 Reinhard Piper

München 25. April 1941

Lieber Herr Kubin !

Es freut mich, daß Sie die beiden Proben für gut erklären. Auch mir gefällt der Tiger noch etwas besser als die Bremer Stadtmusikanten[1]. Die beste Reproduktion ist aber zweifellos die hier anliegende[2].

(Bitte loben Sie mich ein wenig, daß ich mir so viel Mühe gebe und von 3 verschiedenen Anstalten Proben machen lasse.) In dieser neuen Probe kommt der Federstrich noch viel schöner heraus wie beim Tiger. Selbst bei den engsten Strichlagen ist das Schwarz nicht zusammengelaufen, sondern es bleibt die Zusammensetzung aus einzelnen Strichen deutlich. Wir werden also wohl dieser Firma die Herstellung übertragen, wissen allerdings noch nicht den Preis. Hoffentlich ist dieser erschwinglich. Die zwei neu entstandenen Sachen würden mich sehr interessieren, wenn sie auch s t o f f l i c h für das Buch in Frage kommen. Dies werden Sie ja nach unseren Unterhaltungen selbst leicht beurteilen können; und ich bitte also in diesem Fall um Einsendung. Ich werde mich dann schnell entschließen.

Daß auch Ihr Gauleiter und Reichsstatthalter Ihnen zum 64. Geburtstag einen Glückwunsch geschickt hat, ist ja sehr erfreulich und eröffnet günstige Perspektiven für die Aufnahme Ihres Buches.

Mit den besten Grüßen auch an die verehrte Gattin
Ihr
R. Piper

Anlage

396 Alfred Kubin

Zwickledt 28/4.41

Lieber Herr Piper – Diesmal ein durchdringendes »Bravo« die Isis – ist fabelhaft reproduziert und wenn die Seite ausgenützt wird – so entsteht ein prachtvoller Band! Ich lasse Ihnen meine 4 letzten Arbeiten zugehen. /1 weglose Reiterin[1], 2 ungleiches Paar[2], 3 Humor und Schwerfälligkeit[3] 4 Bei der Arbeit[4] –/ – wenn Sie 2 davon verwenden sind die 64 voll – vielleicht »Bei der Arbeit« als Schlussblatt weil es pikanterweise den Zeichner mit enthält, (ich machte es z. Teil mit Hülfe der Skizze welche für den Umschlag nicht verwendet wurde und die Ihnen s. Zt. zur Wahl vorlag –

Gesundheitlich geht es leider äusserst mittelmäßig – auch Sorgen steigen auf, z.Bsp. will das Arbeitsamt unsere II. Hilfe schnappen – mit einem Gesuch und sonstiger Begründung kämpfen wir um sie –

Bitte die 2 nicht behaltenen und also auch die freie Kopie nach H. Bosch mir möglichst bald zuzusenden denn dauernd soll ich unbekannte Sachen zeigen so wünschen die Schausteller

Herzlichst Ihr
Kubin

397 Reinhard Piper

München 2. Mai 1941

Herrn Professor
Alfred K u b i n
W e r n s t e i n A/Inn

Lieber Herr Kubin !
Es freut mich sehr, daß auch Ihnen der Probedruck der Isis besonders gut gefällt. Hoffentlich können wir dieser Kunstanstalt den endgültigen

Auftrag erteilen. Inzwischen erhielt ich noch die 4 weiteren Zeichnungen, von denen ich die beiden Blätter »Humor und Schwerfälligkeit« und »Der Zeichner bei der Arbeit« sehr gerne in das Buch aufnehme. Es ist das eine schöne Bereicherung der Zusammenstellung, und die letzte Zeichnung wird gerade als Abschluß des Ganzen sehr reizvoll wirken. Die anderen beiden Blätter sowie die beiden freien Kopien nach Bosch und Böcklin lasse ich Ihnen mit gleicher Post wieder zugehen.

Von Unold hoffe ich den Text in Kürze zu erhalten. Ich bin sehr neugierig darauf.

Mit besten Grüßen
Ihr
R Piper

398 Reinhard Piper

München 19. Mai 1941

Lieber Herr Kubin!
Gestern Abend war Herr Unold bei mir und brachte mir den Schluss seines Textes, sodass ich Jhnen hier einen Durchschlag des Ganzen beifügen kann. Ich bin überzeugt, dass auch Sie mit dem Text sehr zufrieden sein werden. Er ist sehr gehaltvoll und sehr fein formuliert, er sagt wirklich etwas Konkretes über Jhre Kunst und Jhre Arbeitsweise aus. Meines Erachtens ist er durchaus die ideale »Anweisung zum Sehen«, die ich mir für das Buch gewünscht habe.

Bitte schicken Sie diesen Durchschlag mit Jhren Bemerkungen an Herrn Unold, z.Zt. Burg Weissenstein[1] P. Regen, Bayr. Wald. Sicherlich werden Sie ihm einen Brief dazu schreiben, der auch mich sehr interessieren wird. Vielleicht ist Ihre Gattin so gütig und schreibt diesen Brief für mich mit der Schreibmaschine ab, damit ich ihn auch kennen lerne und ihm dann dem Münchner Kubin-Archiv einverleibe. Solcher Gedankenaustausch ist ja eigentlich das, was einem Verleger die viele Plage, die er mit dem Büchermachen hat, etwas versüßt.

Am Samstag war ich mit meiner Tochter bei Schinnerers draussen in Ottershausen und besichtigte den kleinen 18 Tage alten Albrecht-Martin[2]. Bei dem Zusammensein wurde auch Jhrer herzlich gedacht.

Mit besten Grüßen und Wünschen
Ihr
R Piper

399 Alfred Kubin

Zwickledt 23 V 41

Lieber Herr Piper,
anbei Abschrift[1] meines Briefes an Unold und Dank für die Zusendung des Typoskriptes, das ich nach Weissenstein schicke. – Ich bin der Ansicht gewesen dass eine Auswahl von 64 Blättern welche stofflich nicht ausgesprochen der Nachtseite des Lebens entnommene Arbeiten wenigstens zu Hälfte enthält mein /gesamtes/ gewachsenes Wesen als Künstler nicht zeigen würde – aber siehe es ging doch, denn der Charakter meiner Zeichenweise lässt unausgesprochen alles Unheimliche gefühlsmäßig für Empfindliche auch bemerkbar werden, sodass ein Rundes sich darstellt – nur um das geht es. /Denn ich bin auf das Entwerden, die Vernichtung, genauso wie auf Blüte und Frucht eingestellt, das macht mir sogar mehr Eindruck/ –

Wenn die Reproduktionen – auch die Qualtät des Papieres – unseren Erwartungen entspricht bin ich sicher dass wir auch gutes Echo finden werden –

– »Hoffentlich erlebe ich den Band noch!« – ist immer wieder ein Stoßseufzer – die letzte Erkältung war besonders zähe wie überhaupt die Reihe der Abbauerscheinungen gar nicht mehr abzubrechen scheint was zuweilen sehr verstimmt – Ich höre gerne, dass Schinnerer die Lücke in seiner Familie[2] durch den neuangekommen Albrecht-Martin wieder geschlossen hat. –

Bitte strömen Sie magisches Fluid auf unseren Folianten damit seine späteren Besitzer durch seinen Inhalt zaubermächtig werden – sofern sie die Eignung hiefür besitzen –

wie stets mit allen Wünschen
Ihr
AKubin

mein Vetter Dr. Otto Kletzl /kunsthistor. Institut Marburg Lahn Architekt u. Ingenieur/ ist nun zum Professor[3] an der /neuen/ Universität in Posen ernannt worden – er gab eben bei Seemann ein hauptsächlich mit eigenen Fotos bestücktes Buch über Peter Parler den Dombaumeister[4] v. Prag heraus. Kletzl muss auch über unser Buch referieren –

400 Reinhard Piper

München 30. Mai 1941

Lieber Herr Kubin !

Schönen Dank für Ihren letzten Brief und für die Abschrift Ihres Briefes an Unold. Es hat mich sehr gefreut, daß auch Sie dem Unold'schen Text so rückhaltlos zustimmen. Er hat damit wirklich alle unsere Wünsche erfüllt.

Nur in einem Punkt war ich immer anderer Meinung als er: ich habe den Kopf »Gelöschtes Leid«[1] immer für eine Frau gehalten, während Unold ihn zu meiner Überraschung für einen männlichen Kopf (er meinte etwa ein Perser) erklärt hat. Soll dies wirklich ein Männerkopf sein? Sie haben dazu natürlich das entscheidende Wort.

Die Reproduktion der Zeichnungen erfolgt nun durch die Firma Erasmus-Druck in Berlin, von der der schöne Probedruck stammte. In dieser Ausführung hätte das Buch aber mehr als doppelt so viel gekostet wie in der Ausführung der beiden anderen Firmen. Wir mußten deshalb doch beim Erasmusdruck auf eine gewisse Vereinfachung dringen, denn das Buch soll ja kein bibliophiler Luxusdruck werden. Trotzdem wird der Druck dieser Firma den der beiden anderen Firmen bedeutend übertreffen und Sie sicherlich durchaus befriedigen.

Vielleicht interessiert es Sie zu hören, daß in der soeben herausgekommenen »Geschichte der deutschen Literatur« von Paul Fechter (bei Knaur in Berlin in sicherlich sehr hoher Auflage erschienen) zwei Illustrationen[2] von Ihnen abgebildet sind und zwar zu Wilhelm Hauff »Das kalte Herz« und zur »Judenbuche« von der Droste.

Mit besten Grüßen und Wünschen

Ihr

R Piper

401 Alfred Kubin

Zwickledt I/V 41 *[von AK falsch datiert]*

Lieber Herr Piper Bei dem Kopf »Gelöschtes Leid« traf als auslösendes Element der Gestaltung – eine ausgiebige Lekture von Werken meines Freundes Heinr. Zimmer[1] (des ehem. Indologen der Heidelberger Universität) zu, worin indische Hermaphroditen vorkommen – in Verbindung mit dem Einblick in eine Liebesgeschichte einer älteren Frau …[2] – auch Unold frug mich danach –

Bange war mir verehrter Freund als ich erkennen musste wie kräftig Sie Wasser in meinen Wein der Hoffnung schütten – was die Reproduktionen der Tafeln betrifft – der mir gesandte Probedruck (Firma Erasmus Druck) fand hier bei Besuchen auch so viel Begeisterung wegen der schönen Tiefe (Schwärze, Schärfe) –

– Bitte wenn eine endgültige Probe vorliegt mir auch solche zukommen zu lassen – aber machen Sie den Band nicht allzu billig – – Ich danke für den Hinweis auf P. Fechter. Gesch. d. d. Literatur und werde den – durch Bombenwurf[3] recht eingeschüchterten Hamburger Dr Otte mit dem Kubin-Archiv auch hiervon verständigen

– Sonst – quälen wir uns durch die Zeit – sind aber gottlob oft – entrückt – alles Gute an Wünschen

Ihres
AKubin

402 R. Piper & co Verlag – Klaus Piper

München 21. Juni 1941.

Herr
Professor
Alfred K u b i n
Zwickledt b/Wenstein a/Inn

Sehr verehrter Herr Professor!
Wir müssen Ihnen heute leider schlechte Nachricht mitteilen. Das schon Anfang Februar genehmigte Papier für die »Abenteuer einer Zeichenfeder« ist leider gestrichen worden. Dies kommt daher, daß sämtliche Papieraufträge der Verleger, die zwar bewilligt, von den Fabriken bis 1. Mai des Jahres aber noch nicht ausgeführt waren – hierunter fiel auch das Papier für unser Buch – durch die seit 1. Mai neu in Kraft getretenen verschärften Bestimmungen bei der Bewilligungsstelle neu eingereicht werden mußten. Wir haben dies, mit nachdrücklicher Begründung, auch mit dem Papierauftrag für Ihr Werk so gehalten, leider nun aber mit negativem Ergebnis.

Wir wollen selbstverständlich alles tun, um das Papier /doch/ noch rechtzeitig zu bekommen. Dazu wäre uns aber sehr dienlich, wenn uns Herr von M a n d e l s l o h , der Ihrem Schaffen, wie mir mein Vater sagte, sehr gewogen ist, in seiner offiziellen Eigenschaft einen am besten an die Wirtschaftstelle des deutschen Buchhandels, Berlin SW68, Friedrichstraße 31, gerichteten Brief zur Verfügung stellen würde, in dem er auf die Bedeutung Ihres Schaffens als für die deutsche Kunst repräsentativ hinweist. Das Schreiben müßte möglichst nachdrücklich und autoritativ gehalten sein und, damit die die Wirtschaftsstelle sofort im Bilde ist, /und/ etwa folgendermaßen beginnen:

> »Ich befürworte den gleichzeitig eingereichten Antrag des Verlages R. Piper & Co., München, auf Zuteilung von holzfreiem Papier für das Werk
> Alfred Kubin »Abenteuer einer Zeichenfeder«
> mit 64 Faksimilewiedergaben nach Zeichnungen des Künstlers, auf das Nachdrücklichste usw. ....«

Es wäre sehr dienlich, wenn Sie uns ein derartiges Gutachten, verehrter Herr Professor, nun recht bald senden könnten. Wir würden es dann unserem neuen Papierantrag beilegen. Besteht die Möglichkeit, noch von einer weiteren amtlichen Stelle in der Ostmark oder im Altreich, die zu Ihnen steht, eine Befürwortung zu bekommen? Wir müssen bei dem neuen Antrag unbedingt mit möglichst schwerem Geschütz auffahren, um ihn durchzubekommen.

Es wird Sie interessieren, daß in den von der Reichsarbeitsgemeinschaft deutscher Werkbüchereien von der Reichsschrifttumskammer herausgegebenen Mitteilungsblatt »Die Werkbücherei«, Folge 4, Jahrgang 1941, die beiliegende Besprechung[1] Ihres Buches »Vom Schreibtisch eines Zeichners« veröffentlicht wurde.

Mit besten Grüßen, auch von meinem Vater,

Ihr sehr ergebener
Klaus Piper

403 Alfred Kubin

Zwickledt 23/6
1941

Lieber Herr Piper das ist freilich eine ebenso überraschende wie widerwärtige Nachricht welche mir Ihr Sohn mitteilen musste – Ich werde nun – so peinlich es mir auch ist an Baron Mandelsloh nochmal schreiben – dieser ist soviel ich erfuhr seit Monaten in Paris[1] mit einem /künstlerischen/ Heeresauftrag beschäftigt – ich habe <nicht> seine

Adresse und werden meinen Brief zur Umleitung nach Gmunden schicken – kommt dann /einmal/ ein entsprechender Schrieb so sende ich einen solchen sogleich an Sie – – Viel Hoffnung dass er hilft habe ich bei diesen neuerlichen Verschärfungen allerdings nicht – – Und dabei hängt so viel Vorarbeit an dem Werk schon – das sich scheinbar zu einem Unglücks-Band auswächst – Mein Band »Vom Schreibtisch eines Zeichners« ist länger schon vergriffen und Nachfragen können nicht befriedigt werden so sehr sie auch vorhanden sind. Da handelt es /sich/ aber um Versäumnisse der Binderei – Falls Max Unold in den Verlag komt müssten Sie ihn vom Stande dieser traurigen Sache wohl verständigen – Sonst braucht man das ja nicht bevor wir nicht wissen was nun eigentlich geschieht dabei – das einzig Versönliche dabei ist, dass infolge meiner Alterslatenzen ein Gram in solcher Stärke wie früher manchmal, gar nicht mehr auftritt. – – Für die Beilage danke ich sehr deren werbende Wirkung verliert sich natürlich z. Zeit auch wegen dem Vergriffenen

Für die »Abenteuer« hatte /ich schon/ bei jedem meiner Briefe fast – also in etwa 50 Fällen etwas Propaganda gemacht – Freundlichst grüßt Sie

und Herrn Klaus Piper – Ihr

AKubin

P. S. eine andere offizielle Stelle von nachdrücklicher Kraft habe ich bei meiner zurückgezogenen Lebensweise leider nicht ausser dem Landesleiter für Kultur in Obd. Baron Mandelsloh –

404 Alfred Kubin

Zw. 7. 7. 41

Lieber Herr Piper – Vorhin erhielt ich dies Beiliegende[1] von Br. M.[2] das ich mich beeile – mit einem Umschlag – Ihnen gleich nachher von Wernstein aus zu senden – Im Verein mit Ihrem Gesuch – darf man doch wenigstens hoffen, dass uns die Planeten nicht noch weiterhin ungünstig gesonnen sind. Jedenfalls bitte ich Sie – sowie ein Entscheid kommt – mich gleich aus ungewisser Lage dieserhalb durch Mitteilung – zu erlösen.

– Persönlich haben wir auch leider hier im Augenblick mit der »Umgestaltung« (dem Arbeitsamt) zu kämpfen – man will uns die II. Hilfe

/im Haus und Garten/ nehmen wodurch die ganze Wirtschaft ins Stocken käme – Geistig-Seelisch aber auf den alten Körperrevenant ziemlich pfeifend bin ich – mich schwebend /weiterhin/ verhaltend Ihr
AKubin

P. S. Falls Pläne noch gelten möchte ich Mitte August Ferien[3] machen – wegen der Verpflegung diesmal in den bayr. – (nicht Böhmerwald) wo die Gegend allerdings 100x frisierter ist – aber da stehen eben wieder die Bedürfnisse des Körperrevenanten doch zuvor, jeder Augenseligkeit

405 Alfred Kubin

Zw. 1. Aug. 41

Lieber Herr Piper Hier danke ich noch für Ihre Interimsnachrichten die ein »gewaltiges Schütteln des Kopfes« bei mir hervorriefen! – P. Suhrkamp – teilte mir auch mit, dass der Roman von A. Lernet-Holenia »Mars im Widder«[1] im Vorabdruck las ich diesen in der Ztschrift die »Dame« jetzt auf einmal nicht erscheinen darf! – Mars und Saturn scheinen nun das Astrologische persönlich aufs Korn genommen zu haben – – – Ich breche hier meine Zelte jetzt ab und siedle für 5 Wochen nach d. Markt Schönberg Nied.Bayern, Gasthof Lorenz. – der Ort liegt (über Englburg hinaus) kaum 40 Km. v. Passau – ich erwarte mir von der ziemlich kahlen Ackerbaugegend nichts Besonderes und nur das sympathische Gasthaus mit relativ besserer Verpflegung war entscheidend – denn im Gesammtverhalten meines Organismus – spielt der Magen leider eine Hauptrolle – aber vermutlich sehr werde ich nach den Märchenpfaden des Böhmerwaldes mich sehnen! –

Bitte: Vielleicht schreiben Sie mir dahin einmal über unseren Bilderband und ob sein Erscheinen nicht wie bei dem Regenbogen dem man nacheilt sich immer weiter hinausschiebt! –

Privat hier in Zw. gibts leider auch manch »Schütteln des Kopfes« dabei recht ernsthaftes: seit das Arbeitsamt unsere Zweite hülfe genommen was besonders auch m. Frau mit ihren 67 Jahren, dicken Krampfadern u. schweren Operationsnarbenwülsten im Bauch – was alles miteinander ihr viel Stehen verbietet – bes. arg trifft. – Ich kann mich dabei auch nicht beruhigen und im Herbst wird ein Schritt gemacht um eine II Hulfe wie wir's seit 36 Jahren wegen der Landwirtschaft immer ja hatten, wieder zugebilligt zu erhalten –

Verehrter Freund Es macht alles heute einen so provisorischen Eindruck finde ich – umso schöner wenn der Bilderband A. e. Z. auf welchen viele Leute recht warten, diese auf andre Gedanken bringt –
meine besten Grüße Ihr
Kubin

406 Reinhard Piper

München 23. Juli 1941

Lieber Herr Kubin!
Nur als Zeichen der Zeit teile ich Ihnen mit, daß die Amtliche Prüfungsstelle für Kalender, der auch sämtliche Kunstkalender vor der Drucklegung vorgelegt werden müssen, sich dahin entschieden hat, daß Ihre Zeichnung »Humor und Schwerfälligkeit«[1] »für einen Wandkalender nicht geeignet sei.« Ein Urteil über den künstlerischen Wert soll damit nicht verbunden sein. Außer diesem Blatt wurde nur noch die Zeichnung »Zur Penthesilea« des alten Salzburgers Fritz Hegenbart[2] beanstandet und zwar mit der gleichen Begründung. Eine Diskussion darüber, was sich für einen Wandkalender eignet, würde natürlich nur zu resultatlosen Verzögerungen führen.

Ferner: Wie Sie wissen, erscheint jedes Jahr ein Sammelkatalog der wichtigeren deutschen Verlage unter dem Titel »Das Buch des Jahres«. Was hierin angezeigt werden darf, wird gleichfalls von einem Amt in Berlin bestimmt. Die Besprechung hierüber findet zwischen dem Amt und der Druckerei Poeschel & Trepte[3], die den Katalog herstellt, statt. Diese Druckerei teilt mir nun soeben mit, daß ihr die Propagierung von Alfred Kubin, ebenso auch aller Russen, zur Zeit als unerwünscht bezeichnet wurde.

Schon voriges Jahr durften wir in diesem Katalog Dostojewski nicht anzeigen, wie übrigens auch der Verlag Langenmüller die Bücher von Ernst Wiechert[4] dort nicht anzeigen durfte.

Dies wird aber auf den Absatz des Kubin-Buches keinen Einfluß haben, denn das Buch wird schon dadurch, daß unsere Vertreter es in den Buchhandlungen anbieten, genügend bestellt werden. Auch können wir es in Zeitungen und Einzelprospekten anzeigen.

Sie sehen, der Verleger hat es nicht leicht, und der Künstler auch nicht.
Mit besten Grüßen
Ihr
R Piper

407 R. Piper & Co. Verlag – Klaus Piper

München den 7. August 1941

Herrn
Professor Alfred K u b i n ,
Z w i c k l e d t
bei Wernstein, Oberdonau

Sehr verehrter Herr Professor!
Heute kann ich Ihnen die sehr erfreuliche Mitteilungen machen, dass mir in der Papierfrage eine überraschend schnelle und und günstige Lösung gelungen ist. Ich war vor einigen Tagen bei der Druckerei in Berlin und konnte zufällig ein dort lagerndes, ausserordentlich schönes, noch vollkommen friedensmässiges Papier auftreiben, von dem ich Ihnen anbei ein Muster schicke (das wirkliche Papier ist etwas stärker als dieses Muster). Die Wirtschaftstelle des deutschen Buchhandels, bei der ich die Bezugsgenehmigung für das Papier gleich neu beantragte, hat uns heute schon die Genehmigung geschickt, sodass der Druck und die Herstellung des Buches nun vollkommen gesichert sind, da wir jetzt auch gar keine Zeit mehr durch die sonst übliche Anfertigung /des Papiers/ in einer Fabrik verlieren. Das Papier wird übrigens für eine Auflage von reichlich 10.000 Exemplaren ausreichen.
Mit besten Grüßen, auch von meinem Vater,
Ihr sehr ergebener
Klaus Piper

Anlage: Papiermuster

408 Alfred Kubin – Postkarte

10/8 41

L.H. Piper Für die Wahl dieses anspruchslosen Ortes für meine Ferien waren lediglich Erfordernisse m. alten Magens maaßgebend – Vom Zauber der dunklen Pfade d. Böhmerwaldes ist nichts mehr zu merken – nur wenige Km. v. Engelburg entfernt, und nicht ganz 40. v. Passau ist es die selbe altbayerische Gasthauskultur der ich mich anvertraue – Unold war vor. Jahr hier das gab mir etwas Vertrauen

mich freute es wie sich Ihr Sohn in unserer Angelegenheit glücklich bewährte
mit besten Grüßen
Ihr AlfKubin

409 Reinhard Piper

München 17. September 1941

Lieber Herr Kubin !
Ich schicke Ihnen hier die Korrektur der Einleitung von Unold, damit Sie sehen, wie diese im Druck sich macht. Ich brauche sie nicht zurück. Die Probedrucke der Bilder sind uns von der Berliner Firma für die aller nächste Zeit versprochen. Ich bin sehr gespannt darauf. Da die Druckfirma zugleich auch das Einbinden übernimmt, also die Bogen nicht erst noch an eine andere Binderei verfrachtet werden müssen, werden wir, wie ich sicher hoffe, noch rechtzeitig fertig werden.

Ich habe inzwischen das weniger »salonfähige« Gedicht von Billinger[1] auf Sie in der Abschrift Ihrer Frau durchgelesen. Muß die Zeile nicht heißen: »Einsamkeit die Uhr betrauert« statt »beteuert«, die Zeile soll sich doch wohl auf kauert reimen.

Mit besten Grüßen
Ihr
R Piper

410 Alfred Kubin[1]

Zwickledt 19/IX/41

Lieber Herr Piper! mit großem Interesse empfing ich die Correctur der Unold-einführung die uns wieder sehr gut gefiel im Gedanklichen wie in der Form – und so kann man, da eine Zweiteilung der Firmen was den Druck und das Binden betrifft diesmal fortfällt ja wirklich hoffen der Band – der mir auch im Format gerade das Richtige zu haben scheint – kommt noch rechtzeitig – –

Ich sehe, dass Sie auf die Beigabe der 3 Stücke aus staatl. Besitz verzichteten – – diese letzte Art einer »Rückversicherung« ist auch wirklich nicht mehr von nöten. – aber auch auf »Humor und Schwerfälligkeit« legten Sie jetzt keinen Wert mehr und nahmen etwas anderes in die Folge – schade. Jedenfalls bitte ich Sie wenn Ihnen die Probedrucke dann bekannt geworden sind mir auch diese für eine Kenntnisnahme zu schicken – da zeigen sich ja oft – deshalb bin ich gespannt da schon die grassesten Unterschiede – z. Bsp. die ersten beiden Proben (Tiger a. d. Tränke, Bremer-Stadtmusikanten, wiesen tote Stellen oder Strichnester, »Löcher« auf – Isis u. i. Kinder wieder war ein Wunder an Reproduktionstechnik – alle Strichlagen, feine Schraffuren, »Spritzer« bis in die Schwärzen locker durchsichtig – und ein unaufdringlicher zarter Glanz belebte noch mehr den Druck –

– Bei dem 2. Billingergedicht <bringt> die Urschrift wie ich mich überzeugte – schon »beteuert« ich u. m. Frau fänden auch »Einsamkeit die Uhr betrauert«[2] weit besser (auch sinnvoller, was ich bei modernen Dichtern oft nicht finden kann –

Seit 12 Tagen wieder von der Stille erholender Wochen hier eingetroffen suche ich mein gewohntes Geleise etwas belästigt v. einer Erkältung

im Ganzen wohl auf

Sie hielten Ihre Ferien mit den beiden Damen[3] heuer an einem ungewöhnlich landschaftsschönen Ort ab – hoffen wir beide auf gute Nachwirkungen –

mit Herbstgruß Ihr Kubin

411 Reinhard Piper

München 22. September 1941

Lieber Herr Kubin !

Ich schicke Jhnen hier die ersten Andrucke, die auch Sie voll befriedigen werden.

Hier finden Sie nirgends die toten Stellen, wie sie sich auf den Proben »Tiger an der Tränke« und »Bremer Stadtmusikanten« fanden. Auch diese neuen Drucke sind insofern »zweifarbig« als die tiefen Schwärzen noch einmal aufgedruckt werden, jedoch im selben Druckgang und mit der selben Farbe.

Ich glaube, wir können dem Endresultat völlig beruhigt entgegensehen. Bitte seien Sie so gut, mir diese beiden Andrucke zunächst wieder zurückzuschicken, da ich sie für die Reisevertreter, Katalogabbildungen etc. noch brauche, so lange nicht die Auflage vorliegt. Freiumschlag dafür lege ich hier bei.

Mit besten Grüßen und Wünschen
Jhr
R Piper

412 Alfred Kubin[1]

Zwickledt
25. IX 41

Lieber Herr Piper – Anbei wieder zurück!
Diese beiden Probedrucke sind sehr klar und auch auf dem Papier steht es gut und so hoffe auch ich dass die in den Strichlagen bis in große Schwärzen gehenden Stücke so günstig sich ansehen lassen /dann in der Auflage/ –

– die notwendigen – im Text – gewordenen Umstellungen der Zahlen habe ich inzwischen an Sie mitgeteilt, damit die Übereinstimmung zwischen Text und Inhaltsverzeichnis wieder hergestellt ist – – Wenn s. Zt. Herr Günther Franke die Collection für die Ausstellung[2] bei Ihnen holt – bitte ihm nur die 60 Zeichnungen zu geben welche tatsächlich in den Band kommen – die nachträglich noch ausgeschiedenen oder nicht aufgenommenen aber an mich zu schicken – (z. Bsp. Waldrand[3], Rauferei[4], Humor u. Schwerfälligkeit, die feindlichen Brüder[5])

für heute mit den besten Grüßen Ihr
Kubin

413 Alfred Kubin

Zw. 16/XI 41

Lieber Herr Piper – Schon v. H. Dr. K. Otte nun aber bestätigt durch m. gestern v. Ihrer Reise zurückkommenden Frau[1] – erfahre ich, dass unser Bilderband also infolge der Kriegsgeschicke nun doch nicht auf den Weihnachtstisch d. Jahres liegen kann sondern erst im März n J. erscheint!

– bitter nachdem wir 4 Jahre planten aber da lässt sich nichts tun –

– Nun wird sich entsprechend die Schau bei G. Franke verzögern was zu machen ist – schwer aber geht solches aber mit einer Ausstellung in Wien[2] – welche für Januar seit langem – mit ein paar anderen Collegen und der Unternehmnug fixiert ist – Ich zählte auf das Originalmaterial des Bilder-Bandes – und möchte nun, dass Sie mir Ende dieses spätestens Anfang n. Monats aus diesem Material etwa 20 Originale (m. Fr. sagt einen Teil d. Reproduktionen – welche völlig ohne weitere Correcturen unseren Erwartungen entsprechen hat sie gesehen) mit Titelangabe zu schicken würden /die überhaupt Nichtreproduzierten, Humor u. Schwerfalligkeit, Frauentagung[3], Portrait e. Unbekannten[4], die feindlichen Bruder, Gesangsverein[5] – legen Sie vielleicht auch bei bitte! –/ – so könnte ich die Collektion v. hierorts vervollständigen, anmelden u. die Passepartou schneiden etc – und rechtzeitig nach Wien senden.

Weiteres kann ich heute nicht mitteilen ich habe viel zu tun was durch die sinkenden Kräfte kompliziert ist –

– ein verfrühter Wintereinfall machte uns Schaden etc – aber körperlich darf ich nicht klagen –

Mit schönsten Grüßen
Ihr
Kubin

fur den interessanten Weihnachtskatalog (Poeschel u Trepte) danke ich – ein mich gestern aus Ostpreussen besuchender Verleger[6] sagte da steht manches Buch drinnen was nicht z.Zt. geliefert werden kann! (siehe die Abenteuer e. Zeichf)

Wir hatten einen Wasserleitungsrohrbruch – und durch 2 Tage und bes. Nachte einen sehr argen Oststurm der im Holz und an den Hausern viel Schaden stiftete

414 Alfred Kubin

Zwickledt 24/XI/41

Lieber Herr Piper – umgehend und froh gestimmt über Ihre Mitteilungen dass nun doch Hoffnung besteht für unsere nächsten /Freunde/ etliche voraus hergestellte Ex. des Bilderbandes für noch Weihnachten zu erlangen – danke ich! Ich sehe dass Sie alles tun was sich machen lässt –

In dieser Sache sind wir ja insoweit auch identisch und ich würde im Jahre 1942 selbstverständlich kein Werk welches dem Erfolg des unseren konkurriert zustimmen – Ich lehnte alles dahingehende ab /der

Gauverlag, bayr. Ostmark und andre interessieren sich lebhaft für die Böhmerwaldfolge[1] ich verwies auf spätere Zeit <...> unseres Bandes/ –
Bei dem Königsberger Verleger der von dort zu mir fuhr handelt es sich um einen Leiter des alten Verlages Gräfe u. Unzer /auch im Katalog »das Buch d.J. 1941« (/wo auch Kant /Hamann[2], Hoffmann etc./ etc, verkehrte welcher dort auch ein kl. Museum hat) – Es dreht sich um ein winziges Büchlein 9x16 cm Illustrationen für eine /nur/ 24 Maschinenseitenlange Novelle Turgeniews[3] »der Traum« wozu ich 7 kleine Blätter gerne machen würde da es mir liegt – doch selbst da erfahre ich von andrer Seite dass »Russen« z.Zt. nicht neu gedruckt werden sollen – Sie sind über solche Dinge wohl besser orientiert als ich – Jedenfalls erfuhr ich auch, dass in Wien bei Conzertprogrammen sogar Tschaikowski, ja sogar der 77. jähr deutschfreundliche Tschechenkomponist Dvořák »unerwünscht«[4] sind ob es stimmt weiß ich nicht, – – / Turgeniew galt immer als »Westler!«/

die Schau die ich für Wien arrangiere werde ich besonders qualitativ hoch machen damit es nach jener Jubelschau zum 60. (1937) in der Albertina nicht als »Abstieg« aufgenommen wird – dass dies schwierig ist können Sie wohl sich denken!!! –

Baldur v. Schirach[5] soll aber eine Rede letzthin dort gehalten haben welche ermunternd die bisherigen offiz. Grundsätze umdreht – ich habe sie leider nicht gelesen! – – Mir ist mit etwa 20 Blättern wie ich Ihnen schrieb v. München sehr geholfen –

/Beste Grüße Ihres alten Kubin/

415 Reinhard Piper

München 27. November 1941

Lieber Herr Kubin !
Soeben erhielt ich von der Berliner Kunstanstalt ein vollständiges, aus Andrucken zusammengeklebtes und richtig gebundenes Exemplar der »Abenteuer einer Zeichenfeder« und es war mir eine große Freude, den Band in dieser Form »fertig« vor mir zu sehen.

Leider musste ich den Band sofort mit meiner Genehmigung an die Anstalt zurückschicken und konnte ihn Ihnen nicht vorher senden. Dadurch wäre viel Zeit verloren worden.

Das Verbot, russische Autoren herauszubringen, ist inzwischen wieder aufgehoben worden, sodass Sie also die Novelle von Turgenjew ohne weiteres illustrieren können. Tschaikowsky wird allerdings in

Konzerten jetzt nicht gespielt. Musik von Dvorak wird jedoch sehr viel aufgeführt. Vor ein paar Tagen spielte das Prager Quartett hier drei Kammermusikwerke von ihm und am Sonntag werden zwei kirchliche Kompositionen von Dvorak aufgeführt.

Die Rede von Baldur v. Schirach habe ich im Auszug gelesen. Es wurde sehr bemerkt, dass darin van Gogh mit Anerkennung genannt wurde. Es ist dies ja ein sehr erfreuliches Zeichen. Vielleicht können wir später doch noch einmal an den Böhmerwald-Zyklus herangehen. Doch zunächst müssen nun einmal die »Abenteuer« in Marsch gesetzt werden.

Mit besten Grüßen und Wünschen

Jhr

R Piper

416 Reinhard Piper

München 13. Dezember 1941

Lieber Herr Kubin!
Ich erhielt soeben eine Einschreibsendung von Jhnen und nehme wohl mit Recht an, dass sie schon eine Weihnachtsgabe darstellt. Ich werde sie deshalb erst unter dem Tannenbaum öffnen. Darauf freue ich mich schon jetzt.

Die »Abenteuer einer Zeichenfeder« können nun vor Weihnachten in größerem Umfang doch nicht mehr versandt werden. Sie werden aber von der Berliner Firma Erasmusdruck auf jeden Fall als Briefsendung ein fertig gebundenes Exemplar erhalten.

Wahrscheinlich kommen in den Verlag vor Weihnachten noch 25 Exemplare. Hievon stelle ich Jhnen 15 zur Verfügung, wenn Sie diese etwa an Jhnen besonders wichtige Persönlichkeiten noch als Weihnachtsgruß senden wollen. In diesem Fall schicken Sie mir bitte recht bald eine vollständige genaue Adressenliste (am besten mit Schreibmaschine geschrieben) und eine entsprechende Anzahl Kärtchen, die dann in die Bücher eingelegt werden können. Auf diese Kärtchen schreiben Sie am einfachsten nur etwas, was für alle Empfänger passt, wie: »Mit besten Weihnachtsgrüßen, A. K.« Es geht im Verlag vor Weihnachten etwas in Bausch und Bogen zu und es könnte so leicht passieren, dass die Karten verwechselt werden.

Mit besten Grüßen und Wünschen

Jhr

R Piper

417 Alfred Kubin

Zw. 27/XII 41

Welch guter Einfall lieber Herr Piper mir ungesäumt das I Ex. d. »A e.Z f« zu schicken – der 24 d.M. brachte mir zwar eine arge Erkältung die anhält doch dieser Sendung gegenüber drückten sich sogar die neuralgischen und sonstigen Teufelchen und ich erlebte /wenigstens/ eine völlig qualreine Stunde beim Feststellen dieser seltenen hohen Zeugnisse der reproduktiven Kunst im Gebiete der Graphik – Ich durchforstete jede dieser 60 Tafeln mit Lupen und bin auch mit der Wahl der Blätter und dem von Ihrem Herrn Sohn gefundenen Papier, mit Einband, auch mit dem Text ganz ungewöhnlich zufrieden

– Ich denke zurück als wir vor bald 40 Jahren[1] (1902) mit Obernetter und Hans von Weber jedes der 15 Blätter /der Mappe/ /alkoholisch/ »feierten« nach Webers geräuschvoller Weise – – heute ist man technisch – wie im Empfinden auch viel viel, weiter gekommen – und als Sie vor etwa 4 Jahren sagten: ich getraue mir einen Bd mit etwa 60 Tafeln zusammen zu stellen der ihr Können und Ihre Persönlichkeit ohne wesentlichen Ausfall einwandfrei auch nach heutig offizieller Ansicht zeigt!« Nun gewiss: Hier ist's verwirklicht! –

Vorausetzen muss ich, dass die Auflage ebenso hoch qualitative – wird!

Ich würde gerne an die Erasmusanstalt meine Anerkennung mitteilen wenn Sie mir die Adresse, eventuell des Herrn an welchen ich meine Zeilen zu richten hätte zur Kenntnis gäben –

Dieser Bd. war das »Hauptgeschenk« der 3. Parze[2] die vielleicht schon lauert! 1941!

– Von sich aus wäre es dann schön wenn Sie an Billinger weil wir sein Poem /abdruckten/ auch 1 Ex. schicken – ebenfalls weil Sie schon Dr. Degenhard für den Verlag gewinnen wollen – an diesen –

Für ihre lieben Weihnachtsspenden viel besten Dank – der Tisch enthielt so viele Bücher und leider keine Kraftkonserven die man bequem einnehmen könnte –

– Ein wenig dürfte Sie das Blättchen v. mir[3] erfreut haben – den Tod derart kumulliert zu zeigen würde ich <...> heute wohl nicht mehr – nun mit einem herzlichen Wunsch für 1942 auch v. m. Frau – Ihr erg.

Kubin

der Neudruck des Aktwerkes[4] zwingt zum beibehalten auch der I Auflage – auch der P.K. Kunstkalender[5] gelang prächtig!!!! Dank für Ihr echtes – Wirken

Dank für das neue Vaterbuch[6] –

418 Reinhard Piper

München 2. Januar 1942

Lieber Herr Kubin !
Schönen Dank für Jhren Brief vom 27. Dezember. Es freut mich ausserordentlich, dass die »Abenteuer einer Zeichenfeder« Ihnen so gut gefallen. Es war wirklich brav von der Firma Erasmusdruck, dass sie Ihnen, Unold und mir je ein Exemplar gerade noch vor Weihnachten fertig gemacht hat. Ich bitte Sie sehr, Herrn Gottfried Krause[1] i. Fa. Erasmusdruck Brüder Krause, Berlin SW 68, Alexandrinenstr. 94, einen persönlichen und nicht allzu kurzen Anerkennungsbrief zu schreiben, vielleicht sogar mit einer kleinen Vignette und möglichst leserlich. Herr Krause ist persönlich künstlerisch sehr interessiert und man merkt bei der ganzen Zusammenarbeit mit ihm, dass er sich dieser künstlerischen Aufgaben persönlich besonders annimmt. Er will sich mit diesem Buche an dem Wettbewerb »Vorbildliches Buchschaffen«[2] beteiligen. Voriges Jahr bekam er für unser Buch »Busch Skizzenbuch«[3] einen Preis.

Jhnen lieber Herr Kubin danke ich besonders für die schöne Knabenzeichnung mit den vielen Sensen-Männern[4]. Sie haben mir damit eine ganz besondere Freude gemacht. Ich weiß, wie wenig Zeichnungen aus dieser Zeit Sie selbst noch besitzen. Umso größer ist die Auszeichnung, die Sie mir damit verliehen haben. Die Sammlung meiner Kubin-Blätter ist damit um ein besonders wertvolles Stück bereichert. Ich habe das Blatt in jedem einzelnen Strich sehr eingehend studiert und werde noch oft die Augen darauf spazieren gehen lassen.

Mit herzlichen Grüßen und Wünschen
Jhr
R Piper

419 Reinhard Piper

München 24. Januar 1942

Lieber Herr Kubin !
Gerne würde ich von Jhnen noch zwei oder drei schöne Zeichnungen erwerben, bevor nach Erscheinen der »Abenteuer« die Preise »anziehen«.

Ich gönne Jhnen dieses »anziehen« sehr, möchte aber nicht selbst davon in Mitleidenschaft gezogen werden. So sind nun einmal die Verleger!

Gerne hätte ich einige Blätter, die im Buche selbst nicht vorkommen, denn solche kann ich mir ja auf Grund der Reproduktionen gut vergegenwärtigen. Aus Jhren Auswahlsendungen sind mir die Blätter

Streitende Weiber[1]
Jungbrunnen[2]
Die feindlichen Brüder[3]
Der Aussichtspunkt[4]
Auf der Waltz[5]
Monteure[6]
Seydlitz[7]
Das Testament[8]
Luftalarm[9]
Sonntagsfischer[10]
Frauentagung[11]

in Erinnerung geblieben. Vielleicht können Sie mir einige von diesen nochmals übersenden. Ich würde mich dann schnell entscheiden.

Inzwischen hat auch eine Kunsthandlung in Darmstadt geschrieben, dass sie eine Kubin-Ausstellung[12] veranstalte und 30 Ex. der »Abenteuer« bestellt.

Ich sehe schon eine Kubin-Welle heranbranden.

Mit besten Grüßen und Wünschen
Jhr
R Piper

420 Reinhard Piper

München 2. Februar 1942

Lieber Herr Kubin !
Schönen Dank für die kleine Auswahlsendung. Ich habe mir die »Monteure« ausgesucht und sende Ihnen die anderen vier Blätter gleichzeitig wieder zu. Der Betrag von RM 160.- wird Ihnen heute überwiesen. Ferner erhalten Sie ein Exemplar der »Abenteuer« für die Schwester Ihrer Gattin[1]. Die 10 Exemplare, welche wir direkt versenden wollten, kann ich nicht mit Ihren damals geschriebenen Zetteln verschicken. Denn auf diesen Zetteln steht »Mit besten Weihnachtsgrüßen«. Bitte senden Sie mir also andere Zettel, denn ich nehme an, es ist Ihnen auch jetzt noch lieber, wenn die Versendung von uns aus erfolgt. Das Verpacken von 11 Kreuzbändern ist auf dem Lande immer etwas umständlich. Die Liste werden Sie ja noch haben. Doch wiederhole ich zur Sicherheit die Namen:

Carossa	Dr. Gründler
v. Hoerschelmann	R. Keeppel[2]
Dr. Madsack[3]	Frau Bilger[4]
v. Mandelsloh	Dr. Kletzl
Prof. Rössing[5]	Dr.Otte
Billinger	

Sie können also jetzt die Zettel etwas individueller halten. Ich nehme an, daß Carossa und Billinger schon wissen, daß ein Gedicht von ihnen in dem Buch abgedruckt wurde. Ich habe mich deswegen mit den Autoren nicht in Verbindung gesetzt.

Hoffentlich haben Sie die Zahnoperation inzwischen gut überstanden. Ich habe Ihnen nachträglich kräftig den Daumen gehalten.

Günther Franke[6] hat von Ihrem Buch 100 Stück bestellt.

Früher wäre man Kopf gestanden vor Begeisterung über eine solche Riesenbestellung, während man sich heute zweifelnd fragt: Soll man wirklich 100 Stück auf einmal liefern?

Besonders danke ich Ihnen für die mir noch unbekannte Aufnahme aus Ihrem 65. Lebensjahr. Sie ist außerordentlich charakteristisch und mit eine wertvolle Bereicherung meiner Kubin-Mappe.

Mit herzlichen Grüßen und Wünschen!

Ihr

R Piper

421 Alfred Kubin

Zwickledt 5/II 42

Lieber Herr Piper – anbei die neu geschriebenen Kärtchen – anstelle von Frau Bilger welcher ich s. Zt selbst das Ex – übergeben werde – habe ich Frau Dr. Ilse Kugler[1], Gmunden Sartoristr. nun genannt –

Reinhold Koeppel, ist inzwischen München Leopoldstr. 44/0 in seine Winterwohnung gezogen –

Ihre Wahl »Monteure« erfreute mich – dies Blatt entstand als Zwickledt elektrisches Licht erhilt und einige Tage Monteure hier waren – – auch dass ich das Ex für m. Schwägerin rechtzeitig bald erhalten werde nehme ich beruhigt zur Kenntnis –

– Billingers Adresse /das Billingerex geht auch nicht mir zulasten!/ ist mir hier nicht bekannt, sein Sekretär (der auch schon Sachen v. m. erwarb ist

Otto Walchshofer[2] Berlin W. 62 Kleiststr 13

– aber vielleicht ist der jetzt beim Militär – eine Adresse wo R. B. immer wieder hinkommt ist Hartkirchen Nbayern – – Doch <amende> haben Sie einen gültigen Kürschner[3] –

– die anderen Kärtchen ergeben die Adressen aus ihrem Text – –

Ich danke jedenfalls herzlich für die Versendung – denn nun da wir nur 1 Hülfskraft noch haben /dürfen/ häufen sich Arbeiten auch postalischer Art ungemein an.

dazu kränkeln wir 2 bes. im harten Winter fast immer etwas – – Ich begreife die zweiflerische Begeisterung wegen G. Frankes bestellung mir geht es ähnlich; mehr denn die Hälfte meiner besten Originale aus der Collektivausstellung in Wien verbleiben dort. /da lacht allenfalls nur der Fiskus! ich werde von manchen Seiten gewarnt, nicht Orig – zu verkaufen! <…> –/ – Ich denke oft was Sie im vor. Jahre hier einmal sagten: »da unsere Altvorderen alle das Leben bestanden haben bis zum sel. Ende, so werden wir dasselbe tun.« – lange kann es doch nicht mehr dauern denke ich! –

Ihr Sie grüssender

alter Kubin

422 Alfred Kubin

Zwickledt
7 II 42

Lieber Herr Piper – Empfangsbestätigung der RM 160 – Für Monteure – Dank!

– Ich scheine gerade wieder einmal dem Abgrund entronnen – Am Morgen stellte sich wie vor genau 9 Jahren ein Anfall von Nierenkolik ein welcher 3 Stunden anhielt dann endlich abklang –

Ich bin noch ganz schlapp und der Arzt kommt nachher in unsere Schneewüste – (diese scheussliche Sache bekam ich durch eine Überanstrengung /am 5/II/ 2 Wege – hin u. zurück /nach Schärding/ bei solchen Schneeverhältnissen war zu viel – aber unser Autobus nahm mich wegen Überfüllung nicht mehr mit – /so wurde ich »Kriegsopfer« –/ – Nun noch eine Adresse, fast mir die wichtigste, für 1 Ex Abenteuer e. Z.

Dr. R. Renato Schmidt[1]
Librarie Wega Lugano
Ct. Tessin
Schweiz

Eine ganz wichtige Persönlichkeit welcher ich persönlich von hieraus über den Band schreibe – ihn aviziere.

Sonst ist alles unter Kriegsdruck – Einäugige rücken ein
bald ergibt sich ein neuer Einfall für ein Blatt – ala Bosch –

Gestern bemühte sich der Direktor[2] unseres Gaumuseums zu uns auf den Berg und ich war nicht daheim!!!!! der Herr musste wieder zurück nach Linz unverrichteter Dinge reisen –

Von Martin Pipers schönem Spiel las ich in den M. N. N.[3]

Herzlich grüsst

AKubin

423 Alfred Kubin

Zwickledt 16. 3. 42

Lieber Herr Piper – Nun – endlich glaube ich an das Erscheinen des Bilderbandes und dass Sie den 11 Leuten (für 10 schrieb ich Kärtchen; Für den Schweizer Dr. Rob. Renato Schmidt natürlich nicht nach Lugano) nun die Bücher gesandt haben – /Jorg Lampe möchte ein Exemplar, will im Neuen Tag[1], Prag und noch 1 Zeitung daruber schreiben!/ – Bei Dr. Madsack erhoffe ich sogar einen Artikel für seine große Zeitung (Hannoverscher Anzeiger[2]) durchzusetzen – aber ich schäme mich diesen 11 Menschen gegenüber weil ich Ihnen verpflichtet bin und vor Weihnachten schon schrieb dass mein Buch kommt, bitte also nicht weiter damit zu warten –

Was die Zuschrift Paeschkes an Unold[3] betrifft, so verhalten /wir uns/ wie der hl. Antonius von Padua, der blieb bekanntlich »ganz ruhig als dieses geschah![4] –

Wenn mir zum vorjahrigen 10. April z. 64. Geburtstag der Gauleiter u. Reichsstatthalter Eigruber[5] persönlich glückwünschte, – – wenn morgen ein Bildhauer[6] für ein paar Tage nach Wernstein kommt um – über Weisung des »Kulturbeauftragten des Gaumuseums Linz, Dr. Justus Schmidt[7], – von mir eine Porträtplakette herzustellen – (wozu ich etliche Sitzungen bewilligen musste!) so kann es doch nicht so übel mit meiner Wertung an offiz. Stelle stehen – und besser /da/ zu wenig als zuviel! – Es mögen ja einer oder der andere meinen Dingen fremd oder abwertend gegenüberstehen – im Ganzen schadet das nichts –

meine Frau dankt für das Schreiben[8] ich für die Abschriften[9] – Von H. R. v. Hoerschelmann erfahre ich dass er »sein« Ex bereits abgeholt hat – /Dr. Otte hat es ja auch schon erhalten zu seiner Freude!/

Mit den besten Grüßen und nochmaliger Bitte die nun 9 Bücher 8 mit den Kärtchen nun abzusenden bin ich

Ihr alter

Kubin

Von dem Anfall der Nierenkolik erhole ich mich nun wieder etwas.

424 Reinhard Piper

München 19. März 1942

Lieber Herr Kubin!

Schönen Dank für Jhren Brief vom 16. März. Es freut mich sehr zu hören, dass für das Gaumuseum Linz eine Portrait-Plakette von Jhnen hergestellt wird. Hoffentlich kann ich dann auch einen Abguss davon erwerben oder wenigstens eine schöne Foto. Soeben ließ ich mir von Herrn Dr. Kurt Otte eine Jugendfoto[1] von Jhnen senden (sitzend von vorne, mit noch sehr viel Haar).

Die Exemplare der Kubin-Bücher mit Kärtchen gehen sofort nach Eintreffen hier ab. Was ich bisher versandt habe, waren vorweg hergestellte Probe-Exemplare der Buchbinderei ohne Schutzumschlag. Solche Exemplare sind aber jetzt nicht mehr vorhanden. Wir müssen auf das Gros warten. Die Sendungen der Buchbindereien sind jetzt endlos unterwegs. Manche Woche bekommen wir überhaupt keine Kiste mit Büchern ins Haus. Transport-Schwierigkeiten! Ich hoffe aber sicher, dass die »Abenteuer« nächste Woche hier sind; sie gehen dann sofort ab.

Alle, die das Buch bisher sahen, empfinden es überhaupt als ein Wunder, dass ein solches Buch, so schön gedruckt und auf so blendendem Papier, in dieser Zeit hergestellt werden konnte.

Mit herzlichen Grüßen

Jhr

R Piper

425 Alfred Kubin

Zwickledt 30. III 42

Lieber Herr Piper
Dank!! Es kamen vorgestern also meine weiteren Ex – des Wunderbuches – der Umschlag finden wir hier, macht sich auch gut u. anreizend – vor allem bin ich nun befreit von einem gewissen Druck jenen Persönlichkeiten gegenüber welchen ich die Kärtchen schrieb u. denen Sie liebenswürdig ein Buch nun schickten –

an Billinger wie Jorg Lampe werden Sie von sich aus wohl nicht vergessen – so dass z. Bsp. der erstere etwa aus irgend einer Quelle es erfährt und nicht von uns.

auch die Nachricht vom glücklich gelungenen Guss der Plakette traf v. Bildhauer Gerhart ein er war in Wien damit /das I. Stück kam ins Museum /Linz/ es gefällt dem Direktor[1] auch/ natürlich können Sie durch den später ein Stück bekommen – ausserdem lasse ich <...> auch fotographieren so dass Sie das Foto – von mir erhaltend erstmals sich noch ansehen können

Hier lege ich noch eine Besprechung[2] bei
mit bestem Gruss Ihr
Kubin

426 Reinhard Piper

München 15. April 1942

Lieber Herr Kubin !
Was werden Sie von mir denken, dass ich bisher unter den Gratulanten zu Jhrem 65. Geburtstag gefehlt habe. Leider war ich /2 Wochen/ mit einer dummen Grippe behaftet und bin erst jetzt wieder zum erstenmal im Verlag. Während dieser Grippezeit war ich so wenig frisch, dass mein Gratulationsbrief Jhnen sicher sehr lahm erschienen wäre. Nun hole ich aber heute meine Glückwünsche von Herzen nach. Dabei habe ich mir selber ebenso viel zu wünschen wie Jhnen, nämlich dass wir unsere alte Freundschaft und unsere jahrzehntelange Zusammenarbeit noch recht lange fortsetzen können!

Ich habe an Jhrem Geburtstag zu Hause sehr viel an Sie gedacht und mich mit meinem Kubinarchiv umgeben. Das früheste Stück dieses Archivs ist Ihr erster Brief an mich. Er datiert vom 3. 12. 07.

Damals bat ich Sie, mir für die Broschüre von Stadelmann über Psychopathologie und Kunst etwas zur Reproduktion zu senden. Sie schickten mir damals zwei Blätter »Die Leiche eines Gefolterten« und den »Geist eines zu Tode gemarterten Pferdes«.

Inzwischen haben Sie viel erfreulichere Dinge gezeichnet. Unser erstes gemeinsames Buch war dann »Der Doppelgänger« von Dostojewski, zugleich ein Höhepunkt Jhrer Illustrationskunst. Ich hoffe sehr, dass es mir vergönnt ist, dieses Buch mit Ihren prachtvollen Bildern nochmals neu dem deutschen Volke vorsetzen zu können.

Selbstverständlich habe ich alle Ihre Briefe aufgehoben. In einer Mappe für sich befinden sich die vielen Briefe mit Randzeichnungen, mit denen Sie mich so viele Jahre hindurch erfreut und beschenkt haben.

Leider kann ich mich nicht mit einer besonderen Geburtstagsgabe einfinden. Alles was Sie von meinen Büchern interessieren könnte, habe ich Jhnen ja immer regelmäßig geschickt und es ist jetzt gerade nichts Neues herangereift. Doch bereite ich ein hübsches Album für Sie vor, nämlich eine Abschrift all der brieflichen Äusserungen, die mir über die »Abenteuer einer Zeichenfeder« zugegangen sind. Ich habe dies Buch ja an etwa 130 Leute als Ostergruß geschickt und bisher schon 25 recht lesenswerte Briefe darüber erhalten: ein merkwürdiger, vielstimmiger Chor, persönlicher und deshalb viel interessanter als Zeitungsbesprechungen. Ich werde sie in ein paar Wochen, wenn ein Ende abzusehen ist, abschreiben lassen und einen Durchschlag auch für das Kubin-Archiv[1] in Hamburg stiften.

Ich meinerseits bin glücklich in dem Gedanken, dass es mir als Verleger vergönnt war, gerade zu Jhrem 65. Geburtstag als Mittler Ihre Kunst unter die Menschen zu bringen und mich zu ihr zu bekennen. Von den rund 12.000 Exemplaren der Auflage wurden im März 6.800 fest ausgeliefert. Wir hätten auch gleich 10.000 anbringen können, doch wäre es schade gewesen, die Auflage jetzt gleich auf einmal bis auf einen kleinen Rest zu verpulvern. Während des Krieges bekommen wir gewiss kein zweites Mal Papier dafür.

Sicherlich fühlen Sie sich in dem neuen 66. Lebensjahr genauso frisch wie in dem zurückgelegten 65. Wahrscheinlich haben Sie das neue Jahr schon durch ein paar schöne Zeichnungen eingeweiht.

Mit den herzlichsten Grüßen und Wünschen, auch an Jhre verehrte Gattin, vom ganzen Haus Piper

Jhr alter

Reinhard Piper

427 Alfred Kubin

Zwickledt 28/IV 42

Lieber Herr Piper – Dass ganz wider mein Erwarten mehrere hundert Postsendungen z. 65. eintrafen! Es hat mich völlig überrascht – und so machte ich verspätet eine Dankkarte[1], doch die Druckanstalt hat diese noch nicht gesendet, so wie ich das in Händen habe bekommen Sie also die Ihrige auch. Ihr sehr lieber Brief hat mich innig erfreut und jene Stimmen über unser Buch werden mir jedenfalls hoch interessant sein! – heute hier möchte ich nur bitten, dass – wenn Sie Packete mit den »Abenteuern e. Zfer.« beordern doch die Buchhandlungen Egger[2] u. Waldbauer[3] in Passau und Heindl in Schärding[4] besonders zu berücksichtigen! denn da kennen mich die Leute persönlich und vom einem wie v. anderen Ort werde ich jetzt immer angegangen – ob man den Band haben kann von dem andere vermelden sie hätten ihn schon –

Ich habe von hier je ein Ex. an Hermann Hesse[5] mit dem ich befreundet bin und an den alten Karl Scheffler, der mir seine Bücher sandte, gesendet –

Ach ich hoffe, wenn /auch/ diese engsten Landsleute in P. u. Schg.[6] den Band haben lassen sie mich auch in Ruhe damit. –

Ich <staune> über die Wirkung meines Strebens /in die Breite/ und glaube das ist eben diese Epoche welche manchem seelisch Blinden den Star gestochen hat –

Offiziell aber gab es auch eine ganze Anzahl (Fiehler[7] für München, Gauleiter[8] in Linz u. Ziegler[9] für die R. KK. etc. auch /schmeichelhafte/ Collegenbriefe, u. dann Kunst- und nahrhafte Spenden. – u dgl. –

Doch am wichtigsten für den August wäre es mir doch den Böhmerwald[10] wieder zu sehen, denn das dies im Vorjahre nicht ging merke ich als Vakuum irgendwie – Nun bemüht auch /geburtstagshalber/ man sich in dieser Hinsicht und wenn der Ort so ist wie ichs glaube dürfte ich vielleicht Hoffnung auf ein gewisses Wiedergewinnen des so leicht jetzt gestörten Gleichgewichtes sich da finden. Für heute alles Liebe Ihnen und den Ihrigen – das Foto nach der Plakette bekommen Sie nächstens ebenfalls – herzlichst Ihr

alter Kubin

428 ALFRED KUBIN[1]

Zwickledt 16/V 42

Lieber Herr Piper unter Wiederholung meines Dankes lege ich hier 2 Dankkarten (eine für Ihren Sohn) bei – mit solchem konnte ich dem großen Ansturm begegnen – ansonsten wäre mir diese sich hinziehende Festlichkeit wohl über den Kopf gewachsen – ausserdem lege ich hier 1 Foto nach der Plakette bei /deren Format 35x27 ist/ – wenn Sie einen

Abguss auch wünschen würde ich bei Bildhauer Anton Gerhart in Gmunden einen in Auftrag geben er kostet in Zinklegierung /Bronze gibts nicht mehr/ DM 100 /es dauert immer eine Zeit bis man sie erhält – übrigens hat nächst dem Gaumuseum Linz nun auch das »Kulturamt d. Stadt Wien für die städt. Sammlungen eine bestellt also 2x offizielle/ und wirkt ausgezeichnet /wie oxydiertes Silber/ – für den meinen fand ich auch beim Rahmen manches noch <1 Stück altes> – <Leiste> damit das Stück an der Wand besonders abgeschlossen /sich/ (/u./ ein wenig stilisiert und distanzhaltend zum Leben wie es sich für Plastik gehört) ausnimmt –

– Mir ergeht es ganz günstig – /seit die Witterung endlich maiwarm/ – das Erhalten eines gesundheitlichen Gleichgewichtes steht ziemlich im Zentralen, aber sie errietens auch schaffend bemühe ich mich – zumeist mit Fertigmachen von schon vor geraumer Zeit begonnener Blätter bei welchen mir s. Zt. »der Atem ausging« – die einfach damals liegenbleiben mussten – nun fand ich ihn wieder – Ganz schwer aber kommen mich »Neuerfindungen« an – da lastet das Abgetane zu stark auf dem Schädel – und altes Geleise möchte ich vermeiden –

Sehr gerne bemerkte ich, dass Sie – durch meinen Wunsch u. Bemerken aufmerksam gemacht die Schärdinger-Buchhandlung (und wohl auch /die/ Passauer) mit den »A. e. Z.«[2] beliefern liessen – ich werde, ausser in wohlwollender Art wenigstens, wenn ich mich vor Interessenten blicken lasse auch nicht mehr gestört mit Fragen –

– Sehr schwierig scheint es sich aber heuer mit den Ferien im kommenden Spatsommer zu gestalten – auf 2 Anfragen schwieg man einfach – und der Böhmerwald wäre mir gar so lieb wieder zu sehen – – Man benötigt überall fast – /jetzt/ – Ausweise und ich fürchte Baron Mandelsloh[3] nochmals also bemühen zu müssen –

Alles Gute wunschend – von Haus
zu Haus Ihr alter Kubin

429 Reinhard Piper

München 20. Mai 1942

Lieber Herr Kubin!

Schönen Dank für Jhren Brief mit der Gedenkzeichnung zu Jhrem 65. Geburtstag und das Foto der Plakette. Die Geburtstagszeichnung reiht sich würdig an frühere an. Auch mein Sohn hat sich herzlich darüber gefreut. Nun wollen wir beide Ihnen aber wünschen, dass Sie noch lange nicht versinken, sondern Jhre Fledermaus-Fahnen noch viele Jahre oberhalb der Erde und nicht ohne heimliches Wohlbehagen schwingen.

Die Plakette ist sehr interessant. Ich musste mich erst etwas daran gewöhnen, da ich Sie so im Profil mit der langen scharfen Nase gar nicht vor meinem inneren Auge zu sehen gewöhnt bin. Sie ist auf jeden Fall ein wertvolles Dokument. Einen Original-Abguss möchte ich mir allerdings nicht anschaffen. Da lasse ich für dasselbe Geld lieber einmal einen Passauer Fotografen zu Jhnen nach Zwickledt kommen und Sie und Jhr »Milieu« von allen Seiten fotografieren. Davon habe ich dann bedeutend mehr.

In der Anlage[1] sende ich Jhnen Abschrift von 13 Briefen, die mir über die »Abenteuer einer Zeichenfeder« zugekommen sind. Im Ganzen erhielt ich etwa siebzig Briefe von 130 Empfängern. Auch den Rest der wichtigeren lasse ich noch für Sie abschreiben. Nur dauert das noch eine Weile, weil wir im Verlag mit Schreibkräften stets sehr knapp daran sind.

Ich hoffe, dass Jhnen und Jhrer Gattin die Briefe Vergnügen machen. Es ist ja sehr interessant zu sehen, wie sich dasselbe Buch bei den verschiedenen Betrachtern so verschieden auswirkt. Sie können die Abschriften behalten. Vielleicht senden Sie sie auch Herrn Otte zur Lektüre.

Gerade wollte ich Sie fragen, an welche Stelle des Böhmerwaldes Sie zur Sommerfrische gehen und ob Sie mir da nicht einen Tipp geben können. Selbstverständlich würde ich Sie nicht aus Jhrer Einsamkeit aufschrecken wollen. Ich wäre dann zu einer anderen Zeit dorthin gegangen. Falls Sie noch etwas finden, schreiben Sie mir doch bitte die Adresse. Ich würde Jhnen, wie gesagt, keinerlei Konkurrenz machen und Sie nicht an Ort und Stelle überfallen. Ich weiß, dass Sie Ihre wohlverdiente Ruhe haben wollen.

Der Ausweis über die Erholungsbedürftigkeit müsste doch wohl in erster Linie ärztlicher Natur sein und einen solchen werden Sie doch in Passau als Fünfundsechzigjähriger ohne weiteres bekommen. Ausserdem würde ich mich an Jhrer Stelle durchaus nicht scheuen, Herrn v. Mandelsloh zu bemühen. Als Landesleiter ist er ja für solche Zwecke da, und ausserdem wird er sich gewiss sehr geehrt fühlen.

Mit herzlichen Grüßen und Wünschen für Sie beide

Jhr
R. Piper

430 Alfred Kubin

Zwickledt 24/V 42.

Lieber Herr Piper – Über Ihren Brief-passus – betreffend der »langen scharfen /Plaketten/ Nase« musste ich in innerer Übereinstimmung / mit Ihnen/ da, lächeln! Die Natur schuf mein Gesicht doch nicht als eines von jenen (wie William Blake, der engl. Dichter einmal sagt) »lang und spitznasigen Hallunken«[1]? Indessen Plastik eines Portraits ist ja eine Sache für sich und wirkt meist etwas grabsteinartig –

– Nun den Böhmerwald betreffend dessen intime Schönheit ich Ihnen von Herzen gerne auch gönnen möchte – fragen sie doch bei Hotel Rixi /bei/ böhmisch Eisenstein an /moglichst bald denn alles wird jetzt »gesucht«/ – und vielleicht zugleich bei Pension Haus <Gratel> Post Eisenstrass /beides bayr Ostmark/, 2 näher beisammen (in der Gegend des Passes im Gebiete des Osser[2] liegende Orte – Rixi kenne ich durchfahrend und von manchen Bekannten welche dort wochenlange weilten, in Eisenstrass war ich Pension <Gratel> einmal kurz als Gast des damaligen Besitzers der inzwischen verstarb (ein Brauereidirektor Alf. König[3]) – es ist einfacher als Rixi – bei geradeso großartiger Landschaft – Überhaupt: Alles andere was ich bislang als Unterkunft im Böhmerwald fand war recht sehr primitiv und ich litt darunter u. brachte diese erhebliche Einschränkung aber dann doch als Opfer um eine verhältnismäßige Urwüchsigkeit damit zu erkaufen – Schon August 1940 revoltierte mein Magen /aber/ so eklatant, dass ich im vorigen August seelisch gar nicht, leiblich knapp leidlich noch auf meine Rechnung kam im niederbayrischen Markt Schönberg /im bayr. Wald; Unold empfahl es mir im Vorjahre er lebte /1940/ 6 Wochen oder länger im Hotel Pleintinger dortselbst./ – wohin ich auch diesen August wieder kommen möchte lediglich wegen der zweiten Erwartung die mir von Jahr zu Jahr wichtiger wird und nun gar im 3. Kriegsjahr – neuzeitliche Übertünchtheit, niedere Lage etc, etc zu Gunsten eines leidlichen Essens, Reinlichkeit, und annehmbarem Zimmer hinnimmt –

Schönberg liegt über Englburg-Tittling gegen den sog. hinteren bayr Wald hinaufzu – die Lorenz Wirtin[4] nimmt mich wieder auf

– Einen tiefgehenden Eindruck hatte ich durch die 13 Briefe. Wie interessant spiegelt sich dasselbe Thema bei 13 und wenn Sie gelegentlich mir auch einen Rest der anderen zukommen lassen – bin ich im voraus dankbar – – Ich stifte Ihnen hier als Freund und Verleger die Verse welche Gustav Kapsreiter[5] – unser langjahriger Freund der hervorragendste Großindustrielle Brauerei, Steinbrüche, in unserer Gegend, in dessen

Hause das Festmahl am 10 April stattfand bei dieser Gelegenheit sprach – leider stimmt der Grundgedanke nicht denn die »Greisheit« spürt sich nur allzu sehr
im Körper Ihres aufrichtigen Kubin

431 Reinhard Piper

München 28. Mai 1942

Lieber Herr Kubin !
Ich danke Jhnen für Jhren freundlichen Brief, vor allem auch für Ihre Auskunft über ein Unterkommen im Böhmerwald.

Wenn wir dies Jahr nicht dazu kommen, davon Gebrauch zu machen, so kann ich mir Jhre Angaben vielleicht in einem anderen Jahre dienen lassen. Wir haben uns entschlossen, für drei Wochen nach Veldes in Krain, also an der Südseite der Karawanken zu gehen, eine Gegend, die vor dem Kriege noch zu Jugoslavien[1] gehörte.

Nach den jetzigen Bestimmungen wird es kaum möglich sein, dann auch noch wo anders hinzugehen, so gut mir dies auch täte.

In der Anlage[2] schicke ich Jhnen Abschriften von weiteren 12 Briefen über die »Abenteuer«. Der Charakter dieser Stimmen ist sehr verschiedenartig, aber das wird die Zusammenstellung für Sie erst recht interessant machen. Mit diesen Briefen beurteilen die Empfänger nicht nur das Buch, sondern ebenso sehr auch sich selbst.

Mit herzlichen Grüßen und Wünschen
Jhr
R Piper

432 Alfred Kubin[1]

Zwickledt 5.VI 42

Lieber Herr Piper
mit Veldes werden Sie es sicher sehr gut treffen; ich war zwar selber nie dort, aus meiner Fotografenzeit beim Onkel Beer[2] kannte ich aber viele Aufnahmen v. V. und der herrlichsten Gegend – freilich war's inzwischen auch Sommerresidenz des serbischen Königs[3] – also wohl viel Publikum. – Der Böhmerwald (Rixi!) läuft Ihnen nicht davon, wie sehr werde ich ihn auch dies Jahr entbehren.

– Vor allem aber schönsten Dank für die neuen 12 Briefe – eine geradezu aufregend fesselnde Lekture! ein Farbenkreis von Individualitäten – auch dort wo mal »gemäkelt« wird hochinteressant – und echt empfunden (bei allem »Postament« auf welche sich /klugscheißerisch!/ der »würdige« Menscht stellt spiegeln sie den »Proteus« einzig!!! –

Wenn z. Bsp. einer schreibt, er meint A. K. verbirgt mit seinen Blättern irgend eine wesentliche andre Tätigkeit, so trifft es metaphysisch; – denn wie gebannt hängt der innere Blick am Ungeformten! – »alles auf einmal« – es fortgesetzt Tag und Nacht aufspürend –

– Ich kann Ihnen bei Gelegenheit auch einige Briefe im Original über den Band zur Einsicht einmal schicken – die allerdings an mich selbst gerichtet und dadurch vielleicht nicht so unbefangen sind – So: Herm. Hesse[4], Ernst Jünger[5], Otto Kletzl, E. Jaques Sonderegger[6] –

wir dachten Adolf Hammelmann[7] wäre nicht mehr am Leben! umso erfreulicher waren seine anteilnehmenden Zeilen – Ihr Sohn Martin pflückt sich schöne musikalische Lorbeeren – wie ich zuweilen in der Presse lese! – ich gratuliere!

Für heute schönste Grüße Ihr

AKubin

433 Reinhard Piper

München 2. Juli 1942

Lieber Herr Kubin!

In der Anlage[1] sende ich Ihnen noch 18 Abschriften von Briefen über Jhre »Abenteuer«. Es freut mich, dass diese Briefe für Sie geradezu eine »aufregend-fesselnde« Lektüre sind.

Es würde mich ausserordentlich interessieren, die Briefe, die Sie selbst erhalten haben, z. B. von Hermann Hesse, Ernst Jünger, Otto Kletzl, Sonderegger etc. zu lesen. Ich schicke sie Jhnen dann sofort zurück.

Durch diese Briefe ist ein interessanter Stimmen-Chor zusammengekommen, wie man ihn sonst über bildende Kunst kaum vernimmt, da ja die Leute sich sonst schwer entschließen, ihre Meinungen sich selbst klar zu machen und zu Papier zu bringen.

Nun haben wir Pfarrer, Apotheker, Gymnasiasten, Maler, Studentinnen, Dichter, Kunstschriftsteller, Musiker, einen Augenarzt, einen Stadtbaurat, einen Rechtsanwalt, einen Schauspieler, einen Chemiker etc. beisammen.

Schönen Dank für die Ansicht von Veldes. Ich werde daran denken, dass Jhnen diese Landschaft schon zu der Zeit, als Sie Foto-Lehrling waren, vorgeschwebt ist.

Mit besten Grüßen und Wünschen

Jhr

R Piper

434 Alfred Kubin

Zw. 7.7.42

Lieber Herr Piper – Mit diesen 13 Briefen die ich Ihnen hier zur Einsicht sende ist natürlich eine andere Einstellung als wie bei denen die an Sie gingen gegeben – hier wollten die Menschen im Einklang mit meiner Art sein – es sind eben intime Briefe aber mir interessant sind die Briefe alle an Sie – über dasselbe Thema! – –

Ich befinde mich sehr oft in der seelischen Lage des armen Reimann[1] welcher sich – ohne /sich/ helfen zu können die Epoche über den Kopf wachsen lässt – – das ist eigentlich ein arger philosophischer Fehler und man sieht wie Humor eben auch kein Allheilmittel ist – sondern nur Philosophie –

– Hier bin ich total »ferienreif« am 1./8. soll das losgehen – – noch vor Kurzem gab ich auf Wunsch des Passauer Ob. Bürgermeisters zu der sog. »Kulturtagung« – mit Freilichttheater, Billinger Vortrag, etc. – eine Collektion Arbeiten aus Privatbesitz, die auf Veste Oberhaus[2] gezeigt wird durch 2 ½ Monde fast, dortselbst ist auch das Museum der Stadt. – Freilich lehnte ich persönliches Erscheinen bei Eröffnung ab – auch sonst ist man offiz. eben stark bemüht um meine Wenigkeit, aus Krakau war ein Herr der Krakauer Ztg.[3] hier brachte eine Einladung für mehrere Wochen im Namen der Propagandastelle und ich hätte gewiss Vieles unter angenehmen Bedingungen dort zu sehen bekommen – u. wenn ich jünger wäre hätte ich auch angenommen /Der Herr erzählte ungemein interessant über die dortigen Verhältnisse –/

– die 13 Briefe bitte ich nach dem Sie /ganz nach Muse/ die einzelnen Stellen lasen dann wieder hierher

– das kurze aber sehr ausdruckvolle Schreiben von Herm. Hesse, (halb blind und recht gichtisch ist H.H.) habe ich im augenblick nicht zur Hand – alles Gute für Sie u. d. Ihren besonders auch ein schönes Veldes! – Ihr alter

Kubin

1 Dr. Otto Kletzl /mein Vetter/ Kunsthistor. Dozent, R. Univers. Posen
2 Ernst Jünger – dzt Major
3 Anton Steinhart, Maler Salzburg
4 Olaf Gulbransson
5 Gräfin Podewils[4] (eine geb. Prinzessin Schaumburg-Lippe die auch schriftstellert u. zeichnet)
6 Dozent Dr. Kjf. Blumberger[5] Düsseldorf
7 Karl Rössing Grafiker
8 H.E. Apostel[6] Komponist, <...>, Wien
9 Dr. Lutter Notar dzt. Lt.[7]
10 Hermann Meister, Verleger, Schriftsteller /Heidelberg/
11 Monnerjahn[8] Lehrer, etwas exaltiert im Rheinland
12 Wilh. Schnabl[9] Maler etwa 37 Jahre
13 Ernst Jacques Sonderegger, mein sehr gebildeter und intimer Freund franz. Staatsbürger

435 Reinhard Piper

München 16. Juli 1942

Lieber Herr Kubin!

Ich danke Ihnen bestens für Übersendung der 13 an Sie gerichteten Briefe über die »Abendteuer einer Zeichenfeder«. Es war mir sehr interessant auch diese verschiedenen Stimmen noch kennenzulernen. Die Briefe von Ernst Jünger und von Gulbransson habe ich mir für mein Kubin-Archiv (es gibt auch in München ein solches) abschreiben lassen.

Ich sende Ihnen alle Briefe anbei eingeschrieben wieder zu und füge noch ein paar Briefe bei, die mir noch kürzlich als letzte Nachzügler zugegangen sind.

Es freut mich sehr, daß weitere offizielle Ehrungen auf Sie herabregnen.

Möchten Sie sich in Ihren Böhmerwald-Ferien recht gut erholen. Sie haben durchaus recht, bei der Wahl zwischen großartiger Landschaft und guter Verpflegung sich an die Letztere zu halten.

Mit besten Grüßen und Wünschen

Ihr

R Piper

436 Alfred Kubin – Postkarte

Tusset 15. August 42

Lieber verehrter Freund und Verleger –
aus dieser Strindberg-Ruebezahlschen Gründung – gesalzen mit Ernährungsabenteuern getränkt v. Regengüssen – aber sonst »wohlauf« (leider auch zu schlafender Zeit bisweilen, grüßt Sie und die Ihrigen herzlich Ihr

alter Hexenmeister

AKubin

P.S.
Lärm-Schrei-Bosheitsdämonen als harmlose Kindermasken frisiert – schwärmen aus u. ein in diesem Böhmerwaldgegenstück zu Hauffs Wirtshaus im Spessart[1]!

437 Reinhard Piper

München den 24.11.42

Lieber Herr Kubin!
Kürzlich besuchte mich Herr Unold, wobei wir auch Ihrer herzlich gedachten. Bei der Münchener Bombennacht[1] hat er ziemlichen Schrecken ausgestanden, da eine der Bomben in der Gegend der Theresienwiese niederfiel und dort etwas 10 Häuser zerstört hat. Seine Frau[2], die erkrankt war, musste auf einer Tragbahre in den Keller geschafft werden. In seinem Atelier gab es Risse in den Mauern.

In diesen Tagen besuchte mich auch Herr Krause, der Inhaber der Berliner Anstalt, die Ihre »Abenteuer einer Zeichenfeder« so schön gedruckt hat und erzählte mir, ein anderer Verlag habe bei ihm Blätter eines Kubinwerkes kalkulieren lassen, es sei aber zu keinem Abschluss gekommen, weil diese Ausführung dem Verlag zu teuer geworden sei. Gern hörte ich von Ihnen, was an dieser Sache ist, ob tatsächlich jetzt ein anderer Verlag[3] ein Kubin-Buch vorbereitet und was für eins. Ich wäre doch gern über Ihre Pläne auf dem Laufenden und bin selbstverständlich mit Vergnügen bereit, bald ein weiteres Kubin-Buch zu machen. Augenblicklich bin ich mit einem Band Goya-Zeichnungen[4] beschäftigt, der nur für wenige so sehr bestimmt ist wie für Sie. Er wird aber erst Anfang des nächsten Jahres erscheinen.

Mit den besten Grüßen und Wünschen

Ihr

R Piper

438 Alfred Kubin

Zwickledt 9/XII 42

Lieber Herr Piper,
Erst musste sich eine fette schleimige Kröte die in meinem Schädel Platz genommen hatte wieder verziehen ehe ich Ihre Zeilen beantworten kann – Ich hatte einen elenden Katarrh der Luftwege –

– Aber gerne und allerdings mit der Auflage des »Fürchsichbehaltens« teile ich Ihnen von den »Plänen« etwas mit die allerdings – und ein solches Gefühl muss ich ja nach Erlebtem wie ins Graue vorausgedacht haben, – So verstanden sein wollen /meine Worte/ wie der Philosoph, wenn er sagt: »als ob«. – Also: ich gab 2 von den neun (9!) abgeschlossenen Werken welche ich Ihnen /vor Jahren/ schon sämtliche vorlegte (ein paar davon zweimal) die Sie aber /alle/ ablehnten, an andere Verlage[1] – woselbst ohne feste Verpflichtung von deren Seite über einen Erscheinungstermin dzt. Proben hergestellt werden sollen! ich halte mich für gebunden. Leider ist dies alles objektiv so im Vagen verankert heute! Es handelt sich um die Böhmerwaldfolge und um »die 9 Planeten« – dass ich bei meinen Jahren wie anrüchigen Gesundheitsverhältnissen – nie fest hoffen darf irgendwie eine Verwirklichung solcher Pläne zu erleben – so wenig ich das auch etwa bei Dr. Bernh. Degenharts des militärisch Gefesselten, »wissenschaftlichen« Kubinbuches[2] tun kann – für welches Sie sich, nachdem wir es vom A. Schroll-Verlag abgehängt haben interessierten. Dr. Degenhart der sich sehr lebhaft um Studienmaterial schon vor beinahe 2 Jahren bei mir bemühte u. auch damals solches erhielt und noch hat – wurde inzwischen recht kleinlaut in dieser Sache – /d.h./ was das Festlegen von Terminen besonders betrifft – stellt mir aber auch eine Weihnachtsgabe in Gestalt eines anderen Buches allgemeineren graphischen Inhaltes[3] das aus seiner Feder herauskommen nun soll in aussicht; – – zugleich mit dem Besuch mit seiner Frau[4] die er im Januar heiraten will u. die mir seit länger bekannt schon ist.–

Ich wieder andererseits habe meinen Vetter den Kunsthistoriker Dr. Kletzl der seit vielen Jahren »sein« Kubin-Buch[5] plant auf sein Drangen im Sommer – vertröstet für ein ganz graues »Später« worüber er etwas eingeschnappt mir nun erscheint – –

Es sind ja wirklich gänzlich andere Umstände heute wie mir von manchen Verlegern versichert wurde und ich oft einschneidend genug, auch bemerke – Verhältnisse, die mit den vergangenen gar nichts mehr zu tun haben – So sehe ich auch leider bei den vielen Verkäufen meiner Originale die mich zu einem traurigen /»König Midas des Papiers« gemacht haben! – Kleine Illustrationsarbeiten ebenso vage hinsichtlich Realisierung erleichtern mir das Vergessenkönnen – Herzlichst Ihr alter Kubin. Hoffentlich kommt der Goya-Band!!!/

/P.S. Diesem Jahre der Abenteuer e. Zfd. möchte ich durch Stiftung[6] für Ihre Sammlung einen besonders königlich bayrischen Nachdruck verleihen – zum 24/XII – die Rolle ging gestern an Sie ab –/

439 Alfred Kubin

Zw. 28.12.42

Lieber Herr Piper – Dank Ihrer schonen Weihnachtsbeihilfe habe ich und m. Frau nun für lange Lesestoff – alles den tiefsten Eindruck macht mir von Ihren Büchern der diesmalige Kunstkalender[1] – die beiden Köpfe nach Tintoretto, die Bibelzeichnung, – Bernt Notge[2] – und alles andre schließlich, so, dass ich die Sammlung neben mir auf dem Stuhl liegen habe – Ich danke u. hoffe, dass die Goyazeichnungen nicht ins aschgraue verzeyrrt werden – und glaube Sie werden an m. Gabe einiges Vergnügen gefunden haben: – Ich las – ich glaube in einem Buch v. <Pouska>[3] – dass der König einem seiner Kammerdiener[4] wegen seiner Geschicklichkeit nicht entbehren konnte doch wegen seiner »niedrigen Physiognomie« musste dieser im Dienst jedesmal eine Maske vorbinden – dies regte mich zu dem Blatte an –

Ich selber fühle mich an Interessen absinkend doch wie von innen erlebe ich eine Leichtheit wie solche mir nie bislang bekannt war – das kommt wahrscheinlich von dem Übermaaß an Zeitekel welchen ich konstant verdränge, so dass das seelische sich gänzlich in die innersten Bezirke zurückzog – der augenblickliche Konjunkturschwindel ärgert mich, wohinaus will das (leider kann man sich nicht immer Überfällen von Besuchern entziehen – In wenig Tagen ist Sylvester und ich werde bei dem warmen Punsch Ihrer <…> gedenken – – mehr wie je aber nähern sich die Schemen des »Einst«! Von Olaf G – seh ich ein kleines Büchlein[5] mit 60 Köpfen – (der meine ist auch darunter) – Ich machte vor etlichen Jahren eine solche Sammlung mit 101 Köpfen: Schemen aus vergangenen Tagen, ich weiß nicht ob Sie das einmal sahen[6].

/Viel des Wünschenswerten für 43! Ihr alter

Kubin/

/P. S Der sympathische Ludwig Keller[7] schickte mir ein paarmal Briefe den letzten auch vom Felde im Osten!/

440 Reinhard Piper

München 5. Januar 1943

Lieber Herr Kubin!
Mit Ihrer schönen Zeichnung[1] haben Sie mir eine ganz besonders grosse Weihnachtsfreude gemacht. Ich danke Ihnen herzlich dafür. Sie ist weitaus das schönste Kunstblatt, das mir der Weihnachtsmann diesmal bescherte, obwohl die drei Radierungen von Schinnerer und die Federzeichnung von Adolf Jutz mir auch gut gefallen. Ihr Blatt ist ausserst eindrucksvoll und grossartig. Es ist ein Schatz für meine Sammlung, und ich weiss es sehr zu würdigen, dass Sie für mich etwas besonders Schönes ausgesucht haben. Die Rolle kam schon geraume Zeit vor Weihnachten, ich habe sie aber erst, wie sichs gehört, unterm Tannenbaum geöffnet. Sie bekam dann den zentralen Platz auf meinem Gabentisch.

Da Rollen heutzutage eine Kostbarkeit sind, lasse ich sie heute an Sie zurückgehen und habe eine Radierung von Beckmann hineingesteckt, auf der Sie einen gemeinsamen Bekannten[2] von uns wieder finden werden.

Auch Ihre beiden Briefe sind so menschlich und gehaltvoll, wie der Postbote nur wenige bringt. Wollen wir auch im neuen Jahr an solchem Briefwechsel weiter festhalten!

Dass der augenblickliche Konjunkturschwindel Sie ärgert, kann ich Ihnen nachfühlen. Auch uns Verlegern geht es nicht viel anders. Alles stürzt sich auf Bücher und tut so, als ob es ohne Bücher nicht leben könne. Es ist traurig, dass die Verleger ebenso wie die Künstler immer erst dann drankommen, wenn es garnichts Anderes mehr zu kaufen gibt. In ein paar Jahren werden wir mit unseren Büchern wieder dasitzen, und die Leute werden es wieder als Zumutung betrachten, dass sie Bücher kaufen sollen.

Gern würde ich auch dieses Jahr wieder ein Buch von Ihnen machen. Was die »Fantasien aus dem Böhmer Wald« anbelangt, so glaube ich nach wie vor, dass wir damit Schwierigkeiten haben könnten. Der Zyklus ist eben doch etwas zu sehr auf Grauen und auf Verwahrlosung eingestellt. Ich persönlich schätze die Blätter sehr hoch und habe gegen diese Themen nicht das Mindeste einzuwenden, aber man kann heute als Verleger nicht immer so wie man möchte. Ich fürchte, wir würden die Gefahren von neuem heraufbeschwören, die mit dem »Abenteuer einer Zeichenfeder« gerade vermieden worden sind. An den Zyklus der Planeten kann ich mich nicht mehr erinnern. Die Sammlung von 101 Köpfen[3] habe ich nie gesehen. Wenn Sie mir beide Reihen schicken wollen, so wird mich dies sehr freuen. Am meisten Möglichkeiten liegen, glaube ich, in der Richtung eines neuen Sammelbandes in der /Art der/ »Abenteuer«, da hier die Möglichkeit besteht, die schönsten Blätter zusammenzustellen, ohne an ein Programm gebunden zu sein.

Bitte lassen Sie einmal hören, wie Sie darüber denken.

Dass Ihnen der diesmalige Kalender soviel bedeutet, hat mich besonders gefreut zu hören. Ich fühle mich dadurch belohnt für die viele Arbeit, die mir die Zusammenstellung gemacht hat.

Die Goya-Zeichnungen werden bestimmt dieses Jahr fertig, wenn die Verhältnisse in den Kunstanstalten – die ja heute schon in der Hauptsache nur noch Landkarten drucken sich nicht noch weiterhin verschlechtern.

Für heute mit besten Grüssen und Wünschen
Ihr
R Piper

441 Reinhard Piper

München 6. Januar 1943

Lieber Herr Kubin!
Noch einen kleinen Nachtrag. Die Leipziger Illustrierte Zeitung hat in ihrer Weihnachtsnummer u.a. ein Kapitel aus dem Buch »Don Quichote«[1] gebracht und dazu Ihre Zeichnung aus den »Abenteuer einer Zeichenfeder« in grossem Format abgebildet. Dabei ist das Buch als Quelle angegeben, und die Zeitung hat auch noch RM 50.- – als Reproduktionsgebühr gezahlt, die Ihnen voll zugutekommen. Leider haben wir von der Nummer nur ein Belegexemplar erhalten.

Wir wollen beim Propaganda-Ministerium den Antrag auf Papierbewilligung für eine Neuauflage Ihrer »Abenteuer«[2] einreichen. Neuerdings muss bei all diesen Einreichungen die Mitgliedsnummer bei der Reichskunstkammer[3] mitangegeben werden. Bitte teilen Sie mir diese Nummer umgehend mit, da wir den Antrag schon in den nächsten Tagen nach Berlin abgehen lassen.

Die erste Auflage ist noch nicht ausverkauft. Wir wollen aber rechtzeitig Vorsorge treffen.

Mit besten Grüssen!

Ihr

R Piper

442 ALFRED KUBIN

Zwickledt 9.I.43.

Lieber Herr Piper anbei die No /R. K. K.[1] meine Nr M. 8261/ – die Rolle erhalten – und Dank f. d. Schreiben – die 101 Schemen (99 % gegen 1 % wette ich, dass diese Ihnen für Veröffentlichung nicht z.Zt. richtig erscheinen) sie sind in keiner Weise »kriegswichtig« – eher das Gegenteil aber ich will Ihnen diese Serie bald einmal schicken nur damit Sie sie sehen. Ich kam Anfang Sept. 1939 aus dem Böhmerwald heim n. Z. und war /erregt und/ ganz erschlagen von wegen des ausgerufenen Krieges und um auf anderes zu denken machte ich damals jene bunte Reihe von Kopfen aus allen möglichen historischen, civilen, militärischen /u./, varietéeerinnerungen – wie auch aus meiner Kindheit unvergessliche Köpfe –

– Eher konnte man einmal eine Anzahl der farbigen Sachen /alles auch erst später nicht sobald schon wieder denke ich –/ ganz <frei> für eine Ausgabe reproduzieren /Jetzt stelle ich die Sachen unverkäuflich aus[2]./ – Aber die 9 Planeten, helfe Ihnen Gott – gab ich inzwischen auf ganz unbestimmte Hoffnung wie das so heute schon ist bei dieser Undurchsichtigkeit – einem Vg hoffentlich macht er etwas hübsches draus – Ich erfuhr (durch Herbert Gunther[3]) dass Sie bei Wilhelm von Scholz[4] am Bodensee im vergangenen Jahre waren.

– Hatte dieser nicht ein Buch bei Ihnen /verlegt?/: »Zufall oder Schicksal?«[5] – ? das möchte ich sehr gerne lesen –

Also eine Bitte habe ich wirklich: Können Sie nicht noch 1 Ex der Kartause von Walditz[6] Durych mir schicken??

Ich benötigte es sehr – fürchte jedoch dass Sie nicht ein Stück mehr greifbar haben! – Mit freundlichem Gruß Ihr alter

AKubin

Dank f. das Beckmannblatt mit Großmann u. Frau Maria[7] und Hörschelmann etc.

443 Reinhard Piper

München 12. Januar 1943

Lieber Herr Kubin !
Schönen Dank für Jhren Brief und für Angabe Jhrer Nummer bei der RKK. Das Buch von Wilhelm v Scholz »Zufall oder Schicksal« ist nicht bei mir erschienen, sondern bei Paul List in Leipzig und wird wohl kaum noch zu haben sein. Ich würde es Jhnen gerne schicken, wenn ich es hätte.

Leider kann ich Jhnen auch mit der »Karthause von Walditz« nicht dienen. Die beiden Bücher von Durych hat ja seinerzeit Herr Dr. Freund mit übernommen. Wo die Bestände[1] geblieben sind, weiß ich selbst nicht. Ich habe nur noch ein einziges Archivexemplar und dieses ist mit dem übrigen Archiv nach auswärts[2] abtransportiert worden. Ich könnte es ja auch nicht hergeben.

Gerne würde ich später einmal ein Buch mit Jhren farbigen Blättern[3] machen. Wir müssen einmal sehen, wie es mit der Buchmacherei gegen Ende ds. Js. aussieht. Sie schreiben ja selbst, dass es etwas für später sei. Vorher hoffe ich Sie noch zu sehen. Ich denke mich im Frühjahr einmal in Jhre Gegend[4] zu verlieren, jedoch nur als Spaziergänger, nicht als Logiergast.

Bitte schicken Sie mir noch jetzt im Winter die Serie Schemen. Ich freue mich sehr darauf, sie kennenzulernen und andere Verehrer Jhrer Kunst tun dies auch.

Mit besten Grüßen und Wünschen
Jhr
R Piper

444 Reinhard Piper

München 3. Februar 1943

Lieber Herr Kubin!
Ich schicke Ihnen heute eingeschrieben die 101 »Schemen« wieder zu und danke Ihnen herzlich, dass Sie mir die Möglichkeit gegeben haben, Ihren bedeutsamen Zyklus kennenzulernen. Ich habe ihn wiederholt mir grosser Aufmerksamkeit betrachtet und ihn auch manchem guten Freund gezeigt.

Der Zyklus zeigt einmal wieder die Unerschöpflichkeit Ihrer Fantasie. Dass bei einem so umfangreichen Zyklus nicht alle Blätter gleich bedeutend sein können, ist selbstverständlich. Mir haben die folgenden

Nummern am besten gefallen: 1,2,3,5,7,13,15,24,25,29,31,32,35,41,48, 55,57,59,67,69,75,77,78,89,91,92 und 101. Das Buch kann während des Krieges ja keinesfalls gebracht werden. Aber auch später würde ihm eine Reduktion auf etwa 60 Blätter wahrscheinlich gut-tun und die künstlerische Wirkung verstärken.

Mein Sohn fährt morgen nach Berlin und wird dort auch Papier für eine Neuauflage der »Abenteuer« zu erreichen suchen. Wir haben von der ersten Auflage noch mehrere 1000 Stück, doch wollen wir rechtzeitig vorsorgen.

Ich füge den Blättern den Gedichtband »Seitensprünge«[1] bei, der in diesen Tagen zum 70. Geburtstag des Dr. Owlglass erschienen ist. Sicher wird Ihnen manches Gedicht ein zustimmendes Lächeln entlocken.

Für heute mit besten Grüßen und Wünschen

Ihr R Piper

445 Alfred Kubin

Zwickledt 7. II 1943

Lieber Herr Piper Ich nahm mit Spannung zur Kenntnis welche der Szenen Ihnen zunächst Eindruck machten – Sie haben 100x recht: Einschränkung, würde diesem wucherndem Gewächs wohltun und auf etwa 60 Stücke gebracht ein anreizend-nachdenkliches Bändchen das um seiner geistig-seelischen Fruchtbarkeit vorhanden wäre auch damit entstünde –

Mir tut der milde Winter wohl und vertreibt die bösen Grillen – – die neue Sammlung von Dr. Owlglass benütze ich ebenfalls als Antitoxin – es sind einige ganz prächtige Sachen dabei. – /nur/ Ein ganz tiefes /Gedicht/ das ich vor etlichen Wochen im Simpl las unter d. Titel »Bald«[1] ist leider (es hätte sich auch nicht hinein gefügt – nicht dabei –

Nun lese ich W. v. Scholz Zufall u. Schicksal – eine schone Sammlung welche Ihrem Vater gewiss auch Interesse abgenötigt hätte – – Hier sind viele wieder einmal in lauter Angst wegen der Verpflichtungen oder Einberufungen und der Briefe derer die den Weg zu meinen Produkten nun fanden ist Legion

– Können Sie mit Rechnung bzw. Postscheckzahlkarte 1 Stk. Ab. e. Zchfd[2] – gewöhnlich mir zukommen lassen? bitte.

für heute alles Gute

Ihr Alfred Kubin

/Dr. Bernhard Degenhart war mit frisch angetrauter Frau[3] vor 3 Tagen bei mir hier durchkommend!/

446 Reinhard Piper[1]

München 4. Januar 1944

Herrn
Professor Alfred Kubin
Z w i c k l e d t
bei Wernstein am Inn

Lieber Herr Kubin !
Vielen herzlichen Dank für die schöne Original-Zeichnung, die Sie mir als Weihnachtsgruß geschickt haben. Ich habe das Kuvert erst unter dem Tannenbaum geöffnet und mich dann außerordentlich darüber gefreut. Und nun kamen noch Ihre »Schemen«, die mir aus den Originalen wohlbekannt waren. Es freut mich sehr, daß dieser Zyklus jetzt als eines der Kanter-Bücher erschienen ist. Ich finde diese legere Form und das Notizbuch-Format den Zeichnungen sehr angemessen. Man steckt sich das Heft gern in die Tasche, um es gelegentlich herauszuziehen und sich mit diesen Schemen zu unterhalten. Es ist hübsch, ein Künstlerbuch auch einmal in einer so anspruchslosen äußeren Form darzubieten, es wird dann umso mehr ein praktisches Gebrauchsbuch.

Inzwischen zittere ich immer noch, ob die »Goya-Zeichnungen«[2] von Berlin fortgeschickt werden können, ehe die ganze Auflage noch bei einem weiteren Angriff unter den Trümmern begraben wird. Ich hatte mir bei der Arbeit an dem Buch vorgestellt, wie es gerade Sie in Ihrer Zwickledter Einsiedelei ergötzen würde. – Wir haben in Leipzig etwa 50.000 Bücher eingebüßt, darunter 12.000 Exemplare der »Kunst der deutschen Romantik«[3] von Richard Benz. Andere Verlage sind aber sehr viel härter betroffen worden.

Ich wünsche mir in diesem Jahr ein Wiedersehen mit Ihnen und Ihrer Gattin. Gerade in solchen Zeiten müssen die Gleichgesinnten Fühlung miteinander behalten.

Mit herzlichen Grüßen und Wünschen !
Ihr
R Piper

447 Alfred Kubin

Zwickledt 14/I 44.

Lieber Herr Piper Ihre guten Zeilen waren mir eine höchst erfreuliche Entlastung wegen der in aussicht gestellten Endlichzusendung des Goyazeichenbandes!!!

vor 40 Jahren hatte ich eine Engländerin Missis Jay[1] eine alte Dame die meine Maezenin sein wollte /Sie war Kunstsammlerin und lebte im Hochsommer manchmal in einem eignen Hauschen in Garmisch/ – Sie behauptete eine Größen Anzahl Goyazeichnungen zu besitzen – doch das bewahrheitete sich nicht – immerhin es war ein anderer Schatz – es waren Zeichnungen des William Blake – Ich selber besitze blos Radierungen /von Goya/ bin also sehr gespannt –

– meine 5 Originale die beim Rembrandt Verlag mit verbrannten[2] habe ich wohl verschmerzt – indessen meine Scheu vor Menschen ist dadurch noch ärger geworden –

Endlich finde ich aber doch Stunden die ich mir eroberte wo ich nachsinnen kann und ein wenig – arbeiten – soweit mich die leidige Hypochondrie nicht aussaugt

– Ja wie schön wäre es wenn man sich wieder einmal sähe bevor die Welt des Menschen untergeht – in Zwickledt hat das schon angefangen – überall fällt der Verputz von den Mauern oder Sprünge zeigen sich und lassen Kälte eindringen – bei den Fenstern kann man den Schaden wenigstens mit Klebestreifen abdichten – So ists ein waghalsiges Dasein geworden und kämen nicht als Ironie so viele Anfragen nach meinen Blättern die ich nicht mehr nachschaffen kann war's ab u. zu ganz <lustik> –

alles dreht sich u einmal wird alles zugrunde gehen – und so wollen wir unverzagt unser unsterblich Teil dem Kommenden präsentieren.

In innigem Gedenken Ihr

alter Kubin

– Hoffentlich zerstören uns nicht in letzter Stunde die Dämonen noch die Goyafreude!

448 Reinhard Piper

München 31. Januar 1944

Lieber Herr Kubin !
In der Anlage schicke ich Ihnen eine Besprechung der »Abenteuer« aus der Feder von Hans Franck[1] /dem Mecklenburger/. Sie ist gekürzt in der Wilnaer Zeitung[2] erschienen.

Die Goya-Zeichnungen, die ganz besonders für Sie bestimmt sind, sollten in diesen Tagen Berlin verlassen. Nun müssen wir wieder zittern, ob sie nicht von den letzten Angriffen doch noch zerstört worden sind. Einstweilen wissen wir noch nichts genaueres darüber.

Sollte eine allgemeine Versendung nicht möglich sein, so schicke ich Jhnen einen der wenigen vorweg angefertigten Musterbände, denn es ist mir selbst ein Bedürfnis, das Buch in Jhren Händen zu wissen.

In Zwickledt können Sie sich wenigstens alarmfreier, ungestörter Nächte erfreuen. Aber auch wir in München[3] haben jetzt schon längere Zeit Ruhe, wobei man sich freilich immer vergegenwärtigt, dass es wohl nicht mehr lange so bleiben kann.

Mit herzlichen Grüßen und Wünschen
Ihr
R Piper

449 Alfred Kubin

Zwickledt 4/II. 44

Lieber Herr Piper wie schön und freundschaftlich dass Sie das »Wehe der Spannung mit beruhigenden Worten umkleiden.

– das merkwürdigste Winterwetter gibt uns hier den Hintergrund zu den wunderbaren Erlebnissen es ist allerhöchst vibrierend –

Ein schöner Band: Europäische Handzeichnungen[1] /2 Goyas sind auch drinnen//Atlantis Vg/ mit interessantem Essay und kunstgeogaphischen Tafelerklärungen v. Bernhard Degenhart flog in meine »Ruine« – so darf man allmählich schon sagen heute! Solange Knochen und Weichteile aber nicht allzu ruinös sind sondern nur vom äusseren zum Inneren drängen will ich gar nicht klagen –

Bei Ihnen /Oh!/ Unverwüstlicher! nehme ich hoffend an, dass die Balanze nichts zu wünschen übrig lässt! – Wer die grössten Extreme »nüchtern« traktiert bleibt Sieger – leider verliert man immer wieder das Talent zum Laotse –

Jedenfalls der Goyaband wird empfangen wie die himmlischte Houri[2] aus Dschinistan – herzlichst

Ihr alter Kubin

Bitte Empfehlen Sie mich den Ihrigen! Ihre 2 Söhne scheinen sich wunderbar zu halten

450 Reinhard Piper

München 2. März 1944

Lieber Herr Kubin !
Sie werden inzwischen endlich die Goya-Handzeichnungen erhalten haben. Ich habe Jhnen eines der wenigen in München befindlichen Exemplare vorweggesandt. Falls Sie noch von Berlin ein Exemplar erhalten sollten, so verleihen Sie dies einem ganz besonders würdigen Empfänger sozusagen als Orden.

Ich würde mich ausserordentlich freuen, von Jhnen etwas über die Goya-Zeichnungen zu hören. Heutzutage erreicht den Verleger nur allzu selten ein Echo seiner Arbeit und gerade mit diesem Goya gab es jahrelange Arbeit und Schwierigkeiten.

Mit besten Grüßen
Jhr
R Piper

/Schicken Sie mir also als kongenialer Genosse Goyas Ihre Empfindungen bei Betrachtung der Blätter. Herzlichen Dank im Voraus!/

451 Alfred Kubin – Postkarte[1]

Zw. 7. III. 44 in Schneewällen

L. H. P. Vor circa 8 Tagen[2] habe ich Ihnen ausführl. über die überraschende Goyapublikation schon geschrieben – bitte wenn der Bf. eintrifft eine kurze Bestätigung – das in diese Zeit der Apokalypse <…> überdrastisch passende Buch liegt neben mir u. verbreitet unverminderten Eindruck – u. zwar ist dies aesthetische Konsumieren eines solchen – menschenwürdiger als die sog. Realität in ihrer diabolischen Verzerrung –

– meine nun Königlearhafte Beschaffenheit windet sich durch die Zeit mehr schlecht wie recht – seitdem die Schaffensfreuden spärlicher strahlen als die Bomberleuchtkugeln.

– Dazu wünscht »die deutsche Wochenschau«[3] mich in meiner Staatsruine Nr. 1 im Frühling zu kinematographieren – Probatum est – immer Ihr alter

Kubin

452 Alfred Kubin

Zwickledt 8./4.44

Lieber Herr Piper
Anbei ein Foto nach dem Studienkopf welchen der I. H.[1] /der I. (er malte 2) ist nicht so drastisch mehr »bedeutend«/ Sohn des Dichters – der auch schon 59 ist – hier in $2\,^{1}/_{2}$ St. malte ich finde dies hält manche Eigenschaften frappant fest – coloritisch sehr fein auf den Gegensatz blau-gelb gestellt – Ivo Hauptmann war Freund u. Schüler von Signac – – Ich hoffe es geht Ihnen österlich-gut – nach diesem strengen Nachwinter ist's seit ein paar Tagen wärmer! – immer neue Schönheiten entdecke ich im alten Goya. – wie er sich neuerdings in Ihrem Zeichnungsband vorstellt – – <na dem> seine Gesundheit hätt ich gerne – der glaubte an Hexen – ich muss es metaphysisch machen – und so bin ich Ihr ergebner

alter AKubin

453 Reinhard Piper

München 11. April 1944

Lieber Herr Kubin !
Unter den geradezu riesigen Postmengen, die sich über die Ostertage im Verlag angesammelt haben, ist mir Jhr Brief mit der Foto Jhres Bildes von Ivo Hauptmann persönlich weitaus der interessanteste und erfreulichste gewesen, obgleich /in einem anderen/ das Oberkommando der Wehrmacht 15.000 Bücher bestellte, – und ich danke Jhnen herzlich für diesen Ostergruß.

Auch ich finde die Skizze ausserordentlich gelungen. Es ist sehr viel echt Kubinisches darin. Die Foto ist ein wertvoller Beitrag zu meinem Kubin-Archiv, denn ich habe ja auch eines, nicht nur Herr Otte.

Dass Jhnen der Goya so viel Vergnügen macht, freut mich sehr zu hören. Während der Herstellung des Buches habe ich mehr als einmal daran gedacht, wie viel Spaß gerade Sie daran haben werden.

Mit besten Grüßen und Wünschen

Jhr

R Piper

454 Alfred Kubin – Postkarte

aus m. Edelruine Zwickledt am 22 Juni 1944 Dank!!

L. H. P. Wenn die Dschinnen nur auch Ihre köstliche Graphik Sammlung behütet[1] haben!!! – Ich ertrage schwer diese Satanismen – u. nur so weit ich verdrängen kann – M Beckmanns Apokalypse[2] die mir G. Franke[3] vor Kurzem zur Ansicht brachte hat mich seelisch recht sehr erfrischt. Es ist schon richtig: jede Zeit hat die Künstler welche sie braucht u. verdient –

ich selber wurde halt das alt-Männlein u. in der Gelöstheit der Stimmungen habe ich manchmal glückliche Dämmerstunden – gewiss die Briefposten sind fast monoton sansarahaft betont.

– Ich liebäugle nochmals mit d. Böhmerwald[4] trotz bitterer Erfahrungen im vor. August. Ich bitte: Einer gegen 100 Mäuse in jeder Nacht! doch winkt mir vielleicht diesmal ein anderes Nest –

Hoffentlich leuchten auch über Martin u. Klaus die Dschinnen – dem Hause Piper meinen Segen!

Ihrer gerne gedenkend:

Kubin

455 Alfred Kubin

Buchwald, Post Furstenhut i. Bhm-wald 18. 8 44

Lieber Herr Piper, mich wirbelte diesen August das Bedürfnis nach Erholungsferien bis in d. hochgelegenen Ort des Böhmerwaldes. /1200 – die höchste Siedlung. –/ – Die innere wie äussere Ruhe tut wohl und ich hoffe auf nachhaltigere herstellung meines Gleichgewichts – das ist alles auch nötig wenn ich in gute Arbeit kommen soll – die – verlegerisch nun immer schwieriger sich gestaltet – – So möchte ich aus seelischem Drang gerne einer Einladung – einer Schweizergelegenheit nachkommen in freier Weise den (nur wenige Seiten starken) Prosanachlass des 1914 † Dichters Georg Trakl[1] grafisch schmücken – – – gelangs Ihnen doch bei den schweren Einbussen die Sammlung zu sichern!? Ich nehme das wohl an –

Ich fühle mich zwar durchaus körperlich wünschenswert doch jünger wird man deshalb nicht wie ich an kaum merklichen anzeichen feststellen kann – das verinnt unaufhaltsam – und s'ist gut so –

– Für Sie und Ihre Familie stets herzliche Grüße und Wünsche Ihres ergebenen

AKubin

456 Reinhard Piper

München 8. September 1944

Lieber Herr Kubin!
Viele Leute heben ihr Leben lang sehr viel auf und auch ich gehöre zu diesen »Aufhebern«. So habe ich auch die Jahrzehnte hindurch alle Jhre Briefe aufgehoben und dann neurdings nach dem Datum geordnet. Auf meinem ländlichen Refugium (Schloss Burgrain[1] b.Isen, Oberb.) habe ich Zeit genug, mich inmitten des Verlagsarchivs mit der Vergangenheit zu beschäftigen und die Verlagsgeschichte zu schreiben, die sich auf weiten Strecken mit meiner Lebensgeschichte deckt. Das Kubin-Kapitel wird darin selbstverständlich ein Höhepunkt.

Es wäre für mich nun von sehr großem Wert, wenn ich in die Briefe von Jhnen auch meine Briefe an Sie einordnen könnte, und bitte Sie, mir dies zu ermöglichen. Ich stelle mir vor, dass Sie auch meine Briefe irgendwie aufgehoben haben. Sie nehmen sich aber sicherlich nicht die Zeit, diese nochmals zu lesen. Die Briefe können aber nirgends besser aufgehoben sein, als bei mir. Innerhalb des Kubin-Archivs wären sie eine durchaus unbefriedigende Sache, da ja Jhre Briefe dazwischen fehlen. Auch habe ich ja nun neuerdings einen Enkelsohn[2], und so ist meine Nachfolge, nach menschlichem Ermessen, bis in die 3. Generation gesichert. Sie würden mir geradezu ein großes Geschenk machen, wenn Sie mir meine Briefe an Sie überlassen würden. Geschäftlich haben diese ja keine Bedeutung mehr für Sie.

Auch Frau Morgenstern tat dies mit den Briefen an ihren Mann.

Ich nehme an, dass es nicht allzu viele Mühe machen wird, diese Briefe herauszusuchen. Wahrscheinlich liegen diese in einer Kiste mit anderen Briefen zusammen.

Ich lege Jhnen hier vier große für Einschreiben frankierte Umschläge bei. Darin lässt sich schon eine ganze Menge hineinstopfen. Bitte erfüllen Sie mir meinen Wunsch zu meinem 65. Geburtstag, der nicht mehr fern ist.

Im Verlag ist noch mancherlei Schönes in Arbeit, das sich bis Ende ds. Js. bei Jhnen einstellen wird.

Mit herzlichen Grüßen und Wünschen für Sie und Jhre Gattin

Jhr

Reinhard Piper

/Es müssten ja nicht alle sein, nur die, die Sie ohne große Mühe finden. Besonders interessant wären mir solche aus früherer Zeit./

457 Alfred Kubin

Zwickledt 11. IX 44

Lieber Herr Piper Ihre Briefe betreffend will ich diesen großen Wunsch erfüllen denn Sie sind eben auch die stärkere Sammlernatur! –

– Eine ganze Anzahl Briefpakete aus den letzteren Jahren liegen unsortiert eben (Sie errieten es!) in der Kiste – welche in einiger Zeit folgen werden. – Zunächst das frühe Convolut das ich auf drei Sendungen hier – ihre Umschläge benützend verteile – Ich sammelte die Briefschaften 1 nach »Persönlichkeiten«, 2 nach sachlich mich interresierenden Inhalten – – bei Ihnen trifft 1 und 2 jedesmal zu – vollständig ists natürlich nicht denn flüchtige Mitteilungen habe ich nicht aufgehoben – oder so in der Hast geschriebene wie von Georg Müller bis einige wenige die »persönlicher« waren alle sonsten vernichtet –

– einige der Ihren hat auch das Kubin-archiv! – – Ich bin erst seit 1 Woche wieder hier u. kaum eingelebt nach den schön dahin schlendernden nur innerer und äusserer Schau sich hingebenden Erholungswochen –

Leider wurde ich nicht von m. Frau, wie so oft /sonst/ empfangen, sondern trist durch ihre Abwesenheit überrascht – Sie liegt krank mit einer Venenentzündung bei guten Freunden in Schärding – da das Krankenhaus dort überfüllt schon ist – der Arzt nimmt den Zustand ziemlich ernst da wenn nicht ausgeheilt sich elende Folgen einstellen können –

– All das sowie ein Postpacken und viel Arbeit, sowie Wirtschaftsdinge harrten meiner, wozu auch noch eine lästige Zahnbehandlung kommt – also bitte etwas Geduld in Ihrer Angelegenheit – hier zugleich recht herzlichen Glückwunsch zum Enkel dessen Geburtsanzeige mit der launigen Zeichnung W. Beckers die mir m. Frau als ich sie v. 8 Tagen besuchte überreichte – wir freuten uns beide darüber und Klaus P. werde ich auch noch gratulieren wenn mir die hiesigen Wogen nicht mehr über den Kopf schlagen – – Erholt fühle ich mich, aber doch – – wird man wohl nicht grade jünger so ists schon wieder ein »frischer Anstrich« der eine Weile vorhalten soll –

Ihrer Bitte komme ich also nun auch mit meiner entgegen die einen sehnlichen Wunsch enthält: ich möchte so gerne den Tintorettoband Herrn v. Berckens[1] –! ich versprach mir – nach Empfehlungen die mir wurden auch textlich grade v. dem Buch Vieles – und hoffe dass Sie mir ein Stück irgendwie vermitteln können /am besten mit beigelegter Rechnung des Verlages –/ – und nicht alles schon weg ist – wies leider s.zt. beim Proust[2] war –

– Bei m. Arbeit – ich schaffe an einigen Lithographien f. e. Kunstverein[3] – die mich sehr fesselten vor den Ferien schon biss ich aber noch nicht recht an – eben wegen der Überfülle privater Abhaltungen – etc. etc

– Na hoffen wir, dass die Unterströmungsgeister gnädig mit uns verfahren!

Wie immer herzlich gedenkend
Ihr alter
Kubin

458 Alfred Kubin

Zwickledt 23.9.44

Lieber Herr Piper nun ging heute der Rest Ihrer Briefe ab – und ich danke für Ihren letzten den ich mir ob seiner Aktualität – er zeigt den Nimmermüden nun erfreulich liebhaberisch-gewinnend – mir behalten möchte – –

Sonst bin ich sehr froh den unermesslichen Tintoretto in der Beleuchtung von der Berckens noch im Herbste als Tröstung für manchen anderen Ausfall mir zu Gemüte führen zu können – einen sehr schönen Band mit seiner Aktkunst[1] besitze ich seit langen Jahren schon (von Detlev v. Hadeln, P. Cassirer Vg) – aber dass Ihr Vg – auch in dieser Zeit produktive arbeitet mutet wie ein Wunder an – ich vermute es wird sich da nach dem einzigartigen Goyazeichenband v. Vorjahre um ein anderes Goyawerk[2] handeln – – so kann man m einem Selbstratespiel die Fantasie spazieren führen – – Herrlichkeiten wie »Gänsebraten« stehen wir hier im augenblick allerdings recht ferne – im Ganzen kann man aber doch sagen ist's am Lande immer doch noch besser als in der Großstadt.

Bei mir spielt die Heizfrage diesmal eine besondere Wichtigkeit denn ich vermute, dass meine Frau in ihrem Zustand der nicht viel Bewegung erlaubt leicht frieren wird. – Zwickledt ist für alte Leute seit je schwierig zu »erheizen«. –

Aber verehrter Freund wie recht haben Sie! – warum soll man nicht vergnügt bei sich sein – wenn auch vor einem drohenden Zeithintergrund!? –

mag kommen was will wir können nichts dabei ändern – als ich dieser Tage die »Briefkiste nach Ihren Briefen durchforschte kamen mir so viele Zuschriften /heute/ Verstorbener in die Hände, dass mir der Wandel aller Verhältnisse so drastisch wie noch nie vor's innere Auge trat –

– einer der letzt verschiedenen ist mein alter Freund Dr. Hans Floerke[3] den Sie ja auch gekannt haben – – mit herzlichem Gruß und besonders dankbar in der Aussicht auf den Tintoretto

Ihr alter Kubin

459 Reinhard Piper

München 2. November 44

Lieber Herr Kubin!

Vielen herzlichen Dank für die so hochbedeutende echt kubinische Zeichnung[1], mit der Sie mich zu meinem Geburtstag erfreut haben. Sie wirkt in ihrer Zeitsymbolik ausserordentlich stark. Jhre Gabe ist die weitaus wertvollste Kunstgabe, die sich auf meinem, im übrigen recht wohlbestellten Geburtstagstisch eingefunden hat.

Eine Kunstgabe ganz anderer Art ist die feine Oelstudie vom Großvater Christian Morgensterns[2], die mir von seiner Witwe verehrt wurde, und ein Holzschnitt aus der sehr seltenen Lübecker Bibel[3], den mein Sohn Klaus zu meiner Holzschnittsammlung beisteuerte.

Da Jhre Gattin die Rolle, die jetzt gewiss eine Rarität ist, zurückwünscht, lasse ich sie gleichzeitig an Sie abgehen und füge, um sie doch nicht ganz leer zu schicken, Blätter von Unold, Hofer, Trumm und Großmann[4] bei, die Jhnen vielleicht etwas Vergnügen machen, wenn sie sich auch an Kostbarkeit mit Jhrer Zeichnung selbstverständlich nicht messen können.

Im Verlag ist noch mancherlei Neues im Werden, sodass auch dieses Jahr ein Weihnachtspacket des Verlags unter Jhrem Tannenbaum nicht fehlen wird. Möchten wir dann dem Frieden schon wieder ein gutes Stück näher sein!

Mit herzlichen Grüßen und Wünschen für Sie und Ihre Gattin

Jhr

Reinhard Piper

460 Alfred Kubin – an Klaus Piper

14 XI. 44 Zwickledt

Lieber Herr Piper zunächst meinen besten Dank für die Meldung des Verlages vom 21. September dass ein Tintorettoband im Namen Ihres Vaters an mich geschickt wird –

– es dauert heute eben alles lange bis es herbei geschafft werden kann

– dann danke ich Ihnen dafür dass Sie Ihren Vater beim 65. das Blatt v. mir überreicht haben er schrieb mir von den verschiedenen Freuden die ihn da erreichten

– bes. auch dass Sie ihm einen der Holzschnitte der Lübeckerbibel gaben hat ihn erfreut – – –

Wenn Sie unseren Jubilar sprechen bitte ihm auch meinen Dank für die Graphiken die ich in der Rücksendungsrolle entdeckte – auszurichten. – Sie müssen froh sein über Ihre vorzeitige Befreiung von der militärischen Eventualität[1] – und hoffentlich bleibt Ihr Bruder ebenso frei! – Hier schwirren nun die Gerüchte gleich Staubatomen – von früh bis abend in der Luft – Näher doch liegt uns die böse Sabotage welche allerhand Organe des Körpers dem ältlichen Menschen zufügen – deren Wirkungen man täglich zu spüren bekommt – Anpassung ist da das Einzige – an all das Viele – was die »Zeit« uns zumutet – es ist das einzige Mittel – – Anpassung auch noch an den Schmerz, die Unordnung, u., die Erschöpfung welche uns vorzeitig infolge mancherlei Raubbau in den früheren Jahren jetzt überfällt, gleich einem vampyrischen Ge-

spenst! – Anpassung! logisch zu Ende gedacht, wäre auch noch das Sterben die ultima ratio eine Anpassung! – Mit freundlichen Grüßen
Ihr A Kubin

461 Reinhard Piper

5. Januar 1945

Lieber Herr Kubin!
Ich habe mich ganz besonders gefreut, auch in diesen trüben Zeiten wieder einen Weihnachtsgruß von Jhnen zu erhalten in Gestalt der schönen Zeichnung[1]. Sie ist echt kubinisch, und das sagt eigentlich alles.

Ich habe mich in den besinnlichen Tagen zwischen Weihnachten und Neujahr wiederholt mit Genuss hineinvertieft und werde dies auf dem alten Schloss Burgrain, wohin ich nächstens mit meiner Frau wieder zurückkehre, noch öfter tun.

Wenn Sie das München von heute sehen würden, würden Sie auf Schritt und Tritt geradezu ungeheuerlich interessante Motive für Jhre Zeichenfeder finden. Besonders der Angriff vom 17. Dezember[2] hat noch wieder Zerstörungen hervorgerufen, wie man sie sich nicht mehr als möglich vorstellte.

Nun ist ja vor Kurzem auch über Passau ein Angriff niedergegangen und sicherlich haben Sie die Detonationen bis in Jhrem Haus gespürt. Vielleicht sind Sie sogar nach Passau gewandert, um sich die Wirkungen anzusehen. Sie sind wirklich sehenswert. Ihr Zwickledt wird ja den Fliegern keine Bombe wert sein und so werden Sie weiter ruhig schlafen können, während Schloss Burgrain leider ein sehr umfangreiches und auffälliges Gebäude ist.

Hoffentlich haben Sie einigermaßen rechtzeitig auch meinen Weihnachtsgruss aus dem Verlag erhalten. Die Postsperre kam uns dabei in die Quere. Sollte sich bisher nichts eingefunden haben, so wird jedenfalls nachträglich noch etwas eintreffen, was Jhnen Vergnügen macht.

Ich bin mit meiner Frau über Weihnachten und Neujahr in die Stadt gekommen, um hier und in Murnau einmal wieder mit Kindern und Enkeln zusammen zu sein, was uns auch aufs beste geglückt ist. Auch habe ich im Verlag in die Maschine diktiert, was ich mir im Lauf der letzten Jahre über Graphik und Graphiksammeln[3] notiert hatte. Sobald das einmal präsentabel aussieht, werde ich es Jhnen gerne schicken.

Mit vielen herzlichen Grüßen und Wünschen für Sie und Jhre verehrte Gattin,

Jhr
Reinhard Piper

462 ALFRED KUBIN

Zw. 18.I 1945

Lieber Herr Piper Ob z. Zt. Ihr aufenthalt noch <...> jenes Schloss mit d. Major[1] ist ahne ich nicht also geht mein schriftlicher Dank für Gregor Weltgesch. d. Th.[2] an Ihre Vgsadresse –

– Ich war sehr in Spannung als ich das Paket öffnete – nun bewundere ich die Leistungsfähigkeit die Wahl etc. – kurz Sie ebenso – wie die vererbten Talente Ihres Sohnes – vorläufig wird mir das Werk ein Augenschmauß bleiben – »studieren« werde ich es wohl erst wenn auch der II Bd – in m. Händen liegt (und ein Stück davon für mich zu reservieren bitte ich heute schon) – – d. h. wenn man dann nicht etwa durch den eignen Todesfall am Lesen verhindert wäre – mir liegt dieser Gedanke eben nicht gerade fern – da meine jüngere (um 10 Jahre) Schwester in Wien starb[3]

– ich betrauere sie /wie viel Erinnerungen an Zell a. S an die Kindheit versinken wieder! –/ – ein seltsames Geschöpf mir ähnlich – blos nur aus Schwäche und Nerven zusammengefügt – das Gegenteil von hausbacken – erst Musiklehrerin dann 20 Jahre lang die Gattin eines Erfinders in der Elektro-chemischen Branche – na, nun hat sie's hinter sich, das berühmte Leben – mit 19 Jahren schon verblüht bewahrte Fritzi bis ins 58. einen merkwürdigen Charme – sie liegt am Kommunalfriedhof in Wien – – hier in Zw. frieren wir in dem alten Haus, darin keine Tür kein Fenster mehr richtig schliesst und die alarmsirenen von Passau wenig lieblich herüber tönen –

alles Gute für heute, besonders ein friedevolles 1945 – wünschend stets Ihr

Kubin

463 Alfred Kubin

Zwickledt 14/II 45

Lieber Herr Piper hier nur eine eilende kurze Bestätigung der Beiden Bücher also Pompejische Wandgemälde[1] und Rembrandt-Zeichnungen[2] v. Schinnerer herausgegeben – Ich freue mich aufs Studium dieser schönen Dinge – Ich halte m. Nerven soweit glücklich noch im Gleichgewicht – heute bekamen wir 8 Personen oberschlesische Flüchtlinge / ins Haus/ zugewiesen es wimmelt von solchen und die unsern »kleine« Leute u sympathisch –

2 Greisinnen und dann die Tochter der einen 37 Jahre mit 6 Kindern v. 3 Monaten – 14 Jahren. Durchaus anständige Menschen scheint es – v. der Heimat fortgetrieben zu sein ist das Schlimmste da man nicht ahnt wann es da wieder etwa zurückgeht –

Merkwürdig wie mich immer noch die konzentrierten auf wenige im Tag beschränkten Arbeitsstunden aufrecht erhalten, so dass ich in denen wirklich die Katastrophen vergesse – und kleinere Fragen zeichnerischer Formung /insbesondere des sog. Randabschlusses incl. farbiger Randtönung einer Zeichnung!/ mich beschäftigen zu denen ich in meinen Hauptjahren nie kam – – wie ich erfahre soll Unold[3] in der Münchener Wohnung Möbel etc. vor allem 52 Gemälde durch Bomben verloren haben

– Ein junger Berliner mit 19 Jahren[4] schrieb so intelligent über »die andere Seite« eine Rübezahllitho[5], und die Schemen (er kennt nur weniges von mir ich staune aber wie solch ein Stadtbürschchen durch fünf Kriegsjahre gereift (notgereift??) ist! – Herzlichst

Ihr alter Kubin
nochmals Dank!

/Über Carossa – Frau Klee[6] erfahre ich dass Kandinsky[7] in Paris mit 78 Jahren gestorben ist –/

464 Reinhard Piper[1]

[undatiert, Sommer 1946]

Wir haben lange nichts voneinander gehört und ich würde mich sehr freuen, ein Lebenszeichen von Ihnen zu erhalten. Hoffentlich sind Sie und Ihre Frau gesund über die kritischen Zeiten hinweggegkommen. Ich habe oft an Sie beide gedacht.

Ihre Persönlichkeit ist mir gerade gestern wieder besonders nahegetreten, als ich beim Antiquar Domizlaff[2] Ihre Planeten-Folge entdeckte, die mir noch unbekannt war. Das ist eine grossartige, sehr starke Schöpfung. Ein Blatt ist schöner als das andere. Mir schlug beim Betrachten das Herz höher. Nebenbei wunderte ich mich etwas, wie diese Folge zu Staakmann[3] gekommen ist, der doch sonst nicht gerade dieses Feld beackert. Ich dachte wieder an Ihre prachtvolle Zeichnungsfolge »Phantasien im Böhmerwald«, die ich noch ans Licht zu stellen hoffe. Auch möchte ich gern den »Doppelgänger«, eines Ihrer Hauptwerke, neu bringen. Einstweilen sieht es mit den technischen Voraussetzungen noch schlecht aus. Der »Ganymed« liegt in Trümmern.

Ich bin gerade dabei, das Manuskript[4] meiner »Jugend- und Wanderjahre« druckfertig zu machen. Sonst wird Sie vom Verlagsprogramm vor allem ein Band Barlach-Briefe[5] interessieren, sowie eine Gesamtausgabe der Altdorfer Zeichnungen[6].

Die Familie Piper ist mit ihren drei Kindern, zwei Schwiegertöchtern und vier Enkeln in München vollzählig versammelt (in drei sehr engen Wohnungen). Mein Sohn Klaus steht über und über in der Verlagsarbeit. Martin spielt häufig Konzerte mit Orchester. Ulrike ist bei der Militärregierung, /als/ Cheef of the Translation Section, tätig, wobei sie ihr Sprachtalent gut verwerten kann.

Kürzlich war ich mit meiner Frau vier Wochen in Mittenwald, wo sich mancherlei Künstler und Dichter angesammelt haben (in München selbst gibt es nur noch wenige). Der kleine Hörschelmann kam dahin und hielt einen Vortrag über »Erlebnisse mit Dichtern«.

Unsere Wohnung in der Elisabethstrasse haben wir schon im Juli 44 verloren. Das Verlagshaus ist von Bombentrichtern umgeben. Die Schuttwälle sind nun schon allmählich von Grün überwachsen. Auch sonst kann man sagen: »Und neues Leben blüht aus den Ruinen«. Aber es geht langsam.

Mit herzlichen Grüssen und Wünschen
Ihr alter
Reinhard Piper

465 Alfred Kubin

Ob. Österr. Zwickledt, 23.7.46

Lieber Herr Piper Öfters mussten Ihnen die Ohren geklungen haben!! Ich danke für Ihre Botschaften – Zw. erhielt vom 2-3 V vor. J. nachts um ½2 Beschuss denn eine tolle SS provozierte die jenseits des Inn zum Befreiungswerk sich bereitfindenden Amis. – auch dieser letzte Akt ging vorüber – freilich wurde das alte Gebäude beschädigt – aber wir sind die verrannten Verhältnisse los – und wenn ich auch in allem noch ein Provisorium erst sehen kann – man kann ohne Ironie doch leben! – Freilich was das die Völker alles gekostet hat und noch kosten dürfte geht über den Verstand –

– Leider Da muss ich da allerdings feststellen, das die Natur im Körper sich partout altermäßig nun gebärdet. Mit Ermüdungen, Gedachtnisschwächen, Marotten u.s.w. auch wohltuende Ruhe – d.h. Wurschtigkeiten sind dabei. – leider wirtschaftlich ist manche arge Bedrängnis zu tragen es hat nämlich keinen Sinn bei jedem halbwegs gestillten Bedürfnis gleich in eine tedeumsstimmung zu verfallen – Ich erhielt öfters Besuch von Amerikanern ich erfuhr auch, dass eine Collektion m. Arbeiten mit anderen »deutschen Kunstwerken bei der Buchholz Galery[1] New York 1942 als »Feindgut« beschlagnahmt und verkauft wurde. Ich könnte später Schadenersatz anfordern, sagte ein amerik. Polizeioffizier. – Jedenfalls aber schaffe ich noch, allerdings geht es infolge der Ermüdungen gewaltig langsam /ich werte das als eine Art größerer Nachlese die ich gelassen mit viel Erfahrung und geschwächten Nerven mir selbst zum Fest gebe./ – Von Bayern sind wir abgeschlossen[2] – ich käme eher nach Paris wie nach Passau –

Leider starb nach langer schmerzloser Krankheit der Nieren, die einzige, um 5 Jahre jüngere Schwester m. Frau[3] /die Mutter v. Professor Alewyn[4] in New York, sie lebte in Schärding –/ – das trifft uns arg weil diese hilfreich, humorvoll, viele Kommissionen im Städtchen Schärding für uns besorgte – seit 12 Jahren das Wochenende bei uns verbrachte etc. – Der 79jährige Th. Th. Heine schreibt aus Stockholm[5] manchmal – er scheint zähe zu sein. – – Die schreckliche Nacht als Granaten – kleineren Kalibers über den Inn flogen hockten wir mit den 7 Fluchtlingen die bei uns hausten im Keller – es gab im Ort 3 Tote – – Leider einstweilen keine Möglichkeit die Schaden anders als provisorisch zu flicken – auch Dr. Otte in Hamburg hat Sorge mit seinem Kubin-Archiv – denn die ganze Strasse, Hochalleeviertel, ist für englische Kanzleien und Wohnungen in Anspruch genommen – Otte hofft aber, dass er nicht aus dem Hause muss – ein Direktor der Londoner Nationalgalerie (Sir Kenneth Clark[6]) soll ein Verehrer meiner Arbeit sein – so einer könnte wohl fürsprechender Helfer sein! –

Vom nächsten Winter möchte ich mir wünschen dass die Heizverhältnisse besser wie beim letzten würden – es war durchaus armselig – ausser der herabgekommenen Fetzen-Trümmer-Scherben-Wirtschaft / trotzdem die größeren Bäume im Garten gefällt wurden/ auch noch Kälte zu verspüren – Ja – So muss man froh sein wenn man durchkam und wir freuten uns hier beide, dass bei Ihren Lieben in der Hauptsache solches auch der Fall ist – Dass ich mit größter Spannung von den neuen Piperverlagswerken vernahm, können Sie sich denken. Zu den Barlach-Briefen hatte das K. Archiv einen interessanten an mich[7] – beisteuern können – und den kommenden Altdorfer-Band möchte ich unter allen Umständen erleben.

/Also unsere herzlichen Glückwünsche für Sie u. die Ihrigen. –

Nun glaube ich doch wieder, dass Sie noch einmal auf der großen chinesischen Mauer spazieren werden – und verbleibe Ihr alter Kubin/

466 Alfred Kubin

Österreich! Zwickledt 2.I 47

Lieber Herr Piper Ein »Brief des Dankes« wäre schon postwendend abgegangen – hätte uns nicht ein dumpfer Unhold am Wickel – Seit 6 Wochen bin ich Strohwitwer mit dem Mädchen allein; meine Frau musste sich einer schweren Operation unterziehen – der Fall, der sehr bedrohlich seit damals sich anließ ward dennoch günstigeren Befundes als die Ärzte glaubten: – Verwachsungen im Dünndarm die gelöst wurden und Folgen einer vor Jahrzehnten stattgehabten Gallenoperation waren – – Immerhin die Patientin ist 73 Jahre! – Übermorgen kommt sie aus dem Krankenhaus wieder. – Da ging mir Ihre Dauerhülfe recht schmerzlich ab – was man herumrennen muss rein um »Wirtschaftliches« können Sie sich denken – dazu ärgerliche Verluste infolge des Währungsexperimentes[1], wie auch gewisse physische Schwächen –

– eine solche Lebenspause – denn DAS war ja kein »Leben« in meinem – auch – alterssinn – wandelt sich scheint's jetzt – und Sie lieber verehrter Freund gehören zu den Hauptgeistern die da halfen Wandel zu schaffen – Wie freute mich diese Büchersendung – des geprüften Barlach – prachtvolles Kunstler- wie Menschentum vereinende Briefdokumente – las ich heute zu Ende – auf Alles andere bin ich erst gespannt so bes. auf <...> <...> linie den umfänglichen Band H. v. Eckardt[2] – – der in unsere Epoche wie selten ein Werk hineinpasst und nicht blos »Schauerlichkeit« – sondern: Wunderherrliches« hauptsächlich enthält – und diese † wichtigsten Geheimniße der russ. Seele wie sie war!!! (gerade dies »Gewesene« giebt da den Nimbus!) dem heiss und stets gefesselten Leser erklärt –. und Grillparzer – von dem ich die Tagebücher[3] in alter Ausgabe besitze ist mir eine sichere Überraschung – – Was aber wird der famos deutende Pauser'sche Einband – einem Humor ersehnenden[4] umschließen?????? – Von den kleineren Veröffentlichungen möchte ich nichts weiter hier schreiben ihrer Qualität gewiss – die meine liebe Rekonvaleszentin mitgeniessen wird. – lauter Treffer sind's ja bei Ihrer sorgfältigen Wahl. – und der Mitarbeit Ihres Sohnes dem ich mit diesem auch Glück wünsche zu solchem Verlegervater sei für Mitarbeit auch gedankt.

Noch andre Annehmlichkeiten verklären etwas meine Minustage – z. Bsp. die andere Seite kam in Cék. heraus – und wird eben ins amerikanische übertragen[5] – nicht erschien bislang die neuausgabe des Schweizer Verlages[6]. Man ist in dem Lande so <langweilig> im Drucken wie anderswo auch –

Ein Buch »Solario del Arte«[7] Einzelgänger der Kunst wurde aus Buenos Aires geschickt mit großen Kapiteln über W Busch, Beardsley[8], Lembruck[9], die Kollwitz[10], Klee, u. meine Wenigkeit und G. Gross[11] – jeder ziemlich reichlich (10–20 Tafeln) bebildert aber – wie selbstredend in Spanisch, – die Frau des Professors[12] der m. Frau so meisterlich operierte ist aber Spanierin und da will ich mich herausbitten, dass sie mir ein wenig übersetzt –

– das gestern zu ende gehende Jahr welches jenes sonderbare Plus und Minus – eines Künstlerrufes, mich meist doch bedrängend vor die Augen und zu Gemüt führte – bin ich froh verabschiedet zu haben – im Grunde bin ich längst über solche Schickung hinaus – die ich als eine art Lückenbüserei nehme – denn gleich E. Barlach ist mir jenes Briefschreiben um zu schreiben ohne Drang recht <peinvoll>. – Mein dankbar herzliches Gedenken /gehort jenen die mich seelisch reich machten und dazu den Freunden und da wieder dann Ihnen Hochverehrter! wie stets Ihr alter

Kubin/

467 Reinhard Piper[1]

München den 31. März 1947

Lieber und verehrter Freund Alfred Kubin !
Ich habe in letzter Zeit sehr oft an Sie gedacht und fühlte Ihren 70. Geburtstag immer näher rücken. Nun sende ich Ihnen zu diesem denkwürdigen Tage meine herzlichsten Glückwünsche. Im allgemeinen ist es ja nicht rein erfreulich, 70 Jahre alt zu werden. Es ist einer der wahrsten Weisheitssätze: Jeder möchte alt werden, aber niemand möchte alt sein. Da aber beides untrennbar miteinander verbunden ist, muss man nun einmal mit dem Altwerden auch das Altsein mit in Kauf nehmen. Es ist schön, dass wir miteinander alt geworden sind. In Gesellschaft geht es leichter.

Nun der Winter überstanden ist, werden Sie es auch auf Ihrem Zwickledt in dem Zimmer mit dem Zeichentisch gewiss recht gemütlich haben. Ihre verehrte Gattin wird schon dafür sorgen!

Ich selber wünsche mir von der Zukunft noch ein paar persönliche Begegnungen mit Ihnen. Edvard Munch ist 80 Jahre alt geworden, dabei war er in seiner Jugend ein sehr gefährdeter Mensch. Warum sollten wir beide es nicht auch dahin bringen?

Ich hatte mir den 10. April als Ihren Geburtstag fest eingeprägt und war heute Morgen ganz erschrocken, als ich in der Süddeutschen Zeitung den Aufsatz von Hausenstein zu Ihrem Geburtstag am 4. April lese. Sollte ich mich doch geirrt haben? Würde mein Geburtstagsbrief also zu spät kommen? Ich schlug im Brockhaus nach und fand dort den 10. April. Aber schliesslich konnte sich ja Brockhaus irren. Da schlug ich die »Dämonen und Nachtgesichte« nach und siehe da: Ihre Selbstdarstellung beginnt mit dem Satz: »Ich wurde am 10. April 1877 in Leitmeritz, einer kleinen Stadt Nordböhmens, geboren.« Also hatte ich doch recht.

Gerne hätte ich Ihnen zu diesem Tage ein neues Kubin-Buch auf den Geburtstagstisch gelegt, aber dieses vorzubereiten war wegen der lange andauernden Postsperre[2] nicht möglich. Nun habe ich mich an etwas gemacht, wozu ich Sie selber nicht unbedingt brauche, nämlich an eine Neuausgabe des von Ihnen illustrierten »Doppelgängers«[3]. Aber auch dieser ist nicht fertig geworden. Die Klischeeanstalten haben noch zu wenig Metall und auch zu wenig Ätzsäure. Das Format wird etwas kleiner werden, aber doch noch sehr anständig. Selbstverständlich wird der Verlag Ihnen auch von neuem Honorar zahlen, sobald solche Geschäfte zugelassen sind.

Im Laufe des Sommers werde ich Ihnen hoffentlich meine Lebenserinnerungen unter dem Titel »Vormittag«[4] schicken können, von denen ich gerade die letzten Korrekturen lese. Sie gehen im allgemeinen nur bis 1910, da war der Vormittag zu Ende. Aber Ihre Bücher kommen doch schon alle darin vor. Ich denke, Sie werden manchmal etwas schmunzeln.

Seit Georg Müllers Tod darf ich mich ja als /der/ Kubin-Verleger fühlen. Dies bewies mir auch der Besuch Bruno E. Werners, der mich als die zuständige Stelle kürzlich aufsuchte, um Material für seinen Geburtstagsaufsatz[5] von mir zu holen.

Als Angebinde schicke ich Ihnen gleichzeitig die ersten sechs Bändchen der neuen Piper-Bücherei[6]. Darin brächte ich gerne auch ein Prosastück von Ihnen mit Strichätzungen.

Wir fangen eben eine »Mappe der Gegenwart«[7] in gutem Offsetdruck an im Format von etwa 28 : 36. Hierin bringen wir selbstverständlich auch ein Blatt von Ihnen, das ich ja glücklicherweise meiner Sammlung entnehmen kann.

Die Reihen lichten sich. Unser gemeinsamer alter Freund Hörschelmann[8] ist nun auch dahin gegangen. Ich habe von ihm noch vorigen Sommer in Mittenwald einen reizenden Vortrag gehört über seine Begegnungen mit Dichtern. Nun muss er zum ersten Mal unter den Gratulanten fehlen!

Ich habe auch ein Bändchen »Begegnungen«[9] auf dem Programm, worin natürlich die beiden Besuche in Zwickledt ein Hauptstück sein werden. Möchte mir die Zukunft noch mindestens eine weitere Begegnung bescheren! Einstweilen stimmt es ja noch, was Sie mir in Ihrem letzten Brief schrieben, dass Sie leichter nach Paris als nach Passau kommen! Dies wird ja nicht ewig dauern. Und wenn ich auch nicht erwarten kann, dass Sie sich nach München aufmachen, obwohl die Ruinen der Residenz, des Hoftheaters, der Frauenkirche, der Pinakotheken, der Michaelshofkirche, des Hauptbahnhofs, der Staatsbibliothek, der Universität für Ihr Künstlerauge höchst anziehend wären, so werde ich meinerseits doch wohl einmal nach Passau kommen; dann können wir uns ja gegenseitig zuwinken.

Gewiss hat der Briefträger von Wernstein zu Ihnen hinauf schwer an der Fülle der Geburtstagsbriefe zu schleppen. Ich weiss, dass Sie unmöglich jedem Gratulanten antworten können. Aber Sie würden mich doch durch einen Gegengruss sehr erfreuen. In unseren Jahren lebt man immer mehr in der Phantasie und der Erinnerung, und ich wundere mich manchmal, wenn ich nach solchen Ausflügen mich plötzlich im Jahre 1947 wiederfinde. Die vier Enkelkinder (Klaus bescherte mir Ursula, Regina und Hänschen, der Musiker Martin eine Angela[10]), die alle sehr munter sind, sorgen dafür, dass man der Gegenwart und Zukunft nicht ganz entrinnt.

Mit vielen herzlichen Grüssen und Wünschen, vor allem auch für Ihre verehrte Gattin, die Ihnen hoffentlich einen schönen Kuchen gebacken hat,

in alter Verbundenheit

(Reinhard Piper)

P.S. Zur Vorfeier Ihres Geburtstages habe ich alle Ihre aus freundlicher Geberlaune mit Zeichnungen verzierten Briefe aus meinem Kubin-Archiv hervorgeholt und versenke mich in sie, des Gebers dankbar gedenkend.

468 Alfred Kubin[1]

Zum 10. April

Lieber und verehrter alter Freund Piper
Ich darf wohl annehmen dass die Verzögerung meines Dankes Verständnis findet – –

Wir beide sind uns über die meisten Ansichten doch klar und so schreibt es sich angenehm in unserer Kajüte wenn auch die Wogen tüchtig gehen und das Schiff schlingert und rollt – – und – der Steuermann gar nicht mehr auf sicheren Beinen stehen will; leider nicht /etwa/ wegen der Flasche sondern eben infolge des Alters – das mir sonst gar nicht so übel bekommt. – Zurückblickend auf die vielen Epitaphe merke ich deutlich den Sinn des Goethischen Ausspruches[2]: Altern heißt stufenweise Zurücktreten aus der Erscheinung. –

– Freilich war das Fest schon, interessant die vielen hundert Posten aus aller Welt – aber auch anstrengend nahm es mir nun fast 2 Monate schon. – und auch wieder liegt gar nicht so viel daran denn meine frischen Stunden wiegen weit weniger als ehemals wo eine Kraft dahinter stand die ich gründlicher nützen konnte als deren Reste, die obendrein kommen und gehen wie sie wollen nicht mehr wie ichs will. Ich sparte nie mit meinen Erregungen und die Götter leihen kein Pfand[3]! –

– Was mir aus Erfahrung schöpfend da noch gelingt – es ist wenig genug. – freut mich innig – ob es zu einer letzten Blüte reicht scheint mir mehr als fraglich; die Katholiken sprechen zwar von »Gnadenwirkung« aber unsereiner ist ja längst keiner mehr. –

Für Reinhard Piper
70. herzlichen Dank für den Glückwunsch
Zum 10. April

Merkwürdig ists ja schon wie mein »Jubiläum« in eine Zeit der schrecklichsten Bindung an eine Not kommt – und da rührt es mich wieder zu merken jenes unermessliche Hängen am Geistigen, – genauer an durchgeistigten Formen jeglicher Art. das ich bei vielem bemerke –

– das ganze Alltagsleben auch für uns hier gestaltet sich höchst prekär. – die Wunden des Hauses werden notdürftig geflickt, die der Kleider u. s. w. sind kaum mehr zu flicken –

– dabei kommen z. Bsp. aus Amerika (Gott sei Dank nicht als Einziges und neben erfreulichen Paketen) Briefe mit der Adresse: »an den Zauberer von Zwickledt« – und unsere Landeshauptstadt Linz verleiht mir das Ehrenbürgerrecht[4] mit hübschen Dreingaben u. Ansprachen. –

– Th. Th. Heine[5], dem es in Schweden glückte und der genau zehn Jahre älter ist als ich, /unter/schrieb und spendete reichlich »attisches Salz« und Ironie – : »also von Greis zu Greis Dein etc. etc

Ich habe allerdings Sinn für Humor in hohem Maaße war aber genauer besehen doch nie ein Humorist – –

Ich kanns nicht humoristisch nehmen – eher sehr symbolisch wenn bei meiner Münchhausenveröffentlichung (soeben bei Hildegard Winkler Vg., (früher Frundsberg Vg – welcher name als zu militant[6] von der Amis-Behörde abgelehnt wird) zwei Tafeln deshalb sinnlos wirken weil ich nach dem Text der – seltenen – II. Ausgabe (aus d. preuss. Staatsbibliothek) arbeitete, und dem Satz hernach eine spätere zu Grunde gelegt wurde ohne mich im geringsten zu verstandigen geschweige möglichkeiten zu einer Korrektur – es war zur Entschuldigung der Bombenkrieg in seiner furchtbarsten letzten Phase zu <...>. Das ist lieber Herr Piper symptomatisch – – – Sonsten hoffen wir für Sie, Ihre Familie bes. Klaus mit der Firma – das Bestmögliche – heute in noch bestmöglichen Verhältnissen. –

– Von mir wie meiner Frau folgen die herzlichsten Grüße und nochmals Dank für die so gerne empfangene Zusendung –

Immer Ihr alter Kubin

469 Reinhard Piper

München den 11. 10. 1947

Lieber Herr Kubin!
Es freut mich sehr, daß der neue Doppelgänger von Dostojewski mit Ihren Zeichnungen Ihren Beifall gefunden hat. Es ist mir ein sehr lieber Gedanke, dieses großartige Werk mit Ihren kongenialen Zeichnungen neu dem Publikum vorführen zu können. Die neue Umschlagzeichnung ist sehr schön ausgefallen. Ein echter Kubin! Auch die Schrift ist Ihnen ausgezeichnet geglückt. Es ist in befriedigendes Gefühl, ein Buch wieder neu zu bringen, das vor bald 35 Jahren zum erstenmal hinausging. Leider wird es nicht möglich sein, das Buch noch dies Jahr versandfertig zu machen. Infolge der Stromsperre können die Druckerein und Bindereien nur äußerst langsam arbeiten.

Hoffentlich befinden Sie und Ihre Gattin sich weiterhin bei guter Gesundheit. Trotz allen Schwierigkeiten ist der Verlag rüstig bei der Arbeit, und die Zeit wird auch hoffentlich nicht mehr ferne sein, wo ich Ihnen die neuen Bücher des Verlags schicken kann. Zurzeit sind, wie Sie wohl wissen, nach Österreich, Spanien und Japan Drucksachen noch nicht zugelassen.

Mit herzlichen Grüßen und Wünschen

Ihr R. Piper

470 Alfred Kubin

A. Kubin.

1. Beilage[1]
Zwickledt Nov. 47

Lieber Herr Piper ich glaubte einige Wochen an Ihrem Buche »Vormittag« zu lesen – dann wurde ich von Seite zu Seite derartig gespannt, dass ich nicht aufhören konnte

– Es ist ja keine »Besprechung« dieses Werkes sondern eine intime Plauderei darüber, so als würde zuhörend ich bei Ihnen irgendwo sitzen. Im Grossen war mir Ihr Lebenslauf ja bekannt – In vielen hunderten v. Einzelheiten und gar im Flusse Ihres Erzählens – fand ich das Ganze völlig bewundernswert ja schicksalshaft – und stets überraschend – auch bei den Namen waren der Hauptteil ihrer Träger – mir näher oder ferner bekannt – Wie überlegt und auch zu innerst leidenschaftlich gleich dadurch Ihre seelischen Anlagen immer neu beweisend bringen Sie die merkwurdigsten Tatsachen im unvergleichlichen persönlichen Licht ja Dichterisch (von höherer Warte) – dem Leser zur Kenntnis: eben: wie man ein Piper ist und wird! – Welch beruhigtes Gefühl müssen Sie da spüren nach glücklicher Vollendung des Bandes

– Ganz unbekannt war mir Ihr nahes Verhältnis zu Arno Holz[2] – von dem ich blos – im »Ver Sacrum« (Zeitschrift der Wiener Sezession vor etwa 50 Jahren) »Phantasus«[3] kannte – die F. S. u. Venuslieder[4] besass ich sie wurden mir von einem Literarhistoriker[5] vor Jahrzehnten »abgetauscht«, wie das Buch »Ultraviolett« m. † Freundes Max Dauthendey[6]

– Für A. Holz machte ich einmal M Liebermann forderte da auf – eine Lithographie[7] – »streitende Weiber« (auf der Stadtbrücke v. Passau) – die 3 dicken Bande der Buddhoreden[8] habe ich mir (von meinem † Freund Hans v. Müller[9] dem E. Hoffmannforscher eingetauscht – derselbe vermachte mir alle Briefe etc. die ich durch mehr als 40 Jahre ihm schrieb; deren I Teil 1901 - 1905 ist von einer erschreckenden Triebkraft erfüllt – und so kam dies Konvolut ans Kubin-Archiv Hmbg. Es ist verständlich, dass die Schriften Mayer-Graefes dann Dostojewskj, Mereschkovsky für meine Entwicklung Eminentes bedeuteten – Ich traf vor etwa 7 Jahren im Böhmerwald einen gewissen Mader[10], Musikkritiker aus Prag – welcher 2 Wochen mit seiner Gesellschaft die Stille meiner Ferien dort mir denkwürdig machte – Ein Kenner der Russischen überhaupt slawischer Literatur sowie der modernen amerikanischen Dichter, war Mader; über alles – stellte er Dostojewskj und meinte die besten Romanciers verdanken ihm Entscheidendes. – Ich wage nicht in dieser aufgewühlten Zeit nach ›F. M. Ds‹ Schriften zu greifen aus blosser Angst; derart hier an den Rand meines Fassungsvermögens – erfüllte mich s. Zt. diese Lektüre. – »Der liebe Gott als Untersuchungsrichter« – nannte ich ihn damals öfter. – Wie seltsam sich Worringer in seinen Hauptideen[11] fand!? ich war betroffen! Das ist eine der unvergleichlichsten Stellen!! – Ihr Werk hebt sich dann immer gewaltiger je mehr Ihr Verlag seine Verbindungen »ausbaut« – In der Hohenzollernstrasse[12] besuchte ich Sie ja doch auch einmal – da war es recht eng! – Im nächsten Jahr soll in München eine große Ausstellung zum 40 Jahr des blauen Reiter[13] durchgeführt werden –

Auch die Amerikaner interessieren sich – und ich will auch dann mit einer Collection aus jenen frühen Tagen mich daran beteiligen; Frau Marc, Macke[14] das Fräulein Münter[15] werden Werkgaben zur Verfügung stellen – auch die »neue Künstlervereinigung München«[16] kommt hinzu also die um v. Jawlensky[17] – da lebt auch nicht alles mehr, ich las vor Kurzem z. Bsp. daß Ad. Erbslöh[18] gestorben ist – Gegenwärtig wie ich erfahre ist der abstrakte Zug in der Kunst recht im Schwange wieder einmal mit Baumeister, den G. Franke ausstellt[19], Ende[20] u a. so erfahre ich manche glauben »gegenständlich«, dürfte »überhaupt nicht mehr gearbeitet werden!« – Schon deshalb war mir eine Befriedigung, dass Sie den grundsätzlichen Brief – Barlachs[21] in Ihrem Buche veröffentlichen! – ja Barlach! mir tut blos leid, dass ich damals, auf der Englburg nicht noch 1 - 2 Tage länger geblieben bin – wir hätten uns kennen gelernt – Barlach schrieb mir[22] beim Nazi umsturz 33 dann einmal anfragend – ich gab den Brief später ans Archiv – –

– vor kurzem kam nun das Büchlein von <…>[23] mit seinen Erinnerungen – ich kam noch nicht zum Lesen. –

Überhaupt: – fast zu nichts – nebenher komme ich mehr – so vergeht die heutige Zeit – gleich Fett in einer heissen Pfanne

– die Sache mit dem Altern ist ein solcher Schwindel in manchem Betracht – immer schwieriger wird die Balanze und unzulänglicher die Kraft – der Vorteil liegt doch ausschliesslich im Seelischen. – die Gewohnheit des Lebens macht dieses allmählich durchschaubarer –

– die Praxis jedoch verliere ich – denn mein Zustand ist labiler als ehedem –

Fast mit dem Glockenschlag der mein 71. Jahr einläutet, kamen verstärkt gegen früher Anzeichen des physischen Abbaus daher – 5-6 Organe muckten auf und mein Geistesmensch muss sich mit oder ohne Magie hiermit abfinden –

– Das Lästigste ist ein Gedächtnisverfall für nahe Beziehungen – das schlimmste die sehr vermehrten Nervenschmerzen. das am meisten profylactische Aufmerksamkeit Erfordernde: Anzeichen einer vergrößerten Prostata, Eine Augenschwäche u. anderes – verstärkt den Reigen –

– Immerhin die Natur leiht kein Pfand ohne Zins[24] – Wirtschaft und anderes äusserliche gleitet allerdings rasch dahin –

Ihr Buch steigert sich wie erwähnt beim Lesen immer höher und intensiver je mehr die Verlagswerke und ihre Geschicke sich in Ihrem Licht darstellen – Im Ganzen ists ein Glücksbetontes Walten das sich uns kundgiebt –

– Eine endlich ruhiger gewordene Anlage zum Kunstschaffen bildet den Grund vieler mir neuartiger durchdringend gewordenen Empfindungen – so besonders förmliches Wiederkehren von Kindheitserinnerungen – aber auch spätere – die Kommen und Gehen – und mir mein vergangenes Erleben vielfach gespiegelt in ruhigen Stunden zeigen. – Leben Sie wohl verehrter Freund empfehlen Sie mich Ihrer Gattin und beste Wünsche und Grüße dem ganzen Piperschen Nachwuchs –

Ihr sehr ergebener alter Kubin

herzliche Grüße von meiner Frau –

471 Reinhard Piper

München 13 27.11.1947

Herrn
Alfred K u b i n
Zwickledt b/Wernstein am Inn
Österreich

Lieber und verehrter Meister Kubin!
Ich habe auf mein Buch hin viele schöne und interessante Antworten bekommen, aber keiner hat mir soviel Freude gemacht wie die Ihre! Zunächst danke ich Ihnen herzlich für die höchst suggestive Lithographie der Dorfhexe[1] mit ihrem bannenden Blick. Ein echter Kubin! Und dann kam noch Ihr wirklich »monumentaler«, warmherziger Brief, der mich sehr beglückte. Ich habe ihn mehrmals für mich gelesen, dann meiner

Frau vorgelesen und schließlich noch in die Maschine diktiert, also gründlich einverleibt. Besonders hat es mich gefreut, daß Sie auf so viele Einzelheiten meiner Lebensgeschichte eingehen und damit so vieles aus Ihrem eigenen Erleben in Verbindung bringen. Ich betrachte mein Buch selber als einen dicken Brief an meine Freunde.

Ja, die abstrakte Kunst ist jetzt wieder recht im Schwange. Trotzdem halte ich das für eine ganz vorübergehende Sache. Es ist bezeichnend, daß man sich besonders in Amerika für abstrakte Kunst begeistert. Das »Geistige in der Kunst« von Kandinsky[2] ist dort in Übersetzung erschienen und findet reißenden Absatz. Auch erscheinen dort dicke Bücher über Klee und es gibt unzählige Klee-Nachahmer. Daraus sieht man, daß der amerikanischen Kunst eben eine wirkliche Tradition fehlt. Schinnerer hat seinen Akademieschülern[3] den Brief von Barlach über Kandinsky begeistert vorgelesen. Es wurde auch schon in zwei Zeitungen nachgedruckt.

Von Worringer wird nächstens eine Broschüre erscheinen: »Formproblematik der Gegenwartskunst«. Ich werde sie Ihnen schicken. Bleiben wir dem »Gegenständlichen« treu!

Die Sachen von Baumeister kommen mir wie verrutschte Tapetenmuster vor. In den Kunsthandlungen wird man jetzt gefragt: Wünschen Sie Gegenständliches oder Abstraktes?

Mit großer Teilnahme habe ich gelesen, was Sie über die Alterserscheinungen schreiben. Merkwürdig, daß die Leute davon so wenig wissen wollen. Es gibt kaum ein gutes Buch über das Alter. Kürzlich fragte ich Worringer, ob er gelegentlich auch über das Altern nachdächte, worauf er antwortete: »jeden Tag!« Ich habe Ihnen wohl seinerzeit die Anthologie von Owlglaß »Gegen Abend« geschickt mit dem Untertitel »Vom Älterwerden und Altsein«. Da sagten mir Buchhändler, dieser Untertitel sei ganz falsch, er müßte lauten: »Vom Altwerden und Jungbleiben«. Die Menschen wollen sich halt immer in angenehmen Illusionen wiegen.

Ich finde, es ist schön, mit seinen Freunden zugleich alt zu werden. Nur sollte man sich öfter zu stillen Gesprächen zusammenfinden können.

Selbstverständlich denke ich schon wiederholt an die Abfassung des »Nachmittag«[4]. Darin kommen Sie natürlich viel ausführlicher vor als im ersten Band. Zu diesem Zweck habe ich unseren ganzen Briefwechsel den Daten nach in eine einzige fortlaufende Reihe geordnet und werde in den nächsten Wochen ihn noch einmal an mir vorüberziehen lassen und manches daraus zitieren. Auch möchte ich einige Ihrer wunderschönen Briefzeichnungen als Strichätzungen in den Text einfügen, womit Sie wohl einverstanden sind.

In den nächsten Tagen wird noch mancherlei im Verlag fertig, was Ihnen etwas Vergnügen machen wird und hoffentlich noch rechtzeitig auf Ihren Weihnachtstisch gelangt.

Mit herzlichen Grüßen und Wünschen für Sie und Ihre liebe Frau

Ihr alter

R. Piper

472 Alfred Kubin

XII.47

Oberösterreich Zwickledt

Ein gutes Fest
seinem lieben
Piper
gewünscht
vom Kubin

473 Alfred Kubin

Zwickledt
15.II 48

Vg – R. Piper u. C.

Sehr geehrte Herrn
auf Wunsch anbei die letzte Aufnahme[1] –
Falls der »Doppelgänger« von F. M. Dostojewsky geschickt wird wurde auch die Adresse Granitwerke Kapsreiter
Neuhaus a. Inn
Niederbayern (für Kubin)
erwunscht mir sein da ich sie dort selbst bekommen kann – mit freundlichem Gruße
Ihr Kubin

474 Alfred Kubin

Zwickledt 8/X 48

Lieber verehrter alter Freund –
Erstmals: Wir haben schwerste Geschicke durchgemacht: meine über alles geliebte Frau Hedwig ist am 15. August im Krankenhaus Schärding gestorben[1] – nach über 8monatiger Krankheit welche phasenhaft sich entwickelte – mit Auf u. ab – und allen Hülfen der modernen Medizin – Im Dz musste 47 eine Operation durchgeführt werden deren Befund ein vorzüglicher war. – Dann aber wurde es nicht besser mit Darmstörungen im Ganzen 16 Wochen von hier abwesend kamen die verschiedenen Stadien immer trister und mit enormer abmagerung etc. uns zum oftmaligen immer /wieder/ verdrängten Bewusstsein, dass es sich um eine zum Ende führende Krankheit handle – Es war der Hauptsache nach ein Versagen der Nieren (viel Eiweis!) und der Verdauungstrakte – das Ende wurde durch eine Lungenentzündung noch recht qualvoll gemacht – nun nach 44jähriger Ehe mit dieser ungewöhnlichen u. gebildeten Frau und treuesten Helferin – an der ich auch noch wie an einer Mutter hing – gestaltet sich mein Alterssein – recht fraglich – – sind doch die allgemeinen Verhältnisse so schwierig geworden! die Art der hohen Schätzung meiner Werke hilft immerhin ETWAS! – Im Ausland mehr wie im kleinen – etwas korrupten Österreich bei seiner nachkriegswirtschaft – u. bei dem baufälligen Hause – es geschah nichts als

es noch Zeit gewesen wäre – jetzt gehen Mauerer etc. lieber zu den Vielen, die Inflationsgewinnbauten sich leisten können. –

Kurzum – Grotesk klar infolge der hohen Jahre sehe ich diesen Niederbruch (Depotsperre[2] für den »Auslander A. K. bei der bayr. Staatsbank – immer noch bis endlich der Friedensvertrag[3] da ist usw. u. s. f. – so stehts –

Mir intim geht es leidlich – das Illustrieren habe ich an den Nagel gehängt ja zahlreiche »Auftrge« musst ich infolge seelischer Umformung »an den Nagel hängen« – u hoffend Einzelblätter schaffen zu können – leider ists mit Amerikageld u. sw. immer schwierig, da ich regelmäßig fast – es ungeschickt anstelle – Genug damit. – Eine Frage: wenn von Gregor der II Bd der Weltgeschichte d. Theaters[4] endlich erscheint bitte lassen Sie mir sicher diesen gleich über Neuhaus, Niederbay. Granitwerke Kapsreiter /für Kubin/ zugehen! – Zugleich frage ich im Namen anderer Frager wie der Ladenpreis der neuen Ausgabe des Doppelgänger ist!! die Zustellung meiner Freistücke bestätige ich Ihnen und Klaus P. dankend – das Buch – handlicher als die früheren »Friedensausgaben« wirkt günstig – am Einband erfreute ich mich ganz besonders!! /Eine brave Wirtschafterin[5] 12 Jahre schon bei uns habe ich – das ist ein Positivum/ Durch Steuermiseren (die Entschwundene führte dieses »Dezernat« bin ich auch einige male bei z. Bsp. Abschöpfung elend hereingefallen – Krankenhaus dann Behandlungs, Bestrahlungs u. sw. Kosten Bestattung Überführung <...> – u. sw. brachten m. Budget elendiglich durcheinander – andererseits ist eine K.-Bibliographische /Kubin/ Neuheit[6] deutsche und englische Ausgabe in Amerika im Entstehen, dem K. Archiv in Hamburg ist man zuvorgekommen /damit/ warum ist man dort /auch so zeitraubend <gewesen>! Und Ihr Nachmittag????? Immer Ihr

alter Kubin/

/Herzliche Gruße an Ihre Familie!/

475 Reinhard Piper

12. Oktober 1948

Herrn
Professor Alfred K u b i n
Z w i c k l e d t
bei Wernstein am Inn
Oberösterreich

Lieber, verehrter alter Freund !
Ihr Brief vom 8. Oktober brachte mir traurige Kunde. Mit grosser Teilnahme las ich von Tode Ihrer lieben, auch von mir herzlich verehrten Gattin. Ihr lange sich hinziehendes Sterben war für Sie beide besonders quälend.

Sie haben sich als Künstler und Mensch so viel mit dem Tode beschäftigt, sich den Gedanken ganz einverleibt, aber das unmittelbare Erleben in der nächsten Nähe ist doch noch etwas weit tiefer Greifendes.

Wie gut verstehe ich, dass Sie an Ihrer Frau wie an einer Mutter hingen! Wie müssen Sie sich jetzt vereinsamt fühlen! Gut, dass Sie wenigstens eine vertrauenswürdige, altgewohnte Hilfe im Hause haben und nicht ganz allein auf sich angewiesen sind.

Das Bild Ihrer Frau steht mir ausserordentlich lebendig vor Augen. Ich habe eine gute Aufnahme von ihr auf dem Wege im Zwickledter Garten, einem Gast entgegengehend.

Wenn Sie allein, ohne Sie, nach München zu Besuch kam, sagte sie / mir fast immer/: »Ich mein immer, ich müsste /als/ Entschuldigung dazu sagen: bin ich's nur!«

Es freut mich, dass es Ihnen persönlich wenigstens leidlich geht. Ich bin mit dem Alter ja ziemlich auf den Fersen. Die Spannkraft lässt manchmal nach. Aber im Verlag wird man nach wie vor täglich von neuen Problemen überschüttet. Und manchmal sträube ich mich etwas dagegen, auch noch die letzten Lebensjahre zwischen Papieren zuzubringen. Aber es ist mir ein Trost, wenn ich sehe, dass dadurch doch so vielen anderen dringend begehrte geistige Nahrung zugeführt wird.

Früher hatte ich immer gehofft, in späteren Jahren noch ausgiebig zu reisen, z.B. nach Holland, nach Spanien. Aber das hat die dumme Politik der letzten 10 Jahre verhindert. Ich hatte die Devisen für Griechenland in der Tasche[1], als der Krieg ausbrach. Nun träume ich davon, wenigstens noch einmal nach Italien zu kommen.

Den August verbrachte ich mit meiner Frau in der landschaftlich sehr reichen Gegend um Oberstdorf im Allgäu. Auch mein Verleger-Sohn mit seinem Hansi war eine Zeit lang dabei, einem Muster an Munterkeit und guter Laune.

Auch mir gefällt die Neuausgabe des »Doppelgängers« sehr. Ich freue mich besonders, dass eine Arbeit, die Künstler und Verleger schon vor Jahrzehnten geleistet haben, noch immer wieder neue Frucht trägt.

Wir möchten Ihnen für die Neuauflage einschliesslich Einbandzeichnung 1000 DM zahlen. Einstweilen können sie Ihnen nur auf Konto gutgebracht werden, aber ich hoffe sehr, dass es nun nicht mehr allzu lange dauert, bis wir sie Ihnen auszahlen können.

Die Mappe mit den »24 Meistern der Gegenwart«[2] rückt nur langsam vorwärts, da wir immer noch nicht die Reproduktionsrechte für die modernen Franzosen, die darin wiedergegeben werden sollen, bekommen konnten.

Ihre Federzeichnung »Tumult«[3] ist schon reproduziert, die Wiedergabe ist sehr gut ausgefallen, sozusagen »zum Verwechseln«, aber leider haben wir nur einen Andruck im Hause, den wir nicht abgeben können. Sonst würde ich ihn Ihnen beilegen.

Sie fragen nach dem zweiten Band der »Weltgeschichte der Theaters« von Josef Gregor. Mit diesem hat es noch gute Weile, es liegt noch nicht einmal das ganze Manuskript vor. Es wird damit wohl Ende des nächsten Jahres werden.

Der »Doppelgänger« kostet in der neuen Ausgabe DM 8.80 und wird allgemein als billig empfunden.

Ich schicke Ihnen mit gleicher Post 3 neue Bücher, die Ihnen hoffentlich etwas Vergnügen machen: Horst Lange[4], Am kimmerischen Strand, Clemens und Bettina, Geschwisterbriefe[5], und den mir sehr sympathischen Roman »Magda Gött« von Georg von der Vring[6]. Ich pflege dazu zu sagen, man werde ein besserer Mensch, wenn man ihn liest. Dabei ist er ohne jedes Moralisieren.

Zu Weihnachten wird sich noch mancherlei ansammeln, das sich dann bei Ihnen einstellt.

Sie fragen nach dem »Nachmittag«. Ich denke natürlich oft daran, dass ich ihn noch schreiben müsste. Die Kapitel über Barlach, Beckmann und den Zauberer von Zwickledt[7] sind so gut wie fertig, aber dazwischen fehlt noch viel. Ich konnte mich noch immer nicht entschliessen, vom Verlag so weit abzurücken, um mich ganz auf den »Nachmittag« zu konzentrieren, und nebenher kann man das nicht schreiben. Vielleicht wird's doch noch was!

Mit herzlichen Grüssen und Wünschen
in alter Freundschaft
Ihr
[Durchschlag]

476 Alfred Kubin

Zwickledt Ende Nov 48

Lieber und verehrter Freund Ich danke Ihnen von Herzen für die Stiftung von gleich 5 Stück des Piper-Kunstkalenders[1] der da wieder »trostvoll« endlich erschien! Für mich zugleich angenehm weil ich für etliche Weihnachtsverpflichtungen weiß was ich da hinschicken kann jetzo – – Mit heutigem Tage kam ein Nachtfrost nicht zu unserem Vergnügen den ich gerne erst Januar bemerkt hätte – – am 15 XII nimmt mich ein Freund in seinem Wagen nach Rittsteig zu Freund Carossa zu dessen 70[2]! – Kippenberg kommt wie ich v. ihm erfuhr sogar von Marburg-Lahn[3] hin – Dieser schickte mir ein Buch »Kleine Schriften« von seiner Frau die 1947 starb und für Rilke[4] mit ihrem Buch viel geleistet hat – – der Insel-Verleger hatte viel Unglück auch durch die Leipziger Kriegskatastrophe erlebt. Um Wolfskehl † ist mir leid – im 80. erblindet etc – hat er mir vor 2 Jahren noch einen »echten« Wolfskehl-Brief geschrieben aus Neuseeland[5] /berichtete über Dortiges interessant, bes. Zoologisches!/ – und vorgestern kam einer von Alf Bachmann[6] dem Marinemaler und Hochseevögel-Spezialisten – kaum weniger interessant – – Ich schreibe selten nette Briefe hingegen habe ich an die US-Militärregierung ein Gesuch gemacht – mit dem dringenden Wunsch nach Gerechtigkeit und Transfer-Freigabe eines Teiles meiner Ersparnisse fürs Alter angelegt. So wird unser Ausgang auch äusserlich noch zum Abenteuer das es intim meist war. – Herzlichst

Ihr Kubin

477 Alfred Kubin

Zwickledt 19.I 49

Lieber Herr Piper – /Zunächst/ diese Dankesworte gebühren dem großen Band Otto Fischers[1]! – – Mir erweiterte dieses Werk (den Text las ich noch nicht) wirklich den mir bisher geläufigen Vorstellungs-kreis des uns bisher zugänglichen Stoffes. – – Erstaunlich wie das alles immer noch wächst – und dankbar werden die Freunde – alle, des Piper Verlages sein. Ist man es nicht schon, – so wird der Beschauer solcher Gestaltungen unwillkürlich kontemplative gestimmt und dies strebten diese unbekannten Künstler wahrscheinlich auch an – neben dem rein Künstlerischen des Gestaltens –

Dass unsere Zeit auf Verlagsgebiet solche Tröstungen noch immer zu bieten hat ist eben doch ein Positives – – So muss man auch denken bei aller Niedergeschlagenheit – Wie befriedigt es uns auch die Barlachzeichnungen[2] eine Genugtuung die der schmerzlichst gekränkte leider nicht mehr erlebte.

Und hier!??? Ach mir ist das alte Haus hier »letzter Part« – auch die 12 Jahre bei uns lebende Wirtschafterin hängt an dem Gemäuer wohl mehr als an seinem Herrn – sie sagte mir – solange ich hier bleibe – würde sie es auch tun – Orts wechsel macht sie aber nicht mit – dabei ist das Klima wahrhaftig eine Zumutung für einen alten Kerl – Seit Tagen eine teuflische Glatteisbildung mir bislang so arg neu –

– aus einem Schreiben von Hans Eberhard Friedrich (Herausgeber der Zeitschrift »Thema« (früher Prisma[3]) erfuhr ich, dass auch R. Piper Vg irgend ein Blättchen meiner Hand zwecks Reproduktionen für das Aprilheft zur Verfügung stellt – Ein Hauptbeitrag ist das schabernakische Stück Astutuli voll echter niederbayrischer heidenhaft elementarer Dämonie von Carl Orff[4] – der mich vor. Sommer aufsuchen wollte doch grade in die schrecklichsten Tage meiner armen Frau hier hineingekommen wäre – so unterbliebs – Orff, so scheint es wäre als Komponist auch wertvoll – der »Stoff« sagte mir vieles denn ich wollte nichts mehr illustrieren – um die paar Dinge für Ausstellungen im Ausland[5] noch zu machen auf die mir's ankommt (nämlich kleinformatige einzelne oder auch paarige Mensch-Tiergestalten[6]. – Wäre doch dies Jahr nochmals ein wenig ergiebig – bis die Imbezillität mich frisst. – – – Es haben sich nach und nach – mehr denn 1000 Briefe (hinter meinem Rücken auf einem Gestell) angesammelt das meiste zeugt für die schlimme Nervosität und Vielgeschäftigkeit der Epoche – und spricht in diesem Sinne für sich selber! – als wären die faktischen Schwierigkeiten onehin nicht schon arg genug – nun begrüße ich Sie und Ihre nächsten von Herzen und wurde mich sehr freuen am 31 Okt – meine Glückwünsche[7] Ihnen vermitteln zu können

wie immer Ihr alter Kubin

478 Reinhard Piper

2.3.1949

Herrn
Alfred K u b i n
Zwickledt b/Wernstein am Inn
Oberösterreich

Lieber Herr Kubin!
Vielen herzlichen Dank für Ihren Brief vom 19. Januar, der mich sehr gefreut hat. Er ist eine würdige Gegengabe gegen die »Chinesische Plastik« und die Barlach-Zeichnungen. Von wem erhält man heutzutage noch solche Briefe? Nun ist auch mein alter Freund Schinnerer gestorben[1], einer der wenigen, mit dem ich mich gut über Kunst und Leben unterhalten konnte. In wenigen Wochen wird seine letzte Arbeit[2] in der Piper-Bücherei erscheinen: das »Weltgericht von Michelangelo in 47 Einzelaufnahmen«, wozu Schinnerer, der mir das Thema vorgeschlagen hatte, einen sehr schönen Text geschrieben hat.

Sie haben sehr recht, daß die alte chinesische Kunst kontemplativ wirkt, und ich dachte mir schon, daß diese alten Ostasiaten Ihnen viel zu sagen haben. Das Buch ist Ihnen wie mir eine Tröstung. Da Sie nur von den Barlach-Zeichnungen schreiben und nicht auch von der Neuausgabe seines »Selbsterzählten Lebens«[3], lasse ich Ihnen dieses auch noch zugehen.

Ja, die vielen Briefe! Wie selten ist darunter solch einer, wie Sie sie schreiben! Auch unter unsern Verlagsautoren herrscht eine entsetzliche Vielgeschäftigkeit. Jeder hält sein Buch für das wichtigste, alle anderen Autoren für überflüssig, ja ist beinah beleidigt, daß man sich auch noch für andere Autoren interessiert. Fast alle Verlagswerke der letzten zwanzig Jahre sind vergriffen, ausgeplündert oder verbrannt. Jeder Autor will Neuauflagen sehen. Als ob man in drei Jahren das alles neu drucken könnte, was man in zwanzig Jahren verlegt hat.

Vielleicht haben Sie in der Zeitung von dem Kakadu im Münchner Tierpark gelesen, der zum Erstaunen die Besucher mit »Heil Hitler« begrüßt hat. Ist das nicht empörend? Der Direktor des Tierparks schrieb darüber eine reizende Plauderei. Um dem Vogel den Heil-Hitler-Gruß abzugewöhnen, hat man ihm jetzt eine Frau gegeben, da die Kakadus dann erfahrungsgemäß über anderweitigen Interessen ihre Sprechtechnik einbüßen. Die von den Amerikanern herausgegebene »Neue Zeitung« (Auflage ca. 2 Millionen) hatte den netten Einfall, zu dieser Geschichte Ihre Zeichnung »Sprachunterricht«[4] aus den »Abenteuern einer Zeichenfeder« abzubilden, mit Quellen- und Verlagsangabe.

Der Komponist Carl Orff ist ein sehr begabter Komponist. Ich hörte von ihm die Märchenoper »Der gestohlene Mond«[5], auch seine »Carmina burana«[6] (mittelalterliche Vagantenlieder).

Ich habe Ihren Brief übrigens auch meiner Frau vorgelesen beim abendlichen Strümpfestopfen, und sie erklärte, daß es ihr ein großer Genuß gewesen sei.

Vielen Dank zum Schluß für das Bücherzeichen[7]. Solche Exlibris lobe ich mir.

In der Hoffnung, daß es zwischen uns auch noch einmal zu einer persönlichen Begegnung kommt und

mit den herzlichsten Wünschen

Ihr

(Reinhard Piper)

[Durchschlag]

479 Alfred Kubin

Zw. 21.6 49

Lieber Herr Piper Ganz Ihrer ansicht muss ich da auch sein! Herr Horodisch[1] war der rascheste /er hat da den Vortritt vor dem »wissenschaftlichen – Katalog« /der/ seit 25-30 Jahren »in Vorbereitung« und weit umfangreicher! muss eben mehrere Jahre bis klarere Verhältnisse sind mindestens gewartet werden –/ sein Band erscheint auch in englischer Sprache – Für meinen »Betrieb« als wacklig gewordener war der Band eine Art Bilderatlas der Verlagswerke – insoweit recht wichtig weil ich vor. Jahr eine so namhafte Vorauszahlung bekam, dass ich das Schreckensjahr 1948 – einigermaassen finanzieren konnte – Nun sollen /in der rus. Zone Deutschlandes für Österreicher/ die »eingefrorenen« Wertpapiere wieder frei werden – auch einige Postbestimmungen erleichternder Art kommen – das wäre sehr wichtig – ich hätte immer noch Anhänger meiner Arbeiten die auch etwas erwerben würden. – aber nahezu keine Geduld den Schikanen gegenüber die von beiden Seiten drücken – Gestern war in Wernstein Glockenweihe / durch den Trappistenabt[2]/ und was da alles zu sehen war geht ins märchenhafte – als Ehrenbürger war ich eingeladen – die lateinischen Reden die uralten Ceremonien, Reiter und Trachten – vor allem der natürliche Hintergrund der eigenartigen Gegend es war eindrucksvoll. – –

Leider spüre ich Ermüdungen fortwährend so wehe- und <...> – Aber der Schlaf ist immer noch gut. –

Viele Grüße Ihres AKubin
Zwickledt 21/VI 49 –

480 Reinhard Piper

München 13, den 4. Nov. 1949

Herrn
Professor Alfred K u b i n
Zwickledt B/Wernstein a. Inn
Oberösterreich

Lieber Herr Kubin!
Ich danke Ihnen herzlich für Ihre geniale Zeichnung[1] des phantastischen ausländischen Kurgastes bei den Salzburger Festspielen und für Ihre Glückwünsche.

Mein Sohn hatte alle Blätter in einen grünen Ledereinband[2] zusammenbinden lassen und ihn mir am Geburtstagsmorgen überreicht. Das war eine große freudige Überraschung! Der ganze, einzigartige Band gehört nun zu meinen kostbarsten Besitztümern. Ich werde immer wieder zu ihm zurückkehren, denn seinen Inhalt werde ich nie ganz ausschöpfen können. Er wird mir immer wieder Neues bieten.

Schon die vielen verschiedenen Handschriften sind für mein für Rhythmus und Ausdruck der Linie empfängliches Auge ein besonders reiches Schauspiel.

Der Band wird sich, wie ich hoffe, wohlbehalten auf Enkel und Ururenkel vererben und noch nach ein paar hundert Jahren mit Andacht betrachtet und gelesen werden.

Wir gern würde ich Ihnen nun einen Plauderbrief schreiben, aber das geht leider über meine Kräfte.

So kann ich Sie nur vertrösten auf den »Nachmittag« meiner Lebenserinnerungen, der schon zum großen Teil fertig geschrieben ist und, wie ich hoffe, zu Ostern oder gegen den Sommer hin als Buch vorliegen wird. Es wird mir dann ein besonderes Vergnügen sein, Ihnen den Band zu schicken, und ich bitte Sie, ihn dann als meinen dicken persönlichen Antwortbrief zu betrachten und ihn mit Wohlwollen aufzunehmen.

Möchte die Verbindung zwischen Ihnen, mir und meinem Sohn noch immer fester und intimer werden!

Mit nochmaligem herzlichem Dank und
den besten Wünschen
Ihr
R. Piper

481 Alfred Kubin

49 Zwickledt 25/XI

Lieber Herr Piper Wie sehr freute mich Ihr Schreiben mit freundlichen <Ausdrücken>.

Im Vorjahre um diese Zeit wünschte ich mir nichts anderes als noch ein rundes Jahr so halbwegs beisammen zu bleiben mit der Körperlichkeit und nun – dieser Wunsch also in Erfüllung ging möcht' ich nochmal anstückeln obschon ich überzeugt bin, dass ich eine heimliche Altersparalyse mit mir herumtrage als Folge jahrzehntelanger Raubbauwirtschaft. Ich wurde oft genug von meiner Frau gewarnt wegen meiner allzu vielen Überstunden – – aber ich habe mich dann nicht viel gescheert bei solchem Vorhalt; – auch die Vergesslichkeit wie die allzu rasch eintretenden Erschöpfungsanfälle wo ich im Armstuhl ja <...> einschlafe und ähnliches sagen mir deutlich genug wie viel es geschlagen hat – hie und da packt mich die alte Zeichenlust und ein Blattchen voll Runzeln und Zittrigkeit tritt zutage – ohne Planung denn wenn ich das was ich »scharf denken« nenne einsetzen möchte kommt mein neuester »Freund« im Schwindelgefühl zur Geltung dass man gerne auf solche Rosinantensprünge verzichtet. – Aber Doch Laufen kann ich noch wie ein alter Hengst – und auch mit dem übrigen Drum und dran in der Wirtschaft und Einsamkeit bin ich meist wohl zufrieden – und wenn Sie wirklich noch einmal ans reißen <...> gleich bis China! und dort auf der grossen Mauer spazieren wollen so komme ich (im Geiste) mit! –

– Großartig berührte mich, dass der Verlag einen Beckmannband[1] bringen will – wenn Sie mir davon ein Stück bei Gelegenheit /Adresse für eine Buchsendung wäre: Granitwerke August Kapsreiter (für Kubin) Neuhaus am Inn – Nied. bayern von wo ich Paket bekommen würde –/ dann zusenden könnten würde ich Kopf stehen vor Freude denn Beckmann gehört zu den echt in die Epoche Passenden und diese mitformenden Künstlern dessen herbe Selbsttreue ich seit vielen Jahren

bewundere /anch io sono Pittore![2]/ – Herzliche Gruße für Sie und die Ihrigen – stets Ihr
Kubin

/Für das Ausstellungsplakat[3] Dank – das ist die beste »Propaganda« für Viele immer wieder ein Erstaunen was Ihr Verlag in dem Zeitraum – geleistet, – was er bedeutet./

[weiter auf beigelegter Kunstdruckkarte]

/die Buchzeichen[4] moderne sind mir recht langweilig – ich musste mich einige male um solche annehmen – mit diesem wollt ich abschliessen –

– der Jubal (aus der Genesis – mythischer Abkunft und Urahn aller Künstler ist Bruder des Jabal dem ersten Bauern/

482 Reinhard Piper

1.12.1949

Herrn
Prof. Alfred Kubin
Zwickledt b/Wernstein a. Inn
Oberösterreich.

Lieber Herr Kubin!
Vielen herzlichen Dank für Ihren Brief vom 25.11. Ich habe dieses Schreiben meines alten Freundes geradezu mit Gefühlen der Ehrfurcht geöffnet. Ich sage Ihnen nichts Neues, wenn ich dabei die etwas melancholische Betrachtung angestellt habe: Wie oft werden wir noch Briefe wechseln? Aber es freut mich ungemein, daß Sie nochmal anstückeln möchten. Dasselbe möchte natürlich auch ich, besonders so lange, bis ich endlich meinen »Nachmittag« fertig als Buch versenden kann. Also stückeln wir gemeinsam an und noch recht lange und geben uns von Zeit zu Zeit Nachricht über den Erfolg dieser Anstückelungsbemühungen. Mit Ihrem neuesten Freund, dem Schwindelgefühl, habe ich mich schon seit Jahren vertraut machen müssen; seine Besuche sind wirklich ärgerlich und lästig, und manchmal habe ich ihn laut beschimpft.

Es freut mich, daß Sie immer noch kritzeln, wenn auch »ohne Planung«.

In der Ausstellung, deren Plakat ich Ihnen schickte, war ein großer Wechselrahmen ausgestellt mit Bildnissen und illustrierten Briefen von Ihnen, die sehr viel Interesse fanden. Außerdem war ein großer Tisch mit Ihren Illustrationen aufgestellt, von durchsichtigem Cellophanpapier bedeckt, und noch vier Wechselrahmen mit Blättern vom »Rande des Lebens«. Von Ihren Zeichnungen zur Bibel war das Blatt mit der Taufe Christi aufgeschlagen, was zur Folge hatte, daß ein junges Mädchen sich bei meiner Tochter, die sich an der Aufsicht beteiligte, beschwerte, sie sei dadurch in ihren religiösen Empfindungen verletzt.

Daß Sie sich soviel aus dem neuen Beckmann-Buche machen, freut mich herzlich. Selbstverständlich wäre es Ihnen zu Weihnachten zugegangen. Nun lasse ich es aber schon heute an die Granitwerke abgehen. Ich wäre Ihnen sehr dankbar, wenn Sie mit ein paar Zeilen darüber schreiben würden. Man hört ja so gern ein lebendiges Echo. Es ist das die Belohnung des Verlegers für seine vielen Mühen, und an diesem Buche haben wir wirklich ein Jahr lang herumgeächzt. Es ist aber, meine ich, auch wirklich schön geworden.

Zu Weihnachten wird sich dann noch einiges Weitere bei Ihnen einfinden. Ich hoffe nächstens den »Nachmittag« abzuschließen, in dem sich selbstverständlich ein großes Kubin-Kapitel befindet, dessen Lektüre Ihnen hoffentlich Vergnügen macht.

Für heute mit herzlichen Grüßen und Wünschen
Ihr alter
R. Piper

483 Alfred Kubin

Zwickledt 16 XII 49

Lieber Freund Piper – Das Beckmannwerk war und ist mir schönste vorweihnachtliche Freude! – den Text lese ich in den Feiertagen – In der Auswahl der Reproduktionen macht sich gewiss – Ihre glückliche Erfahrung – zum Gelingen dieses Kollosalen Bandes bemerkbar. –

ann: nach meiner Anschauung und das seit langen Jahren ist M. B. der stärkste Experimentator im Gebiet der bildenden Kunst den Deutschland hervorgebracht – bei unseren alten Meistern – gab es solche einige male – heute machen sich wohl Frechlinge – z. T. Desperados breit – gestaltende herbe Kräfte wie B. aber keinen zweiten obschon die Epoche etliche wunderbare Meister /im Ausland/ voll Mut mit <Empfindung>

gepaart besitzt doch über den Mut eines Beckmann der bis zur Selbstopferung geht – verfügt keiner. –

die geheimen wie offenen Schrecken unserer Entwicklung spiegeln sich selbstverständlich – daher musste auch Viel zertrümmert werden – auch da ist der apokalyptische Gaul den Beckmann reitet führend. So einer kann nicht z.Bsp. »Schule« machen – ihm nachzufolgen würde blos ein Irrer wagen. –

Im Gegensatz zu einem Mittelmeermann und afrikaner wie Picasso[1] – der viel spielerisches u. Geschmäcklerisches in seinem Wesen enthält – bleibt M.B. ein »Unsriger« auch darin seine Bedeutung – denn seine Versuche (nach dem scharfen Schnitt mit dem er sich von der Eindruckskunst in seiner frühen Berlinerperiode[2] selbst befreite) – sind für uns moderne Beschauer – fassbar trotzdem sie manchesmal uns seelisch bedrangend die Verzweiflung zu streifen scheinen in ihrer »unbedingten« Haltung –

– Ich danke Ihnen für die rasche Zusendung. – Höre mit Vergnügen – was Sie über »Nachmittag« durchsickern lassen – – höre mit Humor wenn ein Jungweiblein durch meine Bibelblatter ennuiert wurde (eine Folge wo ich jugentlich damals fuhlend im sogenannten »starken ausdruck« mich übte – diesen Pfad aber bald wieder abbrach. /Da fehlte mir »halt« die Schneid! –/) –

eine Bleistiftstudie (zum Kriegspferd, andere Fassung – – die erste <ungotische> wurde bekanntlich aus der Salzburger K.ausstellung von einer jungen hübschen Fanatikerin entwendet[3] – aber wieder gegeben) – sonst geht es mir – oh weh <ach> nicht mehr »Nachmittag« sondern wie Owlglass »gegen Abend« – – und dieser ist leider recht bald nach solcher Feststellung gestorben[4] – Also wollen wir da noch hoffen was zu hoffen ist – aussersten Falles – – Szenenwechsel. – Immer Ihr Ihnen herzlich anhangender alter Kubin

484 Reinhard Piper

4.1.1950

Herrn
Prof. Alfred K u b i n
Zwickledt b/Wernstein a. Inn
Oberösterreich.

Lieber Freund Kubin!
Ich danke Ihnen sehr herzlich für Ihren Brief vom 16.12. Schon der Brief war für mich ein Geschenk! Und dazu kam dann noch die Rolle mit der wunderschönen Zeichnung des »Kriegspferdes«, mit der Sie mir eine sehr große Freude gemacht haben. Eine Bleistiftzeichnung dieser Art ist bisher unter meinen Kubin-Schätzen nicht vorhanden gewesen und fügt diesen eine ganz besondere Note hinzu. Ich brauche Ihnen nicht zu sagen, daß ich die Zeichnung während der Feiertage wiederholt mit größter Vertiefung in den einzelnen Strich betrachtet habe und dies im neuen Jahr noch oft wiederholen werde. Ich danke Ihnen sehr herzlich dafür! Ich habe mir auch vorgestellt, welche Mühe Sie damit hatten, eine passende Rolle herauszusuchen und die Zeichnung so schön zu verpacken.

Daß Ihnen das neue Beckmann-Buch soviel Vergnügen gemacht hat, ist mir eine große Genugtuung.

Ich sagte mir bei Lektüre Ihres Briefes sogleich, daß auch Beckmann selbst sich sehr über Ihre Äußerungen freuen würde. Deshalb habe ich, ohne lang zu fragen, an Beckmann eine Abschrift Ihres Briefes gesandt. Es wird in Amerika[1] selten eine solche Zustimmung von wirklich berufener Seite hören.

Meiner Gewohnheit gemäß habe ich auch diesmal Ihren Brief, nachdem ich ihn entziffert hatte, in die Schreibmaschine diktiert. Die Entzifferung war diesmal nicht einmal so schwierig wie schon bei manchen früheren Briefen. Nur an zwei Worten bin ich hängengeblieben. Sie schreiben in Bezug auf Ihre Bibelblätter, daß Sie damals im sogenannten starken Ausdruck sich übten, diesen Pfad aber bald wieder ..... (das nächste Wort bringe ich nicht heraus). Ich habe es hierneben kopiert[2].

Dann sprechen Sie von einer Fassung des »Kriegspferdes« und nennen diese, wenn ich das Wort richtig entziffere, eine ungotische[3]. Stimmt das? – Sie sehen: ich arbeite schon einer wissenschaftlich-kritischen Gesamtausgabe Ihrer Briefe vor.

Nach dem Beckmann-Buch wird Ihnen inzwischen auch noch anderes zugekommen sein. Der Roman von J.M. Bauer »Am anderen Morgen«[4] (er ist, wie Sie nach wenigen Seiten bemerken werden, durchaus nicht unkubinisch in seiner grotesk-ironischen Haltung), ferner das Dostojewski-Brevier[5], in dem Sie vieles finden werden, was auch einem Dostojewski-Kenner nicht gegenwärtig ist. Das Münzbuch[6] wird Sie interessieren wegen der vielen, höchst merkwürdigen Physiognomien, und auch in dem Kunstkalender[7] werden Sie manches finden, was Sie anspricht.

Hoffentlich haben Sie manche betrachterische Abende.

Sie gehören zu den wenigen Menschen, von denen man noch wirklich persönliche Briefe erhält. Die meisten Briefe heutzutage sind nur noch Notizen im Telegrammstil und in Schreibmaschine. Darüber werde ich im »Nachmittag« auch ein paar Sätze sagen.

In unserer Verlagsausstellung[8] in der »Neuen Sammlung« an der Prinzregentenstraße hatten wir auch 24 große Wechselrahmen aufgehängt mit Bildnissen, Fotos, Zeichnungen, Briefen unserer Künstler und Autoren. Darunter befand sich selbstverständlich auch ein Kubin-Rahmen. Ich habe sie alle fotographieren lassen und werde Ihnen nächstens einen Abzug senden. Ich glaube, er wird Ihnen Spaß machen.

Den »Szenenwechsel«, von dem Sie schreiben, wollen wir möglichst noch etwas aufschieben.

Mit besten Wünschen
in alter Anhänglichkeit
Ihr
[Durchschlag]

485 Alfred Kubin

Zwickledt 14. März 50

Lieber alter Freund und Verleger – der Winter liefert uns noch immer Nachzüglerscharmützel – und eine Grippe nahm mich in Beschlag; solches Zusammentreffen fördert die Briefschreibelust! An Frau Schinnerer schrieb ich, dass Ende April die Briefe[1] ihres Mannes aus dem Chaos hier von mir – der ich nach anderen Schriften im Anbau eben auch angele, gesucht werden. Wir hatten nämlich Juni 1945 da einen Brand. Es waren von d. Beschiessung her immer noch im Anbauzimmer wo Emballage in einem Haufen lag, darauf eine Schicht Glasscherben – welche vertrackter Weise durch einfallende Sonnenstrahlen und wegen dem leicht brennenden Packmaterial, dazu Luftzug welcher – seltsam teuflisch die kleine Glut infolge Brennglaswirkung zur offenen Flamme steigerte. – Alles hätte draufgehen können der Nachbar bemerkte den Rauch u. m. Frau u. ihre Schwester[2] (inzwischen Beide †) und noch etliche Leute löschten das Feuer. Der Rupfen an den Holzwänden fiel verkohlt ab – Ich ahnte nichts da ich in einem anderen Trakt arbeitete – und erst als die Gefahr vorüber war geholt wurde!!! – – Sonst geht es – wie schon erwähnt einmal, leidlich balanciert – Ein Kartenhaus könnte man meine Existenz z. Zt. benennen – die Methode ohne Plan – noch zu kritzeln erfrischt und erfreut – Es ist die einzige ausnützung meiner »Menschmaschine der sinkenden Kräfte« und doch ein perpetuum mobile. –

Dass bei dieser Komödie des Lebens 50% Ärger hervor auch kommen darf uns ja nicht wundern – trotz allem: ein ziemlich aufregendes Spiel! – Hausenstein von den Matadoren der »neuen Kunst« in einer sehr lesenswerten Broschüre: Was bedeutet die moderne Kunst? Ein Wort der Besinnung – zurückziehend

Beckmann u. ich behalten aber die Geltung[3] – im Vg d. Werkstatt, Leutstetten vor München 1949 –

– Die Geister die – er – mitrief machen ihm bange scheint es – – canonisiert dürfte er aber trotzdem noch nicht werden. – –

Dass Beckmann /siehe Beilage/ und wenns richtig ist – auskömmlich in U.S.A. Verständnis findet wäre wohl sehr zu wünschen!! Bei mir!? Es ist glaube ich blos wieder eine vorüberziehende Kränklichkeit wieder – und noch nicht »die Auflösung« – Jedoch bei einem »Phantasten« wird jeder Schmarren gleich zum Schreckbild – dazu kommt, dass jede irgendwie berufliche Schreiberei grässlich in den meisten Fällen mir von den zahllosen Unbekannten mir ist – nicht nur die Autographenjäger sondern die vielen Bitten um ausstellungen oder einem jungen Dichter eine »Vignette« – machen oder die bekannten 2 Striche in ein Stamm- oder Gästebuch und s. w. das meiste wandert in den Papierkorb – ich versäume – halb absichtlich – zu antworten – – Hoffentlich kommen Sie mit Ihrem »Nachmittag« weiter – Ich habe Widerwärtiges mit einem Züricher Verleger[4] durchzumachen – Ein Schweizer »Fürsprech«[5] welcher Freund meiner Arbeit, seit langen Jahren ist – half da und im Anfang gings gut positiv weiter nun ist es wieder still geworden

– vor. Jahr war ein hochstapelnder »Verehrer« /Sohn des weiland Commissionärs Volkmar Leipzig[6] – der beim Bombenangriff – Leben u. Habe verlor –/ für einige Stunden über die Grenze hier <...> – Er entzog mir zwei wertvolle Originale[7]! –

Leben Sie wohl alter Freund und behalten Sie mich in gutem Gedächtnis.

Immer Ihr alter
Kubin

486 Reinhard Piper

22.3.1950

Herrn Prof. Alfred Kubin
Zwickledt b/Wernstein a. Inn
Oberösterreich.

Lieber alter Freund Kubin!
Haben Sie herzlichen Dank für Ihren langen Brief vom 14.3. Ihre Briefe sind mir immer geradezu ein Geschenk. Ich bewundere Sie, daß Sie sich die Mühe machen, einen solchen Brief mit der Hand zu schreiben. Mir wird das mit der Hand schreiben allmählich etwas sauer. Allerdings haben Sie es nicht so bequem wie ich mit dem Diktieren. Es macht mir jedes Mal besonderes Vergnügen, Ihre malerische Handschrift zu entziffern und dann den Brief in die Maschine zu diktieren, damit meine Enkel und Urenkel es leichter haben.

Hoffentlich haben Sie Ihren kleinen Grippeanfall längst überstanden. In unsern Jahren muß man ja auch mit kleinen Grippeanfällen vorsichtig sein.

Heute schicke ich Ihnen /gesondert/ die Fahnenkorrektur des Kubin-Artikels aus meinem »Nachmittag«[1] und hoffe, daß Ihnen die Lektüre etwas Vergnügen macht. Ich habe dabei die frühere Schilderung der Besuche bei Ihnen wieder benutzt. Der Schluß mit den Sorgen und Kämpfen um die Drucklegung der »Abenteuer einer Zeichenfeder« ist neu geschrieben. Sie können die Abzüge dort behalten. Selbstverständlich bekommen Sie später noch das gebundene Exemplar, – auch mehrere, wenn Sie das wünschen.

Dem Buche sind dann noch einige Bilder und Fotos beigegeben. Sie wurden einmal in meinem Auftrag von einem Passauer Fotografen, in Ihrem Bibliothekszimmer am Tisch sitzend und den Beschauer anblickend, fotografiert[2]. Ferner schickten Sie mir selbst einmal eine Aufnahme im Freien[3], ohne Kopfbedeckung, nach rechts blickend, mit karierter Jacke, in der Hand einen Spazierstock. Von beiden Aufnahmen wüsste ich gern den Fotografen und die Jahreszahl, wenn Ihnen diese Feststellung nicht zuviel Mühe macht.

Auch einige Briefzeichnungen habe ich eingeschaltet, so den gedruckten Briefkopf[4] mit der Ansicht von Zwickledt und denselben Briefkopf ausführlich überzeichnet, wo Sie eine Pistole schwingen und eine Gans am Hals gepackt haben: »Der Jakobiner Kubin plündert bei sich selbst«. Auch eine Zeichnung von 1922, auf der Sie »preisgekrönt«[5] dastehn, und eine, wo ich Ihnen an der Angel ein Buch[6] vorhalte, nach dem Sie schnappen. Ich glaube, diese Zeichnungen werden viele dankbare Betrachter finden.

In dem Textkapitel möchte ich gern ein etwas anschaulicheres Bild von Ihrer Frau geben (siehe Fahne 49 am Rande). Ich bin aber mit der Stelle noch nicht recht zufrieden. Vielleicht geben Sie ihr selbst noch einen charakteristischen Akzent.

Außer Ihnen haben im »Nachmittag« noch Beckmann, Barlach, Gulbransson und Weinheber so ausführliche Kapitel[7]. Ich denke, daß das Buch dadurch einen gewissen Quellenwert bekommt. Ich bin mir durchaus klar, daß ich mich damit diesen großen Herrn sozusagen an die Rockschöße hänge, damit sie mich mit in die Unsterblichkeit hinüberschleppen.

Nächstens werde ich Ihnen auch noch das Beckmann-Kapitel senden, das Ihnen manches Neue sagen wird. Ich gehe ja immer möglichst auf Gegenständlichkeit aus und enthalte mich allen ästhetischen Räsonnierens.

Hausenstein war sehr traurig, daß ich seine Broschüre »Was bedeutet mir die moderne Kunst?« nicht in meinem Verlag gebracht habe. Ich war aber etwas müde von den vielen Kunstbroschüren, wie man sich dies ja mit siebzig Jahren erlauben darf, und ich finde es auch sehr nett, daß eine solche Broschüre einmal, statt in München, in Leutstetten verlegt wird. Man muß andern auch etwas gönnen! Dies hindert mich nicht, die Broschüre sehr lesenswert zu finden.

Für heute mit herzlichen Grüßen und Wünschen Ihr
alter Reinhard Piper

487 Alfred Kubin

16.4.50. Zwickledt

Lieber alter Verleger,

Nehmen Sie lieber Freund mein Effigie an Stelle eines amüsanten längeren Schreibens – bin ich doch vor lauter postalischen Abhetzens fast herzkrank. /Die Schufte zahlen auch auf Reklamation beinahe nie/

Bin: Entzückt von den Fahnenkorrekturen – – Ihrem kleinen Wunsch entsprechend würde ich vielleicht bei Fahne 49[1] nach: innigsten Anteil – »lächelnd vertraute sie mir an, wie schwierig es manches Mal mit »ihm« ist, welcher aufkommende Fragen einfach meist mit den Worten – »Ich bin eben Polarist« zu erklären versucht« – schreiben –

Dies giebt dann vollkommen genug »Farbe«.

– Sonst balanziere ich halt so dahin – oft bewundert, hie und da persifliert – –

körperlich einschnurrend durch Arbeit steht es günstich allerdings bei Chamöleonstempo.

sehr erfreute mich ein II Preis bei der internationalen Grafikausstellung in Lugano[2] erhalten zu haben – den 1 Preis bekam ein Kubiste (Jacque Villon[3], Paris am 31/7. 1875 –) also um 2 Jahre älter noch als ich – 1200 – schw. Frk – dann gab es noch 9 zu 750 schw Fr, dabei auch Rouault[4], Morgenthaler[5] ich, und – bei uns minder bekannte – nicht pramiert <...> auch Segonsac[6], der jungere Gauguin[7], Masereel[8], Kokoschka usw – aus 16 Nationen (keine Russen) waren ausgestellt – ein großes Patronat dabei 45 Exzellenzen Minister aus allen Staaten – die U.S.A. aber fehlte, auch ausstellend. /prämiert/ von mir /ward/ »Afrika«[9] ein frühes aus 1903 stammendes stark suggestiv in meiner alten Spritztechnik.

– /aber:/ nun freue ich mich auf Ihre Beckmann auslassungen und dann überhaupt auf solch hervorragenden »Nachmittag«.

alles Gute auch den Ihrigen Kubin

488 Alfred Kubin

Zw. 29.XI 50

Verehrter lieber Freund dies soll blos eine Bestätigung – des Eintreffens Ihres »Nachmittag« sein und ein heute kurzer Dank – Ich sah den Quaderband nur auf seinen Bildschmuck hin an und werde in dauernder

Vorfreude auf die Lesung – da also nach dieser Richtung – glücklich sein – denn ich weiß wenn Sie ein so großes Werk hervorbrachten so IST mir das eben »die Fülle der Fülle« – also Eingehenderes kommt s. zt. nach! – Ich werde dem Wunsche des Verlags auch entsprechen und die gewünschten Adressen – für den Prospekt oder Vgs. Katalog noch schreiben u. schicken –

– Von mir hier eben etliche Bemerkungen über das Vergleiten meiner jetzigen Tage – diese scheinen mir eher besser als erwartet weil räsonnierend oder mit Groteskhumor betrachtet – aus den Tiefen des Wesens – das jahrzehnte lang angestrebte »Gleichgewicht« – nicht ganz ausblieb! – die intellektuellen »Selbstquälereien« jetzt bei schon gefährlich geneigter Bahn eher als seltsame »Lebensdelikatessen« und nicht etwa einfache Teufeleien schlechthin von mir konsumiert werden – wenn man will dannach auch /noch/ »positiv« gewertet werden können –

Für heute halt Dank und Gruß – in größter Herzlichkeit – und nochmals: »Glückwunsch!« –

treulichst Ihr

Kubin

dass der immer wieder mich reich berührende neue Beckmannband seiner Art nach zu

den grossen Verdiensten Ihres Verlags gehort schrieb ich damals nach Erhalt –

489 Alfred Kubin

Zwickledt
2. I 51

Lieber verehrter Herr Piper,
kaum wage ich Ihnen einige Zeilen zum Tode Beckmanns[1] zu schreiben – so schmerzlich berührt es mich – und ich selber infolge einer Koppelung von »Entschwundenem« im letzten Jahre komme kaum aus den trübseligen Gedanken- wie Seelenstimmungen heraus – ist doch einer meiner nachsten Freunde der Maler R. Koeppel in Waldhäuser vor wenigen Tagen auch dahingegangen[2] nach beinahe 20jähriger Krankheit (Lähmungen) – ich fand im Sept. noch etwas Erholung bei dem Paare[3] da ich gänzlich herab mit den Nerven war! – Wie schicksalsmässig günstig fügte Jetzt der herrliche Band den Sie noch herausbringen konnten sich ein zu den letzten Glücksaugenblicken des Verstorbenen – ein

so königliches Buch fürwahr. B. – brauchte in seiner Arbeit auf nichts zu verzichten – Seine Kühnheit hat sich voll erlebt – das ist schon viel – besonders auch in einer Zeit – da Schrecken – über alle Ufer ihre Flutwellen werfen – man spürt die Drohungen und wenn einer an Angstvorstellungen leidet (wie ich) so folgt – es muss so sein – innere Krise auf Krise –Wenn Sie einmal etwas Näheres erfahren über den Ausgang des prachtvollen Künstlers – was man nicht in der Presse einfach erfährt wäre ich sehr Dankbar –

– leben Sie wohl – Ich balanziere mich täglich auch gegen mannigfache Untergänge. –Ihr alter Kubin

490 Reinhard Piper

17.1.1951

Herrn
Prof. Alfred K u b i n
Zwickledt b/Wernstein a. Inn
Oberösterr.

Lieber, verehrter Herr Kubin!
Schönen Dank für Ihren Brief. Es war sehr lieb und freundschaftlich von Ihnen, daß Sie bei der Nachricht vom Tode Beckmanns so herzlich auch meiner gedacht und mir geschrieben haben. Die so ganz unerwartete Nachricht hat mich begreiflicherweise sehr bewegt.

Kurz nach der Todesnachricht kam der Sohn Beckmanns[1], Arzt in einer Heilanstalt in Werneck (Franken) durch München. Ich hatte aber keine Gelegenheit, ihn zu sehn. Er fuhr nach Stuttgart, wo in der dortigen Beckmann-Ausstellung eine Trauerfeier stattfand. Ich selbst wusste bis heute nichts Näheres über den Tod. Der Sohn ist selbst auf das angewiesen, was ihm Frau Beckmann geb. Kaulbach[2] aus New York geschrieben hat. Dies ist das Folgende:

»Er verließ am Mittwoch so gegen 12 Uhr das Haus, um ein wenig im Zentral-Park spazieren zu gehen. Er kam nur bis ans Ende der Straße, in der wir wohnen, die zum Zentral-Park führt – und schritt in die Ewigkeit. Die Polizei, die wenig später kam, mir das Furchtbare mitzuteilen, sagte, er fiel nach rückwärts um und wäre sofort tot gewesen. Der Polizist, der es sah und sofort zu ihm eilte, holte einen Arzt aus dem Haus, vor welchem er fiel, und dieser stellte ebenfalls sofortigen Tod durch Herzschlag fest. – Er hatte einen überirdisch schönen Ausdruck, völlig ungequält, völlig erlöst aus aller irischen Sorge und Pein.« Damit /d.h. mit dieser Nachricht/ werden wir uns abfinden müssen.« /Das letzte ein Zusatz von B's Sohn/

Bei der Kunde von Beckmanns Tode machte ich wieder die merkwürdige Erfahrung, mit welcher Sekundenschnelle eine solche Nachricht unverrückbar in das Bewusstsein übergeht. Als ich morgens die Süddeutsche Zeitung aufschlug, war ich, wie die ganzen letzten Jahre, überzeugt, daß Beckmann mich lange überleben werde.

Hatte er doch vor Jahren einmal geschrieben (»Nachmittag« S. 46): »Ja, der Künstler kann nun sterben, das Werk ist da. Aber ich sterbe noch nicht. Ich habe mich wieder mal vom Arzt untersuchen lassen: alle Organe funktionieren wunderbar. Ich lebe noch vierzig Jahre. Vierzig Jahre wird die Menschheit noch unter meinem Druck seufzen.« Aber wenige Sekunden, nachdem ich die Nachricht gelesen, hatte ich das Gefühl, ich wüßte von dem Tode schon seit Jahren und ich hätte schon seit Jahren mich in Gedanken nur noch an den toten Beckmann gewandt.

Ich hab ja selbst etwas mit dem Herzen zu tun und bestellte mir den mich auch sonst etwa alle vierzehn Tage besuchenden Arzt, um mein Herz abzuhorchen und den Blutdruck zu messen. Denn die Nachricht hatte mich wirklich erschüttert, im buchstäblichen Sinn. Der Boden unter meinen Füßen hatte etwas vibriert. Der Arzt fand aber beides /Herz u. Blutdruck/ durchaus zufriedenstellend.

Doch spielte bei der /gefühlsmäßigen/ Erschütterung eine wichtige Rolle, daß ich Beckmann seit nunmehr fünfzehn Jahren nicht mehr gesehen hatte. Der Tod Schinnerers, der mich kurz vorher noch besucht hatte, ging mir in seiner Gefühlswirkung viel näher.

Der Sohn Beckmanns, der seinem Vater übrigens in der Statur und auch in der Sprechweise sehr ähnlich sieht, wird Ende des Monats nach München kommen und mich dann besuchen. Wir werden dann wohl zusammen zu seiner Mutter[3] nach Gauting fahren.

Was Sie mir über sich selbst in Ihrem Briefe schreiben, ist mir sehr nahegegangen. Ich kann Sie nur dringend bitten, noch etwas länger auf dieser Erde auszuhalten, trotz aller Krisen. Wir alle müssen mutig weiterbalancieren.

Mit den besten Wünschen
Ihr
R. Piper

491 Alfred Kubin

Zw. 12.V 1951

Verehrter alter Freund Ihrem »Nachmittag« verdanke ich Trost und Freude – nach einem schrecklichen Winter – Ihre Erlebnisse in diesem habe ich alle nochmals auf meine Weise zu spüren bekommen – denn als Leser habe ich Vergnügen an meiner »krankhaften« (?) Phantastik. – Aber ohne unseren langjährigen persönlichen Verkehr wäre es nie so großartig ausgefallen – denn ganz elementar fügt es sich bei mir eben doch nur von der Kenntnis des natürlichen – in diesem Falle also von der Erscheinung Piper ausgehend. – Und DA danke ich Ihnen und Ihren Mannen für die Art wie Sie (sie) sich äussern und – manifestierten.

Das Aufregendste unter allem Interessanten einschließend des II Krieges – war mir das geschlossene: italienische Erlebnis«

– bis in intime Begegnungen hinein z.Bsp. die Begegnung mit Hoerschels Eintragung ins Fremdenbuch[1], etc.! – Zur ganzen Plastik Ihrer Italienschilderungen gehörte für mich Ihre unerhörten Kenntnisse – auf Kultur- u. Kunsthistorischem Gebiet – wie auch das Menschlich-Seelische, auch der begeisterte Sammler – (wo Sie Staub, Erde, Steine u.s.w. u.sf besonders auch Brocken v. Lava z.Bsp. sammelnd mitnehmen – machte ich mir im Buch ein gewisses Zeichen mit Schmunzeln –

Ich war 1905 mit Hedwig auf einer 6 wöchigen Rivierareise[2] – und der Käferwelt noch ganz verfallen. – Bei einem Katzenkadaver i.d. Nähe von Avignon am Meeresstrand sagte ich zu ihr: also ich hebe mit dem Stock die Katz auf und du fasst /so/ rasch es geht alles was sich unter ihr rührt zusammen und stopfst die Tierchen in die Spiritusflasche! – –

aber meine Frau lehnte ab. –

die Totengräber- u Aaskäfer machten sich davon wenigstens in ihren herrlichsten Exemplaren –

Merkwürdig wenn ich Sie beide so beim Lesen auf diese Reise »begleitete« so schaue ich Sie beide ganz jung – Sie mit hellblondem – (frankfurtisch!) Stiftekopp und Frau Gertrud mit Schneckenfrisur

– Es ist die Leidenschaft des Geistigen welche Sie auszeichnet – und all Ihrem Humor den befruchtenden Klang mitgiebt – wie beispielsweise beim Zusammentreffen mit Menschen – – verschiedenster Gattungen. – auch komischen Situationen (Gastein, Schererhof[3] udgl mehr) Sie schreiben einen köstlichen Stil oft aus dem Darüberstehen heraus. –

Erschütternd finde ich die Reflexionen über Alter und Tod! Auch Ich verkehre beinahe blos noch mit abgeschiedenen!!! – und das ist das traurig-Rätselhafteste beim Älterwerden – – ach ja – wenn auch kein Gott – aber ein Proteus steckt seltsam in aller Gestalt verborgen – dem jegliches »Erscheinen«. Spilerei etwa ist's <…> mehr verstehe es wer es kann. –

– Eine Neuralgie im Schädel vom Unterkiefer ausgehend – verursachte mir Höllenqualen, schmerzstillende Mittel halfen blos bedingt – man gewohnt sich leider an deren Wirkung – nach ein paar Versuchen. – Im Kopf bin ich oft wie blöd, übervergesslich, ungeschickt kindisch und froh über jeden Tag insoferne es ohne »arges« abgeht. – Die »Ermüdungsschwelle« ist allzuschnell erreicht u. überschritten – die Folgen dann, jedesmal ein ängstlich-banges Gefühl. – Sonst bin ich (außer mit den Augen, und einiger Prostataträgheit, leidlich beisammen; – doch eben vollkommen einsam und durchdrungen von diesem Gefühl. – – Jetzt im schönen milderen Frühjahrsklima – ist gerade Vieles leichter, doch da drohen dann widerliche Gewitter welche mir früher kaum zu schaffen machten – –

Ulrike, Ihr Töchterchen, kann ich mir nun vorstellen und zwar mit Ihren Mitteilungen im »Nachmittag« und durch Mithülfe des schönen Fotos mit der Pracht-Dogge[4]. Wie <…> dass sie so geglückt lieblich ist, und Tierinteressen – auch so pflegt –

Die beiden jungen Herrn waren mir bislang durch eine große »Bettschlacht« bei einem Besuch in der früheren großen Wohnung[5] wo ich auch die Steinsammlung – u. a. sah bekannt – von Martin vernahm ich irgendwo einmal eine sehr angenehm klingende Melodie – von überzeugendem Talentgewicht. – Ein Wiener Neutöner – Freund und Schüler von Schönberg hat jetzt mein Büchlein Schemen in Musik komponiert /diese »Kubiniana«[6] wurden öfters – sogar in Kapstadt und U. S. A. gespielt wie grotesk!!!/ – ich verstehe leider keine 3 Takte davon

– Armin Knab erwähnen Sie auch einmal den kannt ich durch Carossa[7] auch seine bezüglichen Lieder, und wir trafen zufällig für mehrere Stunden auf der Eisenbahn zusammen –

An meinem Freund Carossa wagt sich auch das echte alter mit nagendem Zahn, er schickte mir sein wundervolles letztes eben erschienenes Buch: Ungleiche Welten[8] das ist sein Gesamt-Kriegserlebnis – bis zur Neige ausgeschöpft, – durch eine wirklich große ja wahrhaft entzückende Sprachmeisterschaft versüsst – ins Hohe gehoben dargestellt –

Zum Schluss danke ich dem Verlag für die Abrechnung v. 8. V 51. – Ich hätte eine gut erprobte Honoraradresse: Buch- u. Kunsthandlung Luise Schmid, Passau Grabengasse 11 für Kubin /onehin liessen sich die

231,17 überweisen mein ich wohl/ wohin ich zeitweise, und kontrollierend komme.

–

die Amis gaben mir endlich einen Teil meiner Ersparnisse – Wertpapiere bei der bayr. Staatsbank frei –

Sonst empfinde ich allerdings die Gesammtepoche noch für vollkommen »<beschossen>«. – Empfehlen Sie mich bitte Ihrer lieben verehrten Frau und bleiben Sie treu

Ihrem alten Kubin

auch Grüße dem Nachkommen Trimurti[9]. Ein kleines Zeichen meiner Hände[10], (die Linke zittert oft – folgt separat – /oder gleich in einer Rolle –/

492 Reinhard Piper

München, den 25. Mai 1951

Herrn
Professor Alfred K u b i n
Zwickledt b/Wernstein a. Inn

Verehrter alter Freund!
Wenn Sie mir schreiben, dass Sie meinem »Nachmittag« Trost und Freude verdanken, so kann ich dasselbe Ihnen für Ihren Brief nur mit Nachdruck zurückgeben. Solche Briefe werden heutzutage kaum mehr geschrieben. Mich überlief bei der Lektüre ein wahrer Wonneschauer, und er war so herrlich lang! Als ich auf der dritten Seite oben anfing, sagte ich mir schmunzelnd: »Der nimmt ja gar kein Ende!« Glücklicherweise schreiben Sie nicht Schreibmaschine. Das macht jedes einzelne Wort zu einem Augenerlebnis für einen solchen alten Freund von Linien und Flecken, wie ich es bin. Ich freue mich also immer, wenn das Lesen nicht so schnell geht. Ich habe den Brief gleich dreimal hintereinander gelesen, und immer mehr Worte mußten ihren Widerstand, den sie meinem Verstehen entgegensetzten, aufgeben. Ich diktierte dann den Brief mit mehreren Durchschlägen in die Maschine, und das war wieder ein besonders intimes Auskosten. Einen Durchschlag sandte ich vor einigen Tagen meinem Verlegersohn Klaus nach Mailand, der mit seiner jungen Frau[1] von Meran aus einen Vorstoß dahin gemacht hat.

Ich habe schon öfter damit geliebäugelt, ein Buch »Künstler, Dichter und Musiker in Briefen an ihren Verleger«[2] herauszubringen. Das wäre ein netter Spaß für meinen 75. Geburtstag, den ich noch zu erleben hoffe. Wozu habe ich denn in 47 Jahren soviele Briefe erhalten und die schönsten daraus seit langem extra für sich gesammelt! Natürlich wird jeder Briefschreiber erst vorher um seine Zustimmung gefragt.

Nun sollte ich Ihnen Ihren schönen Brief mit einem ebensolchen heimzahlen. Aber das wäre mir nicht gut möglich, und dafür habe ich mir auch schon eine besondre Ausrede zurechtgelegt. Ich sage mir nämlich, daß mein »Nachmittag« eigentlich <u>auch</u> ein <u>Brief</u> ist, und zwar ein besonders dicker.

Ehe ich's vergesse: Die Überweisung des Betrags ist inzwischen an die angegebene Adresse erfolgt, sodaß sie ihn bei Ihrer nächsten Wanderung nach Passau dort vorfinden werden. Aber ich vergesse: eine W a n d e r u n g nach Passau, wie wir sie in jüngeren Jahren ausführten, ist wohl jetzt etwas aus der Mode gekommen.

In den letzten Wochen habe ich mich intensiv mit der Zusammenstellung des neuen Kunstkalenders für 1952[3] beschäftigt und diesmal von Ihnen den »Untergang der Abenteurer« hereingenommen, dazu auch eine Stelle aus Ihrem Buch »Vom Schreibtisch eines Zeichners«, die mit dem Satz[4] schließt: »Ich wünsche mir nichts Besseres, als mir selbst treu zu bleiben und in meiner stillen Weltecke zu hausen, bis Zerstörung dem ein Ende macht.« Von dieser Zerstörung wollen wir natürlich <u>noch lange nichts</u> wissen, wenn wir auch als alte Philosophen, die wir sind, auf alles gefasst sind.

Es beruhigt mich, daß Sie auch dem »italienischen Erlebnis« wohlgesinnt sind. Dies Kapitel war nämlich doppelt so lang, ich musste es mit roher Hand zusammenstreichen, und dabei ging natürlich gerade vieles Initime verloren, sodaß mir das Übriggebliebene dann etwas »kahl« vorkam. Ihrem Erlebnis mit dem Katzenkadaver, den Totengräbern und Aaskäfern habe ich freilich nichts Gleichwertiges gegenüberzustellen.

Es war mir eine Erfrischung zu hören, daß meine Frau und ich Ihnen beim Lesen dieser Reise so jung vorkamen. Dadurch sind wir /für uns/ selber wieder jung geworden. Sie schreiben, daß Sie beinahe bloß noch mit Abgeschiedenen verkehren. Dies ist auch bei mir oft der Fall. Ich habe einmal im Namenregister meiner beiden Bücher hinter die Verstorbenen ein Kreuz gemacht. Es war schrecklich, wie dicht diese Kreuze beieinander standen. Aber wenn dann die Enkelkinder zu Besuch kommen und Krach machen, dann wird einem wieder etwas anders zumute.

Von Ihren Neuralgien kann ich leider auch ein Lied singen. Besonders seit ein paar Monaten habe ich mit Kopfweh zu tun. Mein Gehirn ist dann wie leer, ich bringe beim Diktieren den einfachsten banalsten Brief nicht zustande. Für diesen Brief an Sie habe ich mir einen besonders guten Nachmittag ausgesucht. Einer meiner Hauptfeinde ist der in München so besonders häufige Föhn, bei dem mir schwindlig wird. Wenn mich jemand fragt, wie es mir geht, dann sage ich: Ich höre zwar nichts mehr, aber dafür sehe ich doppelt! /Ich habe die mir <...> <...> 2 mal <...>! Was sich das Alter alles für Scherze ausdenkt!/

Vorgestern war ich mit meiner Frau in einer Münchner Kunsthandlung und habe dort ungefähr 150 Farbdrucke durchgesehen, um etwas Gutes für den Kalenderumschlag auszusuchen. Die etwa 200 Drucke schwirrten mir zuletzt vor den Augen und es fehlte nicht viel, ich wäre zur Ladentür hinausgetaumelt. Nun habe ich ein halbes Dutzend Bilder in die engere Wahl gezogen.

Das »kleine Zeichen« Ihrer Hand war mir ein sehr wertvolles Zeichen, an dem ich mich noch oft erbauen werde. Ich sah an ihm sogleich die »Pranke des Löwen«.

Nun steht zwar in Ihrem Brief noch vieles, worauf Sie aus dem meinen kein Echo vernehmen. Ich muß mir das für später aufheben.

An das Ihnen benachbarte Granitwerk lasse ich etwas Unterhaltungsstoff für Sie abgehn in Form von Büchern sehr verschiedenen Charakters:

Cloos[5], Gespräch mit der Erde
Buschor[6], Frühgriechische Jünglinge
Jaspers[7], Vernunft und Widervernunft in unserer Zeit
Eipper[8], Die gelbe Dogge Senta

und zum Schluß auch etwas Lustiges:

Spoerl jr.[9], Memoiren eines mittelmäßigen Schülers.

Möchten Ihnen diese Bücher etwas Unterhaltung gewähren!
Mit herzlichen Grüßen, auch von meiner Frau! Ich habe ihr Ihren schönen Brief vorgelesen und sie hat an allem, was Sie schreiben, herzlichen Anteil genommen.

Mit großer Freude empfing ich vom Verlag Gurlitt die Voranzeige über Ihre »Phantasien im Böhmerwald«[10]. Ich habe sie mir sofort bestellt. Es wird mir ein besonderes Vergnügen sein, die Blätter wiederzusehen und dann endgültig mein eigen zu nennen, nachdem ich selber seinerzeit die Mappe nicht riskierte aus Bedenken, die jetzt hinfällig geworden sind.

/In alter herzlicher
Verbundenheit
Ihr getreuer
Reinhard Piper/

493 Reinhard Piper

6.10.1951

Herrn
Professor Alfred K u b i n
Zwickledt b. Wernstein am Inn

Lieber Freund Kubin!
In den letzten Tagen war ich intensiv in Ihrer Gesellschaft, und zwar auf zweifache Weise:

Ich fand in den »Briefen« von Hermann Hesse[1], die jetzt als Band von 430 Seiten bei Peter Suhrkamp in Frankfurt erschienen sind, den schönen Brief vom April 42 an Sie über die »Abenteuer einer Zeichenfeder«. Es freute mich sehr, daß »unser« Buch, wie ich wohl sagen darf, in Hesse einen so verständnisvoll aufnehmenden und dichterisch empfindenden Betrachter gefunden hat.

Dann erhielt ich von Gurlitt die bestellten und langerwarteten beiden Exemplare Ihrer »Phantasien im Böhmerwald«; sie sind mit Erfindung und Ausdruck berstend voll geladen. Es freut mich ungeheur, daß diese großartigen Phantasien nun doch noch ans Licht getreten sind, und ich bin Gurlitt dankbar, daß er das Werk durchgeführt hat.

Ich wagte dies ja, wie Sie sich erinnern werden, damals in der Nazizeit[2] nicht, weil ich befürchtete, man werde die Zeichnungen als Schädigung des Ansehens des Böhmerwalds unterdrücken und sich auch über diese Schädigung des Fremdenverkehrs beschweren. Denn wer würde mit jener gespenstischen Eisenbahn fahren oder unter Schlangen, Vampiren, verendeten Pferden, Zigeunern und Halbidioten hausen wollen!

Die Blätter sind übrigens ganz fabelhaft gedruckt. Ich werde sie vielen Besuchern zeigen und sie mir selbst noch oft zu Gemüte ziehn.

Mit gleicher Post sende ich Ihnen zwei Exemplare meines soeben fertig gewordenen Kunstkalenders für 1952. Sie finden darin den »Untergang der Abenteuer« und eine eigne Aussage über Ihr Schaffen. Ich stelle Ihnen gern auch noch einige weitere Exemplare zur Verfügung, wenn Sie dafür würdige Abnehmer in Ihrer Nachbarschaft /oder in der Ferne/ haben.

In Zukunft werde ich keinen Kalender mehr machen, ohne für Ihre Kunst Zeugnis abzulegen.

Wie geht es Ihnen? Können Sie mit Ihrem Befinden einigermaßen zufrieden sein? Ich habe mit meiner Frau im August in Egern am Tegernsee eine Kur durchgemacht, die mir gutgetan hat. Leider läßt besonders meine Gehfähigkeit nach, und ich bin doch immer so gern gewandert! So muss ich leider mich mehr auf das Lesen beschränken, als mit lieb ist. Doch sorgt der Verlag, ebenso wie meine Frau, die drei Kinder und vier Enkel dafür, daß ich mich nicht vereinsamt fühlen brauche.

Ich betrachte immer wieder Ihr schönes Altersbildnis im »Nachmittag«[3]. Die vier Porträtfotos von Barlach, Beckmann, Gulbransson und Ihnen sind eine Hauptzierde des Buchs und geben ihm besondere Bedeutung.

Gulbransson wird am 26. Mai 53 achtzig Jahre alt. Er arbeitet schon seit geraumer Zeit an einem Buche »Begegnungen«[4], einer Art Fortsetzung von »Es war einmal«, und ich hoffe es rechtzeitig zu seinem Achtzigsten herausbringen zu können.

Bitte lassen Sie doch bald einmal wieder von sich hören. Ein Brief von Ihnen ist mir jedesmal ein Fest.

Mit den herzlichsten Grüßen und Wünschen
Ihr
Reinhard Piper

494 Alfred Kubin[1]

Zwickledt 21.X 1951

Lieber Herr Piper – Im seelischen Raum bin ich ja ungemessen weit öfter bei Ihnen als Sie annehmen – in jenen Grotten oder Waben wo sich prozessionen drängen und mischen bekannter wie fremder Gestalten von mehr als blos traumartiger Konsistenz – denn sie entstammen dem gelebten Leben. – – Ein österr. Maler machte ein Porträt[2] – /nach mir/ (nur den Kopf) in 2 Sitzungen uns war es Sensation durch mehrere Stunden die Spannung des Künstlers – welcher fast abwesend war zu beobachten –

– Ja ich mache alles mit soweit ich nicht Zaum und Zügel merke und da habe ich manchem eine Enttäuschung bereiten müssen weil ich ausbreche wie ein altes Militärpferd welches die Signale hört –

– – Dazu wären meine Beine noch tauglich sintemalen – die Lattenzen sich auf andere Organe nicht minder wichtigere gelegt haben: Vergesslichkeiten welche sich zu völligen Verworrenheiten auswachsen Misstrauen infolge der neuen Inflation die sich hier breit macht leider gänzlich humorlos.

Und nun der neue Piper-Kalender. Dank reich – vorzüglich ausgestattet – wie erfreute der mehrfach auftauchende Daumier – auch die Köstlichkeiten der Farbentafeln!!! – /Marc: Farbholzschnitt als besondere Delikatesse. –/ Und da wird auch auf den Altdorferband jetzt neugieriger gemacht von dem Winzinger[3] mir schon schrieb – Welch wunderbaren Akzent bringt Ricarda Huch's Altersbildnis auch da hinein – – bei solchen Bildern meint man zuweilen, dass man selber auch deren Probleme mitgemacht haben muss. – Dann der Ecce Homo Corinths! Dann: mir neu die Tafeln[4] der 21.23.39. Woche – man wird nicht fertig mit dem Betrachten – – Will man selber dann die alte Klaue noch wieder sich einmal erweisen – zieht ein Ermüdungskobold das Werkzeug aus den Fingern – lacht hämisch und der Philosoph /in uns/ gewinnt was der Künstler verliert – Man kann es nimmer glauben das es eine Zeit gab wo die »Böhmerwaldfolge« uns entquollen ist –

– Vom Lusenberg welcher die Grenze Bayern gegen die Tschechen bildet – 1100 M. hoch – kann man ins Böhmische schauen – die Tschechen winken uns herauf jetzt – man lässt diesen Streifen als eine Art Niemandsland blühen und verdorren – wo man vor wenigen Jahren noch »wie daheim« war. /Zuletzt: Okt. 1951[5]/ Amerikaner jagten Hirsche zum Verdruß der bayrischen Förster – welche sie – zu den Jagdständen führen müssen – das ist bitter, doch ohne »Besatzungen« meinen viele ginge es überhaupt nicht mehr –, so radikal stünden sich die »Parteien« gegenüber. –

Ich hatte mich so innig an meinen Freund Koeppel[6] /(† Januar 1951)/ gewöhnt, dass das nun wie verweiste Haus dorten –, das als solches auch viele Erinnerungen an meine Frau aufrührte, – diese letzten 2 Erholungswochen rätselhaft umdüstert wirkte. – Bei Carossa wich der Gram doch dann. Dieser ist dem Gesetz des Alterns grade so wie ich unterworfen – Kippenbergs unerwartetes Sterben[7] scheint ihn recht betroffen zu haben. –

/In alter Freundschaft immer Ihr

Kubin/

495 Reinhard Piper

München, den 13. November 1951

Herrn
Professor Alfred Kubin
Zwickledt b/Wernstein a. Inn
Oberösterr.

Lieber Freund Kubin!
Ich hatte es schon die ganzen letzten Monate im Gefühl, daß Sie nun doch in absehbarer Zeit ein Fünfundsiebziger werden würden. Das Datum hatte ich aber nicht bestimmt im Kopf, und wie ich vor ein paar Tagen im Lexikon nachschlug, sah ich zu meinem Schrecken, daß dieses Datum schon der 10. April nächsten Jahres ist.

Selbstverständlich können wir, mein Sohn und ich, dies Datum nicht an uns herankommen lassen, ohne es mit einem Buch zu feiern. Es ist das die gegebene Gelegenheit, die Kunstfreunde und besonders auch die Kubin-Freunde in aller Welt wieder einmal mit Nachdruck an Ihr Schaffen zu erinnern und ihnen dies vor Augen zu führen. Die »Abenteuer einer Zeichenfeder« sind bis auf wenige Exemplare vergriffen. Es läge nahe, davon eine Neuauflage zu machen, doch genügt dies meinem Ehrgeiz nicht. Das Publikum und der Buchhändler sagen dann: »Das kenn wir ja schon! Das haben wir ja schon mal gehabt!«

Nun ist die Zeit kurz und ein Buch in diesem Format wird heutzutage auch sehr teuer, wo das Papier etwa das Sechsfache kostet wie 1941, vorausgesetzt, daß man es überhaupt in dieser Qualität bekommt. Mein Sohn hat erst kürzlich bei den Papierfabriken eine Rundreise gemacht, um die nötigen Mengen für den Verlag zu sichern, und stieß dabei auf große Schwierigkeiten.

Also bringen wir neue d.h. bisher noch nicht veröffentlichte Zeichnungen von Ihnen!

Wir haben ja damals bei der Auswahl der »Abenteuer« uns unter der Naziherrschaft große Beschränkungen auferlegen müssen und nur Sachen auswählen können, die nicht als »entartet« verschrien werden konnten. Trotzdem gab es, wie Sie sich erinnern werden und wie auch in meinem »Nachmittag« (S. 225-236) zu lesen steht, noch harte Kämpfe mit der »Reichsstelle für künstlerische Formgebung«. Wir sind also in der Auswahl diesmal freier.

Ich möchte den neuen Kubin-Band in der Piper-Bücherei bringen, von der ich Ihnen gleichzeitig zwei neue Bändchen schicke: das über

Gustave Doré[1] mit dem Text von Penzoldt und die »Idyllen und Katastrophen« mit den Zeichnungen von Gulbransson[2]. Beide Bände sind eben fertig geworden und werden gut bestellt. Die Erstauflage dieser Bändchen ist 10.000 Exemplare. Bei Ihrem Geburtstagsbuch denken wir sogar an 15.000 Exemplare. Es soll sofort unter viele Leute kommen.

Fürchten Sie nicht, daß die Abbildungen zu klein werden! Wir müssen vor allem Zeichnungen bringen, die eine Verkleinerung vertragen. Da wir die Bilder nicht in Strichätzung, sondern in Offset bringen, besteht keine Gefahr, daß die Strichlagen, auch wo sie eng sind, ineinanderlaufen. Nur müsste man bei der Auswahl doch solche Blätter wie »Abenteuer« Nr. 5, 8, 13, 15[3] möglichst vermeiden und mehr offene, durchsichtige Zeichnungen bevorzugen. Auch die »Caprichos« von Goya[4] wollen wir im Herbst in der Piper-Bücherei bringen. Da kommen Sie also in allerbeste Gesellschaft!

Nun hatte ich mir die Zusammenstellung zuerst so gedacht, daß ich zu Ihnen nach Zwickledt komme und mit Ihnen zusammen vor den bekannten großen weißen Kästen die Auswahl treffe. Ich kann mir aber eine solche Reise nicht zumuten, zumal bei dem gegenwärtigen schauderhaften Föhnwetter. Auch die Autofahrt, die hin und zurück 10 bis 12 Stunden dauern würde, könnte ich nicht vertragen. So muß ich Sie denn bitten, eine Auswahl von etwa achtzig bis hundert Blättern selbst zu treffen. Von diesen würden wir dann etwa fünfzig in dem Buche bringen. Wenn möglich, bitte ich Sie nur Hochformate auszuwählen, wenn Ihnen dies die Auswahl nicht zu sehr erschwert. Das Buch wird dadurch einheitlicher.

Die Zeichnungen könnten Sie als Wertpaket durch die Granitwerke August Kapsreiter, die Sie uns schon früher als Ihre Vertrauensadresse angeben haben, an den Verlag schicken, eventuell in zwei Pakete geteilt. Vielleicht haben Sie auch in Passau Beziehungen zu einer Firma, die Boten nach München schickt, wie etwa die Druckerei Passavia, mit der wir schon zusammengearbeitet haben. Wir müssen alle zeitgemäßen Erschwerungen so schnell wie möglich überwinden, denn die Zeit drängt sehr und das Buch muß ja mindestens Mitte März fix und fertig gebunden versandt werden können.

Nun brauchen wir noch einen guten Buchtitel. Nachdem Ihnen der glänzende Titel »Abenteuer einer Zeichenfeder« eingefallen ist, wird es auch diesmal nicht fehlen. Der Titel zum Doré-Bändchen »Potpourri« stammt von mir. Ich finde ihn sehr nett und einprägsam. Für einen Band von Ihnen brauchen wir aber wohl etwas Ernsteres.

Die Zeichnungen müssen alle eine Unterschrift haben, wie in den

»Abenteuern«. Diese bitte ich Sie mit Bleistift auf die Blätter zu schreiben, aber auch ein numeriertes Verzeichnis mit denselben Titeln beizulegen. Hoffentlich haben Sie irgendeine Hilfskraft, die Ihnen dabei zur Hand geht. Die meisten Titel werden ja wohl schon feststehen oder die Erfindung wird Ihnen keine großen Schwierigkeiten machen.

Was den Text anbelangt, so möchte ich Sie bitten, diesen selbst zu schreiben, aber nicht einen alten Text genau zu wiederholen. Er braucht nur 6 bis 8 Seiten, wie der von Unold zu den »Abenteuern«, zu umfassen. Den Text von Unold selbst möchte ich nicht gern wieder bringen, auch nicht auszugsweise, denn wenn auf dem Titel steht »Mit Einführung von Max Unold«, so glauben die Leute, das sei eine aufgewärmte Sache.

Diesmal könnte man auch das andere Gedicht von Billinger bringen, das wir uns in den »Abenteuern« nicht zu bringen trauten. Wir würden uns in diesem Falle direkt an Billinger wenden.

Auf den Einband setzen wir eine recht markante und anziehende Vignette, wie wir dies bei dem Doré-Bändchen getan haben. Diese müßte also kräftig und offen gezeichnet sein.

Die schmucken Bände, in Pappband gebunden, kosten DM 2.50, /die <Textbücher> DM 2.-/. Die Preiskalkulation ist sehr knapp, aber auf dem billigen Preis beruht eben die große Verbreitung. Als Honorar zahlen wir 12,5 Pfg. pro Exemplar, d. h. 5 % vom Ladenpreis. Die erste Auflage ist, wie gesagt, 10.000–15.000. Hiervon könnten wir 5.000 bei Erscheinen im Voraus honorieren. Auf welchem Wege können wir den Betrag für Sie einzahlen?

Das Buch wird natürlich sehr nachdrücklich an die Presse versandt und an die Leute, die speziell über Sie geschrieben haben. Ich werde Ihnen die Liste der uns bekannten Adressen schicken, die ich Sie dann bitte, nach Ihren Erfahrungen zu ergänzen.

Es erfüllt mich mit großer Freude, nochmal ein Kubin-Buch[5] machen zu können!

Wir dürfen nur keinen Tag ungenützt vorübergehn lassen, denn es ist von großer Wichtigkeit, ob wir mit dem Buch acht Tage früher oder später fertig werden.

Machen Sie sich also bitte ungesäumt an die Auswahl und melden Sie mir sogleich, wann voraussichtlich die Sendung von Ihnen zusammengestellt ist. Ich könnte sie auch durch einen zuverlässigen Beauftragten in Neuhaus oder noch besser in Passau abholen lassen. Auf jeden Fall muß vermieden werden, daß durch den Transport hierher kostbare Zeit verloren wird.

Ihren letzten Brief habe ich mit lebhaftestem Interesse gelesen. Ich gehe in ein paar Tagen näher darauf ein. Vor allem will ich einmal diesen Brief auf den Weg bringen, der ja besonders wichtig und eilig ist.

Mit vielen herzlichen Grüßen und Wünschen

Ihr

R. Piper

496 Alfred Kubin

Zwickledt 16 / XI 51

Lieber Freund Piper – ich freute mich, doch bedaure ich zugleich die Schwierigkeiten des kleinen Bandes. –

Zuerst – vom Gesichtspunkt AK in Zwickledt das negative, dann das positive. –

1. da Sie für später auch an die Caprichos denken ists wohl selbstverständlich, dass auch lavierte Stücke in die Auswahl kämen?!!

2. eventuell im Notfall wie bei Doré auch etliche Querformate? Bitte depeschieren Sie umgehend, etwa – »auch lavierte wie Querformate«

3. strikt ablehnen müsste ich den kurzen Text zu schreiben. – Das würde uns aber wohl auch sicher vielleicht Ernst Penzoldt besorgen – oder irgend ein andrer!!!

4. behindernd wenn auch nicht unumgehbar ist die Grenze!

5. – der elendige Zustand meiner durch Blase /bin Prostatiker seit 1 1/2 Jahren/, wie Augen und Nerven besonders Erschöpfung – die alle drei größte Aufmerksamkeit und Behandlung – (bei Kälte wie Nässe verlangen – kurz meines Gesundheitszustandes in den letzten 4 Wochen. –

Dies die hemmenden fünf Punkte – wozu wenigstens bei mir – /Langsamkeit und/ Zeitknappheit das heisst Einteilung der geringen Kräfte für Wichtiges andere (die österreichische Regierung z. Bsp. will eine kleinformatige Mappe von seit 3 1/4 Jahren fertigen 15 Blättern »der Tümpel«[1] es handelt sich um Wassertiere wie Insekten Lurche Larven etc. – zum »Jubilaumsjahr« des 75 für meine Verdienste in der Staatsdruckerei geschmackvoll herausbringen etc.

Ansonst ist meine Aufmerksamkeit durch Anfragen etc. etc. oft in Anspruch genommen – und (dies bitte freundschaftlich privat für sich zu behalten) mit W Gurlitt habe ich eine arge Misshelligkeit[2] und will mich ziemlich zurückziehen (bis auf weiteres) – wenigstens –

Positiv wäre aber dass ich trotz verschiedener Besuche hier mit Besprechungen und jede Woche Zahnbehandlung[3] in Schärding – doch ans Zusammenstellen der 80–100 Blätter gehen will – doch dringends auf Ihre Depesche warte.

– fur alles: uns Beiden Gutes wunschend

Ihr alter Kubin

497 Alfred Kubin – an Klaus Piper

20. XI 1951 Zwickledt

Lieber und geehrter Herr Piper –

Es ist schon so, dass zu den 5 Verlagswerken bei RP. u co. noch ein VI kommen soll – und zur Stunde da ich dies schreibe wäre es vielleicht möglich, dass Paket mit dem Brief an Ihren Vater bereits in Passau bei Luise Schmid[1] – Buch- u. Kunsthandlung – (einer Freundin v. mir) – zur weiteren Adressierung nach München bereit ist und heute noch zur Post dort gebracht wird! Bitte: Sie sagen es dem Vater: Sorge bleibt mir nur die Textfrage denn dem geistigen Gewicht welches da »verzapft« wird entspricht nicht leicht, »jeder« Text – – immerhin fast jeder gute Schriftsteller kann sich anpassen. –

Ich wurde im vor. Jahr durch einem Schätzer m. Kunst durch Zueignung einer Schrift geehrt: Wilhelm Fraenger: »Die Hochzeit zu Kana – ein Dokument semitischer Gnosis bei Hier. Bosch. Berlin 1950 – (Kunstwerk u. Deutung Bd 6).

Nun wie ich hörte hat Dr. Fraenger vor Jahren in Heidelberg und Mannheim einen Lichtbildvortrag[2] über meine Werke gehalten; vielleicht hat er noch das Typoskript davon – da ich ihm – über eine neue Zusendung aus seiner eminenten Boschforschung ohnehin dieser Tage Brief u Dank schreiben will – möchte ich auch bescheiden diese Frage richten! – vielleicht stellt er seinen Text der wahrscheinlich ebenso positiv wie allgemein gehalten ist zur Verfügung! – –

denn es wäre schön und wichtig wenn auch – das magere Geldtäschchen eine zeitgemäße Idee wenigstens über mein Streben bekäme –

sonst wüsste ich mir nicht zu helfen in meiner Kränklichkeit die eben wenigstens gar nichts mehr sicher zuläßt. Oh weh!

– Sonst hätte ich in Sachen seiner Wahl aus der Kollektion blos eine einzige Bitte – nämlich: ich habe zu Carl Orff vor 2 Jahren Astutuli – eine Bairische Komödie für Zeitschrift Thema 4. Jhrgng 1949 – illustriert mit 8 Blättern – das wichtigste Blatt, Onuphri[3] ein vorchristlicher bayr.

Halbgott – fiel zu meinen <...> und der Verlag kam zum Inselverlag – es hilft mir nichts, dass da die Redaktion H. Eberhard Friedrich[4] tief unglücklich bedauerte: dieses Blatt Nr. 95 der Liste /möchte ich ins Buch! Herzliche Grüße auch an den Vater Ihr Kubin/

/Billingers zweites Gedicht ware herrlich sehr auch passend, R.P. hat sehr recht!/

PS. Max Hirschenauer war Meister- und Lieblingsschüler von Hugo v. Habermann[5] an der Münchner Akademie –

ihm dem genialischen Maler /nun/ 67 Jahre alt, glückte es und er ist eine jener Bummlernaturen die nur dann arbeiten wenn sie Geld nötig haben – hier jene 3 Generationen Weinhändler Berchtold (also über 100 Jahre) in Magdeburg[6] – – in diesem Bildnis aufleuchten zu lassen!!! – Meine Großmutter geborene Johanna Berchtold musste zum Katholizismus übertreten um den k. k. Stabsarzt Kletzl, einen Mährer heiraten zu dürfen. –

– sonst wird immer gleich das »nervös-grüblerische« heraufgezaubert /bei den Fotos/ – doch hier schaue ich endlich einmal einen »beruhigt-freundlichen« – ausdruck. –

– und doch bin ich so alt und schwach geworden –

D. Obige

498 Alfred Kubin[1]

Zwickledt, 20.11.1951

Lieber Freund Piper. –

Ach es glückte doch noch 100 Originale nach Ihrem Wunsch im Hochformat denn in ein paar Fällen wäre nur wie bei Nr. 45 Herbst[2] etwa die Zeichnung entsprechend einzufügen. – –

also einheitlich ist es auch im Technischen am besten. Und nur Ihnen vertraue ich meinen zeichnerischen Schatz bei so verschiedenen z. T. hochempfindlichen Papiersorten an – Es macht begierig, wie Ihre Wahl nun ausfällt. –

Für den »Erfolg« dieser Veröffentlichung bin ich absolut überzeugt denn was – wäre tiefer – (auch im unheimlichen Sinne) als diese Kunst?

– Wenn die nicht ins Buch kommenden nicht mehr gebraucht werden müssten sie aber gleich an Adresse: Buch- u Kunsthandlung Luise

Schmid, Passau /dorthin bringt sie ein Landwirt den ich kenne mein Nachbar und Pachter meines Ackers der öfters nach Passau kommt./ – Grabengasse 11, geschickt werden – mit Bemerkung: für Herrn A. Kubin – mein Nachbar und Pachter[3], holt sie mir dort. – Sie können von mir aus auch einige Stücke über 50. ins Buch nehmen auch über den Titel dachte ich nach und nächtlich ging er mir auf – »Zum Nachtisch« /unveröffentlichte Zeichnungen von Alfred Kubin –/

Das ist ebenso einfach-selbstverständlich mit gewissem Doppelsinn – für jeden nach seinem Vermögen /und für DM 2.50/ –

bei dem vertrauenswürdigen Frl L. Schmid habe ich ein Guthaben wo s. zt. auch Betrag (für A. Kubin) überwiesen werden kann. – und nun Glück und Freude für Sie und die Ihren – – ich bin leider fast immer marode die Organe sagten allmählich leider in zunehmender Weise den Dienst auf – /doch die Einbandvignette werde ich (hoffentlich) noch zusammenbringen wenn ich etwas erholt bin/ –

deshalb – kaum einen Brief bringe ich ohne Elendigkeit, und Schwankensgefühl noch zusammen. –

–

Von der österr. Bundesregierung wird ein köstliches kleineres Mäppchen zum »Jubilaum« hergestellt wie ich schon schrieb – »der Tümpel von Zwickledt

Diese Mitteilung bitte aber nur ganz vertraulich aufzunehmen – ich machte vor 3 Jahren 15 kleine Blätter nach Wassertieren (Schwimmkäfer, Wasserskorpion, Ruderwanzen, Egeln, Ringelnatter – Molche, Eintagsfliegen und Larven – – und erlebe es vielleicht nun doch, dass diese Liebhaberei von mir – ihre Herstellung findet –

Also freundliche Grüße Ihres getreuen

Alfred Kubin

P.S. – ein einziges Stück die Nr. 91. der »Besuch auf dem Ölgut«[4], hat sich nicht zurecht eingeschlichen – dieses Stück ist bereits erschienen in meiner Sammlung »Filigrane«[5] bei Georg Müller. –

also bitte es nicht mit auszuwählen. –

Sonst wissen Sie also warum gar nicht daran zu denken ist, dass ich selber die kurze Einführung verfasse – Ich bin jetzt leider blos noch eine Art Verwalter meiner Arbeiten und nur selten tobt der alte herrliche Auftrieb – wobei mir auch jeder Strich in den Augen schmerzt – und Vergesslichkeiten, Ungeschick etc. etc. Schwächen im alten Schädel, in den Zahnresten in der Blase den Tag trüben.

Die Nr. 96, 97, 98, 99 (rot in der Liste) entstammen diesem letzten 1951ger Jahr – diese allein – alle übrigen sind kunterbunt durcheinander weils über meine Kraft ging so eilig und zugleich nachdenkerisch zu sein –

Es wird Ihnen doch ein Kubininteressierter bekannt sein der die Einführung so zwanglos wie möglich schreiben kann!?? Vor ein paar Tagen bekam ich die Urkunde zum korrespondierenden Mitglied[6] der Bayr. Akademie der schönen Künste gewählt worden zu sein. –

498* Reinhard Piper – Telegramm

Prof. Alfred Kubin, Zwickledt b/Wernstein a. Inn, Oberösterr.

Auch lavierte und Querformate sind möglich. Doch bitte andere bevorzugen.

Reinhard Piper

20. 11. 1951

499 Reinhard Piper

24. 11. 1951

Herrn
Prof. Alfred K u b i n
Zwickledt b/Wernstein a. Inn
Oberösterr.

Lieber Herr Kubin!
Ich erhielt Ihren Brief vom 20. 11. Sie haben diesen Brief zwar an meinen Sohn Klaus adressiert. Ich möchte aber die Korrespondenz mit Ihnen selber weiterführen. Ich komme jeden Tag in den Verlag oder, wenn nicht, diktiere ich zu Hause, sodaß also kein Aufenthalt entsteht.

Ich freue mich außerordentlich, daß das Paket von Passau aus schon am 20. nach München abgehen wird. Ich bin selbstverständlich sehr gespannt, welche Blätter es enthalten wird, und werde mich mit größter Intensität mit ihnen beschäftigen.

Was die Textfrage anbelangt, so bedaure ich außerordentlich, daß Sie keinen eigenen neuen Text zu den Blättern schreiben können. An Herrn Fraenger möchte ich mich nicht gern wenden, da er ja die vorgesehenen Originale des Buchs nicht zu sehen bekommt, denn ich brauche sie hier für die Reproduktion. Er würde etwas ziemlich Allgemeines zusammenphantasieren, wie er dies auch in dem ersten, bei mir erschienenen Buche über Beckmann[1] getan hat. Ein Text[2] von Ihnen selbst ist natürlich unter allen Umständen der beste. Ich werde also versuchen, aus Ihren früheren Texten aphoristische Auszüge zu machen, in denen Sie etwas über sich selbst und Ihr Schaffen sagen. Der größte Teil dieser Texte wird ja wohl vergriffen sein und von den zum Teil längst verschwundenen Verlagen nicht wieder neu gedruckt werden. Ich werde Ihnen dann angeben, welche Stellen ich ausgesucht habe. Diese können Sie ja dann noch ergänzen.

Ferner werde ich eine kurze Biographie aus Ihren eigenen Angaben zusammenstellen, denn viele Leute wissen ja darüber nicht näher Bescheid, woher Sie stammen usw., und das ist doch für die Aufnahme Ihrer Zeichnungen sehr wichtig. Sofort nach Erhalt des Pakets werde ich Ihnen wieder schreiben.

Auch ich wünsche uns beiden für dies Buch und auch sonst alles Gute.

Ihr /zwar/ etwas jüngerer, aber doch ebenfalls alter
Reinhard Piper

500 Reinhard Piper

29.11.1951

Herrn
Prof. Alfred K u b i n
Zwickledt b/Wernstein a. Inn
Oberösterr.

Lieber Freund Kubin!
Gestern kam zu meiner großen Freude das Paket mit den 100 Originalen in meine Hände. Es war das eine geradezu erfrischende Sensation für mich, ein Kunsterlebnis wie in der guten alten Zeit! Heute kann man solche Erlebnisse so gut wie gar nicht mehr haben, weil es nicht mehr solche Künstler gibt.

Ich habe mich nun sogleich an die engere Auswahl gemacht. Die endgültige Liste schicke ich Ihnen, sobald sie feststeht. Einstweilen lege ich noch manche Blätter hin und her. Ich muß dabei auch an die Reproduktionsmöglichkeiten denken und vor allem Blätter wählen mit einer möglichst offenen Zeichenweise, die die notwendige stärkere Verkleinerung vertragen. Leider sind die Herstellungskosten dauernd im Steigen. Auch das Papier ist wieder teurer geworden. Mir liegt aber außerordentlich viel daran, das Bändchen in die 2.50 DM-Serie der Piper-Bücherei hineinzubringen und nicht als teureren eigenen Band. Das Kubin-Bändchen soll ja gerade ein Clou der Piper-Bücherei werden.

Da Olafs »Katastrophen«[1] Ihnen irrtümlich noch nicht zugingen, folgen sie morgen. Das »Potpourri« von Doré werden Sie erhalten haben. Auf die Einbandvignette für Ihr Bändchen kommt es entscheidend an; sie gibt dem Buche ja das Gesicht. Ich finde die von mir für den Doré-Band gewählte Zeichnung außerordentlich dankbar und wirkungsvoll. Auch Ihre Zeichnung müßte so kräftig und klar im Strich sein. Vielleicht können Sie zunächst ein paar Bleistiftskizzen schicken.

Der Titel »Nachtisch« ist zwar nicht unmöglich, aber auch nicht begeisternd. Man denkt dabei zu sehr an den Magen. /Bitte denken Sie noch etwas nach!/

Aus meiner Kubin-Sammlung habe ich auch einen »Don Quichote und Sancho Pansa«[2] hineingetan, links oben zwei Windmühlen. Das Blatt ist außerordentlich locker und offen gezeichnet. Und dann die Bäuerinnen im Hagelwetter[3]. Dieses besonders starke Blatt getrauten wir uns seinerzeit nicht in die »Abenteuer« aufzunehmen.

In Ihrer Auswahlmappe befindet sich das Blatt 34 »Der verlorene Sohn«[4]: eine Dame steht mit einem Kater auf Treppenstufen, fünf Stufen tiefer ein Mann mit dem Hut in der Hand, der zu ihr hinaufschaut. Diese Dame hat nun ein viereckiges Paket in der Hand, das wie ein gerahmtes Bild aussieht. Die Situation ist mir aber nicht klar. Was will sie mit diesem Paket? Sie hat offenbar nicht die Absicht, dem Mann zu folgen. Inwiefern ist der Sohn ein verlorener? Vielleicht könnten Sie mir hierüber zwei erklärende Sätze schreiben. An sich würde sich die Zeichnung wegen ihrer Technik und wegen des ausgesprochenen Hochformats sehr gut eignen.

Was den Text anbelangt, so tut es mit leid, daß ich da von Ihnen nichts erwarten soll. Vielleicht könnten Sie aber doch mit ein paar Kubinischen Wendungen eine kurze Autobiographie von zwei Seiten[5] abfassen. Man hat Ihre Lebensdaten sonst nirgends so übersichtlich beisammen. Ich nehme dann noch einige besonders charakteristische Aussprüche von Ihnen aus meinem »Nachmittag« herüber.

Die Blätter, die wir nicht ins Buch nehmen, sende ich, sobald die endgültige Entscheidung gefallen ist, an Fräulein Luise Schmid nach Passau zurück. Ich bestätige dieser heute gleichzeitig den Empfang der Sendung.

In den jetzt erschienen ausgewählten Briefen von Hermann Hesse steht auch ein Brief an Sie über die »Abenteuer«[6]. Ich frage bei Hesse an, ob ich diese sehr schönen Sätze zitieren kann, ebenso bei Billinger wegen des Gedichts[7].

Ich habe durchaus den Wunsch, Sie nicht mit unnützer Briefschreiberei zu plagen, aber einige Briefe müssen Sie sich noch gefallen lassen.

Mit herzlichen Grüßen und Wünschen
Ihr
R. Piper

501 Alfred Kubin

Zwickledt 4. XII 51

Lieber Freund – Olafs Album das heute eintraf machte so Vergnügen und hob die Stimmung – Es ist aber auch nötig denn wie Sie hier ersehen[1] *[Pfeil zu einem eingeklebten Zeitungsausschnitt]*, ist's ein Pech scheusslicher Art – zur unpassendsten Zeit – die Grenze ist gesperrt die für mich grade in den nächsten 3 Wochen wichtig gewesen wäre – – auch wettermäßig – wir haben seit letzter Nacht Schnee der sich in Nässe auflöst – was für unseren Wassermangel günstig fürs Auge interessant für die Gesundheit zumindest – gefährlich – ist. –

Ich brüte über die Einbandsvignette denn irgendein grotesker »Nachtisch« müßte mir ja einfallen

– Mein Freund Kapsreiter ich glaube Sie kennen den Nationalrat und Großindustriellen – in New York[2] gefährlich erkrankt und operiert wurde – die Familie in direktem Kontakt mit K – und ein Telefongespräch <hatte> dementiert solche Meldung. – es hieß schon, der ältere Sohn wäre nach Amerika geflogen – und nichts daran ist wahr! – Anfang Jänner schicke ich Ihnen ein Heft einer neuen recht erfreulichen Zeitschrift: Freude an Büchern« mit 5 Fragen[3] eines Literarhistorikers und Antwort darauf von mir – über: »Illustration« – /das fiel mir nicht gerade leicht –/ – Da fällt mir ein,: hoffentlich hat Luise Schmid mein schicksalsmäßiges Paket an R. P. Vg – München geschickt! – denn Ihre Nachricht ist nie darüber hier eingetroffen – und Frl. L. Sch. steht ihrerseits ja auch im Vorweihnachtstrubel – Ich dürfte ihr nicht einmal 100 % grollen – für heute aber sehne ich mich nach dem Bett – – –

Ihr müder Kubin

5/XII wie immer erfreue ich mich an Olaf G. Erfindungen mit der Linie – durch neufassungen treibt er seine Lieblingsformen in noch wundervollere Regionen – er ist einzig in seiner Art naturgewachsene Genialität! Heute <...> leider wieder z. Zahnarzt! Ihr Kubin

502 Reinhard Piper[1]

7.12.1951

Herrn
Prof. Alfred K u b i n
Zwickledt b/Wernstein a.Inn

Lieber Freund Kubin!
Haben Sie herzlichen Dank für Ihren Brief vom 4. mit der schönen Fotografie[2], deren Betrachtung für mich ein starkes ernstes Erlebnis ist. Ich bin auch meinerseits Vegesack sehr dankbar, daß er von Ihnen diese schöne Aufnahme gemacht hat; sie kommt als besondere Kostbarkeit in meine an Kostbarkeiten schon so reiche Kubin-Sammlung. Als ich bei Ihnen in Ihrer Bibliothek stöberte, zeigten Sie mir einige besonders kostbare Bücher als Ihr »Cimelien«. So rechne ich auch diese Fotografie zu meinen »Cimelien«.

Inzwischen werden Sie auch meinen Brief bekommen haben, der das richtige Eintreffen der kostbaren Sendung mit den Originalzeichnungen bestätigt. Auch dem braven Fräulein Luise Schmid habe ich für ihre Bemühungen herzlich gedankt.

Inzwischen brachte mir gestern nachmittag der Leiter der Kunstanstalt Klein & Volbert, der wir die Reproduktion des Kubin-Bandes der Piper-Bücherei anvertraut haben, die ersten vier Andrucke, von denen ich Ihnen einen Abzug hier beifüge. Die Originale kann ich Ihnen natürlich zur Kontrolle nicht mitsenden, aber diese wird hier von mir mit größter Sorgfalt vorgenommen.

Durch die starke Verkleinerung verlieren, wie ich Ihnen nicht zu sagen brauche, die Linien auch an Breitenausdehnung, und die Kunstanstalt richtet ihr besonderes Augenmerk darauf, daß die Linien dadurch nicht ganz schwinden. Andrerseits verkleinern sich auch die Zwischenräume zwischen den einzelnen Linien, und da muß sehr genau achtgegeben werden, daß sie nicht zusammenlaufen und eine unverhältnismäßige Schwärze ergeben. So werden zum Beispiel der Baumstamm und die Schlangen auf der »Pilgerschaft«[3] noch etwas aufgelockert. – Ich brauche die hier beigefügten Andrucke nicht zurück.

Ich denke, Sie sind mit dem Ausfall ebenso zufrieden wie ich.

Wir haben uns entschlossen, sehr teures holzfreies Papier zu verwenden, sodaß wir den Preis von DM 2.50, der ja ohnehin märchenhaft gewesen wäre, auf DM 2.80 hinaufsetzen müssen.

Auf Ihre Aussagen zum Thema »Illustration«[4] freue ich mich sehr.

Ich plane ohnehin in der Piper-Bücherei einen Band mit Selbstzeugnissen von Künstlern[5] über ihr Schaffen.

Auch mir setzt der Wetterumschlag sehr zu. Ich habe stets zwei Fläschchen auf meinem Schreibtisch stehn: gegen Föhn und Wetterumschlag »Regeniton« und gegen Herzschwäche »Sympatol«.

Beide Mittel bringen mich immer wieder in Schwung.

Hoffentlich hat der Zahnarzt Sie nicht zu sehr geplagt. Ich schiebe leider einen solchen Besuch immer so weit wie möglich hinaus.

Mit den herzlichsten Grüßen und Wünschen
Reinhard Piper

503 Alfred Kubin

8.XII 51 *[hs Datierung RPs]*

Lieber Freund Sie sehen hier Ihre Nachricht hat mich belebt und ich werde versuchen die Sache mit den Lebensdaten auf zu schreiben. – –

Antworten Sie bitte umgehend dann führe ich den Titel – laut Skizze aus. – –

die Teufelei mit der Viehseuche – zu der itzo noch aus Vöcklabruck vier Typhusfälle gemeldet werden – stört mich ganz besonders

– sonst ist die Stimmung aber gut. – denn »eigentlich« sagte s.Zt schon Wolfskehl[1]: bei diesen Dingen darf es doch nicht grade rosig in der Welt aussehen« –

Ihre Doré-Vignette ist u. bleibt trefflich auf »Potpourri« – aber »Abendrot« ist auch besser wie (zum Nachtisch) /weil geistig seriös/ / jetzt kommt links – das Kitzsteinhorn der Berg meiner Jugend[2] Landschaft – – und ich habe die Originalalbaner Kappe die man mir vor ein paar Jahren schenkte auf dem Kopf –/ Quixote u Pansa die Hagel, ebenfalls nun der verlorene Sohn: das Bild das er gemalt hat /giebt er nach Jahren/ durch das Stubenmädchen bei den reichen Eltern ab – und er erhält es wortlos zurück! – das ist alles. – unbedingt /dies Blatt/ ins Buch!!!

Hesse wird sicher Bfstelle[3] erlauben – ich stiftete vor ein paar Monaten eine Zeichnung[4] seinem westdeutschen Archiv

Dito Billinger gewiss! –

Nun genug – und herzlichen Gruß

Ihr alter

Kubin

504 Alfred Kubin

Zwickledt – OÖ 10/XII 51.

Lieber Freund die 4 Probedrucke machen – wirklichen Eindruck hinsichtlich der Qualität u. s. w. – und der so geringe Preis /von/ 2.80 dabei garantiert den besten Erfolg – wenn die Sortimenter das kleine – inhaltsreiche Buch an's Publikum bringen – und eine gute Presse dazu läutet das Ganze nicht unsympathisch ein –

Für einen hübschen Einbandtitel hoffe ich stehen zu können – sobald die alten Geister nicht untreu werden. – – Ich erwarte auch noch Ihre Billigung meines diesbezüglichen Vorschlages – morgen – d. 11. richte ich mich mit dem Vormittagszug nach Passau zu fahren /von dort dies Schreiben aufzugeben/ und glaube wohl annehmen zu können – eventuell – nach Desinfektion der Schuhe[1] – in die Stadt u. wieder zurück – zu können – die »herzensgute Luise Sch.« – werde ich auch sehen – mit großer Wahrscheinlichkeit! –

Für heute herzlichen

Gruß Ihr

Kubin

Über die beiden Fläschchen auf Ihrem Schreibtisch musst ich lächeln!

505 Reinhard Piper

11.12.1951

Herrn
Prof. Alfred Kubin
Zwickledt b/Wernstein a. Inn
Oberösterr.

Lieber Freund Kubin!
Schönen Dank für Ihren Brief vom 8. Mit dem neuen Titel »Abendrot« bin ich sehr einverstanden; er ist doch viel einleuchtender und stimmungsvoller als »Nachtisch«.

Die Einbandskizze füge ich hier wieder bei. Ich bitte, die Zeichnung recht offen und strichmäßig zu behandeln, also nicht mit Zwischentönen und Lavierungen. Keine zu dünnen Striche!

Nehmen Sie sich bitte den Doré-Band etwas zum Muster. Es wäre gut, wenn Sie mit der Zeichnung /in den <...>/ nicht ganz bis an den Rand des Einbands gehen könnten. Unter die Zeichnung kommt dann: »Mit 40 unveröffentlichten Zeichnungen«. Sie brauchen sich aber mit der Schrift nicht aufzuhalten. Diese könnte Preetorius[1] in der Art des Doré-Einbands zeichnen. Ich wäre Ihnen sehr dankbar, wenn Sie mir die hier beiliegende Skizze mit der fertigen Zeichnung wieder zuschicken möchten. Ich würde sie dann meinem Verlagsarchiv einverleiben.

Sehr erfreulich ist auch, daß Sie nun doch den Text mit den Lebensdaten mit einigen stimmungsmäßigen Arabesken selber schreiben wollen. Im Text müssten Sie auf die allegorische Bedeutung des Wortes »Abendrot«[2] etwas eingehn, denn in dem ganzen Buche kommt ja kein Abendrot vor. Ich wäre besonders froh, wenn wir diesen Text recht bald bekommen könnten. Da das ganze Buch, auch der Text, zusammen auf einen großen Bogen von 64 Blatt gedruckt wird, müssen wir alles beisammen haben, ehe wir mit dem Druck beginnen können.

An Hesse und Billinger wende ich mich gleichzeitig.

Was den »Verlorenen Sohn« anbelangt, so möchte ich Sie hier bitten, mir doch noch einen Austausch zu gestatten. Für den Betrachter ist nämlich der Titel, wenn man nicht eine Geschichte dazu erzählt, ganz unverständlich. Niemand kommt darauf, daß die Frauengestalt ein Stubenmädchen ist, das dem verlorenen Sohn das von ihm gemalte Bild in Auftrag seiner reichen Eltern wortlos zurückgibt. Ich habe in der Frauengestalt eine feine junge Dame gesehn, die merkwürdigerweise mit einem Bild auf Keilrahmen die Treppe herunterkommt und von dem Herrn unten sehr devot begrüßt wird.

Ich werde stattdessen die »Nachbarn«[3] nehmen, zwei Männer auf einer Bank unter Bäumen. Dies Blatt eignet sich besonders gut für die Reproduktion durch seine offene Zeichenweise.

Hoffentlich machen Ihnen bald die bayrische Maul- und Klauenseuche und der Vöcklabrucker Typhus keine Sorgen mehr!

Mit besten Grüßen und Wünschen

Ihr

R. Piper

506 Alfred Kubin

Zw. 17/12 51

Lieber Freund Piper – also die Vignette ist »entstanden« sie hat nicht verloren gegen den Entwurf den ich wunschgemäß beifüge. –

– Nun gehts an die »Daten«[1] – die dann sogleich an Sie wegen der knappen Zeit geschickt werden sollen. –

Es beweist große Psychologie von Ihnen – mich von der »Schrift« beim Einband dispensiert zu haben. – Preetor macht das 50 x besser. – –

Sonst geht alles leidlich mit dem argen Glatteis seit gestern aber die Stimmung ist balanziert denn ich bin ganz Ihrer Meinung die Quantität gegenüber der Qualität also 40 – statt 60 Bilder zurückzustellen[2] – man soll doch »eine Freud« haben wenn man das Büchlein appetitlich wie eine frisch gefangene Forelle in die Hand bekommt. – und das Papier holzfrei hübsch – ist schön – –

also guten Empfang meiner Sendung Herzlichst Ihr

alter Kubin

507 Alfred Kubin

Zw. 18/XII 51

Lieber Freund Piper ich sehe dass ich »die Daten« nicht schreiben kann. – es kommt mir alles durcheinander und beunruhigt die Nerven. – und grade dieser Umstand mit dem Blutandrang und Schwindelgefühl muss ich ja – ausschalten – man muss also irgendwie auf schon Vorhandenes zurückgreifen – Es geht nicht anders trotz meiner besten Absicht – In alter Herzlichkeit

Ihr Freund

Alfred Kubin

Es wurde von Regierungsseite darum ersucht und ich bitte ein paar Tage nichts zu erwähnen – Vorgestern erhielt ich ein langes Telegramm – der <Unterrichts>minister hat mir den Öst. Staatspreis[1] /1951/ – Würdigungspreis für bildende Künstler zuerkannt – Zum feierlichen Akt der Überreichung in der Akademie d. b. K. kann ich bei meinen Zuständen natürlich nicht nach Wien kommen /dazu bin ich viel zu kränklich!/ – ich ersuchte einen Freund[2] mich zu vertreten am 20. d. M. Donnerstag – das freut und bewegt mich – macht aber mein Alter und die Nerven nicht viel besser – na wenigstens glückte mir die Vignette für den Einband – unseres Buches gut – man findet im Kanter Vg – Alfred Kubin – wozu Billinger zwei Seiten Einführung[3] gab die kurze Notiz Lebenstatsachen man füge noch hinzu dass ich seit 1949 Korrespondierendes Mtgl. der bayer. Akademie der schönen Künste bin – sowie /auch dass ich soeben den *[Pfeil zum Wort »Staatspreis«]* zuerkannt bekommen habe soll erwähnt sein/

508 Reinhard Piper[1]

19.12.1951

Herrn
Prof. Alfred K u b i n
Zwickledt b/Wernstein a. Inn
Oberösterr.

Lieber Freund Kubin!
Soeben erhielt ich Ihre Einschreibsendung mit der endgültigen Einbandzeichnung.

Ihre Kuverts sind immer so außerordentlich malerisch und phantasieanregend; sie fallen so angenehm aus der normalen Verlagspost heraus, daß es mir schon dadurch ein Vergnügen ist, einen Brief von Ihnen zu bekommen.

Nun kann ich also die »Daten« erwarten, die ja gewiß etwas mehr als bloße Daten sein werden.

Ich habe schon einen ganzen Feldzugsplan[2] für Ihren Fünfundsiebzigsten aufgestellt, der ja zugleich ein Feldzugsplan für das Buch ist. Die Strichzeichnungen eignen sich besonders gut für den Abdruck auch in Zeitungen. Wir werden dieselben Zeichnungen auf mehrere Orte verteilen, aber die Orte geographisch weit auseinanderlegen, sodaß der »Krötenknäuel«[3], wenn er nach Oldenburg kommt, erst in Kärnten wieder auftaucht. Dazwischen kommt in das Rheinland das »Schlüsselloch«[4], der »Ahasver«[5] nach Tel-Aviv und der »Geist des Motorrads«[6] nach den USA usw.

Mit herzlichen Grüßen und Wünschen
Ihr
[Durchschlag]

509 Alfred Kubin

Abschrift aus »Schemen« /um 2 Zeilen heute vermehrt am 28/XII 51/ Lebenstatsachen –

A. K. geb. a. 10 April 1977 zu Leitmeritz i. Böhmen, aufgewachsen in Zell am See und Salzburg, erhielt seine künstlerische Ausbildung in München (Privatzeichenschule Schmidt-Reutte, Akademie bei Gysis, lebt seit 1906 in Zwickledt bei Wernstein am Inn. Anerkannt durch zahlreiche Auszeichnungen (Medaillen Diplome und dgl.) seit 1929 Mitglied der preussischen Akademie der Künste

Arbeiten erwarben fast alle bedeutenderen öffentlichen Graphiksammlungen. Seit 1949 z. korrespondierenden Mitglied der bayerischen Akademie der schönen Künste gewählt – 1951 österr. Staatspreis (Würdigungspreis)

Eine große Anzahl von Mappen und illustrierten Büchern sind bei den namhaftesten deutschen und österreichischen Verlagen erschienen –

Lieber Herr u Freund Piper es tut mir recht sehr leid Sie vielleicht mit Fortfall eingehenderer Daten enttäuscht zu haben jedoch –! es geht wirklich nicht mehr – bei der großen Ehrung in vergangener Woche (der öst. Staatspreis – wurde mir verliehen) konnte ich nicht einmal nach Wien kommen zum sog. »feierlichen Staatsakt« musste einen Vertreter[1] schicken. – Sonst wusste ich dass Sie den Titel des Buches mit Vergnügen in Empfang nehmen werden – herzliche Grüße und Glückwunsch für 1952.

Immer Ihr
alter Kubin

510 Alfred Kubin

5.I 52 Zwickledt

Lieber Freund da kam das Buch vom Spiegel[1] noch als Weihnachtsnachtrab und selige Überraschung, – weniger die vielen schönen Frauen und himmlischen gut geformten Popös – als die vielen vielen – kleinen Stücke mir völlig neu, seriös, antiken, exotischen, mittelalterlichen Stücke /Rückseiten oder Fassungen von Metall- oder Handspiegeln/ manchmal gleich 4 auf einer Seite. –

Mir geht es immer – na sagen wir: zwischen Tod und Leben. – im Unterbewussten haust die ständige Angst vor dem Herausfallen aller Zahnplomben – mein genialer Zahnarzt ein Meister im Verankern solcher Trümmer, verankert sie und schuf aus meinen Kiefern ein Provisorium – dessen künftige Stadien nicht im Entferntesten zu erraten sind –

– Der Überreichung des österr. Staatspreises /mit Bundeshymne etc./ konnte ich blos durch einen Vertreter »beiwohnen«. – Felix Braun – (auch /dieser/ so preisgekrönt scheint mit einer recht artigen Dankrede[2] sein Teil auch für mich getan zu haben – also: ich bleibe der Griesgram – und wünsche gar nichts anderes als so ettikettiert zu sein – – Solange – immer mal wieder Formkraftstösse seien es auch ganz kurze – durch Ermüdung beschränkte sich rühren lobe ich das All – noch aus den Versuchen heraus die – selten genug nach Ornamentalen, Arabeskoiden – tasten – also einer Übung von Baudelaire[3] als – »das Spirituellste der Kunst« irgendwo genannt ist einmal.

Da es zum »Greis« augenscheinlich bei meinem schwankenden Temperament nicht zureicht – letzte nacht infolge Herzklopfen erwacht – ward weil ohne Bedrängnis sehr wohl zur Stimmung. – : mir träumte vorher – – was übrigens fast nie der Fall ist – von meiner Frau – sie wurde auf einem thronähnlichen Gestell vorbeigetragen lachte nach ihrer Gewohnheit mich schelmisch an und drohte mir mit dem Finger. Tonfall und Stimme waren von frappanter Echtheit.

– Sehr spannend sind die Briefe Rob. Schumanns – Wenn Sie Martin P.[4] schen und grade dran denken danken Sie für mich – über den Einfall zu dem Buche

Zum Neujahrstag holten mich meine Schärdinger Freunde zu Carossa nach Rittsteig[5] ab – wo ich den Schwiegervater von Eva Carossa[6] kennen lernte einen ehemaligen Collegen von Ihnen – den Verleger Kampmann, 69 Jahre alt und in die Industrie abgewandert – Wir freuten uns der Gelegenheit erstmaliger Bekanntschaft ich fühlte mich stark hingezogen zu dem erfahrenen alten Herren – obschon ich nun beinahe 5 Jahre älter bin – nun wärmten wir Klages[7] Prinzhorn[8] – Werner Deubelerinnerungen[9] auf – und es hätte für eine Riesensitzung mit Leichtigkeit noch zugereicht wenn für den »Wolfskehl-Kreis«[10] u. sw. die Zeit noch gereicht hätte – worüber ich allerdings erst in Zwickledt wieder – sehr froh war da der Rückschlag des Symposions weit sanfter ausfiel – als bei Totalerledigung solcher Themen – Die Heimfahrt war köstlich und ich lobte mir die Erfindung des Autos das mir normal angesehen blos ein Seele und Leib verwüstendes Schreckensinstrument ist. – in welches ich mich noch nie ohne heimlichen Schauer einpacken ließ.

Aber nun genug – Sie lieber Freund sind 100facher Kenner unserer Übergangsverfassungen und werden das »Abendrot« glücklich starten.
Alles Gute, Wahre, Schöne von Ihrem
alten Kubin

511 Reinhard Piper

10.1.1952

Herrn
Prof. Alfred Kubin
Zwickledt b/Wernstein a. Inn
Oberösterr.

Lieber Freund Kubin!
Über Ihren letzten, besonders inhaltreichen Brief habe ich mich auch besonders gefreut. Ich danke Ihnen, daß Sie sich die Arbeit, einen solchen Brief zu schreiben (denn es ist eine Arbeit) gemacht haben. Ich konnte mir alles überaus lebendig vorstellen. Solche Briefe sind in einem Verlegerleben seltene Gäste.

Es freut mich, Ihnen in Anlage weitere Probedrucke des »Abendrots« zu schicken. Es fehlen jetzt nur noch die beiden Blätter »Circe«[1] und »Tiroler Hof«[2], die aber auch in den nächsten Tagen kommen werden. Ich glaube, wir können mit dem Ausfall dieser Andrucke zufrieden sein, und der Auflagedruck wird sicher ebenso gut ausfallen. Zum Einband lasse ich gerade die Schrift zeichnen.

Als Text sind leider die wenigen nüchternen Lebensdaten, die Sie mir sandten, keinesfalls ausreichend. Ich habe mich in meiner dicken Mappe »Gedrucktes über Kubin« genau umgesehn und den in Abschrift liegenden Text (zu einer Ausstellung in Nürnberg[3]) mit einigen kleinen Retuschen und Ergänzungen außerordentlich geeignet gefunden. Die Angaben über die Ehrungen (korrespondierendes Mitglied etc.) habe ich weggelassen. Da der Text nun von Ihnen selbst verfasst ist, würde es etwas kleinlich aussehn, wenn ein Mann von Ihrer Bedeutung auf diese korrespondierende Mitgliedschaft /selbst/ extra hinwiese. Was ist schon ein korrespondierendes Mitglied? Vielleicht werden Sie zu Ihrem 75. Geburtstag noch zum Pascha von Tunis gewählt, und das würde dann auch nicht in dem Buche stehn.

Ich bitte Sie, mir eine Frage zu beantworten: Was ist ein Briareus[4]? Kein Mensch weiß das, in keinem Lexikon steht er, und ich als Verleger müßte doch wenigstens Auskunft geben können. Außerdem interessiert es mich selbst.

In diesen Tagen haben wir im Verlag eine Konferenz unserer vier Reisevertreter, die unsere Bücher in den Buchhandlungen der verschiedenen Zonen anbieten. Wir haben sie mit allem, was nächstens bei uns erscheint, vertraut gemacht. Ich persönlich habe den Herren die Kubin-Andrucke eindringlich vor Augen geführt; sie haben allgemein großes Interesse gefunden.

Damit für heute genug. Wir werden ja bald weiteres voneinander hören.

Mit herzlichen Grüßen und Wünschen
Ihr
Reinhard Piper

PS. Ich habe in Ihren autobiographischen Text noch fünf sehr amüsante Briefzeichnungen[5] von Ihnen hereingenommen. Sie werden damit sicher einverstanden sein.

Mit dem Direktor der Staatl. Graphischen Sammlung, Dr. Halm, einem Neffen des berühmten Prof. Peter Halm[6], habe ich die Veranstaltung einer Kubin-Ausstellung[7] zu Ihrem 75. Geburtstag vereinbart. Es ist das ein sehr schöner großer Ausstellungsraum am Königsplatz (Arcisstr. 10), jedenfalls die würdigste Gelegenheit, die man sich nur wünschen kann. Vorher war dort eine Holzschnittausstellung durch fünf Jahrhunderte, die von rund 10 000 Leuten besucht wurde.

512 Alfred Kubin

Zwickledt 16.I 52

Lieber Freund der »Briareus«, genauer Bryareus – ist auf einem Holzschnitt von Sebastian Brant's Ausgabe des Virgil[1] – Liber Sextus CCLXIIII, bei Johann Grüninger 1502 – – vielleicht besitzen Sie ihn sogar, da Sie die »Fama«[2] gleich mir ja auch haben aus demselben Werk

Briareus ist unterhalb den »Gorgones[3] und der Harpyi[4] sichtbar links von den Eumenides[5] er ist mit 10 Händen – als Halbakt mit einem dicken bärtigen Haupt ein grässliches Ungeheuer –

Sonst erfreuten mich die Probeabzüge ich habe nun die Folge mit 39 von welchen 3 fehlen (5, 7, 23, –) /diese senden Sie mir wohl noch?!/ – die in den autobiographischen Text noch hinzugenommenen 5 amüsanten Briefzeichnungen finde ich auch eine wünschenswerte Bereicherung /sowie mir auch der bewidmete Quixote[6] recht sympatisch ist –/. – und wenn die Herren am Königsplatz[7] eine AK Schau machen – so freut mich das naturgemäß auch nur. /obgleich ich nie mehr reisen und mir solches ansehen kann./

auch ich hoffe Ihnen mit einem Heft der neuen Zeitschrift Freude an Büchern[8] – ein wenig Spaß zu machen – hoffentlich erlebe ich dann den 75 – leidlich – der für mich mehr ein nachdenklichkeitsfest – als ein Jubeltag ist dem ich von hier ausweichen will – da fand ich von meiner Frau noch eine »Überraschung« aus dem Jahre 1929: zwei graphologische Gutachten[9] meiner Schrift – es ist stupend was die beiden Deuter, a) ein augenscheinlich hochgebildeter Mensch (vielleicht Neurologe) der andere eine primitive, eine kaum gebildete Person – aus Wels über das Thema schrieben – vielleicht interessiert es Sie und ich schicke es Ihnen gelegentlich einmal – hier heute, bin ich höchst befriedigt über die Qualität der Ätzungen überhaupt in erster Linie die Auswahl – auch die verschiedenen kleinen Titelumformungen finden mein Gefallen

– das Buch steht wie unter günstigem Stern scheint es mir – wozu die Möglichkeit hinzukommt dass der Preis so unglaublich einer gewissen Breitenwirkung entgegenkommt – –

Hier ist man nach wie vor liebenswürdig auch in offiziellen Kreisen und es ist nicht ausgeschlossen, dass die öst. Staatsdruckerei eine kleine Mappe herausgibt des Titels: der Tümpel von Zwickledt« zum 75 Geburtstag. – Noch vor drei Jahren – zu Lebzeiten meiner Frau machte ich 15 kleine Blätter /etwa Blattgröße 18 x 23 cm auf ganz glattes Papier – wie ein Schlittschuhläufer – aber dies Werklein kann nicht mehr rechtzeitig fertig werden/ von Wasserinsekten – damals tat ich mir noch leicht mit der Feder zart und schwungvoll umzugehen – hatte Ruhe und einige Energie noch – wo ich seither verstört wurde –

Mit allen innigen Grüßen
Ihr
alter Kubin

512* Reinhard Piper

16.1.1952

Herrn
Prof. Alfred Kubin
Zwickledt
b. Wernstein a/Inn

Lieber Freund Kubin!
Ich schicke Ihnen hier die Abzüge der beiden letzten ganzseitigen Bilder »Circe« und »Tiroler Hof«. Nächstens werden Sie weiteres Korrekturmaterial bekommen, auch einen Abzug der Einbandzeichnung mit Schrift.

Mit herzlichen Grüßen
Ihr
[Durchschlag]

513 Reinhard Piper

23.1.1952

Herrn
Prof. Alfred Kubin
Zwickledt b/Wernstein a. Inn
Oberösterr.

Lieber Freund Kubin!
Vielen Dank für Ihre Erklärung des Briareus. Ich werde aber im Buche selbst keinen Erklärungstext bringen. Die Leute sehn ja, daß es sich um ein Ungeheuer handelt und im übrigen kann es ja nicht schaden, wenn sie über den merkwürdigen Namen nachdenken und infolgedessen nicht gleich weiterblättern. – Ich selber besitze übrigens den alten Holzschnitt vom Jahre 1502, auf den Sie sich beziehn, nicht.

Die beiden graphologischen Gutachten über Ihre Handschrift werden mich selbstverständlich aufs äußerste interessieren und ich bitte Sie, sie mir zu übersenden. Das ist ein sehr interessanter Zuwachs zu meinem Handschriftenarchiv.

Der Preis des »Abendrots« ist, wie Sie sehr richtig schreiben, unglaublich. Ich lasse ihn soeben nochmal nachkalkulieren, um festzustellen, ob mehr als zwei Pfennig am Exemplar für den Verleger übrigbleiben. Das ist leider die Schattenseite der Billigkeit. Das kleine Buch macht im Verlag fast ebensoviel Arbeit wie ein großes. Es ist aber auch unter allen Umständen erfreulich, mit einem Kubin-Buch in weite Kreise zu dringen.

Soeben erhielt ich die Nummer der »Freude an Büchern« und habe Ihr Gespräch mit dem Herausgeber über »Geist und Gestalt der Buchillustration« mit allergrößtem Interesse gelesen. Auch das ist mir ein wertvolles Dokument. Herzlichen Dank!

/Reizend ist die Geschichte von den <...>/

Daß Sie Ihrem 75. Geburtstag auch von Zwickledt aus noch ausweichen[1] wollen, finde ich sehr vernünftig. Wieviele Deputationen werden da vergebens den Berg von Wernstein aus hinaufklettern, und dann heißt es oben: »Der Herr Professor is net dahoam!«

Aber ich nehme an, daß Sie Ihre Abwesenheit schon vorher in weitem Umkreis bekannt machen werden.

In ein paar Tagen werden Sie die Korrekturfahnen sämtlicher Texte zu Ihrem Buch erhalten. Wir müssen jetzt mit allen Kräften darauf drücken, fertig zu werden.

Mit herzlichen Grüßen

Ihr

Reinhard Piper

513* Reinhard Piper

26.2.1952

Herrn Prof. Alfred Kubin
Zwickledt ü/Wernstein a. Inn
Oberösterr.

Lieber Freund Kubin!

Es ist mir ein Vergnügen, Ihnen einen Andruck des Einbands zum »Abendrot« zu schicken. Der Band wird ein Pappband in der Art des Doré. Ich habe den Aufdruck in Braun und in Rotbraun genommen, also in warmen Abendfarben. Ein richtiges feuriges Abendrot hätte sich nicht geeignet. Ich hoffe, daß die Ausführung Ihnen zusagt.

Inzwischen haben wir an der Fertigstellung des Buches eifrig weitergearbeitet. Hoffentlich halten Druckerei und Buchbinderei ihre Zusagen ein. Es wurde uns versprochen, daß die ersten fertigen Exemplare am 15. März vorliegen. So wird also das Buch noch Ende März, spätestens in den ersten Apriltagen, im Buchhandel sein. Selbstverständlich machen wir einen großen Pressefeldzug. Sicherlich haben Sie Beziehungen zu den einzelnen Leuten von der Presse, besonders in Österreich. Bitte stellen Sie mir doch eine Liste dieser Adressaten zusammen, soweit es sich nicht um altbekannte Leute und Redaktionen handelt.

Wir sind auch bereit, Ihre Freiexemplare, soweit Sie dies wünschen, direkt an von Ihnen angegebene Adressen zu versenden, falls Sie dort niemand haben, der Ihnen diese Arbeit abnimmt. Natürlich hat ein Exemplar mit persönlicher Widmung immer einen besonderen Reiz. Kürzlich war der Buchhändler Heindl[1] bei uns, dem ich die Andrucke zeigte. Er war von dem Buche ganz angetan und will ganz Oberösterreich mit dem Buche überschwemmen, zu welchem Zwecke er zunächst einmal 20 Stück bestellt. Wie er mir sagte, sind Sie ein guter Kunde, besonders für alle möglichen Arten von Zeichenfedern. Vielleicht könnte dieser die Versendung übernehmen, nachdem Sie Widmungen in die Bücher eingetragen haben.

Auch die Kubin-Ausstellung[2] wird täglich gefördert. Vor ein paar Tagen waren die Herren Direktor Halm und Dr. Degenhart von der Staatl. Graphischen Sammlung bei mir und haben das Material zusammengestellt, darunter auch die von Ihnen eigenhändig kolorierten Bilder zur Bibel, damit auch etwas Farbe in die Ausstellung kommt. Ferner werden in Vitrinen viele von Ihnen illustrierte Bücher und Mappenwerke aufgelegt. Sie haben mir ja mancherlei Bleistiftentwürfe überlassen; diese fanden die beiden Herren hochinteressant, sie hatten dergleichen noch gar nicht gesehn. Diese werden dann zu den endgültigen Drucken in den Büchern gelegt.

Die Herren erzählten mir, daß auch Direktor Rümann[3] in seiner städtischen Galerie gleichfalls eine Ausstellung geplant habe, daß sich beide Stellen aber dahin geeinigt haben, die Ausstellung gemeinsam zu machen, und zwar in den sehr stattlichen Räumen der Staatl. Graphischen Sammlung. Auch Gurlitt wollte eine Ausstellung machen, wird diese aber nun auch mit der allgemeinen zusammenlegen. So wird sicher etwas Schönes, Umfassendes zustande kommen. Herr Dr. Degenhart, der sich ja seit langem sehr eingehend mit Ihrem Schaffen befasst, wird in der Bruckmannschen Zeitschrift »Die Kunst« einen längeren Aufsatz[4] über Sie schreiben.

Hoffentlich geht es Ihnen gesundheitlich befriedigend. Sie werden schon irgendein undurchdringliches Dickicht im Böhmerwald finden, in das Sie sich noch rechtzeitig vor dem Geburtstag zurückziehn können!

Mit besten Grüßen und Wünschen
Ihr
[Durchschlag]

514 Alfred Kubin

Zwickledt 1. Marz 1952.

Lieber guter Freund Wenn die Buddhisten recht haben so fängt – nach denen – das Leid schon beim Positiven an – und das kann ja jeder beobachten der sich das Herz hiezu nimmt. –

Aber jedenfalls – Sie – Lebenskünstler hohen Grades – mengen diese Dinge nicht durcheinander und die Einbanddecke zum »Abendrot« macht sich glänzend! /Wie warm durch das fein abgestufte rotbraun – der Berg unser Fusijama oder Monsalvatsch! Preetors Schrift dazu sehr passend!/ – und wenn die »Plauderei« nicht gar zu gestückelt dann wirkt – wäre nach »unserem Ermessen« dabei alles geschehen was man der Norne abschmeicheln konnte – Ein bisschen Reflex soll hier die Übermittlung der beiden grapho. Gutachten darstellen – welche einen bekehren könnten zu dieser neueren sehr einleuchtenden Wissenschaft –

– diese beiden hatte meine Frau als Überraschung zum 10/4 1929 – Karl Irrer[1], Wels – ein Professioneller Schriftdeuter damals nach seiner Art kein Intellektueller hatte keine Ahnung wen er da zerzaust – Dr. Jorns[2] über Kurt Otte Hamburg, ging es sicher wusste doch wohl um sein Objekt – – zur Ansicht und »auf bald Wiederkommen«! – lege ich den Urbryareus bei – so sind Sie aufgeklärt über eines der mich suggerierendsten Ungeheuer – – in meiner Sammlung gewiss eine prima Cymelie!!!

Bei Heindl hoffe ich Abendrot bewidmen zu können – wenn er mir das Abschicken erleichtert wär's mein nettestes Jubelgeschenk! –

– Freilich bin ich mehr Zeichenfederkunde als Büchersucher – das liegt an den miserablen, das Absinken mitmachenden Augen! –

Was <...> die einsichtsvolle Weise der Schilderung – jener Münchner Gedächtnisschau[3] – Halm – Degenhart[4], Rümann Gurlitt – wäre – meiner Anschauung nach jedenfalls unter den Umständen – das einzig vernunftigste Arrangement –

– Dr. Degenhart ein enorm interessanter wie de fakto fanatischer junger Gelehrter – Dr. R.[5] nach vielen vielen Jahren traf ich ihn am Abhang der Lusen (in Waldhäuser, zu meiner großen frohen Erregung – wieder – äusserlich – einem schon etwas weichgekochten – Churchill ähnelnd – nur unsere bayrische Spielart ist jedenfalls weniger gefährlich[6] wie die britische –

– Meine herzlichsten Grüße

– es geht schwankend u. nicht besonders – Nachhutkämpfe mit einem unsympathischen Winter –

Gutes wünscht und grüßt Ihr

AKubin

/die Staatsdruckerei Wien bringt als Ehrung den Tümpel v. Zwickledt, Mappe mit 16 Tafeln Textbegleitung Wolf Schneditz, das ich vor 3 ½ Jahren damals noch flott zeichnen konnte!??/

515 Reinhard Piper

8.3.1952

Herrn
Prof. Alfred Kubin
Zwickledt ü/Wernstein a. Inn

Lieber Freund Kubin!
Es ist mir eine besondere Genugtuung, Ihnen anliegend das erste vollständige Exemplar des »Abendrots« zu schicken. Es fehlt nur noch, daß der Umschlag zu einem Pappband ergänzt und die Bogen in diesen eingebunden werden. Die Buchbinderei ist gerade damit beschäftigt. Der Band wird dann aussehn wie der Doré. Ich hoffe, daß Ihnen der Empfang des Buches Freude macht. Meine Freude ist sehr groß. Besonders stolz bin ich auf das blendend schöne Papier, das wir durch einen Glücksfall ergattern konnten. Diese Qualität kommt in den jetzt erscheinenden Büchern nicht allzu häufig vor. (Natürlich ist es auch entsprechend teuer.)

Was sagen Sie zu der Zusammenstellung des Textes mit den eingestreuten Zeichnungen? Bitte schreiben Sie mir alles, was Ihnen nicht gefällt.

Soeben höre ich zu meinem großen Bedauern, daß Sie Herrn Dr. Degenhart abgesagt haben mit dem Hinzufügen, er könne ja einmal im Sommer kommen.

Ich hoffe aber sehr, daß dieser Bescheid noch nicht endgültig ist, denn sein Besuch wäre gerade jetzt im Hinblick auf die Vorbereitung der Ausstellung, die doch so eindrucksvoll wie möglich ausfallen soll, von entscheidender Wichtigkeit. Ein Besuch im Sommer hätte für die Ausstellung gar keine Wirkung mehr. Auch beabsichtigt ja Herr D. in der Bruckmannschen Zeitschrift »Die Kunst« einen Aufsatz über Sie zu schreiben, und dazu würde der Besuch bei Ihnen ihm einen besonders starken Auftrieb geben und eine neue lebendige Anschauung vermitteln. Herr D. ist ja ein äußerst diskreter und feinsinniger Herr, der Ihnen gewiß nichts zumuten wird, was Ihnen jetzt nicht zuträglich ist. Sie schreiben gerade in Ihrem letzten Brief an mich: »Nach vielen Jahren traf ich Dr. R., einen enorm interessanten wie fanatischen jungen Gelehrten am Abhang des Luser in Waldhäuser zu meiner großen frohen Erregung wieder.« Herr D. wird sicher alles dazu tun, Ihnen jede Erregung, auch eine frohe, zu ersparen.

Sein Plan war, Sie zu bitten, ihm auch einige farbige Sachen mitzugeben, denn Farbe ist in einer solchen Ausstellung ja immer besonders wirksam, besonders in solchen verhältnismäßig großen Räumen.

Ich bemerke noch, daß Herr Dr. D.[1] von diesem Briefe nichts weiß und er mich also nicht beauftragt hat, Ihnen »zuzureden«. Ich sage mir aber: Wenn er unangemeldet in Zwickledt vor Ihrer Tür stünde, würden Sie ihm auch nicht sagen, er solle unverrichteter Dinge wieder heimfahren, sondern sich mit ihm sicher sehr gut unterhalten und ihm für die Ausstellung förderlich sein.

Auf den »Tümpel von Zwickledt« der Wiener Staatsdruckerei bin ich äußerst begierig.

Nächstens schicke ich Ihnen einen Abzug unseres ganzseitigen Börsenblattinserats[2] mit Abbildung des Umschlags. Außerdem sind gegenwärtig drei Reisevertreter in Deutschland unterwegs, daneben einer in Berlin, einer in der Schweiz und einer in Skandinavien. Diese führen bei allen irgend in Betracht kommenden Buchhandlungen das Kubin-Bändchen – natürlich auch unsre sonstigen »Novitäten« – vor und sammeln darauf Bestellungen.

Wieviel Exemplare soll ich zum Signieren und Versenden an Heindl nach Schärding schicken? Sie haben im ganzen Anspruch auf 50 Stück. Diese werden Sie ja aber nicht alle auf einmal verpulvern wollen. Ich frage dann bei Heindl an, ob er die Versendung übernimmt. Sie würden dann wohl nach Schärding fahren, was Sie ja, wie ich annehme, öfter tun.

Für heute mit herzlichen Grüßen
Ihr
Reinhard Piper

516 Alfred Kubin[1]

Zwickledt 10. III 52

Umgehend verehrter lieber Freund weil ich einen Passau-Boten wahrscheinlich morgen bekomme – hier blos meine wahrhafte Begeisterung dafür wie famos Sie Bücher zusammenstellen können – denn auch textlich ist es interessant und originell!

– Mir ist ja Dr. Degenhart persönlich der liebe Mensch der er seit je war geblieben aber ich habe eine Angst durch seinen Brief, dass er »aussuchen und mitnehmen« will – man kennt das und nur also 10 farbige Sachen kann er mitnehmen – ich habe in der Nazizeit[2] eine ganze Mappe voll für langere Zeit zu Studienzwecken für einen A. K. Text ihm nach Berlin und Holland geliehen und das hatte endlos gedauert bis endlich die Arbeiten wieder da waren Damals war Seyss-Inquart Verräter und kommandierend in Österreich[3] ein Verwandter von mir nannte ihn nur: Scheissinfolio –

also Schwamm drüber: ich werde also an Dr. Degenhart so schwer er mir physisch ankommt in der Schwerfälligkeit die mich erfasst hat, noch schreiben das geht Freitag d. 14 über Bayern dann ab – /falls es mit 10 farbigen Leihgaben ihm dafür steht freut mich's aber beschädigt wird er mich durch Senilität etc etc etc trotzdem finden. –/

Meinen Briareus konnten Sie inzwischen auch kennen lernen –

Der Winter hier auf dem Berge (bis in mein Bett sich vortastend) quält uns!

Hzlch Ihr Kubin

/Billinger und Dülberg[4] sind auch Rosinen – und dediziere ich Ihnen beigefügte Parodie vom Weidinger[5] Kunstmaler in Ischl. Über unseren Band etwas später Eingehenderes – – alles ist aber prima/

517 Reinhard Piper

14.3.1952

Herrn
Prof. Alfred K u b i n
Zwickledt ü/Wernstein a. Inn

Lieber Freund Kubin!
Ihre mir durch den Passau-Boten so schnell zugekommene Empfangsanzeige hat mich außerordentlich gefreut. Ich bin sehr froh, daß Ihnen die ganze Zusammenstellung gelungen erscheint. Ich habe an dem Buche mit ganz besondrem Vergnügen gearbeitet, zumal es sich um eine so intensive Gemeinschaftsarbeit mit Ihnen handelte. Ich bin in das fertige Buch ganz verliebt und habe es dauernd vor mir liegen. Ich werde es in Zukunft an um die Kunst besonders verdiente Persönlichkeiten wie eine Art Orden verleihen. Vorgestern, als die ersten Exemplare im Verlag von der Buchbinderei abgeliefert waren, bekamen es die Herren Halm und Degenhart von der Staatl. Graphischen Sammlung, die mich im Verlag aufsuchten, um noch einiges für die Ausstellung zu besprechen. Die Herren sind mit vollem Eifer dabei, und es wird sicher etwas Schönes zustande kommen. Die zehn farbigen Blätter, die Sie als Leihgabe zur Verfügung stellen wollen, werden der Sache gewiß noch einen besondren Akzent geben. Die Parodie auf Billinger hat mir vielen Spaß gemacht.

Möchte der Winter nicht /mehr/ allzu nahe an Ihr Bett vorrücken!

Den Original-Briareus lege ich hier wieder bei /folgt Montag, da ich vorher nicht mehr in den Vlg komme/. Ich habe mir diesen alten Holzschnitt in Originalgröße fotografieren lassen.

Bisher waren unsere Abmachungen nur in einem Brief vom 13.11.51 enthalten. Der Ordnung halber habe ich sie nun noch in einen formellen Verlagsvertrag[1] zusammengefasst, von dem Sie in Anlage zwei von mir bereits unterzeichnete Exemplare erhalten. Das eine davon schicken Sie mir bitte mit Ihrer Unterschrift zurück. Wir werden Ihnen dann das jetzt fällig gewordenen Honorar für die ersten 5000 Exemplare unverzüglich überweisen.

Was die Freiexemplare anbelangt, so habe ich Ihnen schon vorgestern fünf Stück vorweg zugehn lassen. Bitte geben Sie mir noch an, wieviele von den restierenden 45 Exemplaren Sie zu Heindl und wieviele Sie nach Zwickledt wünschen.

Ich wüsste gern, an welche Leute, die darüber schreiben könnten, Sie direkt Exemplare schicken, damit dies nicht von uns beiden doppelt geschieht. Schicken Sie z.B. an Hermann Hesse und an Billinger?

Der Verlag wird sich jetzt eine durchgreifende Propaganda in der Presse angelegen sein lassen. Wir werden mit Rezensionsexemplaren nicht knauserig sein. Im Buchhandel wird das Bändchen am 3./4. April eintreffen. Diesen Exemplaren wird auch noch das anliegende Einsteckschildchen beigefügt. In diesen Tagen erscheint die ganzseitige Anzeige im Buchhändlerbörsenblatt, von der Sie dann sofort einen Abzug bekommen.

Ich freue mich sehr auf das »Genauere«, das Sie mir so freundlich noch verheißen. Solche Briefe sind der schönste Lohn für den Verleger.

In diesen Tagen lese ich übrigens die Korrekturfahnen der größeren Ausgabe von Barlach-Briefen[2], die außerordentlich inhaltreich und bedeutend sind, ca. 350 Seiten. So bin ich ganz in Künstleratmosphäre und fühle mich darin sehr wohl.

Für heute mit herzlichen Grüßen und Wünschen
Ihr
Reinhard Piper

518 Alfred Kubin – Postkarte[1]

15.III 52

Lieber Freund das ist freilich höchst wichtig bei der Ausstellung mit den farbigen Akzenten! Und so habe ich gestern noch 12 bewegte Aquarellzeichnungen[2] an Gurlitt Bad Aussee gesandt – –

Sonst begucken wir im engsten Kreis uns die Abendrotbogen – Welche Erfahrung verrät der Text und gerade da fürchtete ich zu straucheln[3] weil die Abendröte etwas zu vernehmlich in meinem Kopf rumorte.

Herzlichst Ihr
Kubin

519 Alfred Kubin

Letzter Wintertag 19.3.52

Lieber Freund Piper Das »Abendrot« ruft wirklich durch alle Umstände – zuvor Ihre große Erfahrung geglückt scheint; – den Vertrag lege ich signiert hier bei und erbitte 20 St. hierher, den Rest an S. Heindl /für mich/ – Ich werde eine Liste anlegen wem ich Ex. geben werde – (Hesse und Billinger sind nicht dabei weil das insoweit <...> wäre als ich da auch 2 Briefe schreiben müsste und umgekehrt eher von diesen welche erwarte – und mit Dankkarte s.zt. bestätige hier lege ich eine solche bei

Im Augenblick kommt es hier uns ja auf »Zeitgewinn« an – was durch meine Ermüdungen bes. Vergesslichkeiten doch konterkarriert wird. – Jedenfalls wem ich dies Buch schicke schreibe ich auf und verständige Sie s.Zt. – die Teufel sind ja – da alles rund u polar ist stets an der Arbeit so zeigt sich seit gestern erheblich Wasser im Keller – wie es vor schon 35 Jahren war und damals Grabenarbeiten erforderte, Pumpen etc – doch damals waren die Verhältnisse – jung und günstig mit meiner Frau, Entschlusskräftig, geldlich, nicht so gespannt vor allen Dingen wie itzo – in Sonderlingslage

Herr von Cube (durch Dr. Bruno Werner[1] /neue Zeitung/ war hier wegen des A.K. Artikels und ebenso ein Herr Gerold vom »Echo der Woche«[2] – freilich sollte man diesen je 1 Stück zukommen lassen – da flechten sie dann die Neuerscheinung gleich mit ein. – –

Den eigentlichen »Geburtstag« 10/4 drücke ich mich für etwa 3 Tage von hier fort – um diesem /tristen/ Schock – ich erlebte das ja schon genügend – auszuweichen – Ihre sonstigen so persönlichen Bemerkungen erfreuten mich! Bes. – über den Briareus – wieviele leben ohne Ahnung wer das ist –

– Sehr wichtig wäre es wenn Sie bald je 1 E. an: Dr. Wolfgang Schneditz, Salzburg-Parsch, Wolfsgartenweg 25 und Ingenieur Lambert Binder Wien 18 Theresiengasse 26, senden würden Dr. Schn. ist Reporter, hält den AK.-Radiovortrag[3], war Sonntag hier /brachte Grüsse v Th. Mann u Fr. aus Gastein[4] auch mit/

Binder, bes. Hilfsgeist, vertrat mich in Wien bei der feierlichen Preisentgegennahme[5] etc etc /er verfasst den bestellten K.Artikel[6] in: Mensch u Schicksal/

Ich staune über Ihre Barlach-Briefausgabe[7]! –

alles Gute Ihr alter

Kubin

520 Reinhard Piper[1]

19.3.1952

Herrn Prof. Alfred Kubin
Zwickledt ü/Wernstein am Inn
Oberösterr.

Lieber Freund Kubin!
In Anlage schicke ich Ihnen einen Abzug der Anzeige des »Abendrots« im Buchhändler-Börsenblatt[2]. Ich finde, es macht sich sehr stattlich und wird hoffentlich den Sortimentern auch eine gehörige Anzahl Bestellungen entreißen.

Soeben Ihre Karte, wonach Sie 12 farbige Blätter an Gurlitt nach Aussee geschickt haben. Ob er diese nun aber an die Münchner Staatliche Ausstellung weitergibt, müssen wir abwarten.

In Anlage sende ich Ihnen den Bryareus-Holzschnitt, dessen eingehende Betrachtung mir viel Vergnügen gemacht hat, mit bestem Dank wieder zu.

Mit herzlichen Grüßen
Ihr
R. Piper

520* Reinhard Piper

16.5.1952

Herrn
Prof. Alfred Kubin
Zwickledt b/Wernstein a. Inn
Oberösterr.

Lieber Freund Kubin!

Ein paar Wochen haben wir fast täglich Briefe gewechselt. Darin ist nun eine Pause eingetreten, die Ihnen wahrscheinlich sehr erwünscht war. Sie werden nun noch genug zu tun haben mit dem Beantworten von Glückwunschschreiben! Hoffentlich müssen Sie sich damit nicht allzusehr ermüden.

Wir müssen nun aber unsererseits die Ausstellungsangelegenheiten noch zu einem Abschluß bringen. Vor allem habe ich Ihnen Ihre kostbaren Blätter, die Sie an mich senden ließen, zurückgegeben. Bitte schreiben Sie mir, ob Sie diese wieder auf dem Wege über die Firma Luise Schmid wünschen. Dies wäre wohl das einfachste.

Ich möchte für mich gern die beiden Blätter »Hund mit Mond«[1] und den »Komet«[2] zur Erweiterung meiner Kubin-Sammlung erwerben; sie zeigen so erfreulich die Extreme Ihrer Zeichenweise. Der »Hund mit Mond« hat einen so schönen malerischen Strich, der »Komet« hingegen ist so durchsichtig spröde und gläsern. Bitte schreiben Sie mir, was ich dafür zu bezahlen hätte.

Ich habe rechtzeitig vor Eröffnung der Ausstellung bei einem Ausschnittbüro auf alle Zeitungsartikel zu Ihrem 75. Geburtstag abonniert und eine schöne Sammlung von etwa 45 Stück zusammenbekommen, meist ausführliche und lesenswerte Texte. Ich bin gern bereit, sie Ihnen leihweise eingeschrieben zu schicken. Aber vielleicht bekommen Sie sich schon von Herrn Dr. Otte.

Vor kurzem hat sich noch der Bamberger Kunstverein um eine Kubin-Ausstellung beworben. Ich bin bereit, ihm meine Sachen aus der hiesigen Ausstellung zu schicken. Die Ausstellung ist etwas durchaus Ernstzunehmendes, sie findet in der Bamberger Residenz[3], oben auf dem Domberg, statt, wo auch die Leihgaben der Münchner Pinakothek ausgestellt sind. Ich nehme an, daß Sie nichts dagegen einzuwenden haben. Man wird ja nur einmal fünfundsiebzig Jahre, also muß man auch die unvermeidlichen Nebenerscheinungen in Kauf nehmen.

Dies für heute, nur um unsere Verbindung wieder in Gang zu bringen.

Ich ächze seit Monaten an der Zusammenstellung des Kunstkalenders[4] für 1953, worin ich auch zwei Kubin-Blätter in großem Format vorgesehn habe, und zwar den »Pauker«[5] und »Humor und Schwerfälligkeit«[6], dazu Texte von Ihnen.

Hoffentlich geht es Ihnen gesundheitlich erträglich. Damit muß unsereins ja schon zufrieden sein.

Mit herzliche Grüßen

Ihr

[Durchschlag]

521 Alfred Kubin

Mai 1952 *[hs Datierung RPs]*

Lieber und verehrter Freund

Dass ich Sie relative frisch und mittätig sehen darf ist mir ein Vergnügen – Ich erhalte immer noch Nachzügler als Glückwünscher und habe die Organe vollgestopft von Worten wie »/unermüdlicher/ Schaffenskraft« Alles in allem ward es ein geradezu »elementares« Erlebnis durch das vielseitig »Konzentrierte« unterschiedlichster /Persönlichkeiten/ Wirkungen vor allen Dingen der anhergelangten Briefe. – wirklich »aus aller Welt« ausgenommen der Ostzone – von wo ich nur ein Schreiben eines tschechischen Vetters[1] bekam voll Vorsicht geschrieben und Angst dass meine Antwort ihm Unannehmlichkeiten bringen könnte /vor 5 Jahren gab es noch viel aus d. Ostländern/

Dass ich /für/ 7 Tage nach Bad Ischl durchkonnte kam zwar in die Zeitung[2] auch – aber es war zu spät um diese eroberte Ruhe zerstören zu können.

– Die eigentliche Beschäftigung – wo ich nur konnte zog ich mich zurück – mit dem allen schlug es mit über den Kopf mit Übelbefinden / sogar Brechreiz/. –

Gerne nehme ich die Mitteilung dass Sie die beiden Blätter »Hund u Mond« und »Komet« für Ihre Sammlung erwerben wollen – und würde DM 300 für diese zusammen – berechnen – und zur Überweisung an Luise Schmid, Passau, Grabengasse 11 für Alfred Kubin – erbitten. –

– Eine schöne Kreidezeichnung von Ensor – stiftete mir ein unbekannter College – ein Freskomaler, der diese von Ensor selber für eine Hülfeleistung erhielt – während der Besetzung Belgiens /im II Weltkrieg/ – wo dieser (Professor Humer[3]) vom Gouverneur General v. Falkenhausen[4] für Betreuung des belgischen Künstlers kommandiert war – J. E. wollte auf keinen Fall aus seinem Heimatsort, Ostende, fort. – J. E. interessierte sich wie Humer sagte der einen Nachmittag bis spät in die Nacht hochst angeregt mit dem Alten aufs Reizendste sich unterhielt – und über meine Bestrebungen sich ganz orientiert aussprach, positive – was mich alles recht freute –

Sie konnen das Paket mit den Originalen zu Luise Schmid senden lassen ich war heute nach längerer Zeit in Passau und besprach es mit ihr – ich habe Sehnsucht /jetzt/ nach meinen Blättern in dieser Brache welche ich durchmachte infolge des »Jubelkomplexes« – für den ich als Einzelgeher und Hintergrundsmensch nicht die allergeringste Empfindung habe. –

Ein weiser Mann oder Dichter[5] sagt einmal irgendwo: Und wer sie nicht denkt, der kriegt sie geschenkt! – (die sogenannte Berühmheit nämlich! Das bestätige ich gerne.

– Im bayrischen Wald suche ich keine Erholung mehr – der Böhmerwald ist uns perdu gegangen – es ist mir auch /dort/ zu sehr gegen meine Gewohnheiten unregelmäßiges Essen etc etc. –

Es freut mich blos wenn Sie die Bamberger K-Vereinsherrn[6] unterstützen – Bamberg wo mein Lieblingsfreund † Hans von Müller[7] in einem Speicherwinkel des Gasthauses »zur Rose« E.T.A. Hoffmanns Tagebuch fand! – Solche Funde wird es immer wieder geben!! Schluß: also muss man, wie Sie es sagen <wenn s gleitet> zufrieden sein –

Immer Ihr alter
Kubin

/PS. Von gar manchen Seiten höre ich: der Piperverlag im Fall Abendrot zeigt sich großartig uneigennützig und als Ausstatter prima – prima –/

/PS. Falls Sie einmal schreiben – bitte ein paar Worte über den: »Tümpel v Zw – oder kam er gar nicht an etwa!!/

/Ganz bei Gelegenheit wäre mir Einblick in die 45[8] schon sehr nett –/

522 Reinhard Piper

29.5.1952

Herr
Prof. Alfred K u b i n
Zwickledt b/Wernstein a. Inn
Oberösterr.

Lieber und verehrter Freund Kubin!
Schönen Dank für Ihren letzten Brief. Ich habe heute laut anliegendem Durchschlag an Fräulein Luise Schmid nach Passau geschrieben. Das Paket mit Ihren Zeichnungen geht gleichzeitig ab. Ich habe nur Nr. 18, Komet, zurückbehalten, da ich, wie ich Ihnen schon schrieb, dieses Blatt meiner Sammlung einverleiben möchte. Ich überwies dafür gleichzeitig DM 150.- Ihrer Angabe entsprechend an Fräulein Luise Schmid. Von dem »Hund und Mond« möchte ich doch für diesmal

absehn. Ich muß mich da mit der Wiedergabe im »Abendrot« begnügen.

Es würde mich interessieren, ob die Kubin-Jubelfeier, das Erscheinen des »Abendrots« und die vielen Kubin-Aufsätze bei Ihnen eine erhöhte Nachfrage nach Originalen hervorgerufen haben. Bei Beckmann war dies seinerzeit[1] durchaus nicht der Fall.

Den »Tümpel von Zwickledt« mit Ihrer Widmung habe ich seinerzeit richtig erhalten und mich wiederholt eingehend in ihn versenkt. Die Publikation ist ganz besonders gelungen und hat mir sehr viel Freude gemacht. Ich danke Ihnen herzlich für die Widmung. Wenn ich Ihnen nicht früher darüber geschrieben habe, so geschah dies noch nicht, weil ich zu einem kleinen Plauderbrief darüber ausholen wollte. Auch der Text ist ganz ausgezeichnet.

Augenblicklich bin ich etwas schreibmüde. Aber sobald ich /zur Erholung/ ein paar Tage aussetze, häuft sich von allen Seiten Papier, sodaß man zu ersticken fürchtet. Nach einem sehr knappen Überschlag habe ich /als Verleger/ etwa achtzigtausend Briefe handgeschrieben und diktiert.

»Dees g'langt fei!«

Mit herzlichen Grüßen und Wünschen
Ihr
Reinhard Piper

523 Alfred Kubin

Zwickledt 16. Juni 52

Lieber alter Freund! psychophysiologisch machen macht man bei unserer na sagen wir »Abwicklung« Paralellen – durch – soweit allgemeinere Interessen – etwa berufs- wie geschmacksmäßige vorhanden sind – – so verstehen wir uns noch näher! – – Gewiss entstanden richtige »Wirbel« durchs »Abendrot« wie auch den Artikeln etc. – und auch Nachfragen nach Originalen, wie auch Lithos – quollen auf – und bes. auch nach etwa über mich »auszustellenden Blättern in jedem Fall lässt sich solch Wünschen ja nicht beikommen – die sogenannten Bettelbriefe sind nicht mal die ärgsten –

– Wenn sich einigermaaßen ein (immer noch nenne ich es so! »Gesundheitsbalanzement« erreichen läßt – ist es das Beste! –

Denn Restliches wäre ja meist zu schlichten –

– Gerade auf diesem Sektor steht es ziemlich Spasslos – dunkel verhüllt Ängstlichkeit Vorsichten mannigfacher Arten. den inneren Widerstand eines Murrers halte ich wenigstens in der Bemühung – durch die »Erfreulichkeiten« als Gegengewichte z. Bsp. kleine Freuden ja kleinste immer noch zusammen –

– vor allem durch den Frühling überhaupt – d. h. noch nicht rauhe Jahreszeit – da haben wirklich alle Poeten recht nicht Goethe allein – dieses zu loben. Doch Langsamkeit, Vergesslichkeit Bedrohungen (da die eingebildeten oft ärger als die begründeten – – kurz das und Ähnliches spielt Alles seine Rolle zur Zeit. Seelische Medikamente etwa passende, erprobte Lekture etc, in geeigneten Dosen machen sich immer noch angenehmst bemerkbar –

– Alles was /unter/Verkehr mit Menschen gemeint werden kann – wurde prekärer nun so seien wir halt: auch – ein bezeichnetes Bild: Segelflieger im Geiste – verstanden – – – –

Wenig wäre noch zu berichten – einen wahren Horror habe ich vor allem Offiziellen – einem Plunder –

– Es rundet Ihre Sammlung um eine wesentliche Zeichnung da der »Komet« von Ihnen aufgenommen wurde! – der malerische Hund mit Mond ist da weit weniger wichtig

– wohin es mir ferner möglich sein würde einige erholende Wochen zu verlegen ist mir schwer zu bestimmen – – Mit dem Lusen-abhang[1] – »Waldhäuser« ist es nichts mehr –

mein Freund Koeppel[2] fehlt mir doch allzu sehr als, dass ich stille Traurigkeit unterdrücken könnte – anderseits wäre /Süd/Bayern überlegungs-würdiger schon weil ich von meinem auf der Staatsbank seit 5 Jahren »eingefrorenem« Geld[3] zum Reisezweck bekommen könnte pro Tag 75 DM. Ein wenig denke ich an Burghausen – wie eine zarte Skizze in Bleistift – – feste Contur ziehe ich aber nicht auf solange Zeit hinaus – mit herzlichem Gruß in steter Erinnerung Ihr Kubin

/erfahre durch Telegramm dass mir in der Biennale 1952[4] ein Preis zuerteilt wurde und was man nicht denkt das kriegt man geschenkt/

524 Reinhard Piper

15.7.1952

Herrn
Prof. Alfred Kubin
Zwickledt b/Wernstein a. Inn
Oberösterr.

Lieber Freund Kubin!
Ich schicke Ihnen hier den Brief eines Buchhändlers[1] aus Oberhausen/Rhld., der von Ihnen 2-3 Handzeichnungen für einen Kunden besorgen und gleichzeitig auch für sich persönlich eine Zeichnung erwerben möchte. Sie sehn aus meiner Antwort, wie ich mir die Erledigung dieses Wunsches denke. Dem Buchhändler (er ist ja kein Chef) werden Sie ja einen ermäßigten Extrapreis machen. Ich habe ihm nicht mitgeteilt, wie Sie mir den »Kometen« berechnet haben.

An dem »Kometen« habe ich nach wie vor große Freude. Er ist noch nicht in den Bilderschrank eingeräumt, sondern liegt noch auf meinem Verlagsschreibtisch und ich nehme ihn oft zur Hand. Dabei habe ich mich gefragt, wie Sie zu diesem phantastischen Thema gekommen sind. Zweifellos hat das Blatt fernöstliche Beziehungen, es atmet durchaus chinesische Atmosphäre. Haben Sie sich in der Zeit, in der Sie das Blatt schufen, mit chinesischen Dingen beschäftigt? War dies ein Buch über chinesische Kunst, das Sie mir nennen können? Es würde mich sehr interessieren, darüber etwas zu hören. Ich lasse mich gern von dieser chinesischen Atmosphäre umstricken. Besonderen Spaß machen mir die beiden märchenhaften schrägen Treppen, die auf jeden Fall umständlich zu besteigen sind.

Hoffentlich haben Sie im Hause Zwickledt ein kühles Kellergelaß, in das Sie sich zurückziehen können.

Mit besten Grüßen und Wünschen
Ihr
[Durchschlag]

525 Alfred Kubin

Zwickledt 25/XI 52

Lieber Freund – Es ist leider so ich habe länger nichts hören lassen – denn langweilig wollte ich nicht werden und kleinere Jammeriaden liegen mir auch nicht recht – Im September war ich 26 Tage in Bad Ischl nahm einige Bäder dort die Zeit verging nicht übel wozu meine zimperliche einfache Lebensweise die beste Vorbedingung ja bietet –

Im Grunde war nicht viel los. /Bei College Herrn Fz Frherr v. Blittersdorff besah ich mir eine Anzahl von Delacroix Zeichnungen. – E.D. war ein Freund v Großvater Bl. kommt auch bei Meyer-Graefe vor[1] –/ – abgesehen von ein paar kränklichen Nächte darf man zufrieden sein – Ich las bei meinen krampfigen Augenlidern aber doch den Schüdderump – (zum II. mal) Wilh. Raabe ist sein sympathischer Verfasser – und als ich nach Zw. kam glückte mir sogar eine »Vision«[2] über das eingehende Thema noch zu zeichnen – und das ist allerhand bei 75 J bei so einem Griesgram wie er aus mir leider geworden ist. Immerhin: Immerhin: etwa Anfang April wohnte ich in dem behaglichen goldenen Ochsen und ließ mit etwas Bangen einen Herbst verrauschen – unwillkürlich sonderbaren Hypochondrien nachhängend – den Ermüdungen muss man unwillkürlich nachgeben – und positiven Leiden begegnen soweit es nur möglich ist – so kam ich vorgestern wieder von diesem Ischl heim denn endlich nahm ich doch Zuflucht zu einem empfohlenen Augenarzt[3] – (2 /in/ früheren Jahren halfen mir nicht recht – vom letzten hoffe ich doch – Linderung – denn nach 5 Viertelstündiger Untersuchung – stellt er noch immer verhältnismäßig günstige Prognosen. –

Gross war meine Bewunderung über den Piperkalender[4]: die Sorgfalt lohnte sich – – In Ischl würde ich nie heimisch geworden sein –

Es interessiert mich die Atrappenwelt dieser – auf engem alpinen Raum zusammengedrängte /österreichische/ Modestadt – ein unheimliches Labyrinth

Meine neue fantastische Vergesslichkeit gab zu zahllosen Erlebnissen genügend Anlass – jeden Tag –

Es wäre mir sehr angenehm wenn Sie mein Guthaben DM 625.- bei Ihnen an Frl. Luise Schmid Buchhandlung Passau Grabengasse 11, für Prof. A. Kubin überweisen würden. – Ich erfreute mich an dem hübschen Erfolg von »Abendrot« – – alle Menschen eigentlich von welchen ich hörte sind darin einer Stimme: – Ihre Erfahrung – ist der gute Geist dieses Buches. – und nun lieber Freund Piper gehts ins Bette um mitten

in der Nacht teuflischer Weise vorzeitig munter zu werden – und höchst fraglich ist's ob dann ein gutes Einschlafen in zweiter Portion gelingt
Ich begrüße Ihre ganze Familie und bleibe in alter Anhänglichkeit Ihr Freund

Kubin

525* R. Piper & Co. Verlag

München, den 7. Februar 1953

Herrn
Prof. Alfred Kubin
Zwickledt b/Wernstein a. Inn
Oberösterr.

Sehr verehrter Herr Professor!

Bitte verzeihen Sie vielmals, daß wir erst heute auf Ihren langen und freundlichen Brief an Herrn Reinhard Piper zurückkommen.

Leider ist Herr Piper seit einigen Monaten ernstlich erkrankt, sodaß es ihm bis jetzt nicht möglich war, Ihren Brief zu lesen oder gar Ihnen darauf zu antworten. Da zurzeit auch Herr Klaus Piper an Grippe erkrankt ist, schreiben wir Ihnen heute an seiner Stelle. Sobald Herr Klaus Piper wieder im Verlag ist, wird er Ihnen gewiß gern Näheres über das Befinden seines Vaters mitteilen. Hoffentlich können Sie selbst mit Ihrer Gesundheit zufrieden sein, wozu vielleicht Ihr Aufenthalt in Bad Ischl einiges Begünstigende beigetragen hat.

Sie schreiben, es wäre Ihnen angenehm, wenn wir Ihr Guthaben[1] von Dm 625.- an Fräulein Luise Schmid, Passau, für Sie überweisen würden. Dies muß jedoch auf einem Irrtum beruhen. Dieser Betrag wurde nämlich laut Vertrag bei Erscheinen des Bandes »Abendrot« voraushonoriert (5000 Exemplare); wir überwiesen Ihnen diesen Betrag bereits am 1.5.52. Sobald die umfangreichen Zählarbeiten unserer Statistik beendet sind, werden wir bemüht sein, Ihnen das Honorarergebnis für das zweite Halbjahr 1952 mitzuteilen. Das wird in ca. drei Wochen der Fall sein.

Mit den besten Empfehlungen
Ihre
[Durchschlag]

526 Ulrike Piper

14. April 1953

Herrn Prof. Alfred Kubin
Wernstein am Inn
Oberösterreich

Lieber und verehrter Herr Professor:
Viel Zeit ist vergangen, seit Sie meinem Vater das Buch »Der Sturz des Blinden«[1] mit Ihren letzten Illustrationen geschickt haben. Bitte entschuldigen Sie, dass ich erst jetzt versuche, Ihnen in seinem Namen dafür zu danken. Was Sie hier wohl schon ahnen, ist wahr: Er ist sehr krank. Vor über sieben Monaten hat er eine Gehirnblutung gehabt. Nach Weihnachten trat eine leichte Besserung ein, aber wir wissen heute noch nicht – und kein Arzt kann uns das sagen – ob und wie weit er sich erholen kann. Er ist liebenswürdiger denn je und erträgt alles mit grosser Geduld – auch die Natur scheint einem allzu krassen Bewusstwerden seines Zustandes einen gewissen Schutz vorzubauen. Aber ich brauche Ihnen als seinem alten Freund nicht zu sagen, dass unser ganzes Leben verändert ist seither. Für meine Brüder und mich ist es nun zuende mit dem Kind-sein, in das wir uns bei ihm immer wieder zurückziehn durften. Meine Mutter ist noch mit ihm zusammen (er bleibt zu Hause, weil wir ihm keine Klinik zumuten wollen) und fühlt sich doch schon sehr allein und dabei umgeben von fremden Menschen, die ihn pflegen und mit denen sie ihn teilen muss.

Ich habe meinem Vater Ihr Buch gefreut und bin sicher, dass es ihn gefreut hat, weil es von Ihnen kam. Er kann Bilder ansehn, es wird ihm auch manchmal vorgelesen, wenn er sich besser fühlt, und meine Brüder spielen ihm auf dem Klavier vor, wenn sie ihn besuchen. Ich glaube, er lässt Sie grüssen, herzlich wie immer. Wir dürfen die Hoffnung nicht aufgeben.

Mit allen guten Wünschen für Sie

Ihre
Ulrike Piper

527 ALFRED KUBIN[1]

Zw. 17. IV. 53
O. Öst.

Liebes gnädiges Fräulein –
Was müssen Sie mitteilen von Ihrem wunderbaren allerbesten Vater? Es ist so auch ich verbrachte den schlimmsten Winter seit vielen Jahren ein schrecklicher schwerer Ischiasanfall – der Arzt kam, spritzte 5 mal; nach 9 Tagen etwas besser doch spüre ich in der Tiefe die Krankheit lauert noch gar bei unserem alten zugigen Haus – vielleicht kann man ein »reduziertes« Leben führen – bei den Seinen – aber das ist ja nicht »unsere Art« – mir geht es in vielem nicht gut – Schwindel, Gedächtnis, Beweglichkeit, Appetit, Logik u. s. w. – es wird locker! – ich ver....... nach Luftveränderung leider aber ist's so eine schauerliche Sache für uns Männer gar – Ihres großen Vaters Wesen und sein Werk – fließt für mich zu einer Einheit zusammen – ich weiß wie er unter Barlachs und Beckmanns Entschwinden berührt war – weiß um Glück und Schweres bei ihm – kurz es presst mir das Herz zusammen und ich reiche Ihrer verehrten Mutter, Ihnen und den Brüdern, tief besorgt und liebevoll die Hand –

Ihr alter
Alfred Kubin

Undatierte Briefe

528 Reinhard Piper

[undatiert, wohl Winter 1943/44]

Als Weihnachtsgabe aus dem Verlag ist Jhnen zugedacht

Francesco Goya : Handzeichnungen
Hundert Tafeln
Einführung von Hans Rothe.[1]

Die Zeichnungen wurden eigens für das Buch in Madrid photographiert. Der grösste Teil derselben ist noch unveröffentlicht.

Es ist uns eine Befriedigung, in der gegenwärtigen schwierigen Zeit ein solches Kunstbuch herauszubringen.

Das Buch wird in einer Berliner Kunstanstalt hergestellt, die wie durch ein Wunder bisher den Luftangriffen entgangen ist. Es ist fertig gedruckt, auch die Einbanddecken sind fertig und innerhalb vier Tagen hätten die Exemplare versandbereit sein können. Die Kunstanstalt konnte aber den Buchblock bisher noch nicht in den Einband einhängen, da sie zur Zeit noch ohne Strom ist. Es ist zu hoffen, dass die endgültige Fertigstellung trotzdem in nächster Zeit erfolgen kann.

Hoffentlich fällt die Auflage des Buches bis dahin nicht noch einem neuerlichen Angriff zum Opfer.

Jedenfalls gehen Jhnen die Goya-zeichnungen, sobald sie fertiggestellt sind, direkt von Berlin aus zu und wir hoffen, dass sie Jhnen etwas Vergnügen machen.

Mit besten Grüßen,
Reinhard Piper

529 Reinhard Piper

[undatiert, Kennzeichnung »Deutsches Reich«]

Lieber Herr Kubin!
Mit den Zügen, wie sie Ernst Barlach 1923 für Eisenguss formte, stelle ich mich bei Ihnen ein und wünsche Ihnen und Ihrer Gattin von Herzen alles Gute zum Neuen Jahr!
Ihr R Piper

<...> Photo der Piperbüste[1] von 1923/30, Barlach, S. 267.

Anhang

Anmerkungen

Vorwort

1 → 60 AK
2 Zit. *AmL*, S. 41.
3 → 160 AK
4 → 91 AK
5 → 239 AK
6 → 220 AK
7 → 426 RP
8 Zit. nach: *Raabe*, S. 15.
9 Zit. *MLaV*, S. 181.
10 Zit. nach: *Piper 90*, S. 23.
11 Zit. nach: *Raabe*, S. 20.
12 Zit. nach: *MLaV*, S. 463.
13 Zit. Hellge, Manfred: *Der Verleger Wilhelm Friedrich und das ›Magazin für die Literatur des In- und Auslandes‹. Ein Beitrag zur Literatur- und Verlagsgeschichte des frühen Naturalismus in Deutschland.* In: AGB 16 (1976), S. 1165.
14 → 158 RP
15 Vgl. *MLaV*, S. 461.
16 Zit. ebd., S. 282. – Ein erstes persönliches Treffen kann allerdings bereits für das Frühjahr 1912 vermutet werden (→ 470 AK, Hohenzollernstrasse).
17 Zit. *Abendrot*, S. IX.
18 → 21 AK
19 Zit. *Wie ich illustriere*, *AmW*, S. 75-76.
20 → 122 AK
21 Zit. *MLaV*, S. 545.
22 → 194 AK
23 → 29 AK
24 → 131 RP
25 → 31 RP
26 Zit. Hoberg, Annegret: *Alfred Kubin. Die Inszenierungen eines Künstlers im München der Jahrhundertwende.* In: Peter Assmann (Hrsg.): *Die andere Seite der Wirklichkeit. Ein Symposium zu Aspekten des Unheimlichen, Phantastischen und Fiktionalen.* Linz: Oberösterreichische Landesgalerie 1995, S. 11.
27 Zit. Blei, Franz: *Erzählungen eines Lebens.* Leipzig: List 1930, S. 355–357.
28 Zit. Kafka, Franz: *Tagebücher 1910–1923.* Frankfurt am Main: S. Fischer 1951, S. 66 (siehe auch S. 97 u. 401) (= Gesammelte Werke. Hrsg. v. Max Brod. Bd. 7).
29 → 58 AK
30 → 148 AK
31 → 486 RP
32 Zit. *Barlach*, S. 24–25.
33 Vgl. ebd., S. 24–26.
34 → 97 AK
35 → ebd.
36 → 31 RP
37 → 54 RP

38 → 57 AK
39 → 124 AK
40 → 514 AK. Briefbeilage (ÖLA 77/L1/2).
41 → 267 RP
42 → StGL-M-KA
43 → ÖLA 77/B11/4
44 Zit. *MLaV*, S. 283.
45 Zit. *Raabe*, S. 46.
46 → 225 AK
47 → 122 AK
48 → 249 RP
49 → 255 RP
50 → 399 AK
51 → 426 RP
52 → 424 RP
53 → 454 AK
54 → 185 AK
55 → 144 AK
56 → 327 AK
57 → 194 AK
58 → 57 AK
59 → 176 AK
60 → 47 AK
61 → 108 AK
62 → 481 AK
63 → 245 AK
64 Zit. nach: *MLaV*, S. 462–463.
65 → 468 AK
66 → 480 RP
67 → 467 RP
68 → 246 RP
69 → 457 AK
70 Brief von Kubin an Hans von Müller, Februar 1904, Zit. nach: Hoberg, Annegret: *Kubin und München 1898–1921*. In: Annegret Hoberg (Hrsg.): *Alfred Kubin 1877–1959*. München: edition spangenberg 1990, S. 53.
71 → 474 AK
72 → 475 RP
73 → 486 RP
74 → 516 AK
75 → 517 RP
76 → 527 AK

Briefwechsel

1 Alfred Kubin

1 Nachträgliche hs Anmerkung RPs mit Bleistift unterhalb der Kontaktdaten: »Erster Brief Kubins«.
2 ***Wernstein a/Inn:*** Im Mai 1906 erwarben Hedwig und Alfred Kubin das Schlösschen Zwickledt nahe dem oberösterreichischen Wernstein am Inn im heutigen Bezirk Schärding, das nach längeren Renovierungsarbeiten im Oktober desselben Jahres be-

zogen und bis zu ihrem Tod bewohnt wurde. Als Gründe für die Übersiedlung führt AK einerseits die Unzufriedenheit über die Hektik des Stadtlebens, andererseits aber auch die verhältnismäßig hohen Lebenskosten in München an – besonders vor dem Hintergrund der schwierigen Entwicklungen im Schaffensprozess und den geringen Einkünften jener Jahre. (→ *FHO*, S. 327.) – Wernstein war über Jahrhunderte Teil der Grafschaft Neuburg gewesen, die Besitzverhältnisse hatten oft zwischen Bayern und Österreich gewechselt. Das Zwickledter Haus der Kubins, dessen Grundmauern auf das 12. Jh. zurückgehen, fiel im Jahr 1567 als Schenkung an Leonhard von Schmelzing, seinerseits Verwalter der Grafschaft Neuburg am Inn, in dessen Familie es fast drei Jahrhunderte verblieb. (→ *Heinzl 1991*, S. 251.) – »Schloß Zwickledt ist gar nicht das, was man zu Recht ein ›Schloß‹ nennen dürfte. Es ist nur ein kleines Landhaus – ein sogenannter Freisitz – von allerdings ehrwürdigem Alter [...]. In dieser Gegend, wo es das hervorragendste Gebäude ist, heißt es seit jeher das Schloß.« (Zit. *Mein Tag in Zwickledt*, *AmL*, S. 87.)

3 ***Anfrage vom 11. d. M.:*** Brief nicht erhalten.

4 ***3. Zeichnungen ... Stadelmann'sche Studie:*** Stadelmann, Heinrich: *Die Stellung der Psychopathologie zur Kunst. Ein Versuch.* Mit acht Bildbeigaben. München: Piper 1908 [R690]. – In seinem Kommentar zu den Kubinschen Bildern, die sehr weitgehend »Stimmungen, Affekte und Empfindungen auszudrücken vermögen«, schreibt S auf S. 37: »Kubins Kunst ist, wissenschaftlich betrachtet, ein wertvoller Beitrag zur Psychologie der Gefühle«. (Zit. nach: *Hoberg 1990*, S. 63.) – Nach S. 44 Reproduktion der Federzeichnung *Gefahr*. – Exemplar in AKs Bibliothek [Inv.Nr. 550]. – Heinrich Stadelmann (15.1.1865 Memmingen – 12.7.1948 Dresden); Mediziner und Schriftsteller. Medizinstudium in Würzburg. Ab 1906 als Nervenarzt in Dresden ansässig; Freundschaft mit Dresdner Expressionisten und Beginn eigener literarischer Tätigkeit.

5 ***Leiche des Gefolterten:*** Zeichnung 1906 reproduziert in der illustrierten Wochenschrift *Das Leben* (Jg. 2, H. 44) [R20]; wiederabgedruckt in der ersten Monographie über AK (→ 21 AK, Essweinbuch). – Verbleib der beiden anderen Zeichnungen nicht ermittelt.

6 ***Klischierung:*** Graphische Technik (französisch: »abformen, abklatschen«); Überbegriff für alle unter industriellen Bedingungen hergestellten bzw. verarbeiteten Hochdruckformen. Nur wenn der Künstler an der Druckform alternative Bearbeitungen vornimmt oder die Klischeeplatte mit anderen Platten kombiniert, handelt es sich um Originalgraphik. – Geeignete Verfahren zur Reproduktion Kubinscher Werke sollten ein bestimmendes Thema der ersten Jahrzehnte der Korrespondenz und ein besonderes Anliegen RPs werden (→ 35 AK).

2 Reinhard Piper

1 Die meisten Korrespondenzstücke RPs sind auf Briefpapier des Verlags verfasst. Die Kopfzeile bildet der zentrierte Firmenschriftzug »R.Piper & Co., Verlag · München | G.M.B.H.« in den Farben Rot, Grün oder Blau, ab 1917 nur noch in Schwarz. Unterhalb befindet sich ebenfalls zentriert das Verlagslogo (wiederholte Neugestaltung). Am oberen Rand links finden sich die Kontaktdaten des Unternehmens (»Telegramm-Adresse: Piper Verlag München | Telephon-Ruf-Nummer 31445 | Konto bei der Deutschen Bank, Filiale München«), rechts die Datumsangabe mit Vordruck (»München, den ______19 | Römerstraße 1«). 1938 übersiedelte der Verlag in die Georgenstraße 4 (→ 300 RP, Freund muss ...), die Angaben wurden entspechend geändert.

2 ***auf den Vorschlag des Herrn Hammelmann:*** Nachträgliche hs Anmerkung RPs mit Bleistift am unteren Blattrand: »ich hatte H[ammelmann] gebeten, an meiner Stelle an K[ubin] zu schreiben. Die Idee kommt von mir«. – Adolf Hammelmann (1875–1959) war nach seinen Studien (Medizin und Literatur) auf der Suche nach einer Verlagsbe-

teiligung gewesen und hatte 1909 an Stelle von Kurt Bertels (1877–1910) – seinerseits 1906 als Nachfolger von RPs erstem Kompagnon Georg Müller in den Verlag eingetreten – die Teilhaberschaft am R. Piper & Co Verlag übernommen. 1926 von Robert Freund (→ 196 RP) ersetzt. (→ *Piper 90*, S. 51–53.) – AK pflegte mit H zu Beginn der Verlagsverbindungen eine freundschaftliche Beziehung (→ 22 RP).

3 ***Doppelgänger:*** Dostojewski, Fjodor M.: *Der Doppelgänger. Ein Petersburger Poem.* Mit sechzig Zeichnungen von Alfred Kubin. München: Piper 1913. Einmalige Auflage in 800 nummerierten Exemplaren. Einbandentwurf von Paul Renner. Druck in der Nordischen Antiqua von Hesse & Becker, Leipzig [R54; A16]. – Exemplar in AKs Bibliothek [Inv.Nr. 1938]. – Trotz der Bezeichnung »einmalig« brachte RP weitere Auflagen 1922 (→ 123 RP und folgende) und 1948 (→ 467 RP). *Marks* verzeichnet weiters einen Neudruck 1975 nach der Erstausgabe [B27]. – Die verlegerische Großtat der Piperschen Gesamtausgabe (außerhalb derer RP weitere D-Bücher veröffentlichte: etwa das hier angesprochene bibliophile AK-Werk) gilt als zentraler Impuls für die D-Rezeption und die Verbreitung russischer Kultur im deutschen Sprachraum im Allgemeinen. »Die roten Piper-Bände der Dostojewskijschen Romane flammten auf jedem Schreibtisch.« (Zit. *Gadamer*, S. 4.) Eigentliche Initiatoren hinter dem Projekt waren der spätere Mitherausgeber Arthur Moeller van den Bruck, seine Frau Lucy und deren Schwester Elisabeth (Less) Kaerrick, die als Übersetzerin für die Ausgaben bis in die 1960er Jahre verantwortlich blieb. Erst nach ihrem Tod 1966 wurde ihr Person und Geschlecht verdeckendes Pseudonym E.K. Rashin gelüftet. (→ *Garstka* sowie *Piper 100*, S. 30–37.) – Trotz der sich auch im Bestand der Zwickledter Bibliothek widerspiegelnden Wertschätzung AKs gegenüber Fjodor Michailowitsch Dostojewskij (11.11.1821 Moskau – 9.2.1881 Sankt Petersburg) und dessen psychologischer Erzählweise kam es außerhalb des Piper-Verlags zu keinen weiteren Kubinschen Illustrationen zu Werken dieses russischen Realisten.

3 AK

1 ***München:*** Im Oktober 1912 hielt sich AK in München auf, wo er mit Paul Klee zusammentraf. (→ Klee, Felix (Hrsg.): *Tagebücher von Paul Klee 1898–1918.* Köln: DuMont Schauberg 1957, S. 284.)

2 ***»Zar und Revolution«:*** Mereschkowski, Dimitri: *Der Zar und die Revolution.* München: Piper 1908.

4 RP

1 ***Herrn Renner:*** Paul Renner (9.8.1878 Wernigerode – 25.4.1956 Hödingen); Maler, Gebrauchsgraphiker und Typograf (Entwicklung der serifenlosen Futura), Pionier der Neuen Sachlichkeit. Studium an der TH Braunschweig und an den Kunstakademien Berlin, München und Karlsruhe. Ab 1907 künstlerischer Leiter des für AK überaus wichtigen Verlags von Georg Müller. Mitverantwortlich für das hochwertige, bibliophile »Georg Müller Buch« (etwa AKs einziger Roman *Die andere Seite* (1909) sowie zahlreiche weitere Kubinsche Illustrationswerke). Gründung einer Schule für Illustration und Buchgewerbe mit Emil Preetorius 1911. Ab 1926 Leiter der Graphischen Berufsschule München, 1933 von den Nationalsozialisten aus allen Ämtern entlassen. 1934 Übersiedlung an den Bodensee und Hinwendung zur Landschaftsmalerei. – 1906 hatte R die Einbandgestaltung für die Dostojewski-Gesamtausgabe bei Piper übernommen und sollte von da an auch dessen buchkünstlerische Erscheinung für lange Zeit prägen, unter anderem durch die Gestaltung von sechs Fassungen des Verlagssignets, von denen eines – in überarbeiteter Form – bis heute verwendet wird. (→ *Piper 90*, S. 46 sowie *Piper 100*, S. 105.) – 1913 entwarf R den Einband für AKs *Doppelgänger* bei Piper.

2 ***Ihre ergebenen:*** Nur in Fällen grammatikalischer Missverständlichkeit wird auf den Verlagsstempel hingewiesen.
3 ***Ihnen und Hedwig:*** AK hatte Hedwig Gründler, geb. Schmitz (5.10.1874 Bad Homburg – 15.8.1948 Schärding am Inn), am 22.9.1904 geheiratet. Die Tochter eines Eisenbahndirektors, aus der mütterlichen Linie Schwarzschild/Jacobsohn halbjüdischer Abstammung, war von 1893 bis 1901 mit dem Gerichtsassessor Otto Gründler verheiratet gewesen und hatte erst in Königsberg, dann, infolge des sich wegen progressiver Paralyse ständig verschlechternden Gesundheitszustands ihres Mannes, in Frankfurt/Main gelebt; dort war ihr Ehemann im Herbst 1901 in geistiger Umnachtung gestorben. (→ *Hoberg 1990*, S. 64–65.) Kennengelernt hatte AK die verwitwete Schwester des ihm bereits bekannten Schriftstellers Oscar A.H. Schmitz anlässlich einer gesellschaftlichen Veranstaltung des Kosmikers und George-Freundes Karl Wolfskehl im Februar des Jahres 1904. »Die Heirat rettete mich, sie brachte die Wendung zum Objektiven«, sollte AK im Juli 1934 seinem Verlegerfreund RP erzählen, »die Dinge um mich kamen endlich in Ordnung«. (Zit. nach: *MLaV*, S. 463.)

6 AK

1 ***Japaniea:*** Kubin bezieht sich hier wohl auf im Laufe des Besuchs bei RP diskutierte Bücher. In AKs Bibliothek in Zwickledt lassen sich folgende vor 1914 bei Piper erschiene Werke zum Thema Japan nachweisen: *Sharaku* (1910) [Inv.Nr. 883] und *Der japanische Holzschnitt* (1911) [Inv.Nr. 723] von Julius Kurth sowie der erste Band von *Utagawa Toyokuni und seine Zeit* (1913) [Inv.Nr. 507] von Friedrich Succo. Auch der zweite Band findet sich in den Kubinschen Bibliotheksbeständen, sollte aber erst 1914 erscheinen (→ 26 AK). – »An japanischen Holzschnitten und Tuschzeichnungen befinden sich in der Kubin-Sammlung eine stattliche Zahl.« (Zit. *Heinzl 1970*, S. 230.)
2 ***den gemütlichen Abend:*** Zweites dokumentiertes persönliches Treffen zwischen AK und RP (in RPs Münchener Wohnung). Eine vermutete erste Zusammenkunft → 470 AK, Hohenzollernstrasse.
3 ***Ihrer lieben Frau:*** Gertrud Piper, geb. Engling (24.1.1886 – 8.7.1970 München); Malerin. RPs zweite Frau (nicht zu verwechseln mit dessen gleichnamiger Schwester). RP lernte die damals an der Königsberger Akademie studierende GE am 31.10.1908 in München kennen. Sie heirateten am 20.06.1910, nachdem RPs erste Ehe mit Ida Johanna Rutz (Heirat am 13.8.1907) am 11.4.1910 geschieden worden war. (→ *MLaV*, S. 307 sowie *Barlach*, S. 503 u. 512.)

7 RP

1 ***Madonnenbild:*** In der Erstausgabe S. 200 [A16, 321].
2 ***Doppelportrait:*** In der Erstausgabe S. 52 [A16, 287].
3 ***mit Hodler abgeschlossen:*** Ferdinand Hodler (14.3.1853 Bern – 19.5.1918 Genf); Schweizer Maler. Lehre als Ansichtenmaler in Thun, 1871 in Genf von Barthélemy Menn entdeckt und als dessen Schüler angenommen. Durchbruch 1889 mit dem Gemälde *Die Nacht*. Mitglied der Sezessionen von München, Berlin und Wien (Ausschluss 1914). 1916 Professur in Genf. Nähe zu Symbolismus und Jugendstil, expressionistische Züge im Spätwerk. – RP bezieht sich hier auf ein 1914 erscheinendes Mappenwerk mit vierzig Heliogravuren des Künstlers (→ 19 AK, Hodlerwerk).

8 AK

1 Es fehlt der vorangegangene Brief RPs, der – wie AK andeutet – wohl tatsächlich verloren ging.

2 ***Prospectton:*** RP versandte üblicherweise Werbeprospekte zu einzelnen bibliophilen Verlagserzeugnissen, so etwa auch zu *20 Bilder zur Bibel* (→ 151 RP). AKs bisher unbekannter Kurztext dürfte wohl in einem solchen erschienen sein.

9 AK

1 Nachträgliche hs Anmerkung RPs mit Bleistift oberhalb der Unterschrift: »Martin«. – Martin Piper (31.8.1913 München – 1999); Pianist, später Professor an der Musikhochschule in München. Jüngerer der zwei Söhne RPs. Zu seiner Karriere → *MLaV*, S. 679–681.

10 AK

1 ***»Hausenstein«:*** Wilhelm Hausenstein, Ps. Johann Armbruster (17.6.1882 Hornberg – 3.6.1957 München); Kunsthistoriker, Schriftsteller, Übersetzer, Diplomat. Einer der Wiederentdecker Georg Büchners. Studium der klassischen Philologie, Philosophie, Geschichte und Nationalökonomie, später der Kunstgeschichte in Heidelberg, Tübingen und München. Ab 1908 freier Schriftsteller, ab 1917 ständiger Mitarbeiter der *Frankfurter Zeitung*, 1934–1943 Leiter ihres Literaturblattes. Schreibverbot während des NS-Regimes. Publikationen zu Literatur und Kunst der Antike bis zur zeitgenössischen Avantgarde. 1950 von Adenauer für den Staatsdienst gewonnen, wichtiger Mitgestalter der deutsch-französischen Versöhnung nach dem 2. Weltkrieg. – H war mit RP über dessen Schwester Gertrud bekannt geworden. (→ *MLaV*, S. 278.) 1909 war Hs *Der Bauern-Bruegel* als sechster Band der Piperschen Reihe *Klassische Illustratoren* erschienen, 1911 (kleine Ausgabe) bzw. 1913 (große Ausgabe) folgte sein kunstsoziologisches Hauptwerk *Der nackte Mensch in der Kunst aller Zeiten und Völker*. Von 1921 bis 1925 sollte H gemeinsam mit Julius Meier-Graefe als Herausgeber der Vertriebsstelle für Graphik des Piper-Verlags, »Ganymed«, fungieren. – AK war ab 1911 mit H befreundet (→ *Hausenstein*, S. 475), schätzte dessen präzise Interpretationen und vermerkte 1917 in der Fortsetzung seiner Autobiographie im Vorwort zur Neuauflage von *Die andere Seite* über »intelligente Fachschriftsteller [...]. Von allem, was ich davon zu Gesicht bekam, haben mir Willhelm Hausensteins leidenschaftlich und verständnisvoll geschriebene Ausführungen am besten gefallen.« (Zit. *AmL*, S. 46.) H verfasste zahlreiche Artikel über AK, und obwohl seine kunsthistorische Arbeit, insbesondere *Was bedeutet die moderne Kunst* (1949), schließlich »gegen das Moderne« gerichtet war, schätzte er »singuläre Naturen wie Beckmann, Klee, Kubin und andere«. (Zit. *Hausenstein*, S. 242.) Bis zum Tod Hs bestand Briefkontakt; bekannt wurde AKs Schreiben an H vom 15.3.1921, *Mein Tag in Zwickledt* (→ *AmL*, S. 87–93) [R153; A59]. Abdruck 1939 mit neu gezeichneten Illustrationen [R577; A187].

2 ***»Kunst u. Künstler«:*** *Kunst und Künstler – Illustrierte Monatsschrift für bildende Kunst und Kunstgewerbe*. Anfangs herausgegeben von Emil Heilbutt, ab 1906 von Karl Scheffler. Nach 1907 erschien *KuK* im Verlag Bruno Cassirer. 1933 von den Nationalsozialisten eingestellt. Eine der wichtigsten zeitgenössischen Kunstzeitschriften im deutschen Sprachraum.

3 ***50 Privatadressen:*** Liste nicht erhalten.

4 ***beiden anderen Herren:*** Gemeint sind RPs Teilhaber Adolf Hammelmann und Alfred Eisenlohr (→ 12 RP).

5 ***Poppenberg:*** Felix Poppenberg (13.10.1869 Berlin – 28.8.1915 ebd.); Literaturwissenschaftler, Essayist. Studium der Literaturgeschichte, Geschichte und Philosophie in Berlin. Mitarbeiter zahlreicher Zeitschriften. – 1910 hatte P den AK-Artikel *Apokalypse* für die *Neue Rundschau* (Jg. 21) [R793] verfasst (→ 121 AK, Prof. Dr. Oscar Bie ...). Ein Exemplar von Ps *Das lebendige Kleid* (Berlin: Reiss 1910) fin-

det sich in der Zwickledter Bibliothek [Inv.Nr. 5316]. – Eintrag in *Kürschners Deutscher Literatur Kalender auf das Jahr 1913*: »Poppenberg, Felix, PA, Kritik, Lit., Dr. phil. Charlottenburg, Kantstr. 153«. Einige Briefe und Karten an AK aus den Jahren 1909–1912 beherbergt die Städtische Galerie im Lenbachhaus, München, Kubin-Archiv.

6 ***Kürschner:*** Gemeint ist *Kürschners deutscher Literatur Kalender* des Lexikographen Joseph Kürschner (1853–1902). 1883 bis 1902 war K Herausgeber des 1879 von den Gebrüdern Hart als *Allgemeiner Deutscher Literaturkalender* gegründeten Nachschlagewerks gewesen, 1903 Übernahme und Umbenennung (66. Jahrgang 2008/09). Der *Literatur Kalender* enthielt neben den Rubriken »Litterarische Rechtsverhältnisse«, »Litterarische Vereine und Stiftungen«, »Litterarische Chronik«, »Deutsche Verleger«, »Zeitschriften und Zeitungen« etc. auch das jährlich aktualisierte Lexikon deutscher Schriftsteller und Schriftstellerinnen mit biographischen Daten und Werksverzeichnis. Der ebenfalls populäre *Kürschners Deutscher Gelehrten Kalender* erschien erstmals 1925.

11 AK

1 ***heiteren Doppelgänger:*** Vermutlich Hinweis auf eine nicht erhaltene Bildbeigabe (→ 12 RP).

12 RP

1 ***Mit Ihrem Bilderbogen:*** → 11 AK

2 ***in dem Müller'schen gleichnamigen Almanach:*** Piper paraphrasiert hier den richtigen Titel, *Schriftsteller, Verleger und Publikum – Eine Rundfrage – Zehnjahreskatalog* (München: Georg Müller 1913). – Exemplar in AKs Bibliothek [Inv.Nr. 1479]. – Auf den Seiten 90 und 91 erschien darin AKs *Brief an seinen Verleger Georg Müller, München* mit zwei Zweitreproduktionen [R64]. – Georg Müller (29.12.1877 Mainz – 29.12.1917 München); Verleger. Buchhändlerlehre in München, Wien und Berlin. Verlagsgründung in München am 1.10.1903. – Enge geschäftliche und freundschaftliche Beziehung zu AK, dessen Illustrationswerke (wie auch *Die andere Seite*) von 1909 bis 1919 fast ausschließlich im Georg Müller Verlag erschienen. Bereits 1907 hatte M AKs illustratorische Fähigkeiten geahnt und ihn für eine erste Poe-Illustration gewonnen. (→ *FHO*, S. 9.) – M war darüber hinaus zentrale Gestalt in den jungen Jahren RPs. Während der Zeit als Gehilfe in der Berliner Buchhandlung Weber im Jahr 1899 war M RPs Kollege gewesen, von Oktober bis Dezember 1902 hatte man gemeinsam eine Bildungsreise nach Paris unternommen. 1903 fungierte RP zeitweise als Gehilfe in dem von M neu gegründeten Verlag, und als RP am 19. Mai 1904 sein eigenes Unternehmen startete, stand M ihm dabei seinerseits als Kompagnon zur Seite (1906 durch Kurt Bertels ersetzt). Weiteres zur Person Ms → 63 AK.

3 ***Mit einem Bayros:*** Franz Wilhelm Marquis von Bayros (28.5.1866 Zagreb – 2.4.1924 Wien); österreichischer Graphiker, Illustrator und Maler des Fin de siècle. Studium an den Akademien in Wien und München. 1897 Umzug nach München und schneller Ruhm mit erotischen Arbeiten im Stile von Félicien Rops und Aubrey Beardsley. Erste Einzelausstellung 1904, danach zahlreiche Illustrations- und Exlibrisarbeiten. 1911 Eingriff der Zensur, Rückkehr nach Wien. Schwierige Reintegration und Alterswerk (Illustrationen zur *Göttlichen Komödie*). – Möglicherweise fußt RPs Bewertung auf den damaligen Schwierigkeiten Bs mit der Zensur, denkbar ist auch ein rein ästhetisches Urteil.

4 ***Der Poussin:*** Friedlaender, Walter: *Nicolas Poussin. Die Entwicklung seiner Kunst.* München: Piper 1914. – Siehe auch → die folgenden Briefe. – Exemplar in AKs Bibliothek [Inv.Nr. 711].

5 ***Band der Norddeutschen schönen Stadt:*** Wolf, Gustav: *Die schöne deutsche Stadt – Norddeutschland.* München: Piper 1913. – Exemplar in AKs Bibliothek [Inv.Nr. 2723].
6 ***Eisenlohr:*** Alfred Eisenlohr (1875–1952); Teilhaber des Piper-Verlags von 1913 bis 1932. Davor Finanzbeamter. Nähere Lebensumstände nicht ermittelt. RP schildert den Eintritt des neuen Compagnons in seinen Lebenserinnerungen. (→ *MLaV*, S. 363–364.)

13 AK

1 ***aus Paris wieder daheim:*** Dreiwöchiger Paris-Aufenthalt gemeinsam mit HK. Anreise über Straßburg und Colmar, um den Isenheimer Altar zu besichtigen, über den sich AK später auch mit RP austauscht (→ 76 RP). Bereits 1906 hatte das Ehepaar Kubin in Paris Oscar A. H. Schmitz besucht und AK beim greisen Odilon Redon vorgesprochen. (→ *Hoberg*, S. 229.) Während der hier angesprochenen zweiten Reise vertraute sich das Ehepaar Kubin dem Schweizer Zeichner und Ensor-Verehrer Ernst Sonderegger an, da AKs »Nerven dem wütenden Wechsel von Sinneseindrücken nicht mehr ganz gut standhielten« – rückblickend vermerkte AK »lange nicht so erstaunliche und entscheidende Eindrücke« wie bei seinem ersten Besuch, auch bedauerte er »ein Zusammentreffen mit Picasso«, zu dem er eingeladen war, versäumt zu haben. (Zit. *AmL*, S. 48–50.) Am 28.3.1914 schreibt er an seinen Freund FHO: »Ich war in Paris für drei Wochen und habe dort allerhand unangenehme Abenteuer erlebt (bestohlen, verdorben, beinahe gestorben).« (Zit. *FHO*, S. 75.)
2 ***die Umschlagzeichnung:*** Kubin gestaltete den Umschlag für den Dostojewski-Band *Bei nassem Schnee* (München: Piper 1914) [R66; A23]. – Neben den *Sämtlichen Werken* Dostojewskis (→ 2 RP) brachte Piper auch immer wieder einzelne Texte in bibliophiler Gestaltung. Die hier angesprochene Novelle findet sich in der Gesamtausgabe in Band 20, *Aus dem Dunkel der Großstadt* (1907). Weiteres → 66 RP.

15 RP

1 ***günstige Besprechung:*** Nicht ermittelt.

16 AK

1 ***in der Wiener Neuen freien Presse:*** Österreichische großbürgerlich-liberale Tageszeitung, erschien 1864–1938 in Wien (ab 1935 in Staatsbesitz). Ging 1939 im *Neuen Wiener Tageblatt* auf, das 1945 eingestellt wurde. Die *Neue freie Presse* versuchte die ursprüngliche Richtung der 1848 nach französischem Vorbild gegründeten Zeitung *Die Presse* fortzuführen, die sich binnen weniger Jahre zu einer offiziösen Stimme gewandelt hatte. Aufgrund hervorragender Mitarbeiter wie Theodor Herzl und Franz Servaes sowie modernem Zugang zu Journalistik und Technik (1869–1873 Übergang zum Rotationsdruck) entwickelte sich die *Neue Freie Presse* v.a. unter ihrem Mitherausgeber und Chefredakteur Moritz Benedikt zwischen 1908 und 1920 zu einem Blatt internationaler Geltung (Auflage 1870: 25000, 1901: 55000, 1920: 90000, 1938: 59000). Besonders die Sonntagsbeilage war ein wichtiges Medium des deutschsprachigen Kulturfeuilletons.
2 ***sehr gutes Besprechen von Fr. Servaes:*** Franz Servaes (17.6.1862 Köln – 14.7.1947 Wien); Schriftsteller und Journalist. Germanistik- und Kunstgeschichtestudium in Leipzig, Straßburg und Bonn. Ab 1887 in Berlin; Veröffentlichung erster Essays und Kunstkritiken, vorübergehend Theaterkritiker der *Vossischen Zeitung*. 1899 Umzug nach Wien, Kulturreferent der *Neuen Freien Presse*, ab 1904 Feuilletonredakteur (Nachfolger von Theodor Herzl). Mit dem Kleistdrama *Der neue Tag* (1904) auch literarisch erfolgreich. 1915 zurück nach Berlin. – 1905 war Ss Drama *Jungfer Ambro-*

sia. Lustspiel in vier Akten als eines der ersten Verlagswerke bei Piper erschienen; die gemeinsame Zeit im Kreis um Arno Holz schildert RP in seinen Lebenserinnerungen (→ *MLaV*, S. 147–149).– Die angesprochene Rezension zum *Doppelgänger* Dostojewskis wurde in der sonntäglichen Kulturbeilage der *NfP* am 11.1.1914 veröffentlicht: »Es [das Illustrieren, d. Hrsg.] erfordert [...] zwei völlig entgegengesetzte Eigenschaften in harmonischer Verbindung. Nämlich zunächst eine Phantasie, die so stark und dem Dichter congenial ist, daß sie den Leser zwingt; und sodann eine tatvolle Zurückhaltung in der zeichnerischen Wiedergabe, die auch der Phantasie des Lesenden noch einen gemessenen Spielraum läßt. [...] Und eben dies versteht Kubin ausgezeichnet. Schon sein zeichnerischer Stil, der sich ganz auf Andeutungen beschränkt und manchmal absichtlich undeutlich und vieldeutig bleibt, kommt dem Wesen von Dostojewskis dichterischer Optik günstig entgegen. [...] Und blättert man rückschauend die ganze Folge noch einmal durch, so staunt man schließlich, wie in diesen Zeichnungen [...] all diese taumelnden Irrsale sich immer mehr zu einem greifbaren und in seinen Wahnauswüchsen furchtbar realen Schicksal auswachsen – so daß wir schließlich kaum wissen, wem wir mehr zu danken haben, dem Dichter, der diese oft visionären Vorgänge uns wie ein dumpf Erleuchteter erzählt, oder dem Zeichner, der sie uns in so eigenartiger Weise sinnlich näherzubringen versteht.«

17 RP

1 ***Firma Reuss & Pollack... Kubin-Ausstellung:*** Ausstellung bei *Meißner* nicht verzeichnet. – Angaben zum Unternehmen nicht ermittelt.

18 RP

1 ***Brief vom 3.5.:*** Nicht erhalten.

2 ***Abmachungen zwischen Ihnen und mir:*** Piper bezieht sich hier auf seinen Brief vom 10.10.1912 (→ 2 RP).

3 ***Ausstellung bei Goltz:*** Hans Goltz (11.8.1873 Elbing – 21.10.1927 München); »experimentierfreudigste[r] Galerist« (Zit. *Meißner*, S. 32) der Moderne in München, Verleger. Buchhändlerlehre, ab 1911 eigene Buch- und Kunsthandlung in München, bald wichtiges künstlerisches Zentrum (Ausstellungen, Lesungen etwa von Else Laske-Schüler und Franz Kafka). 1912 Veranstalter der zweiten Ausstellung des *Blauen Reiters*. Nach dem 1. Weltkrieg Herausgeber des politischen Flugblatts *Ararat* (1920 in eine reich bebilderten Kunstzeitschrift umgewandelt). Von der NS-Propaganda angefeindet. Generalvertreter des deutsch-schweizerischen Malers Paul Klee. Kaufmännisch oft glücklos. Galerie ab 1922 immer wieder von der Schließung bedroht. Überraschender Tod am 21.10.1927 im Hotel Strassburg in München. – Bei der zweiten Ausstellung des *Blauen Reiters* 1912 war AK mit elf Werken beteiligt gewesen, darunter Originalzeichnungen der *Sansara*-Mappe [M1912/1]. Trotz der angesprochenen Unstimmigkeiten sollten AKs Arbeiten 1917, 1919, 1922, 1923 und 1928 bei G in Gruppenausstellungen gezeigt werden (→ *Meißner*, S. 32); 1921 fand dort die erste große Retrospektive mit über hundert Arbeiten des Künstlers statt (→ 93 AK).

4 ***Bei Schüler:*** Karl Schüler; Lebensdaten nicht ermittelt. Münchener Buchhändler, ab 1893 Inhaber der Buch- und Kunsthandlung A. Ackermanns Nachfolger. – »Wie anderes war es da bei A. Ackermann's Nachf. in der Maximilianstraße, wo ich auf dem Geschäftsweg viermal täglich vorbeikam. Wäre ich doch dort Lehrling! dachte ich mir oft. Dort sah ich M.G. Conrad, Max Halbe, Otto Erich Hartleben, Franz Stuck, Fritz v. Uhde, Schauspieler und Sängerinnen vom Hoftheater und andere berühmte Leute in lebhaftem Gespräch mit dem Inhaber Karl Schüler in der Türe stehn.« (Zit. *MLaV*, S. 115.)

19 AK

1 Zur Illustration: Die beiden Darstellungen des jungen AK sind von RP hs mit Bleistift umrandet und mit dem Vermerk »5 cm breit« versehen. Sie wurden als Illustrationen zwei und drei für *Kubin über sich selbst* (Vorwort zum Band *Abendrot*, 1952) verwendet und tragen dort die Bildunterschriften »Der kleine Alfred traurig...« (S. VI) »... und vergnügt« (S. VII). Alle Illustrationen zum Vorwort dieses letzten von RP gestalteten AK-Bandes stammen aus vorliegendem Briefwechsel (→ 511 RP). An den jeweiligen Stellen wird darauf hingewiesen.

2 ***in den M.N.N.:*** Die Tageszeitung *Münchner Neueste Nachrichten* erschien 1848–1945. Vor dem 1. Weltkrieg liberale, doch königstreue Tageszeitung, ab 1886 unter obigem Namen. 1911 lag die Auflage bei 116 000, bis 1918 stieg sie auf 170 000. Nach dem 1. Weltkrieg Besitzerwechsel, Hinwendung zu einem innerbayerischen Nationalismus, sinkende Auflagenzahlen (1924 etwa 130 000). Ab 1933 gleichgeschaltet, 1935 vom Parteiverlag der NSDAP aufgekauft. Im 2. Weltkrieg nochmals Auflagenerhöhung bis knapp 200 000. – Das Verbreitungsgebiet beschränkte sich ursprünglich auf München und Umgebung, um die Jahrhundertwende war die Zeitung bereits in ganz Süddeutschland verbreitet. Ihr Kulturteil war in Bayern bedeutsam, erreichte aber nie Niveau und Reputation etwa der Berliner oder der Frankfurter Presse. – Vor allem Anfang der dreißiger Jahre erschienen in den *M. N. N.* zahlreiche Erstveröffentlichungen Kubinscher Kurzprosa, worauf an gegebener Stelle hingewiesen ist.

3 ***Band über »Poussin«:*** → 12 RP

4 ***Hodlerwerk:*** Hodler, Ferdinand: *Das Werk Ferdinand Hodlers.* Vierzig Heliogravuren. München: Piper 1914. – Das erste Mappenwerk im Piper-Verlag seit dem Jahr 1904 wurde kurz nach Veröffentlichung einem Boykott unterworfen, da der Schweizer Künstler H einen Protest gegen den (als militärisch unnötig empfundenen) deutschen Artilleriebeschuss der französischen Krönungskathedrale von Reims unterzeichnet hatte. Hs Unterschrift auf diesem »Genfer Protest« namhafter Schweizer Intellektueller (etwa des Dirigenten Ernest Ansermet oder des Begründers der rhythmischen Gymnastik, Émile Jacques-Dalcroze) führte zum Ausschluss des seit der erfolgreichen Ausstellung in der Wiener Neuen Sezession 1904 im ganzen deutschen Sprachraum etablierten Malers aus allen deutschen Kunstverbänden. »Die Hodler-Mappe wurde dadurch von heute auf morgen unverkäuflich.« (Zit. *MLaV*, S. 387.) Die Bestände wurden 1917 an einen Schweizer Verlag verkauft (→ 52 RP).

5 ***vom (billigen Dostojewskibuch):*** AK bezieht sich hier auf die Abmachungen vom 24. 2. 1914 (→ 14 AK) bezüglich des Umschlages zu Dostojewskis *Bei nassem Schnee* (→ 13 AK) – im Gegensatz zum bibliophil gestalteten (und teureren) *Doppelgänger* (→ 2 RP).

6 ***noch restierende MK. 50:*** → 14–16 AK

7 ***die Rehgeis:*** In seinem Aufsatz *Mein Tag* erstattet AK genauen Bericht über die Zwickledter Haustiere – er nennt Aquarien mit afrikanischen Fröschen, einen Leguan, Eichhörnchen und Haselmäuse, die im Erwachsenenalter fortgesetzte Jugendliebhaberei des Käfersammelns, schließlich auch die »bekannten Haustiere, die sich unsrer Dauerliebe erfreuten. Ich beklage eine Reihe prächtiger Kater, die zum Teil unglückliche Schicksale hatten, aber meist ritterlich zugrunde gingen. [...] Ziegen, Schweine und Geflügel müssen wir schon aus Ernährungsgründen halten, und so bleibt nur noch die Rehgeis zu erwähnen, die Liesl oder das Hirschlein; sie ist wie ihre beiden Vorgängerinnen der spezielle Liebling meiner Frau, welche das Kitzchen, das man verwundet im Feld gefunden, mit der Flasche aufzog.« (Zit. *AmL*, S. 92–93.) Die Rehe beschäftigten AK in den folgenden Briefen wiederholt (→ 21 AK), auch mit Familie Marc tauschte er diesbezüglich Erfahrungen aus (→ 23 AK).

20 RP

1 *Goltz:* → 18 RP
2 ***Hoffmann, Nachtstücke:*** Hoffmann, E.T.A.: *Nachtstücke*. Mit 48 Zeichnungen von Alfred Kubin. München und Leipzig: Georg Müller 1913 [R55; A17]. – *Marks* verzeichnet eine Neuausgabe 1971 [B 20] und einen Weiterdruck 1975 [B28].
3 ***Hauff, Phantasien im Bremer Ratskeller:*** Hauff, Wilhelm: *Phantasien im Bremer Ratskeller*. Ein Herbstgeschenk für Freunde des Weines. München und Berlin: Georg Müller 1914 [R67; A24]. – Exemplar in AKs Bibliothek [Inv.Nr. 1941]. – Neuauflage nach Verkauf an den Propyläen-Verlag 1919 [R115; A41].
4 ***Hans von Weber:*** Hans von Weber (22.4.1872 Dresden – 22.4.1924 München): Journalist, Mäzen, Verleger. Studien in Lausanne, Freiburg, Heidelberg und Leipzig. Zusammenarbeit mit AK 1902/03 als Anstoß der verlegerischen Laufbahn. Nach geschäftlichen Misserfolgen 1905 (→ 21 AK) hauptberuflicher Verleger. Herausgeber der Zeitschrift *Hyperion* (Veröffentlichungen von Hugo von Hofmannsthal, Franz Kafka, Heinrich Mann und Rainer Maria Rilke, dazu Abbildungen von Kunstwerken Aristide Maillols, Auguste Rodins, Hans von Marées' etc.). Wirtschaftlich wenig erfolgreich, nach drei Jahrgängen eingestellt. 1913 Verkauf des Weberschen Hyperion-Verlags (1917 Übernahme durch Kurt Wolff). In der Folge Verlag bibliophiler Reihenwerke unter eigenem Namen. Von 1909 bis zum Tod 1924 Herausgeber der kontroversen Satire- und Buchkunst-Zeitschrift *Der Zwiebelfisch – Eine kleine Zeitschrift für Buchwesen und Typographie*. Weitergabe des Verlags an den Sohn. Einstellung des Betriebs Anfang der 1930er. – Einen interessanten Einblick in die Anfänge der Beziehung zwischen W und AK bietet Dirk Heißerers *Wort und Linie* (In: *Hoberg 1990*, S. 69). – AK schildert das Kennenlernen in seinem Nachruf *Erinnerungen an Hans von Weber* [R276; A81; B22]: »Als ich an einem Herbstabend des Jahres 1901 im bekannten Künstler-Café Stefanie in München meinen Schwarzen trank, erhob sich vom Nebentisch, an dem Wedekind, Max Halbe und Graf E. Keyserling saßen, ein breitschultriger, tiefbrünetter Herr mit einem Neroprofil, von vornehmen Äußeren, und stellte sich mir als Hans von Weber vor, zugleich mit der Bitte, mich besuchen zu dürfen, um von meinen Arbeiten, die er sehr schätzte, mehr sehen zu dürfen. Von da an war ich monatelang bezaubert von dem großzügigen Lebensstil dieser eigenartigen Persönlichkeit. [...] Weber verstand es [...] auf rätselhafte, ja mystische Art, damals das Glück in jeglicher Form, sei es als Gesundheit, Liebesglück oder als Börsengewinn so an sich zu knüpfen, daß er wie ein Zauberer wirkte.« (Zit. *AmW*, S. 85–86; zur Beziehung zu W siehe auch → *AmL*, S. 30.) – W finanzierte auf eigenes Risiko und ohne verlegerische Erfahrung AKs erstes Mappenwerk, das als »Weber-Mappe« in die Forschung einging und AK erstmals einen größeren Rezipientenkreis eröffnete: *Alfred Kubin – Facsimiledrucke nach Kunstblättern*, herausgegeben und verlegt von Hans von Weber (München 1903; 17/18 Bl. in Mappe) [R8]. Einen näheren Einblick in den Entstehungsprozess gibt *Hoberg* in der Einführung zur Neuedition 1989 (München: edition spangenberg).
5 ***Der Poussin:*** → 12 RP

21 AK

1 ***Dostojewski's Briefen:*** Dostojewski, Fjodor M.: *Briefe. Mit Bildnissen und Berichten der Zeitgenossen*. München: Piper 1914. – Exemplar in AKs Bibliothek [Inv.Nr. 2342].
2 ***H.v.W.... die Mappe:*** → 20 RP
3 ***Klinger:*** Max Klinger (18.2.1857 Leipzig – 5.7.1920 Großjena); Maler, Radierer und Bildhauer. Studium in Karlsruhe und Berlin. 1883–1886 in Rom, 1889–1893 in Paris. Ab 1894 Mitglied der Königlichen Akademie der Künste. 1897 Professur an der Leipziger Akademie. Stürmische Aufnahme von Ks virtuosen Graphik-Zyklen unter den

Zeitgenossen. Ab den 1920ern wachsender Kritik ausgesetzt, Renaissance nach 1970. Mit seinen Darstellungen dämonisch-dunkler Traumwelten ein Vorläufer des Surrealismus. – Für den jungen AK wurde Ks Folge *Paraphrase über den Fund eines Handschuhs* (1881) zum Anstoß für die erste produktive Schaffensphase 1899 bis 1903: »So kam es, daß ich gleich nach meiner Genesung das Kupferstichkabinett aufsuchte und den radierten Zyklus über den ›Fund eines Handschuhs‹ sah. Sah und vor Wonne zitterte. Hier bot sich mir eine ganz neue Kunst, die genügend Spielraum für den andeutenden Ausdruck aller nur möglichen Empfindungswelten gab. Noch vor den Blättern gelobte ich mir, mein Leben dem Schaffen solcher Dinge zu weihen.« (Zit. *AmL*, S. 25.) Über AKs Verhältnis zu K geben auch der »Selbstmordbrief« an die Schwester Maria Bruckmüller vom 22[?].2.1904 (vollständige Transkription und Diskussion des Datierungsproblems → *Geyer*, S. 86-87 u. 243–245) sowie die Korrespondenz mit dem Freund und Hoffmannforscher Hans von Müller aus dem Februar desselben Jahres Auskunft: »komme dann auch noch April nach Leipzig sintemalen ich ein paar Tage bei M. Klinger der mich gern hat und mirs anbot, radieren lerne«. (Zit. nach: *FHO*, S. 428.) – RP schildert AKs Begegnung mit K in den Lebenserinnerungen (→ *MLaV*, S. 461).

4 ***Rops:*** Félicien Rops (7.7.1833 Namur – 23.8.1889 Corbeil-Essonnes); belgischer Graphiker und Maler. Autodidakt. Geisteswissenschaftliche Studien in Brüssel. 1856/57 Lithographien für die von ihm herausgegebene satirische Wochenschrift *Uylenspiegel.* Wie AK auch Illustrator, unter anderem zu Barbey d'Aurevilly, Baudelaire und Mallarmé. Symbolistische Radierfolgen, Vermengung von Sexualität und Mystik. – Besonders der frühe AK verdankte R wichtige Eindrücke: »Ich verfertigte eine Reihe von Tuschzeichnungen; lernte das gesamte zeichnerische Werk von Klinger, Goya, de Groux, Rops, Munch, Ensor, Redon und ähnlichen Künstlern kennen, die abwechselnd meine Lieblinge waren und mich hin und wieder, wenn auch unbewußt, beeinflußten.« (Zit. *AmL*, S. 28.) Ein Brief aus dem Mai 1902 an den Verlegerfreund Hans von Weber gewährt weitere Einblicke: »Noch immer stehe ich ganz unter dem Einfluß der Ropsblätter. [...] Ich spüre noch immer Angst, wenn ich an die riesenhafte Lust denke, welche sich in diesen Werken spiegelt.« (Zit. nach: *Kunstbeziehungen*, S. 84.) – Zahlreiche Werke Rs finden sich im Linzer Bestand der Kubinschen Graphiksammlung. (→ *Heinzl 1970*, S. 233.)

5 ***Goya:*** Francico José de Goya y Lucientes (30.3.1746 Fuendetodos – 16.4.1828 Bordeaux); spanischer Maler und Graphiker. Als 13-Jähriger Eintritt in die Werkstatt des in der neapolitanischen Barock-Tradition verwurzelten Malers José Luzán (1710–1785), um 1766 in Madrid bei Francisco Bayeu (1734–1785), 1770/71 private Studien in Italien. Rückkehr nach Spanien, ab 1775 Entwürfe für die königliche Gobelinmanufaktur und Porträts für gehobene Adelskreise. Schwere Erkrankung 1792, danach gehörlos. 1795 Zweiter Direktor an der Königlichen Akademie in Madrid, 1799 »Erster Hofmaler«. Skandale mit der zeitkritischen *Caprichos*-Serie (1797/98) und der *Nackten Maja* (1800). Kritische Haltung gegenüber Klerus und Krieg als thematischer Schwerpunkt der späteren Arbeiten, als »Franzosenfreund« diffamiert, ab 1824 Exil in Frankreich. – AK spricht immer wieder den Einfluss Goyas v.a. für seine frühe Schaffensperiode an (→ 21 AK, Rops); Richard Schaukal wies bereits kurz nach der Jahrhundertwende auf Gemeinsamkeiten hin (*Ein österreichischer Goya*) (→ 121 AK, Richard Schaukal). – In seinem Aufsatz *Malerei des Übersinnlichen* von 1933 meint AK: »Auch in der späteren Zeit der Aufklärung, welcher der Glauben an Dämonen doch recht fragwürdig geworden war, fanden sich immer wieder einzelne, sehr bedeutende Künstler, in deren Werken nie gesehene Phantome einen breiten Raum einnehmen. Hier denke ich an die Folgen von Radierungen mit den großartigen Hexen und Ungeheuern des spanischen Malers Goya, auch an den schauerlichen ›Nachtmahr‹ des Schweizers Füßli und viele andere.« (Zit. *AmW*, S. 43.) – Im Linzer Bestand der Kubinschen Graphiksammlung ist G mit *Niemand kennt sich* (KS 814) und *Schrei*

nicht Närrin (KS 815) vertreten, beide aus den *Caprichos*, drei weitere Graphiken befinden sich in der Wiener Albertina. (→ *Heinzl 1970*, S. 231.)

6 ***G.M.:*** Georg Müller (→ 12 RP).

7 ***Essweinbuch:*** Esswein, Hermann: *Alfred Kubin. Der Künstler und sein Werk*. München: Georg Müller, 1911 [R40]. – Exemplar in AKs Bibliothek [Inv.Nr. 2106]. – Hermann Esswein (13.5.1877 Mannheim – 22.6.1934 Fürstenfeldbruck/Bayern); Essayist, Kunst- und Theaterkritiker. Geistes- und rechtswissenschaftliche Studien in München, ab 1900 freier (Kunst)Schriftsteller. – Im Jahr 1912 hatte AK die Umschlagzeichnung zu Es *Megander, der Mann mit den zween Köpfen und andere Geschichten* beigetragen (München: Delphin Verlag – »Alfred Kubin zugeeignet zur Erinnerung an die Münchner Abende«) [R45; A15]; im Jahr 1918 folgten zwei Illustrationen zu Es *Tom Neerwindt* in der Anthologie *Jenseitsrätsel. Geschichten aus dem Übersinnlichen* (München: Georg Müller) [R99; A33]. – Obwohl E RP bereits von 1901 an kannte (→ *MLaV*, S. 190), zahlreiche Publikationen für den Piper-Verlag verfasst und als Herausgeber der Reihe *Moderne Illustratoren* fungiert hatte (→ 51 AK), erschien diese erste Monographie über AK in Es damaligem Hausverlag Georg Müller. AK äußerte sich zeitlebens distanziert über den Text. (→ *Hoberg*, S. 231.)

8 ***Sansaramappe:*** Kubin, Alfred: *Sansara. Ein Cyclus ohne Ende.* In einer Auswahl von vierzig Blättern. *Aus meinem Leben* in Pappband als Einleitung. München und Leipzig: Georg Müller 1911. – Exemplar in AKs Bibliothek [Inv.Nr. 2069]. – Sansara (Sanskrit: »beständiges Wandern«): Bezeichnung für den immerwährenden Kreislauf des Seins, von Werden und Vergehen im Laufe der Wiedergeburten. AKs lebenslanges Interesse für fernöstliche Religionen erlebte einen Höhe- bzw. Tiefpunkt in der »buddhistischen Krise« 1916 (→ 29 AK, bösartiger …). – Die *Sansara*-Mappe stellt nach der schwierigen Übergangszeit rund um *Die andere Seite* einen markanten Entwicklungsschritt in Kubins graphischem Schaffen dar. Die beigegebene Einleitung ist der erste Teil der Autobiographie AKs (→ 39 AK). »Eine Reihe von Blättern dieses Zyklus bieten als Übertragung von Motiven des Frühwerks oder der Tempera-Periode in reine Federzeichnungen aufschlußreiche Zeugnisse einer schrittweisen und folgerichtigen Entwicklung von Kubins ›Spätstil‹. Andererseits zeigen sie die weitgehenden Einflüsse von neuen künstlerischen Vorbildern wie Rodolphe Bresdin, James Ensor und vor allem Pieter Breughel.« (Zit. *Später Kubin*, S. 12.)

9 ***Rehkälbchen:*** → 19 AK

10 ***Vive l'Sopenhauer!:*** Sowohl AK als auch RP begeisterten sich für die Philosophie Arthur Schopenhauers (22.2.1788 Danzig – 21.9.1860 Frankfurt/Main). – An die Zeit nach den ersten beiden Jahren in der Gysis-Klasse der Münchener Akademie und der vergeblichen Suche nach einem passenden künstlerischen Ausdruck erinnert sich AK in seiner Autobiographie: »Ich war sehr bedrückt und ergab mich, um den Katzenjammer zu ersticken, allen möglichen Ausschweifungen und Zerstreuungen […], bis ich wieder bei meiner alten Liebe, der Philosophie, Zuflucht suchte. Ich geriet wieder an Schopenhauer und las in wenigen Tagen seine wichtigsten Werke mit stürmischem Eifer. In meiner trostlosen Weltanschauung fand ich, daß die pessimistische Weltanschauung die einzig richtige sei.« (Zit. *AmL*, S. 24.) – RP war erstmals während seiner Buchhändlerlehre bei Palm in München durch die *Neuen Paralipomena*, die ein Kunde im Geschäft liegen gelassen und nicht mehr abgeholt hatte, mit Schopenhauer in Kontakt gekommen: »In Schopenhauer fand ich einen jener seltenen unbestechlichen Geister, die den Leser nicht mit schönen, harmonischen Phrasen abspeisen […]. Nach der Lektüre […] sagte ich mir, da müsse man doch die entscheidenden Sätze auf einen Bogen zusammendrucken und an möglichst viele Menschen verteilen! […] Der Verleger regte sich zum erstenmal in mir.« (Zit. *MLaV*, S. 111.) Für das Langzeitprojekt der Schopenhauer-Gesamtausgabe konnte RP einen Bekannten des Buddhismus-Experten und Verlagsautors Georg Grimm, nämlich den Kieler Philosophieprofessor Paul Deussen (1845–1919), gewinnen, einen Freund Friedrich Nietzsches und – auf

Initiative RPs – Gründer der *Schopenhauer-Gesellschaft*, der eine Synthese von indischer und europäischer Philosophie anstrebte. Unter wechselnder Schirmherrschaft arbeitete Piper bis 1942 an dieser Edition, die mit 16 Bänden aber unvollendet bleiben sollte. (→ *Piper 90*, S. 60–63.)

22 RP

1 ***Herr Marc:*** Franz Marc (8.2.1880 München – 4.3.1916 gefallen bei Verdun); Maler und Graphiker. Studium in München. Reisen durch Italien und Griechenland. 1903 und 1907 in Paris, dort Kontakt mit impressionistischer Kunst und van Gogh. 1910 Umzug nach Sindelsdorf. Im selben Jahr Bekanntschaft mit August Macke, später mit Wassily Kandinsky. 1911 Mitbegründer des *Blauen Reiters*. Einer der bedeutendsten Vertreter des Expressionismus in Deutschland (v.a. Tierdarstellungen). – Ab 1909 mit AK befreundet. Gemeinsame Ausstellungen, Zusammenarbeit beim *Blauen Reiter*. – RP hatte M während der Vorbereitungen für sein erstes selbstverfasstes Werk, *Das Tier in der Kunst* (1910), kennengelernt. Der damals noch wenig bekannte Künstler besuchte RP auf eigenes Betreiben im Verlag, weil dieser bei Ms Debut-Ausstellung (Galerie Brackl, München) eine Lithographie erworben hatte. (→ *MLaV*, S. 294.) 1912 war RP Verleger des Manifests *Der Blaue Reiter* gewesen. – M hatte AK 1911 zum Ausstieg aus der erst 1909 gegründeten *Neuen Künstlervereinigung München* bewogen. Am 5.3.1913 war er dann zum ersten Mal »mit einem großen, gewichtigen Plane« in Sachen Bibel-Illustration an AK heran getreten, am 21.5.1913 schrieb er: »Können Sie einen Verleger vorschlagen? Von Piper rate ich ziemlich ab.« Die Arbeit am Projekt verzögerte sich, am 8.6.1914 meinte M: »Dämpfen Sie Ihren Zorn über unsere Langsamkeit in der bl.-Bibelsache und thun Sie mir folgende Liebe: wenn Sie Ihren Propheten [s.u.; d. Hrsg.] fertig haben, so sagen Sie mir davon, ehe Sie zum Verleger gehen; Ihr Buch soll dann als erstes der blauen Bibelbücher herauskommen [...]. Die Honorarfrage muß doch jeder Zeichner persönlich für sich regeln«. Kurz vor dem hier kommentierten Piper-Brief an AK meldete sich M wieder am 6.7.1914: »Ich bin (in den) nächsten Tagen in München und rede mal mit Piper. – Ich bin immer noch überzeugt, daß er einer der schlimmsten, aber auch der brauchbarste Verleger für eine solche Sache ist. Und sein Interesse für eine bl. Reiterausgabe ist sehr gespannt, da er sich auch mit der II. Auflage des bl. R. engagiert hat; er muß in dieser Richtung weiter für uns arbeiten und ist dankbar für Material. Ich stelle mir das wenigstens so vor.« (Zit. *Marc*, S. 123–126.)

2 ***Reihe anderer Herren:*** Geplant war für das Bibel-Projekt außerdem eine Beteiligung von Erich Heckel (1883–1970), Wassily Kandinsky (s.u.), Paul Klee (s.u.) und Oskar Kokoschka (s.u.). Ernst Ludwig Kirchner (s.u.) dürfte wohl nur im persönlichen Gespräch genannt worden sein. Franz Marc selbst hatte sich für seine Illustrationen die Bücher Moses ausgesucht. (→ *Marc*, S. 40 u. 123.)

3 ***Ihre Zeichnungen:*** Franz Marc erhielt Mitte Juli 1914 eine Sendung mit den Kubinschen Daniel-Illustrationen und schrieb am 16.7.1914: »Ihr Daniel ist herrlich, das ist mein erstes und aufrichtiges Gefühl. [...] Piper war verreist; ich sprach nur mit Hammelmann.« (Zit. *Marc*, S. 127.) – RP sollte schließlich doch eine Publikation des *Daniel* anbieten (→ 48 RP), ihn aber nicht mehr für seinen Verlag gewinnen (→ 51 AK, 52 RP). Er erschien schließlich als *Der Prophet Daniel* bei Georg Müller in München 1918 [R98; A21]. – Exemplar in AKs Bibliothek [Inv.Nr. 2072]. – Bis auf AKs *Daniel* kam wegen Ausbruchs des 1. Weltkriegs kein anderes der geplanten Bibel-Illustrationswerke zustande. Der Absatz des Kubinschen Bandes war sehr zufriedenstellend (→ 82 RP).

4 ***bereits fertig haben:*** Nachträgliche hs Anmerkung RPs mit Bleistift am unteren Blattrand: »Der ›Daniel‹ erschien dann < ... > bei G Müller«.

5 ***Subskriptionssache:*** Das Verfahren der Subskription wurde im 17. Jahrhundert auf

dem deutschen Buchmarkt eingeführt, um das Erscheinen von – wegen ihres speziellen Inhalts, ihrer künstlerischen Gestaltung oder ihres geplanten Umfangs – nur schwer verkäuflichen Werken zu ermöglichen. Es dient auch dazu, etwa bei Kunstdrucken, Kupferstichwerken, mehrbändigen Enzyklopädien oder wissenschaftlicher Fachliteratur, eine der Nachfrage angepasste Auflagenhöhe zu ermitteln und die Deckung der Herstellungskosten zu gewährleisten.

6 ***Kandinsky:*** Wassily Kandinsky (4.12.1866 Moskau – 13.12.1944 Neuilly-sur-Seine bei Paris); russischer Maler, Graphiker und Kunsttheoretiker. Autodidakt. Gefeierter Pionier der abstrakten (in eigener Terminologie »nicht-objektiven«) Kunst. Von vielen zeitgenössischen Expressionisten abgelehnt. – K hatte 1901 sein Kunststudium an der Münchener Akademie bei Franz von Stuck (1863–1928) abgebrochen und den Kunstverein *Phalanx* gegründet, an den auch der junge AK bald Anschluss gefunden hatte (Ausstellungen M 1902/1 und M 1904/1). 1909 war K am Entstehen der *Neuen Künstlervereinigung München* beteiligt gewesen, 1911 Mitgründer des *Blauen Reiters.* Damals nähere Bekanntschaft und kurzer Briefwechsel mit AK. – Bei Piper erschienen aus Ks Feder unter anderem *Über das Geistige in der Kunst* (1912) und *Klänge. Gedichte in Prosa* (1913). In seinem Aufsatz von 1935 zitiert RP AK bezüglich nichtgegenständlicher Malerei (→ 269 RP, Kubin-Bildnis): »Ich haße die Abstraktion. Die Abstraktionsmaler sind Kopfmenschen, sie rechnen ihre Bilder aus. Ich dagegen liebe die Natur, ich liebe gekochte Schwammerl, Knödel, alte Weinkeller.« (Zit. nach: *MLaV*, S. 463.)

7 ***Klee:*** Paul Klee (18.12.1879 Münchenbuchsee – 29.6.1940 Muralto-Locarno); Maler (Schweizer Staatsbürgerschaft posthum). Wie Kandinksky um die Jahrhundertwende kurz an der Münchener Akademie bei Franz von Stuck, ab 1906 regelmäßig in München. Von 1916 bis 1918 eingezogen, das Schaffen aber kaum unterbrochen. – Langjährige Freundschaft mit AK ab November 1911. (→ *Schmied*, S. 36 sowie *Hoberg 1990*, S. 58–59.) Wechselseitiger Einfluss und umfangreiche Korrespondenz mit AK. AK erwarb 1911 eine K-Zeichnung und suchte ihn daraufhin auf eigenes Betreiben in München auf. K beteiligte sich wie AK an der zweiten Ausstellung des *Blauen Reiters.* Im Februar/März 1913 hatte AK seine dritte Einzelausstellung in der Münchener Galerie Tannhauser mit etwa fünfzig Werken, die K ebenso hängte [M 1913/1] (→ *Hoberg*, S. 232) wie Jahre später die Bilder zur AK-Retrospektive in der Münchener Galerie Hans Goltz (→ 18 RP). – »Von Paul Klee besaß Kubin eine ganz beachtliche Sammlung von Zeichnungen und Graphiken, die sich alle in der Albertina in Wien befinden. Klee hat den jungen Kubin der zehner Jahre sehr beeinflußt. Plötzlich verwendete Kubin jene spinnendürren, langgliedrigen Figuren Klees.« (Zit. *Heinzl 1970*, S. 236.) – Seine ambivalente Haltung zur Kunst Ks schildert AK beispielsweise am 20.8.1941 gegenüber Hans Fronius (→ *Fronius*, S. 290); siehe auch → 248 AK, Klee.

8 ***Kirchner:*** Ernst Ludwig Kirchner (6.5.1880 Aschaffenburg – 15.6.1938 Frauenkirch-Wildboden bei Davos); Maler und Graphiker. Architekturstudium in Dresden, zwischenzeitlich auch an der Debschitz-Schule in München. Als Maler ansonsten Autodidakt. 1911 Übersiedlung nach Berlin. Mitbegründer der Künstlervereinigung *Brücke* (bestand bis 1913) in Dresden, 1912 enge Zusammenarbeit mit den Künstlern des *Blauen Reiters* und Beteiligung an der Ausstellung bei Goltz (→ 18 RP). Kriegsteilnahme, dann Sanatorium in Königsstein (Taunus). Ab 1917 im schweizerischen Frauenkirch bei Davos ansässig. 1931 Mitglied der Preußischen Akademie der Künste, 1937 als »entartet« verfemt.

9 ***Kokoschka:*** Oskar Kokoschka (1.3.1886 Pöchlarn/Niederösterreich – 22.2.1980 Montreux); österreichischer Maler, Schriftsteller und Graphiker. Kunstgewerbeschule in Wien. Durchbruch etwa 1908. 1910/11 als Mitarbeiter der Waldenschen Kunstzeitschrift *Der Sturm* in Berlin. Wachsende Bekanntheit in Deutschland, dann Umzug nach Wien. Mitwirkung beim *Blauen Reiter.* Etwa zweijährige, schwierige Beziehung mit der verwitweten Alma Mahler. Ab 1914 Mitglied der Berliner Freien Sezession.

Wie Franz Marc (s.o.) freiwillige Meldung zum Kriegsdienst – Brief vom 3.9.1914: »Lieber Herr Marc Ich gratuliere Ihnen herzlichst zu der Auszeichnung für Deutschland in den Kampf zu kommen. Wenn die Sendboten unserer jungen deutschen Kunst zu Löwen werden, wird auch einmal die Vorstellung von einer Welt, die wir schaffen mit einer natürlichen Gewalt ausbrechen«. (Zit. *Marc*, S. 44.) Zweimal schwer verwundet. Ab 1916 in Dresden, dort 1919 Professor an der Kunstakademie, in den 1920er Jahren ausgedehnte Reisen durch Europa und Nordafrika, dann Stationen in Wien, Prag, Großbritannien und Villeneuve. – Schon vor einem persönlichen Treffen dürfte K für den Almanach des *Blauen Reiters* vorgesehen gewesen sein. Das belegt das erste provisorische Inhaltsverzeichnis Marcs (Brief an RP vom 10.9.1911). Auch Arnold Schönberg (als Maler im Almanach vertreten), Adolf Loos und AK intervenierten zu Ks Gunsten. K sollte in weiteren Projekten des *Blauen Reiters*, allen voran der Bibelausgabe, prominent vertreten sein. Im Herbst 1913 wurde in Waldens Galerie auf Initiative von Franz Marc der *Erste Deutsche Herbstsalon* veranstaltet, auf dem K zum ersten Mal gemeinsam mit AK ausstellte [M 1913/3] – ebenfalls beteiligt waren Kandinsky, Klee und Marc. (→ Erling, Katharina: *Oskar Kokoschka und Der Blaue Reiter*. In: Christine Hopfengart (Hrsg.): *Der Blauer Reiter*. Kunsthalle Bremen 25. März bis 12. Juni 2000. Ausstellungskatalog. Köln: DuMont 2000, S. 255–263.) – Sieben druckgraphische Arbeiten Ks finden sich im Linzer Bestand der Kubinschen Graphiksammlung, fünf in der Albertina in Wien. (→ *Heinzl 1970*, S. 222 u. 236.)

10 ***Tower Buch:*** Nicht ermittelt.

23 AK

1 ***gemustert:*** »Hammelmann mußte als Reserveoffizier sofort einrücken. Eisenlohr, wegen eines kleinen Fehlers ausgemustert, meldete sich freiwillig. Ich selbst hatte nicht gedient. Seit meiner Musterung in Dresden 1903 hatte ich mit dem Militär nichts wieder zu tun gehabt.« (Zit. *MLaV*, S. 387.) Die Teilhaber blieben mit RP bezüglich der Entwicklungen des Verlags beständig in Briefkontakt. Dem Verleger selbst gelang es immer wieder, sich vom Kriegsdienst zurückstellen zu lassen – so war er bald »der einzige Mann neben vierzehn weiblichen Angestellten«. (Zit. *Piper 100*, S. 108.)

2 ***Strikturen:*** Extreme Verengung von röhrenförmigen Hohlorganen, z.B. Verengung der Harnröhre nach Gonorrhoe oder traumatisierenden Eingriffen oder der Speiseröhre nach Verätzungen.

3 ***Frau Marc:*** Maria Marc, geb. Frank (1887–1955); Franz Marcs zweite Frau. Kennenlernen 1905, Dreiecks-Beziehung und erste Ehe Franz Marcs mit Marie Schnür 1907–1908, Heirat 1911. Erst in Sindelsdorf, 1914 Umzug ins oberbayerische Kochel am See. – In den letzten Briefen bezüglich der Daniel-Illustrationen wurden immer wieder gegenseitige Besuche geplant, die allerdings wegen des Kriegsausbruchs nicht zustande kamen. In Marcs Briefen vom 16.7. und 24.7.1914 finden sich Erwähnungen der Rehe: »Die Rehe sind gesund; ich gebe ihnen Salz u. Kalk.« – »Über meine Rehe kommt jetzt der Liebestaumel. Das Gaißchen springt meterhoch vor Vergnügen.« (Zit. *Marc*, S. 127–128.)

4 ***Franz Marc im Feld:*** Kriegserklärung Österreich-Ungarns an Serbien am 28.7.1914, Kriegserklärung des Deutschen Reiches an Russland am 1.8.1914. M meldete sich als Freiwilliger und verband anfangs hohe Erwartungen mit dem Krieg. Am 26.9.1914 schrieb er an Kandinsky: »mein Herz ist dem Krieg nicht böse, sondern aus tiefstem Herzen dankbar. Es gab keinen anderen Durchgang zur Zeit des Geistes. Der Stall des Augias, das alte Europa, konnte nur so gereinigt werden, oder gibt es einen einzigen Menschen, der diesen Krieg ungeschehen wünscht?« (Zit. *Marc*, S. 44.) Von AK verabschiedete sich M am 3.8.1914: »Lieber Kubin, ein letzter Gruß von hier, wo alles noch so friedlich scheint, allerdings schon totenstill, nun müssen wir einmal schweigen und die Weltgeschichte reden lassen. Ich rücke am Donnerstag ein.« AK erhält

noch zwei Feldpostkarten von M; in der letzten ist die Rede von einer Fahrt nach Straßburg nach überwundener Krankheit: »Ich [...] freu mich recht, wieder in den Strudel dieses tollen Krieges hineingezogen zu werden. Außen zu stehen ist fürchterlich«. (Zit. *Marc*, S. 128–129.) Am 14.3.1916 starb Franz Marc vor Verdun durch einen Granatsplitter.

24 RP

1 ***Verfasser Dr. Hildebrandt:*** Hildebrandt, Hans: *Krieg und Kunst*. München: Piper 1916. – AK trug dazu die Zeichnung *Die Fliegerbombe* bei [R84] und findet auf den Seiten 146, 177, 312-313 und 330 Erwähnung [R709]. – Johann Moritz Martin Ludwig (»Hans«) Hildebrandt (29.1.1878 Staufen – 25.8.1957 Stuttgart); Kunsthistoriker. Studium der Rechtswissenschaften in Freiburg, 1905–1908 Kunstgeschichte, Archäologie und Philosophie in München und Heidelberg. Privatgelehrter in München. 1920 a.o. Professor in Stuttgart, 1937 als Verfechter der »entarteten Kunst« aus dem Lehrkörper ausgeschlossen, 1945 rehabilitiert, 1949 emeritiert. Wichtiger Förderer der Moderne.

2 ***Münchner Dame:*** Nicht ermittelt.

25 AK

1 ***Ein Abend in München:*** RP verzeichnet für den 22.10.1915: »Alfred Kubin, aus Wernstein kommend, im Verlag. Ihn zu Montag abend eingeladen. Wie immer sehr warm, unmittelbar herzlich und menschenfreundlich.« (Zit. Piper, Reinhard: *Chronik Langfassung 1901–1929*, Deutsches Literaturarchiv, Marbach, 01.1.)

2 ***»neuerlichen Musterung der gänzlich Untauglichen«:*** »Kubin wird bis 1915 dreimal gemustert, jedes Mal jedoch wieder zurückgestellt. [...] Im Oktober [1915, d. Hrsg.] wird Kubin endgültig vom Wehrdienst ausgemustert und dem Landsturm zugeteilt. [...] Im Herbst [1917, d. Hrsg.] erhält Kubin den Bescheid, wegen ›schwerer Nervenstörungen‹ auch nicht mehr für die Nachmusterung des Landsturms antreten zu müssen.« (Zit. *Hoberg*, S. 232–233.) An FHO schreibt AK im Herbst 1915: »bei uns ist *jeder* der fähig war schon gepreßt worden. Ich persönlich habe etwas größeren Gleichmuth wie im Frühjahr, da ich ja weiß mein Superarbitrierungsdokument [Superarbitrierung: erneute Musterung von krankheitsbedingt bei der ersten Musterung zurückgestellten Personen vor einer speziellen Kommission; d. Hrsg.] liegt vor. – (Ein ärztl. Zeugnis das aber nicht beachtet wird habe ich auch). Wie machst du diese Sache? Leute wie wir beide sind eben auch wenn wir 100x unsere armen Leiber zur Schau stellen müssen nicht verwendbar.« (Zit. *FHO*, S. 129.)

26 AK

1 ***<Casca>:*** Bezug unklar. Wahrscheinlich Einzelblatt für RP.

2 ***Gauguin-Mappe:*** *Paul Gauguin-Mappe*. 15 Tafeln, 1 Textblatt. München: Piper 1913. – Exemplar in AKs Bibliothek [Inv.Nr. 1128].

3 ***den Toyokuni zweiten Band:*** Succo, Friedrich: *Utagawa Toyokuni und seine Zeit*. Bd. 2. München: Piper 1914. – Exemplar in AKs Bibliothek [Inv.Nr. 507]. – Utagawa Toyokuni (1769–1825); Holzschnittkünstler und Meister des Ukiyo-e (japanisch: »Bilder der fließenden Welt«), der genuss- und diesseitsorientierten Kunst des aufkommenden japanischen Bürgertums ab dem Ende des 17. Jahrhunderts. (→ Schwan, Friedrich B.: *Handbuch Japanischer Holzschnitt*. München: Iudicium 2003, S. 89–90.)

4 ***Buddha-Buch:*** Grimm, Georg: *Die Lehre des Buddha. Die Religion der Vernunft*. München: Piper 1915. – Exemplar mit zahlreichen Randstreichungen und Notizen in AKs Bibliothek [Inv.Nr. 4954]. – Georg Grimm (25.2.1868 Rollhofen bei Lauf –

26.8.1945 Utting am Ammersee); Jurist, zuletzt königlich bayerischer Amtsrichter, Buddhismusforscher. G ließ sich 1919 pensionieren, um sich ganz der buddhistischen Forschung zu widmen. Er war der Ansicht, dass die gesamte buddhistische Tradition mit ihrer Lehre irre, dass es kein beharrendes Ich, sondern nur einen Strom von in funktioneller Abhängigkeit entstehenden vergänglichen Daseinsfaktoren gebe. G glaubte, die wahre Lehre wiederentdeckt zu haben, gemäß derer ein unerkennbares Ich existieren solle. Er veröffentlichte diese Gedanken zum ersten Mal in seinem oben genannten Hauptwerk, stand damit aber im Gegensatz zu der Mehrzahl der Buddhisten und Buddhologen seiner Zeit. Gs Bestrebungen wurden später von der *Altbuddhistischen Gemeinde* in Utting fortgesetzt. Für AK sollte die Lektüre schwerwiegende Folgen haben (→ 29 AK).

5 ***Angenehmes in den M.N.N.:*** Am Mittwoch, den 23.2.1916, rezensierte Dr. Hans Taub die Grimmsche Abhandlung für die *Münchner Neuesten Nachrichten* unter dem Titel *Die Lehre des Buddha*. Taub hebt besonders Grimms unwissenschaftlichen Impetus und die Fokussierung auf das »metaphysische Bedürfnis des Menschen« hervor und beschreibt die Lektüre als schwierig. Man müsse »sein Denkvermögen allmählich auf die buddhistische Weltanschauung einstellen, [...] sich ordentlich trainieren, um endlich den Berg zu erklimmen, von dem man ›den Ozean des Leidens tief unter seinen Füßen wogen sieht‹. [...] Menschen solcher Art, die sich von ihrer Persönlichkeit nicht bloß losgelöst, sondern sie völlig überwunden haben, deren Erkenntniswille schließlich selbst stufenweise vermittels des Erkennens erstickt wird, landen eben schon bei lebendigem Leibe im – Reiche des Nichtdaseins, im Nibbanam, jenem scheinbaren Nichts, hinter dem sich nach dem Worte des Herrn das Wahre und Echte verbirgt.« Einwände gegen Grimms Lehre seien zu erwarten, besonders von Lesern, die mittels Schopenhauer zum Buddhismus gefunden hätten, allerdings wolle das Werk Grimms »nicht gelesen, sondern erlebt« werden und sei daher nur für einige wenige geschrieben, »›deren Augen kaum mit Staub bedeckt sind: Sie werden die Wahrheit erkennen.‹«

6 ***meiner alten Bekannten:*** Der 1. Weltkrieg brachte München das Ende der goldenen Prinzregentenzeit und der vierhundertjährigen Wittelsbacher Herrschaft. Die Vielfalt an Fraktionen, Weltanschauungen und Lebensstilen und das literarische Leben wurden abrupt ausgelöscht: Ruederer, Thoma, Wedekind, Queri, Lautensack, Franziska Gräfin zu Reventlow, Lena Christ und Ganghofer ereilte ein früher Tod, Sozialkritiker wie Brecht, Feuchtwanger, Heinrich Mann, aber auch Ricarda Huch und Rilke verließen die Stadt, oft in Richtung Berlin. Diesem Wandel zu Stagnation und Konservativismus stand jedoch eine florierende Verlagsszene gegenüber. (→ *Piper 100*, S. 109–110.)

7 ***»Mein Sach auf Nichts«:*** Zitat aus bekanntem Volkslied, aufgegriffen etwa in *Der Einzige und sein Eigentum* von Max Stirner (1806–1856). – In AKs Bibliothek kann aus der Feder Stirners allerdings nur ein Exemplar von *Das unwahre Prinzip unserer Erziehung* nachgewiesen werden (Magdeburg: Verlag der personalistisch-pädagogischen Kulturzeitschrift 1925) [Inv.Nr. 5203].

8 ***Hausenstein ... Brüssel:*** Wilhelm Hausenstein war vom 15.1.1916 bis 1.11.1917 Mitglied der Pressezentrale der politischen Abteilung beim Generalgouverneur in Brüssel, blieb aber weiterhin dem Münchener Kulturleben verbunden, etwa durch die Organisation einer Gedächtnisausstellung der *Münchener Neuen Secession* für den am 4.3.1916 gefallenen Franz Marc. Nach seiner Rückkehr begann Hs Arbeit bei den *Münchner Neuesten Nachrichten*. (→ *Hausenstein*, S. 513–514.)

9 ***»Krieg und Kunst«:*** → 24 RP

10 ***»Habermann«:*** Ostini, Fritz von: *Hugo von Habermann*. München: Piper 1912. – Hugo Joseph Anton Freiherr von Habermann (14.6.1849 Dillingen – 27.2.1929 München); Maler. Studium an der Akademie in München. 1892 Mitbegründer der Münchener Sezession. 1905–1924 Professor in München, zahlreiche Auszeichnun-

gen. Erst Anklänge an Manet und Degas, dann Integration von Techniken der Rubens-Schule in die Moderne.

27 AK

1 ***Anachoret:*** Einsiedler, frühe Form christlichen Mönchstums (altgriechisch *anachōreō*: »zurückziehen«); eine Selbstbezeichnung AKs, die aus dem Februar 1916 auch in der Korrespondenz mit FHO belegt ist. (→ *FHO*, S. 138.) Ob AK sich hier wie so oft auf Goethe (und die Heiligen Anachoreten in den Bergschluchten in *Faust II*) bezieht, ist ungewiss.
2 ***Zwickloed:*** Ortskundlich nicht belegte archaisierende Bezeichnung für AKs Wohnort Zwickledt bei Wernstein, gebildet aus dem Mittelhochdeutschen »Zwickel« und dem Affix »-öd«, bzw. aus dem vermuteten ursprünglichen Hofnamen »Zwickel auf der Öd«. (→ Reutner, Richard und Peter Wiesinger: *Die Ortsnamen des politischen Bezirks Schärding. Nördliches Innviertel.* Wien: Verlag der österreichischen Akademie der Wissenschaften 1994, S. 62.) – RP erklärt in seinem Aufsatz von 1935 (→ 269 RP, Kubin-Bildnis): »Es ging sich so schön auf der Höhe, man wußte: Da unten fließt der Inn und drüben, hinter den vielen Höhenzügen, die Donau. Zwickl-Edt ist ja, wie der Name sagt, die Öd' in dem Zwickel zwischen den beiden Strömen.« (Zit. *MLaV*, S. 465.)
3 ***Hornung:*** Im julianischen Kalender der germanische Name für Februar. Auch dieser Begriff kann im Briefwechsel mit FHO gefunden werden: FHO an AK, 1. Hornung 1916; Anrede: »Mein lieber alter Einsiedler«. (Zit. *FHO*, S. 137.) FHO kokettierte regelmäßig mit dem unter zeitgenössischen Intellektuellen weit verbreiteten Germanophilismus, Antisemitismus und der moralischen Ablehnung der Entente-Mächte.

28 AK

1 ***Das Preussen- …:*** Moeller van den Bruck, Arthur: *Der Preußische Stil.* München: Piper 1916. – Exemplar in AKs Bibliothek [Inv.Nr. 674]. – MvdBs Entwicklung zum Nationalkonservativen führte schließlich dazu, dass in den späten Neuauflagen der Dostojewski-Ausgabe (→ 2 RP) seine Einleitungen durch Nachworte der Übersetzerin Less Kaerrick ersetzt wurden. Weiteres → Kühsel, Thorsten: *Der »Preußische Stil« – Arthur Moeller van den Brucks Stilkonstruktion. Anmerkungen zu deren Rolle in der Kunstpolitik und der Kunstgeschichte zwischen 1916 und 1945.* In: *Heftrig*, S. 205–223.
2 ***… wie das Ostpreussenbuch:*** Dethlefsen, Richard: *Das schöne Ostpreußen.* München: Piper 1916. – Exemplar in AKs Bibliothek [Inv.Nr. 2777]. – Im Jahr 1915 war die bis dahin niedrigste Titelzahl in der Geschichte des Verlags verzeichnet worden, weshalb die Teilhaber Hammelmann und Eisenlohr RP mit einem Darlehen aushelfen mussten, um zumindest die laufenden Verpflichtungen erfüllen zu können. Wegen mangelnder Nachfrage nach Belletristik und Kunstpublikationen verlegte sich RP auf Bilddokumentationen zu aktuellen Kriegsschauplätzen *(Krieg und Kunst, Kriegsland Österreich-Ungarn, Zwei Jahre an der Westfront)*, auf nationalistische Manifeste wurde aber weitgehend verzichtet. Der Paul von Hindenburg gewidmete Bildband *Das schöne Ostpreußen* wurde in 20000 Exemplaren verbreitet, auch Arthur Moeller van den Brucks nationalistische Kulturgeschichte *Der Preußische Stil* (s. o.) verkaufte sich gut und schließlich konnte das Darlehen von Kriegsbeginn erstaunlich schnell zurückgezahlt werden. (→ *Piper 100*, S. 107–112.)
3 ***der wundervolle Buddha-Grimm:*** → 26, 29 AK
4 ***Reife von Cezannes:*** Bezug unklar. Möglicherweise Vorarbeiten für den zweiten Band (→ 78 AK) der Marées-Drucke (→ 40 AK).

29 AK

1 *bösartiger Nervenzusammenbruch:* Gemeint ist die zehntägige »buddhistische Krise«, ausgelöst durch die Nachricht vom Kriegstod Franz Marcs und dem Selbstmord der Ehefrau des seit 1914 mit AK befreundeten Graphikers und Kunstschriftstellers Ernst J. Sondereggers in Paris. (→ *Hoberg*, S. 233.) – »Ich las in jenen Tagen gerade das sehr eindringlich abgefaßte Werk über die Lehre Buddhas von Georg Grimm. Meine seelische Erschütterung stürzte sich nun, lawinenartig anwachsend, auf das Nächste, auf den Buddhismus.« AK war so gebannt von der Lehre, dass er sich einen kleinen Raum als »Zelle« einrichtete, »in welchem ich nur einen Strohsack und einen Waschtisch ließ«. Nach wenigen Tagen legte AK Grimms Buch »beiseite und griff zu der Sammlung der Reden Buddhas, die ich schon besaß. Ich las daraus am Abend ein oder zwei Suttas, löschte das Licht, und indem ich die empfohlenen Atemübungen begann, blieb ich in tiefster Betrachtung versunken meist ausgestreckt auf dem Rücken liegen bis zum grauenden Tag.« AK zog sich für die Übungen auch in den Wald zurück, spürte aber »schon nach wenigen Tagen in der Herzgegend einen ständigen Druck, den ich wie einen Alp mit mir herumschleppte. Einmal beunruhigte mich ein oft wiederkehrendes Herzklopfen zu stark, Angst würgte mich am Hals – da stieß ich den ganzen Buddhismus von mir, das vertraute, altgewohnte Leben wieder umarmend. Dies geschah am 12. März 1916. Die Krise hatte genau zehn Tage gedauert.« (Zit. *AmL*, S. 54–56.) – Die exakte Datierung der Krise ist schwierig; das von AK angegebene Enddatum und die zehntägige Dauer stehen in Widerspruch zu einigen brieflichen Mitteilungen der Zeit – siehe dazu den unten zitierten Brief an seinen Schwager Oscar A.H. Schmitz und die Briefe 99–101 im Briefwechsel mit FHO (→ *FHO*, S. 140–145). Die Beschreibung der Schwierigkeiten während des 1. Weltkriegs dominiert auch AKs Fortsetzung seiner Autobiographie der *Sansara*-Mappe, die 1917 der Neuauflage des Romans *Die andere Seite* bei Georg Müller vorangestellt wurde. – RP war an diesem »Nervenzusammenbruch« nicht unbeteiligt: Am 24.2. 1916 hatte AK das »Buddha-Buch« von seinem Verleger erbeten (→ 26 AK). Oscar A.H. Schmitz zitiert AK in seinen Lebenserinnerungen: »Es kam ein Tag, ich glaube es war der 8. März, als mir die im R. Piperschen Verlag von Dr. Grimm herausgegebene ›Lehre des Buddha‹ in die Hände kam, und mich durchfuhr beim Lesen die volle und einzige Wahrheit vom Heil der Welt.« (Zit. nach: *BfE*, S. 85–86.) Doch nicht nur die neuartige Buddhismus-Interpretation des Georg Grimm war Teil des Piperschen Verlagsprogramms. Bereits 1906 hatte Piper die Arbeit an einer Ausgabe sämtlicher Werke Gotamo Buddhos in der deutschen Übertragung des Wieners Carl Eugen Neumann (1865–1915) begonnen. Bis 1918 erschienen so unter anderem die Mythologie *Krischnas Weltgang* (1905, Pseudonym A. Paul), die drei Bände der *Die Reden aus der längeren Sammlung* (Bd. 1: 1907, Bd. 2: 1912, Bd. 3: 1918), *Die Rede aus der Sammlung der Bruchstücke* und *Die letzten Tage Gotamo Buddhos* (beides 1911), *Die Lieder der Mönche und Nonnen* und *Der Wahrheitspfad. Dhammapadam* (beides 1918), *Die Reden aus der mittleren Sammlung* (Bd. 1–3: 1918) und zwischen 1923 und 1928 das Gesamtwerk in einer zehnbändigen Neuauflage. Von Jugend an hatte sich RP der fernöstlichen Weisheit verbunden gefühlt: »Ich war in jenen Jahren ergriffen von der Vergänglichkeit und dem Leiden der Welt. Manche nennen das etwas überlegen lächelnd den ›Weltschmerz‹ und erklären es für eine Erscheinung der Pubertätsjahre. Aber es ist doch ein zeitlos tiefes Gefühl, in dem die Geister aller Zeiten übereinstimmen: Buddho, die griechischen Tragiker, Michelangelo, Pascal, Jean Paul, Schopenhauer.« (Zit. *MLaV*, S. 263.) – AK verfügte allerdings nicht über die Pipersche Ausgabe, sondern die Bearbeitung Carl Eugen Neumanns für den Leipziger Verlag Friedrich (Bd. 1–3, 1896–1902): *Die Reden Gotamo Buddho's aus der mittleren Sammlung Majjhimanikayos des Pali-Kanons*; Exemplar in AKs Bibliothek [Inv. Nr. 4955]. Ebenfalls in AKs Besitz war Neumanns *Buddhistische Anthologie. Texte*

aus dem Pali Kanon (Leiden: Brill 1892); Exemplar in AKs Bibliothek [Inv.Nr. 4959]. – RP vereinigte erst nach AKs »buddhistischer Krise« alle früheren Arbeiten Neumanns in seinem Verlag.

2 ***Krieg u. Kunst:*** → 26 AK

3 ***Meine Blattserie (der Totentanz):*** Kubin, Alfred: *Die Blätter mit dem Tod.* Berlin: Cassirer 1918 [R93; A29], Neuauflage 1925/38 [R280/570; A87/181] (→ 44 AK). – Die nicht zu den offiziellen kirchlichen Themen gehörenden Totentänze (Darstellung von Menschen jedes Alters und Standes, die mit Toten/dem Tod tanzen, bevor sie hinweggerafft werden) wurden seit dem 15. Jahrhundert, anfangs wahrscheinlich in Frankreich, meist auf Mauern von Kapellen, Kirchhöfen und Beinhäusern gemalt. Bekannt sind die frühen Holzschnittfolgen *La danse macabre*, 1485 herausgegeben von Guy Marchand, und die *Todesbilder* von Hans Holbein dem Jüngeren, veröffentlicht 1538. Das Thema wurde im 19. Jahrhundert von Alfred Rethel (1816–1859) neu aufgegriffen; neben AK widmeten sich ihm im 20. Jahrhundert auch Ernst Barlach und andere. »Ich sammelte meine Kräfte und machte in den Jahren 1915 und 16 meinen ›Totentanz‹ nach Einfällen, die ich seit langer Zeit mit mir herumtrug und die immer einfacher wurden.« (Zit. *AmL*, S. 51–52.)

4 ***21. Kriegsmond:*** Kriegserklärung Österreichs an Serbien am 28.7.1914, daher eigentlich im 22. Kriegsmonat (und wegen der kürzeren Mondmonate auch im »22. Kriegsmond«). Kalenderangaben nach den tatsächlichen Lunationen sind noch im Orient und einigen indigenen Kulturen üblich; AK verwendet Mond und Monat mehr oder weniger synonym – ein Beleg seiner Vorliebe für das Unübliche.

5 ***Kubinäis tenebrionides:*** Wortspiel mit dem Fachbegriff für die Familie der Schwarzkäfer (Tenebrionidae). AK war begeisterter Käfersammler (→ 19 AK, die Rehgeis; 491 AK) und verfasste über diese Leidenschaft den satirischen Text *Die Wanzen der Erde* (→ 231 AK).

30 AK

1 ***»Psychologie der Liebe«:*** Piper, Reinhard: *Das Liebespaar in der Kunst.* Mit 140 Abb. München: Piper 1916 [R707]. – Exemplar in AKs Bibliothek [Inv.Nr. 260]. – Kubin trägt dazu die Zeichnung *Tod als Liebhaber* bei [R85].

2 ***nach Wien:*** Kubin war im Juni/Juli 1916 eine Woche in Wien-Grinzing zu Gast bei Marianne Grafe, geb. Weil (Lebensdaten nicht ermittelt), Ehefrau des österreichischen Schriftstellers und Übersetzers Felix Grafe (→ 58 AK), mit dem AK eine lange Freundschaft verband (→ *FHO*, S. 367); »die Großstadt wirkt nach der langen Abgeschiedenheit stark auf ihn«. (Zit. *Hoberg*, S. 233.)

3 ***Georg Müller nun doch noch eingezogen:*** AKs Münchener Verleger Georg Müller wurde im Mai 1916 in den Münchener Truppenteil einer Hinterbliebenen-Fürsorge eingezogen. In der Folgezeit zwar mehrmals beurlaubt, schwächten das Herausgerissensein aus dem Arbeitsrhythmus und die Doppelbelastung seine psychische Widerstandskraft und führten schließlich zum Tod (→ 63 AK). (→ *Sein Dämon*, S. 213.)

4 ***»Krieg und Kunst«:*** → 26 AK

31 RP

1 ***reizende Karte:*** Nicht erhalten.

2 ***Das Liebespaar:*** → 30 AK, »Psychologie der Liebe«

32 AK

1 Nachträgliche hs Datierung RPs mit Bleistift: »zum ›Liebespaar in der Kunst‹«.

2 ***L. i. d. b. K.:*** *Das Liebespaar in der Kunst* (→ 30 AK, 31 RP), von Kubin wohl fälsch-

licherweise als »Das Liebespaar in der bildenden Kunst« bezeichnet. Nach dem Erfolg des Bandes *Das Tier in der Kunst* (1910) trat RP hier zum zweiten Mal als Kunstschriftsteller im eigenen Verlag an die Öffentlichkeit; bereits 1917 sollte sein *Die schöne Frau in der Kunst* erscheinen. Alle drei Bände wurden Anfang der 1920er neu aufgelegt. (→ *Piper 90*, S. 88.) – AK besaß Ausgaben des *Liebespaares* [Inv.Nr. 260] und der 1922er Neuauflage von *Das Tier in der Kunst* [Inv.Nr. 488].

3 ***Holzschnitt:*** Bezug unklar; möglicherweise wurde AKs Zeichnung per Holzschnitt reproduziert (→ 100 AK, Ulenspiegel).

33 AK

1 ***Hermann Meister:*** Hermann Meister (5.4.1890 Heidelberg – 8.8.1956 ebd.); Verleger, Essayist und Erzähler. Bildungsgang nicht ermittelt. Noch als Schüler Gründung des *Pendel Verlags* (1909), 1911 des Verlags *Saturn* und der gleichnamigen expressionistischen Monatsschrift (erschien 1911–1920). Anfangs v.a. Publikationen von M und dem Kompagnon Herbert Großberger (1890–1954), später auch Beiträge von Else Laske-Schüler, Robert Walser, Otto Stoessl, Stefan Zweig etc. 1912 erste expressionistische Prosasammlung *(Die Flut)*. Erfolge mit hochwertigen Verlagsreihen sowie als Theaterkritiker und Schriftsteller. Kriegsdienst 1916–1918. Umbenennung in *Hermann Meister Verlag* 1919, zur finanziellen Absicherung des Verlags Programmänderung hin zu Sportbüchern und -zeitschriften. Reduktion zeitgenössischer deutscher Autoren zugunsten weltliterarischer Werke. Ab 1926 eigene Druckerei. Nach 1933 nationalsozialistische Repressalien, 1943 Zwangsschließung. Hochwertige Reihen auch nach dem 2. Weltkrieg *(Die Kleinen Meisterbücher*, *Sesam-Bücherei)* bei mäßigem wirtschaftlichen Erfolg. Hinwendung zur Musik, eigene Kompositionen. Tod an Herzinfarkt 1956 und Stilllegung des Verlags. (→ Krischke, Roland: *Ein Meister seines Fachs. Vergessene Verlage (4): Meister-Verlag*. In: Börsenblatt für den Deutschen Buchhandel, Frankfurt/Main, 87/2, 1999, S. 16–20.) – Es konnte nur eine Zusammenarbeit mit AK im Jahre 1912 nachgewiesen werden: In der Zeitschrift *Saturn* (Jg. 2, H. 10) wurde AKs Federzeichnung *Die Verzweifelten* in Reproduktion abgebildet [R48]. Die hier angesprochenen Artikel bzw. deren Zustandekommen wurden nicht ermittelt. Der vierte Jahrgang des *Saturn* erschien 1914, der folgende erst 1919: Eine AK-Publikation im Jahr 1917 ist demnach auszuschließen. – Briefe von AK an M befinden sich im Deutschen Literaturarchiv, Marbach.

34 AK

1 Nachträgliche hs Anmerkung RPs mit Bleistift unterhalb des Textes: »Sagte zu für Shakespeare Visionen« (→ 35 AK).

2 ***Ausflug der Vogelscheuchen:*** *Sonntagsausflug der Vogelscheuchen/Ausflug der Vogelscheuchen*, 1919 reproduziert im *Simplicissimus* (Jg. 24, H. 21) [R123] bzw. in dem Band *Fünfzig Zeichnungen* (→ 133 RP, Langen ...). – Bild erwähnt in → *MLaV*, S. 465.

3 ***der Soldat welcher Christi Seite durchstach:*** Eine gleichnamige Lithographie findet sich in AKs Mappe *10 kleine lithographische Zeichnungen* (Berlin/Wien: Graphisches Kabinett J.B. Neumann 1918) [R94; HbII/6]. – Variante im Besitz des OÖLMs (Ha II 3643, »um 1930«).

4 ***der Hauskobold:*** Die Zeichnung wurde 1919 unter gleichem Titel für die von Karl Hans Strobl herausgegebene Zeitschrift *Der Orchideengarten* (Jg. 1, H. 2) reproduziert [R122].

5 ***das Turmgespenst:*** Nicht ermittelt.

6 ***Aasgeiermenschen:*** Ähnlich: *Aaasmensch und Käfer* (Albertina: 34122, 1992/20).

7 ***der Hofnarr:*** Die Zeichnung wurde unter gleichem Titel aufgenommen in *Die Blätter mit dem Tod* (→ 29 AK).

35 AK

1 Zur Illustration: Die Skizze des Kopfes entspricht im Wesentlichen der endgültigen Ausführung. Der fertige *Caliban* (s. u.) wird an einem Meeresufer auf einem Felsblock sitzend mit einem Holzbündel in der Hand dargestellt.

2 ***den Beitrag:*** AKs *Caliban* (s. u.) wurde im 3. Druck der Marées-Gesellschaft abgebildet. – *Shakespearevisionen. Eine Huldigung deutscher Künstler.* Radierungen, Steindrucke, Holzschnitte. Vorrede von Gerhart Hauptmann. München: Piper, 1917 (Drucke der Marées-Gesellschaft III) [R95; Hb8 → dort auch weitere Vergleichswerke]. – Das Sujet sollte AK wiederholt beschäftigen; aus dem Jahr 1954 etwa ist im OÖLM eine Zeichnung *Caliban tätowiert* erhalten (Ha II 4288).

3 ***lithographische Zeichnung:*** Die Bevorzugung der Zeichenfeder veranlasste AK besonders bei seinen Buchillustrationen, das einfachste technische Reproduktionsverfahren zu wählen, die Strichätzung (→ 50 RP). Auch bei der Herstellung von Lithographien blieb AK stets Zeichner: Sie wurden in den seltensten Fällen direkt auf dem Stein oder einer Metallplatte angefertigt, sondern fast ausschließlich im Umdruckverfahren hergestellt. AK konnte so an seinem gewohnten Zeichentisch mit der Feder (selten auch mit Pinsel oder Kreide) auf einem speziell präparierten Umdruck-Papier arbeiten und dieses dann einfach an die verschiedenen Druckereien schicken. Das seitenverkehrte Arbeiten erübrigte sich bei diesem Verfahren ebenfalls: Das Blatt wird mit der Zeichnung nach unten auf die Steinplatte gelegt, aufgeweicht und aufgepresst, sodass der Abklatsch wie bei einem Abziehbild auf dem Stein zurück bleibt und mittels weiterer chemischer Verfahren die Druckfarbe annimmt. Neben allen Vorteilen stellt sich die Frage nach Original und Reproduktion, da der Künstler die Druckform nicht selbst herstellt. Auch eine qualitative Einbuße muss oft hingenommen werden. AK duldete das gerne. Er forcierte lithographisches Arbeiten mit volkstümlichen Motiven besonders ab der Zwischenkriegszeit als verlässliche Einnahmequelle. (→ *Das lithographische Werk*, S. 11–14.) – Auch der *Caliban* ist eine Kreidelithographie, die Zeichnung wurde im Nachhinein übertragen (→ AK 39), allerdings legte AK auch direkt am Stein Hand an (→ 40 AK). Ein von AK hs als »erster Abzug vom überarbeiteten Stein« bezeichnetes Exemplar aus Piperschem Privatbesitz ist bei *Karl & Faber* registriert (Nr. 413). – RPs Aufforderungen, AK solle doch Originalgraphik machen, ziehen sich als roter Faden durch die Briefe der nächsten Jahre. Der Künstler war allerdings skeptisch (→ 42 AK), was RP schließlich einsah (→ 133 RP).

4 ***Meier-Graefe:*** Julius Meier-Graefe (10. 6. 1867 Reschitz/Banat – 5. 6. 1935 Vevey); Kunsthistoriker, Schriftsteller, Kritiker. Studium der Ingenieurs- und der Kunstwissenschaft in München, Zürich, Berlin und Paris. 1895 Gründung der Zeitschrift *Pan* (1895–1900 u. 1910–1915; wichtiges Organ des Jugendstils) gemeinsam mit Otto Julius Bierbaum (1865–1910), aus deren Redaktion er aber wegen Meinungsverschiedenheiten, besonders über den Stellenwert der Moderne (Toulouse-Lautrec), nach einem Jahr ausschied. M-G ging daraufhin nach Paris, wo seine kunstschriftstellerische Arbeit begann. 1904 Umzug nach Berlin. Kriegsteilnahme und Kriegsgefangenschaft in Sibirien. Als zentrales Werk M-Gs gilt die *Entwicklungsgeschichte der Modernen Kunst* (→ 36 RP). Den Höhepunkt der künstlerischen Entwicklung stellte ihm der Impressionismus vor, avantgardistische Strömungen wie Kubismus und Expressionismus blieben ihm fremd. M-G war Initiator und neben RP und Alfred Eisenlohr Mitbegründer der Faksimiledrucke der Marées-Gesellschaft, von 1907 bis in die 1920er Jahre außerdem wichtigster Kunstgeschichte-Autor des Piper-Verlags. Die Bedeutung M-Gs wie auch seine Schwierigkeiten mit AK und dessen Zeitgenossen sind in der Korrespondenz Kubin-Piper in zahlreichen Erwähnungen beider Seiten dokumentiert. – RP hatte M-G auf eigenes Betreiben und persönliche Vorsprache kennengelernt (etwa 1906). Erstes gemeinsames Projekt wurde die schließlich dreibändige Marées-Ausgabe (*Hans von Marées – Sein Leben und sein Werk.* München: Piper

1909/10). RP beschrieb das nicht immer friktionsfreie Verhältnis in seinen Lebenserinnerungen (→ etwa *MLaV*, S. 253–261 u. 365–378). – Im Gegensatz zu RP war M-G von AKs Schaffen wenig angetan. Am 28.12.1921 schrieb er anlässlich des Kubinschen Aufsatzes *Mein Tag* (→ 10 AK, »Hausenstein«) an Wilhelm Hausenstein: »den herzlich überflüssigen Brief Kubins gelesen. Wozu der? Private Angelegenheit, die um 50 Jahre zu früh kommt, und dann wird wohl von dem ganzen Kubin nicht mehr viel übrig sein. Die Zeichnungen gehören in ein Gästebuch.« (Zit. *Meier-Graefe*, S. 236.)

5 ***Der Caliban:*** Figur aus William Shakespeares Komödie *Der Sturm*; Anagramm von englisch *canibal*. – Bis zum Ende des Stückes ist C Sklave des weisen Zauberers Prospero. Er verkörpert die Natur als ungebildete, triebgesteuerte Energie, unfähig zur Selbstbestimmung, wird jedoch nicht nur negativ gezeichnet, sondern verändert seine Charakterzüge im Laufe der Handlung. – Der mit AK befreundete Franz Marc hatte bereits 1914 ein Gemälde mit dem Titel *Caliban* fertiggestellt.

6 ***Die Gesellschaft worin er erscheint:*** Ebenfalls in der Mappe enthalten waren etwa Carl Hofer, Lovis Corinth, Wilhelm Jaeckel, Th. Th. Heine, Oskar Kokoschka, Olaf Gulbransson u.a.

7 ***Slevogt:*** Max Slevogt (8.10.1868 Landshut – 20.9.1932 Leinsweiler-Neukastel/Pfalz); Maler, Graphiker, Illustrator und Bühnenbildner (→ 36 RP). Studium an der Akademie in München. 1889 in Paris, dann Italienreise. Erste Ausstellungen ab 1892, ab 1896 Zeichner für die *Jugend* (bestand 1896–1940), ab 1900 auch für den *Simplicissimus*. Mitglied der Sezessionen von München (ab 1894) und Berlin (ab 1899). Umzug nach Berlin 1901, Hinwendung zu impressionistischer Malweise, Veröffentlichung zahlreicher Graphikmappen und Buchillustrationen. 1917 Professor in Berlin. Neben Liebermann und Corinth bedeutendster deutscher Impressionist. – AK anlässlich eines Besuchs von RP in Zwickledt: »Slevogt und ich – wir sind wohl die letzten der alten Illustratorengarde.« (Zit. nach: *MLaV*, S. 467.) Im Jubiläumsartikel von 1928, *Dem sechzigjährigen Max Slevogt* [R375; B22], zögert AK »keinen Augenblick [...], Slevogt den Hauptillustrator unserer Zeit zu nennen«. (Zit. *AmW*, S. 89.) Ansonsten bestand zwischen den beiden Künstlern kaum persönlicher Kontakt, was später beiderseits bedauert wurde. (→ *Raabe*, S. 204.) Kritisch gibt sich AK in einem Brief an Hans Fronius vom 30.10.1939: »Slevogt kannte ich lange aber nicht umfassend. Durch R v. Hörschelmann und andere ward ich genauer über M. Sl. privat informiert. M. Sl. scheint wie ein Sonntagskind alles fast jonglierend gekonnt zu haben was er sich vornahm – dennoch: der verflixte Schmiß ist mir doch zuwider – trotzdem ich ihn zu meinen Lehrern zählen müßte persönlich: ich sah ihn 1898 zum I. Mal – damals unbedeutend wurde sein Kopf wunderbar mit den Jahren – es fiel ihm, wie mir bei den allzu zahlreichen Illustrationsresten, die sein Verleger B. Cassirer Jahr für Jahr – nach 1903 herausgab auffiel manches zu leicht – so verwässerte er seine Jahre als Illustrator.« (Zit. *Fronius*, S. 238.) Auch als Maler sei er nicht zu den stärksten Deutschen zu zählen. Ähnlich wertete Julius Meier-Graefe (→ 36 RP).

36 RP

1 ***cr.:*** Lateinisch *currentis*: »des laufenden Jahres« (oder Monats).

2 ***Entwicklungs-Geschichte:*** Julius Meier-Graefe hatte im Jahr 1900 mit seinem ambitioniertesten Vorhaben, der *Entwicklungsgeschichte der Modernen Kunst,* begonnen (1904 bei Julius Hoffmann in Stuttgart erschienen; 1914/15 bei Piper erweitert, endgültige Fassung 1924). Formanalytisch versuchte M-G darin eine Sichtung der verschiedensten Perioden des ausgehenden 19. Jahrhunderts. Wegen seiner Orientierung an der progressiven französischen Malerei wurde ihm im traditionalistischen Wilhelminischen Deutschen Reich oft eine zu negative Bewertung des »Deutschen« in der Kunst vorgeworfen, was M-G weder durch den Hinweis, nicht nationalistisch, son-

dern rein künstlerisch zu argumentieren, noch durch zahlreiche Arbeiten über deutsche Künstler – wie etwa die bis heute gültige dreibändige Monographie zu Hans von Marées (→ 35 AK, Meier-Graefe) – entkräften konnte. Avantgardistische Strömungen wie Kubismus und Expressionismus blieben ihm fremd; er sah sie nicht als Fortführung der zuvor von ihm proklamierten Erneuerung. – In AKs Bibliothek finden sich die Bände 1–3 der Ausgabe von 1904 [Inv.Nr. 851] sowie der dritte Band der Piperschen Ausgabe von 1915 [Inv.Nr. 852].

3 ***Slevogt... abgelehnt:*** »Slevogt hat in der ersten Zeit, von 1890 angefangen, schlecht und recht münchnerisch gemalt; große schlimme Phantasien aus der Religionsgeschichte und anderen Gebieten, die zum Teil das Parfüm des Münchner Faschings verraten [...]. In Berlin mauserte er sich. [...] Es gibt aus dieser und der folgenden Zeit hübsche Stillleben und schreckliche Bildnisse. [...] Alles in allem die typische Erscheinung des Pariser Salonmalers aus der Provinz. [...] Derselbe Maler ist ein Künstler, sobald er das Malen läßt. [...] Der Maler kann übersehen werden. Seine Illustrationen sichern ihm für alle Zeiten eine seltene Stellung.« (Zit. *Entwicklungsgeschichte*, Bd. 2, S. 369–370.)

37 AK

1 ***selbst verreist:*** Murauaufenthalt mit Oscar A.H. Schmitz (→ 42 AK, 43 RP).
2 ***Bundesbruder:*** Auch FHO erhielt am 31.7.1917 eine ähnlich gestaltete »Bundesbruder«-Briefillustration mit der Unterschrift »Mohammed V«. (→ *FHO*, S. 180.)

38 AK

1 ***litogr. Abzüge:*** Die Fahnen zum *Caliban* (→ 35 AK), siehe auch → die Briefe 34–48.

39 AK

1 ***Consée:*** Die für die Herstellung des *Caliban* zuständige Münchener Druckanstalt. (→ *Das lithographische Werk*, S. 48.)
2 ***in der Publikation:*** In den *Shakespearevisionen* (→ 35 AK).
3 ***autobiographische Studie... »Sansara Mappe«:*** → 21 AK
4 ***Neudruck der »anderen Seite«:*** AKs einziger Roman *Die andere Seite. Ein phantastischer Roman* entstand nach einer Italienreise mit dem befreundeten Schriftsteller und Zeichner FHO im Herbst des Jahres 1908 und erschien 1909 bei Georg Müller in München mit 52 Abbildungen und einem Plan [R26; A6]. Gewidmet war er AKs am 2.11.1907 in Schärding verstorbenem Vater, Friedrich Franz Kubin: »Dem Gedächtnis meines Vaters«. Bis zu AKs Tod wurde der Roman neben der hier angesprochenen mit der Fortführung der Autobiographie versehenen Neuausgabe von 1917 [R87; A30] noch 1923 [R226; A73], 1928 (mit Selbstbildnis und acht neuen Zeichnungen sowie wiederum erweiterter Autobiographie) [R358; A105] und 1949 [R690; A240] neu aufgelegt; 1952 (anlässlich des 75. Geburtstags AKs) erschien eine gänzlich neu illustrierte Ausgabe (Zeichnungen entstanden 1946) mit Vorwort und im Verlag von Wolfgang Gurlitt [R747; A212] (→ 485 AK, Widerwärtiges ...). Für weitere Ausgaben und Übersetzungen → *Marks*, S. 412–418 sowie 466 AK. – Susanne Carwin bearbeitete den Roman für den Hörfunk; am 31.10.1951 erfolgte die Ausstrahlung unter dem Titel *Die andere Seite in Leben, Traum und Vision des Zeichners Alfred Kubin* im Nachtstudio des Bayerischen Rundfunks. (→ *Raabe*, S. 183–184). 1973 entstand eine Filmfassung unter der Regie von Johannes Schaaf (Titel: *Traumstadt*). – *Die andere Seite* wurde vor dem 1. Weltkrieg nur zögerlich rezipiert und oft der »Literatur des Grauens« zugerechnet, obwohl einige mit AK befreundete Literaten, so etwa Max Dauthendey und Stefan Zweig, früh die herausragende Bedeutung des Textes (an)er-

kannten. Die weitreichende Wirkung zeigt sich im phantastisch-expressionistischen Film der 1920er Jahre und in der modernen Science-Fiction-Literatur bis Stanislaw Lem. Auch der späte Ernst Jünger (*Blätter und Steine*, 1934) und Hermann Kasack (*Die Stadt hinter dem Strom*, 1947) standen in enger Beziehung zu AK; zudem wurde oft auf Ähnlichkeiten zu Franz Kafkas *Das Schloss* hingewiesen. (→ *Greuner*, S. 236–252.) Seit den 1990er Jahren wird AK auch als Literat immer mehr zum Objekt der Forschung, verwiesen sei hierbei besonders auf die Arbeiten von *Cersowsky* (1989), *Geyer* (1995), *Neuhäuser* (1998), *Gerhards* (1999) und *Brunn* (2000); Pionierarbeit hatte *Hewig* (1967) geleistet. – In AKs Bibliothek sind Ausgaben des Romans von 1909, 1923, 1928, 1947 und 1952 [Inv.Nr. 1930–1934] enthalten.

5 ***meinen kurgastlichen Besuch:*** Ab wann und mit welcher Destination AK diesen Aufenthalt geplant hatte, wurde nicht ermittelt, einen Hinweis enthält aber ein Brief AKs vom 3.7.1917 an FHO: »Wir schnaufen noch immer aber leider stehen die Aussichten auf eine Luftveränderung im Sommer diesmal miese! – Der verschwiegene Pinzgauerwinkel an den ich mich wandte hat mich wegen Knappheit abgelehnt.« (Zit. *FHO*, S. 175.)

6 ***bei Ihrer Passauerfahrt:*** RP kommt schließlich doch nicht nach Passau (→ 40 AK).

7 ***Gigersche Radierung ... Rembrandtsbruder:*** Bezug unklar.

40 AK

1 Dieser Brief liegt nur als Typoskript vor. Anmerkung: »Das handschriftliche Original dieses Briefes ist im Besitz von Herrn Klaus Piper«.

2 ***lithographische Stein:*** Zum *Caliban* → 35 AK; siehe auch → die Briefe 34–48.

3 ***Consic:*** Wohl die Münchener Druckanstalt *Consée* (→ 39 AK).

4 ***Marées-Gesellschaft:*** Die *Marées-Gesellschaft* – benannt nach dem deutschen Maler Hans von Marées (24.12.1837 Elberfeld – 5.6.1887 Rom), zu dessen Wiederentdeckung RP und Julius Meier-Graefe einen entscheidenden Beitrag geleistet hatten (→ 35 AK, Meier-Graefe) – wurde 1917 auf eine Idee RPs aus dem Jahr 1913 gemeinsam mit Julius Meier-Graefe als Forum für die Marées-Forschung und »andere künstlerische Dinge« (Zit. *MLaV*, S. 256) ins Leben gerufen. Vorbild war die äußerst fruchtbare *Schopenhauer-Gesellschaft* (→ 21 AK). Die ersten Drucke wurden aus wirtschaftlichen Erwägungen zunächst zur Subskription ausgeschrieben, die sich als sehr erfolgreich erwies. Mittelpunkt der Publikationen sollte das nach dem letzten erhaltenen Werk Marées' benannte Jahrbuch *Ganymed* werden (→ 112 AK), es wurde allerdings 1925 eingestellt. Von 1918 bis 1929 erschienen in der *Marées-Gesellschaft* 34 hochwertige Mappenwerke und 13 mit Originalgraphiken ausgestattete Bücher mit insgesamt mehr als 600 Kunstblättern, unter anderem von Max Beckmann, Vincent van Gogh und Paul Cézanne. (→ *Piper 75*, S. 585–586.) – Anfangs ließ man von fremden Unternehmen drucken, im Jahr 1918 kauften RP und Meier-Graefe eine kleine Druckerei (→ 151 RP) in Berlin und gewannen Bruno Deja, einen führenden zeitgenössischen Lithographen, als Leiter und dritten Teilhaber. Um die Qualität der Drucke zu garantieren, beschloss Meier-Graefe vorerst eine Beschränkung auf Reproduktionen von Graphik und Aquarellen. Das Unternehmen erhielt den Namen *Graphische Anstalt Ganymed* und wurde nach Ausscheiden RPs und Meier-Graefes von Deja bis zu dessen Tod im Juni 1960 weitergeführt. Ab 1923 wurden auf Betreiben RPs auch Ölgemälde reproduziert (*Piperdrucke*) (→ 166 RP, Herbstlandschaft). Auch diese Geschäftsidee sollte sich in den schwierigen Zwischenkriegsjahren als überaus tragfähig erweisen; das Unternehmen wurde schließlich 1932 verselbstständigt und dem Teilhaber Alfred Eisenlohr bei dessen Ausscheiden 1932 als *Piperdrucke Verlags-GmbH* übertragen. (→ *Piper 90*, S. 112–114 sowie *Piper 100*, S. 58–59.)

41 AK

1 Zur Illustration: Das Bild wurde als sechste Illustration für *Kubin über sich selbst* (Vorwort zum Band *Abendrot*, 1952) verwendet und trägt dort die Bildunterschrift: »Kubin als Wanderer« (S.XIV).
2 ***JMG:*** Julius Meier-Graefe.
3 ***die Zeichnung:*** Der *Caliban* (→ 35 AK), siehe auch → die Briefe 34–48.
4 ***durch Protektion einen Fleck in der Steiermark:*** AK begleitete seinen Schwager Oscar A.H. Schmitz im August 1917 nach Murau in der Steiermark, wo dieser auf Einladung der Ehefrau des Bezirksvorstehers Heinrich Freiherr von Esebeck bei einer von ihr organisierten Wohltätigkeitstheatervorstellung Regie führen sollte. (→ *FHO*, S. 179 u. 403.)

42 AK

1 ***Murau:*** Der Ort inspirierte AK zu einigen Blättern. Siehe etwa → *Figur aus dem Schloßhof zu Murau* im Bestand des OÖLM (Ha II 3362, 1917).
2 ***die Lithographie:*** Zum *Caliban* → 35 AK, siehe auch → die Briefe 34–48.
3 ***Buddhabild:*** Dieses Sujet findet sich häufig in AKs Werk. *Raabe* verzeichnet etwa einen *Buddha (Ekstase)* aus dem Jahr 1904 [R13], einen weiteren *Buddha* 1911 [R40], ein *Buddha* wird in die Mappe *Am Rande des Lebens* (→ 97 AK) aufgenommen und einer bildet 1922 die Titelvignette der Prosasammlung *Von verschiedenen Ebenen* (→ 127 AK). – Die folgenden Briefe legen nahe, dass es sich hier wohl um den auf Tafel XX in der Mappe *ARdL* abgebildeten Buddha handelt.
4 ***H. Grimmwerkes:*** → 26, 29 AK. – AK hält den Vornamen des Autors Georg Grimm fälschlicherweise für Hermann (→ 48 RP).

43 RP

1 ***Oskar A.H. Schmitz:*** Oscar Adolf Hermann Schmitz (16.4.1873 Bad Homburg – 17.12.1931 Frankfurt/Main); Erzähler, Essayist, Dramatiker, Philosoph. AKs Schwager. Abgebrochene Studien der Rechte, der Nationalökonomie und der Literatur. (→ *OAHS Tagebücher 1*, S. 365.) Vermittels Karl Wolfskehl Kontakt zu den Münchener Kosmikern und dem George-Kreis. Zahlreiche Reisen durch Europa, wohnhaft u.a. in Berlin, Paris, Salzburg und München. Gegen Lebensende verstärktes Eintreten für das Werk C.G. Jungs. – »Neben Karl Wolfskehl Kubins Lehrmeister auf dem Gebiet der Literatur und des allgemeinen Wissens.« (Zit. *Raabe*, S. 208.) AK beschreibt seine Beziehung zu S unter anderem in seinem am 7.7.1932 in den *Münchner Neuesten Nachrichten* erschienenen Nachruf *Erinnerungen an Oscar A.H. Schmitz* [R484; A140/B22]: »Vor nahezu dreißig Jahren lernte ich Oscar A.H. Schmitz, der mich damals als Autor seines Buches ›Haschisch‹ stark beschäftigte, in München kennen. Die glänzenden, humordurchsetzten Schilderungen des weltgewandten jungen Schriftstellers fesselten meine Einbildungskraft vom ersten Tag unserer Bekanntschaft an. Als ich ein paar Jahre später Schmitzens Schwager wurde, da ich seine Schwester Hedwig heiratete, entwickelte sich zwischen uns ein sehr herzliches Verwandtschaftsverhältnis, welches bis zu seinem Tode währte.« (Zit. *AmW*, S. 97.) Zahlreiche gegenseitige Besuche im In- und Ausland, auch gemeinsam verbrachte Sommeraufenthalte (wie der hier angesprochene in Murau) sind belegt. Der Titel *Die andere Seite* für AKs einzigen Roman soll »unter des Verfassers lebhafter Beistimmung« auf S zurückgehen. (Zit. *BfE*, S. 74.) Am 4.9.1909 veröffentlichte S eine Rezension über *Die andere Seite* in der Berliner Zeitung *Der Tag* [R792]. In dem Kapitel *Die Beschwörung der Dämonen oder Alfred Kubin, der magische Mensch* seines Essaybands *Brevier für Einsame* (1923) porträtierte S seinen Schwager eingehend (→ *BfE*, S. 31–152) [R377],

dieser wiederum illustrierte drei Bücher Ss: Neuauflagen der phantastischen Erzählbände *Haschisch* (1913) [R58; A20] und *Herr von Pepinster und sein Popanz* (1915/1918) [R75, 105; A28, 39] sowie die posthum erschienenen *Märchen aus dem Unbewußten* [R470; A142]. Für Ss *Don Juan, Casanova und andere erotische Charaktere* (1906) [R16; A3] sowie für *Der Untergang einer Kindheit* (1907) [R21; A4] steuerte AK die Umschlagzeichnungen bei, außerdem rezensierte er den letzten Teil von Ss Autobiographie, *Ergo Sum* [R313], und schrieb den oben zitierten Nachruf. Eine Übereinstimmung AKs mit der Figur des Schwagers Bernhard in Ss *Das Dionysische Geheimnis* (1921) wird vermutet [R*312*]. – AK empfahl seinem Schwager das hier angesprochene Buddha-Buch (→ 47 AK), eine Rezension Ss konnte nicht ermittelt werden. Ein Kapitel seines *Brevier für Einsame* trägt zwar den Titel *Der religiöse Atheismus des Buddha* (→ *BfE*, S. 311–331), bezieht sich aber nicht auf Grimm. – Weiteres zur vielseitigen Beziehung AK-S siehe → Cersowsky, Peter: *Alfred Kubin und Oscar A. H. Schmitz: Konturen einer Verwandtschaft*. In: Lachinger Johann und Regina Pintar (Hrsg.): *Magische Nachtgesichte. Alfred Kubin und die phantastische Literatur seiner Zeit*. Salzburg: Residenz Verlag 1995, S. 59–66 sowie die dreibändige Ausgabe der Tagebücher Ss im Aufbau-Verlag 2006/07 (*OAHS Tagebücher*).

2 ***Buddha-Bild:*** → 42 AK

3 ***Andrucke:*** Zum *Caliban* → 35 AK, siehe auch → die Briefe 34–48.

4 ***kleines Buch:*** RPs selbst verfasstes *Die schöne Frau in der Kunst* (→ 31 RP).

44 AK

1 ***<verlasse>:*** Karte beschädigt.

2 ***B. Cassirer:*** Bruno Cassirer (12. 12. 1872 Breslau – 29. 10. 1941 Oxford); Verleger und Kunsthändler. Studium der Kunstgeschichte in Berlin und München. Vetter von Paul Cassirer und Mitbegründer jenes Kunstsalons, in dem 1901/02 AKs erste Ausstellung stattfand (→ *Meißner*, S. 13) – allerdings erst, nachdem C sich geschäftlich bereits wieder von seinem Vetter gelöst und sein eigenes Unternehmen gegründet hatte. Von 1907–1933 erschienen in Cs *Verlag Bruno Cassirer* die wichtige Zeitschrift *Kunst und Künstler* (→ 10 AK), zahlreiche Monographien zum Expressionismus, Tolstoi- und Kant-Gesamtausgaben etc. Verleger Max Slevogts. Förderer des Trabrennsports. Emigration 1938. – C veröffentlichte neben dem hier angesprochenen *Totentanz* (→ 29 AK) im Jahr 1922 die von AK illustrierten Märchen Hans Christian Andersens [R177; A63], Neuauflage 1949 [R685; A237].

45 AK

1 ***Wieder daheim:*** Aufenthalt in Murau → 41–43 AK.

2 ***Die Lithographien:*** Zum *Caliban* → 35 AK, siehe auch → die Briefe 34–48.

3 ***Buddha:*** → 42 AK

46 RP

1 ***Almanach Münchner Verleger:*** Im Verlag J. Lindauer ab 1914 erscheinender Weihnachtskatalog der Vereinigung Münchner Verleger – *Deutsche Bücher 1917. Almanach der Münchner Verleger*. Überreicht vom Deutschen Buchhandel. München 1917. Mit zwei Reproduktionen nach Federzeichnungen AKs: *Überfall*, *Narr* [R89].

2 ***Herr von Weber:*** Hans von Weber (→ 20 RP), lange Zeit Vorsitzender der Vereinigung Münchner Verleger (→ 158 RP). – Die Vereinigung sollte nach Machtergreifung der Nationalsozialisten aufgelöst werden.

47 RP

1 ***autobiographische Studie:*** *Aus meinem Leben* (→ 23, 29, 39 AK).
2 ***Buddha:*** → 42 AK
3 ***Schmitz:*** AKs Schwager, der Schriftsteller Oscar A. H. Schmitz (→ 43 RP).
4 ***Grimm:*** *Die Lehre des Buddha* von Georg Grimm (→ 26 AK).

48 RP

1 ***Buddha-Bilder:*** → 42 AK
2 ***Daniel:*** Der zum Leidwesen RPs bei Georg Müller erschienene Band AKs zum Projekt der Bibel-Illustrationen des *Blauen Reiters* (→ 22 RP; 51 AK).
3 ***Müller:*** Der Münchener Verleger Georg Müller (→ 12 RP, 63 AK).
4 ***Grossmann ... Dostojewski:*** Dostojewski, Fjodor M.: *Eine dumme Geschichte.* Mit Lithographien von Rudolf Großmann. München: Piper 1918 (Drucke der Marées-Gesellschaft V). – Exemplar in AKs Bibliothek [Inv.Nr. 3048]. – Rudolf Großmann (25.1.1882 Freiburg/Breisgau – 5.12.1941 ebd.); Maler, Radierer, Lithograph und Essayist. Nach gescheiterter Aufnahmeprüfung an der Kunstakademie in Düsseldorf acht Jahre in Paris, dort enge Freundschaft v. a. mit Jules Pascin (1885–1930), über den er auch AK kennenlernte. In der Kriegs- und Nachkriegszeit in Bayern lebend, 1928 Professor an der staatlichen Kunstschule Berlin, 1934 aus politischen Gründen entlassen, Rückkehr nach Freiburg. Bekannt wurde G v. a. mit seinen Zeichnungen und Radierungen von Berliner und Pariser Städtelandschaften, aber auch mit seinen oft karikierenden Bildniszeichnungen. – AK widmete G kurz nach dessen 50. Geburtstag den anekdotenreichen Aufsatz *Kollege Großmann* [R485; A138] in den *Münchner Neuesten Nachrichten* vom 17.7.32, an dessen Ende er sich besinnt: »Über all diesem Geplauder aber will ich nicht das Wichtigste vergessen, nämlich, daß Rudolf Großmann ein bedeutender Künstler ist [...]. Alles, was er so geschaffen hat, zeigt zuerst und zuletzt auf ihn selbst, auf einen der merkwürdigsten und charmantesten Lebenskünstler, die durch unsere Zeit wandeln.« (Zit. *AmW*, S. 111.) – *Raabe* verzeichnet einige Darstellungen AKs aus der Hand Gs [R*431*, *139*, *140*, *141*, *146*]. – Bei Piper war G neben den hier angesprochenen Illustrationen noch mit dem illustrierten Band *Ritter Gluck* von E. T. A. Hoffmann (1920, Drucke der Marées-Gesellschaft XXII), mit Zeichnungen in der *Mappe der Gegenwart* (1923, Drucke der Marées-Gesellschaft XLII) sowie im Widmungsbuch für Julius Meier-Graefe zum 60. Geburtstag (*Widmungen*, 1927; → 196 RP, Beitrag ...) vertreten. – Zahlreiche Arbeiten Gs finden sich im Linzer Bestand der Kubinschen Graphiksammlung. (→ *Heinzl 1970*, S. 236.)
5 ***Unold:*** Flaubert, Gustave: *Die Legende von Sankt Julian dem Gastfreundlichen.* Mit Holzschnitten von Max Unold. München: Piper 1918 (Drucke der Marées-Gesellschaft VII). – Max Unold (1.10.1885 Memmingen – 18.5.1964 München); Maler, Graphiker und Schriftsteller. Einer der Hauptvertreter der Neuen Sachlichkeit. Studium an der Münchener Akademie, Verkehr in Schwabinger Künstlerkreisen, dort auch erster Kontakt mit AK. 1913 Mitbegründer der *Münchener Neuen Secession* und deren letzter Präsident bei der zwangsweisen Selbstauflösung 1936. 1927 Professur an der Kunstakademie München, ab 1946 Präsident des Berufsverbandes bildender Künstler. Anfangs altdeutsch beeinflusste Holzschnitte, später v. a. Lithographien und Radierungen. Mittler zwischen Münchener Traditionalismus und modernen Formen. – 1932 verfasste U anlässlich eines Besuchs in Zwickledt einen ersten Aufsatz über AK, der zahlreiche Abdrucke erfuhr [R*8*]; zu dem 1942 erschienenen Band *Abenteuer einer Zeichenfeder* (→ 306 RP) schrieb er das Vorwort [R*593*] und einen Aufsatz für *Die Neue Rundschau* [R*417*], anlässlich AKs 75. Geburtstag 1952 erschien eine Würdigung in der *Stuttgarter Zeitung* [R*580*]. 1932 schuf U ein Aquarell von AK [R*150*]. –

Zahlreiche Briefe Us an AK zwischen 1914–1950 in der Städtischen Galerie im Lenbachhaus, München, Kubin-Archiv. Weiteres zur Person → Ruck, Germaid: *Max Unold (1885–1964) und die Münchner Malerei.* Mit einem Werkkatalog der Ölgemälde. Memmingen: Edition Curt Visel 1992.

6 ***Klossowski:*** Erich Klossowski (21.12.1875 Ragnit/Ostpreußen – 23.1.1949 Sanary-sur-Mer); Maler, Graphiker, Bühnenbildner und Kunstschriftsteller. Studium der Kunstgeschichte in Breslau, 1905 Hinwendung zur Malerei. Ab 1902 in Paris, dort Beginn einer lebenslangen Freundschaft mit Julius Meier-Graefe. Erste Ausstellungen ab 1910. Nach Ausbruch des 1. Weltkriegs in München ansässig, Ende der 1920er Rückzug in den französischen Künstlerort Sanary. – Das angesprochene Werk dürfte nicht zustande gekommen sein. Im Piper-Verlag erschienen nur Ks Studie *Honoré Daumier* im Jahr 1907 sowie eine Arbeit über die Sammlung Cheramy zusammen mit Julius Meier-Graefe (→ 51 AK).

7 ***Selbst-Biographie:*** *Aus meinem Leben* (→ 23, 29, 39 AK).

8 ***buddhistischen Experimente:*** → 29 AK

9 ***korrigieren:*** AK korrigierte beides.

10 ***Weisgerber:*** Albert Weisgerber (21.4.1878 St. Ingberg – 10.5.1915 gefallen bei Fromelles in Französisch-Flandern); Maler und Graphiker. Meisterschüler bei Franz von Stuck an der Münchener Akademie. 1913 gründete W gemeinsam mit Alexej von Jawlensky, Paul Klee und anderen die *Münchener Neue Secession*, deren erster Präsident er wurde. Gehörte zum Kreis der *Sturmfackel* und kam dort in Kontakt mit AK. (→ *AmL*, S. 23.) – Im Piper-Verlag erschien 1918 ein Gedenkbuch für W (→ 65 AK) von Wilhelm Hausenstein.

11 ***Buddha-Buches:*** *Die Lehre des Buddha* von Georg Grimm (→ 26 AK).

12 ***endgültig hingestellten Wirkung:*** AK relativiert in seiner Autobiographie sofort nach der Schilderung der Nietzsche-Lektüre: »Wenn ich nun auch die richtige Lösungen gefunden hatte, so waren sie mir doch vorläufig noch keineswegs so ins Blut übergegangen, daß eine vollständige Harmonie erreicht worden wäre.« (Zit. *AmL*, S. 53.) Ob diese und weitere Differenzierungen erst nach dem Einwand RPs erfolgten, wurde nicht ermittelt.

49 AK

1 ***Almanach:*** → 46 RP

2 ***1. »die Raufer« und 2. »der Bücherzwerg«:*** Die Zeichnungen im Almanach tragen andere Titel (→ 46 RP). – Der Katalog von *Karl & Faber* legt nahe, dass die hier angesprochenen Blätter in Piperschen Privatbesitz übergingen (Nr. 400 und 410). *Die Raufer* (möglicherweise eine andere Version) werden im Zusammenhang mit den *Abenteuern einer Zeichenfeder* erneut genannt (→ 376 RP; 412 AK). Ein »Bücherzwerg« schmückt Brief → 53 AK. Ähnlichkeiten bestehen zu dem bei *Brockhaus/Peters* auf S. 114 abgebildeten Blatt *Mein Zwerg* aus dem Jahr 1900.

3 ***Weber:*** Der Verleger Hans von Weber (→ 20, 46 RP).

50 RP

1 ***Strichätzung:*** Ungenauer *terminus technicus* für manuelle und industrielle Arten linearen Hochdrucks. Anfang des 19. Jahrhunderts erstmals von William Blake unter Verwendung einer Kupferplatte vorgenommen. Man zeichnet seitenverkehrt mit säurefester Lackfarbe auf polierte Platten, die dann im Säurebad geätzt werden. Die mit Lack versehenen Partien bleiben erhaben, das blanke Metall wird vertieft. Mittels angeschmolzenen Asphaltpuders kann eine aquatintaähnliche Wirkung erzielt werden. Für jede gedruckte Farbe ist eine eigene Platte erforderlich. In der industriellen Fertigung bedient sich die Strichätzung der Zwischenschaltung fotomechanischer Pro-

zesse. Belichtete Stellen werden gehärtet und bleiben während des Ätzprozesses bestehen. Zwischen 1850 und 1910 weit verbreitete Technik, so etwa für viele Bücher Wilhelm Buschs und Beiträge Adolf Oberländers in *Fliegende Blätter*. (→ *Rebel*, S. 251-252.)

2 ***Dostojewski-Zeichnungen:*** AKs Arbeiten zum *Doppelgänger* (→ 2 RP).

3 ***Papiernot:*** RP beschreibt die schwierigen Produktionsbedingungen während des 1. Weltkriegs in seinen Lebenserinnerungen: »Nach einiger Zeit wurde eine amtliche Papierbewirtschaftung eingeführt, und da erwies es sich nachträglich als für den Verlag außerordentlich günstig, daß er in der letzten Zeit vor dem Kriege viel produziert hatte. Jeder Verlag bekam nämlich ein bestimmtes Kontingent zugeteilt, das sich nach seinem Papierverbrauch der letzten Jahre richtete.« (Zit. *MLaV*, S. 388.) Bei Müller bestand nun das Problem nicht in einer zu geringen Vorkriegs-Produktion, sondern ganz im Gegenteil, in einer – besonders zu Kriegszeiten – nur schwer organisierbaren Überfülle, wie Paul Renner in seiner *Erinnerung aus meiner Georg-Müller-Zeit* berichtet: »Müller war zu einem der größten Auftraggeber der Vorkriegszeit geworden, und in den Schaufenstern aller Buchläden nahmen seine Bücher breiten Raum ein. Er produzierte aber noch viel mehr als er verkaufte, viel mehr, als das Kapital, das in seinem Geschäft steckte, erlaubt hätte.« (Zit. *Sein Dämon*, S. 67.)

4 ***Kassier Herrn Ernst Reinhardt:*** Ernst Reinhardt (29.1.1872 Basel – 21.3.1937 München); Münchener Verleger. Lehrzeit in Basel, Turin und Paris, dann Redakteur des *Basler Anzeigers*. Ab 1899 Besitzer einer Buchhandlung, bald Beginn eigener Verlagstätigkeit. Erster Verkaufserfolg mit *Die sexuelle Frage* (1905) von Auguste Forel, ab 1912 Verleger von Alfred Adler. Lebenslange Freundschaft mit Ricarda Huch. Ab 1917 erst Kassenwart der Vereinigung Münchner Verleger, »bald kamen der Münchener und der Bayrische und Süddeutsche Buchhändler-Verein dazu. Weiters wurde er in verschiedene Branchenverbände und Ausschüsse des Deutschen Börsenvereins gewählt, insbesondere war er Vertrauensmann des Auslandsbuchhandels. 1924 organisierte und begleitete er die deutsche Buchausstellung in Chicago. Seit 1928 gehörte er dem Gesamtvorstand des Börsenvereins an, mindestens seit 1930 als geschäftsführendes Mitglied.« (Zit. *100 Jahre Ernst Reinhardt Verlag*. München: Reinhardt 1999, S. 23.) Nach Rs Tod übernahm sein Neffe Hermann Jungck (1903–1988) den Verlag.

51 AK

1 Zur Illustration: Die Briefzeichnung variiert ein Detail der Federlithographie *Pierrot und Harlekin* (1924) [R253; Hb 80 → dort auch weitere Vergleichswerke].

2 ***Obernetter:*** Zusätzlich zu der bei *Raabe* [R98] angegebenen Druckanstalt Mänicke und Jahn, Rudolstadt, dürfte auch die Firma Obernetter (die Hersteller der »Weber-Mappe«; → 20 RP, Hans von Weber) an der Produktion des *Daniel* beteiligt gewesen sein (→ 64 AK).

3 ***Lichtdrucke:*** Ein zwischen 1860 und 1920 gängiges industrielles »Edeldruckverfahren« im System des Flachdrucks zur Wiedergabe von Halbtönen, bei welchem das Prinzip der fotografischen Lichthärtung genutzt wird. Es ermöglicht höchste Reproduktionsgenauigkeit und feinste Tonabstufungen, aufgrund der Empfindlichkeit der Platte sind aber kaum Auflagen über 2000 Stück möglich. Auch für Mehrfarbendruck geeignet. Im Kunstdruck noch heute gebräuchlich.

4 ***früher den Daniel ja haben können:*** → 22, 52 RP

5 ***F. Marc:*** Franz Marc (→ 22 RP).

6 ***autobiogr. Manuscript:*** *Aus meinem Leben*; zum Neudruck von *Die andere Seite* (→ 39 AK) im Georg Müller Verlag. AK schildert dort das Marcsche Vorhaben der Bibel-Illustrationen: »Ich tat gleich mit und übernahm den Propheten Daniel. Er liegt seit 1913 vollendet im Schrank« – und fährt dann fort (wohl hinzugefügt nach der hier

angesprochenen Reaktion Müllers auf das Manuskript): »und soll jetzt bei Georg Müller verlegt werden«. (Zit. *AmL*, S. 46.)

7 ***Zinkätzung:*** → 50 RP, Strichätzung

8 ***Joseph Pennel ... Buch:*** Pennel, Joseph: *Die moderne Illustration*. Aus dem Englischen von L. u. K. Burger. Leipzig: Seemann 1901. – Exemplar in AKs Bibliothek [Inv. Nr. 216]. – Joseph Pennell (4.7.1857 Philadelphia – 23.4.1926 New York); US-amerikanischer Lithograph, Illustrator, Schriftsteller. Kunststudium in Philadelphia und London. Dort Freundschaft mit G.B. Shaw und R.L. Stevenson. Produzierte etwa 900 Radierungen und 600 Lithographien mit Architektur- und Landschaftsdarstellungen. Vielzahl erfolgreicher Buchpublikationen. Wichtiger Anreger des Graphikbooms im englischsprachigen Raum um 1900. Umzug in die USA während des 1. Weltkriegs.

9 ***Durchschnittsxylographen:*** Graphische Technik. Hochdruck. Sonderform des Holzschnitts. Verwendet wird quer zur Faser geschnittenes »Hirnholz«, das ungleich dichter und härter ist als Stöcke vom Längsscheit. Ergebnis der Bearbeitung mit dem Grabstichel sind weiße Linien auf schwarzem Grund. Das Positiv-Negativ-Verhältnis kann entsprechend der Schraffurlage auf demselben Druckstock auch wieder umgekehrt werden, weshalb die Technik bis etwa 1890 bevorzugt für Buchillustrationen und Gemäldereproduktion verwendet wurde. In den letzten Jahrzehnten des 19. Jahrhunderts wurde es üblich, das Holz mit einer lichtempfindlichen Schicht zu überziehen, um darauf nach fotografischer Kopie und partieller Lichthärtung die Vorlage in ihren Halbtonwerten auszustechen. (→ *Rebel*, S. 182–184.)

10 ***Grossmann:*** 1918 kam ein Treffen in Passau samt angeschlossener Reise in den Bayerischen Wald zustande, das von AK in *Kollege Großmann* beschrieben wird (→ *AmW*, S. 104).

11 ***Anlage:***

1. → 19 AK

2. Meier-Graefe, Julius und Erich Klossowski: *La Collection Cheramy*. 116 S. Text, 129 Bildtafeln. München: Piper 1908. – Exemplar in AKs Bibliothek [Inv.Nr. 473]. – »Ich hatte Meier-Graefes ›Entwicklungsgeschichte der modernen Kunst‹ nach jenem ersten Besuch bei ihm genau studiert und fand einen Hinweis auf die Sammlung Cheramy, die als schönste Delacroix-Sammlung nach dem Louvre bezeichnet wurde. [...] Das Werk erschien dann tatsächlich bei mir – ein stattlicher Band in großem Format mit über hundert Lichtdrucktafeln. [...] Zum großen Ärger Meier-Graefes ließ Herr Cheramy jedoch bald danach seine Sammlung versteigern. Er hatte die Publikation im Stillen wohl von vornherein nur als Propaganda für die kommende Versteigerung betrachtet. Der Verlag ist mit den Kosten aber dann doch noch herausgekommen.« (Zit. *MLaV*, S. 258.) Das Werk wurde schließlich billig abgegeben (→ 52, 59 RP).

3. Doms, Wilhelm: *Grotesken*. Mappe mit 12 Radierungen. München: Piper 1907. – Exemplar in AKs Bibliothek [Inv.Nr. 1151].

4. Zerweck, Hermann: *Mein Gehölz*. 16 Zeichnungen in Lichtdruck. Einführung Julius Baum. München: Piper 1909. – Exemplar in AKs Bibliothek [Inv.Nr. 1136].

5. Moderne Illustratoren → Esswein, Hermann (Hrsg.): *Thomas Theodor Heine*. 50 S. Text mit 48 Abb. (Moderne Illustratoren. Bd. 1). München: Piper 1904. – Exemplar in AKs Bibliothek [Inv.Nr. 1017]; ders.: *Eugen Kirchner*. 47 S. Text mit 31 Abb. (Moderne Illustratoren. Bd. 4). München: Piper 1904. – Exemplar in AKs Bibliothek [Inv.Nr. 1019].; ders.: *Ernst Neumann*. 54 S. Text mit 37 Abb. (Moderne Illustratoren. Bd. 6). München: Piper 1905. – Exemplar in AKs Bibliothek [Inv.Nr. 1021].; ders.: *Hans Baluschek*. 42 S. Text mit 24 Abb. (Moderne Illustratoren. Bd. 2). München: Piper 1904. – Exemplar in AKs Bibliothek [Inv.Nr. 1018]; ders.: *Adolf Oberländer*. 54 S. Text mit 41 Abb. (Moderne Illustratoren. Bd. 5). München: Piper 1905. – Exemplar in AKs Bibliothek [Inv.Nr. 1020]. – Allgemeines zur Serie ***Moderne Illustratoren:*** Durch entfernte Verwandte hatte RP im Winter 1897/98 den Maler Ernst Neumann (1871–1954) kennengelernt. Durch ihn war es zum Kontakt mit der Schwabinger

Bohème gekommen: RP wirkte als »Henkersknecht« beim Kabarett der *Elf Scharfrichter* mit (N war »Kaspar Beil«) und lernte den Schriftsteller, Kunst- und Theaterkritiker Hermann Esswein (→ 21 AK) kennen, der zum Herausgeber des ersten Kunstprojekts des Verlags wurde, der Reihe *Moderne Illustratoren*. Auch Thomas Theodor Heine und Hans Baluschek (s. u.), von denen RP im Rahmen dieser ersten Reihe einige Bände brachte und die er in der Folge als Illustratoren und Buchgestalter gewinnen konnte, begegnete RP bei Neumann, ebenso dem Indologen Carl Eugen Neumann (→ 29 AK, bösartiger ...) und dem Philosophen Paul Deussen (→ 21 AK, Vive ...), die wichtige Funktionen im künftigen Verlagsprogramm übernahmen. RPs mutiges Projekt der *Modernen Illustratoren* fand zwar positive Resonanz in der Presse, verkaufte sich aber schlecht. Das Konzept der Konzentration auf Gegenwartskunst sollte erst in späteren Verlagsjahren fruchten, die qualitativ hohen Standards der Ausstattung und die Grundidee (Reproduktionen und Originalgraphik für das breite Publikum) ging schon beim nächsten Vorhaben, den *Klassischen Illustratoren*, auf. (→ *Piper 100*, S. 48–52.)
6. Fruchtschale → *Chinesische Lyrik vom 12. Jahrhundert v. Chr. bis zur Gegenwart*. Aus dem Chinesischen übersetzt und eingeleitet v. Hans Heilmann. (Die Fruchtschale. Bd. 1). München: Piper 1905; Petzet, Erich: *August Graf von Platen. Tagebücher*. (Die Fruchtschale. Bd. 2). München Piper 1905. – Exemplar in AKs Bibliothek [Inv.Nr. 4659]; *Adalbert Stifter. Eine Selbstcharakteristik des Menschen und Künstlers*. Ausgewählt und eingeleitet v. Paul Joseph Hartmut. (Die Fruchtschale. Bd. 5). München: Piper 1905. – Exemplar in AKs Bibliothek [Inv.Nr. 4662]; Kiefer, Otto: *Liebesgedichte aus der Griechischen Anthologie*. (Die Fruchtschale. Bd. 10). München: Piper 1906 – Exemplar in AKs Bibliothek [Inv.Nr. 2879]; *Jörg Wickram. Der Goldfaden*. Erneuert v. Clemens Brentano. Einleitung v. Paul Ernst. (Die Fruchtschale. Bd. 6). München: Piper 1905 – Exemplar in AKs Bibliothek [Inv.Nr. 4663]. – Die Serie ***Die Fruchtschale*** entsprach den damals in der Verlagslandschaft üblichen Sammlungen von Weltliteratur mit gemeinfreien Texten, hatte jedoch innovativen Impetus. RP »wollte mit jedem Band etwas Neues, Unabgegriffenes bringen, wollte den umlaufenden geistigen Bestand auffrischen und bereichern«, stellte aber schließlich fest, es wäre »praktischer gewesen, das dutzendfach Gedruckte, Altvertraute nochmals zu drucken. Die Hälfte aller Bücher wurde zu ›Geschenkzwecken‹ gekauft, und da mochte das Publikum mit Unerprobtem kein Risiko laufen.« (Zit. *MLaV*, S. 271.) Wirtschaftlich wurde die Idee, das etablierte Reihenkonzept mit neuen Inhalten zu füllen, ein Fiasko. Die *Fruchtschale* wurde 1910 eingestellt. (→ *Piper 90*, S. 36–39).
7. Mereschkowski, Dmitri: *Ewige Gefährten*. München: Piper 1915. – Exemplar in AKs Bibliothek [Inv.Nr. 2983]. – Der russische Schriftsteller, Literaturtheoretiker und Philosoph M (14. 8. 1865 St. Petersburg – 9. 12. 1941 Paris) war Mitherausgeber der Werke Dostojewskis (→ 2 RP) und trat in der Folgezeit auch als Autor historischer Romane und kulturhistorischer Schriften für den Piper-Verlag in Erscheinung.
8. Meier-Graefe, Julius: *Die großen Engländer*. München: Piper 1908. – Exemplar in AKs Bibliothek [Inv.Nr. 51]. – »Auch hier erwies Meier-Graefe wieder sein starkes Qualitätsgefühl.« (Zit. *MLaV*, S. 258.)
9. Wasielewski, Waldemar von: *Artur Volkmann*. Eine Einführung in sein Werk. München: Piper 1908. (→ 54 RP)
10. Hoerhammer, Artur: *Tragikomödien des Ich*. München: Piper 1907. – Exemplar in AKs Bibliothek [Inv.Nr. 3964]. – Siehe auch → die folgenden Briefe.
11. Gourmont, Remy de: *Ein jungfräuliches Herz*. München: Piper 1908.
12. Steinitzer, Alfred: *Der Alpinismus in Bildern*. 482 S. mit 688 Abb. München: Piper 1913. – Exemplar in AKs Bibliothek [Inv.Nr. 2640].

52 RP

1 ***Herr Hammelmann:*** RPs Kompagnon (→ 2 RP).
2 ***»Doppelgänger«:*** Das gleichnamige Werk Dostojewskis (→ 2RP).
3 ***gewünschten Werken:*** Siehe → 51 AK: RP blieb AK außer den Büchern über Hodler und die Sammlung Cheramy schließlich wohl auch *Chinesische Liebeslyrik* und den Remy de Gourmont schuldig (beide scheinen nicht im Zwickledter Bibliotheksverzeichnis auf).

53 AK

1 ***Büchersendung:*** Zu den hier angesprochenen Werken siehe die beiden vorangegangenen Briefe → 51 AK, 52 RP.
2 ***weniger bekannter < ... >:*** Briefbogen beschädigt, Textverlust.
3 ***Zwerg:*** Weitere »Bücherzwerge« → 49 AK.

54 RP

1 ***Volkmann:*** Siehe → 51 AK, Anlage. – RP spricht hier über den allgemein als akademisch empfundenen Stil des Bildhauers, Malers und Marées-Schülers Artur Volkmann (28. 8. 1851 Leipzig – 13. 11. 1941 Geislingen): Studium an den Akademien in Dresden und Berlin, 1876–1910 mit nur einer längeren Unterbrechung in Rom. Dort im Kreis um Adolf Hildebrand und Hans von Marées, erfolgreiche neoklassiszistische Schaffensphase als Bildhauer in den 1880ern. Um 1900 Hinwendung zur Malerei und weitere Verstärkung der Orientierung an Marées. Rückkehr nach Deutschland 1910, Professor am Städelschen Kunstinstitut in Frankfurt/Main, dann Aufenthalte in Basel und Rom, schließlich schwer erkrankt und verstorben in Geislingen.

55 AK

1 Dieser Brief liegt nur als Typoskript vor. Anmerkung: »Das handschriftliche Original dieses Briefes ist im Besitz von Herrn Klaus Piper.«
2 ***Hörhammer's:*** → 51 AK
3 ***»Irische Elfenmärchen«:*** Rutz, Johannes: *Irische Elfenmärchen.* Übersetzt und eingeleitet von den Brüdern Grimm. (Die Fruchtschale. Bd. 12.) München: Piper 1906.
4 ***Vauvenargues:*** *Vauvenargues. Gedanken und Grundsätze.* Einführung von Ellen Key. (Die Fruchtschale. Bd. 11.) München: Piper 1906. – Marquis de Vauvenargues (6. August 1715 Aix-en-Provence – 28. Mai 1747 Paris); französischer Philosoph und Schriftsteller.
5 ***Chamfort:*** *Nicolas Chamfort. Aphorismen und Anekdoten.* Mit einem Essay von Hermann Esswein. München: Piper 1906. – Nicolas Chamfort, geboren als Sébastien-Roch Nicolas (6. 4. 1741 Clermond, Auvergne – 13. 4. 1794 Paris); französischer Schriftsteller. Erst Protegé Marie Antoinettes, dann auf Seiten der Revolutionäre. Während Robespierres Herrschaft entzog er sich schließlich durch Suizid einer Verhaftung. Von C stammt das berühmte Diktum: »Krieg den Palästen, Friede den Hütten«.
6 ***bittere und schwankende Tage:*** Schon Ende des Sommers kündigte sich bei HK durch starken Gewichtsverlust eine neuerliche gesundheitliche Krise an, die schließlich zur Einlieferung in das Sanatorium von Dr. Laudenheimer in Alsbach/Hessen führte. (→ *FHO*, S. 404.) Erst im April 1918 konnte sie wieder entlassen werden (→ 68 AK). Bereits kurz nach der Heirat mit AK (→ 4 RP) war HK erstmals an einer Gesichtsneuralgie erkrankt, in Briefen sind starke Schmerzen und »Schlafgift« erwähnt (→ *Hoberg*, S. 229), das auch HKs Bruder Oscar A. H. Schmitz in seinen Tagebüchern

des Öfteren anspricht (→ etwa *OAHS Tagebücher 1*, S. 291). Bekannt ist Franz Kafkas Eintrag in sein Tagebuch vom 26.11.1911: »Kubins Eheleben ist schlecht. Seine Frau ist Morphinistin. P[achinger] ist überzeugt, daß es Kubin auch ist. Man beobachte ihn nur wie er aus der größten Lebhaftigkeit plötzlich mit spitzer Nase und hängenden Wangen verfällt, geweckt werden muß, sich mit einem Aufraffen wieder ins Gespräch findet, nach einer Pause wieder still wird, was sich dann in immer kürzeren Pausen wiederholt. Auch fehlen ihm oft Worte.« (Zit. Kafka, Franz: *Tagebücher. Bd. 1: 1909–1912*. In der Fassung der Handschrift. (= Gesammelte Werke. Hrsg. v. Hans-Gerd Koch. Bd. 9.) Berlin: Fischer 2008, S. 214.) In der Anekdoten-Sammlung *Meine Verehrung, Herr Kubin!* von *Mairinger* ist ebenfalls die Rede von »Entziehungskuren« (→ *Mairinger*, S. 12), *Hoberg* konstatiert eine Befreiung von der Sucht erst für das Jahr 1919 durch Dr. Rudolf Laudenheimer, dem AK 1922 daraufhin die Mappe *Nach Damaskus* (→ 103 AK) zugeeignet habe (→ *Hoberg*, S. 234). (Nur eine weitere Zueignung im Werk AKs ist dokumentiert. Die Erstauflage von *Die andere Seite* widmete AK »Dem Gedächtnis meines Vaters«.)

56 RP

1 ***Albert Langen:*** Albert Langen (8.7.1869 Antwerpen – 30.4.1909 München); Münchener Kulturverleger der literarischen Moderne. Gemäß der Familientradition erst Ausbildung zum Kaufmann. Nach frühem Tod der Eltern Privatier in Paris. 1893 Gründung des *Buch- und Kunstverlags Albert Langen Paris und Köln*, 1896 der antiwilhelminischen Zeitschrift *Simplicissimus* (Auflage 1906: 100000), für die AK allerdings erst nach Ls Tod 1912 zu zeichnen begann [R49]. 1908 Generalvertreter einer Automobilfirma. Fusion des Langen-Verlags mit Georg Müller 1932. – Kaum nähere Beziehungen zu AK und RP.
2 ***Band phantastischer Erzählungen:*** Hoerhammer, Artur: *Nessukareni und andere Geschichten von irgendeinem Planeten.* München: Langen 1912.
3 ***»Die verlorene Naivität«:*** Hoerhammer, Artur: *Die verlorene Naivität.* München: Piper 1909. – RPs Einschätzung des Autors ist trefflich. Der Nachlassband kam nicht zustande und auch ansonsten blieb H gänzlich unbekannt. Lebensdaten nicht ermittelt.
4 ***drei Bände »Fruchtschale«:*** → 51, 55 AK
5 ***Irische Elfenmärchen:*** *Irische Elfenmärchen.* Übersetzt und eingeleitet von den Brüdern Grimm. Silhouetten von Maria Lahrs. München: Piper 1913.
6 ***Löwenkopf:*** Vorangegangener Brief nur als Typoskript erhalten.

57 AK

1 Zur Illustration: Die Briefzeichnung variiert ein Sujet, das 1920 in den Band *Wilde Tiere* (→ 77 AK, Raubtieren) aufgenommen wurde (Tafel 3: *Tiger*). Die Szenerie ist sehr ähnlich (Körperhaltung, Hintergrund: Bäume, Pflanzen, Berge), AK gestaltete aber schließlich zwei Tiger, das Opfer auf dem Bauch liegend, Arme nach vorne, die Bilddiagonale betonend.
2 ***Hodlerheliogravuren:*** → 19, 51 AK; 52 RP
3 ***Cheramy:*** → 51, 53 AK; 52, 54 RP
4 ***schwarzen Serie:*** Wahrscheinlich Zeichnungen, die 1921 – zumindest teilweise – in die Mappe *ARdL* (→ 97 AK) aufgenommen wurden. Eines der dort publizierten Blätter trägt den Namen *Walpurgisnacht*. Auch an FHO berichtet AK am 31.10.1917 von dieser Serie. (→ *FHO*, S. 187.)

58 AK

1 Zur Illustration: Ähnlichkeiten bestehen zu dem Blatt *Engländer auf einem Pferd* (Ha II 532, »um 1910/15«), 1922 wurde das Sujet als Federlithographie für den Band *Von verschiedenen Ebenen* (→ 127 AK) ausgestaltet [Hb35 → dort weitere Vergleichswerke]. Auch die Illustration Nr. 4 zu Honoré de Balzacs *Mystische Geschichten* (1920) [R131; A46/574] lässt Parallelen erkennen. – Anleihen bei Carl Steffecks *Prinz Carl von Preußen als Roter Jäger* (1858) sind zu entdecken.

2 ***200 MK:*** Für den den *Caliban* in den *Shakespearevisionen* (→ 35 AK).

3 ***Cheramy-Katalog ... verramscht:*** → 51, 53 AK; 52, 54 RP

4 ***Hörhammers »Nessukareni« ... verlorene Naivetät:*** → 51 AK, 56 RP

5 ***Doms:*** Wilhelm Doms (8.10.1868 Ratibor – 14.02.1957 Berlin); Maler, Graphiker, Musiker und Schriftsteller. Erst Musikstudium in Leipzig, 1896 aus gesundheitlichen Gründen Wechsel zur Malerei, München. Ausstellungserfolge ab 1904. Umzug nach Berlin 1907. 1919 erscheint Ds *Raum für alle hat die Erde* bei Georg Müller, 1920 *Entvölkerung oder Barbarei* im Berliner Hermann Baumann Verlag. Oft dunkle, mystische Darstellungen in der Tradition Goyas. – Neben den *Grotesken* (→ 51 AK) veröffentlichte Piper auch die wichtige Schrift *Die Odyssee der Seele. Tagebuchblätter mit Zeichnungen des Verfassers* des jungen D (1907).

6 ***irischen Elfenmärchen ... Schattenrissen:*** → 56 RP

7 ***Büchlein:*** Das Vignettenwerk wurde nicht realisiert, aus dieser Idee entwickelten sich aber schließlich 1920 die Illustrationen zur *Neujahrsnacht* (→ 60 AK) Jean Pauls (→ 59 RP).

8 ***»Fruchtschale«:*** → 51, 55 AK

9 ***Hebels Schatzkästlein:*** Prosasammlung (Kurzgeschichten, Anekdoten, Schwänke) der Beiträge für den Badischen Landkalender *Rheinländischer Hausfreund* von Johann Peter Hebel (10.5.1760 Basel – 23.9.1826 Schwetzingen), erstmals erschienen 1811.

10 ***Blumauers Äneide:*** Unvollendetes komisches Versepos des Österreichers Johann Aloys Blumauer (21.12.1755 Steyr – 16.3.1798 Wien), zu Ende geführt von C.W.F. Schaber unter dem Titel *Abenteuer des frommen Helden Aeneas oder Vergils Aeneis travestiert* (Wien 1784–1794). Das den säkularisierenden Tendenzen der Josephinischen Aufklärung entsprechende Werk erfreute sich besonders Ende des 18. Jahrhunderts großer Beliebtheit.

11 ***Verleger-Almanach:*** → 46 RP

12 ***Frau Alois M. Grasmayr:*** Alois Grasmayr (28.3.1876 Hohenzell bei Ried/Innkreis – 11.3.1955 Salzburg); österreichischer Pädagoge, Hotelier, Schriftsteller und Faust-Forscher. Ehefrau Magda, geb. Mautner-Markhof (14.4.1881 Wien – 22.8.1944 Salzburg). Heirat Herbst 1913. (→ Aigner, Johann N.: *Der Faust vom Mönchsberg. Erinnerungen an Alois Grasmayr.* Salzburg: Verlag der Salzburger Druckerei 1984, S. 77.)

13 ***Felix Grafe:*** Felix Grafe (9.7.1888 Humpoletz/Böhmen – 18.12.1942 Wien, als Widerstandkämpfer hingerichtet); österreichischer Schriftsteller und Übersetzer (Wilde, Shakespeare, Baudelaire, Verlaine). Als Lyriker von Karl Kraus entdeckt. AK-Sammler. – Langjährige Freundschaft mit AK. 1915 fertigte der Zwickledter Künstler ein Exlibris für G [R80], 1918 die Titelzeichnung für Gs Nachdichtung von Oscar Wildes *Die Ballade von Reading Gaol* (Berlin: Hyperion) [R106] und noch im Alter gedachte er seines Freundes in einer Zeichnung für den *Agathon-Almanach auf das Jahr 47* [R654]. Gegenüber Koeppels erklärt AK, G auch gezeichnet zu haben. (→ *DwR*, S. 195.)

14 ***W. Weigand:*** Wilhelm Weigand (13.3.1862 Gissigheim/Baden-Württemberg – 20.12. 1949 München); Schriftsteller, Herausgeber, Sammler. Studium der Philosophie, Kunstgeschichte und Romanistik in Brüssel, Paris und Berlin. 1889 Umzug nach München, ab 1896 Mitglied der staatlichen Kommission zum Ankauf moderner

Kunst. Bekanntschaft mit Dehmel, Wedekind, Bierbaum und dem Leibl-Kreis. 1904 mit Georg Müller Mitbegründer der *Süddeutschen Monatshefte*. Professorentitel 1917. Literaturpreise im »Dritten Reich«. – W erinnert sich 1940 in seiner Autobiographie *Welt und Weg. Aus meinem Leben* (Bonn: Ludwig Roehrscheid) auf S. 155 an AK [R99] (→ 85 AK, T. Stadler).

15 ***Rudolf Br. v. Simolin:*** Baron Rudolf Freiherr von Simolin (1885–1945), wohlhabender Aristokrat, Kunstsammler und -mäzen. Familiensitz Schloss Seeseiten am Starnberger See, weitere Wohnsitze in Stuttgart, München und Berlin. Dort Mitbegründer der *Freunde der Nationalgalerie*. Enger Freund, Sammler und entfernter Verwandter Max Beckmanns. Als die Amerikaner nach dem 2. Weltkrieg Schloss Seeseiten besetzten, nahm sich S das Leben. (→ *Beckmann 2*, S. 316.) – Beziehung zu AK nicht ermittelt.

16 ***Dr. Hugo Stinnes:*** Bezug unklar. Möglicherweise bloß Verwechslung mit dem vermögenden und medial sehr präsenten Großindustriellen Hugo Stinnes (1870–1924), dem »König der Inflation«. – AKs »Hauptsammler Dr. Stinnes« (Zit. *DwR*, S. 119) war der Kölner Regierungsrats Heinrich Stinnes (1867–1932), seinerzeit einer der wichtigsten Unterstützer moderner Graphik. Nähere Lebensumstände nicht ermittelt. Sammlung nach Ss Tod zersplittert. – Korrespondenzstücke in der Städtischen Galerie im Lenbachhaus, München, Kubin-Archiv.

59 RP

1 ***Folioformat:*** Abgeleitet von Folio, einem nur aus einmal gefalzten und gebundenen Bogen bestehenden Buch. Mit Folioformat werden Bücher mit einer Höhe von 35–45 cm bezeichnet. Der Ausdruck ist seit ca. 600 n. Chr. in Verwendung.

2 ***»Verlorene Naivität«:*** → 56 RP

3 ***Fruchtschale-Band mit den Irischen Elfenmärchen:*** → 56 RP

4 ***Ihr Plan:*** → 58 AK

5 ***Jean Paul:*** Jean Paul, eigentl. Johann Paul Friedrich (21.3.1763 Wunsiedel – 14.11.1825 Bayreuth); Erzähler, Philosoph, Publizist zwischen Aufklärung und Romantik. Abgebrochenes Theologie- und Philosophiestudium in Leipzig, in Weimar Bekanntschaft mit Herder, Goethe und Schiller. Werke etwa *Hesperus*, *Flegeljahre* und *Dr. Katzenbergers Badereise*. – Wie später AK war JP mit allen zeitgenössischen Kunstrichtungen in Kontakt, ohne dass sein Werk zuordenbar wäre, wie AK steht sein Name als Inbegriff überbordenden Einfallsreichtums. AK verfügte über zahlreiche Bücher JPs (unter anderem die achtbändige Werkausgabe von 1923); das Verzeichnis der Zwickledter Bibliothek zeigt zehn Einträge [Inv.Nr. 2236, 3258, 3300, 3397, 3578, 3773, 3930, 4165, 4166, 4170, 4888].

6 ***»Traum von einem Schlachtfeld«:*** Vollständiger Titel: *Ein Traum von einem Schlachtfelde und von der Schönheit des Sterbens in der Blüte des Lebens*, Erstausgabe 1814.

7 ***Aurbacher's Volksbüchlein:*** Ludwig Aurbacher (26.8.1784 Türkheim/Schwaben – 25.5.1847 München); Pädagoge und Volksschriftsteller. Sohn eines Nagelschmieds. Anfänglich geistliche Laufbahn, Austritt aus dem Benediktinerorden 1803. Kurze Zeit Hofmeister, dann Professor für deutschen Stil und Ästhetik am Kadettenkorps in München (1809–1834). As bekanntestes Werk ist das zweibändige biedermeierliche *Volksbüchlein* in der Nachfolge Hebels (→ 58 AK), das 1827–1829 zunächst anonym erschien und u. a. die *Abenteuer von den sieben Schwaben*, die *Wanderungen des Spiegelschwaben* und *Doctor Faustus* enthält. – In AKs Bibliothek findet sich eine Ausgabe der *Sieben Schwaben* (München: Parcus 1918) [Inv.Nr. 2911].

8 ***Sammlung Cheramy:*** → 51, 53 AK; 52, 54 RP

9 ***Silhouetten:*** → 56 RP

10 ***Sanatorium:*** → 55 AK, bittere und schwankende Tage

11 ***»Schatzkästlein«:*** → 58 AK

60 AK

1 ***Die wunderbare Gesellschaft in der Neujahrsnacht:*** Jean Paul: *Die wunderbare Gesellschaft in der Neujahrsnacht.* Mit 27 Federzeichnungen von Alfred Kubin. München: Piper 1921 [R154; A60]. – In einem Brief vom 23.11.1922 schreibt AK seinem Förderer, Kritiker und Freund seit Münchener Tagen, Richard Schaukal (→ 121 AK), anlässlich einer Rezension [R*371*] zur Mappe *ARdL*: »Dein Aufsatz hat mich sehr befriedigt und wo du das Jean Paul buch herb kritisierst bin ich leider Gottes auch deiner Ansicht. Ich habe mich nie in diesen Dichter eingelebt seine Art ist mir fremd und nur auf ausdrücklich drängenden Wunsch des Verlegers der darin die Verwirklichung eines jahrelang gehegten Wunsches sah. – Dein vorzügliches Verständnis für graphische Kunst sagte dir sehr richtig daß ich hierbei zum teil unlustig arbeitete.« (Zit. nach: *Koweindl*, S. 34.) – Diese Aussage korrespondiert freilich nicht ganz mit den Ausführungen im vorliegenden Briefwechsel.

2 ***Ferrys Waldläufer:*** Gabriel Ferry, eigentl. Louis de Bellemare (29.11.1809 Grenoble – 5.1.1852 beim Untergang des Passagierschiffs *Amazone*); französischer Verfasser von Abenteuerromanen. Lebensumstände nicht ermittelt. Fs bekanntestes Werk, *Der Waldläufer*, wurde 1850 veröffentlicht und 1879 von dem damals noch weitgehend unbekannten Karl May bearbeitet. – Exemplar in AKs Bibliothek mit Steinzeichnungen von Max Slevogt (Berlin: Propyläen 1921), Nummer 492 von 1500, mit einer handsignierten Originallithographie [Inv.Nr. 1043].

3 ***Achim v. Arnim ... »die Majoratsherren«:*** Dunkle, grotesk-phantastische Erzählung von Achim von Arnim (26.1.1781 Berlin – 21.1.1831 Schloss Wiepersdorf), erstmals erschienen 1819. AK illustrierte die bruchlos gestaltete Nachtgeschichte, die auch unter den Surrealisten um André Breton ihren Nachhall fand, 1922 für den Avalun-Verlag (Wien und Leipzig) [R178; A64].

4 ***Lukians »wahre Geschichte«:*** Lukianos aus Samosata (um 120 – nach 180); griechischer Schriftsteller und Satiriker. In seinem phantastischen Abenteuer- und Reiseroman *Alethe Dihegemata* (dt. u.a. *Wahre Geschichten*) parodiert L die in der griechischen Literatur seit Homers *Odyssee* beim Publikum beliebten (meist frei erfundenen) Berichte von fernen Ländern und fabulösen Völkern.

5 ***Wellsiade:*** Bezugnehmend auf die phantastischen Schöpfungen des britischen Journalisten und Schriftstellers Herbert George Wells (1866–1946). Wichtiger Pionier der Science-Fiction (*Die Zeitmaschine*, 1895); ab 1900 auch realistische Romane im Kleinbürgermilieu.

6 ***Miscellen:*** Kurze Aufsätze in Zeitschriften.

7 ***»Bremer Lesebuch«:*** Nicht ermittelt.

8 ***Die Calibane:*** Die zum Signieren (→ 58 AK) übersandten *Caliban*-Drucke (→ 35 AK).

9 ***Hanfstängl:*** Die Drucke für die Mappe *Shakespearevisionen* (→ 35 AK) wurden von verschiedenen Anstalten ausgeführt. Für die Herstellung des Kubinschen *Caliban* (→ 35 AK) war die Druckerei Consée (→ 39 AK) zuständig, für den Großteil der anderen Reproduktionen das nach dessen Gründer (1.3.1804 Baiernrain – 18.4.1877 München) benannte Familienunternehmen Franz Hanfstaengl, welches 1921 auch die Kubinsche Mappe *ARdL* für Piper herstellte. Des Weiteren waren an den *Shakespearevisionen* auch Druckereien in Berlin, Hamburg, Dresden und Leitmeritz beteiligt. (→ *Das lithographische Werk*, S. 48.)

10 ***Übermorgen reist meine Frau fort:*** → 55 AK, bittere und schwankende Tage. – HKs Abreise ist somit auf den 8.12.1917 zu datieren.

11 ***ein steinreicher Freund in Wien:*** Nicht ermittelt. Möglicherweise Felix Grafe (→ 58 AK).

12 ***Hörhammers »Naivität«:*** → 56 RP

61 RP

1 Zur Illustration: Das zeichnerische Talent RPs ist wiederholt in seinen Lebenserinnerungen dokumentiert (→ etwa den Absatz *Mein Berliner Chef* in *MLaV*, S. 135).
2 ***»Meine lebendige Begrabung«:*** Entstanden 1790, erst posthum veröffentlicht.
3 ***»Märchen und Sagen der nordamerikanischen Amerikaner«:*** Gemeint ist wohl Karl Knortz' Sammlung der *Sagen Nordamerikas*. – Exemplar in AKs Bibliothek (Jena: Costenoble 1871) mit der Anmerkung: »Im Inhaltsverzeichnis viele Titel von Kubin mit Bleistift angestrichen bzw. angehakt. – Auf dem vord. Umschlag oben re. mit Bleistift: ›Reinhard Piper‹ (Schrift Piper?)« [Inv.Nr. 3747].
4 ***»Boschkwädosch«:*** Eine verwickelte Erzählung über einen Mann, »der ganz allein auf der Welt« lebt, bevor er auf ein winziges wundersames Wesen, einen Schutzgeist (»Boschkwädosch«), stößt, den er als eine Art Talisman ständig am Körper tragen muss. Der Protagonist findet (obwohl »alleine auf der Welt«) Anschluss an eine Dorfgemeinschaft, heiratet und macht diverse Initiationsriten durch, stirbt aber schließlich und wird zerteilt und gegessen, weil er seinen Schutzgeist bei einem dieser Rituale vergisst. Der Boschkwädosch sammelt die Knochen wieder ein, setzt sie zusammen, erweckt seinen ehemaligen Träger zu neuem Leben und überträgt seine Macht auf die Hauptfigur, die von nun an »Vögel und Tiere« essen, den mittlerweile zu einem elefantenähnlichen Wesen verwandelten Boschkwädosch und seine Artgenossen jedoch verschonen soll. (→ Knortz, Karl: *Indianermärchen*. Augsburg: Weltbild 1992, S. 57–62.)
5 ***mein … Vater … Spuk:*** Otto Piper (22.12.1841 Röckwitz – 23.2.1921 München); zunächst Rechtsanwalt in Rostock, später Journalist in Nürnberg, Straßburg, Trier und Düsseldorf, von 1879–1889 Bürgermeister im mecklenburgischen Penzlin (RPs Geburtsort), dann Privatgelehrter und Burgenforscher in Konstanz (RPs Gymnasialzeit) und München. 1895 war Ps bis heute verwendetes Standardwerk *Burgenkunde* mit fast 500 eigenhändigen Zeichnungen in München bei Ackermann erschienen, 1905 hatte es RP kurz nach Verlagsgründung neu aufgelegt. – RP veröffentlichte von seinem Vater des Weiteren *Bedenken zur Vorgeschichtsforschung* (1913) und *Nachtrag zu den »Bedenken zur Vorgeschichtsforschung«* (1914) sowie die zweite Auflage des hier angesprochenen Kompediums *Der Spuk* (1922), zu dem AK Deckelzeichnung samt Schrift, Rückentitel und Frontispiz beitrug [R182; A68]. 1941 erschien der von RP herausgegebene Gedächtnisband *Jugend und Heimat*, eine Auswahl der bereits um die Jahrhundertwende entstandenen Lebenserinnerungen von P. (→ *MLaV*, S. 189.) – Piper, Otto: *Der Spuk. 250 Geschehnisse aller Arten und Zeiten aus der Welt des Übersinnlichen*. Köln: Bachem 1917.

62 AK

1 ***»Traum auf dem Schlachtfeld«:*** → 59 RP
2 ***»die wunderbare Gesellschaft in der Neujahrsnacht«:*** → 60 AK
3 ***»heimlichen Klagelied der jetzigen Männer«:*** Jean Paul: *Das heimliche Klagelied der jetzigen Männer. Die wunderbare Gesellschaft in der Neujahrsnacht*. Bremen 1801.
4 ***»die Cholera in Paris 1832« … Heine:*** Christian Johann »Heinrich« Heine, bis zur christlichen Taufe im Jahr 1825 Harry Heine (13.12.1797 Düsseldorf – 17.2.1856 Paris); Schriftsteller und Journalist. Studium der Rechtswissenschaften in Bonn, Göttingen und Berlin; konvertierte vor der Promotion (1825) vom Judentum zum Protestantismus. Ab 1831 in Paris, dort Berichterstatter für die Augsburger *Allgemeine Zeitung*. Verbot seiner Schriften in Deutschland 1835, da amtlicherseits dem *Jungen Deutschland* zugerechnet. Vertonung von Hs Lyrik etwa durch Schubert und Schumann, parallel dazu Entwicklung einer modernen, feuilletonistischen Prosa mit pointiertem, oft polemischem Stil. Seine Berichte für die Augsburger *Allgemeine Zeitung*

erschienen 1833 bei Hoffmann und Campe in Buchform. – In seiner Schilderung vom 19.4.1832 beschreibt H die anfänglich dekadente Leugnung der Choleragefahr seitens der Pariser Bevölkerung und Politik, das Auftreten erster Krankheitsfälle, das behördliche forcierte Gerücht einer großen Vergiftungskampagne samt anschließender Lynchjustiz an verdächtigen Personen und schließlich den Alltag des Sterbens und Hoffens, der den Autor nach eigener Aussage zu Tränen rührte.

5 ***Toulouse-Lautrec ... Vignetten:*** Henri de Toulouse-Lautrec (24.11.1864 Albi – 9.9. 1901 Schloss Malromé/Gironde); französischer Maler und Graphiker aus altem Adelsgeschlecht. Wegen Bruchs beider Beine in jungen Jahren zeitlebens körperlich beeinträchtigt. Studium der Malerei in Paris, Freundschaft mit Wilde, van Gogh und Yvette Guilbert. Hinwendung zur lithographischen Darstellung von Pariser Vergnügungsetablissements (Nähe zur zeitgenössischen Reklame), letzte Blüte der Lithographie; spätimpressionistische Gemälde, Zeichnungen, Stiche, Plakate und Illustrationen für Zeitungen. Exzessiver Alkoholkonsum, Schlaganfall 1901. – In der Kubinschen Graphiksammlung in der Wiener Albertina finden sich vier Graphiken von T-L. (→ *Heinzl 1970*, S. 222.) – Auf welches der wenigen von T-L illustrierten Werke sich AK hier bezieht, kann nur vermutet werden. In den zehn Schaffensjahren T-Ls entstanden neben knapp vierhundert Lithographien und etwa dreißig Plakaten nur drei Illustrationsserien zu Büchern: Elf Lithographien zu Georges Clemenceaus *Au Pied du Sinai* (1898), 22 Lithographien zu Jules Renards *Histoires Naturelles* (1899) sowie 16 Arbeiten zu einer Buchausgabe von Edmond de Goncourts *La Fille Elisa*, die allerdings erst 1931 erschien. (→ Mack, Gerstle: *Toulouse-Lautrec*. New York: Alfred A. Knopf 1938, S. 298–299 sowie Adhémar, Jean: *Toulouse Lautrec. His Complete Lithographs and Drypoints*. London: Thames and Hudson 1965, S. 251). – AK spricht vermutlich die vignettenartigen Beigaben zu erstgenanntem Werk an, von dem ein 1898 bei Flouk (Paris) erschienenes Exemplar in AKs Bibliothek nachgewiesen werden kann [Inv.Nr. 0491]. Im Zwickledter Bestand finden sich zudem acht weitere graphische Publikationen T-Ls [Inv.Nr. 377, 543, 698, 916, 1045, 1096, 1097, 1282].

6 ***»Dictionnaire Infernal«:*** Collin de Plancy, Jacques Auguste Simon: *Dictionnaire infernal*. Paris: Plon 1863. – Exemplar in AKs Bibliothek [Inv.Nr. 2172; franz. Ausgabe]. – RP in seinem Aufsatz *Besuch bei Kubin*: »Er zeigt mir alte Kinderbücher, die – künstlerisch ganz belanglos – auf seine Phantasie sehr nachhaltig gewirkt haben, ja bis heute nachwirken. Ein Kuriosum ist das französische ›Dictionnaire infernale‹, in dem mit bischöflicher Approbation alles Teufelswesen wissenschaftlich exakt abgebildet ist, das je auf Erden sich betätigt hat.« (Zit. *MLaV*, S. 457.)

63 AK

1 ***M.N.N.:*** Am 30.12.1917 erschien in den *Münchner Neuesten Nachrichten* ein erster Nachruf auf den Verleger Georg Müller, der an seinem 40. Geburtstag in seiner Münchener Wohnung, Klarstraße 1, verstorben war. »Mit ihm scheidet einer der angesehensten, tatkräftigsten und dem Umfang seines Unternehmens nach vielleicht der produktivste aus dem Kreise der großen deutschen belletristischen Verleger.« (Zit. nach: *Sein Dämon*, S. 197. – Wiederabdruck des Nachrufs.)

2 ***Frau Deutsch:*** Es dürfte sich hier um die spätere Gründerin der Schweizerischen Gesellschaft für Individualpsychologie, Mira Munkh (11.11.1891 Wien – 31.1.1950 Zürich), handeln, die um 1920 im Georg Müller Verlag arbeitete und wohl die Lebensgefährtin von Georg Müller war, nach dessen Tod den ebenfalls im Verlag tätigen, ab etwa 1920 als Verfasser von Unterhaltungsromanen, Drehbüchern, und Lebensratgebern erfolgreichen Walther von Hollander (1892–1973) ehelichte (Mira von Hollander-Munkh) und im Laufe des 2. Weltkriegs in die Schweiz emigirierte (in späteren Jahren als Munkh-Eggenberger erwähnt). Sie trat auch als Übersetzerin und politische Aktivistin hervor. Genaue Lebensumstände nicht ermittelt. – In der Städtischen Ga-

lerie im Lenbachhaus, München, Kubin-Archiv, finden sich zwei Briefe von Mira-Antonia Deutsch-Munkh an AK aus dem Jahr 1919. – RP beschreibt in seinen Lebenserinnerungen den ersten Kontakt mit einer Lebensgefährtin Georg Müllers; ob es sich dabei um die eben angesprochene Mira Munkh handelt, ist unklar, würde aber der Kubinschen Beschreibung (»leidenschaftlich, rassiges Geschöpf«) widersprechen: »Als sich Georg Müller wieder einmal mit Gelbsucht ins Bett gelegt hatte und ich zu ihm gerufen wurde, saß neben ihm ein etwas derbes Mädchen. Er schien als selbstverständlich anzunehmen, daß ich sie diskret übersehen werde, und infolgedessen nahm ich sie auch als nicht vorhanden. Sie blieb bei ihm.« (Zit. *MLaV*, S. 247.)

3 ***Das Denkmal:*** Im Katalog *15 Jahre Verlag Georg Müller* sind 1594 zwischen 1.10.1903 und 21.12.1918 erschienene Titel verzeichnet, wobei mehrbändige Titel sowie Werkausgaben nur einmal gezählt wurden. Vierhundert Verlagsverträge waren bei Müllers Tod noch nicht erfüllt. (→ *Sein Dämon,* S. 214.) Der Piper-Verlag brauchte für 1567 Neuerscheinungen sechzig Jahre. (→ *Piper 60,* S. 676.) Müllers verlegerische Tätigkeit war nicht an ein äußerliches Programm oder an eine bestimmte literarische Richtung gebunden. Gebracht wurden Übersetzungen der bekanntesten Werke der Weltliteratur, die Propyläen-Ausgabe von Goethe, die Horen-Ausgabe von Schiller, Gesamt-Ausgaben der Werke E. T. A. Hoffmanns, Brentanos, Hölderlins etc., Prachtausgaben römischer und griechischer Lyrik, moderne Dichtungen von Strindberg, Wedekind, Bierbaum und eine Vielzahl älterer und zeitgenössischer phantastischer Werke (oft mit Illustrationen AKs). Weitere Programmsegmente waren der Pflege von Musik-, Literatur- und Kunstgeschichte gewidmet, dazu Politik und Historie, Brief- und Memoirenliteratur. Finanziert wurde all das unter anderem durch die Veröffentlichung zeitgenössischer Bestsellerautoren wie etwa Hanns Heinz Ewers. Wilhelm Weigand (→ 58 AK) zitiert, mit bewundernder Missbilligung, Georg Müller: »Ich weiß wohl, daß unter zwanzig Werken, die ich herausbringe, neunzehn Nieten sind; aber eines ist wohl immer darunter, das einschlägt und das Risiko trägt.« (Zit. nach: *Sein Dämon,* S. 170.) RP sah mit dieser Aussage Weigands Müllers Leistung grob unterschätzt und folgerte, »daß es solchem Nachruf gegenüber sich doch empfehle, seine Erinnerungen lieber noch rechtzeitig selbst zu schreiben«. (Zit. *MLaV,* S. 236.) – Zur Person Müllers siehe auch → 12 RP.

4 ***der Keim ... von seinem liebsten Schatz:*** Nicht ermittelt.

5 ***der alleinige Verleger:*** AK scheint seine Auffassung vom 6.12.1917 (→ 60 AK) also geändert zu haben (»das kann ich aber nicht eingehen« ...).

6 ***»gewisse Sache«:*** Das mit RP in Angriff genommene Vignettenwerk (→ 58 AK).

7 ***alle meine Sachen:*** Nach dem gemeinsamen Erstlingswerk *Die andere Seite* (→ 39 AK) erschienen bis kurz nach dem Tod Georg Müllers in dessen Verlag Illustrationen AKs zu Poe [R24, 27, 29, 30, 37, 68, 102; A5, 7, 9, 10, 14, 25, 36], Nerval [R28; A8], Bierbaum [R35; A12], Hauff [R36, 67; A13, A24, B13], Hoffmann (→ 20 RP), Scheerbart [R57; A19], Schmitz [R58, 75, 105; A20, 28, 39], Mynona [R100; A34], Friedrich Otto [R101; A35], Pons y Pages [R103; A37], ein Brief AKs an Müller [R64], *Das unheimliche Buch* [R69; A26], die Mappe *Sansara* (→ 21 AK) und der *Prophet Daniel* (→ 22 RP, Ihre Zeichnungen ...). – Siehe dazu auch den Brief → 20 RP und die Angaben im Register.

8 ***Monographie von Esswein:*** → 21 AK

9 ***<... >:*** Briefbogen beschädigt, Textverlust.

10 ***<... >:*** Briefbogen beschädigt, Textverlust.

64 AK

1 ***Spukbuch:*** Die Sammlung von RPs Vater Otto Piper (→ 61 RP).

2 ***Allgäuer Sagen als »Material« erhalten:*** Für das Lese- und Bilderbuch (s. u.).

3 ***noch 2 Poebände:*** Im Georg Müller Verlag erschienen in den folgenden Jahren noch

Die denkwürdigen Erlebnisse des Artur Gordon Pym (1918) [R102; A36] und *Nebelmeer* (1921) [R155; A50]. 1920 sollten erstmals seit 1908 Kubinsche Poe-Bände nicht bei Georg Müller, sondern bei einem anderen Verlag, dem Berliner Propyläen-Verlag, herauskommen: *Ligeia und andere Novellen* [R133; A48] sowie *Hans Pfaals Mondreisen und andere Novellen* [R134; A49]. Der Propyläen-Verlag kaufte von Müller auch die von AK illustrierte Hauff-Ausgabe und brachte sie in neuem Satz 1919 heraus (→ 20 RP).

4 ***Lese- und Bilderbuch:*** Zur ersten Idee des Projekts → 58 AK.

5 ***Daniel ... Obernetter ... Männike u. Jahn:*** → 51 AK

65 AK

1 ***Hausensteins »Weisgerber«:*** Hausenstein Wilhelm: *Albert Weisgerber. Ein Gedenkbuch.* Hrsg. v. der Münchener Neuen Secession. München: Piper 1918.

2 ***Meine Frau, zehn Wochen ist sie schon fort:*** Beginn der Erkrankung siehe → 55, 60 AK.

3 ***alemannische ...:*** → 64 AK

4 ***... und auerbachische:*** → 59 RP

5 ***Sealsfield:*** Carl Magnus Postl, Ps. Charles Sealsfield (3.3.1793 Poppitz/Mähren – 26.5.1864 Solothurn/Schweiz); protestantischer Pfarrer und Schriftsteller. Studium der Philosophie und Theologie in Prag, Priesterweihe 1814, 1823 Flucht in die USA aus bis heute nicht völlig geklärten Gründen, journalistische und diplomatische Tätigkeiten auch in London und Paris, ab 1832/33 als Schriftsteller in der Schweiz, weitere längere Aufenthalte in den USA. Mit seiner frührealistischen, pädagogisch und politisch engagierten Prosa erster bedeutender Schilderer der amerikanischen Landschaft und Gesellschaft. Scharfer Kritiker der Industrialisierung. Sein erfolgreichstes Werk war der Erzählzyklus *Das Cajütenbuch oder nationale Charakteristiken* (1841). – Als Bände 6 und 7 der von Heinrich Conrad herausgegebenen *Exotischen Kulturromane* finden sich in AKs Zwickledter Bibliothek Ss *Morton oder die große Tour* sowie *Das Kajütenbuch oder nationale Charakteristiken* (München/Berlin: Georg Müller 1917) [Inv.Nr. 4673].

6 ***Scheerbart ... bei Müller:*** Bruno Küfer, Ps. Paul Scheerbart (8.1.1863 Danzig – 15.10.1915 Berlin); Erzähler, Lyriker und Zeichner. Studium der Kunstgeschichte und Philosophie in Leipzig, Halle, München und Wien, dann freier Schriftsteller. Ab 1887 in Berlin. 1892 Mitbegründer des *Verlags deutscher Phantasten*, 1902 Achtungserfolg mit *Die große Revolution. Mondroman.* 1909 Lyrikband *Katerpoesie* eines der ersten Verlagswerke von Ernst Rowohlt. Ss oft auf fremden Planeten angesiedelte Texte erreichten niemals breitere Öffentlichkeit. – Bei Georg Müller erschienen Ss *Astrale Novelletten* (1912), der von AK illustrierte *Lesabéndio. Ein Asteroiden-Roman* (1913) und *Das graue Tuch und zehn Prozent Weiß. Ein Damenroman* (1914). – S war mit AK ab spätestens April 1906 bekannt und nach kurzer Zeit ein Duzfreund. Besonders die Arbeit an *Lesabéndio* wurde in den Briefen diskutiert. – *Brunn* (2000) zeichnet den wechselseitigen Einfluss zwischen *Lesabéndio* und *Die andere Seite* nach. AKs Illustrationen zu Ss »Asteroiden-Roman« dürften ein wichtiger Grund dafür gewesen sein, dass Georg Müller den Text überhaupt verlegte. In seiner *Anwort auf eine Rundfrage* über »Lieblingsbücher« von 1913 [R63] schließt AK mit der Erwähnung eines Autors, »der ganz abseits steht und auf den ich einzig und allein in einer schönen Zeit schwur: Paul Scheerbart« (Zit. *AmW*, S. 166) und noch 1945 betont er »Paul Scheerbart zählte ich zu meinen Freunden.« (Zit. *Rosenberger*, S. 95.) Die Illustrationen zu Ss Werk waren für AK eine besondere Herausforderung: »Mit lebenden Autoren hatte ich eigentlich nur gute Erfahrungen, alle waren am Ende zufrieden. [...] Ein einziger Dichter – Paul Scheerbart – war nicht einverstanden mit meiner künstlerischen Auffassung seiner Eingebungen. Als ich die Blätter für seinen ›Lesabéndio‹ zeichnete

(übrigens so hübsch, wie sie zum Lesen ist, so verdammt unorganisch ist diese Geschichte zum Illustrieren), schrieb er mir auf meine Frage, wie denn die Bewohner der Sterne Palles und Quikko aussähen: Mach sie nur genau so wie Molche, mit recht kleinen Augen und einem Schneckenfuß. (Als wenn Molche so aussähen!) Als ich ihm dann die fertigen Blätter sandte, war er bitter enttäuscht, tief traurig verstört und verspürte gleich sogleich wieder seine alten Schmerzen im Knie und an der großen Zehe. Ich änderte noch einiges, und auch Scheerbart war beruhigt.« (Zit. *Wie ich illustriere, AmW*, S. 76.)

7 ***Frau und Schwester:*** Kubin schildert das Verhältnis zu seiner Frau Hedwig oft als das zu einer Mutter oder Schwester, etwa im Brief an RP vom 12. 10. 48, in dem er die Ehe mit »dieser ungewöhnlichen und gebildeten Frau und treuesten Helferin – an der ich auch noch wie an einer Mutter hing«, schildert (→ 474 AK). In seiner Autobiographie widmet AK seiner »beste[n] Freundin und Geliebte[n], die mir das Schicksal gab«, »der begabten Kameradin meines Lebens«, der »gute[n] Fee, die mir, so viel sie kann, bei meiner Arbeit hilft« einen sehr intimen Absatz, in dem er gesteht, dass ihm »nächst meiner Kunst [...] die Ehe das größte Glück [gab], das ich gefunden habe.« (→ *AmL*, S. 71.) – Ein interessantes, wenn auch nicht den Regeln der Wissenschaftlichkeit verpflichtetes Bild zeichnet Jutta Mairinger, Nichte der »Kubin-Cilli« (→ 474 AK, brave Wirtschafterin), die später als Verwalterin des Zwickledter Kubin-Hauses das Amt ihrer Tante übernahm und persönliche Erinnerungen an AK aus der Zwickledter Umgebung in ihrem Band *Meine Verehrung, Herr Kubin! Geschichten aus Zwickledt* schildert (→ Eintrag im Literaturverzeichnis). Trotz aller gebotenen Vorsicht sollen zwei Aussagen ob ihrer zumindet potentiellen Brisanz wiedergegeben werden: *Mairinger* zitiert AK aus der Erinnerung seines vertrauten Hausarztes Dr. Alois Beham (1916–1991): »Er [Oscar A.H. Schmitz; d. Hrsg.] wollte nämlich seine verwitwete Schwester Hedwig, die aus ihrer ersten Ehe einen kleinen Sohn hatte, wieder unter die Haube bringen. Hedwig – ich fand sie überaus liebenswert – war eine gebildete, mütterliche Dame, die sich wieder nach einer Familie sehnte. Wohl sah sie in mir auch einen armen Teufel, um den man sich kümmern mußte.« (Zit. ebd., S. 10.) »Als Hedwig sich einer Therapie unterziehen mußte [gegen Syphilis; d. Hrsg.], erfuhr auch Alfred Kubin von seiner Ansteckung: ›Es war die Hölle, denn ich fürchtete nichts so sehr wie den Verlust meiner geistigen Fähigkeiten. Auch ich mußte mich behandeln lassen. Mit Salben, die hochgiftig waren, wurde mein Körper ausgebrannt, und es war uns dann nicht mehr vergönnt, eigene Kinder zu haben. Ein Segen, daß wir den kleinen Otto schon hatten! Ab dieser Zeit wußte ich, daß nicht ich allein den Tod bringen konnte, es schienen mir vor allem die Frauen zu sein, die für eine Verbreitung der Geschlechtskrankheit sorgten. Das redete ich mir ein, weil es mir eine große Erleichterung verschaffte. Hedwig und ich lebten danach enthaltsam, und wir waren trotzdem glücklich.‹« (Zit. ebd., S. 22–23.)

66 RP

1 ***Betrag für den Weisgerber:*** → 65 AK
2 ***»Rembrandt-Zeichnungen« ... Neumann:*** Neumann, Carl: *Rembrandt-Handzeichnungen.* München: Piper 1918. – Nicht zu verwechseln mit Carl Eugen Neumann (→ 29 AK).
3 ***»Dürer-Zeichnungen« von Wölfflin:*** Wöfflin, Heinrich: *Albrecht Dürer. Handzeichnungen.* München: Piper 1914.
4 ***Doppelgänger-Originale:*** Für das Illustrationsprojekt zu Dostojewski 1913 (→ 2 RP).
5 ***Lese- und Vignetten-Buch:*** Zur ersten Idee des Projekts → 58 AK.
6 ***Sealsfield und Scheerbart:*** → 65 AK
7 ***Bobock ... in dem Band »Aus dem Dunkel der Großstadt«:*** Dostojewski, Fjodor M.: *Sämtliche Werke.* Bd. 20: *Aus dem Dunkel der Großstadt.* Acht Novellen. München:

Piper 1907. – Zum Projekt der D-Gesamtausgabe → 2 RP. – In der Erzählung *Bobok* rastet der Protagonist auf einer Grabplatte des Petersburger Friedhofs und wird dort Zeuge einer Unterhaltung zwischen den Toten. Nach dem Tod, so erfährt er, gebe es noch eine letzte Möglichkeit der Rettung, solange der Körper nicht endgültig zerfallen sei. Einer der Leblosen murmelt etwa alle sechs Wochen ein Wort, »Böhnchen« *(bobok)*, hat aber schließlich nicht mehr die Kraft, sich zu befreien. Ds Novelle, ein moderner Totentanz (→ 29 AK), trägt also durchaus Kubinsche Züge.

8 ***»Bei nassem Schnee« einen Umschlag:*** → 13 AK

9 ***eines von Ihren zirka fünfzehn illustrierten Büchern:*** *Der Doppelgänger* von Dostojewski (→ 2 RP). Des Weiteren erschienen von AK – lässt man die erste Illustration für den Salzburger Turnverein von 1898 [R1; A1], *Die andere Seite* (→ 39 AK) sowie Umschlagszeichnungen unberücksichtigt – bis Ende 1917 19 illustrierte Bücher, 14 davon bei bei Georg Müller. Siehe dazu auch die Aufzählung in → 63 AK.

10 ***den Toten:*** Der Verleger Georg Müller war am 29.12.1917 verstorben (→ 63 AK).

11 ***der jetzige Machthaber:*** 1918 übersiedelte der Berliner Kunsthistoriker Arthur Kauffmann (Lebensdaten nicht ermittelt), ab 1913 mit einer Einlage von 200000 Reichsmark (in späteren Jahren angeblich 600000) persönlich haftender Gesellschafter im Verlag Georg Müller, nach München, musste aber bald aufgrund von Betrugsaffären aus dem Unternehmen ausscheiden. Bereits 1916/17 hatte er den Verlag mit Wechselschulden (die Angaben reichen von »Hunderttausenden« bis zu »Millionenverpflichtungen«) belastet, woraufhin Werke »im geschätzten Wert von anderthalb Millionen Reichsmark« (Zit. *Sein Dämon*, S. 214) verkauft werden mussten. Siegfried Neuhöfer, ein nicht aus der Buchbranche kommender Geschäftsmann, und Hans Wienand erwarben daraufhin von den Erben den Georg Müller Verlag, Kommanditist wurde mit 80000 Mark Georg Müllers Bruder Hans. 1931 kam es zur Fusion mit dem Albert Langen Verlag (→ 56 RP). – 1934 wurde die *Deutsche Arbeiter Front* Eigentümer, weshalb nach dem 2. Weltkrieg beinahe ein Verbot erfolgte. 1952 geriet der Verlag an die *Deutsche Angestellten-Gesellschaft*, 1966 erwarb ihn Herbert Fleissner und gliederte ihn seinen anderen Verlagen an, zwischen 1985 und 1996 war er unter dem Dach der *Axel-Springer Verlags AG*, gegenwärtig ist er Teil der *Buchverlage Herbig, LangenMüller, Nymphenburger*. (→ *Sein Dämon*, S. 213–215.)

67 AK

1 ***»herrliche Rembrandtblatt«:*** AK erkundigt sich im folgenden Brief, ob der Scherz gelungen ist (→ 68 AK). – Bei *Karl & Faber* ist kein entsprechendes Blatt verzeichnet.

2 ***Hofstede Groot:*** Cornelis Hofstede de Groot (9.11.1863 Dwingelo – 14.4.1930 Gravenhage); niederländischer Kunsthistoriker und -sammler. Studium der Kunstgeschichte und klassischer Sprachen in Leipzig, Groningen und Leiden. Direktor des *Rijksprentenkabinet* in Amsterdam 1896–1898, dann freier Kunsthistoriker (zahlreiche Biographien niederländischer Maler) und Sammler. Um 1900 Spezialisierung auf Rembrandt. Zehnbändiges Hauptwerk (1907–1928): *Beschreibendes und kritisches Verzeichnis der Werke der hervorragendsten holländischen Maler des XVII. Jahrhunderts*. 1926 Übergabe von u.a. 65 Rembrandt-Zeichnungen an das *Rijksprentenkabinet* in Amsterdam, nach Gs Tod gesamtes Archiv als Schenkung an den niederländischen Staat, Grundstock des *Rijksbureau voor Kunsthistorische Documentatie*. – Keine Arbeiten Gs in AKs Bibliothek vorhanden.

68 AK

1 ***»Rembrandt Scherz«:*** → 67 AK

2 ***Frau bei Darmstadt abholen:*** HK befand sich seit Dezember 1917 in einem Sanatorium in Alsbach/Hessen (→ 60 AK).

69 RP

1 ***Rembrandt-Original:*** → 67 AK
2 ***Rembrandt-Bandes:*** → 66 AK
3 ***Beziehungen zu Rembrandt:*** Rembrandt Harmensz van Rijn (15.7.1606 Leiden – 4.10.1669 Amsterdam); niederländischer Maler und Graphiker. Abgebrochenes Studium der Philosophie an der Universität Leiden, dann Lehre als Kunstmaler in Leiden und Amsterdam. 1625 Gründung eines eigenen Ateliers mit J. Lievens in Leiden. 1631 Rückkehr nach Amsterdam, Mitglied der Lukasgilde, rascher künstlerischer Erfolg, trotzdem 1656 zahlungsunfähig, Konkurs, Rückzug im Alter. Meister des Chiaroscuro (Helldunkelmalerei), vielfältige Bildgattungen. Virtuose Radierungen, Kreide-, Feder- und Pinselzeichnungen, maltechnisch am Spätwerk Tizians orientiert. Erfolgreiche Werkstatt. Durch neuere Forschungen sinkt die Zahl der R zugeschriebenen eigenhändigen Werke beständig. – »Ein Lieblingsbuch sind mir die Rembrandt-Zeichnungen. Schon ein Jubel, daß wir uns wenigstens genießend in diese höchste künstlerische Freiheit vertiefen können, die uns selbst versagt ist. Unergründlicher Meister! Bei dir löst sich endlich aller Krampf.« (Zit. *Brief über die großen Meister*, *AmW*, S. 63.) Auch in *Die Federzeichnung* lobt AK den Rembrandtschen Federzug (→ *AmW*, S. 65) und dessen Laviertechnik (→ ebd., S. 67). *Brockhaus* (1977) weist auf eine frühe Beschäftigung AKs mit Rembrandt hin (Skizzenbuch 1901/02), nachhaltiger stilistischer Einfluss sei aber erst in den 1920er Jahren zu bemerken. (→ *Brockhaus/Peters*, S. XXIV sowie Hammer, Fritz: *Alfred Kubin mit Rembrandt verglichen*. In: Die Rheinpfalz 12, 15.1.1960.) – In der Kubinschen Graphiksammlung finden sich zahlreiche druckgraphische Werke des holländischen Meisters. (→ *Heinzl 1970*, S. 229.) – Bei Piper erschienen zu Lebzeiten des Verlagsgründers je eine Monographie zu R von Carl Neumann (→ 66 RP) und Hermann Esswein (*Rembrandt*, 1923), das Mappenwerk *Religiöse Legenden* (s.u.) sowie drei Reproduktionen in den Piperdrucken (Nr. 2, 28, 69).
4 ***Ich sandte ... Meier-Graefe ... einige Originale der Doppelgänger-Illustrationen:*** RP versuchte wiederholt, den wichtigen Kunstschriftsteller Julius Meier-Graefe von den Qualitäten AKs zu überzeugen, diesmal anhand der Zeichnungen zum *Doppelgänger* Dostojewskis (→ 2 RP).
5 ***geplanten Rembrandt-Mappe:*** *Rembrandt: Religiöse Legenden*. 19 Faksimiles nach Zeichnungen. Texte von Richard Dehmel und Kurt Pfister. München: Piper 1920 (Drucke der Marées-Gesellschaft XVIII). – AK war schließlich nicht an der Mappe beteiligt.
6 ***graphischen Ausstellung ... »Die Viehherde« ... »Der Reiter«:*** Die *Münchener Neue Secession* war 1913 von der modernen Münchener Künstlerschaft um Albert Weisgerber und Wilhelm Hausenstein gegründet worden und vereinigte Vertreter unterschiedlichster älterer Künstlergruppen. Von 1915–1936 war AK – obwohl fast 200 km von München entfernt wohnend – ordentliches Mitglied und stellte kontinuierlich aus. – An der besagten Ausstellung in der Münchener Galerie Caspari (1914–1933) beteiligten sich u.a. auch Rudolf Großmann, Paul Klee, Oskar Kokoschka und Max Unold. – Die angesprochenen Blätter sind bei *Meißner* als *Viehtreiber* und *Morgenritt* verzeichnet [M 1918/1]. Erstere, bzw. eine ähnliche Zeichnung, befand sich in Piperschem Privatbesitz (*Karl & Faber*, Nr. 390) und wurde schließlich in die Mappe *ARdL* aufgenommen; *Raabe* verzeichnet drei Zeichnungen mit dem Titel *Reiter* [R40, 93, 417].
7 ***für mich nochmals zeichnen:*** → 70 AK

70 AK

1 Zur »Illustration«: AK übermalte den hier abgebildeten Stempel mit einer Darstellung seines Zwickledter Refugiums in den folgenden Jahren verschiedentlich. Nur bei weiterer Gestaltung von Hand AKs erfolgt eine Wiedergabe.
2 *Israels:* Jozef Israels (27.1.1824 Groningen – 12.8.1911 Den Haag); Maler und Radierer. Studium in Amsterdam und Paris. Bedeutendster und populärster holländischer Maler des 19. Jahrhunderts. Anfangs romantische und historische Motive, dann zahlreiche Darstellungen aus dem Leben der Fischer; monumentaler Altersstil. Verbindung der Freilichtpraxis mit dem Rembrandtschen Chiaroscuro.
3 *Slevogt:* Max Slevogt (→ 35 AK) war 1898 eigens nach Holland gereist, um Rembrandts Werke zu besichtigen.
4 *Meine Frau ist nun endlich hergestellt:* HK hatte sich seit Dezember 1917 in einem Sanatorium in Alsbach/Hessen befunden (→ 60 AK).
5 *M. Neuen Secession:* → 69 RP
6 *Rudolf Sick:* Nicht ermittelt.

71 RP

1 *Zeichnungen zum »Doppelgänger«:* → 2 RP
2 *Sammlung deutscher Gedichte:* Nicht realisiert.
3 *Lese- und Bilder-Buch:* → 58 AK
4 *Neu-Auflage meines Tier-Buches:* → 32 AK, L.i.d.b.K.
5 *»Deutsche Skizzen-Mappe«: Deutsche Skizzenmappe. Zeichnungen deutscher Meister des 19. Jahrhunderts.* Achtzig Faksimiles. Text von Hermann Uhde-Bernays. München: Piper 1919 (Drucke der Marées-Gesellschaft XVI). – AK war daran nicht beteiligt.
6 *Chodowiecki:* Daniel Nikolaus Chodowiecki (16.10.1726 Danzig – 7.2.1801 Berlin); Maler, Radierer, Zeichner. Zunächst Kaufmann in Berlin, dann Emailmaler. Autodidakt. Erfolge als Radierer ab Mitte der 1750er. 1764 Mitglied der Akademie der bildenden Künste in Berlin, ab 1797 deren Direktor. C schuf v.a. kleinformatige häusliche Szenen und über 2000 Radierungen – meist Illustrationen zu Lessing, Goethe und Schiller, aber auch Einzelblätter zur bürgerlichen Welt des friderizianischen Preußens. Beliebtester Illustrator der Aufklärungszeit.
7 *Beckmann:* Max Beckmann (12.2.1884 Leipzig – 27.12.1950 New York); Maler, Graphiker und Zeichner. Kunststudium in Weimar, dann in Paris und Berlin (Mitglied der Sezession 1907). 1914 Mitgründer der Freien Sezession Berlin, Meldung als Freiwilliger im 1. Weltkrieg. Psychischer Zusammenbruch 1915. 1925–1932 Lehrtätigkeit am Städelschen Kunstinstitut in Frankfurt/Main, ab 1929 Professor. Trennung von seiner ersten Frau und Heirat mit Mathilde (»Quappi«) von Kaulbach (→ 490 RP). 1933 von den Nationalsozialisten aus dem Lehramt entfernt, 1937 als »entartet« diffamiert. Emigration nach Amsterdam, nach Einmarsch der Deutschen weiter in die USA, dort erneut Lehrtätigkeit. Anfangs Landschaften und Figurenkompositionen, Stiländerung während des 1. Weltkriegs, Mittelposition zwischen zeitgenössischem Realismus und Expressionismus. Groteske Darstellung des Zwiespalts der modernen Gesellschaft, ab 1930 Vereinigung von Mythologischem, Politischem und Autobiographischem zu »gemaltem Welttheater«. Ruhm vor allem dank seiner neun Triptychen. – Trotz der oft betonten Nähe der seelischen Haltungen gab es nur wenig Kontakt zwischen B und AK. Die Bekanntschaft dürfte über RP zustande gekommen sein (→ 81 AK). Aus dem Herbst 1920 ist ein Brief Bs an AK übermittelt: B bedauert, bei einem spontanen Besuch von AK nicht zuhause gewesen zu sein und stellt seinerseits eine Fahrt nach Österreich in Aussicht. (→ *Beckmann 1*, S. 186 sowie 97, 101 AK.) Anfang 1923 kam es zu einem Treffen in Zwickledt (→ 131 RP). Im Briefwechsel

Beckmann-Piper wird ein Kubinscher Brief vom 12. 1. 1923 anlässlich dieses Besuches zitiert (ohne Quellenangabe): »M. Beckmann besuchte uns auf drei Tage – es war interessant mit einem starken Künstler zusammen gewesen zu sein der fast in allem das Gegenteil der eigenen Wesensart ist.« (Zit. nach: *Beckmann 1*, S. 467.) 1930 folgt ein weiterer fehlgeschlagener Versuch eines Besuchs seitens AKs (→ 227 AK). – RP gibt in seiner Autobiographie die Äußerung AKs wieder, dass »[a]n rasender, alle alten Begriffe des Schönen sprengender Energie« B van Gogh am nächsten stehe. (Zit. nach: *MLaV*, S. 469.) Der Verleger zitiert dafür aus der langen Fassung des *Briefes über die großen Meister* aus dem Piperschen Verlagsalmanach von 1924. In seinem 1927er Aufsatz *Die Federzeichnung* [R345; B22] lobt AK: »Den nachhaltigsten Eindruck finde ich aber immer da, wo der Zeichner sich förmlich in die Tiefe der Welt einbohrt, und da sind die germanischen die problemreichsten, mich am stärksten anziehenden. [...] Liebermann, Corinth, Munch, Slevogt, Beckmann, Großmann, Beeh und ähnliche zerwühlen ihre Blätter förmlich [...]. Da ist nichts mehr von dieser fatalen Glätte zu merken, an deren Ende die Starre steht.« (Zit. *AmW*, 67.) – *Heinzl* dokumentiert acht Arbeiten Bs im Linzer Bestand der Kubinschen Graphiksammlung, 32 in Wien. (→ *Heinzl 1970*, S. 222.) – In seiner Autobiographie schildert RP den ersten Kontakt mit der Kunst Bs im Jahr 1906, das Kennenlernen auf eigenes Betreiben 1912 und seine Beziehung zu dem Künstler sehr eindrücklich im Kapitel *Durch vier Jahrzehnte mit Max Beckmann*. (→ *MLaV*, S. 315–345.) RP wurde nicht nur zu einem wichtigen B-Sammler und Druckgraphik-Verleger (*Gesichter*, 1919, Drucke der Marées-Gesellschaft XIII; *Stadtnacht*, 1920; *Jahrmarkt. 10 signierte Original-Radierungen*, 1922, Drucke der Marées-Gesellschaft XXXVI), auch zwei bedeutende Monographien über B erschienen in seinem Verlag (Curt Glaser, Julius Meier-Graefe, Wilhelm Fraenger u. Wilhelm Hausenstein: *Max Beckmann.* Mit 52 Bildtafeln und einer Radierung, 1923; Benno Reifenberg u. Wilhelm Hausenstein: *Max Beckmann*, 1949). Nach RPs Tod sollte fast der gesamte schriftliche Nachlass des Künstlers bei Piper eine Heimat finden. – B bleibt ein wichtiges Thema der gesamten Korrespondenz AK-RP.

8 ***Busch:*** Wilhelm Busch (15.4.1832 Wiedensahl – 9.1.1908 Mechtshausen); Maler, Zeichner, Dichter, Karrikaturist. Volkstümlichster Humorist Deutschlands. Studium an den Akademien in Düsseldorf, Antwerpen und München, dann Rückzug an den Geburtsort, später nach Mechtshausen. Neben bekannten Werken wie *Max und Moritz* (1865) entstanden an die niederländische Malerei angelehnte Gemälde, die in späteren Jahren zunehmend expressiver wurden. – RP widmete B das frühe Verlagsprojekt der *Modernen Illustratoren* (→ 51 AK), 1923 publizierte er das faksimilierte *Ein Skizzenbuch*, das er von einem Neffen des Künstlers erhalten hatte. Anlässlich Bs hundertsten Geburtstags veröffentlichte RP eine Hommage in der *Literarischen Welt* (22.4.1932, Jg. 8, H. 17, S. 3), in RPs Autobiographie erfolgt eine anschauliche Darstellung der persönlichen Beziehung zu B. (→ *MLaV*, 527–528.) – In AKs Bibliothek ist der Einfluss Bs durch *Ist mir mein Leben geträumet? Briefe eines Einsiedlers* (Leipzig: Gustav Weise 1935) [Inv.Nr. 3], *Ein Skizzenbuch* (München: Piper 1924) [Inv. Nr. 95], *Herr und Frau Knopp* (Heidelberg: Bassermann 1876) [Inv.Nr. 593], *Der Eispeter* (Dresden: R.H. Richter 1864) [Inv.Nr. 762], *Hans Huckebein der Unglücksrabe* (Stuttgart: Hallberger o.J.) [Inv.Nr. 899], *Neues Wilhelm Busch Album* (Berlin/Grunewald: Klemm 1923–1925) [Inv.Nr. 1027], *Kritik des Herzens* (München: Bassermann 1899) [Inv.Nr. 3067] und *Die Haarbeutel* (München: Bassermann 1902) [Inv. Nr. 4794] belegt.

9 ***Oberländer:*** Adam Adolf Oberländer (1.10.1845 Regensburg – 29.5.1923 München); Maler, Zeichner, Karrikaturist. Studium an der Münchener Akademie. In der zweiten Hälfte des 19. Jahrhunderts bedeutendster Künstler des humoristisch-volkstümlichen Genres neben Wilhelm Busch (s.o.). Humorvoll-satirische Darstellungen menschlichen Verhaltens (oft anthropomorphisierende Tierzeichnungen), ständiger Mitarbeiter der *Fliegenden Blätter* (1844–1944), ab 1869 auch des *Münchner Bilderbogens*

(1848–1898/1905). Zusätzlich Gemälde: Genrebilder meist satirischen Inhalts. Zahlreiche Auszeichnungen, Ehrenprofessur. – RP besuchte O wiederholt in dessen Münchener Wohnung und verlegte 1905 als fünften Band seiner Reihe *Moderne Illustratoren* das Buch *Adolf Oberländer* (→ 51 AK). 1936 folgte *Das neue Oberländer-Buch* mit von RP verfasster Einführung, dessen großer Erfolg ausschlaggebend für die Zusammenstellung des AK-Bandes *Abenteuer einer Zeichenfeder* wurde (→ 306 RP). RP schildert seine Beziehung zu O anschaulich in seiner Autobiographie (→ *MLaV*, S. 530–533; entspricht weitgehend RPs *Tagebuchblatt aus dem Sommer 1915* in den *Münchner Neuesten Nachrichten* vom 22.11.1924).

10 ***Wilke:*** Rudolf Wilke (27.10.1873 Volzum – 4.11.1908 Braunschweig); Zeichner und Maler. Studien in Braunschweig, München und Paris. Einer der wichtigsten Mitarbeiter der Zeitschriften *Simplicissimus* und *Jugend*.

72 AK

1 ***Beisammensein in Passau:*** Drittes dokumentiertes persönliches Treffen AK-RP (in Passau).

2 ***Dr. J. W. Zahn:*** Fehlerhafte Schreibung AKs. – Hermann Wolfgang Zahn (24.1.1897 Dürkheim – 6.5.1965 Baden-Baden); Nervenarzt und Autor phantastischer Prosa. – Das angesprochene *Wallmüllerhaus*, das bereits 1915 fertiggestellte mystische Erstlingswerk Zs, sollte schließlich 1930 mit vier Illustrationen AKs im Merlin Verlag, Baden-Baden, erscheinen [R409; A125]. AK erwähnt es auch in seiner Autobiographie (→ *AmL*, S. 75). Für die Zahnsche Novellensammlung *Die Wunderlampe* im Kairos-Verlag, Baden-Baden 1948 [R678; A229] steuerte AK Umschlagzeichnung und -schrift bei. – Z veröffentlichte 1951 den Artikel *Begegnungen mit Alfred Kubin* (In: Das Kunstwerk 5, S. 23–25) [R*100*].

3 ***Leopold Durm:*** Leopold Durm (3.7.1878 Karlsruhe – 21.3.1918 ebd.); Arzt und Maler. Studium der Medizin in München, dann Kunst an der privaten Malschule von Heinrich Knirr. Mitglied der Münchener Künstlergemeinschaft *Scholle* (1899–1911), an der er sich anfangs auch stilistisch orientierte, später unter dem Einfluss Cézannes und Hodlers Hinwendung zur Monumentalmalerei. Im 1. Weltkrieg erlag er einer sich im Feld zugezogenen Krankheit. – Mit Zahn (s.o.) herausgegebene Zeitschrift nicht ermittelt.

4 ***Hoffmann:*** Ernst Theodor Amadeus Hoffmann (24.1.1776 Königsberg – 25.6.1822 Berlin); Jurist, Komponist, Kapellmeister, Musikkritiker, Zeichner und Schriftsteller der Romantik. Kaum zu überschätzender Einfluss, zahlreiche Bezüge und Erwähnungen im Werk AKs. *Raabe* dokumentiert fünf Arbeiten aus den Jahren 1913–1951 [R55, 69, 99, 647, 729]; auch die Zwickledter Bibliothek bezeugt den Einfluss Hs.

5 ***von Haus zu Haus:*** Diese Grußformel, die sich bei AK häufig findet, ist wohl inspiriert von der Korrespondenz mit Paul Scheerbart (→ 70 *Trillionen Weltgrüße*), der seine Briefe, auch die an AK, meist mit phantasievollen Wendungen beschließt: »Mit vielen ganz wilden Grüßen von Burg zu Burg« (Zit. ebd., S. 312), »Mit vielen Trillionen lustiger Grüße von Schloß zu Schloß« (Zit. ebd., S. 313), »Trillionen Bärengrüße von Haus zu Haus« (Zit. ebd., S. 319).

6 ***die versprochenen Probedrucke (M. G.):*** Meier-Graefe, Julius: *Cézanne und sein Kreis. Ein Beitrag zur Entwicklungsgeschichte.* 142 Bildtafeln. München: Piper 1918.

7 ***Morgenstern:*** Morgenstern, Christian: *Stufen. Eine Entwicklung in Aphorismen und Tagebuch-Notizen.* München: Piper 1918. – Christian Otto Josef Wolfgang Morgenstern (6.5.1871 München – 31.3.1914 Meran); Schriftsteller und Übersetzer, der vor allem dank seiner humoristischen Lyrik bekannt wurde, die allerdings nur einen Teil seines Oeuvres ausmacht. Studium der Nationalökonomie und der Rechtswissenschaften, später der Philosophie und Kunstgeschichte in Breslau, ab 1894 freier Schriftsteller in Berlin. Mitarbeiter der *Neuen Rundschau*. – M trug RP auf eigenes Be-

treiben die beiden Lyrikbände *Einkehr* sowie *Ich und Du* an, denen RP wegen verlegerischer Erwägungen anfangs sehr kritisch gegenüber stand. Man einigte sich aber und in den letzten Lebensjahren des durch eine Tuberkuloseerkrankung gezeichneten M entwickelte sich eine kontinuierliche Verlagsbeziehung. Mit wenigen Ausnahmen wurden nach Ms Tod alle seine Werke bei Piper versammelt und von der Witwe Margareta Morgenstern (1879–1968) herausgegeben. Es erschienen eine Briefausgabe und 1965 bzw. 1979 Werkausgaben. In den schwierigen Zeiten während des 2. Weltkriegs und noch Jahrzehnte danach waren Ms Werke ein wichtiger Teil des Piperschen Verlagsprogramms. – Bis 1951 erschienen 18 Auflagen der *Stufen*.

73 AK

1 ***ausstellen:*** Für die 49. Ausstellung der Wiener Sezession liegt kein Verzeichnis vor [M 1918/3], im darauf folgenden Jahr lässt sich zumindest eine Präsentation der Zeichnung *Fischer* im Rahmen der Ausstellung *Neuere Münchner Malerei und Graphik* in der Kunsthalle Bern nachweisen [M 1919/1]. Im Rahmen der angesprochenen Ausstellung wurden 17 Arbeiten AKs gezeigt, »deren künstlerische Qualität bereits auf die späteren Leistungen dieses großen Zeichners verwies. Damals sah man in Kubin in erster Linie den Illustrator [...]. Im Katalog war Kubins Zeichnung ›Der Tod als Verfolger‹ abgebildet.« (Zit. Waissengerber, Robert: *Die Wiener Secession*. Wien/München: Jugend und Volk 1971, S. 143.)
2 ***vernachlässigte Wirtschaft:*** Eine Zeichnung mit dem Titel *Vernachlässigte Wirtschaft* wurde 1919 im *Simplicissimus* reproduziert (Jg. 24, H. 11) [R123] und 1923 in die *Fünfzig Zeichnungen* (→ 133 RP, Langen...) aufgenommen.
3 ***Interieur:*** Im Besitz der Albertina (34164, um 1920).
4 ***Schweinestall:*** Nicht ermittelt.
5 ***alter Fischer:*** Eine Zeichnung mit dem Titel *Der alte Fischer* wurde als Tafel IV in die Mappe *ARdL* (→ 97 AK) aufgenommen. Zu einer anderen Version → 74 RP.
6 ***Krieger:*** Eine Lithographie *Der Krieger* erschien 1924 als Tafel 3 in der Mappe *Masken* (→ 161 RP, noch ein Kubin Werk).
7 ***der Besuch:*** Blatt in Privatbesitz RPs, verzeichnet bei *Karl & Faber* (Nr. 388): alte Frau mit Hut in Ohrensessel.
8 ***Politiker:*** Nicht ermittelt.
9 ***der Metzger:*** Eine Zeichnung mit dem Titel *Der Metzger* wurde 1921 reproduziert in der von Hans Goltz in München herausgegebenen Zeitschrift *Ararat* (Jg. 2, H. 2) [R156] (→ 93 AK, Kubingesammtausstellung); eine gleichnamige Federlithographie erschien 1923 in München bei Alf Häger [R207; Hb47 → dort auch weitere Vergleichswerke]. Bei *Karl & Faber* ist eine Version aus Piperschen Privatbesitz als Nr. 398 (»Wohl Vorzeichnung zur Lithographie«) notiert.
10 ***hessische Häuser:*** Unter gleichem Titel 1921 im *Simplicissimus* (Jg. 26, H. 41) reproduziert und 1923 in die *Fünfzig Zeichnungen* (→ 133 RP, Langen...) aufgenommen.
11 ***Morgiane:*** Nicht ermittelt. – Die Sklavin Morgiane ist eine Figur aus dem orientalischen Märchen *Ali Baba*.

74 RP

1 ***Shakespeare-Mappe:*** Die *Shakespearevisonen* (→ 35 AK).
2 ***Barlach:*** Ernst Barlach (2. 1. 1870 Wedel – 24. 10. 1938 Rostock); Bildhauer, Zeichner, Graphiker und Schriftsteller. Studien in Hamburg und Dresden, Aufenthalte in Paris. Zunächst Orientierung am Jugendstil; nach einer Russlandreise 1906 expressivere Arbeiten. 1910 Umzug ins mecklenburgische Güstrow. Zwar anfänglich Befürworter des Nationalsozialismus, bald aber angefeindet, 1937 als »entartet« diffamiert. Genaueres siehe an gegebener Stelle. In den Bildwerken Reduktion auf einfache Grundfor-

men bei Beibehaltung der Gegenständlichkeit. In seiner literarischen Arbeit Verbindung der expressionistischen Version vom »neuen Menschen« mit ostasiatischen Lehren, biblischen Motiven und der Volkskultur. – Enge Freundschaft, rege Korrespondenz und zahlreiche Treffen mit RP ab 1900. In seinen Lebenserinnerungen widmete RP seinem dritten großen Künstlerfreund neben AK und Max Beckmann das Kapitel *Bei Barlach in Güstrow* (→ *MLaV*, S. 420–441), der umfangreiche Briefwechsel erschien 1997 (→ *Barlach*). Bs Werk hatte bei Paul Cassirer seine Heimat gefunden und kam erst nach 1945 zu Piper (Werkausgabe 1956–1959 sowie verschiedenen Einzelausgaben), sodass trotz der engen Freundschaft bis zum Ende des 2. Weltkriegs nur das Buch *Ernst Barlach. Zeichnungen* (1935) in München erscheinen konnte, das allerdings bereits am 24. 3. 1936 beschlagnahmt wurde (→ 290 RP). – AK selbst bezeichnet B gegenüber Margret Bilger als »ein[en] eigenartige[n] Künstler zu welchem ich starke Beziehungen hatte.« (Zit. *Bilger*, S. 2.) Bei einem Besuch RPs in Zwickledt meinte AK: »Daß es einen Mann wie Barlach gibt, brauche ich für mein Leben. Wenn er stirbt, wird mir ein Stück Seelenleben herausgeschnitten. Die Vorstellung, daß andere Künstler neben mir schaffen, ist mir ebenso notwendig, wie ich die Vorstellung des Elefanten oder des Krokodils brauche.« (Zit. nach: *MLaV*, S. 469.) Zu einem persönlichen Treffen der beiden Künstler ist es trotz aller Wertschätzung nicht gekommen (→ 332, 470 AK). – In der Kubinschen Graphiksammlung in der Albertina finden sich drei druckgraphische Arbeiten Bs. (→ *Heinzl 1970*, S. 222.)

3 ***Rethel:*** Alfred Rethel (15. 5. 1816 Diepenbenden – 1. 12. 1859 Düsseldorf); Maler und Graphiker. Studien in Düsseldorf und Frankfurt/Main. 1844 und 1852 in Italien, sonst abwechselnd in Aachen, Dresden und Düsseldorf tätig. Einer der bedeutendsten deutschen Monumentalmaler der ersten Hälfte des 19. Jahrhunderts: monumentale Karlsfresken im Reichssaal des Aachener Rathauses (1847–1851), Wiederbelebung des Holzschnitts in der Totentanzfolge (1848), Illustrationen zum *Nibelungenlied* (1849). Geistig umnachtet ab 1852.

4 ***Richter:*** Wohl Adrian Ludwig Richter (28. 9. 1803 Dresden – 19. 6. 1884 ebd.); Maler, Zeichner und Graphiker. Studium an der Dresdner Kunstakademie, dort ab 1836 Professor. Reisen durch Deutschland und Italien. Landschafts- und Vedutenmalerei, populär vor allem dank seiner Illustrationskunst (Märchen der Brüder Grimm und Hans Christian Andersens).

5 ***Caspar:*** Wohl Karl Caspar (13. 3. 1879 Friedrichshafen – 29. 9. 1956 Brannenburg); Maler, Zeichner und Graphiker. Studium an den Akademien in Stuttgart und München, Gründungsmitglied der *Münchener Neuen Secession*. 1922–1937 und wieder ab 1951 Professor an der Münchener Akademie. C gilt mit seinen ab 1910 expressiven, unsentimentalen Werken als Erneuerer der religiösen Malerei in Deutschland. Einziger Münchener Maler, der in der Ausstellung »*Entartete Kunst*« angeprangert wurde. – Mit RP freundschaftlich verbunden (→ *Barlach*, S. 710–711); RP ließ sich von ihm porträtieren (→ *MLaV*, S. 512). – Ebenfalls Beziehungen zu AK (→ 286 RP, 386 AK); in Sammelwerken wie den *Shakespearevisionen*, 1917 (→ 35 AK, den Beitrag), und *Die Mappe. 22 originalgraphische Blätter Münchner Künstler* (München: Verlag Galerie Caspari 1920) [R129; Hb 18] oft gemeinsam mit AK vertreten.

6 ***Ausstellung:*** → 69 RP. – Die angesprochene Zeichnung ist als *Alter Fischer* verzeichnet [M 1918/1].

75 AK

1 Zum Briefkopf: Die Darstellung wurde als Illustration 1 für *Kubin über sich selbst* (Vorwort zum Band *Abendrot*, 1952) verwendet und trägt dort die Bildunterschrift: »Kubin flüchtet aus Zwickledt« (S.V). – Zur Illustration: Die Zeichnung entspricht im Wesentlichen dem Blatt *Salome III* der Mappe *Filigrane* (→ 133 RP). Unter gleichem Titel siehe ebenfalls → Ha II 7575 (»um 1915«) und Ha II 7375; thematisch verwandt

ist Ha II 3575, *Salome und Johannes* (»um 1930«). – Die Tochter der Herodias hält den abgeschlagenen Kopf Johannes des Täufers: In den Evangelien (Mt. 14, 3–11; Mk. 6, 17–28) wird ihr Name nicht genannt, in der späteren Tradition verbindet sich der Bericht mit dem durch Josephus Flavius überlieferten Namen der Tochter der Herodias, Salome. Laut *Frenzel* handelt es sich um eine Variation der von Livius berichteten Untat des Konsuls Flaminius. Die Figur der Salome ist eine in der Kunst um 1900 häufige Variante der »femme fatal«. – Die Salome-Episode ähnelt den in dem alttestamentarischen apokryphen Buch Judith geschilderten Geschehnissen rund um die Enthauptung des wohl fiktiven babylonischen Generals Holofernes durch die fromme jüdische Witwe Judith und deren Magd, die AK ebenfalls zu einer Federlithographie, *Judith* (1923), inspiriert haben [R205; Hb45].

2 ***den projektierten Kubin-Atlas:*** Bezug unklar. Möglicherweise in Passau (→ 72 AK) persönlich diskutierte Pläne einer Kubinschen Mappe, später realisiert als *Am Rande des Lebens* (→ 97 AK).

3 ***Morgenstern… Frau… eingegriffen:*** Margareta Morgenstern fungierte nach dem Tod ihres Mannes als Herausgeberin der Nachlassbände (→ 72 AK, Morgenstern).

4 ***Jean Paulband:*** RP übersandte AK einige Textvorschläge anlässlich der (nur noch wenig thematisierten) Planung eines Lese- und Bilderbuches (→ 58 AK).

76 RP

1 ***Oberländer… Verleger:*** Zur Person Adolf Oberländers → 71 RP. – »Er wohnte im Häuserblock des Verlags Braun & Schneider an der Brienner Straße, und ich habe ihn dort oben im vierten Stock wiederholt besucht.« (Zit. *MLaV*, S. 531.) – Braun & Schneider, Verlagsbuchhandlung in München, gegründet 1843 von Kaspar Braun (1807–1877) und Friedrich Schneider (1815–1864), bekannt durch die überaus erfolgreiche Herausgabe der *Fliegenden Blätter*, des *Münchner Bilderbogens* und humoristischer Volks- und Jugendschriften (etwa Wilhelm Busch). – Der Verlag wurde von Caspar Braun (1851–?) und Julius Schneider (1845–1919) weitergeführt, die 1870 bzw. 1877 die Inhaberschaft angetreten hatten und ihrerseits 1919 bzw. 1920 von ihren Söhnen abgelöst wurden. Wegen Erkrankung Julius Schneiders übernahm auch dessen Bruder Hermann (1846–?) wichtige Aufgaben im Verlag. Welcher der Verleger als Vermieter Oberländers fungierte, wurde nicht ermittelt. – RP notierte für den 28.6.1918: »Oberländer besucht, ihm 10 Zeichnungen zu je 120 Mark abgekauft«. (Zit. Piper, Reinhard: *Chronik Langfassung 1901–1929*, Deutsches Literaturarchiv, Marbach, 01.1.)

2 ***Jsenheimer-Altar:*** Im Jahr 1919 erfolgte eine Reihe von Publikationen zu diesem Thema bei Piper: die Mappe *Grünewalds Isenheimer Altar* in 49 Aufnahmen sowie zwei Bände von Oskar Hagen (*Einführung in Grünewalds Isenheimer Altar* und *Matthias Grünewald*). 1947 brachte man Abbildungen des Altars in der Piper-Bücherei (→ 467 RP, die ersten sechs…). – Der Isenheimer Altar (geschaffen wahrscheinlich zwischen 1512 und 1516 für das Antoniterkloster in Isenheim, heute Colmar, im Elsass) von Matthias Grünewald (Sigle MG bzw. MGN, Identität nicht eindeutig geklärt) gilt als eines der Hauptwerke der deutschen Malerei. – RP hatte ihn schon im Jahre 1912 das erste Mal besucht (→ *MLaV*, S. 362), die Arbeit an den Publikationen begann allerdings erst, nachdem die Altarbilder im Laufe des 1. Weltkriegs in die Münchener Alte Pinakothek gebracht worden waren. RP nimmt in seiner Beschreibung Bezug auf das Mittelbild, die Kreuzigung Christi. – AK schildert in seiner Autobiographie einen Besuch in Colmar (→ *AmL*, S. 48), auf den er später auch in seinem *Brief über die großen Meister* (1924) zurückkommt: »Und gar Matthias Grünewald! Sein Isenheimer Altar preßt in furchtbarer Größe alles zusammen, was heiße religiöse Inbrunst aus einem gewaltigen Schöpfer hervorströmen läßt. Der ewige Streit von Licht und Finsternis wird auf diesen Tafeln vor uns gekämpft. Ich erinnere mich noch

gut, wie schwer es mir war, den schaurigen Alp abzuwälzen, der mich befiel, als ich im Jahre 1914 in Kolmar die übermenschliche Leiche in all ihrer ganzen Pracht und Furchtbarkeit sah. Aber die Ruhe und der Waldesduft, den die Flügelbilder mit dem heiligen Paulus und Antonius fühlbar ausströmen, umfingen mich dann und machten die Angst schließlich wieder schwinden.« (Zit. *AmW*, S. 63.) – In AKs Bibliothek findet sich ein Exemplar von Max J. Friedländers *Grünewalds Isenheimer Altar* (München: Bruckmann 1908) [Inv.Nr. 1105].

77 AK

1 Zur Illustration: Die Briefzeichnung variiert ein Motiv, das 1920 in den Band *Wilde Tiere* (s.u.) aufgenommen wurde (Tafel 2: *Löwin*). Die Szenerie ist sehr ähnlich (Körperhaltung, Hintergrund Felsen), der Kopf des Raubtiers wurde auf der endgültigen Zeichnung allerdings mit geöffneten Augen gestaltet. – Abdruck in *MLaV*, Bildtafel nach S. 430.
2 ***Meine arme Frau:*** Vorzeichen einer neuerlichen schweren gesundheitlichen Krise vom Herbst 1918 bis ins Frühjahr 1919. (→ *FHO*, S. 411–412.)
3 ***vom Zuge zermalmt:*** Siehe auch → AK an FHO am 6.8.1918 (→ *FHO*, S. 201).
4 ***Raubtieren:*** Kubin, Alfred: *Wilde Tiere*. München: Hyperion-Verlag 1920 [R125].

78 AK

1 Zur Illustration: Die Briefzeichnung variiert ein Motiv, das 1920 in den Band *Wilde Tiere* aufgenommen wurde (Tafel 1: *Löwe*). Die Szenerie ist sehr ähnlich (Körperhaltung, Hintergrund Pflanze), das Raubtier auf der endgültigen Zeichnung allerdings dunkler und mächtiger gestaltet, der Arm des Menschen seitwärts ausgestreckt.
2 ***Delacroix:*** → 525 AK
3 ***russische Abenteuer:*** Der 47-jährige Julius Meier-Graefe arbeitete – da von der Wehrmacht als nicht verwendungsfähig eingestuft – im 1. Weltkrieg freiwillig beim Roten Kreuz und geriet bis Anfang 1916 in russische Kriegsgefangenschaft. (→ *MLaV*, S. 366.) Seine Erlebnisse schilderte er unter dem Titel *Tschainik* (Berlin: S. Fischer 1918). Das Buch wurde 1929 bei Klinkhardt & Biermann (Berlin) mit Verbesserungen des Autors als *Die weiße Straße* neu aufgelegt.
4 ***Simson in Passau:*** Wilhelm Simson (1827–1892) trat 1859 in das Passauer Mode-, Tuch- und Schnittwarengeschäft der Firma Bachmaier, Ludwigstraße 13, als Kommis ein, übernahm es später, baute es zu einem führenden Tuch- und Teppichhaus aus und eröffnete eine Privatbank. Nach seinem Tod übernahm seine Tochter Maria, verheiratete Reichel, das Geschäft und führte es unter dem Namen *Wm. Simson* weiter. (→ *1000 Passauer*.) Wichtiger Geschäftskontakt AKs über Jahrzehnte.
5 ***keinen Wert mehr:*** Der Verfall der österreichisch-ungarischen Währung hatte im Herbst 1918 seinen Höhepunkt bei Weitem noch nicht erreicht. Der Mangel an Gütern und die übermäßige Verwendung der Notenpresse hatten v.a. innerhalb der Monarchie für hohe Inflation gesorgt. In Bezug auf die Wechselkurse war die Situation weniger dramatisch, da verschiedene Verkehrs- und Zahlungsbeschränkungen sowie künstliche Stützungsmaßnahmen verhinderten, die wahre Lage der Krone im Ausland sichtbar werden zu lassen. Der Außenwert fiel bis Kriegsende im Verhältnis zum Schweizer Franken nur um weniger als ein Drittel, bis Oktober 1919 allerdings auf ein Achtzehntel des Vorkriegswertes. Im Inland spitzte sich die Geldentwertung schneller zu: Die Lebenserhaltungskosten (ohne Wohnen) waren im Vergleich mit 1914 im Spätsommer 1918 um 130–160 Prozent gestiegen und sollten sich in den ersten neun Monaten nach Kriegsende um weitere 90 Prozent erhöhen. (→ *Schilling*, S. 13–24.)
6 ***Herr Neuhöfer:*** Siegfried Neuhöfer, nach Ableben des Verlagsgründers (→ 63 AK)

persönlich haftender Gesellschafter des Georg Müller Verlags (→ 66 RP, der jetzige Machthaber). Lebensdaten nicht ermittelt.

7 *Cezanne Probedrucke:* → 72 AK, die versprochenen Probedrucke (M. G.)

79 RP

1 *die Mappe:* Gemeint ist AKs Mappe *Sansara* (→ 76 RP).

80 AK

1 *Thannhäuser:* Der als Tannhäuser bekannte Minnesänger dichtete zwischen 1228 und 1265. Vermutlich Abkömmling des Geschlechts der in Bayern und Salzburg ansässigen Herren von Tannhusen, allerdings nicht urkundlich belegt. – Die reiche Tradition der aus unterschiedlichsten Quellen gespeisten Tannhäuser-Sage kennt ihn als bußfertigen Pilger, der sich vom Venusberg zu Papst Urban IV. aufmacht, um Vergebung für sein ausschweifendes Leben zu erbitten. Diese wird ihm versagt: Nur wenn der dürre Stab in der Hand des Papstes zu grünen beginne, könne Tannhäuser Absolution erhalten. Als dieses Wunder nach drei Tagen tatsächlich eintritt, ist der Ritter bereits verzweifelt in den Venusberg zurückgekehrt. – Besonders in der Romantik erfährt der Stoff zahlreiche Bearbeitungen – etwa in E. T. A. Hoffmanns *Der Kampf der Sänger* (1819) und Wagners Musikdrama *Tannhäuser und der Sängerkrieg auf der Wartburg* (1845). Um 1900 stand der Name Tannhäuser ohne Verbindung zum Stoff oft als bloßes Symbol der Sinneslust.

2 *Frau wieder leidend:* HK erlitt einen schweren Rückfall und wurde Mitte September wieder in das Sanatorium in Alsbach/Hessen eingeliefert – AK erinnert sich an »3 sehr arge Wochen wobei mit Tod und Verzweiflung gespielt wurde.« (Zit. *FHO*, S. 203.) Erst im Frühjahr 1920 sollte HK wieder entlassen werden. Dr. Rudolf Laudenheimer, der sie erstmals bereits während eines Aufenthalts mit AK 1905 behandelt hatte, konnte sie schließlich von einer mehr als 14 Jahre andauernden Morphiumsucht befreien (→ *Hoberg*, S. 234), über die auch ihr Bruder Oscar A. H. Schmitz in seinen Tagebüchern des Öfteren schreibt (→ etwa *OAHS Tagebücher 1*, S. 291). AK verfasste 1918 ein Exlibris für Laudenheimer [R110] und widmete ihm 1922 die Mappe *Nach Damaskus*.

81 AK

1 *Indianersagen:* → 62 AK

2 *Vignettenwerk:* Das Lese- und Bilderbuch (→ 58 AK).

3 *Großmann ... Passau:* → 51 AK, Grossmann

82 RP

1 *meine beiden im Felde stehenden Teilhaber:* → 25 AK, gemustert

2 *zweiten Reihe:* Alle genannten Werke erschienen 1918. Dostojewski, Fjodor M.: *Eine dumme Geschichte*. Mit Lithographien von Rudolf Großmann (Drucke der Marées-Gesellschaft V); Flaubert, Gustave: *Die Legende von Sankt Julian dem Gastfreundlichen*. Mit Holzschnitten von Max Unold (Drucke der Marées-Gesellschaft VII); *Daumier. Zeichnungen*. 15 Faksimiles. Text von Wilhelm Hausenstein (Drucke der Marées-Gesellschaft IX); Hans von Marées: *30 Faksimiles*. Texte von Wilhelm Hausenstein, Rudolf Pannwitz, Walter Riezler u. Julius Meier-Graefe (Drucke der Marées-Gesellschaft X); Rudolf Grossmann: *Herbarium*. 22 Originalradierungen. Text von Carl v. Linné (Drucke der Marées-Gesellschaft VIII); Ovid: *Amores* (Drucke der Marées-Gesellschaft VI).

83 RP

1 ***Hindenburg:*** Paul von Beneckendorff und Hindenburg (2.10.1847 Posen – 2.8.1934 Neudeck); Militär, Politiker. Nach Teilnahme an den Kriegen von 1866 und 1870/71 Aufstieg zum Kommandierenden General (1903), Abschied 1911, Ruhesitz in Hannover. Im 1. Weltkrieg erst Oberbefehlshaber der 8. Armee in Ostpreußen (Generalstabschef Ludendorff), die den russischen Truppen in den Schlachten bei Tannenberg und den Masurischen Seen schwere Niederlagen zufügte, dann »Oberbefehlshaber-Ost«, Generalfeldmarschall und populärster deutscher Heeresführer. Im Spätsommer 1916 mit Ludendorff 3. Oberste Heeresleitung, fast uneingeschränkte strategische Lenkung des Krieges. 1917 mitverantwortlich für den Sturz des Reichskanzlers Theobald von Bethmann Hollweg sowie für den Rückzug Kaiser Wilhelms II. in die Niederlande (Intention: Rettung der monarchistischen Staatsform). Nach Unterzeichnung des Versailler Vertrages Niederlegung des Kommandos. Prominenter Verbreiter der »Dolchstoßlegende«, die sich explizit gegen reichsinterne oppositionelle Strömungen (Sozialdemokratie) richtete. Trotz seiner Skepsis gegenüber dem Republikanismus nach einem weiteren kurzen Ruhestand in Hannover 1925 als Reichspräsident Nachfolger von Friedrich Ebert, ab 1930 wichtiger Faktor in der Entwicklung des Präsidialregimes. Am 30.1.1933 ernannte H Hitler zum Reichskanzler und ermöglichte schließlich durch weitere Verordnungen und Gesetze den Aufbau der NS-Diktatur.

2 ***in Passau:*** → 72 AK

3 ***Popanz:*** Schreck- oder Trugbild, auch Vogelscheuche. Ebenso Bezeichnung für Personen, die trotz leichter Beeinflussbarkeit einen starken, unabhängigen Eindruck zu erwecken versuchen.

4 ***Moltke:*** Wohl Helmuth Johannes Ludwig von Moltke (25.5.1848 Rittergut Gersdorf – 18.6.1916 Berlin); 1906 als Nachfolger Schlieffens Chef des Generalstabs. Bei Ausbruch des 1. Weltkriegs übernahm M die Oberste Heeresleitung. Seine Unentschlossenheit während der Marneschlacht im Nordosten Frankreichs 1914 führte zur Niederlage gegen die Alliierten und zu seinem Rücktritt. M erlag wenige Jahre später einem Schlaganfall. Besonders die frühen Briefe vor der Jahrhundertwende zeigen sein Interesse an Literatur, Musik, Malerei und Religion. (→ Moltke, Eliza von (Hrsg.): *Generaloberst Helmuth von Moltke. Erinnerungen, Briefe, Dokumente 1877–1916.* Stuttgart: Der Kommende Tag 1922.) – Möglicherweise bezieht sich die Passage aber auf Ms Vater, Helmuth Karl Bernhard Graf von Moltke (1800–1891), genannt M d. Ä., preußischer Generalfeldmarschall. – In AKs Bibliotheksbeständen finden sich die *Gesammelten Schriften und Denkwürdigkeiten des Generalfeldmarschall H. v. Moltke* Bd. 1–7 (Berlin: Mittler 1891/92) [Inv.Nr. 4922] sowie Hermann Mueller-Bohns *Graf Moltke. Ein Bild seines Lebens und seiner Zeit* (Berlin: Kittel o.J.) [Inv.Nr. 2387].

84 AK

1 ***Oberländerblatt:*** → 77 AK

2 ***Brief und eing. Drucksache:*** Nicht ermittelt.

85 AK

1 ***Beckmann'schen Plänen:*** In den überlieferten Briefen wurde nur eine Mitarbeit Bs an der *Deutschen Skizzenmappe* diskutiert (→ 71 RP), vermutlich kündigte RP in nicht erhaltenen Schreiben aber auch schon weitere Vorhaben an (→ 86 RP).

2 ***F. Blei:*** Franz Blei, zahlreiche Ps. (18.1.1871 Wien – 10.7.1942 Westbury/Long Island); österreichischer Schriftsteller, Herausgeber und Publizist. Studium der Nationalökonomie, Geschichte und Literaturgeschichte in Zürich und Genf, danach an-

sässig in München und Berlin (Mitarbeit u.a. an den Zeitschriften *Insel* und *Pan*), zahlreiche Reisen, 1931 Umzug nach Mallorca, ab 1936 als Katholik und Kommunist auf der Flucht vor der Gestapo, 1941 in New York. Neben seinen literarischen Arbeiten war es v.a. seine Tätigkeit als Publizist und Herausgeber (der Zeitschriften *Der Amethyst*, *Opale*, *Zwiebelfisch*, *Hyperion* etc.), die ihn zu einer zentralen Gestalt des literarischen Lebens Anfang des zwanzigsten Jahrhunderts machten. Er unterstützte R. Walser, Musil und Kafka und übersetzte aus dem Französischen und Englischen. Die literarische Satire *Bestiarium literaricum* (1920), 1924 erweitert zu *Das große Bestiarium der Literatur*, ist sein bekanntestes Werk. – In der Münchener Zeit Freund und Förderer AKs, in den frühen Jahren auch Veröffentlichung Kubinscher Werke in einigen der oben genannten Zeitschriften. B berichtet darüber in der erstmals 1930 veröffentlichten *Erzählung eines Lebens* (Wien: Zsolnay 2004, S. 327–335) sowie in *Zeitgenössische Bildnisse* (Amsterdam: de Lange 1940, S. 261-262).

3 ***W. Weygand:*** Wilhelm Weigand (→ 58 AK).

4 ***T. Stadler:*** Anton (»Toni«) Stadler (9.7.1850 Göllersdorf – 17.9.1917 München); österreichischer Maler. Studium in Berlin, 1878 Umzug nach München, 1893 Mitbegründer der Münchener Sezession und Direktor der Münchener Kunstakademie. Wilhelm Weigand beschreibt ihn als »das, was man, im edelsten Sinne, einen Geschmäckler nennen könnte: für das, was seiner Natur zusagte, besaß er die feinsten Sinne und trat auch unermüdlich werbend dafür ein. Er war jeder Mißgunst und jedes Neides bar und half, wo er nur helfen konnte: der ganz junge Otto Greiner und Alfred Kubin waren eine Zeitlang seine Schützlinge, und schon die Zusammenstellung dieser Namen beweist, daß er keine Engherzigkeit kannte.« (Zit. Weigand, Wilhelm: *Welt und Weg. Aus meinem Leben*. Bonn: Ludwig Röhrscheid 1940, S. 155.)

5 ***Zeit-Echo:*** Nach dem Ausbruch des 1. Weltkriegs mit dem Ziel, die Wirkung des Krieges auf Literaten und Maler festzuhalten, als *Kriegstagebuch der Künstler* gegründete Zeitschrift (1914–1917). Essayistische, dichterische und graphische Stellungnahmen unterschiedlicher Richtungen kamen etwa von Johannes Schlaf, Otto Stössl, Anton Wildgans, Hans Carossa, Max Brod, Robert Walser, AK etc. – Schon 1914 hatte AK zu Heft 4 die Zeichnung *Kriegsfurie mit Brandfackel* beigetragen [R73; Hb2], die weiteren Zeichnungen waren 1915 in Heft 6 (*Cäsarenkopf*) [R79 (fehlerhafte Heftangabe); Hb3] und in Jahrgang 2, Heft 4 (*Japanischer Feldherr*, *Zwei Schlangen*, *Hyäne auf dem Schlachtfeld*) [R79; Hb4–6] erschienen, allesamt als Federlithographien. Nach *Der Flüchtling* von 1912 [R43; Hb1] waren dies die frühesten Kubinschen Lithographien überhaupt.

6 ***Verleger Neumann:*** AK bezieht sich hier auf die Mappe *Die 7 Todsünden* von 1914. Die Federlithographien waren in Berlin im *Graphischen Kabinett* von Israel Ber Neumann (1887–1961) erschienen, der auch ein wichtiger Verleger und Geschäftspartner Max Beckmanns war. Die Mappe *10 kleine lithographische Zeichnungen* [R94; A31] wurde 1918 ebenfalls bei N veröffentlicht. – Neben seiner Bedeutung als Verleger wurde N ein wichtiger Galerist für AK. 1911 hatte er das *Graphische Kabinett* in Berlin gegründet und war zeitweilig Geschäftsführer der Berliner Sezession. Im Zuge der Erweiterung seines Geschäftsbereichs eröffnete N 1923 ein *Graphisches Kabinett* in München, dessen Leitung er noch im gleichen Jahr Günther Franke (→ 227 AK) übertrug, während er selbst nach New York übersiedelte. Um 1930 wurde Franke Kompagnon und 1933 alleiniger Eigentümer. Das *Graphische Kabinett – Galerie Günther Franke* war die einzige Galerie moderner Ausrichtung, die das »Dritte Reich« überdauerte, und avancierte nach Kriegsende zu einer der ersten Adressen im Münchener Kunsthandel. Franke wurde zu einem wichtigen Sammler, der viele seiner zahlreichen AK-Ausstellungen (auch während des NS-Regimes) teils aus eigenen Beständen bestückte. (→ *Meißner*, S. 50–51.) Eine genaue Auflistung findet sich bei *Meißner*; einzelne Ausstellungen werden an entsprechender Stelle erwähnt und dort kommentiert.

86 RP

1 ***bei der dritten Serie:*** Nachträgliche hs Anmerkung RPs mit Bleistift am unteren Blattrand: »Wir kamen bis zur 10. Serie«.
2 ***Grünewaldbuch:*** → 76 RP. – Welches der drei Grünewald-Bücher bei Piper von 1919 gemeint ist, bleibt unklar. – In AKs Bibliothek findet sich keines der angesprochenen Werke, wohl aber ein Grünewaldbuch des Delphin-Verlags (Mayer, August L.: *Der Romantiker des Schmerzes*, 1919) [Inv.Nr. 119], sowie ein bei O.C. Recht erschienenes (Storck, W.F.: *Handzeichnungen des Matthias Grünewald*, 1922) [Inv. Nr. 1085].
3 ***Beckmann ... zwei Mappen:*** 1919 erscheint bei Piper: *Max Beckmann. Gesichter*. 19 signierte Original-Radierungen. Text v. Julius Meier-Graefe (Drucke der Marées-Gesellschaft XIII). – Aus der Korrespondenz Bs mit RP und Julius Meier-Graefe geht hervor, dass zwar Abmachungen bezüglich einer Mappe *Welttheater* für die Marées-Gesellschaft getroffen wurden (B an Meier-Graefe am 7. 8. 1918), die Herausgeber des B-Briefwechsels kommen jedoch zu dem Schluss, dass (trotz genauer Diskussion der Vertragsinhalte) von einer Veröffentlichung dieser zweiten Mappe schließlich abgesehen wurde. (→ *Beckmann 1*, S. 172–176 u. 446–447 bzw. *Briefwechsel mit Autoren*, S. 158–163 u. 545–546.) Dass die geplante Mappe *Welttheater* dem 1922 realisierten *Jahrmarkt* entspricht, wie dies von den Herausgebern von RPs *Briefwechsel mit Autoren* (S. 546) angenommen wird, ist zwar nicht gänzlich auszuschließen, allerdings entstehen die (meisten?) Radierungen für *Jahrmarkt* erst später, nämlich 1921. So schreibt etwa B an Neumann am 26. 8. 1921: »Ich bin inzwischen fleißig gewesen und habe 3 Platten für den Jahrmarkt bereits fertig« (Zit. *Beckmann*, S. 202), an RP am 1. 10. 1921: »Ich bin also bereit Ihnen noch eine Platte im Format der ›geliebten‹ Schlangendame zu machen.« (Zit. *Beckmann*, S. 203.) – Welche Arbeiten RP im hier kommentierten Brief mit »sehr bedeutend« bezeichnet, ist unklar. – Im Ganymed-Jahrbuch von 1919 sind nur die *Gesichter* verzeichnet, das *Welttheater* wird nicht angekündigt.
4 ***Gedichte:*** 1920 erschienen bei Piper sieben Lithographien Max Beckmanns zu Gedichten von Lili von Braunbehrens (1894–1982) unter dem Titel *Stadtnacht* (Beckmann hatte Piper dieses Projekt von sich aus vorgeschlagen).

87 AK

1 ***Republikaner:*** Am 9. November 1918 erfolgte die Ausrufung der Republik in Berlin bekanntermaßen gleich zweimal: durch den bürgerlich-demokratischen SPD-Politiker Philipp Scheidemann (1865–1939) und durch den Führer des sozialistischen Spartakusbundes Karl Liebknecht (1871–1919). Die Vorstellungen der SPD und der bürgerlich-demokratischen Parteien setzten sich nach zum Teil bürgerkriegsartigen Unruhen (→ 88 RP) durch: Die Monarchie des Deutschen Reiches wurde von einer parlamentarisch-demokratischen Republik mit liberaler Verfassung abgelöst, das Kaiserreich wich der Weimarer Republik als erster deutscher Republik auf nationalstaatlicher Basis.
2 ***300 M:*** Für zwei von RP erworbene AK-Blätter (→ 77 AK).
3 ***der Arzt:*** Wohl Dr. Rudolf Laudenheimer (→ 80 AK, Frau wieder leidend).
4 ***Großmann ... Drucksache:*** → 84 AK

88 RP

1 ***Drucksache:*** → 84, 87 AK
2 ***Revolution:*** Anfang November 1918 kam es in Wilhelmshafen und Kiel zu ersten Matrosenaufständen, am 4. 11. übernahmen dort Arbeiter- und Soldatenräte die Macht.

Der Aufstand breitete sich schnell auf andere Städte aus und erreichte am 7.11. München. In der Nacht auf den 8.11. rief der USPD-Politiker Kurt Eisner (1867–1919) den Freistaat Bayern aus und erklärte die über Jahrhunderte herrschenden Wittelsbacher für abgesetzt; der bayerische König Ludwig III. floh nach Österreich. – Am 9.11. verkündete Max von Baden eigenmächtig die Abdankung Wilhelms II. und übertrug sein Amt des Reichskanzlers auf Friedrich Ebert (SPD), die Republik wurde ausgerufen (→ 87 AK). Am 11.11. wurde der Waffenstillstand zwischen Deutschland und den Alliierten unterzeichnet. – Als Folge der revolutionären Unruhen wurde im April 1919 die Münchener Räterepublik ausgerufen, die allerdings nach Eingreifen der Reichswehr schon im Mai ein jähes Ende finden sollte. – RP distanziert sich am 12.11.1918 in einem Brief an seine Teilhaber dezidiert von revolutionären Vorgängen: »Da ich ganz unpolitisch bin, ging ich nicht zu der großen Volksversammlung auf der Theresienwiese, die für Donnerstag Nachmittag drei Uhr anberaumt war. Es lag darin auch ein gewisser Protest, da ich einem Krach jeder Art gerne aus dem Wege gehe und nicht gerne wohin laufe, wo ohnehin alle übrigen schon hinlaufen. [...] Es ist [...] nicht gut denkbar, daß das gesamte Bürgertum und die Landbevölkerung dauernd sich nur zusehend verhält und einfach überstimmt wird. Natürlich glaube ich nicht an eine ›Gegen-Revolution‹. Diese ist auch gar nicht wünschenswert und daß die Monarchie wieder kommen könnte, nimmt wohl niemand ernstlich an.« (Zit. nach: *Piper 90*, S. 95–96.)

3 ***Hörschelmann:*** Rolf von Hoerschelmann (28.2.1885 Dorpat/Baltikum – 12.4.1947 München); Graphiker, Maler und Kunstsammler. Kunststudium in München. Mitarbeiter der 1908 von Alexander von Bernus gegründeten *Schwabinger Schattenspiele* und des *Simplicissimus*. Neben Aquarellen v.a. Buchillustrationen in der Tradition von Slevogt und AK sowie populäre Scherenschnitte. – Die Freundschaft zwischen AK und H ging zurück auf das Jahr 1905. (→ *Hoberg*, S. 229.) Beide waren Mitglieder der *Münchner bibliophilen Gesellschaft* gewesen und hatten 1913 die *Hermetische Gesellschaft München* gegründet, eine Art privaten Geheimbund. H schuf einige Darstellungen AKs [R*147*], schrieb zahlreiche kleinere und größere Artikel über AK und die Schwabinger Kunstszene – manche erschienen in Privatdruck [R*181*], andere in größeren Zeitungen [R*504*] – und verfasste 1937 in der Zeitschrift *Imprimatur* auch einen Beitrag über das Kubin-Archiv im Hamburg [R*830*]. – RP schildert seine langjährige Freundschaft mit H in seinen Lebenserinnerungen. (→ Abschnitt *Der kleine Hoerschelmann* in *MLaV*, S. 504–505.) – Im Linzer Bestand der Kubinschen Graphiksammlung finden sich eine Zeichnung und 85 druckgraphische Werke Hs. (→ *Heinzl 1970*, S. 222.)

89 AK

1 ***Bolschewik:*** Der Begriff geht auf den Erfolg der Anhänger Lenins bei der Wahl zur Parteileitung der Sozialdemokratischen Arbeiterpartei Russlands im Jahr 1903 zurück (russisch: »Mehrheitler«). Die öffentliche Ablehnung des Eintritts Russlands in den 1. Weltkrieg und die militärischen Niederlagen im Laufe der Kampfhandlungen brachten den Bolschewiki die Sympathie der Bevölkerung. Nach der Oktoberrevolution 1917 waren sie unter Lenins Führung die stärkste Macht im Lande. AK zeigt hier einmal mehr seine spielerische Lust am Provokanten – weder eine ideelle Nähe zum Gedankengut des Sozialismus bzw. Kommunismus noch eine intensive Beschäftigung mit dem russischen Bürgerkrieg der folgenden Jahre ist zu beobachten.

2 ***Jakobiner:*** Seit der Französischen Revolution und deren nach seinem ersten Tagungsort (dem Dominikanerkloster Saint-Jacques) benannten wichtigstem politischem Club, der unter Robbespierre die Schreckensherrschaft der Jahre 1793/94 organisierte, wurde der Begriff immer wieder für entschiedene Anhänger der Revolution und radikale Demokraten verwendet. – Der sich selbst stets als »unpolitisch« be-

schreibende AK kombiniert hier also zeit- und selbstironisch zwei revolutionäre Paradebegriffe. Die Kopfbedeckung des gezeichneten Alter Egos entspricht eher der russischen Uschanka als der typischen Jakobinermütze.

3 ***Moneten:*** Es handelt sich hier noch immer um die Erledigung des Geschäfts vom 20.7.1918 (→ 77 AK).

4 ***Mainzer Brückenkopf:*** Nach dem Ende des Krieges besetzten die Franzosen 1918 das linke Rheinufer sowie auf dem rechtsrheinischen Ufer drei Brückenköpfe von jeweils etwa dreißig Kilometer Radius um die alten Rheinfestungen Mainz, Koblenz und Köln. Der endgültige Abzug sollte erst 1930 erfolgen.

5 ***Th. Th. Heine:*** Thomas Theodor Heine, eigentl. David Theodor Heine (28.2.1867 Leipzig – 26.1.1948 Stockholm); Maler, Plastiker, Plakat- und Buchgestalter. Studien an den Akademien in Düsseldorf und München. Mitbegründer und wichtiger Ideengeber der satirischen Zeitschrift *Simplicissimus* (von 1896 bis 1933 etwa 2500 Zeichnungen). 1898 gemeinsam mit Frank Wedekind sechs Monate Festungshaft wegen Majestätsbeleidigung, später Anfechtung des einflussreichen Kritikers jüdischer Abstammung seitens der Nationalsozialisten; Berufsverbot. 1933 Flucht nach Prag, 1935 nach Brünn, 1938 nach Oslo; ab 1942 in Stockholm ansässig, 1947 schwedische Staatsbürgerschaft. Auch im Ausland Arbeit für die hervorragendsten Zeitungen, beständiges Anprangern des NS-Regimes. – AK war 1912 durch Initiative Hs zum *Simlicissimus* gekommen (→ *Raabe*, S. 202) und trug bis zum Jahr 1944 etwa 200 Arbeiten bei [R49, 636]. H widmete AK in seinen *Randbemerkungen zu meinem Leben* (In: Uhu 3, 1926, S. 36–50) einige Absätze. – RP hatte bereits 1904 die Reihe *Moderne Illustratoren* mit einem Band über H eröffnet und schildert einen Besuch im Atelier des Künstlers anlässlich dieses Projekts in seinen Lebenserinnerungen (→ *MLaV*, S. 248–260), wobei auch Hs »berühmte[r] Mops, das zahme Vorbild der bissigen ›Simplicissimus‹-Bulldoge« erwähnt wird. (Zit. ebd., S. 249.) – Angesprochener Brief vom 14.11.1918 → StGL-M-KA.

6 ***dem neuen Regime:*** Kurt Eisner (→ 88 RP, Revolution) wurde am 8.11. vom Münchener Arbeiter- und Soldatenrat zum ersten Ministerpräsidenten der neuen Bayerischen Republik gewählt und bildete kurz darauf eine Regierung aus Mitgliedern der SPD und der USPD, in der er neben dem Amt des Regierungschefs auch den Posten des Außenministers einnahm. E vertrat eine Position zwischen Parlamentarismus und Rätedemokratie, zeitweise mit separatistischen Ambitionen (Intention: Bildung einer Donauföderation bestehend aus Bayern, Österreich und der jungen Tschechoslowakei). In seiner rund hunderttägigen Amtszeit blieben größere Veränderungen aus, da die Regierung, besonders von den SPD-Ministern, nur als ein Provisorium bis zur angesetzten Landtagswahl betrachtet wurde und zudem verschiedene Vorstellungen über die zukünftigen Strukturen des Staates zu Konflikten führten. Sowohl von den Kommunisten wie auch von den anderen politischen Lagern kritisiert und beargwöhnt, kam die USPD bei den Wahlen im Januar nur auf 2,5 Prozent, E zögerte aber seinen Rücktritt hinaus und wurde am 21.2.1919 von einem völkisch-nationalen Studenten erschossen.

7 ***»Oberländer«:*** Ein von AK schon Monate zuvor gewünschtes Blatt des Künstlerkollegen (→ 77 AK).

90 AK

1 ***München:*** Nach 1915 und einem Kurzaufenthalt 1919 besuchte AK München erneut im Januar 1920 »und wurde dortselbst *sehr* geehrt, – eine Professur für Illustrationsklasse lehnte ich ab um lieber einfacher doch freier zu leben! Du erratest richtig: ich habe einen großen Pack Papiergeld eingenommen, aber das Zeug hat ja keinen Wert!«. (Zit. *FHO*, S. 212.) Anlass war u.a. die 1. Aquarellausstellung der *Münchener Neuen Secession* in der Galerie Tannhauser, bei der AKs aquarellierte Federzeichnungen zu

Balzacs *Mystische Geschichten* (im selben Jahr bei Georg Müller erschienen) gezeigt wurden. (→ *Hoberg*, S. 234.)

2 ***Mäcen:*** Nicht ermittelt.

3 ***Cristof:*** Wohl der in die Mappe *ARdL* aufgenommene *Sankt Christophorus* (Tafel V).

4 ***Casparsche:*** Offenbar frühere Fassung des oben genannten Bildes; in Besitz des Künstlerkollegen Karl Caspar (→ 92 RP).

5 ***Wahl durch Meier-Gräfe:*** Bezug unklar, möglicherweise für die *Deutsche Skizzenmappe* (→ 71 RP), an der sich AK schließlich nicht beteiligte. – Anstelle einer Beteiligung kommt es zu einer eigenen Kubin-Mappe bei Piper: *Am Rande des Lebens* (→ 97 AK).

6 ***Baldung Grien:*** Hans Baldung, gen. Grien (zwischen Juli 1484 und Juli 1485 Schwäbisch Gmünd – September 1545 Straßburg); Maler, Zeichner, Kupferstecher. Schüler Albrecht Dürers. Im Werk Gegensatz zwischen leuchtender Sinnesfreude als Andeutung der Weltoffenheit der Renaissance und dämonischer Phantasie (Hexenszenen, Totentanzthemen). Ausdrucksvolle Holzschnitte. Einer der bedeutendsten deutschen Graphiker. – In seinem *Brief über die großen Meister* (1924) gibt AK Einblick in sein Verhältnis zu B: »Wie braust da das Blut, versenkt man sich zur guten Stunde in seine schreckhaft wilden Gebilde! Es ist wie ein heimliches Jauchzen oder wie ein fernes, verborgenes Wiehern, was in unserm Innern lebendig wird. Ich denke hauptsächlich an die Holzschnitte und Zeichnungen: die Parzen, Hexen, die grandiosen Pferdedarstellungen, überall ein schier maßloses Kraftüberschäumen! Baldung ist für mich prachtvollster Typus jener überreichen Schar echt deutscher Zeichner und Maler des 16. Jahrhunderts.« (Zit. *AmW*, S. 62.) – Der Einfluss auf AK dokumentiert sich auch im Linzer Bestand der Kubinschen Graphiksammlung mit etwa zwanzig Graphiken Bs. (→ *Heinzl 1970*, S. 227.)

7 ***Pferde… d. T. i. d. K:*** Gemeint ist Hans Baldungs Holzschnitt *Pferde im Wald* (1534), abgebildet und wegen seiner impulsiven Bildmächtigkeit gelobt auf S. 93 der zweiten Auflage (1910) von RPs *Das Tier in der Kunst* (→ 32 AK, L.i.d.b.K.).

8 ***Rossknecht:*** Das 1544 geschaffene *Der behexte Stallknecht* Hans Baldungs zählt zu den bedeutendsten Werken der deutschen Renaissance.

9 ***Bettler:*** Häufiges Sujet bei Hans Baldung; → etwa die Holzschnitte *Heiliger Martin mit dem Bettler* (1505–1507), *Heilige Elisabeth speist einen Bettler* (1511/12).

10 ***Todsünden:*** *Die sieben Todsünden* (1511), Holzschnitt.

11 ***K. Schefflers Essay:*** Scheffler, Karl: *Alfred Kubin*. In: Kunst und Künstler 18, 1919, S. 109–123. Mit 15 Abbildungen [*R367*].

12 ***präzeptor germaniae:*** Lateinisch: »Lehrer Deutschlands«. Beiname bedeutender Gelehrter, z. B. von Hrabanus Maurus und Philipp Melanchthon.

13 ***»Neujahrnachtsgesellschaft«:*** Ein bereits ab 1917 diskutiertes Illustrationsprojekt zu Jean Paul (→ 58, 59 RP).

14 ***»Wilde Tiere«:*** → 77 AK, Raubtieren. – Die angesprochene Mappe erschien nicht im Verlag Kurt Wolff selbst, sondern im Münchener Verlag Hyperion – der sich allerdings seit 1917 in Wolffschem Besitz befand (→ 20 RP, Hans von Weber).

15 ***Novelle S. Friedländers:*** Friedländer, Salomo: *Der Schöpfer*. Phantasie. Mit 18 Federzeichnungen von Alfred Kubin. München: Kurt Wolff 1920. – Salomo Friedländer, Ps. Mynona (Umkehrung von »anonym«) (4. 5. 1871 Gollantsch/Posen – 9. 9. 1946 Paris); Philosoph und unter dem Ps. Verfasser von Grotesken. Studium in München, Berlin und Jena (erst Medizin, dann Geisteswissenschaften). Bis 1933 als freier Schriftsteller in Berlin, dann Emigration nach Frankreich. – Laut einem Aufsatz aus dem Jahr 1920 lernte AK die ersten Texte Fs etwa 1912 kennen und entdeckte in dessen Ausführungen über das Problem der Polarität eine enge Verbindung zur eigenen Weltsicht. (→ *S. Friedländer. Schöpferische Indifferenz. Ein Hinweis*, *AmW*, S. 166–170.) Das erste persönliche Treffen im Jahre 1918 schildert AK 1931 in *Begegnungen mit Mynona. S. Friedländer zu seinem 60. Geburtstag*. (→ *AmW*, S. 91–96.) Bei wechselnder

Einschätzung der Arbeiten Fs blieben deren Kerngedanken, allen voran die Idee des »Balanzierens« der »Kräfte«, zentrale Momente in AKs persönlicher Philosophie und wurden auch in der einschlägigen Forschungsliteratur intensiv rezipiert. (Zum Verhältnis AK-F → etwa die Pionierarbeit von *Hewig*, sowie *BfE* und *FHO*, S. 410–411.)

16 ***Friedrich Huchs:*** Friedrich Huch (19.6.1873 Braunschweig – 12.5.1913 München); Schriftsteller. Vetter von Ricarda Huch. Studium der Philosophie und Philologie in München, Berlin und Paris, dann zeitweilig Erzieher in Hamburg und Lodz (Polen). Ab 1903 freier Schriftsteller in München, dort Kontakt zu Ludwig Klages, Stefan George und Thomas Mann. Redakteur der *Jugend.* – Bekanntschaft mit AK während der Münchener Jahre. (→ *AmL*, S. 72.) – Das angesprochene Werk *Neue Träume* erschien erst 1921 (München: Georg Müller) [R151; A57], da die erste Auflage 1920 wegen minderwertiger Druckqualität zur Gänze eingestampft werden musste. AK trug nicht nur zwanzig Illustrationen bei, sondern schrieb auch ein Vorwort, in dem er die Bedeutung des Traums für das eigene Werk thematisiert. Anklänge an Friedländer sind zu bemerken: »Das Wachsein sei unser Maßstab für den Traum! Es für ein mehr erstarrtes, lichter gewordenes Schlafen zu halten, fühle ich mich fast gezwungen. Der, wie es scheint, bodenlose Abgrund *zwischen* diesen beiden Reichen unseres Seelenlebens muß der Urquell alles Geschehens sein. Ein ungeheures Rätsel äußert sich hier schöpferisch.« (Zit. *Vorwort zu Friedrich Huch, Neue Träume*; *AmW*, S. 172.) – Im Briefwechsel mit FHO werden zwei nicht identische Ausgaben mit unterschiedlichen Vorwörtern verzeichnet (→ *FHO*, S. 332).

91 AK

1 Zur Illustration: Ein ähnliches Blatt mit dem Titel *Dompteuse* → Ha II 7822 (»um 1920/22«).

2 ***Jean Paul:*** Das bereits ab 1917 diskutierte Illustrationsprojekt zur *Neujahrsnacht* (→ 58, 59 RP).

3 ***Indianersagen:*** Ebenfalls ab 1917 angedachte gemeinsame Arbeit (→ 59 RP); ursprünglich für ein »Lese- und Bilderbuch«.

4 ***lithographischen Werk:*** Die Rede ist hier von den beiden Mappen *Traumland I* und *II* mit Federlithographien [R168] – »dieser nichtssagende Titel wurde leider an Stelle des von mir angegebenen ›Meine Traumwelt‹ der Mappe eingepreßt« (Zit. *AmL*, S. 67) –, die schließlich 1922 bei Fritz Gurlitt in Berlin erscheinen sollten (32. und 33. Werk der Gurlitt-Presse). Die Blätter, die im Wesentlichen um 1920 fertig gestellt waren, gehen zum Großteil auf Motive der Jahre 1910/15 (in AKs Autobiographie als »unmittelbare Traumstücke« bezeichnet) zurück, wurden aber neu bearbeitet. (→ *Das lithographische Werk*, S. 274.) »Nach dem großen Sansarazyklus kam mir die Idee, den *Traum*, wie er sich unmittelbar nach dem Aufwachen noch im Gedächtnis spiegelt, auch im Bild festzuhalten.« (Zit. *AmL*, S. 44.) AK spricht die Neubearbeitung im folgenden Brief an RP unmissverständlich an (→ 92 AK).

5 ***Gurlitt:*** Gründung der Galerie Fritz Gurlitt (Berlin) im Jahr 1880 durch den Kunsthändler und Verleger Fritz Gurlitt (3.10.1854 Wien – 8.2.1893 Leipzig). Ab 1907 von seinem in Kunst- und Buchhandel sowie Kunst- und Buchdruck ausgebildeten Sohn Wolfgang (15.2.1888 Berlin – 26.3.1965 München) weitergeführt. Nach 1945 Übersiedlung des Unternehmens nach München. – 1921 erschien AKs *Selbstbiographischer Abriss* in *Das graphische Jahr Fritz Gurlitt* [R165; A67/B24], 1947 und 1951 verfasste WG die Artikel *Kubin als Seher* [R796] und *Alfred Kubin* [R446]. Nach dem 2. Weltkrieg zog WG nach Linz und gründete dort 1947 eine Galerie für moderne Kunst (später *Neue Galerie der Stadt Linz – Wolfgang-Gurlitt-Museum*, heute *Lentos-Kunstmuseum*), 1953 ging der Großteil der umfangreichen Sammlung WGs in den Besitz der Stadt Linz über. – WG wurde neben Georg Müller und RP zu einem der wichtigsten Verleger AKs.

6 ***Stiefsohn:*** Otto Gründler (→ 184 AK).
7 ***Pariser Gesamtausgabe:*** AK erwarb schließlich die gesammelten Werke Jean Pauls aus dem Potsdamer Müller-Verlag (1923) [Inv.Nr. 4888].

92 AK

1 Zur Illustration: 1921 erschien die Zeichnung *Beim Affendoktor* in einer nicht-kolorierten Fassung im *Simplicissimus* (Jg. 26, H. 17).
2 ***Ansichts-Sendung... Erwerbende:*** Bezug wegen fehlender Korrespondenzstücke unklar.
3 ***Verlangen nach meinen Arbeiten:*** Schon im März 1920 hatte sich das Phänomen der Kriegsinflation zu einem veritablen Problem des gesamten Staates entwickelt. Kapitalflucht, die Aufhebung der Blockade seitens der Entente, das Bekanntwerden der Bedingungen des Vertrages von St. Germain und die große Nachfrage nach ausländischen Gütern und Zahlungsmitteln verstärkten den Druck auf den Kronenkurs. Bis Juli 1919 sank der Außenwert auf ein Siebtel des Vorkriegswerts, bis Oktober 1919 auf ein Achtzehntel. 1919/20 betrugen allein die Lebensmittelzuschüsse 25 Prozent, 1920/21 59 Prozent der gesamten Staatsausgaben. (→ *Schilling*, S. 21–25.) Für viele erschienen daher Investitionen in relativ beständige Werte attraktiv, wovon auch der Markt für hochwertige Bücher und Kunst profitierte. AKs wiederholte Hinweise, in Zukunft weniger oder gar nicht mehr illustrieren zu wollen, rührten sicherlich auch von einer nicht uneingeschränkt zutreffenden Einschätzung der Rezeption seiner Kunst um 1920.
4 ***Cristof:*** → 90, 386 AK; s. u.
5 ***»Mappe«:*** Das Zustandekommen der Mappe *Am Rande des Lebens* ist wegen der fehlenden Gegenbriefe RPs um 1920 nicht genau nachvollziehbar. Es scheint, als wäre die Idee für das Projekt erst spontan während des Piperschen Besuchs in Zwickledt (→ 97 AK) entstanden. *Sankt Christophorus* ist schließlich Titel einer der dort veröffentlichten Zeichnungen. Ob in dem hier kommentierten Brief schon von dieser »Mappe« die Rede ist oder von Planungen zur *Mappe Alfred Kubin* (Wien: Verlag Neue Graphik 1920) [R127], ist unklar.

93 AK

1 ***Kubingesammtausstellung:*** Die erste AK-Retrospektive, gezeigt in der Galerie Hans Goltz im Februar und März 1921 [M1921/1]. AK vermerkt dazu in seiner Autobiographie: »Im Frühjahr 1921 zeigte ich in der Galerie Hans Goltz in München zum erstenmal eine Übersicht meines Schaffens in 20 Jahren. Nur besonders ausgesuchte Stücke meiner Aquarelle und Zeichnungen waren in den drei großen Sälen ausgestellt und brachten mir in der geliebten Stadt, die ich meine zweite Heimat nenne, einen allgemeinen Erfolg. Ich war im Grunde selbst überrascht, zu sehen, wie natürlich meine Kunst gewachsen war.« (Zit. *AmL*, S. 68.) – Zur Person Hans Goltz' → 18 RP. – Die von Goltz herausgegebene Kunstzeitschrift *Ararat* widmete AK anlässlich dieser Ausstellung ein Sonderheft [R156], das den Ausstellungskatalog und AKs Aufsatz *Über den Wert der Kritik* [R166; B22] enthielt. Etwa sechzig der ausgestellten 170 Zeichnungen waren als verkäuflich deklariert, die Preise lagen zwischen 500 und 1500 Mark. Im Rahmen dieser Retrospektive kam es auch zum ersten Zusammentreffen zwischen AK und dem späteren Gründer des Kubin-Archivs, dem jungen Hamburger Apotheker Dr. Kurt Otte (→ 127 AK, Monomanen). (→ *Hoberg*, S. 234.)
2 ***Friedrich Huch:*** → 90 AK

94 AK

1 ***Holzschneider:*** Unter dem Titel *Hauptwerke des Holzschnitts* erschienen bei Piper schließlich 1923: *Die Kölner Bibel* (27 Bildtafeln) [Inv.Nr. 0282] sowie *Urs Graf, Die Holzschnitte zur Passion* (25 Bildtafeln) – beides mit einer Einführung von Wilhelm Worringer; *Die Lübecker Bibel* (40 Bildtafeln) mit einer Einführung von Max J. Friedländer [Inv.Nr. 1239], sowie 1925 *Buch und Leben des hochberühmten Fabeldichters Aesopi* in sprachlicher Erneuerung von Richard Benz und einer Einführung von W. Worringer. – Das für 1924 angekündigte *Der deutsche Holzschnitt von seinen Anfängen bis zur Gegenwart* mit 150 Abbildungen (→ *Piper 20*, S. 235) aus der Hand RPs kam schließlich nicht zustande.

2 ***Degaswerk:*** Meier-Graefe, Julius: *Degas. Ein Beitrag zur Entwicklungsgeschichte der modernen Malerei.* Mit 104 Bildtafeln. München: Piper 1920.

95 AK

1 ***H. Carossa:*** Hans Carossa (15.12.1878 Bad Tölz – 12.9.1956 Rittsteig bei Passau); Erzähler, Lyriker und Verfasser autobiographischer Schriften, Arzt. Studium der Medizin in München (dort Kontakt mit Dehmel, Wolfskehl, Rilke, George etc.), Würzburg und Leipzig, ab 1903 praktischer Arzt in Passau, dann in Nürnberg und München (1914). Als Schriftsteller breite Zustimmung des bildungsbürgerlichen Publikums. Während des 2. Weltkriegs vom literarischen Betrieb weitgehend zurückgezogen in innerer Emigration im Seestettner Elternhaus bei Passau. – Mit AK war C ab 1910 freundschaftlich verbunden, was durch zahlreiche Abhandlungen Cs über seinen Künstlerkollegen [R*50–52*, *584*], Widmungen [R*291*, *297*] sowie in Zeichnungen [R356, 670] und Illustrationen AKs [R765; A252] belegt ist. Siehe auch → 293 RP; 477 AK, Schreiben von ... – Zum Ableben von Cs erster Frau Valerie (geb. Endlicher) (24.2.1880–?) am 4.7.1941 zeichnete AK das Blatt *Gedächtnis: Valerie Carossa* (Ha II 3976, 1941).

2 ***Wolynski:*** Wolynski, Akim L.: *Das Reich der Karamasoff.* München: Piper 1920.

3 ***Morgensternepigramme:*** Morgenstern, Christian: *Epigramme und Sprüche.* München: Piper 1920.

4 ***Herren Comp.:*** Adolf Hammelmann (→ 2 RP) und Alfred Eisenlohr (→ 12 RP).

97 AK

1 ***Mappe:*** Kubin, Alfred: *Am Rande des Lebens.* Mappe mit zwanzig Lichtdrucken nach Federzeichnungen. Vorzugsausgabe mit einem 21., von Kubin signierten Blatt. München: Piper 1921 [R139; A52].

2 ***»Baummörder«:*** Als 21. Blatt wurde schließlich *Der Überfall* gewählt. – Zeichnung nicht ermittelt.

3 ***»Franz«:*** Eine Version aus Privatbesitz RPs ist bei *Karl & Faber* verzeichnet (Nr. 397). Eine gleichnamige Federzeichnung wurde 1923 in der Zeitschrift *Jugend* reproduziert (Jg. 28, H. 21) [R229].

4 ***»Hexentanz«:*** Unter dem Titel *Die Hexen* in die Mappe *ARdL* aufgenommen (Tafel XVI). AK scheint – wie so oft – verschiedene Versionen angefertigt zu haben (→ 98 AK). Bei *Karl & Faber* ist die Arbeit als *Hexensabbath* verzeichnet; hs Anmerkung RPs auf dem Unterlagekarton: »Eine Variante dieses Blattes ist reproduziert in ›Am Rande des Lebens‹ Blatt 16«.

5 ***Compagnos:*** Adolf Hammelmann (→ 2 RP) und Alfred Eisenlohr (→ 12 RP).

6 ***Ihren Zwickledter folgenschweren Besuch:*** Viertes dokumentiertes persönliches Treffen AK-RP (in Zwickledt). Bei *Karl & Faber* ist das Blatt *Satyr und Nymphe* (Nr. 394) verzeichnet, dessen aufmontierte Widmung AKs eine genaue Datierung der Zusam-

menkunft ermöglicht: »Für Reinhard Piper zur Erinnerung seines Besuches in Zwickledt 21/22 Juni 1922 Alfred Kubin«.

7 ***Beckmann ... aufsuchen:*** Das Vorhaben scheiterte (→ 71 RP, Beckmann; 101 AK).

8 ***Herr Oser:*** Karl Oser; Lebensdaten nicht ermittelt. Die Briefe AKs an O liegen im ÖLA (→ ÖLA 327) und umfassen einen Zeitraum von 14.9.1916 bis 15.12.1919. O dürfte sich im Jahr 1916 und wieder ab Ende 1919 in der Schweiz aufgehalten haben, das Jahr 1918 verbrachte er wohl in Budapest. Über das Zustandekommen der Korrespondenz schweigen die Textzeugnisse, O war aber dem Anschein nach von sich aus an AK heran getreten, um Originale zu erwerben bzw. sie in der Schweiz zu verkaufen (AK gibt Preise von 100–300 Franken an, für weniger geglückte Illustrationsoriginale und Entwürfe 40–50 Franken). – Die früheren Briefe sind von privaten Dingen bzw. Reflexionen über AKs Werk geprägt, auch spendet AK Trost, da Os Braut, wie AKs erste Verlobte Emmy Bayer 1903, unerwartet verstorben sein dürfte. O trägt AK im Spätsommer 1918 an, Zeichnungen in (s)einer Buchhandlung in Budapest anzubieten, AK übersendet eine Liste mit Nettopreisen (nicht erhalten), willigt entgegen seiner sonstigen Gewohnheiten in dieses Kommissionsgeschäft ein, bietet O 15 % Provision und schickt eine Sammlung von zwanzig Zeichnungen. Für den Verkauf gibt er eine Frist von sechs Wochen. Ab Ende Oktober drängt AK auf Rückgabe der Bilder für eine geplante Ausstellung in Düsseldorf, da er selbst nur mehr über wenige Originale verfüge. O kündigt eine Sendung an, die jedoch nicht zustande kommt. Im Nachkriegs-Österreich entstehen große Einschränkungen im Postwesen, insbesondere beim Versenden von Wertpaketen, was O als Hinderungsgrund vorschiebt. In der Folge verkauft er einige der Bilder im Wert von 600 Kronen, AK macht gute Miene zum bösen Spiel, private Mitteilungen werden seltener. Dennoch versucht AK, den persönlichen Ton in den Briefen aufrecht zu erhalten. Als O längere Pausen im Briefwechsel zulässt, versucht sich AK selbst in Erklärungen dieses Verhaltens, fragt, ob es O etwa peinlich sei, nicht alle Zeichnungen verkaufen zu können. AK kann die Abmachungen für die Ausstellungen in Düsseldorf nicht einhalten, treibt O weiter an, eine Möglichkeit zu finden, die Zeichnungen nach Zwickledt zu senden, da einige Zeitschriften für Reproduktionen angefragt hätten. Im Januar 1919 gibt es noch immer keine Angaben Os, AK zitiert am 23.1.1919 eine Depesche seines unzuverlässigen Geschäftspartners vom 28.11.1918: »Bilder gut zurück gekommen Post verweigert Annahme Brief jetzt erhalten Absenden jetzt ausgeschlossen Gruss O.« AKs Geduld ist erschöpft, er beklagt große finanzielle Verluste und schreibt: »Schweigen Sie also nicht länger unhöflich sondern bedenken Sie dass, wenn schon sonst nichts, so doch schon zumindestens ein beträchtlicher Altersunterschied zwischen uns Beiden besteht der auch auf meiner Seite auf Artigkeit Anspruch erheben darf.« AK am 11.3.1919: »Wie lähmend und trist, dass die Sache mit meinen Originalen bei Ihnen noch nicht aus der Welt geschafft ist! In Ihrem sonst so ausführlichen Schreiben berühren Sie sie leider nur mit einem Satz – diese Angelegenheit hat mir finanziell wie auch moralisch (ich musste zweimal feste Ausstellungsabmachungen brechen!) argen Schaden gebracht.« Er äußert Unverständnis für Os nachlässigen Umgang mit dem Problem und bittet, die Sendung statt nach Österreich an eine deutsche Adresse gehen zu lassen, um etwaige Sperren so zu umgehen. Im Juni 1919, O hat inzwischen wieder einmal angekündigt, die Kollektion »allernächstens« zu schicken, schreibt AK, es habe sich die Möglichkeit ergeben, die gesamte Sammlung auf einmal zu veräußern, noch dazu – als Reaktion auf die Inflation – zu höheren Preisen. Er bietet an, die Zeichnungen von einem Bekannten persönlich abholen zu lassen. Am Ende der Schreiben dieser Zeitperiode versucht AK immer noch Persönliches bzw. Versöhnliches anzusprechen. Im letzten erhaltenen Brief vom 15.12.1919 fragt AK erneut nach, ob O alles unternommen habe, die Sache zu bereinigen, ersucht, von weiteren Verkäufen abzusehen, da die Preise für seine Arbeiten weiter gestiegen seien (auf etwa 800–1200 Kronen) und verlangt eine Auflistung der noch übrigen Bilder, um poten-

tielle Käufer über seinen Bestand informieren zu können. Wieder schließt er mit einem kurzen Bericht über die allgemeine Befindlichkeit und aktuelle Arbeiten. Nach etwa einem weiteren halben Jahr wendet er sich mit der Bitte um Intervention (wohl während des Besuchs anlässlich der Zusammenstellung der Mappe *ARdL* in Zwickledt) an RP.

98 AK

1 Zur Illustration: Die Variation des bei AK häufigen Sujets des Erhängten ähnelt AKs Frontispiz zu der Piperschen Neuauflage von Otto Pipers *Der Spuk*.

2 ***Vertrages:*** → 99 RP, Den Satz

3 ***Beckmanns »Piper«:*** Bezug unklar. Es ist keine Piper-Zeichnung von B aus diesem Zeitraum bekannt, in den Briefen zwischen B und RP wurde allerdings ein persönliches Treffen im Frankfurter Atelier besprochen (B an RP, 29.5.1920) (→ *Beckmann 1*, S. 183). Am 19.3.1921 schreibt B: »Ich freue mich sehr darauf Sie *noch einmal* zu zeichnen. Und ich hoffe, daß sich dann eine größere Übereinstimmung unserer Anschauungen ergeben wird.« (Zit. ebd., S. 192. – Hervorhebungen nachträglich.) Die Herausgeber des Beckmann-Briefwechsels kommentieren folgendermaßen: »Reinhard Piper hatte in einem Brief vom 14.3.1921 vorgeschlagen, ›mich doch noch mal zu zeichnen, nicht zu radieren‹, weil in der Radierung ›auf die Dauer doch zu wenig von mir drin'sei. [...] Die Zeichnung könne man dann als Lithographie umdrucken. Wenig später schuf Beckmann die großformatige Lithographie *Bildnis Reinhard Piper* [...]; eine voraufgehende Zeichnung ist nicht bekannt.« (Zit. ebd., S. 455.) Besagte Lithographie ist auf den 8.4.1921 datiert. RP berichtet auch in seiner Autobiographie nichts von einer Zeichnung Beckmanns aus dem Jahr 1920. (→ *MLaV*, S. 331–332.) Vielleicht ist allerdings mangelnde »Übereinstimmung« beim ersten Versuch der Grund, ihn gar nicht erst zu erwähnen – und es existiert doch eine Zeichnung. Der Brief AKs (»wie mag er Sie wohl aufgefasst haben«) legt diese Interpretation jedenfalls nahe.

4 ***Vorwort:*** Ein solches Vorwort ist nirgends verzeichnet; der Plan wurde wohl aufgegeben. Möglicherweise ist hier nur eine Ankündigung in einem Verlagsprospekt gemeint (→ 100 AK).

99 RP

1 ***Den Satz:*** Im Vertrag heißt es unter §4: »Der Künstler verpflichtet sich, weitere Faksimile-Reproduktionen seiner Zeichnungen zunächst dem Verlag R. Piper & Co. anzubieten und diesem das Verkaufsrecht zu überlassen. Ferner verpflichtet sich der Künstler, vor Ablauf von fünf Jahren nach Erscheinen obiger Mappe ohne Zustimmung des Verlags in keinem anderen Verlag ein Mappenwerk mit Faksimile-Reproduktionen erscheinen zu lassen.« – RP verbesserte das in einer zweiten Fassung zu: »Der Künstler verpflichtet sich, weitere Faksimile-Reproduktionen seiner Zeichnungen in Mappenform für die Dauer von fünf Jahren zunächst dem Verlag R. Piper & Co. anzubieten und diesem das Vorkaufsrecht zu überlassen.« – AK unterschrieb diese Fassung am 19.7.1920 (→ StGL-M-KA).

2 ***»Revolutionskampf«:*** Nicht ermittelt.

100 AK

1 ***Oser Geschichte:*** Der weitere Verlauf bleibt aus Mangel an Dokumenten unklar (→ 97 AK).

2 ***»in der Kiste«:*** Wohl der Aufenthaltsort der restlichen Kubinschen Zeichnungen; ob in der Schweiz oder in Budapest befindlich, wurde nicht ermittelt.

3 ***Bestätigung über erhaltene 600 Kr.:*** Der von Karl Oser bis dato überwiesene Betrag für verkaufte Zeichnungen AKs.
4 ***Erholungsreise … Hessen:*** Am 16.6.1920 schreibt AK an FHO: »Im Sept. habe ich meinen Erholungsaufenthalt nach einem hessischen Sanatorium verlegt dessen Chefarzt mein Freund ist.« (Zit. *FHO*, S. 216.) Die Rede ist hier von Dr. Rudolf Laudenheimer (→ 80 AK), der die Anstalt im hessischen Alsbach bis Anfang der 1920er Jahre leitete.
5 ***Ulenspiegel:*** *Tyll Ulenspiegel und Lamm Goedzak. Legende von ihren heroischen, lustigen und ruhmreichen Abenteuern im Lande Flandern und andern Orts* (1867, dt.1909) von Charles De Coster (20.8.1827 München – 7.5.1879 Ixelles); belgischer Schriftsteller. Studium der Rechtswissenschaften in Brüssel, zeitweise Bankangestellter, Archivar und von 1856–1864 Mitherausgeber der Zeitschrift *Uylenspiegel.* Ab 1855 erfolgreicher Journalist und Verfasser volkstümlicher Erzählungen. – An dem hier angesprochenen Hauptwerk arbeitete C etwa zehn Jahre lang und begründete (trotz flämischer Herkunft) mit seiner historisch-symbolistischen Darstellung der Zeit des niederländischen Freiheitskampfes gegen Spanien unter Philipp II. die moderne französischsprachige Literatur Belgiens. Zu Lebzeiten ein wirtschaftlicher Misserfolg, entfaltete der Text erst posthum seine Bedeutung. – In AKs Bibliothek ist eine Ausgabe in Tschechisch (Prag: Vydavatelstvo Drustevní práce, 1933) [Inv. Nr. 2960] und eine in der Übersetzung des Schriftstellers Friedrich von Oppeln-Bronikowski (7.4.1873 Kassel – 9.10.1936 Berlin) (Jena: Eugen Diederichs, 1912) [Inv. Nr. 3701] verzeichnet. – 1923 sollte AK Cs *Smetse, der Schmied. Eine flämische Legende* (München: Buchenau und Reichert) [R224; A71] illustrieren. Zeichnungen von Albert Fallscheer faksimilegetreu in Holz geschnitten – ein Verfahren, das AK RP im selben Jahr auch für die *20 Bilder zur Bibel* vorschlägt (→ 127, 129, 144 AK).

101 AK

1 ***Paquete von Knorr. H.:*** Jean Pauls *Neujahrsnacht* mit den Kubinschen Illustrationen wurde bei Knorr & Hirth gedruckt.
2 ***Spamer:*** Die Firma Spamer in Leipzig war zuständig für den Druck des Titels und des Einbands der Mappe *ARdL.*
3 ***Reineke Fuchs:*** Goethe, Johann Wolfgang von: *Reineke Fuchs. Zwölf Gesänge.* Mit 53 Originalradierungen u. Vignetten v. Otto Schubert. München: Piper 1921 (Drucke der Marées-Gesellschaft XXX). – Otto Schubert (1892–1970); Dresdner Maler und Illustrator.
4 ***M.:*** München. – AK war auf der Rückreise von Heidelberg (s. u.) nach Zwickledt, RP noch in der Sommerfrische.
5 ***Februar … große Ausstellung:*** Die erste AK-Retrospektive (in der Münchener Galerie Goltz) (→ 93 AK).
6 ***Compagnons:*** Adolf Hammelmann (→ 2 RP) und Alfred Eisenlohr (→ 12 RP).
7 ***Expressionistenschau … Darmstadt:*** Am 10.06.1920 wurde unter künstlerischer Leitung der *Darmstädter Sezession* (gegr. 1919 u.a. von Max Beckmann; Neugründung 1945) auf der Mathildenhöhe die Ausstellung *Deutscher Expressionismus* eröffnet, in der knapp 1000 Arbeiten von 146 Künstlern und Künstlerinnen aus regionalen und überregionalen Vereinigungen sowie von wichtigen Vertretern des Kubismus, Futurismus, Dadaismus, Verismus und der Abstraktion zu besichtigen waren.
8 ***Heidelberg:*** AK beschreibt hier einen bisher ins Jahr 1922 (→ *Hoberg*, S. 235) datierten Besuch der *Sammlung Prinzhorn* in der Psychiatrischen Klinik Heidelberg, über den er 1922 einen begeisterten Artikel für *Das Kunstblatt* (Jg. 6, H. 5) verfasste: *Die Kunst der Irren* (→ *AmW*, S. 13–17) [R189; B22]. – Hans Prinzhorn (1886–1933); deutscher Psychologe, Kunsthistoriker und Sammler. Studium der Kunstgeschichte und Philosophie in Tübingen, Leipzig und München, später Medizin in Freiburg und

Straßburg. Von 1919 bis 1921 auf Betreiben des in *Die Kunst der Irren* namentlich erwähnten Psychiaters Karl Wilmanns (1873–1945) Assistent an der Psychiatrischen Klinik der Universität Heidelberg, dort jedoch vom Klinikdienst weitgehend befreit, um die bereits bestehende Sammlung psychopathologischer Kunst zu betreuen – und entscheidend zu erweitern. Später als Psychotherapeut und Publizist in Frankfurt/Main. – Die *Sammlung Prinzhorn* durchstand wechselvolle Jahrzehnte, wurde von den Nationalsozialisten als Vergleichsobjekt für die »Entartung« der modernen Kunst herangezogen und ist heute in einem eigenen Museum an der Psychiatrischen Klinik der Universität Heidelberg untergebracht.

9 ***Düreraquarellen:*** *Albrecht Dürer. Die Landschaften der Jugend.* Zehn Faksimiles nach Aquarellen. München: Piper 1920 (Drucke der Marées-Gesellschaft XVII).

10 ***La Tour Werk:*** AK bestellt sich das bei seinem Besuch im Piper-Verlag besehene Buch schließlich am Ende dieses Schreibens.

11 ***Argonautenkreis-Verlag ... Weißbach:*** Richard Weissbach (9.5.1882 Chemnitz – 24.4.1950 Heidelberg); Verleger. Nicht abgeschlossene geisteswissenschaftliche Studien in Heidelberg und München, Veranstalter literarischer Vorträge, 1911 Gründung des Alpha-Omega-Verlags in Heidelberg (1912 in Verlag von Richard Weissbach umbenannt), 1912 Erscheinen der expressionistischen Gedichtsammlung *Der Kondor*, Ernst Blass *Die Straßen komme ich entlang geweht*, 1914–1921 zehn Hefte der Zeitschrift *Die Argonauten*. – Der *Argonautenkreis* im Verlag Weissbach zeichnete in den Jahren 1920–1923 verantwortlich für bibliophile Ausgaben in kleinen Auflagen (Ernst Blass, Rudolf Schlichter, Nikolai Gogol, Charles Baudelaire). Eröffnet wurde diese Reihe mit der von AK angesprochenen *Wunderbaren Gesellschaft in der Neujahrsnacht* (1920) in 225 nummerierten Exemplaren mit 38 Lithographien von Walter Becker. – Signiertes Exemplar (Nr. 4) in AKs Bibliothek [Inv.Nr. 3258].

12 ***W. Beckers:*** Walter Becker (1.8.1893 Essen – 24.10.1984 Tutzing/Starnberger See); Graphiker und Maler. Studium in Essen, Karlsruhe und Dresden, dann etwa ein Jahrzehnt in Frankreich, dort Kontakt zu Meier-Graefe, Hausenstein und Pascin. 1937 als »entartet« diffamiert, nach dem Krieg Professur an der Akademie Karlsruhe. – B illustrierte 1920 für die oben genannten Drucke des Argonautenkreises nicht nur die *Neujahrsnacht*, sondern auch den *Unhold* von Gogol.

13 ***Abzüge von Beckmanns neuen Lithographien:*** *Gesichter* von Max Beckmann (→ 86 RP).

14 ***Strindbergwerk:*** Kubin, Alfred: *Nach Damaskus.* 18 Steinzeichnungen. München: Georg Müller 1922 [R167; HbIV]. Widmung an Rudolf Laudenheimer (→ 80 AK) und Vorwort AKs. – Im Vorwort beschreibt AK, dass es v. a. der Wunsch Georg Müllers gewesen war, der ihn dazu gebracht hatte, sich überhaupt mit dem ihm so fremden Strindberg zu befassen und dass es ihm nach Ableben des Verlegers (→ 63 AK) als moralische Verpflichtung erschien, diesem Wunsch zu entsprechen. Die ersten Diskussionen bezüglich der Arbeiten werden auf 1912 datiert. (→ *AmW*, S. 176–178.) Gegenüber FHO erwähnt AK ein Strindberg-Projekt erstmals 1916. (→ *FHO*, S. 165.) – August Strindberg (22.1.1849 Stockholm – 14.5.1912 ebd.); schwedischer Schriftsteller. Vermittels seiner Stationentechnik und des sozialkritischen Impetus seiner Stücke wichtiges Vorbild für die deutschsprachige Literatur des Naturalismus und Expressionismus.

15 ***Strindberg »Faust«:*** So formulierte es Hermann Esswein gegenüber AK. (→ *AmW*, S. 176.)

16 ***G. Müller A. G.:*** Der Georg Müller Verlag (→ 12 RP) war im Januar 1920 in eine Aktiengesellschaft umgewandelt worden. (→ *Sein Dämon*, S. 214.)

17 ***Besuch im Jänner:*** → 111 AK

18 ***Bestellung:*** Mereschkowski, Dimitri: *Vom Krieg zur Revolution.* Ein unkriegerisches Tagebuch. München: Piper 1919; ders: *Auf dem Weg nach Emmaus.* Essays (a. a. O.) – Zur Person Ms → 51 AK. – Erhard, Hermann: *La Tour, der Pastellmaler Ludwigs XV.*

München: Piper 1917. – Maurice-Quentin de la Tour (5.9.1704 Saint-Quentin – 17.2.1788 ebd.); Meister der Pastellmalerei. Ab 1750 Hofmaler. Kein nennenswerter Einfluss auf AK dokumentiert.

19 ***Holzschnittbuch:*** → 94 AK

102 AK

1 ***In memoriam Karl Oser:*** AK verwendete zu dieser Collage eine Fotografie, die er 1917 von Karl Oser erhalten hatte. AK an Oser während des Aufenthalts in Murau am 9.8.1917: »Das kleine Bildchen erhielt ich, es macht mir Vergnügen; so ähnlich stelle ich mir Karl Oser auch vor.« Widmung auf der Rückseite des Bildes: »Herrn A. Kubin | Karl Oser | Basel, d. 27.VII.17«. – Ähnlichkeiten zum Blatt *Der geplagte Mensch* (1899), abgebildet etwa in → Hoberg, Annegret (Hrsg.): *Alfred Kubin. Ausstellung Alfred Kubin. Drawings 1897–1909.* Neue Galerie New York. 25.9.2008 bis 26.1.2009. München, Berlin, London, New York: Neue Galerie New York, Prestel 2008 (Tafel 10).

2 ***Faute:*** Französisch: »Fehler, Missgriff«.

103 AK

1 ***Hanfstaengl:*** Die für den Druck der Mappe *ARdL* verantwortliche Druckerei, die auch schon den *Caliban* (→ 35 AK) für die *Shakespearevisionen* hergestellt hatte (→ 60 AK).

2 ***Kunstsalon Wolfsberg... ein College:*** Eine Ausstellung in der Züricher Galerie Wolfsberg ist in der einschlägigen Literatur nicht verzeichnet, wohl auch deshalb, weil es über die Geschichte des Salons nur unvollständige Aufzeichnungen gibt. Jüngste Forschungen notieren 1919 eine Teilnahme AKs an der *Ausstellung Münchner Kunst* (mit Paul Klee, Edwin Scharff und Heinrich Campendonk) bei Wolfsberg. Möglicherweise ist diese mit der hier beschriebenen Ausstellung (1920/21) gleichzusetzen und die Datierung ungenau. – Johann Erwin Wolfensberger (1873–1944) gründete sein Druckerei-Unternehmen 1902 nach einer Lehre als Steindrucker und mehrjähriger Berufserfahrung, 1910/11 wurde der Unternehmenssitz mit einem Neubau vergrößert. Schon davor hatte W mit ersten Ausstellungen begonnen. Der Salon wurde in den nächsten Jahren zu einem der wichtigsten Ausstellungsorte für schweizerische, deutsche und französische Kunst in der Schweiz, die Eröffnung einer Dependance in Basel (Salon Wolfensberger) scheiterte. (→ *Mitteilungen aus dem Kunstarchiv Werner J. Schweiger, Wien.* Nr. 5/2002.)

3 ***Buddha:*** Zu verschiedenen Versionen dieses Sujets → 42 AK, 48 RP.

4 ***K.K Kürassiere:*** In der Mappe *ARdL* lautet der Titel *Altösterreichische Kürassiere* (Tafel XI).

5 ***abgesessene Kavallerie:*** Unter gleichem Titel in der Mappe *ARdL* (Tafel XIII).

6 ***Goltz ausstellung:*** Die erste AK-Retrospektive in der Münchener Galerie Goltz (→ 93 AK).

7 ***junger Hengst und Schlange:*** 1921 erhielt AK für eine aquarellierte Version dieser Zeichnung in der Internationalen Schwarz-Weiß-Ausstellung in Salzburg die Goldene Staatsmedaille (→ 125 AK). (→ *Hoberg*, S. 235.) Die oft in Katalogen reproduzierte Federlithographie desselben Titels führte AK 1924 für den Berliner Rembrandt-Verlag aus [R247; Hb74 → dort auch weitere Vergleichswerke]. In die Mappe *ARdL* wurde das Blatt nicht aufgenommen.

8 ***2., der Ihrigen:*** Hs Anmerkung RPs mit Bleistift: »schon gedruckt«.

9 ***H.:*** Die Druckerei Hanfstaengl (→ 60 AK).

10 ***Jean Paul:*** Die von AK illustrierte und von RP verlegte *Wunderbare Gesellschaft in der Neujahrsnacht* (→ 60 AK).

11 ***Hausenstein ... Frankfurter:*** *Frankfurter Zeitung* (1856/66–1943), vor dem 1. Weltkrieg liberal-bürgerliche Opposition, danach antinationalistisch und demokratisch, Akzeptanz der Friedensverträge und Unterstützung der Politik Stresemanns, 1943 auf nationalsozialistisches Betreiben eingestellt. – Hausensteins am 31.3.1921 in der *Frankfurter Zeitung* erschienener Artikel [R*369*] ist keine Rezension im eigentlichen Sinne, sondern vielmehr eine von der Ausstellung bei Goltz (s. o.) ausgehende Analyse des Kubinschen Schaffens mit abschließender Empfehlung jüngster Verlagswerke, darunter die hier erwähnte Mappe *Wilde Tiere* (→ 77 AK, Raubtieren) sowie das aktuellste Erzeugnis bei Piper, Jean Pauls *Neujahrsnacht* (→ 60 AK).

12 ***»nach Damaskus«:*** → 101 AK

13 ***G.M. Nachfgr:*** Die Nachfolger des Verlegers Georg Müller im gleichnamigen Verlag (→ 66 RP).

14 ***Baumfreveler:*** Die ursprünglich als 21. Blatt der Mappe *ARdL* gedachte Zeichnung; auch: *Baummörder* (→ 97, 98 AK).

15 ***4 neuen Beckmannlithos:*** Wohl Probedrucke zu Lili von Braunbehrens' Gedichtsammlung *Stadtnacht* (→ 86 RP), der einzigen ausdrücklich lithographischen Kollektion Beckmanns bei Piper um 1920. Sie wurden im Spätsommer 1920 fertig gestellt und im Verlauf des Herbstes gedruckt. (→ *Beckmann 1*, S. 184–190.)

16 ***Frau im Hause Piper:*** HK besuchte auf München-Fahrten bzw. auf längeren Reisen wiederholt allein den Piper-Verlag (→ 475 RP).

17 ***Strikturen:*** Anscheinend regelmäßige Plage AKs (→ 25 AK).

104 AK

1 ***Baronin:*** Möglicherweise Martha von Freyberg (→ 230 AK).

2 ***Gegenstück:*** Wohl beigelegtes erotisches Blatt (→ 106 AK). Nicht erhalten.

105 RP

1 ***»Deutschen Zeichnern«:*** Hagen, Oskar: *Deutsche Zeichner von der Gotik bis zum Rokoko*. München: Piper 1921. – Zweiter Band nicht erschienen.

2 ***Wolf Huber:*** Wolf Huber (um 1485 Feldkirch – 3.6.1553 Passau); österreichischer Maler, Zeichner und Baumeister. Ab 1510 in Passau tätig, 1540 Hofmaler der Bischöfe, ab 1541 Stadtbaumeister. Neben Albrecht Altdorfer (um 1480–1538) wichtigster Vertreter der *Donauschule*. Besonders in seinen Zeichnungen Betonung der Landschaft. – In seinem *Brief über die großen Meister* (1924) für den Piper-Verlag schreibt AK: »Wissen Sie noch, wie wir am mächtig strömenden Inn zusammen nach Passau wanderten und uns an der Vorstellung ergötzten, der alte Wolf Huber könne uns hier unter den dämmrigen Waldbäumen vielleicht begegnen?« (Zit. *AmW*, S. 62.) Ab Anfang der 1920er ist AKs Stil geprägt durch das vertiefte Studium »alter Graphik meiner Sammlungen, besonders der deutschen Meister.« (Zit. *AmL*, S. 68.) – In seinen Lebenserinnerungen zitiert RP eine Aussage AKs aus dem Juli 1934: »Man nennt mich manchmal den letzten Donaumeister. Ich liebe Wolf Huber mit seinen Burgen, Sonnenaufgängen und Drachen. Daß er dort drüben in Passau herumgewirtschaftet hat, ist mir ein sehr lieber Gedanke. Ich habe ihn aber erst viel, viel später kennengelernt, als mein Stil schon lange feststand. Es muß wohl der Genius dieser Landschaft sein, der uns auf ähnliche Dinge gebracht hat.« (Zit. nach: *MLaV*, S. 469.)

3 ***Das Deutsche Lesebuch:*** Klein, Tim: *Das Erbe. Gedanken, Bilder und Gestalten. Ein deutsches Lesebuch*. München: Piper 1921. – Reproduktion der Federzeichnung *Der Sturm* [R160]. In Privatbesitz RPs; abgebildet bei *Karl & Faber* (Nr. 396).

106 AK

1 ***Kritik von Herrmann Esswein:*** Nicht ermittelt.
2 ***Strindberg:*** *Nach Damaskus* (→ 103 AK).
3 ***Jakob ... gesegnet:*** In 1. Mose 32, 23–33 wird der Kampf zwischen dem Patriarchen Jakob und einem Engel geschildert. Nach stundenlangem Ringen wird nach einer Berührung des Engels Jakobs Hüftgelenk ausgerenkt, die Auseinandersetzung ist entschieden. Noch immer am Engel festhaltend spricht Jakob das bekannte: »Ich lasse dich nicht, du segnest mich denn«, und erhält daraufhin sowohl Segen als auch einen neuen Namen: Israel. – AK zeichnete diese Szene später für seine *20 Bilder zur Bibel* (→ 164 RP), möglicherweise bereits zum Zeitpunkt des Verfassens dieses Briefes.
4 ***den Züricher:*** Der Züricher Kunsthändler J. E. Wolfensberger (→ 103 AK).
5 ***Schlussnummer des »Wieland«:*** Besagte 1915 gegründete »Monatsschrift für Kunst und Literatur« bzw. »für Kunst und Dichtung« wurde im September 1920 wieder eingestellt. In Heft 6 des 6. Jahrgangs erschienen zehn Reproduktionen nach Federzeichnungen AKs [R137].
6 ***Wurttenberger:*** Würtenberger, Ernst: *Zeichnung, Holzschnitt und Illustration.* Basel: B. Schwabe 1919. – Ernst Würtenberger (23. 10. 1868 Steißlingen – 15. 2. 1934 Karlsruhe); Maler, Graphiker und Kunsttheoretiker. Studium in München, Florenz und Karlsruhe, 1902 bis 1921 Porträtmaler in Zürich, dann Professor für Holzschnitt, Illustration und Komposition an der als Zentrum der Neuen Sachlichkeit bekannt gewordenen Badischen Landeskunstschule in Karlsruhe.

107 RP

1 ***Westheim:*** Westheim, Paul: *Das Holzschnittbuch.* Mit 144 Abbildungen nach Holzschnitten des vierzehnten bis zwanzigsten Jahrhunderts. Potsdam: Kiepenheuer 1921. – Paul Westheim (7. 8. 1886 Eschwege – 21. 12. 1963 Berlin); Kunstkritiker und -historiker. Studium der Kunstgeschichte in Darmstadt und Berlin. Gründer der expressionistischen Zeitschrift *Das Kunstblatt.* Emigration 1933. Nach 1941 Professor für Kunstgeschichte in Mexiko.
2 ***mit meinem Holzschnittbuch:*** → 94 AK

108 AK

1 ***Buchbesprechung in den M. N. N.:*** Konrad Weiss bespricht in seinem Artikel *Alfred Kubins wunderbare Gesellschaft* am 12. 1. 1921 in den *Münchner Neuesten Nachrichten* auf S. 1 die letzten Kubinschen Erzeugnisse: »Eigentlich ist dieser Titel schon eine literarische Amphibie. Es handelt sich, würde der pedantische Rezensent sagen, um zwei neue Bücher, die mit dem Namen des Zeichners Kubin in enger Verbindung stehen und deren Erscheinen auf das Ende des Jahres 1920 zusammentrifft. Das eine, das wie eine bayerische blaue Skizzenmappe aussieht, hat er selbst gemacht; es enthält 18 Blätter und hat den zeitlosen oder ewigen Titel ›Kritiker‹. Es ist bei Georg Müller erschienen. Das andere aber, das bei R. Piper erschienen ist, heißt: Jean Paul: ›Die wunderbare Gesellschaft in der Neujahrsnacht‹.« Weiss schließt seine durchwegs positive Rezension mit den Worten: »Brechen wir ab, um nicht zuviel zu loben«.
2 ***Courbet:*** Meier-Graefe, Julius: *Courbet.* München: Piper 1921. – Gustave Courbet (10. 6. 1819 Ornans – 31. 12. 1877 La-Tour-de-Peilz); französischer Maler. Abgebrochenes Jusstudium in Besançon, privater Zeichenunterricht. 1840 nach Paris, Erfolge ab 1848. Wegen Teilnahme an der Pariser Kommune und am Sturz der Vendôme-Säule verfolgt, 1873 Flucht in die Schweiz. Ablehnung traditionell-akademischer Bildthemen zugunsten sozialrevolutionärer Sujets bei konventioneller Maltechnik, Namensgeber der Stilrichtung des »Realismus«.

3 *Seghers:* Pfister, Kurt: *Herkules Seghers.* München: Piper 1921. – Hercules Pietersz Seghers (um 1589 Harlem – zwischen 1633 und 1638 verm. Den Haag); niederländischer Maler und Radierer. Lebensumstände wenig bekannt. Beeinflusst von den Meistern der Donauschule; vorwiegend einsame, realistisch-phantastische Landschaften. Wirkte auf Rembrandt. – Springer, Jaro (Hrsg.): *Die Radierungen des Herkules Seghers.* Bd I–III. Berlin: Bruno Cassirer 1910–1912.
4 ***die Ausstellung:*** Die erste AK-Retrospektive in der Münchener Galerie Goltz (→ 93 AK).
5 ***Strindbergwerk:*** → 101 AK
6 ***Ausstellungsvorbereitungen:*** Für das Jahr 1921 sind bisher auch eine Graphik-Ausstellung der *Münchener Neuen Secession* in München, eine AK-Sonderausstellung bei *Commeter* in Hamburg, eine Schwarz-Weiß-Ausstellung der Preußischen Akademie der Künste in Berlin, die dritte Internationale Schwarz-Weiß-Ausstellung der Künstlervereinigung *Wassermann* in Salzburg (→ 125 AK, Staatsmedaille) und eine Ausstellung in der Galerie von Garvens in Hannover verzeichnet [M1921/2–6].
7 ***Walter Harburger:*** Walter Harburger (26.8.1888 München – 1967); Komponist und Musikschriftsteller. In seiner 1919 veröffentlichten *Metalogik* entwickelte er eine an Husserl orientierte Interpretation von Rhythmus und Harmonie in der tonalen Musik. – Die Adresse Werneckstraße 1 bezeichnet das Schloss Sureness (erbaut 1712–1718), in dem Paul Klee 1919 sein letztes Münchener Atelier fand und das, neben H, auch von anderen Kunstschaffenden in Miete bewohnt wurde. (→ *Heißerer*, S. 225.) Die durch Rudolf Großmann zustande gekommene Unterbringung AKs, von der H allerdings nicht in Kenntnis gesetzt und die deshalb Anlass für einige amüsante Vorgänge wurde, schildert AK 1932 anschaulich in seinem Aufsatz *Kollege Großmann* (→ *AmW*, S. 105–108).
8 ***Reineke Fuchs:*** → 101 AK
9 ***Beckmannschen Stadtnächte:*** → 86 RP
10 ***Clystiere:*** Klistier (griechisch *klystérion*: »Spülung«, »Reinigung«): Das Einbringen einer im Vergleich zum Einlauf vergleichsweise geringen, oftmals mit Wirkstoffen angereicherten Flüssigkeitsmenge durch den After in den Dickdarm.

109 AK

1 ***Donnerstag:*** RP notiert für den 3.2.1921: »Das Ehepaar Kubin bei uns«. (Zit. Piper, Reinhard: *Chronik Langfassung 1901–1929*, Deutsches Literaturarchiv, Marbach, 01.1.)

110 AK

1 Anlage: Blatt mit Unterschrift AKs in Tusche und hs Anmerkung RPs mit Bleistift: »Namenszug für die Mappe [*ArdL*; d. Hrsg.]«. – Zur Illustration: Der gezeichnete Kommentar dürfte sich wohl auf die erste AK-Retrospektive in der Münchener Galerie Goltz beziehen (→ 93 AK).

111 AK

1 ***für meine Zeichnung:*** Es wurde wohl im Rahmen des Münchener Besuchs vereinbart, dass die Umschlagzeichnung zum gemeinsamen Mappenwerk *ARdL* in Piperschen Besitz übergeht (→ 112, 115 AK).
2 ***Dürer:*** Albrecht Dürer (21.5.1471 Nürnberg – 6.4.1528 ebd.); einflussreichster deutscher Maler, Graphiker und Zeichner seiner Zeit, Kunstschriftsteller. – In seinem *Brief über die großen Meister* für den Almanach zum 20-jährigen Jubiläum des Piper-Verlags (→ 130 RP) reflektiert AK auch über D: »Wer dächte bei den alten deutschen

Meistern nicht vor allen Dingen an Dürer! Seine erste gotische, krause und stürmische Schaffensweise, vor allem die gewaltige Apokalypse, entzückte mich in jungen Jahren mehr noch als die Zeit der Reife. Jetzt gibt auch diese mir viel, und ich habe mich gesättigt an der spezifischen Dürerischen unübersehbaren Gestaltenfülle, so umfängt mich schließlich eine Stimmung reinster Harmonie. Und wer könnte die heute nicht brauchen.« (Zit. *AmW*, S. 62.) – In der Graphiksammlung AKs in Linz sind zahlreiche Holzschnitte und Kupferstiche Ds enthalten, was das Interesses AKs an D beweist, wenn auch stilistische Einflüsse gering geblieben sind. (→ *Heinzl 1970*, S. 225.)

3 ***Mareesproben von … Rembrandt:*** Die Mappe *Religiöse Legenden* (→ 69 RP).

4 ***Dürerlandschaften:*** Die von AK schon besehenen Drucke nach Aquarellen (→ 101 AK).

5 ***Tories:*** Tories (vermutlich von irisch *toraidhe*: »Verfolger«, »Räuber«): Seit 1679 als ursprünglich abwertende Bezeichnung für Unterstützer Jakobs II. (1633–1701), später allgemein für Mitglieder der konservativen Partei des britischen Parlaments bzw. deren Anhänger, die für die Rechte der Krone und die Suprematie der anglikanischen Kirche eintraten. – Ein aktueller Bezug zu AK konnte nicht ermittelt werden; wohl generell abwertend für begüterte Oberschicht.

6 ***In Erinnerung des schönen Abends:*** Fünftes dokumentiertes persönliches Treffen AK-RP (in RPs Münchener Wohnung).

112 AK

1 ***Ihr Vater … gestorben:*** Otto Piper (→ 61 RP). Die letzten Jahre seines Vaters, den Pflegedienst der Mutter und die Nacht zum 23.2.1921 schildert RP in seinen Lebenserinnerungen (→ *MLaV*, S. 405–406).

2 ***an meinem alten Herrn:*** Friedrich Franz Kubin (4.3.1848 Brüx/Böhmen – 2.11.1907 Schärding); k.u.k Offizier, später k.u.k. Obergeometer. Dreimal verheiratet: mit Johanna Kletzl (1847–1887), AKs Mutter, mit deren Schwester Rosa (1844–1888) und mit Irene Künl (1865–1940), durch die der Kontakt zu dem Fotografen Alois Beer (→ 432 AK), Lehrherr des jungen AK, zustande kam. (→ *Oswald*, S. 77–80.) AKs Beziehung zu seinem Vater – schwierig in der Jugend, hingebungsvoll in den späteren Jahren – wird in der Autobiographie oftmals thematisiert und ist auch ein viel diskutierter Zugang zum Verständnis seines Romans *Die andere Seite*.

3 ***ihr Schreiben:*** Nicht erhalten.

4 ***Ganymed:*** Das Jahrbuch der Marées-Gesellschaft, benannt nach dem letzten Bild von Hans von Marées. – Der antike Ganymed ist als Sohn des Dardanerkönigs Tros und der Kallirrhoe der Schönste der Sterblichen. G wird von Zeus, der in Gestalt eines Adlers erscheint, in den Olymp entführt, dient ihm dort als Mundschenk und erfreut sich ewiger Jugend. Der in der Antike beliebte Mythos lebte auch in der deutschen mittelalterlichen Mythographie fort.

5 ***»mein Tag«:*** Kubin, Alfred: *Mein Tag – ein Brief* (an Wilhelm Hausenstein, 15.3.1921). In: Meier-Graefe, Julius (Hrsg.): *Ganymed. Jahrbuch für die Kunst*. Geleitet von Wilhelm Hausenstein. Bd. 3. München: Piper 1921, S. 149–154. Mit sechs Illustrationen (Strichätzung) [R153, 577; A59, 187; B24].

6 ***E. W. Bredt:*** Ernst Wilhelm Bredt (4.5.1869 Leipzig – 2.12.1938); Kunsthistoriker und -schriftsteller. Erst Ausbildung zum Buchhändler, dann Studium der neueren Sprachen und der Kunstgeschichte in Freiburg/Breisgau und München. 1901 Assistent am Germanischen Nationalmuseum in Nürnberg, 1904 an der Graphischen Sammlung München. 1906 Dozent, ab 1913 Professor und Hauptkonservator der Graphischen Sammlung. – B begann seine Arbeit zu AK im Jahr 1914 mit dem Aufsatz *Symbolische Darstellungen des Krieges* in der Zeitschrift *Die Kunst* (Jg. 16, H. 1), v. a. in den 1920er und 1930er Jahren folgten zahlreiche weitere Artikel zu AK [R*375, 378, 382, 386, 459, 675, 726, 755*].

7 ***»Kubin Brevier«:*** AK spricht hier die zweite Monographie über sein Schaffen an → Bredt, Ernst Willy: *Alfred Kubin.* Mit 63 Abb. München: Hugo Schmidt 1922 [R179, 187, *341*]. Die erste längere AK-Abhandlung hatte Hermann Esswein bereits im Jahr 1911 vorgelegt (→ 21 AK).
8 ***Buddha:*** Das Bild (*ARdL*, Tafel XX) wurde nicht in das »Brevier« aufgenommen.

113 AK

1 ***Spukumschlag:*** Piper, Otto: *Der Spuk. 250 Geschehnisse aller Arten und Zeiten aus der Welt des Übersinnlichen.* München: Piper 1922. Mit dreifarbiger Deckelzeichnung (Titelschrift von AK) sowie zweiteiligem Rückentitel (Schrift von AK) und Frontispiz in Strichätzung [R182; A68]. Siehe auch → 61 RP. – »Mein Vater war sich wohl bewußt, daß er mit diesem Buch vielfach Kopfschütteln erregen werde, wollte doch, wie er meinte, jeder lieber als aufgeklärter denn als leichtgläubiger oder gar beschränkter Mensch erscheinen. Eine Wendung Schopenhauers sich zunutze machend, stellte er aber den Satz auf, wer Spukerscheinungen bezweifle, sei nicht ungläubig, sondern unwissend zu nennen.« (Zit. *MLaV*, S. 404.)
2 ***Balzacband:*** → 90 AK, München
3 ***mein Manuskript:*** Für den Aufsatz *Mein Tag* (→ 112 AK).
4 ***Liebermann:*** Max Liebermann (20.7.1847 Berlin – 8.2.1935 ebd.); Maler und Graphiker. Zunächst Studium der Philosophie, ab 1868 der Malerei in Weimar. Reise über die Niederlande nach Paris (dort regelmäßige Aufenthalte bis 1878), Beschäftigung mit dem Werk Courbets und Millets. Sechs Jahre in München (Einfluss noch in AKs Akademiezeiten spürbar), danach in Berlin. 1898 Mitbegründer der Berliner Sezession; als deren Präsident bis 1911 Eintreten gegen den Expressionismus. Von 1920 bis 1933 Präsident der Preußischen Akademie der Künste, Rücktritt aufgrund nationalsozialistischer Repressalien (Jude). Vom Realismus beeinflusster Impressionismus. Entwicklung von naturalistischen Arbeitsszenen über Bewegungsdarstellungen und Porträts zu sonnendurchfluteten Gartenbildern. – Unter L war AK bereits 1911 Mitglied der Berliner Sezession geworden, 1930 sollte der Zwickledter Künstler (ebenfalls unter Ls Präsidentschaft) in die Preußische Akademie der Künste aufgenommen werden. (→ *AmL*, S. 75.) Trotz aller Unterschiede große Wertschätzung seitens AK (→ 71 RP, Beckmann).
5 ***Friedrich Huch:*** → 90 AK

115 AK

1 Zur Illustration: Ein gleichnamiges Blatt → Liste zu 302 RP (im Anhang). – Auf der Rückseite des Briefbogens findet sich – von AK überschrieben – eine Bleistiftskizze des *Gehenkten.*
2 ***»der Gehenkte« ... Esaurolle:*** Gemeint ist das schlechter als der Umschlag honorierte Frontispiz mit der Abbildung eines Gehenkten. – Esau ist im Buch Genesis der von seinem Bruder Jakob/Israel um das Erstgeburtsrecht betrogene ältere Sohn Isaaks, des Stammhalters Abrahams (1. Mose 25, 29–34).
3 ***Entwurf II ... Sophismus:*** Bezug wegen fehlender Gegenbriefe unklar.
4 ***Verlagszeile:*** Die Verlagsangabe findet sich schließlich auf dem Rückentitel (→ 116 AK).
5 ***Frontispice:*** Von lateinisch *frontispicium* (*frons*: »Stirn«, *spicere*: »schauen«), dt. das Frontispiz: Stirnseite. Eine Illustration auf der zweiten, dem Titel (Seite 3) gegenüberliegenden Seite, in der Regel also auf die Rückseite des Schmutztitels (Seite 1).

116 AK

1 *Renner:* Paul Renner (→ 4 RP).
2 *Goethes Reineke Fuchs … Schuberts:* → 101 AK
3 *»Erholung«:* AK an Friedländer am 16.7.1921 aus Salzburg: »Ich bin zur Zeit auf Erholung in den Pinzgauer (Loferer) Bergen. Auf eine Alm hoch hinauf wurde mir zu gelegenster Stunde durch eine Sennerin die zufällig den Weg machen mußte meine Post gebracht […]. Wenn Sie mir schreiben wollen so bin ich bis 25 hier in St. Martin b. Lofer Gasthof Post – nachher wieder in Wernstein.« (Zit. *Friedländer*, S. 138–39.)
4 *Aufsatzes:* Nicht ermittelt.

117 AK

1 Zur Illustration: Bildbeigabe Nr. 9 zu Hans Christian Andersens *Die Nachtigall. Die kleine Seejungfrau. Der Reisekamerad* (1922) [R177; A63/759] lässt Parallelen erkennen.
2 *Bekannten:* Nicht ermittelt.
3 *meine hungerleidende Schwester:* Wohl Maria Bruckmüller, geb. Kubin (30.3.1881 Salzburg – 19.3.1965 Gmunden). Verheiratet mit Josef Bruckmüller (1883–1922). Im Briefwechsel mit FHO 1924 als »arme lungenkranke Schwester« apostrophiert. (Zit. *FHO*, S. 232).
4 *meine Schwägerin:* Wohl Mathilde (Thilde, Tilly) geb. Schmitz, geschiedene Alewyn, verwitwete Spier (13.2.1880 Bad Homburg – 4.9.1945 Schärding). Nähere Lebensumstände nicht ermittelt. – Der umfangreiche Briefwechsel zwischen AK und S liegt in der Städtischen Galerie im Lenbachhaus, München, Kubin-Archiv. Der hier angesprochene Besuch wird allerdings dort nicht erwähnt (große Korrespondenzlücken in den 1920er Jahren). S war nicht nur Trauzeugin von AK und HK (→ *OAHS Tagebücher 1*, S. 406), sie soll (ebenso wie HKs zweite Schwester, Emma Schmitz) auch ein intimes Verhältnis mit ihrem Schwager unterhalten haben (→ 252 AK, intimes Erleben). In den Briefen Ss an AK wird wiederholt um Feinfühligkeit gegenüber HK gebeten, um diese nicht unnötig zu belasten (→ StGL-M-KA).
5 *Schmitz:* AKs Schwager Oscar A.H. Schmitz (→ 43 RP) war ein häufiger Gast in Zwickledt.
6 *vergangenen Herbst … Sanatorium:* → 100 AK
7 *Tierbuchs:* Vermehrte Neuauflage von RPs *Das Tier in der Kunst* (München: Piper 1921). Siehe auch → 32 AK, L.i.d.b.K.
8 *Holzschnittbüchlein:* → 94 AK

118 AK

1 *Ihr letztes Schreiben:* Nicht erhalten.
2 *Stier auf der Alm:* Die Federlithographie erschien 1921 in einer Auflage von 200 signierten Drucken für die Vorzugsausgabe des Jahrbuchs der Marées-Gesellschaft, *Ganymed*, bei Piper (Beigabe von 13 signierten Blättern Original-Graphik) [R144; Hb 23 → dort auch weitere Vergleichswerke].
3 *Dr. Hausenstein:* Wilhelm Hausenstein (→ 10 AK), »Leiter« des dritten Bandes des *Ganymed*. (→ *Piper 60*, S. 692.)
4 *alten Tempel:* Im Selbstverlag des Künstlers erschien 1923 die Federlithographie *Alter Tempel* [R195; Hb37] in einer Auflage von dreißig signierten Drucken, hergestellt von der Firma Hanfstaengl (anfänglich auch Druckerei für die Marées-Gesellschaft und verantwortlich für den Druck von *Stier auf der Alm*). Das Entstehungsdatum kann nun dem hier kommentierten Brief entsprechend mit spätestens Sommer 1921 angesetzt werden. – »Kubin entdeckte das Medium der Lithographie, wie zuvor bereits das

der Buchillustrationen, zunehmend als Mittel zum Gelderwerb, dazu äußerte er sich stets freimütig. Ab 1924 begann er neben den Auftragswerken, die nun auch von Kunstvereinen und anderen Organisationen in höheren Auflagen angefragt wurden, auch Blätter im Selbstverlag herauszugeben.« (Zit. *Das lithographische Werk*, S. 14.) – Gerade in den Zeiten der Nachkriegsinflation florierte der Markt wertbeständiger Kunstwerke.

5 ***Ganymed und seinem Adler:*** → 112 AK

6 ***M-G:*** Julius Meier-Graefe (→ 35 AK), Herausgeber des *Ganymed.*

120 AK

1 Zur Illustration: Das Bild wurde als vierte Illustration für *Kubin über sich selbst* (Vorwort zum Band *Abendrot*, 1952) verwendet und trägt dort die Bildunterschrift: »Kubins Brieftasche in der Inflation« (S.VIII).

2 ***Dr. Otto Stoessl:*** Otto Stoessl (2.5.1875 Wien – 15.9.1936 ebd.); österreichischer Beamter, Kunstkritiker und Schriftsteller. Studium der Rechtswissenschaften in Wien, dann philosophische, kunsthistorische und philologische Studien. Beamter im Bahnwesen, als Hofrat 1923 vorzeitig pensioniert, freier Schriftsteller. 1906–1911 Mitarbeiter der *Fackel*, ab 1919 Theaterkritiker der *Wiener Zeitung*. Obwohl v.a. seine Erzählungen von Zeitgenossen sehr geschätzt wurden, gilt er als von der Literaturwissenschaft wenig beachteter Autor. – »Jahrzehntelange Freundschaft mit Kubin« (Zit. *Raabe*, S. 209), zahlreiche Aufsätze über AK [R290, *384*, *405*, *470*, *591*], Zueignung einer Novelle (→ 223 AK, pseudodämonische Dichtwerke).

3 ***Essay:*** Nicht ermittelt.

4 ***nach Berlin:*** → 121 AK

5 ***Mereschkowski:*** Nicht bei Piper erschienen. – Mereschkowski, Dimtri: *Der vierzehnte November*. München: Drei Masken 1921.

121 AK

1 Zur Datierung: Die Jahreszahl ist verwischt, RP datiert hs mit »1920«. Fehldatierung, richtig: 1921 (inhaltlich eindeutig zuordenbar). – Zur Illustration: Die Briefzeichnung variiert ein Detail der Federlithographie *Pferde im Gewitter* (1924) [R252; Hb 79 → dort auch weitere Vergleichswerke].

2 ***Leipziger illustrierte Zeitung:*** *Illustrirte Zeitung. Wöchentliche Nachrichten über alle Ereignisse, Zustände und Persönlichkeiten der Gegenwart, über Tagesgeschichte, öffentliches und gesellschaftliches Leben, Wissenschaft und Kunst, Musik, Theater und Moden* (1843–1944), Verlag J. J. Weber in Leipzig. Verleger und Herausgeber: Johann Jacob Weber (1803–1880). Anfangsauflage 10000, am Höhepunkt etwa 100000, ca. 5000 Ausgaben. Erstes deutsches »Bilderblatt« nach englischem und französischem Vorbild. – Zu besagtem Artikel siehe → 116 AK.

3 ***Otto Pick:*** Otto Pick (22.5.1887 Prag – 25.5.1940 London); österreichischer Lyriker, Erzähler, Übersetzer und Publizist jüdischer Herkunft. Zweisprachig aufgewachsen. Erst Bankbeamter, im 1. Weltkrieg Leutnant, ab 1921 Feuilletonredakteur der Prager Presse, 1939 unter schwierigsten Bedingungen nach England emigriert. Befreundet mit Kafka, Werfel und Brod; als Lyriker und Erzähler dem Expressionismus zuzurechnen. – Mit AK ab 1910 in Kontakt und, laut *Raabe*, der auch einige Briefe an AK abdruckt (→ *Raabe*, S. 38–49), wichtiges Verbindungsglied zur Prager Kulturszene. (→ ebd, S. 208.) Am 24.8.1913 erschien in den *Hamburger Nachrichten* der Aufsatz *Alfred Kubin, der Künstler und der Mensch* [R*360*], 21.9.1930 veröffentlichte P sein Gedicht *Alfred Kubin* in der *Prager Presse* [R*325*] und am 10.4.1937 widmete er AK ebendort *Dem sechzigjährigen Alfred Kubin* [R*489*]. Ps Briefe wie auch AKs obige Bemerkung geben jedoch Hinweise auf zahlreiche weitere Besprechungen des Kubin-

schen Werkes. Einige Korrespondenzstücke an AK aus den Jahren 1911–1916 sowie Materialien zu Emigration und Tod finden sich in der Städtischen Galerie im Lenbachhaus, München, Kubin-Archiv.

4 *Will Scheller:* Will Scheller (28.10.1890 Kassel – 25.6.1937 ebd.); Erzähler und Lyriker. Nach Aufenthalten in Oeynhausen und München freier Schriftsteller in Kassel. – Beziehung zu AK bzw. etwaige aktuelle Bezüge nicht ermittelt.

5 *Richard Schaukal:* Richard von Schaukal (27.5.1874 Brünn – 10.10.1942 Wien); österreichischer Lyriker, Erzähler, Essayist und Übersetzer. Geadelt 1918. Studium der Rechtswissenschaften in Wien. Von 1897–1919 im Staatsdienst, danach freier Schriftsteller in Wien. Regen Kontakt (v.a. brieflich) zu Schnitzler, Thomas und Heinrich Mann, Rilke, Hesse, Kraus, Marie von Ebner-Eschenbach etc. – Duzfreund AKs und Förderer ab den Münchener Tagen. Der angesprochene Essay ist eine der ersten wichtigen Abhandlungen über AK überhaupt: *Ein österreichischer Goya. Alfred Kubin*, erschienen am 3.1.1903 in der *Wiener Abendpost* [R350]. Die erste Begegnung zwischen S und AK wird dort sehr anschaulich geschildert. Nach Veröffentlichung des Artikels hatte sich S als Händler Kubinscher Werke angeboten. (→ *Koweindl*, S. 28.) Außerdem schrieb S am 15.2.1906 eine Studie mit dem Titel *Kubin-Ausstellung* für die *Österreichische Rundschau*. 1927 sollte er drei Gedichte zu der in Wien verlegten Festschrift *Für Alfred Kubin. Eine Widmung österreichischer Dichter und Künstler zu seinem 50. Geburtstag* [R290] beitragen, am 7.10.1928 in der Morgenausgabe der Königsberger *Hartungschen Zeitung* AKs Rübezahl-Illustrationen [R327] ankündigen. (→ *Koweindl*, S. 34.) – Die Zusendung der Mappe *ARdL* resultierte 1921/22 in Ss Artikel *Alfred Kubin* in der Zeitschrift *Hochland* (Jg. 19, H. 5) [R*371*]. Eine gleichnamige Arbeit erschien am 10.4.1937 im *Grazer Volksblatt* anlässlich des 60. Geburtstags des Künstlers [R*494*]. AK attestierte S »vorzügliches Verständnis für graphische Kunst«. (Zit. *Koweindl*, S. 32.)

6 ***E. W. Bredt … Kubin-Brevier:*** → 112 AK

7 ***Willi Wolfradt:*** Willi Wolfradt (19.6.1892 Berlin – 30.9.1988 Hamburg); Kunstschriftsteller, Dramaturg und Verleger. Studium der Kunstgeschichte in Freiburg, dann Kunstkritiker und in Berlin (u.a. *Kunstblatt*, *Die Lebenden*, *Kunst der Zeit*, *Neue Revue*). V.a. in den 1920ern wichtige Stimme im deutschen Feuilleton, Emigration 1933 nach schweren Anfeindungen, ab 1951 als Cheflektor des Rowohlt-Verlags wieder in Deutschland. – Beziehung zu AK bzw. etwaige aktuelle Bezüge nicht ermittelt.

8 ***Harden zählt nicht mehr:*** Maximilian Harden, eigentl. Felix Ernst Witkowski (20.10.1861 Berlin – 30.10.1927 Montana/Kt. Wallis); Schauspieler, Essayist und Publizist. Kaufmannssohn, schauspielerische Ausbildung. 1889 Mitbegründer des Theatervereins *Freie Bühne* und Zusammenarbeit mit Max Reinhardt am *Deutschen Theater* in Berlin. 1892 Gründung der Wochenschrift *Die Zukunft* (1892–1922), dort – obwohl Freund Bismarcks und anfangs bekennender Monarchist – bald Kritik an Wilhelm II. Auf literarischem Gebiet Parteinahme Hardens für den Naturalismus (Dostojewski, Ibsen, Strindberg und Tolstoi). Zu Beginn des 1. Weltkriegs noch Wunsch nach Siegfrieden, dann Annäherung an den Pazifismus, ab 1918 radikaler Sozialist. In den Auseinandersetzungen der Nachkriegsjahre wenig Zustimmung für Hs Ideen eines vereinten Europas, freier Fall der Auflagenzahlen der *Zukunft* von 70000 Exemplaren (1908) auf unter 1000 Anfang der 1920er. 1922 Attentat auf H und Einstellung der Zeitschrift. Übersiedlung in die Schweiz (1923) und Tod an Spätfolgen des Anschlags.

9 ***Prof. Dr. Oscar Bie … Neue Rundschau (S. Fischer) … Hauptwerke besprechen lassen:*** Oskar Bie (9.2.1864 Breslau/Preußen – 21.4.1938 Berlin); Musikschriftsteller, Kunstkritiker und Publizist. Studium der Philosophie, Kunst- und Musikgeschichte in Breslau, Leipzig und Berlin. Ab 1890 Privatdozent an der TH Berlin-Charlottenburg. Von 1902 bis 1921 Redakteur der *Neuen Rundschau* (gegründet 1890), Aufbau

der Zeitschrift zu einer herausragenden Größe im kulturellen Leben der Kaiserzeit und der Weimarer Republik (Bestehen bis heute). Ab 1921 Professor in Berlin. – Von B selbst sind bei *Raabe* keine Artikel zu AK verzeichnet, allerdings einige Arbeiten in der *Neuen Rundschau*, etwa Karl Schefflers *Vom Wesen des Grotesken* (Jg. 17, 1906) [R668] oder Felix Poppenbergs *Apokalypse* (Jg. 21, 1910) [R793].

10 ***Herrn Visser... Artikel:*** Hermann Visser; Lebensdaten nicht ermittelt. In der Städtischen Galerie im Lenbachhaus, München, Kubin-Archiv, findet sich ein Schreiben Vs an AK vom 2.6.1918 aus Den Haag: »Ich möchte gerne [eine Arbeit; d. Hrsg.] über Ihre Kunst im Niederländischen Wochenblatt: De Neuwe Amsterdammer bringen. Ausser der Reproduktion eines Portraits von Ihnen, möchte ich den Aufsatz mit 4 Abbildungen nach Illustrationen und einer Federzeichnung von Ihnen illustrieren.« (Zit. StGL-M-KA.) Aus dem Brief geht hervor, dass eine ungenannte Zeichnung aus dem Privatbesitz Vs, sowie Beispiele aus dem *Doppelgänger*, den *Nachtstücken* und *Die andere Seite* gemeint sind. Angesprochener Artikel nicht ermittelt.

11 ***Berlin... Gast des Verlegers Gurlitt:*** Die von AK hier und im Briefwechsel mit FHO (→ *FHO*, S. 223) auf November 1921 datierte Reise wurde in der Autobiographie rückblickend in das Jahr 1922 verlegt (→ *AmL*, S. 71), was auch zu missverständlichen Angaben in einigen biographischen Auflistungen führte (→ etwa *Hoberg*, S. 235). Schon im Februar 1922 berichtet aber AK davon, dass er »wie ein Prinz (ein ganzes Appartement stand mir in diesem unglaublich reich eingerichteten Haus zur Verfügung – ovales Schlafzimmer mit Thronbett Badebassin Zimmertelefon u.s.w. Als Abschied tanzten 5 Tänzerinnen nackt im Spiegelsaal) gehalten« wurde (Zit. *FHO*, S. 229) und vergleicht das moderne Berlin mit seinem letzten Besuch aus dem Jahr 1913 (s.u.). – Es gab also im angesprochenen Zeitraum nur eine Berlinreise, und zwar Ende 1921.

12 ***seit 1913 nicht mehr:*** AK hatte damals seinen Schwager Oscar A.H. Schmitz besucht, der in seinem Tagebuch einen Aufenthalt von 19.2. bis 1.3. schildert und einen anschaulichen Einblick in die Beziehung zu AK gibt: »Sehr schöne Tage. [...] In einer Nacht brachte ich die kl. Cocotte Hedw. Pasche aus der Pompadourbar herauf. Gegen 2 wollte ich sie wegschicken, als A. erwacht. Nun brachte ich sie ihm in Spitzenhöschen hinein – Tableau. Sie blieb bis 5.« (Zit. *OAHS Tagebücher 2*, S. 25.) Den Berlinbesuch bestätigt auch die Korrespondenz mit AKs Berliner Freund, dem Hoffmannforscher Hans von Müller (→ *FHO*, S. 422), den AK anlässlich des Besuchs bei Gurlitt 1921 wieder trifft. (→ *Hoberg*, S. 235.)

13 ***zurück über Frankfurt... Beckmann:*** Treffen kommt nicht zustande (→ 122 AK).

14 ***Prof. Hans Meid:*** Hans Meid (3.6.1883 Pforzheim – 6.1.1957 Ludwigsburg); Maler und Graphiker. Studium in Karlsruhe, wie AK Schüler von Schmid-Reutte. Ab 1908 freier Künstler in Berlin, Freundschaft mit Max Beckmann. 1919 Lehrauftrag an der Akademie der bildenden Künste, Berlin, 1934 Vorsteher eines Meisterateliers für Graphik an der Preußischen Akademie der Künste, ab 1947 an der Akademie in Stuttgart. Besonders bekannt ist M für sein impressionistisches Radierwerk, das ihn neben Graphiker wie Slevogt, Corinth oder Liebermann stellt. – Ms Ehefrau Eve Meid-Sprick (1880–1970) war seit ihrer Weimarer Studienzeit eine gemeinsame Freundin von Max und Minna Beckmann. – Die Briefe Ms an AK (1912–1948) liegen in der Städtischen Galerie im Lenbachhaus, München, Kubin-Archiv, und geben auch Auskunft über Beckmanns Wertschätzung der Kubinschen Kunst. Laut *Raabe* war M mit AK bereits seit der Münchener Zeit befreundet (→ *Raabe*, S. 203), im Briefwechsel mit AK schreibt M allerdings 1914: »ich möchte Sie gerne einmal leibhaftig sehen.« (Zit. StGL-M-KA.) Weitere Themen der Korrespondenz sind v.a. der Kunsthandel sowie Graphik- und Büchertäusche. – Im Linzer Bestand der Kubinschen Graphiksammlung finden sich eine Zeichnung Ms sowie vier druckgraphische Arbeiten, 16 in der Wiener Albertina. (→ *Heinzl 1970*, S. 222.)

15 ***100 jähr. Papiers:*** AK beschreibt seine Vorlieben bezüglich des Arbeitsmaterials an

verschiedenen Stellen dieses (→ etwa 223 AK) und anderer Briefwechsel und diskutiert sie auch in dem Aufsatz *Der Zeichner* von 1922: Der Zeichner sei »Papierkundiger [...] auf steter Jagd hinter edlen Papiersorten«. AK selbst habe »mehr als ein Menschenalter« auf der Rückseite »österreichischer Katastermappen« gearbeitet, die ihm von seinem Vater schon in frühen Tagen geschenkt worden seien. Als diese aufgebraucht gewesen seien, hätten ihm Freunde »Papierreste aus einer zugrundegegangenen Fabrik« verschafft, später »brachte dann ein glücklicher Umstand wieder einen ganzen Stoß ähnlichen alten österreichischen Katasterpapier in meinen Besitz, welches ich seither wieder am liebsten benutzte.« (Zit. *AmW*, S. 56–57.)

16 ***Compagnons:*** Adolf Hammelmann (→ 2 RP) und Alfred Eisenlohr (→ 12 RP).

17 ***F. Avenarius Kunstwart Dresden ... schrieb 2 mal ... »Traumkunst«:*** Gemeint ist die Monatsschrift *Der Kunstwart. Deutsche Zeitschrift für Dichtung, Theater, Musik, Bildende und Angewandte Kunst* (1887–1937). Seit 1894 erschien sie im Münchener Callwey Verlag, davor – und darauf bezieht sich AK hier wohl – in Dresden. Von Anfang 1901 bis zum 1.7.1902 war RP als Gehilfe bei Callwey beschäftigt gewesen (→ *MLaV*, S. 183–200) und hatte dort den Schriftsteller, Publizisten und Volkspädagogen Ferdinand Avenarius (20.12.1856 Berlin – 22.9.1923 Kampen/Sylt) kennengelernt, nach natur- und geisteswissenschaftlichen Studien in Leipzig und Zürich von 1887–1923 Herausgeber des *Kunstwarts*. Die Zeitschrift hatte als Teil der Lebensreformbewegung bis zum Beginn des 1. Weltkriegs starken pädagogischen Impetus, einen ersten Höhepunkt erreichte sie mit 22000 Abonnenten im Jahr 1904. Nach 1937 ging sie in *Das Innere Reich* auf. Bekannte Beiträger waren etwa Hans Carossa, Hugo von Hofmannsthal und Christian Morgenstern. – Bereits 1903 hatte A AK in dem Aufsatz *Traumbildnerei* als »Spezialist des Traumes« bezeichnet (In: Der Kunstwart, (Jg. 16, H. 11) [R12]. Im *Kunstwart* hatte AK bis 1921 nicht zwei, sondern drei Veröffentlichungen. Neben dem eben genannten »Traum«-Aufsatz erschienen sowohl 1906 (Jg. 20, H. 4) [R19] als auch 1912 (Jg. 25, H. 17) [R46] zwei Reproduktionen nach getönten Federzeichnungen samt kurzem Textbeitrag. Zum Themenkomplex »Traum« siehe (→ 91 AK, Gurlitt) sowie AKs Aufsatz *Über mein Traumerleben* (→ *AmW*, S. 7–10) [R181; A67; B22].

18 ***Heberle:*** Gemeint sind Dr. Max Heberle (4.5.1864 Langenwang – 1927 Karlsbad) und dessen aus Ungarn stammende Frau Irene, geb. Ade (1878–1949). MH war als Kunstsammler und Kommunalpolitiker eine bekannte Passauer Persönlichkeit mit zahlreichen Kontakten, 1905 Gründung des *Passauer Kunst- und Geschichtsvereins*. IH schrieb Gedichte (ihr Band *Echo* erschien 1921 mit Kubinscher Umschlagzeichnung in Berlin-Zehlendorf bei Fritz Heyder [R150; A56]) und veröffentlichte heimatkundliche Texte in lokalen Zeitungen (auch zu AK [R*335*, *376*, *385*]). Auch in AKs Text *Ein Donauer-Geschenk* (→ 214 AK) wurde IH verewigt. – Ihre Tochter Irene Brunhilde (1896–1918) war die erste Ehefrau des Dichters Klabund (1890–1928) und an dessen Entwicklung vom Kriegsanhänger zum angefeindeten Pazifisten nicht unbeteiligt. – Die Beziehung AKs zu Familie H dokumentiert sich in einem regen Briefwechsel von 1917 bis 1933, in dem AK immer wieder die gastfreundliche Aufnahme in Passau beschreibt (→ Hammerstein, Hans: *Alfred Kubin, die Familie Heberle (Passau) und Klabund. Autographen und Bücher, 270 Nummern*. Katalog Nr. 30. München: Antiquariat Hans Hammerstein 1993). Über Hs kommt es schließlich auch zur folgenschweren Bekanntschaft mit der Familie Koeppel (→ 420 RP, R. Keeppel) und dem Bayerischen Wald.

19 ***Englburg:*** Gemeint ist die Englburg im Bayerischen Wald bei Tittling, in der AK im Jahr 1918 eine Woche mit Rudolf Großmann verbracht hatte (→ 179 AK). Im Sommer 1925 sollte dort auf Kubinsche Empfehlung auch RP mit seiner Familie Urlaub machen (→ 180 AK) und von AK (→ 184 AK, »Wie schade dass Ihr Holzschnittbuch dessen Abbildungen ich in Englburg schon so bewundernd bei Ihnen sah nun noch weiter lagern muss!«) und Ernst Barlach (→ 181 AK) besucht werden.

20 *Ihr Vater:* Otto Piper; Belegstelle aus der *Burgenkunde* (→ 61 RP, mein … Vater … Spuk) nicht ermittelt.

122 AK

1 Zur Illustration: Die Briefzeichnung entspricht im Wesentlichen dem Blatt *Der Ausgesetzte* (1920), abgebildet etwa in *Weltgeflecht* (Tafel 132).
2 ***Tierbuch:*** → 117 AK, Tierbuch
3 ***Tier-Messekbuch:*** Tierbezug unklar. Möglicherweise die Meseck-Zeichnungen zu Novalis (→ 123 RP).
4 ***Atlanten:*** Die ersten beiden Bände (1922) der von Wilhelm Hausenstein bei Piper herausgegebenen Serie *Das Bild. Atlanten zur Kunst* (Bd. 1: *Tafelmalerei der deutschen Gotik*, Bd. 2: *Die Bildnerei der Etrusker*).
5 ***Beckmannausstellung bei /I. B./ Neumann:*** Max Beckmann erwähnt diese Ausstellung in seiner Korrespondenz mit Israel Ber Neumann wiederholt. (→ *Beckmann 1*, S. 203–208). Vom 29.11.1921 bis zum 16.1.1922 wurden bei Neumann schließlich Gemälde und Graphiken aus den Jahren 1915–1921 gezeigt. (→ *Beckmann 1*, S. 460.) – Mehr zur Person Neumanns → 85 AK, Verleger Neumann.
6 ***Schriftsteller droht mit Selbstmord:*** Nicht ermittelt.
7 ***versprochen:*** → 123 RP

123 RP

1 ***Meseck-Zeichnungen:*** Wohl *Novalis. Das Märchen aus Heinrich von Ofterdingen.* Radierungen von Felix Meseck. München: Piper 1920 (Drucke der Marées-Gesellschaft XXVI). – Felix Meseck (11.6.1883 Danzig/Westpreußen – 17.6.1955 Holzminden/Weser); Maler und Graphiker. Studium an den Akademien in Berlin und Königsberg, 1924 bis 1930 Professur in Weimar, dann nationalsozialistische Repressalien und Umzug nach Berlin, Danzig und Holzminden. Besonders vor dem 2. Weltkrieg weite Verbreitung. Ein wichtiger Verleger und Galerist für M (wie für AK) war Wolfgang Gurlitt. Ms Frühwerk wurde während des Weltkriegs zerstört, nur das umfangreiche Spätwerk zeugt heute noch von seinem Können. – Bei Piper erschien M außerdem 1923 in der *Mappe der Gegenwart* (Drucke der Marées-Gesellschaft XLII) und 1927 in den *Widmungen* für Julius Meier-Graefe. – Die persönliche Bekanntschaft mit AK dürfte auf ein Treffen im Jahr 1924 zurückgehen (→ 173 AK). In der Städtischen Galerie im Lenbachhaus, München, Kubin-Archiv, finden sich einige Briefe an AK aus den Jahren 1925–1937 (→ 174 AK).
2 ***»Der Jahrmarkt«:*** → 71 RP, Beckmann
3 ***mit Beckmann zusammentreffen:*** Ein Besuch Bs in Zwickledt sollte schließlich im Januar 1923 zustande kommen (→ 131 RP, B. selbst erzählt …). Zu einigen gescheiterten Versuchen einer Kontaktaufnahme → 71 RP, Beckmann.
4 ***Indianer-Sagen:*** Ab 1917 angedachte – und nie ausgeführte – gemeinsame Arbeit (→ 59 RP).
5 ***Doppelgänger:*** Das erste gemeinsame Illustrationsprojekt zu Dostojewski (→ 2 RP). – Zweite Auflage, Illustrationen unverändert. Druck in der Alten Schwabacher. Die Restauflage von 1922 wurde 1938 mit verändertem Umschlag neu ausgeliefert [R180; A66].
6 ***Prof. Ehmcke:*** Fritz-Helmuth Ehmke (16.10.1878 Hohensalza – 3.2.1965 Widdersberg); Graphiker und Schriftkünstler. Lithographenlehre am Kunstgewerbemuseum Berlin. Gründung einer eigenen Druckwerkstatt, Lehrer für Buchgewerbe und Schrift an den Kunstgewerbeschulen Düsseldorf und ab 1913 in München, dort später an der Akademie für angewandte Kunst und ab 1946 an der Hochschule der bildenden Künste. Entwickler zahlreicher populärer Schriften. E fertigte auch ein Verlags-

signet für Piper (→ *MLaV*, S. 245) und prägte den Verlag buchkünstlerisch für viele Jahre.

124 AK

1 Zur Illustration: Die Briefzeichnung variiert das Blatt *Die Schieber* [R185, 194] (Ha II 3413, »um 1921/22«).

125 AK

1 Zur Illustration: Die Bildbeigabe ist abgedruckt in *MLaV*, S. 452.
2 ***S. in P.:*** Das Bankhaus Simson in Passau (→ 78 AK).
3 ***Vor oder Nachwort:*** Im Vorwort zur Ausgabe von 1922 (→ 123 RP) heißt es, dass der Dostojewski-Kubinsche *Doppelgänger* zuerst 1913 in der Ausstattung von P. Renner in einer nummerierten Auflage von 800 Exemplaren erschienen, mittlerweile aber seit langem vergriffen und damit ein Hauptwerk des Illustrators völlig unerreichbar geworden sei. »So gelangt denn durch diese neue Ausgabe der Zeichnungen die fast schon verschollene künstlerische Arbeit Kubins zu neuer Wirkung.«
4 ***Ganymedjahrbuch ... ill. Brief:*** → 112 AK, mein Tag
5 ***Staatsmedaille:*** Im Rahmen der Internationalen Schwarz-Weiß-Ausstellung in Salzburg (1921) erhielt AK die Goldene Staatsmedaille für die aquarellierte Federzeichnung *Hengst und Schlange* (→ 103 AK).

126 AK

1 Zur Illustration: Abgebildet sind einige Zwickledter Haustiere, die AK auch in einer Bildbeigabe zu *Mein Tag* (→ 112 AK) darstellt.
2 ***Sonntag hier in Zwickledt:*** Die Umstände (und das Zustandekommen) des Besuchs konnten nicht eindeutig geklärt werden; im nächsten Brief scheint es, als wäre es (wegen/mit HK?) zu keiner Zusammenkunft gekommen. – Sechstes (?) dokumentiertes persönliches Treffen AK-RP (in Passau bzw. Zwickledt).

127 AK

1 ***»Candid«:*** Voltaire: *Candide (oder die beste Welt)*. Eine Erzählung mit 28 Federzeichnungen von Alfred Kubin. Hannover: Paul Steegemann 1922 [R183; A69]. – Exemplar in AKs Bibliothek [Inv.Nr. 1963].
2 ***Steegemann:*** Paul Steegemann, Ps. Gustav Bock, Rainer Maria Schulze (3.10.1894 Groß-Lafferde – 21.1.1956 Berlin); Verleger. Volksschulabschluss. Anfänge mit den spätexpressionistisch-dadaistischen *Silbergäulen* (1919–1922), 1927 Umzug des Verlags nach Berlin, Programm dominiert von Grotesken, Satiren, Parodien und Pamphleten, auch erotische Literatur (deshalb wiederholt rechtliche Schwierigkeiten). Anfangs kritische Haltung gegenüber Nationalsozialisten, später Präsentation von Parteireden Hitlers, Görings etc. 1935 Liquidation des Verlags und Berufsverbot. Nach dem 2. Weltkrieg wenig erfolgreich. – Von AK erschienen bei S außerdem drei (1921) [R149; A55] bzw. vier (für die zweite Auflage 1923) [R225; A72] Illustrationen zu *Der Büchernarr* von Gustave Flaubert; Neuausgabe mit drei Beigaben 1934 [R509; A152].
3 ***Potator:*** Trinker, Trunksüchtiger.
4 ***Vorzugsausgabe ... »von verschiedenen Ebenen«:*** Kubin, Alfred: *Von verschiedenen Ebenen*. Berlin: Fritz Gurlitt 1922 (Malerbücher. Bd. 5). Mit Titelzeichnung, 67 Initialen und Illustrationen [R181; A67]. – Einmalige Vorzugsausgabe von 500 nummerierten Exemplaren mit signierten Lithographien (1-20: 6, 21–100: 5). Lithographien → R175; Hb31-36.

5 ***meine Zeichnungen von namhaften Xylographen schneiden lassen:*** AKs Illustrationen zu De Costers *Smetse, der Schmied* (→ 100 AK, Ulenspiegel). – Slevogt, Max (Ill.): *Don Juan. Heiteres Drama in zwei Akten von Lorenzo da Ponte.* Mit zwanzig Zeichnungen von Max Slevogt. In Holz geschnitten von Reinhold Hoberg. Berlin: Gurlitt 1921. – Kein Exemplar in AKs Bibliothek nachgewiesen. – Liebermann, Max (Ill.): *Bilder ohne Worte. 17 Holzschnitt-Zeichnungen.* Mit einer Einführung von Willy Kurth. Geschnitten von Reinhold Hoberg. Berlin: Fritz Heyder 1922. – Exemplar in AKs Bibliothek [Inv.Nr. 0785].

6 ***Kubin Katalog:*** Ein Katalog des Gesamtwerks von AK fehlt bis heute, realisiert wurden ein allgemeiner Überblick über AKs Schaffen (*Raabe*), eine Aufstellung der Illustrationen (*Marks*) und Lithographien (*Das lithographische Werk*), ein Werksverzeichnis der Sammlung der Oberösterreichischen Landesmuseen (→ Eintrag zu *Hoberg* im Literaturverzeichnis) sowie eine Aufstellung der Ausstellung zu Lebzeiten des Künstlers (*Meißner*, teilweise mit Angabe der ausgestellten Werke). Im Briefwechsel mit FHO wird am 20.3.1925 ein wissenschaftlicher Katalog anlässlich AKs 50. Geburtstag erwähnt (→ *FHO*, S. 236) – der dann ebenfalls nicht zustande kam (→ *Raabe*, S. 9). Ob es sich im hier besprochenen Brief bereits um erste Vorbarbeiten zu diesem Projekt handelt, ist unklar.

7 ***Monomanen:*** Gemeint ist der Apotheker Dr. Kurt Otte (1902–1983), der bereits 1919 mit einer Privatsammlung zu AK begonnen hatte, die 1926 offiziell die Bezeichnung »Kubin-Archiv« erhalten sollte. Otte wurde – nach einem ersten Treffen anlässlich der Ausstellung bei Goltz im Jahr 1921 (→ 93 AK) – über die Jahre ein enger Freund der Kubins und führte das Archiv bis zum Verkauf an die Stadt München 1970. Es ist jetzt in der Städtischen Galerie im Lenbachhaus untergebracht.

8 ***M. Beckmann zu treffen:*** B besuchte AK im Januar 1923 in Zwickledt (→ 131 RP, B. selbst erzählt...). Zu einigen gescheiterten Versuchen einer Kontaktaufnahme → 71 RP, Beckmann.

9 ***Horst Stobbe:*** Horst Stobbe (1884 Elbing/Westpreußen – 1974); Münchener Buchhändler und Antiquar. S etablierte mit seiner neuartigen Bücherstube am Siegestor den Buchladen als kulturellen Treffpunkt und Veranstaltungsort. 1923 Neugründung der 1913 aufgelösten *Gesellschaft der Münchner Bibliophilen* – für die AK 1913 das von der Zensur streng überwachte *Liebeskonzil* Oskar Panizzas illustriert hatte [R56; A18] und in deren Kreisen auch die *Hermetische Gesellschaft München* ins Leben gerufen worden war, mit der AK als »Mensch Vacca sum« bis Ende der 1930er verbunden bleiben sollte (→ *Hoberg*, S. 232); die Münchner Bibliophilen bestanden bis 1931. Mit den Zeitschriften *Die Bücherstube. Blätter für Freunde des Buches und der zeichnenden Künste* (1920–1927) und *Der Grundgescheute Antiquarius* trat S auch als Verleger hervor. – 1918 erschienen im Almanach der Bücherstube zwei Reproduktionen nach Federzeichnungen AKs [R107], 1921 gestaltete AK Umschlagzeichnung und Schrift für das Jahrbuch [R130]. Für das E.T.A. Hoffmann-Fest der Münchner Bibliophilen am 11.2.1925 steuerte AK eine Festkarte bei [R296] – und nahm möglicherweise auch selbst daran teil. (→ *DwR*, S. 40, »Münchner Tage«, sowie *FHO*, S. 235, »letzthin in München«). Am 8.4.1927 wurde AKs 50. Geburtstag in Abwesenheit des Künstlers in der Bücherstube begangen, aus der Sammlung RPs wurde Gelegenheitsgraphik gezeigt, AK zum Ehrenmitglied der Gesellschaft ernannt. (→ Stobbe, Horst: *Die Gesellschaft der Münchner Bücherfreunde 1923–1931.* In: Imprimatur. Ein Jahrbuch für Bücherfreunde N.F. VII, 1972, S. 65.) S war darüber hinaus eine wichtige Quelle zur Stillung des Kubinschen Bücherbedarfs.

10 ***illustriertes Werk:*** Seidel, Willy: *Das älteste Ding der Welt.* Mit 26 Zeichnungen von Alfred Kubin. München: Musarion-Verlag 1923. Einmalige Auflage in 550 nummerierten Exemplaren [R228; A75].

128 RP

1 Unterhalb des Firmenschriftzugs »R. Piper & Co., Verlag · München« findet sich auf den Briefbögen von Ende 1922 an der Zusatz »Verlag der Marées-Gesellschaft«.
2 ***René Beeh:*** *René Beeh. Zeichnungen – Briefe – Bilder.* Einleitung von Wilhelm Hausenstein und Hans Haug. München: Piper 1922. – René Beeh (1886 Straßburg – 23.1.1922 ebd.); elsässischer Maler und Lithograph. B erlernte zuerst das Handwerk des Ziseleurs, dann Studium an der Münchener Akademie. Aufenthalte in Algerien und Paris. Nach dem 1. Weltkrieg v.a. in München ansässig. Beeinflusst von Cézanne und van Gogh. – In der von HK verfassten Reinschrift des Manuskripts zu AKs *Brief über die großen Meister* (→ 136 RP) aus dem Juli 1923 findet sich eine später geänderte Stelle über B: »Beeh, ein mir unvergesslicher, lieber Kamerad ist Problematiker geblieben, ist seiner Hemmungen nicht immer Herr geworden und hinterließ nichts Abgeschlossenes. Die Zeichnungen sind Zeugnisse eines glänzenden Temperamentes und werden noch viele anregen, dem Rätsel dieses Künstlers nachzusinnen.« (Zit. ÖLA 77/B1/88.) Siehe dazu auch → 137 AK. – RP hatte B im April 1913 durch Hausenstein kennengelernt. (→ Piper, Reinhard: *Chronik Langfassung 1901–1929*, Deutsches Literaturarchiv, Marbach, 01.1.)
3 ***Bosch:*** Schürmeyer, Walter: *Hieronymus Bosch.* München: Piper 1923. – Hieronymus Bosch, eigentl. Jeronimus Bosch von Aken (um 1450 Herzogenbusch – 9.8.1516 ebd.); niederländischer Maler und Zeichner. Ausbildung vermutlich beim Vater. Lebensumstände weitgehend unbekannt. Bs reichhaltige Werke sind bis heute Anlass reger Diskussion. Allein die Zuordnung und Datierung stellen die Forschung (auch angesichts zahlreicher Kopien von Bs Arbeiten) vor große Herausforderungen. Bekannt sind v.a. Bs Triptychen mit unzähligen Gestalten und dämonischen Phantasiewesen vor feiner, helltoniger Landschaft. – »Daß Hieronymus Bosch und Pieter Breughel meinem Herzen besonders nahe stehen, brauche ich Ihnen nicht zu sagen« (Zit. *AmW*, S. 64.), schreibt AK in seinem *Brief über die großen Meister* (1924) und RP gibt ein Gespräch anlässlich eines Besuchs in Zwickledt wieder, in dem AK meint: »Die Kunst des Bosch wurde mir lange durch Breughel verdeckt. Wie dankbar bin ich Ihnen, daß Sie das herrliche Werk über ihn herausgebracht haben! Bosch scheint mir wie ein wahrer Hexenmeister. Ich gerate in einen gelinden Rausch, wenn ich mich mit seinen Gestalten beschäftige. Vor kurzer Zeit besichtigte ich eine Zuckerfabrik und ging dort im Dämmerlicht eines trüben Tags zwischen den vielen Trichtern, Pfannen und Röhren umher, sah die Räder, Eisenstangen und Treibriemen und zwischen den ausströmenden Dampfsäulen die Arbeiter auf Leitern und schmalen Stiegen. Das war wie eine Vision des Bosch, mir lebendig geschenkt! Welche Abenteuer sind auch noch heute, mitten unter den verhaßten Maschinen möglich!« (Zit. nach: *MLaV*, S. 468.) – Schürmeyers Bearbeitung des Themas für den Piper-Verlag gefiel AK wenig (→ 388 RP).
4 ***Zeichnung:*** Nicht erhalten.
5 ***Beckmannblätter:*** *Der Jahrmarkt* (→ 71 RP).

129 AK

1 ***eine Zeitsatire:*** Wohl das Blatt *Herr Index mit Frau Valuta und das Kind Honorar*, Aquarell über Federzeichnung (1922), abgebildet in *Karl & Faber* (Nr. 395). Auf festem Hadernbütten. Rückseitig mit eigenhändigem Vierzeiler des Künstlers: »Was haben unsere feinen Rechner denn getan? | Was stellt es vor dies kleine Werk hier meiner Hände? | Herr Index passt sich einfach Frau Valuta an | Und alle Nöte finden rasch ihr selig Ende. – | Im Jahre 1922 als Weihnachtserinnerung seinem lieben Verleger Reinhard Piper! | AKubin Zwicklöd«. – Variante im Besitz des OÖLMs (Ha II 3543, »um 1935«).
2 ***H. St.:*** Horst Stobbe (→ 127 AK).

3 *Dr. Willy Seidel:* Willy Seidl (15.1.1887 Braunschweig – 29.12.1934 München); Schriftsteller. Bruder von Ina Seidel. Studierte zunächst Biologie und Zoologie, dann Germanistik in Freiburg/Breisgau, Jena, Marburg und München. 1911 Promotion mit einer Arbeit über Theodor Storm. Exil in den USA, 1919 Rückkehr nach Deutschland. Gesundheitlicher Zusammenbruch 1929. Unterschrieb am 26.10.1933 das *Gelöbnis treuester Gefolgschaft* für Adolf Hitler in der *Vossischen Zeitung*. S verfasste anfangs typische Texte des wilhelminischen Exotismus, nahm aber bald eine kritischere Position ein. In den 1920er Jahren entstanden vorwiegend phantastische Arbeiten. – AK schuf 26 Zeichnungen zu Ss *Das älteste Ding der Welt* (→ 127 AK) sowie 21 Illustrationen zu der Novelle *Larven* (München: Albert Langen 1929) [R387; A111]. – Auch RP schätzte Ss Fähigkeiten und hatte bereits 1907 *Der schöne Tag* (das Erstlingswerk des 20-Jährigen) verlegt, in der Piper-Bücherei folgten später die Erzählsammlung *Yali und sein weißes Weib* (1947) und Neuausgaben der Romane *Der Sang der Sakîje* und *Schattenpuppen. Ein Roman aus Java* (1948). Besonders mit der Familie von Ss Schwester Ina war RP freundschaftlich verbunden (→ 286 RP, Willy Seidels Vetter…).

4 *Sang der Sakja:* Seidl, Willy: *Der Sang der Sakîje. Roman aus Ägypten.* Leipzig: Insel 1914.

5 *Meyrink:* Gustav Meyrink, Ps. Kama, Censor of the R.O.O.o.S.B.a.S. (19.1.1868 Wien – 4.12.1932 Starnberg); österreichischer Schriftsteller und Journalist. Handelsakademie in Prag, bis 1902 Bankier, dann Redakteur der Wiener Satire-Zeitschrift *Lieber Augustin* und Mitarbeiter des *Simplicissimus*, ab 1905 freier Autor in München und in der Schweiz. Verfasser zahlreicher phantastischer Romane. – Die wegen Verzögerung im Schreibprozess unterbrochene Arbeit AKs an Illustrationen zu Ms späterem Erfolgsroman *Der Golem* (1915) resultierte 1908 in der Niederschrift von *Die andere Seite.* (→ *Wie ich illustriere*, *AmW*, S. 73). AK trug außerdem Arbeiten zum *Lieben Augustin* bei [R13] und illustrierte Ms *Die Pflanzen des Doktor Cinderella* in *Das unheimliche Buch* (1914) [R69; A26] sowie *Die vier Mondbrüder* in *Der Gespensterkrieg* (1915) [R74; A27], beides Verlag Georg Müller, München. – M revanchierte sich und gedachte AKs in eigenen Texten [R*78*, *309*, *310*]. Weiteres → Karle, Robert: *Gustav Meyrink und Alfred Kubin.* In: Sudetenland. Vierteljahresschrift für Kunst, Literatur, Wissenschaft und Volkstum. Nr. 18, 1976, S. 175–180.

6 *Ewers:* Hanns Heinz Ewers (3.11.1871 Düsseldorf – 12.6.1943 Berlin); Schriftsteller und Journalist. Jusstudium in Berlin, Genf und Bonn. Frühzeitig Mitglied der NSDAP. Seine Bücher wurden 1934 dennoch verboten. Es phantastische Romane stehen in der Nachfolge E.T.A. Hoffmanns und E.A. Poes; von seiner *Allraune. Die Geschichte eines lebendigen Wesens* (1911) wurden innerhalb des ersten Jahrzehnts über 200 000 Exemplare verkauft. – Zu dem von AK 1914 illustrierten *Nebelmeer* von E.A. Poe im Münchener Georg Müller Verlag hatte E die Einleitung verfasst [R68; A25].

7 *Teuerung:* In Österreich kam es im April 1921 zu ersten Hilfsmaßnahmen seitens des Völkerbundes, da die Inflation die ohnehin krisengeschüttelte junge Republik vor den Ruin führte. Der Index des Außenkurses (1914 = 1) war zwischen Oktober 1919 und März 1921 von 18,19 auf 143,33 angestiegen, der Index der Lebenserhaltungskosten (ohne Wohnen) bis Mai 1921 auf das 118,80-fache. Der Index des Außenkurses stieg bis Januar 1922 auf 1530, die Verhältnisse im Land verschlechterten sich orkanartig. Ein Laib Brot hatte 1914 46 Heller gekostet, Ende 1922 kam er auf 5670 Kronen. Die Löhne stiegen zwar ebenfalls, blieben aber hinter den Preissteigerungen weit zurück. Ein Maurer etwa verdiente im Dezember 1921 wöchentlich 18 383 Kronen, im September 1922 398 400 Kronen. Viele Ausländer erfreuten sich an der Situation und schwelgten mit ihren Devisen im Luxus. (→ *Schilling*, S. 32–40.)

8 *Bangemann:* Wohl Oskar Bangemann (3.2.1882 Braunschweig – nach 1942); Holzschneider. Xylographenlehre in Braunschweig, Zürich und Wien. Mangels Aufträgen Retuscheur und technischer Zeichner in der Berliner Reichsdruckerei. 1912 Bekannt-

schaft mit Max Slevogt, Holzschnitte von Zeichnungen und Illustrationen. Im 1. Weltkrieg schwer verwundet; durch Slevogts Vermittlung Leitung der Holzschnittklasse des Kunstgewerbemuseums, 1924–1942 Professor an den Vereinigten Staatsschulen für freie und angewandte Kunst in Berlin. Wiedergaben auch von Werken Liebermanns, Corinths etc. Über seinen Verbleib nach 1942 ist nichts bekannt.

9 ***meine Zeichnungen schneiden:*** → 127 AK, meine Zeichnungen …

10 ***mein Malerbuch:*** *Von verschiedenen Ebenen* (→ 127 AK, Vorzugsausgabe …).

130 RP

1 ***Verlagsalmanach … Textbeitrag:*** *Almanach 1904–1924 des Verlages R. Piper & Co. München.* Mit 32 Bildtafeln. München: Piper 1923. – Zum Textbeitrag → 135 AK.

2 ***Bruegel:*** Pieter Bruegel d. Ä. (um 1525/1530 wahrscheinlich in Brueghel bei Breda – 5.9.1569 Brüssel); niederländischer Maler und Graphiker. 1551 Aufnahme in die Malergilde Antwerpen, Zeichnungen für Kupferstiche, ab 1557/58 Hervortreten als Maler, *Tugenden-* und *Lasterfolge*, gesellschaftlicher und künstlerischer Aufstieg, bekannte Bauernbilder ab den späten 1560ern. – Zahlreiche Bezüge zum Werks AKs (→ 128 RP, Bosch), auf die an gegebener Stelle hingewiesen wird, »Rosinen«-Anekdote aus dem *Brief über die großen Meister* → 137 AK. – Bei Piper erschienen 1909 der *Bauern-Bruegel* (→ 10 AK, »Hausenstein«), 1922 14 Faksimiles nach Zeichnungen und Aquarellen mit Text von Kurt Pfister (Drucke der Marées-Gesellschaft XXXVII), 1925 *Der Herbst* (→ 166 RP), 1929 *Der Winter* (42. Piper-Druck) und 1930 *Der Sommer* (65. Piper-Druck).

3 ***van Gogh:*** Vincent van Gogh (30.3.1853 Groot-Zundert – 29.7.1890 Auvers-sur-Oise; Selbsttötung); niederländischer Maler. Lehrjahre, dann Kunsthändler, begonnenes Theologiestudium. Als Maler Autodidakt. Freier Künstler ab 1882. Postimpressionist. Grundlegender Einfluss auf die Kunst des 20. Jahrhunderts. Zu Lebzeiten kaum erfolgreich. – »Vincent van Gogh! Das ist unsere Zeit. Mit schweren Krankheitskrisen belastet, früh vergehend, wahrhaft ein Märtyrer der Kunst. In den Bildern glaubte ich oft ein Stück wirklichen Wahnsinns funkeln zu sehen. Mehr fast noch als die gemalten Bilder packte mich die unerhörte Kurzschrift der meisterlichen Zeichnungen.« (Zit. *Brief über die großen Meister*, *AmW*, S. 64.) – Der Piper-Verlag widmete G bereits ab 1907 große Aufmerksamkeit, 1910 erschien die Monographie *Vincent van Gogh* von Julius Meier-Graefe, 1912 eine erste Mappe mit 15 Reproduktionen nach Gemälden, 1919 Faksimiles nach Zeichnungen; zahlreiche Werke wurden in den Piper-Drucken gebracht und noch 1948 veranlasste RP die Herstellung einer weiteren Mappe, 1952 folgte die Briefbiographie *Von Feuer zu Feuer*, herausgegeben von Hans Walter Bähr.

4 ***Papiermark … Krone … Franken:*** In den Jahren 1923–1924 erreichte die Hyperinflation in Deutschland und Österreich ihren Höhepunkt. Während Österreich aber mit dem 18.5.1923 als erstes Land Europas das Verhältnis zum Dollar stabilisierte (1 Dollar = 71 060 Papierkronen) und die Staatseinnahmen bereits ab November 1923 wieder den Staatsausgaben entsprachen, verschlechterte sich die Situation in Deutschland weiter. Am 20.11.1923 zahlte man für einen Dollar 4200 000 000 000 Mark. Erst nach der faktischen wirtschaftlichen Katastrophe, der Auslöschung aller Kapitalvermögen und der Einführung der Reichsmark wurde die Hyperinflation gestoppt. Die Reallöhne brauchten noch Jahre, um wieder den Vorkriegsstand zu erreichen. Der Franken unterlag wegen der dichten wirtschaftlichen Verflechtung der Schweiz mit Resteuropa ebenfalls enormen Schwankungen, zu ähnlichen Situationen wie in Österreich oder Deutschland kam es aber nicht. (→ *Schilling*, S. 53–70.)

5 ***Bibelbildern:*** Gemeint sind hier einige jener Zeichnungen, die 1924 in den *20 Bildern zur Bibel* veröffentlicht werden sollten (→ 131 RP und folgende).

131 RP

1 ***Ulrike:*** Das dritte und letzte Kind des Ehepaars Piper, Ulrike (Didi) Piper, verheiratete von Puttkamer (18.2.1923 München – 24.11.2005). Schauspielerin, Publizistin und Übersetzerin. Zu ihrer Karriere → *MLaV*, S. 681–682.
2 ***reizende Gabe:*** Nicht ermittelt.
3 ***mein Bildnis in Radierung und in Lithographie:*** → 98 AK, Beckmanns »Piper«
4 ***B. selbst erzählt haben:*** Max Beckmann hatte AK im Januar 1923 besucht. – Am 15.1.1923 schrieb B an RP: »Auch bei Kubin war ich 2 Nächte. – Er ist wirklich ein ganz besonders netter Kerl. Unter seinen Zeichnungen sind viele schöne Sachen. Besonders die Dorfscenen und die Balkansachen. Wir haben viel von Ihnen gesprochen. Ich fand auch aquarellirt farbig manches sehr reizvoll.« (Zit. *Beckmann 1*, S. 227.)
5 ***Frau im Verlag:*** HK besuchte auf München-Fahrten bzw. auf der Durchreise wiederholt allein den Piper-Verlag (→ 475 RP).

132 AK

1 ***meine Frau ... Krankenhaus:*** Aufenthalt etwa ab Anfang Februar. AK an Koeppels am 21.3.1923: »Hedwig ist [...] nach 6 wöchentlicher Krankenhausbehandlung immerhin wesentlich gebessert, wieder heimgekommen«. (Zit. *DwR*, S. 21.)
2 ***deutschen Knecht:*** Bezug unklar. Möglicherweise Anspielung auf RPs Zeit als »Henkersknecht« im Münchener Kabarett *Elf Scharfrichter*. (→ *MLaV*, S. 193–195.)
3 ***Gesellschaft bei Hamans Galgen:*** Haman, Sohn des Hammedata, ist im biblischen Buch Ester ein hoher Beamter am Hof des Xerxes I. (485–465 v. Chr.) und der Gegenspieler von Ester und Mordechai bzw. der Juden in der persischen Diaspora. Da sich Mordechai weigert, sich wie alle anderen vor Haman zu verneigen, plant dieser, an einem per Los (hebräisch *Pur*) bestimmten Tag alle Juden im Reich zu töten – ohne allerdings zu wissen, dass die neue Königin Ester Jüdin ist und Mordechai einen Anschlag auf den König vereitelt und dadurch dessen Gunst gewonnen hat. Während eines Gastmahls tritt Ester bei ihrem Ehemann für ihr Volk ein. Haman fleht an Esters Diwan um sein Leben, der König bestraft Hamans Taten und diese letzte ungebührliche Annäherung mit dem Tod. Auf dem Galgen, den Haman schon für Mordechai hatte aufstellen lassen, wird er nun selbst hingerichtet. Seine zehn Söhne werden ebenfalls umgebracht, der Familienbesitz aufgeteilt. Den Juden wird durch einen weiteren Erlass die Rache an ihren Feinden erlaubt. Das Purimfest erinnert an diese Errettung des Volkes. – AK stellt die Hinrichtungsszene Hamans in den *20 Bildern zur Bibel* mit sieben Zusehern dar (Tafel 7).
4 ***die beiden anderen B. – Bosch und Beckmann:*** Wohl ein Irrtum AKs. Gemeint sein dürften Bosch und Beeh (→ 128 RP), nicht Beckmann.

133 RP

1 ***Totentanzes:*** → 29 AK
2 ***Langen ... 50 Zeichnungen:*** Kubin, Alfred: *Fünfzig Zeichnungen*. München: Albert Langen 1923 [R194; A70]. – Fünfzig Strichätzungen nach Federzeichnungen, die alle zuvor im *Simplicissimus* abgedruckt waren.
3 ***Georg Müller zeigt jetzt auch ein Werk an:*** Kubin, Alfred: *Filigrane. 20 Federzeichnungen*. München: Georg Müller 1923 [R192]. – Außerdem erschien im selben Jahr noch die 3. Auflage von *Die andere Seite* (6.–10. Tsd.) mit geändertem Titelblatt, allerdings ohne neuerliche Fortsetzung der Autobiographie [R226; A73].

134 AK

1 ***Baden-Baden:*** AK hielt sich Ende April auf Vermittlung seines Malerfreundes Reinhold Koeppel bei einem Sammler in Stuttgart auf. Im Mai begegnete AK in Karlsruhe Hans Thoma (1839–1924), später Adolf Schinnerer (→ 144 AK) in München, mit dem er fortan in Briefkontakt stand. (→ *Hoberg*, S. 235.)
2 ***3 kleine Luxusdrucke:*** Keines der drei folgenden Werke ist bei *Raabe* als Privatdruck verzeichnet.
3 ***Wedekind:*** Wedekind, Frank: *Der greise Freier*. Mit Lithographien von Alfred Kubin. Berlin: Franz Schneider 1924. Einmalige Auflage in 200 nummerierten und signierten Exemplaren [R268; A80]. – Frank Wedekind, eigentl. Benjamin Franklin Wedekind, zahlreiche Ps. (24.7.1864 Hannover – 9.3.1918 München); Schriftsteller. Abgebrochenes Studium der Rechte in München, ab 1888 freier Schriftsteller, 1891 Umzug nach Paris, ab 1895 abwechselnd in Berlin, München, Zürich, Dresden und Leipzig. Erste dramatische Veröffentlichungen ab 1889, zahlreiche Publikationen zwischen 1895–1905, Mitarbeiter des *Simplicissimus* und der *Insel*, 1899 wegen Majestätsbeleidigung acht Monate in Festungshaft, ab 1901 Mitglied der *Elf Scharfrichter*. Durchbruch als Dramatiker mit Max Reinhardts Inszenierung von *Frühlings Erwachen* (1906), danach Forcierung der Karriere als Bühnenschriftsteller, zahlreiche Konflikte mit der wilhelminischen Justiz. – AK und W bewegten sich im München um 1900 in ähnlichen Kreisen (→ 20 RP, Hans von Weber). RP war in seinen Jugendtagen »Henkersknecht« bei den *Elf Scharfrichtern*. (→ *MLaV*, S. 193–195.)
4 ***Schäffer:*** Schaeffer, Albrecht: *Lene Stelling*. Originallithographien von Alfred Kubin. Berlin: Gotthard Laske 1923. Einmalige Auflage von 300 nummerierten und signierten Exemplaren [R227; A74]. – Albrecht Schaeffer (6.12.1885 Elbing – 4.12.1950 München); Schriftsteller und Übersetzer. Studium der klassischen und deutschen Philologie in Münster, Marburg und Berlin. Ab 1913 freier Schriftsteller in Hannover und Berlin, 1915 beim Landsturm, 1919–1931 in Neubeuern am Inn, dann in Rimsting am Chiemsee. 1920–1924 erschien Ss Roman *Helianth* im Insel-Verlag (Leipzig), in dem er auf S. 575 neben Poe und Hoffmann auch AK erwähnt. Emigration in die USA 1939 und Gründung eines Heimes für Emigrantenkinder, 1950 Heimkehr nach Deutschland. – 1934 gestaltete AK für Ss Novelle *Heimgang* (Berlin: S. Fischer) die Umschlagzeichnung [R513; A155].
5 ***Seidel:*** Willy Seidels *Das älteste Ding der Welt* (→ 129 AK, Dr. Willy Seidel).
6 ***Nebenarbeiten:*** Im Jahr 1930 erschienen etwa dreißig Federlithographien AKs bei unterschiedlichen Verlagen [R195-223; Hb37-64]; langsam entdeckte AK auch lithographierte Einzelblätter im Eigenverlag als lukrative Einnahmequelle (→ 118 AK, alten Tempel).

135 AK

1 ***Ihr freundlicher Brief:*** Nicht erhalten.
2 ***über eine Reihe von Künstlern … mich in einem Brief:*** *Ein Brief* [R234; B22] sollte schließlich im Almanach zum 20-jährigen Verlagsjubiläum (→ 130 RP) erscheinen, erfährt einige Wiederabdrucke und geht als *Brief über die großen Meister* in die Forschung ein (→ gekürzt abgedruckt in *AmW*, S. 62-64).
3 ***H. Hammelmann:*** Adolf Hammelmann, RPs Kompagnon (→ 2 RP).

136 RP

1 Piper kommentierte Dürer, Baldung, und die Bände I und III des Brueghel-Werkes in einer nachträglichen hs Fußnote mit Bleistift: »wurde nichts«.
2 ***Zuckerfabrik:*** Zitat der Textstelle → 128 RP, Bosch.

3 ***Beeh:*** → 128 RP, René Beeh; 137 AK
4 ***Passion von Urs Graf:*** Es ist dies ein Teil der Holzschnitt-Reihe bei Piper (→ 94 AK, Holzschneider).
5 ***Bruegel:*** Obwohl alle drei Bände noch im Almanach von 1924 (S.224) angekündigt wurden (Band I, Hrsg. Gustav Glück, für Anfang 1924; Band III, Hrsg. Ludwig Burchard, für 1925) wurde lediglich Band II realisiert (s. o.): Tolnai, Karl: *Die Zeichnungen Pieter Bruegels*. München: Piper 1925.
6 ***Dank für den ... Don Quixote:*** Bei *Karl & Faber* ist kein entsprechendes Blatt aus dem Jahr 1923 verzeichnet; im Jahr 1936 sollte AK seinem Verleger allerdings eine gleichnamige Zeichnung zu Weihnachten schenken (→ 320 RP).

137 AK

1 ***Sums:*** Altertümlicher Ausdruck für »nutzloses, törichtes Gerede«.
2 ***Holbein:*** Hans Holbein d. Ä. (um 1465 Augsburg – um 1524 Basel oder Isenheim); Maler und Zeichner der Renaissance. Begründer einer bedeutenden Künstlerfamilie. »Dem gewaltigen Druck des Christentums wurde eine Art altheidnischer Krampf entgegengesetzt, und diesen glaube ich in den religiösen Kompositionen des älteren Holbein, des Cranach, des Urs Graf immer wieder zu entdecken. Diesem Krampf verdanken wir gewiß viel Schönheit.« (Zit. *Brief über die großen Meister*, *AmW*, S. 63.)
3 ***Brief ... Bruegel ... Rosine:*** RP verwendet diese Stelle wortwörtlich für seinen Aufsatz von 1935 (→ *MLaV*, S. 468 sowie 269 RP, Kubin-Bildnis).
4 ***Carel van Mander:*** Carel van Mander (Mai 1548 Meulebeke – 2. 9. 1606 Amsterdam); niederländischer Maler und Schriftsteller. 1584 Mitbegründer der Haarlemer Akademie. Lebensumstände nicht ermittelt. Sein *Het Schilder-Boeck*, dt. *Das Malerbuch* (1604) enthält ein kunsttheoretisches Lehrgedicht zum Manierismus, ein allegorisch-emblematisches Repertorium zu Ovids Metamorphosen, eine Beschreibung antiker Figuren und drei Abschnitte mit Künstlerbiographien: Die beiden ersten fußen auf Plinius d. Ä. und G. Vasari, der dritte besitzt wegen der Besprechung zeitgenössischer niederländischer und deutscher Maler hohen Quellenwert. 1675 erschien die deutsche Übersetzung *Teutsche Academie der Edlen Bau-, Bild-, und Malerey-Künste*, bearbeitet von Jacob van Sandrart, 1906 wurde in München *Das Leben der niederländischen und der deutschen Maler* veröffentlicht.
5 ***kritisch ... Aschantifrauen:*** RP übernimmt diese Stelle schließlich für den Almanach, um den ersten Entwurf des Kubinschen Textes (→ 128 RP, René Beeh) in seinem Sinn umzugestalten.

138 RP

1 ***Idee Ihrer Gattin:*** HK schreibt am 10. 8. 1923 an RP: »mein Mann las mir eben seinen ›Absagebrief‹ an Sie vor; ich finde ihn viel schöner wie den ›bestellten‹. Wie wäre es, wenn Sie den heutigen Brief ganz oder teilweise zum Abdruck brächten, etwas ›Kubinischeres‹ können Sie sich doch kaum wünschen. Und ausserdem schlage ich vor, meine ›fleißige Schreibarbeit‹ dem Papierkorb anzuvertrauen. Wie denken Sie darüber?« – AK bemerkt hs auf dem Brief seiner Frau: »Eben Urs Grafs Passion, sehr schön, ich habe vor ein paar Jahren die Holzschnitte bekommen. Ich wusste gar nicht, daß ein Baldung Holzschnittbuch bei Ihnen schon erschienen ist?« (Beides Zit. ÖLA 77/B4/2.)
2 ***Baldung-Buch:*** Das Buch sollte erst im Jahr 1928 veröffentlicht werden (→ 184 AK, Holzschnittbuch); 1930 erscheint bei Piper im Rahmen der Piper-Drucke (Nr. 80) Bs *Heilige Familie*.
3 ***Goya-Mappe:*** Ebenfalls nicht zustande gekommen. Die Kunstdruck-Abteilung des Piper-Verlags war im Jahr 1923 im Umbruch, die Piper-Drucke entstanden (→ 166

RP). Auch von Goya erschien 1923 schließlich nur eine Reproduktion von *Königin Maria Luisa von Spanien* (3. Piper-Druck).

139 AK

1 ***Henndorf bei Salzburg:*** AK notiert in seiner Autobiographie über einen zweiten Besuch in Henndorf: »1925 kam ich [...] bis in das nahe Henndorf bei Salzburg, wo mir Carl Mayr in seinem behaglichen Haus als Freund und Wirt die Erholung bot, die meine ermüdeten Nerven im Herbst von Jahr zu Jahr mehr zu benötigen scheinen.« (Zit. *AmL*, S. 72.) – Carl Mayr, der Bruder des bekannten Opernsängers Richard Mayr (1877–1935), verkaufte seine Wiesmühl 1926 an den Schriftsteller Carl Zuckmayer (1896–1977); Henndorf wurde bis zum »Anschluss« Österreichs an das Deutsche Reich zu einem wichtigen Treffpunkt und Refugium von Künstlern wie Ödön von Horváth, Franz Theodor Csokor, Stefan Zweig, Alexander Lernet-Holenia etc. Auch spätere Kollaborateure (Richard Billinger, Emil Jannings und Werner Krauß) waren Mitglieder des sogenannten *Henndorfer Kreises*. – Den 50. Geburtstag im Jahr 1927 sollte AK auf Einladung des Ehepaars Kapsreiter (→ 430 AK) ebenfalls in Henndorf verbringen (→ *FHO*, S. 431).

2 ***Doppeladler:*** Der (u.a.) dem Wappentier des Heiligen Reiches Deutscher Nation nachempfundene Doppeladler des Kaiserreichs Österreich bzw. der Monarchie Österreich-Ungarns wurde nach der österreichischen Republiksgründung durch einen einköpfigen Adler ersetzt. In der Zeit des Austrofaschismus (1934–1938) wurde für wenige Jahre wieder auf den Doppeladler zurückgegriffen.

3 ***Ehrenmitgliedschaft... Rostock:*** Nicht ermittelt.

140 AK

1 ***Erwähnung der Wanderung am Inn:*** Zitat der Textstelle → 105 RP, Wolf Huber.

141 AK

1 ***noch folgende 8 Tafeln:*** Aus dem Neuen Testament werden schließlich zusätzlich zu den hier genannten (Tafeln 11 bis 19; teilweise geänderte Reihenfolge) folgende Szenen aufgenommen: *Der barmherzige Samariter* (Tafel 13) und *Paulus Bekehrung* (Tafel 20).

2 ***Ausstellung bei Thannhauser:*** *Graphische Ausstellung* der *Münchener Neuen Secession* in der Modernen Galerie Tannhauser im Oktober 1923. AK gemeinsam mit K. Caspar, R. Großmann, P. Klee und M. Unold u.a. [M1923/3].

3 ***Ausstellung in Wien:*** Nicht ermittelt. Weder *Meißner* noch *Hoberg* erwähnen eine Ausstellung in Wien für die Jahre 1922 und 1923.

4 ***Holland:*** Nicht ermittelt.

5 ***Prag:*** Im Februar 1924 kam es im Rahmen der Jahresausstellung des *Kunstvereins für Böhmen im Rudolphinum – Moderne Galerie in Prag* zu einer Sonderausstellung *Alfred Kubin* mit den *20 Bildern zur Bibel*, den Lithographien zu Strindbergs *Nach Damaskus* sowie weiteren Einzellithographien der frühen 1920er [M1924/1].

6 ***Aber Deutschland!?:*** Das Ende des passiven Widerstands gegen die Ruhrbesetzung nahm die bayerische Regierung im Herbst 1923 zum Anlass, Gustav von Kahr (1862–1934) zum Generalstaatskommissar mit diktatorischen Vollmachten zu ernennen. Reichspräsident Friedrich Ebert reagierte auf diesen Versuch, eine separatistische Rechtsdiktatur zu errichten, mit der Verhängung des Ausnahmezustands. Die Unruhen gipfelten schließlich (vorläufig) in Hitlers Putschversuch vom 9.11.1923. Als Ministerpräsident lenkte Heinrich Held (1868–1938) von 1924 bis zur Machtübernahme der Nationalsozialisten im Jahre 1933 die Geschicke Bayerns.

142 AK

1 ***Liste:*** Nicht erhalten.
2 ***Bastelaer Werke:*** Bastelaer, René van: *Peter Bruegel l'ancien, son oeuvre et son temps.* Brüssel: Van Oest 1907; ders.: *Les estampes de Peter Bruegel l'ancien.* Brüssel: Van Oest 1908. – Exemplar in AK-Bibliothek [Inv.Nr. 462].
3 ***Wiener Bilder:*** *Pieter Bruegel der Ältere.* 37 Farbenlichtdrucke nach seinen Hauptwerken in Wien. Wien: Hölzel 1921. – Exemplar in AK-Bibliothek [Inv.Nr. 1092].
4 ***Mittelalterliche Plastik:*** Lübbecke, Friedrich: *Die Plastik des deutschen Mittelalters.* Bd. 1–2. München: Piper 1923. – Exemplar in AKs Bibliothek [Inv.Nr. 461].
5 ***Compagnons:*** Adolf Hammelmann (→ 2 RP) und Alfred Eisenlohr (→ 12 RP).
6 ***2 farbige Blätter:*** *Frühstück am Strande* [R170] und *Das Warenhaus* [R176]. – Je 250 nummerierte Faksimiledrucke von aquarellierten Federzeichnungen. 1922 im Verlag der Neuen Galerie (vormals Rikola-Verlag) in Wien erschienen.
7 ***Braunbehrens Gedichte:*** Max Beckmann hatte 1920 zu Gedichten von Lili von Braunbehrens sieben Lithographien angefertigt (→ 86 RP).

143 RP

1 ***Zeichnung des Krüppels mit den Hunden:*** Nicht erhalten.
2 ***Bibelzeichnungen:*** *20 Bilder zur Bibel* (→ 164 RP).
3 ***500 Stück:*** Die Auflage blieb unlimitiert (→ 151 RP).
4 ***Schongauer-Zeichnungen:*** Rosenberger, Jakob: *Martin Schongauer. Handzeichnungen.* München: Piper 1923. – Martin Schongauer (um 1445/50 in Colmar/Elsass – 2.2.1491 Breisach/Rhein): Maler und Kupferstecher, wichtiger Einfluss Albrecht Dürers. Ss Kupferstich *Christus vor Pilatus* ist in der Graphiksammlung AKs in Linz enthalten. (→ *Heinzl 1970*, S. 223.)
5 ***die Lübecker:*** → 94 AK, 459 RP
6 ***und die Kölner Bibel:*** → 94 AK
7 ***Das grosse Beckmann-Buch:*** 1923 erschien bei Piper die erste Monographie zu Max Beckmann (→ 71 RP, Beckmann) überhaupt. Mit Julius Meier-Graefes Beitrag war RP nicht ganz zufrieden: »Sie bleiben, meine ich, am Stofflichen Beckmanns zu sehr hängen, was Sie doch an andern Leuten so sehr tadeln. Von der Form Beckmanns ist wenig die Rede.« Meier-Graefe ist anderer Meinung: »Sie sind ungeheuer voreingenommen, sobald es Beckmann gilt, und ahnen gar nicht die große Bedingtheit dieses Wertes. Ungefähr mein ganzer Aufsatz dreht sich um nichts als die Form, auch wenn nicht dieser Ausdruck gebraucht wird. […] Abstand aber zu Leuten größerer Bedeutung muß ich halten, ich möchte sonst wirklich wissen, in welchen Tönen über Corinth zu reden wäre, dessen unbedeutendstes Bild immer noch hundertmal mehr wert ist als der beste Beckmann.« (Beides Zit. *MLaV*, S. 333–334.) Max Beckmann selbst nimmt das Werk positiv auf, am 28.11.1923 schreibt er: »Lieber Herr Piper, das Buch habe ich also erhalten. Es ist mir wirklich eine große Freude. Nun haben Sie sehr vielen Dank für Ihre große und opferbereite Arbeit. Es ist mir ganz klar, was das auch für Sie bedeutet hat, in dieser Zeit ein solches Opus auf den Markt zu werfen. – Ich werde Ihnen das nicht vergessen.« (Zit. *Beckmann 1*, S. 242–243.) – Schließlich ändert auch Meier-Graefe seine Einschätzung. 1929 schreibt er anlässlich einer Beckmann-Ausstellung in Berlin: »Man braucht von dieser Menge von Bildern, der Ernte eines Jahres, nur ein einziges zu sehen, um das Unbegreifliche zu begreifen: Wir haben noch mal einen Meister unter uns! Gott mag wissen, wie wir dazu kommen, noch einmal wirft die dunkle Flut einen ans Land.« (Zit. nach: *MLaV*, S. 334.)

144 AK

1 Aufgeklebt ist eine Vorankündigung der Ausstellung in Prag mit dem Titel *Eine Prager Kollektivausstellung Alfred Kubins* (→ 141 AK, Prag) (ohne Quellenangabe): »Im Februar 1924 wird, wie wir erfahren, im Parlamentsgebäude (Rudolfinum) der berühmte Maler und Graphiker Alfred Kubin, einer der bedeutendsten aus der Tschechoslovakei (Leitmeritz) stammenden bildenden Künstler, eine Ausstellung seines gesamten bisherigen Schaffens veranstalten. Dieser Ausstellung, die ein künstlerisches Ereignis allerersten Ranges bedeutet, darf mit Spannung entgegengesehen werden. Alfred Kubin stellt gegenwärtig in Holland und Italien (Rom) aus.« – Die beiden im Artikel angesprochenen Ausstellungen sind bei *Meißner* nicht verzeichnet und wurden nicht ermittelt.

2 ***die Beckmann Drucke:*** Vermutlich Proben aus der 1923 bei Piper erscheinenden *Mappe der Gegenwart* (Drucke der Marées-Gesellschaft XLII), möglicherweise auch Original-Graphik in Einzelblättern (Radierungen, Lithographien, Holzschnitte), die der Piper-Verlag Anfang der 1920er Jahre ebenfalls vertrieb.

3 ***M.B.:*** Max Beckmann.

4 ***Schinnerer:*** Adolf Schinnerer (25.9.1876 Schwarzenbach – 30.1.1949 Ottershausen); Maler, Kunstschriftsteller, Graphiker und Zeichner. Studium in Karlsruhe bei Schmid-Reutte. 1903 in München, dann Übersiedlung nach Tennlohe bei Erlangen, später wieder in München. 1912 Anschluss an die von Karl Caspar, Egon Schiele, AK u.a. gegründete Künstlervereinigung *Sema*, 1913 *Münchener Neue Secession.* Ab 1924 Professor an der Akademie – trotz Anfeindungen konnte er diese Funktion auch im »Dritten Reich« behalten. (→ *Barlach*, S. 550.) Beeinflusst vom französischen Impressionismus. Im Spätwerk Einschränkung auf wenige, kräftige Farben. S schuf Figurenbilder und Landschaften, auch Wand- und Glasgemälde mit oft religiöser Thematik, Radierungen (Meister der Kaltnadel) und Lithographien. – Freundschaft mit AK ab Malschule Schmid-Reutte (→ *Hoberg*, S. 224), Briefkontakt ab 1923 (→ 134 AK, Baden-Baden). Vor allem in seiner Funktion als Vorsitzender der *Münchener Neuen Secession* (Zwangsauflösung 1937) war S ein wichtiger Mittelsmann für Kubinsche Ausstellungen; daneben bestand aber auch reger künstlerischer Austausch. (→ *Künstlerbeziehungen*, S. 132.) – Im Linzer Bestand der Kubinschen Graphiksammlung finden sich 48 druckgraphische Arbeiten und drei Zeichnungen Ss, eine ist im Besitz der Albertina. (→ *Heinzl 1970*, S. 222.) Die umfangreiche Sammlung von Schreiben Ss an AK sowie Kopien und Abschriften der Gegenbriefe (etwa 1920–1942) befinden sich in der Städtischen Galerie im Lenbachhaus, München, Kubin-Archiv. – RP war nicht nur ein S-Sammler, sondern ab 1917 auch mit dem Künstler befreundet (→ *Piper 90*, S. 111) und in regem Kontakt (→ *MLaV*, S. 504–506). 1925 erschien Ss *Aktzeichnungen aus fünf Jahrhunderten* bei Piper, 1944 folgten die *Rembrandt-Zeichnungen* und 1949 *Michelangelos Weltgericht in 45 Bildern.*

5 ***handcolorierte Kleeblätter:*** Wohl Proben aus der 1923 bei Piper erschienenen *Mappe der Gegenwart* (Drucke der Marées-Gesellschaft XLII) mit sechs signierten Blättern Original-Graphik, u.a. auch von Paul Klee.

145 AK

1 ***Trumm-Piper-bildniss:*** Über Peter Trumm und die Entstehung des Piperschen Profils als Holzschnitt berichtet Piper in seinen Lebenserinnerungen (→ *MLaV*, S. 512–514). – Peter Trumm (16.7.1888 Straßburg – 8.11.1966 München); Maler und Graphiker in München.

2 ***im neuen Österreich:*** Ausrufung der Republik »Deutschösterreich« am 12.11.1918, Unterzeichnung des Vertrags von St. Germain am 10.9.1919, Namensänderung in »Republik Österreich« am 21.10.1919, Inkrafttreten der Verfassung am 1.10.1920.

3 ***Herr Dr. W. Fränger:*** Wilhelm Fraenger (5.6.1890 Erlangen – 19.2.1964 Potsdam); Kunsthistoriker und Volkskundler. Geisteswissenschaftliche Studien in Heidelberg, 1915–1919 Assistent am kunsthistorischen Institut, 1927–1933 Direktor der Stadt- und Hochschulbibliothek in Mannheim. Von den Nationalsozialisten aus seiner Position vertrieben, danach angefeindeter, freischaffender Kunstschriftsteller. 1938–1943 künstlerischer Beirat am Schillertheater in Berlin, dann Bürgermeister von Päwesin (Brandenburg), ab 1955 Professor an der Deutschen Akademie in Berlin. – F hatte sich als 22-jähriger Student anlässlich eines Aufsatzes an AK gewandt und den Zwickledter Künstler während eines Aufenthalts in Heidelberg um ein persönliches Gespräch gebeten. Aus dem Treffen wurde nichts, der Aufsatz allerdings 1912 in den *Xenien* veröffentlicht (*Alfred Kubin.* In: Xenien. Monatsschrift für Literatur und Kunst, Jg. 5, S. 703–709). Im Briefwechsel folgt eine etwa zehnjährige Unterbrechung. Erst kurz vor dem hier angesprochenen Treffen wandte sich F wieder an AK. Er hatte inzwischen promoviert und sich mit zahlreichen Arbeiten (etwa über Hercules Seghers) als Kunstschriftsteller und Wissenschaftler einen Namen gemacht. Zum einzigen persönlichen Treffen kam es im Jahre 1927: AK suchte F in dessen Heidelberger Wohnung auf. Der von Ingeborg Baier-Fraenger herausgegebene Briefwechsel bezeugt die beiderseitige Wertschätzung (→ *Aus dem Briefwechsel Wilhelm Fraenger – Alfred Kubin.* In: Castrum Peregrini, Jg. 35, H. 173–174, S. 53–71). – F war einer der Mitautoren des 1923 bei Piper erschienen Beckmann-Buches (→ 143 RP), deshalb wohl AKs Erwähnung. Beckmann über den F'schen Beitrag in der Monographie: »Die anderen haben mich bis aufs Hemd ausgezogen, aber der Fraenger hat es mir hochgezogen.« (Zit. nach: *Beckmann 1*, S. 468.) 1927 brachte Piper Fs zweibändiges Werk *Deutscher Humor. Aus fünf Jahrhunderten gesammelt*, in dem auch AK vertreten war [R*732*] und dessen Entstehung RP in seinen Lebenserinnerungen eindringlich schildert (→ *MLaV*, S. 397). – Vortrag nicht ermittelt, möglicherweise Zusammenhang mit der erstmals im Februar 1923 gehaltenen *Deutung der neuen Kunst – Teil 8: Max Beckmann* (→*Beckmann 1*, S. 465).

4 ***Tiere, Menschen, Götter… Ossendowsky:*** Ossendowski, Ferdinand: *Tiere, Menschen, Götter.* Frankfurt/Main: Societaets Druckerei 1924. – Antoni Ferdinand Ossendowsky (27.5.1876 Witebsk – 3.1.1945 Zolwin); polnischer Schriftsteller, Chemiker und Geograph. Chemiestudium in St. Petersburg und Paris. Lehr- und Forschungstätigkeit an der Universität Tomsk. Zahlreiche (Forschungs-)Reisen. Als Aufständischer gegen das zaristische Regime in Polen verhaftet. Erfolge als Schriftsteller ab etwa 1905, Rückkehr nach St. Petersburg. 1917 bei den Konterrevolutionären. 1920 Umzug in die USA, Publikation von *Beasts, Men and Gods* in englischer Sprache, das bald vielfach übersetzt und ein internationaler Bestseller wurde. O beschreibt darin seine Reisen während des russischen Bürgerkriegs. Rückkehr nach Polen 1922. Erfolgreicher Akademiker, politischer Berater und Schriftsteller (Pionier der Reiseliteratur).

146 RP

1 ***Brief vom 11ten:*** Nicht erhalten.

2 ***Text von Esswein im deutschen Bild des 16. Jahrhunderts:*** Hausenstein, Wilhelm (Hrsg.): *Das deutsche Bild des 16. Jahrhunderts.* Auswahl von Hermann Esswein und Wilhelm Hausenstein. München: Piper 1923 (*Das Bild. Atlanten zur bildenden Kunst.* Bd. 8–9). – In AKs Bibliothek nicht verzeichnet.

3 ***nach Wien:*** RP knüpfte 1924 Kontakte mit dem Schriftsteller, Theaterhistoriker sowie Leiter und Begründer der Theatersammlung an der Österreichischen Nationalbibliothek in Wien, Joseph Gregor (1888–1960), gleichzeitig Initiator und Textverfasser der *Denkmäler des Theaters*, die 1924–1930 in Form von zwölf aufwendigen Mappen bei Piper erschienen. Zwei Jahre später sollte mit Robert Freund (→ 196 RP) als neuem Teilhaber ein Wiener in den Verlag eintreten. (→ *Piper 90*, S. 122–124.)

4 *Verlagszeitschrift:* Eine damals in vielen Verlagen übliche Marketingstrategie. Es wurde über Neuerscheinungen und über geplante Bücher berichtet. Der *Piperbote* erschien 1924/25 und 1929/30 vierteljährlich, 1931 dreimal und wurde dann wieder eingestellt.

148 AK

1 *Entwicklungsgeschichte:* Julius Meier-Graefes *Entwicklungsgeschichte der modernen Kunst* (→ 36 RP).
2 *das Beckmannwerk:* → 143 RP, Das grosse Beckmann-Buch
3 *Ossendowsky:* → 145 AK

149 AK

1 *Prag:* → 141 AK, Prag
2 *Kubinartikel:* Der Artikel wird in den folgenden Briefen wiederholt angesprochen, kommt aber schließlich aus Platzgründen nicht zustande (→ 166 RP).

150 RP

1 *Aufsatz:* → 157 AK, Beitrag
2 *Originalbeitrag:* Nicht realisiert (→ 166 RP).

151 RP

1 *Ganymed:* Angesprochen ist hier die verlagseigene Kunstdruckanstalt (→ 40 AK, Marées-Gesellschaft), nicht zu verwechseln mit dem gleichnamigen Jahrbuch der Marées-Gesellschaft.

152 AK

1 *Zwei Kubinsammler:* Nicht ermittelt.
2 *Entwicklungsgeschichte:* Julius Meier-Graefes *Entwicklungsgeschichte der modernen Kunst* (→ 36 RP).
3 *M. G.:* Julius Meier-Graefe (→ 35 AK).
4 *Esswein … Merkur … Beckmannartikel:* Esswein, Hermann: *Max Beckmann.* In: Der Neue Merkur, Jg. 7, H. 4, S. 325–330.

154 RP

1 *Petriverleugnung:* Der Jünger Petrus leugnet im Angesicht der Vorgänge um die Verurteilung Jesu seine Gefolgschaft (Matth. 26, 69–75, Mark. 14, 66–72; Lukas 22, 54–62; Joh. 18, 12–27). – *Petrus Verleugnung*: Tafel 18 der *20 Bilder zur Bibel.*
2 *Zanders:* Traditionsreiche Papierfabrik in Bergisch Glattbach, gegründet 1829 von Johann Wilhelm Zanders (1795–1830). Zum Zeitpunkt des Verfassens des vorliegenden Briefes, 1924, stand die Firma in dritter Generation unter der Leitung von Olga Zanders, geb. Peltzer. (→ Niebelschütz, Wolf: *Die weisse Kunst. 125 Jahre J. W. Zanders.* Bergisch Gladbach: Zanders 1954, S. 73.) Das Unternehmen existiert noch heute.

156 AK

1 *Mit meiner Frau:* »Ein besonders schwarzer Tag in ihrem Leben war der 15. März 1924. Da verunglückte meine arme Frau und brach sich, von schwerer Krankheit gerade notdürftig wiederhergestellt, vor meinen Augen die beiden Knochen des linken

Unterschenkels. Sie wollte am Bahnhof Wernstein in den Zug steigen, mußte noch einmal abspringen, und dabei geschah es.« (Zit. *AmL*, S. 71.) – Hanne Koeppel eilte für zwei Wochen helfend nach Zwickledt. (→ *DwR*, S. 29.)

2 ***Englburg:*** → 121 AK, Englburg

157 AK

1 ***Jubilar... 19 Mai:*** Am 19. Mai 1904 hatte Reinhard Piper seinen Verlag ins Münchener Handelsregister eintragen lassen.

2 ***Bosch:*** → 128 RP

3 ***Bauernbreughel:*** Zum gleichnamigen Werk von 1909 → 10 AK, »Hausenstein«. – Hier wohl eher generelle Beschreibung des B'schen Werkes. Auch in der Korrespondenz mit Reinhold Koeppel zeigt sich AK am 16.5.1924 kritisch gegenüber seiner Beziehung zu B: »Seine derbe elementare oft auch drollig bäuerische Art ist von mir vielleicht auch wirklich mehr erkannt als verwandt. Ich studiere jetzt Bosch, den Vorläufer Breughels, noch ganz Mittelalter, als Maler schwächer, als Individualist vergrübelter, mir näher.« (Zit. *DwR*, S. 30.)

4 ***Beitrag:*** Kubin, Alfred: *Rhythmus und Konstruktion*. In: Der Piperbote für Kunst und Literatur, Jg. 1, H. 1, 1924 (→ *AmW*, S. 60–62) [R278; B22].

5 ***lungenkranke, mittellose Schwester... Californien:*** AKs Schwester Maria Bruckmüller. Das Vorhaben wurde nicht in die Tat umgesetzt. (→ *FHO*, S. 232 u. 424 sowie *DwR*, S. 30–31.)

6 ***junger Kunstkäufer:*** Nicht ermittelt.

7 ***eine Arbeit... Heinrich Lautensack:*** Lautensack, Heinrich: *Unpaar*. Mit zwanzig Originallithographien von Alfred Kubin. Berlin: Fritz Gurlitt 1926. Einmalige Auflage von 300 nummerierten Exemplaren [R301; A82]. – AK berichtet über diese Arbeit auch an Familie Koeppel. (→ *DwR*, S. 35.) – Heinrich Lautensack (15.7.1881 Vilshofen – 10.1.1919 Eberswalde bei Berlin); Schriftsteller und Übersetzer. Abgebrochenes Studium der Mathematik in München, ab 1901 bei den *Elf Scharfrichtern*, Verbindungen zu Frank Wedekind. Ab 1907 freier Schriftsteller in Berlin, Aufführungsverbot bis 1917, danach erste Bühnenerfolge. 1912–1914 Mitherausgeber der Zeitschrift *Die Bücherei Maiandros*, dann bis 1917 Soldat. Ab 1918 geistig umnachtet. Posthum erschien der Aufsatz *Kubins Reh: Eine Wallfahrt nach Zwickledt* (In: Wieland. Eine deutsche Monatsschrift, Jg. 5, H. 4, 1919/20, S. 18–19), *Raabe* verzeichnet zudem die »Für Alfred Kubin und Hans Carossa« verfasste Erzählung *Altbayrisch Allerseelen* in Ls *Altbayrische Bilderbogen* (Berlin: 1920) [R*288*].

8 ***Ein Büchlein... F. P. Schmidt:*** Die dritte Monographie über AK nach Esswein (→ 21 AK) und Bredt (→ 112 AK) von Paul Ferdinand Schmidt: *Alfred Kubin*. Mit einer Selbstbiographie des Künstlers, 52 Tafeln und einem farbigen Titelbild. Leipzig: Klinckhardt & Biermann 1924 [R273, *342*]. – Darin erschienen: AKs *Über mich selbst* (→ *AmL*, S. 95–96) [R279; B24]. Anlässlich dieser Publikation veröffentlichte S einen Artikel [R*379*], später einige Jubiläumsaufsätze [R*534*, *535*] und weitere kurze Darstellungen zu AK [R*187*, *638*, *673*]. – Paul Ferdinand Schmidt (7.4.1878 Goldap/Ostpreußen – 16.10.1955 Traunstein/OÖ); Kunsthistoriker. Studium der Rechtswissenschaften in Berlin und München, dann Kunstgeschichte in München, Paris und Straßburg. 1919 Direktor der Kunstsammlungen Dresden, 1933 wegen nationalsozialistischer Repressalien aus dem Dienst entlassen. – Bekanntschaft mit AK aus der Zeit des »Kunstsalons« von Max Dietzel. (→ *Hoberg*, S. 236.)

9 ***H. v. Webers Tod... Prager Presse... Nachruf:*** Der Verleger und frühe Mäzen AKs Hans von Weber war am 22.4.1924 in München verstorben. Weiteres zu seiner Person → 20 RP. – AKs *Erinnerungen an Hans von Weber* erschienen in der Beilage zur *Prager Presse* vom Sonntag, den 4.5.1924 (Dichtung und Welt, Nr. 18, S. II–III); leicht veränderter Wiederabdruck in der Zeitschrift *Die Bücherstube* (Jg. 3, H. 5), S. 320–322

(→ *AmW*, S. 85–88) [R276; A81; B22]. – Ziel der in der Tschechoslowakischen Republik 1921 bis 1939 auf Deutsch herausgegebenen, linksliberalen Tageszeitung *Prager Presse* war u.a. die Integration der deutschsprachigen Minderheit (damals etwa 22,5 Prozent der Bevölkerung).

158 RP

1 ***Beitrag zu dem Widmungsbuche:*** Schimmelwitz, O. (Hrsg.): *Dem Verlage R. Piper & Co. zum 19. Mai 1924*. Privatdruck 1924. Mit Reproduktion einer Federzeichnung, RP gewidmet: *Der kleine Alfred Kubin zeigt dem großen Verleger Reinhard Piper seine ersten Zeichnungen*. Einmalige Auflage in sechzig nummerierten Exemplaren [R267]. Siehe auch → 347 AK, Ihrem sehr schönen Essay.
2 ***Hersteller***: Die Herstellungsabteilung eines Verlags bekommt vom Lektorat das bearbeitete Manuskript, das sie ihrerseits mit den Satz-, Druck- und Bindeangaben den betreffenden Dienstleistern weitergibt. Auch die Kalkulation der Herstellungskosten und des Ladenpreises, der Einkauf von Papier und sonstigen Materialien für die Buchherstellung, das Aufstellen und Überwachen von Zeitplänen etc. können in den Bereich der Herstellung fallen.
3 ***Herr Schimmelwitz:*** Lebensdaten nicht ermittelt (s. o.).
4 ***unsere 4 Kubin – Werke:*** Dostojewskis *Doppelgänger* (→ 2 RP), Jean Pauls *Neujahrsnacht* (→ 60 AK), die Mappe *Am Rande des Lebens* (→ 97 AK), und die *20 Bilder zur Bibel* (→ 164 RP).
5 ***6 Hefte:*** Es blieben vier (→ 150 RP).
6 ***Elf Scharfrichtern:*** → 51 AK, Moderne Illustratoren
7 ***Gehilfe im Kunstwartverlag:*** → 121 AK, F. Avenarius …
8 ***niederbayerischen Bilderbogen … Unold:*** Lautensack, Heinrich: *Altbayrische Bilderbogen*. Prosadichtungen. Mit zehn Original-Holzschnitten und zehn Zeichnungen von Max Unold. Nachwort von Alfred Richard Meyer. Berlin: Fritz Gurlitt 1920.
9 ***Zwiebelfisch:*** → 20 RP, Hans von Weber
10 ***schwarz – weiss – rot:*** Hinweis auf die kriegsbefürwortende, nationalistische Gesinnung Webers. Schwarz-Weiß-Rot waren von 1871 bis 1922 sowie von 1933 bis 1945 (neben der Hakenkreuzfahne in denselben Farben) die Reichsfarben des Deutschen Reiches. In der Weimarer Republik war die Nationalflagge zwar Schwarz-Rot-Gold, um die zahlreichen Anhänger des alten Nationalsymbols aber nicht vor den Kopf zu stoßen, wurde Schwarz-Weiß-Rot als Handelsflagge weiter verwendet.
11 ***Eisner – Schwärmer:*** Schwenk Webers vom Nationalisten zum Anhänger sozialistischer und teils separatistischer Ideen (→ 88 RP, Revolution u. 89 AK, dem neuen Regime).
12 ***Hugo Bruckmann:*** Hugo Bruckmann (13.10.1863 München – 3.9.1941 ebd.); Verleger. Ab 1886 im Vorstand des väterlichen Verlags F. Bruckmann AG in München, Herausgeber kunsthistorischer Werke, später Verlagsleiter der *Süddeutschen Monatshefte* (1904–1936) und der *Münchner Neuesten Nachrichten* (1924–1935). 1917–1930 eigener Verlag in München. Früher Förderer Adolf Hitlers, ab 1928 öffentliche Unterstützung der »Nationalsozialistischen Gesellschaft für deutsche Kultur«. 1930 in den Vorstand des »Kampfbundes für deutsche Kultur« gewählt, von 1932 bis zu seinem Tod für die NSDAP im Reichstag. Ab 1933 Vorstandsmitglied des Deutschen Museums, im Senat der »Reichskulturkammer«. 1941 mit einem Staatsbegräbnis beigesetzt.

160 AK

1 ***G.A.E. Bogeng … Die Bücherstube:*** Gustav Adolf Erich Bogeng (30.12.1881 Tilsit/Ostpreußen – 17.4.1960 Bad Harzburg); Privatgelehrter. Studium der Rechtswissen-

schaften in Berlin, 1907 Promotion in Heidelberg, 1914 an der Vorbereitung der *Internationalen Ausstellung für Buchgewerbe und Gebrauchsgraphik* (*BUGRA*) in Leipzig beteiligt. Für Aufsehen sorgte sein dreibändiges Werk *Die großen Bibliophilen. Geschichte der Büchersammler und ihrer Sammlungen*. Leipzig: Seemann 1922. – In der *Bücherstube* erschienen im Jahr 1924 Bogengsche Rezensionen zu einer Homer-Edition der Münchener Bremer Presse (1923), zu einem Werk über chinesische Porzellankunst im Münchener Verlag Buchenau & Reichert (1923) (beides Jg. 3, H. 1) und eine Besprechung von Faksimilereproduktionen der Schlegelschen Zeitschrift *Athenaeum* beim Münchener Verlag Meyer & Jessen aus dem Jahr 1924 (Jg. 3, H. 5). In Heft 1 wurde zudem eine Rezension zu AKs De Coster-Illustrationen (→ 100 AK, Ulenspiegel) abgedruckt, in Heft 5 AKs Nachruf auf Hans von Weber – beide Hefte dürften AK demnach zugänglich, Bs Kritiken wohl nach AKs Geschmack gewesen sein.

2 ***W. Fraenger:*** Wilhelm Fraenger (→ 145 AK).

3 ***Krustazier:*** Krebse bzw. Krebstiere (Crustacea).

4 ***»Der ausgespieene Jonas«:*** *Der ausgespiene Jonas*. Federlithographie. Zwanzig signierte Drucke auf Bütten, zehn signierte Drucke auf Japan. Leipzig: Arndt Beyer Verlag 1925 [R283; Hb91 → dort auch weitere Vergleichswerke]. – Die bekannte Szene ist dem biblischen Buch Jona entnommen (Kapitel 2, Vers 11).

5 ***Beckmanns Autobiographie:*** Gemeint ist Bs Beitrag zum Widmungsbuch (→ 158 RP), S. 10–11.

161 RP

1 ***Ganymed:*** Die verlagseigene Kunstdruckanstalt (→ 40 AK, Marées-Gesellschaft), nicht zu verwechseln mit dem gleichnamigen Jahrbuch der Marées-Gesellschaft.

2 ***noch ein Kubin Werk:*** Neben den Bibel-Bildern und zahlreichen Einzellithographien [R238–261; Hb65–88] erschienen 1924 die Mappe *Masken* mit zwölf Lithographien in einer einmaligen Auflage von hundert Exemplaren (Berlin-Zehlendorf: Rembrandt-Verlag) [R237; A77], vier handgedruckte Originalsteinzeichnungen zu Heinrich von Kleists *Die Verlobung in St. Domingo* (Berlin: Wolfgang Krüger) [R263; A78], sechs Lithographien zu Frank Wedekinds *Der greise Freier* (Berlin: Franz Schneider) [R268; A80], sowie etliche kleinere Publikationen in Zeitschriften, Katalogen etc.

163 RP

1 ***Ihre Karte:*** Nicht erhalten.

2 ***mit einer anderen Arbeit:*** Nicht ermittelt. Mögliche Arbeiten → 161 RP, noch ein Kubin Werk.

3 ***Autotypie:*** Die Autotypie (»Selbstdruck«; apparativ bedingte, »automatische« Selbstherstellung eines Bildes im Druck), auch Netz- oder Rasterätzung genannt, ist ein 1881/82 von Georg Meisenbach (1841–1912) entwickeltes fotochemisches Reproduktionsverfahren zur Herstellung von Klischees nach Halbtonvorlagen für den Buchdruck (Hochdruck), nach 1900 auch für den Tiefdruck. Bei der Aufnahme wird der Platte ein Raster vorgeschaltet, durch den das Bild in ein Netz von winzigen Punkten zerlegt wird. Helle Bereiche werden durch kleinere, dunkle Partien durch größere und dichter beisammenliegende Punkte abgebildet. Das Rasternegativ wird auf eine lichtempfindlich gemachte Platte aus Glas oder Metall (meist Zink) übertragen und anschließend geätzt. Man erhält ein durchsichtiges Negativ, das sich aus mehr oder weniger großen Punkten zusammensetzt, die Halbtöne werden also nur vorgetäuscht. Weniger arbeitsintensiv und billiger als der Holzstich ersetzte die Autotypie diesen ab 1890 und wurde zum weltweit führenden System des industriellen Bilddrucks.

164 RP

1 ***Ausgabe:*** Kubin, Alfred: *20 Bilder zur Bibel.* München: Piper 1924. Zwanzig Lichtdrucke nach Federzeichnungen. Vorzugsausgabe: achtzig kolorierte, nummerierte und signierte Exemplare [R236; A76]. – Am 20.7.1936 wurde das Werk in die »Liste des verbotenen Schrifttums« aufgenommen (→ 252 AK, dass das III Reich...), das Verbot später jedoch wieder aufgehoben (→ 313 RP, anliegende Zuschrift).
2 ***»Eigenhändig koloriert«:*** Nachträgliche hs Anmerkung RPs mit Bleistift am unteren Blattrand: »habe ich«. Bei *Karl & Faber* nicht verzeichnet.

165 AK

1 ***Tintoretto-Werk:*** Aus dem Piperschen Verlagsprogramm von 1923: die von Erich von der Bercken und A. L. Mayer herausgegebenen zwei Bände zu *Jacopo Tintoretto* mit 212 Abbildungen. – Jacopo Tintoretto, eigentl. Jacopo Robusti (29.9.1518 Venedig – 31.5.1594 ebd.); venezianischer Maler des Manierismus, wichtiger Vorläufer der Barockmalerei. Kein nennenswerter Einfluss auf AK.
2 ***Michelangelozeichnungen:*** Brinckmann, Albert E. (Hrsg.): *Michelangelo-Zeichnungen.* München: Piper 1925.
3 ***ein lieber Nachbar:*** Nicht ermittelt.
4 ***»die Rauhnacht«:*** Kubin, Alfred: *Rauhnacht.* 13 Steinzeichnungen. Mit einem Vorwort von Otto Stoessl. Berlin: Volksverband der Bücherfreunde/Wegweiser-Verlag 1925. Die zusammenhängende Bilderfolge wurde erst nachträglich zerschnitten [R281; A86]. Verkleinerter Abdruck 1948 [R666; A221]. – Nicht zu verwechseln mit AKs Entwürfen für das Bühnenbild zu R. Billingers gleichnamigem Drama von 1931 (→ 237 AK). – »Rau(h)nacht«: In Süddeutschland und Österreich werden mit diesem Begriff drei der mittwinterlichen »Zwölf Nächte« (zwischen Weihnachten und Dreikönigstag; regionale Unterschiede) bezeichnet, die nach älterem Volksglauben von Spuk erfüllt sind: die Nacht zum 26.12. (»Christnacht«), die Nacht zum 1.1. (»Neujahrsnacht«) und die Nacht zum 6.1. (»Epiphaniasnacht«); oft auch um eine vierte Nacht, die »Thomasnacht« zum 22.12. (Wintersonnenwende), erweitert. Die Herkunft des Begriffs ist unklar. Möglicherweise besteht ein Zusammenhang mit einer älteren Nebenform zu *rau* – dem Wort *rauch* (»behaart«), zur Beschreibung dämonischer Gestalten – eventuell auch mit dem Brauch des Ausräucherns von Stall und Wohnung im Übergang zum neuen Jahr. Eine Verbindung zu vorchristlichen Traditionen ist jedenfalls nicht nachweisbar, AKs Hinweis auf die germanische Mythologie somit nicht ganz treffend.
5 ***des alten Rembrandt Selbstbildnis:*** Rembrandt: *Lachendes Selbstbildnis.* München: Piper 1923 (2. Piper-Druck). Auch bekannt unter den Titeln *Selbstbildnis als Zeuxis/Selbstbildnis, lachend im Alter/Selbstbildnis mit Malstock*; entstanden um 1663.

166 RP

1 ***»Das Buch des Jahres«:*** Vereinigte Verlegergruppe (Hrsg.): *Das Buch des Jahres 1925.* Leipzig: Poeschel & Trepte 1925.
2 ***Piper-Drucke:*** Julius Meier-Graefe hatte sich bisher gegen den Nachdruck solcher Kunstwerke im Rahmen der Marées-Gesellschaft ausgesprochen, deren Bildträger nicht selbst Papier war. 1923 begann Piper ohne Meier-Graefes Einverständnis mit der qualitativ hochwertigen Reproduktion von Ölgemälden und gründete dafür ein eigenständiges Verlagsunternehmen. Die *Piperdrucke* erwiesen sich als so tragfähig, dass das Unternehmen 1932 von R. Piper & Co abgetrennt wurde und dem ausscheidenden Teilhaber Alfred Eisenlohr als Abfindung überlassen werden konnte. Noch

lange existierte der Verlag *Piperdrucke* in München als Spezialverlag für Reproduktionen. (→ *Piper 90*, S. 112–114.)

3 ***Zeugnis:*** → 167 AK

4 ***Herbstlandschaft:*** Bruegel d. Ä.: *Der Herbst*. München: Piper 1924 (24. Piper-Druck).

5 ***Gattin in München:*** AK an Koeppels am 12.12.1924: »Meine brave Hedwig ist seit Montag [8.12.1924; d. Hrsg.] wieder daheim – sieht gut aus doch will der berühmte Arzt haben, daß sie etwa (4–5 Kilo) magerer wird« (Zit. *DwR*, S. 38.) – Als Folge ihres Beinbruchs (→ 156 AK, Mit meiner Frau) musste HK im Jahr 1924 immer wieder ärztliche Hilfe in Anspruch nehmen. (→ *DwR*, S. 37.)

6 ***Frankfurter Zeitung:*** Bezug unklar.

167 AK

1 ***Ein Brief:*** → 168 RP

2 ***Dr. Weiglein:*** Paul Weiglein (26.9.1884 Neustrelitz – 19.4.1958 Berlin); Redakteur, Verlagsleiter, Herausgeber und Literaturwissenschaftler. Studium der Literatur- und Kunstgeschichte in München und Berlin. 1904–1911 Redakteur verschiedener Zeitschriften, 1921–1923 Leiter des Dom-Verlags Berlin, 1923–1925 Direktor des Volksverbands der Bücherfreunde, danach (erneut) Herausgeber von *Velhagen & Klasings Monatsheften*.

168 RP

1 ***Blokesch:*** Der undatierte Bewunderer-Brief aus der Feder von Willy Blokesch (Lebensdaten nicht ermittelt) befindet sich in der Städtischen Galerie im Lenbachhaus, München, Kubin-Archiv, und beschreibt mit einfachen Worten die Rezeption des Piperboten.

169 AK

1 ***Rendezvous mit Beckmann:*** Max Beckmann schrieb am 13.12.1924 an RP, dass er die Weihnachtszeit »wieder in Graz [wo seine Frau Minna Tube-Beckmann ein Engagement an der Oper hatte; d. Hrsg.] vorher noch in Berlin und Wien« zubringe. (Zit. *Beckmann 1*, S. 262.) – Berichte über ein tatsächliches Treffen in Passau gibt es weder in den bisher publizierten Korrespondenzen AKs noch Bs.

170 RP

1 ***Aufsatz von Konrad Weiss in den M. N. N.:*** Weiss, Konrad: *Seine Kunst der Zeichnung*. In: Münchner Neueste Nachrichten, 16.12.1924 [R*380*]. – Konrad Weiss (1.5.1880 Rauenbretzingen – 4.1.1940 München); Lyriker, Erzähler und Essayist. Studium der katholischen Theologie in Tübingen, danach Germanistik und Kunstgeschichte in München und Freiburg/Breisgau. 1904–1920 Redaktionssekretär der katholischen Kulturzeitschrift *Hochland* in München, ab 1920 Kunstreferent bei den *Münchner Neuesten Nachrichten*. Nach 1914 Lyrik expressionistischer Prägung, ab den 1920ern auch Prosa. Befreundet mit Karl Caspar (→ 74 RP), der zwischen 1919 und 1929 zu sämtlichen W'schen Büchern (Umschlag-)Zeichnungen und Lithographien anfertigte. – Zwischen 1920 und 1930 entstanden einige Arbeiten über AK [R7, *289*, *373*], 1953 erschien sein Text *Harpye* posthum im Münchener Kösel-Verlag mit zehn Kubinschen Illustrationen [R762; A230]. – Mit RP freundschaftlich verbunden (→ 243 RP, Konrad Weiss).

171 RP

1 *Der Ulmer Aesop von 1476:* → 94 AK, Holzschneider
2 *Deutscher Humor … Fraenger … auch gut vertreten:* → 145 AK, Herr Dr. W. Fränger
3 *Das neue Ganymed-Jahrbuch:* Meier-Graefe, Julius (Hrsg.): *Ganymed. Jahrbuch für die Kunst.* Geleitet von Wilhelm Hausenstein. Bd. 5. München: Piper 1925. – RP selbst war darin mit seinem *Besuch bei Oberländer* (→ 71 RP, Oberländer) vertreten. – Das Jahrbuch wurde mit dem fünften Band eingestellt.
4 *Michel-Angelo-Zeichnungen:* → 165 AK
5 *Tintoretto:* → 165 AK
6 *Herbst:* → 166 RP
7 *Haus, in dem Mozart den Idomeneo komponiert hat:* Haus Burgstraße 6 in der Münchener Altstadt, in dem Mozart 1780/81 während seines mehrmonatigen Aufenthalts die Oper *Idomeneo* komponierte (am 29. 1. 1781 im Münchener Cuvilliéstheater uraufgeführt).
8 *Krippenfigur:* Zu Gertrud Pipers Sammelleidenschaft → *MLaV*, S. 307.
9 *M. N. N. … Abdruck:* Unter dem Titel *Kubin über sein Schaffen* erschien am Mittwoch, den 12. 11. 1924, eine stark gekürzte (AKs Kommentar → 172 AK) Fassung des angesprochenen Aufsatzes in den *Münchner Neuesten Nachrichten.*

172 AK

1 *Bosch … Ehebetten:* Bosch: *Anbetung der Hirten.* München: Piper 1923 (9. Piper-Druck). – RP schrieb bezüglich dieser Sendung am 20. 12. 1924 persönlich einen kurzen Weihnachtsgruß an HK (→ ÖLA 77/B3/1). – Kubins bevorzugten schließlich eine Koeppelsche Weihnachtsgabe von 1925 für den Ehrenplatz; AK an Koeppels am 3. 2. 1926: »Wir haben dem Gemälde den besten Platz in unserem Hause gegeben, es hängt über unseren Betten.« (Zit. *DwR*, S. 52.) – Der Ehrenplatz im Hause Kubin war heftig umworben: »Über den Betten des Schlafgemachs der Kubins hing lange Zeit ein Damenporträt des Künstlers Alexej Jawlensky […]. Das 1906 gemalte Bild stellte Hedwig Kubin dar, in jugendlicher Frische und mit einem Blumenhut geschmückt. […] Jawlenskys Bild wurde nach dem Tod Hedwigs an eine Passauer Freundin verschenkt, die es weiterverkaufte. Heute ist es in der Städtischen Galerie Lenbachhaus in München«. (Zit. *Mairinger*, S. 50.) Eine Abbildung besagten Porträts findet sich etwa in → *Hoberg 1990*, S. 19.
2 *Breugheldruck:* Bs *Herbst* (→ 166 RP).
3 *Sie wie meine Frau:* HK hatte während ihres Besuchs in München Proben gesehen (→ 171 RP).
4 *Baldung:* Hausenstein, Wilhelm: *Baldung in seiner Zeit. Eine Einführung.* In: Meier-Graefe, Julius (Hrsg.): *Ganymed. Jahrbuch für die Kunst.* Geleitet von Wilhelm Hausenstein. Bd. 5. Piper 1925, S. 26–44. Mit zahlreichen Bildtafeln. – Piper, Reinhard: *Zu Holzschnitten Baldungs.* In: ebd, S. 206–208. Mit drei Bildtafeln (*Beweinung*, *Kämpfende Pferde im Wald* und *Die Hexen*).
5 *3 Nachwüchsen:* Klaus, Martin und Ulrike Piper.
6 *Marées:* Ebenfalls im Ganymed-Jahrbuch (s. o.). Hausenstein, Wilhelm: *Marées-Ausstellung in München 1923*, S. 242–244. Mit einer Bildtafel (*Bildnis eines russischen Offiziers*).
7 *Gerhart Hauptmanns Studie:* Hauptmann, Gerhart: *Fasching.* Illustriert von Alfred Kubin. Berlin: S. Fischer 1925. Die 450 nummerierten und signierten Exemplare der Vorzugausgabe erschienen mit zehn ganzseitigen Illustrationen (Lithographien) und einer Schlussvignette, die allgemeine Ausgabe war mit den Vorstudien dieser Lithographien ausgestattet [R291; A84]. – Über die bereits 1887 enstandene Novelle *Fasching* äußert sich AK gegenüber dem Ehepaar Koeppel am 12. 12. 1924 kritisch: »Ich

bin nun schon wochenlange an den Blättern für die Gerhart Hauptmann Studie gefesselt, nachdem ich zu Anfang recht unter moralischen Katern gelitten hatte, es schien mir auch als ginge es nicht recht vorwärts (der Stoff ist eben gewiß nicht allzu verlockend, eine frühe, wenig bezeichnende Arbeit H'ns), fand ich mich allmählich dann doch zurecht und biß schließlich kräftig an, sodaß ich nun sehr glücklich dabei bin«. (Zit. *DwR*, S. 38.) – 1934 sollte AK Hs *Meerwunder* ebenfalls für Fischer illustrieren [R510; A153] (→ 273 AK), 1936 eine Illustration für Hs *Freude und Schönheit* beitragen (München: Knorr & Hirth) [R539; A169]. – Gerhart Hauptmann (15.11.1862 Obersalzbrunn/Schlesien – 6.6.1946 Agnetendorf/Schlesien); Dramatiker, Erzähler, Epiker. Erst Landwirtschaftslehre, dann Bildhauerschüler an der Kunst- und Gewerbeschule in Breslau, Philosophiestudium in Jena, 1884 an der Kunstakademie Dresden, historische Studien und Schauspielunterricht in Berlin. Zahlreiche Reisen in allen Lebensphasen. Finanzielle Unabhängigkeit nach der Heirat mit Marie Thienemann (1885). Bis 1891 in Berlin, Anschluss an verschiedene literarische Kreise, dann Übersiedlung nach Schlesien. Literaturnobelpreis 1912. Im Sommer 1933 beantragte H die Aufnahme in die NSDAP, ohne allerdings deren Ideologie in sein Werk aufzunehmen. Zwiespältige Position während des NS-Regimes (potentieller Fürsprecher für die *AeZ*, → 367 RP). H gilt zwar als wichtigster Vertreter des deutschen Naturalismus, war aber unterschiedlichen Stilrichtungen verpflichtet: Besonders in den Romanen und Erzählungen Vorliebe für magisch-phantastische Elemente. – Näher als H selbst stand AK der Sohn Ivo Hauptmann (→ 452 AK, I. H.).

8 ***München:*** → 173, 174 AK

173 AK

1 ***z. Zt. Türkenstraße:*** Zur zeitlichen Einordnung des Briefes: Das Schreiben dürfte auf Anfang 1925, nicht auf 1924 zu datieren sein. – Der Aufenthalt AKs in München erfolgte möglicherweise anlässlich einer Schwarzwaldreise, die er gegenüber Salomo Friedländer Anfang 1925 erwähnt (→ *Friedländer*, S. 148), bzw. im Zuge der Jubiläumsausstellung *Münchener Neue Secession 1914–1924* vom 1.2.–27.2.1925, bei der AK mit einigen Arbeiten vertreten war [M1925/2]. Am 18.2.1925 schreibt AK an das Ehepaar Koeppel: »Ich kam nach Erledigung dieser fast spukhaft rasch vergangenen Münchner Tage gesund wieder heim«. (Zit. *DwR*, S. 40.) – Während des Besuchs kam es zu einer Zusammenkunft mit Familie Koeppel (→ *DwR*, S. 41) und wohl auch mit RP, dem die *Rauhnacht*-Folge gezeigt wurde (→ 176 AK). – Siebtes dokumentiertes persönliches Treffen AK-RP (in München).

2 ***600 ... pro Tafel 10 MK:*** → 151 RP, 152 AK

3 ***Meseck:*** → 123 RP, Meseck-Zeichnungen

4 ***Becker:*** Bezug unklar. Möglicherweise Walter Becker (→ 101 AK, W. Becker), der allerdings von 1924–1935 in Cassis-sur-Mer in Frankreich lebte und erst 1938 nach Tutzing zog; im Briefwechsel mit Hans Fronius erwähnt AK den mit ihm bekannten rheinländischen Maler Hans Curt Becker (26.2.1904 Singen – 29.12.1972 ebd.).

5 ***<Holz>:*** Bezug unklar.

6 ***v. Nemes:*** Marcel von Nemes (1866 Jánoshalma – 1930 Budapest); ungarischer Kunsthändler. Nach wechselvollen Jugendjahren erste Gemäldekäufe und -verkäufe ab 1901. Ausstellungen seiner Sammlungen in München (1909) und Düsseldorf (1912), wichtige Größe am deutschen Kunstmarkt. Wegen großzügiger Unterstützung ungarischer Museen geadelt. 1921 Erwerb des Tutzinger Schlosses am Starnberger See.

174 AK

1 ***Stabilisierung:*** Der im September 1922 mit Hilfe des Völkerbundes eingeleiteten Sanierung des österreichischen Budgets war mit dem Übergang zur Schillingwährung

am 20. Dezember 1924 ein sichtbares Zeichen gesetzt worden. Die Regierung hatte bereits im Dezember 1923 vom Nationalrat die Befugnis erhalten, Silbermünzen zum Nennwert von 5000, 10000 und 20000 Kronen mit den Bezeichnungen Halbschilling, Schilling und Doppelschilling herzustellen. Ein Jahr später wurde die Schillingrechnung offiziell eingeführt und ein Umrechnungskurs von 10000 Kronen zu 1 Schilling festgelegt. Die Nachkriegsinflation war damit nach chaotischen Jahren unter Kontrolle. (→ *Schilling*, S. 65–70.)

2 ***kleines Büchlein:*** Kubin, Alfred: *Der Guckkasten*. Bilder und Text von Alfred Kubin. Wien: Verlag der Johannes-Presse 1925. Mit acht ganzseitigen Zeichnungen. Strichätzungen nach den Skizzen der Lithographien der Vorzugsausgabe. Einmalige Vorzugsausgabe von 33 nummerierten Exemplaren für die Gesellschaft der 33 [R292; A85; B22].

3 ***Schinnerers Aktwerk:*** Schinnerer, Adolf: *Aktzeichnungen aus fünf Jahrhunderten*. München: Piper 1925. – Zur Person Schinnerers → 144 AK.

4 ***Meseck ... Weimar:*** Felix Meseck (→ 123 RP, Meseck-Zeichnungen) war von 1924–1930 Professor an der Kunstakademie in Weimar. Der angesprochene Brief vom 18.3.1925 findet sich in der Städtischen Galerie im Lenbachhaus, München, Kubin-Archiv. M antwortet auf ein Schreiben AKs, in dem der Zwickledter Künstler den Tausch einiger Arbeiten vorschlägt.

5 ***Herrn v. Niedermayer:*** Nicht ermittelt.

6 ***Japan:*** In die Literatur eingegangen ist ein chinesisches Anti-Japan Plakat, ein Plagiat von Kubins Zeichnung *Der Krieg* (»Weber-Mappe«, 1903), das Chung Hon Ying im chinesisch-japanischen Krieg zeichnete. (→ *Raabe*, Tafel nach S. 160, R*731* sowie den Artikel *Wie das Kubin-Archiv zur Außenpolitik kam* von Harald Busch im Hamburger Tageblatt, 18.2.1934.) Siehe auch → 241 AK, Antijapanplakat.

7 ***deutsches Lesebuch ... Urwaldbild:*** → 176 AK

175 RP

1 ***Beckmann-Blättern:*** Einzeln erschienene Drucke (→ 144 AK, die Beckmann Drucke).

2 ***Mappen der Marées-Gesellschaft:*** *Claude Lorrain*. Elf Faksimiles nach Tuschzeichnungen aus dem Berliner Kupferstichkabinett und dem Britischen Museum in London. Text von Kurt Gerstenberg. München: Piper 1925 (Drucke der Marées-Gesellschaft XLIII). – Claude Lorrain, eigentl. Claude Gellée, gen. Le Lorrain (1600 Chamagne – 30.11.1682 Rom); französischer Maler des Barock. Wichtiger Einfluss auf die Landschaftsmalerei des 18. und 19. Jahrhunderts (etwa J. M. W. Turner) – *Von Schongauer bis Holbein*. Dreißig Faksimiles nach Zeichnungen altdeutscher Meister aus dem Berliner Kupferstichkabinett. Text von Max J. Friedländer. München: Piper 1925 (Drucke der Marées-Gesellschaft XLIV). – Hans Holbein d. J. (1497/98 Augsburg – 29.11.1543 London); letzter bedeutender Vertreter der altdeutschen Malerei. Berühmtheit v. a. dank seiner Porträtgemälde und Holzschnitte.

3 ***Jean Paul – Jubiläum:*** Jean Pauls Todestag ist der 14.11.1825.

4 ***Kinder-Zeichnungen von Feuerbach:*** Gerstenberger, Kurt: *Anselm Feuerbach – Aus unbekannten Skizzenbüchern der Jugend*. München: Piper 1925. – Anselm Feuerbach (12.9.1829 Speyer – 4.1.1880 Venedig); Maler. Studien in Düsseldorf, München und Antwerpen, danach Aufenthalt in Paris. 1855 Reisen durch Italien, 1856–1872 in Rom, 1873–1876 Professor an der Akademie der bildenden Künste in Wien. Monumentale Figurenkompositionen in akademischer Strenge. Erst posthum um 1900 hohe Anerkennung.

176 AK

1 ***ein kleines Erotikum:*** Nicht erhalten.
2 ***sahen diese ja wohl schon voraus:*** → 83 RP, 84 AK
3 ***Anlagekäufe:*** Vor allem um das Jahr 1920 (→ 92, 108, 135 AK).
4 ***Lesebuch ... »Kunst und Leben«:*** Lesebuch nicht ermittelt. Der angesprochene Kalender ist der des Jahres 1913, der Name der Federzeichnung lautet *Im Dschungel* [R59].
5 ***Verlag Otto Nirenstein:*** Der *Verlag der Johannes-Presse* in Wien war Bestandteil des Unternehmens *Kunsthandlung Neue Galerie Ges. m.b. H.* (gegr. 1923) Wien I., Grünangergasse 1. Er hatte finanziell untergeordnete Bedeutung und war vor allem der Verbreitung von Lyrik gewidmet. Bis 1938 erschienen insgesamt etwa dreißig Titel, 14 davon als *Druck der Johannes-Presse.* Trotz der Bezeichnung »Presse« im Firmenwortlaut wurde in einer Reihe von Wiener Druckereien auf Auftrag produziert. Besonders die teuren Luxusausgaben erwiesen sich als schwer verkäuflich. 1938 wurde der Verlag arisiert. – Otto Nirenstein, ab 1933 Kallir-Nirenstein (1.4.1894 Wien – 30.11.1978 New York); österreichischer Kunsthistoriker, Kunsthändler und Verleger jüdischer Herkunft. Studium an der Technischen Hochschule in Wien, 1919 Gründung des Verlags *Neue Graphik*, 1923 der *Neuen Galerie* (samt angeschlossenem Verlag, s.o.). 1938/39 Emigration in die USA über die Schweiz und Paris. In New York unter dem ursprünglichen Familiennamen, Kallir, Vorsitzender der *Austro-American League* und Inhaber der Galerie *St. Etienne* (Gründung einer gleichnamigen Galerie in Paris 1938), die vor allem österreichische und deutsche Expressionisten sowie amerikanische naive Malerei vertrieb. (→ Ausstellungskatalog: *Otto Kallir-Nirenstein. Ein Wegbereiter österreichischer Kunst.* Historisches Museum der Stadt Wien. 2.2.–27.4.1986. Wien: Eigenverlag der Museen der Stadt Wien 1986.) – 1927 fertigte AK ein Exlibris für K-N an: Wanderer vor Baum mit Wegweiser nach »Nirenstein« [R339]; 1932 brachte K-N AKs wichtiges Werk *Ali, Der Schimmelhengst* heraus (→ 213 AK sowie *DwR*, S. 114).
6 ***Beckmann ... »Drama«:*** Beckmann, Max: *Ebbi.* Komödie. Wien: Verlag der Johannes-Presse 1924 (2. Druck der Johannes-Presse, 1. Druck der 33).
7 ***Beckkers Dostojewskibuch:*** Dostojewski, Fjodor M.: *Aufzeichnungen aus dem Kellerloch.* Mit fünfzig Federzeichnungen von Walter Becker. München: Piper 1927. – Zur Person Walter Beckers → 101 AK, W. Becker. – Mitte der 1920er war D erneut ein Verlagsschwerpunkt bei Piper: René Fülöp-Miller und Friedrich Eckstein gaben aus dem Nachlass 1924 *Das Tagebuch der Gattin Dostojewskis, Die Lebenserinnerungen der Gattin Dostojewskis, Dostojewski am Roulette* und 1926 *Der unbekannte Dostojewski* heraus.
8 ***Prof. Hohmann:*** Georg Hohmann (28.2.1880 Eisenach – 5.10.1970 Bergen); Orthopäde. Studium in Jena, Würzburg, München und Berlin. Eigene Praxis in München (1910), ab 1926 a.o. Professor in München, 1930 o. Professor in Frankfurt/Main und Direktor der Orthopädischen Universitätsklinik Friedrichsheim. 1945/46 Rektor in Frankfurt und München. Prägte mit seinem Ruf nach einer Gesamtbetrachtung des Faches das Bild der deutschen Orthopädie maßgeblich. – Wohl auch behandelnder Arzt nach HKs Beinbruch. – In der Städtischen Galerie im Lenbachhaus, München, Kubin-Archiv, finden sich keine Korrespondenzstücke.
9 ***»Pneumette«:*** Zeitgenössische populäre Schuheinlage. (→ Schulze-Gocht, H.: *Der Knickfuss.* In: Klinische Wochenschrift, Jg. 5, H. 24, S. 1092.)
10 ***Ehre und Merkantilien:*** Die Verkaufszahlen der Bibel-Bilder besserten sich auch in den späteren Jahren nicht. RP anlässlich des Verbots (→ 252 AK, dass das III Reich ...) nicht ohne Ironie an die Reichsschrifttumskammer am 29.7.1936: »Wir bemerken noch, dass seit dem Jahr 1930 /– also seit 6 Jahren – nur/ 19 Exemplare des Werkes abgesetzt wurden. Von einer Verbreitung dieses Buches konnte also schon seit langem nicht mehr die Rede sein.« (Zit. ÖLA 77/B11/4.)

177 RP

1 ***Frau Caspar:*** Maria Caspar-Filser (7.8.1878 Riedlingen – 12.2.1968 Brannenburg); Malerin. Studium in Stuttgart, weitere Ausbildung in München und Paris (dort Kontakt mit Cézanne und van Gogh). Heirat mit Karl Caspar (→ 74 RP) in München 1907. In der Frühzeit hauptsächlich Landschaften (Schwäbische Alb bei Brannenburg), Blumenstücke und Stillleben, später auch Figürliches. 1925 Professorentitel der Münchener Akademie. Während des NS-Regimes wie ihr Mann als »entartet« diffamiert.
2 ***Bibel... Hausenstein... Frankfurter Zeitung:*** Artikel nicht ermittelt.

179 AK

1 ***Rudolf Großmanns Gast:*** »Es war schon im letzten Kriegsjahr, wir trafen uns in Passau und fuhren dann nach Schloß Engelburg [...], wo Großmann sich mit einer reizenden Freundin aufhielt, wohl zum Gram mancher versauerter Schloßgäste, denn das Paar bemühte sich, wertvolle Schätze, wie Schmalz, Eier und Rauchfleisch, zu hohen Preisen von den Bauern zu erlangen und als Vorsorge für den zu erwartenden schlimmen Winter nach dem fernen Berlin zu verfrachten. [...] Kurz wir hielten auch in dieser schlimmen Zeit die berühmte Unverzagtheit des deutschen Herzens hoch und ich gedenke gerne dieser fröhlichen Woche.« (Zit. *Kollege Großmann*, *AmW*, S. 104.)
2 ***Gussy Holl:*** Gussy Holl, eigentl. Auguste Marie Holl (22.2.1888 Frankfurt/Main – 16.7.1966 Salzburg); Schauspielerin und Chansonniére. Von 1918 bis 1922 verheiratet mit dem Schauspielerkollegen Conrad Veidt (1893–1943), später mit Emil Jannings (1884–1950), gut eingebunden in den zeitgenössischen Kulturbetrieb. Erfolge bis in die frühen 1920er Jahre, hingebungsvolle Kritiken etwa von Kurt Tucholsky und Peter Altenberg. – H war also keineswegs Amerikanerin, Tucholsky vermerkte in der *Schaubühne* vom 03.07.1913 gar »ein höchst mäßiges Englisch« (Zit. Kurt Tucholsky: *Gesammelte Werke in zehn Bänden*. Bd. 1. Reinbek bei Hamburg: Rowohlt 1975, S. 97–98). – Rudolf Großmann verewigte den gemeinsamen Aufenthalt in seiner Zeichnung *Gussi Holl, Alfred Kubin und Hedwig Kubin* (im Besitz der Städtischen Galerie im Lenbachhaus, München, Kubin-Archiv) [R146].
3 ***Sie... bei uns begrüßen dürfen:*** Treffen in Zwickledt kommt nicht zustande (→ 182 RP), wohl aber ein Kubinscher Besuch auf der Englburg (→ 184 AK).
4 ***dessen Schwester und seine Frau:*** Nicht ermittelt.

180 AK

1 ***Gäste:*** Im Spätsommer 1925 kam es beispielsweise zur letzten persönlichen Begegnung mit FHO, der Kubins in Zwickledt besuchte. (→ *FHO*, S. 427.)

181 AK

1 ***Klaus:*** Klaus Piper litt an einer Lungenentzündung (→ 182 RP); Klaus Barlach (s.u.) erwähnt allerdings auch eine Verletzung, die sich der älteste Sohn RPs im Zuge eines schweren Unwetters auf der Englburg zugezogen habe.
2 ***Barlach:*** Ernst Barlach und sein Sohn (→ 338 RP) Nicolaus (genannt Klaus) folgten einer Einladung RPs und man verbrachte von 4. bis 20.8.1925 ein geglücktes Beisammensein auf Schloss Englburg. Abgesehen von einigen Bemerkungen in Briefen gibt es in der *Festschrift für Klaus Piper zum 70. Geburtstag* (München: Piper 1981) einen kurzen Bericht von Nicolaus Barlach mit dem Titel *Begegnung auf der Engelburg* (S. 11–12). Siehe auch → *Barlach*, S. 573. – AK bedauert später immer wieder, diese Gelegenheit eines persönlichen Treffens mit B nicht genutzt zu haben.

182 RP

1 ***München:*** Die Karte trägt Münchener Poststempel. RP unterbrach die Sommerfrische wohl (mehrmals?) für Visiten im Verlag.
2 ***Rauhnacht:*** AK hatte Pipers – wohl mit Gastgeschenk – (vor der Anreise Ernst Barlachs) auf der Englburg besucht (→ 184 AK).

183 RP

1 ***Tolnai:*** Karl Tolnai, eigentl. Karoly Edler von Tolnai, auch Charles de Tolnay (27.5.1899 Budapest – 17.1.1981 Florenz); österreichisch-ungarischer Kunsthistoriker, Privatdozent. Studium der Kunstgeschichte und Archäologie in Berlin, Frankfurt/Main und Wien. Mitglied des legendären »Sonntagskreises« mit Georg Lukács und Arnold Hauser. Dann Umzug nach Rom, Beginn der lebenslangen Beschäftigung mit Michelangelo. Privatdozent an der Universität Hamburg, Emigration nach Paris (1933) und Princeton (1939–1948), Direktor der *Casa Buonarroti* in Florenz (ab 1965). – Bei Piper erschien seine Abhandlung zu den Zeichnungen Brueghels (→ 136 RP).
2 ***Tolnai'sche Auffassung:*** S. 19 (s.o.) bezieht sich auf Brueghels Zeichnung *Das jüngste Gericht* (1558), den Abschluss der *Lasterfolge*. Tolnai: »Der Weltenrichter [...] verwandelt sich zur unbeweglich starren Holzpuppe und das gähnende Riesenmaul des Leviathan wird zur einzig bestimmenden Macht. Mit der eruptiven Stoßkraft des Erbrechens speit er den gesamten Menschzug aus.« – S. 64 bezieht sich auf die Zeichnung *Liebe* (*Caritas*) aus der *Tugendfolge*: »Rechts vorne werden die Armen entkleidet, links vorne wird steinhartes Brot verteilt. Hier ist die Weltbarmherzigkeit ein Heucheln.« Tolnai zählt weitere Details des Bildes auf und interpretiert sie seiner Auffassung entsprechend.
3 ***Einen weiteren Verlagsgruss:*** Nicht ermittelt.

184 AK

1 ***Tolnai's Breughelbuch:*** → 136 RP
2 ***Sprichwörter:*** Brueghels Werk *Niederländische Sprichwörter* von 1559, in dem über hundert Sinnsprüche und Redewendungen in ländlicher Szenerie bildhaft dargestellt sind.
3 ***nach dem Leben:*** → 185 AK, »Naer het leven«
4 ***Wien Akademie:*** Ein zentrales Stück der Gemäldegalerie der Wiener Akademie der bildenden Künste ist Boschs Triptychon *Das jüngste Gericht*.
5 ***Schürmayer:*** Walter Schürmeyers Bosch-Werk aus dem Jahr 1923 (→ 128 RP).
6 ***Schinnerers Buch:*** → 174 AK, Schinnerers Aktwerk
7 ***Zeitwende... Besprecher:*** Den hier angesprochenen Artikel verfasste schließlich Gustav Friedrich Hartlaub: *Alfred Kubin* (In: Zeitwende, Jg. 3, 1. Hälfte, S. 188–192) [R*387*].
8 ***Otto Gründler:*** HKs Sohn Otto Gründler (7.11.1894 Königsberg – 10.10.1961 Bozen), aus erster Ehe mit dem Regierungsrat Otto H.G. Gründler († 26.10.1901). Bildungsgang nicht ermittelt. 1921–1926 war G Redakteur der katholischen Kulturzeitschrift *Hochland*, dann Mitbegründer und lebenslanger Schriftleiter der evangelischen Kulturzeitschrift *Zeitwende*. – Über die Beziehung AKs zu seinem Stiefsohn ist bisher wenig publiziert. *Mairinger* berichtet, dass G seine frühen Jahre bei Freunden der Familie Kubin in München verbracht habe. (→ *Mairinger*, S. 12–13.) Belegt ist außerdem Gs Aufenthalt im Landeserziehungsheim Wickersdorf von Gustav Wyneken (1875–1964), »bis zum Examen [...], aber es heißt, dem echten ›Wickersdorfer Geist‹ sei er doch fremd geblieben«. (Zit. *Ergo sum*, S. 44.)

9 ***Beckmann… neue Ehe… materiell besser:*** Max Beckmann heiratete am 1.9.1925 Mathilde von Kaulbach. Zu den genauen Familienverhältnissen → 490 RP.
10 ***Rübezahlblätter… mit alten Texten:*** Die Kubinschen Rübezahl-Blätter entstanden zu einer Auswahl von Texten des Johannes Praetorius, eigentl. Hans Schultze, zahlreiche weitere Ps. (22.10.1630 Zethlingen/Altmark – 25.10.1680 Leipzig); deutscher Schriftsteller, Universalgelehrter und Kompilator. Studium der Naturwissenschaften in Leipzig. Nach vergeblichen Versuchen, sich als Dozent zu etablieren, lebte P von den Honoraren meist kompilierter Ausgaben kurioser und märchenhafter Texte. Bestand hatte v.a. seine Sammlung der Rübezahl-Sagen.
11 ***Erinnerungen von Dostojewskis 2. Frau:*** Nachdem seine erste Frau 1864 gestorben war, heiratete D im Jahr 1867 die Stenographin Anna Grigorjewna Snitkina (13.8.1846 St. Petersburg – 9.6.1918 Yalta), mit der er vier Kinder zeugte (zwei davon jung verstorben). Zu ihren Lebenserinnerungen → 176 AK, Beckkers Dostojewskibuch.
12 ***kleine scherzhafte Zeichnung:*** Nicht erhalten.
13 ***Holzschnittbuch:*** Bezug unklar. Entweder ist hier gemeint: *Hans Baldungs Rosenkranz – Seelengärtlein – Zehn Gebote – Zwölf Apostel.* Einführung von Oskar Hagen. München: Piper 1928 (*Hauptwerke des Holzschnitts*), oder aber – und so legt etwa Brief → 211 AK nahe – RP plante ein eigenes Buch (etwa im Stile seiner frühen Publikationen im eigenen Haus; → 32 AK), das nicht zustande kam.
14 ***Beckers Dostojewski illustration:*** → 176 AK

185 AK

1 ***»Naer het leven«:*** Near het leven (niederländisch: »nach dem Leben«, »dem Leben nachempfunden«). – Tolnai subsumierte unter dieser Bezeichnung etwa dreißig Blätter, allesamt Figurendarstellungen der ländlichen Bevölkerung ohne Einbettung in die Umwelt. Tolnai: »Dort wo das Weltgemüt selbst gegenwärtig war (als Landschaft), ist die Gestalt nur Bestandteil eines über sie hinausreichenden Zusammenhangs. In den ›Naer het leven‹-Blättern, wo das Weltgemüt abwesend ist, verwirklicht sich an den regungslosen Figuren der geheime Lebensprozeß der Natur unmittelbar: Sie sind nicht bloß Teile eines Naturganzen, sondern sind selbst Inkarnation des Lebensprinzips der Natur.« (S. 40) – Seit 1970 wird diese Gruppe von insgesamt achtzig Zeichnungen nicht mehr Pieter Brueghel, sondern Roelandt Savery zugeschrieben. (→ Marijnissen, Roger H.: *Bruegel. Das vollständige Werk.* Köln: Parkland Verlag 2003.)
2 ***Christus etwas langweilig:*** Zum Abschlussbild der *Tugendfolge*, dem Bild *Christus im Limbus* (Pendant zum *Jüngsten Gericht* der *Lasterfolge*), bemerkt Tolnai unter anderem: »Dort wurde gestaltet die Gleichheit aller Menschenkinder, und der ›Richtergott‹ wandelte sich zur Puppe. Hier ist gestaltet die ewige Unerlösbarkeit des Geschlechtes: da wird aus dem Erlösergott eine Puppe.« (S. 30.)
3 ***Folge kleiner Arbeiten:*** Aus der Korrespondenz mit dem Ehepaar Koeppel im Frühjahr 1926 geht hervor (→ *DwR*, S. 52–54), dass es sich hierbei um Blätter handelt, die schließlich 1927 im Heidelberger Merlin-Verlag unter dem Titel *Heimliche Welt* veröffentlicht wurden (Kubin-Bücher. Bd. 3. Einmalige Auflage in 550 nummerierten Exemplaren auf Bütten) [R315; A89; B22].
4 ***Anna Grigorjewna's Erinnerungen:*** → 176 AK, Beckkers Dostojewskibuch
5 ***Graz… Ausstellung… »österreichische Staatspreis«:*** Bis dato nicht dokumentiert.
6 ***böhm. Staatspreis:*** Bis dato nicht dokumentiert.

187 AK

1 ***Bekkers Illustrationen:*** Die Dostojewski-Illustrationen von Walter Becker (→ 176 AK).
2 ***Fallscheer:*** Albert Fallscheer (→ 100 AK, Ulenspiegel) hatte die Beckerschen Illustrationen zu Dostojewski (s.o.) ins Holz geschnitten. Lebensdaten nicht ermittelt.

188 RP

1 ***Frankfurter Zeitung:*** RPs *Besuch bei Alfred Kubin* erschien in der Folge in verschieden langen Versionen mit unterschiedlichen Schwerpunkten in diversen Periodika, so etwa am 1.5.1927 in der *Frankfurter Zeitung* [R3] (→ 195 RP).

2 ***Münchner Neuesten Nachrichten:*** *Besuch* veröffentlicht am 13.4.1927.

3 ***Dichters Otto Pankok:*** RP verbesserte hs nachträglich mit Bleistift: »Zeichners«. – Otto Pankok: *Zeichnungen.* Mappe mit 24 Faksimiles nach Kohlezeichnungen. Einführung von Wilhelm Worringer. München: Piper 1927. – Otto Pankok (6.6.1893 Mülheim/Ruhr – 20.10.1966 Wesel); Maler, Graphiker und Bildhauer. Kurze Studien in Düsseldorf, Weimar und Paris. Politisch engagiert, sozialkritisch auch sein Werk: Deklassierte, Verfolgte, Ausgebeutete, Minderheiten und Arbeiter als häufige Sujets. Im »Dritten Reich« als »entartet« diffamiert. 1947–1958 Professor an der Akademie in Düsseldorf. Ps Kunst trägt Züge des Expressionismus und des Magischen Realismus. – Angesprochene Zeichnung nicht ermittelt.

4 ***Dessen Frau:*** Hulda Pankok, geb. Droste (20.2.1895 Bochum – 8.9.1895 Wesel); Verlegerin, Politikerin. Bibliothekarische Ausbildung; Studium der Geisteswissenschaften und der Nationalökonomie in Jena. Errichtung der ersten Kinderbibliothek in Bochum, engagiert in der Jugendbewegung. 1919 nach Aufforderung ihres Bruders, des Verlegers Heinrich Droste, Mitarbeit an dessen Zeitungen *Düsseldorfer Stadtanzeiger* und *Der Mittag.* Heirat mit Otto Pankok 1921. 1936 Rede-, 1938 Schreibverbot. Nach dem 2. Weltkrieg Gründung und Leitung des Verlags *Drei Eulen* in Düsseldorf, 1951 Vorsitzende der von ihr gegründeten *Deutschen Frauenpartei.*

5 ***»Düsseldorfer Stadtanzeiger« und »Der Mittag«:*** Der *Düsseldorfer Stadtanzeiger* brachte den besagten Artikel am 10.4.1927. – Ende 1919 hatte Heinrich Droste (1880–1958) die traditionsreiche *Düsseldorfer Zeitung* gekauft und den Hauptsitz seines Unternehmens nach Düsseldorf verlegt. Aus der Mittagsausgabe der *Düsseldorfer Zeitung* entstand kurz darauf *Der Mittag* (erste Ausgabe: 15. Mai 1920). *Der Mittag* war mit seinen Kulturberichten und Theaterkritiken eine Innovation in der rheinischen Zeitungslandschaft. In der Kolumne *Wie steht's heute Mittag* besprachen erstklassige Journalisten unter dem Pseudonym »Lynkeus« das aktuelle Zeitgeschehen, auf Seite 1 brachte man Meldungen zu Sport, Verkehr, Politik und Kunst. Die *Düsseldorfer Zeitung* wurde unter dem neuen Namen *Düsseldorfer Stadtanzeiger* weiter vertrieben, musste aber nach der Machtergreifung Hitlers an den örtlichen NS-Verlag verkauft werden.

6 ***Buchhändler Brüning … Firma Baedeker:*** Bezug unklar. – In der Städtischen Galerie im Lenbachhaus, München, Kubin-Archiv, finden sich Briefe eines Herrn Toni Brüning aus den Jahren 1943–1951. Briefpapier: »Julius Baedeker/Düsseldorf. Buch- und Kunsthandlung/Antiquariat. Gegründet 1860«. In einem Schreiben von November 1943 erstattet B Bericht über Angriffe auf die Stadt und den Verlust der eigenen Wohnung (ausgebrannt). Er erwähnt »auch ihr Bild, das Sie mir bei meinem Besuch im Jahre 1922 schenkten«. (Zit. StGL-M-KA.)

7 ***Heidelberger Verlag Schmidt … ein von Ihnen illustriertes Buch:*** Gemeint ist der 1925 von Robert Renato Schmidt gegründete Merlin-Verlag (→ 422 AK), für AK v.a. in den späten 1920er und frühen 1930er Jahren von Bedeutung. – Bis 1927 erschienen dort AKs *Heimliche Welt* (→ 185 AK, Folge kleiner …), *Episoden des Untergangs* (1926, Kubin-Bücher. Bd. 1; 1933 verboten) [R302; A92] und *Der fremde Magier* (1926, Kubin-Bücher Bd. 2) [R303; A93], beides aus der Feder R.R. Schmidts. Letzteres musste »auf Grund eines Gerichtsurteils zurückgezogen werden, da ein Schweizer Hotelbesitzer durch den Inhalt des Buches geschäftlich geschädigt worden sein soll« (Zit. *Raabe*, S. 126) und ist hier somit wohl nicht gemeint.

189 AK

1 ***Fotograf Philipp Kester:*** Philipp Kester (1873 Kirchenlaibach – 1958); Bildberichterstatter, Journalist, Fotograph. Zunächst aktiver Offizier, dann Fremdsprachenstudium in München und Berlin. Ab 1895 als Journalist und Korrespondent in New York, 1905 Redakteur der *Berliner Illustrierten*, Gründung eines eigenen Foto-Korrespondenzbüros. Ab 1911 als Fotoreporter in München. K, der sechs Sprachen beherrschte, hinterließ etwa 30000 Bilder, 3000 Persönlichkeiten des Weltgeschehens wurden von ihm abgelichtet. Sein Bildarchiv ging 1987 an das Münchener Stadtarchiv.
2 ***Aufnahme ... Angorakatze:*** Abgebildet etwa in *Hoberg*, S. 237.
3 ***Pankok ... Zeichnung:*** Bei *Raabe* nicht verzeichnet. Nicht ermittelt.
4 ***kleine Ansprache ... Hamburger ausstellung:*** Anlässlich der Ausstellung in der Hamburger Galerie Hans Götz, November/Dezember 1926 [M1926/12]. – Kubin, Alfred: *Zur Eröffnung einer Kubin-Ausstellung. Eine Ansprache des Künstlers.* In: Zeitwende, Jg. 3, H. 2, S. 195–196. (→ *AmW*, S. 25–26) [R344; B22]. – Zahlreiche Wiederabdrucke.
5 ***4 bisher unbekannte Arbeiten:*** Im selben Heft der *Zeitwende* (s. o.) erschienen vier Reproduktionen nach Federzeichnungen: *Ahasver*, *Ein Verbrechen*, *Geheimnisvoller Kater* (*Der Kater*), *Kleine Beschwörung* [R336].
6 ***Münchner Kubinausstellung:*** *Alfred Kubin. Zeichnungen und Aquarelle. Zum 50. Geburtstag.* Ausstellung in der Neuen Pinakothek, Graphische Sammlung im April/Mai 1927 [M1927/3]. – Der Zulauf war groß. – In der *Bücherstube Horst Stobbe* veranstaltete die *Gesellschaft der Münchener Bücherfreunde* eine ergänzende Ausstellung mit Blättern aus Privatbesitz [M1927/4].
7 ***böhmische Verkaufsausstellung:*** Obwohl sich auch andere Orte um die Münchener Ausstellung (s. o.) bemüht hatten, gab AK dem *Nordböhmischen Gewerbemuseum* in Reichenberg (Liberec) in der Nähe seiner Heimatstadt Leitmeritz (Litoměřice) den Vorzug. Das Interesse örtlicher Honoratioren, der Presse und des Publikums war allerdings sehr begrenzt. Kein einziges Blatt der von AK zusammengestellten Verkaufsausstellung wurde abgesetzt [M1927/12]. *Hoberg* spricht von einer Wanderausstellung (→ *Hoberg*, S. 238), *Meißer* belegt das nicht.
8 ***Frau ... Kur:*** Schon Anfang Juli 1926 hatte AK Koeppels von seiner Einsamkeit ohne HK berichtet (→ *DwR*, S. 56), am 8. 8. 1926 erzählt er, seit zwölf Tagen erneut Strohwitwer zu sein: HK befinde sich nun in der Kuranstalt Neuwittelsbach, München (→ ebd., S. 58). Anfang September beendete HK zwar ihre Kur (→ *Hoberg*, S. 237), verletzte sich allerdings während eines Besuchs bei ihrem Sohn, Otto Gründler, an Arm und Rippen (→ *DwR*, S. 62). Noch im Winter 1926/27 klagte AK: »und wenn ich Hoffnung habe, daß Hedwig die lästigen Qualen bei diesem sinnlos langen Sanatoriumsaufenthalt los werden und ich vielleicht mit allen Kräften, die mir noch geblieben nur veredelt ins höhre Alter, und zu größerer Künstlerschaft gelangen könnte, – ja dann, ja dann! – Aber das steht in den Sternen«. (Zit. ebd., S. 63.)

191 RP

1 ***Thekla:*** Ein von Kubins als »Haustier« aufgenommener Rabe. (→ *MLaV*, S. 453.)
2 ***mit der Katze auf dem Arm:*** Ein ähnliches Foto → *Hoberg*, S. 237.
3 ***reizenden beiden Tage:*** Achtes dokumentiertes persönliches Treffen AK-RP (in Zwickeldt).
4 ***die versprochenen Ausschussdrucke:*** Wohl im persönlichen Gespräch während des Piperschen Besuchs in Zwickledt vereinbart. Nicht ermittelt.

193 RP

1 Hs Ergänzungen von HK am unteren Blattrand als Liste: »Panizza, Oscar, Liebeskonzil | Gespensterkrieg | Lautensack, Heinrich, Unpaar | Raunacht | Mynona Unterm Leichentuch | Heimliche Welt | Rübezahl, Johannes Stauda, Augsburg & Eger | Hoffmannsthal, 3 Erzählungen, Insel | Droste-Hülshoff, Judenbuche«. → ***Mynona:*** Mynona: *Unterm Leichentuch*. Ein Nachtstück. Heidelberg: Merlin-Verlag 1927. Einmalige Auflage von 680 nummerierten Exemplaren [R325; A101]. ***Heimliche Welt:*** → 185 AK, Folge kleiner Arbeiten. ***Hoffmannsthal:*** Hofmannsthal, Hugo von: *Drei Erzählungen*. Mit Zeichnungen von Alfred Kubin. Leipzig: Insel 1927. Einmalige Auflage von 670 nummerierten Exemplaren [R323; A97]. ***Droste-Hülshoff:*** Droste-Hülshoff, Annette von: *Die Judenbuche*. Ein Sittengemälde aus dem gebirgigen Westfalen. Mit Zeichnungen von Alfred Kubin. Berlin-Zehlendorf: Fritz Heyder 1925 [R290; A83]. Weitere Auflagen [R687; A238].

2 ***Düsseldorfer Zeitung:*** → 188 RP

3 ***Wien und Prag:*** Nicht ermittelt.

4 ***Buchhändler-Börsenblatt … Kubin-Artikel:*** Ein Abdruck des Artikels *Ein Besuch bei Kubin* im *Börsenblatt des Deutschen Buchhandels* vom 7. April 1927 (S. 389–392) ist dem Brief → 196 RP beigelegt. Im Wesentlichen entspricht er der von RP in seine Lebenserinnerungen aufgenommenen Fassung, die später weggelassene Einleitung soll hier gekürzt wiedergegeben werden: »Am 10. April 1927 vollendet Alfred Kubin sein 50. Lebensjahr. Gerne folge ich der Aufforderung der Schriftleitung, den Jubiläums-Aufsatz für das Börsenblatt zu schreiben. Bin ich doch seit 15 Jahren mit dem Künstler befreundet und verlegte von ihm vier Werke, die er selbst zu seinen wichtigsten zählt. Statt nun sein Lebenswerk kritisch zu beleuchten, berichte ich lieber von meinem letzten Besuch bei Kubin, der erst vor wenigen Wochen stattfand. So wird der Künstler dem Leser am ehesten lebendig. Eine Übersicht über Kubins Schaffen gibt die angehängte, kurzgefaßte Bibliographie. Bei ihrer Zusammenstellung waren mir die Gattin des Künstlers und Herr Horst Stobbe behilflich.« (Zit. S. 389.) – Die angesprochene Bibliographie listet bis 1927 erschienene Bücher und Mappen AKs auf.

5 ***die anliegende Zusammenstellung:*** Nicht erhalten.

6 ***Panizza:*** Die in diesem Brief angesprochenen Illustrationswerke werden nur kommentiert, wenn das nicht an früherer Stelle bereits erfolgt ist (→ Werkregister). – Panizza, Oskar: *Das Liebeskonzil. Eine Himmelstragödie in 5 Aufzügen*. München 1913. Mit neun ganzseitigen Illustrationen. Hergestellt von der Gesellschaft Münchner Bibliophilen in fünfzig Exemplaren nur für Mitglieder, sowie in zehn Exemplaren für Freunde AKs (Privatdruck) [R56; A18].

7 ***Gespensterkrieg:*** *Der Gespensterkrieg*. Einleitung von Herbert Eulenberg, Bildschmuck von Alfred Kubin. Stuttgart: Die Lese 1915. – AK illustrierte von den sechs Erzählungen des Bandes die folgenden: A. M. Frey: *Der Paß*, Gustav Meyrink: *Die vier Mondbrüder*, Kurt Münzer: *Der Kaftan*, Karl Hans Strobl: *Der Wald von Augustowo* [R74; A27].

8 ***Abteilung Buchumschläge:*** Im endgültigen Artikel (→ 195 RP) wurden Umschläge im Allgemeinen nicht aufgenommen, die Zeichnungen zu Otto Pipers *Spuk* (→ 113 AK) finden sich (bezeichnender Weise) trotzdem in der Liste.

9 ***Aufsätze:*** Schließlich nicht aufgenommen.

10 ***Ich fahre ja Anfang April nach Italien:*** RP schilderte die Erlebnisse dieser und weiterer Italienreisen eindrücklich im Kapitel *Das italienische Erlebnis* in seinen Lebenserinnerungen (→ *MLaV*, S. 561–672).

11 ***Maler Ernst Haider (Sohn von Karl Haider):*** Ernst Haider (16. 11. 1890 München – 27. 1. 1988 Starnberg); Landschaftsmaler, Porträtmaler und Graphiker. – Karl Haider (6. 2. 1846 Neuhausen – 29. 10. 1912 Schliersee); Landschaftsmaler der Münchener Schule (Leibl-Kreis).

194 AK

1 ***Karl Haiderwerk:*** Ernst Haiders *Karl Haider. Leben und Werk eines süddeutschen Malers* (Augsburg: Filser 1926). – Exemplar in AKs Bibliothek, auf dem Vorsatz eigenhändige Widmung von RP an AK zum 10. April 1927 [Inv.Nr. 300]. – Des Weiteren besaß AK den Katalog zu der Gedächtnis-Ausstellung vom 17.5. bis 21.6.1925 in der Münchener Neuen Sezession: *Karl Haider 1846–1912* (München 1925) [Inv. Nr. 1391].

195 RP

1 Dem Brief beigelegt sind zwei AK gewidmete Gedichte, eines von Richard Billinger (»Wer sich je wie du verbarg – Zauberer du auf dem Berge...«) und *Ein Stern singt* von Hans Carossa (»Schleift nur Gläser, schmiedet Röhren, meine Wandlung zu belauern!«). Beide wurden später in den Band *AeZ* aufgenommen (S. 27 bzw. S. 5), letzteres als Wiederabdruck von Carossa, Hans: *Ein Stern singt.* Für Alfred Kubin. In: Hans Carossa: *Gedichte.* Leipzig: Insel 1929 (5.–7. Tausend) [R*291*].
2 ***Abmachungen mit der Frankfurter Zeitung:*** Pipers *Besuch* erschien dort am 1.5.1927 (→ 188 RP).
3 ***Osterlandschaft:*** »Sein Hauptschaffen allerdings ruht in den unzähligen Einzelblättern, in denen er sich, ohne Gedanken an einen Text, ganz seinen eigenen Einfällen überlassen kann. Sie strömen ihm überreich. Aus diesen Blättern zeigen wir hier die ›Osterlandschaft‹«. (Zit. Manuskript für den Beitrag in der *Frankfurter Zeitung*, ÖLA 77/B2/70.) – Das Blatt, von dem mehrere Ausführungen existieren (→ 387 RP), war schon in der Mappe *ARdL* (→ 97 AK) gezeigt worden (Tafel II); eine Variante befand sich in Piperschem Privatbesitz (→ *Karl & Faber*, Nr. 389).
4 ***Münchner Neuesten Nachrichten:*** Pipers *Besuch* erschien dort am 13.4.1927 (→ 188 RP).
5 ***Max J. Friedländer:*** Max Jakob Friedländer (5.6.1867 Berlin – 11.10.1958 Amsterdam); Kunsthistoriker. Studium in Leipzig und München. Ab 1908 Leiter des Berliner Kupferstichkabinetts, 1929 Generaldirektor der staatlichen Museen, 1933 in den Ruhestand versetzt. Verfasste etwa 600 Publikationen; Schwerpunkte waren die altniederländische und altdeutsche Malerei des 15. und 16. Jahrhunderts. – Wichtiger Autor bei Piper Anfang der 1920er Jahre (→ 94 AK, Holzschneider; 175 RP, Beckmann-Blättern).
6 ***Glaser:*** Curt Glaser (29.5.1879 Leipzig – 23.11.1943 USA); Kunsthistoriker. Studium der Medzin und Kunstgeschichte in Berlin, München und Wien. 1909 Kustos bei den staatlichen Museen Berlin. Kunstkritiker des *Berliner Börsen-Couriers* und Direktor der Staatlichen Kunstbibliothek Berlin 1924–1933. Dann Aufenthalte in der Schweiz, in Frankreich und Italien; 1941 Emigration in die USA. Wichtige Arbeiten zur Graphik der Neuzeit, Munch, Holbein etc. – Bei Piper arbeitete G 1923 an der Beckmann-Monographie (→ 143 RP) mit, außerdem verfasste er 1922 den Text zum XXXV. Druck der Marées-Gesellschaft (*Édouard Manet*).
7 ***Oskar Hagen:*** Oskar Hagen (14.10.1888 Wiesbaden – 5.10.1957 Madison/Wisconsin); Kunst- und Musikhistoriker. Studium der Kunst- und Musikgeschichte in Berlin, München und Halle. 1914–1918 Assistent an der Kupferstichsammlung in Halle, dann Privatdozent für Kunstgeschichte und Leiter der Händel-Opern-Festspiele in Göttingen 1920/24. 1924 a.o. Professor in Göttingen, ab 1925 an der Universität von Wisconsin (USA) und Direktor des dortigen kunsthistorischen Instituts. – Hs erstes Buch bei Piper behandelte Grünewalds Isenheimer Altar (→ 76 RP), später erschienen noch *Deutsches Sehen* (1920) und *Deutsche Zeichner von der Gotik bis zum Rokoko* (→ 105 RP). RP stand mit H in enger Verbindung; auch nach dessen Umzug in die USA riss der Kontakt nicht ab. (→ *MLaV*, S. 391.)

8 ***Harich:*** Walter Harich (30.1.1888 Mohrungen/Ostpreußen – 14.12.1931 Wuthenow); Schriftsteller, Literaturwissenschaftler und -kritiker. Studium der Literaturwissenschaft und Philosophie in Berlin, Königsberg und Freiburg/Breisgau, Promotion mit einer Biographie E.T.A. Hoffmanns. Ab 1918 freier Schriftsteller in München, Königsberg und Berlin. Entschiedener Gegner der Nationalsozialisten. 1925 erschien eine Biographie zu Jean Paul bei Haessel in Leipzig. – 1929 gestaltete AK zu Hs *Jean Paul in Heidelberg* zwölf Zeichnungen und das Umschlagbild (Berlin-Itzehoe: Gottfried Martin 1929) [R383; A110]. Neuausgabe 1948 [R671; A225].

9 ***Seewald:*** Richard Josef Michael Seewald (4.5.1889 Arnswalde/Pommern – 29.10.1976 München); Maler, Graphiker und Schriftsteller. Architekturstudium an der Technischen Hochschule in München, als Maler Autodidakt. Mitglied der *Münchener Neuen Secession*, 1924–1931 Professor für Malerei an der Kölner Werkschule, 1954–1958 an der Akademie der bildenden Künste München. Ab 1939 Schweizer Staatsbürger. – S fertigte für Piper 1912 Zeichnungen zu *Die Schnupftabakdose* des damals völlig unbekannten Hans Bötticher an – später äußerst erfolgreich unter seinem Pseudonym Joachim Ringelnatz.

10 ***P.F. Schmidt:*** Paul Ferdinand Schmidt (7.4.1878 Goldap/Ostpreußen – 16.10.1955 Siegsdorf/Oberbayern); Kunsthistoriker. Studium der Rechtswissenschaften in Berlin und München. Nach dem Ausscheiden aus dem Justizdienst Studium der Kunstgeschichte in München, Paris und Straßburg. Ab 1906 Mitarbeiter der staatlichen Museen Berlin, 1908 Direktionalassistent am Museum in Magdeburg, 1919 erster Direktor der Kunstsammlung in Dresden. – Bei Piper erschienen 1922/28 seine zwei Bände *Deutsche Malerei um 1800*.

11 ***Scheffler:*** Karl Scheffler (27.2.1869 Eppendorf – 25.10.1951 Überlingen); Kunstschriftsteller, Redakteur. Stubenmalerlehre, 1888 Umzug nach Berlin (gefördert von M. Harden und J. Meier-Graefe), nach autodidaktischen Studien Entwicklung zu einem führenden Kunst- und Architekturkritiker Deutschlands. Ähnlich Meier-Graefe leidenschaftlicher Einsatz für Impressionisten und moderne Architektur, Ablehnung des Expressionismus, Bekämpfung der abstrakten Malerei. Von der akademischen Welt zeitlebens kritisch betrachtet. – Bei Piper erschienen 1906 die frühen Texte *Max Liebermann* und *Der Deutsche und seine Kunst*. – Auch zu AK verfasste S einige Arbeiten (→ etwa 90 AK, K. Schefflers Essay sowie R*88*, *768*).

12 ***Worringer:*** Wilhelm Worringer (13.1.1881 Aachen – 29.3.1965 München); Kunsthistoriker. Studium der Literaturwissenschaft und Kunstgeschichte in Freiburg/Breisgau, Berlin, München und Bern. Dissertation *Abstraktion und Einfühlung* eine der Programmschriften des Expressionismus. 1909–1914 Privatdozent in Bern, dann in Bonn, 1925–1928 a.o. Professor, ab 1928 Ordinarius für Kunstgeschichte in Königsberg. Einstellung der Publikationstätigkeit von 1933–1945, danach Professur in Halle. 1955 verließ er wegen politischer Unstimmigkeiten die DDR. – Einer der wichtigsten Kunstschriftsteller bei Piper durch fünf Jahrzehnte.

13 ***Meier-Graefes ... Geburtstagsbuch:*** AK kommt der Bitte seines Verlegers nach: »Ansichtsverschiedenheiten konnten mir nie im Geringsten den Genuß und das ganz besondere, fruchtbare Erlebnis schmälern, welches mir das Werk des Jubilars so oft gespendet. Ich bekunde hier aus vollem Herzen meine Dankbarkeit für einen so großen und echten Geist. Ich kann das umso mehr tun, als ich praktisch keinen Dank schulde. Meines Strebens und Schaffens geschieht im dritten Bande der ›Entwicklungsgeschichte‹, der die Kunst der Gegenwart behandelt, keinerlei Erwähnung. Vielleicht wird auch einmal für die bescheidene Kunst des Zeichnens, wie ich sie vertrete, die keine ›Entwicklung‹ kennt, sondern einfach ein künstlerisches Begleitphänomen der Menschheit seit frühesten Tagen ist, ein Meier-Graefe geboren.« (Zit. *Julius Meier-Graefe*, *AmW*, S. 187.) – Zur Person M-Gs und dessen Bewertung AKs → 35 AK, Meier-Graefe.

14 ***Hofer:*** Karl Hofer (11.10.1878 Karlsruhe – 3.4.1955 Westberlin); Maler. Studium in

Karlsruhe, 1903–1908 Aufenthalt in Rom, beeinflusst von H. von Marées. Danach Paris und Indien, dreieinhalbjährige Internierung in Frankreich. 1919–1936 Lehrstuhl für Malerei an der Hochschule für bildende Künste in Berlin, deren Direktor er 1945 wurde. Während des NS-Regimes als »entartet« diffamiert. Schuf v. a. Figurenbilder, Stillleben und Landschaften unter Einfluss von Expressionismus und Neuer Sachlichkeit. – Bei Piper erschienen (außer der Radierung zu dem angesprochenen Widmungsband) zehn signierte Original-Lithographien (*Zenana*, 1923, Drucke der Marées-Gesellschaft XLI). – In der Kubinschen Graphiksammlung in der Albertina finden sich acht druckgraphische Werke Hs. (→ *Heinzl 1970*, S. 222.)

15 ***Witwe Corinths:*** Lovis Corinth, eigentl. Franz Heinrich Louis Corinth (21.7.1858 Tapiau – 17.7.1925 Zandvoort); Maler und Graphiker. Studium in Königsberg, München, Antwerpen und Paris. 1891–1901 in München, danach in Berlin. 1892/93 Mitglied der Münchener Sezession, ab 1915 Präsident der Berliner Sezession. Nach Orientierung an niederländischen Vorbildern des 17 Jh. (Rubens, Rembrandt) Entwicklung zu einer dem Impressionismus verwandten hellen Farbigkeit mit barockem Pathos und oft drastischem Naturalismus; religiöse, mythische und historische Themen; Stillleben, Akte, Porträts und Landschaften. Nach einem Schlaganfall 1911 weitere Intensivierung des Malaktes mit expressionistschen Tendenzen. – Ab 1903 mit der Malerin Charlotte Berend (1880–1967), vormals Schülerin seiner 1901 eröffneten Malschule, verheiratet. – Am 30.10.1939 schreibt AK an Fronius (Bezug nehmend auf Max Slevogt): »Corinth ist sicher stärker – überhaupt halte ich ihn für den stärksten Maler der Deutschen wohl im letzten Halbjahrhundert – aus der mächtigen Urbegabung – erwuchs nach schwerster Erkrankung 1911 – jener ergreifende Altersstil der heute offiz. als ›entartet‹ gilt – diese Irren«. (Zit. *Fronius*, S. 238.) Weiteres AK Zitat zu C → 71 RP, Beckmann. – Die Bedeutung Cs für AK dokumentiert sich der Kubinschen Graphiksammlung in Linz in etwa sechzig Arbeiten, in der Albertina befinden sich 145. (→ *Heinzl 1970*, S. 222.)

16 ***Ahlers-Hestermann:*** Friedrich Ahlers-Hestermann (17.7.1883 Hamburg – 11.12.1973 Berlin); Maler, Graphiker und Kunstschriftsteller. Schüler von Siebelist, später in Paris (Aufenthalt bis 1914) von Matisse; Begegnung mit Cézanne. Ab 1918 in Hamburg ansässig, ab 1919 Mitglied der Hamburger Sezession, 1928–1933 Professor an den Kölner Werkschulen. Kunstschriftstellerei und Privatstunden als Verdienstmöglichkeiten während des NS-Regimes. 1945–1951 Leiter der Landeskunstschule Hamburg, ab 1953 in Berlin. Figürliche Kompositionen, Landschaften, Stillleben unter Einfluss des Expressionismus, der Fauves, des Kubismus etc. bis hin zu freier Assoziationen. – Für das Widmungsbuch verfasste A-H den Artikel *Von der Wirkung Meier-Graefes auf die Künstler der Zeit* (S. 123–127).

17 ***Leo von König:*** Leo Freiherr von König (28.2.1871 Braunschweig – 21.4.1944 Tutzing/Starnbergersee); Maler. Studium in Berlin und Paris, ab 1900 in Berlin ansässig, Mitglied der Sezession. Erst Lehrer am Kunstgewerbemuseum, ab 1911 freischaffender Maler. Einer der Hauptvertreter des deutschen Impressionismus. Porträtist (malte etwa die Familie Goebbels). Hitler verwehrte ihm trotzdem den Zugang zu den großen offiziellen Ausstellungen. – Zum Widmungsbuch trug K einen titellosen Beitrag in Briefform bei (S. 106–107).

18 ***Carl Moll:*** Karl Moll (13.4.1861 Wien – 12./13.4.1945, ebd.; Selbsttötung); österreichischer Maler und Graphiker. Studium in Wien. 1897 Mitbegründer der Wiener Sezession, der er bis 1905 angehörte. Anfangs beeinflusst vom Impressionismus, dann Verbindung eines malerischen Naturalismus mit dem Stil der Klimt-Gruppe. Schloss sich später dem Kreis um Kokoschka und Kolig an. Interieurs, Landschaften, Stillleben. – Zum Widmungsbuch trug M den Artikel *Erlebnisse* bei (S. 113–118). – Gemeinsamer Bekanntenkreis mit AK → *Steinhart*.

19 ***Troendle:*** Hugo Troendle (28.9.1882 Bruchsal – 22.2.1955 München); Maler und Lithograph. Studium in Karlsruhe und Paris, dann freischaffender Maler in München.

T schuf vom französischen Spätrealismus beeinflusste Landschaften, Interieurs, pastorale Szenen etc. – Für das Widmungsbuch verfasste T den Artikel *Meier-Graefe und die Maler* (S.119–122).

20 ***Notiz ... Börsenblattinserat ... Prospektes:*** Nicht ermittelt.

196 RP

1 Dem Brief beigelegt sind der schon mehrfach angesprochene *Börsenblatt*-Artikel (→ 193 RP) und ein hs korrigiertes Typoskript (→ ÖLA 77/B2/70) des Piperschen Geburtstags-Aufsatzes (wohl die erwähnte gekürzte Fassung für die Prager *Bohemia*).

2 ***Weigmann:*** Der Kunsthistoriker Dr. Otto Weigmann (1873–1940) war von 1918 bis 1937 Direktor der Staatlichen Graphischen Sammlung München.

3 ***Weber ... Müller:*** »Mit Dankbarkeit gedenkt Kubin der deutschen Verleger, die mit ihrer lebhaften persönlichen Teilnahme sein Schaffen gefördert und die Veröffentlichung einer so großen Reihe von Werken ermöglicht haben. Von den beiden Verstorbenen unter ihnen: Hans von Weber, der sein Erstlingswerk verlegte, und Georg Müller, der weitaus die meisten Kubin-Bücher und -Mappen in seinem Verlag vereinigte, spricht er mit freundschaftlicher Anhänglichkeit und erzählt mir manches von mit ihnen gemeinsam verlebten Stunden.« (Zit. *Börsenblatt*, S. 391.)

4 ***Waldbauer:*** »Wir betraten alte Verkaufsgewölbe, hier galt es eine Medizin abzuholen, bei Waldbauer nach einem bestellten Buch zu fragen.« (Zit. *MLaV*, S. 389.) – Die Passauer Verlagsbuchhandlung Waldbauer entstand durch die Vereinigung zweier älterer Traditionsbuchhandlungen durch Mathias Waldbauer (1825–1894). 1897 erschien im hauseigenen Verlag etwa das erste Buch Ludwig Thomas, *Agricola, Bauerngeschichten.*

5 ***Rheinisch-westfälischen Zeitung:*** RPs *Besuch* erschien dort am 9.4.1927 (→ 188 RP).

6 ***Bohemia:*** Abdruck nicht ermittelt; Angaben zum Typoskript s.o. – Die deutschsprachige Zeitung *Bohemia* erschien mit wechselnden Namen und Namenszusätzen (etwa: *Unterhaltungsblätter für gebildete Stände*) von 1828 bis 1938 in Prag, anfangs als Beilage der *Prager Zeitung.* 1914 wurde sie in *Deutsche Zeitung Bohemia* umbenannt. Berühmte Mitarbeiter der Zeitung waren u.a. Robert Musil und Egon Erwin Kisch. Die Zeitung musste Mitte 1938 eingestellt werden.

7 ***Tod meiner lieben Mutter:*** Sophie Piper, geb. Krüger (1846–02.04.1927 Solingen). Die späten Jahre der Mutter, die sie im Solingener Hause von RPs Schwester Gertrud verbrachte, sowie ihre letzte Ruhestätte an der Seite ihres Mannes schildert RP in seinen Lebenserinnerungen (→ *MLaV*, S. 406–408).

8 ***Geburtstags-Lithographie:*** Dankeskarte anlässlich des 50. Geburtstags: *Flötenspielender Tod.* Selbstbildnis, dahinter der Tod mit Umhang und ins Gesicht gezogenem Hut, Querflöte spielend. Federlithographie. Selbstverlag des Künstlers [R340; Hb165].

9 ***Beitrag ... Meier-Graefe-Buch:*** Kubin, Alfred: *Julius Meier-Graefe. Entwicklungsgeschichte der modernen Kunst.* In: *Julius Meier-Graefe. Widmungen zu seinem 60. Geburtstage.* München: Piper; Berlin: Rowohlt; Wien: Zsolnay 1927, S. 128–131 (→ *AmW*, S. 185–187) [R347]. – AK verändert die Formulierung nach RPs Wunsch und schließt den Artikel folgendermaßen: »Vor den hohen Zielen, auf die er unermüdlich seit vielen Jahren hinweist, beuge ich mich mit Ehrfurcht und Begeisterung, obwohl meine eigenen künstlerischen Bestrebungen von anderer Art sind – und so möchte ich in aller Bescheidenheit schließen mit dem berühmten Künstlerwort: Anch' io sono pittore.« (Zit. *AmW*, S. 187.)

10 ***Herrn Dr. Freund:*** Robert Freund (29.5.1886 Saaz/Böhmen – 29.1.1952 New York); Verleger. Als sich Adolf Hammelmann 1926 aus dem Verlag Piper zurückzog, trat über Vermittlung Ernst Reinholds (Herausgeber der Buddha-Übersetzungen Carl Eugen Neumanns) der Wiener F am 1.7. die Teilhaberschaft an und sicherte mit

neuem Kapital das Überleben des Unternehmens. Der während seines Studiums in Wien in den Kreisen um Karl Kraus, Peter Altenberg und Oskar Kokoschka verkehrende F konnte zahlreiche neue Autoren für Piper gewinnen, insbesondere aus dem englischen und französischen Raum, wie 1928 die deutschen Rechte am Gesamtwerk Marcel Prousts (nur ein Roman erschien). »Meine beiden anderen Teilhaber: Adolf Hammelmann und Alfred Eisenlohr, haben jeder etwa 20 Jahre dem Verlag angehört, ohne diesem jemals einen neuen Autor oder eine neue Idee bzw. ein neues Unternehmen zuzuführen. Sie waren anständige, zuverlässige Charaktere, aber die verlegerische Initiative war ausschließlich meine persönliche Leistung.« Mit dem Eintreten Fs änderte sich diese Situation. F erweiterte bis 1937 das Spektrum des Verlags insbesondere auf literarischem Gebiet. (→ *Piper 90*, S. 124–126 sowie *Piper 100*, S. 133–140.) – Weiteres zur Person Fs während des NS-Regimes → 300, 348 RP.

197 RP

1 ***Italien:*** → 193 RP, Ich fahre ja…
2 ***Renaissance:*** Nachträgliche hs Anmerkung RPs mit Bleistift am unteren Blattrand: »heute nicht mehr (1944)«.
3 ***Piero della Francesca:*** Piero della Francesca (um 1420 in Borgo san Sepolcro – 12.10. 1492 ebd.); italienischer Pionier der perspektivischen Malerei, innovativer Vertreter der Frührenaissance. Eine seiner bedeutsamsten Arbeiten ist der von RP angesprochene zehnteilige Freskenzyklus *Szenen aus der Legende des Heiligen Kreuzes* (um 1452 bis 1466) im Chor der Kirche San Francesco in Arezzo.

198 AK

1 ***Welschland:*** RPs Italienreise April/Mai 1927 (→ 193 RP, Ich fahre ja…).
2 ***Uhuheft:*** Kubin, Alfred: *Der Optikaster. Eine Jugenderinnerung*. Mit Zeichnungen des Künstlers. In: Uhu. Das neue Monatsmagazin, Jg. 3, H. 9. Berlin: Ullstein 1927, S. 46–53. Zahlreiche Wiederabdrucke (→ *AmL*, S. 141–150) [R324; A100]; Abdruck 1939 mit neu gezeichneten Illustrationen [R577; A187] und 1974 [B24]. – Das Satireblatt *Uhu. Das neue Monatsmagazin* wurde 1924–1934 im Ullstein-Verlag herausgegeben. Federführend bei der Entwicklung des Konzepts: Kurt Tucholsky.
3 ***Land das ich zweimal besuchte:*** Erste Italienreise im Herbst 1905 gemeinsam mit HK (→ *AmL*, S. 35), zweite Reise (nach Oberitalien) mit AKs Künstlerfreund FHO. Nach der Rückkunft hatte AK innerhalb weniger Wochen *Die andere Seite* verfasst. (→ *AmL*, S. 40.)
4 ***eine Reihe von Blättern:*** Kubin, Alfred: *Orbis pictus*. Baden-Baden: Merlin-Verlag 1930. 27 Blatt in Mappe. Einmalige Auflage von 300 nummerierten Exemplaren. Druck der Graphischen Anstalt Ganymed (Piper) [R397; A103]. Abdruck in verkleinertem Format 1948 [R665; A220]. – AK sollte drei volle Jahre um die Veröffentlichung dieses Werkes kämpfen müssen.
5 ***Besuch meiner Geburtsstadt Leitmeritz:*** AK schildert seine Eindrücke dieser im April 1927 unternommenen Reise eindrücklich in seiner Skizze *Besuch in Leitmeritz*, erstmals veröffentlicht im *Sudetendeutschen Jahrbuch 1928* (Kassel und Eger: Johannes Stauda 1928, S. 97-101). Abdrucke u.a. in: Deutsche Zeitung Bohemia, Prag, 9.2.1930; Rhein- und Ruhrzeitung, 20.2.1930 (→ *AmL*, S. 179–184) [R420; A187; B24]. – Auf dieser Fahrt bereiste AK auch Karlsbad und Prag und besuchte seinen Verleger Stauda in Eger. (→ *Hoberg*, S. 238.)
6 ***Justizrat Heberle:*** → 121 AK, Heberle
7 ***Bücherstübler:*** Ausstellung *Alfred Kubin. Zum 50. Geburtstag. Federzeichnungen und Aquarelle* in Bücherstube und Antiquariat Walter Schatzki (Frankfurt/Main), November 1927 [M1927/14].

8 ***Prag:*** *Meißner* verzeichnet die nächste Ausstellung in Prag erst für Januar/Februar 1927: *Alfred Kubin. 100 neue Werke*, veranstaltet vom Kunstverein für Böhmen im Rudolphinum. Gezeigt wurden Federzeichnungen, Lithographien und Aquarelle; zum ersten Mal im Original ausgestellt: der etwa fünf Meter lange Fries *Rauhnacht*. Ebenfalls mit Arbeiten vertreten war der für den frühen AK wichtige James Ensor [M1928/1].
9 ***ein Bilderatlas für metaphysisches Zeichnen:*** Wohl die schon oben angesprochenen Arbeiten zu *Orbis pictus* (s. o.).

199 RP

1 ***Schwiegervater:*** Gertrud Pipers Vater, August Engling (25.11.1855 Alt-Kelken – 26.6.1927 Königsberg); Justizbeamter in Königsberg.
2 ***»Die Geliebte eines Kindes«:*** Kubin, Alfred: *Die Geliebte eines Kindes*. Erzählt und mit Bildern versehen von Alfred Kubin. In: Die Bücherstube, Jg. 6, H. 1. München: Horst Stobbe 1926. Abdrucke u. a. in: Hamburger Nachrichten, 26.10.1930; Vorwärts, 19.11.1932 (→ *AmL*, S. 131–140) [R300; A91]. Abdruck 1939 mit neu gezeichneten Illustrationen [R577; A187; B24].

200 AK

1 ***Hauswesen ... Last:*** Bezüglich Gertrud Pipers Mutter, Anna Elisabeth Engling, geb. Apfelbaum, (1854–?) notiert RP für den 27.7.1927: »Kurz nach unserer Rückkehr stirbt Vater Engling in Königsberg. Meine Frau fährt dorthin, löst den Haushalt auf und kommt mit ihrer Mutter zu uns. Diese lebt bis zu ihrem Tode bei uns.« (Zit. Piper, Reinhard: *Chronik Langfassung 1901–1929*, Deutsches Literaturarchiv, Marbach, 01. 1.)
2 ***»Perserprinzen Muzaffer-Eddins Besuch in Olching« ... »die Mappe«:*** Kubin, Alfred: *Des Perserprinzen Muzaffer-Eddin Besuch in Olching*. In: Das Gelbbuch der Münchener Mappe. München: Hyperion-Verlag 1921 (→ *AmL*, S. 109–122) [R152; A58]. Abdruck 1939 mit neu gezeichneten Illustrationen [R577; A187; B24]. – Bei *Raabe* kein Wiederabdruck in Zeitungen dokumentiert; siehe aber → 206 AK, Schunemann ... – Die Graphik-Vereinigung *Die Mappe* war im Jahr 1918 kurz nach Kriegsende gegründet worden; Vorsitzende waren Th. Th. Heine und Emil Preetorius, die Schriftführung hatte Rolf von Hoerschelmann inne. (→ *Hoberg*, S. 234.)
3 ***exlibris:*** Nie produzierte AK so viele Exlibris wie in den Jahren 1926/27: Für Dr. Carl/Karl Lamersdorf [R307, 308], Dr. Walter Meinhof [R309], Guido Morssen [R338] und Otto Nirenstein [R339].
4 ***Rübezahl:*** → 184 AK
5 ***Stauda in Augsburg:*** Johannes Stauda (17.2.1887 Linz Urfahr – 8.9.1972 Lohr/Main); Verleger. Studium in Prag. Mitglied beim *Wandervogel*; einer der führenden Köpfe der Jugend- und Böhmerlandbewegung. Gymnasialprofessor in Eger, dann Verlagsgründung: *Böhmerland Jahrbuch*, später umbenannt in *Sudetendeutsches Jahrbuch* (1920–1938). Die tschechische Regierung entließ S aus dem Schuldienst und entzog ihm die Verlagskonzession. 1927 gründete S den Johannes-Stauda-Verlag deshalb in Augsburg, später in Kassel-Wilhelmshöhe. 1932 verkaufte er das Unternehmen und war ab 1935 wieder im Schuldienst tätig. Nach der Vertreibung der Sudetendeutschen unterrichtete S bis 1952 an einem Gymnasium in Lohr/Main.

201 RP

1 ***Dvorak:*** Gemeint sind Max Dvořáks Schriften *Kunstgeschichte als Geistesgeschichte* (1924), *Das Rätsel der Kunst der Brüder van Eyck* (1925), seine zwei Bände *Geschichte*

der italienischen Kunst im Zeitalter der Renaissance (1927/28) und seine *Gesammelten Aufsätze zur Kunstgeschichte* (1929). – Max Dvořák (24.6.1874 Raudnitz/Böhmen – 8.2.1921 Grusbach/Mähren); österreichischer Kunsthistoriker. Studium in Prag und Wien, 1902 Privatdozent, 1905 a.o., 1909 o. Professor und Vorstand des zweiten kunsthistorischen Instituts, Vorsitzender der Museumskommission etc. – Die regen Verlagsbeziehungen gehen zurück auf das Jahr 1923. (→ *Piper* 90, S. 115.)

2 ***Worringer... grosses Manuskript:*** 1927 erschien bei Piper Ws *Ägyptische Kunst. Probleme ihrer Wertung*, 1928 *Griechentum und Gotik*.

3 ***fünf neue Meier-Graefe-Bücher:*** 1928 trug M-G den Text zu den XLVI. Drucken der Marées-Gesellschaft bei (*Vincent van Gogh*), 1929 zu Druck XLVII (*Auguste Renoir*). Es waren seine letzten Publikationen bei Piper. M-G starb am 5.6.1935 in Vevey, die Urne wurde in Saint-Cyr beigesetzt.

4 ***Reiterin:*** Nicht ermittelt.

202 AK

1 Zur Illustration: Die Bildbeigabe ist auf den Briefbogen aufgeklebt (dünner Karton). Es handelt sich um eine Version der einleitenden Initiale [A91/1138] für die Erzählung *Die Geliebte eines Kindes* (→ 199 RP).

2 ***9:*** In der Ausgabe von Riemerschmidt sind nur sieben Illustrationen abgebildet (→ *AmL*, S. 109–123), *Marks* verzeichnet für den *Perserprinzen* aber neun Illustrationen [A58/689–697].

3 ***Ankündigung:*** Es ist kein Wiederabdruck der Vorrede von *Orbis pictus* dokumentiert.

203 AK

1 ***»mein Tag«:*** → 112 AK, »mein Tag«

2 ***Alex v. Bernus:*** Alexander von Bernus (6.2.1880 Aeschbach – 6.3.1965 Schloss Donaumünster); Schriftsteller und Übersetzer, einem alten Frankfurter Patriziergeschlecht entstammend. Erst militärische Karriere (Dragonerleutnant), dann Studium der Literaturgeschichte und Philosophie, später Medizin in München. 1908 Begründer der *Schwabinger Schattenspiele*. Herausgeber der Zeitschriften *Freistatt* (1902–1907) und *Das Reich* (1916–1920), in dem auch AK publizierte. Interesse an Okkultismus und Alchemie. Auf dem Familiensitz Stift Neuburg Gastgeber für zahlreiche Künstler-Zusammenkünfte (etwa aus dem George-Kreis) – vor dem 1. Weltkrieg unter regelmäßiger Teilnahme AKs. (→ *Hoberg*, S. 230–232.) – Mit AK ab den frühen Münchener Jahren befreundet. Einige Briefe AKs und die Reproduktion einer Federzeichnung sind in der Festschrift *Worte der Freundschaft für Alexander von Bernus* (Nürnberg: Hans Carl 1949) abgedruckt [R694, 705]. B schildert die unter seiner Schirmherrschaft stattfindenden Treffen 1951 in *Sommertage und Sommernächte auf Stift Neuburg* (In: Das literarische Deutschland 2, Nr. 18, S. 5) und widmete AK die Gedichte *Vor der Schlacht* und *Böser Ort* (In: Bernus, A. v.: *Leben, Traum und Tod. Ein Gedichtband*. Berlin 1903, S. 81 u. 92.) – Ab 1926 lebte B teils in Stuttgart, teils auf Schloss Eschenau bei Weinsberg, 1939 zog er sich auf Schloss Donaumünster zurück. – RP erwähnt B als einen der vielen Dichter »mit sehr verschiedenen Physiognomien«, die in den Gründungsjahren in sein Verlegerzimmer gekommen seien. (→ *MLaV*, S. 271–272.) 1918 waren bei Piper *Die gesammelten Gedichte 1900–1915* sowie die Dramen *Guingamor* und *Der getreue Eckart* erschienen, 1933 sollte die Gedichtsammlung *Aus Rauch und Raum* folgen.

3 ***Aufschlage Karten:*** Eine Veröffentlichung erfolgte erst posthum. – Kubin, Alfred: *Zirkus des Lebens. 32 Zigeunerkarten*. Hrsg. v. Detlef Hoffmann. München: Heimeran 1977; im selben Jahr herausgegeben von Ernst Rudolf Ragg in Wien bei Piatnik. – Die Karten erschienen posthum anlässlich des 100. Geburtstags des Künstlers mit

einem Begleitbändchen, das auf die Entstehung in mehreren Serien (daher verschiedene Versionen ein und derselben Karte), die Wechselwirkung mit anderen Kubinschen Arbeiten sowie die Geschichte von Wahrsagekarten im Allgemeinen und deren Einfluss auf AKs Versionen im Besonderen eingeht. Die Sammlung sei unvollständig, da AK viele Karten der frühen Serien über die Jahre bereits verschenkt habe. In Ernst Rudolf Raggs Beitrag finden sich die von AK geplanten Einleitungsworte. – Da AK selbst wiederholt anmerkt (etwa in Briefen an Kurt Otte), dass er die »Zigeunerkarten [...] 1931 auf 1932, d.h. Frühjahr/31 machte« (Zit. Begleitheft, S. 10), datieren auch die Herausgeber den Beginn der Arbeit auf diese Zeit. Aussagen gegenüber FHO (→ *FHO*, S. 253) – sowie das hier kommentierte Schreiben an RP – legen aber nahe, dass die Grundkonzeption bereits 1927 feststand; im Jahr 1931 erfolgte bereits ein erstes Überarbeiten (→ 235 AK). – *Raabe* erwähnt die Karten als unveröffentlicht. (→ *Raabe*, S. 189.)

4 *F. Werfels:* Werfel, Franz: *Der Tod des Kleinbürgers.* Novelle. Mit Federzeichnungen von Alfred Kubin. Berlin/Leipzig/Wien: Paul Zsolnay 1928 [R362]. – Franz Werfel (10.9.1890 Prag – 26.8.1945 Beverly Hills); österreichischer Schriftsteller. Wichtiger Vertreter des Expressionismus. Einjähriger Militärdienst auf dem Prager Hradschin, 1912 Lektor des Verlags Kurt Wolff in Leipzig. Veröffentlichungen ab 1909. Militärdienst im 1. Weltkrieg, ab 1917 im Wiener Kriegspressequartier stationiert. Freundschaft mit Alma Mahler-Gropius (Heirat 1929). In den 1920er und 1930er Jahren einer der meistgelesenen deutschsprachigen Autoren. Ab 1938 im Exil: erst Frankreich, ab 1940 Kalifornien. – AKs Beziehungen zur Prager Literaturszene manifestierten sich etwa in der Pragreise 1911. – Eine weitere Zusammenarbeit ist für die Jahre 1930/31 anlässlich der Veröffentlichung von Ws Novelle *Kleine Verhältnisse* für das *Jahrbuch Paul Zsolnay Verlag 1930* (Berlin/Wien/Leipzig: Paul Zsolnay 1930) dokumentiert, für die AK drei ganzseitige Illustrationen beisteuerte [R408; A118] (1931 als selbständige Publikation erschienen [R434; A132]).

5 *Alfred Mombert:* Alfred Mombert (6.2.1872 Karlsruhe – 8.4.1942 Winterthur); Jurist und Autor mystisch-visionärer Texte. Jusstudium in Heidelberg, Leipzig und Berlin. 1901–1906 als Rechtsanwalt in Heidelberg, dann freier Schriftsteller. Zahlreiche Reisen. Internierung 1940/41, an deren Folgen er in der Schweiz verstarb. – Bekanntschaft mit AK im Zuge der oben genannten Neuburg-Treffen (→ *Raabe*, S. 53: Abdruck eines Briefes an AK vom 28.2.1933); zahlreiche Arbeiten Ms in der Zwickledter Bibliothek. – AK am 5.11.1940 an Familie Koeppel: »Wie ich erfahre hat man in Heidelberg im Verfolg einer ›Aktion‹ den Semiten und Dichter Alf. Mombert im Lastauto verschleppt, keiner weiß warum und wohin.« (Zit. *DwR*, S. 175.)

6 *Galerieleiter Fischer:* Wohl Otto Fischer (22.5.1886 Reutlingen – 8.4.1948 Ascona); Kunsthistoriker. Ab 1921 Direktor des Museums für bildende Künste in Stuttgart, 1928 Ruf als o. Professor der Kunstgeschichte nach Basel. – 1924 war AK in der von F mitorganisierten Ausstellung *Neue deutsche Kunst* in Stuttgart [M1924/4] prominent vertreten gewesen, des Weiteren 1926 in der Ausstellung des Stuttgarter Künstlerbundes [M1926/8]. – Möglicherweise handelt es sich bei dem hier angesprochenen Treffen um eine Besprechung einer Ausstellung im Jahre 1928. Verzeichnet ist etwa die Sonderausstellung *Alfred Kubin* in der *Galerieausstellung* des Stuttgarter Kunsthauses Schaller im Februar 1928 [M1928/2]. »Die Kubin-Ausstellungen, die bei Schaller gezeigt wurden, könnten alle Übernahmen vom Graphischen Kabinett sein.« (Zit. *Meißner*, S. 69.)

204 RP

1 *»Tag« ... zeitgemäss überarbeitet:* Verzeichnet ist etwa ein Wiederabdruck in der *Münchner Illustrierten Presse* (Jg. 4, 1927). – Zur Entstehung des Textes → 112 AK, »mein Tag«.

205 AK

1 ***Besprechung von Georg Lill:*** Der Kunsthistoriker, Hauptkonservator am Bayerischen Nationalmuseum und spätere Leiter des Bayerischen Landesamtes für Denkmalpflege Professor Georg Lill (9.8.1883 Würzburg – 27.7.1951 München) findet 1927 in der Rubrik *Bücherschau* der Zeitschrift *Christliche Kunst* (Jg. 24, H. 1) scharfe Worte bezüglich AKs *20 Bilder zur Bibel*: »Kubin, der Traumwandler, Gespensterseher und Mordgeschichtenerzähler, wählt zwanzig Szenen aus der Bibel, um sie zu einer Sensation, einem Spektakelstück, zu einer Moritat zu machen. [...] Diese entgöttlichten Bilder sind einfach furchtbar, entsetzenerregend, schwelgend in der verzerrten Häßlichkeit, brutal, im mildesten Ausdruck pathologisch. Hier kann man eine gewisse Linie der Modernen bis zum Äußersten, Überspanntesten, Groteskesten sehen, und erschütternd ist, daß diese Richtung nicht bei der Gosse, dem Wirtshaus und noch Schlimmerem bleibt, sondern seine Hand – im Wahnsinn oder im Frevel – zum Heiligsten ausstreckt. Ich verkenne die künstlerische Qualität dieser Bilder keineswegs, das nervös Zuckende der Linie, die Ausdruckskraft, die Phantasie, die ungeheuerliche Konzentration. Aber irgendwo ist auch der Kunst eine Grenze gezogen, und hier kann man nur rufen: ›Hände weg von dem, was noch Millionen und Millionen heilig, rein und wahr ist.‹« (Zit. ebd., S. 64.)

2 ***»die Lauen werden ausgespieen«:*** In der Apokalypse des Johannes heißt es im Sendschreiben an die Gemeinde Laodizea: »Ich weiß deine Werke, dass du weder kalt noch warm bist. Ach, dass du kalt oder warm wärest! Weil du aber lau bist und weder kalt noch warm, werde ich dich ausspeien aus meinem Munde.« (Offb. 3, 15–16.)

3 ***Herbstausstellung:*** Die Herbst-Ausstellung der Preußischen Akademie der Künste mit einer Sonderausstellung *Kollektiv-Ausstellung Alfred Kubin* von November bis Dezember 1927 [M1927/15]. Ein sehr erfolgreiches Jahr neigt sich damit für AK dem Ende zu.

4 ***Illustrationsaufträgen:*** Siehe dazu → die folgenden Briefe.

206 AK

1 ***Originale zum Optikaster:*** In Besitz des Verlags Ullstein (→ 202 AK).

2 ***Schunemann Magazin:*** AKs *Perserprinz* (→ 200 AK) erschien im Dezember 1927 in der Zeitschrift *Der Schünemann-Monat* (S. 1203–1211).

207 AK

1 ***van Gogh-Piperdruck ... Cypressen:*** Van Gogh: *Zypressenlandschaft*. München: Piper 1927 (33. Piper-Druck).

2 ***Baldungbuch:*** → 184 AK, Holzschnittbuch

3 ***Morgensterns letzte Nachlaßveröffentlichung:*** Morgenstern, Christian: *Die Schallmühle*. Grotesken und Parodien. Hrsg. v. Margareta Morgenstern. München: Piper 1928. – Morgenstern, Christian: *Mensch Wanderer*. Gedichte aus den Jahren 1887 bis 1914. Hrsg. v. Margareta Morgenstern. München: Piper 1927. – In AKs Bibliothek nicht verzeichnet.

4 ***R. Steiner'schen Sinn:*** Rudolf Steiner (27.2.1861 Kraljevec – 30.3.1925 Dornach); österreichischer Philosoph, Pädagoge, Naturwissenschaftler; Begründer der Anthroposophie. Studium der Mathematik, Naturwissenschaften und Philosophie in Wien. Herausgeber der naturwissenschaftlichen Schriften Goethes, 1890–1897 Mitarbeiter am Goethe-und-Schiller-Archiv in Weimar, zugleich schriftstellerische Tätigkeit. 1897 nach Berlin, Mitherausgeber des *Magazins für Litteratur*. Generalsekretär der *Theosophischen Gesellschaft* 1902 bis 1912/13, umfangreiche Vortragstätigkeit. Nach Zerwürfnis mit Annie Besant, Präsidentin der Gesellschaft, 1913 Gründung der *Anthro-*

posophischen Gesellschaft (1923 Neustrukturierung). 1919 Aufbau und Leitung der ersten *Freien Waldorfschule*. Ab 1920 Arbeiten zu ganzheitlicher Medizin und Pharmazie, ab 1924 auch Beschäftigung mit Landwirtschaft und biologisch-dynamischer Wirtschaftsweise. 1922 Entstehung der *Christengemeinschaft* unter Ss Mitwirkung. – Seit ihrer Entstehung sieht sich die Anthroposophie kritischen Stimmen aus Naturwissenschaft und Theologie ausgesetzt, auch Rassismusvorwürfe wurden wiederholt geäußert. Die *Allgemeine Anthroposophische Gesellschaft* besteht bis heute. Ihre Lehre besagt, dass der Mensch durch Beobachtung des eigenen Denkvorgangs zu seinen schöpferischen Seelentiefen geführt würde und durch erlernbare Bewusstseinssteigerung zur Begegnung mit geistigen Wesen käme. Auf diese pseudoreligiösen Übungen bezieht sich AK hier wohl.

5 ***Humor:*** »Freilich, wer seine Erwartungen von der Welt noch in stofflich Nachrechenbarem ausgezahlt erhalten will, ist der Realität noch gänzlich untertan und ahnt kaum etwas von dem Humor, welcher walten muß im Verkehr mit dem grandios wundervollen Trug.« (Zit. *Fragment eines Weltbildes*, *AmW*, S. 36.)

6 ***Julius Bahnsen:*** Julius Friedrich August Bahnsen (30.3.1830 Tondern – 7.12.1881 Lauenburg); Philosoph, Pädagoge. Studium Philosophie und Philologie in Kiel und Tübingen. Anstellungen als Haus- und Gymnasiallehrer. In Bs nihilistischer Verbindung von Hegelscher Dialektik und Schopenhauerschem Monismus wird zwar der vernunftlose Wille Schopenhauers als eigentliches Wesen der Welt akzeptiert, jedoch nicht als überall gleichartig beschaffene Kraft, sondern als vielfältig wie die einzelnen Individuen, deren unveränderliche Seinsart sich in ihrem Charakter manifestiere. Auf Grundlage dieser charakterologischen Seite seiner Lehre (die Ausgangspunkt war etwa für die Arbeit von Ludwig Klages) entstanden Bs *Beiträge zur Charakterologie* (1867) sowie *Zum Verhältnis zwischen Willen und Motiv* (1870) und *Mosaiken und Silhouetten* (1877). Die Unvernunft des Willens führe zu Widersprüchen und damit nicht nur zu ununterbrochenem Kampf realer Gegensätze, sondern auch zu unlöslichem Zwiespalt entgegengesetzter Willensrichtungen im Inneren jedes Individuums. Die realdialektischen Inhalte seiner Theorie hat B in *Zur Philosophie der Geschichte* (1871) und in *Der Widerspruch im Wissen und Wesen der Welt* (1880/82) dargestellt. – Sowohl die Tagebücher als auch die frühen Briefe und die Bibliothek AKs belegen den immensen Einfluss Bs (besonders vor dem 1. Weltkrieg). Dem Epilog von *Die andere Seite* ist als Motto ein B-Zitat vorangestellt: »Der Mensch ist nur ein selbstbewusstes Nichts.«

7 ***Lauser:*** → 212 AK, »das Leben«

8 ***inzwischen eingegangene »Bücherstube« Stobbes:*** Zu Horst Stobbe und seiner Bücherstube → 127 AK.

9 ***»Mimi«:*** Gemeint ist die Kubinsche Erzählung *Mimi*, die 1922 in AKs *Von verschiedenen Ebenen* (→ 127 AK) im Verlag Fritz Gurlitt erschien (fünfter Band der Gurlittschen *Malerbücher*).

10 ***Ehrengast beim Leipziger Bibliophilenabend:*** Im Gegensatz zu England, Frankreich, Belgien etc. entstanden in Deutschland Vereinigungen von Bücherfreunden erst relativ spät. 1904 wurde wegen starken Zulaufs die erste Ortsvereinigung der 1899 gegründeten *Gesellschaft der Bibliophilen* aus der Taufe gehoben, man gab ihr den Namen *Leipziger-Bibliophilen-Abend*. Die Mitgliederzahl war per Satzung auf 99 beschränkt, deshalb auch die Bezeichnung *Die Leipziger 99*. Die Treffen fanden üblicherweise zu Winterbeginn statt. Bereits im Oktober 1904 beschloss man die Herausgabe von eigenen Publikationen für die Mitglieder, als deren dreizehnte im Jahr 1927 eine von AK mit fünf Lithographien ausgestattete Ausgabe von Wolfgang Goetz' *Muspilli* in 103 Exemplaren auf der Handpresse in der Staatlichen Akademie für Graphik und Buchgewerbe zu Leipzig hergestellt wurde [R322; A99]. Die Buchhandelsausgabe erschien 1929 bei Adolf Bonz & Co in Stuttgart [R382; A114]. – Anlässlich dieses Erzeugnisses kam es wohl auch zu der hier angesprochenen Einladung.

(→ Sommer, Lothar: *Der Leipziger Bibliophilen-Abend 1904–1933. Bedeutung und Grenzen eines bibliophilen Klubs.* In: Marginalien. Zeitschrift für Buchkunst und Bibliophilie, H. 98, 1985/2, S. 4–20.)

208 AK

1 ***Verlag Langen … Buchillustrationen:*** Willy Seidels Novelle *Larven.* Initiale und 21 Illustrationen, davon zehn ganzseitig. Deckelvignette, Schrift von Kubin. Druck von Hesse & Becker, Leipzig. Vorzugsausgabe: sechzig nummerierte und vom Autor und Illustrator signierte Exemplare. Die zehn Vollbilder wurden handkoloriert (→ 129 AK, Dr. Willy Seidel). – Der Verlagsgründer Albert Langen (1869–1909) war für AK vor allem indirekt von Bedeutsamkeit: Als Mitbegründer der Zeitschrift *Simplicissimus* (1896–1906 im Albert Langen Verlag erschienen, danach als eigenständiges Unternehmen) hatte er ein beständiges Forum für Kubinsche Kunst geschaffen; von 1912 bis 1944 erschienen dort weit über 200 Arbeiten. – AK illustrierte für den Verlag Langen außerdem Katarina Botskys *Der Traum* (1918) [R97; A32]; 1923 erschienen *50 Zeichnungen*, eine Sammlung von ursprünglich im *Simplicissimus* veröffentlichten Werken AKs (→ 133 RP, Langen …).
2 ***bayr. Wald:*** Aufenthalt bei Koeppels Ende Juni 1928 → *DwR*, S. 73–77.
3 ***Compagnons:*** Im Sommer 1928 waren das Robert Freund (→ 196 RP) und Alfred Eisenlohr (→ 12 RP).

210 RP

1 ***»Kuhhaut«:*** Kulturteil der *Münchner Neuesten Nachrichten.*
2 ***Aufsatz über Georg Müller:*** Der angesprochene Pipersche Aufsatz (*So fing es an … Erinnerungen an Georg Müller*) erschien am Samstag, den 6. 10. 1926, in den *Münchner Neuesten Nachrichten* und entspricht im Wesentlichen den Ausführungen in seinen Lebenserinnerungen, wenn auch in stark gekürzter und konzentrierter Form (→ *MLaV*, 176–178, 200–214, 233–238). – Beilage nicht erhalten.
3 ***Zimmermann:*** Dominikus Zimmermann (30. 6. 1685 Wessobrunn – 16. 11. 1766 Wies bei Steingaden); Architekt, Stukkateur und Maler. Hauptmeister des bayerischen Spätbarock.

211 AK

1 ***Frau Deutsch:*** → 63 AK
2 ***Kreuz und Querfahrten … ein Freund … Schweizer Cantone:*** »Im Herbst macht Kubin mit einem Bekannten eine Autotour über die Schweiz nach Oberitalien. Dabei besucht er seinen alten Schwabinger Studienfreund Émile Cardinaux in Muri bei Bern.« (Zit. *Hoberg*, S. 239.) – Name des Freundes nicht ermittelt.
3 ***»der angekündigte Gast«:*** Hardy, Thomas: *Der angekündigte Gast.* Mit Zeichnungen von Alfred Kubin. Leipzig: Insel 1928 (Insel Bücherei 307). Mit Titelvignette, Initiale und zehn ganzseitigen Illustrationen. Vorzugsausgabe: 120 nummerierte und signierte Exemplare auf Bütten [R357; A104]. Das 11.–20. Tausend erschien 1949 a. a. O. [R689; A239].
4 ***Kippenberg:*** Anton Hermann Friedrich Kippenberg (22. 5. 1874 Bremen – 21. 9. 1950 Luzern); Verleger und Schriftsteller. Buchhändlerlehre, dann Studium der Germanistik in Leipzig. Ab 1905 Leiter des 1899 gegründeten Verlags *Insel* in Leipzig, der unter seiner Leitung einer der führenden belletristischen Verlage in Deutschland wurde. Bedeutender Goethe-Sammler. Zusammenarbeiten mit AK: → 193 RP, Hoffmannsthal sowie 254 AK. – Zur *Insel-Bücherei* → 255 RP, Piper-Bücherei.
5 ***Jean Paul in Heidelberg:*** → 195 RP, Harich

6 ***Lithos ... Roden:*** Roden, Max: *Magie*. Umschlag und fünf Lithographien von Alfred Kubin. Wien: Verlag der Johannes-Presse 1929. Einmalige Auflage in 500 Exemplaren. Vorzugsausgabe: zehn nummerierte und vom Autor und Illustrator signierte Exemplare. Die kolorierten Lithographien liegen der Ausgabe in gesonderten Abzügen bei [R386; A117]. – Max Roden, eigentl. Rosenzweig, amtliche Namensänderung am 22.2.1912 (21.7.1881 Wien – 22.3.1968 New York); Journalist, Lyriker. Aufgewachsen in Shanghai. Studium an der Technischen Hochschule in Wien, Redakteur der *Volkszeitung*. 1940 Emigration in die USA, Redakteur der deutsch-jüdischen Zeitung *Aufbau*, ab 1946 Korrespondent der *Wiener Zeitung*. – Keine nähere Beziehung zu AK. Weitere Zusammenarbeiten: 1937 (→ 327 AK, pazifistischer Hymnus) und 1951 (Titelzeichnung für Rs *Spiegelungen*, Wien: Johannes-Presse [R731]). – Am 23.1.1925 veröffentlichte R seinen Aufsatz *Kubin* in der *Wiener Volkszeitung* [R*381*].

7 ***Watzliks ... Stilzel:*** Kubin, Alfred: *Stilzel*. Elf Lithographien zu Hans Watzliks Volksbuch *Stilzel der Kobold des Böhmerwaldes*. Mit einer Einführung von Hans Watzlik. Eger: Verlag der literarischen Adalbert-Stifter-Gesellschaft 1930. 15 Bl. in Mappe [R398; A112]. *Raabe* verzeichnet Ws Einführung gesondert unter [R*592*]. – AK diskutiert die Arbeiten an *Stilzel* wiederholt mit seinem Freund Koeppel (→ etwa *DwR*, S. 94–95). – Hans Watzlik (16.12.1879 Unter Haid/*Dolní Dvoišt – 24.11.1948 Tremmelhausen bei Regensburg*); Erzähler, Lyriker. Bis 1925 Volksschullehrer in Böhmen, danach freier Schriftsteller (Mitglied der Deutschen Gesellschaft für Wissenschaften und Künste in Prag), 1931 Tschechoslowakischer Staatspreis für einen historischen Roman über den Dreißigjährigen Krieg, *Der Pfarrer von Dornloh* (Leipzig: Staackmann 1930). Regelmäßige Veröffentlichungen im *Völkischen Beobachter*, Herausgeber der deutsch-völkischen Zeitschrift *Der Ackermann aus Böhmen* (Karlsbad), Amtsleiter der sudetendeutschen Partei. Wegen wachsender antifaschistischer Kritik an seinem Werk Flucht ins »Dritte Reich«, dort weitere literarische Erfolge (besonders die Bearbeitungen lokaler Sagen aus dem Böhmerwald). 1945 wegen nationalsozialistischer Betätigung in der Tschechoslowakei in Haft. – Regelmäßiger Kontakt mit AK besonders um 1930, Duzfreund ab etwa 1940. 1933 wurden acht Kubinsche Federzeichnungen in der Zeitschrift *Ackermann aus Böhmen* reproduziert (Jg. 1, H. 3/4) [R491]. Einige Briefe an AK aus den Jahren 1926–1942 finden sich in der Städtischen Galerie im Lenbachhaus, München, Kubin-Archiv. Zu den Arbeiten am *Stilzel* siehe etwa das Schreiben Ws vom 14.5.1928.

8 ***Holzschnittbuch:*** Nicht realisiert (→ 184 AK, Holzschnittbuch).

212 AK

1 Zur Illustration: Perspektive und Körperhaltung erinnern an die Schlussillustration zum *Perserprinzen* (→ 200 AK) [A58/696; A187/1884].

2 ***»das Leben«:*** Bezug unklar. Möglicherweise Zusammenhang mit den Schwierigkeiten bezüglich einer Veröffentlichung im Lauser-Verlag (→ 207 AK).

213 AK

1 Aufgeklebt ist ein Zeitungsausschnitt mit einer Veranstaltungsankündigung: »Ein Piperball« (Quelle nicht angegeben). Bezug unklar.

2 ***P. Kalender:*** *Pipers Kunstkalender 1929*. 53 Blätter. München: Piper 1929. – Die Kalenderserie wurde im Verlagsprogramm 1929 erstmals vorgestellt und mit einer Unterbrechung bis ins Jahr 1962 fortgeführt. (→ *Piper* 90, S. 129.)

3 ***Ali der Schimmelhengst:*** Kubin, Alfred: *Ali, Der Schimmelhengst. Schicksale eines Tatarenpferdes in zwölf Blättern*. Wien: 13. Druck der Johannes-Presse 1932. Einmalige Auflage von 83 nummerierten Exemplaren (→ *AmW*, S. 158–161) [R451; A113]. Teilabdruck 1973 [B22].

214 AK

1 ***Donauer-Geschenk:*** Kubin, Alfred: *Ein Donauer-Geschenk*. In: Münchner Neueste Nachrichten, 13.1.1929. Mit fünf Illustrationen. Abdrucke u.a. in: Rheinisch-Westfälische Zeitung, 27.4.1930; Hamburger Nachrichten, 3.8.1930 (→ *AmL*, S. 151–157) [R384; A115]. Abdruck 1939 mit neu gezeichneten Illustrationen [R577; A187] und 1974 [B24].
2 ***wieder eine (unheimliche) Geschichte:*** Gemeint ist AKs Text *Der Schrei aus dem Dunkel*, dessen Entstehung im Januar 1929 sich anhand der Tagebücher gut nachvollziehen lässt. (→ *Geyer*, S. 212.) Auch gegenüber Kurt Otte erwähnt AK, dass er den Text gemeinsam mit fünf Illustrationen beim *Uhu* eingereicht habe, er erscheint aber schließlich in den *Münchner Neuesten Nachrichten* vom 21.4.1929. Abdrucke u.a. in: Neue Badische Landeszeitung, 5.11.1929; Der Schwabenspiegel, 26.11.1929; Jahrbuch *März* 1937; Wiener Neueste Nachrichten, 11.4.1937 (→ *AmW*, S. 151–157) [R385; A116]. Abdruck 1939 mit neu gezeichneten Illustrationen [R577; A187] und 1973 [B22].
3 ***»lachenden Gott«:*** Brehm, Bruno: *Der lachende Gott*. München: Piper 1928.

215 AK

1 ***Einkehr:*** Wöchentliche, teils unregelmäßig erscheinende Unterhaltungsbeilage der *Münchner Neuesten Nachrichten* in den Jahren 1920 bis 1935. – Zu dem angesprochenen Kubinschen Beitrag → 214 AK.
2 ***»Besuch in Leitmeritz«:*** → 198 AK
3 ***Herausgeber Architekt Otto Kletzl:*** Otto Kletzl (20.6.1897 Böhmisch Leipa – 1.2.1945 Posen, in Gefangenschaft); Architekt und Kunsthistoriker, Vetter AKs. – Studium der Architektur in Prag, später Kunstgeschichte in Leipzig, München und Prag. Von Jugend an in heimatlichen Verbindungen tätig, Gründer des *Böhmerland-Jahrbuchs* (1920–1924) bzw. des *Sudetendeutschen Jahrbuchs* (1925–1937), 1928–1931 mit Johannes Stauda und Josef Mühlberger Herausgeber der antinationalistischen Kulturzeitschrift *Witiko* in Eger, gleichzeitig Geschäftsführer der Prager Sezession. Vor der Hinwendung zu rein wissenschaftlicher Tätigkeit 1933 wichtiger Publizist zur deutschen Kunst in Böhmen und Mähren. – K verfasste zahlreiche Abhandlungen über seinen Vetter [R445/*729*, *654*, *658*, *659*, *718*, *723*, *748*, *758*] dieser wiederum veröffentlichte eifrig in oben genannten Zeitschriften und hatte allein zwischen 1928 und 1932 sechs Ausstellungen in Prag, drei davon mit der Prager Sezession [M1929/21, 1930/19, 1932/25]. Zu Ks Verhältnissen während des NS-Regimes → 315 RP und folgende.
4 ***etwas unheimliche Geschichte:*** *Der Schrei aus dem Dunkel* (→ 214 AK).
5 ***Dr. W. Behrend:*** Walter Behrend (10.7.1885 Rostock – 1953); deutscher Journalist und Kritiker. Studium der Staatswissenschaft, Philosophie und neueren Sprachen in Berlin, Rostock und Leipzig. Anstellungen bei verschiedenen Zeitschriften, von 1924–1933 leitender Feuilletonredakteur der *Münchner Neuesten Nachrichten*.
6 ***den 4 neuen:*** »Übrigens der ›Stilzel‹ wird nun doch noch mit 10 statt 6 Blättern gemacht, die restlichen 4 auf Kosten einer böhmischen Vereinigung und zu Watzliks Geburtstag soll ihm das Ding überreicht werden. Ich bin sehr froh, daß es nicht der Torso von 6 Blättern wird.« (Zit. *DwR*, S. 83.)

216 AK

1 ***Vignettenwerk für eine kleine Geschichte:*** Bezug unklar. Im Kontext der Illustrationen um 1930 entsprechen am ehesten AKs Arbeiten zu Paul Madsack (→ 223 AK, pseudodämonische Dichtwerke) der Bezeichnung »Vignetten«.

217 RP

1 ***seit einiger Zeit:*** Nachträgliche hs Anmerkung RPs mit Bleistift unterhalb der Datumsangabe: »von Dr. Bargehr in der Sonnenstraße«. – Dr. Paul Bargehr (18.3.1889 Thüringen/Vorarlberg – 31.12.1951 Gallspach); Arzt. Nach dem Krieg mit dem Brenner-Kreis in Kontakt. 1921–1928 Lepraarzt auf Java (erfand eine Salbe zur Behandlung). Ludwig von Ficker versorgte ihn dort mit dem *Brenner* und den Publikationen des Verlags. Nach Rückkehr in Gallspach (s.u.) 1929 Eröffnung einer eigenen Zeileis-Praxis in München (mit Paula Schlier als Assistentin), die er jedoch trotz großen Patientenandrangs bereits 1930 aus wirtschaftlichen Gründen wieder schließen musste. Ging daraufhin wieder nach Gallspach. (→ *Briefwechsel Ludwig Ficker*, Bd. 2, S. 541 sowie Bd. 3, S. 369 u. 398).

2 ***a la Gallspach:*** Gemeint ist die von dem Metalldrücker, Versicherungsagenten und Strahlentherapeuten ohne schulmedizinische Ausbildung Valentin Zeileis (7.10.1873 Wachenroth bei Höchstädt – 15.7.1939 Gallspach) entwickelte Hochfrequenztherapie (Hautreiztherapie), bei der man mittels kurzandauernder Hochfrequenzimpulse dem Körper Energie zuführt, um dessen Selbstheilungskräfte zu aktivieren. Durchblutung und Sauerstoffaufnahme sollen erhöht, Zellstoffwechsel und Zellregeneration angeregt werden. 1912 erwarb Z das Schloss Gallspach in Oberösterreich, um seine Behandlungen durchzuführen. Trotz teils starker Anfeindungen seitens der Schulmedizin wurde die Methode populär und mehrere Umbauten am Schloss notwendig. 1924 trat sein Sohn, der studierte Mediziner Dr. Fritz G. Zeileis, ins Unternehmen ein, 1929 wurde ein eigenes Behandlungsgebäude errichtet. Z verstarb 1939; das Gesundheitszentrum wird von seinen Nachkommen mit erweiterter Methodenpalette bis heute weitergeführt. – Auch AK ließ sich den Zauber dieser neuer Behandlungsmethode nicht entgehen (→ 228 AK). Am 27.4.1930 schreibt er an Familie Koeppel: »dann waren wir mit Kapsreiters Auto in Gallspach bei dem Zauberer Zeileis, der alles menschliche Elend der Welt magnetisch anzieht. – Ein amerikanischer Rummelplatz mit Tausenden halb und ganz Unheilbaren – so erschien es mir. Aber auf der Landstraße an diesem Tage stießen wir auf einen Bärenführer, dessen zahmer Bär tanzte und Capriolen machte.« (Zit. *DwR*, S. 91.) Zur Beziehung AK-Zeileis → etwa *FHO*, S. 452 (Anmerkung: Die Mama Luckeneder). – Im *Simplicissimus* (Jg. 35, H. 20) [R415] veröffentlichte AK 1930 seine Zeichnung *Erinnerung an Gallspach* (eine Variante ist im Besitz des OÖLMs: Ha II 3455, »um 1925«), *Raabe* zeigt ein Gedenkblatt für Rolf von Hoerschelmann *Erinnerungen an eine Fahrt nach Gallspach* (→ *Raabe*, vor S. 153) – dort ist auch der oben beschriebene Bären-Vorfall dokumentiert.

3 ***Paula Schlier:*** Paula Schlier (12.3.1899 Neuburg/Donau – 28.5.1877 Bad Heilbrunn); Verlagssekretärin, Journalistin, Arzthelferin, Schriftstellerin. Ausbildung beschränkte sich auf den Besuch einer Höheren Töchterschule, was S zeitlebens als Mangel empfand. Im 1. Weltkrieg drei Jahre lang Hilfsschwester, ab 1921 Journalistin und Sekretärin in München. 1926–1954 Mitarbeiterin der von Ludwig von Ficker (1880–1967) herausgegebenen Zeitschrift *Der Brenner* in Innsbruck, ab 1926 als Arzthelferin in München (Praxis Dr. Bargehr, s.o.), später in Garmisch. 1932 zum Katholizismus konvertiert. 1942–1945 in Gestapo-Haft. 1945, nach Monaten des Versteckens in Innsbruck und Hall, wieder Arzthelferin in Garmisch-Partenkirchen. Entfremdung vom *Brenner*, Arbeiten an der Autobiographie, späte Eheschließung und Verarmung im Alter. – 1929 begegnete S in München dem Neurologen Wilhelm Weindler (1887–1969), der wie sie in der Ordination von Dr. Paul Bargehr (s.o.) arbeitete und dort die »Zeileis-Methode« (s.o.) kennenlernte. 1930 eröffnete Weindler mit S als Assistentin eine Filiale der Zeileispraxis von Bargehr in Garmisch-Partenkirchen, 1933 wurde ein eigenes Kurheim errichtet. – Weitere Kontakte mit AK oder RP nicht nachweisbar. – Weiteres zu S → Schneider, Ursula: *Paula Schlier, Ludwig Ficker und das*

»weibliche Ingenium«. Zu einer Präsentationsform des Weiblichen und seinen Voraussetzungen. Diss. Innsbruck 1994, besonders S. 113–120.

4 ***Choronoz:*** Schlier, Paula: *Chorónoz. Ein Buch der Wirklichkeit in Träumen.* München: Kurt Wolff 1928.

5 ***Kurt Wolff:*** Kurt Wolff (3.3.1887 Bonn – 21.10.1963 Ludwigsburg); Verleger. Studium der Germanistik in Marburg, München, Bonn und Leipzig. Ab 1908 Teilhaber des Verlags Ernst Rowohlt, Übernahme 1913, Umgestaltung in den Kurt Wolff Verlag mit Sitz in München. Bedeutsamer Förderer des Expressionismus (Reihe *Der jüngste Tag*), Franz Kafkas, Heinrich Manns, Georg Trakls etc. 1930 Unternehmensauflösung nach wirtschaftlichen Schwierigkeiten. Emigration 1933; erst Italien und Frankreich, 1941 in die USA, 1942 Gründung des Verlags Pantheon Book, Inc. in New York. – Bei Kurt Wolff erschienen in Zusammenarbeit mit AK u.a. Mynonas *Der Schöpfer* (→ 90 AK, Novelle S. Friedländers) und die Mappe *Wilde Tiere* (→ 77 AK, Raubtieren).

6 ***»Sommer«:*** Bruegel d.Ä.: *Sommer.* München: Piper 1930 (65. Piper-Druck).

7 ***Ruhe auf der Flucht ... Baldung ... Männerbildnis:*** Ersteres wurde veröffentlicht als: Baldung Grien: *Heilige Familie.* München: Piper 1930 (80. Piper-Druck); letzteres kam (wie auch der angesprochene Seghers) nicht mehr zustande. Das Unternehmen *Piperdrucke* (→ 166 RP, Herbstlandschaft) wurde 1932 vom Verlag R. Piper & Co abgetrennt und dem ausscheidenden Teilhaber Alfred Eisenlohr als Abfindung überlassen. Noch lange existierten die *Piperdrucke* in München als Spezialverlag für Reproduktionen. (→ *Piper 90*, S. 112–114.)

218 AK

1 ***Zeileis:*** → 217 RP, a la Gallspach

2 ***»Tschandala«:*** AK entschloss sich schließlich ohne fixe Verlagszusagen, die Illustration in Angriff zu nehmen. Die schwierige Suche nach einer Möglichkeit zur Veröffentlichung beschäftigte ihn jahrelang (→ 220, 221, 225 AK). – Strindberg, August: *Tschandala.* Mit 33 Illustrationen von Alfred Kubin. Wien: Verlag der Johannes-Presse 1937. Einmalige Auflage von neunzig nummerierten Exemplaren [R559; A119].

3 ***meine arme Frau ... Sonnenkur:*** Am 22.6.1929 schreibt AK an Koeppels: »Aber ab 3. Juli bin ich dann für 3 Wochen gänzlich Einsiedler: Hedwig ist von ihrem Schwager für diese Zeit nach Madonna die Campiglio eingeladen.« (Zit. *DwR*, S. 89.)

4 ***Madonna di Campiglio:*** Deutsch: Sankt Maria im Pein; italienische Ortschaft im Trentino auf 1550 Meter Seehöhe, rund dreißig Kilometer nordwestlich von Trient. Schon in der zweiten Hälfte des 19. Jahrhunderts populärer Kurort österreichischer und mitteleuropäischer Adels- und Bürgerfamilien, heute beliebtes Skigebiet.

5 ***Besprechung ... Bibelbilder ... Eckart von Sydow:*** In der Städtischen Galerie im Lenbachhaus, München, Kubin-Archiv, findet sich aus dem Jahr 1929 nur eine einzige Rezension des Kunsthistorikers, Publizisten und Übersetzers Eckart von Sydow (5.9.1885 Dobberpfuhl/Neumark – 1942 Berlin), der AK bereits in seinem 1921er Werk *Die Kultur der Dekadenz* [R622] bedacht hatte: Anlass der Rezension in *Die Kunstauktion* (Jg. 3, H. 18) war die Ausstellung *Alfred Kubin* in der Berliner Galerie Wertheim [M1929/7]; über die *20 Bilder zur Bibel* äußert sich S wie folgt: »Wie sehr sich aber sein Formvermögen gesteigert hat, zeigt gerade die gegenwärtige Ausstellung bei Wertheim [...]. Weit überraschender ist der andere, religiöse Zyklus. Die Kraft des Ausdrucks und seiner formalen Gestaltung ist gleich groß. Was man sonst selten vereinigt findet, steht hier verbunden vor uns: impulsive Expressionistik und geprägte Form. Vielleicht kann man einwenden, dass die Blätter nicht ganz gleichwertig erscheinen – manches, wie der Barmherzige Samariter, Auferweckung des Toten, Verleugnung Christi durch Petrus, prägen sich tief ein, andere sind von geringerer

Schlagkraft. Aber als Ganzes ist diese Reihe von Blättern ein stolzes Zeichen der Kraft Kubins und der fortwirkenden Produktivität der deutschen Expressionistik.«

6 ***kl. Zeichnung:*** Nicht erhalten.

219 RP

1 ***Ausstellung … Berlin:*** → 218 AK, Besprechung …

2 ***Strindbergstudie:*** Esswein, Hermann: *August Strindberg. Ein psychologischer Versuch*. München: Piper 1907.

3 ***reizende Zeichnung:*** Nicht erhalten.

4 ***Bauer von van Gogh:*** Vincent van Gogh: *Bauerngarten*. München: Piper 1930 (84. Piper-Druck).

220 AK

1 Zur Illustration: Die Briefzeichnung variiert das Blatt *Schwüler Tag* (Ha II 3494, »um 1930«).

2 ***Tschandala:*** Zum Fortschritt der Verlagspläne → 221, 225 AK.

3 ***Schanderl:*** Josef Schanderl (13.6.1874 München – 1959); Justizrat und Schriftsteller. Nähere Lebensumstände nicht ermittelt. Gedichtbände *Wurzeln* (1900), *Erdreich* (1905), *Stamm* (1911), *Hohe weite Welt* (1920), *Krone* (1922) *Mitten im All*; daneben Erzählungen und Dramatisches. – In der Städtischen Galerie im Lenbachhaus, München, Kubin-Archiv, findet sich ein Brief an AK vom 14.7.1929, in dem S die Übersendung einer Sammlung *Ungeschminkte Geschichten* (keine Veröffentlichung unter diesem Titel bekannt) und einen Besuch in Zwickledt ankündigt; mit RP und R. Freund habe er schon besprochen, AK nach Illustrationen für das neue Werk zu fragen. Er erwähnt das (tatsächlich erfolgte) Erscheinen seines Lyrikbandes *Mitten im All* bei Piper 1929; alles Weitere solle im persönlichen Gespräch geklärt werden. Eine Zusammenarbeit kam schließlich nicht zustande. Zur Beziehung mit AK siehe → die folgenden Briefe.

221 AK

1 Zur Illustration: Die Darstellung wurde als fünfte Illustration für *Kubin über sich selbst* (Vorwort zum Band *Abendrot*, 1952) verwendet und trägt dort die Bildunterschrift: »Kubin zwischen Nietzsche und Schopenhauer« (S.XI).

2 ***Jubiläumsalmanach:*** *Almanach zum 25. Jahr des Verlags 1904–1929*. München: Piper 1929.

3 ***Maurois … Lebensgeschichte Shelleys:*** Maurois, André: *Ariel oder das Leben Shelleys. Leipzig: Insel 1928*. – In AKs Bibliothek nicht verzeichnet. – André Maurois, eigentl. Émile Herzog (26.7.1885 Elbeuf – 9.10.1967 Neuilly-sur-Seine); französischer Schriftsteller, Literaturwissenschaftler und Historiker elsässischer Herkunft. Abgebrochenes geisteswissenschaftliches Studium, danach zehn Jahre Leiter der väterlichen Textilfabrik. Im 1. Weltkrieg Übersetzer. Begründer der französischen »biographie romancée«, einer Romanform, die auf Basis von Dokumenten das Leben großer Persönlichkeiten schildert. – In den 1930er Jahren wurde AK ein eifriger Leser der Werke Ms. Obwohl es nie zu Illustrationen kam, blieb M ein wichtiges Thema in der Korrespondenz der nächsten Jahre. Ms humoristisch-sarkastische Prosastücke über britische und französische Lebensart im 1. Weltkrieg lehnte AK ab (→ 222 AK).

4 ***Urlaub … Taunusort:*** Genaueres nicht ermittelt.

5 ***Flörke:*** Hanns Floerke (25.3.1875 Weimar – 1944); Kunst- und Literaturhistoriker, Übersetzer, Schriftsteller und Lektor. Studium der Rechte sowie Nationalökonomie, Germanistik und Philosophie in Rostock, München und Basel, ab 1907 literarischer

Berater des Georg Müller Verlags, 1919 Eintritt in den Verlags-Verband Albert Langen/Georg Müller als Lektor, Redakteur und Herausgeber verschiedener Serienwerke, 1926 Prokurist, 1927 Direktor.

6 ***Federminiatur:*** Im angesprochenen Jubiläums-Almanach (s.o.) ist nach S. 96 eine Reproduktion von *Der Evangelist Matthäus* aus dem *Weltenburger Evangeliar* abgebildet. Wilhelm Worringer leitet seinen Aufsatz *Ein Beitrag zur Geschichte des Sehens* (S. 96–101) mit Betrachtungen zu diesem Bild ein: »Der Laie steht einer verblüffenden Tatsache gegenüber: Im neunten Jahrhundert gab es schon deutsche Künstler, die die Feder in völlig impressionistischer Manier über das Papier gleiten ließen...«

7 ***Burschui:*** Pejorative Bezeichnung für vermeintliche Klassenfeinde im nachrevolutionären Russland.

8 ***Bibeloriginale... austellen:*** Die Bibel-Bilder waren in den folgenden Jahren etwa in Frankfurt/Main [M1930/5], Zürich [M1930/15] und Stuttgart [1931/1] zu sehen.

9 ***unbekannter Dostojewski:*** AK war wohl im Jubiläums-Almanach auf *Der unbekannte Dostojewski* gestoßen (→ 176 AK, Beckkers Dostojewskibuch).

222 AK

1 Zur Illustration: Die Darstellung entspricht der vorletzten Bildbeigabe zu Paul Madsacks *Tamotua, die Stadt der Zukunft*. Roman. Mit sechsunddreißig Zeichnungen von Alfred Kubin. München: Georg Müller 1931 [R433; A131/1534].

2 ***Besprechung... aus der christlichen Kunst:*** Wohl der schon erwähnte Artikel von Georg Lill (→ 205 AK).

3 ***Byron... Maurois:*** Maurois, André: *Byron*. München: Piper 1930.

4 ***Schweigen des Oberst Bramble:*** Maurois, André: *Das Schweigen des Oberst Bramble*. München: Piper 1929.

5 ***Gespräche des Dr O'Grady:*** Maurois, André: *Die Gespräche des Doktors O'Grady*. München: Piper 1930.

6 ***W Huecks Philosophie:*** Hueck, Walter: *Die Welt als Polarität und Rhythmus*. München: Piper 1928. – In AKs Bibliothek nicht verzeichnet.

7 ***Folkwangmuseum... Ausstellung:*** Die Ausstellung *Der neue evanglische Kirchenbau* im Museum Folkwang, Essen, von 3.11. bis 1.12.1929. (→ Gabelmann, Andreas: *August Babbenberger 1885–1936. Leben und Werk*. Karlsruher Schriften zur Kunstgeschichte. Bd. 3. Münster, Hamburg, London: LIT Verlag 2002, S. 287.) – Bei *Meißner* nicht verzeichnet.

223 AK

1 Zur Illustration: Bei der Bildbeigabe handelt es sich um eine Version der Abschlussillustration für AKs *Mein erster Rausch* (s.u.).

2 ***Knabenstreichen... Rausch:*** Kubin, Alfred: *Mein erster Rausch*. Erzählt und mit Bildern geschmückt. In: Münchner Neueste Nachrichten, 21.4.1930. Abdrucke u.a. in: Volksstimme, Chemnitz, 14.10.1930 (→ *AmL*, S. 158–166) [R403; A126]. Abdruck 1939 mit neu gezeichneten Illustrationen [R577; A187] und 1974 [B24].

3 ***pseudodämonische Dichtwerke:*** Im Jahr 1930 erscheinen drei von AK illustrierte phantastische Werke weniger bekannter Autoren, die (bis auf zweiteren) auch seitens der Literaturwissenschaft ähnlich etikettiert wurden. – Madsack, Paul: *Die metaphysische Wachsfigur oder Auf Geisterfang mit Sir Arthur Conan Doyle*. Eine magische Groteske. Mit 32 Zeichnungen von Alfred Kubin. München: Georg Müller 1930 [R405; A122]. – Stoessl, Otto: *Der bedenkliche Kauf oder Der verlorene Kopf*. Mit drei ganzseitigen Illustrationen. Einmalige Ausgabe von 320 nummerierten und signierten Exemplaren. Privatdruck [R407; A124]. In der Novellensammlung *Menschendämmerung* (München: Langen 1929) ist besagter Text AK zugeeignet [R292]. – Zahn,

Hermann Wolfgang: *Das Wallmüllerhaus* (→ 72 AK, Dr. J. W. Zahn). – Ende August 1929 hatte sich AK auch bei Familie Koeppel beklagt: »ich bin ja auch soo müde und abgewetzt – diesen Sommer wieder diese ganze abstrakte, eigentlich unillustrierbare Geschichte mit Bildern versehen – das halte ich selbst noch für Kunst. – Der Dichter, ein vermöglicher Mann hat sich meine Hand gekauft«. (Zit. *DwR*, S. 90.) Der Herausgeber der Waldhäuser-Korrespondenz vermutet dahinter die fünf Lithographien zu Max Rodens *Magie* (→ *DwR*, S. 223), in Anbetracht des Umfangs der Madsack-Illustrationen (32 Zeichnungen) scheint es aber wohl eher dieser Text zu sein, der AK »diesen Sommer« beschäftigte, zumal es sich bei *Magie* (→ 211 AK) um Gedichte, nicht um »eine Geschichte« handelt.

4 ***Band Edgar Allan Poe ... vor 20 und 12 Jahren:*** Poe, Edgar Allan: *Die denkwürdigen Erlebnisse des Gordon Pym.* Mit dreißig Zeichnungen von Alfred Kubin. Berlin: Deutsche Buchgemeinschaft 1930 [R406; A123]. – Bereits 1918 hatte AK 16 Bildbeigaben für diesen Text bei Georg Müller gestaltet [R102; A36], der Verweis auf eine Version um 1910 ist unklar (möglicherweise ist hier – untypisch für AK – eine nicht zur Veröffentlichung bestimmte Beschäftigung mit Poes Pym gemeint). 1933 kommentiert der Künstler die bemerkenswerte Situation in seinem Aufsatz *Wie ich illustriere* – auch hier, ohne dabei auf eine noch frühere Fassung einzugehen: »Besondere Erlebnisse hatte ich durch die Erzählung ›Die Abenteuer des Gordon Pym‹ von E. A. Poe. Ich illustrierte diesen Band einst für Georg Müller in der Reihe meiner Poebände und 15 Jahre später abermals für die Deutsche Buchgemeinschaft in Berlin. Dabei erfüllte mich rätselhaft der vertraute Gefühlsklang von der Zeit, als ich das Buch zum erstenmal in mich aufnahm, ich wandelte gewissermaßen ein paar Wochen lang in meiner eigenen Vergangenheit, aber die aus der gleichen seelischen Einstellung entstandenen Bilder wurden doch ganz anders. Es war ein unbeschreibliches Gefühl.« (Zit. *AmW*, S. 73.)

5 ***Zigeunerkarten:*** → 203 AK, Aufschlage Karten

224 RP

1 ***Besuch bei Barlach:*** Das Manuskript *Bericht Reinhard Pipers über seinen Besuch bei Barlach in Güstrow vom 31. Oktober bis 1. November 1928* ist abgedruckt in Barlach, S. 454–470. (Ein zweiter Bericht über einen Besuch vom 23. bis 25. Juni 1934 findet sich ebd. auf S. 471–481). Beide Vorarbeiten wurden für das Barlach-Kapitel in RPs Autobiographie verwendet (→ Kapitel *Bei Barlach in Güstrow in MLaV*, S. 420–441).

2 ***meine Lebenserinnerungen:*** RP setzte diesen Plan schließlich in zwei Etappen in die Tat um. 1947 erschien *Vormittag. Erinnerungen eines Verlegers*, 1950 folgte der *Nachmittag* mit gleichem Untertitel, der – weniger konsistent als der erste Teil – aus großen einzelnen Kapiteln (meist überarbeitete Texte älteren Datums) besteht und nur noch schlaglichtartig Einblicke in Verlag und das Leben des Verlegers bietet. 1964 – zum 60. Jubiläum des Verlags – wurden beide Teile dann in dem Band *Mein Leben als Verleger* zusammengeführt und von Klaus Piper mit einem Geleitwort versehen.

3 ***Ausstellung in Köln:*** Die sehr umfangreiche Ausstellung des Kunstvereins, an deren Eröffnung AK persönlich teilnahm, war dem Künstler von Richard Seewald (→ 195 RP), Professor der Kölner Werkstattschulen, in Zusammenarbeit mit dem wichtigen Sammler und Leihgeber Regierungsrat Dr. Heinrich Stinnes (→ 58 AK, Dr. Hugo Stinnes) abgerungen worden (→ *Raabe*, S. 212) und entwickelte sich zu einem seiner größten Erfolge. Wegen des starken Andrangs musste sie zweimal verlängert werden, AK verkaufte mehr als 15 Arbeiten und musste zweimal ergänzen. Die Ausstellung wanderte schließlich weiter nach Hannover und Kassel [M1930/3/6/9].

4 ***Sommer von Bruegel:*** RP hatte den Druck zwar angekündigt (→ 217 RP), aber noch nicht geschickt.

5 ***Zwickl-Oed:*** Zur Etymologie des Ortsnamens → 27 AK.

225 AK

1 Zur Illustration: Bei *Raabe* sind zwei Versionen des *Ahasver* verzeichnet, die erste 1927 reproduziert in *Zeitwende* (→ 189 AK, 4 bisher unbekannte Arbeiten), die zweite im Band *Abendrot* (1952). Die Briefillustration entspricht in der Gestaltung (Köperhaltung, Hut) letzterer. – Der auf altpersische Wurzeln zurückgehende Name »Ahasver« bezeichnet im Tanach, in jüdischen Apokryphen und in christlichen Legenden verschiedene Personen. AK greift in seinen Darstellung eine Variation der Legende vom »ewigen Juden« auf, der Jesus eine Ruhepause auf seiner Türschwelle verwehrte und nun als Strafe bis zum Jüngsten Tag auf rastloser Wanderschaft ist. – Siehe dazu auch → das Blatt *Der ewige Jude* (Ha II 3756, »um 1932«) im Bestand des OÖLMs, sowie einen *Ahasver* von 1954 (Ha II 4282).
2 ***Flörke:*** Der Leiter des Georg Müller Verlags (→ 221 AK).
3 ***Emil Schering:*** Emil Schering (14.4.1873 Münden – 10.4.1951 Berlin); Übersetzer und Herausgeber der deutschen Gesamtausgabe der Werke von August Strindberg. Studium in Göttingen, Königsberg und Berlin. Seine Übersetzungen waren Ausgangspunkt für die weitere Strindberg-Rezeption in Europa.
4 ***preuss. Akademie:*** »Im Januar wird Kubin zum ordentlichen Mitglied der Preußischen Akademie der Künste in Berlin gewählt.« (Zit. *Hoberg*, S. 240.)
5 ***Gesellschaft für Kunst u. Wissenschaft der Tschechoslowakischen Republik:*** 1891 als *Gesellschaft zur Förderung deutscher Wissenschaft, Kunst und Literatur in Böhmen* gegründet, ab 1924 für das gesamte Gebiet der Tschechoslowakischen Republik zuständig. Ihr Zweck war die Förderung künstlerischer und wirtschaftlicher Entwicklung mit besonderem Schwerpunkt auf der deutschstämmigen Bevölkerung. Im April 1930 wurde AK offiziell korrespondierendes Mitglied. (→ *Meißner*, S. 78.)
6 ***der österr. Staatspreis:*** »Anlässlich der 18. Jahresausstellung der Innviertler Künstlergilde wird Kubin ein Staatspreis verliehen« [M1930/7].
7 ***»Zirkus des Lebens«:*** → 203 AK, Aufschlage Karten

226 RP

1 ***100 Barlach-Briefe:*** Zur Edition des Briefwechsels Barlach-Piper siehe das Verzeichnis verwendeter Literatur (→ *Barlach*).
2 ***der älteste Brief... 1906:*** Nicht erhalten.

227 AK

1 Zur Illustration: Die Briefzeichnung variiert das Blatt *Straßensänger* (Ha II 7589, »um 1920/23«).
2 ***reserviere ich mir... einen Abend:*** Wohl erst im Mai/Juni 1933 zustande gekommen (→ 251 AK).
3 ***Franke... Graf. Kabinett:*** Im Jahr 1930 hatte AK fünf Ausstellungen allein in München [M1930/13/14/18/20/21]. Die Rede ist hier von letztgenannter, *Der Zeichner Alfred Kubin*, im Graphischen Kabinett I.B. Neumann und Günther Franke vom 5.–27.11.1930. Zu dieser Ausstellung mit 250 Werken erschien ein einführender Katalog mit einem Wiederabdruck von AKs Aufsatz *Der Zeichner* von 1922. Die Eröffnungsansprache hielt Hans Carossa. Sie wurde in der Zeitschrift *Der Kunstwart* (Jg. 44, S. 149–153) [R584] abgedruckt. – Günther Franke (29.10.1900 Berlin – 5.10.1976 München); Kunsthändler. Weiteres zu seiner Person → 85 AK, Verleger Neumann.
4 ***drei unersetzliche Lücken:*** Die Rede ist von AKs Malerfreund Anton Faistauer, der am 30.2.1930 43-jährig in Wien verstarb, von dem Innviertler Bauern Kirigang, den AK bei Spaziergängen gern aufsuchte und der in der Widmungszeichnung zu Lauten-

sacks *Unpaar* (→ 157 AK, eine Arbeit…) dargestellt ist (→ *DwR*, S. 223) sowie von dem Passauer Kaufmann und AK-Sammler Karl Mayrhofer, gestorben am 1.4.1930 (→ 308 RP).

5 ***Klaus Piper… Verlagsplänen:*** Es wird hier die schwierige Ausbildungssituation in der Buchbranche angesprochen. Siehe auch → 240 RP.

6 ***Beckmann… nicht antraf:*** Zur Beziehung AK-B und persönlichen Treffen → 71 RP.

7 ***Eduard Reinacher:*** Reinacher, Eduard: *Die Hochzeit des Todes*. Stuttgart: Deutsche Verlagsanstalt 1921 [Inv.Nr. 3421]. – Eduard Reinacher (5.4.1892 Straßburg – 16.12.1968 Stuttgart-Bad Cannstatt); Dramaturg und Schriftsteller. Studium der Philosophie und Philologie in Straßburg, kriegsbedingter Abbruch. 1914–1916 Sanitäter, danach Journalist und Dramaturg in Köln, Aichelberg bei Esslingen etc., schließlich dauerhaft in Stuttgart. – Vermutlich angeregt durch die Lektüre von Rs *Todes Tanz. Eine Reihendichtung* (Stuttgart/Berlin: Deutsche Verlagsanstalt 1924) entstanden im Jahr 1938 die Blätter zu AKs *Ein neuer Totentanz* (→ 328 AK), die allerdings erst 1947 im Wiener Verlag veröffentlicht werden sollten [R644; A182]. Das Reinacher-Exemplar in der Zwickledter Bibliothek [Inv.Nr. 4667] weist zahlreiche im Text wie im Inhaltsverzeichnis von AK mit Bleistift angehakte Titel auf.

8 ***sein Schwager:*** Vermutlich sind die Angaben AKs ungenau. Die familiäre Situation verhält sich wie folgt: Eduard Reinacher war ab 1923 verheiratet mit der Keramikerin Dorkas Reinacher-Härlin (1885–1968), der jüngeren Schwester der Malerin Käte Schaller-Härlin (1877–1973), ihrerseits 1930 (zum Zeitpunkt, als AK den hier besprochenen Brief verfasste) bereits verwitwet, da ihr erster und einziger Ehemann (also theoretisch Reinachers Schwager), der Kunsthändler und Initiator der Kunsthandels in der Schallerschen Papierhandlung Hans Otto Schaller (12.12.1883 Stuttgart – 4.4.1917 Ypern), Heirat 1911, bereits 1917 im 1. Weltkrieg gefallen war. Aus dieser Ehe entstammte nur eine Tochter, Sibylle. Die Verbindung Schaller-Reinacher besteht also über Emmerich Härlin (evangelischer Pfarrer, Indienmissionar, Vater von Käte und Dorkas und Schwiegervater von E. Reinacher und H. O. Schaller) und weder über Hans Otto Schaller selbst, noch über dessen Vater Emil Schaller, Sohn des Ludwig Schaller (1860 Gründer des Geschäfts in der Marienstraße in Stuttgart). – Um 1930 wurde das Unternehmen von Walter Zluhan übernommen (ab 1925 Prokurist, ab 1937 Kommanditist), einem Schwiegersohn von Emil Schaller (somit Schwager von Hans Otto Schaller und in einem komplexen Verwandtschaftsverhältnis zu Reinacher) – wohl der hier von AK angesprochene »Schwager«. (→ Heuss, Theodor: *Hans Otto Schaller. Ein Gedenkblatt*. Stuttgart, Tübingen: Rainer Wunderlich Verlag Hermann Leins 1947.) – AK stellte wiederholt im Stuttgarter Kunsthaus Schaller aus, so etwa im Sommer 1932 [1932/14]; → aber auch [M1928/2] und [M1938/7].

9 ***Dostojewskibände… Neujahrsnächte:*** Gemeint sind die von RP gesandten Freiexemplare zum *Doppelgänger* und zur *Neujahrsnacht*.

228 AK

1 ***mein erster Rausch:*** → 223 AK

2 ***ein Brasilianer:*** Oswald(o) Goeldi (31.10.1895 Rio de Janeiro – Februar 1961 ebd.); schweizerisch-brasilianischer Zeichner und Graphiker. Hauptvertreter der modernen brasilianischen Zeichenkunst, von AK beeinflusst (Kontakt ab 1926), etablierte den neueren brasilianischen Holzschnitt. Zahlreiche illustrative Arbeiten, schließlich Professor an der Akademie in Rio de Janeiro. – 1930 ist eine Graphikausstellung Gs im Berner Salon *Gutekunst & Klipstein* dokumentiert. – Im Jahr 1926 wandte sich G zum ersten Mal brieflich an AK: »Lieber Herr Kubin, möchten Sie die Güte haben und mein zeichnerisches Material durchsehen. Vielleicht können Sie mich dem Piper-Verlag oder sonst einem größeren Kunstverlag empfehlen. – Das Zeichnen ist mir zu einer organischen Funktion meines Ichs geworden, ohne welches mein Gleichgewicht

arg gestört wird, – wenn ich weiteren Kreisen bekannt würde, könnte ich mich vielleicht völlig dem Zeichnen widmen ... Ihr starker Einfluß auf mich ist ohne weiteres feststellbar – das Vorbild das ich in Ihrem starken Künstlertum hatte, hat mich auf gute Bahnen geleitet. Von meiner Dankbarkeit Ihnen gegenüber sei hier die Rede; Sie haben den jüngeren Graphiker-Generationen viele neue Wege eröffnet. In einer kritischen Lebenswende waren Sie mir Weg und Steg. Ich hoffe sehr, – und rechne es mir als hohes Glück an – Sie später persönlich aufsuchen zu können.« (Zit. nach: *Künstlerbeziehungen*, S. 138.) – Eine Erwähnung des G'schen Besuchs bei AK findet sich in einem Brief an Ernst Jünger vom 22.9.1937: »Hätte ich's vorher gewußt daß Sie nach Rio Janeiro kommen so hätte ich Ihnen von einem so sympathischen wie abenteuerlichen Collegen geschrieben der dort als Sohn eines um Brasilien als Naturforscher verdienten Schweizer Gelehrten geboren ist – er richtete Museen aber auch die bekannte ›Schlangenfarm‹ in Sao Paulo ein – Herr Oswald Goeldi; – Er hatte mich in starker Beziehung zu meiner Kunst vor sechs Jahren hier besucht und wir schrieben uns dann öfter und in der Tat kann man Goeldi einen merkwürdigen Künstler nennen, der seine Suggestionen von meinem Werk auch mit den Tropen verbindet und Interessantes schon schuf – Er hätte Ihnen sicher manches was Reisenden sonst schwer zugänglich, drüben zeigen können – schade!« (Zit. *Jünger*, S. 45.) – Im Linzer Bestand der Kubinschen Graphiksammlung finden sich sieben Zeichnungen und 39 druckgraphische Werke Gs (→ *Heinzl 1970*, S. 222).

3 ***Hausvogt:*** Ernst Fuchsig (14.9.1872 Troppau – 24.12.1955); Primar des Krankenhauses Schärding von 1903–1946. – AK an Koeppels am 27.5.1930: »Eine Tour mit Dr. Fuchsig auf dessen Jagdhütte im Lungau über Tamsweg brachte mir starke Anregungen.« (Zit. *DwR*, S. 92.) AK schöpfte aus dieser Reise einige Bildideen (→ *DwR*, S. 93). – Zu einer gemeinsamen Ausflugsfahrt mit F in den Bayerischen Wald im Jahr 1924 → *DwR*, S. 30–32.

4 ***November ... München ... Ausstellung ... Carossa:*** → 227 AK, Franke ...

5 ***Gallspach ... Blatt:*** → 217 RP

6 ***Pf. Anton Faistauer:*** Anton Faistauer (14.2.1887 St. Martin bei Lofer – 13.2.1930 Wien); Maler und Graphiker. Malerschule Scheffer (Wien), dann Studium an der Wiener Akademie der bildenden Künste. Austritt 1909 und Gründung der *Neukunstgruppe* mit Schiele, Wiegele und Gütersloh. 1919 Rückkehr nach Salzburg, Mitbegründer der Künstlervereinigung *Wassermann*. Ab 1926 wieder in Wien. Verleihung des Professorentitels am 13.12.1926. Während der 1920er erfolgreicher Vertreter moderner österreichischer Kunst in der Tradition Cézannes; bedeutsamer Freskenmaler (Kleines Festspielhaus Salzburg, 1926). – Die freundschaftliche Beziehung mit AK dokumentiert sich z.B. auf den Seiten 39–42 von Fs 1923 erschienenem Buch *Neue Malerei in Österreich. Betrachtungen eines Malers* (Zürich: Amalthea) [R647], 1927 war F an dem Jubiläumsband *Für Alfred Kubin. Eine Widmung österreichischer Dichter und Künstler zu seinem 50. Geburtstag* beteiligt [R290]. – »Mehrere Gemälde des Salzburgers Anton Faistauer zierten die privaten Wohnräume Kubins.« (Zit. Baumgartner, Sieglinde: *Alfred Kubin und sein künstlerisches Umfeld im Innviertel.* In: Assmann, Peter (Hrsg.): *Alfred Kubin (1877–1959).* Linz: Oberösterreichische Landesgalerie, Residenz Verlag 1995, S. 221.) – In der Kubinschen Graphiksammlung in der Albertina finden sich neun Zeichnungen Fs, in Linz eine druckgraphische Arbeit. (→ *Heinzl 1970*, S. 221–222.) – Der Katalog der Wiener Gedächtnisausstellung vom 16.9. bis 16.10.1930 ist in AKs Bibliotheksbestand verzeichnet [Inv.Nr. 213].

229 RP

1 ***meine Compagnons:*** Im Sommer 1930 waren das Robert Freund (→ 196 RP) und Alfred Eisenlohr (→ 12 RP).

2 ***Pystian:*** Auch: Pistian. Bereits zu Zeiten der Habsburgermonarchie beliebtes Rheuma-Heilbad im Westen der heutigen Slowakei, in dem es im Jahr 1922 mit der Begegnung Aljechin gegen Bogoljubow zur historischen Vorlage für das Remis zwischen Mirko Czentovic und Dr. B. in Stefan Zweigs *Schachnovelle* (1942) gekommen war.

3 ***Gastein:*** Österreichischer Kurort im Süden des Bundeslandes Salzburg mit modernem Badewesen seit Ende des 18. Jahrhunderts. Besonders der Förderung durch Erzherzog Johann und Kuraufenthalten von Wilhelm I. und Otto von Bismarck schuldete der Ort seinen Ruf als mondänes Weltbad. – RP bereiste es schließlich im Jahr 1940 (→ 364 RP).

4 ***Baden bei Zürich:*** Bezirkshauptort im Kanton Aargau mit Kurbetrieb seit dem Spätmittelalter; im frühen 20. Jahrhundert bereits mit dem Ruf des Altmodischen behaftet.

5 ***Peking:*** Der Brief bzw. das persönliche Gespräch, auf das sich RP hier bezieht, konnte nicht ermittelt werden, das Thema (besonders die Chinesische Mauer) wird in der Korrespondenz von nun an aber immer wieder angesprochen – oft als Utopie von Weltoffenheit und Weite in der engen Welt des »Dritten Reiches«, oft als verheißungsvoll-exotische, fast jenseitige Ferne in den Altersjahren.

6 ***Panait Istrati:*** Panait Istrati (22.8.1884, Brăila – 16.4.1935 Bukarest); französischsprachiger Schriftsteller rumänischer Herkunft. Etwa zwanzig Jahre unstetes Wanderleben im Nahen Osten und den Mittelmeerländern, weltweiter Ruhm als Schützling Romain Rollands erst Mitte der 1920er Jahre mit seinen Romanen *Kyra Kyralina*, *Onkel Anghel* und *Die Heiducken*. – Die drei 1930 bei Piper auf Deutsch erschienen Bücher *Auf falscher Bahn. 16 Monate in Russland*, *Russland nackt* und *So geht es nicht! Die Sowjets von heute* waren Resultat einer ausgedehnten Russland-Reise Is, brachen mit der bis dato positiv geprägten Sowjet-Interpretation europäischer Intellektueller und führten zum Zerwürfnis zwischen I und Rolland.

7 ***Herr Kokolsky ... auch bei Ihnen war:*** Bernhard Kokolsky; Lebensdaten nicht ermittelt. In der Städtischen Galerie im Lenbachhaus, München, Kubin-Archiv, finden sich einige Briefe aus dem Jahr 1929. K war damals in Kalksburg bei Wien, Klause 23, wohnhaft. Am 7.3.1929 berichtet er, dass er AK schon vor Jahren ein Manuskript mit dem Titel *Kain* gesendet habe und verweist auf eine damals positive Kritik aus Zwickledt. Weiters sendet er einige Gedichte, für die sich noch kein Verlag gefunden habe und um deren Bewertung er AK bittet, stellt K das Verfassen eines Vortrages/Essays in Aussicht und kündigt einen Besuch in Zwickledt an. Ein Dankesbrief vom 13.5.1929 bestätigt das Zustandekommen des Besuchs, auch das Kubinsche Bibel-Werk wird lobend erwähnt. Am 27.6.1929 spricht K seine Korrespondenz mit RP an, er arbeite außerdem an einem neuen Roman; ein älterer, bereits publizierter Artikel zu Brueghel (ohne Angabe des Periodikums) ist beigelegt. – Am 29.05.1929 schreibt K an RP: »[Dieses] Bibelwerk wird Kubin und Ihnen als seinem Verleger noch Ruhm eintragen, weil es eine Epochenerscheinung ist. Es macht Epoche und ist Epoche. Es hat die Wesenheiten der Schrift nicht vom Erlösungsstandpunkte sondern vom physiologisch psychologischen Standpunkt erfasst, aber in einer Form, die zur gleichen Zeit in höhere Sphären weist. Vom Bauchgrimmen zum Geistgrimmen, aber das Grimmen nie verlassend. Menschen müssen das Buch sehen, die aus der Lauheit zum Glühen gelangen wollen.« (Zit. ÖLA 77/B8/2.)

8 ***Ordinarius:*** Nachträgliche hs Anmerkung RPs mit Bleistift: »Friedrich Haack«. – Friedrich Haack (5.10.1868 Berlin – 28.1.1935 Erlangen); Kunsthistoriker. Studium in Freiburg/Breisgau, Berlin und München, 1900 Privatdozent an der Universität Erlangen, 1914 außerplanmäßige Professur, 1921 Konservator der Galerie des Seminars, ab Dezember 1930 außerordentlicher Professor. Erst 1934 wird Alfred Stange (1894–1968) zum ersten Ordinarius für Kunstgeschichte in Erlangen ernannt; RPs Titulierung ist somit ungenau.

9 ***Berliner Professor ... Katalog:*** Wohl Bock, Elfried: *Die Zeichnungen in der Universi-*

tätsbibliothek Erlangen. Beschreibendes Verzeichnis sämtlicher Zeichnungen. Frankfurt/Main: Prestel 1929. – Weiteres zur Person Bs → 379 AK.

230 AK

1 Zur ersten Illustration: Das Bild wurde als siebte Illustration für *Kubin über sich selbst* (Vorwort zum Band *Abendrot*, 1952) verwendet und trägt dort die Bildunterschrift: »Kubins Arche« (S.XVII). Es variiert die Federlithographie *Arche Zwickledt* (1937) [R551; Hb 141 → dort auch weitere Vergleichswerke].
2 ***Tristan und Isolde:*** Der Band sollte erst fünf Jahre später erscheinen. – Freiberg, Heinrich von: *Tristan und Isolde. Ein Liebesroman des 13. Jahrhunderts.* Texte von Alois Berndt. Steinzeichnungen von Alfred Kubin. Reichenberg: Stiepel 1935 (Böhmerlanddrucke. Bd. 4). Einmalige Auflage in 600 nummerierten Exemplaren [R526; A128].
3 ***Sammlung brahmanischer Weisheitssprüche:*** Zimmer, Heinrich: *Anbetung mir. Indische Offenbarungsworte.* Aus dem Sanskrit ins Deutsche gebracht. München: Oldenbourg 1929.
4 ***Prof. Heinr. Zimmer ... besuchte:*** Heinrich Zimmer (12.12.1890 Greifswald – 20.3. 1943 New York); Indologe. Studium in München und Berlin, habilitiert 1920, bis 1939 Professor für Indologie in Heidelberg, nationalsozialistische Repressalien, dann in Oxford und an der Columbia University New York. Am 14.6.1928 Heirat mit Christiane v. Hofmannsthal (1902–1987). Freund C.G. Jungs. – AK berichtet Familie Koeppel von einem Besuch Zs im Oktober 1929. (→ *DwR*, S. 90).
5 ***eine kurze Böhmenfahrt im Auto von Freunden:*** AK erwähnt besagte Ausfahrt nach Krumau mit Kapsreiters auch gegenüber Familie Koeppel. (→ *DwR*, S. 92.)
6 ***Baron Freyberg:*** Conrad Freiherr von Freyberg-Eisenberg-Allmendingen (1877–1939); Lebensumstände nicht ermittelt.
7 ***meiner Frau beste Freundin ... Nichte Hindenburgs:*** Martha von Freyberg-Eisenberg-Allmendingen, geb. von Sperling-Manstein; Lebensdaten nicht ermittelt. Die Verwandtschaft zu Hindenburg bestand über dessen Frau Gertrud von Hindenburg (1860–1921), Tochter des preußischen Generalmajors Oskar von Sperling (1814–1872). – In der Städtischen Galerie im Lenbachhaus, München, Kubin-Archiv, finden sich sieben Briefe Fs an HK aus den Jahren 1918–1934, die gegenseitige Besuche bezeugen, sowie zwei Schreiben an AK aus den Jahren 1937–1940. Frühe Briefe sind mit »Fazenda do Salto« adressiert, spätere wurden aus Allmendingen gesandt. Am 22.2.1931 schreibt F, dass das Leben in Brasilien nun zu einem Ende komme, da »der Betrieb dort [...] so eingestellt [ist], dass nur noch billige Aufseher-Stellen in Frage kommen. – Mir ist es einfach schrecklich, ich kann nicht glauben, dass unser schönes Leben dort in Freiheit und Sonne vorbei sein soll! Conrad hat nun alle seine Beziehungen mobil gemacht um eine andere Anstellung zu bekommen.« HK solle deswegen auch mit Kapsreiters sprechen. Zu einem Besuch im Jahr 1938 → *DwR*, S. 164.
8 ***meine Urwaldlandschaften:*** Siehe etwa das Blatt *Urwald* in der Mappe *Sansara* (→ 21 AK).

231 AK

1 Zur Illustration: Die Briefzeichnung zeigt Parallelen zum Blatt *Vorlesung* (Ha II 3769, 1936).
2 ***hausten:*** Altertümlicher Ausdruck für »wüten«.
3 ***Orbis piktus:*** → 198 AK, eine Reihe von Blättern
4 ***Byronbuch:*** → 222 AK, Byron ...
5 ***Erholungswochen:*** Wegen einer schweren Erkrankung Reinhold Koeppels, die neun Monate Spitalsaufenthalt mit sich brachte, verlebten Kubins die Sommerfrische 1930 auf Einladung Hans Watzliks (→ 211 AK) in Neuern und besuchten Waldhäuser, wo

sie in den Jahren zuvor regelmäßig zu Gast gewesen waren, nur kurz. (→ *DwR*, S. 94–106 u. 223.)

6 *»die Wanzen der Erde«:* Dies der gebräuchliche Titel; der Erstdruck erschien als: Kubin, Alfred: *Insekten, Insekten ... Eine tragikomische Geschichte.* In: Münchner Neueste Nachrichten, 25.12.1930. Abdrucke u.a. in: Hannoverscher Anzeiger, 22.2.1931; Vorwärts, 10.5.1931; Nur 10 Jahre *März*, 1931 (→ *AmL*, S. 168–174) [R404; A127]. Abdruck 1939 mit neu gezeichneten Illustrationen [R577; A187] und 1974 [B24].

232 RP

1 ***Notwendige:*** RP paraphrasiert hier den bekannten Ausspruch Voltaires: »Das Überflüssige ist das Notwendige.«

2 ***Ausstellung ... Kunstwart ... Carossa:*** → 227 AK, Franke ...

3 ***Kunst für Alle ... Aufsatz über Bilderbriefe ... von Ernst Heimeran:*** Wohl nicht zustande gekommen. In *Die Kunst für Alle* sind von Ernst Heimeran nur die Aufsätze *Anekdoten* (Jg. 46, 1931, S. 200f), *Bilderdiebstähle* (Jg. 48, 1933, S. 40f) und *Hat Dürer geschielt* (Jg. 49, 1934, S. 337f) verzeichnet; für AK nach 1930 ausschließlich dessen Aufsatz *Dämmerungswelten* (Jg. 48, 1933, S. 340–342), Wiederabdruck u.a. Tagespost, Graz, 15.6.1934 (→ *AmW*, S. 39–42) [R501; A187; B22] – jedoch keinerlei Bildbeigaben. – Die Zeitschrift *Die Kunst für Alle* wurde von 1885 bis 1944 im Münchener Bruckmann-Verlag publiziert und richtete sich an ein nicht spezialisiertes, breites Publikum. In hoher Auflage widmete man sich unter Zuhilfenahme der jungen fotografischen Reproduktionstechnik allen Kunstgattungen (Schwerpunkt Malerei), blendete die Avantgarde allerdings nahezu vollständig aus. Der volkspädagogische Anspruch führte schließlich zu einer Annäherung an die Kunstpropaganda der gleichgeschalteten nationalsozialistischen Presse.

4 ***Gulbransson ... Buch von Bruno Brehm:*** Brehm, Bruno: *Wir alle wollen zur Opernredoute.* Ein humoristischer Roman. Mit Zeichnungen von Olaf Gulbransson. München: Piper 1930. – Bruno von Brehm, auch Clemens Brehm, Ps. Bruno Clemens (23.7.1892 Laibach/Krain – 5.6.1974 Altaussee); österreichischer Schriftsteller. Abgebrochenes Studium der Germanistik in Wien, dann Militärkarriere und Kriegsgefangenschaft im 1. Weltkrieg, als Hauptmann pensioniert. Annahme der tschechoslowakischen Staatsbürgerschaft, Studium der Kunst- und Vorgeschichte in Göteburg, Stockholm und Wien, dann Universitätsassistent und zeitweilig Verleger. Ab 1927 freiberuflicher Schriftsteller. Anfang der 1930er Nationalsozialist. Mitglied im *Bund deutscher Schriftsteller Österreichs*, Herausgeber (*Der getreue Eckart*, 1938–1941), Ratsherr der Stadt Wien, ab 1941 Präsident der Wiener Kulturvereinigung. 1939–1943 Mitglied des Bamberger Dichterkreises, im 2. Weltkrieg Hauptmann und Ordonanzoffizier, acht Monate amerikanische Kriegsgefangenschaft, nach Haftentlassung als freier Schriftsteller in Altaussee. Nationaler Buchpreis 1939 (→ 361 RP) für seine Romantrilogie über den 1. Weltkrieg (→ 237 AK; 244, 257 RP) in der Tradition Remarques, 1942 Schrifttumspreis des Sudetenlandes, weitere Preise auch nach dem Krieg. Trilogie in zehn Sprachen übersetzt und in die 200 Bände der »Nationalsozialistischen Kernbücherei« aufgenommen. – Die nicht immer friktionsfreie Zusammenarbeit mit Piper war über Leo Perutz (1882–1957) und den Teilhaber R. Freund zustande gekommen. Trotz des Misserfolgs der ersten drei Romane wurde B im »Dritten Reich« zum wichtigsten belletristischen Autor des Verlags – eine Tatsache, die sich auch in Bs Geschäftsgebarungen und Honorarforderungen niederschlug. Schon 1934 erwog er einen Verlagswechsel, Piper gelte als zu »liberal«, werbe auf Bs Büchern etwa auch für den französischen Juden Maurois. Ab 1936 wurde die Teilhaberschaft des Juden R. Freund (→ 196 RP) zum offen angesprochenen Konfliktpotential. Der unter den Nationalsozialisten gefeierte Autor war nach 1945 zunächst geächtet (galt in

Österreich allerdings nur als »minderbelastet« und durfte weiter publizieren) und konnte auch später nicht mehr an die großen Erfolge der 1930er anschließen. Obwohl sich auch Klaus Piper immer weiter von B distanzierte, blieb die Verlagsbeziehung nach dem Krieg bestehen, Nachauflagen folgten. (→ *Piper 90*, S. 128–129 sowie *Piper 100*, S. 128–133.) – Zur Person Gulbrannsons → 233 AK.

5 ***Betrachtungen über die Steine:*** Zwei Fassungen des Manuskripts *Über die Steine* finden sich im Deutschen Literaturarchiv, Marbach. – RP verfasste häufig essayistische Kurzprosa (*Über die Pflanzen, Vom Dramenlesen, Über Kunst und Weltgefühl, Vom Sinn der Geschichte* etc.), die teils in Almanachen des Verlags, teils in seinen Lebenserinnerungen und oft auch gar nicht publiziert wurde.

233 AK

1 Zur Illustration: Die Briefzeichnung variiert das Blatt *Waldrand* (Ha II 3367, »um 1920/21«).
2 ***Schardenberg:*** Ein farbiges Blatt *Sturm über Schardenberg* (1929) ist abgebildet etwa in *Weltgeflecht*, Tafel 142. – Siehe auch → das Blatt *Kichturm von Schardenberg* im Bestand des OÖLMs (Ha II 3671, »um 1934«).
3 ***K. f. A.:*** Die Zeitschrift *Die Kunst für alle* (→ 232 RP).
4 ***er sei kein Wesen ihresgleichen:*** AK zitiert wie so oft Johann Wolfgang von Goethe, genauer: dessen Gedicht *Gott, Gemüt und Welt.*
5 ***Gulbransson:*** Olaf Leonard Gulbransson (26.5.1873 Christiania/Oslo – 18.9.1958 Schererhof/Tegernsee); Zeichner. 1885–1893 Besuch der Kunstschule in seinem Heimatort, ab 1892 erste Veröffentlichungen. Studien in Paris um 1900. 1902 von A. Langen zum *Simplicissimus* geholt, für den er bis zum letzten Jahrgang im September 1944 arbeitete. 1914 Mitglied der Berliner Sezession. Von 1923–1927 wieder in Norwegen, ab 1929 deutscher Staatsbürger und Professor an der Münchener Akademie. Stoischer Opportunismus gegenüber dem NS-Regime. Gs Oeuvre reicht von Tagespolitik und Prominenten (Serie *Berühmte Zeitgenossen* im *Simplicissimus*) bis zu einfachen, bäuerlichen Menschen. Neben Gs gewaltige illustrative und karikaturale Lebensleistung treten auch zahlreiche selbstständige Bildnisse teils altmeisterlich anmutender Durcharbeitung. 1912 entwirft er Kulissen für das Münchener Schauspielhaus. – Mit AK befreundet. Eine Darstellung AKs in Gs *Sechzig Bilder* ist dokumentiert (→ 439 AK, Olaf G.... Büchlein), dazu die Pastellzeichnung *Kubin vom Olaf* aus dem Jahr 1919 [R*137*]. Über die *AeZ* schreibt er: »Ach – Alfred – wenn ich einen Hut hätte – ich könnte ihn nicht tief genug für dich heruntertun.« (Zit. *Raabe*, S. 202.) – RP widmet G in seinen Lebenserinnerungen das Kapitel *Auf Gulbranssons Schererhof* (→ *MLaV*, S. 485–499).

234 AK

1 ***Baldung:*** → 217 RP, Ruhe auf der Flucht...
2 ***Brouwer:*** Brouwer: *Der Raucher*. München: Piper 1930 (79. Piper-Druck).
3 ***Beyron:*** → 222 AK, Byron...
4 ***Insekten – Insekten:*** → 231 AK, »die Wanzen der Erde«

235 AK

1 ***Zirkus des Lebens:*** → 203 AK, Aufschlage Karten
2 ***Kritik... Fortschritte:*** AK entwickelt diesen Gedanken 1933 in seiner Schrift *Dämmerungswelten* ausführlicher (→ 232 RP, Kunst für Alle...).
3 ***Michael Kusmin... Alexander:*** Kusmin, Michail: *Taten des grossen Alexander*. Übersetzt von Ludwig Rubiner. München: Hyperion 1910.

237 AK

1 ***B. Brehms Apis und Este«:*** Brehm, Bruno: *Apis und Este. Ein Franz Ferdinand-Roman.* Trilogie über den Weltkrieg. Bd. 1. München: Piper 1931.

2 ***Direktor Falkenberg:*** Otto Falckenberg (5.10.1873 Koblenz – 25.12.1947 Starnberg); Regisseur, Kritiker und Dramatiker. Studium der Philosophie, Literatur- und Kunstgeschichte in Berlin, Wien und München, Mitbegründer des *Goethe-Bundes* und der *Elf Scharfrichter.* Ab 1914 Oberspielleiter und Chefdramaturg, ab 1917 Direktor und künstlerischer Leiter der Münchner Kammerspiele bis zu deren Brand 1944. – Mit AK ab der Münchener Zeit befreundet. (→ *Raabe*, S. 206). Erinnerungen an AK schildert F in seinem Buch *Mein Leben, mein Theater. Nach Gesprächen und Dokumenten aufgezeichnet von Wolfgang Petzet* (München: Zinnen 1944) [R*53*]. AK wiederum stellte eine Federzeichnung für das von Max Reinhardt herausgegebene Jubiläumswerk *Otto Falckenberg. 25 Jahre Regisseur und künstlerischer Leiter an den Münchner Kammerspielen. Ein kleines Buch von seinen Freunden...* (München: Druck von Kastner & Callwey 1939 [R581]) zur Verfügung. – RP beschreibt die eigenen Erlebnisse als »Henkersknecht« bei den *Elf Scharfrichtern* in seinen Lebenserinnerungen und zitiert F die eigene Person betreffend: »›Sie sind für mich eine fast mythische Figur. Sie kennen Barlach, Sie sind mein erster Verleger, ja Sie sind beinahe mein erster Schauspieler.‹ Der ›Schauspieler‹ bezog sich auf das Puppenführen, der ›Verleger‹ auf den von Karl Schloß herausgegebenen Münchner Almanach [→ 240 RP, in einem literarischen Kreise; d. Hrsg.], den ich 1905 herausbrachte und in dem Falckenberg mit Gedichten vertreten war.« (Zit. *MLaV*, S. 195.) F war auch wichtiger Förderer von RPs jüngerem Sohn, Martin Piper, der jahrelang Musik für die Münchner Kammerspiele schrieb und dirigierte. (→ *MLaV*, S. 680.)

3 ***R. Billinger:*** Richard Billinger (20.7.1890 St. Marienkirchen – 7.6.1965 Linz); österreichischer Schriftsteller. Studium der Philosophie und Germanistik in Innsbruck, Kiel und Wien. Landwirt und freiberuflicher Autor (anfangs vorwiegend Lyriker) in Marienkirchen, ab Mitte der 1930er in München. 1935 der Homosexualität angeklagt (und freigesprochen), deshalb bei den Nationalsozialisten umstritten. Mitglied im *Bund deutscher Schriftsteller Österreichs.* Umzug nach Berlin, ab 1944 in Niederpöcking am Starnberger See, dann in Hamburg und Linz. Zahlreiche Preise (etwa 1941: Gaupreis von Oberdonau), ab 1954 lebenslänglicher Ehrensold des Landes Oberösterreich. – Der nur etwa 13 Kilometer von Zwickledt entfernt wohnende »Nachbar« war 1923 wie AK ein Gründungsmitglied der *Innviertler Künstlergilde*, an der der Zwickledter Künstler besonders anfangs nur geringen persönlichen Anteil nahm. Regelmäßiger Kontakt entstand erst im Rahmen der hier angesprochenen Zusammenarbeit an der *Rauhnacht* (Uraufführung an den Münchner Kammerspielen am 10.10.1931; genaue Schilderung der Arbeit → *DwR*, S. 104–106), die Bs sehr erfolgreiche Bühnenkarriere in den 1930er und 1940er Jahren initiierte und AK sehr gute Kritiken einbrachte. Zu weiteren Kooperationen kam es anlässlich der Kubinschen *Schemen* (→ 333 AK, Köpfe), zu denen B die Einführung verfasste, der Umschlaggestaltung von Bs Libretto zu Winfried Zilligs Oper *Die Windbraut* (→ *Klaffenböck*, S. 358) und des von AK gefertigten Frontispiz für Bs Novelle *Die Fuchsfalle* (Linz: Der goldene Bogen 1944 [R628; A202]). – AK sprach in Bezug auf B nicht von einer »Freundschaft«, »er hat Vertrauten gegenüber derlei Annahmen sogar zurückgewiesen oder abgeschwächt«. (Zit. Lange, Herbert: *Der Künstler und sein Ort. Alfred Kubin in Zwickledt.* In: Kulturzeitschrift Oberösterreich, Jg. 20, H. 2, S. 70.) – Zu Texten Bs mit AK-Bezug → 366 AK, Billingers...

4 ***Trappistenklosters:*** *Orden der Reformierten Zisterzienser von der strengen Observanz*, OCR. Katholischer Orden, Ursprünge im 17. Jahrhundert. Die Regel ist geprägt von Gebet, strenger Askese (etwa stetem Schweigen) und körperlicher Arbeit (früher Landwirtschaft, heute verstärkt industrielle Verrichtungen). – Das einzige

Trappistenkloster Österreichs befand und befindet sich im oberösterreichischen Stift Engelszell. Es wurde 1293 gegründet und 1295 von den Zisterziensern besiedelt, 1786 von Kaiser Joseph II. säkularisiert und erst 1925 von elsässischen Mönchen wieder seinem ursprünglichen Zweck zugeführt. – Nach Informationen des gegenwärtigen Abtes P. Marianus Hauseder handelt es sich bei dem AK-Gastgeber wohl um Abt DDr. Gregor Eisvogel (1873–1950), einen gebürtigen Saarländer. Nach damaligen Ordensgewohnheiten habe nur er solche Gäste empfangen und dementsprechend bewirten können. Treffen mit hochrangigen Persönlichkeiten seien oft auch wegen der Bitte um finanzielle Unterstützung für den Aufbau des Klosters erfolgt. Der genaue Anlass für den Kubinschen Besuch konnte nicht ermittelt werden.

238 AK

1 ***»die Fürstin«:*** Kubin, Alfred: *Die Fürstin. Eine Jugenderinnerung*. In: Münchner Neueste Nachrichten, 24./25.5.1931. Abdrucke u.a. in: Leipziger Neueste Nachrichten, 13.9.1931; Braunschweigische Landeszeitung, 18.10.1932; Hamburger Nachrichten, 17.1.1932 (→ *AmW*, S. 192–197) [R432; A135]. Abdruck 1939 mit neu gezeichneten Illustrationen [R577; A187] und 1974 [B24].
2 ***Huxley:*** Huxley, Aldous: *Das Lächeln der Gioconda und andere englische Erzählungen*. Merkwürdige Begebenheiten. Bd. 1. München: Piper 1931.
3 ***Wilde:*** Wilde, Percival: *Die gefallenen Engel und andere englische Erzählungen*. Merkwürdige Begebenheiten. Bd. 2. München: Piper 1931.

239 AK

1 ***Fragment eines Weltbildes:*** Kubin; Alfred: *Fragment eines Weltbildes*. In: Das Kunstblatt, Jg. 15, H. 11, S. 301–305. Abdrucke u.a. in: Münchner Zeitung, 15.4.1932, Neue Mannheimer Zeitung, 9.10.1932 (→ *AmW*, S. 29–38) und in *Vom Schreibtisch eines Zeichners* [R449; A187; B24]. – Im selben Heft erschienen 19 Reproduktionen nach Federzeichnungen [R441].
2 ***Ableben von Oscar A.H. Schmitz:*** AKs Schwager verstarb am 17.12.31 in Frankfurt/Main (→ 43 RP, Oskar A.H. Schmitz).
3 ***1 Blatt zu Faust:*** *Faust und Lilith*. »Ich drucke meine Steinzeichnungen in Passau als Handdrucke mit einem alten Lithographen – da hat jeder Druck seinen Reiz. Eben hat mich ein Faustblatt (für eine Goetheehrung) beschäftigt«. (Zit. *Jünger*, S. 34.) – Druck von H. Schützenberger, Passau. Für die *Welt-Goethe-Ausstellung* 1932 in Leipzig [R426; Hb119 → weitere Parallelstellen aus den Briefen und Vergleichswerke]. – Farbige Version (1948) abgebildet etwa in *Sammlung Leopold* (Tafel 75). Unter gleichem Titel siehe auch → Ha II 4256 (»um 1952«).
4 ***Münchnerbesuch im April:*** Nicht zustande gekommen (→ 242 AK).
5 ***Maurois:*** Maurois, André: *Wandlungen der Liebe*. Roman. München: Piper 1929.
6 ***Wallensteindichtung:*** Bezugsbrief nicht erhalten. Es handelt sich um die deutsche Übersetzung des Tschechen Durych, Jaroslav: *Friedland. Ein Wallenstein-Roman*. München: Piper 1933.
7 ***Cyclus Ali:*** → 213 AK, Ali der Schimmelhengst
8 ***Halbpart:*** Zu gleichen Teilen.
9 ***Verleger:*** → 176 AK, Verlag Otto Nirenstein

240 RP

1 ***ich … aussuchen:*** RP sollte sich als Kompilator Kubinscher Blätter schließlich in den Bänden *Abenteuer einer Zeichenfeder* (1941) und *Abendrot* (1952) verwirklichen.
2 ***in einem literarischen Kreise:*** Die Anfänge der persönlichen Verflechtung mit der

Münchener Kulturszene und das Herausgeben des Almanachs schildert RP in seinen Lebenserinnerungen. (→ *MLaV*, S. 189–196.)

3 ***»Weh den Armen!«…»Münchner Almanach«:*** Schloß, Karl (Hrsg.): *Münchner Almanach. Ein Sammelbuch neuer deutscher Dichtung.* München: Piper 1906 – »So hatte sich hier viel in die Zukunft weisendes Dichterleben zusammengefunden, und der ›Münchner Almanach‹ hätte ein alljährliches Erscheinen verdient. Außer den Dichtern selber interessierten sich aber nur wenige Leute für ihn. Er mußte sich mit diesem einen Mal begnügen.« (Zit. *MLaV*, S. 272.) – Besagte Novelle von Schmitz findet sich auf S. 1–44.

4 ***Verlag gar keine rechte Wirkung mehr:*** Die Weltwirtschaftskrise hatte bis Mitte 1931 in Deutschland bereits zur Schließung von großen Banken und Industriebetrieben sowie zu hoher Arbeitslosigkeit geführt. Im Vergleich zum Wachstum in den 1920er Jahren spürte auch der Verlag Piper die Einbußen. Waren 1929 noch weit über zwanzig Titel sowie zwanzig Piper-Drucke erschienen, kam es 1931 nur noch zu elf Neuausgaben und drei Drucken. Abgesehen von einer kurzen Erholung Mitte der 1930er blieb die Zahl neuer Verlagswerke bis zum Ende des 2. Weltkriegs niedrig.

5 ***»Die Seelenwaage«:*** Maurois, André: *Die Seelenwaage.* Roman. München: Piper 1931.

6 ***»Nothafften«:*** Bauer, Josef Martin: *Die Nothafften.* Roman. München: Piper 1931. – Piper hielt große Stücke auf die literarische Neuentdeckung J. M. Bauer (11.3.1901 Taufkirchen – 15.3.1970 Dorfen), nach abgebrochenem Studium und Arbeit als Redakteur bei einer Lokalzeitung Jugendpreisträger deutscher Erzähler des Jahres 1930. Die Verbindung zum Verlag hielt rund zwanzig Jahre; nicht immer entsprach der Verkaufserfolg der vielfach im Bauernmilieu angesiedelten, Wertfragen und Glaubensprobleme thematisierenden Texte den Erwartungen von Autor und Verleger. (→ *Piper 90*, S. 135–138.)

241 AK

1 ***April nach München:*** Nicht realisiert (→ 242 AK).

2 ***Maler… Brasilien:*** Oswald Goeldi (→ 228 AK, ein Brasilianer).

3 ***Südafrikaner:*** Nicht ermittelt.

4 ***Antijapanplakat:*** Die Weltwirtschaftskrise 1929 hatte auch Japan schwer getroffen, weshalb eine Intensivierung der kolonialen Bestrebungen vielerseits als Lösung betrachtet wurde. Korea und Taiwan waren bereits als Folge des Ersten Chinesisch-Japanischen Krieges (1894/95) in das japanische Kolonialreich eingegliedert worden, die Aufmerksamkeit richtete sich deshalb wie oft zuvor auf die Mandschurei. Als Vorwand für den Einmarsch sprengten Agenten der japanischen Armee bei der Stadt Mukden die Strecke der von den Japanern erbauten und kontrollierten Südmandschurischen Eisenbahn (»Mudken-Zwischenfall«), besetzten das Gebiet und stießen in den nächsten Jahren weiter vor. Die chinesische Führung konzentrierte sich zunächst auf die Front gegen die Kommunisten und ließ Japan gewähren. 1936 unterzeichneten Japan und das Deutsche Reich den *Antikominternpakt.* 1937 kam es als Folge des Zwischenfalls an der Marco-Polo-Brücke bei Peking zum Ausbruch des Zweiten Chinesisch-Japanischen Krieges, der bis 1945 dauerte (→ 174 AK, Japan). Die pazifische Dimension des 2. Weltkrieges geriet nur langsam ins Bewusstsein der europäischen Geschichtsschreibung.

242 AK

1 ***Freunde, in der Nähe Salzburg:*** Auch im Briefwechsel mit Max Fischer erwähnt AK diese Reise am 23.4.1932: »Nun der Winter herum ist, werde ich eine erholende Woche in der Nähe Salzburgs bei einem Bekannten der mich einlud verbringen –

Übermorgen wahrscheinlich hinfahren«. (Zit. Kubin, Alfred: *Briefe*. In: Die Rampe. Hefte für Literatur, 2/78, S. 24.) – Name des angesprochenen Bekannten nicht ermittelt.

2 ***Märchen aus dem Unbewussten:*** Schmitz, Oscar A. H.: *Märchen aus dem Unbewußten*. Mit einem Vorwort von C. G. Jung und zwölf Zeichnungen von Alfred Kubin. München: Carl Hanser 1932 [R470; A142].

3 ***sein Freund Prof. C. G. Jung … Hinneigung zur Psycho-Analyse:*** Carl Gustav Jung (26.7.1875 Keßwil – 6.6.1961 Küsnacht bei Zürich); Schweizer Psychologe und Psychiater. Studium der Medizin in Basel. Ab 1900 Psychiater in Zürich, 1903–1909 Assistent und Oberarzt, ab 1910 Professor. Zunächst Anhänger Freuds, 1912 Entwicklung einer eigenen tiefenpsychologischen Richtung, der analytischen Psychologie, mit den wichtigen Begriffen des individuellen und kollektiven Unterbewussten und der Archetypenlehre. Wirkte damit auch auf die Religions- und Mythenforschung. – J erwähnte AK in *Psychologische Typen* (Zürich: Rascher 1925, S. 548) [R695] und *Die Beziehung zwischen dem Ich und dem Unbewußten* (Zürich: Rascher 1935, S. 161) [R698]. Zur Korrespondenz AK-J → 245 AK. – Schmitz' Beschäftigung mit der Psychoanalyse ab dem Jahr 1912 beschreibt AK in seinen *Erinnerungen an Oscar A. H. Schmitz*: »Er gab nun seine beste Kraft an die Entwirrung und Durchleuchtung des eigenen Seelenlabyrinths.« (Zit. *AmW*, S. 99.) – Schmitz selbst thematisierte die Bedeutung der Psychoanalyse für sein Leben v. a. in Kapitel XVII und den folgenden des dritten Teiles seiner Autobiographie *Ergo Sum* sowie in *Psychoanalyse und Yoga* (Darmstadt: Otto Reichl 1923). Im Frühjahr 1921 war er in Kontakt mit Js *Psychologischen Typen* gekommen (→ *Ergo sum*, S. 303), im Jahr 1925 hatte er ihn in Zürich persönlich kennengelernt, war sechs Wochen bei ihm in Therapie gewesen und dann in stetigem Kontakt geblieben (→ ebd., S. 357–376.) – In seinem Essayband *Brevier für Einsame* (1923) schildert Schmitz im Kapitel *Die Beschwörung der Dämonen oder Alfred Kubin, der magische Mensch* (→ *BfE*, S. 31–152) ein entscheidendes Gespräch über Psychoanalyse mit AK aus dem Jahr 1913. – Siehe auch → AKs Zeichnung *Psychoanalyse* (Ha II 3531, »um 1928/29«).

4 ***Vorjahre … Tusset:*** Während des Sommeraufenthaltes 1931 hatte AK auf Vermittlung von Koeppels Maria Waldek (1897–1993) kennengelernt, die ihm eine beständige Gefährtin bei seinen Aufenthalten im Böhmerwald wurde.

5 ***fstl.:*** Fürstlich. – Johann Adolf II. Fürst zu Schwarzenberg (1799–1888) hatte den Urwald um Kubany 1858 unter Schutz gestellt.

243 RP

1 ***Zeichnung:*** Nicht erhalten.

2 ***»Berlinerisch«:*** Ostwald, Hans: *Berlinerisch* (Was nicht im Wörterbuch steht. Bd. 2). München: Piper 1932.

3 ***»Bayerisch«:*** Lutz, Joseph Maria: *Bayerisch* (Was nicht im Wörterbuch steht. Bd. 3). München: Piper 1932 – Die angesprochene Reihe wurde mit Unterbrechungen bis 1937 Bd. 7) fortgesetzt.

4 ***Brief von Grossmann:*** Grossmann, Rudolf: *Brief an Kubin*. In: Münchner Neueste Nachrichten, 21.5.1932 [R56].

5 ***selbst … Charakterbild:*** Wohl RPs *Besuch bei Kubin* von 1927 (→ 195 RP; Beilage).

6 ***Kunstausstellung im Bibliotheksbau des Deutschen Museums:*** Gemeint ist die 18. Jahresausstellung der *Münchener Neue Secession*, die bis Oktober 1932 dauerte. AK war darin mit zehn Zeichnungen vertreten [M1932/11].

7 ***»Wildente«:*** Henrik Ibsens *Wildente* in einer Falckenberg-Inszenierung hatte am 25.5.1932 im Münchner Schauspielhaus Premiere. Neben dem späteren Direktor des Basler Stadttheaters und Intendanten des Staatsschauspiels in München, Kurt Horwitz (21.12.1897 Neuruppin – 14.2.1974 München), als Gamle Ekdal, spielten u. a.

Karl Kyser (Grosserer Werle), Wolfgang Liebeneiner (Gregers Werle) und Therese Giehse (Gina Ekdal).

8 ***Dr. Hanser:*** Carl Hanser (30.12.1901 Raststatt/Baden – 10.5.1985 Niefern/Baden); Verleger. Nach dem Studium der Philosophie in Freiburg/Breisgau und München Lehre als Verlagsbuchhändler. 1928 erste Verlagsgründung (Zeitschriften, Sachbuch), nach 1945 belletristische Orientierung mit kommentierten Klassikerausgaben und zeitgenössischer Literatur (Elias Canetti, Erich Fried, Botho Strauß). Verleger der Schmitz'schen *Märchen aus dem Unbewußten* (→ 242 AK).

9 ***Samstag-Nachmittage:*** Zu den Piperschen Freizeitgewohnheiten siehe das Kapitel *Der Samstagnachmittag* in seinen Lebenserinnerungen (→ *MLaV*, S. 478–484.)

10 ***Penzoldt:*** Ernst August Franz Penzoldt, Ps. Fritz Fliege (14.6.1892 Erlangen – 27.1.1955 München); Bildhauer, Maler, Graphiker, Erzähler und Dramatiker. Schwager von Ernst Heimeran. Doppelbegabung. Nach dem Studium an den Kunstakademien in Weimar und Kassel freier Bildhauer und Schriftsteller in München-Schwabing. 1924 Mitbegründer der literarischen Gesellschaft *Die Argonauten* (→ 260 RP). Erste bedeutsame literarische Arbeiten ab Ende der 1920er. Teilnahme an beiden Weltkriegen als Sanitäter. – Von RP wiederholt als enger Freund beschrieben (→ *MLaV*, S. 522 u. 707), der ab Anfang der 1930er eigene Arbeiten und Einführungen für Graphikbände bei Piper herausbrachte. P hielt die Laudatio bei der Eröffnung der Ausstellung *45 Jahre Münchner Kultur* im Museum für angewandte Kunst anlässlich des 45-jährigen Verlagsjubiläums und RPs siebzigsten Geburtstags und verfasste auch den bekannten Nachruf nach Ableben des Verlagsgründers (→ *Piper 90*, S. 212 u. 229). – Keine nähere Beziehung zu AK, wenngleich RP diesem einige Worte zu Ps *Der kleine Erdenwurm* entlockte (→ 277 RP), um sie 1934 in einem AK-Artikel (wieder verwendet für den zweiten Teil seiner Autobiographie) zu zitieren (→ *MLaV*, S. 468).

11 ***Konrad Weiss:*** → 170 RP

12 ***Adolf Jutz:*** Adolf Gustav Jutz (20.6.1887 Freiburg/Breisgau – 14.12.1945 Tegernsee); Maler und Graphiker. Studien an Akademien in Karlsruhe, Florenz und Paris. Im 1. Weltkrieg Kriegsmaler an der West- und Ostfront, ab 1924 in München. J fertigte religiöse Darstellung, Stillleben und Landschaften, bevorzugt mit Motiven aus dem Altmühltal und dem bayerischen Allgäu. – Auch von J hatte sich RP »graphisch ›verewigen‹« lassen. (Zit. *MLaV*, S. 512.)

13 ***Schopenhauers Willen in der Natur***: Erstmals erschienen 1836 (Frankfurt/Main: Schmerber). – Zu AK, RP und Schopenhauer → 21 AK, Vive l'Sopenhauer.

244 RP

1 ***Heiligen Nepomuk:*** Nicht ermittelt.

2 ***Brehm, Das war das Ende:*** Brehm, Bruno: *Das war das Ende. Von Brest-Litowsk bis Versailles*. Trilogie über den Weltkrieg. Bd. 2. München: Piper 1932.

3 ***Bauer, Die Salzstrasse:*** Bauer, Josef Martin: *Die Salzstraße*. München: Piper 1932.

4 ***Ramuz, Farinet oder Das falsche Geld:*** Ramuz, Charles Ferdinand: *Farinet oder Das falsche Geld*. München: Piper 1933.

5 ***»Pipers Kunstkalender«:*** *Pipers Kunstkalender 1933*. München: Piper 1932.

6 ***Brief von Barlach ... Atelierhaus ... Seeufer bei Güstrow:*** Brief von Ernst Barlach an Reinhard Piper vom 16.12.1932 → *Barlach*, S. 292–295. – Wegen zunehmender (auch physischer) Größe der Barlachschen Arbeiten hatte der Künstler Mitte 1930 ein Grundstück vor dem Heidelberg am Inselsee erworben, wo unverzüglich mit der Errichtung eines Atelierhauses begonnen wurde. Der Arbeitsbereich war ab Februar 1931 benutzbar, den Wohntrakt des Anwesens bezog B allerdings nie; stattdessen blieb er in der ihm eher gemäßen, kleinen Dachgeschoßwohnung im Güstrower Böhmerhaus, die er ab 1928 bewohnt hatte. (→ *Barlach*, S. 609.) Nach Bs Tod 1938 (→ 332

AK) verblieb sein Nachlass im Atelierhaus und wurde nach der Wiedervereinigung Deutschlands der Öffentlichkeit unter der Schirmherrschaft der Ernst-Barlach-Stiftung zugänglich gemacht.

7 *»Konstanze und Sophie«:* Bennet, Arnold: *Konstanze und Sophie oder Die alten Damen.* München: Piper 1932.

8 ***Hutten … Sickingen … Ebernburg:*** 1519 lernte Franz von Sickingen (2.3.1481 Ebernburg – 7.5.1523 Landstuhl) den Humanisten Ulrich von Hutten (21.4.1488 Burg Steckelberg – 29. August 1523 Ufenau) kennen, im September 1520 zog H auf die Ebernburg und unterwies S in humanistischem und reformatorischem Gedankengut. S bot daraufhin Martin Luther auf dem Weg zum Wormser Reichstag auf der Ebernburg Asyl an, was dieser jedoch ablehnte und – vom Reichstag am 16.5.1521 für vogelfrei erklärt – stattdessen auf die Wartburg floh. Andere Reformatoren aber machten von Ss Angebot Gebrauch und die Ebernburg damit zu einer wichtigen Zufluchtsstätte in den Auseinandersetzungen des 16. Jahrhunderts.

9 ***»Hörfolge« … über eine deutsche Burg:*** Das etwa vierzigseitige Manuskript *Die Ebernburg* findet sich im Deutschen Literaturarchiv, Marbach. Datum der Ausstrahlung nicht ermittelt.

245 AK

1 Zur Illustration: s.u. (→ Eintrag »Hans Schiebelhuths«).

2 ***Zugvögel Arlens:*** Arlen, Michael: *Zugvögel.* München: Piper 1932. – Michael Arlen, eigentl. Dikran Kouyoumdjian (16.11.1895 Rousse – 23.6.1956 New York); britischer Schriftsteller bulgarisch-armenischer Herkunft. Erfolge in den 1920ern.

3 ***Kubany … Erfrischung:*** Nach Ausbruch der Multiple-Sklerose-Erkrankung Reinhold Koeppels im Jahr 1932 übernahm Maria Waldek die Besorgung des Urlaubsquartiers für AK. Im Jahr 1932 weilten die Kubins Anfang Juli für etwa eine Woche bei Koeppels in Waldhäuser (→ *DwR*, S. 117–119), den Spätsommer verbrachte AK ohne seine Frau auf Vermittlung Waldeks in Kubohütten, wo diese den Künstler regelmäßig besuchte und durch die Urwälder Kubanys führte. (→ *DwR*, S. 121–122.)

4 ***tief getönte Blätter:*** Siehe etwa die Blätter → *Verkehrte Welt* (Ha II 3726), → *Unglücksvögel* (Ha II 3623), → *Vergewaltigung* (Ha II 3931), → *Simson* (Ha II 3627), → *Die Hemmung* (Ha II 3379) und → *Die Schiffbrüchigen* (Ha II 3690) im Bestand des OÖLMs (alle datiert um 1932/33).

5 ***Bruckmannsche Zeitschrift »die Kunst«:*** Die Gründung der fast ausschließlich auf zeitgenössische Kunst ausgerichteten Zeitschrift *Kunst für Alle* im Jahre 1885 durch den Verleger Friedrich Bruckmann (4.6.1814 Deutz – 17.3.1898 Arco/Südtirol) war eine Pionierleistung in der deutschen Medienlandschaft gewesen. Um 1910 wurde eine Auflage von etwa 18000 Stück erreicht. – Zur Person des Nationalsozialisten Hugo Bruckmann → 158 RP.

6 ***»Dämmerungswelten«:*** → 232 RP, Kunst für Alle …

7 ***Jahrestag:*** → 239 AK

8 ***Meyrink:*** Gustav Meyrink war am 4.12.1932 in Starnberg verstorben (→ 129 AK, Meyrink).

9 ***G. Habich:*** Wohl Georg Habich (24.6.1868 – 6.12.1932); Kunsthistoriker, Numismatiker. Studium der klassischen Philologie, Archäologie und Kunstgeschichte in Bonn und München. Ab 1907 Leiter des königlichen Münzkabinetts, München. 1912 Honorarprofessor für Numismatik und Medaillenkunde an der Universität München. – Persönliche Beziehung zu AK nicht ermittelt.

10 ***Slevogt:*** Max Slevogt starb am 20.9.1932 in Leinsweiler-Neukastel/Pfalz. – AK an Fronius am 30.10.1939: »M. Sl. war viele Jahre schwerer Podagrist und die Gicht hat auch das Herzleiden dem er mit 63 $^1/_2$ erlag verursacht – sein letztes Bild war ein riesiges Altersgemälde wegen sehr geschwollener Füße in Filzpantoffeln, immer wieder

stöhnend aussetzend malte er es in einer Ludwigshafener Kirche«. (Zit. *Fronius*, S. 238.)

11 ***Hans Schiebelhuths:*** Schiebelhuth, Hans: *Schalmei vom Schelmenried*. Mit Zeichnungen von Alfred Kubin. Darmstadt: Darmstädter Verlag 1933. Einmalige Auflage von 250 nummerierten und vom Autor signierten Exemplaren [R489; A147]. – Die Bildbeigabe dieses Briefes entspricht der Gestaltung des von AK angesprochenen »Schlafdiebes«.

12 ***Brief des Schweizer Psychologen C. G. Jung:*** In der Städtischen Galerie im Lenbachhaus, München, Kubin-Archiv, findet sich ein Jungscher Brief vom 19.11.1932 aus Küssnacht-Zürich: »Sehr geehrter Herr, Empfangen Sie meinen besten Dank für Ihren freundlichen Brief, den ich umsomehr schätze, als es mir nachträglich einfiel, dass Sie vielleicht meine Bemerkung über Ihr Buch ›Die andere Seite‹ hätten missverstehen können. Das Epithet ›bäuerlich‹ [weiteres → *Fronius*, S. 394; d. Hrsg.] ist nämlich in Bezug auf Joyce ein Compliment. In einem gewissen Sinne schätze ich Ihr Buch viel mehr, da es eine genaue und loyale Berichterstattung über Dinge ist, die Sie gesehen haben. Ich habe darum Ihr Buch mehrfach in meinen Schriften erwähnt, als ein klassisches Beispiel für die unmittelbare Wahrnehmung unbewusster Vorgänge. [...] Trotz aller Wirrnisse, in denen Sie befangen sein mögen, können Sie sich damit trösten, dass Sie in Ihrem Buche sowohl wie in Ihrer Kunst Wahrheiten vorausgenommen haben, welche die Welt nun allgemein ergreifen. Sie waren anachronistisch und hatten es darum schwerer als andere, sich in einer Zeit zu orientieren, welche noch zu unbewusst ist, um die Dinge hinter der Wand der Zukunft zu verstehen. Mit freundlichen Grüßen, Ihr ganz ergebener, C. G. Jung«.

13 ***Schreiben eines ... reichen alten Chinesen:*** Wohl Chung Hon Ying (→ 174 AK, Japan); weitere Angaben → 248 AK. – Kein entsprechender Briefwechsel in der Städtischen Galerie im Lenbachhaus, München, Kubin-Archiv, vorhanden.

246 RP

1 ***Bruegel:*** Glück, Gustav: *Bruegels Gemälde*. 43 Farbdrucke. Wien: Anton Schroll 1932.

247 AK

1 Zur Illustration: Die dargestellte Frauenfigur entspricht dem in den Band *AeZ* aufgenommen Blatt *Hexenbesuch* (Tafel 51).

2 ***Brehm's »d.w.d. Ende«:*** → 244 RP, Brehm ...

3 ***Stinnes:*** → 58 AK, Dr. Hugo Stinnes

4 ***seine Frau:*** Gustav Meyrink war zweimal verheiratet gewesen: 1. Ehe mit Aloisa Certl, geschieden, kinderlos; 2. Ehe mit Mena Bernt (1874–1966) ab 1905 (Liebesverhältnis ab 1896), zwei Kinder. – AK bezieht sich wohl auf letztere.

5 ***Wolfskehl ... M.N.N.:*** Wolfskehl, Karl: *Gustav Meyrink aus meiner Erinnerung*. In: Münchner Neueste Nachrichten, 28.12.1932. (→ Ruben, Margot: *Karl Wolfskehl. Briefe und Aufsätze*, Hamburg: Claassen 1966, S. 200–203.)

6 ***Kafkabändchen:*** Die angesprochenen Illustrationen erschienen erst über sechzig Jahre nach ihrer Entstehung posthum im Wiener Karolinger Verlag (1997) in einer limitierten Auflage von 599 nummerierten Exemplaren (Franz Kafka: *Ein Landarzt*. Mit Zeichnungen von Alfred Kubin), seit 2003 gibt es auch eine Ausgabe der Insel-Bücherei (ib 1243). – Kafkas Erzählung war erstmals 1917 veröffentlicht und 1919 in die gleichnamige Sammlung kleinerer Erzählungen aufgenommen worden (München und Leipzig: Kurt Wolff). – *Raabe* erwähnt die Arbeit als unveröffentlicht. (→ *Raabe*, S. 189.)

248 AK

1 Zur Illustration: Die Briefzeichnung variiert das Blatt *Der Geiger* (Ha II 3613, »um 1925«).
2 ***Morgensternbuch:*** Bauer, Michael: *Christian Morgensterns Leben und Werk*. Vollendet von Margareta Morgenstern und Rudolf Meyer. München: Piper 1933.
3 ***Besuch:*** Mehrmals aufgeschoben. Wohl erst Mai/Juni 1933 zustande gekommen (→ 251 AK).
4 ***Revolution:*** Eine misslungene Abstimmung über die Eisenbahnergehälter am 4.3.1933 und taktische Rücktritte der Parlamentspräsidenten ließen den christlichsozialen Bundeskanzler Engelbert Dollfuß die »Selbstausschaltung des Parlaments« verkünden. Eine weitere Zusammenkunft des Nationalrats am 15. März wurde von der Polizei verhindert, indem diese das Parlamentsgebäude umstellte. Am 7.3.1933 wurde ein Versammlungs- und Aufmarschverbot erlassen und die Zensur für österreichische Zeitungen wieder eingeführt. Dollfuß regierte in der Folgezeit mittels des »Kriegswirtschaftlichen Ermächtigungsgesetzes« von 1917 ohne Parlament und schaltete auch den Verfassungsgerichtshof aus. Bundespräsident Wilhelm Miklas griff gegen den Willen des Volkes, das in einer Petition die Wiedereinberufung des Parlaments verlangte, nicht ein. Der Weg in den austrofaschistischen Ständestaat nach dem Vorbild Italiens war damit beschritten. – Etwa zeitgleich wurde in Deutschland (nach dem Reichtagsbrand in der Nacht auf den 28.2.1933) die »Verordnung des Reichspräsidenten zum Schutz von Volk und Staat« erlassen; die Grundrechte der Weimarer Verfassung waren damit praktisch außer Kraft gesetzt. Als Schuldige für den Brand hatte man schnell die kommunistischen Kräfte im Staat (teils auch die SPD) identifiziert, deren demokratische Rechte schrittweise eingeschränkt wurden. Bereits am 30.1.1933 war Adolf Hitler zum Reichskanzler ernannt worden.
5 ***Index:*** Die Positionen zur modernen deutschen Kunst waren kurz nach der Machtergreifung Hitlers uneinheitlich (»Expressionismusstreit«). Besonders das am 7.4.1933 erlassene »Gesetz zur Wiederherstellung des Berufsbeamtentums« stellte allerdings ein probates Mittel dar, um nicht genehme Museumsdirektoren und Hochschulprofessoren zu entlassen (Ludwig Justi, Alois Schardt, Eberhard Hanfstaengl etc.) – und somit den von ihnen protegierten Künstlern die Unterstützung zu entziehen, oftmals auch ihre Bilder aus Museen zu entfernen. – Als Initialzündung öffentlicher nationalsozialistischer Künstler-Hetze gilt die Münchener Ausstellung »*Entartete Kunst*« von 1937 (→ Eintrag »Nolde«). – Zur »Liste des schädlichen und unerwünschten Schrifttums« → 252 AK, dass das III. Reich …
6 ***Nolde:*** Emil Nolde, eigentl. Emil Hansen (7.8.1867 Nolde – 13.4.1956 Seebüll); Maler und Graphiker. Dänischer Staatsbürger. Ausbildung zum Schnitzer und Zeichner in der Kunstgewerbeschule in Flensburg, später in Karlsruhe. 1898 bis 1903 Kunstschüler in München, Paris, Kopenhagen und Berlin. Ab 1904 selbstständiger Maler, kurze Mitgliedschaft in der Künstlervereinigung *Brücke*. 1913–14 Teilnahme an einer Südsee-Expedition. 1927 zahlreiche Jubiläumsausstellungen, Ernennung zum Ehrendoktor der Universität Kiel. Bereits der im April 1930 vom nationalsozialistischen Volksbildungsminister Thüringens, Wilhelm Frick, erwirkte Erlass »Wider die Negerkultur für deutsches Volkstum« führte zum Ausschluss Noldescher Werke aus dem Weimarer Schlossmuseum. N teilte die prinzipielle Auffassung, die »germanische Kunst« sei anderen weit überlegen und wurde 1934 Mitglied der Nationalsozialistischen Arbeitsgemeinschaft Nordschleswig (NSAN; später in die NSDAPN, die dänische Sektion der NSDAP, eingegliedert). In der am 19.7.1937 eröffneten Wanderausstellung »*Entartete Kunst*« in den Münchener Hofgarten-Arkaden (vertreten waren bei großem Publikumsinteresse 650 konfiszierte Kunstwerke) nahm Ns *Leben Christi* eine zentrale Position ein – und wurde in den Folgejahren in den Großstädten des Reiches gezeigt. Im Rahmen dieser Ausstellung wurden die Exponate mit Bildern von

Menschen mit geistiger Behinderung und mit Fotos verkrüppelter Körper kombiniert, um bei den Besuchern Abscheu und Beklemmungen zu erregen, den Kunstbegriff der avantgardistischen Moderne ad absurdum zu führen und als Verfallserscheinung zu diffamieren. Gleichzeitig forcierte Hitler die Beschlagnahmung weiterer Kunstwerke, die als Ausdruck des »Kulturverfalls« empfunden wurden; allein von N wurden hunderte Gemälde und Graphiken eingezogen. 1941 wurde N schließlich aus der »Reichskunstkammer« ausgeschlossen und ein Mal- und Verkaufsverbot über ihn verhängt. Er zog sich verbittert nach Seebüll zurück. Nach dem Krieg wurde er 1946 von der Landesregierung Schleswig-Holstein zum Professor ernannt. – Keine persönliche Begegnung mit AK, allerdings gegenseitige Wertschätzung. In der Städtischen Galerie im Lenbachhaus, München, Kubin-Archiv, findet sich ein Antwortschreiben Ns auf einen Glückwunschbrief AKs zum 75. Geburtstag im Jahr 1942. (→ *Kunstbeziehungen*, S. 112.) – Eine Graphik Ns ist im Linzer Bestand der Kubinschen Graphiksammlung enthalten (→ *Heinzl 1970*, S. 236.) – RP kannte N zwar persönlich, knüpfte aber keine geschäftlichen Beziehungen. »Ein Kontakt mit Emil Nolde [...], den Reinhard Piper schon 1912 kennengelernt hatte, blieb ohne Folgen.« (Zit. *Piper 90*, S. 88.)

7 ***Beckmann:*** Max Beckmanns Stelle an der Frankfurter Städelschule wurde laut Schreiben vom 31.3.1933 mit 15.4.1933 gekündigt, seine Bilder in öffentlichen Museen nach und nach entfernt und Ausstellungen in Deutschland bis zur Emigration im Herbst 1937 praktisch unmöglich gemacht (1933–1937 nur noch je eine Ausstellung in der Berliner Sezession und im Hamburger Kunstverein). Neun seiner Bilder wurden in die Ausstellung »*Entartete Kunst*« aufgenommen. (→ *Beckmann 2*, S. 430–434 sowie *Avantgarde*, S. 161–162.)

8 ***Barlach:*** Bereits ab Anfang der 1920er Jahre kursierte das von dem Antisemiten Adolf Bartels in die Welt gesetzte Gerücht, B sei Jude, das seine Gegner v.a. ab 1933 bewusst als Waffe gegen ihn einsetzten. Bs finanzielle Situation verschlechterte sich zusehends, kamen ihm doch wichtige Aufträge und (jüdische) Käufer, die die Zeichen der Zeit erkannten und sich für eine frühe Emigration entschieden, abhanden. Seine Einkünfte sanken gerade zu jenem Zeitpunkt, als er nach dem Bau des Atelierhauses in Güstrow auf alle verfügbaren Mittel angewiesen war. (→ *Barlach*, S. 621–623.) – Die Stellung Bs im »Dritten Reich« ist ein häufiges Thema in den Briefen AKs und RPs der folgenden Jahre (→ etwa 335 AK, ein Schreiben an mich ...).

9 ***Klee:*** Entsprechend der üblichen nationalsozialistischen Vorgangsweise bezeichnete man den in der Schweiz geborenen deutschen Künstler Paul Klee im Dritten Reich wider besseres Wissen meist als »galizischen Juden«. Am 21.4.1933 wurde Ks Stelle als Professor an der Düsseldorfer Akademie gekündigt, Ende des Jahres ging er mit seiner Familie zurück in die Schweiz, die Schweizer Staatsbürgerschaft erhielt er erst posthum. In der Ausstellung »*Entartete Kunst*« wurden 17 seiner Arbeiten gezeigt. (→ *Avantgarde*, S. 174–176.) – *Paul Klees persönliche und künstlerische Begegnung mit Alfred Kubin* beschreiben Jürgen Glaesemer et al. im gleichnamigen Aufsatz (In: Pantheon. Internationale Zeitschrift für Kunst, April/Mai/Juni 1974, S. 152–161). K habe sich trotz der begeisterten Aufnahme durch den zum Zeitpunkt des ersten persönlichen Kontakts (1911) bereits etablierten AK stets kritisch und zurückhaltend gezeigt und in sein Tagebuch notiert: »Er [AK] floh diese Welt, weil er es physisch nicht mehr machen konnte. Er blieb halbwegs stecken, sehnte sich nach dem Kristallinischen, kam aber nicht los vom zähen Schlamm der Erscheinungswelt. Seine Kunst begreift diese Welt als Gift, den Zusammenbruch.« (Zit. nach: ebd., S. 159.) Auch AK stand dem späteren K, wie das hier kommentierte Zitat belegt, ablehnend gegenüber.

10 ***Goldsmith's Vicar von Wakefield:*** Auf eine Veröffentlichung dieser Arbeit sollte AK noch über zwanzig Jahre warten müssen. – Goldsmith, Oliver: *Der Vikar von Wakefield*. Neubearbeitung von Linus Kiefer. Mit vierzig Illustrationen von Alfred Kubin. Wien/Stuttgart: Wancura 1953 [R759; A145].

11 ***Carossa … Wittwe M. … Antrag … weiter zu bearbeiten:*** Den Briefen des Schriftstellers und Arztes Hans Carossa ist eine solche Anfrage nicht zu entnehmen, wohl aber, dass er Margareta Morgensterns Bitte entsprochen hatte, den an Tuberkulose erkrankten Autor der Biographie Christian Morgensterns, Michael Bauer, als Patient anzunehmen. Aus Cs Äußerungen geht hervor, dass er Bauer sehr schätzen lernte, dessen Tod am 19.6.1929 (Breitbrunn/Ammersee) allerdings nicht mehr verhindern konnte. (→ *Carossa 2*, S. 451–452.) – Die Biographie Christian Morgensterns wurde schließlich von dessen Witwe selbst in Zusammenarbeit mit Rudolf Meyer abgeschlossen.

12 ***Engländer:*** Maurois, André: *Engländer*. Novellen. München: Piper 1933.

249 RP

1 ***Mitte Mai … Besuch:*** Die München-Fahrt wurde über Jahre aufgeschoben.

250 AK

1 Zur Illustration: Das Bild zeigt in Sujet und Stil deutliche Einflüsse des tschechischen Illustrators und Kinderbuchautors Josef Lada (1887–1957), der international besonders mit seinen Illustrationen zu Jaroslav Hašeks *Der brave Soldat Schwejk* bekannt wurde.

251 AK

1 ***Malerei des Unsichtbaren:*** Kubin, Alfred: *Malerei des Übersinnlichen. Die Welt im Erlebnis der künstlerischen Seele*. In: Berliner Lokalanzeiger, 14.4.1933. Abdrucke u.a. in: Hannoverscher Anzeiger, 14.5.1933; Deutsche Zeitung (Berlin), 13.7.1937; Deutsche Zeitung Bohemia (Prag), 20.6.1933, und in *Vom Schreibtisch eines Zeichners* (→ *AmW*, S. 43-45) [R502; A187; B22].

252 AK

1 ***intimes Erleben … Salzburgischen:*** Was AK hier unerwähnt lässt, ist die Bekanntschaft mit der Malerin Emmy Haesele (1894–1987), die er auf Betreiben seines Schwagers Oscar A.H. Schmitz Anfang der 1930er kennengelernt hatte. Angeregt durch die Schmitz von C.G. Jung verordneten Zeichenversuche hatte auch H im Alter von 37 Jahren mit bildnerischen Arbeiten begonnen. Zu einem ersten Besuch des Ehepaares Haesele in Zwickledt (am 20.5.1932) war es durch Vermittlung von Emma Schmitz gekommen. Zwischen AK und H entspann sich intensiver gedanklicher Austausch, Briefverkehr wurde aufgenommen. Bald bestand beiderseits der Wunsch nach einem Wiedersehen. Kubins entschlossen sich, den Sommer 1933 bei Haeseles in Unken (Land Salzburg) zu verbringen. Man nächtigte in einem nahen Gasthof und verbrachte viel Zeit miteinander. Am 19.8. sprachen AK und H erstmals offen über ihre Liebesgefühle, was besonders für letztere einen völligen Umsturz ihres bisherigen Lebens und tiefe emotionale Erfüllung bedeutete. Ihre Seelen- und Geistesverwandtschaft erlebten AK und H auch in künstlerisch-ästhetisierter Sphäre: Er als »Ali, der Schimmelhengst«, sie als »Fatma, die Schimmelstute«, er als der »Z.U.M.« (Zwillingsurmann) und sie als sein »Z.U.W.« (Zwillingsurweib). Beide strebten Offenheit und Ehrlichkeit gegenüber ihren Ehepartnern an. Eingeweiht wurden ansonsten nur HKs Schwester Tilly Spier und der Leiter des Kubin-Archivs, Dr. Kurt Otte, der sich anfangs im Hintergrund hielt, schließlich aber besonders für HK ein wichtiger Gesprächspartner und Gastgeber wurde. Hans Haesele unterstützte seine Frau in der Beziehung mit AK, wohingegen HK und Tilly Spier – mit der AK zuvor ebenso eine

intime Beziehung unterhalten hatte wie mit seiner anderen Schwägerin, Emma Schmitz – versuchten, aktiv am Geschehen teilzunehmen, was zu Spannungen mit H führte. Besonders HK hatte mit der ihr zugedachten Rolle der »modernen Ehefrau« ihre Schwierigkeiten und nahm während der Besuche Hs in Zwickledt Unterkunft bei Verwandten und Bekannten, manchmal auch bei Hans Haesele, der allerdings unverdrossen zu seiner Frau stand. Zwischen 1933–1936 schrieb AK etwa zweihundert Briefe an seine Geliebte; AK und H trafen sich in den folgenden Jahren wiederholt: Im Dezember 1933 und Januar 1934 verbrachte H je eine Woche in Zwickledt, im April, Juni, August und Oktober 1934 folgten weitere kurze Aufenthalte, Anfang August 1933 wurde eine gemeinsame Reise in den Böhmerwald unternommen, genauso im folgenden Sommer. H war während dieser Periode selbst kaum künstlerisch produktiv, nahm aber intensiv am Kubinschen Schaffensprozess teil und sammelte Inspiration für die spätere eigene Tätigkeit. Im Jahr 1935 kam es zu drei weiteren Besuchen Hs in Zwickledt. Die letzte persönliche Begegnung fand Mitte Februar 1936 statt, ein Treffen in Goldegg im Sommer 1938 kann nur vermutet werden: HK verlangte von ihrem Mann eine Entscheidung, und AK beschloss, zum *status quo ante* zurückzukehren. Für H bedeutete diese Zurückweisung eine tiefe Lebenskrise und bestimmte die nächsten Lebensjahrzehnte. Nach Abbruch der eigentlichen Beziehung im Jahre 1936 erhielt sie bis 1952 etwa zweihundert weitere Briefe des Künstlers, die allerdings immer kürzer und unpersönlicher wurden. Hs Versuch einer persönlichen Kontaktaufnahme kurz nach HKs Tod verhinderte AK – H wurde von der Haushälterin an der Türe abgewiesen. Auch später kam es zu weiteren heimlichen Besuchen in Zwickledt; die Beziehung war aber seitens AK beendet. (→ Wally, Barbara: *Emmy Haesele 1894–1987. Leben und Werk*. Salzburg: Galerie Altnöder 1993; besonders S. 14–34.) – Die aktuellste Schilderung der Beziehung lieferte Britta Steinwendtner mit *Du Engel – Du Teufel. Emmy Haesele und Alfred Kubin – eine Liebesgeschichte* (Innsbruck: Haymon 2009).

2 ***»die Angstmühle«:*** Ein gleichnamiges Blatt erschien 1933 im *Simplicissimus* (Jg. 38, H. 45) [R496].

3 ***Schnabeldrachen:*** Nicht ermittelt.

4 ***Tatzelwürmer:*** Ein gleichnamiges Blatt erschien 1934 in der Zeitschrift *Jugend* (Jg. 39, H. 46) [R517].

5 ***ein sehr guter Arzt:*** Unklar. Möglicherweise Dr. Hans Haesele, Emmy Haeseles Ehemann, Sprengelarzt in Unken.

6 ***Buch über »Mohammed« von Essad Bey:*** Bey, Essad: *Mohammed. Eine Biographie*. Berlin: Kiepenheuer 1932. – Essad Bey, eigentl. Lew Abramowitsch Nussimbaum, auch Noussimbaum, Ps. Kurban Said, Mohammed Essad-Bey, Esad Bej und Qûrbân Saîd (20. 10. 1905 Baku – 27. 8. 1942 Positano); deutschsprachiger Schriftsteller jüdischer Abstammung aus dem damaligen Russland. Ab 1920 in Berlin (1922 zum Islam konvertiert), 1936 Wien, 1938 Italien.

7 ***Vorfahrenforschung:*** Die Ergebnisse dieser Forschungen wurden schließlich veröffentlicht → Eintrag zu *Oswald* im Literaturverzeichnis.

8 ***mütterlicherseits … Ururgroßeltern:*** In der publizierten Genealogie (s. o.) konzentriert man sich auf die Vaterseite; nur AKs Großeltern mütterlicherseits werden namentlich erwähnt.

9 ***Großvater:*** Alois Kubin (25. 3. 1802 Schwarzkosteletz – 8. 2. 1874 Brüx); laut *Oswald* (s. o.) Gerichtsoberoffizial.

10 ***Fr. W. v. Seydlitz:*** Der preußische Kavalleriegeneral Friedrich Wilhelm von Seydlitz (3. 2. 1721 Kalkar – 8. 11. 1773 Ohlau). – *Raabe* weist darauf hin, dass sich die in AKs Familie tradierte Meinung, illegitime Nachkommen des Preußengenerals zu sein, genealogisch »noch nicht« bestätigt habe (→ *Raabe*, nach S. 176: Bildunterschrift zur Bleistiftskizze *Seydlitz*). Auch die knapp zwanzig Jahre später publizierte Forschung von *Oswald* (s. o.) – auf deren Vorstudien sich *Raabe* gestützt haben dürfte – besagt

nichts dergleichen. – In AKs Bibliothek in Zwickledt finden sich drei Werke zu Seydlitz (mit teilweise zahlreichen Randstreichungen und Anmerkungen): Eckart von Nasos *Seydlitz. Roman eines Reiters* (Bielefeld u. Leipzig: Velhagen u. Klasing 1932) [Inv. Nr. 3669], Kurt von Priesdorffs *Seydlitz* (Berlin: Deutsche Verlagsgesellschaft 1933) [Inv.Nr. 2436] und Anton Mayers *Reitergeist. Ein Seydlitz-Roman* (Berlin: Volksverband der Bücherfreunde/Wegweiser Verlag 1934) [Inv.Nr. 3064]. – Eine amüsante Kubinsche Thematisierung des Seydlitz-als-Vorfahre-Gedankens → *Fronius*, S. 323.

11 ***Figurenalphabeth:*** Erst Ende der 1940er veröffentlicht. – Kubin, Alfred: *Ein Bilder-ABC 1933*. Hamburg: Maximilian-Gesellschaft 1948. Als Jahresgabe erschienen [R663; A149].

12 ***dass das III Reich mich gewähren lässt:*** Das wechselhafte Verhältnis AKs zum »Dritten Reich« schildert *Mitterbauer*; daraus größtenteils das Folgende. – Neben den »Säuberungen«, die eigenen Arbeiten und Bekannte betreffend, war besonders die Zugriffsverweigerung auf AKs Passauer Konten von großem Einfluss auf den Zwickledter Alltag, zudem galt HK den Nationalsozialisten als »Halbjüdin«. Ab November 1934 bezeichnete sich AK als Mitglied der »Reichskammer der bildenden Künstler«, aus der er aber 1936 wieder ausgegliedert wurde – wie alle anderen nicht in Deutschland lebenden Mitglieder. Ein grundsätzliches Verbot war damit 1936 nicht verbunden. Am 20.7.1936 wurden die *20 Bilder zur Bibel* vorübergehend (→ 313 RP, anliegende Zuschrift) in die »Liste des schädlichen und unerwünschten Schrifttums« eingereiht. Auch bei der Arbeit an den *AeZ* gemeinsam mit RP kam es zu großen Schwierigkeiten (→ Briefe des folgenden Jahrzehnts). Neben gescheiterten Buchprojekten litt AK vor allem an der Auflösung einiger Künstlervereinigungen, in denen er langjähriges Mitglied gewesen war. Ab 1934 verstärkte er deshalb sein Engagement etwa in der Tschechoslowakei, der Schweiz, Holland, New York, London und v.a. in Österreich selbst. 1936 trat AK Dollfuß's *Vaterländischer Front* bei (Mitgliedsnummer 554559). Anlässlich seines 60. Geburtstags kam es zu einer großen Jubiläumsausstellung in der Wiener Albertina (→ 325 AK, Katalogs der großen K.Schau ...); in der Ausstellung »*Entartete Kunst*« wurde AK nicht gezeigt, obwohl 63 seiner Werke als »entartet« beschlagnahmt wurden. (→ *Kulturlexikon*, S. 342.) Der großdeutschen Idee wegen der eigenen Biographie durchaus zugetan, erlebte der Künstler 1938 die Truppenbewegungen im Zuge des »Anschlusses« Österreichs praktisch vor der eigenen Haustüre, ergriff allerdings nicht Partei, sondern übte sich im Schweigen. Auch langjährige Freunde im Exil, mit denen AK in Verbindung blieb, unterstützte er kaum; eine Illustrationsarbeit für Salomo Friedländer etwa lehnte er ab, um sich nicht selbst zu schaden. 1938 kam es zu einer Untersuchung seitens der Gestapo, ausgeführt durch den Gendarmeriekommandanten aus Wernstein, deren Abschlussbericht sich – interessanterweise – in der Städtischen Galerie im Lenbachhaus, München, Kubin-Archiv, findet und zahlreiche Formulierungen aufweist, die die Vermutung nahe legen, dass dem angesehenen Künstler Einsicht und Eingriff in den Text gewährt wurde: Niemals sei AK »Angehöriger de[s] Anarchosyndikalistischen Kulturbolschewismus« gewesen. Ende 1938 stellte AK erneut einen Antrag auf Aufnahme in die »Reichskammer der bildenden Künste«, dem am 1.4.1939 entsprochen wurde (Mitgliedsnummer: M 8261); in der Folge kam es auch zur Aufhebung des Verbots der Bibel-Bilder. Ausstellungs- und Verkaufszahlen waren dennoch rückläufig. Einen wichtigen Punkt in der nationalsozialistischen Kubin-Rezeption markiert der Aufsatz Meinhart Silds in den *Nationalsozialistischen Monatsheften* (→ 342 RP). Ab 1942 stieg die Zahl der Aufträge sprunghaft – AK wurde seitens des »Dritten Reiches« nun immer mehr in propagandistische Maßnahmen, wie etwa die Ausstellung *Deutsche Zeichenkunst des 19. und 20. Jahrhunderts* (Mai/Juni 1942) im besetzten Brüssel einbezogen [M1942/4]. Beinahe kam es sogar zu einem Besuch des Kulturbeauftragten des Gaues Oberdonau in Zwickledt (→ 365 RP). Im September 1945 meldete AK bei der Militärregierung ein Aktienvermögen von rund 100000 Reichsmark an. In den Brie-

fen mit »Gleichgesinnten« innerhalb des Reiches tauschte AK vorsichtig formulierte Kritik aus, wegen Angst vor der Zensur blieben Schreiben ins Ausland meist sehr zahm.

13 ***Linsengericht:*** Anspielung auf den Betrug Jakobs/Israels, um seines Bruders Erstgeburtsrecht zu erschleichen (1. Mose 25, 34).

14 ***Wallensteinroman:*** Durych, Jaroslav: *Friedland. Ein Wallenstein-Roman*. München: Piper 1933. – *Hoberg* (S. 243) vermutet Kubinsche Illustrationsarbeiten für dieses Werk im Jahre 1934, der Briefwechsel mit RP macht allerdings deutlich, dass erst nach Fertigstellung des *Friedland* AKs Beschäftigung mit Durych beginnt – und zwar für die Novellen-Sammlung *Die Kartause von Walditz*, die ebenfalls die Zeit des Dreißigjährigen Krieges thematisiert (→ 255 RP und folgende).

15 ***Eduard VII u. s Zeit aus der Feder Maurois:*** Maurois, André: *Eduard VII. und seine Zeit*. München: Piper 1933 [Inv.Nr. 2386].

16 ***Monographie über »die Masken«:*** Schneider-Lengyel, Ilse: *Die Welt der Maske*. München: Piper 1934. – Das Erscheinen verzögerte sich (→ 253 RP).

253 RP

1 ***autobiographische Notiz:*** → 254 AK, »Erzkatholiken«

2 ***Buch von Gulbransson:*** Olaf Gulbranssons Verkaufserfolg *Es war einmal* (München: Piper 1934).

3 ***»Führung und Geleit« ... Carossa ... Ihnen ... schönes Kapitel gewidmet:*** Carossa, Hans: *Führung und Geleit. Ein Lebensgedenkbuch*. Leipzig: Insel 1933. – AK-Kapitel S. 52–58, weitere Bemerkungen S. 68 u. 75; zahlreiche Wiederabdrucke [R50].

4 ***Episode bei Rilke:*** Die aufschlussreichen Bemerkungen über Rilke finden sich in *Führung und Geleit* auf Seiten 90–107; besagte Stelle S. 100.

5 ***zwei Bände über die Schweiz:*** Schmid, Hans Rudolf u. Annemarie Schwarzenbach: *Schweiz – Ost und Süd* (Was nicht im Baedeker steht. Bd. 15). München: Piper 1932. – Dies.: *Schweiz – Nord und West* (Was nicht im Baedeker steht. Bd. 16). München: Piper 1933. – Die Serie *Was nicht im Baedeker* steht war im Jahr 1927 initiiert worden und lief bis zu besagtem Band 16.

6 ***Ihren Stiefsohn:*** → 184 AK, Otto Gründler

7 ***»Heimliche Welt«:*** → 193 RP, Heimliche Welt

254 AK

1 ***Kafka kannte ich persönlich noch ... Genie ... Tuberkulose:*** Franz Kafka (3.7.1883 Prag – 3.6.1924 Kierling); österreichischer Schriftsteller; Jurist. 1901–1906 Jura- und Germanistikstudium an der Deutschen Universität Prag, 1908–1922 Angestellter einer Arbeiter-Unfall-Versicherung. Freundschaft mit Max Brod und Franz Werfel. 1922 Pensionierung wegen einer 1917 ausgebrochenen Tuberkuloseerkrankung. Zahlreiche Kuraufenthalte. Herbst 1923 bis Frühjahr 1924 als freier Schriftsteller in Berlin, Beziehung mit Dora Diamant. Krankheitsbedingte Rückkehr und Tod an Kehlkopftuberkulose in einem Sanatorium nahe Wien. – Max Brod (1884–1968) hatte AK am 18.9.1911 in Prag kennengelernt und ihn am 26.9.1911 Franz Kafka vorgestellt. (→ Kafka, Franz: *Tagebücher. Bd. 1: 1909–1912*. In der Fassung der Handschrift. (= Gesammelte Werke. Hrsg. v. Hans-Gerd Koch. Bd. 9.) Berlin: Fischer 2008, S. 287–288.) Es bestand lose Korrespondenz, in der K AK (trotz einiger negativer Bemerkungen in den Tagebüchern) seine Anerkennung aussprach: »Vielleicht gelingt es mir, doch noch einmal zu sagen, was mir diese ihre Arbeit bedeutet.« (Zit. nach: *Raabe*, S. 207.) – Die weltweite Kafka-Rezeption setzte in voller Stärke erst nach dem 2. Weltkrieg ein, AKs Einschätzung war also durchaus zeitkonform.

2 ***das Buch ... worin der Landarzt abgedruckt ist:*** In AKs Bibliothek sind sechs Bücher

Franz Kafkas verzeichnet, darunter der sechste Band aus den gesammelten Werken [Inv.Nr4391] (erschienen erst 1937) sowie eine Ausgabe von *Ein Landarzt. Kleine Erzählungen* (München/Leipzig: Kurt Wolff, 1919) [Inv.Nr. 4393]: »Randstreichungen Kubins mit Ziffern (Vormerkungen bzw. Notizen für die Illustration!) Bleistift. Dazu auf S. 6 Formatangabe,15 × 23'«.

3 ***Rauhnacht:*** → 237 AK, R. Billinger

4 ***4 Klischeés ... »das Forum«:*** Kletzl, Otto: *Kubins Kunst auf dem Theater. »Rauhnacht« von Richard Billinger. Mit Bühnenbildern von Alfred Kubin.* In: Forum. Zeitschrift für Kunst, Bau und Einrichtung 11/12, 1931, S. 360–361. Reproduktion der Entwürfe: *Rauhnachtsmasken, Xandl und Cilli, Kreuzhalter und Brigitte, Scenenbild zum Vorspiel.* – Die Zeitschrift *Forum* erschien von 1931 bis 1938 in Pressburg/Bratislava. – Kletzls Artikel war am 7.10.1931 auch in der *Deutschen Zeitung Bohemia* (Prag) abgedruckt worden [R729].

5 ***Kippenberg:*** Eine Druckversion des Billingerschen Dramas war 1931 in Kippenbergs Insel-Verlag erschienen (→ 211 AK). – Billinger, Richard: *Rosse. Rauhnacht. Zwei Dramen.* Leipzig: Insel 1931.

6 ***der »Neamd« (Niemand) auf der Welt ... Operettenliede:*** Carl Morres *s'Nullerl. Volksstück mit Gesang in fünf Aufzügen* (Graz: Goll 1885). – »I bin der Neamd auf der Welt, I hab ka Feld und ka Geld [...] Mir dankt neamd, mi pfüat neamd, ka Mensch denkt auf mi, s' Nullerl, s' Nullerl, ja, s' Nullerl bin i.« (Zit. ebd. S. 7–8.)

7 ***»Erzkatholiken«:*** In der beiliegenden autobiographischen Notiz meint Durych über die Zeit nach dem 1. Weltkrieg: »Als Bekenner einer hierarchischen Ordnung musste ich in die schärfste Opposition zu allen Gegnern und Schädigern der Religion gelangen, d.h. zur überwiegenden Mehrheit der damaligen Öffentlichkeit. [...] Jetzt beschäftige ich mich mit dem Studium der katholischen Mission des 16. und 17. Jahrhunderts, namentlich der in Japan, in der ich eine der höchsten Kundgebungen des menschlichen Willens [...] gefunden habe.« (Zit. ÖLA 77/B2/93.)

255 RP

1 ***Spengler:*** Wohl der Bestseller *Jahre der Entscheidung* (München: C.H. Beck 1933) des kulturpessimistischen Geschichtsphilosophen Oswald Spengler (29.5.1880 Blankenburg – 8.5.1936 München).

2 ***das schlechteste Jahr:*** Die schwierige wirtschaftliche Situation im »Dritten Reich« gipfelte schließlich im Jahr 1945 mit nur einem einzigen neuen Verlagsprojekt, Georg von der Vrings Erzählband *Die Umworbenen.*

3 ***Piper-Bücherei:*** Die Realisierung dieses Piperschen Konzepts einer billigen Reihe sollte noch bis nach Kriegsende warten müssen. Erst 1946 erschien der erste Band: Richard Benz's *Beethovens Denkmal im Wort.* Die *Piper-Bücherei* wurde 1966 (im Zuge der Etablierung des Taschenbuchs) eingestellt und von den *Piper-Paperbacks*, ab 1970 von der *Serie Piper* abgelöst. – Die *Insel-Bücherei* war bereits 1912 ins Leben gerufen worden und besteht bis heute. – Das Kubinsche Illustrationsprojekt zu Durych wurde dennoch verwirklicht (→ die folgenden Briefe).

256 AK

1 ***Frankfurter Kunstverein ... Simplizius ... Direktor Marcus:*** Karl Marcus (1878–1930), Direktor des Frankfurter Kunstvereins von 1903 bis 1930, dann ersetzt von Dr. Curt Gravenkamp (Direktor bis 1961). – Eine Arbeit *Simplicius bei dem Einsiedler* hatte AK bereits 1925 im *Simplicissimus* veröffentlicht [R295]. RP schilderte sie in seinem Aufsatz von 1935 (→ 269 RP, Kubin-Bildnis): »Der junge Simplizissimus spielte, am Boden kauernd in der Hütte des Einsiedlers. Der hatte einen uralten Schlafrock an, saß in einem uralten Lehnstuhl und las in einem uralten Buch. Ein Rabe hockte auf

dem Tisch, sein Schnabel stieß scharf und schwarz in den Raum.« (Zit. *MLaV*, S. 464.)

2 ***Entwurf ... meines letzten Blattes:*** Das Blatt *Till Eulenspiegel steigt aus seinem Grab* erschien 1934 im *Simplicissimus* (Jg. 39, H. 2) [R520]. – Eine nur geringfügig veränderte Fassung wurde 1940 als Lithographie von der Griffelkunst-Vereinigung Hamburg-Langenhorn herausgegeben [R588; Hb144 → dort auch weitere Vergleichswerke]. – Bei Karl & Faber ist die angesprochene Skizze als Nr. 405 verzeichnet. Am rechten Bildrand eigenhändiger Kommentar des Künstlers: »Entwurfsskizze: Till Eulenspiegel verlässt sein Grab: seinem lieben Verleger Reinhard Piper zur einstmals gefälligen Nachahmung empfohlen – vom alten Kubin«.

3 ***Ulenspiegel ... Übertragung:*** → 100 AK, Ulenspiegel

4 ***Rassenproblem ... Tschandala:*** Als »Chandalas« wurden (und werden) in Indien Angehörige niederer Kasten (System offiziell nach der Unabhängigkeit abgeschafft) abwertend bezeichnet. Dem Strindbergschen Text liegt der »Tschandala«-Begriff Nietzsches zugrunde, der sich seinerseits wieder auf das indische *Gesetzbuch des Manu* stützt. In *Die ›Verbesserer‹ der Menschheit* schreibt Nietzsche: »Das Christenthum, aus jüdischer Wurzel und nur verständlich als Gewächs dieses Bodens, stellt die *Gegenbewegung* gegen jede Moral der Züchtung, der Rasse, des Privilegiums dar: – es ist die *antiarische* Religion par excellence: das Christenthum die Umwerthung aller arischen Werthe, der Sieg der Tschandala-Werthe, das Evangelium den Armen, den Niedrigen gepredigt, der Gesammt-Aufstand alles Niedergetretenen, Elenden, Missrathenen, Schlechtweggekommenen gegen die ›Rasse‹, – die unsterbliche Tschandala-Rache als *Religion der Liebe*.« (Zit. Nietzsche, Friedrich: *Sämtliche Werke. Kritische Studienausgabe*. Bd. 6. Hrsg. v. Giorgio Colli und Mazzino Montinari. München, New York: DTV, De Gruyter 1980, S. 101–102).

5 ***Romanfragmenten:*** Gemeint sind Franz Kafkas unvollendete Romane *Der Verschollene* (*Amerika*), *Der Prozess* und *Das Schloss*.

6 ***Compagnons:*** Nach Ausscheiden Alfred Eisenlohrs (→ 12 RP) im Jahr 1932 war im Winter 1933 Robert Freund (→ 196 RP) RPs letzter Teilhaber.

257 RP

1 ***Karl Arnold:*** Karl Arnold (1.4.1883 Neustadt bei Coburg – 29.11.1953 München); Maler, Zeichner, Karikaturist. Studium an der Münchener Akademie. Mitarbeiter und ab 1917 Teilhaber des *Simplicissimus*. Beiträge für *Jugend* und *Lustige Blätter*, Gründungsmitglied der *Münchener Neuen Secession*. Pressezeichner für den Ullstein-Verlag. As *Berliner Bilder* (München: Simplicissimus-Verlag 1924) wurden 1938 auf die »Liste des schädlichen und unerwünschten Schrifttums« gesetzt, 1943 verließ er München, viele seiner Arbeiten wurden 1945 vernichtet. – Mit Piper bestand bereits seit langem Kontakt: 1912 waren *Die Schnurren des Rochus Mang, Baders, Mesners und Leichenbeschauers Fröttmannsau* mit Bildern von Karl Arnold erschienen; 1953 sollte As *Schwabing und Kurfürstendamm* als 60. Band der Piper-Bücherei veröffentlicht werden.

2 ***Lutz ... »Zwischenfalls« ... »Bayrisch«:*** Lutz, Joseph Maria: *Der Zwischenfall. Roman*. München: Piper 1930. Weiteres siehe → 243 RP, »Bayerisch«.

3 ***den Kalender:*** *Pipers Kunstkalender 1934*. München: Piper 1933.

4 ***das neue Buch von Brehm:*** Brehm, Bruno: *Weder Kaiser noch Königin. Der Untergang der habsburgischen Monarchie*. Trilogie über den Weltkrieg. Bd. 3. München: Piper 1933. – Exemplar in AKs Bibliothek [Inv.Nr. 3492].

5 ***geben Sie Ihrer Gattin ... Ihre Gattin bald bei uns sehen:*** Am selben Tag schreibt RP auch an HK: »Sehr geehrte Frau, es wird jetzt Zeit, dass wir uns über die Illustrierung des Buches aus der Wallensteinzeit, über das wir mit Ihrem Gatten schon wiederholt korrespondiert haben, endgültig schlüssig werden. Wir wollen das Buch noch im

Frühjahr herausbringen. Ausserdem müssen wir uns nun endgültig über die Illustrationsfolgen zur Rauhnacht von Billinger und über das Figurenalphabet einigen. Dies alles bedarf dringend einer mündlichen Besprechung. Wir möchten Sie deshalb bitten, recht bald nach München zu kommen. Wir muten Ihnen diese Unbequemlichkeit zu, weil hier ja auch die anderen Beteiligten dabei sein können. Wir wenden uns mit dieser Frage an Sie, da wir ja aus früheren Fällen wissen, dass – in Anbetracht der geschäftlichen Schwerfälligkeit und Reisescheu Ihres Gatten – Sie diese Angelegenheiten zu erledigen pflegen.« (Zit. StGL-M-KA.) – Zum Besuch kommt es Anfang Februar 1934 (→ 260 RP).

258 AK

1 *Ihre Briefe:* → 257 RP, geben Sie ihrer Gattin …
2 *Vegesack:* Siegfried von Vegesack, Ps. Fedor B. Isjagin (20.3.1888 Gut Blumbergshof/Livland – 26.1.1974 Burg Weißenstein bei Regen/Bayern); Schriftsteller. Studium der Geschichte und Kunstgeschichte in Dorpat, Berlin, Heidelberg und München. Mitglied der schlagenden Burschenschaft *Livonia*, verlor bei einer Mensur ein Auge. Heirat mit der schwedischen Schriftstellerin Clara Nordström (18.1.1886 Karlskrona – 7.2.1952 Mindelheim) im Jahr 1915. 1918 Umzug in ein Wirtschaftgebäude der Burgruine Weißenstein (wegen der hohen Renovierungskosten von V »Fressendes Haus« genannt), 1929 in die Schweiz, dann Emigration nach Schweden wegen nationalsozialistischer Repressalien. Scheidung 1935. Zahlreiche Reisen; Rückkehr nach Bayern Ende der 1930er. 1941–1944 Wehrmachtsdolmetscher in der Ukraine, in Georgien etc. 1945 Rückkehr auf die Burg Weißenstein als freier Schriftsteller. Mit AK (»der Vegesacks oft skurrile Bücher sehr schätzt«; Zit. *Raabe*, S. 209) und Reinhold Koeppel freundschaftlich verbunden. – V verfasste auch einige Arbeiten über seinen Zwickledter Bekannten, etwa *Alfred Kubin. Zu seinem 50. Geburtstage am 10. April* (In: Literarische Welt, 8.4.1927; zahlreiche weitere Abdrucke) [R*471*], *Alfred Kubin – Grübler und Seher. Zu seinem 75. Geburtstag* (In: Schwäbische Landeszeitung, 7.4.1952; weiters abgedruckt in der Frankfurter Neuen Presse, 9.4.1952) [R*581*] und *Spuk und Wirklichkeit. Kubin, der Magier des Bayerischen Waldes* (In: Die Zeit, 6.11.1952) [R*450*]; siehe auch → R*189*.

259 RP

1 Unterschrift fehlt, Brief unvollständig. Erklärung → nächster Brief.
2 *Rasseproblem:* Diese – von AK begonnenen (→ 258 AK) – dem Zeitgeist des »Dritten Reiches« gemäßen Erwägungen entsprechen nicht den sonstigen Gebarungen bei Piper in den Jahren des NS-Regimes. Der Verlag verfolgte vielmehr eine Stratgie des Rückzugs ins Unverfängliche, Historische, Idyllische und Humoristische, forcierte politisch unverdächtige nordische Autoren, kulturgeschichtliche Werke und weniges an Blut-und-Boden-Literatur. Auch Lizenzausgaben für den Frontbuchhandel wurden zu einem wichtigen Wirtschaftsfaktor. – »Reichspropagandaministerium« und »Reichskulturkammer« hatten die Gleichschaltung ab 1933 begonnen, 1937 wurde der »Ariernachweis« Bedingung für die Mitgliedschaft in der »Reichsschrifttumskammer« und dem »Reichsverband Deutscher Schriftsteller«, beides Zwangsorganisationen, zu denen man beitreten musste, wollte man weiter publizieren (→ 252 AK, dass das III Reich …). Weder Klaus Piper noch RP wurden Mitglieder der NSDAP. 1933 kam es im Verlag nach Denunzation zu einer Hausdurchsuchung nach kommunistischer und pornographischer Literatur, die jedoch ergebnislos blieb; die Zusammenarbeit mit dem als »Kulturbolschewisten« diffamierten Buchkünstler Paul Renner musste allerdings stark eingeschränkt werden. Ab 1936 wurden die Werke von André Maurois und Wilhelm Hausenstein verboten, die Verhandlungen mit den Be-

hörden, auch um Papierzuteilung (als wichtiges Kontrollinstrument), wurden komplizierter. Besonders Pipers Kunstprogramm mit Werken der Avantgarde und als »entartet« verfemter Künstler geriet ins Visier. Julius Meier-Graefe, als Jude und Verfechter der Moderne, war bereits ab Ende der 1920er Jahre schweren Anfeindungen ausgesetzt gewesen, nach 1930 wurde keines seiner Bücher mehr neu aufgelegt. Besonders hart traf die Ablehnung Ernst Barlach, dessen Band *Zeichnungen* bei Piper verboten wurde (→ 290 RP). – Klaus Piper in seiner Autobiographie: »Die nationalsozialistische ›Bewegung‹ war mir fremd, ja stieß mich ab. Mit ekstatischen Versprechungen von deutscher Größe, die alles bisher von Menschen Geleistete in den Schatten stellen würde, damit konnten wir – und damit ist das kleine, vertraute Kollektiv von Familie und Freunden gemeint – nichts anfangen. Das grobe Auftreten der SA, die oft verkniffenen und brutalen Visagen ihrer Repräsentanten mußten wir als feindlich empfinden. Es war uns, als habe sich Deutschland einer fremden Besatzungsmacht ausgeliefert. Aber ich muß betonen: Ich war kein Held. Wir haben uns angepaßt. Wir haben einfach weitergelebt. Wir haben schlicht vermieden, etwas zu tun oder zu sagen, was uns ins KZ gebracht hätte.« (Zit. *Doppelt leben*, S. 81.) – Dass die Arbeit des Piper-Verlags während der nationalsozialistischen Herrschaft nicht ausschließlich positiv bewertet werden kann, diskutiert etwa die Verlagsgeschichte *100 Jahre Piper*, allgemein gilt Piper aber als ein Unternehmen, das das »Dritte Reich« vergleichsweise unbelastet überstanden hat. (→ *Piper 100*, S. 113-119.) – Zu der Trennung von Robert Freund → 300, 348 RP.

260 RP

1 ***Dr. Ernst Heimeran … Schwager von Ernst Penzoldt … Vorstandsmitglied der Argonauten:*** Georg Arthus Ernst Heimeran (19.6.1902 Helmbrechts – 31.5.1955 Starnberg); Verleger und Schriftsteller. Schwager von Ernst Penzoldt (→ 243 RP). Schon zu Schulzeiten erste verlegerische Tätigkeiten, ab 1922 ins Handelsregister eingetragener Verlag. Studium der Kunstgeschichte und Philosophie in Erlangen und München. Feuilletonist bei den *Münchner Neuesten Nachrichten* bis 1933, aus politischen Gründen ausgeschlossen. Beginn der eigentlichen Verlagstätigkeit: *Tusculum*-Bücher (zweisprachige Ausgaben klassischer antiker Texte), humorvolle, hintergründig-kritische Literatur oft häuslich-familiärer Atmosphäre. – Nach der Inflationszeit in den 1920er Jahren mussten viele Bohèmiens ohne ihre Renten auskommen und sahen sich so zum Zusammenschluss und v.a. zu journalistischer Arbeit gezwungen. Die Vereinigung der *Argonauten* war 1924 mit dem Zweck der »Pflege zeitgenössischer Dichtung durch regelmäßige Vortragsabende und gesellschaftliche Veranstaltungen« von Ernst Heimeran, Ernst Penzoldt, Paul Alverdes, Josef Magnus Wehner u.a. gegründet worden, zählte 1927 etwa 500 Mitglieder und wurde 1934 von den Nationalsozialisten zwangsaufgelöst. Die Geschäftsstelle befand sich bis zum Ende des Vereins im Heimeran-Verlag. Neben Lesungen von Mitgliedern und Gästen (Thomas Mann, Hermann Hesse, Hans Carossa etc.) wurden Weihnachts- und Sommerfeste organisiert, besonders das ab 1925 stattfindende Faschingsfest wurde bald zu einem Fixstern im Veranstaltungskalender des Münchener Kulturbetriebs. Auch Autoren der Kriegsgeneration aus dem konservativen und nationalen Lager gehörten dem Kreis an. (→ Wittmann, Reinhard: *Hundert Jahre Buchkultur in München*. München: Hugendubel 1993, S. 115–116 sowie *Penzoldt*, besonders S. 133–144.)

261 AK

1 ***Willy Haas, »literarische Welt« … Emigrantenpresse:*** Willy Haas, Ps. Caliban (7.6.1891 Prag – 4.9.1973 Hamburg); Kritiker, Schriftsteller, Herausgeber. 1911 Gründung seiner ersten literarischen Zeitschrift *Die Herder-Blätter* (Veröffentlichungen von

Kafka, Werfel, Brod etc.). 1914 Lektor beim Kurt Wolff Verlag, im 1. Weltkrieg k.u.k. Offizier, dann Kritiker und Schriftsteller in Berlin. 1925–1933 Herausgeber der *Literarischen Welt* (bedeutsame Wochenschrift, anfangs Zusammenarbeit mit Rowohlt, 1925 Auflage etwa 30000; Beiträge von Rilke, Hofmannsthal, Döblin, Musil, Joyce etc.), 1933 Verkauf der bald darauf eingestellten Zeitschrift und Ende Juni Emigration nach Prag. Bis 1939 Redakteur der *Prager Presse* und der *Film-Wochenschau*, daneben auch Verlagslektor. Flucht nach Indien (dort in der Filmindustrie tätig), ab 1947 wieder in Europa: Kritiker und Essayist für *Die Welt*. – Auf welche der damals mit H in Verbindung stehenden Blätter sich AK hier bezieht, ist unklar. Möglicherweise handelt es sich um eine von H in Prag herausgegebene und in seinen Lebenserinnerungen beschriebene Wochenschrift in der Tradition der *Literarischen Welt*, die bereits nach wenigen Nummern wegen der Unmöglichkeit eines Vertriebs in Deutschland und der ängstlichen Zurückhaltung ehemaliger Mitarbeiter wieder eingestellt werden musste. (→ Haas, Willy: *Die Literarische Welt. Erinnerungen*. München: Paul List 1957, besonders S. 184–189.) – Nach dem Krieg widmete H AK den Jubiläumsartikel *Der Zeichner des Alpdrucks. Zum 75. Geburtstag Alfred Kubins* (In: Der Tagesspiegel, 10.4.1952) [R*553*]. – Seit 1998 gibt *Die Welt* eine nach Hs Erfolgszeitschrift benannte wöchentliche Literaturbeilage heraus.

2 ***Louis Hofbauer:*** Louis Hofbauer (26.10.1889 Jalta – 1.6.1932 Munderfing); österreichischer Maler. Studium in Wien, 1911 Italienaufenthalt. Während des 1. Weltkriegs aus Krankheitsgründen dienstbefreit, Restaurator in Olmütz, dann bis 1923 in Straßwalchen bei Salzburg. Kurzer Aufenthalt in Bozen, schließlich ab 1925 in Munderfing, Oberösterreich. – Gründungsmitglied der *Innviertler Künstlergilde* und somit in Kontakt mit AK ab etwa 1923. (→ *Kunstbeziehungen*, S. 210.)

3 ***»der Main«… Wolfg. Weyrauch:*** Weyrauch, Wolfgang: *Der Main. Eine Legende*. Mit 27 Federzeichnungen von Alfred Kubin. Berlin: Rowohlt 1934 [R515; A158]. – 4.–8. Tausend 1947 [R653; A219].

4 ***Heinrich VIII… Werk:*** Hackett, Francis: *Heinrich der Achte*. Berlin: Rowohlt 1932 [Inv.Nr. 2250].

5 ***Rowohlt:*** Ernst Hermann Heinrich Rowohlt (23.6.1887 Bremen – 1.12.1960 Hamburg); Verleger. Banklehre, Volontär in Druckereien in Leipzig, München und Paris. Erste Verlagswerke ab 1908, offizielle Verlagsgründung 1910 mit Kurt Wolff. 1912 Verkauf an Wolff, Anstellungen bei S. Fischer und im Hyperion Verlag, Kriegsteilnahme. 1919 zweite Verlagsgründung, Berufsverbot 1936, Emigration, dann kurzer Wehrdienst, 1946 erfolgreiche Wiederaufnahme der Verlagsgeschäfte. Herzinfarkt 1951, Rückzug aus den Geschäften. – Wichtiger Verleger AKs ab den 1930ern; bei R erschienen etwa Kusenbergs *La Botella und andere seltsame Geschichten* mit Illustrationen AKs (Stuttgart/Hamburg, 1947) [R649; A188] sowie das zentrale AK-Werkverzeichnis *Leben. Werk. Wirkung* von Paul Raabe und Kurt Otte (→ 295 AK, graphischen Kataloges).

262 AK

1 ***Onkel Eduard:*** Bezug unklar. Möglicherweise Selbstbezeichnung/Anspielung auf die AK-Parodie *Der große Eduard* von Kurt Aram, erstmals erschienen in *Die Jugend*, H.34, 1904, S. 688–692 [R*302*].

2 ***Artikel im großen Herder:*** Eintrag in das Konversationslexikon *Der große Herder* (4. Aufl. Bd. 7. Freiburg: Herder 1933, Sp. 373) [R*604*].

3 ***bangen vergangenen Woche hier bei uns in Österreich:*** Nachträgliche hs Anmerkung RPs mit Bleistift: »sozialdemokr. Februar-Aufstand«. – Gemeint ist der Österreichische Bürgerkrieg vom 12.–15.2.1934 zwischen dem sozialdemokratischen *Republikanischen Schutzbund* und der *Heimwehr* des nationalen Lagers, die von der autoritären Regierung Dollfuß als Unterstützung der Exekutive eingesetzt worden war.

Auslösendes Ereignis war die Weigerung des *Schutzbundes* in Linz unter Richard Bernaschek, der *Heimwehr* die Durchsuchung der Parteiräume nach Waffen zu ermöglichen. Die Auseinandersetzung eskalierte, die Kämpfe weiteten sich schnell auf andere Industrieorte aus, es gab zahlreiche Tote und Verletzte. Regierungstruppen und *Heimwehr* setzten sich schließlich durch, die Sozialdemokratie wurde ebenso wie Gewerkschaften und andere Institutionen der Arbeiterbewegung verboten. Einige Verantwortliche aus den Reihen des *Republikanischen Schutzbundes* wurden hingerichtet, andere konnten fliehen. Die Spaltungen im Land waren zementiert, der Weg frei zum austrofaschistischen Ständestaat und einer weiteren außenpolitischen Isolierung Österreichs.

4 ***Hokusai:*** Katsushika Hokusai (vermutlich 31.10.1760 Warigesui – 10.5.1849 Henjin); einer der wichtigsten Vertreter des japanischen Ukiyo-e (→ 26 AK, den Toyokuni ...). Hs bekanntestes Werk ist die Farbholzschnittserie *36 Ansichten des Berges Fuji*. – In AKs Bibliothek finden sich Friedrich Perzynskis *Hokusai* (Bielefeld/Leipzig: Velhagen und Klasing 1904) und das 1954 bei Piper erschienene *Hokusai – 46 Holzschnitte und Zeichnungen* ausgewählt von Franz Winzinger (Piper-Bücherei 69).

263 RP

1 ***Hermann Geibel:*** Hermann Geibel (14.5.1889 Freiburg/Breisgau – 20.9.1972 Darmstadt); Bildhauer, Holzschnitzer und Lithograph. Studium in Dresden, München und Paris. Im 1. Weltkrieg verwundet. 1917 und 1919 Kollektivausstellungen bei Tannhauser in München. Ab 1934 Lehrer an der Technischen Hochschule in Darmstadt. G schuf überwiegend figürliche Plastik, u.a. Akte, Porträts und Tierdarstellungen; anfangs naturalistischer, später archaisierender Stil. – Keine Veröffentlichungen bei Piper, keine Erwähnung in *MLaV*.

2 ***auch von Barlach ... viel Gutes:*** Eine durchwegs positive und sehr detailreiche Kritik schrieb B in einem Brief an RP am 19.2.1934 (→ *Barlach*, S. 317–318).

3 ***Daumier:*** Honoré Daumier (26.2.1808 Marseille – 11.2.1879 Valmondois); französischer Karikaturist, Maler und Bildhauer. Zunächst in einer Lithographieanstalt tätig. Ab 1831 Mitarbeiter des Blattes *La Caricature*; dort Begründung seines Rufes als Karikaturist mit Darstellungen von Parlamentariern der Juli-Monarchie. Wegen Verspottung des Königs 1832 sechs Monate in Haft. Verbot der *Caricature* 1835. Weitere sozialkritische Arbeiten (*Caricaturana*, 1836–1838). Ab 1848 Kontakt zur Malerkolonie von Barbizon. Gemälde meist im Milieu der Vorstadttheater, der Advokaten, der Kunstsammler oder der Unterpiveligierten angesiedelt, gelegentlich auch religiöse Themen und literarische Stoffe. – In *Die Federzeichnung* (1927) schreibt AK nach einer Erörterung über chinesische und japanische Federzeichnungen: »Nun braucht sich der Westen aber gewiß nicht zu verstecken, denn wo immer nur eine persönliche Kunst aufkommen konnte, gaben die Künstler ihre Ergriffenheit auch durch solche Werke kund. Ich für meinen Teil ziehe die leidenschaftlichen Manifestationen eines Delacroix und Daumier den geläuterten, stilvollen, etwas leeren Konturzeichnungen der Nazarener und Klassizisten vor – das ist Temperaments- und Geschmackssache.« (Zit. *AmW*, S. 66.)

4 ***Ensor:*** James Ensor (13.4.1860 Ostende – 19.11.1949 ebd.); belgischer Maler und Graphiker. Malerlehre, dann abgebrochenes Studium in Ostende und Brüssel. Impressionistische Anfänge, später Entwicklung seines realistisch-symbolistischen Stils in der Tradition Brueghels und Boschs; Vorläufer des Expressionismus. Förderung von F. Rops. Es bekanntestes Werk ist das großflächige *L'Entrée du Christ á Bruxelles* (1888). Ab den 1920ern große Popularität auch in Deutschland und Frankreich. – Es Einfluss v.a. auf den frühen AK ist wohl dokumentiert (→ 21 AK, Rops); auch in AKs Aufsatz *Malerei des Übersinnlichen* (→ 251 AK) findet E Erwähnung: »Bis in die Gegenwart können wir bei sonst jedem Aberglauben fern stehenden Künstlern häufig

gespenstische Themen verarbeitet finden. So in den Zeichnungen und Lithographien des 1917 verstorbenen Franzosen Odilon Redon, in vielen Blättern und Gemälden des Belgiers James Ensor wie auch in den frühen Graphiken des Norwegers Edvard Munch. Soviel ist sicher: kein Künstler würde diese abseitigen Stoffe wählen, wenn er sich nicht dazu gedrängt fühlte.« (Zit. *AmW*, S. 43.) AK hatte den Sonderegger-Freund E 1914 in Paris besucht. (→ *Raabe*, S. 201.) Im Jahr 1942 berichtet AK Hans Fronius über E: »dieser 82jährige E. der um meine Hypochondrie weiß grüßt und nennt mich noch ›petit garcon‹ im Verhältnis zu ihm – er ist ein origineller Kauz«. (Zit. *Fronius*, S. 311.) – Der umfangreiche Bestand an E-Graphiken der Kubinschen Sammlung ging mit einer Ausnahme nach Linz. (→ *Heinzl 1970*, S. 233.)

5 ***Hogarth:*** William Hogarth (10.11.1697 London – 26.10.1764 Chiswick); englischer Maler, Kupferstecher und Karikaturist. Lehre als Silberschmied und Graveur, dann Studium der Malerei an der Vanderbank's Academy und bei Sir James Thornhill. Sozialkritische Gemälde, erfolgreiche Illustrationsserien und Karikaturen, deren Kupferstich-Versionen sich (auch als Fälschungen oder Raubkopien) über die Grenzen Englands hinaus gut verkauften, weshalb H 1735 die Verabschiedung eines Copyright-Gesetztes durchsetzte (in England bis heute: H-Gesetz). 1757 zum Hofmaler ernannt. – Bei Piper erschien 1907 als zweiter Band der Reihe *Klassische Illustratoren* der von Julius Meier-Graefe gestaltete Band *William Hogarth* – und wurde zur Initialzündung der Verlagsbeziehungen zu einem der wichtigsten Kunstschriftsteller seiner Zeit (→ 35 AK).

6 ***Callot:*** Jacques Callot (1592 Nancy – 14.3.1635 ebd.); französischer Zeichner und Radierer. Zwischen 1612 und 1621 in Florenz. Hauptwerk: die beiden Radierzyklen *Misères de la Guerre* (1632/33) mit Massenszenen zum Dreißigjährigen Krieg; dazu Landschafts- und Städtebilder, Darstellungen der unteren Gesellschaftsschichten. – Zwei Pferdeskizzen aus AKs Sammlung befinden sich in der Wiener Albertina, Stiche aus den *Misères* in Linz. (→ *Heinzl 1970*, S. 229.) Siehe auch → *Kunstbeziehungen*, S. 66–70.

264 AK

1 ***Meine Frau ist verreist:*** Die Ehekrise im Hause Kubin wegen AKs Beziehung mit Emmy Haesele brach 1934 offen aus. Um den 26.4. ist ein weiterer Besuch des »Zwillingsurweibes« in Zwickledt belegt (→ 252 AK, intimes Erleben …). In den folgenden Jahren sollte HK wiederholt bei Dr. Otte (Kubin-Archiv) in Hamburg einen Rückzugsort finden (→ 270 AK, Frau …).

265 RP

1 ***Entwurf-Zeichnung:*** Nicht erhalten.

2 ***kulturhistorische Bilderbuch von Georg Hirth:*** Hirth, Georg: *Kulturgeschichtliches Bilderbuch aus drei Jahrhunderten*. Bd. 1–6. Leipzig: Hirth 1883. – Georg Hirth (13.7.1841 Gräfentonna – 28.3.1916 Tegernsee); Kulturschriftsteller und Publizist. Ausbildung im Geographischen Institut Perthes, dann Studium in Jena; Arbeiten als Redakteur. Ab 1871 Verlagsbuchhändler und Buchdruckereibesitzer in München (Knorr u. Hirth). Nationalliberal gesinnter Mitinhaber der *Münchner Neuesten Nachrichten*, ab 1896 auch Herausgeber der *Jugend*.

3 ***Verlag Melantrich in Prag:*** Bedeutendster tschechischer Buch- und Zeitschriften-Verlag des 20. Jahrhunderts, bestand von 1897 bis 1999. Symbol der Pflege tschechischer Kultur und Sprache. – Hausverlag J. Durychs. – Die Zusammenarbeit mit Melantrich kam – trotz mehrmaliger Ankündigung (→ 283 AK, beifolgenden Brief …) – nicht zustande; das Buch erschien 1935 ohne Kubinsche Illustrationen unter dem Titel *Rekviem*.

4 ***Christiansen »Zwei Lebende und ein Toter«:*** Christiansen, Sigurd: *Zwei Lebende und ein Toter*. Roman. München: Piper 1932.
5 ***»Die Kartause von Walditz«:*** Der Titel des fünften gemeinsamen Projekts wird hier zum ersten Mal angesprochen. – Durych, Jaroslav: *Die Kartause von Walditz*. Mit Illustrationen von Alfred Kubin. München: Piper 1934. Mit elf ganzseitigen Illustrationen und sechs Initialen bzw. Schlussvignetten, sowie Deckelzeichnung mit Schrift von AK [R507; A150].
6 ***»Neujahrsnacht«:*** Jean Pauls *Die wunderbare Gesellschaft in der Neujahrsnacht* (→ 60 AK). – RP bezieht sich hier auf die Illustration [A60/709]. Die entsprechende Textstelle (S. 10) lautet: »Ein langer, todtenblasser, in einen schwarzen Mantel gewickelter Jüngling mit einem kleinen Bart (wie der an Christusköpfen), über dessen Schwarz die Röte des lebendigen Mundes höher glühte, stand vor mir, mit einem Arme leicht auf einen Stuhl gelehnt, worauf ein erhaben-schöner, etwa zweijähriger Knabe saß und mich sehr ernst und klug anblickte. Neben dem Stuhle kniete eine weißverschleierte, mit zwei Lorbeerkränzen geschmückte Jungfrau, von mir weggekehrt gegen den hereinstrahlenden Mond, eine halb rot, halb weiße Lankaster-Rose in der Hand, eine goldne Kette um den Arm – die Lage vor dem Knaben schien ihr vom schwesterlichen Zurechtrücken seines Anzugs geblieben zu sein.«
7 ***»Eros' Begräbnis« von Hjalmar Bergman:*** Bergman, Hjalmar: *Eros' Begräbnis*. Roman. München: Piper 1934. – Ein Beispiel für das unverfängliche Programmsegment »nordische Autoren« bei Piper während der NS-Herrschaft.

266 AK

1 ***Bucquoi:*** Karl Bonaventura Graf von Bu(c)quoy (9.1.1571 Arras – 10.7.1621 Neuhäusel); kaiserlicher General im Dreißigjährigen Krieg, der die Strategie des habsburgischen Militärs maßgeblich beeinflusste. Zu Beginn des Aufstands in Böhmen erhielt er den Oberbefehl über die kaiserlichen Truppen, war an der Schlacht am Weißen Berg beteiligt, gewann für Ferdinand II. die Burg Karlstein und bezwang die mährischen Stände. Anfang 1621 wurden ihm die konfiszierten ehemals Schwanbergschen Herrschaften Gratzen, Schumberg, Zuckenstein, Rosenberg etc. in Böhmen verliehen. Im Februar 1621 marschierte B erneut gegen den in Ungarn eingefallenen Bethlen von Itkar. Im Juni 1621 begann er die Belagerung von Neuhäusel, wo er am 10. Juli 1621 ums Leben kam. Burg Rosenberg wurde bis zur Vertreibung der Deutschen aus Böhmen im Jahr 1945 von Bs Nachkommen bewohnt.
2 ***Ehrenmitglied der Prager Secession:*** Ab 1929.
3 ***Spätsommerlichen Erholungsurlaub:*** Den August 1934 verbrachte AK mit Emmy Haesele in Tusset im Böhmerwald (→ 252 AK, intimes Erleben …).
4 ***Grete Gulbransson:*** Grete Gulbransson, geb. Jehly (31.7.1882 Bludenz – 26.3.1934 München); österreichische Dichterin. 1906–1923 mit dem norwegischen Zeichner Olaf Gulbransson in München verheiratet. Zum Zeitpunkt des Verfassens des hier kommentierten Briefes ist Olaf Gulbransson mit seiner dritten Frau Dagny, geb. Björnson, einer Nichte Albert Langens, verheiratet. – Laut Grete Gulbranssons Tagebüchern muss der erste Kontakt zu AK auf 1903 datiert werden. Die Erwähnungen Gs sowie die publizierten Briefe AKs an G lassen auf eine (mehr als?) innige Beziehung und gegenseitige Wertschätzung schließen (→ Lang, Ulrike (Hrsg.): *Der grüne Vogel des Äthers. Grete Gulbransson Tagebücher*. Bd. 1.: *1904 bis 1912*. Frankfurt/Main, Basel: Stroemfeld 1998, S. 73–74).
5 ***Dr Freund:*** Zeitpunkt des Treffens nicht ermittelt (→ 262 AK, 263 RP). Kein Briefwechsel in der Städtischen Galerie im Lenbachhaus, München, Kubin-Archiv.
6 ***Döblinschen Wallenstein … semitischer Geist:*** Alfred Döblin, Ps. Linke Poot (10.8.1878 Stettin – 26.6.1957 Emmendingen/Baden); Schriftsteller und Arzt jüdischer Herkunft. Kindheit in ärmlichen Verhältnissen, Studium der Medizin in Berlin

und Freiburg/Breisgau. Freundschaft mit Herwarth Walden (1878–1941) und erste literarische Arbeiten. Anstellungen in verschiedenen Spitälern. Mit zahlreichen Beiträgen in Waldens *Der Sturm*, der Erzählsammlung *Die Ermordung der Butterblume* (München: Georg Müller 1913) und dem Roman *Die drei Sprünge des Wang-lun* (Berlin: S. Fischer 1915) avancierte D zu einem maßgeblichen Autor des Expressionismus. 1911–1933 Kassenarzt für Neurologie in Berlin, dann Emigration nach Paris über Zürich (ab 1936 französischer Staatsbürger), via Spanien und Portugal später in Kalifornien. Nach dem Krieg Rückkehr nach Deutschland. – Ds *Wallenstein* war 1920 in zwei Bänden bei S. Fischer erschienen und gilt als eines der bedeutendsten Werke im Oeuvre der modernen Romanliteratur. 1929 war Ds Großstadtroman *Berlin Alexanderplatz* veröffentlicht worden (erste Verfilmung 1931). – Zur Kubinschen Lektüre des *Wallenstein* im Jahre 1921 → *FHO*, S. 224. – Während der von AK illustrierten Novellentrilogie auch in Kindlers Literaturgeschichte ein pathetischer Stil und »sprachliche Verwandtschaft mit dem Barockzeitalter« diagnostiziert werden, heißt es trotz allem (nicht ganz in Übereinstimmung mit der Kubinschen Heiß-Kalt-Gegenüberstellung), dass zum europäischen Erfolg des Wallenstein-Romans *Friedland* »auch die harte, spröde, expressionistische Sprache Durychs« begetragen habe. (Zit. *Kindler 1989*, S. 985–986.)

268 AK

1 ***Durych schrieb mir sehr liebenswürdig:*** Besagter Brief nicht erhalten. Zu einem Kommentar des Autors nach Fertigstellung der Arbeiten (→ 283 AK, beifolgenden Brief Dr. J. Durychs).

269 RP

1 ***Peter Suhrkamp ... Schriftleiter der Neuen Rundschau (S. Fischer):*** Johann Heinrich Suhrkamp, gen. Peter (28.3.1891 Hatten bei Oldenburg – 31.3.1959 Frankfurt/Main); Schriftsteller, Dramaturg, Regisseur und Verleger. Lehrerseminar in Oldenburg, 1911–15 Volksschullehrer, freiwilliger Frontoffizier im 1. Weltkrieg, Studium der Germanistik in Heidelberg und Frankfurt/Main. 1922–1925 Dramaturg und Regisseur am Hessischen Landestheater Darmstadt. Dann zuerst im Ullstein-Verlag, 1932 Chefredakteur der *Neuen Rundschau*, ab 1.1.1937 alleiniger Geschäftsführer der S. Fischer Verlags KG in Berlin (nach politisch bedingter Teilung des Traditionsverlags von Samuel und Hedwig Fischer). 1944 Internierung in Sachsenhausen. 1950 Gründung des Suhrkamp-Verlags in Frankfurt/Main, 33 ehemalige S. Fischer-Autoren votierten für S. – Zur *Neuen Rundschau* → 121 AK, Prof. Dr. Oscar Bie ...
2 ***Kubin-Bildnis:*** Piper, Reinhard: *Alfred Kubin*. In: Die Neue Rundschau 46, 1935, S. 174–184. Überarbeitet aufgenommen in RPs Lebenserinnerungen (→ *MLaV*, 450–477) [R9].
3 ***Aufguss dessen, was ich früher geschrieben habe:*** RPs *Besuch bei Kubin* von 1927 (→ 195 RP; Beilage).
4 ***mit Carossa konkurrieren:*** Angesprochen ist das AK-Kapitel in Cs *Führung und Geleit* (→ 253 RP).
5 ***meine Tagebuchblätter über Barlach etc.:*** → 224 RP, Besuch bei Barlach
6 ***Frau Penzoldt:*** Gemeint ist Ernst Heimerans Schwester, die Schriftstellerin Friederike Penzoldt (31.3.1898 Helmbrechts – 25.5.1975 München).
7 ***Vaters Heimeran:*** Der Fabrikbesitzer Adalbert Heimeran (1866–1949).
8 ***Stuttgart ... Erstaufführung von Penzoldts »So war Herr Brummel«:*** Die sehr erfolgreiche Uraufführung hatte am 7.2.1934 im Wiener Burgtheater stattgefunden; außer in Wien und Stuttgart sollte das Stück in Hitler-Deutschland auch noch in Hamburg

(März 1935), München (April/Mai 1936) und Berlin (Januar 1939) inszeniert werden. (→ *Penzoldt*, S. 236–242.)

9 ***Galerie… grossen Altar… Jörg Ratgeb:*** Jörg (auch: Jerg) Ratgeb (um 1480 Schwäbisch Gmünd – 1526 Pforzheim); Maler der Dürerzeit. Nach Italienaufenthalt von Renaissance und Zentralperspektive beeinflusst. Schuf in Frankfurt/Main 1514–1517 die heute nur noch in Bruchstücken erhaltene größte Wandmalerei nördlich der Alpen für das Karmeliterkloster. Sein bekanntestes Werk ist der in der Staatsgalerie Stuttgart ausgestellte *Herrenberger Altar* (1521), auf den sich RP hier bezieht. Im Bauernkrieg des Jahres 1525 ergriff R – obwohl zunächst als Verhandler für das Stuttgarter Stadtregiment eingesetzt – Partei für die Bauern und wurde zum Kriegsrat und Kanzleileiter. Nach Scheitern des Aufstands wurde er nach schwerer Folter 1526 hingerichtet und – so heißt es – von vier Pferden zerrissen. (Die Vollstreckung des Urteils ist nicht urkundlich belegt.)

10 ***Günzburg… Frauenkirche von Dominicus Zimmermann:*** Zur Person Zimmermanns → 210 RP. – Die Günzburger Frauenkirche zählt zu den zentralen Werken Zs und war 1736–1741 entstanden (Schiff und Chor), die Fertigstellung hatte sich wegen Geldmangels bis 1780/81 verzögert.

270 AK

1 ***Stammbaum:*** → 252 AK, Vorfahrenforschung

2 ***Umschlag:*** Wurde auf die beschriebene Art umgesetzt.

3 ***Frau… Kubinarchiv… Hamburg:*** Im Juni 1934 kam es zu einem weiteren Besuch Emmy Haeseles in Zwickledt (→ 252 AK, intimes Erleben…), HK wich nach Hamburg aus (→ 264 AK, Meine Frau…).

271 AK

1 ***»der Main«:*** → 261 AK

273 AK

1 ***Kunstkalender:*** Vorhaben nicht realisiert; es erfolgten aber Reproduktionen im Jubiläumsalmanach (→ 276 RP).

2 ***Schrift von Gerhart Hauptmann:*** Hauptmann, Gerhart: *Das Meerwunder. Eine unwahrscheinliche Geschichte.* Mit 18 Zeichnungen von Alfred Kubin. Berlin: S. Fischer 1934. – H an AK am 15.12.34: »Hiermit, sehr verehrter Herr Kubin, möchte ich Ihnen noch einmal den Dank aussprechen für die genialische Begleitmusik zu ›Meerwunder‹. Sie hat allgemeine Anerkennung gefunden und dem Werk seinen Weg durchaus erleichtert. Mir bedeutet sie darüber hinaus ein Beispiel dafür, wie man mit Freiheit und Zurückhaltung eine solche Aufgabe lösen soll.« (Zit. ÖLA 77/B6/1.)

3 ***»Eros Begräbnis«:*** → 265 RP

4 ***»es«:*** Wohl das Honorar für Durychs *Kartause* (→ 275 RP).

5 ***Frau dankt für Brief:*** Siehe die Anmerkung zu → 274 AK.

274 AK

1 Der Brief ist in zwei Ausfertigungen als Typoskript vorhanden; eine Version trägt hs Verbesserungen RPs. Es dürfte sich hier um ein in (nicht erhaltenen) älteren Briefen bzw. mündlich abgesprochenes Schreiben für offizielle Stellen (zwecks Einreisebewilligung) und nicht um einen authentischen Brief AKs an seinen Verleger handeln. Besonders deutlich wird dies beim Hinweis auf die Reinzeichnungen der Wallenstein-Illustrationen, da diese im Frühsommer 1934 bereits fast fertiggestellt waren. Mög-

licherweise war die Angelegenheit auch bei einem Kurzbesuch HKs in München diskutiert worden. Am 13.7.1934 schreibt RP an HK: »Ich habe jetzt die nötigen Schritte für die Reisebewilligung getan.« (Zit. ÖLA 77/B3/2.)

2 ***Albrecht Altdorfer:*** Albrecht Altdorfer (um 1480 Regensburg (?) – 12.2.1538 Regensburg); Meister der Donauschule. Heiligendarstellungen, biblische Themen, Historienmalerei. Umfangreiches graphisches Werk (bedeutsamer Vertreter der »Kleinmeister«). In der Graphiksammlung AKs in Linz sind einige Holzschnitte As aus der Serie *Sündenfall und Erlösung des Menschengeschlechts* enthalten. (→ *Heinzl 1970*, S. 226.)

3 ***vier Illustrationswerke:*** Bis dato waren das die Arbeiten zu Dostojewskis *Doppelgänger*, Jean Pauls *Neujahrsnacht*, die Mappe *Am Rande des Lebens* und die *20 Bilder zur Bibel.*

275 RP

1 ***Unold »Besuch bei Kubin«:*** Unold, Max: *Besuch bei Kubin.* In: Kunst- und Antiquitäten-Rundschau 42, 1934, S. 317–319; Wiederabdruck in: Frankfurter Zeitung, 17.7.1934; Hamburger Nachrichten, 3.1.1935 [R*8*].

276 RP

1 ***Geheimrat Professor Dr. Friedrich von Müller:*** Friedrich von Müller (17.9.1858 Augsburg – 18.11.1941 München); Mediziner. Studium in München, Tübingen und Würzburg. Assistenzarzt in Berlin, Professor in Bonn, Breslau, Marburg, Basel und ab 1902 in München. Grundlegende Arbeiten aus nahezu allen Gebieten der Inneren Medizin. Bis 1934 Leitung der II. Medizinischen Klinik in München.

2 ***Jubiläumsalmanach ... Zeichnung von Ihnen:*** Im Almanach *30 Jahre R. Piper & Co Verlag*, erschienen 1934/35, finden sich drei bei *Raabe* nicht verzeichnete Reproduktionen Kubinscher Illustrationen zur *Kartause von Walditz*: Die *Initiale D* (S. 5 im Almanach bzw. S. 53 in der *Kartause*), *Der Kurier* (S. 83/S. 11) und *Die Sängerin unter den Wallensteinern* (S. 87/S. 83) sowie eine Abbildung des Umschlagbildes im Anhang.

277 RP

1 ***bei Ihnen ... verbrachten Stunden:*** Neuntes dokumentiertes persönliches Treffen AK-RP (in Zwickledt).

2 ***Lebensgeschichte in Episodenform:*** Diese Idee wird schließlich zu dem Band *AeZ* führen.

3 ***S. Fischer:*** Samuel Fischer (24.12.1859 Liptow Szent Miklós – 15.10.1934 Berlin); Verleger. Buchhändlerlehre in Wien, 1880 Umzug nach Berlin, 1886 Gründung des S. Fischer Verlags. Anfänge mit Zola, Ibsen, Tolstoi, G. Hauptmann, A. Schnitzler, früher Förderer des Naturalismus. Großer Erfolg mit Thomas Manns *Buddenbrooks*, einer der wichtigsten »Kulturverleger«. 1928 Gottfried Bermann Geschäftsführer, Teilung des Verlags nach nationalsozialistischen Repressalien. – Sowohl vor als auch nach der Teilung war AK für Fischer tätig, 1934, kurz vor dem Tod des Verlagsgründers, etwa mit der Umschlagzeichnung zu Albrecht Schaeffers Novelle *Heimgang* (→ 134 AK).

4 ***Erdenwurm ... Penzoldt:*** Teil-Vorabdruck in *Die Neue Rundschau*, 1933. Die Erstausgabe erschien 1934 im S. Fischer Verlag, Berlin. – Einen Kubinschen Kommentar verwendet RP für seinen Artikel (→ 243 RP, Penzoldt). »Da habe ich kürzlich den ›Kleinen Erdenwurm‹ von Ernst Penzoldt gelesen – eines jener seltenen Bücher, in denen man etwas von sich selber wieder findet. Wie schön am Schluß die Steigerung bis zur

Verwechslung der Persönlichkeiten! Er verrät uns das Geheimnis der anonymen Person, die wir im Grunde alle sind – ein tief nachdenkliches Ende.« (Zit. nach: *MLaV*, S. 468.)

5 ***Museum auf Oberhaus ... Christus in Gethsemane:*** Bild nicht ermittelt.

6 ***in die Hosen machen:*** Die angesprochene Passage fand Eingang in den endgültigen Piperschen Text (→ *MLaV*, S. 466).

278 AK

1 ***Gefühl der Fülle nach allen Seiten:*** Die in den Zeilen mitschwingende Euphorie AKs mag in Zusammenhang stehen mit seiner Reisebegleitung: Er verbrachte die Sommerfrische erneut mit Emmy Haesele (→ 252 AK, intimes Erleben ...).

2 ***meine Collektion:*** 64 Beispielsblätter für RPs AK-Artikel (→ 280 RP).

279 AK

1 ***Breugel Zeichnung:*** Nicht ermittelt.

2 ***Papier:*** Zu AKs Zeichenmaterial → 121 AK, 100 jähr. Papiers.

281 AK

1 ***Abwesenheit in den böhmischen Wäldern:*** → 278 AK

2 ***Katasterbüttens:*** Zu AKs Zeichenmaterial → 121 AK, 100 jähr. Papiers.

3 ***kombiniert erschienen:*** Zusammenarbeit nicht realisiert.

283 AK

1 ***Dr Otte:*** Die Änderungswünsche wurden berücksichtigt, O schließlich nur kurz erwähnt (→ *MLaV*, S. 471). – Zur Person Kurt Ottes → 127 AK, Monomanen.

2 ***beifolgenden Brief Dr. J. Durychs:*** Am 21.11.1934 schreibt der Autor der *Kartause*: »Sehr geehrter Herr, mit Ihren Illustrationen bin ich äusserst zufrieden, und verpflichtet zu innigem und dauerhaften Dank. Der Direktor des Verlages ›Melantrich‹ Dr. B. Fučík will alle Ihre Illustrationen aufnehmen in die bevorstehende Ausgabe dieses Werkes (tschechisch heisst es ›Rekviem‹) für die Bibliophilen. Leider müssten die Anfangsbuchstaben einzelner Novellen dem tschechischen Ursprungstext angepasst werden, ebenso auch Titel des Buches REKVIEM. Bestimmt würde diese tschechische Ausgabe mit Ihren Bildern bei uns grossen Anklang finden, denn jeder, dem ich dieses Buch gezeigt habe, staunt und sagt, dass bei uns in unserem Lande niemand imstande ist, etwas Gleichwertiges zu schaffen. Da die jetzige tschechische Ausgabe wegen des Ausgleichsverfahrens meines früheren Verlegers noch nicht vollkommen vergriffen ist – es bleibt noch ein Rest von ungefähr 300 Exemplaren, kann der Verlag Melantrich die neue Ausgabe erst im Jahr 1935 verwirklichen. Es ist für mich eine große Genugtuung, dass Sie an meinem Werke Ihr Wohlgefallen gefunden haben. Ich wünsche Ihnen dankbar weiterhin das Allerbeste. Mit herzlichen Grüßen Jaroslav Durych.« (Zit. StGL-M-KA.) Siehe auch → 265 RP, Verlag Melantrich ...

3 ***Direktor der Nationalgalerie:*** Eberhard Viktor Eugen Hanfstaengl (10.2.1886 Saargemünd – 10.1.1973 München); Kunsthistoriker. Studium der Kunstgeschichte in Paris, Heidelberg, Wien und München. Wissenschaftlicher Mitarbeiter in Augsburg und München (Pinakothek), 1924 Hauptkonservator, 1925 Direktor der Städtischen Kunstsammlung München und Aufbau der Galerie im Lenbachhaus. Ab 1934 Direktor der Nationalgalerie im Kronprinzenpalais in Berlin, 1937 wegen seines Eintretens für als »entartet« diffamierte Kunst seines Amtes enthoben. Danach Privatgelehrter und ab 1939 Lektor des Verlags F. Bruckmann, von 1945 bis 1953 Generaldirektor

der Bayerischen Staatsgemäldesammlungen. – Kurz nach Aufnahme seines Amtes in Berlin kaufte H auch einige AK-Zeichnungen. (→ *MLaV*, S. 474.) RP argumentiert mit Ankäufen wie diesem gegen die Ablehnung der späteren *AeZ* seitens der »Reichsschrifttumskammer« (→ etwa 376 RP). – Brief AKs an H vom 18.11.1934 in besagter Angelegenheit in der Städtischen Galerie im Lenbachhaus, München, Kubin-Archiv.

4 ***Reichsverband der Pressezeichner:*** Der Verweis auf eine Aufforderung ist unklar. Besagte Unterlagen konnten in der Städtischen Galerie im Lenbachhaus, München, Kubin-Archiv, nicht gefunden werden. *Mitterbauer* gibt an, dass AK offenbar glaubte, »auch dem Reichsverband der deutschen Presse beitreten zu müssen, um weiterhin Illustrationen in Zeitungen und Zeitschriften veröffentlichen zu können. 1935 stellte er einen Antrag auf Befreiung von der Mitgliedschaft in der Gruppe ›Reichsausschuß der Pressezeichner‹ im Reichsverband der deutschen Presse. [...] Am 21. April 1936 lehnte der Reichsverband der deutschen Presse die Eintragung Kubins in die Berufsliste der Schriftleiter ab«, weil er kein deutscher Staatsbürger und außerdem mit einer »Halbjüdin« verheiratet sei. (Zit. *Mitterbauer*, S. 338–339.)

5 ***»Kartause« in Wiener Blättern günstig besprochen:*** Nicht ermittelt.

6 ***Buschalbums:*** Nicht ermittelt.

7 ***Münchenfahrt:*** Wieder nicht realisiert (→ 286 RP).

284 RP

1 ***Deutschen Rundschau:*** Nachträgliche hs Verbesserung RPs mit Bleistift: »Neuen« Rundschau. Zu RPs Artikel → 269 RP, Kubin-Bildnis.

2 ***Hamsun:*** Knut Hamsun, eigentl. Knut Pedersen (4.8.1859 Garmostræe bei Lom – 19.2.1952 Nørholm bei Grimstad); norwegischer Schriftsteller. Kindheit in ärmlichen Verhältnissen, verschiedenste Anstellungen, zahlreiche Reisen. Erste literarische Erfolge ab 1890. 1920 Literaturnobelpreis. – Trotz der hier von RP zitierten Passage öffentliches Eintreten für die Politik Deutschlands während des »Dritten Reiches«. – Bereits 1914 waren in der Anthologie *Das unheimliche Buch* (→ 63 AK, alle meine Sachen) Kubinsche Illustrationen zu Hs *Das Gespenst* erschienen.

3 ***Macht Ihnen das nicht Lust?:*** Neuerlicher Plan für einen Kubinschen Sammelband, der schließlich (in anderer Form) als *Abenteuer einer Zeichenfeder* (→ 306 RP) verwirklicht wurde.

4 ***Heft des »Widerstandes« ... Aufsatz über Sie von Jünger:*** Jünger, Ernst: *Alfred Kubin's Werk*. In: Hamburger Nachrichten, 30.12.1931. Wiederabdruck in: Widerstand 8 (1933), S. 24–27. – Unter dem bekannteren Titel *Die Staubdämonen. Eine Studie zum Untergang der bürgerlichen Welt* in Ernst Jüngers *Blätter und Steine* (Hamburg: Hanseatische Verlagsanstalt 1934, S. 99–106) [R400]. – Ernst Jünger (29.3.1895 Heidelberg – 17.2.1998 Riedlingen); Essayist, Erzähler, Reiseschriftsteller. Freiwilliger im 1. Weltkrieg bis 1918, Orden *Pour le mérite*. 1919–1923 Reichswehr. 1920 Bekanntschaft mit Kurt Schwitters und Klabund; erfolgreicher Beginn eigener literarischer Tätigkeit (*In Stahlgewittern. Aus dem Tagebuch eines Stoßtruppenführers*, 1920). 1923/24 Studium der Zoologie und Philosophie in Leipzig und Neapel, danach freier Schriftsteller in Berlin, Goslar, Überlingen, Kirchhorst bei Hannover und Wilfingen. Nationalistische Gesinnung, jedoch Ablehnung von parteipolitischer Bindung und der plebejischen Züge des NS-Regimes. Ab den 1930ern weniger agitierend; verstärkt kulturtheoretische Reflexionen zeitgenössischer Verhältnisse. Betonung des willensstarken, oft philosophischen Einzelgängers (*Der Arbeiter*, 1932), Verachtung der demokratisch-zivilen Kultur. Hohes Ansehen während des »Dritten Reiches«. Ab 1939 wieder aktiver Militär, 1944 entlassen. 1945–1949 Publikationsverbot. Christlich, existenzphilosophisch und mythologisch geprägtes Spätwerk. – Im Jahr 1948 illustrierte AK Js *Myrdun. Briefe aus Norwegen* (Zürich: Verlag der Arche) [R672; A209],

Neuausgabe 1975 [B29]; J beschäftigte sich wiederholt mit AKs Werk [R62–67], die *Staubdämonen* wirkten am nachhaltigsten. – Briefwechsel mit AK von 1921/29 bis 1952, »lange Korrespondenz und endlich [...] freundschaftliche Beziehungen« (Zit. *Jünger*, S. 93). Es kam auch zu einem persönlichen Treffen (→ 343 AK).

285 AK

1 ***»die Braut von Corinth«:*** *Die Braut von Korinth.* 450 Drucke, fünfzig davon nummeriert, erschienen im Selbstverlag des Künstlers, herausgegeben von der Kestner-Gesellschaft Hannover als Jahresgabe 1932/33 [R454; Hb124 → dort auch weitere Vergleichswerke]. – Wie *Faust und Lilith* (→ 239 AK, 1 Blatt...) und *Begegnung im Walde* [R453; Hb123] steht das genannte Blatt in thematischem Zusammenhang mit dem Goethejahr 1932. (→ *DwR*, S. 137.)

2 ***Martin Piper als Zeichner:*** Gemeint ist Martin Pipers Illustration *Gespräch auf dem Markt* zu Fritz Spechts *Plattdeutsch* (Was nicht im Wörterbuch steht. Bd. 4. München: Piper 1935) im Ansichtskapitel des Piperschen Almanachs zum 30. Jahr auf S. 103.

3 ***einen neuen Maurois:*** Drei neue Bände von Maurois konnten trotz nationalsozialistischer Herrschaft noch bei Piper erscheinen: Der hier angesprochene Roman *Instinkt für das Glück* (1934), *Kanone und Dudelsack* sowie *Beiträge zur Lebenskunst* (1935); 1936 wurde M im »Dritten Reich« verboten (→ 259 RP, Rasseproblem).

286 RP

1 ***Brief vom 7. Januar... Bleistiftzeichnung mit dem Greif:*** Brief nicht erhalten. – Angesprochen ist möglicherweise eine Variante von *Verwundeter Greif* (Ha II 3534, »um 1930«).

2 ***Balladen-Lithographie:*** → 285 AK, »die Braut von Corinth«

3 ***Kubin-Aufsatz... Februar-Heft:*** → 269 RP, Kubin-Bildnis

4 ***Willy Seidel... begraben helfen:*** Nach gesundheitlichem Zusammenbruch 1931 war der Schriftsteller am 29.12.1934 vereinsamt in einer Münchener Pension an Angina Pectoris verstorben.

5 ***Mutter:*** Emmy Seidel, geb. Loesevitz († 1945), bis zu dessen Selbsttötung verheiratet mit dem Arzt Hermann Seidel (1856–1895).

6 ***Willy Seidels Vetter, der Gatte Ina Seidels, Heinrich Wolfgang Seidel:*** Heinrich Wolfgang Seidel (28.8.1876 Berlin – 22.9.1945 Starnberg); Pfarrer und Schriftsteller. Studium der protestantischen Theologie in Marburg, Leipzig und Berlin. Legte 1934 seine geistlichen Ämter nieder und übersiedelte nach Starnberg. Vetter von und ab 1907 verheiratet mit: Ina Seidel (15.9.1885 Halle/Saale – 2.10.1974 Ebenhausen bei München); Schriftstellerin. Ausbildung durch Privatstudium. Ab 1914 literarische Publikationen (anfangs Lyrik), von denen v.a. der das Mütterliche heroisierende Roman *Das Wunschkind* (1930) während des »Dritten Reiches« (in dessen Dienst sich S mehrfach stellte) und in den Jahren nach dem Krieg hohe Verkaufszahlen erreichte. S unterschrieb am 26.10.1933 das *Gelöbnis treuester Gefolgschaft* für Adolf Hitler in der *Vossischen Zeitung*. Heute kaum noch rezipiert. – Erst nach dem Krieg trat S zweimal bei Piper in Erscheinung: 1948 als Herausgeberin von *Clemens und Bettina. Geschwisterbriefe*, 1949 erschien ihre Erzählung *Der vergrabene Schatz* als 37. Band der Piper-Bücherei. – H.W. Seidel hatte RP schon um die Jahrhundertwende in Berlin kennengelernt: »Ich hörte ihm gern zu, wenn er über Homer, Shakespeare, Dickens oder E.T.A. Hoffmann sprach. Bis zu seinem Tode 1945 blieb ich mit ihm in freundschaftlicher Verbindung. Er heiratete später seine Kusine Ina und war lange Zeit Pastor in Berlin. Ich besuchte das Ehepaar wiederholt auf meinen Verlegerreisen dort in seinem Pfarrhaus in der Kronenstraße. Ina Seidel schrieb schöne Worte über einige

meiner Verlagswerke [...]. Die Beziehungen belebten sich noch mehr, als Seidels dann in die Nähe Münchens, nach Starnberg, zogen. Heinrich Wolfgang Seidel gab mir sein gedankenvolles Buch ›Das Unvergängliche‹ in Verlag [1937; Untertitel: *Erlebnis und Besinnung;* d. Hrsg.], das vielen Lesern geholfen hat. Als ich daranging, diese meine Erinnerungen niederzuschreiben, ermunterte er mich durch Zuspruch und Kritik. Und während ich sie nun zum Druck fertigmache, erscheint zu meiner Freude bei mir aus seinem Nachlaß ein ›Tagebuch der Gedanken und Träume‹ [1946, Piper-Bücherei 7; d. Hrsg.]«. (Zit. *MLaV*, S. 161.)

287 AK

1 ***»das Reich der Träumer«:*** Sassmann, Hans: *Das Reich der Träumer. Eine Kulturgeschichte Österreichs vom Urzustand bis zur Republik.* Berlin: Verlag für Kulturpolitik 1932. – Hans Sassmann (17.12.1882 Wien – 8.5.1944 Langenkampfen); Dramatiker, Erzähler und Journalist. Handelsschule, kaufmännische Tätigkeiten, 1911/12 bei den Wiener Städtischen Gaswerken. Mitarbeiter der Zeitschrift *Die Schwelle*; dort während des 1. Weltkriegs Polemiken gegen Karl Kraus' *Fackel*; nationalistisch-kriegspatriotische Geisteshaltung. Ab 1915 Kulturreferent des *Neuen Wiener Journals.* Bühnenerfolge mit *Der Retter* (Wien 1916) und *Feuer in der Stadt* (ebd. 1921). Nach 1930 erfolgreicher Drehbuchautor. Oben angesprochene Kulturgeschichte demonstriert Ss imperial-romantisierendes Geschichtsbild. – Bei Piper 1935 als Autor in Erscheinung getreten (→ 347 AK, »Wienerisches«).

289 AK

1 RP verwendete eine Reproduktion dieser Postkarte in einem Bildteil seiner Autobiographie (→ *MLaV*, nach S. 318).

290 RP

1 ***Buch mit Barlach-Zeichnungen:*** Barlach, Ernst: *Zeichnungen.* Einführung von Paul Fechter. München: Piper 1935. – Bereits wenige Monate nach Erscheinen des Bandes wurde der Verlag über die Beschlagnahmung informiert. Die komplizierten und kämpferischen Auseinandersetzungen RPs und Bs mit verschiedensten Stellen des NS-Apparates sind etwa in der Korrespondenz Piper-Barlach ab S. 382 und in den entsprechenden Anmerkungen nachzuverfolgen. Einsprüche waren v.a. deshalb zum Scheitern verurteilt, weil das konfiszierte Buch gleich nach der ersten Eingabe RPs dem Reichsminister Joseph Goebbels vorgelegt worden war, der am 4.4.1936 in seinem Tagebuch notierte: »Ein tolles Buch von Barlach verboten. Das ist keine Kunst mehr. Das ist Destruktion, ungekonnte Mache. Scheußlich! Dieses Gift darf nicht ins Volk hinein.« (Zit. nach: *Barlach*, S. 687.) Entsprechend definitiv fiel auch die letztgültige Entgegnung des Ministeriums am 22.4.1936 aus: »Ich habe keine Veranlassung, die Beschlagnahme der ›Zeichnungen‹ von Ernst Barlach zu beanstanden. Heil Hitler! In Vertretung gez. Walter Funk.« (Zit. nach: ebd., S. 679.) (Siehe auch → 298 AK, unangreifbares Werk; zu einer früheren Entgegnung → 300 RP.) Von den 5000 hergestellten Exemplaren waren bis zum Verbot 941 Exemplare verkauft, 640 noch in Buchhandlungen (bzw. noch im März 1936 verkauft worden), 3419 wurden in der Binderei und in der Auslieferung beschlagnahmt. (→ *Barlach*, S. 673.) Erst 1948 sollte das 6.–8. Tausend der *Zeichnungen* erscheinen. In seinen Lebenserinnerungen schreibt RP: »Es ist mir eine Genugtuung, daß ich die ›Zeichnungen‹ nach dem Sturz der nationalsozialistischen Kunstpolitik vermehrt und verschönt neu herausbringen konnte.« (Zit. *MLaV*, S. 440.) B blieb diese Genugtuung verwehrt. Der Künstler, der schon früh Zielscheibe nationalsozialistischer Angriffe geworden war und die Partei

noch kurz vor der Machtergreifung in Radiovorträgen und durch Ablehnung der Einladung, Vorstandsmitglied im NS-Künstlerbund zu werden, brüskiert hatte, im Jahr 1934 allerdings aus Kalkül den *Aufruf der Kulturschaffenden* als Unterstützungserklärung für die Vereinigung der Kompetenzen von Reichskanzler und -präsidenten in den Händen Adolf Hitlers unterzeichnet hatte (→ ebd.), sah sich in seinen letzten Lebensjahren als »entartet« diffamiert und großer künstlerischer und persönlicher Ablehnung ausgesetzt. Seine Werke wurden aus öffentlichen Sammlungen entfernt und teilweise vernichtet, 1937 folgte ein Ausstellungsverbot. B verstarb am 24. 10. 1938 68-jährig in einer Rostocker Privatklinik an Herzversagen. – Noch während der Diskussionen um Bs Zeichnungen begann RPs Kampf um AKs *AeZ*, die schließlich 1941 erscheinen konnten.

291 RP

1 ***zu Ihrem Brief:*** Nicht erhalten.
2 ***»Phantasien im Böhmerwalde«:*** Kubin, Alfred: *Phantasien im Böhmerwald.* Wien/Linz/München: Gurlitt 1951. 18 lithographierte Blätter, von denen 17 recto/verso bedruckt sind. 15 Blatt handschriftlich faksimilierten Textblättern stehen ebenso viele Bildblätter gegenüber. Einmalige, auf der Platte signierte Auflage von 400 nummerierten Exemplaren [R726; HbX]. – Erste Entwürfe dieses Werkes gehen auf das Jahr 1923 zurück. Für den Künstler selbst stellte die Böhmerwald-Folge nach Fertigstellung 1935 ein »Hauptwerk« seiner letzten zwölf Jahre dar. 1937 wurden die Originale zum ersten Mal ausgestellt (Galerie Buchholz, Berlin [M1937/2]), nach einem Verlag suchte AK engagiert, doch über Jahre erfolglos. Vermutlich keine Originallithographien. (→ *Das lithographische Werk*, S. 312; dort auch Verweise auf weitere Korrespondenzstellen und Forschungsliteratur.)
3 ***den gewünschten Brief für Ihre Frau:*** Nicht erhalten. Bezug unklar.

292 RP

1 ***Brief und ... Postkarte:*** Nicht erhalten.
2 ***Carossa ... mit seiner Meinung:*** Bezug unklar.
3 ***Sammlung der verstreuten autobiographischen Geschichten:*** 1939 im Berliner Riemerschmidt Verlag realisiert als: Kubin, Alfred: *Vom Schreibtisch eines Zeichners.* Mit 22 veröffentlichten Aufsätzen, sieben Initialen und 71 Illustrationen [R577; A187].

293 RP

1 ***den ich Ihnen ja geschickt habe:*** Nachträgliche hs Anmerkung RPs mit Bleistift: »Das wurden dann die ›Abenteuer einer Zeichenfeder‹«.
2 ***Carossa ... Einführung seinen schönen Aufsatz:*** Gemeint ist Carossa, Hans: *Einführungsworte zur Eröffnung der Ausstellung im Graphischen Kabinett Günther Franke, München.* In: Der Kunstwart 44 (1930/31), S. 149–153 [R584]. Siehe auch → 227 AK, Franke ...
3 ***mein Aufsatz:*** → 269 RP, Kubin-Bildnis
4 ***3000 Exemplare drucken:*** Nachträgliche hs Anmerkung RPs mit Bleistift: »Die Erstauflage wurde dann 10 000.«

294 RP

1 ***Brief vom 1. II:*** Nicht erhalten.

295 AK

1 Anlage: Verlagswerbung für Werner Beumelburgs *Erlebnis am Meer*, Programmsegment *Junge deutsche Prosa*, Verlag Gerhard Stalling, Oldenburg I. O./ Berlin.
2 ***eines kleineren Verlags:*** Keine Zusammenarbeit mit oben genanntem Verlag ermittelt.
3 ***im Wiener Verlag Ralph Höger ein Bändchen:*** Eggarter, Fred: *Milch im Krug. Ein Ablauf eines ländlichen Jahres.* Mit Zeichnungen von Alfred Kubin. Wien, Leipzig: Ralph A. Höger 1936 [R538; A168].
4 ***graphischen Kataloges:*** Einen ersten Schritt in Richtung eines Kubinschen Werkverzeichnisses unternahm schließlich Abraham Horodisch im Jahr 1949: *Alfred Kubin als Buchillustrator* (Amsterdam: Verlag der Erasmus-Buchhandlung) (→ 474 AK, Bibliographische …). – Auf Betreiben des Kubin-Archivs erschien 1957 bei Rowohlt in Hamburg der grundlegende Band von Paul Raabe: *Alfred Kubin. Leben, Werk, Wirkung* – zwar kein klassischer Graphik- bzw. Werkkatalog, aber die bis heute gültige Auflistung von Veröffentlichungen von und über AK. Annegret Hoberg beschreibt die Arbeit in ihrer einführenden Würdigung zum Band *Alfred Kubin. Das lithographische Werk* als »nicht einfach zu handhabende, einem reichhaltigen Zettelkasten in Buchform ähnelnde, zudem spärlich illustrierte Publikation«, die »jedem Kubin-Kenner« geläufig sei. (Zit. *Das lithographische Werk*, S. 8.) Tatsächlich ist sie auch die wichtigste Quelle für die hier vorliegende Edition der Korrespondenz AK-RP. – Paul Raabe wandte sich mit der Idee eines Kubin-Gesamtverzeichnisses im Jahr 1949 auch an RP, der allerdings »die gegenwärtige Zeit für die Veröffentlichung eines so speziellen Werks sehr ungünstig« einschätzte – und außerdem auf die bevorstehende Publikation von Horodisch hinwies (→ 474 AK, Bibliographische …). (Zit. ÖLA 77/B7/2.) – Weitere Schritte zur Erschließung des Kubinschen Schaffens → 127 AK, Kubin Katalog. – Die Wiener Albertina stellt in ihren Lesesälen einen digitalisierten Katalog samt Scans aller dort befindlichen Kubinschen Graphiken zur Verfügung.

296 RP

1 ***Brief vom 25. … Bildnis-Photographie:*** Nicht erhalten.
2 ***Fechter … Barlach Buch:*** → 290 RP, Buch mit … – Paul Otto Heinrich Fechter, Ps. Paul Monty (14.9.1880 Elbing – 9.1.1958 Berlin-Lichtenrade); Literaturwissenschaftler und Redakteur. Studium des Ingenieurwesens, der Philosophie, Mathematik und Naturwissenschaft in Dresden und Berlin, dann Stationen bei der *Vossischen Zeitung* in Berlin, Kriegsdienst im 1. Weltkrieg, *Wilnaer Zeitung* 1916–18, Feuilletonchef der *Deutschen Allgemeinen Zeitung* bis 1933, Mitbegründung und Herausgabe der *Deutschen Zukunft*, Mitherausgeber der *Deutschen Rundschau* (bis 1942), 1937–1939 beim *Berliner Tagblatt* und bis 1945 wieder bei der *DAZ*. Als Kritiker im Kreis um Alfred Polgar und Herbert Ihering, ab 1938 Teilnehmer der zeitkritischen »Mittwochsgesellschaft«. Nach dem Krieg Journalist bei *Die Zeit* und *Die Welt*; freier Schriftsteller. Neben eigenen literarischen Texten verfasste F Monographien etwa über Wedekind, Hauptmann und Shaw, bekannt wurden auch seine leicht lesbaren Literaturgeschichten (→ 400 RP).
3 ***Dr. Kletzl:*** → 215 AK
4 ***Carossa … Kunstwart-Heft:*** → 293 RP, Carossa …

297 RP

1 ***vier Aufsätze:*** Nicht erhalten.
2 ***Abdruck des prächtigen Ex Libris:*** Fehlender Gegenbrief; Bezug unklar. – *Raabe* verzeichnet für 1936 je ein Exlibris für Franz Josef Haselberger [R548] und Dr. Franz Heller [R549].

298 AK

1 ***unangreifbares Werk:*** RP am 24.4.1936 anlässlich der Barlach-Beschlagnahmung (→ 290 RP, Buch mit…) an HK: »Inzwischen ist aber ein Ereignis eingetreten, das mich auch in Bezug auf den Kubin-Band nachdenklich stimmen muss. Es sind nämlich bei uns Ende März die Barlach-Zeichnungen beschlagnahmt worden, mit der Begründung, sie seien geeignet, die öffentliche Sicherheit und Ordnung zu gefährden. Wir haben selbstverständlich bei allen in Betracht kommenden Stellen ausführlich begründeten Einspruch erhoben. Es wird aber sehr schwierig sein, die Beschlagnahme rückgängig zu machen. Reichsminister Goebbels hat uns soeben durch seinen Vertreter erklären lassen, er habe ›keine Veranlassung, die Beschlagnahme zu beanstanden.‹ [→ 290 RP; d. Hrsg.] […] Wir müssen also die Auswahl aus Ihren Zeichnungen so treffen, dass es Ihnen nicht ergehen kann wie den Barlach-Zeichnungen. Ich halte es nun meinerseits für wohl möglich, aus Ihrem reichen Schaffen einen Band zusammenzustellen, der nicht beanstandet werden kann und der auch nicht künstlerisch schwächer ist als irgend eine andere Auswahl, nur würden bestimmte Stoffe dann nicht vertreten sein. Es wäre vielleicht sogar sehr gut, eine Auswahl dieser Art zu machen, damit man sieht, wie sehr auch ein Künstler, den man so oft als Darsteller des Verfalls hingestellt hat, blut- und bodengebunden ist. Dass der Band, der eine solche Auswahl bringt, deswegen nicht schwächer oder langweiliger wird, dafür haben Sie als Künstler ja gesorgt. […] Ich habe den Brief an Sie, verehrte Frau Kubin, angefangen, im Verlaufe desselben habe ich mich aber in Gedanken mehr und mehr an Ihren Gatten gewandt, was Sie mir ja gewiss nicht verübeln werden. Mein Besuch würde dann wohl am besten so bald als möglich erfolgen, also in den ersten Maitagen. Mit besten Grüssen und Wünschen Ihr R Piper.« (Zit. ÖLA 77/B3/3.) – RP vertritt auch in der Korrespondenz mit Barlach die Meinung, dessen Band *Zeichnungen* wäre nicht beanstandet worden, hätte der Künstler nicht auf die Aufnahme bestimmter Blätter beharrt. Barlach weist dies allerdings scharf zurück. (→ *Barlach*, S. 385–393.) Bei dem geplanten Kubinschen Band wollte RP wohl von vornherein jede Diskussion ausschließen.

2 ***Köpfe:*** → 333 AK

3 ***Ihren Compagnon:*** Robert Freund (→ 196 RP).

300 RP

1 ***Freund muss als Gesellschafter ausscheiden… in Wien etwas Neues:*** Obwohl Robert Freund dem Verlag nicht nur Verbindungen mit Brehm, Maurois und Gulbransson beschert hatte, sondern auch auch zwei sehr erfolgreiche Reihen (*Was nicht im Baedeker steht* zum Thema Städtreisen sowie Sprachlehrbücher), war das persönliche Verhältnis mit RP nicht immer friktionsfrei verlaufen. Zum Bruch kam es allerdings durch Intervention seitens der »Reichsschrifttumskammer«, die im November 1935 erstmals Auskunft über »nichtarisches« Kapital im Verlag verlangt hatte. Etwa zwei Jahre lang versuchte man, eine einvernehmliche Lösung zu finden – eine Auszahlung des zu fünfzig Prozent am Verlag beteiligten Gesellschafters F hätte das Unternehmen vor ernsthafte wirtschaftliche Schwierigkeiten gestellt. Ende September 1937 beendete man schließlich die Zusammenarbeit. RP verkaufte das Verlagshaus in der Römerstraße 1, um F auszahlen zu können und mietete den Verlag in der Georgenstraße 4 ein (wo er noch heute beheimatet ist). Erstmals seit Verlagsgründung war RP damit alleiniger Inhaber. Als Teil seiner Abfindung übernahm F auch die Rechte und Bestände der von ihm angeworbenen ausländischen Autoren, mit denen er in Wien einen neuen Verlag gründen wollte (→ 348 RP). Mit der »Anordnung auf Grund Verordnung über die Anmeldung des Vermögens von Juden vom 26.4.1938« und dem »Anschluss« Österreichs am 13.3.1938 wurde aber auch diesem Vorhaben ein jähes Ende

gesetzt. 1948 schrieb RP an die amerikanische Militärregierung: »Die Trennung von Herrn Dr. Freund erfolgte unter voller Wahrung seiner Interessen. Die Bemessung seines Auseinandersetzungsguthabens war in keinster Weise durch die politischen Ereignisse beeinflußt.« (Zit. *Piper 100*, S. 139.) F flüchtete über die Schweiz und Paris nach New York, wo er die *Twin Prints* gründete und Farbreproduktionen von Gemälden in Anlehnung an die *Piperdrucke* herstellte. Einen Versuch Fs, mittels der Wiedergutmachungsdekrete der amerikanischen Militärregierung seine Teilhaberschaft am Verlag zu erneuern, vereitelte RP 1948. (→ *Piper 100*, S. 133–140.) Einige Worte zur Zusammenarbeit mit F finden sich auch in RPs Lebenserinnerungen (→ *MLaV*, S. 399–401). – Weitere Details zum Ausscheiden Fs → 348 RP, Arlen…

301 RP

1 ***1,2,3,4,6,8,10:*** Die Blätter *Im Zeller Moos*, *Osterlandschaft*, *Der Ziegenstall*, *Der alte Fischer*, *Undank ist der Welt Lohn*, *Auf der Alm* und *Die Viehherde* der Mappe *ARdL* (→ 97 AK).

2 ***Rembrandt-Verlages… »Die letzten dreissig Jahre der deutschen Kunst«:*** Sauerlandt, Max: *Die Kunst der letzten 30 Jahre*. Hrsg. v. Harald Busch. Berlin: Rembrandt-Verlag 1935. – Zu einer weiteren Beschlagnahmung im Rembrandt-Verlag → 317 RP, Buch über… – Der Rembrandt-Verlag war am 1.10.1923 von Konrad Lemmer (→ 319 AK) in Berlin-Zehlendorf gegründet worden. Mit der Reihe *Die Zeichner des Volks* (später *Kunstbücher des Volkes* benannt) – Darstellungen über Käthe Kollwitz, Heinrich Zille, Ernst Barlach, AK (→ 161 RP, noch ein Kubin Werk) etc. – hatte sich der Verlag bald auf dem Buchmarkt etabliert. 1931 publizierte Carl Dietrich Carls die erste Monographie über E. Barlach, die sich bis Mitte der 1930er sehr gut verkaufte, dann aber – wie weitere zwölf Titel aus dem Rembrandt-Verlag – vom NS-Regime verboten wurde. (→ *Barlach/Droß 2*, S. 891.) In den 1960er Jahren ging das Unternehmen an den Sohn des Firmengründers Klaus Lemmer (*4.8.1925), um 1990 wurden die Geschäfte eingestellt. – Ein Schreiben des Rembrandt-Verlags in Sachen Sauerlandt vom 23.5.1936 ist abgedruckt in *Barlach und die NS-Kunstpolitik*, S. 158–159. – Neben der Mappe *Masken* (→ 161 RP, noch ein Kubin Werk) veröffentlichte der Rembrandt-Verlag in den 1920ern auch immer wieder Lithographien AKs.

302 RP

1 Liste der übersandten Blätter im Anhang.

2 ***»Durchgeher«:*** Nicht ermittelt.

3 ***Elementargeist:*** Im Besitz der Albertina (33924).

4 ***Feindliche Brüder:*** Möglicherweise das 1925 im *Simplicissimus* (Jg. 30, H. 20) [R295] erschienene Blatt *Die ungleichen Brüder*. – Dazu RP anlässlich eines Besuchs in Zwickledt: »Wenn Kubin die ›Feindlichen Brüder‹ zeichnete, so brauchte der Betrachter keinen Roman dazu. Die Feindschaft lag im Strich, in dem ausgerundeten Rücken des einen und dem zusammengezogenen des andern.« (Zit. *MLaV*, S. 463–464.) – Aus dem Frühwerk ist ein gleichnamiges farbiges Blatt in Spritztechnik überliefert (Albertina, Inv.Nr. 33 545; abgebildet etwa in *Schmied*, Tafel 64).

5 ***Dorfmädchen versohlen einen Knecht:*** Nicht ermittelt. Von RP beschrieben in seiner Autobiographie: »Zwei Dorfmädchen versohlten mit ihren Pantoffeln den prallen Hintern eines weibstollen Knechts. Man hört ihr dreistimmiges Geschrei. Entscheidend war da nicht die Dorfgeschichte, man könnte sie auf hundert Arten zeichnen, und keine wäre Kubinisch. Nur Kubin aber ließ den pantoffelschwingenden mageren Arm auf *diese* Weise ausholen, und gerade auf diese Weise kam es an. Es kreischte nicht nur der Mund, sondern das ganze Blatt – auch die Wade, die Treppe, der Zuber, der Besen.« (Zit. *MLaV*, S. 464.)

6 ***Froschkonzert:*** Unter gleichem Titel 1936 in der Zeitschrift *Kunst und Leben* reproduziert (Jg. 28, Kalender) [R545]. Siehe auch → 303 AK.
7 ***Schlange erschreckt junge Vögel:*** Möglicherweise *Schlange am Nest* (In: Kubin, Alfred: *Vermischte Blätter. Zwölf Zeichnungen*. Berlin: Archivarion Deutsche Archiv-Bibliothek 1950; ausgeliefert 1954) [R709; A242]. Siehe auch → 303 AK. – Bild erwähnt in → *MLaV*, S. 464–465.
8 ***Windige Gesellen:*** Möglicherweise eine Version der Federlithographie *Windige Gesellen* (Avalun-Verlag, Hellerau bei Dresden 1923) [R223; Hb58 → dort auch weitere Vergleichswerke]. – Bild erwähnt in → *MLaV*, S. 465.
9 ***Vogelscheuchen machen einen Ausflug:*** → 34 AK
10 ***Zauberer kehrt zu seinem alten Drachen zurück:*** Unter dem Titel *Verbummelter Zauberer kehrt heim zu seinem alten Drachen* 1923 im *Simplicissimus* reproduziert (Jg. 28, H. 21) [R232]. Siehe auch → 303 AK.
11 ***Dorfbild mit Truthahn und Frau mit Kind:*** Bezug unklar. Möglicherweise fehlender Zeilenumbruch und somit zwei separate Bilder. Bereits 1925 war im Verlag des Hamburger Kunstvereins eine Lithographie *Der Truthahn* [R288; Hb95 → dort auch weitere Vergleichswerke] erschienen, 1932 reproduziert im *Simplicissimus* (Jg. 37, H. 9) [R476].

303 AK

1 Anlage: Skizze von »Der Durchgeher«
2 ***101 bis 120:*** → 304 RP
3 ***Schlangenangst:*** Wohl das getönte Blatt *Schlangenalp*, 1935 im *Simplicissimus* reproduziert (Jg. 40, H. 39) [R533]. – Variante im Besitz des OÖLMs (Ha II 3646, 1935).
4 ***»Jubiläums-ausstellung«:*** Oberösterreichisches Landesmuseum, Oberösterreichischer Künstlerbund *März*: *Alfred Kubin. Graphische Schau seines Lebenswerkes anlässlich seines bevorstehenden sechzigsten Geburtstages*, 13.12.1936–17.1.1937. Die Ausstellung wurde von AK persönlich zusammengestellt und vom österreichischen Bundeskommissar für Kulturpropaganda in Anwesenheit des Künstlers eröffnet [M1936/25].
5 ***»März«:*** *Ein Jahrbuch des Oberösterreichischen Künstlerbundes »März«. Seinem Kollegen Alfred Kubin zu seinem 60. Geburtstag gewidmet.* Linz: Selbstverlag 1937. – Mit einer Einleitung des Schriftleiters Egon Hoffmann; *Alfred Kubin* von F. Rauhut [R414]; *Die Kubin'sche Weltstimmung* des Hamburgers R. A. Dietrich [R661]; dem »Düngerlachen«-Gedicht R. Billingers; Wiederabdrucken einiger Texte AKs sowie einer Bibliographie.

304 RP

1 Liste der übersandten Blätter im Anhang.
2 ***Elementargeist:*** → 302 RP
3 ***»Metzger«:*** → 73 AK
4 ***»Der Besuch«:*** → 73 AK
5 ***»Der Franzl«:*** *Der Franz* (→ 97 AK).
6 ***»Der Sturm« ... »Erbe«:*** → 105 RP, Das Deutsche Lesebuch

306 RP

1 ***»Intimes Gespräch«:*** Möglicherweise älterer Titel des Blattes *Einsiedler* aus dem Band *AeZ* (Tafel 21).
2 ***»Verbotenen Weg«:*** RPs Beschreibung legt nahe, dass AK das Blatt für die *AeZ* tatsächlich umbenannt hat: *Furien* (Tafel 40). – Eine Variante (Feder, Tusche, gespritzt,

laviert auf Papier) ist im Besitz des OÖLMs (Ha II 3678, »um 1935«) – allerdings wiederum mit *Verbotener Weg* betitelt. Auch in AKs *Ein neuer Totentanz* (→ 328 AK) erschien ein Blatt unter demselben Titel.

3 ***»Morgenlicht«:*** Unter dem Titel *Im Frühlicht* bereits 1934 im *Simplicissimus* reproduziert (Jg. 39, H. 43) [R520]. – Entspricht der Federlithographie *Morgenlicht* für die Griffelkunst-Vereinigung Hamburg-Langenhorn (1940) [R585; Hb146].

4 ***»Zauberer«:*** Möglicherweise *Der Zauberer* (In: *Die Mappe. 22 originalgraphische Blätter Münchner Künstler*. München: Verlag Galerie Caspari 1920) [R129; Hb18 → dort auch weitere Vergleichswerke].

5 ***»Krötenkonzert«:*** Wohl das Blatt *Krötenknäuel* (→ 307 RP).

6 ***»Abenteuer mit der Zeichenfeder«:*** Kubin, Alfred: *Abenteuer einer Zeichenfeder*. Mit Einführung von Max Unold. Sechzig Blatt Strichätzungen nach Federzeichnungen. München: Piper 1941 [R598].

7 ***Anlage … das neueste Aktenstück:*** Die Preußische Geheime Staatspolizei schrieb am 26. 5. 1936 das Buch *Zeichnungen* von E. Barlach betreffend: »Auf Ihr an den Herrn Präsident der Reichsschrifttumskammer gerichtetes und von diesem an mich zuständigkeitshalber abgegebenes Schreiben vom 31. März 1936 teile ich mit, dass die Druckschrift ›Zeichnungen‹ von Ernst Barlach von mir im Benehmen mit dem Herrn Reichsminister für Volksaufklärung und Propaganda und dem Reichsbeauftragten für künstlerische Formgebung beschlagnahmt worden ist, weil der kunstbolschewistische Inhalt der Schrift Ausdruck einer destruktiven und unserer Zeit nicht entsprechenden Kunstauffassung und die nationalsozialistische Kulturpolitik zu gefährden geeignet ist. Bei dieser Sachlage vermag ich ihrem Antrage auf Aufhebung der Beschlagnahme nicht stattzugeben. Ebensowenig kann ohne Schädigung des Ansehens der deutschen Kunst eine Freigabe des Werkes für den Vertrieb im Ausland erfolgen. Im Auftrage: gez. Klein«. (Zit. nach: Fühmann, Franz (Hrsg.): *Ernst Barlach. Das Wirkliche und Wahrhaftige. Briefe. Grafik. Plastik. Dokumente*. Rostock: Hinstorff 1977, S. 240.) – RP forderte Barlach im Frühjahr 1936 wiederholt zu verschiedenen Eingaben und Entgegnungen auf, was dieser für sinnlos bzw. kontraproduktiv hielt, dennoch aber einige verfasste. – Der Verleger selbst richtete sich etwa am 7. 4. 1936 an den *Niederdeutschen Beobachter* und trat für Barlach und das eigene Kunstverständnis ein. – Als letztes Schriftdokument vor dem hier kommentierten Brief an AK schickte RP am 25. 5. 1936 einen mutigen Auszug aus den *Berichten zur Kultur- und Zeitgeschichte* des Wiener Reinhold Verlags (Band XIII, Nr. 294–296 vom 19. 4. 1936) an Barlach: »Ernst Barlach ist der einzige Gotiker und deshalb der deutscheste Künstler unserer Zeit. Seine Gotik ist nicht stilistische Nachahmung, sondern kommt dieses einemal wahrhaft aus norddeutschem Blut und Boden. Es ist kennzeichnend für den unglaublichen Dilettantismus und die absurde Verständnislosigkeit der gegenwärtigen deutschen Kulturpolitik, daß sie den ungestümen Expressionswillen und exzessiven Naturalismus dieses urgermanischen Gotikers mit ›jüdischem Kulturbolschewismus‹ verwechselt und den Künstler verfehmt. Besser als alle Abenteuer der Politik beweist diese Verwechslung, daß Nationalsozialismus und Deutschtum Gegensätze sind, die sich nicht verstehen. Die Ausgabe dieser tiefaufwühlenden Zeichnungen ist unter solchen Umständen weit mehr als eine Verdienst um die Kunst.« (Zit. nach: *Barlach*, S. 411.)

307 RP

1 ***Berliner Besprechungen:*** RP hatte die Kubinschen Zeichnungen zwei Wochen vor seiner Berlinfahrt an die »Reichsschrifttumskammer« geschickt, um Zeit für eine genaue Sichtung und Bezeichnung der »problematischen« Blätter zu geben. Die Sendung blieb allerdings ungeöffnet liegen – man verwies RP auf die angeblich zuständige »Reichskunstkammer«. Der Verleger wandte sich also an diese Stelle, wo ihm erklärt wurde, dass alles, was Buch sei, die »Schrifttumskammer« betreffe. Dorthin zurück-

gekehrt wurde RP mehrfach vertröstet, sodass die Berlinreise in Sachen AK schließlich ergebnislos blieb. »Ein Herr […] sagte mir noch: ›Weshalb schicken Sie das eigentlich vorher ein? Wir haben in Deutschland doch keine Zensur! Ein deutscher Verleger muß doch ganz von selber wissen, was er bringen kann und was nicht.‹« (Zit. *MLaV*, S. 471.)

2 ***berichtet haben:*** Nachträgliche hs Anmerkung RPs mit Bleistift: »Hab ich in einem <…> im Besuch <…> <…>«.

3 ***Oesterreicher:*** Das Blatt *Ein Österreicher* (»um 1940«) ist abgebildet etwa in *Weltgeflecht* (Tafel 147; Ha II 3897).

4 ***Dragoner:*** Nicht ermittelt.

5 ***Schlange mit dem Vogelnest:*** → 302 RP, Schlange…

6 ***Drud:*** Kubin, Alfred: *Erinnerung.* In: Neue Illustrierte Zeitung, Wien, 20.6.1937 (→ *AmL*, S. 206–208) [R567]. Mit Strichätzung der Federzeichnung: *Die Drud.* – Drud (auch Drude, Drute, Trude): Im altdeutschen Volksglauben ein böses, weibliches Nachtgespenst, dessen untere Extremitäten oft als fünfkrallige Vogelfüße dargestellt werden – mit dem »Drudenfuß« als Trittspur. Manchmal wird die Drud auch als guter und schöner Geist im Gefolge der Göttin Holda (Perchta) gestaltet.

7 ***Froschkonzert:*** → 302 RP

8 ***Nebengasse:*** Möglicherweise das Blatt *Seitenstraße* (Ha II 3604, »um 1935«).

9 ***Krötenknäuel:*** Wohl das *Krötenkonzert* des vorangegangenen Briefes. Schließlich aufgenommen in den Band *Abendrot* (Tafel 12).

10 ***der neue Robinson:*** *Ein neuer Robinson* (Albertina: 33679, um 1920).

11 ***der Nebenbuhler:*** AK bearbeitete das Thema wiederholt. In einer ersten Version hebt eine Figur die andere, um sie fortzuschleudern, in einer zweiten ist ein Raufhandel am Boden dargestellt. *Raabe* verzeichnet für Version I etwa *Die Aussteuer (Der Nebenbuhler)*, 1927 im *Simplicissimus* reproduziert (Jg. 32, H. 32) [R335]; Entwurfzeichnung (1926) abgebildet in *Schmied* (Tafel 116); colorierte Version (1952) abgebildet etwa in *Sammlung Leopold* (Tafel 76). Hier gemeint ist wohl Version II, nun im Besitz des OÖLMs: *Nebenbuhler* (Ha II 3862, »um 1940«), auch angeführt im Katalog der Jubiläumsausstellung (→ *Albertina 1947*) [R659].

12 ***»Tatzelwürmer«:*** → 252 AK

13 ***Meister-Faksimiles:*** Eine Auflistung des Angebots findet sich etwa im Almanach zum 35-jährigen Verlagsbestehen. Die Einzelblätter unterschiedlicher Größe kosteten zwischen 4,– und 27,– Reichsmark.

308 RP

1 ***Guys:*** Constantin Ernest Adolphe Hyacinthe Guys (3.12.1802 Vlissingen – 13.3.1892 Paris); niederländisch-französischer Zeichner und Aquarellist. Teilnahme am griechischen Befreiungskampf, ab 1860 in Paris. Geistreicher Chronist des mondänen Pariser Stadtlebens. – Bei Piper 1907 in Meier-Graefes *Impressionisten* und 1920 in den Drucken der Marées-Gesellschaft (XIX) vertreten: *Constantin Guys. Weltliche Legenden.* – In der Kubinschen Graphiksammlung in der Wiener Albertina findet sich eine Zeichnung Gs. (→ *Heinzl 1970*, S. 221.)

2 ***Urs Graf:*** Urs Graf (um 1485 Solothurn – 1527/28 Basel); Schweizer Goldschmied, Zeichner, Kupferstecher und Glasmaler. 1519 in Basel zum amtlichen Stempel- und Münzeisenschneider bestellt. Unsteter Werdegang, wiederholte Teilnahme an Kriegszügen. Meist derb-drastische Darstellungen aus dem Landsknechts- und Volksleben. – Werke bei Piper → 94 AK, Holzschneider.

3 ***St. Aubin:*** Augustin de Saint-Aubin (3.6.1736 Paris – 9.11.1807 ebd.); französischer Zeichner und Radierer. Bis 1775 an der Académie Royale de Peinture, ab 1777 Stecher der königlichen Bibliothek.

4 ***Rousseau, drei Zeichnungen:*** Die Blätter *Stickendes Mädchen*, *Sitzender junger*

Mann, Kinder auf der Terrasse des Aufklärers Jean-Jacques Rousseau (28.6.1712 Genf – 2.7.1778 Ermenonville) (→ *Almanach zum 35. Jahr des Verlags R. Piper & Co.* München: Piper 1939, S. 30 Anhang).

5 ***Munch:*** Edvard Munch (12.12.1863 Løten – 23.1.1944 Hof Ekely); norwegischer Maler und Graphiker. Zeichenschule in Kristiania, 1882 bei Christian Krohg, 1884 selbstständig. Ab 1885 wiederholt in Paris, Beschäftigung mit dem Impressionismus. Der Skandal anlässlich Ms erster Ausstellung in Berlin 1892 führte zur Gründung der Berliner Sezession. 1906–1908 meist in Deutschland. Symbolist, Wegbereiter des Expressionismus. – »Munch habe ich auch persönlich kennengelernt. Ich war mehrmals sein und seiner damaligen Braut Thulla Larsens Gast. Munch war ein schwer zugänglicher Mensch, ein Sonderling, der erst nach reichlichem Trunk entgegenkam, mich aber durch seine Zurückhaltung ganz besonders berührte.« (Zit. *AmL*, S. 28.) – Die von AK angesprochene Beziehung zu Tulla Larsen endete 1902 in einem Streit, bei dem Ms linke Hand angeschossen wurde. – Bei Piper war M 1905 der siebte Band der Reihe *Moderne Illustratoren* von Hermann Esswein gewidmet, in der *Piper-Bücherei* erschien 1954 *Edvard Munch. Lebensfries. 46 Graphiken* mit einer Einführung von Walter Urbanek. Die Arbeit am Essweinschen Band und den Briefverkehr mit M schildert RP in seinen Lebenserinnerungen. Auch ein Dankesbrief Ms an Hermann Esswein ist dort abgedruckt (→ *MLaV*, S. 250–252). Weiters wird über den Plan eines neuen M-Bandes und die Schwierigkeiten des Künstlers mit dem NS-Regime berichtet (→ ebd., S. 661). – Im Linzer Bestand der Kubinschen Graphiksammlung finden sich sieben druckgraphische Arbeiten Ms, weitere neun in der Wiener Albertina. (→ *Heinzl 1970*, S. 222.)

6 ***Herrn Kaufmann Mayerhofer:*** Wohl ein Nachkomme des Karl Mayrhofer (18.10.1858 Passau – 1.4.1930 ebd.); Tabakwarenkaufmann. Wichtiger Kubinfreund und -sammler. AK an Rosenberger am 12.10.1937: »Mein, nun leider auch schon seit Jahren schon verstorbener alter Freund, der Kaufmann Karl Mayerhofer«. (Zit. *Rosenberger*, S. 43.) – Die Mayrhofsche AK-Sammlung ging über auf den Sohn Hermann (1901–1976), ab 1938 Professor an der Akademie in München, der mit AK ebenfalls in persönlichem Kontakt stand (→ *DwR*, S. 199) und der beispielsweise 1944 Leihgaben aus der väterlichen Sammlung für die umfassende AK-Ausstellung in der Innviertler Galerie beisteuerte [M1944/4]. (Siehe auch M1948/1.) – Der Kontakt bestand wohl über Anni Mayrhofer (Verwandschaftsverhältnis nicht ermittelt) (→ 315 RP).

309 RP

1 ***Berliner Vertreter:*** Herr Neumann-Bensel (→ 310, Durchschlag). Lebensdaten nicht ermittelt.

2 ***Schweitzer:*** Hans Herbert Schweitzer, Ps. Mjölnir (25.7.1901 Berlin – 15.9.1980 Landstuhl); Karikaturist und nationalsozialistischer Politiker. Studium an der Staatlichen Hochschule für bildende Künste in Berlin, ab 1926 Mitglied der NSDAP. 1927 Mitbegründer der Zeitschrift *Der Angriff*. Zeichner für den *Völkischen Beobachter* und für das NS-Satireblatt *Die Brennessel*, Gestalter von Plakatkampagnen etc. Mitstreiter Joseph Goebbels' aus dessen früher »Kampfzeit« in Berlin, Mitautor der Goebbels'schen Pamphlete *Das Buch Isidor. Ein Zeitbild voller Lachen und Hass* (München: Eher 1928) und *Knorke. Ein neues Buch Isidor für Zeitgenossen* (ebd. 1929). 1933 von Adolf Hitler zum »Zeichner der Bewegung« und im Herbst 1935 von Goebbels zum »Reichsbeauftragten für künstlerische Formgebung« ernannt, dann in den »Reichskultursenat« berufen. 1936 Präsidialrat der »Reichskammer der bildenden Künste«, 1937 Professor. S war Ausführender im Zuge der Beschlagnahmung »entarteter Kunst«, später auch Vorsitzender des »Reichsausschusses der Pressezeichner«, ab 1942 »SS-Oberführer«. Im Zuge der Entnazifizierung nach Kriegs-

ende zu einer Geldstrafe verurteilt und als »Goebbels-Zeichner« boykottiert, allerdings bald Arbeiten für das Bundespresseamt – und für rechtextreme Zeitungen.

310 RP

1 ***Durchschlag:*** Am 17.7.1936 richtete sich RP an die Abteilung für künstlerische Formgebung der Reichskammer der Bildenden Künste: »Wir überbrachten Ihnen am 17. Juli die Original-Zeichnungen Kubins zu dem geplanten Buch und baten in unserem gleichzeitigen Brief, für den Fall, dass nicht alle Zeichnungen genehmigt werden würden, die unerwünschten Zeichnungen zu bezeichnen. Uns wurde damals gesagt, dass Herr Schweitzer nicht grundsätzlich gegen eine Kubin-Veröffentlichung sei und dass die Angelegenheit in zwei Tagen erledigt werde. Dann könne der in unserem Schreiben genannte Vertreter, Herr Neumann-Bensel, die Zeichnungen wieder abholen. Inzwischen sind vier Wochen vergangen und es war Herrn Neumann-Bensel bisher leider nicht möglich, die Zeichnungen mit Ihrem Bescheid zu erhalten. Heute schreibt uns nun Herr Neumann-Bensel, dass ihm soeben von Ihrem Büro mitgeteilt worden sei, die Zeichnungen seien aus künstlerischen und weltanschaulichen Gründen von Ihnen abgelehnt worden. Die Zeichnungen selbst und die briefliche Erklärung hierüber würden uns direkt zugehen. Wir möchten annehmen, dass diese Mitteilung unseres Vertreters auf einem Missverständnis beruht, denn wir können unmöglich glauben, dass die Reproduktion sämtlicher 63 Zeichnungen von Kubin aus künstlerischen und weltanschaulichen Gründen verboten werden soll. [...] Die überwiegende Mehrzahl der Blätter behandelt märchenhafte, ländliche oder phantastische Stoffe völlig harmloser Art. Auch die Preußische Akademie der Bildenden Künste, deren Mitglied Kubin ist, hat in ihrer Jubiläums-Ausstellung am Pariser Platz Zeichnungen dieser Art ausgestellt. Ebenso erscheinen solche Zeichnungen völlig unbeanstandet in Zeitschriften. [...] Unser Verlag plant, zum 60. Geburtstag des Künstlers, einen Band mit Kubin-Zeichnungen herauszubringen, da wir mit dem Künstler seit dreissig Jahren in freundschaftlicher Verbindung stehen und auch schon früher Bücher mit Illustrationen von ihm verlegt haben. Der Künstler ist politisch völlig unbescholten und gilt seit dem Tode Slevogts als unser bedeutendster Illustrator. Kubin ist Oesterreicher und es wäre uns sehr peinlich, dem Künstler mitteilen zu müssen, dass in Deutschland, dem seine ganze Liebe gehört, eine Veröffentlichung zu seinem 60. Geburtstag nicht gestattet werde. Zweifellos würde dies in Oesterreich als Unfreundlichkeit empfunden werden. [...] Wir bitten Sie deshalb, uns von den Kubin-Zeichnungen diejenigen zu bezeichnen, welche Ihnen unerwünscht sind. Dies wurde uns bereits im Juni telephonisch in Aussicht gestellt. Wir werden dann versuchen, für die ausgeschiedenen Zeichnungen andere Blätter einzuschalten, welche landschaftliche und märchenhafte Motive behandeln, die auch von anderen deutschen Künstlern ständig ohne jede Beanstandung behandelt werden. Zeichnungen dieser Art und die Reproduktion derselben können doch wohl auch einem Künstler wie Kubin nicht verwehrt werden. Wir bitten Sie also die Kubin-Zeichnungen nicht an uns zurückzuschicken, ehe nicht die eventuell unerwünschten Zeichnungen eigens bezeichnet sind. Wir müssten sonst die Blätter mit der Bitte um eine solche Bezeichnung an Sie zurückgehen lassen. Heil Hitler! R. Piper & Co., G.M.B.H.« (Zit. ÖLA 77/B11/2.)

311 AK

1 ***am 1./8. unter allen Umständen in den Böhmerwald:*** Im Waldhäuserer Gästebuch findet sich eine Kubinsche Widmung samt Zeichnung: »Eulenspiegel steigt aus seinem Grab. 28.6.–6.9.36«, HK kam am 31.8. nach. (→ *DwR*, S. 145.) – Die Affäre mit Emmy Haesele war seitens AK beendet (→ 252 AK, intimes Erleben ...).

2 ***Ausstellungen:*** Die Kunstvereine in Hamburg [M1936/9], Heidelberg [M1936/12],

Bonn [M1936/13] und Bremen [1936/22] zeigten Arbeiten AKs, insgesamt kam es 1936 zu mindestens 27 Ausstellungen. Die wichtige Jubiläumsausstellung in Linz mit weit mehr als hundert Kubinschen Werken wurde bereits angesprochen (→ 303 AK), für die der Preußischen Akademie → 312 RP.

312 RP

1 ***Brief des Reichsbeauftragten:*** Der Brief von Hans Herbert Schweitzer an den Piper-Verlag vom 15.7.1936 findet sich im ÖLA (→ ÖLA 77/B11/1). Siehe auch → *MLaV*, S. 473.
2 ***entwerfen Sie einen solchen Brief… durchgestrichen:*** Davor von RP emendiert: »am besten aber vielleicht gleich an den Reichsminister für Volksaufklärung und Propaganda, Herrn Dr. Josef Goebbels«.
3 ***Winterlandschaft:*** Unter dem Titel *Winterlandschaft im Innviertel* in *AeZ* aufgenommen (Tafel 17).
4 ***Hamlet:*** Unter gleichem Titel in *AeZ* aufgenommen (Tafel 11). – AK gestaltete das Sujet wiederholt in unterschiedlichen Formen (→ etwa Ha II 3951, 1940).
5 ***Schiff im Sturm:*** Wohl das mit 1934 datierte Blatt *Untergang der Abenteurer* aus dem Band *AeZ* (Tafel 53).
6 ***Jagd auf einen Puma:*** Unter dem Titel *Der Puma* in *AeZ* aufgenommen (Tafel 31).
7 ***Stampfmühle:*** Schließlich unter gleichem Titel in *Abendrot* aufgenommen (Tafel 35). – Variante im Besitz des OÖLMs (Ha II 3630, 1933).
8 ***Fischmarkt:*** Unter gleichem Titel in *AeZ* aufgenommen (Tafel 14).
9 ***Kampf eines römischen Kriegers mit einem Adler:*** Unter dem Titel *Fürchte nichts* in *AeZ* aufgenommen (→377 RP, 378 AK).
10 ***Reiterangriff Seydlitz's:*** *Seydlitz* (Albertina: 33809, 1934).
11 ***Jäger, der ein erfrorenes Reh:*** Wohl die Zeichnung *Erfrorenes Reh* (Münchner Neueste Nachrichten, Jg. 85, Nr. 351, 1932) [R474] (auch: Albertina: 33921, um 1935).
12 ***Tannen an einem Waldrand:*** Möglicherweise das später in den Band *Abendrot* aufgenommene Blatt *Aus unserem Wald* (Tafel 37).
13 ***Preussischen Akademie… Jubiläums-Ausstellung:*** Preußische Akademie der Künste: *Jubiläums-Ausstellung* aus Anlass des 150-jährigen Bestehens der akademischen Ausstellungen, *Deutsche Malerei und Graphik* vom Ausgang des 18. Jahrhunderts bis zur Gegenwart [M1936/7].
14 ***Bitten Sie ihn um die Erlaubnis:*** Davor von RP gestrichen: »Dies dürfe aber nicht dahin führen, dass von dieser Stelle eine Auswahl abgelehnt und, was allerdings einfacher sei, Ihre ganze Kunst von dieser Seite als bedenklich bezeichnet werde.«

313 RP

1 ***anliegende Zuschrift:*** Als Durchschlag beigelegt. Der Präsident der Reichsschrifttumskammer an den Verlag R. Piper & Co. München am 20.7.1936: »Ich setze Sie davon in Kenntnis, dass die in Ihrem Verlag erschienene Druckschrift von Alfred Kubin ›20 Bilder zur Bibel‹ in die Liste gemäss § 1 meiner Anordnung über schädliches und unerwünschtes Schrifttum vom 25.4.35 eingereiht worden ist. Ich ersuche Sie daher, mir binnen 8 Tagen nach Eingang dieses Schreibens eine Erklärung einzusenden, wonach Sie sich verpflichten, die weitere Verbreitung der Druckschrift zu unterlassen und Ihren Auslieferer anzuweisen, sämtliche im Verkehr befindlichen Exemplare zurückzurufen.« (Zit. ÖLA 77/B11/3.) – Präsident der »Reichsschrifttumskammer« von 1935–1945 war Hanns Johst (8.7.1890 Seerhausen bei Riesa – 23.11.1978 Ruhpolding); Schriftsteller, Dramatiker und nationalsozialistischer Kultur-Funktionär. – Das Verbot der Bibel-Bilder sollte 1939 wieder aufgehoben werden (→ 252 AK, dass das III Reich…). – Das Verhältnis des »Dritten Reiches« zu AK (wie auch umgekehrt)

war ambivalent, erreichte im Jahr 1936 einen entscheidenden Punkt – und entwickelte sich zugunsten des Zeichners. Erst nach dem »Anschluss« allerdings – dem zahlreiche Ehrungen von offizieller Seite anlässlich des 60. Geburtstages AKs vorausgegangen waren – sollte sich RP zur Weiterarbeit an dem Buchprojekt entscheiden und konnte die *AeZ* schließlich 1941 veröffentlichen. Sie wurden stillschweigend geduldet.

314 AK

1 ***»Da lässt sich halt nix machen«:*** Wohl ein Kubinsches Credo jener Jahre. Siehe auch → 283 AK.

2 ***Schreiben an H. und G.:*** Eberhard Hanfstaengl und Joseph Goebbels. – Bedenkt man die persönliche Freundschaft zwischen Goebbels und Hans Herbert Schweitzer (→ 309 RP), so scheinen AKs Bedenken durchaus berechtigt. Am 24.7.1936 wandte sich HK an RP (→ ÖLA 77/B4/4) und erbat seinen Kommentar zu einem Entwurf des Schreibens an Goebbels (s. u.), außerdem berichtete sie, Prof. Hanfstaengl, Direktor der Nationalgalerie, um Hilfe ersucht zu haben – der allerdings bald darauf selbst abgesetzt werden sollte (→ 283 AK). – »An den Herrn Minister für Volksaufklärung und Propaganda Herrn Dr. Joseph Goebbels [...] Euer Excellenz erlaube ich mir, das folgende Anliegen vorzutragen: Der Verlag R. Piper & Co., München, beabsichtigt, anlässlich meines 60. Geburtstags ein Buch herauszugeben, das Reproduktionen von etwa 60 meiner Zeichnungen mit einem einführenden kurzen Text enthalten soll. Herr Piper, der mit seiner Publikation /von/ Barlach /-Zeichnungen schlechte/ Erfahrungen gemacht hat, indem dieses Buch nach seinem Erscheinen beschlagnahmt wurde, wollte bei dieser Veröffentlichung ganz sicher gehn und hat die von uns gemeinsam ausgesuchten Zeichnungen dem Reichsbeauftragten für künstlerische Formgebung, Herrn Schweitzer, vorgelegt. Nun kam von dieser Stelle zu unserer Überraschung die Nachricht, dass eine Veröffentlichung von meinen Zeichnungen aus künstlerischen und weltanschaulichen Gründen für bedenklich gehalten wird. Die Bitte meines Verlegers, die etwa unerwünschten Blätter bei der Durchsicht zu bezeichnen, damit sie durch andere ersetzt werden können, wurde von Herrn Schweitzer nicht beachtet. Ich kann mir nicht vorstellen, was an den zumeist landschaftliche oder märchenhafte Themen behandelnden Blättern anstössig gefunden werden könnte, eine Winterlandschaft, ein Schiff im Sturm, eine alte Stampfmühle, ein Fischmarkt, der Kampf eines römischen Kriegers mit einem Adler, ein Reiterangriff des General Seydlitz, ein Jäger, der ein erfrorenes Reh trägt, und ähnliche Motive, können doch nicht für »bedenklich« gelten, zumal viele dieser Zeichnungen schon in den letzten Jahren in deutschen Kunstausstellungen /völlig unbeanstandet/ ausgestellt waren. Fast alle grösseren Galerien befinden sich im Besitz von Arbeiten meiner Hand, und auch in der Jubiläumsausstellung der preussischen Akademie der Künste, deren Mitglied ich seit Jahren bin, bin ich vertreten. Dass mein Verleger im Einvernehmen mit mir meine Zeichnungen der zuständigen Stelle vorgelegt hat, kann doch nur eine loyale Handlung genannt werden, und wenn ich mich bereit erklärte, auf Wunsch des Herrn Schweitzer einzelne Blätter, die er etwa ablehnen zu müssen glaubt, durch andere zu ersetzen, so kann ich mich mit der Unterdrückung meines ganzen Werks in Bausch und Bogen nicht zufrieden geben. Ich bitte daher Eure Excellenz, entweder den Herrn Reichsbeauftragten für künstlerische Formgebung zu veranlassen, die von ihm zur Veröffentlichung für ungeeignet gehaltenen Blätter einzeln anzuführen, oder mir zu gestatten, meine Arbeiten Euer Excellenz selbst zur Begutachtung vorlegen zu dürfen. Mit deutschem Gruss einem günstigen Bescheid entgegensehend ergebenst«. (Zit. ÖLA 77/B4/4.) – In Goebbels' Tagebüchern findet sich ganz im Gegensatz zu Barlach (→ 290 RP, Buch mit ...) keine Erwähnung AKs. Wegen des Verbots der Bibel-Bilder vom 20.7.1936 wurde von der geplanten brieflichen Intervention wohl schließlich abgesehen. – Am 29.7.1936 schrieb RP nochmals an die »Reichsschrifttumskammer«. Der im

Grundtenor ähnliche Brief ist zum Großteil in seinen Lebenserinnerungen abgedruckt (→ *MLaV*, S. 473-474); Durchschlag → ÖLA 77/B11/4. Auch im Briefwechsel mit Barlach findet sich eine ausführliche Schilderung der Vorgänge (→ *Barlach*, S. 413-418). – Schweitzer antwortete Anfang August 1936: »Ich bitte, von der nochmaligen Übersendung der Kubin'schen Zeichnungen abzusehen, da ich meiner Stellungnahme vom 15. Juli nichts mehr hinzuzufügen habe. Heil Hitler! gez. Schweitzer«. (→ *MLaV*, S. 474; Original → ÖLA 77/B11/5.) – Im Juli 1937 wurde AK zu einem »inaktiven« Mitglied der Preußischen Akademie der Künste degradiert. (→ *Mitterbauer*, S. 340.)

3 ***bibelglaubig:*** Siehe dazu etwa das Kapitel »Pseudoreligiösität als Machtmittel« in → *Neuhäuser*, S. 97–112.

315 RP

1 ***23. September ... Eingabe des Herrn Dr. Kletzl:*** Ein Brief O. Kletzls an RP vom 8.9.1936, in dem ersterer Gewissensgründe für eine Stellungnahme in Sachen nationalsozialistischer Angriffe auf das Kubinsche Schaffen anführt, gleichzeitig aber schon über unerwartet geringe Unterstützung anderer Kunstfreunde berichtet, befindet sich im ÖLA (→ ÖLA 77/B11/7). Die Eingabe wurde schließlich unterlassen (→ die folgenden Briefe).

2 ***Oberländer-Zeichnungen:*** *Das neue Oberländer-Buch.* Einführung von Reinhard Piper. München: Piper 1936.

3 ***Gattin ... Spätherbst ... nach München:*** Zu HKs Besuch in München → 318 RP.

316 AK

1 ***Striche:*** Gemeint sind wohl »Streichungen«.

2 ***Otto Stössl:*** Otto Stoessl war am 15.9.1936 in Wien verstorben. Weiteres zu seiner Person → 120 AK.

3 ***der Oeuvre Katalog:*** Oft angesprochen, nicht realisiert (→ 295 AK, graphischen Kataloges).

317 RP

1 ***Buch über Franz Marc:*** Schardt, Alois: *Franz Marc.* Berlin: Rembrandt-Verlag 1936 (Die Zeichner des Volkes 11). – Diese erste Monographie über M (samt Werkverzeichnis), in der der Autor sein mutiges Bekenntnis zur modernen Malerei mit der nationalsozialistischen Ideologie zu verknüpfen sucht, wurde im Rahmen der Gedächtnisausstellung zum 20. Todestag des Künstlers in Berlin präsentiert – und beschlagnahmt. Verleger Lemmer erinnert sich: »Bei der Eröffnung der Franz-Marc-Ausstellung 1936 in der Galerie Nierendorf saß ich in der vordersten Reihe neben Frau Marc und konnte genau beobachten, wie Prof. Schardt aus dem kurz vorher erschienenen Franz-Marc-Buch einige Sätze vorlas. Daraufhin standen die beiden Kriminalbeamten auf, erklärten die Ausstellung für geschlossen, beschlagnahmten das Buch auf dem Pult und am nächsten Tage bei uns im Verlage die ganze Auflage.« (Zit. nach: *Avantgarde*, S. 337.) – Der besagte Brief an RP – in dem auch die Beschlagnahmung des Sauerlandt-Buches besprochen wird (→ 301 RP) – ist abgedruckt in: *Barlach und die NS-Kunstpolitik*, S. 158–159 (Do. 121).

2 ***Ausstellung des Deutschen Künstlerbundes in Hamburg:*** Der *Deutsche Künstlerbund* war 1903 auf Betreiben des Kunstförderers Harry Graf Kessler in Weimar von Corinth, Klinger, Liebermann u.a. als erster überregionaler deutscher Künstlerverband gegründet worden und veranstaltete bis 1936 über zwanzig Jahresausstellungen in jährlich wechselnden Städten des In- und Auslands. Die Gemeinschaftsausstellung

des *Hamburger Kunstvereins* und des *Deutschen Künstlerbundes* mit dem Titel *Malerei und Plastik in Deutschland 1936*, war für 21.7.–20.9.1936 angesetzt, wurde aber am 31.7. (trotz vorangegangener Bewilligung des Konzepts) durch Intervention Adolf Zieglers (→ 319 AK) zwangsweise geschlossen, der Bund – dessen langjähriges Mitglied AK gewesen war – am 30.11.1936 aufgelöst. 1950 sollte die Vereinigung von Willi Baumeister, Karl Hartung u.a. neu gegründet werden. Sie besteht bis heute. – *Mitterbauer* (S. 340) vermutet eine Beteiligung AKs an besagter Ausstellung mit seinem Planetenzyklus (→ 325 AK), liefert aber keine weitere Erklärung.

3 ***Georg Kolbe:*** Georg Kolbe (15.4.1877 Waldheim/Sachsen – 20.11.1947 Berlin); Bildhauer. Studium in Dresden, München, und Paris. Ursprünglich Maler, nach Begegnung mit Rodin Hinwendung zur Bildhauerei; mit seinem impressionistisch beeinflussten Frühwerk (*Tänzerin*, 1912) einer der erfolgreichsten Plastiker vor dem 1. Weltkrieg. Nach 1933 Orientierung am Nietzscheschen Menschenideal, versuchte Vereinnahmung seitens der nationalsozialistischen Propaganda, 1936 Goethepreis der Stadt Frankfurt/Main. Zwar Eintreten für Expressionisten, aber regelmäßige Teilnahme an offiziellen Ausstellungen und zumindest indirekte Unterstützung des NS-Regimes.

4 ***Leo v. König:*** Leo Freiherr von König (28.2.1871 Braunschweig – 21.4.1944 Tutzing am Starnbergersee); Maler. Studium in Berlin und Paris, ab 1900 in Berlin ansässig (Mitglied der Sezession), bis 1911 Lehrer der Unterrichtsanstalt des Kunstgewerbemuseums. Impressionist. Goebbels ließ sich und seine Eltern von K malen, Hitler verwehrte ihm den Zugang zu den großen Ausstellungen im »Haus der deutschen Kunst«.

5 ***Pipers Kunstkalender von 1937:*** *Pipers Kunstkalender 1937*. München: Piper 1936.

318 RP

1 ***Goethe:*** Die angesprochene Passage stammt aus Gs *Sprichwörtlich*.

2 ***den Satz von Hans Thoma:*** Das Kalenderblatt zur Woche vom 4. bis 10.4.1937 (AKs 60. Geburtstag) zierte eine Reproduktion von AKs Federzeichnung *Tatareneinfall* [R562], darunter ein Zitat Hans Thomas: »Daß der Künstler Eigenes geben soll, dem stimmen gar viele zu, die dann verlangen, daß dies Eigene ganz so aussehen solle, wie sie es sich denken.« – Zeichnung siehe auch → Ha II 3497 (1929), Variante Ha II 4099 (1945).

3 ***Beschreibung über die Ausstellung der Pressezeichner:*** Fehlender Gegenbrief, Bezug unklar.

4 ***die 3 von Ihnen illustrierten Bücher:*** Dostojewskis *Doppelgänger*, Jean Pauls *Neujahrsnacht* und Durychs *Kartause von Walditz*. Die *20 Bilder zur Bibel* (keine Illustrationen im eigentlichen Sinne) blieben unerwähnt.

319 AK

1 ***C. Lemmer:*** Konrad Lemmer (16.6.1892 Marburg/Lahn – 1973); Verleger des Berliner Rembrandt-Verlags (→ 301 RP, Rembrandt-Verlages...). Nähere Lebensumstände nicht ermittelt.

2 ***die letzten 30 Jahre in der deutschen Kunst:*** → 301 RP

3 ***Zieglers:*** Adolf Ziegler (16.10.1892 Bremen – 18.9.1959 Varnhalt); Maler, Präsident der »Reichskammer der bildenden Künste«. Studium an der Münchener Akademie durch 1. Weltkrieg unterbrochen (Frontsoldat), ab 1924 freischaffender Künstler. 1925 Beginn der Bekanntschaft mit Hitler und NSDAP-Beitritt, ab 1933 Professor für Maltechnik an der Münchener Akademie, 1934 eigene Zeichenschule. Lieblingsmaler Hitlers und führender Vertreter der offiziellen Parteikunst. 1936–1943 Präsident der »Reichskunstkammer«. 1937 von Hitler/Goebbels zur Beschlagnahmung »entarte-

ter« Kunst bemächtigt. Z zog etwa 16000 Arbeiten ein und stellte daraus die berüchtigte gleichnamige Ausstellung zusammen – die mit mehr als zwei Millionen Besuchern zur populärsten Malereiausstellung des »Dritten Reiches« wurde. 1943 wegen der Befürwortung von Friedensverhandlungen mit Großbritannien des Defätismus bezichtigt und entlassen. Nach dem Krieg als »Mitläufer« entnazifiziert.

4 ***Jahrbuch … »März« … »Augenmenschen«:*** → 303 AK, »März«

5 ***Zeitungsbesprechung:*** Nicht erhalten.

6 ***Kletzl … Laufbahn:*** → 339 AK

320 RP

1 ***Brief vom 30. Dezember:*** Nicht erhalten.

2 ***»Masken der Erde«:*** Gregor, Joseph: *Die Masken der Erde*. München: Piper 1936.

3 ***»Don Qixote und Sanscho Pansa«:*** Das besagte Blatt (mit hs Widmung für RP unter AKs Unterschrift) sollte schließlich 1952 in dem Band *Abendrot* erscheinen (Tafel 9): *Don Quichote und Sancho Pansa*. Bei *Karl & Faber* verzeichnet als Nr. 402. – Die Cervantes'sche Schöpfung war ein bevorzugtes Motiv AKs: Mit beiden Charakteren → etwa R636 und R741, DQ allein → etwa R496, 721, 440, 598, 696.

4 ***Bruno Brehm … Kubin-Aufsatzes:*** Brehm, Bruno: *Alfred Kubin*. In: Der Ackermann aus Böhmen 5, 1937, S. 146–156 [R*410*]. – Die deutsch-völkische *Monatsschrift für das geistige Leben der Sudetendeutschen*, geleitet von dem AK-Bekannten Hans Watzlik und Karl Franz Leppa, erschien von 1933 bis 1938 bei Kraft in Karlsbad-Drahowitz.

5 ***Reichsbeauftragten:*** Hans Herbert Schweitzer (→ 309 RP).

6 ***Dichterwoche:*** Wie auch bei den Goebbels'schen *Weimarer Dichtertreffen* ging es in Berlin vorwiegend um die Forcierung von Kriegsliteratur. 1936 beispielsweise hatten sich im Rahmen der *6. Berliner Dichterwoche* (Motto: *Wehrhafte Dichtung der Zeit*) fünfzig Autoren zur *Mannschaft Kriegsdichter* zusammengeschlossen.

321 AK

1 ***Albertina:*** → 325 AK

2 ***Wr. Secession:*** An der Jahresausstellung der Wiener Sezession war AK 1937 mit drei Arbeiten beteiligt [M1937/17].

3 ***Ausstellung der »Phantasien im Böhmerwald« in Berlin … günstige Besprechungen:*** Ausstellungsraum Karl Buchholz. 21. Ausstellung: *Alfred Kubin zum 60. Geburtstag. Aquarelle und Zeichnungen* [M1937/2]. – Besprechungen nicht ermittelt.

4 ***2 Verlage:*** AK verhandelte bis zur endgültigen Veröffentlichung mit zahlreichen Verlagen. Am 1.3.1937 etwa schrieb er an Hermann Hesse: »Zur Zeit habe ich meinen großen Cyklus ›Phantasien im Böhmerwald‹, bei [m] S. Fischer V[erla]g, Berlin, wo man sich lebhaft für dies Werk interessiert. Ich halte es nicht für unmöglich, daß es zu einer Veröffentlichung dort komme«. (Zit. *Hesse*, S. 156.) – AK am 18.11.1938 an Hanne Koeppel: »Aber das Hauptwerk der besten Jahre, mein Böhmerwaldcyklus, der Dir so gefiel, der ist eben, nachdem ihn der Karlsbader Verleger […] Adam Kraft ablehnen mußte, in Berlin bei Gurlitt Verlag«. (Zit. *DwR*, S. 164–165.)

5 ***Haus d. deutschen Kunst … »die 9 Planeten«:*** AK entschloss sich gegen eine Beschickung (→ 325 AK); eine Beteiligung an der Prestigeausstellung kam nicht zustande, zumal AK auch erst im Jahr 1939 (wieder) in die Kammerverbände aufgenommen wurde (→ 252 AK, dass das III Reich mich gewähren lässt).

6 ***Präsidenten der Reichskulturkammer … Genehmigung:*** Bezug unklar. Entsprechend einem Gesetz vom 22.9.1933 wurde die »Reichskulturkammer« überwacht vom »Reichspropagandaminister«, der zugleich ihr Präsident war – angesprochen ist somit Joseph Goebbels. Es befindet sich allerdings kein entsprechender Brief in der Städti-

schen Galerie im Lenbachhaus, München, Kubin-Archiv. Möglicherweise ist der Präsident einer der untergeordneten Kammern gemeint.

7 ***Fuchs ... Schwiegervater ... Schmitz:*** Fuchs, Georg: *Sturm und Drang in München um die Jahrhundertwende.* München: Callwey 1936. – Der Schriftsteller Johann Georg Peter Fuchs, Ps. Anselmus (15.6.1868 Beerfelden – 16.6.1949 München) hatte 1901 die verwitwete Therese Hoby (1861–1935) geheiratet und war dadurch Stiefvater von Louisa Hoby geworden, die ihrerseits ab 1905 eine nicht ganz ein Jahr andauernde Ehe mit Oscar A. H. Schmitz geführt hatte. (→ *OAHS Tagebücher 3*, S. 216 u. 268.) – F hatte Germanistik und Kunstgeschichte in Leipzig und Gießen studiert. Ab 1891 Schauspieler, freier Schriftsteller und Journalist in München, u. a. Kunstredakteur der *Münchner Neuesten Nachrichten* 1904–1907. 1908 Gründung und Leitung des Münchener Künstlertheaters, Wiederbelebung des bayerischen Passionsspiels (später deshalb Ehrenprofessur); bekannt wurde der (seit gemeinsamer Schulzeit) mit George und Klages befreundete Autor auch als Kritiker, Dramatiker und Kunsttheoretiker. Die Jahre 1923–1927 verbrachte er wegen angeblicher Unterstützung separatistischer Bewegungen im Zuchthaus. In späteren Jahren meist unveröffentlichte Prosa und Lyrik.

8 ***Dr. Georg Kurt Schauer:*** Georg Kurt Schauer (2.8.1899 Frankfurt/Main – 11.12.1984 Bad Homburg); Verleger. Studium in Freiburg/Breisgau und Frankfurt/Main. Dann – AKs Angaben entsprechend – bei Rütten & Loening und S. Fischer. Nach dem 2. Weltkrieg Engagement im Börsenverein des deutschen Buchhandels, Mitbegründer der Deutschen Bibliothek in Frankfurt und der Frankfurter Buchmesse.

9 ***Rütten u. Loening:*** 1937 erschien im Verlag Rütten und Loening Rudolf G. Bindings Weihnachtsgeschichte *Das Peitschchen* mit Illustrationen AKs [R552]. – Gründung 1835 als *Löwnthals Verlagshandlung* (Verlag des Jungen Deutschlands), 1844 *Literarische Anstalt J. Rütten.* Erste Erfolge mit Heinrich Hoffmanns *Struwelpeter*, ab 1859 *Literarische Anstalt Rütten und Loening* (wissenschaftliches Programm), ab 1927 *Rütten & Loening.* In den 1920er Jahren Konzentration auf Belletristik mit hohen Auflagen (Romain Rolland, Sigrid Undset, deutschnationale Autoren wie oben genannter Rudolf G. Binding und Waldemar Bonsels). 1936 musste wegen der Nürnberger Gesetze an den Potsdamer Verleger Albert Hachfeld verkauft werden, der Rütten & Loening zum Klassikerverlag umgestaltete, aber auch regimetreue Gegenwartsliteratur und einschlägige politische Schriften verlegte. Der Verlag wurde als »kriegswichtiges Unternehmen« eingestuft und geriet deshalb nach dem Krieg in Besitz der Landesregierung Brandenburg. Für einige Jahre unterstand er Ulrich Riemerschmidt (→ 347 AK, Vom Schreibtisch ...), dem Leiter der Potsdamer Verlagsanstalt. Nach zahlreichen weiteren Änderungen der Eigentumsverhältnisse existiert der Verlag noch heute in der Aufbau-Gruppe.

322 RP

1 ***zwei Berliner Verlage:*** Wohl Gurlitt und S. Fischer (→ 321 AK, 2 Verlage).
2 ***Artikel aus der »Neuen Rundschau«:*** → 269 RP, Kubin-Bildnis
3 ***Ortner:*** Ortner, Eugen: *Balthasar Neumann. Ein Roman des Barock.* München: Piper 1937. – Balthasar Neumann (27.1.1687 Eger – 19.8.1753 Würzburg), Baumeister des Barock und Rokoko.

323 RP

1 ***Notiz ... M. N. N.:*** *Münchner Neueste Nachrichten*, Freitag, den 9.4.1937, S. 5.: »Alfred Kubin 60 Jahre alt. Am 10. April begeht der in Leitmeritz geborenen Zeichner und Illustrator Alfred Kubin seinen 60. Geburtstag. Der Künstler hat seine erste Ausbildung auf der Salzburger Kunstgewerbeschule erhalten; die nachhaltigsten künstleri-

schen Eindrücke empfing er in München, wohin er 1898 übersiedelte, und auf Reisen nach Frankreich, Dalmatien und Italien. In seinen zahlreichen graphischen Arbeiten behandelt er eine phantasiereiche Traumwelt, die sich in unheimlichen, quälenden Gestaltungen zur zeichnerischen Wirklichkeit verdichtet. Bei der Illustrierung ihm wesensverwandter literarischer Stoffe, wie etwa den Novellen von Edgar Allan Poe, hat er seine stärksten Blätter geschaffen.« – Artikel bei *Raabe* nicht verzeichnet.

2 ***Es gratulieren... Gertrud Piper:*** Hs Gertrud Piper, dann jeweils hs die Unterzeichnenden.

324 AK

1 Dankeskarte zum 60. Geburtstag; Lithographie [R563; Hb171].

325 AK

1 ***Katalogs der großen K.Schau in der Albertina:*** Ausstellung in Wien anlässlich des 60. Geburtstags AKs: Staatliche Graphische Sammlung Albertina in Zusammenarbeit mit dem Österreichischen Kulturbund: *Alfred Kubin. Handzeichnungen, Aquarelle und Druckgraphische Arbeiten*. Vom 27.4.–23.5.1937 [M1937/8]. Katalog mit beigefügter Lithographie *Fürchte nichts* [R536; Hb140 → dort auch weitere Vergleichswerke] und 19 Wiedergaben nach Werken des Künstlers [R556]. Als Vorwort trug AK den Aufsatz *Gedanken zum 60. Geburtstag* bei (→ *AmL*, S. 100–103). – Erarbeitet wurde die Ausstellung von Otto Benesch (1896–1964). Ein Großteil der Werke stammte aus dem Besitz AKs, auch einige private Sammler waren mit Leihgaben vertreten. Der Verkaufserfolg war groß, AK trennte sich von vielen lange gehüteten Blättern aus frühen Schaffensperioden. (→ *Hoberg*, S. 158.) – Präsident des Österreichischen Kulturbundes war Hans Freiherr von Hammerstein-Equord (1881–1947), seinerseits 1935–1938 auch Präsident des Österreichischen P.E.N.-Clubs, ab 1936 Justizminister und schließlich Staatssekretär für Kulturpropaganda (Ruhestand 1938, KZ Mauthausen 1944/45). H-E war lange Zeit in der oberösterreichischen Kommunalpolitik tätig gewesen, Mitbegründer und langjähriger Ehrenpräsident der *Innviertler Künstlergilde* – und somit mit AK bekannt. In seinem Roman *Die gelbe Mauer* (Wien: Bermann-Fischer 1936) ließ er AK auftreten [R*304*].

2 ***Gedenklithographie:*** → 324 AK

3 ***Tschandala... Luxusausgabe:*** Nach jahrelangen Versuchen einer Veröffentlichung erschien das Werk 1937 im Verlag der Johannes-Presse, Wien (→ 218 AK, »Tschandala«).

4 ***Willrich:*** Willrich, Wolfgang: *Säuberung im Kunsttempel. Eine kunstpolitische Kampfschrift zur Gesundung deutscher Kunst im Geiste nordischer Art*. München, Berlin: J.F. Lehmanns Verlag 1937. AK betreffen S. 131–133 und 167–171 [R*656*]. – AK wird vorgeworfen, »nie aus seiner blutigen Höhle zu gesunden Vorstellungen gelangt« zu sein. (Zit. nach: *Mitterbauer*, S. 340–341.) Kurt Otte intervenierte am 18.6.1937 zugunsten des Künstlers und machte den Autor auf einige inhaltliche Fehler aufmerksam, um diesem im Falle einer zweiten Auflage eine weitere »Blamage« zu ersparen. (→ Original des Briefes im StGL-M-KA.) Ob dieses Schreiben Ottes einen Einfluss darauf hatte, dass AKs Arbeiten schließlich nicht in die Ausstellung »entarteter« Kunst aufgenommen wurden, an deren Organisation der Maler, Schriftsteller und fanatische nationalsozialistische Kunsttheoretiker Willrich (31.3.1897 Göttingen – 18.10.1948 ebd.) maßgeblich beteiligt war, ist nicht bekannt.

5 ***»Münchener Köpfe«:*** Breuer, Peter: *Münchner Künstlerköpfe*. Geleitwort von Adolf Wagner. München: Callwey 1937. – AK betreffen S. 186–189 [R*411*].

6 ***Gauleiter Wagner:*** Adolf Wagner (1.10.1890 Algringen/Lothringen – 12.4.1944 Bad Reichenhall); nationalsozialistischer Politiker. Studium der Mathematik in Straßburg

und des Bergbaus in Aachen. Im 1. Weltkrieg Offizier, dann leitende Stellungen in verschiedenen Bergwerksgesellschaften. 1923 Eintritt in die NSDAP, 1924 Mitglied des Bayerischen Landtages, 1928 Gauleiter Oberpfalz, 1929 Gauleiter München-Oberbayern, 1933 Staatskommissar für Bayern, im April 1933 Innenminister und stellvertretender Ministerpräsident in Bayern, ab 1936 Staatsminister für Unterricht und Kultus, dann stellvertretender Ministerpräsident, 1942 Schlaganfall. Prototyp des rüden Revolutionärs aus den frühen Jahren der »Bewegung«.

7 ***Devisenordnung:*** Am 24. September 1934 hatte Reichswirtschaftsminister Dr. Hjalmar Schacht den »Neuen Plan« der deutschen Devisenordnung verkündet, mit dem Ziel, die herrschende passive Handelsbilanz im Deutschen Reich in eine aktive zu verwandeln, also einen Ausgleich von Ein- und Ausfuhren im Warenverkehr zu erreichen. Ausländische Märkte wurden dafür gezielt mit deutschen Waren, ab August 1935 auch mit Büchern, zu Dumpingpreisen überschwemmt – mit umgehenden Auswirkungen auf die österreichische Kultur- und Verlagslandschaft.

8 ***August ... Böhmerwald:*** Zustandekommen nicht ermittelt.

9 ***Haus d. d. Kunst:*** Das *Haus der Deutschen Kunst* in München war das erste repräsentative Monumentalgebäude des Nationalsozialismus – errichtet anstelle des (aus bis heute nicht eindeutig geklärten Ursachen) mitsamt 3000 Kunstwerken verbrannten *Glaspalasts.* Hitler selbst hatte am 15.10.1933 den Grundstein gelegt. Einweihung samt pompösem Festakt erfolgte als »Geschenk des deutschen Volkes an seinen Führer Adolf Hitler« am 18.7.1937. Bis 1945 sollten sieben »*Große Deutsche Kunstausstellungen*« und zwei »*Architektur- und Kunsthandwerkausstellungen*« stattfinden. Ab 1942 wurde das Gebäude gegen Luftangriffe getarnt, überstand den Krieg relativ unbeschadet und dient heute unter dem Namen *Haus der Kunst* weiterhin als Ausstellungsfläche.

10 ***Ausstellung in der Pinakothek ... Münchner neue Secession:*** Die Münchener Sezessionen wurden im Zuge der »Kultursäuberung« aufgelöst, die Ausstellung von AKs *Planeten* kam nicht mehr zustande. AK schildert Hanne Koeppel die Zustände am 18.12.1937 und rät: »Da muß man sich halt mit der Wiederherstellung der Wehrhoheit und der nationalen Solidarität trösten – und im Übrigen: Götz zitieren.« (Zit. *DwR*, S. 157.)

11 ***9 Planeten:*** Kubin, Alfred: *Die Planeten.* Eine Folge. Leipzig: L. Staackmann 1943 (Auslieferung 1946). Neun Blatt Lichtdrucke nach Federzeichnungen auf Karton [R612; A166].

12 ***deutschen Pavillon in Paris:*** Eine Beteiligung AKs an der Pariser Weltausstellung 1937 ist in der bisherigen Forschung nicht verzeichnet und konnte auch in den konsultierten Katalogen nicht nachgewiesen werden, würde allerdings ein neues Licht auf das Verhältnis zwischen Künstler und NS-Regime werfen.

326 RP

1 ***Eugen Ortner:*** → 322 RP

2 ***»Vergnügliche Handbuch der deutschen Sprache«:*** Reimann, Hans: *Vergnügliches Handbuch der deutschen Sprache.* München: Piper 1937.

3 ***Tanzbuch:*** *Tänzer unserer Zeit.* Einführung von Harald Kreutzberg. Geleitwort von Rolf Cunz. München: Piper 1937.

327 AK

1 ***Ratgebbuch:*** Schwarz, Georg: *Jörg Ratgeb.* Roman. München: 1937.

2 ***P. Kunst Kalender:*** *Pipers Kunstkalender 1938.* München: Piper 1937. – Seitenzahlen der angesprochenen Bilder nicht ermittelt.

3 ***Daguerrotypien:*** Von Louis Jacques Mandé (1787–1851) in den 1830ern entwickeltes

Verfahren (bzw. das entsprechende Lichtbild): Durch Quecksilberdämpfe wird ein latentes Silberjodidbild sichtbar gemacht und mittels weiterer chemischer Prozesse fixiert. Ab 1860 wurde die Daguerrotypie von neueren Methoden verdrängt.

4 ***gesandte Sonderdruck:*** Nicht erhalten.

5 ***Urgroßelternpärchen:*** Nicht ermittelt.

6 ***pazifistischer Hymnus:*** Roden, Max: *Immer und immer*. Mit sieben Originallithographien von Alfred Kubin. Wien: Verlag der Johannes-Presse 1937. Einmalige nummerierte Auflage von 43 Exemplaren [R558; A179].

7 ***Film:*** Der angesprochene, etwa 20-minütige Film *Kubin. Sechzigster Geburtstag* aus dem Jahr 1937 befindet sich in der Städtischen Galerie im Lenbachhaus, München, Kubin-Archiv. Privatfilm mit Handkamera, nicht zur Veröffentlichung bestimmt.

328 AK

1 Zur Anlage: Dankkarte des Kubin-Archivs bei *Raabe* verzeichnet als: *Böhmischer Reiter* [R575, Hb173].

2 ***Schopenhauerbüchlein:*** Hübscher, Arthur: *Der junge Schopenhauer. Aphorismen und Tagebuchblätter*. München: Piper 1938.

3 ***Wiener Verlag:*** Gemeint ist wiederum der Verlag der Johannes-Presse (→ 331 AK). Otto Kallir-Nirenstein musste im Laufe des Jahres 1938 nach Frankreich emigrieren.

4 ***einen pazifistischen Sang:*** → 327 AK

5 ***Balladen von Reinacher ... Totentanz-Werk:*** → 227 AK, Eduard Reinacher

6 ***Mein erstes:*** → 29 AK, Meine Blattserie ...

7 ***»Professor«:*** In dem entsprechenden Schreiben des Ministeriums vom 30.12.1937 heißt es: »Der Herr Bundespräsident hat Ihnen mit Entschliessung von 28. Dezember 1937 den Titel Professor verliehen.« (Zit. StGL-M-KA.)

8 ***Ehrenbürgerwürde von Wernstein:*** »Im Mai [1938, d. Hrsg.] wird Kubin zum Ehrenbürger der Gemeinde Wernstein ernannt.« (Zit. *Hoberg*, S. 244.)

9 ***Barlach:*** RP an B am 22.3.1938: »Ich werde öfter nach Ihnen gefragt, auch schriftlich, wie kürzlich von Kubin und lege Ihnen seinen Brief in Abschrift bei.« (Zit. *Barlach*, S. 444.) In der Edition der Korrespondenz Barlach-RP heißt es im Kommentar zu dieser Stelle: »Der in Rede stehende Brief Kubins wurde bisher weder im Archiv des Piper-Verlags noch in Barlachs Nachlaß gefunden.« (Zit. *Barlach*, S. 718.) Es handelt sich um den hier kommentierten. – Der als »entartet« diffamierte und mit Ausstellungsverbot belegte B litt Anfang 1938 bereits seit einiger Zeit an einer schweren Herzkrankheit, der er im Herbst desselben Jahres erliegen sollte.

10 ***Schinnerer:*** Obwohl ebenfalls vom Regime angefeindet, konnte S seine Stelle an der Münchener Akademie behalten, als deren Präsident er 1949 verstarb (→ 144 AK, Schinnerer).

329 AK

1 Auf den Briefbogen aufgeklebt ist ein Karton mit einer Probe von AKs neu adaptiertem Stempel: »Professor Alfred Kubin | WERNSTEIN a/Inn | Oberösterreich.« – AK kopierte nicht nur Textstellen, sondern auch Brieffillustrationen in Schreiben an verschiedene Adressaten (→ *DwR*, S. 168).

2 ***Ferienaufenthalt:*** Auf eine Böhmerwaldreise musste AK 1938 verzichten. Stattdessen ging es in die Salzburger Alpen. (→ 331 AK sowie *DwR*, S. 162.)

3 ***Verbrüderung:*** Das *Gesetz über die Wiedervereinigung Österreichs mit dem Deutschen Reich* vom 13.3.1938 markiert das Datum des »Anschlusses«. Österreich wurde in *Ostmark* umbenannt, von 1942 bis 1945 *Donau- und Alpenreichsgaue*.

330 RP

1 Der Piper-Verlag übersiedelte in die Georgenstraße Nr. 4, das Briefpapier ändert sich entsprechend (→ 300, Freund ...).
2 ***Sonderausstellung ... Galerie in Ried ... Künstler:*** Hauptschulgebäude Innviertler Galerie: *Sonderschau Alfred Kubin. Zum 60. Geburtstag*. Vom 23.5.–27.6.1937. Es wurden mehr als fünfzig Arbeiten gezeigt [M1937/12]. – Organisiert wurde diese Ausstellung von dem Rieder Gymnasialprofessor und späterem -direktor Max Bauböck (1897–1971), seinerseits Initiator des *Innviertler Volkskundehauses* und der *Innviertler Galerie*, dazu Kustos der städtischen Sammlungen sowie langjähriger Schriftführer und Vorsitzender der *Innviertler Künstlergilde* (wohl der hier angesprochene »Künstler«). Die Beziehung und das Zustandekommen der besagten Ausstellung schildert *Baumgartner*, S. 217–221. Die Korrespondenz *Alfred Kubin – Max Bauböck. Ein Briefwechsel* wurde 1997 von der *Innviertler Künstlergilde* herausgegeben (Ried: Moserbauer).
3 ***Sizilien:*** Siehe dazu das Kapitel *Das italienische Erlebnis* in der Autobiographie (→ *MLaV*, S. 608–674).
4 ***Hochzeit:*** Klaus Pipers Ehe mit der 1913 geborenen Cäcilie Weiß sollte bis 1948 bestehen. Drei Kinder: Ursula (*1939), Regina (*1941) und Hans (*1944). (→ *Doppelt leben*, S. 265.)
5 ***Ausstellung bei Günther Francke:*** Palais Almeida, Graphisches Kabinett München: *Neue Werke von Alfred Kubin*. Vom 4.7.–7.8.1938 [M1938/5]. – »Trotz der schwierigen Lage zeigt das Graphische Kabinett Günther Franke in München erneut eine Kubin-Ausstellung, die ein beachtlicher Publikumserfolg wird. Die Ausstellung wandert schließlich zur Hälfte nach Stuttgart und Köln weiter.« (Zit. *Hoberg*, S. 245.)

331 AK

1 ***Salzburger Alpen:*** »Den Sommer verbringt Kubin in Goldegg im Pongau.« (Zit. *Hoberg*, S. 244.)
2 ***Incrustatus:*** Relativ unspezifischer biologischer Begriff für Lebewesen mit Schalen- bzw. Krusten(bildungen), Verhärtungen etc. Als Gattungs- und Artname verwendet. – Sinngemäß: Eigenbrötler, Eskapist, Eremit. – Siehe dazu auch AKs Käferbegeisterung (→ 19 AK, die Rehgeis; 491 AK); *Die Wanzen der Erde* (→ 231 AK).
3 ***die neuen Verhältnisse:*** Seit dem »Anschluss« Österreichs an Hitler-Deutschland im März 1938 ist AK Reichsbürger, seine deutschen Konten sind wieder zugänglich, die »Devisenangelegenheiten« bereinigt.

332 AK

1 ***Lampe ... »Kunst«:*** Lampe, Jörg: *Von der Bedeutung Alfred Kubins*. In: Die Kunst für Alle 54 (bzw. Die Kunst 40), 1938, S. 55–60 [R*415*]. – Lebensdaten nicht ermittelt. – AK dürfte Lampe daraufhin kontaktiert haben. In der Städtischen Galerie im Lenbachhaus, München, Kubin-Archiv, datiert der erste Brief Ls an AK vom 4.11.1938. L bedankt sich darin für ein Schreiben des Künstlers, freut sich über die positive Reaktion auf seinen Artikel – und gesteht: »Man hat mir vorgeworfen, dass ich zu abstrakt geschrieben hatte, und das vielleicht nicht ganz zu Unrecht.« (Zit. StGL-M-KA.)
2 ***über Barlach anlässlich seines Todes:*** B war am 24.10.1938 68-jährig in einer Rostocker Privatklinik an Herzversagen gestorben.
3 ***damals ... auf der Englburg:*** → 181 AK, Barlach u. 182 AK, Rauhnacht
4 ***Karten Gruss aus Sizilien:*** Nicht erhalten.
5 ***Frau ist z. Zt. in München:*** HK besuchte bis 17.11.1938 ihren Sohn Otto Gründler. (→ *DwR*, S. 164.)

6 ***Ewiges Theater Salzburg u. s. Festspiele:*** Kerber, Erwin: *Ewiges Theater. Salzburg und seine Festspiele*. München: Piper 1935.

333 AK

1 Auf der Rückseite des Briefes aufgeklebt ist ein »Ausschnitt aus Frankf. Gen. Anzeiger« [hs Anmerkung RPs mit Bleistift] vom »27.10.1938« [hs Anmerkung AKs mit Bleistift; direkt auf dem Ausschnitt] mit dem Titel *Zum Tode Ernst Barlachs – Kunst zwischen den Zeiten*; Unterstreichungen und Kommentierung stammen hs von RP: »Ernst Barlach, der mecklenburgische Pfarrerssohn, ist gestorben. Mit ihm ist eine der umstrittensten Persönlichkeiten des Kunstlebens der letzten Jahrzehnte von der Erde geschieden, ein Mann, der als Dichter und als Plastiker seine Zeit in Bewegung hielt, sie aufwühlte und so lange aufrüttelte, bis sie in ungesunder Übersteigerung künstlerischer Kräfte zusammenfallen musste. Hundert Denkmäler und Plastiken des Verstorbenen standen bis vor wenigen Jahren auf hervorragenden und sichtbaren Plätzen des deutschen Kunstpodiums. Nur wenige haben ihren Platz behalten können. Am stärksten spricht unter ihnen das Gefallenendenkmal und Ehrenmal in Hamburg, dessen Reliefarbeit von der allgemein bekannten plastischen Arbeitsweise des Künstlers abweicht. Nicht anderes erging es seinen Dramen. Ihre Sprache und ihre Gestalten kommen aus einer Welt, die der unserigen zum wenigsten fremd und unverständlich ist. Und dennoch überblicken wir noch einmal das Leben dieser seltsamen und eigenwilligen Persönlichkeit, weil sie der Kunst Wege erschloss, die zum Teil in unsere Zeit einmündeten. Barlach ging sie nur nicht erfolgreich zu Ende. /weil man ihn dran hinderte!/ Die Selbstbiographie ›Ernst Barlach, ein selbsterzähltes Leben‹ ist hart und verschlossen wie der Mensch, voller Widersprüche wie der Künstler und erfüllt von Gemütstiefe wie der gottsuchende Philosoph Barlach. Unbegreiflich erscheinen die Gegensätze zweier Bildwerke, einer Bildnisbüste R. Pipers aus dem Jahre 1923 und eines Gipsentwurfes zu einem Beethoven-Denkmal aus dem Jahre 1927. Der klare Beobachter Barlach gibt der Büste eine ausdrucksstarke Lebensnähe, der Grübler und Symboliker zeigt in dem Denkmal eine nüchterne Abstraktion, die nicht einmal vor Begriffsverbildung zurückschreckt. Dazwischen steht ein Mensch, dessen Kunst eine feierliche Sprache und expressive Dramatik besitzt.«

2 ***Zeichnung einer Wirtsstube:*** Wohl die Zeichnung *Das Wirtshaus in Kreiding*. Variante in Privatbesitz RPs, abgebildet in *Karl & Faber* (Nr. 411). Gleichnamiges Blatt reproduziert in *Orbis Pictus* (→ 198 AK, eine Reihe von Blättern).

3 ***Köpfe:*** Kubin, Alfred: *Schemen. 60 Köpfe aus einer verklungenen Zeit*. Mit Einleitung von Richard Billinger. Königsberg: Kanter 1943 [R613; A183].

334 RP

1 ***Bildhauer Diercks … auch einmal bei Ihnen:*** Nicht ermittelt, möglicherweise Paul Dierkes (1907–1968). In der Städtischen Galerie im Lenbachhaus, München, Kubin-Archiv, finden sich keine diesbezüglichen Korrespondenzen; auch in den publizierten Barlach-Briefen scheint kein Bildhauer dieses Namens auf.

2 ***Kriegsmahnmale überall beseitigt:*** Bereits Ende der 1920er hatten sich öffentliche Gegenstimmen zum Werk Barlachs gemehrt: Er musste Entwürfe für ein Denkmal in Malchin zurückziehen, das Hamburger Ehrenmal kam erst nach langen Auseinandersetzungen mit dem Senat zur Ausführung, 1933 konnte der Entwurf einer Pieta in Stralsund wegen nationalsozialistischer Anfeindungen nicht realisiert werden. Mit wachsender Macht der NSDAP nahm vor allem die Herabwürdigung von Barlachs Ehrenmalen für die Gefallenen des 1. Weltkriegs zu, in denen nicht Kampfheroik, sondern Trauer und Mahnung zum Ausdruck kommen. 1934 wurde das *Magdeburger Ehrendenkmal* (1929) magaziniert, 1937 der *Kieler Geistkämpfer* (1928) und das

Güstrower Ehrenmal (1928) entfernt, letzteres 1941 sogar eingeschmolzen. 381 Werke Barlachs wurden im Zuge der Aktion »*Entartete Kunst*« aus öffentlichen Sammlungen beschlagnahmt, 1937 wurde dem Künstler nahe gelegt, aus der Preußischen Akademie der Künste auszutreten. B folgte der Aufforderung. (→ *Barlach und die NS-Kunstpolitik*, S. 188–189.)

3 ***Schwägerin Görings:*** Auch nach zahlreichen Rücksprachen mit der Barlach-Stiftung und Barlach-Experten bleibt die Sachlage ungeklärt. – Hermann Göring hatte zwei Brüder: Der ältere, Karl Ernst G. (bereits 1932 verstorben), war bis zu seinem Tod mit Ilse G. verheiratet gewesen, die 1943 den Göring-Protegé Rudolf Diels ehelichen sollte. Der jüngere Bruder Albert G. (1900–1966) hatte am 10.9.1923 die neun Jahre ältere Erna von Miltner geheiratet, um mit ihr gemeinsam Ende 1938 Wien in Richtung Rom zu verlassen. Dort fing er an, Flüchtlinge mittels Geldüberweisungen zu unterstützen. Später richtete er dazu ein Schweizer Konto ein. Albert G. nutzte sowohl seine Funktion als Exportchef bei Skoda in Pilsen wie auch seine Beziehungen zum Regime, um dem Widerstand und Dissidenten zu helfen. Im Zuge der Nürnberger Prozesse sagten viele Zeugen zu seinen Gunsten aus, nach dem Krieg lebte er in bescheidenen Verhältnissen in München. Seine Frau Erna starb um 1940 an einem Krebsleiden. Möglicherweise ist sie die hier angesprochene Schwägerin. (→ Wyllie, James: *Albert Göring. Gegen Hitler, meinen Bruder und alle Nazis.* Essen: Magnus 2006, besonders S. 69 u. S. 185.)

4 ***Ministerialdirektor Staa:*** Wolfgang Meinhard Wilhelm Staa (1893–1969); Beamter und Verleger. Studium der Rechtswissenschaften in Tübingen, Berlin, Kiel und Köln. Freikorps-Mitglied, 1920–1927 Regierungsreferent in Düsseldorf, Schleswig, Koblenz, 1927–1934 im Preußischen Kultusministerium, dann Ministerialdirektor der Kunstabteilung im »Reichserziehungsministerium«. Wegen Kritik an der Ausstellung »*Entartete Kunst*« 1937 in den Ruhestand versetzt, 1938 Eintritt in den Verlag de Gruyter & Co, ab 1939 persönlich haftender Gesellschafter und Geschäftsführer.

5 ***Mitglied der Dichterakademie:*** Barlach an RP, 26.12.1936: »Bald nach der abrupten Entfernung meiner Arbeiten aus der Akademie vor Eröffnung der Jubiläumsausstellung aber machte mir die Dichter-Abteilung der Akademie eine Reverenz in Form eines Schreibens als Geleit der Ankündigung einer ›Werkhilfe‹. Nun ja, ich soll es nicht verschweigen und tue es auch nicht. ›Ein Zeichen des Gedenkens und Vertrauens.‹« (Zit. *Barlach und die NS-Kunstpolitik*, S. 183.) – Am 19.3.1926 war der Berliner Akademie der Künste eine Sektion für Dichtkunst angegliedert worden, im Juni 1933 hatte sich als deren Nachfolgerin die Deutsche Akademie für Dichtung konstituiert, die nominell bis Mai 1945 bestehen sollte. (→ Jens, Inge: *Dichter zwischen rechts und links. Die Geschichte der Sektion für Dichtkunst der Preußischen Akademie der Künste dargestellt nach den Dokumenten.* München: Piper 1971, S. 7–9.)

6 ***Jubiläumsausstellung … Kunstakademie ausgeschlossen:*** Unmittelbar vor der Eröffnung der zweiten Jubiläumsausstellung aus Anlass des 150-jährigen Bestehens der akademischen Ausstellungen der Preußischen Akademie der Künste unter dem Titel *Berliner Bildhauer von Schlüter bis zur Gegenwart* am 5.11.1936 hatte man die Werke von Ernst Barlach, Käthe Kollwitz und Wilhelm Lehmbruck entfernt. Es war dies der Anfang der systematischen »Säuberungen«, die neun Monate später in der Münchener Ausstellung »*Entartete Kunst*« ihren ersten programmatischen Höhepunkt finden sollten. (→ *Barlach*, S. 701.)

7 ***Münchner Neuesten Nachrichten … Nachruf:*** Besagter Nachruf erschien am Donnerstag, den 27.10.1938, unter dem Titel *Ernst Barlach gestorben* (Verfasser nicht ermittelt): »Der bekannte Bildhauer, Graphiker, Maler und Dramatiker Ernst Heinrich Barlach ist in Güstrow (Mecklenburg), 68 Jahre alt, gestorben. Als Sohn eines Landarztes zu Wedel an der Unterelbe geboren, ist er der Öffentlichkeit zum ersten Mal als Dichter bekannt geworden. Eine auffallende Doppelbegabung wies in ebenso auf die Bahn des Schriftstellers wie des bildenden Künstlers, hauptsächlich auf die Plastik.

Nach kurzer Ausbildung bei Robert Diez auf der Dresdner Akademie ging er nach Paris und arbeitete mehrere Jahre in Hamburg und Berlin. Immer mehr sich der Plastik und der von ihm besonders bevorzugten Holzbildhauerei zuwendend, hat er eine bedeutende Anzahl von durch ihren eigenartigen Ausdrucksstil auffallenden Figuren wie ›Berserker‹, ›Die Verlassenen‹, das ›Grauen‹ u.a. geschaffen. Von seinen größeren plastischen Schöpfungen sind vor allem zu nennen: das Ehrenmal im Dom zu Güstrow, der auf einem Wolfstier stehende Schwertengel vor der Kieler Universitätskirche und das umstrittene Ehrenmal für den Dom von Magdeburg. Barlach war aber nicht nur Plastiker, sondern auch Graphiker und Zeichner. Es gibt von ihm Holzschnitte und Steinzeichnungen, die dieselbe urtümliche holzgeschnitzte Art seiner Bildhauerwerke aufweisen. Auch als Schriftsteller ist er mit Dramen wie dem ›Toten Tag‹, dem ›Armen Vetter‹, den ›Echten Sedemunds‹ und ›Blauen Boll‹ hervorgetreten, die in ihrer Problematik starken Widerspruch fanden. Barlach hat somit ein vielseitiges und vielangefochtenes Lebenswerk hinterlassen. In seinen besten bodenverbundenen Äußerungen kann er die Schwere und Verhaltenheit des niederdeutschen Charakters nicht verleugnen. Er zog sich auch früh aus dem Kunstleben der Städte zurück und lebte und schuf, ganz auf sich gestellt, zurückgezogen in Güstrow, inmitten der niederdeutschen Landschaft und der ihm nahe stehenden niederdeutschen Menschen. A.H.«

8 ***Barlach ... Prosaband:*** Das Vorhaben konnte erst nach RPs Tod verwirklicht werden. Ab 1956 sollte die mehrbändige, von Friedrich Droß herausgegebene Werk- und Briefedition erscheinen.

9 ***»Kunst« ... illustrierte Aufsatz über Sie:*** → 332 AK, Lampe ...

10 ***Buch über die Salzburger Festspiele:*** → 332 AK

11 ***Auseinandersetzung mit Herrn Freund ... in Paris:*** → 300, Freund ...

335 AK

1 ***Sachen von Brehm:*** Keines der damaligen Werke Bs bei Piper – *Zu früh und zu spät. Das große Vorspiel der Befreiungskriege. Das Jahr 1809* (1936); *Die weiße Adlerfeder. Geschichten aus meinem Leben* (1937); *Die Grenze mitten durch das Herz* (1938) und *Auf Wiedersehen, Susanne!* (1939) – ist in der Zwickledter Bibliothek AKs vorhanden.

2 ***Wiecherts großes Buch seiner Heimat:*** Wiechert, Ernst: *In der Heimat*. München: Piper 1938.

3 ***Anekdoten:*** Stemplinger, Eduard: *Von berühmten Schauspielern. 270 Anekdoten*. München: Piper 1939.

4 ***Kunstkalender:*** *Pipers Kunstkalender 1939*. München: Piper 1938.

5 ***Ulrich Cristoffels neuer ... Band:*** Christoffel, Ulrich: *Die Welt der großen Maler*. München: Piper 1938. – Exemplar in AKs Bibliothek [Inv.Nr. 337]. Des Weiteren finden sich *Die romantische Zeichnung von Runge bis Schwind* (München: Hanfstaengel 1920) [Inv.Nr. 247] und *Die deutsche Kunst als Form und Ausdruck* (Augsburg: Filser 1928) [Inv.Nr. 331]. – Ulrich Christoffel (28.1.1891 Chur – 1975); Schweizer Kunstschriftsteller. Bis 1919 Kunstreferent der *Münchner-Augsburger-Abendzeitung* (München), bis 1923 Redakteur der *Neuen Zürcher Zeitung*. In den 1930er und 40er Jahren Mitarbeiter von *Die Kunst für alle*. Bei Piper sollte 1940 außerdem Cs *Deutsche Innerlichkeit* erscheinen.

6 ***Partei ... Gauleitung Oberdonau ... 3 Sachen erwarb:*** »Oberdonau« war von 1938–1945 die amtliche Bezeichnung für das Gebiet des österreichischen Bundeslands Oberösterreich, des steirischen Salzkammerguts und der südböhmischen Bezirke Kaplitz und Krumau. – Ankauf wohl auf Veranlassung des Gauleiters und späteren Reichstatthalters August Eigruber (16.4.1907 Steyr – 28.5.1946 Gefängnis Landsberg am Lech, hingerichtet); nationalsozialistischer Politiker und Industrieller (→ 394, 423 AK). Besuch der Volksschule, dann Arbeiter in verschiedenen Unternehmen. Ab 1922

erste NSDAP-Kontakte, 1927 formeller Beitritt, 1928 Gründung der HJ-Oberösterreich, dann parteiinterner Aufstieg. Bereits vor dem Verbot der NSDAP im Jahre 1933 zweimal verurteilt, insgesamt 15 Monate Gefängnishaft. Ab März 1936 Gauleiter, am 13.3.1938 Landeshauptmann (und Mitglied des Berliner Reichstags), ab 17.4.1940 Reichsstatthalter; Bauprojekte in Linz. 1943 SA-Obergruppenführer. Aufsichtsrat der Alpine Montan AG Hermann Goering in Linz, der Steyr-Daimler-Puch AG in Wien etc. Mit Kriegsbeginn 1939 Reichsverteidigungskommissar für Oberdonau, Anfang 1945 auch für die noch nicht besetzten Teile Niederösterreichs. Im letzten Kriegsjahr erteilte E Befehle zu beschleunigten Hinrichtungen; Verhandlungen mit Amerikanern, um Zerstörung von Linz zu vermeiden. Am 10.8.1945 verhaftet, im Zusammenhang mit dem »Mauthausener Prozess« verurteilt und in Landsberg hingerichtet. – Die angesprochenen Erwerbungen waren jedenfalls nicht für das Oberösterreichische Landesmuseum bestimmt, das für die Jahre 1938/39 nur Lithographien-Einkäufe verzeichnet.

7 ***Studienköpfen:*** AKs *Schemen* (→ 333 AK).

8 ***vor einigen Wochen bei Carossa ... eingeladen:*** AK an den Carossa-Bewunderer Hermann Hesse am 11.12.1938: »Carossa, bei dem ich vor 6 Tagen war, rüstet zum 60. Geburtstag.« (Zit. *Hesse*, S. 206.) – Am 15.12.1938 war C sechzig Jahre alt geworden.

9 ***Tyll Eulenspiegel zeichnung:*** Wohl eine Version bzw. ein früher Abzug der Lithographie *Till Eulenspiegel steigt aus seinem Grab* (→ 256 AK, Entwurf ...).

10 ***Theodor Kittelsen ... Simplizissimus:*** Theodor Kittelsen (27.4.1857 Kragerø – 21.1.1914 Jeløya); norwegischer Maler und Zeichner. Uhrmacherlehre, dann Kunstschule Christiania. Fortsetzung der Studien in Paris und München, ab 1879 freischaffender Zeichner für deutsche Medien. 1887 Rückkehr nach Norwegen, Vertiefung eigener literarischer Tätigkeit. K schuf düstere Landschaftsdarstellungen und Illustrationen zu Märchen und Legenden, bekannt wurden v.a. seine Trolle. – 1897–1906 Zeichner (12 selbstständige Beiträge) und Autor (6 Texte) für den *Simplicissimus* (erster Beitrag: *Der Neck*, Jg. 2, H. 27; letzter: *Auerhahnbalz*, Jg. 11, H. 2).

11 ***ein Schreiben von ihm an mich fand:*** → 339 AK

12 ***die schöne Festrede nach seinem Tod:*** Nicht ermittelt.

336 RP

1 ***»Schlechtes Gewissens«:*** Wohl eine Variante des gleichnamigen Blattes aus dem 1930 erschienenen *Orbis Pictus*-Zyklus (→ 198 AK, eine Reihe von Blättern).

337 AK

1 Zu Brief 335 AK gehörend.

2 ***Postscript:*** Da AK als »eigentlichen« Brief das Schreiben vom 25.12.1938 (→ 335 AK) nochmals – und nun richtigerweise an RP – verschickt.

3 ***Ihr hierherkommen:*** Auf Grund der anhaltenden Schwierigkeiten bezüglich der Veröffentlichung des geplanten Zeichnungsbandes *AeZ* sollte es erst im Januar 1941 zu einem Besuch RPs in Zwickledt kommen (→ 380, 381 RP).

4 ***ein Kubin'scher Piper:*** Eine solche Zeichnung ist nicht dokumentiert und wird auch in der weiteren Korrespondenz nicht mehr angesprochen.

338 RP

1 ***Carossa ... Sohn:*** Cs Sohn Hans Wilhelm Carossa (1906–1968).

2 ***Sohn Barlachs:*** Nicolaus Barlach (gen. Klaus, auch: Gaus) (20.8.1906 Berlin – 24.7.2001 Ratzeburg); Ingenieur. Unehelicher Sohn Bs. Nach zweijährigem Sorgerechtsstreit mit NBs Mutter, der Näherin Rosa Limona Schwab (1880–1936) schließlich von B adoptiert (Status der Ehelichkeit). Als Kind oft erkrankt (B weist wiederholt

auf hypochondrische Züge hin), ab November 1926 in der reformpädagogischen Odenwaldschule, Abitur 1931 gescheitert. Heirat mit Ida, geb. Degner, 1935. Ingenieurstudium auf dem Polytechnikum in Neustrelitz ab 1932, dessen Abschluss sich lange hinauszögert. B am 16.9.1937 an seinen Vetter Karl Barlach: »Klaus, dem diese ganze Zeit wie die einer Vernichtung meiner Existenz erscheinen muß, läßt sich nicht erschüttern. Er sitzt nach zehn Studiensemestern seelenruhig in seinem elenden Städtchen, [...] Stellen, die ihm von mancher Seite angeboten werden, läßt er fahren, meine Hinweise auf die sicher einmal nicht mehr vorhandenen Präsentierteller mit Lebensmöglichkeiten, die ihm zum Zugreifen unter die Nase gehalten werden, nimmt er nicht ernst – antwortet höchstens mit windigen Ausflüchten.« (Zit. *Barlach/Droß 2*, S. 727.) Noch während NB im Frühjahr 1938 eine Stelle »an der Bauleitung der Luftwaffe, Heizungsabteilung, Bug a. Rügen« (Zit. ebd., S. 775) antritt, hofft B auf einen Abschluss der Studien. Nach dem Tod Bs wohnhaft in Ratzeburg.

339 AK

1 ***Brief von E. B.:*** In der Städtischen Galerie im Lenbachhaus, München, Kubin-Archiv, ist nur ein einziger Brief Barlachs an AK vorhanden. Er datiert vom 12.6.1933 (siehe auch → *Barlach/Droß 2*, S. 380): »Sehr geehrter Herr Kollege Sie werden als Mitglied einer Ausstellungsgemeinschaft: ›Ring deutscher Künstler‹ aufgeführt, die nach Anregung des Nationalsozialistischen deutschen Studentenbundes, Berlin sich zusammengeschlossen u deren Präsident ich werden soll. Zweck: gegen französisches Ästhetentum – für bodenständige deutsche Kunst. Ein Vorstand wird genannt: Degner, Jeckel, Marcks, Rohlfs, Otto Andreas Schreiber! Ich weiß nicht von wann gewählt oder bestimmt. 25 Mitglieder, ich weiß nicht von wem ausgewählt. Ich weiß auch nicht, was der Begriff: franz. Ästhetentum umschreibt. Wissen Sie davon oder sind Sie bereits Mitglied geworden? Ich bitte Sie dringend um ein paar aufklärende Worte, da ich völlig im Dunkeln tappe, indem ich von dem allen erst seit gestern weiß. Möchte auch, wie Sie verstehen werden, nicht voreilig handeln. Mit bestem Gruß Ihr sehr ergebener EBarlach«. – »Die Initiatoren dieses Zusammenschlusses, Hans Weidemann und Otto Andreas Schreiber, führende Mitglieder des ›Nationalsozialistischen Deutschen Studentenbundes‹ in Berlin, planten das Experiment, der Hitlerbewegung den Expressionismus unter der Losung ›Gegen französisches Ästhetentum – für bodenständige deutsche Kunst‹ schmackhaft zu machen. Sie suchten sich einiger Persönlichkeiten zu versichern, die ihnen im rassischen Sinne ›artrein‹ schienen, u.a. Heckel, Marcks, Kokoschka, Rohlfs, Kubin.« (Zit. Zuschlag, Christoph: *»Entartete Kunst«. Ausstellungsstrategien in Nazi-Deutschland*. Worms: Wernersche Verlagsgesellschaft 1995, S. 46.) – Die Kreise um die eigens gegründete Zeitschrift *Kunst der Nation* wurden unauffällig von Joseph Goebbels und Baldur von Schirach unterstützt und hatten sich Ernst Barlach als Präsidenten der Künstlervereinigung auserkoren. Die Korrespondenz hiezu hat sich im Güstrower Nachlass erhalten. (→ *Barlach*, S. 624-625.) Die Vereinigung kam schließlich nicht zustande. – Der »Expressionismusstreit« wurde nach den Olympischen Sommerspielen 1936, spätestens aber im Zuge der Ausstellung *»Entartete Kunst«* zuungunsten jener modernen deutschen Kunstrichtung entschieden, die Goebbels noch Anfang der 1930er als Prestigeobjekt im Ausland nutzen wollte. Die konservativ-völkische Linie des Chef-Ideologen Alfred Rosenberg (1893–1946), der sich schließlich auch Goebbels anschließen musste, hatte sich durchgesetzt. – Weiteres → Piper, Ernst: *Nationalsozialistische Kulturpolitik. Ernst Barlach und die »entartete« Kunst. Eine Dokumentation*. Frankfurt/Main: 1987, S. 16 sowie Jansen, Elmar (Gesamtred.): *Ernst Barlach. Werke und Werkentwürfe aus fünf Jahrzehnten*. Band 3: *Rückblicke – Ausblicke. Studien zum Werk. Unbekannte Texte aus dem Nachlaß in Güstrow. Druckgraphik 1910–1930. Handschriften und Briefe 1899–1936*. Ausstellungskatalog. Berlin: 1981, S. 74.

2 ***Zeitungsausschnitte:*** Nicht erhalten.
3 ***Herbert Günther ... »Doppelbegabungen« ... Franken:*** Günther, Herbert: *Künstlerische Doppelbegabungen.* Mit 125 meist erstveröffentlichten Abbildungen nach Werken deutschsprachiger Künstler vom 16. bis ins 20. Jahrhundert. München: Heimeran 1938. – Zwischen Adam Krieger (1643–1666) und Franz Kugler (1808–1858) bleibt AK unerwähnt. – Günther, Herbert: *Franken und die Bayrische Ostmark.* Berlin: Atlantis 1936. – Herbert Günther (26.3.1906 Berlin – 19.3.1978 München); Essayist, Lyriker, Erzähler und Herausgeber. Studium der Literatur- und Theaterwissenschaft, Kunstgeschichte und Philosophie in Berlin, Marburg und München, 1928/29 Schauspieler in Leipzig, ab 1931 freier Schriftsteller. Aufsehen hatte G 1929 mit der die literarische Moderne repräsentierenden Anthologie *Hier schreibt Berlin* erregt, die 1933 verboten und verbrannt worden war. Bis zu seinem Schreibverbot 1936 Theaterkritiker der *Frankfurter Zeitung.* Nach französischer und englischer Kriegsgefangenschaft lebte G in München und Paris, ab 1961 wieder in München. – In der Städtischen Galerie im Lenbachhaus, München, Kubin-Archiv, finden sich Briefe aus den Jahren 1938–1951.
4 ***Dr. Otto Kletzl ... Dozent:*** Otto Kletzl hatte sich am 5.4.1937 an der Universität Marburg an der Lahn habilitiert. Am 27.2.1940 wurde er zum Dozenten für Kunstgeschichte an der Deutschen Universität Prag ernannt und am 18.9.1940 nach Breslau versetzt. Weiteres zu seiner Person → 215 AK.
5 ***Eroberung des Sudetenlandes:*** s. u. (→ Eintrag »Heine«)
6 ***Sigfried v. Vegesack:*** → 258 AK. – V hatte AK Mitte Dezember 1938 in Zwickledt besucht. (→ *Hesse*, S. 206.)
7 ***Konrad Weiss ... ziemlich klein ... bei den M. N. N.:*** W war von 1920 bis zu seinem Tod als Kunstreferent bei den *Münchener Neuesten Nachrichten* angestellt. Dort rezensierte er bis 1933 Münchener und auswärtige Kunstausstellungen. Mitte der dreißiger Jahre kam es verstärkt zu eigenen literarischen Projekten, 1937 zu einem sehr lukrativen Vertrag mit dem Verlegerehepaar Kippenberg. Im Dezember 1939 erkrankte W schwer und erlag am 4.1.1940 einer durch ein rheumatisches Leiden verursachten Herzmuskelentzündung. (→ Kemp, Friedrich und Karl Neuwirth: *Konrad Weiss 1880–1940. Eine Chronik.* In: Marbacher Magazin, Jg. 17, 1980, Sonderheft, S. 12–16.) – Weiteres zur Person Ws → 170 RP.
8 ***Jörg Lampe:*** In der Städtischen Galerie im Lenbachhaus, München, Kubin-Archiv, findet sich ein Brief Ls vom 4.11.1938 (→ 332 AK), dann folgt eine dreijährige Pause (→ 423 AK).
9 ***Wilh. Fraenger:*** F war von 1938–1943 künstlerischer Beirat am Schillertheater in Berlin, hielt Lichtbildvorträge und arbeitete als freier Schriftsteller; er litt unter nationalsozialistischen Repressalien. – Weiteres zu seiner Person → 145 AK.
10 ***Brehm ... »Ackermann in Böhmen«:*** → 320 RP, Bruno Brehm ...
11 ***Staatssekretär Dr. Mühlmann:*** Kajetan Mühlmann (26.6.1898 Uttendorf/Zell am See – 2.8.1958 München); österreichischer Kunsthistoriker, nationalsozialistischer Politiker, Staatssekretär, »most prodigious art plunderer of the twentieth century« (Zit. s. u., S. 178). Studium der Kunstgeschichte in Wien und Innsbruck. Ab 1926 verantwortlich für die Werbung der Salzburger Festspiele. 1934 Beginn der Freundschaft mit Arthur Seyss-Inquart. Nach dem »Anschluss« Österreichs im März 1938 Staatssekretär für Kunst (Wien), Beitritt zur NSDAP, nach der Kapitulation Polens »Sonderbeauftragter für den Schutz und die Sicherung von Kunstwerken in den besetzten Ostgebieten«. M inventarisierte anfangs die Kunstwerke im Lager des Nationalmuseums in Warschau und im Schloss Wawel (Krakau), Ende 1940 kam er mit seinem Stab in die Niederlande und gründete in Den Haag die »Dienststelle Mühlmann«, die für die Beschlagnahmung und den An- und Verkauf von Kunstobjekten zuständig war und mittels derer sich hochrangige Parteifunktionäre und Hitler selbst bereicherten. (→ Petropoulos, Jonathan: *The importance of the Second Rank: The case of the Art*

Plunderer Kajetan Mühlmann. In: Günter Bischof und Anton Pelinka: *Austro Corporatism. Past. Present. Future.* Contemporary Austrian Studies. Vol 4. New Brunswick, New Jersey: Transaction Publishers, Rutgers University 1996, S. 177–221.) Ein Mitarbeiter dieser Dienststelle in den Jahren 1940–1941 war der AK-Bekannte Bernhard Degenhart (→ 365 RP), dessen Stellung schwierig zu beurteilen ist, hatte er doch neben Kontakten zu hohen Vertretern des Regimes auch – meist über Freundschaften seiner Frau – Beziehungen zu Wiener Intellektuellen und Widerstandskreisen. (→ *Fuhrmeister/Kienlechner*, S. 422–424.) – AK an Anton Steinhart am 11.7.1939: »Über Mühlmann wurden 3 Blätter angekauft.« (Zit. *Steinhart*, S. 58.)

12 ***Heine:*** Thomas Theodor Heine war im Zuge der Abtretung der deutschsprachigen Teile der Tschechoslowakei (Münchener Abkommen, 29.9.1938) – in AKs Worten: »nach dem Befreien der Sud. Deutschen« (Zit. *Fronius*, S. 209) – von Brünn nach Norwegen geflohen, nach dem Einmarsch der Wehrmacht ebd. im April 1940 ging er nach Schweden (→ 89 AK, Th. Th. Heine).

13 ***Besprechung in der Kölner Zt... vorjährigen Schau <im> H.I.I.K:*** Bezug unklar. AK berichtet in seinen Korrespondenzen mehrfach von den Arbeiten für die Ausstellung in der Münchener Galerie Franke (→ 330 RP, Ausstellung...), auch von einem Besuch des Galeristen in Zwickledt zwecks Auswahl geeigneter Bilder ist die Rede (→ *Fronius*, S. 174). Am 26.9.1938 schreibt AK an Koeppels: »Ich teilte die Münchner Collektion, ein Teil wird in Stuttgart ab X. gezeigt, der andere in Köln.« (Zit. *DwR*, S. 164.) Eine entsprechende Aussage findet sich auch in der hier vorliegenden Korrespondenz (→ 331 AK). *Meißner* verzeichnet allerdings keine solche Präsenz in Köln (nur eine Beteiligung AKs an einer Ausstellung der Wiener Sezession – erstmals in Deutschland nach 1933 – im Münchener Kunstverein, die bereits im Sommer 1938 nach Köln und Stuttgart wanderte [M1938/3/6]); in Stuttgart nur die Oktober-Ausstellung *Alfred Kubin. Zeichnungen* vom 8.10.–15.11.1938 im Kunsthaus Schaller [M1938/7] – mit gänzlich anderen Werken als bei Franke. – Sowohl »Schau« als auch Besprechung somit nicht ermittelt.

340 RP

1 ***Friedrich Schult... Abschiedsrede:*** Nicht ermittelt. – Friedrich Schult (18.2.1889 Schwerin – 18.2.1889 Güstrow); Pädagoge, Schriftsteller, Holzschneider und Buchgraphiker. Lehrerseminar in Neukloster, dann Studium an den Staatlichen Schulen für freie und angewandte Kunst in Hamburg. 1914–1945 Zeichenlehrer in Güstrow. Ab 1914 mit Ernst Barlach bekannt, allmählich Entwicklung eines vertraulichen Umgangs mit gelegentlichen Besuchen, Spaziergängen, gemeinsamer Gartenarbeit. Vorübergehender Bruch 1921–1927 (Barlach hatte versucht, Ss Frau für sich zu gewinnen), später Wiederbelebung der Bekanntschaft, jedoch distanzierter. Nach der Besetzung Güstrows durch russische Truppen sicherte S den Barlachschen Nachlass, fertigte ein dreibändiges Werkverzeichnis und wurde Nachlassverwalter. (→ *Barlach*, S. 538.)

2 ***Dr. Ernst Sander... Nachruf:*** Der angesprochene Artikel erschien am 26.10.1938 im *Hamburger Fremdenblatt.* – Der Verfasser kritisiert bei aller »Achtung vor dem Ernst seines [Barlachs] Wollens« vor allem das »gedrückte und gewaltsam Metaphysische«, das zwar nicht in einer »biologischen Minderwertigkeit des Künstlers Barlach begründet ist«, dem »klaren« Zeitgeist allerdings »eine geheime Fehlstelle, einen verdeckten Sprung, einen Missklang, wenn nicht gar unechten Klang« darstelle. »Dass die Allgemeinheit sich gegen Barlach und sein Werk wandte, beruht sicherlich nicht nur darin, dass dieses Werk in seiner äußeren Erscheinung vielfach fremd, befremdend und selbst abstoßend wirkt, sondern vor allem darin, dass in jenem Werke Bruchteile unserer Eigenart, herausgelöst aus allen Bedingtheiten und Zusammenhängen, vergröbert und monumentalisiert worden sind...« – Interessant ist dieser opportunisti-

sche Nachruf vor dem Hintergrund von Ss Biographie. – Ernst Leo Emil Sander (16.6.1898 Braunschweig – 1.7.1976 Freiburg/Breisgau); Schriftsteller, Übersetzer und Publizist. Kriegsteilnahme 1917–1918 (Frankreich). Studium der Germanistik, Archäologie und Musikwissenschaft in Braunschweig, 1924–1929 Lektor des Reclam-Verlags, dann freier Schriftsteller sowie Kritiker der *Hamburger Nachrichten* und des *Hamburger Fremdenblattes*. Sein Nachruf auf Jacob Wassermann (1934) hatte S zwei Hausdurchsuchungen eingebracht. Ab 1937 als »entarteter Kunstkritiker« angegriffen, im 2. Weltkrieg wegen antifaschistischer Äußerungen degradiert und nach dem Stauffenberg-Attentat als »politisch unzuverlässig« aus dem Heer entlassen. Nach dem Krieg Wohnsitz in Badenweiler, im Tessin und ab 1960 in Freiburg/Breisgau. Produktive späte Schaffensperiode als Schriftsteller und vor allem als Übersetzer aus dem Französischen (Balzac, Flaubert etc.). – Keine Erwähnung in den publizierten Barlachschen Korrespondenzen.

341 RP

1 ***Hörschelmann ... Besuch:*** Nicht ermittelt.
2 ***Besuch von Carossa:*** Nicht ermittelt.
3 ***Ausstellungen in München und Köln:*** → 339 AK, Besprechung ...
4 ***Parteiblättern:*** Siehe etwa → die »Affäre Sild« in den folgenden Briefen.
5 ***Ausstellungen ... in anderen Städten:*** Im Jahr 1939 ging die Zahl der Kubinschen Ausstellungen stark zurück. Im Januar gab es eine Schau in New York [M1939/1], im Juni eine Ausstellung des *Künstlerbundes Oberdonau* (zentralistische Vereinigung einiger 1938 zwangsaufgelöster oberösterreichischer Künstlerbünde) [M1939/2]. Eine wesentliche Verbesserung der Ausstellungs-Situation sollte erst 1942 eintreten, als Folge einer »schleichende[n] Vereinnahmung durch den Nationalsozialismus, der sich Kubin nicht entzog« (Zit. *Mitterbauer*, S. 348) und die auch seine Verkaufszahlen wieder ansteigen ließ. Eine Teilnahme an der vom Reichsministerium für Volksaufklärung und Propaganda veranstalteten Ausstellung *Deutsche Zeichenkunst des 19. und 20. Jahrhunderts* im besetzten Brüssel tat ein Übriges (→ 252 AK, dass das III Reich ...).
6 ***Griechenland:*** Reise zu RPs Bedauern schließlich wegen des Kriegsausbruchs nicht zustande gekommen (→ 475 RP).

342 RP

1 ***Artikel in den N.S. Monatsheften:*** Sild, Meinhart: *Alfred Kubin. Ein Beitrag zur historischen Trigonometrie der Gegenwart.* In: Nationalsozialistische Monatshefte 10/1939, S. 517–524. – Auszüge in zahlreichen Zeitschriften wiederabgedruckt. (→ *Fronius*, S. 232). – Im Gefolge des Ernst Jüngerschen *Staubdämonen*-Artikels (→ 284 RP, Heft ...) wird die Kunst AKs von Sild als Abgesang auf die von den Nationalsozialisten verachtete Habsburgermonarchie dargestellt, als, wie sich AK am 14.8.1939 beschwerte, rein politische »Aufzeigerin der Fäulnis, der untergegangenen bürgerlichen Welt [...] – also ein recht unzulänglicher Schwefel«. (Zit. *Fronius*, S. 232.) AK empfand sich »von einem recht kurzatmigen Gesichtspunkt gesehen«. (Zit. *Jünger*, S. 58.) – RP nahm den Artikel als schlechtes Omen für die künftige AK-Rezeption im »Dritten Reich« und verschob das Erscheinen des Zeichnungsbandes *AeZ* (was AK gegenüber vielen seiner Korrespondenzpartner lautstark beklagte). Siehe dazu → die folgenden Briefe. – Der Artikel, in dem der Autor auffallend wenige Worte über AK und auffallend viele über die eigene Weltsicht verliert, liest sich mit zeitlichem Abstand in Anbetracht des Zeitgeistes relativ schmeichelhaft für den Künstler und angriffig gegenüber dem ohnehin schon nicht mehr existenten Staat Österreich, respektive dessen Bürgerschaft. Die von Sild verwendeten Zitate aus AKs autobiographischen Schriften, die etwa dessen Vorliebe für »Prunk und Moder,

üppige Laster und ekelerregende Fäulnis, Anbetung des Erhabenen und fassungslose Qual« (Zit. *Sild*, S. 521 bzw. *AmL*, S. 42) beschreiben, standen allerdings in einem Spannungsverhältnis zur nationalsozialistischen Kunstauffassung – weshalb die erneute Publikmachung RP beunruhigen musste. Sild führt aber interessanterweise gerade sie zugunsten des Künstlers ins Treffen, indem er ihnen eine »Wirkung von Bohrlöchern, die auf das Zentrum vorgetrieben werden und nur noch der Füllung mit dem Sprengstoff und seiner Entzündung bedürfen«, attestiert. AKs primär positive Reaktion (→ 343 AK) auf die Sildschen Ausführungen in der NS-Prestigezeitschrift muss wohl hinsichtlich einer von ihm erhofften Stärkung seiner Position in der nationalsozialistischen Kunstszene verstanden werden.

2 ***ein Autor:*** Nicht ermittelt.

343 AK

1 ***wäre … einverstanden gewesen:*** RP ergänzt in einer dem Brief beigelegten Transkription auf: »wäre ich gewiss begeistert und von Herzen einverstanden gewesen«. (Zit. ÖLA 77/B1/192.)

2 ***Brehms … Besuch:*** Keine weitere Erwähnung.

3 ***Böhmerwald:*** »Die Sommerferien verbringt Kubin in Kuschwarda im Böhmerwald. Ende August trifft er auf der Rückreise Hedwig in Waldhäuser, bei Kriegsausbruch kehren sie überstürzt nach Zwickledt zurück.« (Zit. *Hoberg*, S. 245.)

4 ***Landesleiter:*** Ernst August Freiherr von Mandelsloh (→ 345 AK). Für die Zeit zwischen April 1939 und Juli 1941 ist in der Städtischen Galerie im Lenbachhaus, München, Kubin-Archiv, keine Korrespondenz AK-M überliefert.

5 ***besuchen … Meinhard Sild:*** Meinhard Sild († 1944); genauere Lebensdaten nicht ermittelt. Schriftsteller, Publizist. Stammte aus der namhaften Bergsteigerfamilie derer von Ficker, 1938 persönlicher Referent von Seyss-Inquart in Vereinsangelegenheiten, aktiver Nationalsozialist. Fiel 1944 im Krieg. (→ Zebhauser, Helmuth: *Alpinismus im Hitlerstaat. Gedanken, Erinnerungen, Dokumente*. München: Bergverlag Rother 1998, S. 111–112.) Besuch nicht zustande gekommen (→ 346 AK).

6 ***»Staubdämonen«:*** → 284 RP, Heft …

7 ***besuchte mich auch hier:*** Ernst Jünger schildert diesen Besuch im Herbst des Jahres 1937 sehr eindrücklich in einem Brief an seinen Bruder (→ *Jünger*, S. 104–108).

8 ***Die »Partei« erwarb:*** Ein früherer Ankauf → 335 AK. – Auch diese Erwerbungen waren nicht für das Oberösterreichische Landesmuseum bestimmt, das für die Jahre 1938/39 nur Lithographien-Einkäufe verzeichnet.

344 RP

1 Am 16.5.1939 wandte sich RP brieflich an HK: »Zum Herbst wird nun wohl leider aus dem Kubin-Buch noch nichts werden. Dies würde auch insofern sein Gutes haben, als dann Carossa nicht sagen kann, er sei ›momentan‹ wegen anderer Verpflichtungen nicht im Stande, die Einführung zu übernehmen. Dies würde doch dem Buch auf jeden Fall ganz ausserordentlich nützen. […] So lange noch irgendeine Chance besteht, dass Carossa die Sache macht, möchte ich nicht darauf verzichten.« (Zit. ÖLA 77/B3/4.) Weiters angesprochen sind die schließlich nicht zustande gekommene Griechenlandreise der Pipers und die Verleihung des Nationalen Buchpreises an Bruno Brehm.

345 AK

1 ***Baron E. A v. Mandelsloh:*** Aus den späten 1970ern stammt die Aussage: »In Kubins Arbeitszimmer im Schlößchen Zwickledt hängen hinter dem Arbeitstisch des Zwick-

ledter Zauberers noch heute Bilder von Freunden und Verehrern des Meisters, [...] darunter die ›Villa Marie-Louise in Gmunden‹ von Ernst August von Mandelsloh aus der Mitte der vierziger Jahre. Noch heute erinnert sich die betagte Haushüterin Cilli Lindinger ohne Nachdenkens des ›großen, starken und vornehmen Herrn Barons‹, wenn dieser zu Kubin auf Besuch nach Zwickledt hinaufkam. Sonst kannten ihn nur noch wenige Freunde und Eingeweihte«. (Zit. *Mandelsloh*, S. 19.) – Ernst August Freiherr von Mandelsloh (18.7.1886 Wels – 14.6.1962 Stift St.Veit zu Neumarkt-St. Veit); österreichischer Maler, Militär und Politiker. Militärakademie in Wiener Neustadt, Kriegsakademie in Wien. 1913 Brigade-Adjudant, 1915 Hauptmann im k.u.k. Generalstabskorps, zahlreiche Auszeichnungen. 1919 als Hauptmann im Generalstab pensioniert und Übersiedlung nach Frankfurt/Main; Begegnung mit Max Beckmann. Ab 1920 freischaffender Künstler, Autodidakt; eigene Ausstellungen ab 1926: Architekturdarstellungen, Porträts und Landschaften. 1930 Übersiedlung nach Gmunden am Traunsee. Mitglied der *Innviertler Künstlergilde* und Kontakt zu AK, umfangreicher Briefwechsel (Briefe Ms an AK aus den Jahren 1931–1949 in der Städtischen Galerie im Lenbachhaus, München, Kubin-Archiv). 1932 Beitritt zur NSDAP. Zahlreiche Kunstpreise. 1937 deutscher Staatsbürger, 1938 ehrenamtliche Stellung als Landesleiter für bildende Kunst im Gau Oberdonau, 1940–1943 Leiter der Meisterschule für Kunsterziehung an höheren Schulen. April 1941 Parisaufenthalt. Erkrankung der Ehefrau an Multipler Sklerose, Verzicht auf Lehrtätigkeit, Ablehnung der Ernennung zum ordentlichen Professor. 1945–1947 in Internierungslagern in Deutschland, danach wieder künstlerische Betätigung in Neumarkt-St. Veit und illustrative Beschäftigung mit dem Werk Ernst Jüngers. – Wichtiger Fürsprecher und Freund AKs in den Jahren des NS-Regimes. – »Mandelsloh stand mit Überzeugung hinter der NS-Ideologie, stellte sich aber gegen die Diffamierung der expressionistischen Kunst.« (Zit. Nagl, Michaela: *Bildende Kunst in Oberdonau*. In: Kirchmayr, Birgit (Hrsg.): *Kulturhauptstadt des Führers. Kunst und Nationalsozialismus in Oberösterreich*. Weitra: Land Oberösterreich, Oberösterreichische Landesmuseen (Bibliothek der Provinz) 2008, S. 79–114.)

2 ***Ernst Jünger:*** → 284 RP, Heft...

3 ***Zirkusclown:*** Nicht ermittelt.

346 AK

1 ***Pfarrer... Abschrift:*** Der angesprochene Brief vom 25.7.1939 findet sich in der Städtischen Galerie im Lenbachhaus, München, Kubin-Archiv: »Ich fragte mich warum Piper auf diesen Artikel hin zurückschreckte. Sild sieht in Ihrem Werke katexochen die untergehende bürgerliche Welt dargestellt, den Raum, aus dem das neue Deutschland schon hinausgetreten ist, um in eine neue Ordnung, einen neuen Raum einzutreten. ›Man verachte es nicht, Kubin zu studieren‹, um zu erkennen wie notwendig wir aus diesem alten bürgerlichen Raum heraustreten mussten, die neue Ordnung schaffen mussten. [...] Wenn Sild im vorletzten Absatz Ihre Ausstellung ›ein seltsames und überraschendes Ereignis‹ nennt, so zeigt er mir damit, daß er diese als nicht in die neue Ordnung hineinführend bewerten konnte sondern als eine Gefahr, daß das sterbende Bürgertum mit tödlicher Blindheit dadurch noch einmal wenigstens die äußere Fassade sich zu retten suchte. Wenn ich so Sild verstehe, dann verstehe ich auch Piper in seiner augenblicklichen Haltung. Sild anerkennt Sie und Ihr Werk, aber es ist eine sehr relative Anerkennung, die an dieser Stelle veröffentlicht zur Vorsicht rät. Jeder versucht Sie erschöpfend zu erkennen und zu verstehen doch wird Sie keiner ganz verstehen. Möchte doch die neue Zeit vor der tödlichen Blindheit bewahrt bleiben, daß sie in selbstbewusster Selbstüberschätzung das gemeine Mittelmaß weit übersteigende Größe in den Rahmen normierter Erkenntnisfähigkeit zwingen möchte.« – Alois Samhaber (1901–1964); katholischer Pfarrer in Wernstein von 1937 bis 1963.

Wichtiger Freund und Sammler in den späten Jahren des Künstlers. Begleitet AK nach dem Tod HKs im Jahr 1948 auf eine mehrtägige Gebirgsreise. Die Samhabersche Sammlung mit über sechshundert Zeichnungen und Lithographien AKs ging 1965 als Schenkung an das OÖLM. Zahlreiche Briefe an AK sowie Gegenbriefe aus den Jahren 1938–1957 befinden sich in der Städtischen Galerie im Lenbachhaus, München, Kubin-Archiv.

347 AK

1 ***Almanach 1940:*** *Almanach zum 35. Jahr des Verlags R. Piper & Co.* München: Piper 1939. – Einbandgestaltung von Olaf Gulbransson.

2 ***wieder Krieg:*** Die Liste der Kriegserklärungen ist lang, bekanntermaßen erfolgte aber der deutsche Angriff auf Polen am 1.9.1939 ohne eine solche. Großbritannien und Frankreich erklärten daraufhin dem Deutschen Reich am 3.9. den Krieg (Beistandspakt mit Polen), am 17.9. marschierte die Sowjetunion, wiederum ohne Kriegserklärung, ebenfalls in Polen ein.

3 ***2. Gasthof:*** Gemeint ist das Hotel Reif. (→ *DwR*, S. 171.)

4 ***drei Neffen:*** Nicht ermittelt.

5 ***Bei meinen Arbeiten:*** An den *Schemen* (→ 333 AK).

6 ***Erlaubnis ... »Schulungsbriefe«:*** Das Schreiben der NSDAP, Reichsleitung, Amt für Schulungsbriefe, vom 26.9.1939 findet sich im ÖLA: »Im Archiv der Graphischen Sammlungen, München, Neu Pinakothek Barerstr. 29, befindet sich eine Fotografie von Ihnen aus dem Atelier Angermann. Das Amt für Schulungsbriefe plant zunächst einmal eine archivmäßige Zusammenstellung aller Deutschen, die im Ausland geboren sind oder im Ausland etwas Grosses geleistet haben. Ob das Bild später zur Reproduktion gelangt, kann ich Ihnen heute noch nicht sagen. Ich bitte Sie mir mitteilen zu wollen 1. ob ich von dem in den Staatl. graph. Sammlungen vorhandenen Bild eine Fotokopie anfertigen lassen kann, 2. ob ich im gegebenen Falle die Reproduktionserlaubnis von Ihnen erhalten kann, 3.wo sich dieses Atelier Angermann befindet und ob dort um Reproduktionserlaubnis nachgesucht werden muss. Da Sie doch sicher an einer Reproduktion des Bildes mit selbstverständlicher Namensangabe eben solches Interesse wie ich haben, bitte ich Sie, mir baldigst Ihre Bedingungen mitteilen zu wollen. Heil Hitler! gez. Woweries Reichsamtsleiter«. (Zit. ÖLA 77/B6/2.)

7 ***das »wertvolle Kubin-Archiv« zu schützen:*** Eine Abschrift des Briefes der »Gemeindeverwaltung der Hansestadt Hamburg Verwaltung für Kunst- und Kulturangelegenheiten« vom 23.10.1939 findet sich im ÖLA (→ ÖLA 77/B9/2). Weiteres zur Verwahrung der Bestände → 349 AK.

8 ***Vom Schreibtisch eines Zeichners ... Riemerschmidt:*** → 292 RP, Sammlung der verstreuten ... – Das angesprochene Buch verkaufte sich sehr gut, die Erstauflage von 5000 Stück war bald vergriffen. (→ *Mitterbauer*, S. 346.) – Ulrich Riemerschmidt (1912–1989); Verleger. Studium der Medizin in Genf und Zürich, 1940 Sanitätsdienst in der Wehrmacht, ab 1946 Leiter des Verlags Rütten und Loening in Potsdam. R verließ die DDR 1950. Nähere Lebensumstände nicht ermittelt.

9 ***W. Gurlitt ... Böhmerwald ... ablehnend:*** Nicht nur gegenüber RP beklagt sich AK über Wolfgang Gurlitts wiederholtes Aufschieben und Vertrösten (→ etwa *DwR*, S. 165). Auf die Veröffentlichung der Böhmerwald-Folge sollte AK noch mehr als zehn weitere Jahre warten müssen. Sie erschien erst 1951 – und zwar bei Gurlitt (→ 492 RP).

10 ***Gregors »Spanisches Welttheater«:*** In vielen Piperschen Publikationsverzeichnissen wird das Buch erst für das Jahr 1944 gelistet. Dabei handelt es sich allerdings um eine Neuausgabe mit vermehrten Abbildungen. Die Erstausgabe war bereits 1937/38 bei Piper erschienen (→ *Piper 35*, S. 7/Anhang) – ist aber für dasselbe Jahr auch für den Reichner-Verlag (Wien, Leipzig, Zürich) verzeichnet. Der genaue Sachverhalt wurde

nicht ermittelt. – Gregor, Joseph*: Das spanische Welttheater. Weltanschauung, Politik und Kunst der großen Epoche Spaniens.* München: Piper 1937. – Exemplar in AKs Bibliothek (1937) [Inv.Nr. 2529].

11 ***Benz, Kunst der Romantik:*** Benz, Richard und Arthur Schneider: *Die Kunst der deutschen Romantik*. München: Piper 1939.

12 ***Ihrem sehr schönen Essay:*** Piper, Reinhard: *Vom Glück des Lesers*. In: *Piper 35*, S. 124–128 (wiederabgedruckt in *MLaV*, S. 447–449). – Dem Aufsatz ist eine schon 1924 für ein Widmungsbuch verwendete (→ 158 RP) Illustration AKs vorangestellt, *Der kleine Alfred Kubin zeigt dem großen Verleger Reinhard Piper seine neuesten Zeichnungen* (wiederabgedruckt in *Piper 90*, S. 120). Bei *Raabe* nicht verzeichnet.

13 ***Michael Arlen ... »Mayfair«:*** Arlen, Michael: *Mayfair*. München: Piper 1930.

14 ***»Wienerisches«:*** Sassmann, Hans: *Wienerisch* (Was nicht im Wörterbuch steht. Bd. 5). München: Piper 1935.

15 ***Blätter ... in U. S. A.:*** Möglicherweise infolge der von Curt Valentin unterstützten und mit Kubinschen Werken beschickten New Yorker Ausstellung *Modern German Art* im Springfield Museum of fine Arts im Januar desselben Jahres [M1939/1].

16 ***Flüchtlinge aufnehmen:*** AKs Befürchtungen sollten sich erst gegen Kriegsende bestätigen (→ 463 AK).

348 RP

1 ***kolorierte Zeichnung mit der unheimlichen Vorstadtszene:*** Wohl das bei *Karl & Faber* als *Elegantes Paar und bucklige Alte* (1939) verzeichnete Blatt (Nr. 404). Aquarell über Federzeichnung. Mit eigenhändiger Widmung AKs: »Verleger Reinhard Piper zum 60. Geburtstag«.

2 ***Arlen, Mayfair ... Herr Dr. Freund ... liquidierten Wiener Bastei-Verlag:*** Der Bastei-Verlag war die letzte belletristische Verlagsneugründung in Österreich vor dem »Anschluss« gewesen (Gesellschaftsvertrag vom 22. Oktober 1936, Sitz: Wien 1., Wallnerstraße 4). Finanzierung mittels Stammkapital durch Paul Maric-Mariendol, Direktor in Wien, und Rudolf Lichy, Major a. D. Nicht mit einer Sach- bzw. Bareinlage nach außen hin vertretener Geschäftsführer war Dr. Robert Freund – wenn auch nur kurzfristig. Schon Anfang 1937 wurde der Verlag »vordergründig aus devisentechnischen Gründen vom deutschen Buchmarkt ausgesperrt«. (Zit. *Hall*.) Freund konnte nur wenige der geplanten Publikationen realisieren, obwohl er sich bei seinem Ausscheiden aus dem Piper-Verlag zahlreiche Autorenrechte gesichert hatte – so auch jene von Jaroslav Durych, dem Verfasser der von AK illustrierten *Kartause von Walditz* (→ 443 RP). Neben Somerset Maughams *Roman Theater*, Ann Bridges Roman *Frühling in Dalmatien* und Robert Briffaults Roman *Europa* (alle 1937) erschien eine Reihe von englischen und französischen Sprachlehrbüchern von T. W. MacCallum (*Englisch perfekt*, *Französisch lernen – ein Genuß!*). Am 6. 8. 1937 schied Freund als Geschäftsführer aus und Rudolf Lichy wurde an seiner Stelle ins Handelsregister eingetragen. Nach dem »Anschluss« und zwei Adressänderungen wurde bei der Generalversammlung vom 25. 5. 1938 beschlossen, das Unternehmen aufzulösen und zu liquidieren – ein Vorhaben, das sich trotz der geringen Zahl von Verlagswerken über mehr als zwei Jahre hinzog. Erst am 4. Oktober 1940 wurde die Firma Bastei-Verlag aus dem Handelsregister gelöscht. In einem Schreiben der Treuhandgesellschaft Donau heißt es: »Die Bücher und Schriften der aufgelösten Gesellschaft sind (...) anläßlich einer Übersiedlung [1940, d. Hrsg.] zum Altpapier gekommen und mit diesem eingestampft worden.« (Zit. nach: *Hall*). Freund emigrierte nach New York (→ 300, Freund ...). – Weiteres → Edelmann, Hendirk: *The immigrants: Other immigrant publishers of note in America: A coda of portraits*. In: Logos. Forum of the world book community, Vol. 18, Issue 4, S. 194–199.

3 ***kleines Buch mit frühen Prosastücken von Barlach:*** Barlach, Ernst: *Fragmente aus sehr früher Zeit.* Berlin: Ulrich Riemerschmidt 1939.
4 ***Münchner Abendblatt ... Plauderei über meinen Geburtstag:*** RP wurde am 31. 10. 1939 sechzig Jahre alt. Artikel nicht ermittelt.
5 ***Oberbürgermeister der Hauptstadt der Bewegung:*** Karl Fiehler (1895–1969); NSDAP-Funktionär und Münchener Bürgermeister in den Jahren 1933–1945 (ab 1935 mit der Bezeichnung »Oberbürgermeister«). Beteiligung am Hitler-Putsch 1923; nach dem Krieg erst im Internierungslager, dann Buchhalter.

349 AK

1 ***Gregors Perikles:*** Gregor, Joseph: *Perikles. Griechenlands Größe und Tragik.* München: Piper 1938.
2 ***Habsburgerbuch ... Hans Sassmann:*** → 287 AK
3 ***seinem Buch mit dem lustigen gelben Umschlag:*** → 347 AK, »Wienerisches«
4 ***Hamburger Staatsbibliothek:*** Kurt Otte musste das Kubin-Archiv nach Beginn der Luftangriffe auf Hamburg tatsächlich dort unterbringen. »Zwar verbrannte sein verbombtes Elternhaus am Fischmarkt, aber da war das Archiv schon in dreizehn Kisten im Keller der Hamburger Staatsbibliothek geborgen. Auch über diese kam der Brand als Verderber, wobei die erwähnten leichten Schäden bei einer Kiste, worin sich die Presseäußerungen befanden, entstanden, nicht durch Feuer, sondern durch Wasser. Dann wurden die Kisten in einen Hochbunker des Hamburger Staates gebracht, wo sie mit anderen Werten bis zum Ende lagerten.« (Zit. *AmL*, S. 81.) – Die Korrespondenz zwischen Otte und RP bezüglich der sicheren Verwahrung des Kubin-Archivs befindet sich im ÖLA (→ ÖLA 77/B8/4–9).

350 RP

1 ***Rembrandt-Verlag:*** Zur Geschichte des Verlags → 301 RP, Rembrandt-Verlages ...
2 ***Riemerschmidt ... Absatz:*** → 347 AK, Vom Schreibtisch ... ; 352 AK

351 AK

1 Zu den Postkarten: Ähnlich wie den Zwickledt-Briefkopf (→ etwa 82 RP) schmückte AK auch vorgedruckte Postkarten oft weiter aus. Ein besonders schönes Beispiel hiefür findet sich in der Korrespondenz Kubin-Hesse, Brief vom 31. 12. 1928: »Mein altes Haus histor. seit 1537, Zwickledt«. (→ *Hesse*, S. 21.)
2 ***Karl V.:*** Im Besitz der Albertina (34432, um 1935).
3 ***Titian:*** 1532 hatte sich Tizian, eigentl. Tiziano Vecellio (um 1488 – 27. 8. 1576 Venedig), im Auftrag des Herzogs Federico Gonzaga nach Bologna zu Kaiser Karl V. (24. 2. 1500 Gent – 21. 9. 1558 San Jerónimo de Yuste) begeben, wo er diesen zweimal malte. Tizian wurde hierauf am 10. 5. 1533 zum Hofmaler Karls V., zum Grafen des lateranischen Palastes sowie zum Ritter vom Goldenen Sporn ernannt. 1541 berief ihn Karl V. zu weiteren Diensten nach Mailand, 1548 nach Augsburg. Im Jahr 1550/51 porträtierte T dort auch Philipp II. von Spanien (1527–1598). – In AKs Bibliothek findet sich etwa das von Karl W. Jähnig herausgegebene Werk *Tizian* (München: H. Schmidt 1921) [Inv.Nr. 108].
4 ***Philipp II:*** Aussage unklar. Im Werksverzeichnis des OÖLMs findet sich ein auf »um 1930« datiertes Blatt *Philipp II. von Spanien* (Ha II 3602), eine unterschiedliche Darstellung desselben Motivs ist auf 1940 datiert (Ha II 3944). – Kein entsprechendes Buch ermittelt. – Philipp II. von Spanien (21. 5. 1527 Valladolid – 13. 9. 1598 Escorial); König von Spanien (1556–1598) aus dem Haus Habsburg, Vorkämpfer der Gegenreformation.

5 ***Don Carlos:*** Giardini, Cesare: *Don Carlos. Mit 15 zeitgenössischen Bildern.* München: Callwey 1936 [Inv.Nr. 2492]. – Der auch von F. Schiller besungene Sohn Philipps II., Don Carlos (8.7.1545 Valladolid – 25.7.1568 Madrid).

352 AK

1 ***Privatwohnung:*** Im Juni 1931 waren Pipers von der Hiltensbergerstraße 43/IV in die Wohnung Elisabethstraße 42/III umgezogen (→ Piper, Reinhard: *Chronik Langfassung 1930–1934*, Deutsches Literaturarchiv, Marbach, 01.1), wo sie bis zu deren Zerstörung im Jahr 1944 logierten (→ 456 RP, Refugium … Burgrain).
2 ***Ul. R.:*** Der *Vom Schreibtisch eines Zeichners*-Verleger Ulrich Riemerschmidt (→ 347 AK).
3 ***Prospekt:*** Nicht erhalten.

353 AK

1 ***»Romantische Malerei«:*** → 347 AK, Benz …
2 ***die beiden anderen Bücher:*** Nicht ermittelt.
3 ***Rauhut:*** Ignaz Bernhard Franz Rauhut (2.10.1898 Frankenthal – 1.3.1988 Würzburg); Romanist. Studium Romanistik, Germanistik und Geschichte in Würzburg. Privatdozent in München. 1947 ordentlicher Professor für Romanische Philologie an der Universität Würzburg. Gründung des *Filmseminars Romania* 1964. – Beiträger zum AK-Jubiläumsband der Künstlervereinigung *März* im Jahr 1937 (→ 303 AK), sowie drei Erwähnungen des Schriftstellers AK in Aufsätzen in den 1930er Jahren [R*809–811*]. Zahlreiche Briefe an AK aus den Jahren 1931–1957, aus denen sich entnehmen lässt, dass der angesprochene Besuch wohl im Frühjahr 1937 im Vorfeld von AKs 60. Geburtstag stattgefunden hatte, finden sich in der Städtischen Galerie im Lenbachhaus, München, Kubin-Archiv. – In AKs Bibliothek sind vier Werke Rs aus den Jahren 1930–1949 verzeichnet [Inv.Nr. 3057, 3832, 5480, 5481].
4 ***Buch Vosslers:*** Vossler, Karl: *Romanische Dichter.* München: Piper 1938.
5 ***Band mit Kokoschkazeichnungen … Emigrantenverlag:*** Kokoschka, Oskar: *Handzeichnungen.* Berlin: Ernst Rathenau Verlag 1935. Einmalige nummerierte Auflage von sechshundert Exemplaren. – Der Ernst (Ernest) Rathenau Verlag war in den 1920ern aus dem von Abraham Horodisch (→ 479 AK) gegründeten, bibliophilen Euphorion-Verlag hervorgegangen. Ernst Rathenau, Cousin des Außenministers der Weimarer Republik, Walther Rathenau, hatte dort seit 1922 die Verantwortung für Blattgraphik über gehabt. Nach Ausscheiden von Horodisch und den weiteren Teilhabern führte Rathenau den Verlag allein weiter. Es erschienen bedeutende Publikationen über Ernst Ludwig Kirchner, Emil Nolde und Edvard Munch. Nach Machtergreifung der Nationalsozialisten emigrierte Rathenau in die USA und brachte dort noch vier weitere Bände mit Kokoschka-Zeichnungen heraus.
6 ***Freundesbrief … Heine:*** Brief aus Drammensveien, Oslo, vom 19.12.1939 in der Städtischen Galerie, München, Kubin-Archiv. – Angesprochene satirische Blätter nicht ermittelt.

354 RP

1 ***»Polnischer Petschaft«:*** *Das polnische Petschaft* (1939), abgebildet etwa in *Altnöder 1997* (Tafel 53). Widmung »für R. Piper mit Weihnachtsgruß«. AK bezieht sich mit dieser Zeichnung auf den Einmarsch der Wehrmacht in Polen. (→ *DwR*, S. 172.) – Ein Petschaft ist ein Siegelstempel. – Den Polen-Feldzug thematisiert etwa auch das Blatt *Streit um Polen* (Ha II 3814, 1939).
2 ***»Verrufener Ort«:*** *Raabe* verzeichnet diesen Titel dreimal [R187, 355, 389]. – Das

1928 auch als Lithographie im Selbstverlag des Künstlers für den Schwarz-Weiß-Bund, Herford in Westfalen, erschienene Blatt (Titelvariante *Unheimliche Nacht*) [R355; Hb109] greift ein Motiv Böcklins auf. (→ *Hoberg 1990*, S. 62.)

3 ***»Die Erstarrte«:*** Wohl die zuvor 1931 unter gleichem Titel im *Simplicissimus* (Jg. 35, H. 49, S. 587) [R415] publizierte Zeichnung.

4 ***Dr. Owlglass ... Brevier:*** Dr. Owlglaß (Hrsg.): *Gegen Abend. Ein Büchlein vom Älterwerden und Altsein.* München: Piper 1940. – AK trug dazu auf den Seiten 93–94 den Text *Zur Gelassenheit im Alter* bei (→ *AmW*, S. 48) [R597; B22]. – Angaben zur Herstellung des Buches → *MLaV*, S. 702–703. – Hans Erich Blaich, Ps. Dr. Owlglaß, Ratatöskr (19. 1. 1873 Leutkirch/Allgäu – 29. 10. 1945 Fürstenfeldbruck bei München); Arzt, Publizist, Schriftsteller, Herausgeber. Studium der Medizin und Philosophie in Tübingen, München und Heidelberg. 1899–1904 Assistenzarzt in Görbersdorf (Schlesien), Heidelberg und Davos, dann Lungenfacharzt in Stuttgart, München, Pasing und Fürstenfeldbruck. Ab 1896 *Simplicissimus*-Mitarbeiter, 1912–1924 und 1933–1935 Chefredakteur, 1931 Schließung der Arztpraxis. – Enger Freund RPs. (→ *Piper 100*, S. 127.) – 1936 war O bei Piper erstmals in Erscheinung getreten *(Kleine Nachtmusik)*, 1942 folgte *Seitensprünge*, 1947 *Tempi passati. Letzte Gedichte*, 1951 Verse zu 22 Bildergeschichten von Olaf Gulbransson (*Idyllen und Katastrophen*) und 1952 die Übersetzung von Charles De Costers *Smetse der lustige Schmied.* – RP beschreibt ein gemeinsames Treffen mit AK (allerdings ohne genaue Datierung): »Nur einmal noch war ich in einem kleinen Kreis der Jüngste, nämlich als ich mit Kubin, Owlglaß und Gulbransson zusammensaß.« (Zit. *MLaV*, S. 705.)

355 AK

1 ***Fotographie:*** Nicht ermittelt.

2 ***Reemtsma ... Barlach-privatdruck:*** Gemeint ist der niedersächsische Spross einer Tabakwaren-Dynastie, der spätere Kunst-Mäzen Hermann Fürchtegott Reemtsma (29. 10. 1892 Osterholz-Scharmbeck bei Bremen – 18. 6. 1961 auf seinem Hof in der Lüneburger Heide). Kaufmännische Lehre. Einberufen 1915, freigestellt 1917, dann Eintritt in das väterliche Unternehmen (Zigarettenmanufaktur *Dixi*). 1921 Umwandlung der Firma *B. Reemtsma und Söhne* in eine Aktiengesellschaft, 1923 Verlegung des Firmensitzes nach Altona, Hamburg. Ab 1933 verstärkte Sammeltätigkeit. Wichtiger Förderer des späten Barlach. (→ etwa *Barlach*, S. 645.) Auch nach dem Krieg erfolgreicher Unternehmer. Der Tabakkonzern besteht bis heute. – Am 24. 1. 1940 wandte sich R an AK: »Sehr geehrter Herr Professor Kubin! Herr Reinhard Piper vom Piper-Verlag München gibt mir die Anregung, Ihnen ein Exemplar des kleinen Privatdrucks, den ich kürzlich zum 70. Geburtstag von Ernst Barlach zusammenstellen und drucken ließ, ›Freundesworte Ernst Barlach zum Gedächtnis‹, zuzusenden. Ich entspreche dieser Anregung Ihnen gegenüber besonders gern, da ich gerade in den letzten Tagen Ihr Büchlein ›Vom Schreibtisch eines Zeichners‹ mit viel innerer Beteiligung und Freude gelesen habe.« (Zit. StGL-M-KA.)

3 ***»Deutsche Informationsstelle«:*** »Die kurz vor Kriegsbeginn errichtete Deutsche Informationsstelle besaß gemäß Satzung die Aufgabe, Material zur Aufklärung des Auslandes durch ›Wort, Schrift, Rundfunk, Film oder in sonstiger Weise‹ herzustellen und zu verbreiten. Die DI wurde wenig später in zwei organisatorisch selbstständige Abteilungen aufgespalten, in eine ›Informationsstelle I‹ unter Friedrich Berber und der ›Informationsstelle II‹ unter dem Staatssekretär des Auswärtigen Amtes, Martin Luther.« (Zit. Toppe, Andreas: *Militär und Kriegsvölkerrecht. Rechtsnorm, Fachdiskurs und Kriegspraxis in Deutschland 1899–1940.* München: Oldenbourg Wissenschaftsverlag 2007, S. 217.) – Schreiben der Informationsstelle nicht ermittelt. Dergleichen Arbeiten wurden von AK nicht angefertigt.

356 RP

1 ***Durchschlag meines Briefes:*** RP am 24. Februar 1940: »Lieber Herr Brehm! Ich komme zurück auf das Buch mit Kubin-Zeichnungen und möchte Sie bitten, nun in diesem Frühjahr – oder wann Sie die Fahrt am besten einschieben können – Kubin zu besuchen und dann den Text zu einem Band ausgewählter, besonders schöner Kubinzeichnungen zu schreiben. In der Kubinsache bestehen jetzt keine Hemmungen mehr. Bei einem neugegründeten Verlag in Berlin ist ein Geschichtenbuch mit reizenden, echt kubinischen Illustrationen erschienen ›Vom Schreibtisch des Zeichners‹. Ich habe soeben für Sie ein Exemplar des Buches bestellt, das Ihnen nächstens zugehen wird. Gegen das Buch ist nicht nur nichts eingewandt worden, es wurde auch in Parteiblättern sehr anerkennend besprochen. Von einer Parteistelle wurde Kubin aufgefordert, sein Bildnis einzusenden, da man die Bildnisse bedeutender ostmärkischer Künstler sammelt und reproduzieren will. In Hamburg besteht ein privates Kubin-Archiv und die amtliche Stelle in Hamburg hat dem Besitzer angeboten, das Kubin-Archiv gegen Fliegergefahr zu sichern. In der hiesigen Städtischen Galerie sind Kubin-Zeichnungen ausgestellt, ebenso im ›Graphischen Kabinett‹. Da Sie ja schon über Kubin geschrieben haben, bedarf es für Sie keines großen zeitraubenden Studiums mehr. Die Fahrt zu Kubin wird für Sie sicher ein schönes, anregendes Erlebnis sein. [...] Ich könnte mich dann dort mit Ihnen treffen, um die Auswahl durchzugehen, wobei ja manche praktischen Momente mitsprechen. Sie würden sich dann doch mit Kubin genügend unter vier Augen aussprechen können, ohne dass ich dabei bin. [...] Als Honorar für den Auftrag habe ich Ihnen schon früher 500 M vorgeschlagen, womit ich Sie einverstanden hoffe. Kubin selbst erhält von dem Buche eine fortlaufende Tantieme.« (Zit. ÖLA 77/B2/142.)

357 RP

1 ***vielleicht ein hohes Amt:*** Zu Bruno Brehms Karriere → 232 RP, Gulbransson...

358 RP

1 ***Handschrift-Faksimiles:*** Der Plan dürfte aufgegeben worden sein. Erst 1954 sollte wieder ein Piperscher Verlagsalmanach erscheinen.

359 AK

1 ***3. Autographen:*** Nicht erhalten.
2 ***Donauzeitung:*** Die Anfrage ist ein weiterer Beleg für die steigende Akzeptanz des Kubinschen Werkes im offiziellen »Großdeutschland«. – Die Passauer *Donau-Zeitung* entstand 1847 aus der Vereinigung zweier älterer Blätter und führte sich in ihrer Jahrgangszählung auf das Jahr 1791 zurück. Bereits früh entwickelte sie sich zu einem führenden Organ des bayerischen Patriotismus sowie des politischen Katholizismus und wurde zur wichtigsten Tageszeitung des östlichen Niederbayern. 1938 übernahm der *Gauverlag Bayerische Ostmark* (→ 414 AK) die *Donau-Zeitung*, die nun bis 1945 als Lokalausgabe der in Bayreuth erscheinenden Zeitung *Bayerische Ostmark* erschien. Ein Neustart nach der amerikanischen Besatzung scheiterte. – Besuch und etwaiger Artikel nicht ermittelt.

360 RP

1 ***schreiben Sie ihm:*** Zum Scheitern des Vorhabens → *Mitterbauer*, S. 347–348.

361 RP

1 *Nationalpreis:* Zu Bruno Brehms Karriere → 232 RP, Gulbransson...

362 AK

1 *Nestroybüchlein:* Nestroy, Johann: *Närrische Welt. Aussprüche und Strophen.* Ausgewählt und eingeleitet von Otto Rommel. München: Piper 1940.
2 *Blätter zu Gedichten Peter Scher's... Chef:* Scher, Peter: *Gerade dies.* Mit dreißig Zeichnungen von Alfred Kubin. Berlin: Karl Siegismund 1940 [R591; A189]. – Neuausgabe 1947 [R650; A218]. – Geschäftsführer des 1886 gegründeten Verlags von Karl Siegismund im Jahr 1940 nicht ermittelt.
3 *August... im... Böhmerwald:* → 363 AK sowie *DwR*, S. 174–175.

363 AK

1 *Lexikon:* Nicht ermittelt.

364 RP

1 Wie auch in den Jahren 1942 und 1943 verbrachte AK die Sommerfrische in Tusset im Böhmerwald, Gasthof *Forelle.* (→ *DwR*, S. 174–191.) Eine gleichnamige Zeichnung dieser Unterkunft aus dem Jahr 1942 befindet sich im Besitz des OÖLMs (Ha II 3994). – RP schildert die Erlebnisse des Sommers 1940 in Gastein in seiner Autobiographie: Zufällig traf er den Schriftsteller und NS-Sympathisanten Josef Weinheber, man verbrachte viel Zeit miteinander (→ *Mit Josef Weinheber im Gasteinertal*, *MLaV*, S. 545–564).

365 RP

1 *Richard Billinger:* Zum Verhältnis AK-B → 237 AK, R. Billinger.
2 *mit... Kulturwart... Dr. Fellner:* »Daß Kubin keine Scheu vor einem Kontakt mit nationalsozialistischen Funktionären hatte, belegt auch ein Brief Richard Billingers, in dem er einen gemeinsamen Besuch mit dem Kulturbeauftragten des Gaues Oberdonau, Anton Fellner, und dem Direktor des Linzer Museums, Justus Schmidt, in Zwickledt ankündigt.« (Zit. *Mitterbauer*, S. 348–349.) Der Besuch kam nicht zustande (→ 366 AK). Lebensdaten von Anton Fellner, dem Kulturreferenten des Gauleiters und Reichsstatthalters A. Eigruber (→ 335 AK, Partei...), nicht ermittelt. – Zur Person Schmidts → 422 AK, Direktor.
3 *Max Unold... seines hübschen Buches:* Unold, Max: *Zwischen Atelier und Kegelbahn. Besinnliche Betrachtungen.* Frankfurt/Main: Societäts-Verlag 1939.
4 *Herrn Degenhardt... Kubin-Künstlermonographie:* Bernhard Degenhart (4.5.1907 München – 3.9.1999 ebd.). Studium in München, Berlin und Wien. Volontariat bei der Bayerischen Staatssammlung in München 1931; 1932/33 in Florenz und Rom. D wurde im »Dritten Reich« »Teil einer zwiespältigen Elite, die oft genug Opfer und Täter zugleich war. Ohne auf Details eingehen zu können, sei festgehalten, dass Degenhart sowohl zu Widerstandskreisen als auch mit offiziellen NS-Dienststellen in enger Verbindung stand.« (Zit. *Fuhrmeister/Kienlechner*, S. 423.) Kustos an der Wiener Albertina 1940–1946. 1940/41 Mitarbeiter des Kunsträubers K. Mühlmann (→ 339 AK, Staatssekretär...) in Holland. 1943 zweifelhafte Ankäufe zeitgenössischer italienischer Graphik für die Albertina; Kontakt zu Matisse. (→ *Fuhrmeister/Kienlechner*, S. 426–429.) 1949–1965 Kustos und 1965–1970 Direktor der Staatlichen Graphischen Sammlung München. – Das Vorhaben einer Degenhartschen Mo-

nographie kam schließlich nicht zum Abschluss. Die Briefe Ds an AK der Jahre 1939–1948 befinden sich in der Städtischen Galerie im Lenbachhaus, München, Kubin-Archiv. Genaueres über das angesprochene Projekt etwa im Brief vom 2.11.1940, in dem D über sein unstetes Leben in den Kriegsjahren und über mangelnde Zeit für wissenschaftliche Betätigung klagt: »Genau so ist es mit dem Kubin-Buch. Ich habe seit langem eine wirkliche Sehnsucht, es zu machen. Der Aufenthalt in Wien an der Albertina hätte es in greifbare Nähe gerückt (in Italien wäre es noch viel schwerer gewesen) – und nun gehts wieder weg von dort. Das bedeutet natürlich auch Verzögerung und um-das-Problem-herumgehen. Von der Gundel [Ds Braut → 445 AK, frisch angetrauter Frau; d. Hrsg.] habe ich mir das Bücherl von Bredt über Sie mitgenommen (mit einer Widmung an Faistauer!) und den Katalog der Ausstellung in der Albertina. Aber damit kommt man nicht recht weiter. Ich kann mich zunächst nur peripher mit der Sache beschäftigen und möchte doch so gerne mittenhinein springen.« (Zit. StGL-M-KA.)

366 AK

1 ***Billingers... Gedichte... Rauhnacht:*** Die Situation verhält sich wie folgt: B verfasste bereits 1925 (also im 48./49. Lebensjahr AKs) das Gedicht *»Düngerlachen fangen dich...«* (In: Jahrbuch des Oberösterreichischen Künstlerbundes *März* 1937, S. 48 [R*315*]). *»Wer sich je wie du verbarg...«* wurde erstmals im 53./54. Lebensjahr AKs publiziert (In: Jahrbuch der Innviertler Künstlergilde 1930, S. 6 [R*316*]). Weiters entstanden die Gedichte *Beim Zauberer* (In: Billinger, Richard: *Der Pfeil im Wappen.* Gedichte. München: Langen/G. Müller 1933 [R*317*]), *Großmutter* (In: Heimatglocken, Beilage zur Donau-Zeitung, Passau, 15.1.1930 [R*332*]), und das dem achtzigjährigen AK gewidmete *Für Alfred Kubin*, datiert: »10. Oktober 1957« (→ *Klaffenböck*, S. 359; nicht in *Raabe*). B schrieb zudem einen Bericht über einen Besuch bei AK: *Eine Reise* (In: Niederbayrische Heimatglocken, 28.5.1930 [R*6*]) und einen Geburtstagsartikel 1937: *Alfred Kubin. Zu seinem 60. Geburtstag* (In: Die Neue Rundschau 48, S. 337–338 [R*479*]). – Zum Verhältnis AK-B und der Zusammenarbeit für Bs *Rauhnacht* → 237 AK, R. Billinger.

2 ***Baron Mandelsloh:*** Mandelsloh war wie AK schon lange vor der nationalsozialistischen Machtergreifung Mitglied der *Innviertler Künstlergilde* gewesen. Anfang der 1940er übernahm der überzeugte Nationalsozialist politische Ämter, die er oftmals zugunsten seiner Künstlerkollegen einzusetzen versuchte (→ 345 AK).

3 ***Dr. Mühlmann:*** → 339 AK, Staatssekretär Dr. Mühlmann.

4 ***der... beigelegte Artikel:*** In der Piperschen Transkription findet sich die Ergänzung »in der Beilage der ›Bayr. Ostmark‹« (Zit. ÖLA 77/B1/205). Nicht ermittelt.

5 ***vor einem Jahr... Rembrandt-Verlag... mit einem Unold-Text:*** → 350 RP

6 ***Max Mell:*** Max Mell (10.11.1882 Marburg/Drau – 13.12.1971 Wien); österreichischer Schriftsteller, Übersetzer, Herausgeber. Studium der Philologie und Germanistik in Wien, 1916–1918 Artilleriesoldat, dann Schriftsteller in Wien, Kontakt zu Hofmannsthal und Hans Carossa. Mitglied im *Bund deutscher Schriftsteller Österreichs.* Erneuerer des christlichen Laienspiels in Österreich, weit verbreitet waren auch Ms Mysterienspiele (*Österreichische Trilogie*, 1923–1927). – M verfasste den Beitrag *Die beiden Hühnchen. Eine Parabel* für den Jubiläumsband *Für Alfred Kubin. Eine Widmung österreichischer Dichter und Künstler zu seinem 50. Geburtstag* (1927) [R290].

7 ***Albrecht Schäffer:*** → 134 AK

8 ***Gerhart Hauptmann... 2 Bücher:*** → 273 AK, Schrift von... u. 172 AK, Gerhart Hauptmanns Studie

9 ***Dr. Bernhard Degenhart... Dienst:*** Zu Ds Betätigung in Holland → 339 AK, Staatssekretär Dr. Mühlmann.

10 ***Pisanellomonographie:*** Degenhart, Bernhard: *Antonio Pisanello.* Wien: Schroll 1940.

11 ***»Zur Graphologie der Handzeichnungen der ital. Kunstkreise«:*** Degenhart, Bernhard: *Zur Graphologie der Handzeichnungen. Die Strichbildung als stetige Erscheinung innerhalb der italienischen Kunstkreise.* In: Kunstgeschichtliches Jahrbuch der Bibliotheca Hertziana 1, 1937, S. 223–343.

367 RP

1 ***Brehm, Carossa und Billinger zitieren:*** Im Vorwort Unolds findet sich schließlich nur ein Zitat Hans Carossas: »In allen Wandlungen Kubins blieb eins unveränderlich; das war der Leistungstrieb dieses immer Suchenden, Lernenden, Hervorbringenden, der sich schon halb aufgab, wenn einmal vierzehn Tage die Feder ruhte.« (Zit. *AeZ*, S. 24 bzw. *Führung und Geleit*, S. 56–57.)
2 ***Hans von Hülsen:*** Hülsen, Hans von: *August und Ottilie. Roman einer Ehe unter Goethes Dach.* München: Piper 1941. – Des Weiteren erschien bei Piper Hs Roman *Die drei Papen* (1943). – Johannes Bruno von Hülsen (5.4.1890 Warlubien/Westpreußen – 14.4.1968 Rom); Redakteur, Schriftsteller, Biograph. Studium der Philosophie, Literaturwissenschaft und Geschichte. Bis 1933 vorwiegend journalistische Tätigkeit für in- und ausländische Zeitungen, dann als freier Schriftsteller Verfasser populärer Romane. Unterschrieb am 26.10.1933 das *Gelöbnis treuester Gefolgschaft* für Adolf Hitler in der *Vossischen Zeitung*. Freund und Biograph Gerhart Hauptmanns: etwa *Gerhart Hauptmann. 70 Jahre seines Lebens* (Berlin: S. Fischer 1932), *Freundschaft mit einem Genius. Erinnerungen an Gerhart Hauptmann* (München: Funck 1948). Ab 1945 in Rom. Seine archäologischen Sachbücher fanden weitere Verbreitung als seine Dichtungen.

368 AK

1 ***Hiddensee … mit einem jungen Anhänger von mir:*** Gerhart Hauptmann hatte die nordwestlich von Rügen gelegene Ostsee-Insel Hiddensee zum ersten Mal im Jahr 1885 besucht und verbrachte dort ab 1917 regelmäßig die Sommer. 1929 erwarb er das Haus *Seedorn*, 1943 kam es zu einem letzten Aufenthalt. Im Zuge der ausnahmslosen Ausweisung aller Deutschen aus Polen nach Ende des 2. Weltkriegs wurde auch dem körperlich bereits stark geschwächten Hauptmann Anfang April 1946 die Aussiedlung aus seinem schlesischen Heimatort Agnetendorf angekündigt. Nach langwierigen Auseinandersetzungen mit den polnischen Behörden mussten Hauptmanns sterbliche Überreste nach seinem Tod am 6.6.1946 außer Landes gebracht werden und wurden auf dem Inselfriedhof in Kloster auf Hiddensee bestattet. – Besagter Anhänger AKs nicht ermittelt.
2 ***Sonderbeauftragter für die Sicherung der Kunstschätze … Bibliotheka Hertziana:*** Zur »Dienststelle Mühlmann« → 339, Staatssekretär Dr. Mühlmann. – Bernhard Degenhart war vor seiner Anstellung an der Wiener Albertina Assistent an der Bibliotheca Hertziana in Rom gewesen. (→ *Fuhrmeister/Kienlechner*, S. 42.) – Weiteres zu seiner Karriere → 365 RP.
3 ***ägyptische Kunst:*** Worringer, Wilhelm: *Ägyptische Kunst. Probleme ihrer Wertung.* München: Piper 1927. – AK hatte dieses Buch auf Empfehlung von Hans Fronius kennengelernt. (→ *Fronius*, S. 271.)

369 AK

1 Liste der übersandten Blätter im Anhang.
2 ***Willhelm Leibl:*** Wilhelm Maria Hubertus Leibl (23.10.1844 Köln – 4.12.1900 München); Maler. Studium an der Münchener Akademie. Bekanntschaft mit Courbet und Manet. Scharte in München gleichgesinnte Maler um sich (Leibl Kreis). Zog sich Mitte

der 1870er mit Johann Sperl aufs Land zurück. 1892 zum Professor ernannt. Einer der wichtigsten Vertreter des Realismus in Deutschland, späte Hinwendung zur impressionistischen Malweise. – Im Linzer Bestand der Kubinschen Graphiksammlung finden sich neun druckgraphische Arbeiten Ls. (→ *Heinzl 1970*, S. 222.)

370 RP

1 ***64 ganzseitige Bilder:*** Schließlich nur sechzig Tafeln.
2 ***vignettenhafte:*** Der endgültige Text enthält keinerlei graphische Beigaben.

371 AK

1 ***Owlglass ... »Gegen Abend«:*** → 354 RP

372 AK

1 Liste der übersandten Blätter im Anhang.
2 ***»am Rande der Lebens« periode:*** Gemeint ist das gemeinsame Mappenprojekt *Am Rande des Lebens* (→ 97 AK).
3 ***Ehrenschau April 937 in der Albertina:*** →325 AK, Katalogs ...

373 AK

1 ***Degenhart:*** Der besagte Brief datiert vom 19. 12. 1940 (→ StGL-M-KA).

374 RP

1 ***laut anliegendem Durchschlag:*** RP am 30. 12. 1940 an Degenhart (Albertina, Wien): »Sehr geehrter Herr Doktor! Von Herrn Kubin hörte ich, daß Sie sich mit dem Plan einer Monographie über ihn beschäftigen. Ich interessiere mich persönlich und als Verleger sehr lebhaft für eine solche Publikation und bin gerne bereit, sie etwa im Jahre 1942 herauszubringen. Im Herbst 1941 soll, wie Sie von Herrn Kubin wohl schon erfahren haben, eine Auswahl seiner schönsten Zeichnungen (etwa 60) mit einführendem Text von Max Unold erscheinen. Jhr Text würde ja bedeutend eingehender und wissenschaftlicher sein und auch die ganze Entwicklung Kubins berücksichtigen. So würden also die beiden Kubin-Publikationen ganz verschiedenen Charakter haben und sich gegenseitig in keiner Weise beeinträchtigen. Ich denke mir Jhr Buch nicht nur mit großen ganzseitigen Bildern illustriert, sondern auch mit zahlreichen kleineren Textabbildungen. Auch könnte man ein paar Farbentafeln beigeben, die ich in dem jetzt in Angriff genommenen nicht bringen möchte. Über die Honorar-Frage werden wir uns gewiß leicht einigen. Bestimmend hiefür ist ja auch der Umfang der Arbeit. Über diesen müßten wir uns am besten mündlich unterhalten. Da Sie nur bis 10. Januar in Wien sind, nehme ich an, daß Sie dann wieder nach dem Westen gehen. Es wäre gut, wenn Sie es so einrichten könnten, daß Sie sich dann kurz in München aufhalten. Jhr Buch über Pisanello habe ich mit größter Freude studiert. Ich habe mich mit diesem Künstler, besonders mit seinen Tier-Zeichnungen, schon vor Jahren viel beschäftigt. Jhren weiteren Nachrichten mit Vergnügen entgegensehend, Jhr ergebener [Durchschlag]«. (Zit. ÖLA 77/B2/149.)

376 RP

1 ***Die Raufer:*** → 49 AK
2 ***Die Geierjäger:*** Unter gleichem Titel in *AeZ* (Tafel 1).

3 ***Antike Trümmer:*** Unter gleichem Titel in *AeZ* (Tafel 2).
4 ***Sumpf mit Pelikanen:*** Unter gleichem Titel in *AeZ* (Tafel 3).
5 ***Tumult:*** Bei *Karl & Faber* ist besagtes Blatt als Nr. 401 verzeichnet. Am Unterrand vom Künstler mit Bleistift »Tumult R P« betitelt und mit hs Vermerk AKs versehen: »Von K. gek. März 1941 für 150 M«. –Varianten im Besitz des OÖLMs → Ha II 3637 (1934), Ha II 4195 (»um 1945«).
6 ***Hagel:*** 1952 unter gleichem Titel als Tafel 27 in den Band *AeZ* aufgenommen (→ 500 RP). Blatt in Privatbesitz RPs. Bei *Karl & Faber* als Nr. 403 verzeichnet. Am Unterrand hs Notiz RPs: »Von K. gek. März 1941 für 150 M«.
7 ***20 Verlagsprojekte:*** Vor dem Niedergang des Buchmarkts gegen Kriegsende erschienen 1941 neun neue Titel, 1942 19, 1943 zehn, 1943 acht und 1945 einer.

377 RP

1 ***antiken Helden, der mit einem Adler kämpft:*** Das Blatt *Fürchte nichts* (→ 378 AK) fand schließlich Eingang in den Band *AeZ*, obwohl bereits im Jahr 1936 eine lithographierte Variante im Selbstverlag des Künstlers veröffentlicht worden war [R536; Hb140 → dort auch weitere Vergleichswerke].

378 AK

1 ***Führers Geburtstagsfest:*** In der Verordnung zum Gesetz über einmalige Sonderfeiertage vom 17.4.1939 wurde »im Einvernehmen mit dem Reichsarbeitsminister und dem Reichswirtschaftsminister aus Anlaß des 50. Geburtstages des Führers verordnet: Der 20. April 1939 ist in Großdeutschland nationaler Feiertag«. (Zit. *Reichsgesetzblatt 1939 I*, S. 764.) – Auch in den Folgejahren wurde der Geburtstag Hitlers gewürdigt, wenn auch nicht im Rahmen eines offiziellen Feiertags: Am Abend des 19.4. erfolgte jährlich im ganzen Reich die Aufnahme in die Hitler-Jugend, am 20.4. gab es Parteifeiern und Gedenkstunden. Historisches Vorbild waren die Geburtstagsfeierlichkeiten der Kaiserzeit. – Ob AK der Aufforderung zu einem Beitrag tatsächlich nachgekommen ist, konnte nicht ermittelt werden. Eine Beteiligung würde allerdings ein neues Licht auf das Verhältnis zwischen Künstler und NS-Regime werfen.

379 AK

1 ***Hanfstaengl:*** Gemeint ist Eberhard Hanfstaengl (→ 283 AK, Direktor …), der bereits 1937 von den Nationalsozialisten seines Amtes an der Nationalgalerie enthoben worden war.
2 ***Dr. Elfried Bock:*** Elfried Bock (1875–1933); Kunsthistoriker. Studium der Kunstgeschichte in München und Basel. Ab 1903 bei den Berliner Museen tätig, 1911 Kustos und ab 1930 Direktor des Staatlichen-Kupferstich-Kabinetts in Berlin.
3 ***Graph. Sammlung München:*** Beispielhaft seien hier die Ankäufe der Graphischen Sammlung München bis 1941 wiedergegeben. Ein erster Schub erfolgte 1919/20 (*Papst Leo XIII. beim Gebet, Das Hungergespenst, Der Narr, Abrüstung XI 1918, Sumpflandschaft, Faun und Nymphe, Strandgut, Junger Hengst mit Schlange, Im Reiche der Mühlen, Das Ende des Krieges, Hilfszeichnung zur Löwin, Donausumpf, Kadaver*, eine Illustration mit sitzender Dame und stehendem Herrn ohne Angabe des Werkes, je eine weitere Illustration zu Andersens *3 Märchen*, zu Mynonas *Schöpfer* und zu Arnims *Majoratsherren*), 1925 wurde die kolorierte Federzeichnung *Dicke Berta* erworben, 1929 *Morgenritt* und *Katze*, 1931 *Der Viehtreiber*, 1934 *Müder Wanderer*, 1936 *Stelldichein II* und 1941 *Untergang der Abenteurer*. (→ Informationen freundlich zur Verfügung gestellt von Dr. Andreas Strobl, Konservator für die Kunst des 19. Jahrhunderts.)

4 ***Abschrift eines Schreibens Dr. Gerh. Hauptmanns:*** Bezug unklar. In der Städtischen Galerie im Lenbachhaus, München, Kubin-Archiv, finden sich zwar zwei kurze Korrespondenzstücke Hs (→ etwa 273 AK), allerdings nicht aus dem angesprochenen Zeitraum.
5 ***»das Abenteuer meiner Jugend« … »Buch der Leidenschaft«:*** Hauptmann, Gerhart: *Buch der Leidenschaft*. 2 Bde. Berlin: S. Fischer 1930 (Roman); ders.: *Das Abenteuer meiner Jugend*. 2 Bde. Berlin: S. Fischer 1937 (Autobiographie).
6 ***Billinger … Gedicht:*** → 366 AK, Billinger …
7 ***Poem Carossas:*** *Ein Stern singt* (→ 195 RP).

381 RP

1 ***zurückgekehrt:*** Zehntes und letztes dokumentiertes persönliches Treffen zwischen AK und RP (in Zwickledt).
2 ***Mit Ihrem Brief … Karte von Herrn v. Mandelsloh:*** Karte und Brief sind nicht erhalten, allerdings ein Schreiben Ms an AK vom 1.2.1941: »Verehrter Freund und Meister Kubin! Selbstverständlich bin ich sehr einverstanden, daß Piper auch meinen Namen angibt. Wenn Sie wünschen, daß ich ein amtliches Gutachten über die Notwendigkeit einer Publikation über Sie vorlegen soll, so bin ich dazu jederzeit bereit.« (Zit. ÖLA 77/B6/3.) – Zu einer weiteren Intervention Ms → 404 AK.
3 ***»Waisenhaus« von Weinheber:*** Weinheber, Josef: *Das Waisenhaus*. Wien: Burgverlag 1924. – Josef Weinheber (9.3.1892 Wien – 8.4.1945 Kirchstetten; Selbsttötung); österreichischer Lyriker, Erzähler, Essayist. Als Kind 1901 in ein Waisenhaus verbracht. Zunächst Gelegenheitsarbeiter, 1911–1932 Postbediensteter. Ab 1919 Mitarbeiter der Zeitschrift *Muskete*, 1920 Lyrikband *Der einsame Mensch*, beeinflusst von Wildgans, Rilke und Kraus. Von 1931 bis 1933 Mitglied der NSDAP. Mitglied im *Bund deutscher Schriftsteller Österreichs*. Endgültiger Durchbruch mit den Lyrikbänden *Adel und Untergang* (1934), und dem populären *Wien wörtlich* (1935). Metaphysik und die Opferrolle des Künstlers waren zentrale Themen Ws während der nationalsozialistischen Herrschaft. Eine neuerliche Mitgliedschaft in der NSDAP wurde nach Vorbehalten erst 1944 akzeptiert. Vom Alkoholismus gezeichnet, beging er beim Einmarsch der Roten Armee Selbstmord. – Zu seiner Bekanntschaft mit RP → 364 RP.
4 ***Dr. Richard Benz:*** Richard Benz (12.6.1884 Reichenbach/Vogtland – 9.11.1966 Heidelberg); Literatur-, Musik- und Kunsthistoriker, Herausgeber, Essayist. Studium der Germanistik und Philosophie in Heidelberg, Leipzig und München. Zeitlebens Privatgelehrter in Heidelberg; Schwerpunkt: die wechselseitigen Beziehungen zwischen den Künsten. Konservativer Gegner des Nationalsozialismus. 1959 Ehrenprofessur.

382 RP

1 ***»Quodlibet«:*** Unter gleichem Titel in *AeZ* (Tafel 24).

384 AK

1 ***interessanter Artikel:*** Gemeint ist wohl Jörg Lampes Text *Künstler, Grübler, Seher. Zu den Zeichnungen von Alfred Kubin*, erschienen in der Sonntagsbeilage von *Der Neue Tag* am 26.1.1941, in dem der Autor AK gegen das düstere Œuvre betreffende Vorurteile in Schutz nimmt (Ernst Jünger als Beistand zitierend) und abschließend meint: »Wer sich darum in die Kunst Kubins versenkt, der wird durch sie befreit von mancher Angst, die er sich vielleicht am Tage nicht einmal eingesteht, die aber manchen Traum beherrscht und so unermeßlich und vergiftend auf die Menschenseele einwirkt.« – Dem Artikel beigestellt sind Reproduktionen mit den Bildunterschriften *Christophorus* – nicht in der Version aus der Mappe *ARdL* (→ 90, 92 AK), sondern in

der bei Bredt gezeigten (→ 386 AK) – und *Landschaft*; letztere wird schließlich auf Wunsch RPs (→ 385 RP) – obwohl ebenfalls schon bei Bredt gezeigt (→ 386 AK) – in einer neuen Fassung in die *AeZ* aufgenommen (Tafel 47: *Aus dem Pinzgau*). – Schon wenige Wochen zuvor hatte sich L in seinem Artikel *Gut und Böse in der Kunst* (erschienen in *Der Neue Tag* vom 4. 1. 1941) über AK ausgesprochen: Wie in verschiedenen Märchen (als Beispiel wird Rumpelstilzchen genannt) könne auch die Kunst dem Bösen nur Herr werden, wenn sie es beim Namen nenne, es also erkenne und forme. »Das würde in der Sprache der bildenden Kunst bedeuten, dass das Böse in seinem Grundgehalt erschaut und dann zur Form gestaltet werden muß, wenn es seine Macht verlieren soll. [...] Ähnliches gilt vom ›Sieg der Tode‹ Brueghels wie von den Darstellungen des Unheimlichen bei Hieronymus Bosch oder Alfred Kubin, um auch einen Künstler der Gegenwart zu nennen.« Es sei abwegig anzunehmen, die Künstler hätten »von sich aus eine Lust zum Bösen und Hässlichen verspürt [...]. In Wahrheit haben sie nur stellvertretend für die Allgemeinheit einen Kampf ausgefochten, indem sie eben dadurch, daß sie das Böse zur Form gestalten konnten, Sieger blieben. Hier hat sich also eine Art Beschwörung abgespielt«. – Genannte Artikel bei *Raabe* nicht verzeichnet. – *Der Neue Tag*. Tageszeitung für Böhmen und Mähren (1939–1945).

385 RP

1 ***Landschaftszeichnung:*** Gemeint ist das Blatt *Aus dem Pinzgau* (→ 384, interessanter Artikel). Eine Erklärung folgt → 386 AK; Zweitfassung fertig → 388 AK.

386 AK

1 ***Kubinbrevier:*** → 112 AK

387 RP

1 ***Hexentanz:*** Es wird hier Bezug genommen auf die Entstehung der Mappe *ARdL*. Das besagte Blatt (bzw. dessen verschiedene Versionen) wurde von RP und AK auch als *Hexentanz* bzw. *Hexensabbath* bezeichnet (→ 97 AK und folgende).
2 ***Osterlandschaft mit der Elster:*** → 195 RP
3 ***Herrn v. d. Bercken:*** Erich von der Bercken (1885–1942); Kunsthistoriker. Studium in Berlin, München und Freiburg/Breisgau. Ab 1913 wissenschaftlicher Assistent am Bayerischen Nationalmuseum, ab 1915 in gleicher Funktion an der Münchener Alten Pinakothek. 1920 wurde er Konservator der Bayerischen Staatsgemäldesammlungen in München, 1928 Hauptkonservator. – Bei Piper 1923 und 1942 mit Arbeiten über Tintoretto in Erscheinung getreten (→ 457 AK).
4 ***Degenhart... Brueghel-Zeichnungen:*** Nicht realisiert.
5 ***»verstärkte Winterlandschaft«:*** Wohl Anspielung auf das Blatt *Winterlandschaft im Innviertel* in den *AeZ* (Tafel 17).

388 AK

1 ***Schurmaier's:*** Eine oft geäußerte Meinung AKs über Schürmeyers Bosch-Werk (→ 128 RP, 184 AK).

389 AK

1 ***Garten der Lüste... Schürmeyer Taf. 17:*** Auf Tafel 17 und den folgenden in Walter Schürmeyers Bosch-Werk (→ 128 RP) ist der rechte Flügel des um 1500 entstandenen Triptychons *Garten der irdischen Lüste*, namentlich *Die Hölle*, dargestellt. – Ange-

sprochene Zeichnung nicht ermittelt. Schließlich nicht aufgenommen. Man beschränkte sich auf sechzig Blätter.

2 ***A. Böcklin »Mörder v. Furien verfolgt«:*** Arnold Böcklin (16.10.1827 Basel – 16.1.1901 S. Dominico bei Fiesole); Schweizer Maler, Zeichner, Graphiker und Bildhauer. Studium in Düsseldorf und Paris. Zahlreiche Reisen. 1850–1857 in Rom, dann Arbeiten in Hannover in der Villa Karl Wedekinds. 1860–1862 Professor an der Kunstschule in Weimar, später wieder Italien. Landschaftsdarstellungen mit mythologischen Fabelwesen. 1870 entstand das von AK angesprochene Ölbild *Mörder von Furien verfolgt* (Galerie Schack). 1871–1874 ist B in München, Freundschaft mit Hans Thoma, Bruch mit Lenbach, Beginn der bekannten Meeresdarstellungen. Bis 1885 in Florenz, zahlreiche Schüler (etwa H. v. Marées), 1885–1892 in Zürich, dann in Fiesole. Neben Klinger und Corinth einer der Hauptvertreter des deutschen Symbolismus. – AK am 17.5.1938 an A. Schinnerer: »für Böcklin habe ich eine alte Verehrung, die sich selbst heute noch hält, da so viel abgefallen ist von uns«. (Zit. nach: *Hoberg 1990*, S. 62.) – AKs Tuschfederzeichnung *Mörder von Furien verfolgt*, »um 1935«, eine getreue Kopie nach B, findet sich im Bestand des OÖLMs (Ha 3500). Das Blatt wurde schließlich nicht in die *AeZ* aufgenommen. Man beschränkte sich auf sechzig Blätter.

3 ***Kaulbach:*** Wilhelm von Kaulbach (15.10.1805 Arolsen – 7.4.1874 München); Maler, Graphiker, Illustrator, Akademiedirektor. 1866 geadelt. Studium in Düsseldorf. Ab 1826 in München, 1834–1837 Arbeit an dem seinen Ruhm begründenden Historiengemälde *Hunnenschlacht*. Ab 1837 Hofmaler Ludwigs I. Romaufenthalt 1838/39. Ab 1849 Direktor der Akademie in München; starb während der Münchener Choleraepidemie 1874. K schuf theatralische Decken- und Wandgemälde mit historischen, allegorischen und mythologischen Darstellungen, zahlreiche Porträts und Illustrationen zu Werken der Weltliteratur.

4 ***Gabr. Max:*** Gabriel Cornelius Ritter von Max (23.8.1840 Prag – 24.11.1915 München); österreichischer Maler und Akademieprofessor. 1900 in den bayerischen Personaladel erhoben. Studium in Prag, Wien und München. Durchbruch mit seinem 1865 entstandenen Bild *Martyrerin am Kreuze*; gefeiert und vielbeachtet. 1878 Professor an der Münchener Akademie für Historienmalerei (die er in eine psychologische und spirituelle Ideenmalerei umdeutete), Rücklegung von Amt und Titel 1883, danach zurückgezogenes Leben am Starnberger See; Spätwerk, Affenzucht. Beschäftigung auch mit abgründigen und pathologischen Motiven. Anthropologe, Theosoph. Vorläufer des Symbolismus.

391 AK

1 ***Michelangelobüchlein:*** Sedlmayr, Hans: *Michelangelo. Versuch über die Ursprünge seiner Kunst.* München: Piper 1940.

2 ***drei Balkanreisen 1903, 1907, 1909:*** Mit FHO (1903, 1907) und Karl Wolfskehl (1909). Zu letzterer siehe die amüsante Löffel-Anekdote → *MLaV*, S. 465.

3 ***2 Jahre:*** Nämlich unmittelbar um AKs Geburt. Die erste Begegnung zwischen Vater und Sohn fand erst 1879 statt. »In unserem Wohnort, an dem Mama sich mit mir gerade gemütlich eingerichtet hatte, brach er eines schönen Tages als ein mir mißliebiger Mann herein.« (Zit. *AmL*, S. 7.)

4 ***misanthrophischen Brief Schinnerers:*** Brief vom 4.4.1941 anlässlich des bevorstehenden Erscheinens der *AeZ* in der Städtischen Galerie im Lenbachhaus, München, Kubin-Archiv. Klagen über die Zeitverhältnisse: »Sie sehen ich habe nichts zu schreiben aber ich habe ihnen wenigstens wieder einmal Guten Tag ›gesagt‹«. (Zit. StGL-M-KA.)

393 RP

1 ***»Tiger an der Tränke«:*** Unter gleichem Titel in *AeZ* aufgenommen (Tafel 8).

394 AK

1 ***2 Sachen:*** → 396 AK
2 ***Gauleiter u. Reichstatthalter:*** August Eigruber (→ 335 AK, Partei ...).
3 ***Glückwunsch:*** Nicht ermittelt.

395 RP

1 ***Bremer Stadtmusikanten:*** Unter gleichem Titel in *AeZ* (Tafel 13).
2 ***anliegende:*** Nachträgliche hs Anmerkung RPs mit Bleistift: »Isis u ihre Kinder von Erasmus Druck«.

396 AK

1 ***weglose Reiterin:*** Nicht ermittelt.
2 ***ungleiches Paar:*** Nicht ermittelt.
3 ***Humor und Schwerfälligkeit:*** Schließlich unter gleichem Titel in *Abendrot* aufgenommen (Tafel 5).
4 ***Bei der Arbeit:*** Als *Der Zeichner bei der Arbeit* in *AeZ* aufgenommen (Tafel 60).

398 RP

1 ***Burg Weissenstein:*** Wie auch AK war Max Unold mit Siegfried von Vegesack freundschaftlich verbunden. Zu dessen oftmals (zumindest teilweise) vermieteten »Fressendem Haus« in Weißenstein siehe → 258 AK, Vegesack.
2 ***Albrecht-Martin:*** Albrecht-Martin Schinnerer (*29.4.1941). Kameramann (Bayerischer Rundfunk) im Ruhestand (persönliche Auskunft). Mitarbeit am Katalog → Schinnerer, Anna (Hrsg.): *Adolf Schinnerer 1876–1949*. Dachau: Zweckverband Dachauer Galerien und Museen 1999.

399 AK

1 ***anbei Abschrift:*** AK am 22.5.1941: »Mein lieber Unold, Herr Piper schickte mir gestern Deinen ansehnlichen Essay, und eine bessere Einführung hätte ich mir überhaupt nicht ausdenken können. Ich weiss um die Freude wie um die Last, welche Du Dir mit dieser Schrift aufgehalst hast – nun ist es aber so gut geglückt. Von mir aus vermag ich ja nur mit dem Wort ›Dank‹ und einer kleinen Erinnerungsgabe Dir mein Gefühl zu bezeugen, doch bin ich gewiss, dass diese Arbeit ein sympathisches Echo Dir bringen wird; meine Erwartungen sind jedenfalls übertroffen, wie mich auch aus Pipers Begleitzeilen sein restloser Beifall anspricht. – Die ungemein klare, scheinbar einfache Art, mit der Du die schwierige Aufgabe reizvoll löstest war ja nur möglich durch die vielen Jahre der Kameradschaft, die aber glücklicherweise keine gegenseitige Abhängigkeit uns bedeutet. [...] Also, hoffen wir drei Verantwortliche bei dem Band, dass jeder mit dem Beitrag der zwei andern dauernd zufrieden bleibt. [...] Treulichst Dein alter Kubin«. (Zit. ÖLA 77/B1/221.)
2 ***Lücke in seiner Familie:*** Im April 1940 war Albrecht-Matthias Schinnerer wenige Wochen nach seiner Geburt gestorben (persönliche Auskunft Albrecht-Martin Schinnerers).
3 ***Dr. Otto Kletzl ... Professor:*** Nach seiner Ernennung zum a.o. Professor war Kletzl

von 1941–1945 kommissarischer Direktor des Kunstwissenschaftlichen Instituts der Reichsuniversität Posen. – Weiteres zu seiner Person → 215 AK.

4 ***Dombaumeister:*** Kletzl, Otto: *Peter Parler, der Dombaumeister von Prag*. Leipzig: Seemann 1940. – Peter Parler (1330/33 Schwäbisch Gmünd – 13.7.1399 Prag); Architekt und Bildhauer der Gotik. Ausbildung in der Kölner Dombauhütte. Wichtigste Werke sind der Prager Veitsdom und die Karlsbrücke.

400 RP

1 ***»Gelöschtes Leid«:*** Unter gleichem Titel in *AeZ* aufgenommen (Tafel 16).

2 ***Geschichte der deutschen Literatur ... Paul Fechter ... zwei Illustrationen:*** Gemeint ist die zweite der drei von dem Kunst- und Literaturkritiker, Kulturpublizisten, Erzähler und Dramaturgen Paul Fechter (14.9.1880 Elbing – 9.1.1958 Berlin-Lichterfelde) verfassten Literaturgeschichten. Nach seiner Arbeit als Kritiker für verschiedene (Kunst)Zeitschriften der Weimarer Republik war F erstmals 1914 mit seinem Buch *Der Expressionismus* an die breitere Öffentlichkeit getreten; bis zur Machtergreifung war er Feuilletonredakteur der immer mehr ins rechts-konservative Lager abgleitenden *Deutschen Allgemeinen Zeitung*. Seine Arbeit als Romancier und Publizist schwankte in der Folgezeit zwischen offizieller Anerkennung und »innerem Widerstand«. Fs erste Literaturgeschichte war 1932 unter dem Titel *Dichtung der Deutschen. Eine Geschichte der Literatur unseres Volkes von den Anfängen bis zur Gegenwart* erschienen (Berlin: Deutsche Buch-Gemeinschaft), 1941 folgte die hier gemeinte systemkonforme(re) *Geschichte der deutschen Literatur* (Berlin: Knaur). – Zur viel diskutierten Rezeptionsgeschichte → Zeising, Andreas: *Revision der Kunstbetrachtung. Paul Fechter und die Kunstkritik der Presse im Nationalsozialismus*. In: *Heftrig*, S. 171–186. – Das angesprochene Illustrationsbeispiel zu Hauffs *Das kalte Herz* [A13/241] findet sich auf S. 420, die Bildbeigabe zu Droste-Hülshoffs *Judenbuche* [A83/1054] auf S. 572.

401 AK

1 ***Heinr. Zimmer:*** Heinrich Zimmer (→ 230 AK).

2 ***Liebesgeschichte einer älteren Frau ...:*** Nicht ermittelt.

3 ***Bombenwurf:*** Die britischen Angriffe auf Hamburg hatten bereits am 18.5.1940 begonnen, in der Nacht vom 12. auf den 13.3.1941 war zudem die zuerst in Bremen eingesetzte Taktik des Doppelangriffs auf die Stadt an der Elbe ausgeweitet worden. Für den hier angesprochenen Zeitraum seien Bombardements am 18.4., 26.4., 27.4. und 1.5.1941 erwähnt. Grundsätzlich kann festgestellt werden, dass sich der Luftkrieg in Hamburg im Frühjahr 1941 dramatisch verschärfte. Das Wirtschaftleben wurde empfindlich geschädigt und Anfang Mai gab es zum ersten Mal über hundert Tote bei einer einzelnen Angriffsserie. (→ Brunswig, Hans: *Feuersturm über Hamburg. Die Luftangriffe auf Hamburg im 2. Weltkrieg und ihre Folgen*. Stuttgart: Motorbuch Verlag 2003.)

402 RP

1 ***Besprechung:*** Typoskript/Abschrift des etwa 15-zeiligen Artikels liegt bei (ohne Seitenangabe): AK wird als vielseitiger und eigenständiger Künstler gelobt, in dessen Prosa die »müde und morsche Welt des Vorkriegsösterreichs [...] ungemein lebendig [wird]; man hört das Knistern im Gebälk! [...] Ein höchst aufschlussreiches Buch in Bezug auf den Künstler und seine Zeit.« (Zit. ÖLA 77/B2/165.)

403 AK

1 ***Paris:*** Wohl in dessen Funktion als Landesleiter für bildende Kunst im Gau Oberdonau. Bestätigt wird der Aufenthalt durch einen Brief Mandelslohs an AK vom 5.7.1941: »Ich bin erst vor drei Tagen aus Paris zurückgekommen, wo ich 3 Monate lang war.« (Zit. StGL-M-KA.)

404 AK

1 ***dies Beiliegende:*** Mandelsloh an die Wirtschaftstelle des deutschen Buchhandels am 5.7.1941: »Ich befürworte den gleichzeitig eingereichten Antrag des Verlages R. Piper & Co., München, auf Zuteilung von holzfreiem Papier für das Werk ›Alfred Kubin, Abenteuer einer Zeichenfeder‹, mit 64 Faksimilewiedergaben nach Zeichnungen des Künstlers aufs Nachdrücklichste. Es unterliegt keinem Zweifel, daß das graphische Werk des Zeichners Alfred Kubin für die Nachwelt einmalige Bedeutung haben wird. Weite Kreise des Volkes, auch solche der Jugend, haben erkannt, daß es sich bei Kubin um einen Künstler handelt, der wie kein anderer über Geisteskräfte und Schwächen der jüngsten Vergangenheit mit der Zeichenfeder auszusagen vermag. Kubin's jüngst erschienenes Werk ›Vom Schreibtisch eines Zeichners‹ war nach kürzester Zeit vergriffen. Es wäre somit ein schwer gutzumachendes Versäumnis, wenn in der Reihe seiner Arbeiten gerade jetzt eine Unterbrechung einträte. Die beigeschlossene Besprechung (‚Die Werkbücherei' – Heft 4/Jahrgang 41) und die Besprechung mit den nat. soz. Monatsheften herausgegeben von Alfred Rosenberg, zeigen wohl am klarsten auf, welche Bedeutung Zeichner Kubin als Darsteller besitzt. Heil Hitler! gez. E. A. v. Mandelsloh«. (Zit. ÖLA 77/B2/166.)

2 ***Br. M.:*** Baron Mandelsloh.

3 ***Ferien:*** AK verbrachte die Sommerfrische 1941 im bayerischen Schönberg (→ 405, 408 AK).

405 AK

1 ***P. Suhrkamp … A. Lernet-Holenia … »Mars im Widder«:*** Alexander Lernet-Holenia, eigentl. Alexander Marie Norbert Lernet (21.10.1897 Wien – 3.7.1976 ebd.); österreichischer Schriftsteller, Übersetzer und Militär. 1915 Inskription für ein Studium der Rechtswissenschaften in Wien, noch im September desselben Jahres freiwillige Meldung zum Militärdienst. Teilnahme an beiden Weltkriegen (Offizier) und am Kärntner Abwehrkampf. 1920 von der begüterten Familie der Mutter adoptiert, daher Doppelname Lernet-Holenia. Nach dem Krieg als freier Schriftsteller in Klagenfurt: formstrenge Lyrik in der Tradition Rilkes, 1926 erste kommerzielle Erfolge mit komödiantischen Dramen. In den 1930ern etliche Romane, die auch verfilmt wurden, zahlreiche Reisen. Nach 1945 in St.Wolfgang, ab 1952 auch in Wien, ab 1969 Präsident des Österreichischen P.E.N.-Clubs. L-Hs Prosa ist dem »habsburgischen Mythos« verhaftet, symbolhaft verkörpert in der k.u.k. Kavallerie (etwa im Roman *Die Standarte*, 1934). – 1939 war es zu einer Zusammenarbeit mit AK gekommen: Im Berliner S. Fischer Verlag erschien L-Hs *Ein Traum in Rot* mit einer Umschlagzeichnung des Zwickledter Künstlers [R578; A185] (Frontbuchhandelsausgabe 1943 [R614; A199]). – Nach der Rückkehr von einer Amerikareise Ende 1939 wurde L-H zum Kriegsdienst eingezogen, bereits nach wenigen Tagen im Polen-Feldzug verwundet, nach Berlin versetzt und zum Chefdramaturgen der Heeresfilmstelle ernannt. Die Erlebnisse des Polenfeldzugs verarbeitete er literarisch innerhalb weniger Monate; das Werk erschien unter dem Titel *Die blaue Stunde* in der Zeitschrift *Die Dame*. Mitte 1941 wurde die Auslieferung der Buchausgabe – mit dem Titel *Mars im Widder* – vom Propagandaministerium verboten, die 15000 Exemplare der Auflage verbrannten bei

einem Luftangriff im Leipziger Kellerlager des S. Fischer Verlags. Erst 1947 sollte *Mars im Widder* bei Bermann-Fischer (Stockholm) erscheinen.

406 RP

1 ***»Humor und Schwerfälligkeit«:*** → 396 AK
2 ***Zur Penthesilea ... Fritz Hegenbart:*** Fritz Hegenbart (15.9.1864 Salzburg – 29.10.1943 Bayerisch Gmain); österreichischer Maler, Bildhauer und Graphiker. Erst Musikstudium, dann bildende Kunst an den Akademien in Prag, München und Frankfurt/Main. Nach Aufenthalten in Salzburg, Paris, Dinkelsbühl und Darmstadt in München. Eröffnung einer Malschule. Mitarbeiter der *Jugend* und der *Fliegenden Blätter*. Erst Anlehnung an das Werk Max Klingers, dann Abwendung von der illustrativen Richtung. Ab 1910 auch Monumentalmalerei.
3 ***Buch des Jahres ... Poeschel & Trepte:*** Vereinigte Verlegergruppe (Hrsg.): *Das Buch des Jahres 1941*. Leipzig: Poeschel & Trepte 1941. – Der Verlag Poeschel und Trepte geht zurück auf das Jahr 1902 und Carl Ernst Poeschel (1874–1944) in Leipzig. 1905/06 wurde Anton Kippenberg für kurze Zeit Mitinhaber, 1906 trat Poeschel in die väterliche Druckerei Poeschel & Co ein, der späteren Offizin Poeschel & Trepte, an die der Verlag Poeschel und Trepte angegeliedert wurde. Nach Verkauf und zahlreichen Namensänderungen heute als Schäffer-Poeschel-Verlag in Stuttgart ein Tochterunternehmen der Verlagsgruppe Handelsblatt, ihrerseits zur Verlagsgruppe Georg von Holtzbrinck gehörend. – *Das Buch des Jahres. Weihnachtskatalog wertvollen, schöngeistigen Schrifttums* wurde von 1910 bis 1952 bei Poeschel & Trepte hergestellt.
4 ***Ernst Wiechert:*** Ernst Wiechert, Ps. E. Barany Bjell (18.5.1887 Forsthaus Kleinort/Kreis Sensburg bei Allenstein – 24.8.1950 Uerikon/Zürichsee); Romancier und Erzähler. Studium in Königsberg. Ab 1911 Oberrealschullehrer, 1914–1918 freiwilliger Kriegsdienst, dann an Gymnasien in Königsberg und Berlin tätig. Erste literarische Erfolge ab 1930. Anfangs positive Rezeption seitens der Nationalsozialisten, ab 1935 Ablehnung und heftige Angriffe. Nach einem brieflichen Protest Ws gegen die Verschleppung Martin Niemöllers selbst kurzzeitig im KZ Buchenwald inhaftiert. Wegen seiner großen Erfolge und dem konservativ-bodenständigen Impetus geduldet, allerdings durch negative Gutachten in seinem Wirkungskreis eingeschränkt. Eskapistische Tendenzen im Spätwerk. Aus Ablehnung der Verhältnisse im Nachkriegsdeutschland Emigration in die Schweiz 1948.

409 RP

1 ***Gedicht von Billinger:*** → 516 AK

410 AK

1 Das Schreiben AKs ist eigentlich Antwort auf einen Brief von Klaus Piper vom 4.10.1941 (→ ÖLA 77/B2/170), in dem ausschließlich drucktechnische Spezifika erläutert werden. Einleitend erwähnt KP einen Ferienaufenthalt in Gargellen, Vorarlberg. Auch bittet er AK, »den Titel zu schreiben, möglichst in einer gut lesbaren Schrift, /vielleicht/ in der Art des Verlagsnamen ›Piper‹ auf der Vorderseite unten«.
2 ***»beteuert ... betrauert«:*** Die angesprochene Änderung wurde in *AeZ* vorgenommen (→ 516 AK).
3 ***mit den beiden Damen:*** Gemeint sind hier wohl Klaus Pipers erste Ehefrau Cäcilie Weiß und die 1939 geborene Tochter Ursula.

412 AK

1 Anlage: *Tiger an der Tränke* – Probedruck Erasmus.
2 ***Günther Franke ... Ausstellung:*** AK an Koeppels am 2.4.41: »bitte nur ... baldigst um Mitteilung, welches der drei Blätter, den Don Quichote oder verliebter Zauberer oder Pflanzer? Es soll nämlich nach Erscheinen des Bandes die Collektion der Originale bei Franke ausgestellt werden.« (Zit. *DwR*, S. 177.) – Gemeint ist die Ausstellung *Alfred Kubin* im Graphischen Kabinett Günther Franke im März 1942. Im Katalog dieser Ausstellung wurde explizit auf die Nummerierung der Tafeln in den *AeZ* hingewiesen [M1942/1]. Ursprünglich hätte die Ausstellung schon früher stattfinden sollen (→ 413 AK).
3 ***Waldrand:*** Möglicherweise das später in den Band *Abendrot* aufgenommene Blatt *Aus unserem Wald* (Tafel 37) (→ 312 RP).
4 ***Rauferei:*** Wohl das Blatt *Die Raufer* (→ 49 AK).
5 ***die feindlichen Brüder:*** → 302 RP

413 AK

1 ***gestern v. Ihrer Reise zurückkommenden Frau:*** HK besuchte ihren Sohn Otto Gründler in München und eine Bekannte in Württemberg. (→ *Fronius*, S. 294.)
2 ***Ausstellung in Wien:*** Bezug unklar (siehe auch → 414 AK). Weder für 1942 noch 1943 verzeichnet *Meißner* eine Ausstellung in Wien. AK erwähnt gegenüber Hans Fronius lediglich eine (ebenfalls bei *Meißner* nicht gelistete) Ausstellung in der Salzburger Galerie Welz mit dreißig Arbeiten ab 8.1.1942 (→ *Fronius*, S. 298).
3 ***Frauentagung:*** Reproduktion in der Zeitschrift *Jugend* 1933 (Jg. 38, H. 15) [R492].
4 ***Portrait e. Unbekannten:*** Möglicherweise das Blatt *Portrait* aus dem Bestand des OÖLMs (Ha II 3653, »um 1935«).
5 ***Gesangsverein:*** Eine Variante mit gleichem Titel aus dem Jahr 1934 ist im Besitz des OÖLMs (Ha II 3638).
6 ***Verleger:*** → 414 AK

414 AK

1 ***Gauverlag, bayr. Ostmark ... Böhmerwaldfolge:*** Die Böhmerwald-Folge sollte schließlich 1951 bei Gurlitt erscheinen (→ 291 RP). – Der Gauverlag Bayerische Ostmark (Bayreuth) war 1933 von dem späteren Gauleiter, bayerischen Kultusminister und Medienunternehmer Hans Schemm (1891–1935) gegründet worden und Sitz der parteiamtlichen Zeitungsgruppe *Bayerische Ostmark*, der auch alle Amtsblätter der regionalen Bezirksämter angehörten. Näheres → Schaller, Helmut W.: *Der Gauverlag Bayerische Ostmark/Bayreuth: Bücher, Zeitschriften und Zeitungen 1933–1945*. In: Archiv für Geschichte von Oberfranken 83, 2003, S. 423–456.
2 ***Unzer ... Kant ... Hamann:*** Johann Georg Hamann (27.8.1730 Königsberg – 21.6.1788 Münster/Westfalen); Beamter, Verfasser theologischer, philosophischer und ästhetischer Schriften. Studium der Rechte, Theologie, Philologie und Literatur in Königsberg. Mitherausgeber der Wochenzeitschrift *Daphne* (1749/50). Anstellungen als Schreiber, Anwaltskanzlist, etc. Von 1764–1779 Mitarbeiter der *Königsbergschen Gelehrten und Politischen Zeitungen*. 1787 Pensionierung und zahlreiche Reisen. Persönliche Freundschaft mit Immanuel Kant (22.4.1724 Königsberg – 12.2.1804 ebd.), ab 1762 mit Herder. – Brieflicher Kontakt zwischen Kant und Unzer ist belegt.
3 ***Verleger ... Gräfe und Unzer ... Novelle Turgeniews:*** Besagtes Buch sollte erst sieben Jahre später erscheinen: Turgenjew, Iwan: *Der Traum*. Mit sechs Zeichnungen und Deckelzeichnung von Alfred Kubin. Marburg: Elwert, Gräfe und Unzer 1948 [R677;

A195]. – Bereits 1914 waren in der Anthologie *Das unheimliche Buch* (→ 63 AK, alle meine Sachen) Kubinsche Illustrationen zu Turgenjews *Phantome* erschienen. – Bei dem besagten Verleger handelt es sich um Honorarkonsul Bernhard Koch (1900–1970), Verleger bei Gräfe und Unzer ab 1928. – Der Verlag geht auf das Jahr 1722 und den Buchhändler Christoph Gottfried Eckart (1693–1750) in Königsberg zurück, August Unzer (1770–1847) wurde 1798 zum Mitinhaber, Heinrich Eduard Gräfe (1799–1867) folgte 1832. Anfang des 20. Jahrhunderts avancierten Buchhandlung und Verlag zu einem der führenden ostpreußischen Medienunternehmen, eine Vereinnahmung durch die nationalsozialistische *Erich-Koch-Stiftung* konnte von Bernhard Koch vermieden werden. 1957 übersiedelte der Verlag nach München, wo er bis heute, auf Ratgeber-Literatur spezialisiert, als Teil der Ganske-Verlagsgruppe besteht.

4 ***Tschaikowski ... Dvořak ... »unerwünscht«:*** Genaueres über die Rezeption des Russen Pjotr Iljitsch Tschaikowski (7.5.1840 Wotkinsk – 6.11.1893 St. Petersburg) und des tschechischen Komponisten Antonín Dvořák (8.9.1841 Nelahozeves – 1.5.1904 Prag) (Altersangabe AKs unklar) → 415 RP.

5 ***Baldur von Schirach:*** Baldur von Schirach (9.5.1907 Berlin – 8.8.1974 Kröv/Mosel); NSDAP-Politiker, Reichsjugendführer. 1925 NSDAP-Beitritt. Abgebrochenes Studium der Germanistik und Kunstgeschichte in München. 1928 Führer des Nationalsozialistischen Deutschen Studentenbundes, 1931 Reichsjugendführer und Gruppenführer der SA, 1933 Jugendführer des Deutschen Reiches, 1936 Staatssekretär (Einführung der Pflichtmitgliedschaft bei der HJ, 1939). Ab 1940 Organisator der Kinderlandverschickung, 1941–1945 Gauleiter und Reichsstatthalter in Wien, verantwortlich für die Deportation der Wiener Juden. Nach dem Krieg erst in Tirol untergetaucht, bei den Nürnberger Prozessen wegen Verbrechen gegen die Menschlichkeit zu zwanzig Jahren Haft verurteilt. – Unklar ist, ob sich AK bei seinem Hinweis auf Ss Rede auf die Albertina oder aber auf Wien im Allgemeinen bezieht, verstärkt wird diese Unklarheit noch durch den Hinweis auf van Gogh seitens RP (→ 415 RP). Zwei Reden Ss zum Thema Kunst wurden 1942 von der Gesellschaft der Bibliophilen in Weimar (wo sein Vater bis 1918 Intendant des Nationaltheaters gewesen war) veröffentlicht: Eine Rede anlässlich der Ausstellung *Wiener Kunst* (veranstaltet »auf Veranlassung und mit besonderer Förderung des Reichsstatthalters in Wien, Reichsleiter Baldur von Schirach«) in Düsseldorf vom 21.9.–19.10.1941 (gehalten am 28.9.1941) und eine zur Eröffnung der Jubiläumsausstellung der *Gesellschaft Bildender Künstler Wiens* (der nach dem »Anschluss« erzwungenen Vereinigung von *Wiener Sezession* und der *Genossenschaft der bildenden Künstler*) im Wiener Künstlerhaus. – Das von RP angesprochene Van-Gogh-Zitat stammt aus erstgenannter Rede. In einem für nationalsozialistische Verhältnisse wohl recht progressiven, ansonsten nicht unbedingt schlüssigen Abschnitt zum Thema Wirklichkeit und Wahrheit heißt es: »Der Apfel des niederländischen Stillebenmalers ist ebenso wenig wirklich wie der des Courbet oder Vincent van Gogh. Aber alle diese Äpfel sind wahr.« (Zit. *Zwei Reden zur Deutschen Kunst*, S. 8.) – In zweitgenannter Rede finden sich kaum von der Parteilinie abweichende Bemerkungen (bis auf eine lobende Hervorhebungen der »modernen Bewegung« nach 1900), allerdings die obligatorischen NS-Stehsätze bezüglich der Funktion von Kunst: »Die Bataillone des deutschen Heeres erkämpfen für unser Volk das Brot und die Freiheit, aber dieses Brot war den Menschen unserer Sprache und unseres Blutes immer eine leibliche und geistige Nahrung zugleich, der Begriff der Freiheit jedoch umschloß in unserem Bekenntnis jederzeit mit gleicher Kraft die heilige Landschaft unserer Gaue wie deren Bücher und Bilder. Kein deutscher Soldat, der nicht bewußt oder unbewußt sein Leben für das in die Schanze schlägt, was die schöpferischen Menschen seiner Nation an Symbolen des Glaubens und Geistes geschaffen haben, kein großer Künstler, der nicht bewußt oder unbewußt ein Soldat des größeren Reiches wäre!« (Zit. ebd., S. 16.)

417 AK

1 ***vor bald 40 Jahren:*** Gemeint ist die von Hans von Weber finanzierte und von J.B. Obernetter gedruckte Mappe *Facsimiledrucke nach Kunstblättern* (»Weber-Mappe«, 1903), die AK einen ersten größeren Kreis von Interessenten beschert hatte (→ 20 RP, Hans von Weber).
2 ***3. Parze:*** Die dritte Parze der römischen Mythologie, Morta, schneidet den Schicksalsfaden der Menschen endgültig ab.
3 ***das Blättchen v. mir:*** Nicht ermittelt.
4 ***Neudruck des Aktwerkes:*** Schinnerer, Adolf: *Aktzeichnungen aus fünf Jahrhunderten*. Umgearbeitete und vermehrte Auflage. 4.–14. Tausend. München: Piper 1941. – Erstausgabe → 174 AK, Schinnerers Aktwerk.
5 ***P.K. Kunstkalender:*** *Pipers Kunstkalender 1942*. München: Piper 1941.
6 ***Vaterbuch:*** Piper, Otto: *Jugend und Heimat*. Hrsg. v. Reinhard Piper. München: Piper 1941. – Exemplar in AKs Bibliothek [Inv.Nr. 3525].

418 RP

1 ***Krause:*** Nicht ermittelt.
2 ***»Vorbildliches Buchschaffen«:*** Zu Wettbewerben im Zuge der propagandistischen »Woche des deutschen Buches« → Barbian, Jan-Pieter: *Literaturpolitik im »Dritten Reich«. Institutionen, Kompetenzen, Betätigungsfelder*. München: DTV 1995, S. 626–640.
3 ***»Busch-Skizzenbuch«:*** Busch, Wilhelm: *Ein Skizzenbuch. Dem Original getreu nachgebildet*. Geleitwort von Otto Nöldeke. München: Piper 1939.
4 ***Knabenzeichnung mit den vielen Sensen-Männern:*** Nachträgliche hs Anmerkung RPs mit Bleistift: »aus K's Knabenzeit«. Nicht ermittelt. – Bekannte Blätter aus AKs frühen Jahren sind etwa *Der Zauberer* (1883) und *Landschaft mit Tieren* (1887) (→ *Hoberg 1990*, Tafel 1 u. 2).

419 RP

1 ***Streitende Weiber:*** *Raabe* verzeichnet sowohl eine Version als Lithographie (In: *Deutsche Graphiker. Arno Holz zum sechzigsten Geburtstag. Gewidmet von deutschen Künstlern*. Berlin: Fritz Gurlitt 1923) [R215; Hb50 → dort auch weitere Vergleichswerke] als auch zwei Reproduktionen nach Federzeichnung in der Zeitschrift *Ackermann aus Böhmen* 1933 (Jg. 1, H. 4) [R491] und in den erst 1950/54 publizierten *Vermischten Blättern* (→ 302 RP, Schlange erschreckt...). Eine Version (Feder, Tusche, aquarelliert) ist in Besitz des OÖLMs (Ha II 3438, »um 1922/23«), ebenso zwei spätere Varianten (Ha II 3518 u. Ha II 3519, beides »um 1934/35«).
2 ***Jungbrunnen:*** Reproduktion in *Alfred Kubin und seine magische Welt* [R699] (→ 519 AK, Dr. Wolfgang Schneditz...).
3 ***Die feindlichen Brüder:*** → 302 RP
4 ***Aussichtspunkt:*** *Der Aussichtspunkt* (Albertina: 34025).
5 ***Auf der Waltz:*** Nicht ermittelt.
6 ***Monteure:*** In Privatbesitz RPs. Bei *Karl & Faber* als *Die Elektromonteure* (1924) verzeichnet (Nr. 399). Signiert und datiert. Rückseitig hs Vermerk von RP: »1941 für 150 M von Kubin gekauft«. – Variante im Besitz des OÖLMs (Ha II 3700, »um 1934«).
7 ***Seydlitz:*** → 252 RP
8 ***Das Testament:*** AK fertigte verschiedene Versionen dieses Blattes. Eine Federzeichnung ist im Besitz des OÖLMs (Ha II 3483, 1927), 1929 erschien unter dem Titel *Sein letzter Wille* eine Reproduktion im *Simplicissimus* (Jg. 34, H. 37) [R390], Blatt 31 des

Zyklus *Orbis Pictus* (→ 198 AK, eine Reihe von Blättern) trägt denselben Titel, und 1950 veröffentlichte AK eine lithographierte Fassung [R713; Hb160 → dort auch weitere Vergleichswerke].

9 ***Luftalarm:*** Wohl das Blatt *Alarm*, OÖLM (Ha II 3941, 1940).

10 ***Sonntagsfischer:*** Reproduktion in der Kulturzeitschrift *Bastei* 1946 (Jg. 1, H. 9) [R639].

11 ***Frauentagung:*** → 413 AK

12 ***Kunsthandlung ... Darmstadt ... Kubin-Ausstellung:*** Die 25. Ausstellung der Darmstädter Bücherstube d'Hooghe mit dem Titel: *Alfred Kubin. 30 Zeichnungen aus neuerer Zeit* [M1942/3]. – Den Katalog mit zwei Reproduktionen verzeichnet *Raabe* [R606].

420 RP

1 ***Schwester ihrer Gattin:*** Wohl Tilly Spier (→ 117 AK, meine Schwägerin).

2 ***R. Keeppel:*** Reinhold Koeppel, von Freunden auch »Peter« genannt (21.4.1887 Oschersleben – 15.12.1950 Waldhäuser); Maler. Ausbildung zum Kunsthändler, als Maler Autodidakt. Kaufte 1908 das alte Schulhaus in Waldhäuser bei Neuschönau, machte es zu seinem Sommerdomizil und einer wichtigen Begegnungsstätte für Künstler. Verbrachte die Winter 1911–1913 in Paris und wurde in die von Rodin mitbegründete *Union internationale des beaux arts et des lettres* aufgenommen. Teilnahme am 1. Weltkrieg, 1920 Heirat mit Hanne, geb. Möslinger. Ab 1930 Ausbruch einer schweren Erkrankung (Multiple Sklerose) und nur noch eingeschränkte künstlerische Tätigkeit bis 1945, dann letzte intensive Schaffensperiode. – Enge Freundschaft mit AK ab dem Frühjahr 1922, zahlreiche persönliche Treffen.

3 ***Madsack:*** Bezug unklar. Wohl Erich Madsack (25.9.1889 Riga – 8.1.1969 Hannover-Kirchrode); Verleger. Studium der Geschichte, Germanistik, Philosophie, Kunstgeschichte und Zeitungswissenschaft an den Universitäten München, Berlin und Leipzig. Nach dem 1. Weltkrieg Chefredakteur des väterlichen *Hannoverschen Anzeigers.* 1919 Prokurist und 1933 Nachfolger seines Vaters als Chef des Familienunternehmens, Zwangseinstellung 1943. 1949 Wiedererrichtung des zerstörten Verlagsgebäudes und Gründung der *Hannoverschen Allgemeinen Zeitung*, Verleger weiterer Zeitungen. – Reger Briefverkehr mit AK in der StGL-M-KA dokumentiert. 1950 fertigte AK ein Exlibris für M [R719]. – Möglicherweise ist aber auch Erich Madsacks Bruder gemeint, mit dem AK ebenfalls in Kontakt stand: Paul Madsack (21.8.1881 Reval – 13.5.1949 Hannover); Journalist, Maler und Schriftsteller. Studium der Rechte in München, Bonn, Heidelberg und Göttingen. Richter am Landesgericht Hannover und Rechtsanwalt im Unternehmen des Vaters. Ausbildung zum Kunstmaler, Abschluss in Paris 1913. Teilnahme am 1. Weltkrieg, französische Kriegsgefangenschaft, Internierungslager (Schweiz). Von Anfang der 1920er bis 1943 Feuilletonchef des väterlichen *Hannover Anzeigers.* Seine meist skurril-phantastischen Romane fanden wenig Beachtung. – Bereits 1924 hatte AK Ms *Der schwarze Magier. Ein Roman in Schwarz und Weiß* (Bad Rothenfelde: Holzwarth) illustriert; später vom Georg Müller Verlag übernommen [R264; A79]. Weitere Zusammenarbeiten waren 1930 (→ 223 AK, pseudodämonische Dichtwerke) und 1931 gefolgt: *Tamotua. Die Stadt der Zukunft.* Roman. Mit 36 Zeichnungen von Alfred Kubin (München: Georg Müller) [R433; A131]. – Weiteres zu den Brüdern M → Böttcher, Dirk et al. (Hrsg.): *Hannoversches biographisches Lexikon. Von den Anfängen bis zur Gegenwart.* Hannover: Schlütersche Verlagsgesellschaft 2002, S. 242.

4 ***Frau Bilger:*** Margret Bilger (12.8.1904 Graz – 24.7.1971 Schärding); österreichische Malerin und Graphikerin. Studium an der Wiener Kunstgewerbeschule, 1928 Abschluss mit Staatspreis. B entwickelte die »Holzrisstechnik«, mittels derer sie religiöse und soziale Themen gestaltete sowie Volkslieder, Märchen und Sagen illustrierte. Da-

neben schuf sie idyllische Aquarelle und Ölbilder (Landschaften) sowie expressive Kirchenfenster und Bildniszeichnungen in Kohle und Blei. 1938 Bekanntschaft mit AK, der ein wichtiger Förderer wurde, 1939 Umzug nach Taufkirchen nahe Schärding. 1943 erste Ausstellung bei Günther Franke in München, Katalogtext *Über die Malerin Margret Bilger* von AK [R620; B22] (→ *AmL*, S. 115), 1949 erste Ausstellung in der Wiener Albertina. Lebendige Beziehung und Korrespondenz mit AK während der Kriegsjahre, etwa vierteljährliche Besuche in Zwickledt, danach loser Briefkontakt bis 1955. Weiteres → *Bilger.*

5 ***Rössing:*** Karl Rössing (15.9.1897 Gmunden/OÖ – 19.8.1987 Wels); österreichischer Graphiker, Maler, Holzschneider. Studium an der Kunstgewerbeschule München (1913–1917), erste Ausstellung 1915 (Kabinett Schmidt-Bertsch), gelegentliche Mitarbeit bei *Simplicissimus* und *Arbeiter Illustrierte Zeitung*. Ab 1918 Tätigkeit als Illustrator, Wiederbelebung des Holzschnitts. Lehrtätigkeit von 1922–1947 in Essen, Rom, Linz und Berlin. 1947–1960 Rektor der Akademie der bildenden Künste in Stuttgart. »Freundschaft mit Kubin. Briefe seit 1929.« (Zit. *Raabe*, S. 204.)

6 ***Günther Franke:*** Wohl anlässlich einer Ausstellung im März 1942 (→ 412 AK).

421 AK

1 ***Dr. Ilse Kugler:*** Ilse Kugler. Lebensdaten nicht ermittelt. In der Städtischen Galerie im Lenbachhaus, München, Kubin-Archiv, findet sich nur ein Brief aus dem Jahr 1957, in dem K ihrer Hoffnung Ausdruck verleiht, AK »an einem schönen Sommertag wieder einmal in Gmunden begrüßen zu dürfen«. – Möglicherweise Bekanntschaft über Baron A. Mandelsloh, dessen elterliche Villa, ebenfalls Anton-von-Satori-Straße, 4810 Gmunden, einer reger Künstlertreff war.

2 ***Otto Walchshofer:*** Otto Walchshofer. Lebensdaten nicht ermittelt. Nachlassverwalter, jahrzehntelanger Sekretär und Universalerbe Richard Billingers. Kontakt zu AK dürfte zumindest sporadisch bestanden haben: In einem Auktionsfolder des Wiener Antiquariats Nebehay aus dem Jahr 2005 finden sich Auszüge aus einem Brief AKs an Walchshofer vom 26.3.1940 bezüglich des möglichen Verkaufs der »8 sich hier noch befindlichen Rauhnachtblätter«, die W für je 70 RM angeboten wurden.

3 ***Kürschner:*** → 10 AK

422 AK

1 ***Dr. R. Renato Schmidt:*** Robert Renato Schmidt (13.6.1892 Elberfeld – 1948 Baden-Baden); Schriftsteller, Editor, Verleger. Mitherausgeber des fünften Jahrgangs der Zeitschrift *Saturn* (→ 33 AK, Hermann Meister), Gründung des Merlin-Verlags in Heidelberg/Baden-Baden 1925. In späteren Jahren verarmt (siehe auch → Brief von Toni Brüning an AK vom 7.4.1951, StGL-M-KA). – S war mit AK befreundet und ein wichtiger Sammler. (→ *Hesse*, S. 286 u. 294.) Im Jahr 1926 hatte AK Ss *Episoden des Untergangs* und *Der fremde Magier* (→ 188 RP, Heidelberger Verlag Schmidt…) mit Illustrationen versehen.

2 ***Direktor:*** Direktor des Oberösterreichischen Landesmuseums von 1937–1945 war der Naturwissenschaftler Theodor Kerschner (1885–1971). – Wohl Ungenauigkeit AKs. Gemeint ist vermutlich der im nächsten Brief angesprochene Vorstand der Kunstsammlungen des damaligen »Gaumuseums Linz«, Heinrich Justus Schmidt (→ 423 AK). – Weiteres zur Oberösterreichischen Museenlandschaft im »Dritten Reich« → *Das neue Bild von Oberösterreich. 150 Jahre Oberösterreichischer Musealverein, Gesellschaft für Landeskunde.* Jahrbuch des Oberösterreichischen Musealvereins. Linz 1983, S. 21–72.

3 ***Martin Pipers schönem Spiel las ich in den M.N.N.:*** Zu Martin Pipers Karriere → 9 AK. – Besprechung nicht ermittelt.

423 AK

1 *Jörg Lampe ... im Neuen Tag:* Der Kunstschriftsteller und *Presse*-Redakteur Jörg Lampe hatte sich am 2.10.1941 mit der Bitte um Übersendung eines Rezensionsexemplares der *AeZ* an AK gewandt und bestätigte am 22.4.1942 den Erhalt: »Das Buch hat mich sehr gefreut. Ich schaue es mir immer wieder gerne an, und ich lege Ihnen hier einen Durchschlag meiner Besprechung für den Neuen Tag und für die Deutsche Zeitung in den Niederlanden bei.« (Zit. StGL-M-KA.) – Abdruck des besagten Artikels nicht ermittelt.

2 *Dr. Madsack ... Hannoverscher Anzeiger:* Artikel nicht in *Raabe* verzeichnet, keine Korrespondenz mit einem der beiden Brüder Madsack (→ 420 AK) aus dem Jahr 1942 in der Städtischen Galerie im Lenbachhaus, München, Kubin-Archiv.

3 *Zuschrift Paeschkes an Unold:* Hans Karl Hermann Paeschke (30.9.1911 Berlin – 5.10.1991 München); Redakteur, Verleger, Essayist. Studium der Rechtswissenschaften und Philosohpie in Berlin, Genf und Paris, dann Sekretär der Deutsch-Französischen Gesellschaft und Literaturkritiker. 1939–1944 Hauptschriftleiter der Zeitschrift *Neue Rundschau* (S. Fischer Verlag), 1942–1945 Mitglied der deutschen Spionageabwehr, Beziehungen zur Résistance. 1946/47 Schriftleiter der Zeitschrift *Lancelot*, dann Herausgeber der Monatsschrift *Merkur*. – Bereits am 26.2.1942 hatte P Max Unold davon in Kenntnis gesetzt, dass auf Eingreifen des Propaganda-Ministeriums ein Vorabdruck des Unoldschen Einleitungstextes zu AKs *AeZ* in der *Neuen Rundschau* gestrichen wurde, allerdings zu AKs 65. Geburtstag im April erscheinen dürfe. »Man steht offenbar sehr distanziert zu Kubin und möchte im Grunde nicht, dass über ihn geschrieben wird«. (Zit. ÖLA 77/B10/1.) RP hatte sich daraufhin am 6.3. 1942 mit Hinweisen auf die Akzeptanz AKs seitens offizieller Stellen an P gewandt (→ ÖLA 77/B10/3) und am 10.3. ein Antwortschreiben des Herausgebers der *Neuen Rundschau*, Peter Suhrkamp, mit der Versicherung erhalten, dass der Artikel im April 1942 gebracht werden würde (→ ÖLA 77/B10/4) – was schließlich auch geschah (→ Unold, Max: *Alfred Kubin*. In: Die Neue Rundschau 53, 1942, S. 173–181 [R*417*]).

4 *der hl. Antonius von Padua ... geschah!:* Antonius von Padua (um 1195 Lissabon – 13.6.1231 Arcella bei Padua); franziskanischer Theologe und Prediger. Zeitgenosse des Franz von Assisi, zahlreiche Wundertaten, Fischpredigt. Bereits elf Monate nach seinem Tod von Papst Gregor IX. heilig gesprochen. Wallfahrtskirche in Padua. Patron der Schiffbrüchigen, verlorener Gegenstände etc. – AK bezieht sich hier wohl auf das neunte Kapitel des erstmals 1870 erschienenen *Der Heilige Antonius von Padua* von Wilhelm Busch (Lahr: Moritz Schauenberg), das den Titel *Letzte Versuchung* trägt. Antonius wird vom Satan in Frauengestalt heimgesucht und bezirzt – anfangs ohne sich ablenken zu lassen: »Einst, als er wieder so sitzt und liest – | – Auf einmal, so räuspert sich was und niest; | Und wie er sich umschaut, der fromme Mann, | Schaut ihn ein hübsches Mädchen an. – – | – Der heilige Antonius von Padua | War aber ganz ruhig, als dies geschah. | Er sprach: ›Schau du nur immer zu, | Du störst mich nicht in meiner christlichen Ruh!‹« Erst als die Versuche immer dreister werden, greift Antonius zum Kreuz und jagt den Satan durch das Ofenrohr davon. – Dass die Figur des heiligen Antonius AK schon früh beschäftigte, zeigt *Die Versuchung des St. Antonius* (um 1899), abgebildet etwa in *Weltgeflecht* (Tafel 28). 1922 lithographierte AK das Sujet als Beilage zu seiner Mappe *Zeichnungen und Aquarelle* (München: O.C. Recht 1922) [R169]: *Die Versuchung des Heiligen Antonius* [R174]. – Weiteres zu W. Busch → 71 RP.

5 *Gauleiter und Reichsstatthalter Eigruber:* → 394 AK

6 *ein Bildhauer:* Der österreichische Bildhauer und Medailleur Anton Gerhart (1879–1944), der im Jahr 1942 das Bildnisrelief *Alfred Kubin* im Auftrag von Baldur von Schirach und Dr. Justus Schmidt (s.u.) schuf [R*154*]. Lebensdaten nicht ermittelt. – Siehe auch → *Fronius*, S. 303.

7 *Dr. Justus Schmidt:* Heinrich Justus Schmidt (15.1.1903 Wien–15.8.1970 Linz); österreichischer Kunsthistoriker, Journalist, Museumsdirektor. Studium der Kunstgeschichte in Wien. Journalist in Graz. 1928–1936 im Bundesdenkmalamt in Wien, dann Referent für Kunst- und Kulturgeschichte am Oberösterreichischen Landesmuseum in Linz, ab 1938 Vorstand der Kunstsammlungen des damaligen »Gaumuseums Linz«, 1945 Kunstreferent der ersten oberösterreichischen Landesregierung, 1946/47 Leiter des Landesmuseums. 1949 Ruhestand, Initiator der Neuen Galerie und der Kunstschule der Stadt Linz.

8 *meine Frau dankt für das Schreiben:* Besagter Brief datiert vom 7.3.1942: »Von der Gesamtauflage des Bandes (12 000) sind jetzt 7000 Ex. gebunden worden, die bis auf ca. 1000, die wir für Nachbestellungen reservieren, versandt werden.« (Zit. ÖLA 77/B3/5.)

9 *Abschriften:* Nachträglich angefügt in der beigelegten Transkription RPs (Typoskript): »der Münchner Kritiken«. – Besagte Abschriften sind nicht erhalten, im oben genannten Schreiben an HK wird aber ein Brief eines Redakteurs der *Neuen Rundschau* (→ Eintrag »Zuschrift Paeschkes an Unold«), die Werbeschrift *Neues vom Buchmarkt* (die in einer Auflage von etwa 200 000 Stück an deutsche Buchhandlung versandt worden sei und deren erste Seite *Der Zeichner bei der Arbeit* schmücke) sowie eine im *Völkischen Beobachter* erschienene positive Ausstellungs-Rezension angesprochen. Nicht ermittelt.

424 RP

1 *Jugendfoto:* Entsprechende Briefe zwischen RP und Otte → ÖLA 77/B7/1 u. ÖLA 77/B8/8.

425 AK

1 *Direktor:* Theodor Kerschner (→ 422 AK) bzw. Justus Schmidt (→ 423 AK).
2 *eine Besprechung:* Nicht erhalten.

426 RP

1 *Abschrift all der brieflichen Äusserungen ... Kubinarchiv:* In Form von Einzelsendung gelöst (→ 429 RP und die folgenden Briefe). Eine inhaltliche Beschäftigung mit den zahlreichen angesprochenen Briefzeugnissen wäre eine lohnenswerte Aufgabe, kann allerdings im Rahmen dieser Briefedition nicht geleistet werden. Einzelne Briefe zu den *AeZ* finden sich in der Städtischen Galerie im Lenbachhaus, München, Kubin-Archiv, in den Konvoluten der entsprechenden Absender. – Der Text, der von RP den *AeZ* beigelegten Karte lautete: »Ich erlaube mir, Ihnen hiermit ein Exemplar der soeben fertiggestellten ABENTEUER EINER ZEICHENFEDER VON ALFRED KUBIN zu überreichen, und wäre Ihnen dankbar, wenn Sie mir einiges über den künstlerischen Eindruck schreiben würden, den Sie von dem Buch empfangen haben.« (Zit. ÖLA 77/L3/1.)

427 AK

1 *Dankkarte:* → 428 AK
2 *Egger:* Die Passauer Buchhandlung Egger wurde von dem aus einer Apothekerfamilie stammenden Buch- und Kunsthändler Paul Egger (1908–1990) gegründet. Nach Aus- und Weiterbildung in mehreren deutschen Städten betrieb er seit Kriegsende im elterlichen Hause eine Buch- und Kunsthandlung, die 1955 in das Haus Heuwinkel 1 verlegt werden sollte.

3 *Waldbauer:* → 196 RP
4 *Heindl in Schärding:* Besagte 1897 gegründete Buchhandlung beim Schärdinger Linzer Tor befindet sich (nach einem Umzug 1973) bis heute in Familienbesitz. AK kaufte bei Heindl gerne Bücher, Tusche und Zeichenfedern. Josef Heindl (1922–2000) trat auch als Verleger hervor und forcierte als persönlicher Freund AKs u.a. qualitativ hochwertige Neudrucke einiger Mappenwerke. Er ließ dazu in einer holländischen Büttenfabrik das von AK so geschätzte Katasterpapier nachempfinden. Es erschienen: *Phantasien aus dem Böhmerwald* (1980), *Ali, der Schimmelhengst* (1983), *Stilzel* (1985), *Die sieben Todsünden* (1987) und *Raunacht* (1988), Letzteres entsprechend AKs ursprünglicher Idee als Leporello. Mit dem Tod Josef Heindls endete auch der verlegerische Zweig des Unternehmens. (→ Informationen des heutigen Leiters Mathias Herrmann.) Zur Verlagstätigkeit → Jetschgo, Johannes: *Der Verlag, das bin ich. Verlag Josef Heindl – Schärding.* In: Parnass, Jg. 7, H. 2, S. 68–70. – »Mit Selbstironie zeigt Kaufmann Heindl eine Tuschfederzeichnung Kubins aus seinem Privatbesitz (die kolorierte Fassung liegt in der Wiener Albertina) mit dem Titel ›Besorgte Stimmung‹. Der berühmte Zeichner hat sie auf Anregung von Heindls Gattin verfertigt, eine Darstellung der Spannung zwischen Kommerz und Vergnügen, ein junger Mann vertieft sich in das ausgebreitete Soll und Haben, während unter ihm der Geldteufel lauert.« (Zit. ebd., S. 69.)
5 *Hesse:* Hermann Hesse (2.7.1877 Calw – 9.8.1962 Montagnola); Schriftsteller. Erst Buchhändler und Antiquar, ab 1900 freier Schriftsteller und Literaturkritiker. Frühe Erfolge (*Peter Camenzind*, *Unterm Rad*), 1923 Schweizer Staatsbürgerschaft. Werk geprägt von Psychoanalyse C.G. Jungs und fernöstlicher Philosophie. Pazifistische Grundhaltung. Im »Dritten Reich« angefeindet. 1946 Literaturnobelpreis. – Mit AK seit 1928 in regelmäßigem Briefkontakt (→ *Hesse*). Für Hs *Morgenlandfahrt* (Berlin: S. Fischer 1932) steuerte AK Deckelzeichnung und Titelvignette bei [R469; A141], zu *Der lahme Knabe* (Privatdruck 1937) die ganzseitige Frontispiz-Lithographie [R554; A175]. Zahlreiche Besprechungen Kubinscher Produktionen aus der Feder Hs.
6 *P. u. Schg.:* Passau und Schärding.
7 *Fiehler:* Der Münchener Oberbürgermeister (→ 348 RP, Oberbürgermeister ...).
8 *Gauleiter:* August Eigruber (→ 335 AK, Partei ...).
9 *Ziegler:* Der Präsident der »Reichskammer der bildenden Künste«, Adolf Ziegler (→ 319 AK).
10 *August ... Böhmerwald:* → 436 AK

428 AK

1 Zur Bildbeigabe: »65 Kubin dankt seinem lieben Verleger und Freund Reinhard Piper für die Teilnahme an dem Festtage zum bedeutsamen Lebensabschnitt«, Dankeskarte 65. Geburtstag [R610].
2 *»A. e. Z.«:* Der Band *Abenteuer einer Zeichenfeder* (→ 306 RP).
3 *Baron Mandelsloh:* Weder in der Städtischen Galerie im Lenbachhaus, München, Kubin-Archiv, noch in den publizierten Briefen AK-M (→ 345 AK) finden sich Zeugnisse einer solchen Anfrage.

429 RP

1 *Anlage:* Nicht erhalten. Einzelne Briefe zu den *AeZ* finden sich in der Städtischen Galerie im Lenbachhaus, München, Kubin-Archiv, in den Konvoluten der entsprechenden Absender.

430 AK

1 *William Blake... »lang und spitznasigen Hallunken«:* William Blake (28.11.1757 London – 12.8.1827 ebd.); englischer Dichter, Maler und Kupferstecher. Kupferstecherlehre, abgebrochenes Studium an der Royal Academy of Arts (1778), ab 1784 kurzzeitig Buchhändler und Verleger. Erste Veröffentlichungen 1783, Entwicklung der Reliefätzung (1788). Zahlreiche Illustrationsaufträge, etwa zum Buch Hiob, zu Dante und eigenen literarischen Werken. Von Zeitgenossen kaum wahrgenommen, begann eine verstärkte Rezeption erst Mitte des 19. Jahrhunderts. Frühromantische Verschmelzung von jüdisch-christlicher Symbolik mit scharfer Gesellschaftskritik und eigener Kosmogonie. Seine Engführung von Text und Illustration wirkte besonders auf den Jugendstil. – »Ich bemerkte aber, daß mich das *Ansehen* von Werken *ähnlich* schaffender Künstler (Goya, Blake, Munch, Ensor, Bosch, Breughel usw.) auch sehr leicht in den erwähnten Zustand des eigenen Gestalten*sehens* brachte – alles *unerhört* geheimnisvoll, *lustbetont*, aber eben nur eine ›Lust‹, die nichts mit dem Sexus etwa zu tun hat, sondern sich in sich selbst steigernd, ein wunderbares Machtgefühl über Bilder millionenfältigen *Formenwechsels* gab«. (Zit. *Das Schaffen aus dem Unbewußten*, *AmW*, S. 46–47.) – »Es gilt fortab, einen Transmissionsriemen von unserem kleinen Herzen um das zentrale große der Welt zu schlingen. Ganz besonders bei den Lösungen künstlerischer Aufgaben. Da macht mir ein William Blake, trotz seiner abgeleiteten Formsprache, immer noch einen verklärten Eindruck, wo viele der ungeistigen Neutöner recht banal versagen.« (Zit. *Feststellungen*, *AmW*, S. 78.) – Blake-Zitat nicht ermittelt. – In AKs Bibliothek sind sieben Werke von und über B dokumentiert [Inv.Nr. 1204, 2160, 3275, 3776, 4408, 4616, 5553]. – Im Linzer Bestand der Kubinschen Graphiksammlung findet sich eine Zeichnung Bs. (→ *Heinzl 1970*, S. 221.) – B als Motiv einer Zeichnung AKs → *William Blake* (um 1940), abgebildet etwa in *Schmied* (Tafel 154).

2 *Osser:* Grenzberg zwischen Deutschland und Tschechien (Künisches Gebirge), im Bayerischen Wald bzw. Böhmerwald gelegen: Der Große Osser/Velký Ostrý (1293 m) unmittelbar an der Grenze, westlich davon, ganz in Bayern, der Kleine Osser/Malý Ostrý (1266 m).

3 *Eisenstrass... kurz als Gast... Brauereidirektor Alf. König:* AK an Reinhold Koeppel am 10.9.1930: »Drei Tage ward ich in Eisenstraß bei König.« (Zit. *DwR*, S. 94.) – Lebensdaten nicht ermittelt.

4 *Schönberg... Lorenz Wirtin:* → 404 AK. – Zur Unterkunft siehe auch → *DwR*, S. 185–186 (Planung 1942).

5 *Verse... Gustav Kapsreiter:* Gustav Kapsreiter (26.12.1893 Schärding – 13.4.1971 ebd.); österreichischer Industrieller, Nationalrat. Kriegsdienst 1915, ab 1916 (nach Tod des Vaters) Übernahme und Ausbau der Familienbetriebe (Landwirtschaft, Brauerei, Granitsteinbrüche, Straßenbau, Ziegelei). Leitende Tätigkeiten in großen in- und ausländischen Gesellschaften, zahlreiche Reisen. Ab 1945 Nationalratsabgeordneter, in unterschiedlichsten Wirtschafts- und Kulturausschüssen, Kunstförderer. – Langjährige Bekanntschaft mit AK über Ks Frau Maria (1896–1959) bzw. deren Onkel, den Henndorfer Maler und Unternehmer Carl Mayr (→ 139 AK, Henndorf...). Zahlreiche gegenseitige Besuche, Autofahrten etc. Bedeutendster AK-Sammler in der näheren Umgebung. – Zu Maria Ks *Die Schneebäurin* (Schärding: Privatdruck 1955) steuerte AK die Titelzeichnung *Schneebäurin mit Hucke* bei [R771; A231]. – Bezug auf »Verse« unklar.

431 RP

1 *Veldes... Jugoslavien:* Das nordwest-slowenische Bled (dt.: Veldes) am gleichnamigen See ist seit dem späten 19. Jahrhundert ein bekannter Luftkurort. Der Schweizer Na-

turheilkundler Arnold Rikli hatte die günstige Gebirgslage mit langer Badesaison erkannt; ab 1855 entstanden erste Badeanstalten und Unterkünfte, in denen von Rikli erarbeitete Kur- und Badepläne gegen Rheuma, Migräne, Durchblutungsstörungen, Schlafstörungen etc. angewandt wurden. – Jugoslawien war 1941 von deutschen und italienischen Truppen angegriffen und okkupiert worden; im Parkhotel von Veldes waren der »Kommandeur der Sicherheitspolizei und des Sicherheitsdienstes« (»KdS Veldes«) und eine Stabsstelle des SS-Reichskommissars für die »Festigung deutschen Volkstums in den besetzten Gebieten Kärntens und Krains« eingerichtet.

2 ***Anlage:*** Nicht erhalten. Einzelne Briefe zu den *AeZ* finden sich in der Städtischen Galerie im Lenbachhaus, München, Kubin-Archiv, in den Konvoluten der entsprechenden Absender.

432 AK

1 Anlage: Zeitungsausschnitt »Veldeser See mit Schloss. Im Hintergrund der Hochstuhl in den Karawanken«.

2 ***Fotografenzeit beim Onkel Beer:*** Gemeint ist die vierjährige Lehrzeit im Klagenfurter Fotografiegeschäft des Alois Beer (4.6.1840 Budapest – 19.12.1916 Klagenfurt), dem Bruder von Friedrich Franz Kubins dritter Ehefrau Irene Künl (auch als »Kühnel« dokumentiert) und somit AKs Onkel. Nach Beendigung der Militärkarriere 1862 nach Wien, Ausbildung zum Fotografen. Ab 1867 eigene Ateliers in Klagenfurt, Graz und Wien. 1879 überregionale Aufmerksamkeit mit den Aufnahmen der Lawinenstürze auf Bleiberg-Hüttendorf, Teilnahme an der Pariser Weltausstellung. 1883 Titel eines k.u.k. Hoffotografen. Mit Landschaftsaufnahmen und zahlreichen Reisealben (Mittelmeerraum) erlangte B über die Grenzen hinaus Anerkennung. Ab 1885 Marinefotograf. (→ *Alois Beer. Un viaje fotográfico por la España de 1900. Eine fotografische Reise durch Spanien um 1900. Diciembre 1999 – Febrero 2000.* Ausstellungskatalog. Madrid: Museo Municipal de Madrid 1999.) – AK verbrachte vier nicht immer friktionsfreie Jahre mit der Familie Beer (1892–1896). Oft beschwerte er sich bei seinem Vater über des Onkels Strenge; B selbst klagte seinerseits gegenüber seinem Schwager wiederholt über die Schlampigkeit und den mangelnden Eifer des neuen Gehilfen. Mit seiner Ausbildung zwar unzufrieden, kam AK im Beerschen Atelier in Kontakt mit zahlreichen (Reise-)Fotografien, die für sein späteres Werk eine wichtige Inspirationsquelle werden sollten. Die konfliktreiche Beziehung endete am 19.10.1896 – AK war während einer Ungarnreise des Ehepaares Beer an das Grab der Mutter in Zell am See gefahren, um sich das Leben zu nehmen. Der Versuch scheiterte bekanntermaßen kläglich (so schildert es der Künstler in seiner Autobiographie) und AK wurde von seinem Vater zurück nach Klagenfurt geschickt, dort aber von B nicht mehr aufgenommen, sondern mit einem mäßigen Zeugnis entlassen. (→ *AmL*, S. 14–18 sowie AKs Text *Der Optikaster*, *AmL*, S. 141–150.)

3 ***Sommerresidenz des serbischen Königs:*** Veldes war als Sommersitz des Hauses Karaorevi, das von 1903 bis 1918 den König der Serben, von 1918 bis 1941/45 den König des Königreichs der Serben, Kroaten und Slowenen gestellt hatte (Peter I. und II.), auch ein wichtiger Treffpunkt für Diplomaten und Industrielle gewesen.

4 ***Herm. Hesse:*** → *Hesse*, S. 261-263 (April 1942).

5 ***Ernst Jünger:*** → *Jünger*, S. 70–71 (24.4.1942).

6 ***Sonderegger:*** Jaques Ernst Sonderegger (24.12.1882 Thusis/Kt. Graubünden – 17.2.1956 Bern); Schweizer Graphiker, Illustrator und Kunstschriftsteller. Studium in Stuttgart, Zürich und Berlin. Ab 1912 in Paris. Geschätzt für seine Farbholzschnitte. Bevorzugte Autoren für Ss illustrative Tätigkeit waren Poe, Hoffmann, Baudelaire, Dostojewski, Strindberg etc. Persönliche Kontakte zu Ensor und Munch. – Die Bekanntschaft mit AK geht auf dessen zweite Parisreise im Jahr 1914 zurück:

»und der ganze Aufenthalt wäre wohl verdorben gewesen, wäre nicht Ernst Sonderegger, an den ich eine Empfehlung hatte, als rettender Engel gerade im richtigen Augenblick dagestanden« (Zit. *AmL*, S. 48) – eine jahrzehntelange Freundschaft hatte sich angeschlossen. Im Jahr 1932 fertigte S einen Linolschnitt *Alfred Kubin vor seinem Hause* [R*149*]. Gegenüber Hans Fronius beschreibt AK den begeisterten Ensor-Jünger S am 11.7.1942: »von Sonderegger dem ich m. Ensorblaetter danke lege ich Ihnen ein kl. Fragment hier bei in dessen etwas parfumierter Holzschnittweise über welche der Hochgebildete eigentlich nie hinauskam, dieser liebste Freund – züchtete sich wohl unterirdisch magischerweise (Hysterie gehört auch in dies Gebiet) dauernde Krankheiten Seine Villa bei Paris verließ er mit den Seinen um bessere Verpflegung, polit. Ruhe im Schweizer Wallis zu finden«. (Zit. *Fronius*, S. 311.) – Zahlreiche Werke Ss finden sich im Linzer Bestand der Kubinschen Graphiksammlung; die Beeinflussung war jedoch sehr einseitig. (→ *Heinzl 1970*, S. 234.)

7 ***Adolf Hammelmann:*** RPs ehemaliger Compagnon (→ 2 RP). Brief nicht ermittelt.

433 RP

1 ***Anlage:*** Nicht erhalten. Einzelne Briefe zu den *AeZ* finden sich in der Städtischen Galerie im Lenbachhaus, München, Kubin-Archiv, in den Konvoluten der entsprechenden Absender.

434 AK

1 ***Reimann:*** Nachträgliche hs Anmerkung RPs mit Bleistift: »Hans«. – Wohl der Piper-Autor, Graphiker, Herausgeber, Parodist, Schriftsteller und Kritiker Hans Reimann (18.11.1889 Leipzig – 13.6.1969 Schmalenbeck bei Hamburg), der bei Piper v.a. in den Reihen *Was nicht im Baedeker steht* (Bd. VI, IX) und *Was nicht im Wörterbuch steht* (Bd. I) hervortrat und im Jahr 1936 *Das Buch vom Kitsch* herausbrachte. – Konkreter Bezug nicht ermittelt.

2 ***Passauer Ob. Bürgermeister … »Kulturtagung« … Collektion Arbeiten … Veste Oberhaus:*** Der gelernte Bäcker Max Moosbauer (1892–1968) war 1933–1945 Oberbürgermeister von Passau und wurde nach dem 2. Weltkrieg im Zuge der Entnazifizierung zu zehn Jahren Arbeitslager verurteilt. – *Meißner* verzeichnet die Ausstellung im Bayerischen Ostmarkmuseum, Veste Oberaus, ohne Auflistung der Exponate [M1942/6].

3 ***ein Herr der Krakauer Ztg:*** Nähere Umstände nicht ermittelt. Die Einladung wird auch gegenüber Hans Fronius erwähnt (→ *Fronius*, S. 311). *Raabe* verzeichnet eine Reproduktion von zwei Federzeichnungen in der nationalsozialistischen *Krakauer Zeitung* vom 11.7.1943 [R616].

4 ***Podewils:*** Wohl Gräfin Sophie Dorothee Podewils, geb. Freiin v. Hirschberg (16.2.1909 Bamberg – 5.10.1979 Starnberg); Schriftstellerin und Übersetzerin. Studium der Malerei und Graphik in Brüssel und Paris, 1932 Heirat mit Graf Clemens Podewils (1905–1978). Das Ehepaar lebte auf Schloss Schweißing, ab 1945 auf Schloss Hirschberg/Bayern. – Mandelsloh an AK am 5.7.1941: »Clemens Podewils ist Kriegsberichterstatter im Osten, seine Frau arbeitet bereits an ihrem zweiten Buch.« (Zit. *Mandelsloh*, S. 67.) – Eine interessante Interpretation über Kubins Handschrift von Clemens Podewils findet sich im Katalog der Gedächtnisausstellung für AK, veranstaltet von der Bayerischen Akademie der schönen Künste, München 1964.

5 ***Blumberger:*** Wohl Karl Joseph Blumberger (1905–?); Internist. Dozent an der Medizinischen Akademie in Düsseldorf, ab 1945 Chefarzt, 1947 a.o. Professor, ab 1951 Direktor der Medizinischen Abteilung des Städtischen Krankenhauses Aschaffenburg. – Beziehung zu AK nicht ermittelt.

6 ***Apostel:*** Der Schönberg- und Berg-Schüler Hans Erich Apostel (22.1.1901 Karlsruhe – 30.11.1972 Wien), Komponist der zehn Klavierstücke *Kubiniana* (Op. 13) [R*339*] (→ 491 AK, Wiener Neutöner...).

7 ***Lutter... dzt. Lt.:*** Dr. Michael Lutter; Lebensdaten nicht ermittelt. Notar in Pirmasens. – Die Abkürzung bezeichnet vermutlich den militärischen Rang »Leutnant«. – Im April 1942 schreibt L an AK: »Eine Rückversetzung nach Darmstadt zur Truppe gab mir erwünschte Gelegenheit, die Ostertage zu Hause zu verbringen. Und zugleich sah ich dort die inzwischen eingetroffenen ›Abenteuer einer Zeichenfeder‹. Mein Eindruck ist ein sehr tiefer; es ist ja schwer, solche Dinge in Worte zu fassen, Gefühl ist da alles und das ist nicht beschreibbar. Wenn es nicht ein großes Unrecht scheinen soll, das ich anderen Werken antun will – und das liegt mir ja sehr fern –, dann möchte ich doch sagen, welche Blätter ich besonders liebe [...] Keines dieser Blätter ist wohl noch im Original erreichbar?« (Zit. StGL-M-KA.)

8 ***Monnerjahn:*** Vollständiger Name sowie Lebensdaten nicht ermittelt. Zahlreiche Briefe in der Städtischen Galerie im Lenbachhaus, München, Kubin-Archiv. Am 1.4.1942 schreibt M: »Sehr verehrter Herr Meister Kubin! Gestern kam mir Ihr ›Abenteuer einer Zeichenfeder‹ ins Haus. Da muss ich Ihnen denn sogleich schreiben und bedauerte sehr, nicht im Gegenüber mit Ihnen sprechen zu können.« Es folgt eine ausführliche Analyse der eigenen Empfindungen beim Betrachten des Bandes, dessen Kunst so stark sei, »dass es schmerzt«.

9 ***Schnabl:*** Wilhelm Schnabl (9.4.1904 Eger – 22.4.1990 Salzburg); österreichischer Maler, Graphiker und Pädagoge. 1922–1927 Studium an der Wiener Akademie der bildenden Künste, Freundschaft mit Hans Fronius. 1929–1936 als Kunsterzieher in Ried (Mitglied der *Innviertler Künstlergilde*, später beim *Oberösterreichischen Kunstverein*), dann in Kufstein. Erst in jener Zeit persönliche Kontakte zu AK. Zwei Jahre Kriegsdienst, ab 1945 an Bundesrealgymnasien in Salzburg und Bludenz. Mitglied des *Salzburger Kunstvereins* ab 1947 (zahlreiche Ehrenpreise). Illustrationen zu Franz Tumlers *Der alte Herr Lorenz* (1949); ab Ende der 1940er Zeichnungen für Feuilletons der *Salzburger Nachrichten*. Umzug nach Salzburg 1969. Einzelausstellungen ab 1974. Beschränkung auf Graphik v.a. zeit- und aufwandsbedingt, Sujets weniger visionär-phantastisch als gewollt trivial: verschrobene Dorf- und Kleinstadtpoesie, skurriler Humor. Weiteres → Schaffer, Nikolaus: *Der Zeichner Wilhelm Schnabl.* Salzburg: Museum Carolino Augusteum 1988. – Mit AK freundschaftlich verbunden; man tauschte wiederholt Zeichnungen.

436 AK

1 ***Hauffs Wirtshaus im Spessart:*** Die Rahmenerzählung des dritten Bandes von Wilhelm Hauffs Märchen-Almanachen (erstmals erschienen 1825–1829), in der eine Gruppe von Reisenden die Nacht in einem Gasthaus verbringt, von Räubern gefangen genommen und schließlich Dank der Unerschrockenheit des jungen Goldschmieds Felix wieder gerettet wird. – AK arbeitete mehrfach zu H und hatte bereits 1911 auch den hier angesprochenen Text illustriert (Rahmenerzählung der *Märchen*, S. 257–265 und S. 435–444) [R36; A13].

437 RP

1 ***Münchener Bombennacht:*** Die britische Royal Airforce flog in der Nacht vom 19. auf den 20.9.1942 den ersten Großangriff auf München (bereits am 28./29. August hatten sich zwei Bomber auf ihrem Weg nach Nürnberg verirrt und ihre Bombenladung auf München abgeworfen). 1943 gab es schwere Angriffe im März, September und Oktober, ab März 1944 unterstützten die US-Bomber der 8. und 15. amerikanischen Luftflotte die britischen Streitkräfte. Der letzte, und die Zahl an Bomben betreffend

schwerste Angriff erfolgte in der Nacht vom 7. auf den 8.1.1945. (→ *Luftkrieg über München.*)

2 ***Seine Frau:*** Die österreichische Tänzerin Margarete, geb. Heinzel. Lebensdaten nicht ermittelt.

3 ***ein anderer Verlag:*** AK spricht von zwei Verlagen, die Proben seiner Werke herstellen (→ 438 AK).

4 ***Goya-Zeichnungen:*** Rothe, Hans: *Francisco Goya. Handzeichnungen.* München: Piper 1943.

438 AK

1 ***zwei … Werke … an andere Verlage:*** Gemeint sind wohl die Verlage L. Staackmann in Leipzig, gerade beschäftigt mit der Herstellung der 1935 entstandenen Folge *Die Planeten* (→ 325 AK), deren Auslieferung sich aber verzögern sollte (→ 447, 5 Originale …), sowie der Gauverlag Bayerische Ostmark, von dem AK am 1.12.1942 an Hanne Koeppel berichtet: »Böhmerwaldfolge fürchte ich wird beim Gauverlag hängen bleiben – das hat mit seinem Singen Hans Watzlik getan!! Der Gauverlag erbat die Folge nach Bayreuth – überall Kubinhunger«. (Zit. *DwR*, S. 187.)

2 ***»wissenschaftlichen« Kubinbuches:*** → 365 RP, Herrn Degenhardt …

3 ***anderen Buches allgemeineren graphischen Inhaltes:*** Wohl Bernhard Degenharts *Europäische Handzeichnungen* (Berlin: Atlantis-Verlag, 1943). Exemplar in AKs Bibliothek [Inv.Nr. 463].

4 ***Besuch mit seiner Frau:*** »In Wien lernte er [Degenhart, d. Hrsg.] Adelgunde Krippel kennen, eine zum christlichen Glauben übergetretene Jüdin, die er am 26. Januar 1943 in Wien heiratete.« (Zit. *Fuhrmeister/Kienlechner*, S. 422.) A. Krippel war in ihrer Jugend eine Klassenkameradin von Christiane von Hofmannsthal und vor ihrer Ehe mit Degenhart die Lebensgefährtin des 1930 verstorbenen Malers und AK-Freundes Anton Faistauer gewesen (→ ebd.). Mit der Heirat sollte eine brisante Änderung von Degenharts Umfeld verbunden sein, bedenkt man seine Verbindung mit der »Dienststelle Mühlmann« (→ 339 AK).

5 ***Dr. Kletzl … »sein« Kubin-Buch:*** Nicht realisiert.

6 ***Stiftung:*** → 440 RP

439 AK

1 ***Kunstkalender:*** *Pipers Kunstkalender 1943.* München: Piper 1942. – Angesprochene Zeichnungen nicht ermittelt.

2 ***Bernt Notge:*** Bernt Notke (um 1440 in Lassan/Pommern – vor Mai 1509 Lübeck); Maler und Bildhauer. Ab 1467 in Lübeck nachweisbar, 1483 nach Schweden, ab 1498 wieder in Lübeck bezeugt. Dort eigene Werkstatt, Verbreitung der Werke v. a. im Ostseebereich. Als Hauptwerk gilt seine Reitergruppe des Heiligen Georg in der Stockholmer Nikolaikirche.

3 ***<Pouska>:*** Nicht ermittelt.

4 ***Gabe … Kammerdiener:*** Zur Erklärung → 440 RP.

5 ***Olaf G. … Büchlein:*** Gulbransson, Olaf: *Sechzig Bilder.* Mit einleitendem Text von Wilhelm Schäfer. Königsberg: Kanter 1940. – Die Federzeichnung *Kubin 1919* findet sich als Tafel 23 (ohne Paginierung) [R*138*].

6 ***ich weiß nicht ob Sie das einmal sahen:*** Nachträgliche hs Anmerkung RPs mit Bleistift: «Nein!«

7 ***Ludwig Keller:*** Nachträgliche hs Anmerkung RPs mit Bleistift: »Bruder von <Dorle> Keller«. – Bezug unklar. Lebensdaten nicht ermittelt. – Einige sehr eindringliche private Briefe des Soldaten K finden sich in der Städtischen Galerie im Lenbachhaus, München, Kubin-Archiv. Die Verbindung dürfte wohl über RP zustande gekommen

sein. Am 24.10.1942 schreibt K an AK: »Sehr verehrter Herr Kubin, ich hörte, dass mein Brief an Herrn Reinhard Piper über Ihre Zeichnungen Ihren Beifall gefunden habe. Das gibt mir den Mut, an Sie persönlich einige Fragen zu stellen.« Es folgen zahlreiche Schreiben mit teils sehr privaten Erörterungen, oft wird auch das Dasein als Soldat hinterfragt, so etwa am 14.12.1942: »Nun, da ich mich etwas eingerichtet habe und die ersten Aufregungen vorüber sind, merke ich erst, wie trostlos dieses Land ist. [...] Hier ist kein Mensch, der denkt wie ich, und allein sein kann man nur sehr selten. Darum schreibe ich Ihnen schon wieder, und um Ihnen ein frohes, gesegnetes Weihnachtsfest zu wünschen.«

440 RP

1 ***Zeichnung:*** Nachträgliche hs Anmerkung RPs mit Bleistift: »König Ludwig II mit seinem Kammerdiener«. – Variante des 1933 in der Zeitschrift *Ackermann aus Böhmen* (Jg. 1, H. 3) [R491] reproduzierten Blattes *König und Kammerdiener*, das sich – entsprechend der Beschreibung AKs im vorangegangenen Brief – auf die bekannte Episode zwischen Ludwig II. und dessen Kammerdiener Lorenz Mayr (von dem es heißt, er habe sich dem König nur noch mit schwarzer Maske nähern dürfen) bezieht. – Das im *Ackermann* abgebildete Blatt ist im Besitz des OÖLMs (Ha II 3609, 1931). – Die hier angesprochene Zeichnung ist bei *Karl & Faber* verzeichnet (Nr. 408); am Unterrand vom Künstler mit Bleistift beschriftet »RP Der König und sein Kammerdiener – s./l. Verleger Reinhard Piper z. 24/12 42«. – Eingang in die Geschichtsschreibung hatte das angesprochene Vorkommnis in dem Gutachten »zum Zwecke der Beurteilung der Voraussetzungen für den Eintritt der Regentschaft [...] über den Geisteszustand König Ludwig II.« vom 8.6.1886 gefunden, das zur Entmündigung des Königs führte. (→ etwa: Hacker, Rupert: *Ludwig II. von Bayern in Augenzeugenberichten*. Düsseldorf: Rauch 1966, S. 301–302.)
2 ***Radierung von Beckmann ... gemeinsamen Bekannten***: In den Linzer Beständen der Sammlungen aus dem Kubin-Haus finden sich acht Beckmannsche Radierungen; 32 druckgraphische Werke sind in der Wiener Albertina. (→ *Heinzl 1970*, S. 222.) – Angesprochene(r) Bekannte(r) → 442 AK.
3 ***101 Köpfen:*** Nachträgliche hs Anmerkung RPs mit Bleistift: »›Schemen‹ erschienen dann als billiges Heft bei Kanter« (→ 438 AK, zwei ... Werke ...). – Einige Blätter wurden schließlich nicht aufgenommen, siehe → die folgenden Briefe.

441 RP

1 ***Leipziger Illustrierte Zeitung ... Weihnachtsnummer ... »Don Quichote«:*** Gemeint ist das als Tafel 10 in die *AeZ* aufgenommene Blatt *Don Quichotes letzte Fahrt*.
2 ***Neuauflage Ihrer »Abenteuer«:*** Nicht realisiert.
3 ***Mitgliedsnummer bei der Reichskunstkammer:*** → 252 AK, dass das III Reich ...; 443 AK

442 AK

1 ***R.K.K.:*** »Reichskunstkammer«; eigentlich »Reichskammer der bildenden Künste«.
2 ***farbigen Sachen ... stelle ich die Sachen unverkäuflich aus:*** Bei *Meißner* sind für das Jahr 1943 nur zwei kolorierte Blätter bei der Ausstellung *Mostra di Arte Germanica Moderna in Bianco e Nero* vom 29.5.–9.6. in Rom verzeichnet [M1943/2].
3 ***Herbert Günther:*** Besagter Brief datiert vom 3.1.1943 und thematisiert v.a. eine Verletzung Gs, die er sich in Paris zugezogen hatte, verschiedene Lektüreerlebnisse und eine bereits fertige, aber noch nicht veröffentlichte Besprechung der *AeZ*. (→ StGL-M-KA.) – Zur Person Gs → 339 AK.

4 ***Wilhelm von Scholz:*** Wilhelm von Scholz (15.7.1874 Berlin – 29.5.1969 Gut Seeheim bei Konstanz); Schriftsteller, Schauspieler und Übersetzer. Studium der Literaturgeschichte und Philosophie in Berlin, Lausanne und Kiel. Zunächst freier Schriftsteller (großer Erfolg als Dramatiker mit *Der Jude von Konstanz*, 1905), ab 1916 erster Dramaturg und Spielleiter am Hof- bzw. Landestheater Stuttgart. Welterfolg mit dem Stück *Der Wettlauf mit dem Schatten*, 1920. 1926–1928 Präsident der Sektion für Dichtkunst in der Preußischen Akademie der Künste. 1933 unterzeichnete er das *Gelöbnis treuester Gefolgschaft* für Adolf Hitler und schrieb während des 2. Weltkriegs für die nationalsozialistische *Krakauer Zeitung*. 1944 wurde er von Hitler in die Gottbegnadeten-Liste aufgenommen, was ihn von einem Kriegseinsatz befreite. 1949 Präsident des Verbands deutscher Bühnenschriftsteller und Komponisten. Nach dem Krieg umstritten und kaum mehr rezipiert. – Mit RP bereits ab der gemeinsamen Zeit am Konstanzer Gymnasium in Kontakt (→ *MLaV*, S. 86) und durch gemeinsame Bekannte verbunden (→ ebd., S. 125); ein früher Verlagsautor: Bereits 1906 war Ss *Heinrich Suso. Eine Auswahl aus seinen deutschen Schriften* bei Piper erschienen.

5 ***»Zufall oder Schicksal?«:*** Scholz, Wilhelm von: *Der Zufall und das Schicksal*. Leipzig: Paul List 1924, Neubearbeitung beispielsweise 1935.

6 ***Kartause von Walditz:*** Das fünfte gemeinsame Erzeugnis mit RP aus dem Jahr 1934 (→ 265 RP).

7 ***Großmann u. Frau Maria:*** Der im Dezember 1941 verstorbene Maler und Graphiker Rudolf Großmann war von 1919 bis 1934 mit Maria, geb. Becker (1890–1977), verheiratet gewesen.

443 RP

1 ***Die beiden Bücher… Bestände:*** Neben der *Kartause* (→ 265 RP) ist der Wallenstein-Roman *Friedland* (→ 239 AK, Wallensteindichtung) angesprochen; zu den Beständen von R. Freunds Verlag siehe → 348 RP, Arlen, Mayfair…

2 ***mit dem übrigen Archiv nach auswärts:*** »Die Luftangriffe auf München waren 1943 so stark geworden, daß der Verlag einen großen Teil seiner Bestände und Akten auslagern mußte.« (Zit. *Piper 90*, S. 182.) Da RP sich bereits immer mehr aus dem Verlag zurückzog, oblag diese Aufgabe – »das mir Anvertraute bloß noch zu erhalten« (Zit. nach: ebd., S. 183) – seinem Sohn Klaus.

3 ***später einmal ein Buch mit Ihren farbigen Blättern:*** Nicht realisiert.

4 ***im Frühjahr einmal in Ihre Gegend:*** Keine weitere Erwähnung des Vorhabens.

444 RP

1 ***»Seitensprünge«:*** Dr. Owlglass: *Seitensprünge*. München: Piper 1942.

445 AK

1 ***»Bald«:*** Der Titel des Gedichts lautet *Ein Traum* (In: Simplicissimus, Jg. 47, H. 53, S. 834): »Ich stieg die feuchte Kellertreppe abwärts. | Durch eine Türe, die sich dreht ließ | ein alter Mann gleichgültigen Gesichts | mich in den weiten, schattengrauen Raum, | der hochgewölbt und voller Menschen war. | | Sie standen alle still. Nichts rührte sich. | Nur fernher, aus der Tiefe des Gewölbes, | hört' ich ein Rauschen wie von einem Brunnen. | | Sie standen, grau gewandet, alle da, | die Schultern hager und die Arme laß, | in sich versunken, müden Angesichts, | so müde, dass sie keine Blicke tauschten. | | Und doch war mir, als ob sie alle lauschten. | Auf was? Vielleicht auf jenen fernen Brunnen? | Vielleicht auf seinen leisen innern Ruf? | Vielleicht auf etwas, das da kommen sollte? | | So standen sie und warteten und schwiegen. | | Es wurde

dunkler … immer dunkler ward's. | Die grauen Menschen flossen ineinander | zu einer dichten, grauen Nebelwand. | | Aber der Brunnen fand | der ferne, ferne Brunnen fand ein Wort, ein Menschenwort, ein armes, warmes: – Bald!«

2 ***Ab. e. Zchfd:*** Der Band *Abenteuer einer Zeichenfeder* (→ 306 RP).

3 ***frisch angetrauter Frau:*** → 438 AK

446 RP

1 Weitere Briefe des Jahres 1943 sind nicht erhalten.

2 ***»Goya-Zeichnungen«:*** → 437 RP

3 ***»Kunst der deutschen Romantik«:*** → 347 AK

447 AK

1 ***Missis Jay:*** Nicht ermittelt.

2 ***5 Originale … Rembrandt Verlag … verbrannten:*** Zwischen 18.11. und 3.12.1943 war es zu fünf schweren Luftangriffen der Briten auf Berlin gekommen, ein weiterer war in der Nacht vom 16. auf den 17.12.1943 erfolgt. – AK an Lambert Binder am 23.12.1943: »Denken Sie: in Berlin verbrannten 5 der besten Arbeiten mit d. Rembrandt Verlag /wo sie als <Mit-Unterlage> für ein Werk: mod. deutsche Graphik zur Reproduktion bereitgestellt waren./ – u. in Leipzig wurde bei der Zerstörung des L. Staackmann Verlags eine Verzögerung im Herstellen m. ›Planeten‹ Mappe die unausweichliche Folge! Fatal!« (Zit. ÖLA 69.) – Angesprochene Arbeiten nicht ermittelt; Weiteres siehe → 301 RP, Rembrandt-Verlages …

448 RP

1 ***Hans Franck:*** Hans Franck (30.7.1879 Wittenburg/Mecklenburg – 11.4.1964 Frankenhorst/Schwerin); Schriftsteller, Dramaturg, Herausgeber. Besuch des Lehrerseminars Neukloster, 1901–1911 Volksschullehrer in Hamburg, erste Veröffentlichungen ab 1910. 1914–1921 Dramaturg und Leiter der Hochschule für Bühnenkunst in Düsseldorf, Herausgeber der Theaterzeitung *Die Masken*, ab 1921 zurückgezogenes Leben als freier Autor oft biographischer Erzählungen und Romane über Persönlichkeiten der Kulturgeschichte und kulturhistorische Stoffe mit »völkischem« Impetus. – Briefwechsel F-AK findet sich in der Städtischen Galerie im Lenbachhaus, München, Kubin-Archiv.

2 ***Besprechung … Wilnaer Zeitung:*** Nicht ermittelt.

3 ***München:*** Zwischen Oktober 1943 und März 1944 kam es zu keinen Luftangriffen auf München (→ 437 RP, Münchener Bombennacht).

449 AK

1 ***Europäische Handzeichnungen:*** → 438 AK, anderen Buches …

2 ***Houri:*** Bezeichnung der nach muslimischem Glauben im Paradies auf die Seligen wartenden Jungfrauen.

451 AK

1 Beilagen: Einladung zur Sonderschau *Professor Alfred Kubin. Aus Privatbesitz* vom 12.2. bis 12.3.1944 in der Innviertler Galerie in Ried im Innkreis [M1944/4] und eine Besprechung derselben aus der Feder Max Bauböcks, *Oberdonau-Zeitung* vom 18.2.1944: *Alfred Kubin in heimatlicher Schau. Zur Ausstellung in der Innviertler Galerie* (nicht in *Raabe* verzeichnet).

2 *Vor circa 8 Tagen:* Brief nicht erhalten.
3 *»die deutsche Wochenschau«:* In der Städtischen Galerie im Lenbachhaus, München, Kubin-Archiv, ist unter dem von Kurt Otte gesammelten Filmmaterial zu AK keine solche Reportage verzeichnet; das Vorhaben wurde möglicherweise in Anbetracht des Kriegsgeschehens unterlassen.

452 AK

1 *I. H.:* Nachträgliche hs Anmerkung RPs mit Bleistift: »Ivo Hauptmann«. – Ivo Hauptmann (9.2.1886 Erkner – 28.9.1973 Hamburg); Maler; ältester Sohn Gerhart Hauptmanns. Studium in Paris, Berlin (Lovis Corinth) und Weimar. Kontakt zur Künstlervereinigung *Die Brücke*, Freundschaft mit Edvard Munch und Hans Arp. 1909 weiterer Paris-Aufenthalt und Begegnung mit dem französischen Maler und Graphiker Paul Signac (11.11.1863 Paris – 15.8.1935 ebd.), einem Mitbegründer des Pointillismus. Ab 1913 in Hamburg ansässig, Entwurf von Bühnenbildern zu Texten seines Vaters. Bis in die 1920er unter Einfluss des Neoimpressionismus Signac'scher Schule. Mitbegründer der Hamburger Sezession. Nach 1945 Lehramt an der Landeskunstschule, Vize- und später Ehrenpräsident der Freien Akademie der Künste. – In der Städtischen Galerie im Lenbachhaus, München, Kubin-Archiv, finden sich Briefe Hs an AK aus den Jahren 1943–1951, es bestand aber kein durchgehender Kontakt. – In seinem Artikel *Begegnung mit Kubin* in *Die Zeit* vom 17.4.1947 erinnerte sich H an den hier angesprochenen Besuch in Zwickledt, der auf Wunsch Kurt Ottes zustande kam; auch das von H angefertigte Porträt AKs ist abgebildet. Dominantes Thema ist außerdem die H für Kriegszeiten faszinierend üppig erscheinende kulinarische Versorgung bei Kubins [R*16*]. – *Raabe* verzeichnet die besagten Bilder als *Alfred Kubin. Ölgemälde. 1943* [R155, 156]. – Für einen kurzen Bericht über die Entstehung der Abbildungen siehe auch → *Gironcoli*, S. 33.

454 AK

1 *Graphik-Sammlung behütet:* AK bezieht sich hier wohl auf die ab März 1944 durch die Amerikaner verstärkten Luftangriffe auf München (→ 437 RP, Münchener Bombennacht).
2 *M Beckmanns Apokalypse:* Gemeint sind die von B 1941/42 während seines Amsterdamer Exils angefertigten 27 Blätter der Folge *Apokalypse* zur Offenbarung des Johannes im Auftrag der Bauscherschen Schriftgießerei in Frankfurt/Main, die in einer Auflage von nur 24 lithographierten Mappen hergestellt wurden und deshalb nicht der Zensurbehörde vorgelegt werden mussten.
3 *G. Franke:* Günther Franke war nicht nur ein bedeutender AK-Galerist, sondern ab Anfang der 1920er Jahre einer der wichtigsten Kunsthändler Max Beckmanns, der auch während der nationalsozialistischen Herrschaft couragiert für das Werk dieses als »entartet« diffamierten Künstlers eintrat. (→ *Beckmann 1*, S. 476–477.)
4 *Böhmerwald:* → 455 AK

455 AK

1 *Schweizergelegenheit ... Trakl:* Trakl, Georg: *Offenbarung und Untergang*. Die Prosadichtungen. Mit 13 Federzeichnungen von Alfred Kubin. Salzburg: Otto Müller 1947 [R652; A211]. – Etwaige »Schweizergelegenheiten« nicht ermittelt. – Der Verleger Otto Müller (1901–1956) war während des NS-Regimes mehrere Male verhaftet und schließlich mit Berufsverbot belegt worden. 1940 hatte er sein Unternehmen abgeben müssen; nach dem Zusammenbruch des »Dritten Reiches« sollte er es zu einem der wichtigsten literarischen Verlage der Nachkriegszeit in Österreich machen.

456 RP

1 ***Refugium ... Burgrain:*** »Als die Frage dringlich wurde, wohin wir uns und unser wichtigstes Besitztum vor den sich immer mehr steigernden Bombenangriffen flüchten konnten, boten uns mein Vetter zweiten Grades Max Klapp und seine Frau Hilde in freundlichster Weise auf ihrem Schloßgut Burgrain ein Unterkommen an.« (Zit. *MLaV*, S. 682.) RP entwickelte dort das Programm der Piper-Bücherei und beendete das Manuskript für *Vormittag*, den ersten Teil seiner Autobiographie (→ 224 RP, meine Lebenserinnerungen). Wiederholt kehrten Pipers für Erledigungen nach München zurück. Bei den Angriffen vom 11. bis 16.7.1944 wurde die Privatwohnung in der Elisabethstraße zerstört (→ 464 RP), auch das Verlagshaus in der Georgenstraße 4 wurde schwer beschädigt. Die versammelte Familie Piper überlebte in einem Schutzkeller; erst Anfang Juli 1945 kehrte man endgültig nach München zurück. (→ *MLaV*, S. 682-687.)

2 ***Enkelsohn:*** Angesprochen ist die Geburt von Klaus Pipers erstem Sohn, Hans (*24.7.1944), später Diplom-Physiker. »Wegen der häufigen Fliegerangriffe in der letzten Kriegszeit hatte ich meine erste Frau Cäcilie und die Töchter in Murnau am Staffelsee untergebracht, etwa siebzig Kilometer südlich von München; mein älterer Sohn Hans kam 1944 in einer Behelfsklinik auf Schloß Pähl am Ammersee auf die Welt.« (Zit. *Doppelt leben*, S. 117.)

457 AK

1 ***Tintorettoband Herrn v. Berckens:*** Bercken, Erich von der: *Die Gemälde des Jacopo Tintoretto*. München: Piper 1942.

2 ***Proust:*** Das Werk des französischen Schriftstellers Marcel Proust (10.7.1871 Paris – 18.11.1922 ebd.) war über den Gesellschafter Robert Freund kurzzeitig bei Piper beheimatet gewesen (→ 196 RP, Herrn Dr. Freund); eine Bitte AKs um Übersendung ist in der Korrespondenz nicht belegt.

3 ***Lithographien f. e. Kunstverein:*** Gemeint sind fünf Arbeiten für die *77. Griffelkunst-Wahl 1944, IV. Quartal*, herausgegeben von der 1925 gegründeten Griffelkunst-Vereinigung, Hamburg-Langenhorn: *Mit Fünfen* [R623; Hb150], *Am Gleinkersee* [R621; Hb151], *Rattenfänger*, [R624; Hb153] *Rettung* [R625; Hb154], *Schlafwandlerin* [R627; Hb156] – allesamt im Selbstverlag des Künstlers; je 425 wurden von der Griffelkunst-Vereinigung ausgegeben. – Insgesamt erschienen bei der Griffelkunst-Vereinigung in sechs Editionen (1932, 1940, 1942, 1944, 1951, 1954) 24 Lithographien AKs, darunter auch seine letzte, *Blinder Löwe* [R769; Hb162]. (→ *Das lithographische Werk*, S. 195.)

458 AK

1 ***Aktkunst:*** Hadeln, Detlev Freiherr von: *Zeichnungen des Giacomo Tintoretto*. Berlin: Paul Cassirer 1922. – In AKs Bibliothek nicht verzeichnet.

2 ***anderes Goyawerk:*** Bezug unklar. Zu Lebzeiten RPs kam kein weiteres Goya-Werk bei Piper zustande.

3 ***Hans Floerke:*** → 221 AK, Flörke

459 RP

1 ***hochbedeutende echt kubinische Zeichnung:*** Nicht ermittelt.

2 ***Großvater Christian Morgensterns:*** Christian Ernst Bernhard Morgenstern (29.9. 1805 Hamburg – 26.2.1867 München); Landschaftsmaler. Erst tätig in der Spielkartenfabrik, Kupfer- und Steindruckerei der Gebrüder Suhr, ab 1824 Ausbildung zum

Landschaftsmaler in Hamburg, 1827–1828 Studium an der Akademie in Kopenhagen. Ab 1830 in München. M heiratete am 21.12.1844 Louise Maximiliane Gertrude von Lüneschloß (1804–1874), ihr einziges Kind war Carl Ernst Morgenstern (1847–1928), Christian Morgensterns Vater.

3 ***Lübecker Bibel:*** Im Jahr 1923 hatte RP selbst eine Ausgabe der Lübecker Bibel mit Reproduktionen herausgebracht (→ 94 AK, Holzschneider). – Die Erstausgabe war mit 92 Holzschnitten 1494 bei Stephan Arndes in Lübeck erschienen; eine Mitarbeiterschaft von Bernt Notke wird vermutet.

4 ***Blätter von Unold, Hofer, Trumm und Großmann:*** Nicht ermittelt.

460 AK

1 ***Befreiung von der militärischen Eventualität:*** »Martin und Klaus waren als Soldaten einberufen und ausgebildet worden, wurden aber nach wiederholten Musterungen entlassen.« (Zit. *MLaV*, S. 683.) – Klaus Piper in seiner Autobiographie: »Obwohl ich die militärische Grundausbildung absolviert hatte, wurde ich als ›GHV‹, das heißt ›garnisonsverwendungsfähig Heimat‹, eingestuft und konnte so, da auch mein Vater wegen seiner schlechten Gesundheit nur noch wenig zu arbeiten in der Lage war, dem Kriegsdienst entgehen.« (Zit. *Doppelt leben*, S. 83.)

461 RP

1 ***Zeichnung:*** Nicht ermittelt.

2 ***München ... 17. Dezember:*** Der achte englische Großangriff auf München am 17./18.12.1944 forderte weit über fünfhundert Menschenleben und war damit der opferreichste während des 2. Weltkriegs. (→ *Luftkrieg über München*, S. 385.)

3 ***Graphik und Graphiksammeln:*** Siehe dazu das Kapitel *Geist der Graphik* in RPs Autobiographie (→ *MLaV*, S. 500–538).

462 AK

1 ***Major:*** Max Klapp (1876–1957), Berufsoffizier in der kaiserlichen Armee (letzter Dienstgrad Major). Schwere Verwundung aus den Kämpfen bei Verdun, Abschied nach dem ersten Weltkrieg. Kauf des Schlossguts Burgrain, um dort Landwirtschaft und Pferdezucht zu betreiben. Die Anrede »Herr Major« blieb K zeitlebens erhalten. Im und nach dem 2. Weltkrieg bot Burgrain vielen Obdachlosen und Vertriebenen (nicht nur Verwandten) Asyl; heute ist es Wohnstätte der Nachkommen. (→ Information des Mitbesitzers Ulrich Klapp).

2 ***Gregor Weltgeschichte d. Th.:*** Gregor, Joseph: *Weltgeschichte des Theaters.* Bd. 1: *Von den Ursprüngen bis zum Ausgang des Barocktheaters.* München: Piper 1944. – Es folgten keine weiteren Bände.

3 ***Schwester ... starb:*** »1944 starb in Wien meine an einen Erfinder verheiratete jüngere Schwester eines traurigen Todes. Daß dieses eigenartige Geschöpf von so pretiösem Wesen von uns ging, ist ein Schlag, den ich schwer überwinde.« (Zit. *AmL*, S. 80.) – Frederike Suttka, geb. Kubin (15.1.1887 Zell am See – 27.11.1944 Wien), verheiratet mit Dr. Ing. Theodor Suttka (→ *Oswald*, S. 79), war einem Krebsleiden erlegen (→ *Bilger*, S. 135).

463 AK

1 ***Pompejische Wandgemälde:*** *Antike Fresken. Mappe mit 10 farbigen Faksimiles.* Einleitung von Theodor Wiegand. München: Piper 1943. – Exemplar in AKs Bibliothek [Inv.Nr. 465].

2 ***Rembrandt-Zeichnungen:*** Schinnerer, Adolf: *Rembrandt. Zeichnungen.* München: Piper 1944.
3 ***Unold:*** Max Unold berichtet in einem Brief vom 20.2.1945 an AK über seine völlig ausgebrannte Wohnung und den Verlust von »etwa 50 Ölbilder[n]«. (Zit. StGL-M-KA.)
4 ***Ein junger Berliner mit 19 Jahren:*** Nicht ermittelt.
5 ***Rübezahllitho:*** Wohl das 1940 für die Griffelkunst-Vereinigung, Hamburg-Langenhorn, erschienene Blatt *Rübezahl I* [R586]. – Skizze bei *Karl & Faber* als Nr. 407 verzeichnet. Am Unterrand eigenhändig markiert: »RP Rübezahl Entwurfskizze für die Lithographie s. l. R. Piper 1940«.
6 ***Frau Klee:*** Paul Klee hatte im Jahr 1906 die Pianistin Lily Stumpf (10.10.1876 München – 22.9.1946 Bern) geheiratet.
7 ***Kandinsky:*** Wassily Kandinksy war am 13.12.1944 in Neuilly-sur-Seine bei Paris verstorben (→ 22 RP).

464 RP

1 Lange Pause von etwa eineinhalb Jahren, wenige Informationen auf beiden Seiten auch in den anderen Briefwechseln; ziviler Postverkehr von Deutschland ins Ausland stark eingeschränkt (→ 465 RP, Von Bayern…; 469 RP). – AK an Koeppels am 27.5.1947: »Die Abgrenzung nach Deutschland zerriß alle Verlagsbeziehungen«. (Zit. *DwR*, S. 194.)
2 ***Domizlaff:*** Helmuth Domizlaff (20.5.1902 Leipzig – 30.8.1983 München); Antiquar. Bei verschiedenen Buchsortimenten in Leipzig, Frankfurt/Main, München und Lugano tätig, ab 1932 eigene antiquarische Buchhandlung in München. Nach dem 2. Weltkrieg erster Vorsitzender der Vereinigung Deutscher Buchantiquare und Graphikhändler.
3 ***Planeten-Folge… Staakmann:*** → 325 AK. – Der L. Staackmann Verlag (heute in München) war am 1.10.1869 von Johannes August Ludwig Staackmann (3.7.1830 Wolfenbüttel – 13.12.1896 Leipzig) in Leipzig gegründet worden. Erster Verlagsautor war Friedrich Spielhagen; 1894 wurde der steirische Heimatdichter Peter Rosegger für den Verlag gewonnen, durch den zahlreiche weitere österreichische Schriftsteller, etwa Karl Hans Strobl, zu Staackmann kamen. – *Mitterbauer* vermutet eine Intervention des Staackmann-Autors Hans Watzlik (→ 211 AK) zugunsten AKs, möglicherweise kam die Verbindung aber anderweitig zustande. (→ *Mitterbauer*, S. 349.) – Zu der Verzögerung der Auslieferung der Planeten-Folge → 447 AK.
4 ***Manuskript:*** 1947 im eigenen Verlag veröffentlicht als *Vormittag* (→ 224 RP, meine Lebenserinnerungen).
5 ***Barlach-Briefe:*** Droß, Friedrich (Hrsg.): *Ernst Barlach. Aus seinen Briefen.* München: Piper 1947 (Piper-Bücherei 5).
6 ***Altdorfer Zeichnungen:*** Winzinger, Franz (Hrsg.): *Albrecht Altdorfer. Zeichnungen.* Gesamtausgabe. München: Piper 1952.

465 AK

1 ***Buchholz Galery:*** Die *Buchholz Gallery – Curt Valentin New York* war am 18.3.1937 (endgültige Adresse: 32 East 57th Street) als eine Filiale der Berliner *Galerie Karl Buchholz* von Karl Buchholz (1901–1992) gegründet worden, um in Deutschland nicht mehr gebilligte Mitarbeiter und Künstler weiter unterstützen zu können. Bereits in den Jahren 1937 (→ 291 RP, »Phantasien im Böhmerwalde«) und 1940 [M1940/2] war B mittels Ausstellungen für den in Deutschland nicht unumstrittenen AK eingetreten, *Meißner* verzeichnet für 1942 zwar keine Kubinsche Ausstellungsbeteiligung in den USA, es darf jedoch vermutet werden, dass der Zwickledter Künstler 1942 an einer jener Ausstellungen *Expressionistischer Deutscher Kunst* in New York beteiligt gewesen war, wegen derer Karl Buchholz »in Berlin von der SS zur Albrechtstraße

überführt wurde und Haus,- Büro- und Banksafedurchsuchungen erlebte«. (Zit. Buchholz, Godula: *Karl Buchholz. Buch- und Kunsthändler im 20. Jahrhundert. Sein Leben und seine Buchhandlungen und Galerien Berlin, New York, Bukarest, Lissabon, Madrid, Bogotá.* Köln: DuMont 2005, S. 65.)

2 ***Von Bayern ... abgeschlossen:*** Die Isolierung Deutschlands nach Kriegsende hatte vielseitige Folgen, besonders für das Leben in Grenznähe. Unmittelbar nach dem 2. Weltkrieg hatte Österreich Territorialforderungen gegenüber Bayern erhoben, man einigte sich aber – auch im Angesicht westösterreichischer Separationsbestrebungen und jugoslawischer Forderungen gegenüber Kärnten – auf einen dem Jahre 1937 entsprechenden Grenzverlauf, was von Bundeskanzler Leopold Figl am 15.1.1947 in einem 16-Punkte-Programm vor dem österreichischen Nationalrat formuliert und 1955 als Artikel 5 des Staatsvertrags schließlich auch von den Alliierten akzeptiert wurde. – Erst am 1.4.1946 wurde der bis dahin bis auf wenige Ausnahmen zum Erliegen gekommene zivile Postverkehr aus Deutschland erneut freigegeben, unterlag allerdings noch immer strengen Bestimmungen seitens der Besatzungsmächte, die außerdem für die verschiedenen Empfängerländer sehr unterschiedlich waren. In den meisten Kubinschen Korrespondenzen klafft deshalb zwischen 1945 und 1946 eine Lücke. – Noch am 5.1.1949 schrieb AK an Familie Koeppel: »Die Absperrung von Deutschland ist phantastisch in ihren Folgen und vor 3 Tagen verlor ich durch Währungs›schutz‹ 4000 Mark.« (Zit. *DwR*, S. 198.) Am 2.9.1950: »Denn daß meine Aufenthaltsdauer – vielleicht auch die Kilometerzahl nicht ganz entspricht oder überschritten ist, bei meiner Grenzübertrittserlaubniskarte schwant mir manchmal dunkel. Ein richtiger ›Paß‹ wäre vielleicht angezeigt gewesen.« (Zit. ebd., S. 206.)

3 ***Leider starb ... die ... jüngere Schwester m. Frau:*** Tilly Spier (→ 117 AK, meine Schwägerin). – »Ein noch weit größerer Schlag [...] war der unbegreifliche Verfall ihrer [HKs; d. Hrsg.] jüngeren Schwester, die in Schärding als Witwe wohnte. Am 4. September des vorigen Jahres erlag sie einem Nierenleiden. Das Wochenende verbrachte die Unvergeßliche regelmäßig bei uns, helfend, wo sie nur konnte, und diese Besuche mit Frohsinn und Witz verschönend. Welch harmonischen Dreiklang bildeten wir doch.« (Zit. *AmL*, S. 80.)

4 ***Professor Alewyn in New York:*** Richard Alewyn (24.2.1902 Frankfurt/Main – 14.8.1979 Starnberg); Studium in Frankfurt/Main, Marburg, München und Heidelberg. 1932–1933 a.o. Professor für neuere deutsche Literaturgeschichte an der Heidelberger Universität, nach Verlust der Stelle bis 1935 in Paris und London, ab 1939 am Queens College, Flushing/New York. 1948 Gast- und 1949–1952 ordentlicher Professor in Köln, 1952 erneut Gastprofessor in den USA, ab 1955 an der Freien Universität Berlin, 1959–1967 in Bonn.

5 ***Th. Th. Heine ... aus Stockholm:*** Brief vom 17.3.1946 in der Städtischen Galerie im Lenbachhaus, München, Kubin-Archiv.

6 ***Sir Kenneth Clark:*** Sir Kenneth MacKenzie Clark (13.7.1903 London – 21.5.1983 Hythe/Kent); englischer Kunsthistoriker. 1938 geadelt. Studium der Kunstgeschichte in Oxford, Forschungsarbeiten in Italien. Akademischer Durchbruch mit einem Werkkatalog Leonardo da Vincis, Direktor der National Gallery in London von 1933–1945, ab 1938 Verantwortlicher für die königliche Gemäldesammlung. Nach dem 2. Weltkrieg Professor in Oxford, ab 1957 bei der BBC. – Beziehung zu AK nicht ermittelt; in der Städtischen Galerie im Lenbachhaus, München, Kubin-Archiv, sind keine Korrespondenzstücke vorhanden.

7 ***einen interessanten an mich:*** → 335 AK, ein Schreiben ...

466 AK

1 ***Währungsexperimentes:*** Stärker noch als der 1. Weltkrieg war der 2. mittels der Notenpresse finanziert worden. Der Geldumlauf in Deutschland war von zehn Mil-

liarden Reichsmark Ende 1938 auf 73 Milliarden im Jahr 1945 angestiegen, in Österreich betrug das Verhältnis etwa 1,2 Milliarden zu 7,39. Mit dem »Schaltergesetz« begann in Österreich im Sommer 1945 die Notenabschöpfung. »Von den vorher getätigten Einlagen (Altguthaben) wurden 60 % gesperrt, von den restlichen 40 % konnten unter gewissen Voraussetzungen Beträge für lebens- und wirtschaftswichtige Zwecke [...] abgebucht werden.« (Zit. *Schilling*, S. 162.) Am 30.11.1945 wurde das »Schillinggesetz« erlassen, jedoch pro Person nur 150 Schilling bar ausgegeben, darüber hinausgehende Beträge wurden auf nur beschränkt disponierbare Konten gutgeschrieben (Konversionsguthaben). Im Juli 1946 war die Emanzipation des Geldwesens vom »Dritten Reich« im Großen abgeschlossen, eine Normalisierung vollzog sich aber erst im Laufe der 1950er Jahre. (→ ebd., S. 156–181.) – AK bezieht sich hier wohl auf die jahrelang sehr komplizierte Verwendung von Alt- und Neukonten und die entsprechenden Nutzungsrechte.

2 ***Band H. v. Eckardt:*** Eckhardt, Hans von: *Russisches Christentum*. München: Piper 1947.

3 ***Grillparzer... Tagebücher:*** Meyer, Christoph (Hrsg.): *Franz Grillparzer. Der innere Orden*. Ein Brevier aus Werken, Briefen und Tagebüchern. München: Piper 1947 [Inv. Nr. 3140]. – Glossy, Carl und August Sauer (Hrsg.): *Grillparzers Briefe und zwei Tagebücher*. Bd. 1–2. Stuttgart/Berlin: Cotta 1903 [Inv.Nr. 4699]. – 1935 hatte AK im Rahmen der Arbeit an den *Acht Fabeln* (In: Bibliothek der Unterhaltung und des Wissens, Jg. 59, Bd. 11. Stuttgart: Union 1935, S. 174) die Erzählung *Momos* des österreichischen Schriftstellers und Dramatikers Franz Grillparzer (15.1.1791 Wien – 21.1.1872 ebd.) illustriert [R534, A159].

4 ***Pauser'sche Einband... Humor ersehnenden:*** Heinrich Pauser (2.7.1899 Offenbach/ Main – 6.10.1989 Bad Soden); Graphiker, Pressezeichner. Ausbildung an der Kunstgewerbeschule in Offenbach, ab 1924 als Graphiker in Worpswede. Nach 1932 in Darmstadt, dann in Frankfurt/Main als selbständiger Werbegraphiker. – Angesprochen ist wohl der Band *Deutscher Humor. Gereimtes und Ungereimtes aus alter und neuer Zeit* von Oskar Jancke (München: Piper 1947). – Exemplar in AKs Bibliothek [Inv.Nr. 3563].

5 ***die andere Seite kam in Cék. heraus – und wird eben ins amerikanische übertragen:*** Die Übersetzung von AKs einzigem Roman *Die andere Seite* ins Tschechische erschien 1947 unter dem Titel *Zemĕ snivců* bei Mladých in Kladno [R648; A216]; die englische Fassung ließ noch bis 1967 (New York: Crown Publishers) bzw. 1969 (London: Victor Gollancz) auf sich warten: *The other side. A fantastic novel by Alfred Kubin* [B12,16]. Eine Taschenbuchversion erschien 1973 als Penguin Book. AK an FHO am 7.1.1950: »Gleich *zween Hochstapler*, 1 dabei ein Zürcher Verleger, schädigten mich recht sehr – und der letztere verhinderte mir die Übersetzung m. anderen Seite ins Französische und Englische – bloß Tschechisch glückte es...«. (Zit. *FHO*, S. 300.)

6 ***neuausgabe des Schweizer Verlages:*** Der Herausgeber des Briefwechsels Kubin-Hesse spricht im selben Zusammenhang von einer geplanten Neuausgabe im Züricher Arche Verlag (→ *Hesse*, S. 299), tatsächlich dürfte hier aber der Züricher Pegasus Verlag gemeint sein (→ 485 AK, Widerwärtiges...). AK zeichnete »seine ursprünglichen Illustrationen in einem, wie er es nennt, ›impressionistischen Stil‹ um«. (Zit. *Hoberg*, S. 246.)

7 ***»Solario del arte«:*** Bachmann, Hellmuth: *Solitarios del arte*. Buenos Aires: Editorial Poseidon 1946.

8 ***Beardsley:*** Aubrey Vincent Beardsley (21.8.1872 Brighton – 16.3.1898 Menton); Illustrator und Schriftsteller; wichtigster englischer Zeichner des Jugendstils. Autodidakt. B fand angeregt vom japanischen Holzschnitt bald zu einem eigenen Stil mit starken Schwarz-Weiß-Kontrasten, arbeitete für verschiedene Zeitschriften, illustrierte Werke Malorys, Wildes und Popes und schrieb Gedichte und Prosa, etwa die

romantische Erzählung *Under the hill*. – RP in seiner Autobiographie über ein frühes Verlagsprojekt: »Das Publikum blieb durchaus ungerührt. Die Reihe [*Moderne Illustratoren*; d. Hrsg.] erwies sich als ein Verlustunternehmen. Nur von Beardsley und Lautrec, die am meisten ›Mode‹ waren, konnte ich eine Neuauflage drucken.« (Zit. *MLaV*, S. 252.) – »Bei der Darstellung der weiblichen Gestalt steht Kubin allerdings wesentlich mehr den Ideen des Engländers Aubrey Beardsley nahe, als den allzu handfesten Gestalten des Félicien Rops.« (Zit. *Heinzl 1970*, S. 233.) – »1914 schuf Kubin eine Zeichnung ›Beardsleys Tod‹, für die er offenbar auf ein frühes Selbstbildnis des Künstlers von 1894 zurückgreift.« (Zit. *Hoberg 1990*, S. 64.)

9 ***Lembruck:*** Wilhelm Lehmbruck (4.1.1881 Duisburg-Meiderich–25.3.1919 Berlin; Selbsttötung); Bildhauer, Maler und Graphiker. Studium in Düsseldorf, 1910–1914 in Paris (internationaler Durchbruch), dann in Berlin und Zürich. Anfangs klassizistische Tendenzen, später expressive Forcierung des Psychischen (langgestreckte, feinnervige Figuren).

10 ***Kollwitz:*** Käthe Kollwitz, geb. Schmidt (8.7.1867 Königsberg–22.4.1945 Moritzburg); Graphikerin und Bildhauerin. 1885 Malerinnenschule Stauffer-Berns in Berlin, dann Königsberg, 1888/89 in München in der Künstlerinnenschule Herterichs. 1891 Heirat mit Karl Kollwitz und Übersiedlung nach Berlin, wo sie bis 1943 wohnte. Mitarbeiterin des *Simplicissimus*. 1919 Mitglied der Preußischen Akademie und Professorin, ab 1928 Leiterin des Meisterateliers für Graphik. 1933 von den Nationalsozialisten ihres Amtes enthoben, indirektes Ausstellungsverbot seit 1935. In Ks Radierungen, Holzschnitten, Lithographien und Zeichnungen expressive und zugleich realistische Darstellungsweise. Anfangs historische Sujets, dann Hinwendung zur Gegenwart; sozialkritischer Impetus naturalistischer Prägung.

11 ***G. Gross:*** George Grosz, eigentl. Georg Ehrenfried (26.7.1893 Berlin–6.7.1959 ebd.); Maler, Graphiker, Karrikaturist und Schriftsteller. Studium an der Akademie in Dresden und der Kunstgewerbeschule in Berlin. Freiwilliger im 1. Weltkrieg, dann Buchgestaltungen für den Malik-Verlag und Bühnenbilder vorrangig für Erwin Piscator. Mitarbeiter verschiedener Periodika, scharfer Zeitkritiker. Erst einer der wichtigsten Protagonisten der Dada-Bewegung, in den 1920ern der Neuen Sachlichkeit. Illustrationen etwa für H. Ball und B. Brecht. 1932 Lehrauftrag in New York, 1933 als »entartet« verfemt Emigration in die USA (1938 Staatsbürgerschaft). Wenige Wochen vor seinem Tod Rückkehr nach Berlin.

12 ***Frau des Professors:*** Nicht ermittelt.

467 RP

1 Neuer Briefkopf: »R·Piper et Co Verlag | Postscheck München 5710 / Deutsche Bank Filiale München 30170 / Reichsbank-Giro 6/7166 | 13b München 13 / Georgenstraße 4 / Fernruf 31445 und 32079«.

2 ***Postsperre:*** → 464 RP

3 ***Neuausgabe … »Doppelgängers«:*** Dostojewski, Fjodor M.: *Der Doppelgänger*. Mit sechzig Zeichnungen von Alfred Kubin. München: Piper 1948. Bildertitel und 57 Illustrationen, davon 16 ganzseitig. Die Illustrationen wurden gegenüber der Ausgabe von 1913 verkleinert, drei Vignetten fortgelassen [R668; A223]. Neue Deckelzeichnung (→ 469 RP).

4 ***»Vormittag«:*** → 224 RP, meine Lebenserinnerungen

5 ***Bruno E. Werner … Geburtstagsaufsatz:*** Werner, Bruno E.: *Begegnung mit Alfred Kubin*. In: Neue Zeitung, 11.4.1947 [R*18*]. – Bruno Erich Werner (5.9.1896 Leipzig – 21.1.1964 Davos); Schriftsteller und Publizist. Studium der Literatur- und Kunstgeschichte in München, dann Kritiker der *Deutschen Allgemeinen Zeitung*, 1929–1943 Schriftleiter der Zeitschrift *die neue linie*. Unterschrieb am 26.10.1933 das *Gelöbnis treuester Gefolgschaft* für Adolf Hitler in der *Vossischen Zeitung*, wurde allerdings

später (nach Eintreten für Barlach und Lehmbruck) aus der Reichspressekammer ausgeschlossen. 1944 Flucht aus einem Zwangsarbeitslager, danach illegal gelebt. 1945/46 Leiter der Kulturabteilung beim *NWDR*, 1949–1952 Feuilletonleiter bei der amerikanischen *Neuen Zeitung*, dann Kulturattaché in Washington D.C. und ab 1962 Präsident des deutschen P.E.N.-Zentrums.

6 ***die ersten sechs Bändchen der neuen Piper-Bücherei:*** RP griff mit der *Piper-Bücherei* sein frühes Konzept der *Fruchtschale* (→ 51 AK, Anlage) wieder auf: Billige Ausgaben wenig bekannten Materials für interessierte Gruppen. Buchkünstlerischer Gestalter war Emil Preetorius. In den ersten zehn Jahren konnten mehr als eine Million Bände verkauft werden. – Die Bände 1–6 erschienen nicht chronologisch. Hier aufgelistet entsprechend der Nummerierung: das von Richard Benz herausgegebene *Beethovens Denkmal im Wort* (1946), *Matthias Grünewalds Isenheimer Altar* mit einer Einführung von Hans Hegemann (1947), Dostojewskis *Eine dumme Geschichte* (1946), Karl Friedrich Borées *Die Brieftasche* (1946), Barlachs Briefe (→ 464 RP) und schließlich die von RP selbst ausgewählten *Liebesgedichte aus dem deutschen Rokoko* (1946).

7 ***»Mappe der Gegenwart«:*** Die Idee einer Mappe wurde wohl modifiziert. – Nemitz, Fritz: *Deutsche Malerei der Gegenwart*. München: Piper 1948, Kubinbezüge auf S. 28 u. 36 [R*634*]. – Siehe dazu auch AKs Brief an M. Bilger vom 12.11.42, in dem ein Besuch von Nemitz in Zwickledt erwähnt wird (→ *Bilger*, S. 47).

8 ***Hörschelmann:*** Rolf von Hoerschelmann war am 12.3.1947 in München verstorben.

9 ***Begegnungen:*** Dieser Band wurde nicht realisiert, die Begegnungen mit Künstlern dafür ein wichtiger Bestandteil des *Nachmittags* (→ 224 RP, meine Lebenserinnerungen).

10 ***vier Enkelkinder … Ursula … Regina … Hänschen … Angela:*** Zur Familiensituation → etwa *MLaV*, S. 308. – Gemeint sind die drei Kinder aus erster Ehe Klaus Pipers, Ursula (*13.3.1939), Regina (*23.4.1941) und Hans (→ 456 RP, Enkelsohn), sowie die Tochter des jüngeren Sohnes RPs, Martin, die am 2.6.1942 geborene Angela.

468 AK

1 Zur Bildbeigabe: Dankeskarte zum 70. Geburtstag; Strichätzung [R661].

2 ***Goethischen Ausspruches:*** Aus den erstmals 1833 posthum herausgegebenen *Maximen und Reflexionen*.

3 ***Götter leihen kein Pfand:*** AK schließt hier den klassischen Bogen mit einem Zitat aus Schillers *Die Sehnsucht* (1802): »Einen Nachen seh' ich schwanken, | Aber, ach! der Fährmann fehlt. | Frisch hinein und ohne Wanken! | Seine Segel sind beseelt. | Du mußt glauben, du mußt wagen, | Denn die Götter leihn kein Pfand; | Nur ein Wunder kann dich tragen | In das schöne Wunderland.«

4 ***Ehrenbürgerrecht:*** AK wird 1947 zum Ehrenbürger der Stadt Linz ernannt, das Kubin-Kabinett in der *Neuen Galerie Linz* wird anlässlich seines 70. Geburtstages im Beisein des Ehepaars Kubin eröffnet.

5 ***Th. Th. Heine:*** Brief vom 2.4.47 in der Städtischen Galerie im Lenbachhaus, München, Kubin-Archiv. Siehe auch → *DwR*, S. 194.

6 ***Münchhausenveröffentlichung … Frundsberg … militant:*** Bürger, Gottfried August: *Des Freiherrn von Münchhausen wunderbare Reisen und Abenteuer zu Wasser und zu Lande, wie er dieselben bei einer Flasche … zu erzählen pflegte*. Mit Illustrationen von Alfred Kubin. Coburg: Winkler 1947 [R646; A197]. – Die Zeichnungen entstanden um den Jahreswechsel 1942/43, wie AK Ludwig Rosenberger am 6.2.1943 wissen lässt: »Ich kann seit einigen Wochen an zwölf Tafeln für einen Band Münchhausen arbeiten. Ich freue mich trotz starker Selbstkritik an der Folge«. (Zit. *Rosenberger*, S. 77.) – 1966 erschien bei Winkler eine zweite Auflage, die vollständig der von AK bearbeiteten Textversion entsprach und der Arbeit des Zwickledter Künstlers posthum gerecht

wurde. – Der angesproche Hildegard Winkler Verlag war 1945 in Coburg gegründet worden, übersiedelte 1948 nach München und sollte 1971 von Artemis (Artemis & Winkler), schließlich 1995 von dem zur Cornelsen-Gruppe gehörenden Patmos-Verlag in Düsseldorf übernommen werden. – Erster Namensgeber war Georg von Frundsberg (1473–1528); Landsknechtsführer, Infanterietaktiker und Kriegsunternehmer in habsburgischen Diensten. Im 2. Weltkrieg hatte die 10. SS-Panzer-Division seinen Namen getragen.

470 AK

1 ***Beilage:*** → 471 RP, Lithographie …

2 ***Verhältnis zu Arno Holz:*** Der naturalistische Schriftsteller Arno Holz (26.4.1863 Rastenburg/Ostpreußen – 26.10.1929 Berlin) war RPs erster Verlagsautor gewesen. 1904 erschienen gleich drei Werke: *Dafnis*, *Sozialaristokraten* und *Traumulus*; ersteres und letzteres mit für Hs Verhältnisse großem kommerziellen Erfolg. Bereits während seiner Lehrzeit in der Palmschen Hofbuchhandlung, Jahre vor der eigenen Verlagsgründung, hatte RP brieflichen Konakt zu H aufgenommen (→ *MLaV*, S. 117–123), die Beziehung verlief allerdings nicht immer friktionsfrei (→ ebd., S. 239–247).

3 ***»Ver Sacrum« … »Phantasus«:*** Die in sechs Jahrgängen (1898–1903) erschienene Zeitschrift *Ver Sacrum* war das offizielle Organ der Vereinigung bildender Künstler in Österreich und durch ihre inhaltliche Vielfalt, durch Beiträge in- und ausländischer Schriftsteller und Dichter sowie die von Künstlern der Wiener Sezession vielfach selbst besorgte Gestaltung eines der wichtigsten Dokumente des künstlerischen Lebens um 1900 gewesen. Nach der Jahrhundertwende wurde *Ver Sacrum* nur noch als internes Informationsblatt für Mitglieder der Wiener Sezession aufgelegt. – Das Holz'sche Hauptwerk, der Lyrikzyklus *Phantasus*, orientiert sich am biogenetischen Grundgesetz Ernst Haeckels und beschreibt eine Vielzahl von Metamorphosen des lyrischen Ichs, die Holz auch auf seine eigene Entwicklung bezog. Es erschien in zwei Heften von *Ver Sacrum* in den Jahren 1898/99, davor war aber ein Großteil der Gedichte bereits in verschiedenen repräsentativen Zeitschriften und Anthologien publiziert worden.

4 ***Venuslieder:*** Ein Teil des umfangreichen Untertitels der Holz'schen Gedichtsammlung *Dafnis*.

5 ***Von einem Literarhistoriker:*** Nicht ermittelt.

6 ***Ultraviolett … Freundes Max Dauthendey:*** Maximilian Albert Dauthendey (5.7.1867 Würzburg – 29.8.1918 Malang auf Java); Schriftsteller und Maler. Arbeit im väterlichen Foto-Atelier, Wanderjahre in München und Berlin, danach Gast des schwedischen Autors Gustav Uddgren in Quille/Schweden. Ausgedehnte Reisen durch Südeuropa und Mittelamerika; Ziel: Gründung einer Künstlerkolonie. Auf einer Reise nach Deutsch-Neuguinea wurde er vom 1. Weltkrieg überrascht und starb tropenkrank in der Internierung. – Sein frühes Werk *Ultra Violett* (1893), Gedichte, Dialoge, Prosaskizzen, war mit seinen ästhetisierten Natureindrücken und den stimmungsreichen Synästhesien Teil der antinaturalistischen Bewegung der Jahrhundertwende. – AK hatte D während der Münchener Zeit kennengelernt und verdankte ihm die Bekanntschaft seines ersten wichtigen Mäzens und Verlegers, Hans von Weber.

7 ***M Liebermann forderte da … Lithographie:*** Angesprochen ist die Mappe *Deutsche Graphiker* von 1923 (→ 419 RP, Streitende Weiber). *Hoberg* schildert die genauen Verhältnisse von Mitwirkenden, Druck und Auflagenzahl (→ *Das lithographische Werk*, S. 108).

8 ***Buddhoreden:*** Zu AKs Verhältnis zum Buddhismus und zur diesbezüglichen zeitgenössischen Literatur → 29 AK, bösartiger Nervenzusammenbruch.

9 ***Hans v. Müller:*** Hans von Müller, eigentl. Gustav Johannes Ludwig (30.3.1875 Kiel – 8.3.1944 Berlin); Literaturhistoriker, Sammler und Genealoge. Studium der Ge-

schichte, Germanistik und Rechtswissenschaften in München, Leipzig, Berlin, Kiel, Marburg und Rostock. Ab 1895 Kollektor E. T. A. Hoffmannscher Lebenszeugnisse; zahlreiche Editionen. Ab 1899 freier Schriftsteller und Privatgelehrter in Berlin. 1915 bibliothekarischer, 1921 wissenschaftlicher Hilfsarbeiter im Katalog- und Auskunftsdienst der Preußischen Staatsbibliothek Berlin. 1922 Dr. phil h.c. der Universität Königsberg. – Die Beziehung zu AK ging zurück auf das Jahr 1902 (→ *Hoberg*, S. 226), im Oktober 1903 war AK nach Berlin gefahren und hatte einige Wochen in Friedenau bei M verbracht (→ *AmL*, S. 30). – Der umfangreiche und noch unveröffentlichte Briefwechsel befindet sich in der Städtischen Galerie im Lenbachhaus, München, Kubin-Archiv. – Der erste Band des zweibändigen von M herausgegebenen *E. T. A. Hoffmann im persönlichen und brieflichen Verkehr: Hoffmann und Hippel. Das Denkmal einer Freundschaft* (Berlin: Peatel 1912) war »Meinem Freunde Alfred Kubin« gewidmet, »mit dem ich in den Jahren 1902/03 in ähnlichem Austausch von Herzensangelegenheiten, Stimmungen und Gedanken gestanden hatte wie Hoffmann und Hippel in den Jahren 1795/96 [...] gewiß gehört [...] unser Buch dem deutschen Künstler, der in tiefster Wesensverwandtschaft mit dem düsteren Hoffmann der ›Elixiere‹ und der ›Nachtstücke‹ gleiche Stimmungen als Zeichner (und neuerdings mit dem selben Glücke auch als Erzähler) zu gestalten weiß«. (Zit. ebd., S. XXVII–XXVIII.) – AK stellte M auf der 1912 im *Simplicissimus* (Jg. 17, H. 29) [R49] veröffentlichten Zeichnung *Der Sonderling* dar. (→ *Brockhaus/Peters*, S. 18, Anm. 15.)

10 ***Mader:*** Nicht ermittelt.

11 ***Worringer... Hauptideen:*** AK bezieht sich hier wohl auf die Schilderungen RPs über das Zustandekommen von Ws *Abstraktion und Einfühlung* (→ 195 RP, Worringer), das erst nur als Dissertationsdruck, dann bei Piper erschienen war (1908) – ein Text, der zu einer der wichtigsten Programmschriften des Expressionismus und zum Beginn von Ws akademischer Karriere wurde. (→ *MLaV*, S. 276–279.) »Worringer war autodidaktisch zu seiner Entwicklung gelangt. Insofern wußte er, als ich ihn nach dieser fragte, auch kaum etwas darüber auszusagen, wie es dazu gekommen war, daß sich in ihm so selbstständige Gedankengänge ausgebildet hatten, wie sie dann in ›Abstraktion und Einfühlung‹ zur Niederschrift gekommen sind. Ihm hatte damals jedes Bewußtsein davon gefehlt, daß er damit etwas Besonderes in die Welt gesetzt hatte.« (Zit. ebd., S. 276.)

12 ***Hohenzollernstrasse:*** In Folge des Ausstiegs von Georg Müller aus dem Unternehmen und des Eintritts von Dr. Kurt Bertels als Gesellschafter im September des Jahres 1906 hatte der R. Piper & Co Verlag in der Münchener Hohenzollernstraße 23 »im Gartenhaus ein Büro mit drei Zimmern [gemietet]. So bekam der Verlag zum erstenmal ein selbstständiges Unterkommen. Ich selber hatte bis dahin bei meinen Eltern gewohnt, nun richtete ich mich, so gut es ging, im Verlagslokal ein«. (Zit. *MLaV*, S. 275.) Im Februar 1912 zog der Verlag in die Römerstraße 1 um. RP war privat bereits 1908 aus Platzgründen in die Kurfürstenstraße, nach der Heirat mit Gertrud Engling im Jahr 1910 in eine Atelierwohnung in der Keuslinstraße übersiedelt. (→ *MLaV*, S. 304–307.) – Das von AK angesprochene Treffen muss also spätestens Anfang 1912, wahrscheinlich noch vor der gemeinsamen Arbeit an Dostojewskis *Doppelgänger* (→ 2 RP), stattgefunden haben. Möglicherweise war das Manifest *Der Blaue Reiter* Anlass der Zusammenkunft (s. u.). – Erstes dokumentiertes persönliches Treffen zwischen AK und RP (in den Verlagsräumlichkeiten, Hohenzollernstraße).

13 ***große Ausstellung zum 40 Jahr des blauen Reiter:*** Der Ausstellungstermin verzögerte sich etwas: *Der Blaue Reiter. München und die Kunst des 20. Jahrhunderts 1908–1914*, Oktober/November 1949, Münchener Haus der Kunst. AK war mit etwa zwanzig Blättern vertreten. »Die Ausstellung war der Beginn der weltweiten ›Blauer-Reiter‹-Renaissance« [M1949/13]. – 1912 war bei Piper Franz Marcs und Wassily Kandinskys Manifest *Der Blaue Reiter* erschienen. – Bereits 1911 war die gleichnamige lose Künstlerredaktion ohne feste Statuten auf Betreiben Kandinskys (→ 22 RP) nach

internen Auseinandersetzungen aus der *Neuen Künstlervereinigung München* (s.u.) hervorgegangen; gemeinsam mit den Vertretern der *Brücke* wurden die Beteiligten später als Expressionisten bekannt: Arp, Jawlensky, Kandinsky, Macke, Marc, Nolde, Schönberg etc. Kandinsky äußerte sich zur Namensgebung in einem Rückblick: »Den Namen ›Der Blaue Reiter‹ erfanden wir am Kaffeetisch in der Gartenlaube in Sindelsdorf [der damaligen Wohnstätte F. Marcs; d. Hrsg.]. Beide liebten wir Blau, Marc – Pferde, ich – Reiter. So kam der Name von selbst.« (Zit. nach: Göttler, Norbert: *Der Blaue Reiter*. Reinbek bei Hamburg: Rowohlt 2008, S. 81.) Einige Arbeiten AKs sind in dem Manifest enthalten, auch hatte er 1912 an der *2. Ausstellung der Redaktion des ›Blauen Reiters‹. Schwarz-Weiß* bei Goltz in München (→ 18 RP) teilgenommen. – Erst nach dem 2. Weltkrieg wurde die kunsthistorische Bedeutung dieses Zusammenschlusses in vollem Ausmaß erkannt. Zahlreiche weltweite Ausstellungen, wie die hier angesprochene, folgten.

14 ***Macke:*** August Macke (3.1.1887 Meschede – 26.9.1914 bei Perthes-les-Hurlus/Champagne); Maler. Studium in Düsseldorf, dann freiberuflicher Bühnenbildner, 1907 Kontakt mit französischen Impressionisten und Eintritt in die Malschule Lovis Corinths. 1909 Umzug nach München, Anschluss an die Künstler des *Blauen Reiters*. Dort auch Kontakt mit AK. 1911 nach Bonn, Organisation zahlreicher Ausstellungen. Nach Ausbruch des 1. Weltkriegs eingezogen, fiel M bereits nach wenigen Wochen. Einer der wichtigsten deutschen Expressionisten. – Persönliche Bekanntschaft auch mit RP. (→ *MLaV*, S. 297.)

15 ***Fräulein Münter:*** Gabriele Münter (19.2.1877 Berlin – 19.5.1962 Murnau); Malerin und Graphikerin. Damenkunstschule Düsseldorf 1897. Zweijährige Amerikareise, 1901 Umzug nach München, dort Malschule des Künstlerinnen-Vereins und später Wechsel an die Kunstschule *Phalanx*, an der Wassily Kandinsky lehrte. 1903 Verlobung mit K, obwohl dieser noch (bis 1911) verheiratet bleiben sollte. Parisaufenthalt 1906/7, Kontakt mit Fauvismus. 1909 Umzug nach Murnau am Staffelsee, Künstlertreff. Mitbegründerin der *Neuen Künstlervereinigung München* (s.u.) und Mitglied des *Blauen Reiters*. Im Zuge des 1. Weltkriegs Trennung von K. Umzug nach Berlin, Rückgang der Produktivität, 1929/30 frische Impulse nach neuerlichem Parisaufenthalt. 1937 Ausstellungsverbot. 1957 schenkte M der Stadt München ihre umfangreiche Sammlung eigener Werke, über achtzig Bilder Ks und anderer Mitglieder des *Blauen Reiters* und begründete so die internationale Bedeutung des Lenbachhauses in München, das heute auch das *Kubin-Archiv* beherbergt. – Die Schilderung eines Besuchs AKs in Ms Wohnung im Jahr 1910 gibt *Hoberg* wieder: »Nachher zeigte ich ihm erst noch Arbeiten von mir u. er lobte zu sehr! Du weißt ja, wie ers macht – etwas weniger lebhaft u. es wäre besser gewesen. [...] Dann begeisterte er sich noch für ein paar Sachen und ging. Und wenn Kubin geht im letzten Augenblick bekommt er ein kaltes und fremdes Gesicht u. man behält ein nicht ganz gutes Gefühl«. (Zit. nach: *Hoberg 1990*, S. 63.)

16 ***»neue Künstlervereinigung München«:*** Am 22.03.1909 in das Vereinsregister in München eingetragen. AK hatte zusammen mit Erbslöh, Jawlensky, Kandinsky, Münter u.a. zu den ersten Mitgliedern gehört. Die Vereinigung veranstaltete vier Wanderausstellungen, die stets bei Tannhauser in München ihren Anfang nahmen. Gemeinsam mit Münter und dem Mitbegründer der *NKVM*, Kandinsky, war AK nach heftigen Auseinandersetzungen innerhalb der Gruppe auf Veranlassung Marcs 1911 wieder aus der Vereinigung ausgetreten – und schloss sich dem *Blauen Reiter* an.

17 ***Jawlensky:*** Alexej von Jawlensky (25.3.1865 Torschok – 15.3.1941 Wiesbaden); russischer Maler. Militärische Karriere, als Künstler erst Autodidakt, ab 1889 an der Petersburger Kunstakademie, dann Privatschüler von Marianne von Werefkin. 1896 Umzug mit seiner Mentorin nach München und Weiterbildung durch Anton Ažbè. Erst 1908 Abwendung vom Neoimpressionismus und Orientierung an der Gauguinschen Flächenmalerei; damit Vorbildwirkung etwa auf Kandinsky und Münter. Grün-

dung der *Neuen Künstlervereinigung München* von J, Werefkin, Erbslöh und Oscar Wittgenstein, erste Ausstellung am 1.12.1909; *NKVM*, nach dem Austritt Kandiskys, Münters, AKs und anderer de facto 1912 am Ende, offiziell aufgelöst erst 1920. Nach Ausbruch des 1. Weltkriegs übersiedelte J in die Schweiz, Rückkehr nach Deutschland 1921. 1924 Gründung der Gruppe *Die blauen Vier* mit Kandinsky, Klee und Feininger. Von den Nationalsozialisten als »entartet« verfemt. Ab 1927 Arthritisleiden, das seine Bewegungs- und Arbeitsfähigkeit stark einschränkte.

18 ***Ad. Erbslöh:*** Adolf Erbslöh (27.5.1881 New York – 2.5.1947 Irschenhausen); Maler. Erst kaufmännische Ausbildung, dann Kunststudium in Karlsruhe und München (ab 1904). 1909 erste Einzelausstellung und Mitbegründung der *Neuen Künstlervereinigung München*, deren Vorsitzender er später wurde. Kein Beitritt zum *Blauen Reiter*. 1914–1918 Kriegsmaler an der Westfront, ab 1916 Mitglied der *Münchener Neuen Secession*. Erzwungener Rückzug ins Private ab 1933. E schuf eine Vielzahl an Stillleben, Figuren- und Landschaftsbildern, in denen er zunächst Einflüsse des Fauvismus verarbeitete und sich später der Neuen Sachlichkeit annäherte.

19 ***Baumeister, den G. Franke ausstellt:*** Willi Baumeister (22.1.1889 Stuttgart – 31.8.1955 ebd.); Maler und Graphiker. Studium an der Kunstakademie in Stuttgart, 1924 nach Paris, ab 1930 Mitglied der Künstlergruppe *Cercle de Careé*, 1928–1933 Dozentur für Typographie und Werbegraphik an der Frankfurter Städelschule, 1933 entlassen und als »entartet« diffamiert, Ausstellungsverbot 1941. 1946 Professor der Akademie in Stuttgart, 1951 Vizerektor. Ausgehend von konstruktivistischen »Mauerbildern« (1919) ab 1930 Hinwendung zu »Ideogrammen« organischer Urformen, später zu exotischen Motiven und »metaphysischen Landschaften«, schließlich von schwarzen Flächen dominierte Serien. – 1947 kam es in der Münchener Galerie Franke und bei Hermann in Stuttgart zu Kollektivausstellungen.

20 ***Ende:*** Edgar Ende (23.2.1901 Altona – 27.12.1965 Netterndorf); Maler. Vater des Schriftstellers Michael Ende (1929–1995). Lehre als Dekorationsmaler, parallel dazu Besuch der Handwerker- und Kunstgewerbeschule. Erste Erfolge ab Mitte der 1920er, 1931 Mitglied der *Münchener Neuen Secession*, beginnender internationaler Ruhm und gleichzeitige Repressalien seitens des NS-Regimes. 1936 Berufs- und Ausstellungsverbot, als »entartet« verfemt. 1940 eingezogen, 1945 kurzzeitige Kriegsgefangenschaft. Zerstörung seines Ateliers und eines Großteils seiner Arbeiten. Aufschwung nach Kriegsende, Ausstellungserfolge ab 1946, ab 1949 in der Ausstellungsleitung der Großen Münchener Kunstausstellung. 1950 Mitinitiator der Neugründung des Deutschen Künstlerbundes. Phantastisches, surrealistisches Œuvre.

21 ***grundsätzlichen Brief – Barlachs:*** Anlässlich der Übersendung der Kandinskyschen Schrift *Das Geistige in der Kunst* und der »Prosagedichte« *Klänge* meldete sich B bei RP mit einer »instinktiven« Ablehnung der abstrakten Kunst, deren seelische Erschütterung durch »Flecken, Linien und Tupfen« er zwar »glauben« aber nicht »mitleiden« könne. Zu wirklichem Verständnis sei ihm seine Muttersprache die geeignetste »und meine künstlerische Muttersprache ist nunmal die menschliche Figur oder das Milieu, der Gegenstand, durch das oder in dem der Mensch lebt, leidet, sich freut, fühlt, denkt. Darüber komme ich nicht hinaus«. (Zit. nach: *MLaV*, S. 299–304.)

22 ***Barlach schrieb mir:*** → 335 AK

23 ***Büchlein von < … >:*** Nicht ermittelt.

24 ***Natur leiht kein Pfand ohne Zins:*** → 468 AK

471 RP

1 ***Lithographie der Dorfhexe:*** *Die Dorfhexe*. Federlithographie. Achtzig signierte Drucke auf Bütten, 400 Drucke im Katalog *Zehn Jahre Neue Galerie* des Wiener Verlags von Otto Nirenstein beigebunden [R504; Hb136 → dort auch weitere Vergleichswerke]. – Bei *Karl & Faber* ist das Exemplar aus der Piperschen Sammlung als Nr. 422

verzeichnet; Widmung: »AKubin meldet seinem lieben alten Verleger Piper mit dieser Geburtstagsdorfhexe den dankbaren Empfang der Vormittagserinnerungen. Monumentalbrief folgt später nach Lektüre in mehreren Wochen.«

2 *Amerika... »Geistige in der Kunst«... Kandinsky:* Die erste Übersetzung von Ks Programmschrift ins Englische stammte aus der Feder von Michael Thomas Harvey Sadler (später: Sadlier) (1888–1957) und war bereits 1914 erfolgt (*The Art of Spiritual Harmony*, London und Boston). Schon 1913 war K bei einer Ausstellung in New York vertreten gewesen und hatte das Interesse einiger Sammler erregen können, über fast zwei Jahrzehnte blieb dann aber die ehemalige Malerin Emmy Esther (Galka) Scheyer (1889–1945), eine Freundin Jawlenskys, Ks einzige geschäftliche Vertreterin in der amerikanischen Kunstszene. 1930 kam es zum Kontakt zwischen K und Solomon R. Guggenheim (1861–1949), der in den Folgejahren eine der größten K-Sammlungen in seinem *Museum of Non-Objective Painting*, dem heutigen *Guggenheim-Museum*, zusammentrug. Auch die Arbeiten von Ks ehemaligen Bauhaus-Kollegen Walter Gropius (1883–1969) und Ludwig Mies van der Rohe (1886–1969), emigriert 1937 bzw. 1938, gaben der Rezeption der deutschen Moderne in den USA neue Impulse. 1946/47 wurde *Das Geistige in der Kunst* erst von der Salomon Guggenheim Foundation (*On the Spiritual in Art*), dann vom Verlag Wittenborn & Schultz (*Concerning the Spiritual in Art*) neu aufgelegt.

3 *Schinnerer... Akademieschülern:* S war ab 1924 Professor der Akademie München und konnte die Position auch im »Dritten Reich« halten (→ 144 AK, Schinnerer).

4 *»Nachmittag«:* → 224 RP, meine Lebenserinnerungen. – Zum Abschluss von *Nachmittag* → 486 RP, 488 AK.

473 AK

1 *Aufnahme:* Bezug unklar. Wohl fehlender Gegenbrief.

474 AK

1 *Hedwig... gestorben:* Noch etwas ein Jahr vor dem Ableben HKs hatte AK am 30.7.1947 an Karl Wolfskehl geschrieben, mit dem er – etwa anlässlich von Jubiläen wie dem 70. Geburtstag (→ s.u., S. 972–973) – auch im Exil Kontakt hielt: »Hedwig ist mir die vorbildhafteste Frau und irdische Ergänzung geblieben und half auf tausend Arten tausend Tiefen zu überwinden. Sie nimmt Teil an Tod und Not, aber auch am Glück der Stunde.« (Zit. Wolfskehl, Karl: *»Du bist allein, entrückt, gemieden...«. Karl Wolfskehls Briefwechsel aus Neuseeland 1938–1948.* Hrsg. v. Cornelia Blasberg. Bd. 2. Darmstadt: Luchterhand 1988, S. 975.) – Dem hier kommentierten Brief an RP beigelegt sind zwei Todesanzeigen, eine aus dem »Börsenblatt Fr. Ausg. 7 IX 48«, die zweite ohne Quellenangabe.

2 *Depotsperre:* → 466 AK, Währungsexperimentes

3 *Friedensvertrag:* Nach der bedingungslosen Kapitulation Deutschlands im Mai 1945 und den folgenden Konferenzen wurde bekanntermaßen kein Friedensvertrag ausverhandelt. Historisch wird der »2+4 Vertrag« zwischen DDR und BRD sowie UDSSR, USA, Großbritannien und Frankreich vom 12.9.1990 als Abschluss angesehen; um einen formellen Friedensvertrag handelt es sich aber auch dabei nicht. – Der österreichische Staatsvertrag sollte am 15.5.1955 in Wien unterzeichnet werden.

4 *Gregor der II Band der Weltgeschichte d. Theaters:* Nicht realisiert.

5 *brave Wirtschafterin:* Cilli Lindinger (2.7.1908 St. Florian am Inn – 25.9.1982 Zwickledt, Kubin-Haus) blieb dem Künstler bis zu dessen Lebensende eine treue Hilfe, danach bis zu ihrem eigenen Tod Betreuerin des Kubin-Hauses. AK an FHO am 7.1.1950: »Hdg. verpflichtete noch auf ihrem letzten Lager im Krankenhause wo sie starb *Schdg.* unsere 12 Jahre b. uns schon dienende Köchin als Wirtschafterin und sor-

gende Person für *mich*, die ist ›männerfrigide‹ daher für diese Stelle in ihrer Treue auch fähig.« (Zit. *FHO*, S. 300.)

6 ***Bibliographische... Neuheit:*** Gemeint ist die von Abraham Horodisch (→ 479 AK) verfasste Schrift *Alfred Kubin als Buchillustrator* (Amsterdam: Erasmus-Buchhandlung 1949), 1950 mit gekürztem Textteil in New York (Aldus Book Comp.) als *Alfred Kubin book illustrator. Compiled with introduction* erschienen [R698]. Darin enthalten: AKs *Feststellungen 1949* (→ *AmW*, S. 77–79). – Horodisch bietet eine weitgehend vollständige Übersicht der illustrierten Bücher AKs. – Eine umfassende Gesamtschau des illustrativen Werkes mitsamt Reproduktionen lieferte im Jahre 1977 Alfred Marks: *Der Illustrator Alfred Kubin* (→ 295 AK).

475 RP

1 ***Devisen für Griechenland in der Tasche:*** → 341 RP
2 ***»24 Meistern der Gegenwart«:*** → 467 RP, »Mappe...
3 ***»Tumult«:*** → 376 RP. (*Raabe* verzeichnet keinen Abdruck.)
4 ***Lange:*** Lange, Horst: *Am kimmerschen Strand*. Erzählung. München: Piper 1948. – Horst Lange (6.10.1904 Liegnitz – 6.7.1971 München); Lyriker, Epiker und Dramatiker. Studium der Malerei am Weimarer Bauhaus, dann Kunstgeschichte, Germanistik und Theaterwissenschaft in Berlin und Breslau. Ab 1931 freier Schriftsteller und Journalist in Berlin, im 2. Weltkrieg in Russland schwer verwundet, ab 1945 in Mittenwald, ab 1950 in München. Anfangs Orientierung am Expressionismus, erfolgreiche Romane *Schwarze Weide* (Leipzig: H.Goverts 1937) und *Ulanenpatrouille* (Hamburg: Goverts 1940). Nach dem Krieg (bei Piper) nur noch mäßiger Erfolg. Siehe auch → *MLaV*, S. 700. – AK hatte für Ls ersten Romanerfolg die Schutzumschlagzeichnung [R557; A178], zu der Erzählung *Irrlicht* (Hamburg: Goverts 1942) 32 Zeichnungen gestaltet [R605; A193]; L widmete AK seine *Kantate auf den Frieden* (In: Die Wandlung I, 1945/46, S. 218–220) [R295], den Text *Die Katzen* (In: De Profundis. Deutsche Lyrik in dieser Zeit. München 1946, S. 220–222) [R296], sowie *Notizen eines Autodidakten* (In: Kunstwerk 7, 1953, H. 2, S. 48) [R301]. »Reger Briefwechsel seit 1938, eingeleitet durch Kubins Umschlag zur ›Schwarzen Weide‹.« (Zit. *Raabe*, S. 207.)
5 ***Geschwisterbriefe:*** *Clemens und Bettina. Geschwisterbriefe*. Ausgewählt und eingeleitet von Ina Seidel. München: Piper 1948.
6 ***von der Vring:*** Vring, Georg von der: *Magda Gött*. Roman. München: Piper 1948.
7 ***Kapitel über Barlach, Beckmann und den Zauberer von Zwickledt:*** Die Kapitel *Bei Barlach in Güstrow* (→ *MLaV*, S. 420–441), *Durch vier Jahrzehnte mit Max Beckmann* (→ ebd., S. 315–345), *Der Zeichner von Zwickledt* (→ ebd., S. 450–477). – Ebenfalls prominent vertreten ist Josef Weinheber im Kapitel *Mit Josef Weinheber im Gasteinertal* (→ ebd., S. 545–564).

476 AK

1 ***Piper-Kunstkalenders:*** *Pipers Kunstkalender 1949*. München: Piper 1948. – AK ist darin mit dem Blatt *Ostermorgen* (identisch mit *Osterlandschaft*; → 195 RP) vertreten (Woche vom 17.–23.4.); Bildunterschrift von Christian Morgenstern: »Wenn du die Welt an jedem Tag nicht neu erobern willst, verlierst du sie von Tag zu Tage mehr.« – Kalenderblatt → ÖLA 77/S1/3. – Bei *Raabe* nicht verzeichnet.
2 ***Carossa... 70:*** »über mir schlagen die Ereignisse zusammen, und woher ich die Kräfte nehmen soll, um alles Bevorstehende zu überwinden, weiß ich nicht. [...] Am Freitag nachts wird der 75-jährige Kippenberg kommen und mir, was ich aber eigentlich noch nicht weiß, eine Festschrift überreichen.« (Zit. *Carossa 3*, S. 358.) – Kippenbergs Aufenthalt in Rittsteig dauerte vom 12. bis 16.12.; am Abend des 15.12. las Rudolf Bach

den letzten Akt von *Faust II*. (→ *Carossa 3*, S. 707.) – Reproduktion einer Carossa gewidmeten Federzeichnung AKs: Greis sitzt vor einer Buche, Bildunterschrift: »Wenn wir irdisch erblinden | Reift eine größere Natur« (In: *Gruß der Insel an Hans Carossa. Den 15. Dezember 1948.* Wiesbaden: Insel 1948) [R670]. Siehe dazu auch → Ha II 4179 (1948).

3 ***Kippenberg ... Marburg an der Lahn:*** Zur Person Ks → 211 AK. – Nach dem Luftangriff auf Leipzig am 27.2.1945 zog K nach Marburg an der Lahn.

4 ***»Kleine Schriften« von seiner Frau ... Rilke:*** Katharina Kippenberg, geb. von Düring (1.6.1876 Hamburg – 7.6.1947 Frankfurt/Main); Lektorin, Herausgeberin, Verlegerin. Gasthörerin an der Universität Leipzig (Immatrikulation für Frauen erst ab 1906 möglich), Heirat 1905. Anton Kippenbergs (→ 211 AK) kongeniale Partnerin beim Aufbau des Insel-Verlags, während des 1. Weltkriegs Verlagsleiterin. Besonders Engagement für Rainer Maria Rilke; 1935 erschien ihre Biographie *Rainer Maria Rilke. Ein Beitrag* (Leipzig: Insel). – Kippenberg, Katharina: *Kleine Schriften*. Wiesbaden: Insel 1948.

5 ***Wolfskehl ... Neuseeland:*** Karl Wolfskehl (17.9.1869 Darmstadt – 30.6.1948 Bayswater/Neuseeland); Schriftsteller, Herausgeber. Studium der Germanistik in Gießen, Leipzig und Berlin, ab 1898 in München. Gründete um 1900 mit A. Schuler und L. Klages den *Münchner Kosmikerkreis*, in den er später auch AK einführte. Mitarbeit an Georges *Blätter für die Kunst* 1894–1919, Ws Haus in Schwabing war überdies Sammelpunkt des George-Kreises. Obwohl Zionist, stark von nordischer Mythologie, Nietzsche und Bachofen beeinflusst. Nach dem 1. Weltkrieg aus Geldnot verstärkte publizistische Tätigkeit. 1933 Emigration in die Schweiz, dann Italien, 1938 nach Neuseeland. – Neben Schmitz war W ein wichtiger Mentor des frühen AK. 1909 unternahm man eine gemeinsame Balkanreise (→ 391 AK), später traf man sich etwa bei den Zusammenkünften auf Stift Neuburg (→ 203 AK, Alex v. Bernus). Immer wieder bildete AK seinen Bekannten in Zeichnungen ab (eine Auflistung → *FHO*, S. 342). – W hatte sich (etwas verspätet) anlässlich des 70. Geburtsags AKs im Mai 1947 aus Auckland gemeldet (→ 474 AK, Hedwig ...).

6 ***Alf Bachmann:*** Alf(red) August Felix Bachmann (1.10.1863 Dirschau bei Danzig – 1.11.1956 Ambach/Starnberger See); Landschaftsmaler. Studium an der Königsberger Akademie, ab 1891 in München. Zahlreiche Reisen, 1920/21 im Auftrag der Universität La Plata (Argentinien) Patagonienfahrt. B malte vorwiegend Seestücke, aber auch Moor- und Dünenlandschaften in Öl und Pastell. – Etwa 25 Briefe und Karten an AK sowie einige Gegenbriefe aus den Jahren 1924–1948 finden sich in der Städtischen Galerie im Lenbachhaus, München, Kubin-Archiv. Duzfreund. Besagter Brief datiert vom 12.11.1948 und beschreibt unter anderem die schwierige Finanzlage der Familie Bs nach dem Krieg.

477 AK

1 ***Band Otto Fischers:*** Fischer, Otto: *Chinesische Plastik*. München: Piper 1948.

2 ***Barlachzeichnungen:*** 1948 erschien das 6.–8. Tausend des von den Nationalsozialisten eingezogenen Barlach-Bandes *Zeichnungen* (→ 290 RP).

3 ***Schreiben von Hans Eberhard Friedrich ... Thema ... Prisma:*** Für die 1946–1948 in München bei Desch erschienene Zeitschrift *Prisma*, herausgegeben von Rudolf Schneider-Schelde et al., Redaktion Hans Eberhard Friedrich, hatte AK im Mai 1947 die Umschlagzeichnung für das siebente Heft beigesteuert. Im selben Heft war auch der Aufsatz *Alfred Kubin* des Piper-Autors Fritz Nemitz (→ 467 RP, »Mappe der Gegenwart«) erschienen [*R429*]. – Schreiben nicht ermittelt. – Das Folgeprojekt, die *Zeitschrift für die Einheit der Kultur* namens *Thema* (erschienen im Thema-Verlag, Gauting bei München), wurde bereits nach acht Ausgaben wieder eingestellt; 1949 erschien darin nicht nur Carl Orffs *Asututli* (s.u.), sondern auch ein Wiederabdruck

von Hans Carossas Kubin-Kapitel aus *Führung und Geleit* (→ 253 RP) (H.4, S. 35–36). – Hans Eberhard Friedrich (25.6.1907 Greifswald – 1.1.1980 Berlin); Journalist, Schriftsteller und Übersetzer. Studium der Staatswissenschaften und Geschichte in Marburg, Königsberg und Berlin. 1929–1941 Redakteur der *Frankfurter Zeitung* und der *Deutschen Allgemeinen Zeitung* (1935), 1943–1945 Wehrdienst. 1946–1950 Herausgeber der Kulturzeitschrift *Prisma* (bis 1948) und *Thema*, dann Literaturkritiker bei der *Neuen Zeitung*.

4 ***Astutuli ... Carl Orff:*** Orff, Carl: *Astutuli. Eine bairische Komödie*. Mit sieben Illustrationen von Alfred Kubin. In: Thema, Jg. 1, H. 4. Gauting: Thema-Verlag 1949, S. 3–13 [R691; A233]; Abdruck 1953 [R760; A251]. – Carl Orff (10.7.1895 München – 29.3.1982 ebd.); Komponist und Musikpädagoge. Studium in München, 1915–1917 Kapellmeister an den Münchner Kammerspielen, dann in Mannheim und Darmstadt, 1920 Rückkehr nach München. 1924 Gründung einer Schule für Gymnastik, Tanz und Musik mit Dorothee Günther (»Güntherschule«) und Entwicklung des »Orff-Instrumentariums« zur Realisierung seiner musikpädagogischen Ideen. 1930–1933 Dirigent des Münchener Bachvereins, 1937 *Carmina Burana*, 1944 von Hitler in die Gottbegnadeten-Liste aufgenommen, was ihn von einem Kriegseinsatz befreite. 1950–1960 Leiter einer Meisterklasse für Komposition an der Münchener Hochschule. 1961 Leitung des »Orff-Instituts« am Salzburger Mozarteum. Mit der Verbindung von Mimik, Bewegung, Sprache und Musik schuf O eine eigenständige Art des Musiktheaters.

5 ***Ausstellungen im Ausland:*** Für das Jahr 1950 sind etwa Ausstellungen in Lugano (→ 487 AK), London [M1950/11], Venedig [M1950/13] und Bergamo [1950/26] verzeichnet.

6 ***Mensch-Tiergestalten:*** Keine einheitliche Serie bekannt. Die Beschreibung passt etwa auf das Blatt *Hamstermensch* (Ha II 3906, »um 1944«) (→ 498 AK; Nr. 74 in Liste), abgebildet in *Weltgeflecht* (Tafel 175), sowie auf *Das gekrönte Tier* (Ha II 4028, 1944), *Der Vampyr II* (Ha II 3855, »um 1940«) und *Napolium* (Ha II 3972, 1941). Auch aus früheren Schaffensphasen lassen sich ähnliche Sujets belegen: *Der Katzenmensch* (um 1930), abgebildet etwa in *Schmied* (Tafel 123) sowie *Das Menschentier* (1920/25), abgebildet etwa in *Sammlung Leopold* (Tafel 69).

7 ***31 Okt. ... Glückwünsche:*** Anlässlich RPs 70. Geburtstags.

478 RP

1 ***Schinnerer gestorben:*** Adolf Schinnerer war am 30.1.1949 in Ottershausen verstorben.

2 ***seine letzte Arbeit:*** *Michelangelos Weltgericht in 45 Bildern*. Mit Einführung von Adolf Schinnerer. München: Piper 1949.

3 ***Neuausgabe ... »Selbsterzählten Leben«:*** Barlach, Ernst: *Ein selbsterzähltes Leben*. Neue, erweiterte Ausgabe. München: Piper 1948. – Die Erstausgabe war 1928 bei Bruno Cassirer in Berlin erschienen.

4 ***Kakadu ... »Neue Zeitung« ... »Sprachunterricht«:*** *Sprachunterricht* in *AeZ* (Tafel 43). – Abdruck nicht ermittelt.

5 ***»Der gestohlene Mond«:*** Im Zusammenhang mit dem Barlach-Thema verwechselt RP hier wahrscheinlich den Titel des 1948 posthum erschienen Romans *Der gestohlene Mond* von Ernst Barlach mit dem der am 5.2.1939 uraufgeführten Oper *Der Mond* von Carl Orff (nach einem Märchen der Gebrüder Grimm).

6 ***»Carmina burana«:*** Die szenische Kantarte *Carmina Burana*, nach Texten der gleichnamigen mittelalterlichen Sammlung von Vagantenliedern, war am 8.6.1937 in Frankfurt/Main uraufgeführt worden.

7 ***Bücherzeichen:*** → 481 AK, Buchzeichen

479 AK

1 ***Horodisch:*** Abraham Horodisch (3.2.1898 Lodz – 1987 Amsterdam); Verleger, Journalist, Bibliothekar. 1933 Emigration nach Holland, Verfasser des ersten Katalogs zu Kubinschen Illustrationswerken (→ 474 AK, Bibliographische ... Neuheit).
2 ***Trappistenabt:*** Wohl Abt DDr. Gregor Eisvogel, den AK schon 1931 in Engelszell besucht hatte (→ 237 AK).

480 RP

1 ***Zeichnung:*** Variante im Besitz des OÖLMs: *Ausländischer Kurgast in Salzburg* (Ha II 4198, 1949).
2 ***Ledereinband:*** Nicht ermittelt.

481 AK

1 ***Beckmannband:*** Reifenberg, Benno und Wilhelm Hausenstein: *Max Beckmann.* München: Piper 1949.
2 ***anch io sono Pittore!:*** Italienisch: »Auch ich bin ein Maler«. Von AK oft zitierte Äußerung (→ 196 RP, Beitrag ...), die Correggio selbstbewusst vor Raffaels *Heiliger Cäcilia* in Bologna von sich gegeben haben soll.
3 ***Ausstellungsplakat:*** 1949 wurde der 70. Geburtstag RPs und das 45-jährige Verlagsjubiläum begangen. RP, der zwischen 1904 und 1949 775 neue Titel und 655 Neuauflagen herausgebracht hatte, wurde zum Ehrenbürger der Ludwig-Maximilia-Universität ernannt, der Verlag präsentierte sich vom 9.–23.11. mit der Ausstellung *45 Jahre Münchner Kultur* in der Neuen Sammlung. (→ *Piper* 90, S. 212.)
4 ***Buchzeichen:*** Der letzte Absatz des Briefes befindet sich auf der Rückseite eines beigelegten Probedrucks. – *Exlibris Hanns Heeren.* Sujet: Jubal, auf einem Stein sitzend und Flöte spielend [R681]. Weitere Behandlung des Motivs → Ha II 4009 (1943). – 1. Mose 4, 20.21: »Und Ada gebar Jabal; von dem sind hergekommen, die in Hütten wohnten und Vieh zogen. Und sein Bruder hieß Jubal; von dem sind hergekommen die Geiger und Pfeifer.« – 1949 entstand überdies ein Exlibris für Dr. Willy Tropp [R682], in den Folgejahren sechs weitere [R719, 735, 736, 752, 768] sowie das bei *Raabe* nicht verzeichnete für Harry Schoenbein. (→ Horodisch, Abraham. *Alfred Kubin. Exlibris.* Würzburg: Deutsche Exlibris Gesellschaft 1958.)

483 AK

1 ***Picasso:*** Der eigentlich als Pablo Ruiz y Picasso (25.10.1881 Malaga – 8.4.1973 Mougins) geborene spanische Maler, Graphiker und Bildhauer war, wie AKs Ausspruch deutlich macht, trotz seiner nicht zu überschätzenden Bedeutung für die Kunst des 20. Jahrhunderts für den Zwickledter Künstler kaum von Einfluss. – Zwei Arbeiten Ps aus der Kubinschen Graphiksammlung befinden sich in der Wiener Albertina. (→ *Heinzl 1970*, S. 222.)
2 ***Berlinerperiode:*** Max Beckmann war 1907 nach mehreren Kurzaufenthalten nach Berlin-Hermsdorf gezogen, wo er bis zum 1. Weltkrieg wohnte. Der Krieg wurde auch für seine Kunst ein Wendepunkt; Impressionismus und Neoklassizimus waren danach überwunden.
3 ***Bleistiftstudie ... zum Kriegspferd ... von einer jungen hübschen Fanatikerin entwendet:*** Aus der *Ausstellung zum Festspielsommer. Alfred Kubin* in der Salzburger Galerie Welz im Juli und August 1949 wurde am 9.8. »das Bild ›Das Kriegspferd‹ gestohlen. Wenige Tage später gab die 19-jährige Täterin, die behauptete ›unter Zwang gehandelt zu haben‹ und Tochter einer bekannten Schauspielerin war, das Bild wieder

zurück«. Die Öffentlichkeitsarbeit im Zuge dieser Ausstellung wurde ein Ausgangspunkt für die Einbindung AKs in die Blaue-Reiter-Rezeption in Deutschland und dem weiteren Ausland, in Österreich galt er von nun an als »›Vor-Surrealist‹ von herausragender Bedeutung«. [M1949/10] – Zum Kriegspferd existieren zahlreiche Fassungen (→ etwa Ha 2038). Die hier angesprochene Entwurfszeichnung ist bei Karl & Faber als Nr. 409 verzeichnet. Eigenhändige Beschriftung AKs: »Dankgruß für R. Piper – Dez. 1949/Studie zum ›Kriegspferd‹ – andere Fassung«.

4 ***Owlglass »gegen Abend« ... gestorben:*** Hans Erich Blaich, alias Dr. Owlglass, war etwa fünf Jahre nach Veröffentlichung des besagten Buches im Oktober 1945 verstorben (→ 354 RP, Dr. Owlglass ...).

484 RP

1 ***Beckmann ... in Amerika:*** B war 1937 über Paris nach Amsterdam ausgewandert; erst 1947 hatten er und seine zweite Frau Mathilde (Quappi), geb. Kaulbach, Visa für die USA erhalten. Obwohl es für den Künstler schwieriger wurde, sich gegen die wachsende Popularität der gegenstandslosen Malerei zu behaupten, folgten Lehraufträge und zahlreiche Ausstellungen, kurz vor seinem Tod erhielt B noch etwa die Ehrendoktorwürde der Universität St. Louis.
2 ***kopiert:*** Zettelchen mit abgepaustem Wort aufgeklebt.
3 ***ungotische:*** Auch die Herausgeber scheiterten an besagter Stelle.
4 ***»Am anderen Morgen«:*** Bauer, Josef Martin: *Am anderen Morgen*. Roman. München: Piper 1949.
5 ***Dostojewski-Brevier:*** Dostojewski, Fjodor M.: *Was vermag der Mensch? Ein Brevier aus Werken, Briefen und Tagebüchern* zusammengestellt und eingeleitet von Richard Lauth. München: Piper 1949.
6 ***Münzbuch:*** Lange Kurt: *Charakterköpfe der Weltgeschichte. Münzbildnisse aus zwei Jahrtausenden*. München: Piper 1949.
7 ***Kunstkalender:*** *Pipers Kunstkalender 1950*. München: Piper 1949.
8 ***Verlagsausstellung:*** → 481 AK, Ausstellungsplakat

485 AK

1 ***Frau Schinnerer schrieb ich ... Briefe:*** Anna Schinnerer. Lebensdaten nicht ermittelt. – Besagter Brief an AS vom 10.3.1950 befindet sich in der Städtischen Galerie im Lenbachhaus, München, Kubin-Archiv.
2 ***ihre Schwester:*** Wohl Tilly Spier (→ 117 AK, meine Schwägerin).
3 ***Was bedeutet die moderne Kunst? ... Beckmann u. ich behalten aber die Geltung:*** Hausenstein, Wilhelm: *Was bedeutet die moderne Kunst? Ein Wort der Besinnung*. Leutstetten vor München: Die Werkstatt 1949 [R631]. Siehe auch → 10 AK, »Hausenstein«.
4 ***Widerwärtiges mit einem Züricher Verleger:*** Es handelt sich hier wohl um die Zusammenarbeit mit dem Züricher Pegasus-Verlag Gregor Müllers (→ *Kindlimann*, S. 27) anlässlich der Neuausgabe von *Die andere Seite*, die schließlich 1952 im Verlag Gurlitt erscheinen sollte (→ 496 AK, mit Gurlitt ...). Am 12.10.1946 berichtet AK Hermann Hesse hochmotiviert von völlig neuen Illustrationen dafür (→ *Hesse*, S. 298), am 13.7.1948 klagt er gegenüber Hans Fronius wegen der »Saumseligkeit« des Schweizer Verlegers, um am 4.1.1950 an Cäcilia Kindlimann zu schreiben: »Der Pegasus Verlag (Zürich) ist wohl erledigt – mein Material trotzdem sich ein ›Fürsprech‹ der Sache annahm – ist aber noch nicht da – seit 3 Jahren zieht mich der armselige Lump an der Nase herum mit meinem bekannten Hauptwerk – Die andere Seite (mit Lebensgeschichte) und 59 Zeichnungen.« (Zit. *Kindlimann*, S. 31.) – Letzten Endes erschien nur einer der geplanten zwei AK-Bände bei Müller: Nikolai Gogols *Der*

Mantel in einer Auflage von 295 nummerierten Exemplaren mit Bildertitel und 16 ganzseitigen Illustrationen (1949) [R688; A234].

5 ***Schweizer »Fürsprech«:*** AK an Kindlimann, 25.10.1949: »Meine Sache mit Pegasus=Vg – Zürich ist jetzt im Rollen u. mein Sammler Dr. Herb. Sigrist – Rorschach – wird – so hoffe ich zuversichtlich – mir mein Buchmaterial wieder verschaffen – Der ist ja ›Fürsprech‹«. (Zit. *Kindlimann*, S. 29.) Am 23.2.1952: »Die andere Seite, soll wirklich mit den (52) neuen Illustrationen bei Gurlitt, Verlag Linz, im Frühjahr erscheinen – deshalb hatte ich Dich s.zt. zu den [sic!] Telefonanruf bei Pegasus gebeten.« (Zit. ebd., S. 52.) – Herbert Sigrist (1904-?), Schweizer Jurist, ansässig in Rorschach am Bodensee; nähere Lebensumstände nicht ermittelt. – In der Städtischen Galerie im Lenbachhaus, München, Kubin-Archiv, ist nur ein einziger Brief Ss erhalten, er datiert vom 18.11.1947: S möchte Kubinsche Zeichnungen kaufen und freut sich auf die neue Ausgabe von *Die andere Seite*; keinerlei Erwähnung von Verlagsangelegenheiten.

6 ***Sohn des weiland Commissionärs Volkmar Leipzig:*** Gemeint ist wohl der Adoptivsohn des seit Mitte der 1930er nationalsozialisitischen Repressalien ausgesetzten vorsitzenden Geschäftsführers Hans Volckmar (24.7.1873 Leipzig – 22.6.1942 ebd.), Theodor Volckmar-Frentzel (1892–1973). – Die ein Kommissionsgeschäft und eine Sortimentsbuchhandlung umfassende Firma Volckmar war 1829 von Friedrich Volckmar (1799–1876) gegründet worden und hatte sich in den folgenden Jahrzehnten durch Kauf und Übernahme weiterer buchhändlerischer Betriebe vergrößert. Ab 1915 erfolgte der schrittweise Zusammenschluss mit der 1789 gegründeten Firma Koehler zur Koehler & Volckmar AG, die sich bald zum größten Leipziger Kommissionsgeschäft entwickelte. Weitere Unternehmensbereiche waren Verlag, Antiquariat und Exportbuchhandel. Die Firma Koehler & Volckmar wurde auf der Grundlage des Volksentscheides von 1946 enteignet und 1949 im Handelsregister gelöscht. Zu den wechselvollen Jahren während des NS-Regimes → Thomas Keiderling: *Unternehmer im Nationalsozialismus. Machtkampf um den Konzern Koehler & Volckmar AG & Co.* Beucha: Sax 2003. – Neugründung des Unternehmens unter gleichem Namen in Köln 1955. – Lange Zeit war Volckmar auch ein wichtiger Geschäftspartner des Piper-Verlags gewesen. Über das Jahr 1923 schreibt RP: »Unser Kommissionär ist seit dem Gründungstag des Verlags bis heute – heute, fünf Jahre nach Kriegsende [...] – die altbewährte Firma F. Volckmar.« (Zit. *MLaV*, S. 382.)

7 ***entzog ... wertvolle Originale:*** Am 13.10.1949 schildert AK den Vorgang mit Theodor Volckmar-Frentzel (?) (s.o.) in einem Brief an Koeppels, über die der Kontakt zustande gekommen sein dürfte. Man habe AK bei einem spontanen Besuch in Zwickledt mit dem Versprechen einer baldigen Bezahlung bei Luise Schmid in Passau das Bild *Waterloo* und einen *Don Quixote und Sancho Pansa* abgeschwätzt. »Bitte frage nun auch Peter – meint ihr doch, daß ich Grund zur Sorge habe? oder nicht?« (Zit. *DwR*, S. 204.) – Genauere Umstände nicht ermittelt.

486 RP

1 ***Kubin-Artikels ... »Nachmittag«:*** *Der Zeichner von Zwickledt* (→ *MLaV*, S. 450–477).

2 ***einmal in meinem Auftrag von einem Passauer Fotografen ... fotografiert:*** → 191 RP

3 ***Aufnahme im Freien:*** In den *Nachmittag* aufgenommen wurden schließlich das besagte Foto des am Arbeitstisch sitzenden sowie ein Porträt des 73-jährigen AK (→ *MLaV*, Bildteil nach S. 430).

4 ***Briefkopf:*** Schließlich nicht enthalten. RP bezieht sich hier auf Brief → 89 AK, sowie auf die Briefkopfserie um 1920. – Aufgenommen wurde stattdessen ein Faksimile von → 289 AK (→ *MLaV*, Bildteil nach S. 318).

5 ***»preisgekrönt«:*** → 125 AK sowie *MLaV*, S. 452.

6 ***Angel ... Buch:*** → 137 AK sowie *MLaV*, S. 467.

7 ***ausführliche Kapitel:*** → 475 RP, Kapitel über ...

487 AK

1 *Fahne 49:* Der Vorschlag wurde übernommen (→ *MLaV*, S. 454).
2 *II Preis bei der internationalen Graphikausstellung in Lugano:* »Auf der ›Mostra internazionale di bianco e negro‹ in Lugano ist Kubin mit vier Werken beteiligt und erhält einen Preis für das frühe Blatt ›Afrika‹.« (Zit. *Hoberg*, S. 249.) – Zu dem entgegen der Kubinschen Aussagen auf 1902 datierten Blatt → *Bisanz* (Tafel 4; Graphische Sammlung Albertina, Inv.Nr. 30636).
3 *Villon:* Jacques Villon, eigentl. Gaston Duchamp (31.7.1875 Damville–9.6.1963 Puteaux); französischer Maler und Graphiker. Nach Schulabschluss Notariatsgehilfe, 1894 nach Paris, Studium an der Akademie, dann als humoristischer Zeichner tätig. Ausgehend vom Kubismus schloss er sich mit seinen zwei Brüdern u.a. zur *Section d'Or* zusammen. Annäherung an reine Abstraktion ab 1913, dann wieder Rückkehr zu einer stärker gegenstandsbezogenen Malerei, immer aber auf geometrische Grundformen reduziert.
4 *Rouault:* Georges Rouault (27.5.1871 Paris – 13.2.1958 ebd.); französischer Maler und Graphiker. Erst Glasmalerlehre, dann Kunststudium in Paris. Anfänglich meist akademische Bilder religiöser Motivik, dann Hinwendung zum Fauvismus und expressivere Darstellung sozialen und christlichen Erlebens. Neben Gemälden und Aquarellen schuf R auch Glasfenster, graphische Folgen und Illustrationen (etwa zu C. Baudelaire).
5 *Morgenthaler:* Ernst Morgenthaler (11.12.1887 Kleindietwil–7.9.1962 Zürich); Schweizer Maler und Graphiker. Erst kaufmännische Lehre, dann Malunterricht in Zürich, Berlin und München (Stunden bei Paul Klee). Nach Aufenthalten in Genf, Oberhofen, Zürich und Paris ließ er sich 1932 in Höngg nieder. Schuf v.a. Landschaften, Figürliches, Bildnisse im spätimpressionistischen Stil.
6 *Segonsac:* André Dunoyer de Segonzac (7.7.1884 Boussy-Saint-Antoine – 17.9.1974 Paris); französischer Maler, Graphiker und Illustrator. Kunststudium in Paris. Erste Veröffentlichungen und Ausstellungen ab 1908. Teilnahme am 1. Weltkrieg. Stillleben, Akte und Landschaften unter sparsamer Einbeziehung kubistischer Elemente, die S in seinem Spätwerk ins Monumentale steigerte.
7 *der jüngere Gauguin:* Wohl Paul René Gauguin (1911–1976); norwegischer Maler, Graphiker und Übersetzer; Enkel von Paul Gauguin (1848–1903). Schulabschluss in Rouen in der Normandie, dann unstetes Wanderleben in Europa. Ab Anfang Vierzig eigene künstlerische Betätigung, Meister des Holzschnitts.
8 *Masereel:* Frans Masereel (30.7.1889 Blankenberge–3.1.1972 Avignon); belgischer Graphiker, Holzschneider und Maler. Kurzes Studium an der Akademie Gent. 1916–1921 in Genf, ab 1921 in Paris, Flucht vor den Nationalsozialisten an den Rand der Pyrenäen. 1947 Professor an der Kunstschule in Saarbrücken, dann Paris und Nizza. Bekanntheit durch seine kritisch-satirischen Holzschnittfolgen (Konzentration auf den Schwarz-Weiß-Kontrast). Zahlreiche illustratorische Arbeiten (Rolland, Zweig, De Coster).
9 *»Afrika«:* s.o. (→ Eintrag »II Preis …«)

489 AK

1 *Tode Beckmanns:* Max Beckmann war am 27.12.1950 in New York verstorben (→ 490 RP).
2 *R. Koeppel … dahingegangen:* Reinhold Koeppel war am 15.12.1950 seiner schweren Multiple-Sklerose-Erkrankung erlegen.
3 *im September … bei dem Paare:* »Zwei glückliche Auffrischungswochen bei Peter und Hanne verbrachte im September 1950 der alte Einsiedler Alfredo 14.–29.IX.« (Zit. *DwR*, S. 206.)

490 RP

1 ***Sohn Beckmanns:*** Peter Beckmann (31.8.1908 Berlin–25.2.1990 München); Arzt. Schulabschluss in Graz, von 1930–1940 in Berlin, dort Studium der Medizin. Während des Krieges Sanitätsoffizier, ab 1943 Leiter mehrerer Kliniken in Bayern, Spezialisierung auf Kardiologie und Rehabilitationstherapie. Daneben Pflege des Werkes seines Vaters, Sachwalter, Mitglied der 1953 gegründeten *Max Beckmann Gesellschaft.* Zahlreiche Publikationen zu B. (→ *Beckmann 1*, S. 413.) – »Am 1. November 1950 trat Peter Beckmann seine neue Stellung im Krankenhaus Schloß Werneck bei Schweinfurt an, wo sich eine Abteilung für Kriegs-Spätheimkehrer befand. Ende November folgte ihm die Familie nach Franken nach.« (Zit. *Beckmann 3*, S. 524.)

2 ***Frau Beckmann geb. Kaulbach:*** Mathilde (»Quappi«) Beckmann, geb. Kaulbach (4.2.1904 Ohlstadt–30.3.1986 Jacksonville); Sängerin. Jüngste Tochter des deutschnational gesonnenen Malers Friedrich August von Kaulbach (1850–1920). Gesangsstudium in München und Wien, wo sie 1924 Max Beckmann kennen lernte. Nach Bs Scheidung von dessen erster Ehefrau Minna Beckmann-Tube (s. u.) war die Eheschließung am 1.9.1925 erfolgt. (→ *Beckmann 1*, S. 485.)

3 ***zu seiner Mutter:*** Minna Beckmann-Tube (5.6.1881 Metz–30.7.1964 Gauting); Malerin und Opernsängerin. Erste Frau Max Beckmanns. Kennenlernen auf der Kunsthochschule in Weimar 1903, Heirat 1906, Geburt des Sohnes Peter (s. o.) 1908. Auf Wunsch Bs wechselte B-T zur Gesangskunst, erste Auftritte ab 1912, 1918–1925 an der Oper in Graz. Nach der Scheidung Beendigung der Gesangskarriere, weiterhin enger Kontakt zu B, Gründung der *Max Beckmann Gesellschaft* 1951. – Peter Beckmann (s. o.) hatte Anfang des Jahres 1950 seine Tätigkeit in Ebenhausen aufgegeben und die zweite Jahreshälfte mit seiner Familie bei der Mutter in Gauting gelebt, bevor er die neue Stelle in Werneck (s. o.) antrat. (→ *Beckmann 3*, S. 520–527.)

491 AK

1 ***italienische Erlebnis ... Hoerschels Eintragung ins Fremdenbuch:*** Der Eintrag Rolf von Hoerschelmanns in das Gästebuch der Casa Baldi (→ *MLaV*, S. 604), beschrieben im Kapitel *Das italienische Erlebnis* (→ *MLaV*, S. 561–674).

2 ***1905 ... 6 wöchigen Rivierareise:*** »Im September unternehmen Alfred und Hedwig Kubin eine Reise nach Südfrankreich.« (Zit. *Hoberg*, S. 229.)

3 ***Gastein, Schererhof:*** Die Kapitel *Mit Josef Weinheber im Gasteiner Tal* (→ *MLaV*, 545–560) und *Auf Gulbranssons Schererhof* (→ *MLaV*, S. 485–499).

4 ***Ulrike ... Foto ... Pracht-Dogge:*** Das Kapitel *Aus Ulrikens Kindheit* (→ *MLaV*, S. 442–449) und eine Fotobeigabe (→ ebd., Bildteil vor S. 591).

5 ***Besuch in der früheren großen Wohnung:*** In Anbetracht des Alters der Söhne RPs ist hier wohl von der bis 1931 bewohnten Hiltensbergerstraße 43/IV die Rede (→ 352 AK, Privatwohnung). Möglicherweise der Besuch im Jahre 1921 (→ 111 AK).

6 ***Wiener Neutöner ... »Kubiniana«:*** Hans Erich Apostels *Kubiniana* (Op. 13) [R*339*].

7 ***Armin Knab ... Carossa:*** RP beschreibt in seinen Lebenserinnerungen die im Verlag veranstalteten »Hauskonzerte« mit Laien- und Berufsmusikern. »Zu einem derselben kam Armin Knab von Rothenburg, wo er damals als Amtsrichter fungierte, und begleitete seine schönen Wunderhornlieder.« (Zit. *MLaV*, S. 677.) – Armin Knab (19.2.1881 Neu-Schleibach–23.6.1951 Wörishofen); Komponist, Musikschriftsteller. Studium der Rechte in Würzburg und München, zeitgleich Klavierstudium an der Musikschule in Würzburg bei M. Meyer-Olbersleben. Als Jurist in München, Vilshofen, Rothenburg (1913–1926) und Würzburg (1927–1934) tätig, 1934–1943 Dozent (1935 Professor) für Theorie und Tonsatz an der Hochschule für Schul- und Kirchenmusik in Berlin-Charlottenburg. Bedeutsam waren Ks Erneuerung und Weiterentwicklung des Chor- und Klavierliedes, sein Engagement in der Jugend- und

Schulmusikbewegung und seine Neuentdeckung der altdeutschen Liedkunst. – K vertonte Gedichte Carossas (→ *Carossa 1*, S. 265), der seinerseits 1926 einen Liederband des Komponisten einleitete (→ *Carossa 2*, S. 416). – Auch Ludwig Klages hatte AK zufällig während einer Eisenbahnfahrt kennengelernt (→ 510 AK).

8 ***Carossa … Ungleiche Welten:*** Carossa, Hans: *Ungleiche Welten*. Frankfurt/Main: Insel 1951.

9 ***Nachkommen Trimurti:*** »Trimurti« ist ein Begriff aus dem Hinduismus, bedeutet soviel wie »Dreigestalt« und beschreibt die Einheit der Götter Brahma (Schöpfer), Vishnu (Erhalter) und Shiva (Zerstörer). Auch im Briefwechsel mit FHO angesprochen (→ *FHO*, S. 32). Genauer Bezug unklar.

10 ***kleines Zeichen meiner Hände:*** Nicht ermittelt.

492 RP

1 ***Klaus … mit seiner jungen Frau:*** Klaus Pipers zweite Ehefrau Elisabeth Holthaus (1924–1986), Heirat 1950 in München.

2 ***»Künstler, Dichter und Musiker in Briefen an ihren Verleger«:*** Erst posthum verwirklicht in dem von Ulrike Buergel-Goodwin und Wolfram Göbel herausgegebenen Band *Reinhard Piper. Briefwechsel mit Autoren und Künstlern 1903–1953* (München: Piper 1979), in dem auch einige der hier edierten Briefe AKs zum ersten Mal veröffentlicht wurden.

3 ***Kunstkalenders für 1952:*** *Pipers Kunstkalender 1952*. München: Piper 1951.

4 ***»Untergang der Abenteurer« … Satz:*** Das Blatt war unter gleichem Titel bereits in *AeZ* erschienen (Tafel 53); die entsprechende Textstelle stammt aus dem Aufsatz *Fragment eines Weltbildes* (1931) (→ *AmW*, S. 38).

5 ***Cloos:*** Cloos, Hans: *Gespräch mit der Erde. Geologische Welt- und Lebensfahrt*. München: Piper 1947.

6 ***Buschor:*** Buschor, Ernst: *Frühgriechische Jünglinge*. München: Piper 1950.

7 ***Jaspers:*** Jaspers, Karl: *Vernunft und Widervernunft in unserer Zeit*. München: Piper 1950.

8 ***Eipper:*** Eipper, Paul: *Die gelbe Dogge Senta*. Geschichte einer Freundschaft. München: Piper 1950.

9 ***Spoerl jr.:*** Spoerl, Alexander: *Memoiren eines mittelmäßigen Schülers*. München: Piper 1950.

10 ***Gurlitt … Voranzeige … »Phantasien im Böhmerwald«:*** → 291 RP. – Exemplar der Voranzeige → ÖLA 77/S1/2.

493 RP

1 ***»Briefen« von Hermann Hesse:*** Hesse, Hermann: *Briefe*. Berlin, Frankfurt/Main: Suhrkamp 1951. – Zu dem besagten Brief → *Hesse*, S. 261–262.

2 ***Phantasien im Böhmerwald … Nazizeit:*** Zu den Piperschen Bedenken → etwa 293 RP.

3 ***Ihr schönes Altersbildnis im »Nachmittag«:*** → 486 RP, Aufnahme …

4 ***»Begegnungen«:*** Die Fortsetzung erschien 1954 bei Piper unter dem Titel *Und so weiter* – und verkaufte sich ebenfalls sehr zufriedenstellend.

494 AK

1 Dem Brief beigelegt sind eine Fotografie (»Siegfried Vegesack hat das in Waldhäuser aufgenommen im September 51. – A Kubin für R. Piper – wahrscheinlich vorgeschrittene Altersparalyse«) und die Reproduktion eines Porträts (»Alfred Kubin Oktober 1951 dem Hause Piper – gemalt von Max Hirschenauer«).

2 ***österr. Maler ... Porträt:*** Max Hirschenauers (1885–1955) Ölgemälde *Alfred Kubin* von 1951 [R*160*]. – »Na ich wurde vom Collegen Max Hirschenauer gestern in 2 Sitzungen gemalt einmal in Schärding bei meinem Zahnarzt [...] Das Portrait ist famos gelungen«. (Zit. *Kindlimann*, S. 50; siehe auch → *Steinhart*, S. 134.)
3 ***Altdorferband ... Winzinger:*** Winzinger, Franz: *Albrecht Altdorfer*. Zeichnungen. München: Piper 1952. – Franz Winzinger (22.7.1910 Hofberg–8.9.1983 Regensburg); Maler, Graphiker, Kunstsammler. Schwager von Adolf Schinnerer. Studium der Malerei und der Kunstgeschichte in München. 1938 anlässlich einer Altdorfer-Ausstellung an die Alte Pinakothek geholt, 1940 Promotion über Altdorfer. Nach Kriegsteilnahme erst an der Universität Erlangen, dann in Regensburg. 1954–1979 Lehrauftrag an der Nürnberger Akademie. W sammelte vorwiegend altdeutsche Meister sowie chinesische und japanische Graphik. Besagter Brief datiert vom 17.12.1950: »Mein Altdorfer ist immer noch nicht geboren. Ich habe das Manuskript nochmals überarbeitet – ich glaube es hat ihm gut getan.« (Zit. StGL-M-KA.)
4 ***mir neu die Tafeln:*** Nachträgliche hs Anmerkung RPs mit Bleistift: »Elsässischer Meister um 1480: Büste eines armen Mannes; von der Vring: Wilma; Hellenistisch: Kopf eines sterbenden Persers«. – Genaue Daten der genannten Abbildungen wurden nicht ermittelt.
5 ***Böhmische ... Okt. 1951:*** AK besuchte Hanne Koeppel zum letzten Mal in Waldhäuser, Gegenbesuche in Zwickledt sollte es noch des Öfteren geben. AK an Kindlimann, 17.10.1951: »Mir blühte diesen September eine 3 wöchige Erholung im bayr. Wald [...] Dann ward ich in Waldhäuser abgeholt durch Carossa dem Dichter da kamen noch also einige sehr intime Tage hinzu.« (Zit. *Kindlimann*, S. 49.)
6 ***Freund Koeppel:*** → 489 AK
7 ***Kippenbergs unerwartetes Sterben:*** Hans Carossas Verleger war am 21.9.1950 in einer Klinik in Luzern verstorben.

495 RP

1 ***Gustave Doré:*** *Gustave Doré. Potpourri.* Zubereitet von Ernst Penzoldt. München: Piper 1951 (Piper-Bücherei 43).
2 ***Gulbransson:*** *Olaf Gulbransson. Idyllen und Katastophen.* 22 heitere Bildergeschichten mit Versen von Dr. Owlglass. München: Piper 1951 (Piper-Bücherei 44).
3 ***»Abenteuer« ... 5, 8, 13, 15:*** Die Blätter *Isis und ihre Kinder*, *Tiger an der Tränke*, *Die Bremer Stadtmusikanten* und *Am Bosporus* sind geprägt von für ein kleines Format ungünstig engen Strichlagen und sehr dunklem Gesamteindruck.
4 ***»Caprichos« ... Goya:*** Nicht realisiert.
5 ***Kubin-Buch:*** Das sechste und letzte gemeinsame Buchprojekt mit Piper sollte 1952 unter dem Titel *Abendrot* erscheinen [R741].

496 AK

1 ***»der Tümpel«:*** Kubin, Alfred: *Der Tümpel von Zwickledt.* Wien: Österreichische Staatsdruckerei 1952. Text von Wolfgang Schneditz [R742; A246]. – Dazu *Raabe*: »Die Zeichnungen waren ursprünglich als Illustrationen zu Versen von Valerie Erika Engel-Sticka geplant.«
2 ***mit Gurlitt ... Misshelligkeit:*** Nichtsdestoweniger erschien die Neuausgabe von *Die andere Seite* 1952 nach langen Verzögerungen durch Gregor Müller (→ 485 AK, Widerwärtiges ...) bei Gurlitt – sogar mit einem Vorwort des Verlegers. Im Jahr 1951 gab es zudem zahlreiche weitere gemeinsame Projekte: Neben der Publikation der Böhmerwald-Mappe und *Die andere Seite* kam es noch zur Veröffentlichung von AKs *Variationen zu Arthur Honegger »Der Totentanz«* (Dichtung von Paul Claudel, deutsche Fassung von Hans Reinhart) [R727; A243; HbXI]. Gurlitt richtete in seiner

Neuen Galerie der Stadt Linz von März bis Juni außerdem die große Ausstellung *Alfred Kubin. Aus der Werkstatt des Künstlers. Entwürfe, Skizzen, Zeichnungen, Lithographien, neue Werke* aus [M1951/3].

3 ***jede Woche Zahnbehandlung:*** AK an Steinhart am 16.11.1951: »Seit 2 Jahren muß ich sozusagen jede Woche zu meinem Zahnarzt – den ganzen Kram gegen eine Prothese wechseln zu lassen, kann ich mich nicht entschließen, denn 72 Jahre ging's sozusagen günstig mit dem festen Material, das die Natur mir zur Verfügung stellte – seither bröckelt das meiste.« (Zit. *Steinhart*, S. 134.)

497 AK

1 ***Luise Schmid:*** Luise Schmid (24.5.1906 Passau – 26.7.1987 ebd., begraben in München); Buchhändlerin. Buchhändlerschule in Leipzig, Eröffnung einer eigenen Buch- und Kunsthandlung im Hause Grabengasse 11, Passau, am 1.1.1946 (1974 in das Haus Schustergasse 17 verlegt). Spätere Miterbin AKs (→ etwa Brief des Piper-Verlags an S vom 20.3.1961; Deutsches Literaturarchiv, Marbach). Die mit zahlreichen Künstlern und Literaten in Verbindung stehende S engagierte sich auch in der Kulturarbeit und veranstaltete Dichterlesungen, Ausstellungen und Konzerte. 1980 musste sie ihr Geschäft aus Altersgründen schließen. (→ *1000 Passauer.*)

2 ***Wilhelm Fraenger ... Die Hochzeit zu Kana ... Lichtbildvortrag:*** F widmete sein *Die Hochzeit zu Kana. Ein Dokument semitischer Gnosis bei Hieronymus Bosch* (Kunstwerk und Deutung, H. 6. Berlin: Gebrüder Mann 1950) »Alfred Kubin in dankbarer Verehrung«; der hier angesprochene Vortrag ist vermutlich ident mit dem in *Castrum Peregrini* (173/174, 1986, S. 38–52) abgedruckten *Alfred Kubin. Ein Vortrag.*

3 ***Astutuli ... Onuphri:*** → 477 AK. – Das von AK am oberen Rand der Zeichnung mit »Onuphri« betitelte Blatt ist Illustration Nr. 3 des besagten Bandes. Unter gleichem Titel siehe auch → Ha II 3909 (»um 1948«). – Erklärung AKs unklar. Überliefert sind der Heilige Onuphrios der Große (um 400, Ägypten), Patron der Weber, Viehpatron, auch: Schutzpatron von München (wohl in *Astutuli* angesprochen) bzw. »Onuphri« (der Gütige) als gängiger Beiname der ägyptischen Gottheit Osiris.

4 ***H. Eberhard Friedrich:*** Hans Eberhard Friedrich (→ 477 AK).

5 ***Hugo v. Habermann:*** → 26 AK, »Habermann«

6 ***drei Generationen Weinhändler Berchtold ... Magdeburg:*** Die Großeltern Isidor und Johanna Kletzl (geb. Berchtold); Lebensdaten nicht ermittelt. (→ *Oswald*, S. 79.) – AK an FHO am 10.1.1939: »am interessantesten ist mir daß meine sehr schöne *Großmutter* geb. Berchtold, aus Magdeburg, protest., stammend 3 Generationen Weinhändler waren – – (vielleicht stammt von dem vielen Wein + Seydlitz'scher Syphilis mein Talent? Homöopathisch ist alles möglich)«. (Zit. *FHO*, S. 282.)

498 AK

1 Liste der übersandten Blätter im Anhang.

2 ***Herbst:*** Die Zeichnung *Herbst* ist reproduziert in dem Ausstellungsprospekt *Der Zeichner aus Zwickledt* bei Günther Franke in München (1954) [M1954/7].

3 ***Nachbar und Pachter:*** Nicht ermittelt.

4 ***»Besuch auf dem Ölgut«:*** Nicht ermittelt.

5 ***»Filigrane«:*** → 133 RP

6 ***korrespondierendes Mitglied:*** Bei *Raabe* und *Hoberg* auf 1949 datiert.

499 RP

1 ***Fraenger ... Beckmann:*** → 71 RP, Beckmann

2 ***Text:*** Zur Klärung der Einleitungsfrage → 511 RP, Text ...

500 RP

1 ***Olafs »Katastrophen«:*** → 495 RP
2 ***»Don Quichote und Sancho Pansa«:*** → 320 RP
3 ***Bäuerin im Hagelwetter:*** → 376 RP und folgende
4 ***»Der verlorene Sohn«:*** Variante unter gleichem Titel im Besitz des OÖLMs (Ha II 3890, »um 1939/40«). – In *Weltgeflecht* (Tafel 98–99) sind zwei gleichnamige Blätter (mit anderem Motiv) aus dem Jahr 1920 abgebildet.
5 ***Autobiographie von zwei Seiten:*** Zur Klärung der Einleitungsfrage siehe → 511 RP, Text…
6 ***Hermann Hesse… Brief… »Abenteuer«:*** → 493 RP
7 ***Billinger… Gedichts:*** Unter dem Titel *Düngerlachen fangen dich…* in *Abendrot* (S. XII).

501 AK

1 ***wie Sie hier ersehen:*** »Um ein Einschleppen der Maul- und Klauenseuche aus dem bayrischen Grenzgebiet durch Grenzgänger möglichst zu verhindern, sah sich die Bezirkshauptmannschaft Schärding veranlasst, den kleinen Grenzverkehr auch für Personen auf das allernotwendigste Ausmaß zu beschränken.« (Zit. beigelegter Zeitungsausschnitt ohne Quellenangabe.)
2 ***Kapsreiter… Nationalrat… Großindustrieller… New York:*** Gusatv Kapsreiter sollte AK um beinahe zwölf Jahre überleben (→ 430 AK, Verse… Gustav Kapsreiter).
3 ***ein Heft… 5 Fragen:*** Kubin, Alfred: *Prof. Alfred Kubin über Geist und Gestalt der Buchillustration. Ein Gespräch mit Heinz Kindermann.* In: Freude an Büchern. Monatshefte für Weltliteratur, Jg. 3, H. 1, 1952, S. 9–10 [R756]. Nicht in den Riemerschmidtschen Sammelbänden enthalten.

502 RP

1 Dem Durchschlag beigelegt ist eine Abschrift eines Briefes an »Dir. Dr. P. Halm, Graph. Staatl. Graphische Sammlung, München 2«, ebenfalls vom 7. 12. 1951, in dem RP den Adressaten zu einer Ausstellung anlässlich AKs 75. Geburtstag auffordert (→ 508 RP).
2 ***Fotografie:*** → Anmerkung zu Brief 494 AK.
3 ***»Pilgerschaft«:*** Unter gleichem Titel in *Abendrot* aufgenommen (Tafel 6).
4 ***Ihre Aussagen zum Thema »Illustration« :*** → 501 AK
5 ***Band mit Selbstzeugnissen von Künstlern:*** Nicht realisiert.

503 AK

1 ***Wolfskehl:*** Zitat nicht ermittelt.
2 ***Berg meiner Jugend:*** Die Jahre 1883–1891 hatte AK mit knapp zweijähriger Unterbrechung (Gymnasium Salzburg) in Zell am See verbracht, das nur wenige Kilometer nördlich des Kitzsteinhorns (3203 m) liegt.
3 ***Hesse… Bfstelle:*** → 493, 500 RP
4 ***Zeichnung:*** Nicht ermittelt. In der Edition des Briefwechsels AK-Hesse klafft zwischen Winter 1946 und Sommer 1952 eine Lücke.

504 AK

1 ***Desinfektion der Schuhe:*** Wegen der Maul- und Klauenseuche (→ 501 AK).

505 RP

1 ***Preetorius:*** Emil Preetorius (21.6.1883 Mainz–27.1.1973 München); Graphiker, Buchkünstler und Bühnenbildner. Studium der Kunstgeschichte sowie der Natur- und Rechtswissenschaften, dann Besuch der Münchener Kunstgewerbeschule. Als Graphiker Autodidakt, wichtiger Vertreter des Jugendstils. 1909 Gründung der *Schule für Illustration und Buchgewerbe* (mit Paul Renner), ab 1910 Leitung der Münchener Lehrwerkstätten. Großer Einfluss auf die deutsche Buchkunst. Ab 1928 Professor an der Hochschule für bildende Kunst in München, 1932 Szenischer Leiter der Bayreuther Festspiele, nach dem 2. Weltkrieg Präsident der Akademie der Schönen Künste. Zahlreiche Illustrationsarbeiten, Zeichner für *Simplicissimus* und *Jugend*. – Ab 1907 für Georg Müller, Wolff, Insel, Rowohlt u.a. tätig, übernahm er die buchkünstlerische Gestaltung der Piper-Bücherei (sowie von mehr als 100 Einzelumschlägen) und bestimmte das Erscheinungsbild des Verlags nach dem Krieg entscheidend. Auch seine Publikationen als Kunstschriftsteller erschienen nach 1945 bei Piper; bereits 1924 hatte RP Ps *Gedanken zum illustrierten Buch* verlegt. (→ *Piper 90*, S. 199–200.) Ebenfalls gestaltete P drei Varianten des Verlagssignets (→ *MLaV*, S. 515–517).
2 ***»Abendrot«:*** Der endgültige Titel ist nun gefunden. Zur Klärung der Einleitungsfrage → 511 RP, Text…
3 ***»Nachbarn«:*** Der Austausch wurde vorgenommen, der *Verlorene Sohn* durch das Blatt *Nachbarn* ersetzt (Tafel 43).

506 AK

1 ***»Daten«:*** AKs schließlich nicht zustande gekommener Textbeitrag mit einer kurzen Autobiographie (→ 500 RP).
2 ***40 – statt 60… zurückzustellen:*** Der fertige Band enthält 38 ganzseitige Reproduktionen, dazu sieben kleine Reproduktionen im Text (wobei zwei ursprünglich zu einer einzelnen Zeichnung gehörten); der Untertitel lautet schließlich: »45 Bilder mit einer autobiographischen Plauderei«.

507 AK

1 ***Öst. Staatspreis:*** AK erhielt 1951 den erstmals vergebenen *Großen Österreichischen Staatspreis für bildende Kunst* für sein künstlerisches Lebenswerk.
2 ***einen Freund:*** Lambert Binder (→ 519 AK).
3 ***Kanter Vg… Billinger zwei Seiten Einführung:*** *Schemen* (→ 333 AK, Köpfe) bzw. Abschrift der Lebensdaten (→ 509 AK). – Einführung: *Gesichte und Gesichter von Alfred Kubin* (gesamter Band ohne Paginierung).

508 RP

1 Dem Durchschlag beigelegt ist eine Abschrift eines Briefes von Direktor Halm an RP, in dem er die Durchführung einer Ausstellung im April 1952 in Aussicht stellt (→ 511 RP, Kubin-Ausstellung). Ebenfalls beigelegt sind Durchschläge je eines Gedichts von Franz Dülberg (→ *Abendrot*, S. XV–XVI sowie 516 AK) und Hans Carossa (»Ein Stern singt«, → 195 RP).
2 ***Feldzugsplan:*** Etwaige Abdruckdaten der erwähnten Bilder wurden nicht ermittelt.
3 ***»Krötenknäuel«:*** Unter gleichem Titel in *Abendrot* aufgenommen (Tafel 12).
4 ***»Schlüsselloch«:*** Unter gleichem Titel in *Abendrot* aufgenommen (Tafel 17). Variante im Bestand des OÖLMs (Ha II 3918, »um 1940«). Entwurfszeichnung abgebildet etwa in *Schmied* (Tafel 166).

5 *»Ahasver«:* Unter gleichem Titel in *Abendrot* aufgenommen (Tafel 10).
6 *»Geist des Motorrads«:* Unter gleichem Titel in *Abendrot* aufgenommen (Tafel 27).

509 AK

1 *Vertreter:* Lambert Binder (→ 519 AK).

510 AK

1 ***Buch vom Spiegel:*** Hartlaub, Gustav Friedrich: *Zauber des Spiegels.* Geschichte und Bedeutung des Spiegels in der Kunst. München: Piper 1951.
2 ***Staatspreis ... Felix Braun ... Dankrede:*** Felix Braun (4.11.1885 Wien–29.11.1973 Klosterneuburg); österreichischer Schriftsteller. Studium der Germanistik und Kunstgeschichte. Kurzzeitig Feuilletonredakteur der *Berliner Nationalzeitung*, danach Lektor des Münchener Georg Müller Verlags und freier Schriftsteller in Wien. Freund Rilkes und Hofmannsthals. 1928–1937 als Dozent für deutschsprachige Literatur an der Universität Palermo, 1937/38 Universität Padua; Exil in London 1939–1951 (Unterricht an Volkshoch- und Abendschulen), nach Rückkehr Lehrtätigkeit am Reinhard-Seminar und an der Akademie für angewandte Kunst. 1951 erhielt er den Österreichischen Staatspreis für Literatur.
3 ***Baudelaire:*** Die Originalaussage des französischen Dichters und Essayisten Charles Baudelaire (9.4.1821 Paris–31.8.1867 ebd.) lautet: »Le dessin arabesque est le plus spiritualiste des dessins« – »Die Arabeske ist die vergeistigste aller Zeichnungen.« (Zit. Baudelaire, Charles: *Mein entblößtes Herz. Tagebücher.* Frankfurt/Main: Insel 1966, S. 8.)
4 ***Briefe Rob. Schumanns ... Martin P.:*** Piper, Martin (Hrsg.): *Robert Schumann. Leiser Ton im bunten Erdentraum. Bekenntnisse und Erzählungen in seinen Briefen.* München: Piper 1951.
5 ***Schärdinger Freunde zu Carossa nach Rittsteig:*** Wohl mit Familie Kapsreiter.
6 ***Schwiegervater von Eva Carossa:*** Eva Carossa (*13.8.1930), Tochter Hans Carossas aus erster Ehe mit Valerie, geb. Endlicher – später Herausgeberin des väterlichen Briefwechsels. Verheiratet mit Niels Armin Kampmann, Sohn des Niels Kampmann (1892–1956), seinerseits Verleger etwa des Graphologie-Pioniers Ludwig Klages.
7 ***Klages:*** Ludwig Klages, Ps. Dr. Erwin Axel (10.12.1872 Hannover–29.7.1956 Kilchberg/Zürich); Philosoph, Schriftsteller und Graphologe. Studium der Chemie und Philosophie in Leipzig, Hannover und München. Zwischen 1893–1915 in München wohnhaft, Freundschaften mit Friedrich Huch, Franziska Gräfin zu Reventlow, Stefan George, Alfred Schuler und Karl Wolfskehl. Zwischen 1894 und 1904 Veröffentlichungen in Georges *Blätter für die Kunst*, Kontakt mit Bachofens *Mutterrecht*, dann in Opposition zum George-Kreis (antisemitische Vorbehalte gegenüber jüdischen Mitgliedern) und Aufgabe der Schriftstellerei. Gründung der *Deutschen Graphologischen Gesellschaft* 1896, 1905 des *Psychodiagnostischen Seminars* in München (ab 1919 in Kilchberg als *Seminar für Ausdruckskunde*) und Forcierung der graphologischen Studien. Ks Hauptwerk *Der Geist als Widersacher der Seele* (Leipzig: Barth) erschien ab 1929 und forderte »die Errichtung einer neuen Gemeinschaft aus den irrationalen Kräften des Rausches und der Ekstase, der Erde und des Blutes« (Zit. *FHO*, S. 362); die dort systematisierten Ideen hatten aber in verstreuten Schriften bereits ab der Jahrhundertwende stark auf die zeitgenössische Künstlerschaft gewirkt. Während des 1. Weltkriegs Emigration in die Schweiz, Hinwendung zur Erforschung der Theorie des Bewusstseins. Zahlreiche Vortragsreisen durch Europa. Ks kultur- und kapitalismuskritisches Werk wirkte als Künstlerphilosophie sowie auf die spätere Ökologie-Bewegung. Im »Dritten Reich« abgelehnt. – AK hatte den von ihm schon seit der Münchener Zeit geschätzten K 1911 zufällig während einer Zugfahrt kennengelernt,

ihn im August desselben Jahres nach Zwickledt eingeladen und besaß nahezu alle seine Schriften. Über die Beziehung geben der 1999 im Schillerjahrbuch (S. 49–95) von Paul Bishop unter dem Titel *Mir war der ›Geist‹ immer mehr eine explodierte Elephantiasis* herausgegebene Briefwechsel AK-K (1911–1927) sowie die Arbeit *Kubin und Klages, Klages und Kubin. Begegnung in Schwabing* von Hans Kasdorff (In: Zeitschrift für Menschenkunde 2, 1986, S. 273–278) Auskunft. – Einen möglichen Einfluss Ks auf AKs *Die andere Seite* diskutiert → *Geyer*, S. 170ff.

8 ***Prinzhorn:*** → 101 AK, Heidelberg

9 ***Werner Deubelerinnerungen:*** Werner Deubel (8.7.1894 Rotenburg/Fulda – 12.11.1949 Heppenheim); (Bühnen-)Schriftsteller und Journalist. Teilnahme am 1. Weltkrieg, schwere Verwundung. Ab 1914 mit Ludwig Klages bekannt. Feuilletonredakteur der *Frankfurter Nachrichten*, dann freier Schriftsteller in Affolterbach im Odenwald. Heute weitgehend unbekannt.

10 ***»Wolfskehl-Kreis«:*** Der symbolistische und neuromantische Kreis um Stefan George (1868–1933), dem neben Karl Wolfskehl auch Friedrich Gundolf, Ludwig Klages, Alfred Schuler u.a. angehörten; im Allgemeinen als *George-Kreis* bekannt.

511 RP

1 ***»Circe«:*** Unter gleichem Titel in *Abendrot* aufgenommen (Tafel 7).

2 ***»Tiroler Hof«:*** Unter gleichem Titel in *Abendrot* aufgenommen (Tafel 23).

3 ***Text... Ausstellung in Nürnberg:*** Kubin, Alfred: *Biographischer Umriß*. 1933. In: Alfred Kubin. Veröffentlichungen der Gesellschaft für zeichnende Künste Nürnberg. Nürnberg 1933 (→ *AmL*, S. 99–100) [R500; B24]. – Kaum Veränderungen für den Band *Abendrot* (S. V–VIII).

4 ***Briareus:*** Unter gleichem Titel in *Abendrot* aufgenommen (Tafel 8). – Meist Briareos; neben Gyes und Kotts einer der drei hundertarmigen, fünfzigköpfigen Söhne der Gaia (Erde) und des Uranus (Himmel), die sog. Hekatoncheiren, die dem Vater (laut Hesiod) so missfielen, dass er sie wieder in den Bauch der Erde zurückstieß. Schließlich von Zeus befreit, halfen sie diesem in seinem Kampf gegen die Titanen und dienten dann als Wächter vor den Toren des Tartaros. Von den Menschen wurde Briareos (laut Homer) auch Aigaion genannt. Bei Philostratus und Ovid wird er als Meeresgottheit bezeichnet, Vergil beschreibt ihn als auf Seiten der Giganten den Olymp erstürmend (→ 512 AK).

5 ***Briefzeichnungen:*** Letztlich waren es sieben. Die Illustrationen im originalen Kontext → 19 (zweigeteilt), 41, 75, 120, 221, 230 AK.

6 ***Direktor... Dr. Halm... Neffen des... Prof. Peter Halm:*** Peter Halm (17.11.1900 München – 27.4.1966); Kunsthistoriker, Herausgeber und Museumsdirektor. Studium in München, Wien, Berlin und Rostock. 1927–1935 im Kupferstichkabinett Dresden, 1935–1939 an der Staatlichen Kunsthalle in Karlsruhe, dann an der Bayerischen Staatsgemäldesammlung. 1948–1965 Direktor der Staatlichen Graphischen Sammlung, deren Wiederaufbau er leitete. – Peter Ignaz Johann von Halm (14.12.1854 Mainz – 25.1.1923 München); Maler, Graphiker, Radierer. 1917 geadelt. Studium in München und Berlin. Anfangs vorwiegend Reproduktionsgraphik, ab 1887 zahlreiche Originalarbeiten. 1900 Professor (Nachfolger des AK-Lehrers Gysis) an der Münchener Akademie. Bedeutender Radierer von Landschafts- und Stadtmotiven teils impressionistischer Prägung.

7 ***Kubin-Ausstellung:*** Wohl Zusammenarbeit der beiden Ausstellungen *Alfred Kubin* im Central Collecting Point, Staatliche Graphische Sammlung München, April 1952 [M1952/6], und *Alfred Kubin. Aus der Werkstatt des Künstlers* im Kunstkabinett der Galerie Wolfgang Gurlitt, Mai 1952 [1952/9].

512 AK

1 ***Bryareus … Sebastian Brant's Ausgabe des Virgil:*** Sebastian Brant (April 1457 Straßburg–10.5.1521 ebd.); humanistischer Schriftsteller, Übersetzer, Herausgeber und Universalgelehrter. Studium der Rechte in Basel, 1483 Dozent ebd., ab 1496 Professor. Nach den Schwabenkriegen übersiedelte der kaisertreue Katholik B nach Straßburg, dort 1503–1521 Stadtschreiber. 1494 erschien das wirkungsmächtige *Narrenschiff*, die Tradition der mittelalterlichen Ständesatire erweiternd. – Eine von Brant besorgte, mit 214 Holzschnitten ausgestattete Ausgabe der Werke Vergils erschien 1502 bei Hans Grüninger in Straßburg. Die Textarbeit hatte Brant bereits 1491 abgeschlossen. – Erwähnung »Briareus« etwa → Vergil: *Aeneis. Liber Sextus*, V.285–289.
2 ***»Fama«:*** Göttin/Personifikation des Gerüchts. Von Vergil in der Aeneis als geflügelte Missgestalt mit zahlreichen Augen, Ohren und Mündern geschildert. – Erwähnung »Fama« etwa → Vergil: *Aeneis. Liber Quartus*, V.178–183.
3 ***Gorgones:*** Nach Hesiod drei geflügelte Schreckensgestalten mit Schlangenhaaren, die jeden Betrachter zu Stein erstarren ließen. Töchter des Meeresgottes Phorkys und der Keto. Die einzige Sterbliche unter ihnen, Medusa, wurde von Perseus enthauptet. Homer kennt nur eine Gorgo und schildert sie als Ungetüm der Unterwelt.
4 ***Harpyi:*** Verderbenbringende, kaum verwundbare Mischwesen aus Vögel- und Frauenleibern, nach Hesiod Töchter des Thaumas und der Elektra.
5 ***Eumenides:*** Griechisch: »die Wohlwollenden«. In der griechischen Mythologie alte Geister oder Fruchtbarkeitsgöttinnen der Erde mit bestimmten moralischen und sozialen Funktionen. In Athen, in Kolonos und in Ländern außerhalb Attikas verehrt. Trotz ihres Namens wurden die Göttinnen meist als gorgonengleiche Kreaturen mit Schlangenhaaren und Augen, aus denen Blut tropft, dargestellt. Später mit den Rachegöttinnen (Erinnyen) identifiziert.
6 ***bewidmete Quixote:*** → 320 RP
7 ***Herren am Königsplatz:*** Adresse der Staatlichen Sammlung München (→ 511 RP).
8 ***Freude an Büchern:*** → 501 AK, ein Heft …
9 ***zwei graphologische Gutachten:*** → 514 AK

513 RP

1 ***ausweichen:*** AK an Hanne Koeppel am 14.7.1952: »Dem eigentlichen ›Geburtstag‹ wich ich nach Bad Ischl in einen kleinen Gasthof aus – es gefiel mit die beziehungslose Ruhe in neuer Landschaft gut – obschon ich nicht zum eigentlichen Seelenfrieden kam.« (Zit. *DwR*, S. 214.)

513 RP *

1 ***Heindl:*** → 427 AK
2 ***Kubin-Ausstellung:*** → 511 RP
3 ***Rümann:*** Arthur Rümann (1888–1963); Kunsthistoriker. Erste Erfolge mit Arbeiten zu Daumier, Doré, Holbein und Rembrandt in den 1920er Jahren. 1945–1956 Direktor der Städtischen Galerie im Lenbachhaus. Genaue Lebensumstände nicht ermittelt. – AK erwähnt R in der Korrespondenz mit Hanne Koeppel im Herbst 1951 anlässlich einer Ausstellung der von Reinhold Koeppel initiierten *Donauwaldgruppe* (→ *DwR*, S. 212).
4 ***Degenhart … Aufsatz:*** Degenhart, Bernhard: *Alfred Kubin zum Geburtstag*. In: Die Kunst und das schöne Heim 50 (1952), S. 326–331 [R544]. – Die Zeitschrift *Die Kunst. Monatshefte für freie und angewandte Kunst* war 1949 in *Die Kunst und das schöne Heim. Monatsschrift für Malerei, Plastik, Graphik, Architektur und Wohnkultur* umbenannt worden.

514 AK

1 ***Karl Irrer:*** Hs Anmerkung AKs: »< … > Reinhard Piper mit Gruß von Kubin für seine Sammlung«. – Karl Irrer, Wels, Lebensdaten nicht ermittelt. – »In der Schrift zeigt sich in der deutlichsten Form der Künstler und auch der Sonderling. Die Phantasie ist nicht gering und lässt sich an und für sich noch weiter steigern. Von kaufmännischem Talent ist nie viel zu sehen gewesen und so wird es auch immer sein. Es bleiben dem Leichtsinn noch immer die Türen geöffnet. Die Entschlusskraft ist schwankend und findet sich nicht so ohne weiteres durch die Hindernisse durch. Es ist sogar eine Zerrissenheit festzustellen«. (Zit. ÖLA 77/L1/1, April 1929.)
2 ***Dr. Jorns:*** Hs Anmerkung AKs: »vermutlich irgend ein Hamburger Nervenarzt«. – Dr. Jorns, Altona-Hamburg, Lebensdaten nicht ermittelt. »Es gibt wohl selten einen Menschen, bei dem es so schwierig ist, mit ein paar Worten und Sätzen den Aufbau des Charakters zu zeichnen, wie in dem vorliegenden Falle, wo von einem ›Aufbau‹ kaum die Rede sein kann. Ein trotz allem irgendwie geordnetes Chaos, so kann man die Schrift und den Menschen bezeichnen. Mir scheinen es vor allem zwei Faktoren zu sein, die das durch eine enge Verquickung miteinander bedingen: eine große elementare Lebendigkeit und Ursprünglichkeit mit einem hochkultivierten Geist, eine naive Knabenhaftigkeit mit einer männlichen Intelligenz, eine ungeheure Freude an allem Lebendigen – mit einem kritisierenden, kontemplativen Verstand, bewusstes Leben mit unbewusstem Gelebt-werden …« (Zit. ÖLA 77/L1/2, April 1929.) – Bereits vor der Eheschließung mit AK hatte HK bei dem von Hans von Busse und Ludwig Klages geleiteten Schwabinger *Institut für wissenschaftliche Graphologie* eine Schriftprobe ihres zukünftigen Ehemanns eingereicht. Das am 21.7.1904 zugestellte Gutachten bescheinigt dem Schreiber das schwankende, »falsche« Selbst eines dekadenten Menschen. (→ *Hoberg 1990*, S. 64.)
3 ***Gedächtnisschau:*** → 511 RP, Kubin-Ausstellung
4 ***Schilderung … Degenhart:*** Angesprochen ist der Aufsatz in der Zeitschrift *Die Kunst und das schöne Heim* (→ 513* RP).
5 ***Dr. R.:*** Möglicherweise Arthur Rümann; Hinweis auf das jugendliche Alter allerdings unklar (→ 513* RP). Eventuell auch Fehlschreibung und Bernhard Degenhart ist gemeint (→515 RP).
6 ***Churchill … gefährlich:*** Wohl kritische Anspielung auf die Angriffe gegen die deutsche Zivilbevölkerung seitens der Briten im 2. Weltkrieg unter Premierminister Winston Leonard Spencer Churchill (30.11.1874 Woodstock – 24.1.1965 London).

515 RP

1 ***Dr. D:*** → 514 AK
2 ***Börsenblattinserats:*** Ein Abdruck → ÖLA 77/L3/4.

516 AK

1 Anlage mit hs Anmerkung AKs: »Parodie auf obiges Gedicht von Maler Weidinger, Ischl. – Salzkammergut gestiftet seinem alten Freunde R. Piper! Alfred Kubin Zwickledt März 1952«. (Zit. ÖLA 77/B1/292.) Die beiden Gedichte → Anhang.
2 ***Degenhart … durch seinen Brief … Nazizeit:*** Zu der besagten Kooperation um 1940 → 365 RP, 438 AK. – In der Städtischen Galerie im Lenbachhaus, München, Kubin-Archiv, finden sich nur Briefe aus den Jahren 1939–1948; der hier angesprochene ist nicht erhalten.
3 ***Seyß-Inquart Verräter und kommandierend in Österreich:*** Arthur Seys-Inquart (22.7.1892 Stammern/Mähren – 16.10.1946 Nürnberg; gehenkt); Jurist und nationalsozialistischer Politiker. Studium der Rechte in Wien. Freiwilliger im 1. Weltkrieg,

dann Anwalt in Wien. Erste Kontakte zu österreichischen Nationalsozialisten 1929, 1934 als einer der Führer der nationalen Katholiken von Bundeskanzler Kurt Schuschnigg (1897–1977) umworben, NSDAP-Mitglied ab 13.3.1938. Auf deutschen Druck im Mai 1937 erst Staatsrat, im Februar 1938 Sicherheits- und Innenminister, am 11.3.1938 hatte S-I das Bundeskanzleramt übernommen, dann das Bundespräsidium und Österreich den Nationalsozialisten übergeben. Am 15.3. war er zum Reichsstatthalter in Österreich, 1939 zum Reichsminister ohne Geschäftsbereich, dann zum Leiter der Zivilverwaltung in Südpolen und am 18.5.1940 zum »Reichskomissar« der besetzten Niederlande avanciert. In Nürnberg zum Tode durch den Strang verurteilt.

4 ***Dülberg:*** Bezugnehmend auf Franz Dülbergs etwa 1906 entstandenes Gedicht *Alfred Kubin* (Anagramme des Namens AK) auf S. XV–XVI des Bandes *Abendrot* [R*319*]. Siehe auch → Dülberg, Franz: *Der Buchstabe macht lebendig!* In: Die Literatur 36, 1933/34, S. 449–453 [R*319*]. – Franz Dülberg (2.5.1873 Berlin – 21.5.1934 ebd.); Schriftsteller, Übersetzer und Publizist. Studium in München und Berlin. Lange Zeit Kunstkorrespondent der *Münchner Neuesten Nachrichten*, dann Beisitzer der Film-Oberprüfstelle Berlin. Unterzeichnete 1938 das *Gelöbnis treuster Gefolgschaft* für Adolf Hitler. Übersetzte Jo van Ammers-Küller, gab einen Führer durch Den Haag und die Reihe *Die Nachbarn* (Leipzig: Seemann) heraus.

5 ***Weidinger:*** Franz Xaver Weidinger (17.6.1890 Ried/Innkreis – 15.10.1972 Wien); österreichischer Maler. Lehre als Anstreicher und Zeichner, erste künstlerische Ausbildung an der Staatsgewerbeschule in Salzburg. 1911–1916 Studium in Dresden und Wien, dann Kriegsdienst. 1917–1918 Zeichenlehrer in Linz. Zahlreiche Reisen, 1919–1921 wieder an der Wiener Akademie. 1925–1939 freischaffender Maler in Leonstein und Linz, 1939 Übersiedlung nach Bad Ischl. Vowiegend Aquarelle. 1950 Verleihung des Professorentitels, begraben am Ischler Friedhof.

517 RP

1 ***Verlagsvertrag:*** Durchschlag im Deutschen Literaturarchiv, Marbach. »Der Verfasser erhält als Honorar 5 % (fünf Prozent), das ist 12,5 Pfenning, vom Ladenpreis für jedes verkaufte Exemplar.« 5000 Exemplare sollten voraushonoriert werden.

2 ***Barlach-Briefen:*** Droß, Friedrich: *Ernst Barlach. Leben und Werk in seinen Briefen.* München: Piper 1952.

518 AK

1 Anlage: Eine Fotografie von AK mit seiner Sammlung exotischer Käfer, angefertigt von Dr. Wolfgang Schneditz (März 1952). – Rückseite: »Eine Carabenart (Laufkäfer) habe ich in unserer Gegend entdeckt immens selten – ich ließ ihn aber laufen – so herabkommt man wenn man alt wird und ›Gefühle‹ kriegt«. (Zit. ÖLA 77/B1/292.)

2 ***12 bewegte Aquarellzeichnungen:*** Ausstellung im Mai 1952 im Kunstkabinett der Galerie Wolfgang Gurlitt: *Alfred Kubin. Aus der Werkstatt des Künstlers. Aquarelle – Zeichnungen – Studien – Lithographien* [M1952/9]. – Es kam zu einer Kooperation mit der von Piper initiierten Ausstellung in der Graphischen Sammlung München (→ 511 RP, Ausstellung; 520 RP).

3 ***Erfahrung … Text … straucheln:*** → 511 RP, Text …

519 AK

1 ***Herr von Cube … durch Bruno Werner:*** Cube, Hellmuth von: *Bei Alfred Kubin.* In: Die Neue Zeitung, 9.4.1952 [R29]. – Hellmuth von Cube (31.12.1907 Stuttgart – 29.9.1979 München); Schriftsteller und Publizist. Studium der Germanistik in Berlin und München. Ab 1932 als freier Schriftsteller in den Niederlanden, Italien, Frank-

reich, der Schweiz und Estland. 1935 trat er mit seinem *Tierskizzenbüchlein* in der Tradition Jean Pauls und Mörikes erstmals in Erscheinung. Ab 1948 in München. Feuilletonist und Kritiker, Hörspiel-, Kinder- und Jugendbuchautor. – Bruno E. Werner war Anfang der 1950er Feuilletonleiter der *Neuen Zeitung* (→ 467 RP, Bruno E. Werner ...).

2 ***Herr Gerold vom »Echo der Woche«:*** Gerold, Karl-Gustav: *Beim Zauberer von Zwickledt. Ein Besuch bei Alfred Kubin.* In: Echo der Woche. München, 12.4.1952 [R*31*]. – Karl-Gustav Gerold (1909–?); Diplomat, Schriftsteller und Kunstkritiker. Geisteswissenschaftliche Studien, dann Leiter des Deutschen Kulturinstituts im spanischen Valencia, Kunstkritiker für bayerische Medien, bis 1960 Kultur- und Pressechef der Deutschen Botschaft in Santiago de Chile, 1966–1974 Kulturattaché in Dublin.

3 ***Dr. Wolfgang Schneditz ... AK.-Radiovortrag:*** Wolfgang Schneditz (13.3.1910 Graz – 11.12.1964 Salzburg); österreichischer Publizist und Herausgeber. Studium der Germanistik, Romanistik und Kunstgeschichte, Mitarbeiter der *Grazer Tagespost*, nach 1933 auch der *Wiener Neue Freie Presse*, der *Bohemia* in Prag u.a., 1935–1938 Redakteur der *Grazer Tagespost.* Zahlreiche Reisen. 1939–1945 in Berlin, dann bis 1949 Kunstkritiker der *Salzburger Nachrichten.* 1948–1951 Arbeit an einer dreibändigen Trakl-Gesamtausgabe im Otto Müller Verlag. Verfasser von Kurzprosa. – AK illustrierte Ss Erzählband *Der Matador* mit zehn Federzeichnungen (Wien: Amendus-Edition 1947) [R651; A213]. – S verfasste zahlreiche Arbeiten zu AK, etwa *Alfred Kubin und seine magische Welt.* Mit einem Geleitwort von Paul Alverdes (Salzburg: Galerie Welz 1949. Mit dreißig Illustrationen) [R699], *Alfred Kubin* (Wien: Brüder Rosenbaum 1956. Mit 65 Reproduktionen) [R777], außerdem den Text zu *Der Tümpel von Zwickledt* (→ 496 AK) und neben den hier genannten rund zwanzig weitere Aufsätze mit AK-Bezug, den frühesten, *Besuch bei Alfred Kubin*, für die *Grazer Tagespost* vom 1.8.1935 [R*10*]. In Ss *Begegnung mit Zeitgenossen. Bilder und Berichte* (München: Prestel 1959, S. 37–44) findet sich eine Besuchsbeschreibung anlässlich des achtzigsten Geburtstags des Künstlers mit der Kapitelüberschrift *Schloß Zwickledt, den 9. April 1957.* – Der angesprochene Radiobeitrag wurde nicht ermittelt.

4 ***Grüsse v Th. Mann u Fr. aus Gastein:*** Am 1.9.1951 besuchte Wolfgang Schneditz den Schriftsteller Thomas Mann 6.6.1875 Lübeck – 12.8.1955 Zürich), der sich mit seiner Frau Katia, geb. Katharina Hedwig Pringsheim (24.7.1883 Feldafing – 25.4.1980 Kilchberg/Zürich) und Tochter in Bad Gastein aufhielt, ein Interview jedoch verweigerte. (→ Heine, Gert und Paul Schommer: *Thomas Mann Chronik.* Frankfurt/Main: Vittorio Klostermann 2004, S. 491.) S verfasst allerdings einen Besuchsbericht für sein Thomas-Mann-Kapitel in *Begegnung mit Zeitgenossen. Bilder und Berichte* (München: Prestel 1959, S. 20–25) mit den Kapitelüberschriften *Notizen von einem Besuch im Hause Gehrke am 1. September 1951* und *Aufzeichnungen über eine neuerliche Begegnung in Gastein am 1. September 1952.* – AK kannte den Nobelpreisträger M bereits aus den Münchener Tagen und hatte 1903 seine erste buchkünstlerische Arbeit zu Ms Novellensammlung *Tristan* (Berlin: S. Fischer) [R9] geschaffen. In einem Glückwunschbrief zu AKs 50. Geburtstag schreibt M am 12.7.1927: »Denn auch ich habe Sie in all den Jahren nicht vergessen, sondern oft Ihrer gedacht, im Gespräch mit anderen oder allein, wenn ich in Betrachtung ihrer grundwunderlichen und tiefen Werke die Eindrücke erneuerte, die ich in alten, frühen Tagen so heftig und unvergeßlich davon empfing.« (Zit. Mann, Thomas: *Briefe. Bd. 1: 1889–1936.* Hrsg. mit Einleitung u. Anmerkungen von Erika Mann. Frankfurt: S. Fischer 1961, S. 243.) Weiteres zur Beziehung AK-M → Cersowsky, Peter: *Thomas Manns »Der Zauberberg« und Alfred Kubins »Die andere Seite«.* In: Jahrbuch der Deutschen Schillergesellschaft. Nr. 31, 1987, S. 289–320.

5 ***Binder ... vertrat mich in Wien bei der feierlichen Preisentgegennahme:*** Lambert Binder (1905–1981); Beamter, Schriftsteller, Okkultist. Absolvierte die Höhere Tech-

nische Lehranstalt für Elektrotechnik und war dann Beamter bei der österreichischen Post- und Telegraphendirektion. Privatgelehrter auf dem Gebiet okkulter Wissenschaften, Esoterik, Literatur und Malerei; Meyrinksammler. Mit AK, Alexander Lernet-Holenia, Richard Täschner, Rudolf Mund u.a. befreundet. Zahlreiche Veröffentlichungen in einschlägigen Zeitschriften wie *Mensch und Schicksal* und *Die andere Welt* (später *Esotera*). – Abgesehen von dem oben angeführten Artikel verfasste B den Bericht *Besuch bei Alfred Kubin* (In: Neue Wissenschaft 5, 1955, S. 104–113) [R*34*]. – Zur Preisentgegennahme → 509, 510 AK.

6 ***Binder… K-Artikel:*** Binder, Lambert: *Alfred Kubin zum 75. Geburtstag*. In: Mensch und Schicksal 6 (1952), S. 5–7 [R*541*].

7 ***Barlach-Briefausgabe:*** → 517 RP

520 RP

1 Hs AK am Blattende: »Gurlitt hat den Empfang der 12 farbigen Blätter mir bestatigt und zugesagt deren Verwendung in der AK schau in München zu bewerkstelligen«.

2 ***Anzeige… Buchhändler-Börsenblatt:*** Nicht ermittelt.

520* RP

1 ***»Hund mit Mond«:*** Unter dem Titel *Hund und Mond* in *Abendrot* (Tafel 15).

2 ***»Komet«:*** Unter gleichem Titel in *Abendrot* (Tafel 18).

3 ***Ausstellung… Bamberger Residenz:*** Möglicherweise die erst 1954 zustande gekommene Ausstellung *Erwerbungen für die Museumsspende 1954* im Gartensaal der neuen Residenz, Kulturkreis im Bundesverband der deutschen Industrie [M1954/15]. Da RP einen Bezug zu AKs 75. Geburtstag erwähnt, ist jedoch möglicherweise eine bei *Meißner* nicht verzeichnete Ausstellung im Jahr 1952 angesprochen.

4 ***Kunstkalenders:*** *Pipers Kunstkalender 1953*. München: Piper 1952. – Angesprochene Reproduktionen bei *Raabe* nicht verzeichnet.

5 ***»Pauker«:*** Unter gleichem Titel in *Abendrot* (Tafel 28).

6 ***»Humor und Schwerfälligkeit«:*** → 396 AK

521 AK

1 ***tschechischen Vetters:*** Wohl von Jan Kletzl, mit dem AK besonders in den 1930ern regelmäßig korrespondiert hatte. Zahlreiche Briefe in der Städtischen Galerie Lenbachhaus, München, Kubin-Archiv. Schreiben nicht ermittelt.

2 ***in die Zeitung:*** Nicht ermittelt.

3 ***mir ein unbekannter College… Professor Humer:*** Leo Sebastian Humer (1896-?); Maler. Studium in München. 1933 an die Düsseldorfer Akademie berufen, 1940 zum Professor ernannt. Ab 1945 in Vorarlberg. Erst beeinflusst von Expressionismus und Neuer Sachlichkeit folgten unter dem NS-Regime monumentale Fresken. Nach dem 2. Weltkrieg zahlreiche Arbeiten in Kirchen.

4 ***General v. Falkenhausen:*** Ernst Alexander Alfred Herrmann Freiherr von Falkenhausen (29.10.1878 Gut Blumenthal/Schlesien – 31.7.1966 Nassau); General der Infanterie, Chef der Militärverwaltung im besetzten Belgien 1940–1944.

5 ***weiser Mann oder Dichter***: Möglicherweise ungenaue Erinnerung/Wiedergabe AKs, bzw. unklare Formulierung. Bekannt ist ein Goethe-Zitat aus *Faust I*, Hexenküche, mit etwas anderem Kontext: »Die hohe Kraft | Der Wissenschaft | Der ganzen Welt verborgen! | Und wer nicht denkt, | Dem wird sie geschenkt, | Er hat sie ohne Sorgen«. (Zit. Goethe, Johann Wolfgang von: *Faust I*, V. 2567–2572.) – Siehe auch → 523 AK.

6 ***Bamberger K-Vereinsherrn:*** → 520* RP

7 ***Hans von Müller… E. T. A. Hoffmanns Tagebuch fand:*** M (→ 470 AK) schildert den

schwierig Prozess der Hoffmann-Edition in den Vorwörtern der entsprechenden Bände sehr ausführlich. Am 2. 2. 1909 hatte M im Domizil der Witwe Eduard Hitzigs (1838–1907), Enkel des Hoffmann-Freundes und -Biographen Julius Eduard Hitzig (1780–1849), die Tagebuch-Jahrgänge 1809, 1811 und 1814 gefunden. (→ Müller, Hans von: *E. T. A. Hoffmanns Tagebücher und literarische Entwürfe*. Bd. 1. Berlin: Gebrüder Paetel 1915, S. LXXXII–LXXXIII.)

8 ***die 45:*** RP ergänzte hs mit Bleistift »Geburtstagsaufsätze«.

522 RP

1 ***Beckmann... seinerzeit:*** Anlässlich der Monographie *Max Beckmann* von Curt Glaser u. a. aus dem Jahr 1923 (→ 71 RP, Beckmann).

523 AK

1 ***Lusen-abhang:*** Beschreibung des Berges → 494 AK.
2 ***Koeppel:*** Der Ende 1950 verstorbene Reinhold Koeppel (→ 420 RP, R. Keeppel; 489 AK).
3 ***»eingefrorenem« Geld:*** Zur Finanzlage in Österreich nach dem Krieg → 466 AK, Währungsexperimentes.
4 ***Biennale 1952:*** Auf der 26. Biennale in Venedig erhält AK den *Ulisse*-Preis zuerkannt. (→ etwa *Kindlimann*, S. 53 sowie *Steinhart*, S. 135.)

524 RP

1 ***Brief eines Buchhändlers:*** Nicht erhalten.

525 AK

1 ***E. D. war ein Freund des Großvaters Bl. kommt auch bei Meyer-Graefe vor:*** Die Situation verhält sich wie folgt: Der Maler, Heraldiker und AK-Gastgeber Franz Freiherr von Blittersdorff (8. 4. 1907 Schwertberg – August 1983 Bad Ischl) war der Sohn des Offiziers und Lokalhistorikers Philipp Freiherr von Blittersdorff (16. 11. 1869 Frankfurt/Main – 5. 11. 1944 Bad Ischl), der seinerseits durch die Heirat mit Leopoldine von Schwiter im Jahr 1899 Schwiegersohn des Sammlers, Bildnis- und Landschaftsmalers Louis Auguste Baron de Schwiter (1. 2. 1805 Nienburg/Weser – 20. 8. 1889 Salzburg) geworden war – besagter »Großvater« Bs sowie Schüler und Freund des bedeutsamsten Vertreters der französischen romantischen Malerei, Eugène Delacroix (26. 4. 1798 Charenton-Saint Maurice/Paris – 13. 8. 1863 Paris). Elf Briefe des Künstlers an Schwiters hatte Julius Meier-Graefe in seinem 1913 bei Piper erschienenem *Eugène Delacroix. Beiträge zu einer Analyse* gebracht. (→ etwa Johnson, Lee: *Eugène Delacroix. Further Correspondence 1817–1863*. Oxford: Clarendon Press 1991, S. 34.)
2 ***Schüdderump... Wilh. Raabe... »Vision«:*** Wilhelm Raabe, Ps. Jakob Corvinus (8. 9. 1831 Eschershausen – 15. 11. 1910 Braunschweig); Schriftsteller, Zeichner und Maler. Schul- und Lehrabbruch, dann als Gasthörer in Berlin. Großer Erfolg des Erstlingswerks *Die Chronik der Sperlingsgasse* (1857), danach äußerst produktiver freier Schriftsteller in Wolfenbüttel, Stuttgart und Braunschweig. Einer der Hauptvertreter des Poetischen Realismus. – Der Roman *Schüdderump* entstand während Rs Stuttgarter Zeit und erschien 1869/70. – Das angesprochene Blatt ist im Besitz des OÖLMs: *Der Schüdderump aus Wilhelm Raabe* (Ha II 4141, 1946).
3 ***Augenarzt:*** Gegenüber dem ebenfalls unter Augenbeschwerden leidenden Hesse berichtet AK am 30. 6. 1952 von einem »krankhafte[n] Zwinkern, welches mir auch die Lesemöglichkeit einschränkt«. (Zit. *Hesse*, S. 309.) Am 21. 12. 1952 schreibt er an

Cäcilia Kindlimann: »Leider schickt sich die Konsultation der Augenärzte nicht so recht wünschenswert ins Ganze – es wird nicht viel anders bis auf die wunderbare Fernbrille.« (Zit. *Kindlimann*, S. 55.) – Augenarzt nicht ermittelt.

4 ***Piperkalender:*** Pipers Kunstkalender 1953 (→ 520* RP).

525* RP

1 ***Guthaben:*** Ausgang der Angelegenheit wegen fehlender Briefe unklar.

526 RP

1 ***Sturz des Blinden:*** Kiefer, Linus: *Der Sturz des Blinden*. Mit gezeichnetem Titel und zehn ganzsseitigen Zeichnungen von Alfred Kubin. Wien: Eduard Wancura 1952 [R746; A248].

527 AK

1 Der Brief liegt nur in Form eines (unvollständig transkribierten) Typoskripts vor. – RP erholte sich von den Folgen des im August 1952 erlittenen Schlaganfalls nicht mehr und verstarb am 21.10.1953, wenige Tage vor seinem 74. Geburtstag. Klaus Piper wurde alleiniger Geschäftsführer und persönlich haftender Gesellschafter des Piper-Verlags, der noch bis Ende 1994 als Familienunternehmen geführt, dann schließlich an die schwedische Bonnier Media Holding verkauft wurde und bis heute besteht.

528 RP

1 ***Franceso Goya … Rothe:*** → 437 RP, Goya-Zeichnungen

529 RP

1 ***Piperbüste:*** Zur Entstehung der Büste 1922/23 → *MLaV*, S. 179; Foto im Bildteil nach S. 318.

Editorische Notiz

Grundlage der vorliegenden Edition ist ein Bestand von 303 Briefen Alfred Kubins an seinen Verlegerfreund Reinhard Piper sowie von 207 Gegenbriefen, ÖLA 77/97: Sammlung Piper (Schenkung Prof. Agnes Essl). Das Konvolut wurde dem Literaturarchiv der Österreichischen Nationalbibliothek von Frau Professor Agnes Essl großzügig als Schenkung übereignet. Hinzu kommen vier vom Literaturarchiv der Österreichischen Nationalbibliothek später erworbene Einzelautographen Kubins (ÖLA 265/05), 36 in den eben genannten Beständen nicht (oder nur als Durchschlag) vorhandene Piper-Briefe aus der Städtischen Galerie im Lenbachhaus, München, Kubin-Archiv, sowie sieben weitere Schreiben des Verlegers, die sich im Deutschen Literaturarchiv, Marbach, befinden (A: Piper). (Da sie erst kurz vor Drucklegung eingefügt werden konnten, folgen sie nicht der sonstigen Nummerierung und sind mit einem Stern gekennzeichnet.)

Bei den 535 Schriftstücken der Edition (die numerische Abweichung zu obiger Aufzählung ergibt sich aus den doppelt vermerkten Piper-Briefen in Durchschlägen sowie aus Unterschieden zwischen editorischer und bibliothekarischer Ordnung) handelt es sich zum Großteil um Erstveröffentlichungen. Vier der ursprünglich Reinhard Piper zugeordneten Briefe stammen allerdings von seinem Kompagnon Adolf Hammelmann, zwei von seinem Sohn Klaus Piper, einer von der Tochter Ulrike und ein weiterer von einem nicht namentlich genannten Mitarbeiter der Verlags, sodass sich die Zahl der zwischen Alfred Kubin und seinem Verleger gewechselten Schreiben auf 527 beläuft.

Der Briefwechsel ist damit aber nicht vollständig. Einige weitere Stücke müssen nach Aussagen der Korrespondenten als verloren angesehen werden. Eine Quantifizierung scheint hier wenig zuverlässig. Kubin kommentiert die Übersendung des Konvoluts der gesammelten Briefe seines Verlegers am 11.9.1944, 457 AK, mit den Worten: »vollständig ists natürlich nicht denn flüchtige Mitteilungen habe ich nicht aufgehoben«. Zumindest sechs illustrierte Postkarten aus den Jahren 1918 bis 1944, die im Frühjahr 2009 bei Ketterer-Kunst in Hamburg versteigert wurden, ohne dass sich den Herausgebern eine Möglichkeit zur Einsichtnahme bot, müssen in den Händen privater Sammler vermutet werden.

17 Schreiben Kubins an seinen Münchener Verleger sowie eines an dessen Tochter erschienen bereits im Jahr 1979 in dem Band »Reinhard Piper – Briefwechsel mit Autoren«, herausgegeben von Ulrike Buergel-Goodwin und Wolfram Göbel (München: Piper).

Zu den Briefen Kubins Die Kubin-Briefe wurden in drei vollständigen Durchgängen aus den Originalhandschriften transkribiert. In wenigen Fällen waren nur Abschriften zugänglich. Eine Anmerkung in der Kopfzeile der betreffenden Briefe gibt darüber Auskunft.

Alle Textquellen Kubins sind in dieser Ausgabe originalgetreu dargeboten, d.h. ohne Auslassungen, ohne Veränderung von Orthographie, Interpunktion etc. und ohne Zusammenziehung oder Trennung von Absätzen. Eventuell fehlende Satzzeichen sowie nicht gekennzeichnete Umlaute (*maßig* statt *mäßig* etc.) sind somit keine Druckfehler. Trotz reduzierter Leserfreundlichkeit wurde auch die Kubinsche Groß- und Kleinschreibung sowie die inkohärente Verwendung von *s/ss/ß* beibehalten. Offensichtliche Flüchtigkeitsfehler wie weggelassene Teilklammern wurden nicht ergänzt; ein exaktes Festlegen ihrer Position wäre in den krausen Sätzen des Künstlers oft reine Willkür gewesen. Orthographische Eigentümlichkeiten, z.B. die wahllose Französisierung von Adjektiven wie *kontemplative*, *produktive*, *qualitative*, *reproduktive* etc. wurden unverändert übernommen. Selbst Skurrilitäten wie mehrfach wiederholte Anführungszeichen oder Bindestriche erscheinen originalgetreu. Um den Gesamteindruck der Kubinschen Schreibweise so wenig wie möglich zu beeinträchtigen, wurden Abkürzungen nicht ergänzt, sondern im Zweifelsfall in den Anmerkungen erklärt. Einfache und doppelte Unterstreichungen Kubins werden als solche wiedergegeben, Mehrfachunterstreichungen in doppelte aufgelöst. Die seltenen farbigen Unterstreichungen sind nicht gesondert gekennzeichnet, nachträgliche Unterstreichungen Reinhard Pipers mit Bleistift (wohl im Zuge der Ordnung des Konvoluts entstanden) nicht berücksichtigt.

Konzessionen wurden bei Verdopplungsstrich (in Doppelkonsonant aufgelöst) sowie bei nachträglichen Einfügungen (zwischen Schrägstrichen direkt im Text: */Beispiel/*) gemacht. Die in unterschiedlichsten Ausrichtungen an den Blattrand geschriebenen Anmerkungen des Künstlers (betrifft bei Platzmangel oft auch die letzten Zeilen eines Korrespondenzstücks) wurden gleichermaßen gekennzeichnet. Über das optische Erscheinungsbild der Kubinschen Briefe geben die beigefügten Faksimiles Auskunft.

Ein Nachweis der seltenen Streichungen erfolgte nur in Ausnahmefällen (Anmerkung im Kommentar), da es sich hierbei so gut wie immer um die Ausbesserungen flüchtiger Versehen ohne interpretatorische Bedeutung handelt.

Bei am Briefende datierten Korrespondenzstücken wurde aus Gründen der Benutzerfreundlichkeit das Datum in der originalen Schreibweise ohne Kennzeichnung rechtsbündig an den Briefanfang gestellt.

Einige der Briefe weisen Ergänzungen Reinhard Pipers in Bleistift auf. Dabei handelt es sich meist um nachträglich angebrachte Stichworte, etwa um Titel der in Arbeit befindlichen gemeinsamen Werke. In solchen Fällen wurde auf eine Wiedergabe verzichtet; nur inhaltlich relevante Bemerkungen wurden angeführt und als handschriftliche Zusätze des Verlegers gekennzeichnet. Ein interessantes Feld sind die von Piper bereits in Hinblick auf eine spätere Edition vorgenommenen Erläuterungen bzw. – vor allem in den Kubin-Briefen der späten 1940er Jahre – »Verbesserungen« von Interpunktion und Orthographie, manchmal auch von ganzen Formulierungen. Es handelt sich dabei immer um Nivellierungsversuche entsprechend der normierten deutschen Sprache und damit um einen Widerspruch zu der sonstigen Begeisterung des Verlegers für die Ungewöhnlichkeiten des Kubinschen Briefstils. Aus Platzgründen wurde in der Regel auf die Wiedergabe solcher Eingriffe verzichtet, Inhaltliches wurde in den Kommentar aufgenommen.

Gab es Probleme mit der Lesbarkeit Kubinscher Buchstabenkaskaden, wurden die infrage stehenden Begriffe in spitze Klammern gesetzt: <*Beispiel*>. War das betreffende Wort nicht zu entziffern beziehungsweise wegen Manuskriptschäden schlicht nicht mehr vorhanden, wurde es mittels Pfeilklammern (ein Eintrag pro Wort) und drei Punkten wiedergegeben: < … >.

Eine »richtige« Transkription der Schreiben Alfred Kubins ist schon allein deshalb schwer möglich, da Kubin dem Regelwerk der Orthographie und Interpunktion keine große Bedeutung beimaß. »Fehler« in Rechtschreibung und Satzbau zu korrigieren, hieße, das Eigentümliche des Kubinschen Briefstils zu zerstören, der Spontaneität seines die Grenzen des Herkömmlichen überwindenden Gedankenflusses herkömmliche Grenzen zu setzen.

Zu den Briefen Pipers Die Textquellen der Briefe Reinhard Pipers sind zum Großteil (oft vom Verleger nur diktierte) Originaltyposkripte mit vorgedruckten Briefköpfen des Verlags, in seltenen Fällen Durchschläge der Originale. Drei Korrespondenzstücke liegen handschriftlich vor (mit dem Zusatz *[hs]* in den entsprechenden Kopfzeilen gekennzeichnet). Etwa 40 Briefe Reinhard Pipers an Alfred Kubin wurden in den Beständen der Städtischen Galerie im Lenbachhaus, München, Kubin-Archiv, gefunden. Es handelt sich dabei teilweise um in der ÖLA 77/97 Sammlung Piper (Schenkung Prof. Agnes Essl) nicht vorhandene Schreiben (die mit StGL-M-KA gekennzeichnet wurden), des Weiteren um Durchschläge, deren Originale bereits im Literaturarchiv der Österreichischen Nationalbibliothek vorhanden waren oder vice versa.

Besonders in den frühen Tagen ist auch Pipers dritter Kompagnon Adolf Hammelmann stark in den Kontakt mit dem neuen Verlagskünstler Kubin eingebunden. Zum besseren Verständnis der Zusammenhänge wurden auch einige seiner Briefe (mit Kennzeichnung) in die Edition aufgenommen.

Nachträgliche Einschübe Pipers, wohl beim Ordnen der Korrespondenz entstanden, sind meist in Bleistift, »zeitgenössische« Anmerkungen in Tinte geschrieben. Eine Unterscheidung – auch nach inhaltlichen Kriterien – ist also mit einer gewissen Sicherheit möglich. Sind allerdings nur mehr die Durchschläge vorhanden, ist kaum feststellbar, ob auch eine Korrektur im Original vorgenommen wurde oder nur eine nachträgliche »Verbesserung« im Hinblick auf eine spätere Publikation vorliegt. Ließen die Indizien nicht eindeutig auf einen Kommentar ex post schließen, wurden die entsprechenden Nachträge zwischen Schrägstrichen in den Text aufgenommen. Alle weiteren inhaltlich relevanten Ergänzungen sind in den Anmerkungen ausgewiesen.

Auch in den Briefen Pipers wurden Orthographie und Interpunktion unverändert übernommen; stillschweigende Bereinigungen gibt es nur, wenn etwa durch Fehler beim Papiereinzug in die Schreibmaschine zwei Wörter teilweise übereinander rutschten. Die mittlerweile gebräuchliche, nicht ausgewiesene Berichtigung sogenannter »offensichtlicher Tippfehler« wurde unterlassen; sie erscheint willkürlich. Schon allein die Häufigkeit solcher Versehen kann durchaus von interpretatorischem Interesse sein. Besondere Eigenheiten wie etwa großes *J* anstelle von *I* in der Höflichkeitsform (*Jhnen* statt *Ihnen*) wurden beibehalten. Gesperrt geschriebene Passagen sind gesperrt wiedergegeben, ebenso erscheinen Unterstreichungen originalgetreu. Einrückungen am Beginn von Absätzen wurden nicht beibehalten.

Bei Datumsangaben wird die vorgedruckte Ortsangabe *München* des verlagseigenen Briefkopfes ohne Kennzeichnung vorangestellt (wenn vorhanden).

Zu den Bildern Die in den Brieftext eingefügten Bildbeigaben Alfred Kubins sowie eine Illustration Reinhard Pipers (→ 61 RP) sind in dieser Edition zur Gänze wiedergegeben. Verkleinerungen konnten in vielen Fällen angesichts des gewählten Satzspiegels nicht vermieden werden. Waren Bezüge zu bekannten bzw. zugänglichen Kubin-Blättern erkennbar, sind diese in den Anmerkungen erwähnt. Vollständigkeit kann hier freilich angesichts des umfangreichen Kubinschen Gesamt-Oeuvres nicht beansprucht werden. Schwieriger gestalteten sich die Bildbeilagen, die in den Briefsammlungen meist nicht enthalten sind und daher nur in Glücksfällen kommentiert werden konnten.

In dieser Edition wurde zudem versucht, die in der Korrespondenz angesprochenen Blätter Kubins zu kommentieren – sprich nachzuweisen, ob es sich um Arbeiten für Mappen, illustrative Werke, Beiträge für Zeitschriften oder selbstständige Einzelblätter handelt. Oft konnten dabei nur Hinweise gegeben werden. Besonders Kubins Angewohnheit, verschiedene Versionen ein und desselben Bildes herzustellen, macht einen vollständigen Nachweis schwierig und geht über das Ziel einer Briefedition heraus. Eine wichtige Hilfe waren dabei etwa die Datenbanken bzw. Kataloge der Albertina, des Oberösterreichischen Landesmuseums und des Auktionshauses Karl & Faber, das 1981 für die Veräußerung der Graphiksammlung Reinhard Pipers zuständig war.

Zeichenerklärung und Abkürzungen Eckige Klammern im Brieftext (kursiv gesetzt) kennzeichnen Hinzufügungen der Herausgeber, spitze Klammern markieren schwer lesbare Stellen, Schrägstriche zeigen nachträgliche Einfügungen an (s. o.). Der Name Alfred Kubin ist mit *AK* abgekürzt, Hedwig Kubin mit *HK* und Reinhard Piper mit *RP*. Verweise auf Briefstellen werden im Kommentar mittels Pfeil und der entsprechenden Briefnummer dargestellt (*→ 1 AK*), Verweise auf andere Kommentarstellen erfolgen mittels Pfeil, Briefnummer und Titel des betreffenden Eintrags (*→ 1 AK, Anfrage vom 11. d. M*). Das Literaturarchiv der Österreichischen Nationalbilitothek in Wien (vormals Österreichisches Literaturarchiv) erscheint in den Anmerkungen als *ÖLA*, die Städtischen Galerie im Lenbachhaus, München, Kubin-Archiv, als *StGL-M-KA*. *Inv.Nr.* verweist auf die Signatur eines Buches in Kubins privater Bibliothek in Zwickledt.

Zu den Anmerkungen und Registern Angaben zu einer Person (etwa Lebensdaten), einem Werk, Verlag etc. finden sich stets in der Anmerkung zur ersten Erwähnung im Brieftext, in der Folge werden nur noch – wenn nötig – die zeitaktuellen Bezüge erklärt. Um alle Erwähnungen nachzuvollziehen, verwende man das Register am Ende des Bandes. Bei in der Korrespondenz namentlich angesprochenen Personen wurden nach Möglichkeit das genaue Geburts- und Sterbedatum sowie der Ort angegeben. Fehlen einzelne Bezeichnungen (etwa Tag, Monat etc.), konnten die entsprechenden Informationen nicht ermittelt werden. Die Diskussion mancher Themen erstreckt sich oft über mehrere Briefe, manchmal über mehrere Jahre (die erste Idee für die »Abenteuer einer Zeichenfeder« hat Piper 1934, in den Verkauf kommen sie 1942, diskutiert werden sie bis 1951) – auf Querverweise innerhalb des Kommentars wird in solchen Fällen verzichtet; hier sei ebenfalls auf die Register verwiesen.

Bei Produkten aus der Hand Alfred Kubins finden sich in eckiger Klammer (in der Regel bei der ersten Nennung) Hinweise auf die einschlägigen Verzeichnisse von *Raabe* (1957) [R...] und *Marks* (1977) [A bzw. B ...], bei lithographischen Arbeiten auch auf den Katalog von Hoberg (*Das Lithographische Werk,* 1999) [Hb ...]. Signaturen wie *Ha II 3643* verweisen auf den Kubin-Bestand des Oberösterreichischen Landesmuseums. Ausstellungen werden entsprechend dem Katalog von *Meißner* (1990) vermerkt [M ...]. Genauen Angaben zu (Erst)Veröffentlichungen, insbesondere von Kubinscher Kurzprosa, werden nur angeführt, wenn sie unmittelbar für die Korrespondenz relevant sind, für Weiteres sei auf die Verzeichnisse in *AmL* und *AmW* bzw. *Raabe* verwiesen – bei Zitaten aus letztgenanntem Werkverzeichnis erfolgt aus Platzgründen nur die Angabe der fortlaufenden Nummer, nicht die Seitenzahl. Texte Kubins werden in den Anmerkungen aus den beiden Sammelbänden von Ulrich Riemerschmidt (*AmL* und *AmW*) zitiert.

Den Band beschließen Personen- und Werkregister. Auch Briefstellen, in denen Personen nur gegrüßt werden, sind dort vermerkt (Ausnahme: Hedwig Kubin, die wegen der häufigen Nennung nicht in das Register aufgenommen wurde). Verschiedene Varianten Kubinscher Blätter bzw. unterschiedliche Auflagen von Verlagserzeugnissen sind in den Registern ebenfalls nicht ausgewiesen, die entsprechenden Informationen finden sich in den Anmerkungen.

Zeittafel

1877 Geburt Alfred Kubins am 10. April in der nordböhmischen Stadt Leitmeritz als erstes Kind des Offiziers und Obergeometers Friedrich Franz Kubin und der Pianistin Johanna Kletzl.

1879 Geburt Reinhard Pipers am 31. Oktober in der mecklenburgischen Provinzstadt Penzlin als zweites von drei Kindern des Bürgermeisters Otto Piper und Sophie Piper (geb. Krüger).

1880 Die Familie Kubin übersiedelt nach Zell am See, wo der junge Alfred die weitere Kindheit und frühe Jugend verbringt.

1887 Alfred Kubins Mutter stirbt am 8. Mai. Der frühe Tod der geliebten Bezugsperson bleibt für den Künstler ein Leben lang prägend.

1889 Die folgenden vier Jahre verbringt der junge Reinhard Piper in Konstanz. Sein Vater widmet sich ganz der Burgenforschung, er selbst besucht das Gymnasium.

1891 Alfred Kubin verlässt das Gymnasium in Salzburg vorzeitig. Er nimmt eine kunstgewerbliche Ausbildung in Angriff, die er ebenfalls nach kurzer Zeit wieder aufgibt.

1892 Beginn der vierjährigen Fotografenlehre Alfred Kubins bei seinem Onkel Alois Beer in Klagenfurt.

1894 Die Familie Piper zieht nach München. Reinhard Piper absolviert das »Einjährige« (Mittlere Reife) und entscheidet sich für eine Buchhändlerlehre in der Palmschen Hofbuchhandlung (1895–1898).

1897 Erfolgsloser Versuch Alfred Kubins, eine militärische Karriere einzuschlagen. Ein Nervenzusammenbruch vereitelt seine Pläne.

1898 Reinhard Piper tritt seine erste Stelle als Buchhandelsgehilfe in der Weberschen Hofbuchhandlung in Berlin an. Alfred Kubin beginnt sein Kunststudium in München.

1900 In den folgenden vier Jahren entsteht Alfred Kubins Frühwerk: mythisch-visionäre, oft dunkel lavierte Federzeichnungen.

1901 Reinhard Piper kehrt zu seinen Eltern nach München zurück und nimmt im Februar eine Gehilfenstelle im Callwey-Verlag an. Sein Berufsziel steht fest: Er möchte Verleger werden.

1903 Die »Weber-Mappe« mit Faksimiledrucken Alfred Kubins erscheint und wird von Kennern gewürdigt. Der junge Künstler hat sich in München einen Namen gemacht.

1904 Am 19. Mai gründet Reinhard Piper gemeinsam mit Georg Müller in München den R. Piper & Co. Verlag. Das Programm wird mit Arno Holz' »Dafnis« sehr erfolgreich eröffnet. Der Verlag ist in der Königinstraße 59 untergebracht. Am 22. September heiratet Alfred Kubin die verwitwete Hedwig Gründler, Schwester des Schriftstellers Oscar A. H. Schmitz.

1906 Im September scheidet Georg Müller als Teilhaber bei Piper aus; Kurt Bertels wird sein Nachfolger. Der Verlagssitz befindet sich nun in der Hohenzollernstraße 23. Alfred und Hedwig Kubin übersiedeln ins oberösterreichische Zwickledt bei Wernstein am Inn.

1907 Am 13. August ehelicht Reinhard Piper Ida Rutz. Am 2. November stirbt Kubins Vater in Schärding. Anlässlich des Kubinschen Beitrags zu Heinrich Stadelmanns »Die Stellung der Psychopathologie zur Kunst« kommt es zum ersten Briefverkehr zwischen Reinhard Piper und Alfred Kubin. Es folgt eine etwa fünf Jahre lange Pause.

1908 Nach einer Italienreise mit Fritz von Herzmanovsky-Orlando entsteht in wenigen Wochen Kubins phantastischer Roman »Die andere Seite«, der im folgenden Jahr bei Georg Müller in München erscheint.

1909 Kurt Bertels stirbt und Adolf Hammelmann tritt im August als Teilhaber in den Piper-Verlag ein. In den Jahren bis 1920 ist er regelmäßig in die Verlagskorrespondenz mit Alfred Kubin eingebunden, es kommt auch zu persönlichen Treffen.

1910 Im April wird die Ehe zwischen Reinhard Piper und Ida Rutz geschieden. Am 20. Juni heiratet der Verleger die Königsberger Malerin Gertrud Engling. Alfred Kubin verstärkt seine illustrative Tätigkeit.

1911 Am 27. März erblickt der spätere Verlagsleiter Klaus Piper als erstes Kind des Ehepaars Piper das Licht der Welt. Alfred Kubins »Sansara«-Mappe erscheint. Im Herbst wird Kubin Mitglied der neu gegründeten Künstlervereinigung »Der Blaue Reiter«.

1912 Der mittlerweile deutlich gewachsene Piper-Verlag übersiedelt im Februar in die Römerstraße 1. Kubin publiziert in dem bei Piper erscheinenden Almanach »Der Blaue Reiter«. Die regelmäßige Korrespondenz mit Piper beginnt anlässlich der Kubinschen Illustrationen zum »Doppelgänger« Dostojewskis.

1913 Da der Verlag weiteres Kapital benötigt, wird Alfred Eisenlohr als dritter Teilhaber aufgenommen. Am 31. August wird dem Ehepaar Piper der zweite Sohn, Martin, geboren. Als erstes illustratives Werk Kubins bei Piper erscheint »Der Doppelgänger«. Im Juli ist ein persönliches Treffen zwischen Alfred Kubin und Reinhard Piper in der Piperschen Wohnung in München dokumentiert.

1914 Am 28. Juli eskaliert die Auseinandersetzung zwischen Österreich und Serbien, der Erste Weltkrieg beginnt. Alfred Kubin und Reinhard Piper entgehen einer Einberufung; viele gemeinsame Bekannte, etwa Franz Marc und August Macke, sterben auf den Schlachtfeldern. Im Verlag I. B. Neumann veröffentlicht Kubin sein erstes Mappenwerk, »Die sieben Todsünden«.

1916 Die »buddhistische Krise« führt Kubin zu vertiefter philosophischer Beschäftigung.

1918 Reinhard Piper und Alfred Kubin treffen einander im Mai in Passau.

1919 Die Münchener Räterepublik wird ausgerufen. Reinhard Piper distanziert sich von den revolutionären Vorgängen.

1920 Ende Juni kommt es im Rahmen der Arbeiten für die Kubinsche Graphikmappe »Am Rande des Lebens« zu einem ersten Besuch Reinhard Pipers in Zwickledt.

1921 Der in späten Jahren als Burgenforscher zu Bekanntheit gekommene Vater Reinhard Pipers verstirbt am 23. Februar 80-jährig in München. Im Februar und März werden in der Münchener Galerie Hans Goltz in einer ersten Retrospektive über hundert Werke Kubins gezeigt. Einer der Besucher ist der Hamburger Apotheker Kurt Otte, der spätere Gründer des Kubin-Archivs. Bei Piper erscheint Jean Pauls »Die wunderbare Gesellschaft in der Neujahrsnacht« mit 27 Illustrationen Alfred Kubins sowie das Mappenwerk »Am Rande des Lebens« mit zwanzig Lichtdrucken nach Federzeichnungen. Im Februar ist Kubin erneut Gast bei Pipers in München.

1922 Beginn der Freundschaft Alfred Kubins mit dem Ehepaar Koeppel; erster Besuch in Waldhäuser im Bayerischen Wald. Die zweite Auflage des »Doppelgängers« erscheint mit unveränderten Illustrationen bei Piper.

1923 Als drittes und letztes Kind wird dem Ehepaar Piper am 18. Februar die Tochter Ulrike (Didi) geboren. Gescheiterter Putschversuch Hitlers am 8. und 9. November in München.

1924 Alfred Kubins »20 Bilder zur Bibel« mit zwanzig Lichtdrucken nach Federzeichnungen erscheinen bei Piper. Viele Kritiker sind entsetzt über die Kubinsche Darstellung des Christentums, der Absatz des vierten gemeinsamen Erzeugnisses ist gering.

1925 Auf Empfehlung Alfred Kubins verbringt Familie Piper die Sommerfrische auf der Englburg im Bayerischen Wald. Von 4. bis 20. August wird sie dort von Ernst Barlach und dessen Sohn Nicolaus besucht. Auch Kubin selbst ist kurzzeitig Gast bei Pipers, verpasst den geschätzten Barlach aber um einige Tage – und beklagt dieses Versäumnis in späteren Jahren oftmals.

1926 Bei Carl Reißner in Berlin erscheint der wichtige Sammelband

»Dämonen und Nachtgesichte« mit 130 Reproduktionen aus allen Schaffensphasen Alfred Kubins. Der Wiener Robert Freund ersetzt Adolf Hammelmann als Teilhaber bei Piper.

1927 Reinhard Piper reist im Februar anlässlich eines Kubin-Artikels nach Zwickledt; sein »Besuch bei Kubin« wird in zahlreichen Zeitungen abgedruckt. Am 2. April verstirbt Reinhard Pipers Mutter 81-jährig in Solingen. Kubin wird anlässlich seines 50. Geburtstages mit einer großen Ausstellung der Staatlichen Graphischen Sammlung München geehrt.

1929 Die zwölf Blätter zu »Ali, der Schimmelhengst« entstehen. Kubin tritt in Kontakt mit Ernst Jünger, dessen unter dem Titel »Staubdämonen« bekannt gewordener Artikel »Alfred Kubins Werk« zwei Jahre später erscheint.

1932 Dem Teilhaber Alfred Eisenlohr werden bei seinem Ausscheiden aus dem Unternehmen die Piperdrucke übertragen. Klaus Piper beginnt seine Tätigkeit im väterlichen Verlag.

1933 Am 30. Januar wird Adolf Hitler von Reichspräsident Hindenburg zum Reichskanzler ernannt. Im Herbst erlässt die Regierung das Reichskulturkammer-Gesetz: Nur noch ordentliche Mitglieder dieser Kammer sollen in Zukunft den Künstlerberuf ausüben dürfen.

1934 Jaroslav Durychs »Die Kartause von Walditz« erscheint mit elf ganzseitigen Illustrationen und sechs Initialen bzw. Schlussvignetten sowie Deckelzeichnung mit Schrift von Alfred Kubin als fünftes gemeinsames Projekt bei Piper. Anlässlich eines Kubin-Aufsatzes von Reinhard Piper für »Die Neue Rundschau« kommt es im Juli 1934 zu einem weiteren Besuch des Verlegers in Zwickledt.

1936 Auf Verfügung der Bayerischen Politischen Polizei beginnt am 24. März die Beschlagnahmung des 1935 bei Piper erschienen Bandes »Zeichnungen« von Ernst Barlach. Am 9. September verkündet Hitler auf der Reichskulturtagung in Nürnberg das »Ende der Kunstvernarrung« und läutet damit die Verächtlichmachung und Verfolgung der modernen Kunst in Deutschland ein. Am 20. Juli werden Alfred Kubins »20 Bilder zur Bibel«

vorübergehend auf die »Liste des verbotenen Schrifttums« gesetzt.

1937 Am 18. Juli weiht Hitler das »Haus der Deutschen Kunst« in München ein; nur einen Tag später beginnt in unmittelbarer Nähe die Hetz-Ausstellung »Entartete Kunst«, in der Kubin selbst (im Gegensatz zu vielen Bekannten und zuvor bei Piper verlegten Künstlern wie Ernst Barlach) verschont bleibt. Im selben Jahr werden Alfred Kubin anlässlich seines 60. Geburtstages zahlreiche Ehrungen zuteil, Höhepunkt ist eine Jubiläums-Ausstellung in der Wiener Albertina. Robert Freund muss nach nationalsozialistischen Repressalien aus dem Verlag ausscheiden. Reinhard Piper verkauft das Verlagshaus in der Römerstraße 1, um Freund auszahlen zu können, und mietet den Verlag mit 1. April 1938 in der Georgenstraße 4 ein (wo er noch heute beheimatet ist). Zum ersten Mal seit Verlagsgründung ist Reinhard Piper alleiniger Inhaber.

1938 Ende 1938 stellt Alfred Kubin einen erneuten Antrag auf Aufnahme in die »Reichskammer der Bildenden Künste«, dem am 1. April 1939 entsprochen wird (Mitgliedsnummer: M 8261). In der Folge wird auch das Verbot der Bibel-Bilder aufgehoben.

1939 Der für die weitere Kubin-Rezeption bedeutsame Sammelband »Vom Schreibtisch eines Zeichners« mit Kubinscher Kurzprosa wird in Berlin von Ulrich Riemerschmidt herausgegeben. Am 1. September marschiert Deutschland in Polen ein. Der 2. Weltkrieg hat begonnen.

1941 Ende Januar 1941 kommt es im Rahmen der Arbeiten an den »Abenteuern einer Zeichenfeder« zu einem letzten Besuch Reinhard Pipers in Zwickledt. Begleitet wird der Verleger von Max Unold, der den Einleitungstext für das neue Buch verfassen soll. Es ist das vermutlich letzte persönliche Treffen. Klaus Piper wird Teilhaber am väterlichen Unternehmen.

1942 Nach jahrelangen Auseinandersetzungen mit den Nationalsozialisten gelingt die Publikation des Kubinschen Sammelbandes »Abenteuer einer Zeichenfeder«, der im Verlagsprogramm des Jahres 1941 gelistet wird. Herstellung und Auslieferung verzögern sich aber bis ins Frühjahr 1942. Das sechste Verlagswerk

Kubins bei Piper verkauft sich gut und wird von den Kritikern begeistert aufgenommen.

1945 Dem Hause Piper wird kurz nach Kriegsende die politisch-ideologische Unbelastetheit des Programms attestiert. Im Januar 1946 erhält man die offizielle Verlagslizenz.

1946 Alfred Kubin zeichnet seine Illustrationen zur »Anderen Seite« in einem, wie er es nennt, »impressionistischen Stil« um. Die Neuausgabe erscheint 1952 im Verlag Wolfgang Gurlitt.

1947 Das Kubin-Kabinett in Linz wird eröffnet.

1948 Piper bringt eine im Vergleich zur Erstausgabe verkleinerte Neuauflage des »Doppelgängers« von Dostojewski. Am 25. August verstirbt Hedwig Kubin.

1951 In einem Festakt in der Wiener Akademie wird Alfred Kubin (in Abwesenheit) der Österreichische Staatspreis für Literatur, Musik und Bildende Kunst verliehen. Nach jahrzehntelangem Ringen um Veröffentlichung erscheinen die »Phantasien im Böhmerwald« bei Wolfgang Gurlitt.

1952 Als siebtes und letztes gemeinsames Erzeugnis bringt Piper den Sammelband »Abendrot« in hoher Auflage im Rahmen der Piper-Bücherei.

1953 Am 18. Oktober verstirbt Reinhard Piper nach monatelanger Krankheit kurz vor seinem 74. Geburtstag.

1959 Als 130. Band der Piper-Bücherei erscheint Kubins »Dämonen und Nachtgesichte« bei Piper in einer neuen Ausgabe. Der Künstler verstirbt am 20. August in Zwickledt. Sein Nachlass geht zu gleichen Teilen an die Albertina Wien und das Oberösterreichische Landesmuseum Linz. Sein Wohnhaus wird 1962 in die »Kubin-Gedenkstätte Zwickledt« umgewandelt und seither von der Landesgalerie Linz betreut.

Signaturen

Der Großteil der Briefe beider Korrespondenten ist im Literaturarchiv der Österreichischen Nationalbibliothek in den Beständen ÖLA 77/97 Sammlung Piper (Schenkung Prof. Agnes Essl) und ÖLA 265/05 zu finden, einige Originale von Schreiben Reinhard Pipers befinden sich – im Konvolut R. Piper und ohne weitere Signaturen – im Kubin-Archiv der Städtischen Galerie im Lenbachhaus, München (StGL-M-KA). Mit Stern (*) gekennzeichnete Briefe stammen aus dem Deutschen Literaturarchiv, Marbach (DLA):

Kubin-Briefe

1 AK: ÖLA 77/B1/1
3 AK: ÖLA 77/B1/300
6 AK: ÖLA 77/B1/299
8 AK: ÖLA 77/B1/2+5(b)
9 AK: ÖLA 77/B1/3
10 AK: ÖLA 77/B1/4
11 AK: ÖLA 77/B1/5(a)
13 AK: ÖLA 77/B1/6
14 AK: ÖLA 77/B1/7
16 AK: ÖLA 77/B1/8
19 AK: ÖLA 77/B1/9
21 AK: ÖLA 77/B1/10
23 AK: ÖLA 77/B1/11
25 AK: ÖLA 77/B1/12
26 AK: ÖLA 77/B1/13
27 AK: ÖLA 77/B1/16a
28 AK: ÖLA 77/B1/14
29 AK: ÖLA 77/B1/15
30 AK: ÖLA 77/B1/16
32 AK: ÖLA 77/B1/17
33 AK: ÖLA 77/B1/18
34 AK ÖLA 77/B1/18a
35 AK: ÖLA 77/B1/19
37 AK: ÖLA 77/B1/20
38 AK: ÖLA 77/B1/21
39 AK: ÖLA 77/B1/22
40 AK: ÖLA 77/B1/23
41 AK: ÖLA 77/B1/24
42 AK: ÖLA 77/B1/25
44 AK: ÖLA 77/B1/26
45 AK: ÖLA 77/B1/27
47 AK: ÖLA 77/B1/28
49 AK: ÖLA 77/B1/29
51 AK: ÖLA 77/B1/30
53 AK: ÖLA 77/B1/31
55 AK: ÖLA 77/B1/32
57 AK: ÖLA 77/B1/33
58 AK: ÖLA 77/B1/34
60 AK: ÖLA 77/B1/35
62 AK: ÖLA 77/B1/36
63 AK: ÖLA 77/B1/37
64 AK: ÖLA 77/B1/38
65 AK: ÖLA 77/B1/39
67 AK: ÖLA 77/B1/40
68 AK: ÖLA 77/B1/41
70 AK: ÖLA 77/B1/42
72 AK: ÖLA 77/B1/43
73 AK: ÖLA 77/B1/44
75 AK: ÖLA 77/B1/45
77 AK: ÖLA 265/05/1
78 AK: ÖLA 77/B1/46
80 AK: ÖLA 77/B1/47
81 AK: ÖLA 77/B1/49
84 AK: ÖLA 77/B1/50
85 AK: ÖLA 77/B1/51
87 AK: ÖLA 77/B1/52
89 AK: ÖLA 77/B1/53
90 AK: ÖLA 77/B1/54
91 AK: ÖLA 77/B1/55
92 AK: ÖLA 77/B1/56
93 AK: ÖLA 77/B1/57
94 AK: ÖLA 77/B1/58
95 AK: ÖLA 77/B1/59
96 AK: ÖLA 77/B1/60
97 AK: ÖLA 77/B1/61
98 AK: ÖLA 77/B1/62
100 AK: ÖLA 77/B1/63
101 AK: ÖLA 77/B1/65
102 AK: ÖLA 77/B1/66
103 AK: ÖLA 77/B1/67
104 AK: ÖLA 77/B1/68
106 AK: ÖLA 77/B1/302
108 AK: ÖLA 77/B1/69
109 AK: ÖLA 77/B1/70
110 AK: ÖLA 77/B1/306
111 AK: ÖLA 77/B1/71
112 AK: ÖLA 77/B1/72
113 AK: ÖLA 77/B1/73
114 AK: ÖLA 77/B1/74
115 AK: ÖLA 77/B1/75
116 AK: ÖLA 77/B1/76
117 AK: ÖLA 77/B1/77
118 AK: ÖLA 77/B1/78
119 AK: ÖLA 77/B1/79
120 AK: ÖLA 77/B1/80
121 AK: ÖLA 77/B1/64
122 AK: ÖLA 77/B1/115
124 AK: ÖLA 77/B1/81
125 AK: ÖLA 265/05/2
126 AK: ÖLA 77/B1/82
127 AK : ÖLA 77/B1/83
129 AK: ÖLA 77/B1/84
132 AK: ÖLA 77/B1/85
134 AK: ÖLA 77/B1/86
135 AK: ÖLA 77/B1/87
137 AK: ÖLA 265/05/3
139 AK: ÖLA 77/B1/89
140 AK: ÖLA 77/B1/90
141 AK: ÖLA 77/B1/91
142 AK: ÖLA 77/B1/93
144 AK: ÖLA 77/B1/94
145 AK: ÖLA 77/B1/95
148 AK: ÖLA 77/B1/96
149 AK: ÖLA 77/B1/97
152 AK: ÖLA 77/B1/98
156 AK: ÖLA 77/B1/99
157 AK: ÖLA 77/B1/100
160 AK: ÖLA 77/B1/101
165 AK: ÖLA 77/B1/102
167 AK: ÖLA 77/B1/103
169 AK: ÖLA 77/B1/104

172 AK: ÖLA 77/B1/105
173 AK: ÖLA 77/B1/106
174 AK: ÖLA 77/B1/107
176 AK: ÖLA 77/B1/108
179 AK: ÖLA 77/B1/109
180 AK: ÖLA 77/B1/110
181 AK: ÖLA 77/B1/111
184 AK: ÖLA 77/B1/112
185 AK: ÖLA 77/B1/113
186 AK: ÖLA 77/B1/114
187 AK: ÖLA 77/B1/116
189 AK: ÖLA 77/B1/117
192 AK: ÖLA 77/B1/118
194 AK: ÖLA 77/B1/119
198 AK: ÖLA 77/B1/120
200 AK: ÖLA 77/B1/121
202 AK: ÖLA 77/B1/122
203 AK: ÖLA 77/B1/123
205 AK: ÖLA 77/B1/124
206 AK: ÖLA 77/B1/125
207 AK: ÖLA 77/B1/126
208 AK: ÖLA 77/B1/301
211 AK: ÖLA 77/B1/127
212 AK: ÖLA 77/B1/127a
213 AK: ÖLA 77/B1/135
214 AK: ÖLA 77/B1/128
215 AK: ÖLA 77/B1/129
216 AK: ÖLA 77/B1/130
218 AK: ÖLA 77/B1/131
220 AK: ÖLA 77/B1/132
221 AK: ÖLA 77/B1/133
222 AK: ÖLA 77/B1/134
223 AK: ÖLA 77/B1/136
225 AK: ÖLA 77/B1/137
227 AK: ÖLA 77/B1/138
228 AK: ÖLA 77/B1/139
230 AK: ÖLA 77/B1/140
231 AK: ÖLA 77/B1/141
233 AK: ÖLA 77/B1/142
234 AK: ÖLA 77/B1/143
235 AK: ÖLA 77/B1/144
236 AK: ÖLA 77/B1/145
237 AK: ÖLA 77/B1/146
238 AK: ÖLA 77/B1/147
239 AK: ÖLA 77/B1/148
241 AK: ÖLA 77/B1/149
242 AK: ÖLA 77/B1/150
245 AK: ÖLA 77/B1/151
247 AK: ÖLA 77/B1/152
248 AK: ÖLA 77/B1/153(a)
250 AK: ÖLA 77/B1/154
251 AK: ÖLA 77/B1/155
252 AK: ÖLA 77/B1/156
254 AK: ÖLA 77/B1/157
256 AK: ÖLA 77/B1/158
258 AK: ÖLA 77/B1/159
261 AK: ÖLA 77/B1/160
262 AK: ÖLA 77/B1/161
264 AK: ÖLA 77/B1/162
266 AK: ÖLA 77/B1/163
268 AK: ÖLA 77/B1/164
270 AK: ÖLA 77/B1/165
271 AK: ÖLA 77/B1/166
273 AK: ÖLA 77/B1/167
274 AK: ÖLA 77/B1/303
278 AK: ÖLA 77/B1/168
279 AK: ÖLA 77/B1/169
281 AK: ÖLA 77/B1/170
283 AK: ÖLA 77/B1/171
285 AK: ÖLA 77/B1/172
287 AK: ÖLA 77/B1/173
289 AK: ÖLA 265/05/4
295 AK: ÖLA 77/B1/174
298 AK: ÖLA 77/B1/175
303 AK: ÖLA 77/B1/176
311 AK: ÖLA 77/B1/177
314 AK: ÖLA 77/B1/153(b)
316 AK: ÖLA 77/B1/179
319 AK: ÖLA 77/B1/180
321 AK: ÖLA 77/B1/182
324 AK: ÖLA 77/B1/183
325 AK: ÖLA 77/B1/181
327 AK: ÖLA 77/B1/184
328 AK: ÖLA 77/B1/185
329 AK: ÖLA 77/B1/186
331 AK: ÖLA 77/B1/187
332 AK: ÖLA 77/B1/188
333 AK: ÖLA 77/B1/189
335 AK: ÖLA 77/B1/190(a)
337 AK: ÖLA 77/B1/190(b)
339 AK: ÖLA 77/B1/191
343 AK: ÖLA 77/B1/192
345 AK : ÖLA 77/B1/193
346 AK: ÖLA 77/B1/194
347 AK: ÖLA 77/B1/195
349 AK: ÖLA 77/B1/196
351 AK: ÖLA 77/B1/197
352 AK: ÖLA 77/B1/198
353 AK: ÖLA 77/B1/199
355 AK: ÖLA 77/B1/200
359 AK: ÖLA 77/B1/201
362 AK: ÖLA 77/B1/202
363 AK: ÖLA 77/B1/203
366 AK: ÖLA 77/B1/205
368 AK: ÖLA 77/B1/204
369 AK: ÖLA 77/B1/206
371 AK: ÖLA 77/B1/207
372 AK: ÖLA 77/B1/208
373 AK: ÖLA 77/B1/212
375 AK: ÖLA 77/B1/209
378 AK: ÖLA 77/B1/210
379 AK: ÖLA 77/B1/211
384 AK: ÖLA 77/B1/213
386 AK: ÖLA 77/B1/214
388 AK: ÖLA 77/B1/215
389 AK: ÖLA 77/B1/216
391 AK: ÖLA 77/B1/217
394 AK: ÖLA 77/B1/218
396 AK: ÖLA 77/B1/219
399 AK: ÖLA 77/B1/221
401 AK: ÖLA 77/B1/220
403 AK: ÖLA 77/B1/222
404 AK: ÖLA 77/B1/223
405 AK: ÖLA 77/B1/224
408 AK: ÖLA 77/B1/225
410 AK: ÖLA 77/B1/226
412 AK: ÖLA 77/B1/227
413 AK: ÖLA 77/B1/228
414 AK: ÖLA 77/B1/229
417 AK: ÖLA 77/B1/230
421 AK: ÖLA 77/B1/231
422 AK: ÖLA 77/B1/232
423 AK: ÖLA 77/B1/234
425 AK: ÖLA 77/B1/235
427 AK: ÖLA 77/B1/237
428 AK: ÖLA 77/B1/238
430 AK: ÖLA 77/B1/239
432 AK: ÖLA 77/B1/240
434 AK: ÖLA 77/B1/241
436 AK: ÖLA 77/B1/242
438 AK: ÖLA 77/B1/243
439 AK: ÖLA 77/B1/244
442 AK: ÖLA 77/B1/245
445 AK: ÖLA 77/B1/247
447 AK: ÖLA 77/B1/248
449 AK: ÖLA 77/B1/249
451 AK: ÖLA 77/B1/250
452 AK: ÖLA 77/B1/251
454 AK: ÖLA 77/B1/252
455 AK: ÖLA 77/B1/253
457 AK: ÖLA 77/B1/254
458 AK: ÖLA 77/B1/255
460 AK: ÖLA 77/B1/256
461 AK: ÖLA 77/B1/258
463 AK: ÖLA 77/B1/259
465 AK: ÖLA 77/B1/260
466 AK: ÖLA 77/B1/261
468 AK: ÖLA 77/B1/262
470 AK: ÖLA 77/B1/263

472 AK: ÖLA 77/B1/264
473 AK: ÖLA 77/B1/265
474 AK: ÖLA 77/B1/266
476 AK: ÖLA 77/B1/267
477 AK: ÖLA 77/B1/268
479 AK: ÖLA 77/B1/269
481 AK: ÖLA 77/B1/270
483 AK: ÖLA 77/B1/271
485 AK: ÖLA 77/B1/272
487 AK: ÖLA 77/B1/273
488 AK: ÖLA 77/B1/275
489 AK: ÖLA 77/B1/276
491 AK: ÖLA 77/B1/277
494 AK: ÖLA 77/B1/278
496 AK: ÖLA 77/B1/279
497 AK: ÖLA 77/B1/280
498 AK: ÖLA 77/B1/281
501 AK: ÖLA 77/B1/282
503 AK: ÖLA 77/B1/283
504 AK: ÖLA 77/B1/284
506 AK: ÖLA 77/B1/285
507 AK: ÖLA 77/B1/286
509 AK: ÖLA 77/B1/287
510 AK: ÖLA 77/B1/288
512 AK: ÖLA 77/B1/289
514 AK: ÖLA 77/B1/290
516 AK: ÖLA 77/B1/291
518 AK: ÖLA 77/B1/292
519 AK: ÖLA 77/B1/293
521 AK: ÖLA 77/B1/294
523 AK: ÖLA 77/B1/295
525 AK: ÖLA 77/B1/296
527 AK: ÖLA 77/B5/1

Piper-Briefe

2 RP: ÖLA 77/B2/1
4 RP: ÖLA 77/B2/2
5 RP: ÖLA 77/B2/3
7 RP: ÖLA 77/B2/4
9* RP: DLA
12 RP: ÖLA 77/B2/5
15 RP: ÖLA 77/B2/6
17 RP: StGL-M-KA
18 RP: ÖLA 77/B2/7
20 RP: ÖLA 77/B2/8
22 RP: ÖLA 77/B2/9
24 RP: StGL-M-KA
31 RP: ÖLA 77/B2/10
36 RP: ÖLA 77/B2/11
43 RP: ÖLA 77/B2/12
46 RP: ÖLA 77/B2/13
48 RP: ÖLA 77/B2/14
50 RP: ÖLA 77/B2/15
52 RP: ÖLA 77/B2/16
54 RP: ÖLA 77/B2/17
56 RP: ÖLA 77/B2/18
59 RP: ÖLA 77/B2/19
61 RP: StGL-M-KA
66 RP: ÖLA 77/B2/20
69 RP: ÖLA 77/B2/21
71 RP: ÖLA 77/B2/22
74 RP: ÖLA 77/B2/23
76 RP: ÖLA 77/B2/24
79 RP: ÖLA 77/B2/25
82 RP: ÖLA 77/B2/26
83 RP: ÖLA 77/B2/27
86 RP: ÖLA 77/B2/28
88 RP: ÖLA 77/B2/29
99 RP: StGL-M-KA
105 RP: ÖLA 77/B2/31
107 RP: ÖLA 77/B2/32
123 RP: ÖLA 77/B2/33
128 RP: ÖLA 77/B2/34
130 RP: ÖLA 77/B2/35
131 RP: ÖLA 77/B2/36
133 RP: ÖLA 77/B2/37
136 RP: ÖLA 77/B2/38
138 RP: ÖLA 77/B2/39
143 RP: ÖLA 77/B2/40
146 RP: ÖLA 77/B2/42
147 RP: ÖLA 77/B2/43
150 RP: ÖLA 77/B2/44
151 RP: ÖLA 77/B2/45
153 RP: ÖLA 77/B2/46
154 RP: ÖLA 77/B2/47
155 RP: ÖLA 77/B2/48
158 RP: ÖLA 77/B2/49
159 RP: ÖLA 77/B2/52
161 RP: ÖLA 77/B2/51
162 RP: ÖLA 77/B2/53
163 RP: ÖLA 77/B2/54
164 RP: ÖLA 77/B2/55
166 RP: ÖLA 77/B2/56
168 RP: ÖLA 77/B2/57
170 RP: ÖLA 77/B2/58
171 RP: ÖLA 77/B2/59
175 RP: ÖLA 77/B2/60
177 RP: ÖLA 77/B2/61
178 RP: ÖLA 77/B2/62
182 RP: ÖLA 77/B2/63
183 RP: ÖLA 77/B2/64
188 RP: ÖLA 77/B2/65
190 RP: ÖLA 77/B2/66
191 RP: ÖLA 77/B2/67
193 RP: ÖLA 77/B2/68
195 RP: ÖLA 77/B2/69
196 RP: ÖLA 77/B2/70
197 RP: ÖLA 77/B2/71
199 RP: ÖLA 77/B2/72
201 RP: ÖLA 77/B2/73
204 RP: ÖLA 77/B2/74
209 RP: ÖLA 77/B2/75
210 RP: ÖLA 77/B2/76
217 RP: ÖLA 77/B2/77
219 RP: ÖLA 77/B2/78
224 RP: ÖLA 77/B2/79
226 RP: ÖLA 77/B2/80
229 RP: ÖLA 77/B2/81
232 RP: ÖLA 77/B2/82
240 RP: ÖLA 77/B2/83
243 RP: ÖLA 77/B2/84
244 RP: ÖLA 77/B2/85
246 RP: ÖLA 77/B2/86
249 RP: ÖLA 77/B2/87
253 RP: ÖLA 77/B2/88
255 RP: ÖLA 77/B2/89
257 RP: ÖLA 77/B2/90
259 RP: ÖLA 77/B2/91
260 RP: ÖLA 77/B2/92
263 RP: ÖLA 77/B2/93
265 RP: ÖLA 77/B2/94
267 RP: ÖLA 77/B2/95
269 RP: ÖLA 77/B2/96
272 RP: ÖLA 77/B2/97
275 RP: ÖLA 77/B2/98
276 RP: ÖLA 77/B2/99
277 RP: ÖLA 77/B2/100
280 RP: ÖLA 77/B2/101
282 RP: ÖLA 77/B2/102
284 RP: ÖLA 77/B2/103
286 RP: ÖLA 77/B2/104
288 RP: ÖLA 77/B2/105
290 RP: ÖLA 77/B2/106
291 RP: ÖLA 77/B2/107
292 RP: ÖLA 77/B2/108
293 RP: ÖLA 77/B2/109
294 RP: ÖLA 77/B2/110
296 RP: ÖLA 77/B2/111
297 RP: ÖLA 77/B2/112

299 RP: ÖLA 77/B2/113
300 RP: ÖLA 77/B2/114
301 RP: ÖLA 77/B2/115
302 RP: ÖLA 77/B2/116
304 RP: ÖLA 77/B2/117
305 RP: ÖLA 77/B2/118
306 RP: ÖLA 77/B2/119
307 RP: ÖLA 77/B2/120
308 RP: ÖLA 77/B2/121
309 RP: ÖLA 77/B2/122
310 RP: ÖLA 77/B2/123
312 RP: ÖLA 77/B2/124
313 RP: ÖLA 77/B2/125
315 RP: ÖLA 77/B2/126
317 RP: ÖLA 77/B2/127
318 RP: ÖLA 77/B2/128
320 RP: ÖLA 77/B2/129
322 RP: ÖLA 77/B2/130
323 RP: StGL-M-KA
326 RP: ÖLA 77/B2/131
330 RP: ÖLA 77/B2/132
334 RP: ÖLA 77/B2/133
336 RP: ÖLA 77/B2/134
338 RP: ÖLA 77/B2/135
340 RP: ÖLA 77/B2/136
341 RP: ÖLA 77/B2/137
342 RP: StGL-M-KA
344 RP: ÖLA 77/B2/138
348 RP: ÖLA 77/B2/139
350 RP: ÖLA 77/B2/140
354 RP: ÖLA 77/B2/141
356 RP: ÖLA 77/B2/142
357 RP: StGL-M-KA
358 RP: ÖLA 77/B2/143
360 RP: ÖLA 77/B2/144
361 RP: ÖLA 77/B2/145
364 RP: StGL-M-KA
365 RP: ÖLA 77/B2/146
367 RP: ÖLA 77/B2/147
370 RP: ÖLA 77/B2/148
374 RP: ÖLA 77/B2/149
376 RP: ÖLA 77/B2/150
377 RP: ÖLA 77/B2/151
380 RP: ÖLA 77/B2/152
381 RP: ÖLA 77/B2/153
382 RP: ÖLA 77/B2/154
383 RP: ÖLA 77/B2/155
385 RP: ÖLA 77/B2/156
387 RP: ÖLA 77/B2/157
390 RP: ÖLA 77/B2/158
392 RP: ÖLA 77/B2/159
393 RP: ÖLA 77/B2/160
395 RP: ÖLA 77/B2/161
397 RP: ÖLA 77/B2/162
398 RP: ÖLA 77/B2/163
400 RP: ÖLA 77/B2/164
402 RP: ÖLA 77/B2/165
406 RP: ÖLA 77/B2/166
407 RP: ÖLA 77/B2/167
409 RP: ÖLA 77/B2/168
411 RP: ÖLA 77/B2/169
415 RP: ÖLA 77/B2/171
416 RP: ÖLA 77/B2/172
418 RP: ÖLA 77/B2/173
419 RP: ÖLA 77/B2/174
420 RP: ÖLA 77/B2/175
424 RP: ÖLA 77/B2/176
426 RP: ÖLA 77/B2/177
429 RP: ÖLA 77/B2/178
431 RP: ÖLA 77/B2/179
433 RP: StGL-M-KA
435 RP: StGL-M-KA
437 RP: ÖLA 77/B2/180
440 RP: ÖLA 77/B2/181
441 RP: ÖLA 77/B2/182
443 RP: ÖLA 77/B2/183
444 RP: ÖLA 77/B2/184
446 RP: ÖLA 77/B2/185
448 RP: ÖLA 77/B2/186
450 RP: ÖLA 77/B2/187
453 RP: ÖLA 77/B2/188
456 RP: StGL-M-KA
459 RP: StGL-M-KA
462 RP: StGL-M-KA
464 RP: StGL-M-KA
467 RP: StGL-M-KA
469 RP: StGL-M-KA
471 RP: StGL-M-KA
475 RP: ÖLA 77/B2/190
478 RP: ÖLA 77/B2/191
480 RP: StGL-M-KA
482 RP: StGL-M-KA
484 RP: StGL-M-KA
486 RP: StGL-M-KA
490 RP: StGL-M-KA
492 RP: StGL-M-KA
493 RP: StGL-M-KA
495 RP: StGL-M-KA
498* RP: DLA
499 RP: StGL-M-KA
500 RP: StGL-M-KA
502 RP: ÖLA 77/B2/199
505 RP: StGL-M-KA
508 RP: ÖLA 77/B2/201
511 RP: StGL-M-KA
512* RP: DLA
513 RP: StGL-M-KA
513* RP: DLA
515 RP: StGL-M-KA
517 RP: StGL-M-KA
520 RP: StGL-M-KA
520* RP: DLA
522 RP: StGL-M-KA
524 RP: ÖLA 77/B2/206
525* RP: DLA
526 RP: StGL-M-KA
528 RP: DLA
529 RP: StGL-M-KA

Listen mit Zeichnungen Alfred Kubins (Briefanlagen)

Liste zu 302 RP. Letztlich in *AeZ* aufgenommene Blätter von den Herausgebern gekennzeichnet.

1) Seydlitz
2) Der Seiler
3) Kosak von 1813
4) Trinkerscene
5) Ein Österreicher
6) Eifersucht
7) Masken
8) Winterlandschaft im Innviertel
9) Tatareneinfall
10) Später Besuch
11) Dillettantenmusik
12) Aus dem Böhmerwald
13) Hamlet
14) Der Berg
15) Das Urteil des Salomo
16) Pegasus
17) Die Leserin
18) Das Kellergespenst
19) Tschik, der Affe
20) Aus Wernstein
21) Ein neuer Robinsohn
22) Südtiroler Landschaft
23) Seitenstrasse
24) Zauberkünstler
25) Die Neuburg
26) Fischmarkt
27) Die Hirtin
28) Tumult
29) Morgenlicht
30) Zuschauer
31) Alpine Landschaft
32) Monteure
33) Eurydike
34) Tatzelwürmer
35) Der Storch
36) Fürchts nichts
37) Fischdiebe
38) Der Waldgott
39) Dragoner
40) Leda
41) Der Froschprinz
42) Gelöschtes Leid
43) Simson
44) Der Puma
45) Akrobaten
46) Wirt vom Böhmerwald
47) Durchgeher
48) Der Uhu am Tage
49) Ich sah ein Gesicht
50) Werbung
51) Gesangsverein
52) Brettersäge bei St. Martin
53) Der Böhmerwald
54) Sibylle
55) Fensterpromenade
56) Die Charette
57) Der Geierjäger
58) Donausumpf mit Pelikanen
59) Aus Dalmatien
60) Häuschen bei Murau
61) Waldrand
62) Der rasende Ajax
63) Der Schlitten
64) Dorflinde
65) Nero
66) Die Raufer
67) Schlafwandlerin
68) Wirtshausgespräch
69) Kakadu
70) Die Fabel vom Fuchs und Esel
71) Abt und Hund
72) Zwickledt
73) Verbotener Weg [Furien]
74) Stampfmühle
75) Der Elementargeist
76) Beschwörung
77) Der Strichrahmen
78) Intimes Gespräch [Einsiedler?]
79) Verdächtiger Reiter
80) Holzsäge

81) Der fliegende Koffer
82) Bauernknecht
83) Bauernbursch
84) Das kranke Kind
85) Hirsch im Bast
86) Nächtlicher Lärm
87) Römische Krieger
88) Im Hinterhalt
89) Faust und Mephisto
90) Portrait
91) Alter Bauer
92) Fahnenträger
93) Geiger
94) Mutterschwein
95) Bayer und Franzose (1870)
96) Das Schloss
97) Fremder Vogel im Böhmerwald
98) Der Gnadenschuss
99) Der Nebenbuhler
100) Die Hausiererin

Liste zu 304 RP. Letztlich in *AeZ* aufgenommene Blätter von den Herausgebern gekennzeichnet.

101) Am Bosporus
102) Fenstergast (Ziege)
103) Antike Trümmer
104) Fragment nach H. Bosch
105) Abgeworfene Reiterin
106) Tubabläser
107) Frauentagung
108) Katerjagd
109) Die Drud
110) Krötenknäuel
111) Der Aussichtspunkt
112) Erfrorenes Reh
113) Die Parzen
114) Wegelagerer
115) Harpien
116) Weiberkampf
117) Greif beim Fass
118) Untergang der Abenteurer
119) Verliebter Zauberer
120) Hexe

Auf besonderen Wunsch:
121) Schlangenangst
122) Froschkonzert
123) Ein unerwünschter Gast
124) Die feindlichen Brüder
125) Verbummelter Zauberer kehrt wieder heim zu seinem alten Drachen
126) Truthahn
127) Das ahnende Kalb
128) Hexe am Pfahl
129) Fischteich
130) Überfluss
131) Ausgebrochener Tiger

Liste zu 369 AK. Letztlich in *AeZ* aufgenommene Blätter von den Herausgebern gekennzeichnet.

1) Standarte
2) Stampfmühle
3) Gänsebrunnen
4) Sägewerk
5) Spanierin
6) der Entomologe
7) Portrait einer Unbekannten
8) Indisches Märchen
9) Der Entführer
10) Fremder Ritter
11) Stillhaltekommissar
12) Dachs als Totengräber
13) Verdächtiger Reiter
14) Waldbauern
15) Der Elementargeist
16) Circe
17) Hexentreffen
18) Leichte Ware
19) Der neue Dreschwagen
20) Aus Falkenstein i. T.
21) Don Quichote singt
22) Das kranke Kind
23) Brunnen
24) Don Quichote und Sancho Pansa
25) Bayer und Franzose aus dem Krieg 1870
26) Das Schloss
27) Schlangenbiss
28) Am Bosperus
29) Streitende Weiber

30) Junger Kärntner
31) Fremder Vogel im Böhmerwald
32) Zigeunerwagen
33) Im Nachtcafé
34) Ein falscher Ton
35) Der Katzenfeind
36) Quodlibet
37) Vision im Böhmerwald
38) Beschwörung des Drachen
39) William Blake
40) Rückwärtsreiter
41) Die Fabel von Fuchs und Esel
42) Eilwagen
43) Schmuckblatt
44) Römische Krieger
45) Die Tante
46) Umarmung
47) Verlesung
48) Büffel im Sumpf
49) Zufallsbekanntschaft
50) Wintergespenst
51) Die Jahreszeiten
52) Don Quichotes letzte Fahrt
53) Philipp II. von Spanien
54) Karl V.
55) Waldschratt
56) Der Schlitten
57) Hagel
58) Winterlandschaft im Innviertel
59) Der alte Ehemann
60) Jungbrunnen
61) Jahrmarkt
62) Am Fischteich
63) Der wüste Garten
64) Die Lüge
65) Bauerntanz
66) An Mozart
67) Am Wattenmeer
68) Gesangsverein der Spiesser
69) Der Zauberkünstler
70) Verhör
71) Fenstergast
72) Im Böhmerwald
73) Isis und ihre Kinder
74) Eifersucht
75) Das Freibad
76) Leda
77) Hahnenkampf
78) An den Böhmerwald
79) Fischdiebe
80) Auf verbotenem Weg
81) Gespensterfisch und Reiher
82) Hamlet
83) Sägewerk im Böhmerwald
84) Strindberg
85) Gelöschtes Leid
86) Ein neuer Robinson
87) Der Waldgott
88) Der Puma
89) Der Jaguar
90) Artisten
91) Die feindlichen Brüder
92) Das Gesinde
93) Kellergespenst
94) Der Aussichtspunkt
95) Kaninchenfänger mit Frettchen
96) Böhmerwaldhof
97) Dorflinde
98) Verliebter Zauberer und Hexe
99) Stürmische Werbung
100) Die Schlafwandlerin.

Liste zu 372 AK. Letztlich in *AeZ* aufgenommene Blätter von den Herausgebern gekennzeichnet. Hs Ergänzungen RPs: »Die Raufer | Der Geierjäger | Antike Trümmer | Sumpf m. Pelikanen«. (Zit. ÖLA 77/B1/206.) Siehe auch → 376 RP.

1) Alter Bauer
2) Hinterhalt
3) Gasthaus in Wernstein
4) Wirtshausgespräch
5) Sprengunfall
6) Rosshirt Stilzel
7) Der Gnadenschuss
8) Faust und Mephisto
9) Dummer August
10) Häuserhändler
11) Offizier von Hunden gestellt
12) Böhmerwaldwirt
13) Stampfmühle
14) Madame Mors
15) Bäurin auf Truhe
16) Schwestern
17) Am Stickrahmen
18) Nachsteiger
19) Die Chronik
20) Besucher

21) Der kleine Herr
22) Greif beim Frass
23) Dilletantenmusik
24) Untergang der Abenteurer
25) Hexe am Pfahl
26) Entführung
27) Der Keiler
28) Fensterpromenade
29) Alpine Landschaft
30) Hyänen
31) Die Schildkröte
32) Hexenbesuch
33) Türkisches Frauenbad
34) Die Drud
35) Goldesel und Gans
36) Der starke Gottlieb
37) Der Seiler
38) Der Tod liest die Zeitung
39) Fieber
40) Das ägyptische Ei
41) Aus Wernstein
42) Südtiroler Landschaft
43) Laterne
44) Hausiererin
45) Monteure
46) Landschaft mit Brücke
47) Riesenwiesel
48) Der Nebenbuhler
49) Genesender
50) Orpheus
51) Unerwünschte Begleitung
52) Die Cobra
53) Donaunixe
54) Seydlitz
55) Sumpfblume 1
56) Strassengespenst
57) Umzug
58) Der Bergsee
59) Abwürgung
60) Das Testament
61) Der Viadukt
62) Akrobaten
63) Römischer Ritter
64) Kinderspiel
65) Grossfischfang
66) Masken
67) Der Mönch
68) Trinkerscene
69) Die Rettung
70) Kurgäste
71) Daphne
72) Der Geburtstag
73) Die Pfauenstadt
74) Luftalarm
75) Der Pflanzer
76) Das ahnende Kalb
77) Der verlorene Sohn 6
78) Das Untier
79) Mönche und Nonne
80) Die Distel
81) Der jüngste der 7 Raben
82) Hamlet 1
83) Später Besuch
84) Trilby
85) Sonntagsfischer
86) Die Wallfahrer
87) Bremer Stadtmusikanten
88) Tschechische Mutter
89) Sumpfblume 2
90) Rübezahl
91) Der Fischer vom See
92) Tiger an der Tränke
93) Scheues Pferd
94) Eurydike
95) Die Krabbe
96) Frauentagung
97) Die Blasierten
98) Einsames Haus im Böhmerwald
99) Fischmarkt
100) Meine Arche.

Nicht bzw. unter nicht identifizierbarem Titel in den Listen: Fürchte nichts (→ 377 RP, 378 AK), Schlangentöter, Einsiedler [Intimes Gespräch?], Vor dem Gewitter, Reiter im Wald, Winter in Wernstein, Alter Gutshof (→ *MLaV*, S. 464), Sprachunterricht (→ 478 RP), Duo, Aus dem Pinzgau (→ 386 AK), Seltsamer Besuch, Der Zeichner bei der Arbeit (→ 396 AK, 397 RP).

Liste zu 498 AK. Letztlich in *Abendrot* aufgenommene Blätter von den Herausgebern gekennzeichnet.

1) Wallfahrer
2) Eine Wassermaus u. e. <Kröte>
3) Philipp II
4) das Abenteuer
5) Freiheit für Österreich
6) Böhmerwaldwirt
7) Fuchs und Marder spielend
8) jüdischer Handler
9) Entführung
10) Kriegspauke
11) ein neuer Robinson
12) Widerstrebender Kater
13) Briareus
14) Humor u. Schwerfälligkeit
15) der unbequeme Gürtel
16) Zudringlichkeit
17) Affenüberfall
18) Komet
19) Pilgerschaft
20) <Loda>
21) Krotenknäuel
22) Adalbert Stifter
23) Urteil des Salomo
24) Tirolerhof
25) Messalina
26) der Mönch
27) alte Bäuerin
28) Stampfmühle
29) der Kobold
30) der alte Hausierer
31) Alter
32) die Lüge
33) Strassensänger
34) der verlorene Sohn
35) Ahasver
36) Artisten
37) Simson und Dalila
38) Tagung
39) Gesangsverein
40) die Nachbarn
41) eine Russin
42) Gebet
43) Jungfrau von Teufel belästigt
44) die Neuburg am Inn
45) Herbst
46) aus unserem Wald
47) Pflegerin mit Kind
48) Kindheit des <…>
49) Innviertler
50) Viehtreiber
51) Zigeunerwanzen
52) das Schlüsselloch
53) Umarmung
54) St. Georg
55) Wirtshausstreit
56) Rübezahl
57) der Soldat welcher Christi Seite durchstach
58) Schwüler Tag
59) Tanz mit den Bären
60) Oswald in »Gespenster« v. Ibsen
61) Spanierin
62) fremder Ritter
63) Dorothea
64) In den <…>
65) Aktzeichnung
66) Bauerin auf Truhe sitzend
67) Besucher
68) Spiessers Ritt ins Leben
69) Erinnerung an Theodor Riedl
70) der Kibitz
71) Kopf eines Kriegsschülers
72) die Billardkönigin
73) Verdächtiger Reiter
74) der Hamstermensch
75) der irre Professor
76) Geist eines Motorrades
77) Bibliothekar
78) Zweifelhafter Vortritt
79) Fasanenjagd
80) Hirsch im Bast
81) Waldbaum
82) <Pelz verbrämt>
83) Schlusswalzer
84) Kuhvignette
85) Haifischvignette
86) Tante Elise
87) der kleine Herr
88) Brunnen
89) Offizier von Hunden gestellt
90) Circe
91) Besuch auf dem Ölgut
92) der Liebesbrief
93) Einsamer Spaziergeher
94) Kriegsindustrie
95) Onuphri
96) die Kindermagd
97) Urlaubstag
98) Amazone
99) Hund und Mond
100) die Landkarte

Nicht bzw. unter nicht identifizierbarem Titel in der Liste: Don Quichote und Sancho Pansa (→ 320 RP), Der Teufel bei den Schloten, Rübezahl, Der Komet (→ 520* RP), Hagel (→ 376 RP), Glückliche Ferientage.

Zwei Gedichte (Briefanlagen)

Anlage zu Brief → 516 AK. Franz Xaver Weidinger parodiert ein AK gewidmetes Billinger-Gedicht (→ 366 AK, Billinger).

Düngerlachen fangen dich,
Dickicht brennet wunderlich,
Hexen zehren in dem Haus
Blutbegeistert ihren Schmaus.
Aus dem Tor die Bäurin tritt,
Sieht am Tag die Fledermaus.
Einsamkeit die Uhr betrauert.
Gänse schreiten irdisch hin.
Das Skelett im Abort kauert.
Kirchlein birgt die Heiligin.
Eine Kuh gebiert im Stall
Und es singt die Nachtigall.
Mähder mähen volles Korn.
Tote Bäurin immer spricht
Mit dem funkelnd Kerzenlicht.
Übern Weg ein Truthahn schreitet.
Fremder stolz zum Dorf anreitet.
Eiche knorrt im Wiesensumpf.
Dirne frisch ihr Härlein ölt.
Das Wetterglas prüft des Arztes Frau.
Das Fenster findt die Regenhand.
Das Schulkind steckt den Hof in Brand.
Bettler lehnt an Scheunenwand,
Flickt das lumpig Leibgewand.
Bäurin schauet voller Ruh
Ihm aus Ihrem Fenster zu.

Richard Billinger (1925)

Stroh am Dach und grünes Moos
irgendwo ist etwas los
Mörtel fällt vom Rauchfang ab,
eine Henne ist schon schlapp,
Mauern nasse Flecken zeigen,
Rinder brüllen, Pferde schweigen,
alter Ahne liegt im Bett
auf dem Clo sitzt das Skelett.

Stube stinkt nach armer Frau
Wände gelb mit himmelblau
frisch getüncht mit Fliegendreck
toten Wanzen, schwarzem Fleck.
Kommt dort nicht der Geldbriefträger?
Nein, es ist der alte Jäger.
Läuten hört man irgendwo,
das Skelett sitzt auf dem Clo.

In der Kammer seufzt die Magd,
nächtlich ist sie sehr geplagt.
Ausserdem wird sie schon alt
niemand für die Kinder zahlt.
Selbst der Bauer hat geleugnet,
wo ihm doch das jüngste eignet.
Ganz zeritten ist ihr Bett,
auf dem Clo sitzt das Skelett.

Auf dem Dache hockt die Katze,
Stundenlang auf einem Platz.
Eier brütet sie nicht aus,
jeder glaubt nun reimt sich Maus.
Bäurin duftet sehr nach Jauche,
Krätze juckt sie auf dem Bauche.
Enkel in der Nase bohrt,
das Skelett sitzt am Abort.

Immer sitzend noch wieso?
Ist es abonniert aufs Clo?
Richard sag, was tut es dort?
ists nicht etwa fehl am Ort?
Kann denn ein Skelett noch stühlen,
kann es überhaupt so fühlen?
Wenn ich doch Gewissheit hätt,
stinkt denn auch so ein Skelett?

Franz Xaver Weidinger

Verzeichnis der verwendeten Siglen

AK	– Alfred Kubin
RP	– Reinhard Piper
HK	– Hedwig Kubin
FHO	– Fritz von Hermanovsky-Orlando
→ … AK	– Verweis auf Brief Alfred Kubins
→ … RP	– Verweis auf Brief Reinhard Pipers
ÖLA	– Österreichisches Literaturarchiv (Literaturarchiv der Österreichischen Nationalbibliothek)
StGL-M-KA	– Städtische Galerie im Lenbachhaus, München, Kubin-Archiv
DLA	– Deutsches Literaturarchiv, Marbach
OÖLM	– Oberösterreichisches Landesmuseum
Inv.Nr.	– Verweis auf das Verzeichnis der Bibliothek im Kubin-Haus, Zwickledt
*	– nachträglich eingefügter Brief aus dem Deutschen Literaturarchiv, Marbach
hs	– handschriftlich

Zahlen nach R, A, B, M, Ha, Hb – Hinweise auf einschlägige Werksverzeichnisse bzw. Sammlungen (→ Editorische Notiz)

Verzeichnis der abgekürzt zitierten Literatur

1000 Passauer – Mader, Franz: Tausend Passauer. Biographisches Lexikon zu Passaus Stadtgeschichte. Passau: Neue Presse 1995.

70 Trillionen Weltgrüße – Scheerbart, Paul: 70 Trillionen Weltgrüße. Eine Biographie in Briefen 1889–1915. Hrsg. v. Mechthild Rausch. Berlin: Argon [ca.1993].

Abendrot – Kubin, Alfred: 45 unveröffentlichte Zeichnungen mit einer kleinen Plauderei über sich selbst. München: Piper 1952.

Albertina 1947 – Alfred Kubin zum 70. Geburtstag. Veranstaltet vom Institut für Wissenschaft und Kunst in der Graphischen Sammlung Albertina, Wien. Ausstellungskatalog. Wien: Jacobi 1947.

Altnöder 1997 – Alfred Kubin 1877–1959. Zur Wiederkehr des 120. Geburtstages. Galerie Altnöder. Ausstellungskatalog. Salzburg: Galerie Altnöder 1997.

AmL – Kubin, Alfred: Aus meinem Leben. Gesammelte Prosa mit 73 Abbildungen. Hrsg. v. Ulrich Riemerschmidt. München: Nymphenburger Verlagsbuchhandlung 1974. – Hier verwendet: München: DTV 1977.

AmW – Kubin, Alfred: Aus meiner Werkstatt. Gesammelte Prosa mit 71 Abbildungen. Hrsg. v. Ulrich Riemerschmidt. München: Nymphenburger Verlagsbuchhandlung 1973. – Hier verwendet: München: DTV 1977.

Avantgarde – Fleckner, Uwe (Hrsg.): Angriff auf die Avantgarde. Kunst und Kunstpolitik im Nationalsozialimus. Berlin: Akademie-Verlag 2007.

Barlach – Barlach, Ernst und Reinhard Piper: Briefwechsel 1900–1938. Hrsg. v. Wolfgang Tarnowski. München: Piper 1997.

Barlach und die NS-Kunstpolitik – Piper, Ernst: Ernst Barlach und die NS-Kunstpolitik. Eine dokumentarische Darstellung zur »entarteten Kunst«. München, Zürich: Piper 1983.

Barlach/Droß 1–2 – Barlach, Ernst: Die Briefe 1888–1938. Bd. 1–2. Hrsg. v. Friedrich Droß. München: Piper 1968, 1969.

Baumgartner – Baumgartner, Sieglinde: Alfred Kubin und sein künstlerisches Umfeld im Innviertel. In: Kunstbeziehungen, S. 206–226.

Beckmann 1–3 – Beckmann, Max: Briefe. Bd. 1–3. Hrsg. v. Klaus Gallwitz, Uwe M. Schneede und Stephan v. Wiese unter Mitarbeit v. Barbara Golz. München: Piper 1993, 1994, 1996.

BfE – Schmitz, Oscar A. H.: Brevier für Einsame. Fingerzeige zu neuem Leben. München: Müller 1923.

Bilger – Bilger, Margret und Alfred Kubin: Briefwechsel. Hrsg. v. Melchior Frommel und Franz Xaver Hofer. Schärding: Landstrich 1997.

Bisanz – Bisanz, Hans: Alfred Kubin. Zeichner, Schriftsteller und Philosoph. München: DTV 1980.

Briefwechsel Ludwig Ficker – Ficker, Ludwig von: Briefwechsel. Bd. 1–3. Hrsg. v. Ignaz Zangerle, Walter Methlagl, Franz Seyr u. Anton Unterkircher. Salzburg: Otto Müller 1986, 1988, 1991 (= Brenner Studien. Bd. 6, 8, 11).

Briefwechsel mit Autoren – Piper, Reinhard: Briefwechsel mit Autoren und Künstlern 1903–1953. Hrsg. v. Ulrike Buergel-Goodwin und Wolfram Göbel. München, Zürich: Piper 1979.

Brockhaus/Peters – Brockhaus, Christoph und Hans Albert Peters (Hrsg.): Alfred Kubin. Das zeichnerische Frühwerk bis 1904. Ausstellungskatalog. Baden-Baden: Kunsthalle Baden-Baden 1977.

Brunn – Brunn, Clemens: Der Ausweg ins Unwirkliche. Fiktion und Weltmodell bei Paul Scheerbart und Alfred Kubin. Oldenburg: Igel 2000.

Carossa 1–3 – Carossa, Hans: Briefe. Bd. 1–3. Hrsg. v. Eva Kampmann-Carossa. Frankfurt/Main: Insel 1978, 1981.

Cersowsky – Cersowsky, Peter: Phantastische Literatur im ersten Viertel des 20. Jahrhunderts. Untersuchungen zum Strukturwandel des Genres, seinen geistesgeschichtlichen Voraussetzungen und zur Tradition der »schwarzen Romantik« insbesondere bei Gustav Meyrink, Alfred Kubin und Franz Kafka. München: Fink 1989.

Das lithographische Werk – Hoberg, Annegret: Alfred Kubin. Das lithographische Werk. München: Hirmer 1999.

Doppelt leben – Piper, Klaus: Lesen heißt doppelt leben. Erinnerungen. München: Piper 2000.

Ergo sum – Schmitz, Oscar A. H.: Ergo sum. Jahre des Reifens. München: Georg Müller 1927.

DwR – Kubin, Alfred, Hanne und Reinhold Koeppel: Die wilde Rast. Alfred Kubin in Waldhäuser. Briefe an Reinhold und Hanne Koeppel. Hrsg. v. Walter Boll. München: Nymphenburger Verlagshandlung 1972.

FHO – Herzmanovsky-Orlando, Fritz von und Alfred Kubin: Der Briefwechsel mit Alfred Kubin 1903 bis 1952. Hrsg. v. Michael Klein. Salzburg, Wien: Residenz 1983 (= Gesammelte Werke. Hrsg. v. Walter Methlagl u. Wendelin Schmidt-Dengler. Bd. 7).

Friedländer – Friedländer, Salomo und Alfred Kubin: Briefwechsel. Hrsg. v. Hartmut Geerken u. Sigrid Hauff. Wien, Linz: Edition Neue Texte 1986.

Fronius – Kubin, Alfred und Hans Fronius: Eine Künstlerfreundschaft. Briefwechsel 1931–1956. Hrsg. v. Christin Fronius. Wien, Linz, Weitra: Bibliothek der Provinz 1999.

Fuhrmeister/Kienlechner – Fuhrmeister, Christian und Susanne Kienlechner: Tatort Nizza: Kunstgeschichte zwischen Kunsthandel, Kunstraub und Verfolgung. In: Heftrig, S. 405–429.

Gadamer – Grondin, Jean (Hrsg.): Gadamer-Lesebuch. Tübingen: Mohr/Siebeck 1997.

Garstka – Garstka, Christoph: Arthur Moeller van den Bruck und die erste deutsche Gesamtausgabe der Werke Dostojewskijs im Piper-Verlag 1906–1919. Frankfurt/Main u.a.: Lang 1998 (= Heidelberger Publikationen zur Slavistik: B, Literaturwissenschaftliche Reihe. Bd. 9).

Gerhards – Gerhards, Claudia: Apokalypse und Moderne. Alfred Kubins »Die andere Seite« und Ernst Jüngers Frühwerk. Würzburg: Königshausen & Neumann 1999.

Geyer – Geyer, Andreas: Träumer auf Lebenszeit. Alfred Kubin als Literat. Köln, Weimar, Wien: Böhlau 1995.

Gironcoli – Kubin, Alfred: Briefe an eine Freundin. Hrsg. v. Helma de Gironcoli. Wien: Bergland 1965.

Greuner – Greuner, Ruth: Nachwort. In: Kubin, Alfred: Die andere Seite. Leipzig: Reclam 1981, S. 236–252.

Hall – Hall, Murray: Österreichische Verlagsgeschichte 1918–1938. URL: www.verlagsgeschichte.murrayhall.com

Hausenstein – Hausenstein, Wilhelm: Ausgewählte Briefe 1904–1957. Hrsg. v. Hellmuth H. Rennert. Oldenburg: Igel 1999.

Heftrig – Heftrig, Ruth, Olaf Peters u. Barbara Schellewald (Hrsg.): Kunstgeschichte im »Dritten Reich«. Theorien, Methoden, Praktiken. Berlin: Akademie Verlag 2008.

Heinzl 1970 – Heinzl, Brigitte: Die Graphiksammlung Alfred Kubins im Oberösterreichischen Landesmuseum. Jahrbuch des Oberösterreichischen Musealvereines. Bd. 115, 1 (1970), S. 221–237.

Heinzl 1991 – Heinzl, Brigitte: Die Graphiksammlung Alfred Kubins im Oberösterreichischen Landesmuseum. Jahrbuch des Oberösterreichischen Musealvereines. Bd. 136, 1 (1991), S. 251–296.

Heißerer – Heißerer, Dirk: Wo die Geister wandern. Literarische Spaziergänge durch Schwabing. München: C.H. Beck 2008.

Hesse – Hesse, Hermann und Alfred Kubin: Außerhalb des Tages und des Schwindels. Briefwechsel 1928–1952. Hrsg. v. Volker Michels. Frankfurt/Main: Suhrkamp 2008.

Hewig – Hewig, Anneliese: Phantastische Wirklichkeit. Kubins »Die andere Seite«. München: Fink 1967.

Hoberg – Hoberg, Annegret: Biographie von Alfred Kubin. In: Assmann, Peter (Hrsg.): Alfred Kubin (1877–1959). Linz: Oberösterreichische Landesgalerie, Residenz Verlag 1995, S. 221–252.

Hoberg 1990 – Hoberg, Annegret: Kubin und München 1898–1921. In: Hoberg, Annegret (Hrsg.): Alfred Kubin 1877–1959. 3.10.–2.12.1990 Städtische Galerie im Lenbachhaus, München. 14.12.–27.1.1991 Hamburger Kunsthalle. Ausstellungskatalog. München: Städtische Galerie, edition spangenberg 1990.

Kaltwasser – Kaltwasser, Nadja: Zwischen Traum und Alptraum. Studien zur französischen und deutschen Literatur des frühen 20. Jahrhunderts. Wiesbaden: Deutscher Universitäts Verlag 2000.

Karl & Faber – Aquarelle, Zeichnungen und Graphik des 20. Jahrhunderts. Auktion 156. 29.–30.6.1981: Sammlung Reinhard Piper. Auktionskatalog. München: Karl & Faber 1981.

Kindlimann – Kubin, Alfred: Briefe an Cäcilia Kindlimann. Hrsg. v. Franz Hamminger. Brunnenthal: Landstrich 2009.

Klaffenböck – Klaffenböck, Arnold: »Wie ein solcher Gesinnungswandel beurteilt werden müsste, geht aus dem Gesagten deutlich genug hervor«. Überlegungen zum Dossier Zuckmayers über Richard Billinger. In: Zuckmayer-Jahrbuch 5/2002, S. 339–384.

Koschatzky – Koschatzky, Walter: Die Kunst der Graphik. Technik, Geschichte, Meisterwerke. München: DTV 1999.

Koweindl – Koweindl, Karl: »Unser Briefwechsel ist so sehr auf Gefühl und intime Aussprache eingestellt«. Alfred Kubin und Richard von Schaukal. In: Eros Thanatos. Jahrbuch der Richard von Schaukal Gesellschaft 2/1998, S. 339–384.

Kulturlexikon – Klee, Ernst: Das Kulturlexikon zum Dritten Reich. Wer war was vor und nach 1945. Frankfurt/Main: S. Fischer 2007.

Kunstbeziehungen – Assmann, Peter und Annegret Hoberg (Hrsg.): Alfred Kubin. Kunstbeziehungen. Salzburg: Residenz Verlag 1995.

Luftkrieg über München – Permooser, Irmtraud: Der Luftkrieg über München 1942–1945. Bomben auf die Hauptstadt der Bewegung. Oberhaching: Aviatic 1997.

Mairinger – Mairinger, Jutta: Meine Verehrung, Herr Kubin! Geschichten aus Zwickledt. Wernstein: Wiesner 2001.

Mandelsloh – Lechner, Gregor: Ernst August Freiherr von Mandelsloh 1886–1962. Ein vergessener österreichischer Maler mit Illustrationen zum Werk Ernst Jüngers. 27. Ausstellung des Graphischen Kabinetts Göttweig. Jahresausstellung 1978. 5.5. bis 30.10. Ausstellungskatalog. Göttweig: Stift Göttweig 1978.

Marc – Franz Marc 1880–1916. Katalog zur Ausstellung in der Städtischen Galerie im Lenbachhaus München vom 27.8.–26.10.1980. München: Prestel 1980.

Marks – Marks, Alfred: Der Illustrator Alfred Kubin. Gesamtkatalog seiner Illustrationen und buchkünstlerischen Arbeiten. München: edition spangenberg 1977.

Meier-Graefe – Meier-Graefe, Julius: Kunst ist nicht für Kunstgeschichte da. Briefe und Dokumente. Hrsg. v. Catherine Kramer. Göttingen: Wallstein 2001.

Meißner – Meißner, Karl-Heinz: Alfred Kubin. Ausstellungen 1901–1959. München: edition spangenberg 1990.

Mitterbauer – Mitterbauer, Helga: Unruhe um einen Abseitigen. Alfred Kubin und der Nationalsozialismus. In: Holzer, Johann u. Karl Müller (Hrsg.): Literatur der »Inneren Emigration«. Wien: Döcker 1998, S. 337–355.

MLaV – Piper, Reinhard: Mein Leben als Verleger. Vormittag. Nachmittag. München: Piper 1991.

Neuhäuser – Neuhäuser, Renate: Aspekte des Politischen bei Kubin und Kafka. Würzburg: Königshausen & Neumann 1998.

OAHS Tagebücher 1–3 – Schmitz, Oscar A. H.: Tagebücher. Bd. 1: Das wilde Leben der Bohème. 1896–1906. Bd. 2: Ein Dandy auf Reisen. 1907–1912. Bd. 3: Durch das Land der Dämonen. 1912–1918. Hrsg. v. Wolfgang Martynkewicz. Berlin: Aufbau-Verlag 2006, 2007.

Oswald – Oswald, Franz: Alfred Kubins Vorfahren und Geburtsheimat. In: Genealogisches Jahrbuch. Hrsg. v. der Zentralstelle für Personen- und Familiengeschichte 14/1974, S. 77–80.

Penzoldt – Klein, Christian: Ernst Penzoldt. Harmonie aus Widersprüchen. Leben und Werk (1892–1955). Köln, Weimar, Wien: Böhlau 2006.

Piper 20 – Almanach des Verlages R. Piper & Co. München 1904–1924. München: Piper 1923.

Piper 35 – Almanach zum 35. Jahr des Verlags R. Piper & Co. München. 1904–1939. München: Piper 1939.

Piper 75 – Piper, Klaus (Hrsg.): 75 Jahre Piper. Bibliographie und Verlagsgeschichte 1904–1979. München: Piper 1979.

Piper 90 – Piper, Ernst und Bettina Raab: 90 Jahre Piper. Die Geschichte des Verlags von der Gründung bis heute. München: Piper 1994.

Piper 100 – Ziegler, Edda: 100 Jahre Piper. Die Geschichte eines Verlags. München, Zürich: Piper 2004.

Raabe – Raabe, Paul und Kurt Otte: Alfred Kubin. Leben. Werk. Wirkung. Hamburg: Rowohlt 1957.

Rebel – Rebel, Ernst: Druckgraphik. Geschichte. Fachbegriffe. Stuttgart: Reclam 2003.

Rosenberger – Rosenberger, Ludwig und Alfred Kubin: Wanderungen zu Alfred Kubin. Aus dem Briefwechsel. München: Heimeran 1969.

Sammlung Leopold – Leopold, Rudolf und Romana Schuler (Hrsg.): Alfred Kubin. Die Sammlung Leopold. Meisterblätter aus dem Leopold Museum, Wien. Ausstellungskatalog. Ostfildern: Hatje Cantz 2002.

Schilling – Bachinger, Karl, Felix Butschek u. Herbert Matis: Abschied vom Schilling. Eine österreichische Wirtschaftsgeschichte. Graz, Wien, Köln: Styria 2001.

Schmied – Schmied, Wieland: Der Zeichner Alfred Kubin. Salzburg: Residenz 1967.

Sein Dämon – Freeden, Eva von u. Rainer Schmitz (Hrsg.): Sein Dämon war das Buch. Der Münchner Verleger Georg Müller. München: Allitera 2003.

Sild – Sild, Meinhart: Alfred Kubin. Ein Beitrag zur historischen Trigonomentrie der Gegenwart. In: Nationalsozialistische Monatshefte 10/1939, S. 517–524.

Später Kubin – Hoberg, Annegret: Das Selbstverständnis des späten Kubin. In: Assmann, Peter (Hrsg.): Alfred Kubin (1877–1959). Linz: Oberösterreichische Landesgalerie, Residenz Verlag 1995, S. 9–38.

Steinhart – Kubin, Alfred, Anton Kolig und Karl Moll: Ringen mit dem Engel. Künstlerbriefe 1933–1955. Alfred Kubin, Anton Kolig und Karl Moll an Anton Steinhart. Hrsg. v. Hans Kutschera. Salzburg, Stuttgart: Das Bergland-Buch 1964.

Weltgeflecht – Breicha, Otto (Hrsg.): Weltgeflecht. Ein Kubin-Kompendium. Schriften und Bilder zu Leben und Werk. München: Ellermann/edition spangenberg 1978.

Danksagungen

Eine derart umfangreiche Briefedition verdankt ihre Entstehung nicht der Leistung eines einzelnen. Es soll deshalb an dieser Stelle allen Unterstützern gedankt werden:

An erster Stelle seien genannt die Mitarbeiter des Literaturarchivs der Österreichischen Nationalbibliothek: PD Klaus Kastberger für die organisatorische Leitung des Projekts und für zahlreiche helfende Hinweise, sowie PD Bernhard Fetz, Direktor des Archivs, für die Unterstützung in der Schlussphase der Arbeit. Für weitere wichtige Anregungen und die kollegiale Arbeitsatmosphäre gilt besonderer Dank Mag. Martin Wedl und Mag. Stefan Maurer. Der ehemalige Leiter des Literaturarchivs der Österreichischen Nationalbibliothek, Prof. Wendelin Schmidt-Dengler, der die Herausgeber schon während ihrer Studienzeit mit der Bearbeitung der Kubinschen und Piperschen Briefe betraute, konnte die Fertigstellung der Edition nicht mehr miterleben. Ihm und seinen Hinterbliebenen sei an dieser Stelle besonders gedacht. Der Band ist seinem Andenken gewidmet.

Besonderer Dank gilt außerdem der Österreichischen Nationalbibliothek für die finanzielle Unterstützung des Projekts, Dr. Annegret Hoberg, Leiterin des Kubin-Archivs im Münchener Lenbachhaus, für die freundliche Bereitstellung der Korrespondenzen von zahlreichen weiteren Kubin-Bekannten und Waltraud Faißner vom Oberösterreichischen Landesmuseum für die unkomplizierte Hilfe bei bibliothekarischen Fragen. Wichtige Anregungen verdanken die Herausgeber des Weiteren PD Dr. Ernst Piper als Betreuer der Piper-Rechte, Eberhard Spangenberg als Inhaber der Rechte an den Texten und Abbildungen Kubins, dem Galeristen Ferdinand Altnöder aus Salzburg, dem Wiener Antiquariat Andreas Moser, Helga Thieme von der Barlach-Stiftung in Güstrow, Dr. Andreas Strobl, Konservator für die Kunst des 19. Jahrhunderts an der Staatlichen Graphischen Sammlung München, Dr. Ursula A. Schneider vom Forschungsinstitut Brenner-Archiv, Universität Innsbruck, Dr. Alessandra Sorbello Staub von der Württembergischen Landesbibliothek, Sigrid Kohlmann von der Universitätsbibliothek Erlangen-Nürnberg, Christa Arburg vom Frankfurter Kunstverein, Frank Mathias Herrmann von der Buchhandlung Heindl in Schärding, Albrecht Schinnerer aus Dachau für Informationen über die Familie

Schinnerer aus erster Hand, Dr. Andreas Roloff von der Landesbibliothek Mecklenburg-Vorpommern, Ulrich Klapp, Miteigentümer von Schloss Burgrain, Dr. Sebastian Giesen von der Hermann Reemtsma Stiftung in Hamburg, Dr. Andreas Geyer, P. Marianus Hauseder, Abt von Engelszell, dem Verlag Gräfe und Unzer, Prof. Wolfgang Tarnowski, Dr. Barbara Dossi von der Albertina in Wien sowie aktuellen Digitalisierungsprojekten.

Danke Christiane.

Personenregister

G

H

I

J

K

L

M

N

O

P

Q

R

S

T

U

Werkregister

1. Illustrative Werke, Mappen, Sammelbände und Aufsätze Alfred Kubins

H

J

K

T

V

W

Z

2. Zeichnungen Alfred Kubins

A

B

C

D

E

F

G

H

I

J

K

T

U

V

W

X

Z

PIPER

Wassily Kandinsky & Franz Marc
Der Blaue Reiter

Dokumentarische Neuausgabe von Klaus Lankheit.
268 Seiten mit 161 Abbildungen. Piper Taschenbuch

1912 brachten die Künstler Wassily Kandinsky und Franz Marc im Piper Verlag die bedeutendste Programmschrift für die bildende Kunst des 20. Jahrhunderts heraus: den Almanach »Der Blaue Reiter«. Er beeinflußte die Entwicklung der modernen Kunst in Deutschland und im übrigen Europa ganz entscheidend.

01/1895/01/R

Zwickledt im Januar 22tes
1/24

Motto: Die Frau ist krank,
der Geldbeutel leer
auf dem Kopf keine Haar
Was will man da mehr!?!

Wie Sie sehen holt mich gerade der Teufel lieber Herr Piper – sonst geht es mir aber ganz leidlich und ich danke bestens für Ihren Brief – Das Inhaltsverzeichnis zu [illegible] ist schon geschrieben und es geht Ihnen ebenfalls zu –

Die Probedrucke finde ich als solche vorzüglich (bis auf die Tafeln) welche ich mir mehr bedeckt, tonig nicht zu glatt vorstelle und wünschen möchte – über die etwa 1/4 linear betragende Verkleinerung nimmt in der Tat den Tafeln nichts Wesentliches von der unmittelbaren Wirkung – 550 numm. Expl. davon 100 handkoloriert dünkt mir auch sehr viel – [illegible] farbige wäre viel zu viel – ich meinte 20 oder 50 – es ist doch eine große, große Arbeit und ich kann mir kein Bild von der Leistungsfähigkeit dieser Coloreure –

x nicht zu verwechseln mit dem üblichen „Handkolorieren" d. h. Anlegen mit 3–4 Tonfluten.